OS
GRANDES FILÓSOFOS DO DIREITO

OS GRANDES FILÓSOFOS DO DIREITO

LEITURAS ESCOLHIDAS EM DIREITO

Clarence Morris (org.)
Professor de Direito da Universidade da Pensilvânia

Tradução
REINALDO GUARANY

Revisão da tradução
SILVANA VIEIRA
CLAUDIA BERLINER

Revisão técnica
SÉRGIO SÉRVULO DA CUNHA

martins fontes
selo martins

Esta obra foi publicada originalmente em inglês com o título
THE GREAT LEGAL PHILOSOPHERS.
Copyright © University of Pennsylvania Press.
Copyright © 1959 Trustees of the University of Pennsylvania.
Copyright © 2002, Livraria Martins Fontes Editora Ltda.,
São Paulo, para a presente edição.

Publisher	Evandro Mendonça Martins Fontes
Coordenação editorial	Vanessa Faleck
Produção gráfica	Carlos Alexandre Miranda
Capa	Fernando Campos
Diagramação	Studio 3 Desenvolvimento Editorial
Revisão técnica	Sérgio Sérvulo da Cunha
Revisão da tradução	Claudia Berliner
	Silvana Vieira

Dados Internacionais de Catalogação na Publicação (CIP)
(Câmara Brasileira do Livro, SP, Brasil)

Os grandes filósofos do direito : leituras escolhidas em direito / Clarence Morris (org.) ; tradução Reinaldo Guarany ; revisão da tradução Silvana Vieira, Claudia Berliner ; revisão técnica Sérgio Sérvulo da Cunha ; Clarence Morris, (org.). – 2. ed. -- São Paulo : Martins Fontes - selo Martins, 2015.

Título original: The great legal philosophers.
ISBN 978-85-8063-218-7

1. Direito - Biografia 2. Direito - Filosofia 3. Filósofos I. Morris, Clarence.

15-02587   CDU-340.12(092)

Índices para catálogo sistemático:
1. Direito : Filósofos : Biografia 340.12(092)
2. Filósofos do direito : Biografia 340.12(092)

Todos os direitos desta edição reservados à
Martins Editora Livraria Ltda.
Av. Dr. Arnaldo, 2076
01255-000 São Paulo SP Brasil
Tel. (11) 3116.0000
info@emartinseditora.com.br
www.emartinsfontes.com.br

Para
minha mãe

"Os grandes juristas que estiveram ativamente empenhados no desenvolvimento do direito são sempre incluídos entre os maiores homens da raça humana. Seus nomes são mencionados e suas obras são lidas séculos depois de eles terem partido desta vida."

Eugen Ehrlich, *Fundamental Principles of the Sociology of Law* (trad. Moll), p. 355.

"Por mais saber que comunique, um homem não pode fazer de outro um filósofo, embora possa ajudá-lo a se tornar um; pois é apenas pelo exercício da própria razão, do pensar por si mesmo, que alguém se torna filósofo."

"... Quem quer que deseje tornar-se filósofo deve considerar todos os sistemas de filosofia apenas como a história do uso da razão e como material no qual pratique seu talento filosófico."

J. H. W. Stuckenberg, *Life of Immanuel Kant*, p. 74-5.

Sumário

Prefácio 1

1. ARISTÓTELES... 5
   Ética a Nicômaco – Livro V 6
   Política – Livro I 17
   Política – Livro II 24

2. MARCO TÚLIO CÍCERO 32
   Leis – Livro I 35
   Leis – Livro II 43
   Leis – Livro III 45

3. TOMÁS DE AQUINO 49
   Suma teológica – Tratado sobre a lei 50
      Da essência da lei 50
      Dos vários tipos de lei 53
      Dos efeitos da lei 57
      Da lei natural 59
      Da lei humana 63
      Do poder da lei humana 66
      Da mudança nas leis 70

4. HUGO GRÓCIO 73
   Sobre os direitos de guerra e paz 76
      Observações preliminares 76
      O que é guerra. O que são direitos 79
      Se a guerra alguma vez é justa 81
      Da guerra pública e privada. Da soberania 82
      Das guerras de súditos contra superiores 84
      Das causas da guerra; da legítima defesa e da defesa de nossa propriedade 85
      Dos direitos comuns dos homens 87
      Do abandono presumido da propriedade 89
      Da aquisição original de direitos sobre pessoas; dos direitos parentais; do casamento; das associações; direitos sobre súditos e sobre escravos 90
      Da obrigação resultante da propriedade 92

Das promessas 93
Dos tratados e contratos 93
Do dano cometido injustamente e a consequente obrigação 94
Do direito de legação 94
Das penas 95
Regras gerais sobre o que é lícito na guerra conforme o Direito Natural 98
Do direito de matar inimigos na guerra formal, e de outras violências contra pessoas 98
Do direito sobre prisioneiros de guerra 99
Advertências relativas a coisas feitas numa guerra injusta 100
Restrições quanto ao direito de matar na guerra 100

5. THOMAS HOBBES 102
Leviatã 104
   Da condição natural da humanidade, no que diz respeito à sua felicidade e desgraça ... 104
   Da primeira e da segunda lei natural, e dos contratos 106
   De outras leis da natureza 109
   Das causas, geração e definição de um Estado 114
   Dos direitos dos soberanos por instituição 116
   Da liberdade dos súditos 118
   Das leis civis 120
   Das coisas que enfraquecem ou tendem à dissolução de um Estado 126
   Do ofício do soberano representante 127
   Revisão e conclusão 129

6. JOHN LOCKE 130
Dois tratados sobre o governo – Livro II 133
   Do estado de natureza 133
   Do estado de guerra 136
   Da escravidão 137
   Da propriedade 138
   Do pátrio poder 141
   Da sociedade política ou civil 144
   Do começo das sociedades políticas 145
   Dos fins da sociedade política e do governo 149
   Da extensão do poder legislativo 149
   Da subordinação dos poderes do Estado 150
   Da prerrogativa 151
   Da tirania 152
   Da dissolução do governo 154

7. BARÃO DE MONTESQUIEU 156
O espírito das leis 158
   Das leis em geral 158
   Dos princípios dos três tipos de governo 160
   Consequências dos princípios de diferentes governos com respeito à simplicidade das leis civis e criminais, à forma dos julgamentos e à imposição das penas 161

Da relação das leis com a força ofensiva 164
Das leis que estabelecem a liberdade política, com relação à Constituição 166
Das leis que estabelecem a liberdade política, com relação ao súdito 168
De que maneira as leis da escravidão civil são relativas à natureza do clima 170
Como as leis da escravidão doméstica se relacionam com a natureza do clima 171
Das leis em sua relação com os princípios que formam o espírito geral, a moral e os costumes de uma nação 171
Das leis relativas à religião, considerada em si mesma e em suas doutrinas 172
Das leis em relação à ordem das coisas sobre as quais dispõem 173
Da maneira de compor leis 179

8. DAVID HUME 182
Tratado da natureza humana – Volume II, Livro III 184
Da virtude e do vício em geral 184
Distinções morais não derivadas da razão 184
Distinções morais derivadas de um senso moral 188
Da justiça e da injustiça 189
Justiça, uma virtude natural ou artificial? 189
Da origem da justiça e da propriedade 192
Das regras que determinam a propriedade 199
Da transferência da propriedade por consentimento 201
Das promessas 202
Algumas reflexões adicionais relativas à justiça e injustiça 206

9. JEAN-JACQUES ROUSSEAU 211
O contrato social 213
Objeto do primeiro livro 213
As primeiras sociedades 214
O direito do mais forte 214
Escravidão 215
Que devemos sempre voltar a uma primeira convenção 215
O pacto social 216
O soberano 217
O estado civil 218
Bens imóveis 218
A soberania é inalienável 218
A soberania é indivisível 219
Se a vontade geral é falível 219
Os limites do poder soberano 220
O direito de vida e morte 221
Lei 222
O legislador 223
O povo 223
Os vários sistemas de legislação 224
A divisão das leis 225
Governo em geral 225

O princípio constituinte nas várias formas de governo 227
Classificação dos governos 227
Democracia 227
Aristocracia 228
Monarquia 228
Os sinais de um bom governo 229
O abuso do governo e sua tendência a degenerar 229
A morte do corpo político 230
Como se mantém a autoridade soberana 230
Deputados ou representantes 231
A vontade geral é indestrutível 231
Votação 232
Eleições 233
A ditadura 233
Religião civil 233

10. IMMANUEL KANT 235
A filosofia do Direito 237
Introdução à metafísica dos costumes 237
A relação das faculdades da mente humana com as leis morais 238
A ideia e necessidade de uma metafísica dos costumes 238
Concepções preliminares gerais, definidas e explicadas 239
Introdução à doutrina do Direito: definições gerais e divisões 239
O que é a Doutrina do Direito 239
O que é Direito? 239
Princípio universal do Direito 240
O Direito está associado ao título ou à autoridade para obrigar 240
O Direito estrito também pode ser representado como a possibilidade de uma coerção universal recíproca em harmonia com a liberdade de todos, de acordo com leis universais 241
Observações adicionais sobre direito ambíguo 241
Divisão da doutrina do Direito 242
Divisão geral dos deveres do Direito 242
Divisão universal dos direitos 242
Direito privado: os princípios gerais do meu e teu externo 243
Do modo de ter alguma coisa externa como própria 243
O modo de adquirir alguma coisa externa 246
Princípios do direito real 246
Propriedade 247
Princípios do direito pessoal 247
Princípios do direito pessoal que é real em tipo: os direitos da família enquanto sociedade doméstica 248
Direito conjugal (marido e esposa) 248
Direito paterno (pais e filhos) 249
Aquisição condicionada pela sentença de uma judicatura pública. 250
Passagem: do meu e teu no estado de natureza para o meu e teu no estado jurídico em geral 250

Direito público: o sistema das leis que requerem promulgação pública 251
Direito do Estado e lei constitucional 251
Consequências constitucionais e jurídicas resultantes da natureza da união civil 254
O direito das gentes e a lei internacional (*jus gentium*) 257
Conclusão 259

11. JEREMY BENTHAM 260
    Uma introdução aos princípios da moral e da legislação 261
    Do princípio da utilidade 261
    Dos princípios opostos ao da utilidade 262
    Valor de uma porção de prazer ou dor, como medir 265
    Prazeres e dores, seus tipos 266
    Das ações humanas em geral 266
    Das consequências de um ato nocivo 267
    Casos impróprios para punição 269
    Classificação das ofensas 269
    Dos limites do Direito Penal 270
    Os limites do Direito definidos 273
    Distinção entre Direito Penal e Direito Civil 273
    Análise e exposição 274
    Da lei e suas partes 276
    Fontes da lei 277
    Fins que uma lei pode ter em vista 278
    A generalidade da lei 279
    Sinais da lei 280
    Inteireza da lei 281
    Nenhuma lei consuetudinária é completa 283
    Análise e usos dos capítulos precedentes 285

12. FRIEDRICH CARL VON SAVIGNY 288
    Da vocação do nosso tempo para a legislação e a jurisprudência 289
    Origem do direito positivo 289
    Disposições legislativas e doutrina 290
    Direito romano 292
    Direito civil na Alemanha 294
    Nossa vocação para a legislação 295
    O que devemos fazer onde não existe nenhum código 296

13. GEORG WILHELM FRIEDRICH HEGEL 300
    Filosofia do Direito 302
    Introdução 302
    Direito abstrato 304
        Propriedade 305
        Contrato 306
        Ilícito 307
    Moralidade 309

    Intenção e bem-estar 309
    Bem e consciência 311
    Vida ética 313
    A família 314
    Sociedade civil 316
    O Estado 322

14. JOHN AUSTIN 334
   Aulas sobre Direito 336

15. JOHN STUART MILL 364
   Utilitarismo 366
    Observações gerais 366
    O que é utilitarismo 367
    Da sanção derradeira do princípio de utilidade 370
    Da ligação entre justiça e utilidade 371
   A liberdade 382
    Introdução 382
    Da liberdade de pensamento e discussão 386
    Da individualidade como um dos elementos do bem-estar 391
    Dos limites à autoridade da sociedade sobre o indivíduo 395

16. RUDOLF VON IHERING 400
   A finalidade no direito – Parte I 401
    Egoísmo a serviço de finalidades altruístas 401
    O problema da abnegação 402
    As finalidades da autoafirmação egoísta 403
    A vida através de outros e para outros, ou a sociedade 404
    Mecânica social ou as alavancas do movimento social 405
    Mecânica social ou as alavancas da ação social 408

17. OLIVER WENDELL HOLMES JR. 422
   O caminho do direito 425
   Direito natural 439

18. EUGEN EHRLICH 443
   Fundamentos da sociologia do direito 443
    Prefácio 443
    O conceito prático de direito 443
    A ordem interna dos grupos sociais 446
    Os grupos sociais e as normas sociais 448
    Sanção social e estatal 452
    As normas de decisão 456
    Estado e direito 460
    A criação da proposição legal 462

A estrutura da proposição legal 465
O conteúdo variado do conceito de justiça 470

19. JEAN DABIN 473
    Teoria geral do direito 473
    O conceito de lei 473
        Introdução 473
        Definição formal de regra legal 474
        Características da regra legal 478
        A matéria do direito 480
    O método legal 481
        É a lei "dada" ou "construída" objeto de uma ciência ou técnica? ... 481
        Os princípios que orientam a elaboração da lei 486
            Introdução 486
            A finalidade do decreto legal: o bem público temporal 486
            Os meios: o equipamento técnico da lei 490
            Conclusões sobre o método legal e corolários 492
    Direito natural, justiça e regra legal 494
        Introdução 494
        O conceito de direito natural 494
        O conceito de justiça 497
        O "dado" do direito natural e da justiça na elaboração da lei 499

20. JOHN DEWEY 503
    Natureza e conduta humana 505
    O lugar da inteligência na conduta 505
        A singularidade do bem 505
        A natureza dos objetivos 507
        A natureza dos princípios 510
    Conclusão 511
        A moral é humana 511
        O que é liberdade? 512
        A moralidade é social 513
    Minha filosofia do direito 515

21. BENJAMIN NATHAN CARDOZO 521
    A natureza do processo judicial 523
        Introdução. O método da filosofia 523
        Os métodos da história, da tradição e da sociologia 528
        O método da sociologia. O juiz como legislador 533
        Adesão ao precedente. O elemento subconsciente no processo judicial. Conclusão ... 538

22. ROSCOE POUND 543
    Minha filosofia do direito 543

Prefácio

Este compêndio é uma tentativa de oferecer ao leitor, num só volume, um conhecimento expressivo dos grandes filósofos do direito de todos os tempos. É extenso – um pouco pesado demais para uma leitura confortável. No entanto, cada capítulo é um parco resumo. Talvez eu pudesse ter eliminado mais algumas páginas, porém apagar o desnecessário acabou se revelando uma empresa pouco lucrativa.

Minha seleção é mais intuitiva que racional. Algumas de minhas omissões não se prestam a uma defesa rigorosamente pensada. As inclusões são mais fáceis de justificar.

Um grego parecia ser o máximo de que eu podia dispor, e a escolha parecia evidentemente ser Aristóteles – o mais influente, o mais representativo. Roma estava repleta de importantes advogados, mas havia poucos filósofos jurídicos. Aqui, Marco Túlio Cícero (muitas vezes citado como "Túlio" por Tomás de Aquino) parecia ser a escolha clara. Aquino teve influência destacada na Idade Média – na verdade, sua influência ainda está viva. Hugo Grócio é um importante elo entre a filosofia jurídica antiga e o moderno pensamento do direito. Esses quatro eram os pensadores mais antigos que podiam ser incluídos sem tornar a obra arqueológica demais.

Hobbes, Locke, Montesquieu, Hume e Rousseau foram os gigantes da filosofia jurídica nos tempos do nacionalismo germinante. Representam muitas das direções tomadas pelo pensamento jurídico logo que se libertou do feudalismo e da teologia.

Kant e Hegel ilustram incursões do pensamento jurídico na metafísica e influenciaram, direta ou indiretamente, os grandes filósofos jurídicos que se seguiram.

O pouco conhecido Savigny, representante da importante escola histórica, parecia uma escolha melhor do que o obscuro Puchta.

Embora Bentham, Austin e Mill se autodenominem utilitaristas e pretendam partir das mesmas premissas, suas diferenças são enormes. A defesa de Bentham à elaboração de leis pelo legislativo, o talento de Austin para a análise rigorosa, o humanitarismo de Mill e seu interesse pela liberdade civil, dão a cada um deles um lugar importante e único.

Holmes, Dewey e von Ihering representam três concepções bem diferentes das modernas abordagens pragmáticas ou instrumentais do direito. A "sociologia do direito" de Ehrlich possui uma base social mais ampla do que a "engenharia social" de Pound, mais pragmática. Jean Dabin é um excelente representante do atual neotomismo. O versátil Cardozo, com sua habilidade de lidar com a história das ideias, era um candidato óbvio.

As omissões mais difíceis de admitir foram, na maior parte, de contemporâneos – Thurman Arnold, Edmund Cahn, Jerome Frank, Max Weber, Morris R. Cohen, Hans Kelsen e outros. Eles podem vir a ter uma influência muito maior do que alguns dos escritores incluídos. Um compilador que deixa de lado Platão é pelo menos alguém que colocou outros grandes filósofos jurídicos omitidos em ótima companhia. O próprio Morris R. Cohen disse certa vez ao final de um ensaio muito conciso: "Porém, as limitações de espaço, como a morte, não conduzem a um desenvolvimento e fim racionais." Talvez num outro momento algum editor se disponha a publicar um compêndio com autores do século XX.

Minhas notas biográficas se baseiam em fontes secundárias. Não reivindico nenhuma perícia em historiografia e não fiz nenhuma pesquisa de materiais originais. Para mim, os escritos dos filósofos têm mais interesse quando enfocados em relação às suas vidas e a seu tempo, e tentei instilar o mesmo interesse nos leitores, fazendo rápidos perfis de amador. Essas notas biográficas talvez lembrem um pouco os relatórios de Montesquieu sobre costumes; ele parece dar crédito fácil a todas as histórias estranhas sobre hábitos distantes; eu me inclino a relatar todas as anedotas pitorescas sobre meus personagens (embora no final tenha resolvido apagar uma história sobre um filósofo que passava o tempo atirando amendoins para o alto e pegando-os com a boca).

Não apresento nenhuma bibliografia de comentários sobre as obras aqui compendiadas, por duas razões: (1) não procurei ler amplamente o material secundário e não realizei o trabalho necessário para tal bibliografia. (2) De um modo geral, recomendo o estudo extensivo dos filósofos jurídicos em vez do estudo dos comentários sobre eles. Contudo, às vezes, a orientação e a explicação tornam o estudo dos filósofos jurídicos mais compensador. Dois livros de referência se mostraram especialmente valiosos para mim: *Jurisprudence, Men and Ideas of the Law* de Patterson, no qual são discutidos todos os vinte e dois filósofos, e *History of Political Theory* de Sabine, particularmente útil para a compreensão de filosofias confusas, como, por exemplo, Hegel. Mas alguém que precise racionar seu tempo e escolher entre ler sobre os grandes filósofos jurídicos ou suas próprias obras, em geral será mais sábio se aderir às últimas, mesmo que o retorno seja lento e só chegue depois de releituras.

Embora eu espere que este livro se mostre interessante para advogados e outros leitores pós-graduados, minha meta principal foi a elaboração de um livro de textos para estudantes de direito. Dei aulas em cursos e seminários de direito durante vários anos; eles parecem mais eficazes quando concentrados em alguns grandes pensadores do que quando organizados de maneira mais tópica – tais como as ótimas coleções *Readings in Jurisprudence* de Hall, e *Law and Society* de Simpson e Stone. Esses livros me dão muito pouco de cada autor, pouca oportunidade de pensar sobre o sistema integrado de cada filósofo. Prefiro sacrificar a extensão de tais livros em troca de um pouco mais de profundidade sobre a obra de um número menor de filósofos. Todavia, este compêndio cobre uma área muito grande e, por conseguinte, não se aprofunda muito; também é um panorama geral – meu trajeto, porém, focaliza amplamente cada canto e oferece uma visão gráfica de alguns importantes pontos de referência.

Costumo pedir que meus alunos leiam de maneira comparativa. Após termos estudado, digamos, Aristóteles durante duas horas de aula, lemos Cícero para descobrir como ele difere de Aristóteles ou concorda com ele. Em seguida, comparamos Aquino com os dois anteriores. Mais tarde, tentamos comparar Mill com a dúzia de filósofos já lidos, e mais tarde ainda tentamos comparar Cardozo com um grupo de outros pensadores. Claro que em dois semestres de curso é impossível comparar detalhadamente cada filósofo com todos os outros, mas semelhanças e diferenças significativas contribuem para a discussão intensa. Meus planos de aula sofreram uma mudança radical cada vez que ensinei essas matérias; se um dia se estabilizarem, o curso deverá ser transferido para outro professor.

Vinte e dois filósofos são um pouco demais para um curso de duas horas semanais. Os alunos mais aptos conseguem estudar dezenove ou vinte. Talvez o curso fosse melhor se um número ainda menor de filósofos fosse estudado. Meus candidatos à omissão (as indicações variam de ano para ano) são Cícero, Grócio, Hegel (porque é difícil demais, apesar de sua importância), Ihering e Pound. Talvez em alguns anos eu decida omitir Montesquieu, ou Austin, ou Dewey – mas lastimarei fazê-lo. Reduzi a abrangência, designando apenas uma das duas obras de Mill, Dewey e Holmes.

A filosofia do direito jamais foi minha vocação em tempo integral. Enquanto este compêndio era escrito, lecionei, escrevi e pensei sobre outros campos. Não digo isso à guisa de desculpa, mas sim de estímulo. A filosofia jurídica em tempo parcial pode satisfatoriamente pôr em perspectiva a vida daqueles de nós que trabalham com o direito.

CLARENCE MORRIS

Escola de Direito da Universidade da Pensilvânia, verão de 1957

1
Aristóteles
384-322 a.C.

O pai de Aristóteles exercia a medicina em Estagira, uma pequena cidade grega colonial na costa do mar Egeu – após dias melhores como médico da corte de Amintas II, rei da Macedônia. Ali, Aristóteles nasceu e cresceu, na periferia do mundo grego. Saiu de casa aos dezessete anos para estudar no centro da cultura grega – a Academia em Atenas, onde se tornou um discípulo predileto do idoso Platão e estudou, pesquisou e lecionou durante vinte anos. Platão estava com sessenta e um anos quando Aristóteles chegou à Academia; trabalhava com a filigrana de seu sistema filosófico, cujas linhas principais já haviam sido assentadas. Platão era um mestre querido que, como chefe da Academia, presidia a um círculo de amigos intelectuais. Aristóteles ajustou-se confortavelmente nesse meio; embora seus interesses fossem diferentes dos de seu mestre, os dois não tinham discordâncias perturbadoras. A morte de Platão aos oitenta e um anos foi uma amarga perda para Aristóteles.

Espeusipo, sobrinho de Platão, herdou a chefia da Academia. Vários discípulos de Platão, inclusive Aristóteles, não se submeteram a seu comando. Aristóteles foi para Assos, onde um grupo de platônicos se reunia em torno de Hérmias – um eunuco-magnata com pretensões de sábio. Ali, Aristóteles fundou uma escola e ensinou durante três anos, e na meia-idade casou-se com a filha adotiva de Hérmias.

Pouco depois de seu casamento, mudou-se para a ilha de Lesbos, onde passou os dois anos seguintes em estudiosa tranquilidade. Esse idílio terminou quando ele aceitou o convite da corte da Macedônia para ser o preceptor do príncipe herdeiro Alexandre, que, mais tarde, se tornou Alexandre, o Grande, o conquistador do mundo. Foi professor de Alexandre durante sete anos. Quando Alexandre tornou-se rei, Aristóteles partiu e retornou a Atenas, que ainda era o lugar de reunião predileto dos intelectuais gregos.

Aristóteles não reingressou na Academia. Em vez disso, fundou sua própria escola no Liceu, um bosque nos arredores da cidade, decorado com colunatas e santuários consagrados a Apolo e às musas. Ali Aristóteles projetou um modo de vida erudito para alunos e professores; montou uma biblioteca e um museu; atraiu muitos discípulos. Gostava de ensinar de maneira informal em passeios através dos jardins do Liceu; por causa de seu método de falar caminhando, sua escola foi chamada de peripatética. Nessa escola, os escritos de Aristóteles foram reorganizados, desenvolvidos e editados. Seu estudo expandiu-se, incluindo e ordenando virtualmente todo o conhecimento de seu tempo.

O mundo de Aristóteles se desintegrou quando ele chegou aos sessenta e um anos. Entraram em declínio as forças políticas que o haviam protegido. Ele passou a ser visto com suspeita, e foi acusado (tal como Sócrates antes dele) de impiedade. Diferentemente de Sócrates, ele não foi filosófico o bastante para esperar a cicuta; fugiu para a casa de sua mãe em Cálcida. Apesar de ter despistado os inimigos, não escapou da morte – morreu de doença um ano depois.

Dizem que Aristóteles falava com uma pronúncia defeituosa, era afetadamente cuidadoso com a aparência, tinha grande carinho pela família e seus dependentes, dos quais cuidava com amor. Uma cláusula de seu testamento emancipou alguns de seus escravos preferidos.

Talvez nenhum sábio tenha sido mais influente do que Aristóteles. Sua obra ficou eclipsada durante alguns séculos após sua morte, mas nos últimos setecentos anos quase todos os homens cultos do mundo ocidental (e muitos no Oriente Próximo) estudaram e respeitaram suas obras – obras caracterizadas pelo apreço pela dinâmica da vida. Não apenas os escolásticos cristãos, mas também muitos importantes teólogos muçulmanos e judeus procuraram ajustar sua fé com as obras de Aristóteles. Suas investigações deram origem ou foram marcos importantes de diversas disciplinas, como a lógica, a biologia, a psicologia, a estética, a política e a ética. Ele foi o primeiro a identificar, separar e classificar essas disciplinas, e a reconhecer que cada uma delas tinha seus métodos e técnicas apropriados. Sua civilização, simples em termos de organização social, apresentava poucos problemas parecidos com aqueles que infestam o Direito e as ciências sociais de hoje. As cidades-estados gregas eram pequenas e rurais, talvez fáceis de ordenar. Não obstante, problemas éticos e legais radicais despertavam interesse até mesmo no mundo de Aristóteles.

Os trechos que seguem foram extraídos de dois de seus tratados, *Ética a Nicômaco* e *Política*. Há duas éticas aristotélicas – a Nicômaco (batizada com o nome de seu filho e por ele editada) e a Eudemo (batizada com o nome de um dos pupilos de Aristóteles). A primeira, considerada a mais madura, desenvolve uma teoria de justiça que não é tratada pela última. O que aparece a seguir é uma grande parte do Livro V, um dos dez livros da *Ética a Nicômaco*. A *Política* de Aristóteles é dividida em oito livros; o segundo conjunto de trechos é apenas dos dois primeiros deles; os seis últimos livros são mais políticos do que de filosofia legal.

ÉTICA A NICÔMACO[1]

Livro V

Em relação à justiça e à injustiça temos de investigar com que tipo de ações precisamente elas estão envolvidas, em que sentido a justiça é a observância de um meio-termo, e quais são os extremos entre os quais aquilo que é justo é o meio-termo...*

Observamos que todo o mundo entende por justiça aquela disposição moral que torna os homens aptos a fazer coisas justas, que os faz agir justamente e desejar aquilo que é justo; e, da mesma forma, por injustiça aquela disposição que faz os homens agirem de modo injusto e desejarem aquilo que é injusto. Tomemos esta definição inicial como sendo correta em geral...

... Os termos "justiça" e "injustiça" são usados em vários sentidos, mas como seus usos equívocos estão intimamente relacionados, a equivocidade não é detectada...

Averiguemos, então, em quantos sentidos se diz que um homem é "injusto". Ora, o termo "injusto" se aplica tanto ao homem que transgride a lei como ao homem que toma mais do que lhe é devido, o parcial. Disso fica claro que o homem obediente à lei e o homem imparcial serão justos. Por conseguinte, "justo" significa o que é lícito e o que é equânime ou imparcial, e "injusto" significa o que é ilícito e o que é não equânime ou parcial.

Por outro lado, como o homem injusto é aquele que toma a parte maior, ele será injusto com referência às coisas boas; nem todas as boas coisas, mas sim aquelas das quais dependem a boa e a má sorte. Embora estas sempre sejam boas num sentido absoluto, nem sempre são boas para uma pessoa determinada. Contudo, são os bens pelos quais os homens rezam e que eles

---

1. Traduzido para o inglês por H. Rackham, na Biblioteca Clássica Loeb. Reimpresso com permissão da Harvard University Press.

* No texto em inglês com base no qual se fez esta tradução, as reticências indicam a supressão de parte do texto original. (N. do R. T.)

procuram, embora não devessem fazê-lo; deviam sim, ao escolher as coisas que são boas para eles, rezar para que aquilo que é absolutamente bom também possa ser bom para eles.

Entretanto, nem sempre o homem injusto escolhe a parte maior: das coisas que, falando em termos absolutos, são más, ele escolhe a parte menor; ainda assim, pensa-se que ele tira mais do que lhe cabe, porque o menor de dois males parece ser, num certo sentido, um bem, e tirar mais do que lhe é devido significa tirar mais do que lhe cabe de bem. Vamos chamá-lo de "parcial", pois esse é um termo abrangente, que inclui tirar demais das coisas boas e de menos das coisas más.

Por outro lado, vimos que o transgressor da lei é injusto e que o homem obediente à lei é justo. Por conseguinte, está claro que todas as coisas lícitas são justas num sentido da palavra, pois o que é lícito é decidido legislativamente, e chamamos as várias decisões da legislatura de normas de justiça. Ora, todas as várias disposições legais visam ou o interesse comum de todos, ou o interesse de uma classe dominante determinada, seja por excelência, seja de alguma outra maneira semelhante; de modo que, num de seus sentidos, o termo "justo" se aplica a qualquer coisa que produza e preserve a felicidade, ou as partes componentes da felicidade, da comunidade política.

A lei prescreve certa conduta; a conduta de um homem corajoso, por exemplo, é não desertar de seu posto, nem fugir, nem jogar as armas no chão; a de um homem comedido, por exemplo, é não cometer adultério nem ultraje; a de um homem gentil, por exemplo, é não bater, nem falar mal de alguém; e assim com ações que exemplificam o restante das virtudes e dos vícios, impondo esses e proibindo aquelas –, corretamente se a lei foi promulgada com justiça, nem tão bem se foi feita de forma aleatória.

Nesse sentido, a justiça é a virtude perfeita, embora com uma qualificação, a saber, que é mostrada para outrem. É por isso que muitas vezes se pensa que a justiça é a principal das virtudes, mais sublime "do que a estrela vespertina ou do que a estrela d'alva"; e temos o provérbio:

Na justiça encontra-se, em suma, toda a virtude.

A justiça é a virtude perfeita porque é o exercício da virtude perfeita; e é perfeita num grau especial, porque quem a possui pode praticar sua virtude em relação a outros e não apenas a si mesmo; pois há muitos homens que podem praticar a virtude em seus assuntos privados, mas não podem fazê-lo em suas relações com um outro. É por isso que aprovamos o dito de Bias, "o posto revela o homem", pois no posto a pessoa é colocada em relação com outros e se torna um membro da comunidade.

A mesma razão, a saber, a que implica relacionamento com outra pessoa, responde pela ideia de que entre as virtudes só a justiça é "o bem alheio", porque faz o que é vantajoso para um outro, seja um governante, seja um associado. Então, assim como o pior homem é aquele que pratica o mal em relação a seus amigos, tal como em relação a si mesmo, o melhor não é aquele que exerce a virtude em relação a si mesmo, mas sim aquele que a pratica em relação a outros, pois essa é uma tarefa difícil...

Distinguimos, pois, dois significados de "injusto", a saber, ilícito e parcial ou não equânime, e os dois significados de "justo", ou seja, lícito e imparcial ou equânime. Então, injustiça, no sentido mencionado antes, corresponde a "ilícito"; mas como o parcial não é o mesmo que o ilícito, mas sim diferente deste, e se relaciona com ele como parte do todo (posto que nem todas as coisas ilícitas são parciais, embora tudo que é parcial seja ilícito), assim também o injusto e a injustiça no sentido particular não são o mesmo que o injusto e a injustiça no sentido universal, mas diferentes deles, e relacionados com eles como partes do todo; pois injustiça nesse sentido é uma parte da injustiça universal, e, do mesmo modo, a justiça que estamos considerando agora é uma parte da justiça universal. Por conseguinte, temos de discutir justiça e injustiça, e o justo e o injusto, no sentido particular.

Podemos, então, pôr de lado essa justiça que é coextensiva com a virtude em geral, o exercício da virtude se dando em geral para com uma outra pessoa, e aquela injustiça que é o exercício do vício em geral para com um outro. Está claro também como devemos definir o que é justo e injusto nos sentidos correspondentes. Pois as ações que derivam da virtude em geral são, no essencial, idênticas às ações que estão de acordo com a lei, posto que a lei prescreve condutas que exibem as várias virtudes particulares, e proíbe condutas que ostentam os vários vícios particulares...

Por outro lado, a justiça em particular, e aquilo que é justo no sentido correspondente a ela, divide-se em dois tipos. Um tipo é exercido na distribuição de honra, riqueza e de outros ativos divisíveis da comunidade, que podem ser repartidos entre seus membros em partes iguais ou desiguais. O outro tipo é aquele que fornece um princípio corretivo nas transações privadas. Essa Justiça Corretiva, por outro lado, tem duas subdivisões, correspondendo às duas classes de transações privadas, aquelas que são voluntárias e aquelas que são involuntárias. Exemplos de transações voluntárias são vender, comprar, emprestar a juros, penhorar, emprestar sem juros, depositar, alugar; sendo essas transações designadas como voluntárias porque são iniciadas voluntariamente. Das transações involuntárias, algumas são furtivas, como roubo, adultério, envenenamento, lenocínio, sedução de escravos, homicídio, falso testemunho; outras são violentas, como assalto, prisão, assassinato, roubo com violência, mutilação, linguagem abusiva, tratamento insultante.

Ora, como um homem injusto é aquele que é parcial, e o injusto é o não equânime, está claro que, correspondendo ao não equânime, existe um meio-termo, a saber, o que é equânime; pois cada ação que admite o mais e o menos admite também o igual. Então, se o injusto é o não equânime, o justo é o equânime – concepção esta que se faz valer sem demonstração; e como o equânime é um meio-termo, o justo também será uma espécie de meio-termo. Por outro lado, equanimidade inclui dois termos pelo menos. De acordo com isso, conclui-se não apenas (a) que o justo é um meio-termo e equânime [e referente a alguma coisa e justo para certas pessoas], mas também (b) que, enquanto meio-termo, ele implica certos extremos entre os quais se encontra, ou seja, o mais e o menos; (c) que, enquanto equânime, implica duas partes que são iguais; e (d) que, enquanto justo, implica certas pessoas para as quais é justo. Então, conclui-se que justiça inclui pelo menos quatro termos, a saber, duas pessoas para as quais ela é justa e duas partes que são justas. E haverá a mesma equanimidade tanto entre as partes como entre as pessoas, posto que a proporção entre as partes será igual à proporção entre as pessoas; pois, se as pessoas não são iguais, não terão partes iguais; as rixas e queixas surgem quando iguais possuem ou recebem partes desiguais, ou quando pessoas não iguais possuem ou recebem partes iguais.

Isso também está claro pelo princípio da "atribuição por merecimento". Todos concordam que a justiça nas distribuições deve ser baseada em algum tipo de merecimento, embora nem todos se refiram à mesma espécie de merecimento; os democratas tomam como critério a condição de homem livre; aqueles que possuem simpatias oligárquicas, a riqueza ou, em outros casos, o nascimento; os partidários da aristocracia, a virtude. Justiça é, por conseguinte, uma espécie de proporção; pois proporção não é apenas uma propriedade de quantidades numéricas, mas de quantidades em geral, sendo proporção a equanimidade de razões, que envolve pelo menos quatro termos...

Nesse sentido, portanto, o justo é o proporcional e o injusto é o que viola a proporção. Assim, o injusto pode ser demais ou de menos; e isso é o que encontramos de fato, pois, quando a injustiça é feita, o autor tem demais e quem sofre a ação tem de menos do bem em questão; no caso de um mal, é o inverso, porque um mal menor em comparação com um maior conta como um bem, visto que o menor de dois males é mais desejável do que o maior, mas o que é desejável é bom, e quanto mais desejável for, maior bem será.

Esse é, portanto, um tipo de justiça.

O outro tipo é a Justiça Corretiva que opera em transações privadas, tanto voluntárias como involuntárias. Essa justiça é de uma espécie diferente da precedente. Pois a justiça na distribuição da propriedade comum sempre está de acordo com a proporção que descrevemos (porque a distribuição de um fundo comum se dá na mesma proporção que aquela existente entre as quantidades com as quais as várias pessoas contribuíram para o fundo comum); e a injustiça oposta à justiça desse tipo é uma violação dessa proporção. Mas o justo nas transações privadas, embora seja equânime em certo sentido (e o injusto, não equânime), não é equânime segundo uma proporção geométrica, mas sim segundo uma proporção aritmética. Pois não faz diferença se um homem bom defraudou um homem mau, ou um homem mau defraudou um bom, nem importa se é um homem bom ou mau que cometeu adultério; a lei olha apenas para a natureza do dano, tratando as partes como iguais, e apenas perguntando se uma cometeu e a outra sofreu injustiça, se uma infligiu e a outra sofreu dano. Visto que o injusto é nesse caso o não equânime, o juiz se esforça para criar um equilíbrio: quando um homem recebeu e o outro infligiu um golpe, ou um matou e o outro foi morto, a linha que representa o sofrimento e a execução do ato está dividida em partes desiguais, mas o juiz se esforça para torná-las iguais por meio da punição ou da perda que impõe, retirando o ganho (pois o termo "ganho" é usado de forma genérica em tais casos, muito embora não seja estritamente apropriado a alguns deles, por exemplo, a uma pessoa que bate numa outra, assim como "perda" não é um termo apropriado à vítima neste caso; seja como for, os resultados são chamados de "perda" e "ganho" respectivamente quando se chega a estimar o montante do dano sofrido). Desse modo, enquanto o equânime é um meio-termo entre mais e menos, ganho e perda são ao mesmo tempo mais e menos de maneiras contrárias, mais bem e menos mal sendo ganho e mais mal e menos bem sendo perda; e assim como o equânime, que afirmamos ser justo, é, como dissemos, um meio-termo entre eles, conclui-se que Justiça em Retificação será o meio-termo entre perda e ganho.

É por isso que, quando ocorrem disputas, os homens têm de recorrer a um juiz. Ir até um juiz é ir à justiça, pois o juiz ideal é, por assim dizer, a justiça personificada. Assim, os homens pedem a um juiz que seja um termo médio ou *agente intermediário* – de fato, em alguns lugares os juízes são chamados de *mediadores* –, pois eles pensam que, se obtiverem o meio-termo, estarão recebendo o que é justo. O justo é, pois, uma espécie de meio-termo, assim como o juiz é um intermediário entre os litigantes.

Ora, o juiz restaura a equanimidade...

Os termos "perda" e "ganho" nesses casos são tomados emprestados das operações de troca voluntária. Nestas, chama-se ganhar ter mais do que aquilo que é nosso e chama-se perder ter menos, e ter menos do que se tinha no começo, como na compra e venda, e em todos os outros negócios sancionados por lei; ao passo que, se o resultado do negócio não for um aumento nem uma diminuição, mas sim exatamente aquilo que as partes possuíam, dizem que "têm o que é seu" e não perderam nem ganharam. Assim, a justiça nas ações involuntárias é um meio-termo entre ganho e perda num certo sentido: é ter após a ação uma quantidade igual à quantidade que se possuía antes dela.

Alguns acham que a simples reciprocidade é justiça. Essa era a doutrina dos pitagóricos, que definiam o justo simplesmente como "sofrer reciprocamente com outro".

A reciprocidade, entretanto, não coincide nem com a Justiça Distributiva nem com a Corretiva (embora as pessoas pretendam identificá-la com esta última quando citam a regra de Radamanto:

E, se um homem sofrer o mesmo que cometeu,
A justiça adequada terá sido feita.

Pois, em muitos casos, a Reciprocidade está em desacordo com a Justiça: por exemplo, se um oficial bater num homem, está errado se o homem bater de volta; e, se um homem bater num oficial, não basta que o oficial bata nele, ele também deve ser castigado. Por outro lado, faz uma grande diferença se um ato foi feito com ou sem o consentimento da outra parte. Mas, no intercâmbio de serviços, a Justiça na forma de Reciprocidade é o vínculo que sustenta a associação: reciprocidade na base da proporção, não na base da equanimidade. A própria existência do Estado depende da reciprocidade proporcional; pois os homens exigem poder retribuir o mal com o mal – caso contrário, sentem que estão na posição de escravos – e pagar o bem com o bem – não ocorrendo isso, não há troca alguma, e é a troca que os une. É por isso que fundamos um santuário das Graças num local público, para que os homens se lembrem de retribuir um obséquio; pois essa é uma característica especial da graça, já que é um dever não apenas retribuir um serviço feito, mas em outro momento tomar a iniciativa de fazer um serviço.

A retribuição proporcional é efetuada pela conjunção diagonal. Por exemplo, seja A um construtor, B um sapateiro, C uma casa e D um sapato. Exige-se que o construtor receba do sapateiro uma porção do produto de seu trabalho, e dê a ele uma porção do produto de seu próprio trabalho. Ora, se primeiro for estabelecida a equanimidade proporcional entre os produtos para depois ocorrer a reciprocidade, a exigência terá sido alcançada; mas, se isso não for feito, o negócio não é equânime e o intercurso não continua. Pois pode acontecer que o produto de uma das partes tenha mais valor que o da outra e, por conseguinte, nesse caso eles terão de ser igualados. Isso também é válido para as outras artes, pois elas teriam deixado de existir se o elemento ativo não produzisse e não recebesse o equivalente em quantidade e qualidade daquilo que o elemento passivo recebe. Pois uma associação para o intercâmbio de serviços não é formada entre dois médicos, mas sim entre um médico e um agricultor; em geral entre pessoas que são diferentes e que podem ser desiguais, embora nesse caso tenham de ser igualadas. Por isso, todas as mercadorias trocadas devem poder ser comparadas de alguma maneira. Foi para satisfazer essa exigência que os homens introduziram o dinheiro; o dinheiro constituiu, de certo modo, um termo médio, pois é uma medida de todas as coisas, e assim de seu valor superior ou inferior; em outras palavras, quantos sapatos equivalem a uma casa ou a uma determinada quantidade de comida. Por conseguinte, assim como um construtor está para um sapateiro, tal e qual número de sapatos deve estar para uma casa [ou para uma quantidade dada de comida]; pois sem essa proporção recíproca não pode haver troca nem associação; e estas não estão garantidas a menos que as mercadorias em questão sejam iguais num certo sentido.

Por isso é necessário que todas as mercadorias sejam medidas por algum padrão, como foi dito antes. E esse padrão é na realidade a demanda, que é aquilo que mantém tudo unido, posto que, se os homens deixarem de ter necessidades, ou se suas necessidades se alterarem, a troca não continuará por muito tempo, ou se dará em linhas diferentes. Mas a demanda passou a ser convencionalmente representada pelo dinheiro...

Ora, o dinheiro nos serve como garantia de troca no futuro: supondo que não necessitemos de nada no momento, ele assegura que a troca será possível quando surgir a necessidade, pois satisfaz a exigência de algo que podemos apresentar em pagamento, de modo a obter a coisa de que necessitamos... Por conseguinte, embora seja impossível que coisas tão diferentes se tornem comensuráveis em sentido estrito, nossa procura fornece uma medida comum suficientemente acurada para propósitos práticos...

Já afirmamos o que são Justiça e Injustiça em princípio. Pela definição dada, é evidente que a conduta justa é um meio-termo entre cometer e sofrer injustiça, pois o primeiro é ter demais e o último é ter de menos. E a Justiça é um modo de observar o meio-termo, embora não da mesma maneira que as outras virtudes, mas sim porque se relaciona com um meio-termo, ao passo que a Injustiça se relaciona com os extremos. Além disso, Justiça é aquela qualidade em virtude da qual se diz que um homem se dispõe a fazer por escolha deliberada aquilo que é justo, e, ao distribuir coisas entre si e um outro, ou entre dois outros, não dar demais a si mesmo e de menos a seu vizinho daquilo que é desejável, e de menos a si mesmo e demais a seu vizinho daquilo que é nocivo, mas sim a cada qual aquilo que é proporcionalmente igual; e, do mesmo modo, quando estiver distribuindo entre duas outras pessoas. A Injustiça, pelo contrário, se relaciona de modo similar com aquilo que é injusto, que é um excesso ou deficiência desproporcional de alguma coisa benéfica ou nociva. Daí que a Injustiça é excesso e defeito, no sentido de que resulta em excesso ou defeito: isto é, no caso do infrator, um excesso de alguma coisa que é, em termos gerais, benéfica e uma deficiência de algo que é nocivo; e no caso de outros, embora o resultado como um todo seja o mesmo, o desvio da proporção pode ser numa ou noutra direção, conforme o caso.

Da injustiça cometida, a parte menor é o sofrimento e a parte maior é cometer a injustiça.

Seja isso dito sobre a natureza da Justiça e da Injustiça, e do Justo e do Injusto considerados de maneira universal.

Se um homem pode cometer injustiça sem de fato ser injusto, o que distingue os atos injustos cuja prática torna um homem injusto de fato, injusto de acordo com uma das várias formas de injustiça, por exemplo, um ladrão, um adúltero ou um bandido? Ou deveríamos dizer que a diferença não reside na qualidade do ato? Pois um homem poderia ter relações com uma mulher sabendo quem ela é, no entanto não por motivo de escolha deliberada, mas sob influência da paixão; nesse caso, embora tenha cometido injustiça, ele não é um homem injusto: por exemplo, ele não é um ladrão, embora seja culpado de roubo, não é um adúltero, embora tenha cometido adultério, e assim por diante.

Já foi afirmada a relação entre Reciprocidade e Justiça.

Mas não devemos esquecer que o objeto de nossa investigação é, ao mesmo tempo, a Justiça no sentido absoluto e a Justiça Política. Justiça Política significa justiça entre pessoas livres e iguais (de fato ou de forma proporcional), que vivem uma vida em comum com o objetivo de satisfazer suas necessidades. Daí que não pode existir justiça política entre pessoas não livres e iguais, mas sim apenas uma espécie de justiça num sentido metafórico. Pois a justiça só pode existir entre aqueles cujas relações mútuas são reguladas por lei, e a lei existe no meio daqueles entre os quais existe uma possibilidade de injustiça, pois a administração da lei significa a discriminação do que é justo e do que é injusto. Por conseguinte, pessoas entre as quais pode existir injustiça, podem agir de forma injusta entre si (embora a ação injusta não necessariamente envolva injustiça): agir de maneira injusta significa atribuir a si mesmo uma parte grande demais de coisas que em geral são boas e uma parte pequena demais de coisas que em geral são más. É por isso que não permitimos que um homem governe, mas sim a lei, porque um homem governa em seu próprio interesse e se torna um tirano; mas a função de um governante é ser o guardião da justiça e, se da justiça, então da equanimidade. Um governante justo parece não tirar nada de seu posto; pois não concede a si mesmo uma parte maior das coisas que em geral são boas, a menos que seja proporcional a seus méritos; de modo que trabalha para os outros, o que responde pelo ditado já mencionado: "Justiça é o bem alheio". Em consequência disso, alguma recompensa deve ser dada a ele, na forma de honra e dignidade. São aqueles aos quais essas recompensas não satisfazem que se tornam tiranos.

A justiça entre senhor e escravo e entre pai e filho não é a mesma que a justiça absoluta e política, apenas análoga a elas. Pois não existe injustiça no sentido absoluto em relação àquilo que é próprio da pessoa; e um escravo, ou uma criança, até que atinja uma certa idade e se torne independente, é, por assim dizer, uma parte da pessoa, e ninguém opta por causar dano a si mesmo; assim, não pode haver injustiça para com eles e, por conseguinte, nada justo ou injusto no sentido político. Pois isso, como vimos, está encarnado na lei e existe entre pessoas cujas relações são reguladas naturalmente por lei, isto é, pessoas que compartilham de forma igual do governar e do ser governado. Desse modo, existe Justiça num grau mais pleno entre marido e mulher do que entre pai e filhos, ou entre senhor e escravos; de fato, justiça entre marido e mulher é Justiça Doméstica no sentido real, embora também seja diferente da Justiça Política.

A Justiça Política é de dois tipos, um natural, o outro convencional. Uma regra de justiça é natural quando tem a mesma validade em todas as partes e não depende de a aceitarmos ou não. Uma regra é convencional quando em primeira instância pode ser estabelecida de uma maneira ou de outra indiferentemente, embora deixe de ser indiferente depois de estabelecida: por exemplo, que o preço do resgate de um prisioneiro seja uma mina*, que um sacrifício consista em uma cabra e não em duas ovelhas... Algumas pessoas pensam que todas as regras de justiça são meramente convencionais, porque enquanto uma lei da natureza é imutável e possui a mesma validade em toda parte, assim como o fogo queima tanto aqui como na Pérsia, constata-se que as regras de justiça variam. Não é verdade absoluta que as regras de justiça variem apenas em certas condições. Talvez entre os deuses isso não seja verdade, mas em nosso mundo, embora exista a Justiça Natural, todas as regras de justiça são variáveis. Não obstante, a Justiça Natural existe, assim como existe a justiça não determinada pela natureza; e é fácil perceber quais regras de justiça, embora não absolutas, são naturais e quais não são naturais, mas sim legais e convencionais, sendo ambos os tipos variáveis. A mesma distinção é válida em todas as outras questões; por exemplo, a mão direita é naturalmente mais forte do que a esquerda; no entanto, é possível para qualquer homem tornar-se ambidestro.

As regras de justiça baseadas na convenção e na conveniência são como medidas padrão. As medidas do trigo e do vinho não são iguais em todos os lugares, mas são maiores na venda por atacado e menores nos mercados a varejo. Do mesmo modo, as regras de justiça determinadas não pela natureza mas sim pelo homem não são as mesmas em todos os lugares, já que as formas de governo não são as mesmas, embora em todos os lugares haja apenas uma forma de governo que é natural, a saber, a melhor forma.

As várias regras de justiça e de lei se relacionam com as ações, ajustando-se a elas como universais a particulares, pois as ações feitas são muitas, ao passo que cada regra ou lei é uma só, sendo universal.

Existe uma diferença entre "o que é injusto" e a "conduta injusta" e entre "o que é justo" e a "conduta justa". A natureza ou a lei decreta que uma coisa é injusta; quando essa coisa é feita, é uma "conduta injusta"; até ser feita, é apenas "injusta!"...

Sendo essa uma avaliação de ações justas e injustas, é sua execução voluntária que constitui a conduta justa ou injusta. Se um homem as pratica de maneira involuntária, não se pode dizer que agiu de forma justa ou injusta, exceto de maneira casual, no sentido de que comete um ato que se revela ser justo ou injusto. Por conseguinte, se uma ação é ou não um ato de injustiça, ou de justiça, depende de seu caráter voluntário ou involuntário. Quando é voluntário, o agente é responsabilizado, e apenas nesse caso a ação é um ato de injustiça; de modo que é possível que um ato seja injusto sem ser um ato de injustiça, se a condição de voluntariedade estiver ausente. Por ação voluntária... entendo qualquer ação sob controle do agente que ele executa de maneira intencional, isto é, sem ignorar a pessoa afetada, o instrumento empregado e o resultado (por exemplo, ele precisa conhecer a pessoa em que bate, a arma com que bate e o efeito do golpe); e em cada um desses aspectos devem-se excluir o acidente e a compulsão. Por exemplo, se A segura a mão de B e

---

* Mina era uma moeda grega, cujo valor situava-se entre o talento e o dracma. (N. do R. T.)

com ela golpeia C, B não seria um agente voluntário, já que o ato não estaria sob seu controle. Por outro lado, um homem pode bater em seu pai sem saber que se trata de seu pai, embora tenha consciência de que está batendo em uma pessoa, e que talvez seja uma ou outra das pessoas presentes; e a ignorância pode ser definida, do mesmo modo, com referência ao resultado e às circunstâncias da ação em geral. Um ato involuntário é, por conseguinte, um ato cometido na ignorância, ou então um ato que, embora não cometido na ignorância, não está sob controle do agente, ou é cometido sob efeito de compulsão; pois existem muitos processos naturais que executamos ou sofremos com conhecimento, embora nenhum deles seja voluntário ou involuntário; por exemplo, envelhecer e morrer.

Da mesma forma, um ato pode ser justo ou injusto por acaso. Um homem pode devolver um depósito sem realmente querer e por medo das consequências, e então não devemos dizer que pratica um ato justo, nem que age com justiça, a não ser acidentalmente; e, do mesmo modo, se um homem, por compulsão e contra sua vontade, deixa de devolver um depósito, só se pode dizer que ele age injustamente ou faz o que é injusto acidentalmente.

Por outro lado, os atos voluntários são divididos em atos feitos por escolha e atos não feitos por escolha, sendo os primeiros aqueles feitos após deliberação e os últimos aqueles feitos sem deliberação prévia.

Existem, portanto, três maneiras pelas quais um homem pode prejudicar seu companheiro. Um dano cometido em ignorância é um erro, quando a pessoa afetada, o ato, o instrumento ou o resultado são diferentes daqueles que o agente supôs; por exemplo, ele não pensava em atingir, ou então não com esse projétil, ou então não aquela pessoa, ou não com esse resultado, mas aconteceu de ou o resultado ser diferente do que ele esperava (por exemplo, ele não tencionava infligir um ferimento, apenas uma alfinetada), ou ser diferente a pessoa, ou o projétil. Quando o dano ocorre de maneira contrária à expectativa razoável, ele é (1) um infortúnio. Quando, apesar de não ser contrário à expectativa razoável, é feito sem má intenção, ele é (2) um erro culpável; pois um erro é culpável quando a causa da ignorância da pessoa reside nela mesma, mas apenas um infortúnio quando a causa está situada fora da pessoa. Quando um dano é causado de maneira consciente, mas não deliberada, ele é (3) um ato de injustiça ou de erro; tais, por exemplo, são os danos causados pela raiva ou qualquer outra paixão inevitável ou natural, à qual os homens estão sujeitos; visto que, ao cometer esses danos e erros, o homem age injustamente e sua ação é um ato de injustiça, mas ele não é *ipso facto* injusto ou malvado, pois o dano não foi feito por maldade. Contudo, quando um dano é feito por escolha, o agente é injusto e malvado. Daí que os atos devidos à raiva súbita não são considerados, com razão, atos premeditados com maldade, pois foram suscitados pelo homem que fez a provocação, não por aquele que agiu num acesso de paixão. Além disso, não é uma questão de fato, mas sim de justificação (posto que é a injustiça aparente que provoca a raiva); o fato do dano não é discutido (tal como é nos casos de contrato, onde uma parte ou a outra foi desonesta, a menos que tenha agido por negligência). Eles concordam em relação aos fatos, mas discutem de que lado está a justiça; de modo que um pensa que foi tratado de maneira injusta e o outro não pensa assim. Por outro lado, uma pessoa que causa um dano de forma intencional não está agindo em ignorância; mas, se um homem causa um dano com propósito predeterminado, ele é culpado de injustiça, e injustiça do tipo que torna o agente um homem injusto, se for um ato que viola a proporção ou a equanimidade. Do mesmo modo, uma pessoa que age de forma justa de propósito é um homem justo; mas só age justamente se agir de maneira voluntária.

Das ações involuntárias, algumas são perdoáveis e outras não. Os erros cometidos não apenas em ignorância, mas causados pela ignorância são perdoáveis; aqueles cometidos em ignorância, mas causados não pela ignorância e sim por paixão não natural nem humana, são imperdoáveis.

Mas talvez haja quem questione se nossa discussão sobre sofrer e cometer injustiça foi suficientemente definida; e antes de mais nada se a questão é de fato tal como Eurípedes a expressou nas estranhas palavras:

> Matei minha mãe – essa é a história em poucas
> [palavras!
> Ambos queriam ou ambos não queriam?

É realmente possível sofrer injustiça de modo voluntário ou, pelo contrário, o sofrer injustiça é sempre involuntário, assim como o agir injustamente é sempre voluntário? E, por outro lado, o sofrer injustiça é sempre voluntário, ou sempre involuntário, ou às vezes uma coisa e às vezes outra coisa? E, de modo semelhante, em relação a ser tratado com justiça (sendo sempre voluntário o agir com justiça). Assim, seria razoável supor que ser tratado com injustiça e ser tratado com justiça são semelhantemente opostos a agir com injustiça e agir com justiça, respectivamente: ou ambos são voluntários ou ambos são involuntários. Pareceria paradoxal afirmar que até mesmo ser tratado com justiça é sempre voluntário; pois às vezes as pessoas são tratadas de forma justa contra sua vontade. O fato é que uma outra questão deve ser levantada: deve-se sempre dizer de um homem que sofreu uma coisa injusta que ele foi tratado injustamente ou a mesma coisa é válida para o sofrer e o fazer algo injusto? Pode-se ser parte de um ato justo, seja como agente ou como objeto, por acidente. O mesmo também é verdade para um ato injusto: fazer o que é injusto não é idêntico a agir injustamente, assim como sofrer o que é injusto não é idêntico a ser tratado de forma injusta, e o mesmo é verdade para agir e ser tratado com justiça; pois é impossível ser tratado de forma injusta, a menos que o outro aja injustamente, ou ser tratado de forma justa, a menos que ele aja com justiça.

Mas, se agir de maneira injusta é simplesmente causar dano a alguém de modo voluntário, e de modo voluntário significa conhecer a pessoa afetada, o instrumento e a maneira do dano, conclui-se que o homem com autodomínio falho, porquanto causa dano a si mesmo de maneira voluntária, sofre voluntariamente injustiça, e também que é possível um homem agir de forma injusta em relação a si mesmo (pois a possibilidade disso também é uma questão discutida). Além disso, a falta de autodomínio pode fazer uma pessoa sujeitar-se voluntariamente a ser prejudicada por uma outra, o que por outro lado provaria que é possível sofrer injustiça de maneira voluntária. Mas talvez essa definição do agir de modo injusto esteja incorreta e devêssemos acrescentar às palavras "causar dano conhecendo a pessoa afetada, o instrumento e a maneira" a condição adicional "contra a vontade da pessoa". Se assim for, embora um homem possa ser prejudicado e sofrer uma coisa injusta de forma voluntária, ninguém pode sofrer injustiça voluntariamente, porque ninguém deseja ser prejudicado, nem mesmo o homem imoderado: ele age de modo contrário a seu desejo, já que ninguém deseja uma coisa que não ache boa, e o homem imoderado faz aquilo que pensa que não devia fazer. Não se pode dizer de alguém que dá aquilo que é seu – como Homero diz que Glauco deu a Diomedes

> armamentos de ouro por armamentos de bronze,
> o valor de cem bois pelo valor de nove –

que ele sofreu injustiça; pois, se dar depende da própria pessoa, sofrer injustiça não depende – tem de haver uma outra pessoa que aja injustamente.

Está claro, então, que não é possível sofrer injustiça de forma voluntária.

Ainda restam duas das questões que propusemos discutir: (1) o culpado de injustiça é sempre aquele que dá a parte indevidamente grande ou é sempre aquele que a recebe?; e (2) pode alguém tratar a si mesmo de maneira injusta?

Se a primeira alternativa for possível, isto é, se quem age de modo injusto for o doador e não o recebedor de uma parte grande demais, então, quando um homem cede, de modo consciente e voluntário, uma parte maior para uma outra pessoa que não ele mesmo – tal como se pensa que fazem as pessoas modestas, pois um homem equitativo é capaz de tomar menos do que lhe é devido –, é um caso de agir injustamente para consigo mesmo. Mas talvez isso também requeira qualificação. Porque é possível que o homem que deu a si mesmo a parte menor tenha recebido uma parte maior de alguma outra coisa boa, por exemplo, de honra ou de nobreza moral intrínseca. A inferência também pode ser refutada fazendo-se referência à nossa definição do agir injusto: no caso suposto, o distribuidor não fez coisa alguma a si mesmo contra seu desejo; por conseguinte, não sofre injustiça apenas porque ganha a parte menor; no máximo, sofre um dano.

E está claro que o doador, assim como o recebedor, de uma parte indevida pode estar agindo de maneira injusta, e que o recebedor não está fazendo isso em todos os casos. Porque a acusação de injustiça recai não sobre um homem do qual pode ser dito que faz o que é injusto, mas sim sobre aquele do qual se pode dizer que faz isso de forma voluntária, ou seja, aquele em quem a ação se origina; e a origem do ato neste caso reside no doador e não no recebedor da parte.

Por outro lado, "fazer uma coisa" tem mais de um significado. Num certo sentido, um assassinato é feito pelo instrumento inanimado, ou pela mão do assassino, ou por um escravo agindo sob a ordem de alguém. Mas, embora estes façam o que é injusto, não se pode dizer que agem injustamente.

Assim, se um juiz pronunciou um julgamento parcial na ignorância, ele não é culpado de injustiça, assim como o julgamento não é injusto, no sentido legal de justiça (embora o julgamento seja injusto num certo sentido, porque justiça legal é diferente da justiça no sentido primário); no entanto, se ele pronuncia um julgamento injusto de modo consciente, está tomando mais do que a sua parte, por favor ou vingança. Assim, um juiz que pronuncia um julgamento injusto por esses motivos, toma mais do que lhe é devido tal como se compartilhasse o produto da injustiça; porque até mesmo um juiz que cede um pedaço de terra nessas condições não recebe terra, mas sim dinheiro.

Os homens pensam que está em seu poder agir injustamente e, por conseguinte, é fácil ser justo. Mas na realidade não é assim. É fácil deitar com a mulher do vizinho, ou bater num circunstante, ou pôr dinheiro na mão de outro homem, e está no poder da pessoa fazer ou não essas coisas; mas fazê-las como resultado de uma certa disposição de mente não é fácil, e não está no poder da pessoa. Do mesmo modo, os homens supõem que não é preciso nenhuma sabedoria especial para saber o que é justo e o que é injusto, porque não é difícil compreender as coisas sobre as quais a lei se pronuncia. Mas as ações prescritas por lei são apenas acidentalmente ações justas. *De que maneira* uma ação deve ser executada, *de que maneira* uma distribuição deve ser feita para ser uma ação justa ou uma distribuição justa – saber isso é uma tarefa mais difícil do que saber qual tratamento médico produzirá saúde. Mesmo na medicina, embora seja fácil saber o que são o mel, o vinho e o heléboro, a cauterização e a cirurgia, tão difícil quanto ser médico é saber como, a quem e quando aplicá-los a fim de efetuar uma cura. E por essa mesma razão, os homens pensam que o homem justo pode agir de forma injusta tanto quanto de forma justa, porque o homem justo não é menos, mas sim mais capaz do que outro de fazer qualquer coisa injusta. Por exemplo, ele *pode* deitar com uma mulher, ou desferir um golpe, e um homem valente *pode* jogar fora seu escudo, e *pode* virar-se para a esquerda ou à direita e fugir. Mas ser covarde e ser culpado de injustiça não consiste em praticar essas coisas (exceto por acidente), mas sim em fazê-las a partir de uma certa disposição de mente; assim como ser médico e curar o paciente não é uma questão de empregar ou não cirurgia ou drogas, mas sim de agir assim de uma certa maneira.

Pretensões de justiça existem entre pessoas que compartilham de coisas boas, em termos gerais, e que podem ter uma parte grande demais ou pequena demais delas. Existem pessoas que não podem ter uma parte grande demais desses bens: sem dúvida nenhuma, por exemplo, os deuses. E existem aquelas que não podem obter nenhum benefício de parte alguma deles: a saber, os incuravelmente maus; para eles, todas as coisas que em geral são boas, são nocivas. Mas para outros, elas são benéficas dentro de certos limites; e esse é o caso dos comuns mortais.

A seguir, vamos falar de Equidade e do equitativo, e de sua relação com a Justiça e com o que é justo, respectivamente. O exame nos revela que Justiça e Equidade não são idênticas em absoluto, nem genericamente diferentes. Às vezes, é verdade, louvamos a equidade e o homem equitativo, a ponto de aplicarmos a palavra "equitativo" como um termo de louvor para outras coisas além do que é justo, e a empregarmos como equivalente de "bom", denotando com "mais equitativo" apenas que uma coisa é melhor. No entanto, em outras ocasiões, quando estudamos bem a questão, parece estranho que o equitativo devesse ser digno de louvor, se não for o mesmo que o justo. Se são diferentes, ou o justo ou o equitativo não é bom; se ambos são bons, são a mesma coisa.

São estas, mais ou menos, as considerações que dão origem à dificuldade quanto ao equitativo. Contudo, todas são corretas de certa maneira e na verdade não são inconsistentes. Porque a equidade, embora superior a uma espécie de justiça, é justa em si; não é superior à justiça por ser genericamente diferente dela. Por conseguinte, justiça e equidade são a mesma coisa, e ambas são boas, embora a equidade seja melhor.

A fonte da dificuldade é que a equidade, embora justa, não é justiça legal, mas sim uma retificação da justiça legal. A razão disso é que a lei é sempre uma declaração geral; no entanto, existem casos que não podem ser abrangidos numa declaração geral. Por isso, em questões das quais seja necessário falar em termos gerais, mas não seja possível fazê-lo de forma correta, a lei leva em consideração a maioria dos casos, embora tenha consciência do erro que isso implica. E isso não a torna uma lei errada; porque o erro não está na lei nem no legislador, mas sim na natureza do caso: o material da conduta é essencialmente irregular. Assim sendo, quando a lei formula uma regra geral e depois disso surge um caso que é uma exceção à regra, é correto, ali onde o pronunciamento do legislador é imperfeito e errôneo por causa de seu poder absoluto, retificar o defeito, decidindo como o próprio legislador decidiria se estivesse presente na ocasião, e como ele teria decretado se fosse notificado do caso em questão. Por isso, embora o equitativo seja justo e seja superior a uma espécie de justiça, ele não é superior à justiça absoluta, mas apenas ao erro decorrente de sua declaração absoluta. Essa é a natureza essencial do equitativo: é uma retificação da lei onde esta é imperfeita por causa de sua generalidade. De fato, essa é a razão pela qual nem todas as coisas são determinadas por lei: porque existem alguns casos para os quais é impossível formular uma lei, de modo que se torna necessário um decreto especial. Porque aquilo que em si é indefinido só pode ser medido por um padrão indefinido, como a régua de chumbo usada pelos construtores de Lesbos; assim como a régua não é rígida e pode ser moldada na forma da pedra, também se elabora um decreto especial que se ajuste às circunstâncias do caso.

É evidente agora o que é o equitativo, e que ele é justo e é superior a uma espécie de justiça. E daí está claro o que é o homem equitativo: é aquele que por escolha e hábito faz o que é equitativo, que não insiste em seus direitos de forma indevida, mas que se contenta em receber uma parte menor, embora tenha a lei a seu lado. E essa disposição descrita é a Equidade; é um tipo especial de Justiça, não uma qualidade inteiramente diferente.

A discussão precedente indicou a resposta para a questão de se é possível ou não que um homem cometa injustiça contra si mesmo. (1) Uma classe de ações justas consiste naqueles atos que estão de acordo com alguma virtude e que são determinados por lei. Por exemplo, a lei não autoriza o suicídio (e aquilo que ela não autoriza, de forma expressa, ela proíbe). Além disso, quando um homem causa de modo voluntário (o que significa com o conhecimento da pessoa afetada e do instrumento empregado) um dano (não em retaliação) que é contrário à lei, ele comete injustiça. Mas aquele que se mata num acesso de paixão, comete voluntariamente um dano (contra o princípio certo) que a lei não permite. Por conseguinte, o suicida comete injustiça; mas contra quem? Parece ser contra o Estado e não contra si mesmo; porque ele sofre voluntariamente, e ninguém sofre injustiça de forma voluntária. É por isso que o Estado cobra uma punição; o suicídio é punido com certas marcas de desonra, como sendo uma ofensa contra o Estado...

Num sentido metafórico e analógico, entretanto, existe certa justiça, não em relação a si mesmo, mas entre diferentes partes da natureza da pessoa; não, é verdade, a justiça no sentido pleno do termo, mas a justiça tal como subsiste entre senhor e escravo, ou entre o chefe de uma família e sua esposa e filhos. Pois nos discursos sobre essa questão se estabelece uma distinção entre a parte racional e irracional da alma; e é isso que leva as pessoas a supor que existe algo como injustiça para consigo mesmo, porque essas partes do eu podem ser contrariadas em seus respectivos desejos, de modo que pode haver uma espécie de justiça entre elas, tal como existe entre governante e súdito.

É o que pode ser dito na descrição da Justiça e das outras Virtudes Morais.

POLÍTICA[2]

Livro I

Todo Estado é uma comunidade de algum tipo, e toda comunidade é estabelecida com alguma boa finalidade; pois a humanidade sempre age a fim de obter aquilo que pensa ser bom. Mas, embora todas as comunidades visem algum bem, o Estado ou comunidade política, que é a mais elevada de todas e que abarca todo o resto, visa, e num grau mais alto do que qualquer outra, o bem mais elevado.

Ora, existe uma opinião errônea de que um estadista, rei, chefe de família e senhor são a mesma coisa e que diferem, não em tipo, mas apenas em número de súditos. Por exemplo, o governante de alguns é chamado de senhor; de mais pessoas, de administrador de uma família; de um número ainda maior, de estadista ou rei, como se não houvesse diferença entre uma grande família e um pequeno Estado. A distinção entre o rei e o estadista é a seguinte: quando o governo é pessoal, o governante é um rei; quando, de acordo com os princípios da ciência política, os cidadãos governam e são governados sucessivamente, então ele é chamado de estadista.

Mas tudo isso é um equívoco, porque os governos são de diferentes espécies, como ficará evidente para qualquer um que considerar a questão de acordo com o método que nos guiou até aqui. Tal como em outros departamentos da ciência, na política também o composto sempre deve ser decomposto nos elementos simples ou partes menores do todo. Assim, devemos olhar para os elementos que compõem o Estado, a fim de poder ver em que eles diferem uns dos outros, e se alguma distinção científica pode ser deduzida entre diferentes espécies de governo.

Quem, portanto, considerar as coisas em seu primeiro desenvolvimento e origem, seja um Estado ou qualquer outra coisa, obterá a visão mais clara delas. Em primeiro lugar (1), deve haver uma união entre aqueles que não podem existir uns sem os outros; por exemplo, entre homem e mulher, para que a raça possa continuar; e essa é uma união formada, não com propósito deliberado, mas porque, em comum com outros animais e plantas, a espécie humana tem um deseja natural de deixar uma imagem de si mes-

---

2. Traduzido para o inglês por Benjamin Jowett, publicado com permissão da Oxford University Press.

ma. E (2) deve haver uma união entre súdito e governante natural, para que ambos possam ser preservados. Porque aquele que pode antever com a mente é destinado por natureza a ser senhor e mestre, e aquele que sabe trabalhar com seu corpo é um súdito e, por natureza, um escravo; daí que senhor e escravo têm os mesmos interesses. A natureza, entretanto, distinguiu entre a mulher e o escravo. Porque ela não é sovina, como o ferreiro que molda a faca délfica para muitos usos; ela faz cada coisa para um único uso, e cada instrumento é mais bem feito quando destinado a um e não a muitos usos...

Desses dois relacionamentos entre homem e mulher, senhor e escravo, surge primeiro a família, e Hesíodo tem razão quando diz

Primeiro casa e esposa e um boi para o arado,

porque o boi é o escravo do homem pobre. A família é a associação estabelecida por natureza para suprir as necessidades cotidianas dos homens... Mas, quando várias famílias se unem, e a associação visa alguma coisa mais do que o suprimento das necessidades diárias, então nasce a aldeia. E a forma mais natural de aldeia parece ser a de uma colônia proveniente da família, composta dos filhos e netos dos quais se diz que foram "amamentados com o mesmo leite". E esta é a razão pela qual os Estados helênicos eram originalmente governados por reis; porque os helenos estavam sob governo real antes de se juntarem, como os bárbaros ainda estão. Toda família é governada pelo mais velho, e, por conseguinte, nas colônias da família prevaleceu a forma real de governo porque elas eram do mesmo sangue. Como Homero diz [dos ciclopes]:

Cada qual dá a lei para seus filhos e esposas...

Quando várias aldeias se unem numa única comunidade, perfeita e grande o bastante para ser quase ou totalmente autossuficiente, passa a existir o Estado, que nasce das meras necessidades da vida e continua a existir no interesse de uma vida boa. Portanto, se as formas anteriores de sociedade são naturais, assim também é o Estado, porque ele é a finalidade delas e a natureza [completada] é a finalidade. Porque aquilo que cada coisa é quando plenamente desenvolvida é o que denominamos sua natureza, quer estejamos falando de um homem, um cavalo ou uma família. Além disso, a causa final e finalidade de uma coisa é o melhor, e ser autossuficiente é a finalidade e o melhor.

Por conseguinte, é evidente que o Estado é uma criação da natureza e que o homem é, por natureza, um animal político. E aquele que por natureza, e não por mero acidente, não tem Estado, ou está acima da humanidade ou abaixo dela; ele é o

sem tribo, sem lei, sem lar

que Homero denuncia – o proscrito que é amante da guerra; ele pode ser comparado com uma peça desprotegida no jogo de damas.

Ora, é evidente a razão pela qual o homem é um animal mais político do que as abelhas ou qualquer outro animal gregário. A natureza, como se diz com frequência, não faz nada em vão, e o homem é o único animal que ela dotou com o dom da fala. E enquanto o mero som é apenas uma indicação de prazer ou dor, sendo por isso encontrado em outros animais... o poder da fala está destinado a expor o conveniente e o inconveniente, assim como o justo e o injusto. E é uma característica do homem que só ele possui algum senso do bem e do mal, do justo e do injusto, e a associação de seres vivos que possuem esse senso faz uma família e um Estado.

Portanto, o Estado é por natureza claramente anterior à família e ao indivíduo, já que o todo é necessariamente anterior à parte; por exemplo, se todo o corpo for destruído, não haverá pé nem mão, a não ser num sentido nominal, como quando se fala de uma mão de pedra; porque, quando destruída, a mão não será melhor. As coisas se definem por seu funcionamento e poder; e não deveríamos dizer que elas são as mesmas quando não são mais as mesmas, mas apenas que têm o mesmo nome. A prova de que o Estado é uma criação da natureza e é anterior ao indivíduo é o fato de que, quando isolado, o indivíduo não é autossuficiente; por conseguinte, ele é como uma parte em relação ao todo. Mas aquele que for incapaz de viver em sociedade, ou aquele que não tiver nenhuma necessidade dela porque é suficiente por si mesmo, deve ser uma besta ou um deus: não é parte de um Estado. Há um instinto social inculcado em todos os homens por natureza; no entanto, aquele que primeiro fundou o Estado foi o maior dos benfeitores. Porque o homem, quando aperfeiçoado, é o melhor dos animais, mas, quando apartado da lei e da justiça, é o pior de todos; pois a injustiça armada é a mais perigosa, e ele é equipado no nascimento com as armas da inteligência e com qualidades morais que pode usar para os piores fins. Portanto, se ele não tiver virtude, é o animal mais perverso e mais selvagem, e o mais cheio de luxúria e gula. Mas a justiça é o vínculo dos homens nos Estados, e a aplicação da justiça, que é a determinação do que é justo, é o princípio de ordem na sociedade política...

Falemos primeiro de senhor e escravo, olhando para as necessidades da vida prática e também buscando alcançar uma teoria de sua relação que seja melhor do que a que existe no presente. Porque alguns acham que o mando de um senhor é uma ciência, e que a administração de uma família, o controle de escravos e o governo político e real, como eu dizia no começo, são a mesma coisa. Outros afirmam que o mando de um senhor sobre escravos é contrário à natureza, e que a distinção entre escravo e homem livre só existe por lei e não por natureza; e que, por conseguinte, como é uma interferência na natureza, é injusto.

A propriedade é parte da família e, portanto, a arte de adquirir propriedades é parte da arte de administrar a família; porquanto nenhum homem pode viver bem, ou mesmo viver apenas, a menos que disponha das coisas necessárias. Assim como nas artes que têm uma esfera definida os trabalhadores precisam possuir seus instrumentos apropriados para a realização do trabalho, o mesmo se dá na administração de uma casa. Ora, os instrumentos são de várias espécies; alguns são vivos, outros inanimados; no timão, o piloto de um barco tem um inanimado; no vigia, um instrumento vivo; porque nas artes o servo é um tipo de instrumento. Desse modo, também, a posse é um instrumento de manutenção da vida. E assim, na organização da família, um escravo é uma posse viva, a propriedade, uma série desses instrumentos, e o próprio servo é um instrumento que tem precedência sobre todos os outros instrumentos... Fala-se de uma posse tal como se fala de uma parte; porque a parte não é apenas uma parte de alguma outra coisa, mas pertence por inteiro a ela; e isso também é verdade em relação a uma posse. O senhor só é senhor do escravo; não pertence a ele, enquanto o escravo não é apenas o escravo de seu mestre, mas pertence por inteiro a ele. Daí vemos qual é a natureza e o ofício de um escravo; aquele que por natureza não se pertence, mas sim a um outro, e no entanto é um homem, é por natureza um escravo; e pode-se dizer que aquele que pertence a um outro, sendo um ser humano, também é uma posse. E posse pode ser definida como um instrumento de ação, separável do possuidor.

Mas existe alguém que está desse modo destinado a ser escravo, e para quem tal condição é conveniente e certa, ou seria a escravidão uma violação da natureza?

Não há nenhuma dificuldade em responder a essa questão, com base tanto na razão como nos fatos. Pois que alguns devam governar e outros serem governados é uma coisa, não apenas necessária, mas conveniente; a partir do momento de seu nascimento, alguns são destinados à sujeição, outros ao governo...

Mas é fácil ver que aqueles que têm opinião contrária têm a razão de certa maneira a seu lado. Porque as palavras escravidão e escravo são usadas em dois sentidos. Existe escravo ou escravidão tanto por lei como por natureza. A lei a que me refiro é uma espécie de convenção, segundo a qual o que quer que seja tomado na guerra deve pertencer aos vitoriosos. Mas muitos juristas contestam esse direito, como contestariam um orador que apresentasse uma medida inconstitucional: eles abominam a ideia de que, porque um homem tem o poder de cometer violência e é superior em força bruta, um outro deva ser seu escravo e súdito. Mesmo entre os filósofos existe uma diferença de opinião. A origem da discussão, e a razão pela qual as argumentações se opõem, é a seguinte: pode-se considerar que a virtude, quando bem equipada, tem mais poder de cometer violência; e como poder superior só é encontrado onde existe algum tipo de excelência superior, imagina-se que poder implique virtude. Mas implica também justiça? – eis a questão. Para distinguir justiça e virtude, alguns afirmam que justiça é benevolência; ao que outros replicam que justiça nada mais é que a lei do superior. Se as duas opiniões são consideradas antagônicas e exclusivas [isto é, a ideia de que justiça é benevolência exclui a ideia de uma lei justa de um superior], a alternativa [a saber, que ninguém deve imperar sobre outros] não tem nenhuma força ou plausibilidade, porque implica que nem mesmo o superior em virtude deveria governar, ou ser senhor. Alguns, acreditando aferrar-se a um princípio de justiça (pois lei e costume são uma espécie de justiça), supõem que a escravidão na guerra se justifica por lei, mas eles não são coerentes. E se a causa da guerra for injusta? Ninguém jamais diria que é escravo aquele que é indigno de sê-lo. Se assim fosse, homens da mais alta posição social seriam escravos e filhos de escravos, caso eles ou seus pais tivessem sido aprisionados e vendidos. É por isso que os helenos não gostam de se chamar de escravos, e restringem o termo aos bárbaros. No entanto, ao usar essa linguagem, eles na verdade se referem ao escravo natural de quem falamos a princípio; porque deve-se admitir que alguns são escravos em toda parte, outros em parte alguma. O mesmo princípio se aplica à nobreza. Os helenos se consideram nobres em toda parte, não apenas em seu próprio país, mas só julgam os bárbaros nobres quando estão em casa, sugerindo assim que existem dois tipos de nobreza e liberdade, um absoluto, o outro relativo. A Helena de Teodectos diz:

> Quem ousaria chamar-me serva se descendo da estirpe dos deuses, e dos dois lados?

O que isso significa a não ser que eles distinguem liberdade e escravidão, nascimento nobre e humilde, pelos dois princípios do bem e do mal? Eles pensam que assim como homens e animais procriam homens e animais, do mesmo modo um homem bom se origina de homens bons. Mas, embora seja essa a intenção da natureza, com frequência não consegue realizá-la.

Vemos então que existe certo fundamento para essa diferença de opinião, e que alguns verdadeiros homens livres e escravos não o são por natureza, e também que existe em alguns casos uma marcante distinção entre as duas classes, tornando conveniente e certo para uma ser escravos e para a outra ser senhores; uma praticando a obediência, a outra exercendo a autoridade que a natureza pretendeu que tivesse. O abuso dessa autoridade é prejudicial a ambas; porque os interesses da parte e do todo, do corpo e da alma, são os mesmos, e o escravo é uma parte do amo, uma parte viva, porém separada de sua estrutura corpórea. Onde a relação entre eles é natural, eles são amigos e têm um interesse comum; mas onde ela se apoia apenas na lei e na força, o contrário é verdade.

As observações anteriores bastam para mostrar que o mando de um senhor não é um mando constitucional e, por conseguinte, que os diferentes tipos de mando não são, como alguns afirmam, os mesmos. Porque existe um governo exercido sobre súditos que são livres por natureza, um outro que é exercido sobre súditos que são escravos por natureza. O governo de uma casa é uma monarquia, pois em cada casa há um só chefe; enquanto o governo constitucional é um governo de homens livres e iguais...

... Ora, se a natureza não faz nada incompleto, e nada em vão, deve-se concluir que ela fez todos os animais e plantas para benefício do homem. E assim, num certo ponto de vista, a arte da guerra é uma arte natural de aquisição, porque inclui a caça, arte que devíamos praticar contra bestas selvagens e contra os homens que, embora destinados por natureza a serem governados, não se submetem; pois guerra desse tipo é naturalmente justa.

Da arte da aquisição existe, portanto, um tipo que é natural e parte da administração de uma casa. Devemos supor que ou as coisas necessárias para a vida existem previamente, ou que a arte da administração da casa deve providenciá-las para o uso comum da família ou do Estado. São os elementos da verdadeira riqueza; porque a quantidade de propriedade que é necessária para uma boa vida não é ilimitada, embora Sólon diga num de seus poemas:

> Não foi fixado nenhum limite para as riquezas do homem.

Mas há um limite fixado, assim como nas artes; porque os instrumentos de qualquer arte nunca são ilimitados, em número ou tamanho, e a riqueza pode ser definida como certo número de instrumentos a serem usados numa casa ou num Estado. E vemos assim que existe uma arte natural de aquisição que é praticada por administradores de casas e por estadistas, e qual a razão disso.

Existe uma outra variedade da arte de aquisição que é chamada, em geral e com razão, de arte de ganhar dinheiro e que de fato sugeriu a ideia de que riqueza e propriedade não têm limite. Estando intimamente relacionada com a precedente, muitas vezes é identificada com ela. Mas, embora não sejam muito diferentes, tampouco são a mesma coisa. O tipo já descrito é dado por natureza, o outro é adquirido por experiência e arte.

Comecemos nossa discussão da questão com as seguintes considerações:

De tudo que possuímos existem dois usos: ambos pertencem à coisa como tal, mas não da mesma maneira, porque um é o uso adequado e o outro o inadequado ou secundário. Por exemplo, um sapato é usado para se calçar e é usado para troca; ambos são usos do sapato. Aquele que dá um sapato em troca de dinheiro ou comida para outro que o deseja, usa de fato o sapato como sapato, mas não é esse o propósito adequado ou primário do sapato, porque um sapato não foi feito para ser um objeto de permuta. O mesmo pode ser dito de todas as posses, porque a arte da troca se estende a todas elas, e surge em princípio de maneira natural a partir da circunstância de que alguns têm de menos, outros demais. Por isso podemos deduzir que o comércio a varejo não é uma parte natural da arte de ganhar dinheiro; se assim fosse, os homens deixariam de trocar quando tivessem o bastante. E, na primeira comunidade que é a família, é óbvio que essa arte não tem nenhum uso, e só começa a ser útil quando a sociedade aumenta. Porque os membros da família tinham originalmente todas as coisas em comum; numa sociedade mais dividida, eles ainda compartilhavam muitas coisas, mas eram coisas diferentes que tinham para dar em troca do que desejavam, uma espécie de permuta que ainda é praticada entre as nações bárbaras que trocam entre si as coisas necessárias para a vida e nada mais; dar e receber vinho, por exemplo, em troca de trigo e coisas semelhantes. Esse tipo de permuta não faz parte da arte de ganhar dinheiro e não é contrária à natureza, mas é necessário para a satisfação das necessidades naturais dos homens. A outra forma ou a forma mais complexa de troca originou-se da mais simples. Quando os habitantes de um país se tornaram mais dependentes dos de outro país, e importavam o que precisavam, exportando o excedente, o dinheiro entrou necessariamente em uso. Como as várias coisas necessárias à vida não podem ser carregadas com facilidade de um lado para outro, os homens concordaram em empregar em suas transações entre si alguma coisa que tivesse utilidade intrínseca e fosse facilmente aplicável aos propósitos da vida, por exemplo, ferro, prata e coisas semelhantes. O valor dessas coisas era medido a princípio pelo tamanho e peso, mas com o decorrer do tempo colocaram um selo nelas para poupar o trabalho de pesar e marcar o valor.

Quando o uso da moeda foi descoberto, da permuta dos artigos necessários surgiu a outra arte de ganhar dinheiro, a saber, o comércio a varejo; o que a princípio era provavelmente uma questão simples ficou mais complicado tão logo os homens aprenderam por experiência de onde e com que trocas se poderia obter o maior lucro. Por ter se originado no uso da moeda, acredita-se em geral que a arte de ganhar dinheiro relaciona-se sobretudo com isso, e que seja essa arte que produz riqueza e dinheiro: considerar como elas podem ser acumuladas. De fato, muitos supõem que riqueza seja apenas uma quantidade de moedas, porque a arte de ganhar dinheiro e o comércio a varejo têm relação com a moeda. Outros sustentam que o dinheiro cunhado é uma mera fraude, uma coisa não natural, apenas convencional, que não teria nenhum valor ou uso para qualquer um dos propósitos da vida diária se os usuários decidissem substituí-lo por outra mercadoria. E, de fato, aquele que é rico em moedas muitas vezes pode estar carente da comida necessária. Mas que tipo de riqueza é essa da qual um homem possa ter uma grande abundância e mesmo assim morrer de fome, como o Midas da fábula cuja insaciável súplica transformava em ouro tudo que era colocado diante dele?

Os homens buscam uma ideia de riqueza e da arte de ganhar dinheiro melhor do que a mera aquisição de moeda, e eles têm razão. Porque riqueza natural e arte natural de ganhar dinheiro são coisas diferentes... O atributo da coragem, por exemplo, não se destina a ganhar dinheiro, mas sim a inspirar confiança; tampouco é essa a meta da arte do general ou do médico; um visa a vitória e o outro a saúde. Não obstante, alguns homens transformam todo atributo ou arte num meio para ganhar dinheiro; concebem isso como se fosse a finalidade, e todas as coisas devessem contribuir para sua promoção.

Consideramos até aqui a arte de ganhar dinheiro que é desnecessária, e por que os homens o desejam; e também a arte necessária de ganhar dinheiro, que vimos ser diferente da outra e ser uma parte natural da arte de administrar uma casa, relacionada com o suprimento de comida, não sendo, entretanto, como a forma anterior, ilimitada, mas tendo um limite.

E encontramos a resposta para nossa questão original: a arte de ganhar dinheiro é ou não é tarefa do administrador de uma casa e do estadista? – a saber, pressupõe-se que eles dominem essa arte. A ciência política não faz os homens, tira-os da natureza e os usa; e a natureza os supre com comida, seja do elemento terra, ar ou mar. É nesse estágio que começa o dever do administrador de uma casa, que tem de ordenar as coisas que a natureza fornece; ele pode ser comparado com o tecelão que não precisa fazer e sim usar a lã, além de saber que tipo de lã é bom e aproveitável ou ruim e imprestável. Fosse de outra maneira, seria difícil entender por que a arte de ganhar dinheiro seria uma parte da administração de uma casa e a arte da medicina não; porque, com certeza, os membros de uma casa precisam ter saúde assim como precisam de vida ou de qualquer outra necessidade. Se, de certo ponto de vista, o senhor de uma casa e o governante do Estado têm de ponderar sobre a saúde, de outro ponto de vista, não são eles, mas sim o médico; assim, de uma maneira é a arte da administração da casa, de outra maneira a arte subordinada que tem de pensar sobre dinheiro. Mas, em termos estritos, como eu sempre disse, os meios da vida devem ser proporcionados de antemão pela natureza; porque a tarefa da natureza é fornecer comida para aquilo que nasceu, e a comida da descendência é sempre um excedente para os pais. Por isso, a arte de ganhar dinheiro com frutas e animais sempre é natural.

Das duas maneiras de enriquecer, uma, como acabei de dizer, é parte da administração da casa; a outra, é o comércio a varejo; sendo a primeira necessária e honrosa, e a última um tipo de permuta que é censurada com razão; porque não é natural e é um modo pelo qual os homens lucram sobre os outros. O tipo mais odiado, e com a maior razão, é a usura, que tira lucro do próprio dinheiro, e não do uso natural dele. Pretendia-se que o dinheiro fosse usado como meio de troca, não para aumentar a juros...

... Também seria bom reunir as histórias dispersas sobre as maneiras pelas quais indivíduos acumularam fortunas; pois todas são úteis para as pessoas que apreciam a arte de ganhar dinheiro. Há a anedota de Tales de Mileto e seu estratagema financeiro que envolve um princípio de aplicação universal, mas que é atribuído a ele por conta de sua reputação de sabedoria. Ele foi repreendido por sua pobreza, que supostamente demonstrava que a filosofia era inútil. Conta a história que, a partir do conhecimento que tinha das estrelas, ele sabia, ainda no inverno, que haveria uma grande colheita de azeitonas no ano seguinte; assim, dispondo de um pequeno capital, fez um pagamento adiantado pelo uso de todas as prensas de azeitona de Quios e Mileto, que alugou por um preço baixo porque ninguém fez oferta contra ele. Quando chegou o tempo da colheita e muitos queriam todas as prensas de uma vez e de repente, ele alugou-as pelo preço que bem entendeu e ganhou uma boa quantidade de dinheiro. Desse modo, mostrou para o mundo que os filósofos podem facilmente ficar ricos se quiserem, mas que sua ambição é de outro tipo. Presume-se que ele tenha dado uma prova notável de sua sabedoria, mas, como eu estava dizendo, seu estratagema para obter dinheiro é de aplicação universal, nada mais sendo do que a criação de um monopólio. É uma arte que as cidades praticam com frequência quando estão com falta de dinheiro; elas fazem um monopólio de provisões...

... Os estadistas deviam conhecer essas coisas; porque muitas vezes um Estado tem tanta falta de dinheiro e dos estratagemas para obtê-lo como uma casa, ou talvez ainda mais; é por isso que alguns homens públicos se dedicam inteiramente às finanças.

Vimos que na administração da casa existem três partes – uma delas é o mando de um senhor sobre os escravos, que já foi discutido; outra, o de um pai, a terceira, o de um marido. O marido e pai governa sobre a mulher e os filhos, ambos livres, mas o mando difere, sendo o mando sobre os filhos régio e sobre a esposa, constitucional. Porque, embora possa haver exceções na ordem da natureza, o homem é por natureza mais apto para o comando do que a mulher, assim como o mais velho e adulto é superior ao mais jovem e imaturo. Mas, na maioria dos Estados constitucionais, os cidadãos governam e são governados em turnos, porque a ideia de um Estado constitucional implica que a natureza dos cidadãos é igual e não difere em absoluto. Não obstante, quando um governa e o outro é governado, esforçamo-nos em criar uma diferença nas formas exteriores e nos modos de tratamento e títulos de respeito, que pode ser ilustrada no dito de Amásis sobre sua bacia para lavar pés. A relação do homem com a mulher é desse tipo, mas aí a desigualdade é permanente. O mando de um pai sobre seus filhos é régio, porque recebe tanto o amor como o respeito devido à idade, exercendo uma espécie de poder real. Por isso Homero chamou Zeus, de maneira apropriada, de "pai de deuses e homens", porque ele é o rei de todos eles. Pois um rei é o superior natural de seus súditos, mas deveria ser do mesmo sangue ou espécie deles, e essa é a relação entre mais velhos e mais jovens, entre pai e filho...

... Em geral, podemos perguntar sobre o governante natural e o súdito natural, se eles possuem as mesmas ou indiferentes virtudes. Porque em ambos se requer igualmente uma natureza nobre, mas, se assim for, por que um deles deveria sempre governar e o outro sempre ser governado? Tampouco podemos dizer que isso é uma questão de grau, porquanto a diferença entre governante e súdito é uma diferença de espécie e, por conseguinte, não de grau; no entanto, como é estranha a suposição de que um devia e o outro não devia possuir virtudes! Se o governante for imoderado e injusto, como poderá governar bem? Se súdito, como poderá obedecer bem? Se ele for licencioso e covarde, com certeza não cumprirá seu dever. Por conseguinte, é evidente que ambos devem ter uma cota de virtude, mas variando de acordo com suas naturezas variadas... quase todas as coisas governam e são governadas de acordo com a natureza. Mas o tipo de governo difere; o governo do homem livre sobre o escravo é diferente daquele do homem sobre a mulher, ou do homem sobre a criança; embora as partes da alma estejam presentes em todos os casos, estão presentes em graus diferentes. Porque o escravo não possui nenhuma faculdade deliberativa; a mulher possui, mas sem autoridade; a criança possui, mas é imatura. De modo que também devem ter necessariamente virtudes morais; todos devem partilhar delas, mas apenas da maneira e grau exigidos para que cada qual cumpra seu dever. Por isso, o governante deve ter virtudes morais perfeitas, porquanto seu dever é o de um mestre artífice, e o mestre artífice é razão; por outro lado, os súditos só precisam ter o montante de virtude apropriado a cada um. É claro, então, que a virtude moral pertence a todos eles; mas a temperança de um homem e de uma mulher, ou a coragem e justiça de um homem e de uma mulher não são, como Sócrates sustentava, as mesmas; a coragem de um homem é demonstrada no comando; a de uma mulher, na obediência. E isso se aplica a todas as outras virtudes, como se verá com mais clareza se olharmos para elas em detalhes, porque aqueles que dizem de modo genérico que a virtude consiste numa boa disposição da alma, ou em fazer o que é direito, ou coisas semelhantes, apenas iludem a si mesmos. Muito melhor do que essas definições é o modo de falar de um Górgias, que enumera as virtudes. Deve-se imaginar que todas as classes tenham seus atributos especiais, tal como o poeta diz das mulheres:

> O silêncio é a glória de uma mulher,

mas não de maneira idêntica à glória do homem. A criança é imperfeita e, por conseguinte, é óbvio que sua virtude não é relativa apenas a ela, mas sim ao homem perfeito e a seu professor; de maneira semelhante, a virtude do escravo é relativa a seu senhor. Determinamos que um escravo é útil para as necessidades da vida, portanto, é óbvio que irá precisar apenas do tanto de virtude que o impeça de falhar em seu dever por covardia e intemperança...

Livro II

Nosso propósito é considerar que forma de comunidade política é a melhor dentre as mais capazes de realizar seu ideal de vida...

Começaremos com o início natural do tema. Pode-se conceber três alternativas: os membros de um Estado devem ter (1) todas as coisas, (2) nada em comum ou (3) algumas coisas em comum e outras não. É claramente impossível que não devam ter nada em comum, porque o Estado é uma comunidade e, de qualquer maneira, precisa ter um lugar comum – uma cidade estará num lugar e os cidadãos são aqueles que compartilham dessa cidade. Mas todo Estado bem regulado deve ter todas as coisas possíveis em comum ou apenas algumas e outras não? É concebível que os cidadãos tenham mulheres, filhos e propriedade em comum, como Sócrates propõe na *República* de Platão. Qual é a melhor condição, a nossa atual ou a nova ordem da sociedade proposta?

Há muitas dificuldades na comunidade de mulheres. O princípio no qual Sócrates baseia a necessidade dessa instituição não parece justificado por seus argumentos; além disso, como meio para o fim que ele atribui ao Estado, essa proposta, tomada literalmente, é impossível; por fim, em nenhuma parte está afirmado com exatidão o modo como devemos limitar e qualificar isso. Refiro-me à premissa da qual procede o argumento de Sócrates, "que quanto maior a unidade do Estado, melhor". Não é óbvio que, se um Estado acabar alcançando tal grau de unidade, deixará de ser um Estado? – a natureza de um Estado é ser uma pluralidade; ao tender a uma unidade maior, de Estado ele se torna família, e de família se torna indivíduo; pois pode-se dizer que a família é mais que o Estado, e o indivíduo mais que a família. De modo que não devemos alcançar essa extrema unidade, supondo que fosse possível, porque seria a destruição do Estado. Por outro lado, um Estado não é composto apenas de um conjunto de homens, mas de diferentes tipos de homens; porque semelhantes não constituem um Estado. Não é como uma aliança militar, cuja utilidade depende da quantidade, mesmo não havendo diferença de qualidade. Porque o fim visado é a proteção mútua; a questão é a mesma no que se refere aos pratos de uma balança: qual é o mais pesado?...

... É claro que a extrema unificação do Estado não é boa; porque uma família é mais autossuficiente do que um indivíduo, e uma cidade mais do que uma família, e uma cidade só passa a existir quando a comunidade é grande o bastante para ser autossuficiente. Então, se se deseja a autossuficiência, o menor grau de unidade é mais desejável do que o maior.

Mesmo supondo que seria melhor para a comunidade ter o máximo grau de unidade, essa unidade não está indicada pelo fato "de todos os homens dizerem 'meu' e 'não meu' no mesmo instante de tempo", que, de acordo com Sócrates, é o sinal da perfeita unidade num Estado... Porque aquilo que é comum ao maior número acaba recebendo menor atenção. Cada um pensa sobretudo em seu próprio interesse, dificilmente no interesse comum de todos; e apenas quando ele próprio for afetado enquanto indivíduo. Porque, à parte outras considerações, todo o mundo está mais inclinado a negligenciar o dever que espera que um outro cumpra; assim como nas famílias muitos criados são com frequência menos úteis do que alguns. Cada cidadão terá mil filhos que não serão seus filhos individualmente, mas qualquer um será igualmente filho de qualquer pessoa e, desse modo, será negligenciado por todos da mesma maneira... Tampouco existe alguma maneira de impedir que irmãos, filhos, pais e mães se reconheçam às vezes; porque os filhos nascem iguais a seus pais e necessariamente vão encontrar indicações de seu relacionamento mútuo. Os geógrafos declaram que isso é um fato; eles dizem que na Alta Líbia, onde as mulheres são comuns, ainda assim as crianças que nascem são atribuídas a seus respectivos pais, com base em sua semelhança. E algumas mulheres, como as fêmeas de outros animais – por exemplo, éguas e vacas –, têm uma forte tendência a gerar filhos que parecem com seus pais, como foi o caso da égua da Farsália chamada Dicae (a Justa).

Outros males que os autores de tal comunidade dificilmente evitariam seriam assaltos e homicídios, tanto voluntários como involuntários, rixas e difamações, atos esses ainda mais terríveis quando cometidos contra pais, mães e relações próximas, mas não igualmente terríveis quando não existe nenhum relacionamento. Além disso, eles são muito mais prováveis de ocorrer se o relacionamento é desconhecido, e, tendo ocorrido, as costumeiras expiações não podem ser feitas...

... Resumindo, o resultado dessa lei seria justamente o oposto daquele que as boas leis deveriam objetivar, e a intenção de Sócrates ao fazer esses regulamentos sobre mulheres e crianças se frustraria. Acreditamos que a amizade seja o maior bem dos Estados e o que os protege das revoluções; tampouco existe alguma coisa que Sócrates enalteça tanto como a unidade do Estado, que ele e todo o mundo declaram ser criada pela amizade. Mas a unidade que ele recomenda seria igual àquela dos amantes no *Simpósio*, os quais, como Aristófanes diz, desejam fundir-se no excesso de seu afeto, e de dois tornarem-se um, caso em que, com certeza, um ou ambos pereceriam. Ao passo que [de fato ocorrerá o oposto] num Estado que tenha mulheres e crianças em comum, o amor será insípido; e o pai decerto não dirá "meu filho" ou o filho, "meu pai". Assim como um pouco de vinho doce mesclado com uma grande quantidade de água é imperceptível na mistura, do mesmo modo, nesse tipo de comunidade, a ideia de relacionamento que se baseia nesses nomes estará perdida; não haverá razão pela qual o assim chamado pai se preocupe com o filho, ou o filho com o pai, ou um irmão com o outro. Das duas principais qualidades que inspiram o respeito e o afeto – que uma coisa seja sua e que você a ame – nenhuma delas pode existir num Estado como esse...

Vamos considerar quais seriam os arranjos em relação à propriedade: os cidadãos do Estado perfeito deveriam ter suas posses em comum ou não?...

... Se eles não compartilham por igual os divertimentos e os trabalhos pesados, aqueles que trabalham muito e ganham pouco irão necessariamente se queixar daqueles que trabalham pouco e recebem ou consomem muito. Sempre existem dificuldades quando os homens vivem juntos e têm coisas em comum, mas em especial quando têm uma propriedade em comum. As parcerias dos companheiros de viagem são um exemplo disso, porque em geral eles têm desavenças no caminho e discutem por causa de qualquer trivialidade. O mesmo ocorre com os criados: estamos mais sujeitos a nos ofender com aqueles com os quais temos contato mais frequente na vida diária.

Essas são apenas algumas das desvantagens inerentes à comunidade da propriedade; o presente arranjo, se for aperfeiçoado como pode ser por meio de bons costumes e leis, seria muito melhor e teria as vantagens de ambos os sistemas. A propriedade seria, num certo sentido, comum, mas, como regra geral, privada; porque, quando cada um tiver um interesse distinto, os homens não se queixarão uns dos outros e progredirão mais, porque cada um estará cuidando de seus próprios assuntos. E, no entanto, entre os bons e em respeito aos usos, os "amigos", como diz o provérbio, "terão todas as coisas em comum". Mesmo agora existem indícios desse princípio, demonstrando que ele não é impraticável: em Estados bem regulados ele já existe em certa medida e pode ser levado mais adiante. Embora cada homem tenha sua propriedade, algumas coisas ele colocará à disposição de seus amigos, e outras irá compartilhar com eles. Os lacedemônios, por exemplo, usam os escravos uns dos outros, assim como os cavalos e cães, como se fossem seus; e, quando passam pelo campo, apropriam-se das provisões que bem entenderem. É claramente melhor que a propriedade seja privada, mas o uso dela deve ser comum; e a tarefa especial do legislador é criar nos homens essa disposição benevolente. Por outro lado, o prazer que um homem sente quando uma coisa é sua é incomensuravelmente maior; porque o amor por si mesmo é um sentimento implantado pela natureza e não dado em vão, embora o egoísmo seja censurado com razão; ser egoísta, entretanto, não é simplesmente amar a si mesmo, mas amar a si mesmo em excesso, como o amor do avarento pelo dinheiro; porque todos, ou quase todos os homens amam o dinheiro e outros desses objetos até certo ponto. Além disso, fazer uma gentileza ou prestar serviço para amigos, convidados ou companheiros é fonte de grande prazer, que só pode ser feito quando um homem possui propriedade privada. Essas vantagens perdem-se com a excessiva unificação do Estado. Duas virtudes são aniquiladas num Estado desses: primeiro, a temperança em relação às mulheres (é uma ação honrosa abster-se da mulher de um outro por temperança); segundo, a liberalidade na questão da propriedade. Quando os homens têm todas as coisas em comum, ninguém mais dará um exemplo de liberalidade, nem fará alguma ação liberal; porque a liberalidade consiste no uso que é feito da propriedade.

Essa legislação pode ter uma aparência ilusória de benevolência; os homens a obedecem prontamente e são induzidos com facilidade a acreditar que, de alguma maneira maravilhosa, todo o mundo será amigo de todo o mundo, sobretudo quando se ouve alguém denunciando os males que agora existem nos Estados, processos por causa de contratos, condenações por perjúrio, adulações de ricos e coisas semelhantes que, supostamente, decorreriam da posse da propriedade privada. Esses males, contudo, devem-se a uma causa muito diferente – a maldade da natureza humana. Na verdade, constatam-se muito mais disputas entre aqueles que têm todas as coisas em comum, embora eles não sejam muitos quando comparados com o vasto número dos que possuem propriedade privada...

... O erro de Sócrates deve ser atribuído à falsa noção de unidade da qual ele parte. Deveria haver unidade, tanto da família como do

Estado, mas apenas em certos aspectos. Porque existe um ponto no qual um Estado alcança tamanho grau de unidade que deixa de sê-lo, ou no qual, sem deixar de existir de fato, torna-se um Estado inferior, como se a harmonia fosse reduzida a um uníssono ou o ritmo a um simples compasso. O Estado, como eu estava dizendo, é uma pluralidade que deveria ser unida e convertida numa comunidade pela educação; e é estranho que o autor de um sistema de educação, que a seu ver tornaria o Estado virtuoso, esperasse melhorar seus cidadãos com regulamentos desse tipo, e não com filosofia ou costumes e leis como as que prevalecem em Esparta e Creta a respeito das refeições comuns, pelas quais o legislador tornou [em certa medida] comum a propriedade. Lembremos que não devemos desprezar a experiência da história; se essas coisas fossem boas, com certeza não teriam sido desconhecidas durante tão longos anos; porque quase tudo foi descoberto, embora às vezes não tenha sido reunido; em outros casos, os homens não usam o conhecimento que possuem...

Platão, em *Leis*, opinava que a acumulação devia ser permitida até certo ponto, proibindo-se, como já observei, que qualquer cidadão possuísse mais do que cinco vezes a qualificação mínima. Mas aqueles que fazem essas leis deviam lembrar aquilo que tendem a esquecer – que o legislador que determina a quantidade de propriedade também deveria determinar o número de filhos; porque, se os filhos forem demais para a propriedade, a lei tem de ser transgredida. E, além da violação da lei, é indesejável que muitos que são ricos virem pobres; porque homens de fortunas arruinadas com certeza provocam revoluções. O fato de que a equiparação da propriedade exerce uma influência sobre a sociedade política foi compreendido claramente até mesmo por alguns dos velhos legisladores. Sólon e outros fizeram leis proibindo um indivíduo de possuir tanta terra quanto lhe agrade; e há Estados em que existem leis que proíbem a venda de propriedades; entre os lócrios, por exemplo, existe uma lei que diz que um homem não pode vender sua propriedade a menos que possa provar, de forma inequívoca, que lhe aconteceu um infortúnio. Por outro lado, há leis que ordenam a preservação dos lotes originais. Tal lei existia na ilha de Lêucade, e sua revogação tornou a Constituição democrática demais porque os governantes já não possuíam mais a qualificação prescrita. Por outro lado, onde há igualdade de propriedade, a quantidade pode ser grande demais ou pequena demais, e o possuidor pode estar vivendo no luxo ou na penúria. Está claro, então, que o legislador devia não apenas visar a equiparação das propriedades, mas também a moderação de sua quantidade. E, no entanto, se ele prescrever essa quantidade moderada igualmente para todos, não estará mais próximo do objetivo; porque não são as posses, mas sim os desejos da humanidade que precisam ser equiparados, e isso é impossível, a menos que o Estado proporcione uma educação suficiente. Mas é provável que Faleas responda que é precisamente isso que ele pretende; e que, em sua opinião, deveria haver nos Estados não apenas propriedade igual, mas também educação igual. No entanto, ele deveria dizer-nos qual o caráter dessa educação; não adianta ter a mesma e única para todos se for de um tipo que predispõe os homens à avareza, à ambição ou a ambas as coisas. Além disso, os problemas civis são causados não apenas pela desigualdade da propriedade, mas também pela desigualdade da honra, embora de maneiras opostas. As pessoas comuns discutem por causa da desigualdade da propriedade, a classe mais alta por causa da igualdade de honra; como diz o poeta,

Bons e maus se igualam na honra compartilhada.

Existem crimes cujo motivo é a necessidade; e Faleas espera encontrar uma cura na equiparação da propriedade, que tirará do homem a tentação de ser um ladrão de estradas porque está com fome ou frio. Mas a necessidade não é o único incentivo para o crime; os homens desejam satisfazer alguma paixão que deles se apossa, ou anseiam desfrutar de prazeres que não vêm acompanhados da dor do desejo e, por conseguinte, cometem crimes.

Ora, qual é a cura dessas três desordens? Da primeira, ocupação e posses moderadas; da segunda, hábitos de temperança; quanto à terceira, aqueles que desejarem prazeres que dependam deles mesmos só encontrarão a satisfação de seus desejos na filosofia; para todos os demais prazeres, somos dependentes dos outros. O fato é que os maiores crimes são causados pelo excesso e não pela necessidade. Nenhum homem se torna tirano para não ter de sofrer de frio; daí que grande é a honra conferida não àquele que mata um ladrão, mas àquele que mata um tirano. Vemos, portanto, que as instituições de Faleas são úteis apenas contra crimes menores...

Hipódamo, filho de Eurífon, um nativo de Mileto, o mesmo que inventou a arte de planejar cidades e que também desenhou Pireu – homem estranho cujo apego por distinção levou-o a uma vida excêntrica, e que alguns consideravam afetado (usava cabelos longos e ornamentos caros; no entanto, vestia o mesmo traje quente e barato tanto no inverno como no verão) –, além de aspirar ser um perito no conhecimento da natureza, foi o primeiro não estadista a realizar pesquisas sobre a melhor forma de governo.

A cidade de Hipódamo era composta de dez mil cidadãos... Ele também dividia suas leis em três classes, e não mais, pois alegava que existem três motivos de processos judiciais – insulto, dano e homicídio. Além disso, instituiu um único tribunal de apelação final, ao qual seriam submetidas todas as ações judiciais que parecessem ter sido decididas de maneira inadequada; ele formou esse tribunal com anciãos escolhidos para esse propósito. Ademais, ele era de opinião que as decisões dos tribunais não deviam ser tomadas com o uso de um seixo de votação, mas que cada um deveria ter uma tabuleta na qual pudesse não apenas escrever uma simples condenação, ou deixar a tabuleta em branco no caso de uma absolvição simples; mas também, se absolvesse em parte e condenasse em parte, teria de discernir de modo consequente. Quanto à lei existente, ele objetava que ela obrigava os juízes a serem culpados de perjúrio, qualquer que fosse o modo como votassem. Também decretou que aqueles que descobrissem alguma coisa para o bem do Estado deveriam ser recompensados...

Tampouco é recomendável a lei que diz que os juízes, diante de uma questão simples, deveriam discernir em seu julgamento; porque, desse modo, o juiz se converte em árbitro. Ora, na arbitragem, embora os árbitros sejam muitos, eles se consultam uns aos outros em relação à decisão e, por conseguinte, podem discernir; mas nos tribunais de justiça isso é impossível, e, de fato, a maioria dos legisladores se esforça para impedir que os juízes tenham alguma comunicação entre si. Não haveria confusão se o juiz pensasse que é preciso indenizar, mas não tanto quanto demanda o litigante? Ele pede, digamos, vinte minas e o juiz lhe concede dez minas, ou então um juiz mais e outro menos; um cinco e o outro quatro minas. Dessa maneira, eles continuarão estimando as indenizações, alguns concederão o total e outros, nada; como deve ser feita a contagem final dos votos? Por outro lado, ninguém que vota a favor de uma simples absolvição ou condenação é compelido a cometer perjúrio se a acusação for bem simples e expressa na forma correta; o juiz que absolve não decide que o réu não deve nada, mas sim que não deve as vinte minas. Só é culpado de perjúrio aquele que pensa que o réu não devia pagar vinte minas, mas mesmo assim o condena.

Recompensar aqueles que descobrem alguma coisa útil para o Estado é uma proposta que tem um efeito ilusório, mas que não pode ser decretada por lei, posto que pode encorajar delatores e talvez até levar a comoções políticas. Essa questão envolve uma outra. Tem sido posto em dúvida se é ou não conveniente fazer mudanças nas leis de um país, mesmo que uma outra lei fosse melhor. Por outro lado, se todas as mudanças são inconvenientes, dificilmente podemos concordar com a proposta de Hipódamo; porque sob o pretexto de prestar um serviço público, um homem pode introduzir medidas que de fato são destrutivas para as leis ou para a Constituição. Mas, como tocamos nesse assunto, talvez seja melhor entrarmos um pouco em detalhes, porque, como eu estava dizendo, existem diferenças de opinião, e às vezes pode parecer desejável fazer mudanças. Essas mudanças em outras artes e ciências têm sido, com certeza, benéficas; a medicina, por exemplo, a ginástica e todas as outras artes e ciências partiram do uso tradicional. E, se a política é uma arte, a mudança deve ser necessária nela como em qualquer outra arte. A necessidade de aperfeiçoamento é demonstrada pelo fato de que os velhos costumes são muitíssimo simples e bárbaros. Os antigos helenos andavam armados e compravam as mulheres uns dos outros. O restante das antigas leis que nos foram transmitidas são bastante absurdas; por exemplo, em Cumas existe uma lei sobre assassinato que estabelece que, se o acusador apresentar um certo número de testemunhas dentre seus próprios parentes, o acusado será tido como culpado. Os homens, em geral, desejam o bem, e não apenas aquilo que seus pais tinham. Porém, os habitantes primevos, fossem eles nascidos da terra ou sobreviventes de alguma destruição, não deviam ser melhores do que as pessoas tolas comuns do nosso meio (essa é com certeza a tradição referente aos humanos); e seria ridículo satisfazer-se com suas noções. Mesmo quando as leis foram registradas, nem sempre deveriam permanecer inalteradas. Como nas outras artes, também ao se fazer uma Constituição é impossível que todas as coisas sejam registradas por escrito de forma precisa; porque as leis precisam ser universais, mas as ações se referem a particulares. Deduzimos daí que, às vezes e em certos casos, as leis devem ser mudadas; mas, quando olhamos para a questão de um outro ponto de vista, pede-se grande cautela. O hábito de modificar as leis de maneira leviana é um mal e, quando a vantagem é pequena, é melhor deixar alguns erros tanto dos legisladores como dos governantes; o cidadão não ganhará com a mudança tanto quanto perderá com o hábito da desobediência. A analogia com as artes é falsa; uma mudança na lei é uma coisa muito diferente de uma mudança numa arte. Porque a lei não tem nenhum poder de ordenar a obediência, exceto o poder do hábito que só se constrói com o tempo, de modo que a presteza para trocar as leis antigas por novas debilita o poder da lei. Admitindo-se que as leis devam ser mudadas, devem ser todas mudadas em todo Estado? E devem ser mudadas por qualquer pessoa ou apenas por determinadas pessoas? Existem questões muito importantes e, por conseguinte, é melhor reservarmos a discussão delas para uma ocasião mais apropriada.

Nos governos da Lacedemônia e de Creta, e de fato em todos os governos, dois pontos têm de ser considerados; primeiro, se alguma lei específica é boa ou má, quando comparada com o Estado perfeito; segundo, se ela é compatível ou não com a ideia e caráter que o legislador estabeleceu para seus cidadãos. É do conhecimento geral que, num Estado bem regulado, os cidadãos devem ter lazer e não devem ter de prover suas necessidades diárias, mas há certa dificuldade para saber como esse lazer deve ser alcançado. [Porque, se você empregar escravos, eles são propensos a se rebelar.] Os servos tessálios têm-se levantado com frequência contra seus amos... Além disso, se não houvesse nenhuma outra dificuldade, o tratamento ou administração de escravos é uma ocupação problemática; porque, se não são mantidos sob controle, eles são insolentes e pensam que são tão bons quanto seus amos; e, se tratados de forma rude, eles odeiam e conspiram contra os senhores. Ora, está claro que, quando os resultados são esses, os cidadãos de um Estado não descobriram o segredo de como administrar sua população de súditos.

Por outro lado, a liberdade excessiva das mulheres lacedemônias frustra a intenção da Constituição espartana, e é adversa à boa ordem do Estado. Como marido e mulher são parte de uma família, pode-se considerar que o Estado está mais ou menos igualmente dividido em homens e mulheres; por conseguinte, naqueles Estados em que a condição das mulheres é má, pode-se considerar que metade da cidade não tem leis. E foi isso que na verdade aconteceu em Esparta; o legislador desejou tornar todo o Estado valoroso e comedido, e levou a cabo sua intenção no caso dos homens, mas negligenciou as mulheres, que vivem em toda espécie de intemperança e luxo. A consequência é que, num Estado assim, a riqueza é apreciada em demasia, em especial se os cidadãos são dominados por suas mulheres, conforme a prática de todas as raças guerreiras, exceto os celtas e alguns outros que aprovam publicamente o amor masculino. O antigo mitólogo parece ter tido razão em unir Ares e Afrodite, porque todas as raças guerreiras são propensas ao amor ou de homens ou de mulheres. Isto foi exemplificado pelos espartanos nos dias de sua grandeza; muitas coisas eram administradas por suas mulheres. Mas que diferença faz se as mulheres governam ou se os governantes são governados pelas mulheres? O resultado é o mesmo...

A menção à avareza sugere naturalmente uma crítica à desigualdade da propriedade. Enquanto alguns dos cidadãos espartanos possuem propriedades bem pequenas, outros as possuem bem grandes; por isso a terra foi passada para as mãos de poucos. E aí está outra falha em suas leis; porque, embora o legislador desonre a venda ou aquisição de uma herança, ele permite a qualquer um que assim o desejar dar ou legar essa herança. No entanto, ambas as práticas levam ao mesmo resultado. E quase dois quintos de todo o país são ocupados por mulheres; isto se deve ao número de herdeiras e aos grandes dotes que são costume. Com certeza teria sido melhor não ter dado nenhum dote em absoluto, ou, se algum fosse dado, que fosse pequeno ou moderado... Por outro lado, a lei que diz respeito à procriação de filhos é adversa à correção dessa desigualdade. Porque o legislador, desejoso de ter tantos espartanos quantos pudesse, encorajou os cidadãos a ter famílias grandes; e há uma lei em Esparta que diz que o pai de três filhos será isento do serviço militar; e aquele que tem quatro, de todos os encargos do Estado. Contudo, é óbvio que, se houver muitas crianças, sendo a terra distribuída tal como é, muitas delas cairão necessariamente na pobreza.

A Constituição lacedemônia é imperfeita num outro ponto; refiro-me ao eforato. Essa magistratura possui autoridade nas questões mais elevadas, mas todos os éforos são escolhidos pelo povo, de modo que o cargo é suscetível de cair nas mãos de homens muito pobres que, por estarem em má situação, são vulneráveis a subornos. Houve muitos exemplos desse mal em Esparta em tempos anteriores; e, bem recentemente, na questão dos andrianos, alguns dos éforos que foram subornados fizeram o que puderam para arruinar o Estado. E seu poder é tão grande e tirânico, que até mesmo os reis têm sido compelidos a agradá-los; por sua influência, a Constituição se deteriorou e, de aristocracia, se transformou em democracia. Sem dúvida, o eforato mantém o Estado unido, porque as pessoas ficam contentes quando participam do mais alto cargo, e o resultado, seja devido ao legislador ou ao acaso, tem sido vantajoso. Pois, para uma Constituição ser permanente, todas as partes do Estado devem desejar que ela exista e seja mantida...

Por outro lado, o conselho dos anciãos não está livre de imperfeições. Pode-se dizer que os anciãos são homens bons e bem educados nas virtudes varonis e que, por conseguinte, tê-los é uma vantagem para o Estado. Mas não é bom que os juízes de importantes causas permaneçam no cargo pela vida inteira, porque a mente envelhece, assim como o corpo. E, quando os homens foram educados de tal maneira que nem mesmo o legislador pode confiar neles, existe um verdadeiro perigo. Muitos dos anciãos são conhecidos por terem aceito suborno e por terem sido culpados de parcialidade em assuntos públicos. Por conseguinte, não deviam ser irresponsáveis; no entanto, em Esparta, eles o são. Porém (pode-se replicar), "todas as magistraturas prestam contas aos éforos". Sim, mas esta prerrogativa é grande demais para eles, e afirmamos que o controle deveria ser exercido de alguma outra maneira. Além disso, o modo pelo qual os espartanos elegem os anciãos é infantil, e é impróprio que a pessoa a ser eleita deva solicitar votos para o cargo; o mais meritório deveria ser nomeado, escolha ele ocupar o cargo ou não. E nesse ponto o legislador revela claramente a mesma intenção que aparece em outras partes de sua Constituição; queria que seus cidadãos fossem ambiciosos e contou com essa qualidade na eleição dos anciãos; porque ninguém pediria para ser eleito se não fosse ambicioso. No entanto, a ambição e a avareza, quase mais do que qualquer outra paixão, são motivos de crime.

Considerarei noutra ocasião se reis são ou não uma vantagem para os Estados; de qualquer maneira, eles deveriam ser escolhidos não como são agora, mas com relação à sua conduta e vida pessoal. É óbvio que o próprio legislador não supõe que pudesse fazê-los homens realmente bons; pelo menos, demonstra uma grande desconfiança de sua virtude. Por essa razão, os espartanos costumavam juntar inimigos na mesma embaixada, e os desentendimentos entre os reis eram tidos como conservadores do Estado...

2

Marco Túlio Cícero
106-43 a.C.

Abaixo de uma antiga cidade italiana, Arpino, no Vale do Lirus, situava-se a vila de um cavaleiro chamado A. T. Cícero. Ele gerou um filho, Marco Túlio, fadado a se tornar o maior orador de todos os tempos, o mais firme republicano e mais impetuoso fanfarrão de Roma. O pai de Cícero não era "nobre"; um romano só era nobre se ele ou um de seus antepassados tivesse tido assento no Senado. Mas A. T. Cícero era um cavaleiro – um gentil-homem do campo. Atormentado por doença, passou a maior parte de seus dias em sua casa de campo, alimentando pretensões literárias.

Plutarco (o famoso biógrafo clássico) relata que a mãe de Cícero deu à luz sem sofrimento nem dores de parto. Sua infância foi protegida e diligente. Após estudar dialética, retórica e literatura, estudou direito com notáveis jurisconsultos. Escreveu versos, traduziu autores gregos e até escreveu um livro sobre retórica (pelo qual mais tarde teve pouca estima, mas que foi levado a sério na Idade Média). Aos dezesseis anos, celebrou os ritos de vestir uma *toga virilis* – cerimônia diante de um magistrado que lhe concede *status* de homem. Seus estudos, entretanto, continuaram, e até incluíram um interlúdio militar – prestou serviço na guerra social.

A carreira de Cícero como advogado começou quando ele estava com vinte e cinco anos, mas logo foi interrompida por uma viagem a Atenas para mais estudos de filosofia e retórica. Alguns dizem que sua viagem à Grécia foi induzida pela indignação do sangrento ditador Sula, provocada pelo fato de Cícero ter assumido uma causa contra um dos servos de Sula. Há evidências que indicam o contrário.

A destacada participação de Cícero nos assuntos romanos começou quando ele retornou da Grécia, com quase trinta anos de idade. Voltou para casa casado com uma mulher rica que pode tê-lo estimulado a se destacar.

Os jovens políticos romanos atraíam atenção para si assumindo processos contra algum notório malfeitor público. Os tempos eram corruptos e não faltavam oportunidades para tais processos. A presa de Cícero foi Verres, um governador-ladrão da Sicília que anunciou que em seus três anos de cargo iria acumular um butim suficiente para pagar os melhores advogados, subornar todos os juízes e ainda sobrar o suficiente para viver em esplendor. Cícero atacou essa fanfarronada e causou-lhe uma ruinosa condenação. No entanto, Cícero gostava mais do papel de advogado de defesa e a maior parte de sua advocacia foi desse lado do cancelo.

Um carreirista político bem-sucedido no tempo de Cícero galgava uma escada de cargos eletivos. No topo situava-se a mamata do governo provincial ou colonial. Um jovem político procurava primeiro ser questor (representante de um funcionário mais importante), depois edil (encarregado de obras públicas e jogos, da polícia e do suprimento de grãos), depois pretor (magistrado) e finalmente cônsul (um dos dois administradores supremos de Roma). Cada um desses cargos era ocupado apenas por um ano; os candidatos tinham de atingir uma idade prescrita. Cícero realizou sua ambição de ocupar cada um desses cargos com a idade mínima. Isso foi um feito ainda maior porque ele não era um nobre, mas sim um *novus homo* (homem novo), um emergente – fato esse que seus inimigos políticos nunca deixavam de salientar. Estava com quarenta e três anos quando foi eleito cônsul. Os que o apoiavam eram na maioria nobres rurais de cidades italianas; ele não tinha classe suficiente para a aristocracia romana e era conservador demais para a ralé urbana; como menino do campo bem-educado, ele se ressentia da exclusividade da aristocracia e temia os excessos populares. Sua disposição e formação legal tornaram-no um constitucionalista quando era provável que as figuras militares apenas prestassem louvor à lei da boca para fora, enquanto faziam o que bem entendiam. Cícero foi um político sagaz. Como Jim Farley, sabia o nome de todo o mundo, onde a pessoa vivia, o que fazia. Comprou uma casa situada em posição estratégica, de tal modo que as pessoas que desejassem vê-lo ou cortejá-lo pudessem chegar a ele com facilidade, sem precisar andar muito.

Cícero foi eleito cônsul quando dois gigantes políticos dominavam Roma – Pompeu e César. A liderança de Pompeu havia sido recompensada com o comando de forças designadas para eliminar piratas do Mediterrâneo; o senado lhe deu poderes ditatoriais sobre o mar e oitenta quilômetros terra adentro em todos os litorais. A estrela de César estava subindo e ele procurava um comando militar comparável. Entretanto, sua ascensão foi interrompida por uma desesperada revolta comandada pelo dissoluto Catilina, que desacreditou o partido popular de César. Nesse momento, o constitucionalismo de Cícero era a posição popular, e ele foi eleito cônsul. Cícero anulou propostas para o engrandecimento de César, frustrou o plano de Catilina e esmagou a rebelião catilinária. Catilina foi morto numa escaramuça nos arredores da cidade. Vários insurretos permaneceram em Roma e foram levados a julgamento perante o senado. Cícero recomendou a morte para eles – uma ruptura em seu constitucionalismo, já que o senado carecia de poder para decretar a morte de cidadãos romanos. A peroração de Cícero no julgamento do senado foi: "Seja qual for sua decisão, decidam rapidamente. César lhes fala da lei semproniana, ou seja, a lei que proíbe a morte de um cidadão romano – mas pode ser considerado cidadão aquele que foi encontrado em armas contra a cidade?" O senado votou com Cícero e os conspiradores foram executados em seguida. Seu papel e posição haveriam de ser usados de forma eficaz contra Cícero nos anos vindouros. Ele perdeu, de imediato, o apoio do partido popular; embora sua política estivesse de acordo nesse momento com as opiniões e interesses dos nobres, eles o viam como um novo-rico e tinham ciúmes de sua notável riqueza. Somente seu oponente, César, ofereceu apoio; César reconhecia e esperava explorar os talentos de Cícero; este, entretanto, rejeitou a oferta de César.

O fim da república estava próximo. Pompeu fez um retorno triunfal. César foi para a Espanha na condição de governador colonial, retornou e apaziguou Pompeu. Os dois juntaram-se ao rico e influente Crasso numa ditadura de três homens – o Primeiro Triunvirato – e controlaram Roma a seu bel-prazer. Dizem que, se quisesse, Cícero poderia ter sido o quarto no grupo governante, mas que, para ele, o republicanismo significava mais do que o poder. César, antes de assumir seu comando na Gália, decidiu que o poder de Cícero deveria ser neutralizado, e inspirou Clódio, um pitoresco inimigo de Cícero, a efetuar o seu banimento. Clódio aprovou uma lei na assembleia do povo proibindo que se desse fogo ou água para alguém que houvesse executado injustamente um cidadão romano – visando, é claro, o tratamento que Cícero deu aos conspiradores catilinários. Mais tarde, foi aprovado um estatuto interpretativo, aplicando essa lei especificamente a Cícero e decretando que ele não poderia aproximar-se a menos de 640 quilômetros de Roma. Embora Clódio controlasse a assembleia, o senado estava abarrotado de partidários de Cícero e aprovou uma resolução para usar luto por ele em seu contratempo – expressão romana comum de simpatia destinada a abrandar a disciplina ameaçada. Os cônsules, entretanto, ordenaram o não cumprimento dessa resolução. Três breves anos após a eleição de Cícero ao consulado, ele foi exilado, declarado fora da lei e sua propriedade foi confiscada.

Seu banimento durou apenas pouco mais de um ano, quando uma corrente de sentimentos favoráveis a Cícero resultou na revogação da legislação. Ele foi recebido de volta em Roma com grande pompa e honra. O fervor de seu acolhimento atiçou sua esperança de poder reconstruir um sólido partido constitucional; mas logo percebeu que essa esperança era infundada. Em desespero, retirou-se temporariamente da vida pública. Durante essa retirada, escreveu uma obra que é resumida em seguida – *De Legibus* – que com *De Republica* é virtualmente o único escrito romano extenso sobre filosofia legal.

A falta de pessoal qualificado para o serviço diplomático gerou a aprovação de uma lei que recrutava todos os antigos cônsules para os governos coloniais. Um relutante Cícero, com cinquenta e quatro anos de idade, foi governar a Cilícia – um grupo de colônias na Ásia Menor – e a ilha de Chipre. Ele não permaneceu nem um dia a mais do que o tempo mínimo exigido por lei. Mas foi um governador exemplar – o único de seu tempo a renunciar às cobranças e exploração de costume. Administrou os assuntos da colônia com discernimento e competência. Também assumiu o papel de líder militar e conduziu algumas pequenas campanhas com habilidade. Havia levado consigo doze mil soldados da infantaria e dois mil e seiscentos da cavalaria. Sobre essa escassa base, tentou sem sucesso transformar-se em herói militar.

Retornou a uma Roma afetada pelas convulsões que precederam a guerra civil entre César e Pompeu. Embora Cícero achasse difícil escolher um lado e embora César tivesse pedido que permanecesse neutro, ele achou que o republicanismo teria melhor sorte sob o comando de Pompeu e juntou-se às suas forças. Suas proezas militares foram desprezíveis. Plutarco relata que seus gracejos durante a campanha foram notáveis.

César, é claro, triunfou e assumiu poderes ditatoriais. Cícero foi perdoado e retornou a Roma para de novo viver em silêncio político. Passou seu tempo com assuntos literários e também ensinou um pouco. Os negócios de sua família iam mal. Sua filha Túlia – objeto de seu maior afeto –, três vezes casada, morreu com vinte e cinco anos. Seu filho não se desenvolveu como ele gostaria. Quando sua mulher, gananciosa e egoísta, manobrou seus negócios financeiros em seu próprio interesse, Cícero divorciou-se dela e contraiu um breve e insatisfatório casamento com uma mulher muito mais nova (e muito rica).

Três anos após o retorno de Cícero a Roma, César foi assassinado no Senado pelos conspiradores Brutus e Cássio. Embora Cícero odiasse a ditadura, não foi um conspirador (Plutarco diz que a covardia de Cícero repeliu os conspiradores e impediu que seu bom amigo e confidente, Brutus, pedisse a Cícero para juntar-se à conspiração). A morte do ditador reviveu as esperanças de Cícero pelo constitucionalismo, e ele instigou uma intensa campanha para obter apoio pessoal, dirigida ao senado, ao povo e aos governadores de província. Mas os conspiradores não eram adversários da tirania, eram apenas inimigos de um tirano. A república estava morta. O maior antagonista de Cícero foi o sicofanta de César, Marco Antonio, contra quem Cícero escreveu e recitou *As Filípicas*, uma dúzia de orações. Otaviano, sobrinho e herdeiro de César, era a esperança de Cícero, mas Otaviano juntou-se a Antonio e Lépido para formar o Segundo Triunvirato de ditadores. O triunvirato relacionou seus inimigos de morte e Cícero estava no topo da lista. Ele fez alguns desanimados movimentos para escapar, mas foi capturado e morto. Sua cabeça e mãos desmembradas foram carregadas de volta ao Senado para indescritíveis indignidades. Anos mais tarde, quando Otaviano pegou seu embaraçado neto lendo a obra de Cícero, disse: "Este foi um homem instruído que amava seu país."

Dizem que Cícero é o canal através do qual a teoria do direito natural flui dos gregos para os antigos cristãos, e depois para os grandes escolásticos medievais. "Dessa maneira", diz Sabine, "a crença em que a justiça, o direito, a igualdade e o procedimento equitativo deveriam fundamentar a lei tornou-se lugar-comum na filosofia política europeia".

LEIS[1]

Livro I

IV. ... A. ... Mas, por favor, comece sem demora a declarar suas opiniões sobre o direito civil.

M. Minhas opiniões? Bem, acredito que tem havido homens muito eminentes em nosso Estado cuja função costumeira era interpretar a lei para as pessoas e responder a questões a ela relacionadas, mas que esses homens, embora tenham feito grandes alegações, gastaram seu tempo com detalhes sem importância. De fato, que tema é tão vasto quanto o Direito do Estado? Mas o que é tão trivial quanto a tarefa daqueles que dão conselho legal? Entretanto, as pessoas necessitam disso. Porém, embora não considere que aqueles que se dedicaram a essa profissão careçam de uma concepção de direito universal, eles levaram seus estudos desse direito civil, como é chamado, apenas até o ponto necessário para realizar seu propósito de serem úteis às pessoas. Ora, tudo isso significa pouco no que diz respeito ao saber, embora seja indispensável para propósitos práticos. Então, que tema é esse que você me pede para expor? A que tarefa me impele? Deseja que eu escreva um tratado sobre beirais e paredes de casa? Ou componha fórmulas para contratos e procedimentos no tribunal? Esses temas foram cuidadosamente tratados por muitos escritores, e são de um caráter mais humilde, acredito, do que aquele que se espera de mim.

V. A. Já que me pergunta o que espero de você, considero lógica que, já tendo escrito um tratado sobre a Constituição do Estado ideal, você também deveria escrever um sobre suas leis. Noto que isso foi feito por seu querido Platão, a quem você admira, venera acima de todos os outros e ama acima de todos os outros.

M. É seu desejo, então, que assim como ele discutiu as instituições dos Estados e as leis ideais com Clínias e o espartano Megillus em Creta, num dia de verão, no meio de arvoredos ciprestes e caminhos de floresta de Cnossos, às vezes andando, às vezes descansando – você recorda sua descrição – nós, de maneira semelhante, passeando ou ficando à vontade entre esses álamos imponentes na margem verde e sombreada do rio, discutamos os mesmos temas em linhas um pouco mais amplas do que aquelas que a prática dos tribunais requer?

A. Certamente eu gostaria de ouvir tal conversa.

M. O que Quinto diz?

Q. Nenhum outro tema me agradaria mais.

M. E você é sábio, porque deve compreender que em nenhum outro tipo de discussão pode-se apresentar com tanta clareza quais as dádivas que a natureza concedeu ao homem, de que abundância das mais excelentes posses a mente humana desfruta, qual é o propósito de esforçar-se para obter e realizar aquilo para que nascemos e fomos colocados neste mundo, o que une os homens, e qual o companheirismo natural que existe entre eles. Porque só depois que todas essas coisas foram deixadas claras é que pode ser descoberta a origem da Lei e da Justiça.

A. Então, você não acha que a ciência do direito deve ser derivada do édito do pretor, como a maioria faz agora, ou das Doze Tábuas, como as pessoas costumam pensar, mas sim dos mistérios mais profundos da filosofia?

M. Isso mesmo; em nossa presente conversa, Pompônio, não estamos tentando aprender a nos proteger legalmente, ou a responder às questões dos clientes. Tais problemas podem ser importantes, e de fato o são; porque em tempos passados muitos homens eminentes fizeram de sua solução uma especialidade, e no presente

---

1. Traduzido para o inglês por C. W. Keyes, na *Loeb Classical Library*, reimpresso com permissão da Harvard University Press.

uma pessoa desempenha esse dever com a maior autoridade e habilidade. Mas em nossa presente investigação, pretendemos abranger todo o âmbito da Justiça e do Direito universais de tal maneira que nosso próprio direito civil, como é chamado, fique confinado num pequeno e estreito canto. Precisamos explicar a natureza da Justiça, e isso deve ser procurado na natureza do homem; também devemos considerar as leis pelas quais os Estados deveriam ser governados; depois devemos tratar dos decretos e promulgações de nações que já foram formulados e postos por escrito; e entre eles o direito civil, do povo romano, como é chamado, não deixará de encontrar um lugar.

VI. Q. Você sonda as profundezas e vai procurar, digamos, na própria nascente para encontrar aquilo que buscamos, irmão. E aqueles que ensinam o direito civil de qualquer outra maneira não estão ensinando o caminho da justiça, mas o do litígio.

M. Nesse ponto você está equivocado, Quinto, pois é mais a ignorância da lei do que o conhecimento dela que leva ao litígio. Porém, isso virá mais tarde; agora investiguemos as origens da Justiça.

Pois bem, os homens mais instruídos decidiram começar com a Lei, e pareceria que estão certos se, de acordo com sua definição, Lei é a razão mais elevada, implantada na Natureza, que comanda o que deve ser feito e proíbe o oposto. Essa razão, quando estabelecida com firmeza e plenamente desenvolvida na mente humana, é Lei. E assim eles acreditam que Lei é inteligência, cuja função natural é comandar a conduta correta e proibir o mau procedimento. Eles pensam que essa qualidade derivou seu nome em grego da ideia de conceder a cada homem o que é seu, e acredito que em nossa língua ela foi denominada a partir da ideia de escolha. Porque assim como eles atribuíram a ideia de equidade à palavra lei, nós demos a ideia de escolha, embora ambas as ideias pertençam propriamente à Lei. Se isso é correto, como penso ser em geral, então a origem de Justiça deve ser encontrada na Lei, porque Lei é uma força natural; é a mente e razão do homem inteligente, o padrão pelo qual Justiça e Injustiça são medidas. Mas como toda nossa discussão tem a ver com o raciocínio do populacho, às vezes será necessário falar de uma maneira popular, e dar o nome de lei para aquilo que em forma escrita decreta o que deseja, seja por comando ou proibição. Pois tal é a definição do povo sobre lei. Mas, para determinar o que é Justiça, comecemos com aquela Lei suprema que teve sua origem eras antes de qualquer lei escrita existir ou de qualquer Estado se estabelecer.

Q. De fato, isto será preferível e mais adequado ao caráter da conversa que começamos.

M. Bem, então, devemos procurar a origem da própria Justiça em sua nascente? Porque, quando for descoberta, sem dúvida teremos um padrão pelo qual podem ser testadas as coisas que estamos procurando.

Q. Penso que certamente é isso que devemos fazer.

A. Registre-me concordando com a opinião de seu irmão.

M. Temos então de lembrar e preservar aquela constituição do Estado que Cipião provou ser a melhor nos seis livros dedicados ao assunto, e todas as nossas leis devem ser ajustadas a esse tipo de Estado, e por isso também devemos inculcar bons hábitos e não prescrever tudo por escrito. Procurarei a raiz da Justiça na Natureza, sob cuja orientação toda nossa discussão deve ser conduzida.

A. Certíssimo. Sem dúvida que, tendo-a como nosso guia, será impossível nos extraviarmos.

VII. M. Concorda conosco, então, Pompônio (pois tenho conhecimento do que Quinto pensa), que é pela força dos deuses imortais, ou por sua natureza, razão, poder, mente, vontade, ou qualquer outro termo que possa deixar meu pensamento mais claro, que toda a Natureza é governada? Porque, se não admite isso, devemos iniciar nossa discussão com esse problema antes de tratar de qualquer outra coisa.

A. Sem dúvida que concordarei, se você insiste, porque o canto dos pássaros acima de nós e o rumorejo dos regatos me aliviam de todo o medo de que eu possa ser ouvido por algum de meus colegas da Escola.

M. No entanto, você deve ser cuidadoso, porque é costume deles ficar irados às vezes, tal como os homens virtuosos ficam; e, se ficarem sabendo, eles não tolerarão sua traição à passagem de abertura do excelente livro no qual o autor escreveu: "Deus não se atormenta com nada, nem com suas próprias preocupações nem com as dos outros".

A. Continue, por favor, porque estou ansioso para saber aonde minha opinião levará.

M. Não tornarei a discussão longa. Sua opinião nos leva a isto: que o animal que chamamos homem, dotado de presciência e inteligência rápida, complexo, perspicaz, dotado de memória, cheio de razão e prudência, recebeu certa condição distinta do Deus supremo que o criou; porque ele é o único entre tantas espécies e variedades diferentes de seres vivos que tem uma porção de razão e pensamento, ao passo que todo o restante é privado disso. Mas o que é mais divino, não direi apenas no homem, mas sim em todo céu e terra, do que a razão? E a razão, quando é madura e perfeita, é corretamente chamada de sabedoria. Por conseguinte, como não existe nada melhor do que a razão, e como ela existe tanto no homem como em Deus, a primeira posse comum do homem e de Deus é a razão. Mas aqueles que possuem razão em comum também devem ter a razão correta em comum. E como a razão correta é a Lei, devemos acreditar que os homens também têm a Lei em comum com os deuses. Além disso, aqueles que compartilham a Lei também devem compartilhar a Justiça; e aqueles que compartilham isso devem ser considerados membros da mesma comunidade. Se de fato obedecem às mesmas autoridades e poderes, isso é verdade num grau muito maior; mas na verdade obedecem a esse sistema celestial, a mente divina, e ao Deus de transcendente poder. Por isso devemos conceber todo esse universo como uma comunidade da qual tanto deuses como homens são membros...

X. M. ... De todo o material das discussões dos filósofos, sem dúvida não há nada mais valioso do que a plena percepção de que nascemos para a Justiça, e de que o direito se baseia, não nas opiniões dos homens, mas sim na Natureza. Esse fato será evidente de imediato se tivermos uma concepção clara da confraternidade do homem e da união com seus semelhantes. Porque nenhuma coisa é tão parecida com outra, tão exatamente sua contraparte, como todos nós somos uns dos outros. Se os maus hábitos e as falsas crenças não torcessem as mentes fracas, virando-as para qualquer direção a que estejam inclinadas, ninguém seria tão parecido a seu próprio eu como todos os homens seriam parecidos com todos os outros. E assim, como quer que definamos homem, uma única definição se aplicará a todos. Esta é uma prova suficiente de que não existe nenhum tipo de diferença entre homem e homem; porque, se houvesse, uma definição não poderia ser aplicável a todos os homens; e, de fato, a razão, a única coisa a nos elevar acima do nível das bestas e que nos capacita a tirar deduções, a provar e refutar, a discutir e resolver problemas, e a chegar a conclusões, é com certeza comum a todos nós e, apesar de variar no que se aprende, pelo menos é invariável na capacidade de aprender. Porque as mesmas coisas são invariavelmente percebidas pelos sentidos, e aquelas coisas que estimulam os sentidos, os estimulam da mesma maneira em todos os homens; e aqueles princípios rudimentares de inteligência aos quais me referi, que estão gravados em nossas mentes, estão gravados da mesma maneira em todas as mentes; e a fala, a intérprete da mente, embora diferindo na escolha de palavras, concorda nos sentimentos expressos. De fato, não existe nenhum ser humano de qualquer raça que, encontrando um guia, não possa alcançar a virtude.

XI. A semelhança da raça humana manifesta-se de forma clara tanto em suas tendências más como também em sua bondade. Porque o prazer também atrai todos os homens; e, embora seja uma tentação para o vício, ainda assim possui alguma similaridade com o que é naturalmente bom. Ele nos deleita com sua leveza e aprazibilidade; e por essa razão, por um erro de pensamento, é abraçado como algo salutar. É por meio de uma semelhante concepção errônea que evitamos a morte como se fosse uma dissolução da natureza, e nos aferramos à vida porque ela nos mantém na esfera em que nascemos; e que consideramos a dor como um dos maiores males, não apenas por causa de sua crueldade, mas também porque parece levar à destruição da natureza. Da mesma maneira, por conta da semelhança entre valor moral e renome, aqueles que são publicamente glorificados são considerados felizes, ao passo que aqueles que não alcançam a fama são vistos como miseráveis. Aborrecimentos, alegrias, desejos e medos povoam as mentes de todos os homens sem distinção, e mesmo que homens diferentes tenham crenças diferentes, isso não prova, por exemplo, que não é a mesma qualidade de superstição que acossa tanto as raças que adoram cães e gatos como deuses, como aquela que atormenta outras raças. Mas qual nação não ama a cortesia, a bondade, a gratidão e a lembrança de favores conferidos? Qual o povo que não odeia e despreza o arrogante, o mau, o cruel e o ingrato? Visto que essas considerações nos provam que toda a raça humana é ligada na unidade, conclui-se, finalmente, que o conhecimento dos princípios da vida íntegra é que torna os homens melhores.

Se vocês concordam com o que foi dito, passarei adiante. Mas, se quiserem que algo seja explicado, trataremos disso primeiro.

A. Não temos questões, se é que posso falar por nós dois.

XII. M. O próximo ponto, então, é que a Natureza nos constituiu para compartilharmos o senso de Justiça um com o outro e para transmiti-lo a todos os homens. Em toda essa discussão, desejo que se entenda que o que chamo de Natureza é [aquilo que é inculcado em nós pela Natureza]; que, entretanto, a corrupção causada pelos maus hábitos é tão grande que as centelhas de fogo, por assim dizer, que a Natureza acendeu em nós foram extintas por essa corrupção, e que os vícios que são seus opostos surgem e se estabelecem. Mas, se os juízes dos homens estivessem em concordância com a Natureza, de modo que, como diz o poeta, eles não considerassem "estranho a eles nada que diga respeito à humanidade", então a Justiça seria igualmente observada por todos. Porque aquelas criaturas que receberam o dom da razão pela Natureza também receberam a razão correta e, por conseguinte, também receberam o dom da Lei, que é a razão correta aplicada ao comando e à proibição. E, se receberam a Lei, também receberam a Justiça. Ora, todos os homens receberam a razão; por conseguinte, todos os homens receberam a Justiça. Em consequência disso, Sócrates estava certo quando amaldiçoava, como fazia com frequência, o homem que primeiro separou a utilidade da Justiça; porque esta separação, ele se queixava, é a fonte de todo mal. Pois o que originou as famosas palavras de Pitágoras sobre a amizade?... Por isso está claro que, quando um homem sábio demonstra a um outro, dotado de igual virtude, o tipo de benevolência que é tão amplamente propagada entre os homens, então terá ocorrido o que, por incrível que pareça para alguns, está de acordo com todo resultado inevitável – a saber, que ele ama a si mesmo tanto quanto ama um outro. Pois que diferença pode haver entre coisas que são iguais? Se a menor distinção devesse ser feita na amizade, então o próprio nome de amizade pereceria logo em seguida; pois sua essência é tal que, tão logo um amigo prefere alguma coisa para si, a amizade deixa de existir.

Ora, tudo isso é realmente um prefácio ao que resta ser dito em nossa discussão, e seu propósito é tornar mais fácil de compreender que a Justiça é inerente à Natureza. Depois que eu disser mais algumas palavras sobre esse tópico, passarei para o direito civil, o tema que deu origem a todo esse discurso.

XIII. Q. Você decerto não precisa dizer muito mais sobre esse assunto, porque, pelo que já disse, Ático está convencido, e sem dúvida eu também, de que a Natureza é a fonte da Justiça.

A. Como posso deixar de estar convencido quando acabou de nos ser provado que, primeiro, fomos providos e equipados com o que podemos chamar de dons dos deuses; depois, que só existe um único princípio pelo qual os homens podem viver uns com os outros, e que esse princípio é o mesmo para todos, sendo possuído igualmente por todos; e, por fim, que todos os homens estão unidos por um certo sentimento natural de bondade e boa vontade, e também por uma parceria na Justiça? Agora que admitimos a verdade dessas conclusões, e de forma correta, penso, como podemos separar Lei e Justiça da Natureza?

M. Correto; a situação é essa. Mas estamos seguindo o método dos filósofos – não os de tempos passados, mas aqueles que construíram, por assim dizer, oficinas para a produção de sabedoria. Os problemas que outrora eram discutidos de maneira vaga e ampla, eles discutem agora de modo sistemático, tomando-os ponto a ponto; e só pensam que o tratamento do tópico que estamos considerando agora está completo se discutirmos em separado o ponto específico de que a Justiça emana da Natureza.

A. E, é claro, você perdeu sua independência na discussão, ou então é o tipo de homem que não segue seu próprio juízo num debate, mas aceita gentilmente a autoridade de outros!

M. Nem sempre faço isso, Tito. Mas veja a direção que essa conversa deve tomar; todo nosso discurso tenciona promover uma base firme para os Estados, o fortalecimento das cidades e a cura das doenças das pessoas. Por essa razão, desejo ter o cuidado especial de não formular primeiros princípios que não tenham sido sabiamente considerados e investigados por completo. Claro que não posso esperar que eles sejam universalmente aceitos, porque isso é impossível; mas busco a aprovação de todos que acreditam que tudo que é correto e honroso deve ser desejado por si mesmo, e que nada deve ser considerado um bem a menos que seja louvável em si, ou pelo menos que nada deve ser considerado um grande bem a menos que possa ser louvado com justeza por si mesmo. Digo que de todos espero a aprovação, tenham eles permanecido na Velha Academia com Espeusipo, Xenócrates e Polemão; ou tenham seguido Aristóteles e Teofrasto, que concordavam com a escola recém-mencionada na doutrina, embora diferissem um pouco dela no modo da apresentação; ou, em concordância com Zenão, tenham mudado a terminologia sem alterar as ideias; ou mesmo se seguiram a estrita e severa seita de Aristo, agora dissolvida e refutada, e acreditam que tudo, exceto a virtude e o vício, está em igualdade absoluta. No entanto, no que diz respeito a esses filósofos que praticam a satisfação excessiva dos próprios desejos, que são escravos do próprio corpo e testam a desejabilidade ou indesejabilidade de tudo na base do prazer e da dor, mesmo que eles estejam certos (pois não há nenhuma necessidade de altercar com eles aqui), vamos convidá-los a prosseguir suas discussões em seus próprios jardins, e até instá-los a que se abstenham durante algum tempo de tomar parte em questões que afetam o Estado, que eles não compreendem nem jamais desejaram compreender. E imploremos à Academia – a nova, formada por Arcesilau e Carnéades – para ficar em silêncio, visto que não contribui com nada a não ser com confusão em todos esses problemas; pois, se fosse atacar aquilo que pensamos ter construído e arranjado tão lindamente, faria uma grande devastação; ao mesmo tempo, eu gostaria de conquistar a simpatia dessa escola, de modo que não ouso bani-la da discussão...

XIV... Não existe realmente expiação para crimes contra os homens ou sacrilégio contra os deuses. E assim os homens cumprem sua pena, não tanto através das decisões dos tribunais (porque outrora não havia nenhum tribunal em parte alguma; e hoje em dia não existe nenhum em muitos países; e onde eles existem acabam, com frequência, agindo de maneira injusta); mas os culpados são atormentados e perseguidos pelas Fúrias, não com tochas ardentes como nas tragédias, mas com a angústia do remorso e a tortura da consciência culpada.

Mas, se fosse uma punição e não a Natureza que devesse afastar os homens da injustiça, que ansiedade haveria para importunar o malvado quando o perigo da punição fosse removido? Porém, de fato, nunca houve um vilão tão descarado a ponto de negar que houvesse cometido um crime, ou mesmo inventar alguma história de ira justa para desculpar sua perpetração e procurar uma justificação para seu crime em algum princípio natural de direito. Ora, se até os maus ousam apelar para tais princípios, com que zelo deveriam ser protegidos pelos bons! Se é uma punição, o medo da punição, e não a própria maldade, que deve afastar os homens de uma vida de mau procedimento e crime, então ninguém pode ser chamado de injusto, e os homens maus deviam antes ser considerados imprudentes; além disso, aqueles de nós que não são influenciados pela própria virtude para serem homens bons, mas sim por alguma consideração sobre utilidade e lucro, são apenas astutos, não bons. Porque até que ponto da escuridão irá o homem que não teme coisa alguma, a não ser uma testemunha e um juiz? O que ele fará se encontrar em algum lugar desolado um homem desamparado, desacompanhado, de quem possa roubar uma fortuna? Nosso homem virtuoso, que é justo e bom por natureza, irá conversar com tal pessoa, ajudá-la e guiá-la em seu caminho; porém o outro, que não faz coisa alguma no interesse de um outro e que avalia cada ato pelo padrão de sua própria vantagem – está bem claro, penso, o que ele fará! Entretanto, se este último negar que mataria o homem e roubaria seu dinheiro, não negará isso porque a considera uma coisa naturalmente má, mas sim porque tem medo de que seu crime possa ser conhecido – ou seja, que ele possa meter-se em encrenca. Oh, esse motivo poderia muito bem enrubescer de vergonha a face não apenas do filósofo, mas até mesmo a do simples homem rústico!

XV. Porém, a ideia mais tola de todas é a crença de que é justo tudo o que é encontrado nos costumes ou leis das nações. Seria isso verdade mesmo se essas leis tivessem sido promulgadas por tiranos? Se os bem conhecidos Trinta desejassem promulgar um conjunto de leis em Atenas, ou se os atenienses sem exceção estivessem encantados com as leis dos tiranos, não creio que isso habilitaria essas leis a serem consideradas justas. Tampouco, em minha opinião, deveria ser considerada justa a lei proposta por um inter-rei romano, pois um ditador podia executar com impunidade qualquer cidadão que desejasse, mesmo sem julgamento. Porque a Justiça é uma; ela obriga toda a sociedade humana, e se baseia numa única Lei, que é a razão correta aplicada ao comando e à proibição. Quem não conhecer essa Lei, tenha sido ela registrada por escrito em algum lugar ou não, carece de Justiça.

Mas, se Justiça é conformidade com as leis escritas e os costumes nacionais e se, como afirmam as mesmas pessoas, tudo deve ser testado pelo padrão de utilidade, então qualquer pessoa que considerá-lo lucrativo irá, se puder, desconsiderar e transgredir as leis. Conclui-se que a Justiça não existe se não existir na Natureza e se a forma dela que se baseia na utilidade puder ser derrubada por essa própria utilidade. E, se a Natureza não puder ser considerada o fundamento da Justiça, isso significará a destruição [das virtudes das quais depende a sociedade humana]. Porque, então, onde haverá um lugar para a generosidade, para o amor ao país, para a lealdade, para a propensão a estar a serviço de outros ou para demonstrar gratidão por favores recebidos? Essas virtudes se originam em nossa inclinação natural a amar nossos semelhantes, e esse é o fundamento da Justiça. Caso contrário, não apenas a consideração pelos homens, mas também os ritos e as observâncias piedosas em honra dos deuses são abolidos; penso que eles devam ser mantidos, não por meio do medo, mas sim por conta do relacionamento íntimo que existe entre homem e Deus.

XVI. Mas, se os princípios da Justiça fossem baseados em decretos de pessoas, éditos de príncipes ou decisões de juízes, então a

Justiça sancionaria o roubo, o adultério e a falsificação de testamentos, no caso desses atos serem aprovados por votos ou decretos do populacho. Ao se atribuir poder tão grande às decisões e decretos dos tolos, de modo que as leis da Natureza possam ser mudadas por seus votos, então por que eles não ordenam que aquilo que é mau e pernicioso deva ser considerado bom e salutar? Ou se uma lei pode fazer Justiça a partir da Injustiça, também não pode fazer o bem a partir do mal? No entanto, percebemos a diferença entre leis boas e más submetendo-as exclusivamente ao padrão da Natureza; de fato, não são apenas Justiça e Injustiça que são distinguidas pela Natureza, mas também e sem exceção as coisas honrosas e desonrosas. Porque como uma inteligência comum a todos nós torna as coisas conhecidas para nós e as formula em nossas mentes, as ações honrosas são atribuídas por nós à virtude, e as ações desonrosas ao vício; e apenas um louco concluiria que esses julgamentos são questão de opinião, e não determinadas pela Natureza. Porque mesmo aquilo que nós, por um mau uso do termo, chamamos de virtude de uma árvore ou de um cavalo, não é uma questão de opinião, mas baseia-se na Natureza. E, se isso é verdade, as ações honrosas e desonrosas também devem ser distinguidas pela Natureza. Porque, se a virtude em geral deve ser testada pela opinião, então suas várias partes também precisam ser testadas assim; por conseguinte, quem julgaria um homem prudente, e se assim posso dizer, com um senso comum arraigado, não por seu próprio caráter e sim por alguma circunstância externa? Porque a virtude é a razão completamente desenvolvida; e isso, com certeza, é natural; por conseguinte, tudo que é honroso também é natural.

XVII. Porque, assim como a verdade e a falsidade, o lógico e o ilógico são julgados por si mesmos e não por alguma outra coisa, também o uso firme e contínuo da razão na condução da vida, que é a virtude, e também a inconstância, que é o vício, [são julgados] por sua própria natureza.

[Ou quando um agricultor julga a qualidade de uma árvore pela natureza], não devemos usar o mesmo padrão em relação ao caráter dos jovens? Então, julgaremos o caráter pela Natureza, e julgaremos a virtude e o vício, que resultam do caráter, por algum outro padrão? Mas, se adotarmos o mesmo padrão para eles, também não devemos atribuir o honroso e o ignóbil à Natureza? Qualquer coisa boa que seja louvável deve ter dentro de si algo que mereça louvor, porque a bondade em si é boa, não por causa da opinião, e sim da Natureza. Porque, se isso não fosse verdade, os homens também seriam felizes por causa da opinião; e que afirmação poderia ser mais absurda do que essa? Portanto, como tanto o bem como o mal são julgados pela Natureza e são princípios naturais, com certeza as ações honrosas e as ignóbeis devem ser distinguidas de maneira semelhante e atribuídas ao padrão da Natureza. Somos confundidos pela variedade de crenças dos homens e por suas discordâncias, e como essa mesma variação não é encontrada nos sentidos, pensamos que a Natureza os fez acurados e dizemos que são irreais aquelas coisas sobre as quais diferentes pessoas têm diferentes opiniões e sobre as quais as mesmas pessoas nem sempre têm opiniões idênticas. Entretanto, isso está longe de ser o caso. Porque nossos sentidos não são pervertidos pelos pais, amas, professores, poetas ou pelo teatro, tampouco são extraviados pelo sentimento popular; mas contra nossas mentes é feito constantemente todo tipo de intrigas, seja por esses que acabei de mencionar, que, tomando posse delas quando ainda são tenras e não formadas, as colorem e inclinam como bem desejam, ou então por aquele inimigo que está à espreita bem dentro de nós mesmos, entrelaçado em cada um de nossos sentidos – essa simulação do bem que, entretanto, é a mãe de todos os males – o prazer. Corrompidos por todos os seus encantos, deixamos de discernir com clareza que coisas são boas por Natureza, porque a mesma tentação e qualidade sedutora não se aplica a elas.

XVIII. Para encerrar agora nossa discussão sobre todo esse tema, a conclusão, que está claramente diante de nossos olhos pelo que já foi dito, é: a Justiça e todas as coisas honrosas devem ser procuradas por si mesmas. E, de fato, todos os homens bons amam a equidade em si e a Justiça em si, e não é natural que um homem bom cometa o engano de amar aquilo que não merece o amor apenas por si mesmo. Por conseguinte, a Justiça deve ser procurada e cultivada por si mesma; e se isso é verdade para a Justiça, também é verdade para a equidade; e se esse é o caso com a equidade, então todas as outras virtudes também devem ser apreciadas por si mesmas. E quanto à generosidade? É desinteressada ou procura uma recompensa? Se um homem é amável sem nenhuma recompensa, então ela é desinteressada; mas, se ele recebe pagamento, então é alugada. É indubitável que aquele que é chamado de generoso ou amável responde ao chamado do dever, não do ganho. Portanto, a equidade também não tem necessidade de recompensa ou prêmio; em consequência disso, ela é procurada por si mesma. E o mesmo motivo e propósito caracterizam todas as virtudes.

Além disso, se fosse verdade que se busca a virtude com vista a outros benefícios e não por si mesma, haveria apenas uma virtude que seria mais propriamente chamada de vício. Pois, na medida em que alguém torna sua própria vantagem o único padrão absoluto de todas as suas ações, ele não é um homem bom; portanto, aqueles que avaliam a virtude pela recompensa que proporciona não acreditam na existência de nenhuma virtude a não ser o vício. Porque onde encontraremos um homem amável se ninguém faz uma amabilidade no interesse de nenhuma outra pessoa a não ser de si mesmo? Quem pode ser considerado grato, se até mesmo aqueles que pagam os favores não têm nenhuma consideração por aqueles para quem os pagam? O que será essa coisa sagrada, a amizade, se até mesmo o próprio amigo não é amado por si mesmo, "de todo coração", como as pessoas dizem? De acordo com essa teoria, um amigo deveria até ser abandonado e posto de lado tão logo não haja mais esperança de benefício e lucro com sua amizade! Porém, o que poderia ser mais desumano do que isso? Por outro lado, se a amizade deve ser procurada por si mesma, então a sociedade de nossos semelhantes, a equidade e a Justiça também devem ser procuradas por si mesmas. Se não for esse o caso, então não existe isso que se chama Justiça, porque o próprio auge da injustiça é procurar pagamento pela Justiça.

XIX. Mas o que dizer da sobriedade, da moderação e do autocontrole, da modéstia, do amor-próprio e da castidade? É por medo da desgraça que não devemos ser libertinos, ou por medo das leis e dos tribunais? Nesse caso, os homens são inocentes e modestos a fim de serem bem falados, e enrubescem a fim de ganhar boa reputação! Fico envergonhado só de mencionar a castidade! Ou antes fico envergonhado daqueles filósofos que acreditam ser honroso evitar a condenação por um crime, sem ter evitado o próprio crime.

E o que dizer disso? Será que podemos chamar de castos aqueles que se abstêm da lascívia por medo da desgraça, quando a própria desgraça resulta da vileza inerente ao fato? Porque o que pode ser corretamente louvado ou censurado, se você desconsiderou a natureza da coisa que, em sua opinião, merece louvor ou censura? Os defeitos físicos, se muito conspícuos, devem ofender-nos, mas não uma deformidade de caráter? E, no entanto, a vileza desta última pode ser facilmente percebida pelos próprios vícios que dela resultam. Pois o que imaginar de mais repugnante que a ganância, mais desumano que a luxúria, mais desprezível que a covardia, mais degenerado que a estupidez e a insensatez? Devemos, então, dizer que aqueles que estão mais profundamente afundados num único vício ou em vários são desgraçados por conta de penalidades, perdas ou torturas a que estão sujeitos, ou por conta da natureza vil dos próprios vícios? E o mesmo argumento pode ser aplicado, de maneira inversa, ao louvor conferido à virtude. Por fim, se a virtude é procurada por conta de outras vantagens, deve haver necessariamente alguma coisa melhor que a virtude. Será o dinheiro, ou o cargo público, ou a beleza, ou a saúde? Mas essas coisas contam muito pouco quando as possuímos, e não podemos ter nenhum conhecimento certo sobre quanto tempo elas permanecerão conosco. Ou seria – a própria menção a essa coisa é vergonhosa – o prazer? Mas é precisamente quando se despreza e repudia o prazer que a virtude é percebida da maneira mais clara...

LEIS

Livro II

... IV. M. Antes de passar para as leis individuais, olhemos mais uma vez para o caráter e a natureza da Lei, pois, embora ela deva ser o padrão ao qual submetemos tudo, tememos nos afastar vez por outra do bom caminho por um uso incorreto dos termos, e esquecer os princípios racionais sobre os quais nossas leis devem basear-se.

Q. De acordo, este é o método correto de exposição.

M. Bem, os homens mais sábios têm opinado que a Lei não é um produto do pensamento humano, tampouco é uma promulgação de pessoas, mas uma coisa eterna que governa todo o universo por sua sabedoria no comando e na proibição. Desse modo, acostumaram-se a dizer que Lei é a vontade primordial e derradeira de Deus, cuja razão dirige todas as coisas, por compulsão ou restrição. Portanto, essa Lei que os deuses deram à raça humana tem sido justamente louvada; porque é a razão e vontade de um sábio legislador aplicadas ao comando e à proibição.

Q. Você já se referiu a esse tema várias vezes antes. Mas antes de passar para as leis das pessoas, por favor, esclareça-nos sobre o caráter dessa Lei divina, para que as ondas do hábito não nos arrebatam e nos arrastem para o modo comum de falar sobre esses temas.

M. Desde que éramos crianças, Quinto, aprendemos a chamar de leis "se um chama outro ao tribunal" e outras regras do mesmo tipo. Mas devemos chegar ao verdadeiro conhecimento da questão, que é o seguinte: esse e outros comandos e proibições das nações têm o poder de convocar para a retidão e afastar do mau procedimento; mas esse poder não é apenas mais velho do que a existência das nações e dos Estados, ele é contemporâneo do Deus que vigia e governa céu e terra. Porque a mente divina não pode existir sem razão, e a divina razão não pode deixar de ter esse poder de estabelecer o certo e o errado. Nenhuma lei escrita ordenava que um homem devesse ocupar sozinho seu posto numa ponte contra toda a força do inimigo, e ordenar que a ponte fosse derrubada atrás dele; no entanto, não devemos supor por isso que o heroico Cocles não estivesse obedecendo à lei da bravura e seguindo seus decretos ao realizar tão nobre feito. Mesmo se não houvesse nenhuma lei escrita em Roma contra o estupro no reinado de Lúcio Tarquino, não podemos dizer por conta disso que Sexto Tarquino não transgrediu essa Lei eterna ao violar Lucrécia, a filha de Tricipitino! Porque existia a razão, derivada da Natureza do universo, instando os homens à conduta certa e desviando-os do mau procedimento, e essa razão não se tornou Lei só quando foi anotada por escrito, mas sim quando passou a existir; e passou a existir simultaneamente com a mente divina. Por isso, a Lei verdadeira e primordial, aplicada à ordem e à proibição, é a razão correta do supremo Júpiter.

V. Q. Concordo com você, irmão, que o que é certo e verdadeiro também é eterno, e não começa ou termina com estatutos escritos.

M. Portanto, assim como essa mente divina é a Lei suprema, o mesmo ocorre quando [a razão] é consumada no homem, [isso também é Lei; e essa razão consumada existe] na mente do homem sábio; mas aquelas regras que, de formas variadas e para a necessidade do momento, foram formuladas para a orientação das nações, carregam o título de leis mais por favor do que por realmente o serem. Porque toda lei que de fato merece esse nome é verdadeiramente louvável, como provam mais ou menos os seguintes argumentos. Concorda-se, é claro, que as leis foram inventadas para a segurança dos cidadãos, para a preservação dos Estados e a tranquilidade e felicidade da vida humana, e que aqueles que primeiro puseram em vigor estatutos desse tipo convenceram seus povos de que era sua intenção registrar e pôr em vigor regras tais que, uma vez aceitas e adotadas, lhes possibilitariam uma vida honrosa e feliz; e, quando tais regras foram redigidas e postas em vigor, é claro que os homens as chamaram de "leis". Desse ponto de vista, pode-se compreender prontamente que aqueles que formularam estatutos maus e injustos para as nações, rompendo assim suas promessas e acordos, puseram em vigor qualquer coisa menos "leis". Fica claro, então, que na própria definição do termo "lei" estão inerentes a ideia e o princípio de escolher o que é justo e verdadeiro. Então, eu lhe pergunto, Quinto, de acordo com o costume dos filósofos: se existe uma determinada coisa cuja carência num Estado nos compele a considerar que ele não é um Estado, devemos considerar essa coisa um bem?

Q. Um dos maiores bens, sem dúvida.

M. E, se um Estado carece de Lei, deve, por essa razão, deixar de ser considerado Estado?

Q. Não se pode negá-lo.

M. Então, a Lei deve necessariamente ser considerada um dos maiores bens.

Q. Concordo inteiramente com você.

M. E quanto aos muitos estatutos mortais e pestíferos que as nações põem em vigor? Merecem tão pouco ser chamados de leis quanto as regras que um bando de ladrões possa aprovar em sua assembleia. Porque, se homens ignorantes e ineptos prescreveram venenos mortais em vez de drogas curativas, eles não podem ser chamados de prescrições de "médicos"; tampouco numa nação qualquer estatuto pode ser chamado de lei, mesmo que a nação o tenha aceitado apesar de ser um regulamento pernicioso. Por conseguinte, Lei é a distinção entre coisas justas e injustas, feita de acordo com a mais primordial e antiga de todas as coisas, a Natureza; e, em conformidade com o padrão da Natureza, são moldadas aquelas leis que infligem punição aos maus, porém defendem e protegem os bons.

VI. Q. Eu o compreendo plenamente e acredito que, a partir de agora, não devemos considerar ou mesmo chamar alguma outra coisa de lei.

M. Então, você não pensa que as Leis Ticianas ou Apuleias fossem de fato leis?

Q. Não; tampouco as Leis Livianas.

M. E você está certo, sobretudo quando o Senado revogou-as numa sentença e de uma só vez. Mas a Lei cuja natureza expliquei não pode ser revogada nem abolida.

Q. Então, as leis que você tenciona propor serão, é claro, de tal tipo que jamais serão revogadas?

M. Sem dúvida, se ao menos forem aceitas por vocês dois. Mas penso que eu deveria seguir o mesmo curso que Platão, que foi ao mesmo tempo um homem muito erudito e o maior de todos os filósofos, e que escreveu primeiro um livro sobre a República, e depois, num tratado separado, descreveu suas Leis. Por conseguinte, antes de eu relatar a própria lei, falarei em louvor dessa lei. Noto que Zaleuco e Carondas fizeram a mesma coisa, embora escrevessem suas leis não pelo interesse e prazer de fazê-lo, mas sim para verdadeiro uso em seus próprios Estados. Claro que Platão concordava com a opinião deles de que também era função da Lei ganhar certa aprovação, e nem sempre compelir com ameaças de força...

VII. Assim, de início temos de persuadir nossos cidadãos de que os deuses são os senhores e governantes de todas as coisas, e que o que é feito, é feito por sua vontade e autoridade; que eles também são grandes benfeitores do homem, observando o caráter de cada indivíduo, o que ele faz, de que erro ele é culpado, e com que intenções e com que devoção cumpre seus deveres religiosos; e que eles tomam nota do pio e do ímpio. Porque, sem dúvida, as mentes que forem imbuídas de tais ideias não deixarão de formar opiniões verdadeiras e úteis. De fato, nada é mais verdadeiro do que o fato de que ninguém seria tão tolamente orgulhoso a ponto de pensar que, embora a razão e o intelecto existam nele, não existem nos céus e no universo, ou que essas coisas que dificilmente podem ser compreendidas pelos mais elevados poderes de raciocínio do intelecto humano não são guiadas por nenhuma razão? Na verdade, o homem que não é levado à gratidão pelos cursos regulares das estrelas, pela alternação regular do dia e da noite, pelo suave progresso das estações do ano, e pelo produto da terra dado para nosso sustento – como pode tal pessoa ser considerada um homem? E como todas as coisas que possuem razão estão acima das coisas destituídas de razão, e como seria um sacrilégio dizer que alguma coisa está acima da Natureza universal, devemos admitir que a razão é inerente à Natureza. Quem irá negar que tais crenças são úteis quando lembrar com que frequência os juramentos são usados para confirmar acordos, como a santidade dos tratados é importante para nosso bem-estar, quantas pessoas são afastadas do crime por medo da punição divina, e como se torna sagrada uma associação de cidadãos quando os deuses imortais são feitos membros dela, seja como juízes ou na condição de testemunhas?...

LEIS

Livro III

I. ... M. Vocês compreendem, então, que a função de uma magistratura é governar e dar ordens que sejam justas e benéficas e estejam em conformidade com a lei. Porque assim como as leis governam o magistrado, este governa o povo, e na verdade se pode dizer que o magistrado é uma lei que fala; e a lei, um magistrado calado. Além disso, nada está tão completamente de acordo com os princípios da justiça e as demandas da Natureza (e quando uso essas expressões, desejo que se compreenda que me refiro à Lei) como o governo, sem o que a existência de uma casa, uma cidade, uma nação, a raça humana, a natureza física e o próprio universo são impossíveis. Porque o universo obedece a Deus; mares e terras obedecem ao universo, e a vida humana está sujeita aos decretos da Lei suprema.

II. Mas, retornando a questões que estão mais próximas de nós e são mais conhecidas: todas as antigas nações foram num tempo governadas por reis. Esse tipo de autoridade era confiado, a princípio, àqueles que se sobressaíam em justiça e sabedoria, como foi notavelmente o caso em nosso Estado enquanto durou a monarquia. Mais tarde, a realeza foi transmitida aos descendentes do rei, o que ainda é costume nos reinos dos dias de hoje. Ora, aqueles que se opunham à monarquia não desejavam não ter ninguém a quem obedecer, desejavam nem sempre obedecer ao mesmo homem. Mas nós, como estamos estabelecendo um sistema de leis para nações livres, e apresentamos nossa concepção de Estado ideal em nossos seis livros anteriores, iremos agora propor leis apropriadas ao tipo de Estado ali descrito, que consideramos o melhor. Devemos, portanto, ter magistrados, porque sem sua prudência e cuidado atento um Estado não pode existir. De fato, o caráter de uma república é determinado pelas disposições relativas aos magistrados. Não apenas devemos informá-los dos limites de sua autoridade administrativa; também devemos instruir os cidadãos quanto à extensão de sua obrigação de obedecer a eles. Porque o homem que governa de maneira eficiente deve ter obedecido a outros no passado; e o homem que obedece com submissão parece adequado para, algum tempo mais tarde, ser um governante. Desse modo, aquele que obedece deveria esperar ser um governante no futuro, e aquele que governa deveria lembrar que em breve terá de obedecer. E devemos estipular, como Carondas faz em suas leis, não apenas que os cidadãos sejam obedientes e respeitosos para com seus magistrados, mas também que os amem e reverenciem. De fato, meu amado Platão pensava que aqueles que se rebelavam contra seus magistrados, como os Titãs fizeram contra os deuses, devem ser classificados como pertencendo à espécie dos Titãs.

Tendo estabelecido esses fatos, procederemos agora à declaração das próprias leis, se é que este plano recebe sua aprovação.

A. De fato, aprovo não apenas isso, mas também toda sua ordem de tratamento.

III. M. *As ordens serão justas, e os cidadãos deverão obedecê-las com submissão e sem protesto. O magistrado usará sobre o cidadão desobediente ou culpado a coação por meio de multas, prisão ou açoites, salvo se uma autoridade igual ou mais alta, ou o povo, o proíba; o cidadão terá o direito de apelar. Depois que o Magistrado houver pronunciado a sentença, de morte ou de multa, haverá um julgamento diante do povo para a determinação final da multa ou de outra penalidade. Não haverá apelação de ordens dadas por um comandante no campo de batalha; enquanto um magistrado estiver travando guerra, suas ordens serão válidas e obrigatórias.*

Haverá magistrados inferiores com autoridade parcial, que serão designados para funções especiais. No exército, eles comandarão aqueles que estiverem sob suas ordens, e serão seus tribunos; na cidade, serão depositários do dinheiro público; serão encarregados do confinamento de criminosos; aplicarão a pena capital; cunharão dinheiro de bronze, prata e ouro; decidirão os processos judiciais; farão o que o Senado decretar.

Haverá edis que serão curadores da cidade, dos mercados e dos jogos costumeiros. Essa magistratura será o primeiro passo no progresso para um posto mais elevado.

Censores farão uma lista dos cidadãos, registrando suas idades, famílias, escravos e outras propriedades. Serão encarregados dos templos, ruas e aquedutos dentro da cidade, e das receitas e tesouro público. Farão uma divisão dos cidadãos em tribos, e outras divisões de acordo com a riqueza, idade e posição. Alistarão os recrutas para a cavalaria e a infantaria; proibirão o celibato; regularão os costumes das pessoas; não permitirão que ninguém culpado de conduta desonrosa permaneça no Senado. Serão em número de dois e ocuparão o cargo por cinco anos. Os outros magistrados ocuparão o cargo por um ano. O cargo de censor jamais deverá permanecer vago.

O administrador de justiça, que decidirá ou dirigirá a decisão das causas civis, será chamado de pretor; será guardião do direito civil. Haverá tantos pretores, com poderes iguais, quantos o Senado decretar, ou o povo ordenar.

Haverá dois magistrados com poderes reais. Como eles guiam, julgam e deliberam, serão chamados por essas funções de pretores, juízes e cônsules. No campo de batalha, deterão o supremo poder militar; não estarão sujeitos a ninguém; a segurança do povo será sua lei suprema.

Ninguém ocupará o mesmo posto uma segunda vez, exceto após um intervalo de dez anos. Eles observarão os limites de idade determinados na lei.

Mas, quando surgir uma guerra séria ou desavenças civis, um homem ocupará, por não mais tempo do que seis meses, o poder que em geral pertence aos dois cônsules, se o Senado assim o decretar. E após ser nomeado sob auspícios* favoráveis, ele será senhor do povo. Terá um assistente para comandar a cavalaria, cuja posição será igual à do administrador de justiça.

Mas, quando não houver cônsules nem um senhor do povo, não haverá outros magistrados, e os auspícios estarão nas mãos do Senado, que nomeará um dos seus para conduzir a eleição de cônsules da maneira costumeira.

Oficiais com ou sem comando e embaixadores deixarão a cidade quando o Senado assim decretar ou o povo ordenar; eles travarão guerras justas de forma justa; pouparão os aliados; manterão sob controle a si mesmos e a seus subordinados; aumentarão o renome nacional; voltarão para casa com glória.

Ninguém será feito embaixador com o propósito de cuidar de seus próprios negócios pessoais.

Os dez oficiais que os plebeus elegerão para protegê-los da violência serão seus tribunos. Suas proibições e resoluções, aprovadas pelos plebeus sob sua presidência, serão obrigatórias. Suas pessoas serão invioláveis. Eles não deixarão os plebeus sem tribunos.

---

* Auspícios eram os presságios que os romanos deduziam a partir do voo dos pássaros, do seu canto, ou do modo como comiam. (N. do R. T.)

Todos os magistrados possuirão o direito de tomar os auspícios e o poder judiciário. O Senado consistirá daqueles que ocuparam magistraturas. Seus decretos serão obrigatórios. Porém, no caso de uma autoridade igual ou mais alta do que o oficial presidente vetar um decreto do Senado, ainda assim ele deverá ser escrito por extenso e preservado.

A ordem senatorial deverá ser livre de desonra e um modelo para o resto dos cidadãos.

Quando atos eletivos, judiciais e legislativos do povo forem realizados pelo voto, a votação não deverá ser ocultada dos cidadãos de alta posição, e será livre para o povo.

IV. Mas, se for necessário algum ato de administração além daqueles afetuados pelos magistrados regulares, o povo elegerá oficiais para executá-lo, e lhes dará autoridade para fazê-lo.

Cônsules, pretores, senhores do povo, estribeiros-mor e aqueles oficiais que o Senado nomear para conduzir a eleição de cônsul, terão o direito de presidir reuniões do povo e do Senado. Os tribunos escolhidos pelos plebeus terão o direito de presidir o Senado, e também apresentarão o que for necessário para os plebeus.

A moderação deverá ser preservada nas reuniões do povo e do Senado.

A ausência de um senador numa reunião do Senado deverá ter um bom motivo ou será culpável. Um senador falará em sua vez e durante um período de tempo moderado. Ele será conhecedor dos assuntos públicos.

Nenhuma violência será usada nas reuniões do povo. Uma autoridade igual ou mais alta terá o maior poder. Mas o oficial presidente será responsável por qualquer desordem que possa ocorrer. Aquele que vetar uma medida ruim será julgado um cidadão de notável serviço.

Os oficiais presidentes observarão os auspícios e obedecerão ao áugure do Estado. Eles providenciarão para que os projetos de lei, após serem lidos, sejam registrados nos arquivos do tesouro do Estado. Eles tomarão o voto do povo em não mais que uma questão de cada vez. Instruirão o povo em relação à questão em debate, e permitirão que as pessoas sejam instruídas por outros magistrados e por simples cidadãos.

Não será proposta nenhuma lei de exceção pessoal. Os processos em que a penalidade for a morte ou a perda da cidadania apenas serão julgados diante da maior assembléia e por aqueles que os censores recrutaram entre os cidadãos.

Ninguém dará ou receberá um presente, durante uma candidatura ou durante ou após o período de um cargo.

A punição por transgressão de alguma dessas leis será proporcional à ofensa.

Os censores serão encarregados do texto oficial das leis. Quando os oficiais saem do cargo, submeterão seus atos oficiais aos censores, mas por isso não estarão isentos de processo.

A lei foi lida: "dispersem e ordenarei que as cédulas sejam distribuídas"*.

V. Q. De que forma breve, meu caro irmão, você colocou diante de nós seus dispositivos em relação a todo corpo de magistrados! No entanto, eles são praticamente os mesmos do nosso próprio Estado, embora você tenha proposto algumas inovações.

M. Você está certo, Quinto. Esse é o tipo equilibrado de Estado... Um governo consiste de seus magistrados e daqueles que administram seus assuntos, e os diferentes tipos de Estado são reconhecidos por sua constituição dessas magistraturas. E como o sistema mais sábio e mais exatamente equilibrado foi inventado por nossos próprios ancestrais, eu não tinha nenhuma inovação, ou somente algumas, que pensava ter de introduzir na constituição.

A. E poderia ter a bondade agora de apresentar suas razões para considerar seus dispositivos em relação aos magistrados melhores...

M. Farei o que me pede, Ático, tratando todo o assunto de acordo com as investigações e discussões dos mais eruditos escritores gregos...

VII. M. Bem, esses filósofos ponderaram se é melhor para o Estado ter um magistrado que seja obedecido por todas as outras pessoas. Penso que esse foi considerado o melhor plano

---

* Cícero repete aqui, após a leitura da sua proposta, a fórmula recitada nos comícios, antes da submissão de uma proposta a votação. (N. do R. T.)

por nossos ancestrais após a expulsão dos reis. Mas como a monarquia, que anteriormente havia sido aprovada, foi rejeitada mais tarde, não tanto por culpa da monarquia quanto do rei, se um magistrado deve governar sobre todos os outros, parecerá que foi apenas o nome de rei que foi abolido, permanecendo a instituição. Desse modo, não foi sem boa razão que os éforos foram instituídos por Teopompo em oposição aos reis espartanos, e tribunos em oposição aos cônsules entre nós. Porque o cônsul tem o direito legal de exigir obediência de todos os outros oficiais, exceto os tribunos, cujo cargo foi instituído mais tarde do que o do cônsul com o propósito de impedir que algum dia acontecesse de novo aquilo que havia ocorrido. Porque a existência de um oficial que não estivesse sujeito às suas ordens foi o primeiro passo na diminuição do poder do cônsul, sendo o segundo o fato de que esse mesmo oficial também apoiava outros, simples cidadãos, bem como magistrados, em desobediência ao cônsul.

Q. O que você acaba de mencionar foi um grande infortúnio. Porque foi a instituição desse cargo que ocasionou o declínio da influência da aristocracia e o crescimento do poder da multidão.

M. Você está equivocado, Quinto. Não era inevitável que a autoridade do cônsul, quando não havia outra, fosse tão arrogante e tirânica para o povo? Desde então tem havido uma limitação moderada e sábia desse poder...

3

Tomás de Aquino
1225-1274

Ele era um homem enorme, calado, com olhos penetrantes e plácidos. Embora sua altura não tenha sido registrada, uma autoridade estima-o com cerca de dois metros, pesando mais que 130 quilos. Quando estudante, era tão quieto que seus companheiros pensavam que fosse estúpido e chamavam-no de Boi Mudo. Mas ele iria desabrochar como o mais importante teólogo e filósofo da Igreja Católica Romana.

Tomás foi o terceiro filho de um conde italiano e era parente consanguíneo de mais da metade dos reis europeus de seu tempo. Nasceu no declive abaixo da famosa Abadia de Monte Cassino na Itália Central. Monges beneditinos da abadia ensinaram-no a ler e escrever, educando-o até a idade de catorze anos. Depois, ele foi enviado à Universidade de Nápoles para estudar "as sete artes liberais". Tão logo teve idade suficiente para ter assuntos favoritos, a teologia o atraiu.

A família de Tomás ficou perplexa quando teve notícias de Nápoles de que ele planejava tornar-se frade dominicano mendicante. Se ele houvesse desejado uma carreira religiosa elegante e menos rigorosa, a família teria ficado encantada; mas sua mãe pensava que a ordem dominicana estava abaixo de sua posição e proibiu que o jovem de dezessete anos entrasse nela. Ele ingressou desafiadoramente no noviciado e pediu para ser enviado a Roma. Quando foi avisado de que sua resoluta mãe o estava seguindo, fugiu para o norte de Roma. Irmãos mais velhos interceptaram-no e ele foi arrastado de volta ao castelo da família, sendo trancado por um ano, durante o qual a família tentou mudar sua opinião. O último estratagema foi designar a amante do irmão para seduzi-lo. Ela entrou em sua cela enquanto ele dormia; Tomás acordou e afugentou-a do quarto com uma lenha ardente que pegou na lareira. A família cedeu e permitiu que ele seguisse sua escolha.

Na condição de dominicano estagiário em Colônia, ele não foi muito notado até que atraiu a atenção e se tornou o discípulo dileto de Alberto Magno – um grande erudito e professor. Alberto introduziu Tomás nos estudos furtivos de Aristóteles, cujas obras eram julgadas subversivas porque à época eram conhecidas apenas em versões muçulmanas com inclinação para o maometismo.

Quando Tomás foi ordenado, deixou Alberto e foi para a Universidade de Paris a fim de tirar o título de mestrado e doutorado em teologia. Ali, em pouco tempo, tornou-se ativo numa disputa que ocorria entre professores clérigos e leigos. O lado secular era liderado por Guilherme de St. Amour, que publicou um panfleto chamando os professores-frades de anticristos. Quando a rixa ficou mais exaltada, foi além dos epítetos. Brigas de rua tornaram-se comuns, conventos eram apedrejados, estudantes e frequentadores brigavam em tabernas. O Papa Alexandre IV anunciou que iria tomar parte no julgamento da disputa. Tomás foi escolhido para falar do lado clerical. O julgamento do Papa foi a favor dos frades, o que não era de surpreender. O panfleto de St. Amour foi queimado em público e ele foi exilado da França.

Enquanto fazia trabalho de graduação em Paris, Tomás dava conferências públicas, aderindo às opiniões de Aristóteles como uma base racional adequada para a compreensão da fé cristã. Essa posição diferia radicalmente da teologia ortodoxa autoritária daqueles tempos. Logo em seguida, Tomás recebeu ordem do bispo de Paris para comparecer perante a Inquisição sob a acusação de heresia. Ele fez uma defesa brilhante e bem-sucedida.

O maduro Tomás foi um vigoroso professor, um pregador popular e um incansável escritor. Sua inacabada *Suma Teológica*, trechos da qual seguem esta nota biográfica, foi uma organização enciclopédica do conhecimento de seu tempo à guisa de teologia. Durante vários anos, ele trabalhou como conselheiro do Papa Urbano IV, que tentou, sem sucesso, fazer Tomás assumir o chapéu cardinalício. Após a morte de Urbano, Tomás redobrou seus esforços para escrever, mas não era um erudito recluso – viajava muito, ocupava púlpitos e pódios de professor e atendia a convocações de sua ordem. Sua última controvérsia violenta foi com Sigério de Brabante, líder dos averroístas, que viviam segundo uma versão islâmica de Aristóteles. Tomás pensava que o Aristóteles de Sigério era subvertido e anticristão. Enquanto brigava com esses radicais à sua esquerda, não podia negligenciar os ataques à direita desferidos pelos autoritários franciscanos.

Sua saúde ficou abalada no final dos seus quarenta anos, e ele retornou à Itália. Mas não sabia interpretar o papel de homem doente e aposentado. Ainda pregava e comparecia aos cabidos gerais de sua ordem. Morreu no inverno de 1274, quando estava viajando para um concílio geral da Igreja por ordem do Papa. Foi canonizado um século após seu nascimento. Cinco séculos depois, o Papa Leão XII publicou uma encíclica, declarando as doutrinas de São Tomás a base da teologia católico-romana. Nos últimos anos tem surgido um interesse especialmente ativo por sua filosofia de parte de pessoas que se autodenominam neotomistas.

SUMA TEOLÓGICA[1]
Primeira parte da segunda parte*
Tratado sobre a lei
Questão 90
DA ESSÊNCIA DA LEI
(Em quatro artigos)

PRIMEIRO ARTIGO

Se a lei concerne à razão

Passamos assim ao Primeiro Artigo: –
Objeção 1. Parece que lei não é algo que concerne à razão. Porque o Apóstolo diz (Rom 7, 23): *Vejo outra lei em meus membros*, etc. Mas nada que concerne à razão está nos membros, pois a razão não faz uso de um órgão físico. Logo, lei não é algo que concerne à razão.

Obj. 2. Além disso, na razão nada mais há além de potência, hábito e ato. Mas a lei não é a própria potência da razão. Da mesma maneira, tampouco é um hábito da razão, porque os hábitos da razão são as virtudes intelectuais das quais falamos acima (Q. 57). Tampouco é um ato da razão, pois nesse caso a lei cessaria quando cessa o ato da razão; por exemplo, quando estamos dormindo. Logo, lei não é algo que concerne à razão.

Obj. 3. Além disso, a lei move aqueles que lhe estão sujeitos a agir com retidão. Mas a moção a agir, como é evidente pelo que foi dito acima (Q. 9, A. 1) é própria da vontade. Logo, a lei concerne, não à razão, mas à vontade, de acordo com as palavras do Jurista (Lib. 1. ss., *De Const. Prin.* leg. 1): *O que agrada ao soberano tem força de lei.*

---

1. Traduzido para o inglês por padres da província dominicana inglesa, reimpresso com permissão de Benziger Bros., Inc.

* O tratado sobre a lei pertence à segunda parte da *Suma Teológica*. Ele contém desde a questão 90 até a questão 108 dessa segunda parte. Cada questão compõe-se de artigos. Cada artigo é dividido em tópicos contendo uma tese ou afirmação, em seguida objeções ou dificuldades opostas a essa tese, e por fim uma resposta. (N. do R. T.)

Pelo contrário, é próprio da lei ordenar e proibir. Mas cabe à razão ordenar, como foi declarado acima (q. 17, A. 1). Logo, lei é algo que concerne à razão.

Eu respondo que Lei é uma regra e medida de atos, em virtude do que o homem é induzido a agir ou é impedido de agir: *lex* (lei) é derivado de *ligare* (vincular), pois vincula a pessoa a um ato. Ora, a regra e medida dos atos humanos é a razão, que é o primeiro princípio dos atos humanos, como é evidente pelo que foi afirmado acima (Q. 1, A. 1 *ad* 3), já que cabe à razão dirigir para o fim, que é o princípio primeiro em todas as questões de ação, de acordo com o Filósofo (*Fis.* 2). Mas aquilo que é o princípio em qualquer gênero é a regra e medida desse gênero: por exemplo, a unidade no gênero dos números, e o movimento primeiro no gênero dos movimentos. Em consequência, conclui-se que lei é algo que concerne à razão.

Réplica Obj. 1. Como lei é uma espécie de regra e medida, pode ser algo de duas maneiras. Primeiro, como aquilo que mede e rege: e como isso é próprio da razão, conclui-se que, dessa maneira, a lei só está na razão. – Segundo, como aquilo que é medido e regulado. Dessa maneira, a lei está em todas aquelas coisas inclinadas a algo por força de alguma lei; de modo que toda inclinação nascida de uma lei pode ser chamada de lei, não essencialmente, mas por participação, por assim dizer. E, assim, a inclinação dos membros à concupiscência chama-se *a lei dos membros*.

Réplica Obj. 2. Assim como na ação externa podemos considerar o trabalho e o trabalho feito – por exemplo, o trabalho de construir e a casa construída –, também nos atos da razão podemos considerar o próprio ato da razão, isto é, compreender e raciocinar, e algo produzido por esse ato que, na razão especulativa, é antes de mais nada a definição; em segundo lugar, a proposição; em terceiro, o silogismo ou argumento. E como também a razão prática utiliza o silogismo em relação ao trabalho a ser feito, como foi afirmado acima (Q. 13, A. 3; Q. 76, A. 1) e como o Filósofo ensina (*Ética* 7, 3), por isso encontramos na razão prática algo que ocupa, em relação às operações, a mesma posição que a proposição em relação às conclusões no intelecto especulativo. Essas proposições universais do intelecto prático dirigidas às ações possuem a natureza de lei. Essas proposições são às vezes objeto de nossa consideração atual, e às vezes são conservadas na razão de modo habitual.

Réplica Obj. 3. A razão tira sua potência de mover da vontade, como já foi afirmado (Q. 17, A. 1); porque é devido ao fato de que alguém deseja o fim que a razão emite suas ordens quanto às coisas que a ele conduzem. Mas, para que a volição do que é ordenado possa ter natureza de lei, necessita estar de acordo com alguma regra da razão. E é nesse sentido que se deve entender o dito de que a vontade do soberano tem força de lei; do contrário, a vontade do soberano teria mais sabor de ilegalidade do que de lei.

SEGUNDO ARTIGO

Se a lei se ordena sempre ao bem comum

Passamos assim ao Segundo Artigo: –

Objeção 1. Parece que a lei nem sempre tem como fim o bem comum. Cabe à lei ordenar e proibir. Mas as ordens são dirigidas para certos bens individuais. Logo, o fim da lei nem sempre é o bem comum.

Obj. 2. Além disso, a lei dirige o homem em suas ações. Mas os atos humanos dizem respeito a questões particulares. Logo, a lei está dirigida a algum bem particular.

Obj. 3. Além disso, Isidoro diz (*Etim.* 5, 3): *Se a lei se baseia na razão, tudo o que se basear na razão será lei*. Mas a razão é o fundamento não apenas daquilo que se refere ao bem comum, mas também daquilo que é dirigido ao bem privado. Logo, a lei não está dirigida apenas ao bem de todos, mas também ao bem privado de um indivíduo.

Pelo contrário, Isidoro diz (*Etim.* 5, 21) que *leis não são decretadas para algum proveito privado, mas para o benefício comum dos cidadãos*.

Eu respondo que, como foi afirmado anteriormente (A. 1), a lei pertence àquilo que é o princípio dos atos humanos, porque é sua regra e sua medida. Ora, assim como a razão é princípio dos atos humanos, na própria razão há algo que é princípio em relação a todo o resto; portanto, a lei precisa estar direta e principalmente referida a esse princípio. – Ora, o primeiro princípio em questões práticas, que são o objeto da razão prática, é o fim último, e o fim último da vida humana é a bem-aventurança ou felicidade, como já foi afirmado (Q. 2, A. 7; Q. 3, A. 1). Como consequência, a lei deve forçosamente considerar sobretudo a relação com a felicidade. Além disso, como cada parte está para o todo tal como o imperfeito para o perfeito, e como um homem é parte da comunidade perfeita, é necessário que a lei considere propriamente a relação com a felicidade universal. Por isso, o Filósofo menciona, na definição acima de questões legais, tanto a felicidade como o corpo político; ele diz (*Ética* 5, 1) que chamamos de justas aquelas questões legais *aptas a produzir e preservar a felicidade e suas partes para o corpo político*: pois o Estado é a comunidade perfeita, como ele diz em *Polit.* 1, 1.

Ora, em todo gênero, aquilo que pertence a ele principalmente é princípio dos demais, e os demais pertencem a esse gênero em subordinação a essa coisa; desse modo, o fogo, que é principal entre as coisas quentes, é a causa do calor nos corpos mistos, e se diz que estes são quentes na medida em que tiverem uma porção de fogo. Consequentemente, como a lei é ordenada principalmente para o bem comum, qualquer outro preceito relativo a algum trabalho individual deve forçosamente estar destituído da natureza de lei, salvo na medida em que considerar o bem comum. Logo, toda lei é ordenada para o bem comum.

Réplica Obj. 1. Uma ordem denota a aplicação de uma lei a questões reguladas pela lei. Ora, a ordem para o bem comum, ao qual a lei visa, é aplicável a fins particulares. E, dessa maneira, dão-se ordens até no que diz respeito a questões particulares.

Réplica Obj. 2. As ações concernem de fato a questões particulares; mas essas questões particulares são atribuíveis ao bem comum, não no que diz respeito a um gênero comum ou espécie, mas a uma causa final comum, na medida em que se diz que o bem comum é o fim comum.

Réplica Obj. 3. Assim como nada se mantém inabalável com relação à razão especulativa, exceto aquilo que remonta aos primeiros princípios indemonstráveis, nada também se mantém inabalável com relação à razão prática, a menos que seja dirigido ao fim último, que é o bem comum. E tudo que figurar como razão nesse sentido tem natureza de lei.

TERCEIRO ARTIGO

Se a razão de qualquer homem é competente para fazer leis

Passamos assim ao Terceiro Artigo: –
Objeção 1. Parece que a razão de qualquer homem é competente para fazer leis. Porque o Apóstolo diz (Rom 2, 14) que, *quando os gentios, que não têm lei, fazem por natureza aquelas coisas que são da lei..., eles são lei para si mesmos.* Ora, ele diz isso de todos em geral. Logo, qualquer um pode fazer uma lei para si mesmo.

Obj. 2. Além disso, como diz o Filósofo (*Ética* 2, 1), *a intenção do legislador é conduzir os homens à virtude.* Mas todo homem pode conduzir um outro à virtude. Logo, a razão de qualquer homem é competente para fazer leis.

Obj. 3. Além disso, assim como o soberano de um Estado governa o Estado, também todo pai de família governa sua casa. Mas o soberano de um Estado pode fazer leis para o Estado. Logo, todo pai de família pode fazer leis para sua casa.

Pelo contrário, Isidoro diz (*Etim.* 5, 10): *Uma lei é um decreto do povo, pelo qual algo é sancionado pelos anciãos junto com a comunidade.*

Eu respondo que uma lei, propriamente dita, considera acima de tudo a ordem para o bem comum. Ora, ordenar algo para o bem comum cabe ou a todo o povo, ou a alguém que é o vice-regente de todo o povo. E, portanto, fazer a lei cabe ou a todo o povo ou a uma pessoa pública que cuida de todo o povo: pois, em todas as outras questões, a condução de qualquer coisa ao fim concerne àquele a quem pertence o fim.

Réplica Obj. 1. Como já foi dito (A. 1 *ad* 1), uma lei está numa pessoa não apenas como em alguém que governa, mas também, por participação, como em alguém que é governado. Desta última maneira, cada qual é lei para si mesmo, na medida em que participa da direção que recebe de alguém que o governa. Daí, o mesmo texto prossegue: *Que mostra os preceitos da lei escritos em seu coração.*

Réplica Obj. 2. Uma pessoa privada não pode conduzir eficazmente outra à virtude; pode apenas aconselhar, e se seu conselho não é aceito, não tem poder coercitivo, como a lei deveria ter para induzir eficazmente à virtude, como diz o Filósofo (*Ética* 10, 9). Mas desse poder coercitivo está investido todo o povo ou alguma pessoa pública a quem cabe aplicar penalidades, como iremos expor mais adiante (Q. 92, A. 2 *ad* 3; II-II, Q. 64, A. 3). Portanto, a elaboração das leis cabe apenas a ele.

Réplica Obj. 3. Assim como um homem é parte da casa, a casa também é parte do Estado, e o Estado é uma comunidade perfeita, de acordo com *Polit.* 1, 1. Por conseguinte, assim como o bem de um homem não é o fim último, mas está ordenado para o bem comum; também o bem de uma casa está ordenado para o bem de um único Estado, que é uma comunidade perfeita. Por isso, quem governa uma família pode, de fato, ditar certas ordens ou decretos, mas não a ponto de terem propriamente força de lei.

QUARTO ARTIGO

Se a promulgação é essencial para uma lei

Passamos assim ao Quarto Artigo: –

Objeção 1. Parece que a promulgação não é essencial para uma lei. Porque a lei natural tem, mais que qualquer outra, caráter de lei. Mas a lei natural não necessita de promulgação. Portanto, não é essencial para uma lei que ela seja promulgada...

Pelo contrário. Está formulado nas *Decretais*, dist. 4, *que as leis são estabelecidas quando são promulgadas.*

Eu respondo que, como foi afirmado anteriormente (A. 1), uma lei se impõe a outros a modo de regra e medida. Ora, uma regra ou medida é imposta mediante sua aplicação àqueles que devem ser regulados e medidos por ela. Portanto, a fim de que uma lei obtenha a força obrigatória própria de uma lei, ela precisa ser aplicada aos homens que têm de ser regulados por ela. Tal aplicação é feita quando ela é notificada a eles por uma promulgação. Por conseguinte, a promulgação é necessária para que a lei obtenha sua força.

Desse modo, dos quatro artigos precedentes pode ser deduzida a definição de lei: ela nada mais é do que um decreto da razão para o bem comum, feito por quem tem o cuidado da comunidade, e promulgado.

Réplica Obj. 1. A lei natural é promulgada pelo próprio fato de que Deus a instilou na mente do homem, de modo a ser conhecida naturalmente por ele...

Questão 91
DOS VÁRIOS TIPOS DE LEI
(Em seis artigos)

SEGUNDO ARTIGO

Se há em nós uma lei natural

Passamos assim ao Segundo Artigo: –

Objeção 1. Parece que não há lei natural alguma em nós. Porque o homem é governado suficientemente pela lei eterna; pois Agostinho diz (*De Lib. Arb.* 1) que *a lei eterna é aquela pela qual é certo que todas as coisas devam estar em máxima ordem.* Mas na natureza não abundam as coisas supérfluas, nem faltam as necessárias. Logo, nenhuma lei é natural para o homem.

Obj. 2. Além disso, pela lei o homem é dirigido, em seus atos, para o fim, como foi afirmado acima (Q. 90, A. 2). Mas a direção dos atos humanos para seu fim não é uma função da natureza, como é o caso nas criaturas irracionais, que só agem para um fim por seu apetite natural; ao passo que o homem age para um fim por sua razão e vontade. Logo, nenhuma lei é natural para o homem.

Obj. 3. Além disso, quanto mais livre um homem é, menos ele está sob a lei. Mas o homem é mais livre do que todos os animais, pelo seu livre-arbítrio, do qual ele é dotado e todos os outros animais não. Logo, se outros animais não estão sujeitos a uma lei natural, tampouco o homem o está.

Pelo contrário, uma glosa sobre Rom 2, 14: *Quando os gentios, que não têm lei, cumprem por natureza aquilo que a lei ordena,* comenta da seguinte maneira: *Embora eles não tenham lei escrita, ainda assim têm a lei natural, por meio da qual cada um sabe e tem consciência do que é bom e do que é mau.*

Eu respondo que, como já foi afirmado (Q. 90, A. 1 *ad* 1), sendo a lei regra e medida, pode estar numa pessoa de duas maneiras: por um lado, como naquele que regula e mede; por outro, como naquele que é regulado e medido, pois uma coisa é governada e medida se participa da regra ou medida. Portanto, como todas as coisas sujeitas à Divina Providência são reguladas e medidas pela lei eterna, como já foi mencionado (A. 1), é evidente que todas as coisas participam em certo grau da lei eterna, a saber, uma vez que, pela impressão dessa lei nelas, elas derivam suas respectivas inclinações para seus próprios atos e fins. Ora, entre todas as outras, a criatura racional está sujeita à Divina Providência da maneira mais excelsa, uma vez que participa de uma porção de providência, sendo providente tanto para si como para outros. Portanto, ela tem uma porção da Razão Eterna, o que lhe dá uma inclinação natural para seu próprio ato e fim; e essa participação da lei eterna na criatura racional é chamada de lei natural. Daí que após o Salmista dizer (Sl 4, 6): *Oferecei um sacrifício de justiça,* acrescenta como se alguém perguntasse quais são as obras da justiça: *Muitos dizem: Quem nos mostrará as boas coisas?* Em resposta a esta questão, ele diz: *A luz de Vosso rosto, Senhor, ficou marcada em nós,* indicando desse modo que a luz da razão natural, pela qual discernimos o bom do mau, que é a função da lei natural, nada mais é do que uma impressão em nós da luz Divina. Logo, é evidente que a lei natural nada mais é que a participação da criatura racional na lei eterna.

Réplica Obj. 1. Este argumento se sustentaria se a lei natural fosse algo distinto da lei eterna, no entanto ela é apenas uma participação na lei eterna, como já foi afirmado.

Réplica Obj. 2. Todo ato de razão e de vontade em nós se baseia naquilo que está de acordo com a natureza, como foi dito anteriormente (Q. 10, A. 1), porque todo ato de raciocínio se baseia em princípios naturalmente conhecidos, e todo ato de apetite em relação aos meios é derivado do apetite natural em relação ao fim último. Dessa maneira, a primeira direção de nossos atos para seu fim deve forçosamente ser em virtude da lei natural.

Réplica Obj. 3. Mesmo os animais irracionais participam à sua própria maneira da Razão Eterna, assim como o faz a criatura racional. Mas como a criatura racional participa disso de uma maneira intelectual e racional, por conseguinte a participação da lei eterna na criatura racional é corretamente chamada de lei, pois lei é algo que concerne à razão, como já foi tratado (Q. 90, A. 1). Entretanto, as criaturas irracionais não participam disso de uma maneira racional, por conseguinte não há uma participação da lei eterna nelas, exceto a modo de semelhança.

TERCEIRO ARTIGO

Se existe alguma lei humana

Passamos assim ao Terceiro Artigo: —
Objeção 1. Parece que não existe lei humana alguma. Porque a lei natural é uma participação da lei eterna, como foi afirmado anteriormente (A. 2). Ora, por meio da lei eterna *todas as coisas estão em máxima ordem,* como afirma Agostinho (*De Lib. Arb.* 1, 6). Logo, a lei na-

tural é suficiente para ordenar todos os assuntos humanos. Como consequência, não há necessidade de uma lei humana...

Obj. 3. Além disso, uma medida deveria ser exatíssima, como foi afirmado em *Metaf.* 10, text. 3. Mas os ditames da razão humana nas questões de conduta são incertos, de acordo com *Sab.* 9, 14: *Os pensamentos dos homens mortais são temíveis, e nossos conselhos incertos.* Logo, nenhuma lei pode emanar da razão humana.

Pelo contrário, Agostinho (*De Lib. Arb.* 1, 6) distingue dois tipos de lei, um eterno e o outro temporal, que ele chama de humano.

Eu respondo que, como já foi dito (Q. 90, A. 1, ad 2), uma lei é um ditame da razão prática. Ora, deve-se observar que o mesmo procedimento acontece na razão prática e na especulativa: porque ambas partem dos princípios para chegar às conclusões, como já foi afirmado (*ib.*). Desta maneira, concluímos que assim como na razão especulativa, de princípios indemonstráveis naturalmente conhecidos, tiramos as conclusões das várias ciências, cujo conhecimento não é dado a nós pela natureza, mas sim adquirido pelos esforços da razão, também é dos preceitos da lei natural, enquanto princípios gerais e indemonstráveis, que a razão humana precisa partir para a determinação mais particular de certas questões. Essas determinações particulares, projetadas pela razão humana, são chamadas de leis humanas, desde que as outras condições essenciais da lei sejam observadas, como já foi citado (Q. 90, A. 2, 3, 4). Por isso Túlio diz em sua *Retórica* (*De Invent. Rhet.* 2) que *a justiça tem sua fonte na natureza; portanto, certas coisas tornaram-se costume em razão de sua utilidade; posteriormente, essas coisas que emanaram da natureza e foram aprovadas pelo costume, foram sancionadas por temor e respeito à lei.*

Réplica Obj. 1. A razão humana não pode participar plenamente do ditame da Razão Divina, exceto de acordo com seu próprio modo, e imperfeitamente. Em consequência disso, assim como da parte da razão especulativa, por uma participação natural da Sabedoria Divina, há em nós o conhecimento de certos princípios gerais, mas não o conhecimento próprio de cada verdade única, como o contido na Sabedoria Divina; assim também, da parte da razão prática, o homem tem uma participação natural na lei eterna, de acordo com certos princípios gerais, mas não no que diz respeito às determinações particulares dos casos individuais que, entretanto, estão contidos na lei eterna. Daí a necessidade para a razão humana de ir mais além e sancioná-las por lei...

Réplica Obj. 3. A razão prática se ocupa de questões práticas, que são singulares e contingentes; mas não de coisas necessárias, das quais se ocupa a razão especulativa. Por isso as leis humanas não podem ter a infalibilidade que pertence às conclusões demonstradas das ciências. Tampouco é necessário que cada medida seja inteiramente infalível e certa, basta estar de acordo com o que é possível em seu próprio gênero específico.

QUARTO ARTIGO

Se havia necessidade de uma lei divina

Passamos assim ao Quarto Artigo: –
Objeção 1. Parece que não havia necessidade de uma lei divina. Porque, como foi mencionado anteriormente (A. 2), a lei natural é uma participação em nós da lei eterna. Porém, a lei eterna é uma lei divina, como já foi afirmado (A. 1). Logo, não há nenhuma necessidade de uma lei divina além da lei natural e das leis humanas dela derivadas.

Ob. 2. Ademais, está escrito (*Eclo.* 15, 14) que *Deus deixou o homem nas mãos de seu próprio conselho.* Ora, conselho é um ato da razão, como já foi tratado (Q. 14, A. 1). Por conseguinte, coube ao homem orientar-se por sua própria razão. Mas um ditame da razão humana é uma lei humana, como já foi dito (A. 3).

Logo, não há nenhuma necessidade de o homem ser governado também por uma lei divina.

Obj. 3. Além disso, a natureza humana é mais autossuficiente do que as criaturas irracionais. Mas as criaturas irracionais não têm nenhuma lei divina além da inclinação natural impressa nelas. Logo, muito menos a criatura racional deveria ter uma lei divina além da lei natural.

Pelo contrário, Davi rezou a Deus para que pusesse Sua lei diante dele, dizendo (Sl. 118, 33): *Ponde diante de mim como lei o caminho de Vossas justificações, Senhor.*

Eu respondo que, além da lei natural e da humana, foi necessário para a orientação da conduta humana ter uma lei divina. E isto por quatro razões. Primeiro, porque é por lei que o homem é orientado sobre como realizar seus atos adequados em vista de seu fim último. E, de fato, se o homem não fosse ordenado para nenhum outro fim além daquele que é proporcional a sua faculdade natural, não haveria nenhuma necessidade de o homem ter qualquer outra direção da parte de sua razão, além da lei natural e da lei humana que é derivada dela. Mas como o homem é ordenado para um fim de felicidade eterna que não é proporcional à faculdade natural do homem, como já foi afirmado (Q. 5, A. 5), por conseguinte foi necessário que, além da lei natural e da lei humana, o homem devesse ser orientado para seu fim por uma lei dada por Deus.

Segundo, porque, por conta da incerteza do julgamento humano, em especial em questões contingentes e particulares, diferentes pessoas formam diferentes julgamentos sobre os atos humanos; por isso também resultam leis diferentes e contrárias. Portanto, a fim de que o homem possa saber sem qualquer dúvida o que deve fazer e o que deve evitar, foi necessário que o homem fosse dirigido em seus atos próprios por uma lei dada por Deus, porque é certo que tal lei não pode errar.

Terceiro, porque o homem pode fazer leis naquelas questões sobre as quais ele é competente para julgar. Mas o homem não é competente para julgar os impulsos interiores que estão ocultos, pode apenas julgar os atos exteriores, que são observáveis. E, no entanto, para a perfeição da virtude é necessário que o homem se comporte corretamente em ambas as espécies de atos. Como consequência, a lei humana não podia retificar e dirigir de modo suficiente os atos interiores; e foi necessário para esse propósito que sobreviesse uma lei divina.

Quarto, porque, como Agostinho diz (*De Lib. Arb.* 1, 5, 6), a lei humana não pode punir ou proibir todas as más ações já que, ao visar abolir todos os males, aboliria muitas coisas boas, e obstruiria o avanço do bem comum, necessário para o convívio humano. Logo, para que nenhum mal ficasse sem proibição e castigo, foi necessário sobrevir a lei divina, pela qual todos os pecados são proibidos.

E essas quatro causas são tratadas em Sl 18, 8, onde se diz: *A Lei do Senhor é imaculada,* isto é, não permite nenhuma impureza do pecado; *converte almas,* porque dirige não apenas os atos exteriores, mas também os interiores; *o testemunho do Senhor é fiel,* por causa da certeza do que é verdadeiro e certo; *dá sabedoria aos pequenos,* dirigindo o homem para um fim sobrenatural e divino.

Réplica Obj. 1. Pela lei natural, participa-se da lei eterna proporcionalmente à capacidade da natureza humana. Porém, para seu fim sobrenatural, o homem necessita ser dirigido de uma maneira mais elevada. Daí a lei adicional dada por Deus, pela qual o homem compartilha de maneira mais perfeita da lei eterna.

Réplica Obj. 2. Conselho é uma espécie de indagação; por isso precisa provir de certos princípios. Tampouco basta que provenha dos princípios dados pela natureza, que são os preceitos da lei natural, pelas razões apresentadas anteriormente; há necessidade de certos princípios adicionais, a saber, os preceitos da lei divina.

Réplica Obj. 3. Criaturas irracionais não estão ordenadas para um fim mais elevado do aquele que é proporcional a seus poderes naturais; como consequência, a comparação é insuficiente...

Questão 92
DOS EFEITOS DA LEI
(Em dois artigos)

PRIMEIRO ARTIGO

Se é efeito da lei fazer os homens bons

Passamos assim ao Primeiro Artigo: –
Objeção 1. Parece que não é um efeito da lei fazer os homens bons. Porque os homens são bons através da virtude, pois a virtude, como é afirmado em *Ética* 2, 6, é *o que torna bom quem a possui*. Mas a virtude do homem procede somente de Deus, porque *Ele é Quem a introduz em nós sem nós*, como já tratamos (Q. 55, A. 4) ao dar a definição de virtude. Logo, a lei não torna os homens bons.

Obj. 2. Além disso, a Lei só serve ao homem se ele obedecer a ela. Mas o próprio fato de um homem obedecer a uma lei deve-se à sua bondade. Por conseguinte, na bondade do homem está pressuposta a lei. Logo, a lei não torna os homens bons.

Obj. 3. Além disso, a Lei é dirigida para o bem comum, como já foi afirmado (Q. 90, A. 2). Porém, alguns se comportam bem em coisas que dizem respeito à comunidade, e se comportam mal em coisas que dizem respeito a si próprios. Logo, não é tarefa da lei tornar os homens bons.

Obj. 4. Além disso, algumas leis são tirânicas, como diz o Filósofo (*Polit.* 3, 6). Porém, um tirano não pretende o bem de seus súditos, mas considera apenas seu próprio benefício. Logo, a lei não torna os homens bons.

Pelo contrário, o Filósofo diz (*Ética* 2, 1) que *a intenção de todo legislador é fazer bons cidadãos*.

Eu respondo que, como já foi dito (Q. 90, A. 1 ad 2; A. 3, 4), uma lei nada mais é que um ditame da razão no governante, por quem os súditos são governados. Ora, a virtude de qualquer coisa subordinada consiste em ser bem subordinada àquela pela qual é regulada; do mesmo modo, vemos que a virtude das faculdades irascíveis e concupiscíveis consiste em ser obediente à razão; e, desta maneira, *a virtude de todo súdito consiste em sua perfeita submissão a seu governante* (*Polit.* 1). Mas toda lei visa ser obedecida por aqueles que estão sujeitos a ela. Como consequência, é evidente que o efeito próprio da lei é conduzir seus sujeitos à sua virtude própria; e como *virtude é aquilo que torna quem a possui bom*, conclui-se que o efeito próprio da lei é tornar bons aqueles a quem ela é dada, simplesmente ou em algum aspecto particular. Porque, se a intenção do legislador está concentrada no verdadeiro bem, que é o bem comum regulado de acordo com a justiça divina, conclui-se que o efeito da lei é tornar os homens bons simplesmente. No entanto, se a intenção do legislador está concentrada naquilo que não é simplesmente o bem, porém útil ou prazenteiro para ele, ou em oposição à justiça divina, então a lei não torna os homens bons simplesmente, mas relativamente a esse governo específico. Dessa maneira, o bem é encontrado até mesmo em coisas que em si são más: desse modo, um homem é chamado de bom ladrão porque trabalha de maneira adaptada a seu fim.

Réplica Obj. 1. A virtude é dual, como foi explicado anteriormente (Q. 63, A. 2), a saber, adquirida e infusa. Ora, o fato de estar acostumado com uma ação contribui para ambas as coisas, mas de diferentes maneiras; porque causa a virtude adquirida e predispõe para a infusa e, quando ela já existe, a preserva e fomenta. E como a lei é dada com o propósito de dirigir os atos humanos, a lei torna os homens bons, na medida em que os atos humanos conduzem para a virtude. Por isso o Filósofo diz, no segundo livro de sua *Política* (*Ética* 2), que *os legisladores tornam os homens bons habituando-os às boas obras*.

Réplica Obj. 2. Nem sempre é através da bondade perfeita da virtude que alguém obedece à lei; às vezes é pelo medo da punição, e às vezes pelos meros ditames da razão, que é um começo de virtude, como já foi afirmado (Q. 63, A. 1).

Réplica Obj. 3. A bondade de qualquer parte é considerada em comparação com o todo; por isso Agostinho diz (*Conf.* 3) que *imprópria é a parte que não se harmoniza com o todo.* Então, como todo homem é uma parte do Estado, é impossível que um homem seja bom se não mantiver a devida proporção com o bem comum; tampouco o todo pode ser devidamente consistente se suas partes não forem proporcionais a ele. Como consequência, o bem comum do Estado não pode florescer se os cidadãos não forem virtuosos, pelo menos aqueles cuja tarefa é governar. Mas basta para o bem da comunidade que os outros cidadãos sejam virtuosos na obediência às ordens de seus governantes. Por isso o Filósofo diz (*Polit.* 3, 2) que *a virtude de um soberano é a mesma de um homem bom, mas a virtude de qualquer cidadão comum não é a mesma de um homem bom.*

Réplica Obj 4. Uma lei tirânica, devido ao fato de não estar de acordo com a razão, não é uma lei, falando em termos absolutos, mas sim uma perversão da lei; e, no entanto, uma vez que tem algo da natureza da lei, seu fim é que os cidadãos sejam bons. Sua natureza de lei consiste em ser um decreto feito por um superior para seus súditos, que visa ser obedecido por eles, o que é torná-los bons, não simplesmente, mas em relação a esse governo específico.

SEGUNDO ARTIGO

Se os atos de lei são apropriadamente designados

Passamos assim ao Segundo Artigo: –

Objeção 1. Parece que não é apropriada a designação dos atos de lei em *ordem, proibição, permissão* e *punição.* Porque *toda lei é um preceito geral*, como afirma o Jurista (*ib.*). Mas ordem e preceito são a mesma coisa. Logo, as outras três são supérfluas.

Obj. 2. Além disso, o efeito de uma lei é induzir seus súditos a serem bons, como foi dito anteriormente (A. 1). Mas o conselho visa um bem mais elevado do que a ordem. Logo, cabe à lei aconselhar em vez de ordenar.

Obj. 3. Além disso, assim como a punição incita um homem às boas ações, também a recompensa o faz. Logo, se punir é considerado um efeito da lei, recompensar também o é.

Obj. 4. Além disso, a intenção de um legislador é tornar os homens bons, como já foi afirmado (A. 1). Mas aquele que obedece à lei meramente por medo de ser punido não é bom; porque, *embora uma boa ação possa ser feita por temor servil, isto é, medo de punição, ela não é bem feita*, como diz Agostinho (*Contra duas Epist. Pelag.* 2). Logo, a punição não é um efeito próprio da lei.

Pelo contrário, Isidoro diz (*Etim.* 5, 19): *Toda lei permite algo, como: "Um homem valente pode pedir sua recompensa";* ou proíbe algo, como: *"Nenhum homem pode pedir uma virgem consagrada em casamento";* ou pune, como: *"Aquele que cometer assassinato será executado".*

Eu respondo que, assim como uma asserção é um ditame da razão que afirma algo, a lei é um ditame da razão que ordena algo. Ora, é próprio da razão conduzir de uma coisa para outra. Portanto, assim como nas ciências demonstrativas a razão nos leva a concordar com a conclusão partindo de certos princípios, ela nos induz por certos meios a concordar com o preceito da lei.

Ora, os preceitos da lei dizem respeito aos atos humanos, os quais a lei dirige, como já foi mencionado (Q. 90, A. 1, 2; Q. 91, A. 4). Por outro lado, há três espécies de atos humanos; porque, como já foi tratado (Q. 18, A. 8), certos atos são bons genericamente, a saber, os atos de virtude; e, em relação a esses, o ato de lei é um preceito ou ordem, porque *a lei ordena todos os atos de virtude* (*Ética* 5, 1). Certos atos são maus genericamente, a saber, atos de vício; e, em relação a esses, a lei proíbe. Certos atos são genericamente indiferentes e, em relação a esses, a lei permite; e todos os atos que não são distintamente bons nem distintamente maus podem ser chamados de indiferentes. – E é do medo de punição que a lei faz uso a fim de assegurar a obediência; em relação a isso, a punição é um efeito da lei.

Réplica Obj. 1. Assim como desistir do mal é uma espécie de bem, uma proibição também é uma espécie de preceito; e, dessa maneira, tomando preceito num sentido amplo, toda lei é uma espécie de preceito.

Réplica Obj. 2. Aconselhar não é um ato próprio de lei, mas pode ser de competência até mesmo de uma pessoa privada, que não pode fazer uma lei. É por isso que o Apóstolo também diz, após dar um certo conselho (1 Cor 7, 12): *Sou eu quem diz, não o Senhor*. Consequentemente, não é considerado um efeito da lei.

Réplica Obj. 3. Recompensar também pode caber a qualquer pessoa; mas punir não cabe a ninguém a não ser ao autor da lei, por cuja autoridade o castigo é imposto. Portanto, recompensar não é considerado um efeito da lei, apenas punir o é.

Réplica Obj. 4. Por se acostumar a evitar o mal e realizar o bem por medo da punição, às vezes a pessoa acaba fazendo o mesmo com prazer e por sua livre vontade. Dessa maneira, a lei, mesmo através da punição, leva os homens a serem bons...

Questão 94
DA LEI NATURAL
(Em seis artigos)

PRIMEIRO ARTIGO
Se a lei natural é um hábito

Passamos assim ao Primeiro Artigo: –
Objeção 1. Parece que a lei natural é um hábito. Porque, como diz o Filósofo (*Ética* 2, 5), *há três coisas na alma, potência, hábito e paixão*. Mas a lei natural não é uma das potências da alma, tampouco uma de suas paixões, como se constata examinando-as uma a uma. Logo, a lei natural é um hábito...

Pelo contrário, Agostinho diz (*De Bono Conjug.* 21) que *um hábito é aquilo pelo que alguma coisa é feita quando necessária*. Mas tal não é a lei natural, já que está nas crianças e nos condenados que não podem agir por meio dela. Logo, a lei natural não é um hábito.

Eu respondo que uma coisa pode ser chamada de hábito de duas maneiras. Primeiro, própria e essencialmente; e assim a lei natural não é um hábito. Porque foi afirmado anteriormente (Q. 90, A. 1 *ad* 2) que a lei natural é algo estabelecido pela razão, assim como uma proposição é uma obra da razão. Ora, aquilo que um homem faz não é o mesmo que aquilo por meio do qual ele o faz; ele pode fazer um discurso apropriado pelo hábito da gramática. Então, como um hábito é aquilo por meio do qual agimos, uma lei não pode ser um hábito próprio e essencialmente.

Segundo, o termo hábito pode ser aplicado àquilo que possuímos por hábito; desse modo, a fé pode significar aquilo que possuímos por fé. E, dessa maneira, como os preceitos da lei natural são às vezes considerados de modo atual pela razão, ao passo que às vezes estão na razão apenas habitualmente, a lei natural pode ser chamada de hábito. O mesmo ocorre em questões especulativas: os princípios indemonstráveis não são o próprio hábito pelo qual conservamos esses princípios, mas sim os princípios dos quais possuímos o hábito.

Réplica Obj. 1. O Filósofo propõe aí descobrir o gênero da virtude; e como é evidente que virtude é um princípio de ação, ele menciona apenas aquelas coisas que são princípios de atos humanos, a saber: potências, hábitos e paixões. Mas há outras coisas na alma além dessas três: há atos; assim, *o querer* está naquele que quer, ou as coisas conhecidas naquele que conhece, ou as próprias propriedades naturais na alma, tal como a imortalidade e assim por diante...

SEGUNDO ARTIGO
Se a lei natural contém vários preceitos ou apenas um

Passamos assim ao Segundo Artigo: –
Objeção 1. Parece que a lei natural contém não vários preceitos, mas apenas um. Porque lei é uma espécie de preceito, como já foi dito

(Q. 92, A. 2). Logo, se os preceitos da lei natural fossem muitos, concluir-se-ia que também as leis naturais seriam muitas...

Pelo contrário, os preceitos da lei natural no homem estão para as questões práticas como os primeiros princípios estão para as questões de demonstração. Mas há vários primeiros princípios indemonstráveis. Logo, também há vários preceitos da lei natural.

Eu respondo que, como já foi afirmado (Q. 91, A. 3), os preceitos da lei natural são para a razão prática o que são os primeiros princípios de demonstração para a razão especulativa: ambos são princípios evidentes por si mesmos. Ora, diz-se que uma coisa é evidente por si mesma de duas maneiras: primeiro, em si; segundo, em relação a nós. Considerada em si mesma, qualquer proposição é evidente por si mesma se seu predicado estiver contido na noção do sujeito. No entanto, para alguém que desconhece a definição do sujeito, tal proposição não é evidente por si. Por exemplo, esta proposição: *o homem é um ser racional* é, em sua própria natureza, evidente por si mesma, porque quem diz *homem* diz *um ser racional*; e, no entanto, para alguém que não saiba o que é um homem, esta proposição não é evidente por si mesma. É por isso que, como diz Boécio (*De Hebdom.*), certos axiomas ou proposições são universalmente evidentes por si mesmos para todos; e assim são aquelas proposições cujos termos são conhecidos de todos, como: *o todo é maior que a parte*, e: *duas coisas iguais a uma terceira são iguais entre si*. Mas algumas proposições são evidentes por si mesmas apenas para o sábio, que compreende o sentido dos termos de tais proposições; desse modo, para alguém que compreende que um anjo não é um corpo, é evidente por si mesmo que um anjo não está circunscrito a um lugar; mas isso não é evidente para o ignorante, porque não consegue compreendê-lo.

Ora, deve haver certa ordem nas coisas universalmente apreendidas. Porque aquilo que é primariamente submetido à apreensão é *ente*, cuja intelecção está incluída em todas as coisas que o homem apreende. Por conseguinte, o primeiro princípio indemonstrável é *que a mesma coisa não pode ser afirmada e negada ao mesmo tempo*, princípio que se baseia nas noções de *ser* e *não ser*, e no qual todos os outros se baseiam, como está afirmado em *Metaf.* 4, text. 9. Ora, assim como o *ser* é a primeira coisa que é submetida à apreensão simplesmente, o *bem* é a primeira coisa que é submetida à apreensão da razão prática, dirigida para a ação; pois todo agente age para um fim, que tem aspecto de bem. Como consequência, o primeiro princípio da razão prática é aquele baseado na ideia de bem, a saber, que *bem é aquilo que todas as coisas procuram obter.* Por isso, este é o primeiro preceito da lei: *o bem deve ser praticado e procurado, e o mal, evitado.* Todos os outros preceitos da lei natural estão baseados neste; de modo que tudo o que a razão prática apreende naturalmente como bem (ou mal) do homem pertence aos preceitos da lei natural como algo a ser feito ou evitado.

Entretanto, como o bem tem a natureza de um fim e o mal a natureza de um contrário, todas as coisas para as quais o homem tem uma inclinação natural são naturalmente apreendidas pela razão como sendo boas e, por conseguinte, como objetos de procura; e suas contrárias como sendo más, e objetos de rejeição. Portanto, a ordem dos preceitos da lei natural está de acordo com a ordem das inclinações naturais. Porque no homem há antes de mais nada uma inclinação para o bem, de acordo com a natureza que ele tem em comum com todas as substâncias: visto que toda substância procura a preservação de seu próprio ser, de acordo com sua natureza. Em razão dessa inclinação, tudo que for um meio de preservar a vida humana e de evitar seus obstáculos pertence à lei natural. Em segundo lugar, há no homem uma inclinação a coisas que lhe dizem respeito de maneira mais especial, de acordo com essa natureza que ele tem em comum com outros animais; e, em virtude dessa inclinação, diz-se que pertencem à lei natural as coisas *que a natureza ensinou a todos os animais*, tais como a relação sexual, a educação da descendência e assim por diante. Em terceiro lugar, há no homem uma inclinação para o bem, de acordo com a natureza de sua razão, natureza essa que é própria dele; desse modo, o homem tem uma inclinação natural a saber a verdade sobre Deus, e a viver em sociedade; e, neste aspecto, tudo o que diz respeito a essa inclinação pertence à lei natural, por exemplo, afastar-se da ignorância, evitar ofender aqueles entre os quais a pessoa tem de viver, e outras coisas referentes à inclinação acima.

Réplica Obj. 1. Todos esses preceitos da lei da natureza têm o caráter de uma única lei natural, porquanto emanam de um primeiro preceito...

QUARTO ARTIGO

Se a lei natural é a mesma para todos os homens

Passamos assim ao Quarto Artigo: –
Objeção 1. Parece que a lei natural não é a mesma para todos. Porque afirma-se nas Decretais (*Dist.* 1) *que a lei natural é aquela que está contida na Lei e no Evangelho*. Mas isso não é comum a todos os homens; porque, como está escrito (Rom 10, 16) *nem todos obedecem ao evangelho*. Logo, a lei natural não é a mesma em todos os homens.

Obj. 2. Além disso, *as coisas que estão de acordo com a lei são denominadas justas*, como é declarado em *Ética* 5. Mas no mesmo livro é declarado que nada é tão universalmente justo a ponto de não ser objeto de mudança para alguns homens. Logo, até mesmo a lei natural não é a mesma em todos os homens.

Obj. 3. Além disso, como foi afirmado acima (A. 2, 3), pertence à lei natural tudo aquilo para o que o homem se inclina por natureza. Ora, homens diferentes são naturalmente inclinados a coisas diferentes: alguns desejam o prazer; outros, as honras; e outros homens, outras coisas. Logo, não existe uma lei natural para todos.

Pelo contrário, Isidoro diz (*Etim.* 5, 4): *A lei natural é comum a todas as nações.*

Eu respondo que, como foi declarado anteriormente (A. 2, 3), pertencem à lei natural aquelas coisas para as quais um homem é naturalmente inclinado; e entre elas é próprio do homem estar inclinado a agir de acordo com a razão. Ora, é característico da razão proceder do comum ao próprio, como é afirmado em *Fís. 1*. A razão especulativa, entretanto, situa-se nesta questão de maneira diferente da razão prática. Porque, como a razão especulativa se ocupa sobretudo com coisas necessárias, que não podem ser diferentes do que são, suas conclusões próprias contêm, como os princípios universais, a verdade sem falha. Por outro lado, a razão prática se ocupa com questões contingentes, concernentes às ações humanas; e, como consequência, embora haja necessidade nos princípios mais gerais, quanto mais descemos a questões de detalhe mais frequentemente encontramos defeitos. Dessa maneira, nas questões especulativas a verdade é a mesma em todos os homens, tanto no que diz respeito aos princípios como às conclusões, embora nem todos conheçam a verdade no que se refere às conclusões, mas apenas no que se refere aos princípios, que são chamados de noções comuns. Mas, em questões de ação, a verdade ou retidão prática não é a mesma para todos no tocante às questões de detalhe, mas apenas no tocante aos princípios gerais; e onde há a mesma retidão em questões de detalhe, ela não é igualmente conhecida de todos.

Logo, é evidente que, no que diz respeito aos princípios gerais, quer da razão especulativa, quer da razão prática, a verdade ou retidão é a mesma para todos, e é igualmente conhecida por todos. Quanto às conclusões próprias da razão especulativa, a verdade é a mesma para todos, mas não é igualmente conhecida por todos. Desse modo, é verdade para todos que, juntos, os três ângulos de um triângulo são iguais a dois ângulos retos, embora isso não seja do conhecimento de todos. Mas, no que diz respeito às conclusões próprias da razão prática, a verdade ou a retidão nem é a mesma para todos, nem, onde é a mesma, é igualmente conhecida de todos. Desse modo, é certo e verdadeiro para todos agir de acordo com a razão, e desse princípio infere-se, como conclusão própria, que os bens confiados a um outro deveriam ser restituídos a seu proprietário. Ora, isso é verdade para a maioria dos casos; mas pode acontecer que num caso particular seja prejudicial, e por conseguinte irracional, restituir bens que estão em custódia; por exemplo, se eles são reivindicados com o propósito de lutar contra o próprio país. E, quanto mais descermos aos detalhes, mais veremos que esse princípio é falível; por exemplo, se alguém dissesse que bens mantidos em custódia deveriam ser restituídos com tal e tal garantia, ou dessa e daquela maneira; porque quanto maior o número de condições agregadas, maior o número de maneiras em que o princípio pode falhar, de modo que não seja certo restituir ou não restituir.

Por conseguinte, devemos dizer que a lei natural, no tocante aos princípios gerais, é a mesma para todos, tanto no que diz respeito à sua retidão como ao seu conhecimento. Mas no que concerne a certas questões de detalhe, que são, por assim dizer, conclusões desses princípios gerais, ela é a mesma para todos na maioria dos casos, tanto no que concerne à retidão como ao conhecimento; no entanto, em alguns poucos casos pode falhar, tanto no que tange à retidão, em razão de certos obstáculos (assim como a natureza sujeita à geração e corrupção falha em alguns poucos casos por conta de algum obstáculo), e no que tange ao conhecimento, pois em alguns a razão é pervertida pela paixão, ou pelo mau hábito, ou por uma má disposição da natureza; desse modo, em tempos passados, o roubo, embora seja expressamente contrário à lei natural, não era considerado errado entre os germanos, como relata Júlio César (*De Bello Gall.* 7).

Réplica Obj. 1. O sentido da sentença citada não é de que tudo que está contido na Lei e no Evangelho pertence à lei natural, visto que eles contêm muitas coisas que estão acima da natureza; mas de que tudo que pertence à lei natural está plenamente contido neles. Por isso Graciano, após dizer que *a lei natural é aquilo que está contido na Lei e no Evangelho,* acrescenta de imediato, a modo de exemplo, *pelo que se ordena que todos façam aos outros o que querem que lhes façam.*

Réplica Obj. 2. Deve-se entender o que o Filósofo diz das coisas que são naturalmente justas não como princípios gerais, mas como conclusões tiradas delas, que em geral são retas e só falham em alguns casos.

Réplica Obj. 3. Como, no homem, a razão governa e comanda as outras potências, então é necessário que todas as inclinações naturais pertencentes às outras potências sejam dirigidas de acordo com a razão. Por conseguinte, é universalmente certo para todos os homens que todas as suas inclinações sejam dirigidas de acordo com a razão.

QUINTO ARTIGO

Se a lei natural pode ser mudada

Passamos assim ao Quinto Artigo: –

Objeção 1. Parece que a lei natural pode ser mudada. Porque em Eclo 17, 9, *Ele lhes deu instrução, e a lei da vida,* a glosa diz: *Ele quis que a lei da letra fosse escrita, a fim de corrigir a lei da natureza.* Mas o que é corrigido é mudado. Logo, a lei natural pode ser mudada.

Obj. 2. Além disso, o assassinato do inocente, o adultério e o roubo são contra a lei natural. Mas encontramos essas coisas mudadas por Deus: como quando Deus ordena a Abraão matar seu filho inocente (Gên 22, 2); quando ordenou aos judeus furtar os vasos cedidos pelos egípcios (Êx 12, 35); e quando ordenou a Oséias tomar para si *uma mulher dissoluta* (Os 1, 2). Logo, a lei natural pode ser mudada.

Obj. 3. Além disso, Isidoro diz (*Etim.* 5, 4) que *a posse de todas as coisas em comum e a liberdade universal são questões da lei natural.* Mas nota-se que essas coisas foram mudadas por leis humanas. Logo, parece que a lei natural está sujeita à mudança.

Pelo contrário, está dito nas Decretais (*Dist.* 5): *A lei natural data da criação da criatura racional. Ela não varia de acordo com o tempo, mas permanece imutável.*

Eu respondo que uma mudança na lei natural pode ser compreendida de duas maneiras. Primeiro, por meio da adição. Nesse sentido, nada impede que a lei natural seja modificada, pois muitas coisas benéficas para a vida humana foram acrescentadas à lei natural, tanto pela lei divina como pelas leis humanas.

Segundo, uma mudança na lei natural pode ser compreendida por meio de subtração, de modo que aquilo que anteriormente estava de acordo com a lei natural deixa de estar. Nesse sentido, a lei natural é totalmente inalterável em seus primeiros princípios; mas em seus princípios secundários que, como dissemos (A. 4), são certas conclusões particulares próximas dos primeiros princípios, a lei natural não é mudada de maneira tal que aquilo que ela prescreve não seja certo na maioria dos casos. Mas pode ser alterada em alguns casos particulares de rara ocorrência, por certas causas especiais que impedem a observância desses preceitos, como já foi declarado (A. 4).

Réplica Obj. 1. Diz-se que a lei escrita foi dada para a correção da lei natural, seja porque fornece o que estava faltando na lei natural, seja porque a lei natural estava pervertida nos corações de alguns homens no que tange a certas questões, de modo que eles consideravam boas aquelas coisas que eram naturalmente más; perversão essa que necessitava correção.

Réplica Obj. 2. Todos os homens, culpados e inocentes, morrem de morte natural; morte natural infligida pelo poder de Deus por causa do pecado original, de acordo com 1 Rs 2, 6: *O Senhor mata e faz viver.* Por conseguinte, por ordem de Deus, a morte pode ser imposta a qualquer homem, culpado ou inocente, sem nenhuma injustiça. – De maneira semelhante, o adultério é o intercurso sexual com a esposa de um outro, destinada a ele pela lei que provém de Deus. Como consequência, o intercurso sexual com qualquer mulher, por ordem de Deus, não é adultério nem fornicação. – O mesmo se aplica ao roubo, que é tomar a propriedade de um outro. Porque tudo que é tomado por ordem de Deus, a Quem todas as coisas pertencem, não é tomado contra a vontade de seu proprietário, embora o roubo consista nisso. – Tampouco é apenas nas coisas humanas que tudo que é ordenado por Deus é certo; também nas coisas naturais, tudo que é feito por Deus é, de certa maneira, natural, como foi afirmado na Primeira Parte (Q. 105, A. 6 *ad* 1).

Réplica Obj. 3. Diz-se que uma coisa pertence à lei natural de duas maneiras. Primeiro, porque a natureza a isso inclina; por exemplo, que não se deve fazer mal ao outro. Segundo, porque a natureza não apresenta o contrário; desse modo, podemos dizer que o homem estar nu é da lei natural, porque a natureza não lhe deu roupas, sendo a arte que as inventou. Nesse sentido, diz-se que é da lei natural *a posse de todas as coisas em comum e a liberdade universal*, porque a distinção de posses e a servidão não foram produzidas pela natureza, mas sim inventadas pela razão humana em benefício da vida humana. Dessa maneira, a lei da natureza não foi mudada neste aspecto, a não ser por adição...

Questão 95
DA LEI HUMANA
(Em quatro artigos)

PRIMEIRO ARTIGO

Se foi útil a instituição de leis pelos homens

Passamos assim ao Primeiro Artigo: –

Objeção 1. Parece que não foi útil que os homens criassem as leis. Porque o propósito de toda lei é tornar o homem bom por meio dela, como foi tratado anteriormente (Q. 92, A. 1). Mas os homens são melhor induzidos ao bem voluntariamente por meio de admoestações do que contra a sua vontade por meio de leis. Logo, não havia necessidade de conceder leis.

Obj. 2. Além disso, como diz o Filósofo (*Ética* 5, 4), *os homens recorrem a um juiz como à justiça animada*. Mas a justiça animada é melhor do que a justiça inanimada contida nas leis. Logo, teria sido melhor para a execução da justiça ser entregue aos cuidados da decisão de juízes do que, além disso, conceber leis.

Obj. 3. Ademais, toda lei é concebida para a direção dos atos humanos, como é evidente pelo que já foi declarado (Q. 90, A. 1, 2). Mas como os atos humanos se referem a singulares, que são infinitos em número, as questões que dizem respeito à direção dos atos humanos não podem ser levadas suficientemente em consideração, salvo por um sábio que examine cada uma delas. Logo, teria sido melhor para os atos humanos serem dirigidos pelo juízo de homens sábios do que pela concepção de leis. Logo, não havia necessidade de leis humanas.

Pelo contrário, Isidoro diz (*Etim.* 5, 20): *As leis foram feitas para que, por receio delas, a audácia humana pudesse ser mantida sob controle, para que a inocência pudesse ser salvaguardada em meio à maldade, e para que o medo de punição pudesse impedir os maus de fazer o mal.* Mas essas coisas são muito necessárias à humanidade. Logo, era necessário instituir leis humanas.

Eu respondo que, como foi afirmado anteriormente (Q. 63, A. 1; Q. 94, A. 3), o homem tem uma aptidão natural para a virtude; mas a perfeição da virtude deve ser adquirida pelo homem por meio de alguma espécie de educação. Desse modo, observamos que o homem é ajudado pela indústria em suas necessidades, por exemplo, em alimento e roupa. Algumas bases disso ele tem por natureza, a saber, sua razão e suas mãos; mas não possui o complemento pleno, como possuem outros animais aos quais a natureza deu suficiência em roupa e alimento. Ora, é difícil ver como o homem poderia bastar-se na questão de sua educação; porque a perfeição da virtude consiste sobretudo em afastar o homem de prazeres impróprios, para os quais todos os homens se inclinam, e em especial os jovens, que são mais capazes de serem educados. Por conseguinte, um homem precisa receber essa educação de outro para atingir a perfeição da virtude. E no que tange àquelas pessoas jovens inclinadas a atos de virtude, por sua própria disposição natural, ou por costume, ou antes pela dádiva de Deus, basta a educação paterna que é dada por admoestações. Mas como se descobriu que alguns eram depravados e predispostos ao vício, e pouco suscetíveis às palavras, era necessário que fossem afastados do mal pela força e pelo medo, a fim de que, pelo menos, pudessem desistir do mau procedimento, e deixar os outros em paz, e para que eles mesmos, sendo habituados dessa maneira, pudessem ser levados a fazer de bom grado aquilo que até então faziam por medo, e desse modo se tornassem virtuosos. Ora, esse tipo de educação que compele por meio do medo de punição é a disciplina das leis. Logo, a fim de que o homem pudesse ter paz e virtude, era necessário que leis fossem concebidas; porque, como diz o Filósofo (*Polit.* 1, 2), *assim como o homem é o mais nobre dos animais se for perfeito em virtude, também é o mais baixo de todos se se afastar da lei e da retidão*; porque o homem pode usar sua razão para inventar meios de satisfazer suas luxúrias e paixões más, o que outros animais são incapazes de fazer.

Réplica Obj. 1. Homens bem dispostos são voluntariamente conduzidos à virtude pela admoestação, melhor do que pela coação; mas homens mal dispostos não são conduzidos para a virtude, a menos que sejam compelidos.

Réplica Obj. 2. Como diz o Filósofo (*Ret.* 1, 1), *é melhor que todas as coisas sejam reguladas por lei do que deixar que sejam decididas por juízes*; e isto por três razões. Primeiro, porque é mais fácil encontrar alguns sábios competentes para conceber leis justas do que encontrar os muitos que seriam necessários para julgar corretamente cada caso particular. – Segundo, porque aqueles que fazem leis consideram durante muito tempo quais as leis que devem ser feitas; ao passo que o julgamento de cada caso particular deve ser pronunciado tão logo ele surja; e é mais fácil para o homem ver o que é certo levando em consideração muitos exemplos do que considerando um fato isolado. – Terceiro, porque os legisladores julgam no abstrato e sobre fatos futuros; ao passo que aqueles que participam de julgamentos julgam coisas presentes, em relação às quais estão afetados pelo amor, pelo ódio ou por algum tipo de cobiça; por esse motivo, seu julgamento é pervertido.

Então, como a justiça animada do juiz não é encontrada em todo homem, e, além disso, é mutável, era necessário, sempre que possível, que a lei determinasse a maneira como julgar e que pouquíssimas questões fossem deixadas para a decisão dos homens.

Réplica Obj. 3. Certos fatos individuais que não podem ser abrangidos pela lei têm *necessariamente de ser confiados a juízes*, como o Filósofo diz na mesma passagem; por exemplo, *decidir se alguma coisa aconteceu ou não*, e coisas do gênero.

SEGUNDO ARTIGO

Se toda lei humana deriva da lei natural

Passamos assim ao Segundo Artigo: –

Objeção 1. Parece que nem toda lei humana deriva da lei natural. Porque o Filósofo diz (*Ética* 5, 7) que *o justo legal é aquilo que originalmente era uma questão indiferente.* Mas aquelas coisas que surgem da lei natural não são questões indiferentes. Logo, nem todas as promulgações das leis humanas derivam da lei natural.

Obj. 2. Além disso, o direito positivo se entrega ao direito natural, como foi declarado por Isidoro (*Etim.* 5, 4) e pelo Filósofo (*Ética* 5, *loc. cit.*). Mas aquelas coisas que resultam dos princípios gerais da lei natural, à maneira de conclusões, pertencem à lei natural, como já foi afirmado (Q. 94, A. 4). Logo, aquilo que é estabelecido pela lei humana não pertence à lei natural.

Obj. 3. Ademais, a lei da natureza é a mesma para todos, já que o Filósofo diz (*Ética* 5, 7) que *o justo natural é aquilo que é igualmente válido em toda parte.* Logo, se as leis humanas derivassem da lei natural, concluir-se-ia que elas também seriam as mesmas para todos; o que é claramente falso.

Obj. 4. Além disso, é possível dar uma razão para coisas que derivam da lei natural. *Mas não é possível dar razão para todas as promulgações legais dos legisladores*, como diz o jurista. Logo, nem todas as leis humanas derivam da lei natural.

Pelo contrário, diz Túlio (*Retor.* 2): *Coisas emanadas da natureza e aprovadas pelo costume foram sancionadas pelo medo e reverenciadas pelas leis.*

Eu respondo que, como diz Agostinho (*De Lib. Arb.* 1, 5), *aquilo que não é justo não parece ser lei*; portanto, a força de uma lei depende da extensão de sua justiça. Ora, nos assuntos humanos diz-se que uma coisa é justa, por ser certa, de acordo com a regra da razão. Mas a primeira regra da razão é a lei da natureza, como está claro pelo que foi declarado anteriormente (Q. 91, A. 2 *ad* 2). Como consequência, toda lei humana apenas tem natureza de lei na medida em que deriva da lei da natureza. Mas, se em algum ponto se desviar da lei da natureza, não será mais lei, mas perversão de lei.

Mas deve-se notar que algo pode derivar da lei natural de duas maneiras: primeiro, como uma conclusão a partir de premissas; segundo, por meio da determinação de certas generalidades. A primeira maneira é igual àquela pela qual, nas ciências, as conclusões demonstradas são tiradas dos princípios; enquanto o segundo modo equipara-se àquele pelo qual, nas artes, as formas gerais são particularizadas em detalhes; desse modo, o artífice necessita determinar o aspecto geral de uma casa em certa forma específica. Logo, algumas coisas derivam dos princípios gerais da lei da natureza por meio de conclusões; por exemplo, que *não se deve matar* pode ser derivado como uma conclusão do princípio de que *não se deve fazer mal a nenhum homem.* Outras derivam daí por meio de determinação; por exemplo, a lei da natureza dispõe que o malfeitor seja punido; mas que ele seja punido desta ou daquela maneira é uma determinação da lei da natureza.

Da mesma maneira, ambos os modos de derivação se encontram na lei humana. Mas aquelas coisas que são derivadas da primeira maneira estão contidas na lei humana de tal forma que tiram sua força não apenas dela, mas também da lei natural. Mas aquelas coisas que são derivadas da segunda maneira não têm outra força a não ser a da lei humana.

Réplica Obj. 1. O Filósofo se refere àquelas promulgações derivadas por meio da determinação ou especificação dos preceitos da lei natural.

Réplica Obj. 2. Esse argumento vale para as coisas derivadas da lei natural, por meio de conclusões.

Réplica Obj. 3. Os princípios gerais da lei natural não podem ser aplicados a todos os homens da mesma maneira por conta da grande variedade dos assuntos humanos; e daí surge a diversidade das leis positivas entre os vários povos.

Réplica Obj. 4. Essas palavras do Jurista devem ser compreendidas com referência às decisões de governantes ao determinar pontos particulares da lei natural; nessas determinações baseia-se o juízo de homens versados e prudentes a título de princípios, porque eles vêm de imediato qual a melhor decisão a tomar.

Por isso o Filósofo diz (*Ética* 6, 11) que, nessas questões, *devíamos dar tanta atenção às opiniões e declarações não demonstradas de pessoas que nos sobrepujam em experiência, idade e prudência, quanto às suas demonstrações...*

Questão 96
DO PODER DA LEI HUMANA
(Em seis artigos)

PRIMEIRO ARTIGO

Se a lei humana deveria ser estabelecida com caráter geral ou particular

Passamos assim ao Primeiro Artigo: –

Objeção 1. Parece que a lei humana deveria ser estabelecida não como caráter geral, mas particular. Porque o Filósofo diz (*Ética* 5, 7) que *o justo legal... inclui todos os atos particulares da legislação... e todas aquelas questões que são objeto de sentenças judiciais,* que são também questões individuais, visto que as sentenças são formuladas a respeito de atos individuais. Por conseguinte, a lei é concebida não apenas com caráter geral, mas também particular.

Obj. 2. Além disso, a lei orienta os atos humanos, como já foi declarado (Q. 90, A. 1, 2). Mas os atos humanos se referem a assuntos individuais. Logo, as leis humanas deveriam ser concebidas não com caráter geral, mas particular para o indivíduo.

Obj. 3. Além disso, lei é regra e medida dos atos humanos, como foi afirmado anteriormente (Q. 90, A. 1, 2). Mas uma medida deveria ser certíssima, como foi declarado em *Metaf.* 10. Por conseguinte, como nos atos humanos nenhuma proposição geral pode ser tão certa a ponto de não falhar em alguns casos individuais, parece que as leis deveriam ser concebidas não em geral, mas sim para casos individuais.

Pelo contrário, diz o Jurista (*Pandect. Justin.* lib. 1, tit. 3, art. 2, *De legibus*, etc.) que *as leis deveriam ser feitas para se ajustar à maioria dos casos; e não são concebidas de acordo com aquilo que pode possivelmente acontecer num caso individual.*

Eu respondo que tudo que é para um fim deveria ser proporcionado a esse fim. Ora, o fim da lei é o bem comum; porque, como diz Isidoro (*Etim.* 5, 21) essa *lei deveria ser concebida não para algum benefício privado, mas para o bem comum de todos os cidadãos.* Por isso as leis humanas deveriam ser proporcionadas ao bem comum. Ora, o bem comum abrange muitas coisas. Por esse motivo, a lei deveria levar em conta muitas coisas no que diz respeito às pessoas, aos temas e aos tempos. Porque a comunidade do Estado é composta de muitas pessoas, seu bem é obtido por muitas ações, e não foi estabelecida para durar um breve tempo, mas para durar para sempre com os cidadãos se sucedendo uns aos outros, como diz Agostinho (*De Civ. Dei* 2, 21; 22, 6).

Réplica Obj. 1. O Filósofo (*Ética* 5, 7) divide o justo legal, isto é, o direito positivo, em três partes. Porque algumas coisas são formuladas simplesmente de uma maneira geral; e essas são as leis gerais. Sobre essas ele diz que o *legal é aquilo que originalmente era uma questão indiferente, mas que, quando promulgado, não o é mais*: como a fixação do preço do resgate de um cativo. – Algumas coisas afetam a comunidade num aspecto e os indivíduos em outro. São chamadas de *privilégios*, isto é, *leis privadas*, por assim dizer, porque dizem respeito a pessoas em particular, embora seu poder se estenda a muitas questões; em relação a essas, ele acrescenta: *e além disso, todos os atos particulares da legislação.* – Outras questões são legais não por serem leis, mas por serem aplicações de leis gerais a casos particulares: são sentenças judiciais que têm força de lei; e em relação a essas ele acrescenta *todas as questões sujeitas a sentenças judiciais*.

Réplica Obj. 2. Um princípio diretivo deveria ser aplicável a muitos; por isso (*Metaf.* 10, text. 4) o Filósofo diz que todas as coisas que pertencem a um mesmo gênero são medidas por uma que é o princípio nesse gênero. Porque, se houvesse tantas regras ou medidas quanto há coisas medidas ou reguladas, elas deixariam de ser úteis, uma vez que seu uso consiste em ser aplicável a muitas coisas. Daí que a lei não seria útil se não se estendesse para além de um único ato. Porque as sentenças de homens prudentes são dadas com o propósito de dirigir ações individuais; ao passo que a lei é um preceito geral, como já foi declarado (Q. 92, A. 2, Obj. 2).

Réplica Obj. 3. Não devemos procurar o mesmo grau de certeza em todas as coisas (*Ética* 1, 3). Como consequência, em questões contingentes, como as coisas naturais e humanas, para uma coisa ser certa basta ser verdadeira no maior número de casos, embora falhe às vezes e com menor frequência.

SEGUNDO ARTIGO

Se cabe à lei humana reprimir todos os vícios

Passamos assim ao Segundo Artigo: –
Objeção 1. Parece que cabe à lei humana reprimir todos os vícios. Porque Isidoro diz (*Etim.* 5, 20) que *as leis foram feitas para que, por receio delas, a audácia humana pudesse ser mantida sob controle*. Mas não seria mantida suficientemente sob controle, a menos que todos os males fossem reprimidos por lei. Logo, a lei humana deveria reprimir todos os males...

Obj. 3. Além disso, a lei humana deriva da lei natural, como foi afirmado anteriormente (Q. 95, A. 2). Mas todos os vícios são contrários à lei da natureza. Portanto, a lei humana deveria reprimir todos os vícios.

Pelo contrário, lemos em *De Lib. Arb.* 1, 5: *Parece-me que a lei escrita para governar as pessoas corretamente permite essas coisas, e que a Providência Divina as pune.* Mas a Providência Divina só pune vícios. Logo, é correto que a lei humana permita alguns vícios, deixando de reprimi-los.

Eu respondo que, como já foi tratado (Q. 90, A. 1, 2), a lei é concebida como regra ou medida dos atos humanos. Ora, uma medida deveria ser homogênea com aquilo que mede, como é declarado em *Metaf.* 10, text. 3, 4, já que coisas diferentes são medidas com diferentes medidas. Portanto, as leis impostas aos homens também deveriam estar de acordo com sua condição porque, como Isidoro diz (*Etim.* 5, 21), *a lei deveria ser possível, tanto de acordo com a natureza como de acordo com os costumes do país*. Ora, a possibilidade ou faculdade de ação se deve a uma disposição ou hábito interior; uma vez que a mesma coisa que é possível para alguém que é virtuoso, não o é para alguém que não tem o hábito da virtude. Desse modo, o que é possível para um adulto não o é para uma criança; por isso, a lei para as crianças não é a mesma para os adultos, já que às crianças permitem-se muitas coisas que num adulto são punidas por lei ou, em todo caso, estão sujeitas a censura. De maneira semelhante, muitas coisas são permitidas para homens não perfeitos em virtude, as quais seriam intoleráveis num homem virtuoso.

Ora, a lei humana é concebida para uma série de seres humanos, a maioria dos quais não é perfeita em virtude. Por isso as leis humanas não proíbem todos os vícios, dos quais o virtuoso se abstém, mas apenas os vícios mais graves, dos quais é possível para a maioria se abster; e sobretudo aqueles que causam mal aos outros, sem cuja proibição a sociedade humana não poderia se manter; desse modo a lei humana proíbe o assassinato, o roubo e coisas semelhantes.

Réplica Obj. 1. A audácia parece referir-se ao ataque aos outros. Como consequência, ela diz respeito sobretudo àqueles pecados pelos quais o próximo é lesado; e esses pecados são proibidos pela lei humana, como foi declarado...

Réplica Obj. 3. A lei natural é uma participação em nós da lei eterna; enquanto a lei humana não corresponde à lei eterna. Ora, Agostinho diz (*De Lib. Arb.* 1, 5): *A lei que é concebida para o governo dos Estados permite e deixa impunes muitas coisas que são punidas pela Divina Providência. No entanto, embora essa lei não tente fazer tudo, isso não seria uma razão para que devesse ser censurada pelo que faz.* Por conseguinte, a lei humana não proíbe tudo que é proibido pela lei natural...

QUARTO ARTIGO

Se a lei humana obriga o homem em seu foro íntimo

Passamos assim ao Quarto Artigo: –

Objeção 1. Parece que a lei humana não obriga o homem em seu foro íntimo. Porque um poder inferior não tem jurisdição num tribunal de poder mais elevado. Mas o poder do homem, que concebe a lei humana, está abaixo do poder Divino. Logo, a lei humana não pode impor seus preceitos num tribunal Divino, como é o tribunal da consciência.

Obj. 2. Além disso, o juízo da consciência depende sobretudo dos mandamentos de Deus. Mas às vezes os mandamentos de Deus são tornados sem efeito pelas leis humanas, segundo Mt 15, 6: *Invalidastes o mandamento de Deus por causa de vossa tradição.* Logo, a lei humana não obriga um homem em seu foro íntimo...

Pelo contrário, está escrito (1 Pdr 2, 19): *Nisto está o mérito: se por consciência... um homem suportar tristezas, sofrendo injustamente.*

Eu respondo que as leis concebidas pelo homem são justas ou injustas. Se são justas, têm poder de obrigar no foro íntimo, pela lei eterna da qual são derivadas, de acordo com Prov 8, 15: *Por Mim reinam os reis, e os legisladores decretam coisas justas.* Ora, diz-se que as leis são justas, tanto pelo fim quando, a saber, são decretadas para o bem comum –, como por seu autor, vale dizer, quando a lei elaborada não excede o poder do legislador –, como por sua forma quando, a saber, são colocadas responsabilidades sobre os súditos, de acordo com uma igualdade de proporção e com a finalidade do bem comum. Porque, como um homem é parte da comunidade, cada homem, em tudo que é e tem, pertence à comunidade; assim como uma parte, em tudo que é, pertence ao todo; por conseguinte, a natureza inflige uma perda à parte, a fim de salvar o todo; de modo que, por conta disso, as leis que impõem responsabilidades proporcionais são justas, obrigam no foro íntimo e são leis legais.

Por outro lado, as leis podem ser injustas de duas maneiras: primeiro, sendo contrárias ao bem humano por se oporem às coisas mencionadas acima: – ou em relação ao fim, como quando uma autoridade impõe a seus súditos leis onerosas, que conduzem não ao bem comum, mas sim à sua própria cupidez ou vanglória –; ou em relação ao autor, como quando um homem faz uma lei que ultrapassa o poder confiado a ele –; ou em relação à forma, como quando são impostas responsabilidades desiguais sobre a comunidade, embora com a finalidade do bem comum. Esses são atos de violência em vez de leis; porque, como Agostinho diz (*De Lib. Arb.* 1, 5), *uma lei que não é justa não parece lei.* Por conseguinte, tais leis não obrigam no foro íntimo, exceto talvez a fim de evitar escândalo ou perturbação, por cuja causa um homem deveria até ceder seu direito, de acordo com Mt 5, 40, 41: *Se um homem... tirar-te a túnica, deixa-lhe também o manto; e se alguém te obrigar a andar uma milha, vai com ele outras duas.*

Segundo, as leis podem ser injustas, por serem opostas ao bem divino: tais são as leis dos tiranos que induzem à idolatria, ou a qualquer outra coisa contrária à lei divina; e leis dessa espécie não devem, de maneira alguma, ser seguidas porque, como está declarado em At 5, 29, *devemos obedecer antes a Deus que aos homens.*

Réplica Obj. 1. Como diz o Apóstolo (Rom 13, 1, 2), todo poder do homem provém de Deus... *portanto, aquele que resiste ao poder*, em questões que estão dentro de sua competência, *resiste ao mandato de Deus*; de modo que se torna culpado de acordo com sua consciência.

Réplica Obj. 2. Esse argumento é verdadeiro para as leis que são contrárias aos mandamentos de Deus, que estão além da competência do poder (humano). Por conseguinte, nessas questões, a lei humana não deveria ser obedecida...

SEXTO ARTIGO

Se aquele que está submetido a uma lei pode agir fora da letra da lei

Passamos assim ao Sexto Artigo: –
Objeção 1. Parece que aquele que está submetido a uma lei não pode agir fora da letra da lei. Porque Agostinho diz (*De Vera Relig.* 31): *Embora os homens julguem sobre leis temporais quando as fazem, ainda assim, uma vez que elas foram feitas, eles precisam julgar não essas leis, mas de acordo com elas.* Mas, se alguém desconsidera a letra da lei, dizendo que segue a intenção do legislador, parece estar julgando a lei. Logo, não é certo que quem esteja submetido a uma lei desconsidere a letra da lei, a fim de observar a intenção do legislador.

Obj. 2. Além disso, só é competente para interpretar a lei aquele que pode fazer a lei. Mas aqueles que estão sujeitos à lei não podem fazer a lei. Logo, não têm nenhum direito de interpretar a intenção do legislador, mas deveriam sempre agir de acordo com a letra da lei.

Obj. 3. Além disso, todo sábio sabe explicar sua intenção por meio de palavras. Mas aqueles que concebem as leis deveriam ser considerados sábios, porque a Sabedoria diz (Prov 8, 15): *Por Mim reinam os reis, e os legisladores decretam coisas justas.* Por conseguinte, não deveríamos julgar a intenção do legislador de outra maneira que não seja pelas palavras da lei.

Pelo contrário, Hilário diz (*De Trin.* 4): *O sentido do que é dito está de acordo com o motivo para dizê-lo; porque as coisas não estão sujeitas ao discurso, mas o discurso às coisas.* Logo, deveríamos levar em consideração antes o motivo do legislador do que suas próprias palavras.

Eu respondo que, como foi declarado anteriormente (A. 4), toda lei está dirigida ao bem-estar comum dos homens, e disso deriva sua força e natureza de lei. Daí que o jurista diz: *Por nenhuma razão de lei, ou conveniência de equidade, nos é permitido interpretar duramente e tornar opressivas aquelas medidas que foram promulgadas para o bem-estar do homem.* Ora, ocorre com frequência que a observância de algum ponto da lei conduz ao bem-estar comum na maioria dos casos e, no entanto, em alguns casos, seja muito prejudicial. Então, como o legislador não pode ter em vista cada caso isolado, ele molda a lei de acordo com o que acontece mais frequentemente, dirigindo sua atenção ao bem comum. Por conseguinte, se surgir um caso em que a observância dessa lei for prejudicial ao bem-estar geral, ela não deveria ser observada. Por exemplo, suponhamos que, numa cidade sitiada, estabeleça-se uma lei segundo a qual os portões da cidade devem ser mantidos fechados; isto é bom para o bem-estar público como regra geral, mas, se acontecesse de o inimigo estar perseguindo certos cidadãos defensores da cidade, seria uma grande perda para a cidade se não lhes abrissem os portões; e, assim, neste caso, os portões deviam ser abertos, ao contrário da letra da lei, a fim de manter o bem-estar comum que o legislador tinha em mente.

Não obstante, deve-se notar que, se a observância da lei de acordo com a letra não envolver algum risco súbito que necessite de remédio instantâneo, não é da competência de qualquer pessoa interpretar o que é útil e o que não é útil para o Estado; só pode fazê-lo quem tem autoridade e quem, nesses casos, tem o poder de dispensar do cumprimento das leis. No entanto, se o perigo for tão súbito a ponto de não permitir a protelação suficiente para se apresentar a questão à autoridade, a mera necessidade traz consigo uma dispensa, posto que a necessidade não conhece leis.

Réplica Obj. 1. Aquele que, em caso de necessidade, age fora da lei, não julga a lei; mas julga um caso particular no qual vê que a letra da lei não deve ser observada.

Réplica Obj. 2. Aquele que segue a intenção do legislador, não interpreta a lei simplesmente; exceto em caso em que seja evidente, em razão do dano manifesto, que o legislador tencionava outra coisa. Numa questão duvidosa, ele deve agir de acordo com a letra da lei, ou então consultar aqueles que estão no poder.

Réplica Obj. 3. Nenhum homem é tão sábio a ponto de levar em consideração cada caso isolado; por conseguinte, não é capaz de expressar suficientemente em palavras todas as coisas apropriadas para o fim que tem em vista. E mesmo que um legislador fosse capaz de tomar em consideração todos os casos, não devia mencioná-los todos a fim de evitar a confusão; mas deveria conceber a lei de acordo com aquilo que é de ocorrência mais comum.

Questão 97
DA MUDANÇA NAS LEIS
(Em quatro artigos)

PRIMEIRO ARTIGO

Se a lei humana deve ser mudada de alguma maneira

Passamos assim ao Primeiro Artigo: –

Objeção 1. Parece que a lei humana não deveria ser mudada de maneira alguma. Porque a lei humana é derivada da lei natural, como já foi afirmado (Q. 95, A. 2). Mas a lei natural permanece imutável. Logo, a lei humana também deveria permanecer sem qualquer mudança...

Pelo contrário, Agostinho diz (*De Lib. Arb.* 1, 6): *Uma lei temporal, embora justa, pode ser mudada justamente no decorrer do tempo.*

Eu respondo que, como foi afirmado acima (Q. 91, A. 3), a lei humana é um ditame da razão, por meio do qual os atos humanos são dirigidos. Desse modo, pode haver duas causas para a mudança justa da lei humana: uma, de parte da razão; a outra, de parte do homem cujos atos são regulados por lei. A causa de parte da razão é que parece natural que a razão humana avance gradualmente do imperfeito ao perfeito. Por isso, nas ciências especulativas, vemos que a doutrina dos antigos filósofos era imperfeita e que mais tarde foi aperfeiçoada por aqueles que os sucederam. Assim também em questões práticas: porque aqueles que primeiro se esforçaram para descobrir alguma coisa útil para a comunidade humana, não sendo capazes por si mesmos de tomar tudo em consideração, estabeleceram certas instituições que eram deficientes de muitas maneiras; e estas foram modificadas por subsequentes legisladores, que fizeram instituições menos frequentemente deficientes em relação ao bem-estar comum.

De parte do homem cujos atos são regulados por lei, a lei pode ser corretamente mudada por conta da condição modificada do homem, para quem diferentes coisas são convenientes de acordo com a diferença de sua condição. Um exemplo é proposto por Agostinho (*De Lib. Arb.* 1, 6): *Se o povo tem um senso de moderação e responsabilidade, e é o guardião mais cuidadoso do bem-estar comum, é correto promulgar uma lei que conceda a tal povo o direito de escolher seus próprios magistrados para o governo da comunidade. Mas, se, à medida que o tempo passa, o mesmo povo se tornar tão corrupto a ponto de vender seus votos e entregar o governo a patifes e criminosos, então é correto confiscar-lhe o direito de nomear seus funcionários públicos, e entregar a alguns homens bons a incumbência da escolha.*

Réplica Obj. 1. A lei natural é uma participação da lei eterna, como já foi afirmado (Q. 91, A. 2), e, por conseguinte, permanece sem mudança, devido à imutabilidade e perfeição da razão divina, autora da natureza. Mas a razão do homem é mutável e imperfeita; portanto, sua lei está sujeita à mudança. – Além disso, a lei natural contém certos preceitos universais que são perpétuos; ao passo que a lei humana contém certos preceitos particulares, de acordo com várias emergências...

SEGUNDO ARTIGO

Se a lei humana deve ser modificada quando ocorrer alguma coisa melhor

Passamos assim ao Segundo Artigo: –
Objeção 1. Parece que a lei humana deve ser modificada quando ocorrer alguma coisa melhor. Porque as leis humanas são projetadas pela razão humana, como outras artes. Mas, nas outras artes, os dogmas de tempos anteriores dão lugar a outros, se alguma coisa melhor ocorre. Logo, o mesmo deveria aplicar-se às leis humanas.

Obj. 2. Além disso, podemos prover para o futuro, tomando conhecimento do passado. Ora, considerável inconveniência teria sucedido se as leis humanas não tivessem sido mudadas quando se descobriu que era possível aperfeiçoá-las: porque as leis dos tempos antigos eram rudimentares em muitos pontos. Logo, parece que as leis devem ser mudadas, sempre que outra melhor puder ser promulgada.

Obj. 3. Além disso, as leis humanas são promulgadas a respeito de atos particulares do homem. Mas não podemos adquirir conhecimento perfeito em questões singulares a não ser pela experiência, que *requer tempo*, como é afirmado em *Ética* 2. Logo, parece que, à medida que o tempo passa, é possível ocorrer alguma coisa melhor em termos de legislação.

Pelo contrário, é afirmado nas *Decretais* (Dist. 7, 5): *É absurdo e uma afronta detestável permitir que sejam mudadas as tradições que recebemos dos pais dos tempos antigos.*

Eu respondo que, como foi dito anteriormente (A. 1), a lei humana só é corretamente modificada quando tal mudança conduz ao bem-estar comum. Mas, até certo ponto, a mera mudança da lei é em si prejudicial ao bem comum, porque o costume tem muita eficácia para a observância das leis, fazendo com que aquilo que é contrário ao costume geral, mesmo em questões de pouca importância, seja considerado grave. Como consequência, quando uma lei é mudada, seu poder coercitivo diminui, na medida em que o costume é abolido. Por conseguinte, a lei humana jamais deveria ser mudada, a menos que, de uma maneira ou de outra, o bem-estar comum se beneficie na mesma proporção em que é prejudicado pela mudança. Tal compensação pode surgir ou de algum benefício muito grande e muito evidente conferido pela nova lei aprovada; ou da extrema urgência do caso, quando a lei existente é claramente injusta ou sua observância extremamente nociva. Por isso, o jurista diz que, *ao se estabelecerem novas leis, deveria haver prova do benefício a ser obtido antes de se desistir de uma lei que durante longo tempo foi considerada justa.*

Réplica Obj. 1. As regras da arte recebem sua força apenas da razão; por conseguinte, sempre que ocorrer alguma coisa melhor, a regra seguida até então deveria ser mudada. Mas as *leis recebem força muito grande do costume*, como afirma o Filósofo (*Polit.* 2, 5); como consequência, não deveriam ser mudadas rapidamente.

Rep. Obj. 2. Esse argumento prova que as leis deveriam ser mudadas: não na expectativa de alguma melhoria, mas por causa do grande benefício ou num caso de grande urgência, como já foi tratado. Esta resposta também se aplica à Terceira Objeção.

TERCEIRO ARTIGO

Se o costume pode obter força de lei

Passamos assim ao Terceiro Artigo: –
Objeção 1. Parece que o costume não pode obter força de lei, nem abolir uma lei. Porque a

lei humana é derivada da lei natural e da lei divina, como já foi afirmado (Q. 93, A. 3; Q. 95, A. 2). Mas o costume humano não pode mudar a lei da natureza nem a lei divina. Logo, tampouco pode mudar a lei humana.

Obj. 2. Além disso, muitos males não podem fazer um bem. Aquele que primeiro agiu contra a lei, fez mal. Por conseguinte, ao se multiplicarem tais atos, não resultará nenhum bem. Ora, uma lei é algo bom, pois é regra dos atos humanos. Portanto, a lei não é abolida pelo costume, de modo que o mero costume obtenha força de lei.

Obj. 3. Além disso, a feitura de leis cabe àqueles homens públicos cuja ocupação é governar a comunidade; por conseguinte, indivíduos privados não podem fazer leis. Mas o costume se desenvolve por atos de indivíduos privados. Portanto, o costume não pode obter força de lei, a ponto de abolir a lei.

Pelo contrário, diz Agostinho (*Ep. ad Casulan.* 36): *Os costumes do povo de Deus e as instituições de nossos ancestrais devem ser considerados leis. E aqueles que lançam o desprezo sobre os costumes da Igreja deviam ser punidos como aqueles que desobedecem à lei de Deus.*

Eu respondo que toda lei provém da razão e vontade do legislador; as leis divina e natural, da vontade razoável de Deus; a lei humana, da vontade do homem, regulada pela razão. Ora, assim como em questões práticas a razão e a vontade humana podem se manifestar pelo discurso, também podem tornar-se conhecidas pelas ações; porque, aparentemente, um homem escolhe como bem aquilo que põe em execução. Mas é evidente que a lei tanto pode ser mudada como interpretada pelo discurso humano, na medida em que manifesta o movimento interior e as concepções da razão humana. Portanto, a lei também pode ser mudada e interpretada pelas ações, sobretudo se forem repetidas a ponto de formar um costume; e também pode estabelecer-se algo que adquira força de lei, uma vez que, por meio de ações externas repetidas, o movimento interior da vontade e as concepções da razão mostram-se com mais eficiência; porque, quando uma coisa é feita muitas vezes, parece provir de um deliberado juízo da razão.

Dessa maneira, o costume tem a força de uma lei, revoga lei e é o intéprete da lei.

Réplica Obj. 1. As leis divina e natural provêm da vontade divina, como foi declarado anteriormente. Por esse motivo, não podem ser mudadas por um costume que se origina da vontade do homem, mas apenas pela autoridade divina. É por isso que nenhum costume pode prevalecer sobre as leis divina e natural; porque Isidoro diz (*Sinon.* 2, 16): *Que o costume se submeta à autoridade; os maus costumes deveriam ser erradicados pela lei e pela razão.*

Réplica Obj. 2. Como já foi tratado (Q. 96, A. 6), as leis humanas falham em alguns casos; portanto, às vezes é possível agir fora da lei, a saber, no caso em que a lei falhe; no entanto, tal ato não será mau. E quando tais casos se multiplicam, em razão de alguma mudança no homem, então o costume mostra que a lei não é mais útil; o mesmo pode ser declarado pela promulgação verbal de uma lei contrária. Entretanto, se permanecer a mesma razão que tornava a lei útil até então, o costume não irá preponderar sobre a lei, e a lei prevalecerá sobre o costume. Talvez a única razão para a lei parecer inútil seja *a de que ela não se harmonize com o costume do país,* o que foi declarado como sendo uma das condições da lei. Porque não é fácil pôr de lado o costume de todo um povo.

Réplica Obj. 3. O povo no qual um costume é introduzido pode encontrar-se em duas condições. Se for livre e capaz de fazer suas próprias leis, o consentimento de todo o povo, expressado por um costume, conta muito mais em favor de uma observância específica do que a autoridade do soberano, que só tem poder de conceber leis como representante do povo. Por conseguinte, embora cada indivíduo não possa fazer leis, o povo todo pode. Entretanto, mesmo se o povo não tem o livre poder para fazer suas próprias leis, ou para revogar uma lei feita por uma autoridade mais elevada, um costume predominante obtém força de lei na medida em que for tolerado por aqueles a quem cabe fazer leis para esse povo; porque pelo próprio fato de tolerarem, eles parecem aprovar aquilo que é introduzido pelo costume...

4

Hugo Grócio
1583-1645

Um ancestral francês de Hugo Grócio casou-se com uma próspera holandesa e fundou uma importante família, que prosperou por muitas gerações. Grócio foi criado num ambiente aristocrático e intelectual. O avô estudava literatura hebraica, grega e latina. Seu tio retirou-se de uma bem-sucedida carreira pública para ensinar Direito. O pai era vereador municipal (pomposamente chamado de "senador" em cidades dos Países Baixos). O pai diplomou-se em Direito, tornou-se líder dos advogados e foi nomeado curador da Universidade de Leyden; foi um entusiasta precoce das ciências experimentais e fez experiências com queda de corpos antes das famosas descobertas de Galileu.

Como seria de esperar, a vida literária de Grócio começou cedo. Aos nove anos escreveu versos em latim considerados bons, mas desprezou-os e destruiu. Entrou na faculdade aos doze anos; entretanto, naqueles tempos, muitos colegas calouros holandeses estavam no começo da adolescência. A influência do pai de Hugo e de amigos contava na Universidade de Leyden; importantes professores mostraram interesse pessoal por ele; Grócio morava na casa de um ilustre membro da faculdade. Formou-se aos catorze anos – era a esperança e o herói do círculo intelectual de Leyden, jovem articulado e ambicioso (mas um tanto quanto inconstante). Em um ano editou (com a ajuda do pai e de professores) e publicou sua primeira obra erudita – uma nova edição de um texto escolar clássico.

Barneveld, um estadista holandês, foi enviado a Paris a fim de procurar apoio francês contra a Espanha. Levou seu filho consigo e o jovem Grócio foi junto como companhia do filho. Grócio ficou em Paris por mais de um ano. Foi apresentado a Henrique IV, aprendeu francês e conseguiu um rápido diploma de Doutor em Leis na Universidade de Orleans. Em seu retorno ao lar, prosseguiu os estudos de Direito durante alguns meses e foi admitido na advocacia holandesa. Nos primeiros dias de exercício do Direito, escreveu para um amigo dizendo que um filósofo pacífico como ele estava mal escalado no papel de advogado. Seu interesse em literatura lhe consumia muita energia. Editou clássicos, escreveu poesia em latim de excelente qualidade e publicou três peças em latim que foram traduzidas e publicadas tanto em holandês como inglês.

Aos vinte anos teve sua primeira nomeação pública – a incumbência (com um bom salário) de escrever a história oficial da luta das Províncias Unidas para se libertar da Espanha. O escrito elaborado como resultado de sua nomeação ainda hoje é altamente apreciado. Não obstante, sua prática em Direito continuou crescendo. Dois anos mais tarde, escreveu um livro sistemático sobre Direito no modelo escolástico, que serviu de base para importantes contribuições posteriores. Apenas um capítulo foi publicado – um oportuno ensaio advogando a Liberdade dos Mares, inspirado na reivindicação que a Companhia Holandesa das Índias Orientais fazia à Espanha de isenção de tributos em seus navios em águas da Índia.

Aos vinte e cinco anos, Grócio foi nomeado Advogado-Geral do fisco da Holanda, Zelândia e Frísia, cargo que impunha importantes funções judiciais, financeiras, administrativas e de promotoria.

Agora, ele dispunha de uma renda grande o bastante para casar e aceitou a noiva que o pai escolheu para ele – a filha de um importante burgomestre. Os dois formaram um casal dedicado, que combinava bem, e criaram uma família de seis filhos.

Sua produção literária continuava; logo depois do casamento, escreveu um poema narrativo sobre a morte de Cristo, que incluía um relato do julgamento à maneira de advogado. Aos vinte e sete anos, publicou material histórico que revelava sua teoria política. Era um defensor do direito dos Estados. Com o príncipe Maurício em mente, expôs a teoria da autonomia de cada uma das várias províncias, outorgando ao príncipe apenas autoridade limitada sobre as relações exteriores, e nenhum poder, sem o consentimento das províncias, para cobrar impostos, para interferir nas leis e costumes antigos ou para declarar guerra. Ele estava exprimindo a posição da aristocracia holandesa que controlava as províncias e perderia poder se o governo nacional se tornasse forte. Grócio, porém, ainda estava envolvido em assuntos mundanos e atividades políticas. Também participava de um movimento religioso conspirativo, envolvendo Jaime I da Inglaterra e um erudito francês chamado Casaubon. Quando Grócio estava com trinta anos, foi nomeado Pensionário de Roterdã, um cargo civil que era o segundo em importância atrás apenas do Grande Pensionário das Províncias Unidas.

Logo depois dessa promoção, uma delegação holandesa foi enviada à Inglaterra para aplainar conflitos marítimos em águas orientais. No princípio, Grócio era apenas um coadjuvante. Há quem diga que ele era um agente secreto da seita arminiana, com ordens para fazer causa comum com Jaime I e persuadi-lo a interceder pela seita junto ao governo holandês calvinista. Seus três colegas ficaram contentes em deixar que todo o trabalho da missão caísse nas mãos do inteligente e jovem coadjuvante enquanto desfrutavam da hospitalidade inglesa. Grócio assumiu uma posição contrária àquela que havia assumido em seu ensaio sobre a liberdade dos mares, escrito quando os prejudicados holandeses estavam desafiando a Espanha pelo comércio nas Índias Orientais; ele argumentou que os estabelecidos holandeses tinham o direito de manter os ingleses fora desse comércio, ou, caso isso falhasse, que holandeses e ingleses deveriam unir-se contra os ibéricos. Foi a vez de os ingleses insistirem – de maneira bem-sucedida – na Liberdade dos Mares. Embora tenha feito pouco para auxiliar a causa de seu país, Grócio foi pessoalmente bem recebido na Inglaterra e causou ótima impressão por lá. O rei Jaime gostou dele e acolheu-o. Grócio teve relações amigáveis com importantes eclesiásticos e eruditos ingleses.

Em seu retorno, Grócio envolveu-se numa acirrada luta entre arminianos e calvinistas. As diferenças teológicas não eram tudo; os arminianos apoiavam o poder político aristocrático nas várias províncias; os calvinistas eram partidários do príncipe Maurício, a favor do nacionalismo e do governo popular. Maurício tomou o controle e impôs um forte poder nacional sobre as províncias. Um dos primeiros atos de seu governo foi o julgamento e a condenação de importantes arminianos. Grócio, que só ficava atrás de Barneveld nas fileiras arminianas, foi sentenciado à prisão perpétua, e sua propriedade foi confiscada. Enquanto estava preso no Castelo Louvestein, Grócio teve permissão para estudar e escrever. Fez várias traduções latinas de tragédias gregas, que mais tarde foram publicadas. Escreveu um livro didático sobre direito holandês que ainda é prescrito para estudantes holandeses. Passou muito tempo em meditação religiosa, e seu escrito de prisão mais importante foi seu tolerante *Da verdade da religião cristã*, que passou por um grande número de edições e foi traduzido para muitos idiomas, inclusive o húngaro e o urdu.

Em seu segundo ano de prisão, sua mulher teve permissão para viver com ele. Ela maquinou e efetuou sua fuga. Os dois fugiram para a França, onde Luís XIII concedeu-lhe (porém raramente pagou) uma pensão inadequada. Durante um período de amarga pobreza, Grócio escreveu com surpreendente velocidade seu livro mais famoso, *As leis da guerra e da paz* (1625) – do qual foram tirados trechos que se seguem a esta nota. Esse trabalho foi facilitado por se basear na obra não publicada, que ele escrevera vinte anos antes. Contudo, Grócio estudou enormemente na preparação dessa nova obra. Dizem que se dedicou em especial aos escritos de moralistas neoescolásticos espanhóis, e mais uma vez sua obra foi organizada num modelo escolástico. O livro reflete especialmente sua repugnância pela luta e o derramamento de sangue das guerras e rebeliões de seu tempo. A publicação do livro pouco fez para aliviar sua pobreza, mas Grócio foi aclamado de imediato como grande conhecedor de Direito no mundo inteiro. Já foram publicadas quase cem edições e traduções do livro. W. S. M. Knight (um dos biógrafos de Grócio) explica da seguinte maneira o entusiasmo com que o livro foi recebido: "... a Europa, com o feudalismo nos estertores da morte, a Igreja e o Império dilacerados, tinha urgente necessidade de uma teoria geral do Estado, da nação e de sua organização. A teoria contratual de governo surgia naquele momento do sistema feudal em dissolução, e lá estava Grócio desenvolvendo abertamente essa teoria... Assim, foi o curso geral dos eventos, a atmosfera de uma Europa que mudava rápido, que determinou a [grande] reputação e influência que *De Jure Belli* havia de desfrutar e merecer".

Grócio almejava voltar para a Holanda e esperava que sua fama crescente o tornasse aceitável em sua terra natal. Morto, o príncipe Maurício foi sucedido por Frederico Henrique, que havia sido amigo de Grócio na escola. Mas os calvinistas teriam ficado insultados com o perdão a Grócio, e a permissão para retornar lhe foi negada. Ele voltou assim mesmo e com muito esforço montou rapidamente um próspero escritório de advocacia. A Assembleia Legislativa decretou sua prisão, mas sua grande reputação frustrou o decreto. Foi anunciada uma grande recompensa por sua captura, e ele foi obrigado a deixar o país. Após uma terrível e rápida estada em Hamburgo, Grócio retornou a Paris, renunciou à cidadania holandesa e retomou sua vida literária. Seu livro seguinte foi apropriadamente uma tragédia latina baseada na vida de José, do Velho Testamento.

A glória e a importância puseram-se de novo no caminho de Grócio quando ele foi nomeado embaixador sueco na França. Entretanto, muito tempo antes, fizera Richelieu voltar-se contra ele ao não permitir que o cardeal o explorasse. A inimizade do cardeal Richelieu era uma séria desvantagem. Grócio, contudo, teve destacado papel na negociação de um importante tratado, e sempre teve paciência e habilidade diplomática quando os interesses da Suécia o requeriam. A maior parte de sua carreira diplomática de dez anos foi pouco mais que brigas insignificantes sobre precedência e etiqueta. Seu salário de embaixador saía de fundos que a França pagava à Suécia através dele, mas os franceses viviam em constantes atrasos e a embaixada era, com frequência, local de adornada penúria.

Quando Richelieu morreu, deu-se Grócio ainda menos com o sucessor. Tornou-se tão ineficiente que um assistente foi enviado da Suécia para dividir seu posto de embaixador, e Grócio foi virtualmente despojado da função. Foi à Suécia para se reabilitar de seus erros. Ali, foi festejado e homenageado, mas não recebeu nenhuma incumbência. Talvez em seus últimos anos como embaixador tenha ficado distraído demais com seus escritos. Tornara-se obcecado pelo desejo de promover a reunificação das Igrejas cristãs. Escreveu análises e exegeses bíblicas que foram bem recebidas. Sua teologia era tolerante, erudita e humanística; foi o sucessor apropriado de Erasmo, o grande e nobre oponente holandês do vigoroso Lutero.

O duro inverno sueco e a rude corte sueca eram incompatíveis com o cansado, presunçoso e sério Grócio. Ele se lançou ao mar num barco em viagem para Lübeck para um destino misteriosamente não anunciado. O barco encalhou durante uma tempestade, e Grócio foi carregado, doente, para Rostock, onde morreu. Suas últimas palavras para um ministro luterano que compareceu a seu solitário leito de morte foram: "Ao empreender muitas coisas, não realizei coisa alguma". Essas desanimadas palavras foram ditas por um decidido e atarefado funcionário público, que havia encontrado tempo para escrever importantes obras em história, literatura, teologia e jurisprudência, um homem que suportara a mudança do feudalismo para o nacionalismo e salvara as melhores ideias jurídicas dos escolásticos para o mundo moderno.

SOBRE OS DIREITOS DE GUERRA E PAZ[1]

Observações preliminares

1. O Direito Civil... foi tratado por muitos com a intenção ou de ilustrá-lo ou de apresentá-lo em forma de compêndio. Mas o Direito Internacional... foi tocado por poucos, e não foi tratado por ninguém como um todo de maneira metódica...

3. E tal obra é ainda mais necessária porque não há quem sinta falta dela em nosso próprio tempo, e em tempos anteriores houve quem desprezasse o que foi feito nesse ramo da jurisprudência, chegando a afirmar que tal coisa não existia, exceto como mero nome...

5. Mas como nossa discussão dos Direitos não tem valor se não houver Direitos, refutemos brevemente esse erro muito grave, o que servirá para recomendar nossa obra e protegê-la de objeções. E para que não tenhamos de lidar com uma multidão de oponentes, vamos designar-lhes um advogado para falar por eles. E quem seria mais apropriado para esse ofício do que Carnéades? Ele incumbiu-se de argumentar contra a justiça; e em especial o tipo de justiça de que tratamos aqui; ao fazê-lo, não encontrou nenhum argumento mais forte do que o seguinte: – que os homens, quando a utilidade incitou, estabeleceram Direitos, diferentes à medida que seus costumes diferiam; e, até na mesma sociedade, mudavam com frequência com a passagem dos tempos; mas Direito Natural não há nenhum, porque todas as criaturas, tanto homens como animais, são impelidos pela natureza a procurar sua própria gratificação; e desse modo, ou não existe tal coisa como a justiça, ou, se existe, é o cúmulo da tolice, visto que causa dano a si mesma ao visar o bem de outros...

6. ... O homem é de fato um animal, mas um animal de excelente espécie, que difere muito mais de todas as outras tribos de animais do que um homem difere do outro; o que se evidencia pelas muitas ações peculiares à espécie humana. E entre essas propriedades que são peculiares ao homem, há um desejo de sociedade... não meramente saciado de qualquer maneira, mas tranquilamente e de uma maneira que corresponde ao caráter de seu intelecto. Os estóicos chamavam esse desejo de *instinto doméstico*, ou *sentimento de parentesco*. Por conseguinte, a afirmação de que, por natureza, todo animal é impelido apenas a procurar sua própria vantagem ou bem, se dita de maneira tão geral a ponto de incluir o homem, não pode ser admitida...

8. Essa tendência à conservação da sociedade, que expressamos agora de maneira rude, e que está de acordo com a natureza do intelecto humano, é a fonte de *Jus*, ou Direito Natural, assim chamado corretamente. A esse *Jus* pertence a regra de se abster daquilo que pertence a outras pessoas; e, se estivermos de posse de alguma coisa de um outro, a restituição dessa coisa ou de qualquer ganho que tenhamos tido com ela; o cumprimento de promessas, e a reparação de dano cometido por culpa; e o reconhecimento de certas coisas como merecedoras de punição entre os homens.

---

1. De uma resumida tradução para o inglês de William Whewell, publicada por John W. Parker, Londres, 1853.

9. Dessa significação resultou um outro sentido maior de *Jus*; porque, na medida em que o homem é superior aos outros animais, não apenas no impulso social... mas também em seu juízo e poder de avaliar vantagens e desvantagens..., podemos compreender que é congruente com a natureza humana seguir... um juízo corretamente formado; não ser desencaminhado pelo medo ou pela tentação do prazer presente, nem ser arrebatado por impulso cego e irrefletido; e que aquilo que é claramente repugnante a tal juízo também é contrário a *Jus*, ou seja, ao Direito Natural Humano.

10. Esse exercício do juízo inclui uma atribuição razoável e refletida, para cada indivíduo e cada conjunto de homens, das coisas que peculiarmente pertencem a eles; por esse exercício de juízo, em alguns casos o homem mais sábio é preferido ao menos sábio; em outros, nosso vizinho a um estranho; em outros, um pobre a um rico...

12. ... Somos levados a uma outra origem de *Jus*, além dessa fonte natural; a saber, o livre-arbítrio de Deus, ao qual, como nossa razão nos diz de maneira irresistível, estamos fadados a nos submeter... O Direito Natural do qual falamos, seja aquele que liga comunidades, ou do tipo mais frouxo... pode assim ser corretamente atribuído a Deus; porque foi por Sua vontade que tais princípios chegaram a existir em nós...

14. Ademais: a História Sagrada, além daquela parte que consiste em preceitos, oferece uma outra visão que excita na mesma medida o sentimento social de que falamos; porque nos ensina que todos os homens nasceram dos mesmos pais. Podemos portanto dizer corretamente, nesse sentido também, aquilo que Florentino diz em outro sentido, que há um parentesco estabelecido entre nós por natureza: e em virtude dessa relação é errado o homem tencionar o dano do homem...

15. Em seguida, já que é confortável para o Direito Natural observar pactos (porque algum modo de obrigar-se foi necessário entre os homens, e nenhum outro modo natural pôde ser imaginado), os Direitos Civis foram derivados dessa fonte, o pacto mútuo. Porque aqueles que aderiram a alguma comunidade, ou se sujeitaram a algum homem ou homens, expressamente prometeram ou, pela natureza do caso, entendeu-se que faziam a promessa tácita de que se sujeitariam àquilo que determinasse a maioria da comunidade, ou aqueles a quem fosse atribuído o poder.

16. E, por conseguinte, o que Carnéades disse (como foi mencionado), e aquilo que outros também disseram, como Horácio,

Utilidade, mãe do justo e certo,

em termos precisos, não é verdade. Porque a Mãe do Direito, isto é, do Direito Natural, é a Natureza Humana; porque isso nos levaria a desejar a sociedade mútua, mesmo que isso não fosse exigido para o suprimento de outras necessidades; e a Mãe do Direito Civil é a Obrigação por pacto mútuo; e como o pacto mútuo deriva sua força do Direito Natural, pode-se dizer que a Natureza é a Avó do Direito Civil... Mas o Direito Natural é *reforçado* pela Utilidade. Porque o Autor da Natureza ordenou que, como indivíduos, devêssemos ser fracos e necessitados de muitas coisas para tornar a vida confortável, a fim de que fôssemos mais impelidos a aderir à sociedade. Mas a Utilidade é a *ocasião* do Direito Civil; porque a associação ou sujeição por pacto mútuo... foi instituída, a princípio, por causa de alguma utilidade. Portanto, aqueles que prescrevem leis para outros, ao fazê-lo, visam, ou deveriam visar, alguma Utilidade a ser gerada para aqueles para quem legislam.

17. Ademais: como as Leis de cada Comunidade consideram a Utilidade dessa Comunidade, também puderam ser estabelecidas Leis entre diferentes Comunidades, todas ou a maioria, e verifica-se que foram estabelecidas Leis que prescreviam a Utilidade, não de comunidades especiais, mas sim desse grande Sistema Agregado de Comunidades. A isso se chama de Direito das Nações, ou Direito Internacional quando o distinguimos do Direito Natural. E essa parte do Direito é omitida por Carnéades...

18. É sem nenhuma boa razão que Carnéades sustenta... que justiça é tolice. Porque assim como ele mesmo confessa, não é tolo aquele Cidadão que numa Comunidade Civil obedece ao Direito Civil, embora, em consequência de tal respeito pela Lei, ele possa perder alguma coisa que lhe é útil; tampouco é tolo aquele Povo que não estima tanto sua própria utilidade a ponto de, por conta *disso*, negligenciar as Leis comuns entre Povo e Povo. A razão é a mesma em ambos os casos. Porque assim como um cidadão que transgride o Direito Civil por causa da utilidade presente destrói aquela instituição na qual estão ligadas de maneira inseparável a utilidade perpétua dele mesmo e de sua posteridade; assim também um povo que transgride as Leis da Natureza e das nações deita por terra o bastião de sua própria tranquilidade para o tempo futuro...

19. E, por conseguinte, tampouco é universalmente verdadeira essa outra frase de Horácio:

Foi o medo do erro que nos fez fazer nossas leis;

opinião essa que um dos interlocutores da *República* de Platão explica dessa maneira: as leis foram introduzidas pelo medo de se receber o mal, e que os homens são impelidos a praticar a justiça por uma certa compulsão... muitos, individualmente fracos, receando ser oprimidos por aqueles que eram mais fortes, combinaram estabelecer autoridades judiciais, e apoiá-las com sua força comum; a fim de que, unidos, pudessem controlar aqueles aos quais não poderiam resistir isoladamente. E podemos aceitar nesse sentido, e em nenhum outro, o que também é dito em Platão, que Direito é aquilo que a parte mais forte gosta; a saber, que devemos compreender que os Direitos não atingem seu fim externo, a menos que tenham força para apoiá-los...

20. Contudo, os direitos, mesmo quando não apoiados pela força, não estão desprovidos de todo efeito... A consciência dos homens honestos aprova a justiça, condena a injustiça...

30. ... O Direito Natural, sendo sempre o mesmo, pode facilmente ser reunido numa Arte; mas aquilo que depende de instituição, visto que é mudado com frequência e é diferente em diferentes lugares, está fora do domínio da Arte...

31. Então, se aqueles que se dedicaram ao estudo da verdadeira justiça se encarregassem separadamente de tratar distintas partes do Direito Natural e Permanente, omitindo tudo o que deriva só da vontade do homem..., poderíamos, reunindo todas essas partes, formar um código completo.

32. Mostramos, nesta obra, por atos em vez de palavras, qual curso *nós* pensamos que deve ser seguido na execução de tal tarefa; obra esta na qual está contida decerto a parte mais nobre da Ciência do Direito...

39. ... Os princípios de tal Direito Natural, se observados corretamente, são em si mesmos patentes e evidentes, quase da mesma maneira que as coisas que são percebidas pelos sentidos externos, que não nos iludem se os órgãos estiverem bem dispostos e se não estiverem ausentes outras coisas necessárias...

40. A fim de dar provas em questões que dizem respeito a esse Direito Natural, fiz uso de testemunhos de filósofos, historiadores, poetas e por fim oradores. Não que eu os considere juízes para cuja decisão não exista apelo algum: porque eles são deturpados por seu partido, seu argumento, sua causa; mas cito-os como testemunhas cujo testemunho convergente, que procede de inúmeros tempos e lugares diferentes, deve ser atribuído a alguma causa universal, a qual, nas questões com que estamos ocupados aqui, não pode ser outra senão uma dedução correta procedente dos princípios da razão, ou algum comum acordo. A causa primeira do acordo aponta para a Lei da Natureza; a última, para o Direito das Nações; embora a diferença dessas duas não deva ser inferida dos próprios testemunhos (porque os escritores de toda parte confundem a Lei da Natureza e a Lei das Nações), mas sim da qualidade da questão. Porque aquilo que não pode ser deduzido de certos princípios por raciocínio consistente, mas ainda assim é visto e observado em todas as partes,

deve ter sua origem na vontade e acordo de todos.

41. Por conseguinte, esforcei-me em distinguir o Direito Natural da Lei das Nações, assim como ambos do Direito Civil...

43. ... Parece-me que tanto alguns dos platônicos como os antigos cristãos tinham boas razões para se afastar da doutrina de Aristóteles, na qual ele colocava a própria natureza da virtude num *medium* entre sentimentos e ações...

44. O fato de que esse fundamento da virtude [ser o *medium* entre dois extremos] não é o certo é exemplificado pela própria Justiça; porque o *demais* e o *de menos* que são opostos a isso, como não os encontra nos sentimentos e consequentes ações, procura-os nas coisas com as quais a justiça lida; tal procedimento é, em primeiro lugar, uma transição para um outro gênero; uma falha que ele censura justamente em outros. Em segundo lugar, no fato de alguém tomar menos do que lhe cabe pode eventualmente haver um vício, se se considerar aquilo que uma pessoa, em tais circunstâncias, deve a si mesma e àqueles que dela dependem; mas, com certeza, não pode ser inconciliável com a justiça, que reside inteiramente em se abster daquilo que é de outro. E aqueles erros similares a esse – o adultério como fruto da lascívia, o homicídio que se origina na ira –, ele não atribuirá propriamente à injustiça; embora, em sua natureza, injustiça não seja outra coisa que a usurpação daquilo que é de outro; tampouco faz alguma diferença se isso provém da avareza, da lascívia, da ira, ou da compaixão irrefletida; ou, por outro lado, do desejo de superioridade, no qual se originam os maiores exemplos de agressões injustas. Porque resistir a todos os impulsos apenas para que a sociedade humana não seja violada é realmente o caráter próprio da justiça.

45. ... é verdade que é do caráter de certas virtudes que os sentimentos sejam mantidos em moderação; mas disso não se deduz que este seja o caráter próprio e universal de toda virtude; mas que a Razão Correta, que a virtude segue em todas as partes, dita que em algumas coisas deve ser seguido um curso médio; em outras, deve ser visado o mais elevado grau de sentimento. Assim, por exemplo, não se pode amar demais a Deus...

57. Abstive-me de discutir pontos que pertencem a outro tema; como a Utilidade desse ou daquele curso; porque isso é da alçada de uma Arte especial, a saber, a Arte Política, que Aristóteles trata corretamente como um tema separado, não misturando com ele coisa alguma de nenhuma outra espécie... Em alguns casos, entretanto, fiz menção da Utilidade dos atos; mas apenas de maneira colateral, e a fim de distinguir o mais claramente possível essa questão do Direito.

58. O leitor me fará injustiça se julgar que escrevi levando em consideração quaisquer controvérsias de nosso próprio tempo; sejam aquelas que já existem ou aquelas que podem ser previstas como prováveis de surgir. Reconheço, com toda a sinceridade, que, assim como os matemáticos consideram seus números abstraindo-os da substância, eu também, ao tratar dos Direitos, abstraí minha mente de todo fato particular...

Livro I

CAPÍTULO I

O que é guerra.
O que são direitos

I. [Questões de direitos entre cidadãos do mesmo Estado são resolvidas pela Lei instituída pelo Estado; e, por conseguinte, não pertencem ao nosso assunto, que é direitos por natureza, e não direitos por instituição.]...

III. 1. Ao intitular nosso tratado, *Dos direitos de guerra*, tencionamos, em primeiro lugar, incluir a discussão das questões apenas mencionadas: se alguma guerra é justa; e: o que é justo na guerra. Porque *direitos*, *Jus*, nesse caso, significa apenas o que é certo, ou seja, justo; e isto mais com um sentido negativo do que positivo; de modo que *isso* se insere no *Direito* substantivo, que não é injusto, nem errado.

É injusto o que é contrário à natureza de uma sociedade de criaturas racionais...

2. A sociedade ou é de iguais, como irmãos, amigos, aliados; ou é desigual, como de pai e filho, amo e servo, rei e súditos, Deus e homens; e o que é justo é diferente nos dois casos. Podemos chamá-los, respectivamente, de Direitos Equatoriais e Direitos Reitorais.

IV. *Jus, direito*, tem outro significado, derivado do anterior, como quando dizemos *meu direito*. Nesse sentido, direito é uma Qualidade moral pela qual uma pessoa é competente para ter ou fazer determinada coisa de modo justo...

Essa qualidade moral, quando perfeita, é chamada de *facultas*, uma pretensão jurídica; quando menos perfeita, *aptitudo,* uma aptidão, ou pretensão moral.

V. Uma Pretensão Jurídica... inclui Poder; seja sobre o próprio eu da pessoa, que é a Liberdade; ou sobre um outro, que é a Autoridade, por exemplo, paterna, dominical (a de um amo sobre um servo);

Propriedade; se plena, como Domínio; ou menos plena, como Pacto, Penhor.

Crédito, ao qual corresponde a Dívida, no outro pólo.

VI. Mas esse Direito é, por outro lado, duplo: Vulgar, que se destina ao uso privado; e Eminente, que é superior ao Direito Vulgar, e é o direito que a comunidade tem sobre pessoas e coisas com vista ao bem comum...

... Todo o mundo está mais obrigado para com o Estado em relação aos usos públicos do que para com seu credor particular...

X. 1. O Direito Natural é o Ditame da Razão Certa, indicando que qualquer ato, segundo sua concordância ou discordância com a natureza racional [do homem], contém em si mesmo uma torpeza moral ou uma necessidade moral; e, como consequência, que tal ato é proibido ou ordenado por Deus, o autor da natureza.

2. Atos em relação aos quais existe tal Ditame são obrigatórios ou ilegítimos em si mesmos, e, por conseguinte, são compreendidos como necessariamente ordenados ou proibidos por Deus; e nisso o Direito Natural difere não apenas do Direito Humano, mas também do Direito Positivo Divino, que não proíbe nem ordena atos que, em si e por sua própria natureza, ou são obrigatórios ou ilícitos; mas, ao proibi-los, torna-os ilícitos; ao ordená-los, torna-os obrigatórios.

3. A fim de compreender o Direito Natural, devemos observar que algumas coisas se dizem em concordância com ele, embora não o sejam propriamente, mas, como as escolas adoram falar, redutivamente, o Direito Natural não se opõe a elas; assim como dissemos [III. 1] que certas coisas que são chamadas de justas são não injustas. E, por outro lado, por um abuso de expressão, certas coisas se dizem em concordância com o Direito Natural, as quais a razão mostra serem decentes ou melhores do que seus contrários, embora não obrigatórias...

4. Também deve ser observado que o Direito Natural trata não apenas de coisas feitas pela própria natureza, mas de coisas produzidas pelo ato do homem. Desse modo, a propriedade, tal como existe agora, é resultante da vontade humana; mas, uma vez introduzida, o próprio Direito Natural mostra que é ilícito eu tomar aquilo que é seu contra sua vontade...

5. O Direito Natural é tão imutável que não pode ser mudado nem por Deus... Desse modo, Deus não pode fazer com que duas vezes dois não seja quatro; e, da mesma maneira, não pode fazer com que aquilo que é intrinsecamente mau não seja mau. Porque assim como a essência das coisas, quando elas existem, e em razão do que existem, não depende de nada mais, o mesmo se dá com as propriedades decorrentes dessa essência; e tal propriedade é a baixeza de certas ações, quando comparadas com a natureza dos seres racionais...

6. No entanto, às vezes, em atos dirigidos pelo Direito Natural, há uma aparência de mudança que pode iludir o incauto; na verdade, não foi o Direito Natural que mudou, mas sim a coisa à qual esse Direito diz respeito. Assim, se um credor me dá um recibo por minha dívida, não estou mais obrigado a pagar-lhe; não porque o Direito Natural tenha cessado de me

ordenar pagar o que devo, mas sim porque parei de dever. Assim, se Deus ordena que alguém seja morto ou seus bens sejam tomados, isso não torna lícito o homicídio ou o roubo, palavras que implicam crime; mas o ato não será mais homicídio ou roubo tendo sido autorizado pelo supremo Senhor da vida e dos bens.

7. Além disso, algumas coisas estão de acordo com o Direito Natural, não simplesmente, mas sim numa certa situação. Desse modo, a comunidade no uso das coisas foi natural até a propriedade ser estabelecida; e o direito de tomar pela força o que pertencia a alguém existia antes da lei instituída...

XII. 1. O fato de que o Direito Natural existe é provado em geral tanto *a priori* como *a posteriori*; sendo a primeira a prova mais sutil, a última, a mais popular. É provado *a priori*, mostrando-se a concordância ou discordância de alguma coisa com a natureza racional e social do homem. É provado *a posteriori* quando, por relatos seguros ou muito prováveis, descobrimos alguma coisa aceita como Direito Natural entre todas as nações, ou pelo menos as mais civilizadas. Porque um efeito universal requer uma causa universal; ora, tal crença universal dificilmente pode ter outra causa exceto o senso comum da humanidade...

XIV. 1. Do Direito Humano, primeiro, como o mais amplamente conhecido. Trata-se ou do Direito Civil [isto é, o Direito Nacional] ou do Direito numa esfera mais estreita ou mais ampla.

O Direito Civil é aquele que governa o Estado (*Civitas*).

O Estado (*Civitas*) é um conjunto perfeito [isto é, independente] de homens livres, associados com a finalidade de desfrutar as vantagens do *jus*, e para a utilidade comum.

O Direito numa esfera estreita, e não derivada do Estado, embora sujeita a ele, é variado como os preceitos paternos, as ordens de um amo, e coisas semelhantes.

O Direito numa esfera mais ampla é o *Jus Gentium*, a Lei das Nações, esse Direito que recebeu força obrigatória da vontade de todas as nações, ou de muitas.

Acrescentei "*ou de muitas*" porque raramente se encontra alguma lei, exceto o Direito Natural (que também é chamado com frequência de *Jus Gentium*), comum a *todas* as nações...

2. Esse *Jus Gentium*, Lei das Nações, é provado da mesma maneira que o Direito Civil não escrito, pelo uso constante e pelo testemunho daqueles que se dedicaram ao seu estudo...

CAPÍTULO II

Se a guerra alguma vez é justa

I. 1. ... Cícero fala repetidas vezes de certos Primeiros Princípios... Há, segundo ele, um Primeiro Princípio da Autoconservação. Um animal, desde o nascimento, é impelido a se cuidar e se preservar, a escolher os meios para preservar sua boa condição, a evitar a destruição e tudo que leve a essa destruição. Desse modo, não existe alguém que não prefira ter as partes de seu corpo saudáveis e inteiras em vez de mutiladas e deformadas. O primeiro dever de cada um é conservar-se em estado natural; o seguinte, conservar o que está de acordo com a natureza e rejeitar o que for contrário a ela.

2. A esse Princípio segue-se uma noção da Concórdia das coisas com a Razão, que é superior ao corpo; e essa Concórdia, na qual o que é razoável (*honestum*) se torna nosso objeto, é considerada mais importante do que aquelas coisas para as quais o primeiro impulso do apetite tendeu exclusivamente. O primeiro Princípio [de autoconservação] nos recomenda a Razão Certa; mas a Razão Certa nos deve ser mais cara do que aquelas coisas que primeiro nos fizeram usá-la.

Isso é admitido por todos que têm mente sensata, sem necessidade de demonstração. Por isso, ao examinar o que concorda com o Direito Natural, devemos primeiro ver o que concorda com esse primeiro princípio da autoconservação; e depois passar para aquilo que, embora subsequente em origem, tem maior dignidade; e devemos não apenas aceitá-lo, se for oferecido, mas procurá-lo com todo cuidado...

4. No primeiro princípio da natureza [Autoconservação] não existe coisa alguma que seja

contrária à guerra; de fato, todas as coisas antes a favorecem; porque o fim da guerra, a preservação da vida e dos membros, e a retenção ou aquisição de coisas úteis à vida, concorda inteiramente com esse princípio...

5. Por outro lado, a Razão Certa e a natureza da Sociedade... não proíbem toda força, mas apenas aquela que é contrária à Sociedade, isto é, aquela que é usada para atacar os direitos de outros. Pois o objetivo da Sociedade é que cada um possa ter o que é seu em segurança, pelo acordo e ajuda comuns. Consideração essa que ainda teria lugar, mesmo se a propriedade não tivesse sido introduzida; porque, mesmo então, cada um teria uma propriedade em sua vida, seus membros, sua liberdade; e estes não poderiam ser atacados sem que um dano lhe fosse feito. E também usar coisas que são comuns, e tomar tanto delas quanto a natureza exigir seria o direito da pessoa que primeiro tomou posse delas; e aquele que impedisse o exercício desse direito estaria fazendo mal ao que tomou posse. E isso se compreende com muito mais facilidade agora, quando a propriedade tomou forma pela lei ou pelo uso...

II. 1. Nossa doutrina, de que toda guerra não é contrária ao Direito Natural, é provada também pela história sagrada. Abraão fez guerra aos quatro reis que saquearam Sodoma e, por causa disso, foi abençoado por Melquisedeque. Ele fez isso sem um mandato especial de Deus, conforme a história parece indicar; por conseguinte, ele deve ter sido justificado pela Lei da Natureza, porque era muitíssimo sagrado e sábio, como declaram até os autores pagãos...

CAPÍTULO III

Da guerra pública e privada.
Da soberania

I. ... 2. Julgo suficientemente evidente, pelo que foi dito anteriormente, que a guerra privada pode ser lícita, no que diz respeito ao Direito Natural, quando foi mostrado que não é incompatível com o Direito Natural alguém repelir o dano, mesmo que pela força. Mas talvez alguns possam pensar que, depois que os tribunais foram estabelecidos, isso não seja mais lícito; porque, embora os tribunais públicos não provenham da natureza, mas do ato do homem, ainda assim a equidade e a razão natural nos ditam que devemos sujeitar-nos a essa instituição tão louvável; visto que é muito mais decente e promove mais tranquilidade entre os homens quando uma questão é decidida por um juiz desinteressado do que quando, sob a influência do amor-próprio, os homens fazem justiça por si mesmos de acordo com suas noções de Direito...

II. 1. Não se deve duvidar, de fato, de que a licença que existia antes do estabelecimento da justiça pública está muito restrita. No entanto, ela ainda continua a existir; a saber, quando a justiça pública termina: entende-se que a lei que nos proíbe de procurar o que é nosso de outra maneira que não o processo judicial aplica-se apenas quando se pode ter ajuda judicial. Ora, a ajuda judicial cessa momentânea ou continuamente. Cessa momentaneamente quando não se pode esperar o juiz sem um certo perigo ou perda. Cessa de maneira contínua *de jure* ou *de facto*: *de jure*, se alguém estiver num lugar incerto, como no mar, num deserto, numa ilha deserta, ou em algum outro lugar onde não haja nenhum governo político; *de facto*, se os indivíduos não obedecem ao juiz, ou se este se recusa abertamente a tomar conhecimento...

2. ... Pelas leis de todas as nações que conhecemos, é considerado inocente aquele que se defende estando em perigo de vida; esse consentimento manifesto é uma prova de que tal orientação não está em contradição com o Direito Natural...

VIII. 1. E aqui devemos primeiro rejeitar a opinião dos que dizem que a Soberania pertence ao Povo em todas as partes; de modo que *ele* tem o poder de controlar reis e de puni-los caso abusem de seu poder...

Um homem pode, por sua própria ação, tornar-se o escravo de um outro, como se evidencia no Direito Romano e no Hebreu. Então, por que um povo não pode fazer o mesmo, de modo a transferir todo o Direito de governá-lo para uma ou mais pessoas?... Tampouco é pertinente alegar as inconveniências que se seguem ou poderiam se seguir de tal curso; porque, qualquer que seja a forma de governo que se tome, nunca se escapa da inconveniência.

2. Porém, assim como existem muitas maneiras de viver, umas melhores do que as outras, e assim como cada homem é livre para escolher aquela que lhe agrada, cada nação também pode escolher a forma de governo que desejar; e seu direito nessa questão não deve ser medido pela excelência desta ou daquela forma, em relação às quais as opiniões podem ser diversas, mas sim por sua escolha.

3. Tampouco é difícil conceber causas pelas quais um povo pode renunciar por completo ao poder de seu governo e transferi-lo para um outro; como, por exemplo, se estiver em grande perigo e não puder encontrar um defensor em outras condições; ou se estiver em privação e não puder encontrar subsistência de outra maneira...

4. Acrescente-se a isso o fato de que, assim como Aristóteles diz que certos homens são escravos por natureza, algumas nações também são mais propensas a serem governadas do que a governar...

6. Além disso, a autoridade civil, ou o direito de governar, também pode ser adquirida por meio de guerra legítima...

13. Os argumentos do outro lado [que todos os reis respondem ao seu povo] não são difíceis de responder; porque

(1) Primeiro, a alegação de que aquele que constitui qualquer autoridade é superior à pessoa assim constituída só é verdadeira porque a constituição depende perpetuamente da vontade do corpo constituinte; não por aquilo que, embora voluntário a princípio, se torna compulsório depois; desse modo, uma mulher constitui uma pessoa como seu marido, a quem depois está obrigada a obedecer para sempre...

14. (2) O outro argumento é tirado da máxima dos filósofos segundo a qual todo governo existe no interesse dos governados, não dos governantes; daí eles concluem que, sendo o fim mais nobre do que os meios, os governados são superiores aos governantes.

Mas não é universalmente verdadeiro que todo governo existe no interesse dos governados; alguns tipos de governo existem no interesse do governante, como o do amo em sua família; porque ali a vantagem do servo é extrínseca e adventícia; assim como o ganho do médico é extrínseco à arte da medicina. Outros tipos de governo existem no interesse da utilidade comum, como o marital. Assim, certos governos reais podem ser estabelecidos para o bem dos reis, como aqueles que são ganhos por conquista; e estes não devem por isso ser chamados de tiranias, visto que *tirania*, tal como agora a compreendemos, subentende injustiça. Alguns governos também podem ter respeito para com a utilidade tanto do governante como dos governados; como quando um povo em desgraça põe um poderoso rei acima de si para defendê-lo.

Não nego, porém, que na maioria dos governos o bem dos governados seja o objetivo; e que... reis são constituídos no interesse da justiça. Mas daí não se deduz, como nossos oponentes inferem, que os povos são superiores aos reis; porque a guarda existe no interesse do protegido e, no entanto, o guardião tem autoridade sobre o protegido... no governo político, como não podemos ter uma infinita gradação de superiores, devemos parar em alguma pessoa ou corpo cujas transgressões, por não ter algum juiz superior, são da competência de Deus, como ele próprio declara...

IX. 1. Alguns alegam que há uma sujeição mútua, de modo que todo o povo deve obedecer ao rei quando este governa corretamente, mas, quando um rei governa mal, está sujeito ao povo. Se esses pensadores dissessem que aquelas coisas que são manifestamente iníquas não devem ser feitas, apesar de ordenadas pelo rei, diriam o que é verdade e é confessado por todos os homens bons...

... Cria-se a mais extrema confusão se o rei e o povo reivindicam conhecimento da mesma questão com a alegação de boa e má conduta...

XII. 1. Alguns se opõem a isso, porque dizem que homens não são coisas, e não podem ser possuídos *pleno jure*, como coisas. Mas a liberdade pessoal é uma coisa, a liberdade civil, outra. Os homens podem ter liberdade pessoal, de modo a não serem escravos; e, no entanto, não ter liberdade civil, de modo a serem cidadãos livres...

XVI. 1. ... A autoridade não deixa de ser soberana, embora o Governante faça certas promessas a seus súditos, ou a Deus, até mesmo em questões relacionadas com o governo. Não me refiro a promessas de cumprir o Direito Natural e a Lei Divina, ou o *Jus Gentium*, a que todos os reis são obrigados, mesmo sem promessa; mas da concessão de regras às quais não podem estar obrigados sem promessa...

2. Mas ainda assim deve-se confessar que, quando isso é feito, a soberania é limitada em algum grau... um ato que contrarie a promessa torna-se injusto, porque, como mostraremos em outro lugar, uma promessa legítima dá um Direito ao beneficiário da promessa...

XVII. 2. ... Muitas pessoas alegam muitas inconveniências contra tal soberania de duas cabeças; mas em questões políticas nada está totalmente livre de inconveniências; e os Direitos surgem não do que parece ser conveniente para um ou para outro, mas sim da vontade daquele que é a origem dos Direitos. Por exemplo, os reis estabelecidos pelos Heráclidas em Argos, Messena e Esparta eram obrigados a governar dentro das regras da lei; e, enquanto o fizessem, o povo era obrigado a preservar-lhes o trono...

CAPÍTULO IV

Das guerras de súditos contra superiores

I. ... 2. Mas temos agora de investigar apenas se seria lícito que pessoas comuns ou públicas levassem avante guerra contra aqueles que têm sobre elas uma autoridade soberana ou subordinada...

3. É fato incontroverso entre todos os homens bons que, se as pessoas que têm autoridade ordenarem alguma coisa contrária ao Direito Natural ou aos Preceitos Divinos, tal coisa não deve ser feita. Porque os Apóstolos, ao dizerem que devemos obedecer a Deus e não aos homens, apelaram a uma regra incontestável, escrita nas mentes de todos...

II. 1. Pelo Direito Natural, todos têm o direito de repelir a injustiça. Mas, sendo a sociedade civil instituída para garantir a tranquilidade pública, o Estado adquire um Direito Superior sobre nós e os nossos, na medida em que for necessário para esse fim. Por conseguinte, o Estado pode proibir esse direito indiscriminado de resistir, no interesse da paz e ordem públicas; e deve-se presumir que tencionou isso, já que de outra maneira não pode atingir seu fim. Se essa proibição não existir, não existe Estado...

IV. ... 3. Se, a qualquer momento, os governantes forem desencaminhados por medo ou ira excessivos, ou alguma outra paixão, de modo que se desviassem da via que conduz à tranquilidade, isso deve ser considerado o caso menos comum, e deve ser compensado pela alternância de tempos melhores... Casos excepcionais devem submeter-se à regra geral; porque, embora a razão da regra não seja válida nesse caso especial, ainda assim permanece a razão geral da regra; e a isso os fatos especiais devem estar submetidos. Isso é melhor do que viver sem uma regra, ou deixar a regra por conta da vontade de todos...

V. 1. O costume dos antigos cristãos, os melhores intérpretes da lei de Nosso Senhor, não se desviava dessa regra. Porque, embora homens muito iníquos dominassem o Império Romano, e não faltassem pessoas que se opusessem a eles com a pretensão de socorrer o Estado, os cristãos jamais tomaram parte em suas tentativas...

VI. 1. Alguns contemporâneos instruídos, rendendo-se demais às influências de nosso tempo e lugar, persuadiram primeiro a si mesmos (pois assim acredito) e depois a outros, de que isso, embora seja verdade para pessoas simples, não é verdade para magistrados inferiores; de que eles têm o direito de resistência e devem usá-lo; opinião essa que não deve ser admitida. Porque esses magistrados inferiores, embora sejam pessoas públicas em relação a seus inferiores, são pessoas comuns em relação a seus superiores...

VII. 1. Uma questão mais difícil é se a regra da não resistência é válida num perigo muito grave e certo. Porque as leis de Deus podem admitir isenção em casos de extrema necessidade... Algumas leis são de tal natureza que não é crível que tenham sido dadas com intenção tão rígida; menos ainda no que se refere às leis humanas...

2. ... Leis são feitas e devem ser feitas com um senso da fraqueza humana. A lei de que falamos (a da não resistência) parece depender daqueles que primeiro formaram a sociedade civil, e de quem derivam os direitos dos Governantes. E, se fosse possível perguntar-lhes se imporiam a todos o ônus de preferir morrer a, em qualquer caso, resistir a um superior pela força, é provável que respondessem que não; talvez com uma única ressalva: salvo se a resistência implicasse extrema perturbação do Estado e a morte de muitos inocentes. E o que a benevolência recomendaria nessas circunstâncias podemos atribuir com segurança à lei humana.

3. Pode-se dizer que a obrigação rígida de sofrer a morte antes de resistir a um superior provém não da lei humana, mas sim da Lei Divina. Mas deve-se notar que a Sociedade Civil é o resultado, não do preceito Divino, mas sim da experiência de fraqueza de famílias separadas que se protegerem; e, desse modo, é chamada por Pedro de *lei do homem*, embora também seja uma lei de Deus, porque Ele a aprova. E deve-se entender que Deus, ao aprovar uma lei humana, aprova-a como humana e de uma maneira humana.

4. No entanto, Barclay, o mais ardoroso defensor da autoridade real, admite que o povo, ou *parte considerável* dele, tem o direito de se proteger contra a crueldade extrema, embora afirme que todo o povo está sujeito ao rei. Posso compreender que quanto mais valioso for aquilo que é preservado [pela regra da não resistência], tanto mais grave é a questão da construção equitativa que permite uma exceção às palavras da lei. Ainda assim, não ouso condenar indiscriminadamente *indivíduos* ou uma *minoria* do povo que assim recorreu ao derradeiro meio por necessidade, contanto que não abandonem o respeito pelo bem comum...

7. Tampouco aqueles que resistem devem lançar falsas acusações contra alguém; mas contra o rei, nem mesmo as verdadeiras. Devem abster-se ainda mais de pôr as mãos nele...

XI. ... Se o rei age, com uma mente realmente hostil, com o propósito de destruir todo o povo, Barclay diz que a monarquia perdeu o direito; porque o propósito de governar e o propósito de destruir não podem subsistir juntos...

XIII. ... se o rei tem apenas uma parte da soberania, estando a outra parte com o Senado ou com o povo, e se o rei invade a parte que não é sua, é justo resistir-lhe pela força, porque não tem autoridade nessa parte...

Livro II*

CAPÍTULO I

Das causas da guerra; da legítima defesa e da defesa de nossa propriedade

I. ... 4. Uma causa justa de Guerra é o dano cometido contra nós, e nada mais. Agostinho diz: *a Injustiça* (isto é, o dano) *da parte adversa torna uma guerra justa...*

II. ... 2. A maioria dos autores mencionam três causas justas de guerra; a defesa, a recuperação de propriedade e a punição de injustiça...

3. Tal é o sentimento natural de Justiça entre as nações...

Por conseguinte, a primeira causa de uma guerra justa é um dano ainda não cometido que ameaça o corpo ou os bens.

III. Se o corpo for ameaçado por força presente com perigo de vida, que não puder ser evitado de outra maneira, a guerra é lícita, inclusive com a morte do agressor, como já dissemos antes, ao provar que algumas guerras privadas são lícitas. E esse direito de defesa origina-se do

---

* No texto em inglês, com base no qual se fez esta tradução, foram omitidos os capítulos III, VI, VII, VIII, IX, XII, XIII, XIV, XVI e XIX. (N. do R. T.)

direito natural de autoproteção, não da injustiça ou erro de um outro que cria o perigo. E, por conseguinte, esse direito de autoproteção não é tirado, mesmo se o agressor não tiver culpa; se, por exemplo, ele for um soldado agindo *bona fide*; ou se ele me confundir com uma outra pessoa que não sou, ou se for louco ou sonâmbulo, como aqueles a respeito dos quais lemos; é suficiente que eu não seja obrigado a sofrer aquilo que ele tenta infligir; como se uma besta selvagem fosse atacar-me.

IV. ... 2. Tomás de Aquino diz bem... que um homem morto em autodefesa não é morto de propósito... Aquele que é atacado, mesmo assim, deve fazer qualquer coisa para que o atacante fuja ou seja despojado de poder, em vez de se expor a ser morto.

V. 1. O perigo tem de ser presente e iminente num ponto do tempo. Confesso de fato que, se o agressor estiver pegando armas, e de tal maneira que o faz manifestamente com a intenção de matar, a ação pode ser prevista; porque em coisas morais, como nas naturais, não existe nenhum ponto sem uma certa latitude; mas cometem um grande erro aqueles que admitem qualquer medo [por mais leve que seja] como um direito de matar por prevenção...

2. Se alguém dirige contra nós uma violência não presente; como se estiver fazendo uma conspiração, ou preparando uma emboscada, ou colocando veneno em nosso caminho, ou nos atacando com uma acusação falsa, um falso testemunho, ou um julgamento iníquo, nego que ele possa ser licitamente morto, se o perigo puder ser evitado de alguma outra maneira, ou se não for certo que ele não possa ser evitado de alguma outra maneira. Porque a protelação permite recorrer a muitos remédios e muitas oportunidades; como dizemos, entre a xícara e o lábio...

VII. Que o mesmo seja lícito em defesa da castidade, mal se pode duvidar, porque não apenas a opinião comum, mas também a lei divina, confere à castidade o mesmo valor da vida...

IX. 1. Por outro lado, pode acontecer que, como a vida do agressor é útil para muitos, ele não possa ser morto sem pecado; e isso não apenas pela lei divina, mas também pelo Direito Natural. Porque o Direito Natural não apenas respeita o que dita a justiça corretiva, mas também contém em si atos de outras virtudes, como temperança, firmeza, prudência, que em certas circunstâncias são não apenas boas, mas obrigatórias. Ora, a benevolência obriga a agir como dissemos.

2. Vasquius diz que um príncipe, quando insulta um homem inocente, deixa de ser um príncipe; mas nada pode ser menos verdadeiro ou mais perigoso...

X. 1. Quando alguém corre o risco de receber uma surra, ou algum mal parecido, alguns sustentam que ele tem o direito de se proteger matando o inimigo. Não discordo se apenas for considerada a justiça corretiva. Porque, embora uma surra e a morte sejam muito desiguais, aquele que está prestes a me causar um dano me dá um Direito com isso, um direito moral contra ele, *in infinitum*, na medida em que não posso repelir o mal de alguma outra maneira. E até a benevolência *per se* não parece obrigar-nos ao benefício daquele que comete injustiça contra nós. Mas a lei do Evangelho tornou ilícito cada um desses atos; se Cristo nos ordena aceitar uma surra, em vez de ferir nosso adversário, podemos menos ainda matá-lo. Por conseguinte, devemos ter cuidado com a doutrina de Covarrubias de que, com o Direito Natural em nossas mentes, não podemos conceber algo que seja permitido pela razão natural e que não seja permitido por Deus, porquanto Deus é a própria Natureza. Porque Deus, que é o Autor da natureza, de modo que está acima da Natureza, tem o direito de prescrever leis para nós, que dizem respeito a coisas que por natureza são livres e indeterminadas; mais ainda, que seja dever aquilo que por natureza é bom, embora não seja dever.

2. É admirável, já que a vontade de Deus aparece de maneira tão clara no Evangelho, que se possam encontrar teólogos, e teólogos cristãos, que não apenas pensam que matar pode ser permitido para evitar uma surra, mas até mesmo para reparar a honra, como se diz, caso se tenha recebido uma surra e o atacante tenha fugido. Isso me parece muitíssimo distante da

razão e da piedade. Porque honra é uma opinião sobre a excelência da própria pessoa; e aquele que suporta tal dano mostra-se excelentemente paciente, de modo que aumenta sua honra em vez de diminuí-la...

3. Daí que também parece errado aquilo que é dito pela maioria dos autores, ou seja, que a defesa com morte é lícita pela Lei Divina (pois não contesto que o é pelo Direito Natural) quando a fuga sem perigo é possível; a saber, porque a fuga é ignominiosa, sobretudo em um homem de nobre família. Na verdade, não há, então, ignomínia alguma, mas sim uma falsa opinião de ignomínia a ser desprezada por aqueles que seguem a virtude e a sabedoria...

XI. Passemos aos danos que afetam nossa propriedade.

Se consideramos a justiça corretiva, não nego que, a fim de preservarmos nossos bens, o ladrão, se necessário for, pode ser morto; porque a diferença que existe entre coisas e vida é compensada pela preferência a ser dada ao inocente e à condenação em que incorre o ladrão, como dissemos. Daí se conclui que, considerando apenas o Direito Natural, se os bens não podem ser recuperados de outra maneira, o ladrão que foge com seu saque pode ser morto com um projétil... Tampouco a benevolência ordena opor-se a isso, pondo de lado a lei humana e divina; exceto se a coisa roubada for uma bagatela que pode ser desprezada...

XII. 1. Examinemos o sentido da Lei Hebraica (Êx 22, 2), com a qual concorda a lei de Sólon, a das Doze Tábuas e as *Leis* de Platão. Todas essas leis concordam em distinguir o ladrão noturno do diurno. Para alguns, é porque à noite não podemos dizer se ele é um ladrão ou um assassino, e, por conseguinte, podemos matá-lo como assassino. Para outros, é porque à noite temos menos possibilidade de recuperar a propriedade. Penso que nada disso é a verdadeira razão; mas que ninguém deveria ser morto diretamente por causa de meras coisas, o que seria feito se eu matasse com um projétil um ladrão desarmado em fuga, para assim recuperar meus bens...

2. A diferença depende, então, de que à noite não há testemunhas; por conseguinte, se o ladrão for encontrado morto, deve se dar crédito àquele que diz que o matou para defender sua vida...

3. E, por conseguinte, como eu disse, a presunção está a favor daquele que mata o ladrão noturno; mas, se houver testemunhas que declaram que o matador não corria perigo de vida, a presunção cessa, e ele é culpado de homicídio...

XIV. Questiona-se se o direito civil, quando nos permite matar um ladrão com impunidade, não nos está dando o direito de fazê-lo, já que o direito civil tem o direito de vida e de morte. Mas não é assim. Em primeiro lugar, o Direito Civil não tem o direito de vida e morte em todos os casos, apenas em casos de grandes crimes... E, além disso, a lei não dá nem deve dar o direito de matar privadamente aqueles que merecem a morte, exceto em crimes muito atrozes; caso contrário, os tribunais seriam inúteis. Portanto, se, de certo modo, a lei nos permite matar um ladrão com impunidade, ela tira a punição, mas não dá o direito...

XVII. Existe uma doutrina intolerável, em alguns autores, de que pela Lei das Nações é justo pegar em armas contra uma potência que está crescendo, e pode crescer a ponto de se tornar perigosa. Sem dúvida, na deliberação da guerra isso pode entrar em consideração, não como uma questão de justiça, mas como uma questão de utilidade; de modo que, se a guerra for justa por outras causas, pode ser prudente por essa causa; e é a isso que chegam os argumentos dos autores. Mas que a possibilidade de sofrer a força nos dá o direito de usá-la é contrário a toda noção de equidade. Assim é a vida humana, porque nunca estamos em segurança completa. Devemos procurar proteção contra medos incertos na Providência Divina, e na cautela irrepreensível, não na força.

CAPÍTULO II

Dos direitos comuns dos homens

II. 1. Deus deu à raça humana em geral o direito às coisas de natureza inferior na Criação, e de novo, após o Dilúvio. Tudo era comum e indiviso, como se todos tivessem um patrimônio. Daí que cada homem podia tomar para seu uso o que quisesse, e consumir o que pudesse... O que cada um tomasse um outro não poderia tomar dele pela força sem injustiça...

E esse estado podia ter continuado se os homens tivessem permanecido em grande simplicidade, ou se tivessem vivido em grande boa vontade mútua...

2. Mas os homens não continuaram nessa vida simples e inocente, e aplicaram suas mentes em várias artes... As mais antigas artes, a agricultura e a pastagem, apareceram com os primeiros irmãos (Caim e Abel); não sem que já se apresentasse uma divisão de posses, e até não sem derramamento de sangue...

3. Mas a harmonia foi sobretudo rompida por um vício mais abundante, a ambição; do qual a Torre de Babel foi o sinal; e então diferentes homens dividiram a terra entre eles e a possuíram. No entanto, ainda persistiu entre vizinhos uma comunidade, não de seus rebanhos e manadas, mas de suas pastagens; porque havia o suficiente para todos durante um tempo, até que o gado aumentou, a terra foi dividida, não de acordo com as nações como antes, mas de acordo com as famílias. E algumas fizeram e ocuparam suas próprias fontes, coisas muito necessárias numa região seca, e não suficientes para muitos. Esse é o relato da história sagrada, que concorda bastante com o relato feito por filósofos e poetas.

4. Ali aprendemos o motivo pelo qual os homens abandonaram a comunidade de coisas, primeiro das móveis, depois das imóveis; a saber, porque, quando já não se contentavam em se alimentar do produto espontâneo, habitar cavernas, andar nus ou vestidos de casca de árvore ou couro, mas procuraram um tipo de vida mais requintado, passou a haver necessidade de indústria, que determinadas pessoas podiam empregar em coisas específicas. E quanto ao uso comum dos frutos da terra, ele foi impedido pela dispersão dos homens em diferentes localidades, e pela carência de justiça e bondade que interferia numa divisão justa do trabalho e da subsistência.

5. E assim aprendemos como coisas se tornaram Propriedade... por um certo pacto, seja expresso, como por divisão, seja tácito, como por ocupação...

V. No que diz respeito às bestas selvagens, peixes, aves, observa-se o mesmo; que aquele que tem a propriedade da terra e da água pode, por esse motivo, impedir qualquer um de tomar essas criaturas e, desse modo, adquirir propriedade sobre elas. A razão é que é moralmente necessário ao governo de um povo que aqueles que se misturam com o povo, mesmo por um tempo, o que é feito ao entrar no território, devem sujeitar-se às suas instituições. Isso tampouco é refutado por aquilo que lemos com frequência no Direito Romano: que homens *jure naturae* ou *jure gentium* são livres para perseguir animais de caça. Porque isso é verdade enquanto nenhum Direito Civil interferir: o Direito Romano deixou nesse estado primitivo muitas coisas que outras nações decidiram de outra maneira. E, quando o Direito Civil decidiu alguma coisa de outra maneira, o próprio Direito Natural ordena que isso seja obedecido. Porque, embora o Direito Civil não possa ordenar alguma coisa que o Direito Natural proíbe, nem proibir o que ele ordena, ainda assim pode circunscrever a liberdade natural, e proibir o que era lícito pelo Direito Natural; e até mesmo interferir para impedir uma posse que podia ser adquirida pelo Direito Natural.

VI. 1. Consideremos se os homens têm algum Direito Comum sobre aquelas coisas que já foram tornadas propriedade privada...

2. ... Em extrema necessidade, revive o prístino direito de usar as coisas, como se houvessem permanecido comuns; porque em todas as leis e, desse modo, na lei sobre posse, a extrema necessidade é exceção.

3. Daí a regra segundo a qual, numa viagem, se as provisões estiverem no fim, aquilo que cada um tem deve ser lançado no estoque comum. Assim, para preservar minha casa de uma conflagração que está grassando, a casa de meu

vizinho pode ser derrubada; e cordas e redes podem ser cortadas de qualquer navio que tenha encalhado se ele não puder ser solto de outra maneira. Todas essas regras não foram introduzidas pelo Direito Civil, mas sim pelas interpretações dele.

4. Porque também entre teólogos é opinião aceita que, em tal necessidade, se alguém toma da propriedade de outrem aquilo que é necessário para sua vida, não está cometendo roubo; a razão dessa regra não é aquilo que alguns alegam: que o dono de uma propriedade é obrigado a dar um tanto para aquele que dela necessita, por caridade; mas que se deve compreender que todas as coisas foram cedidas a proprietários com alguma exceção benevolente do Direito, que primitivamente assim foi atribuído. Porque, se os primeiros divisores fossem indagados sobre sua intenção, teriam indicado essa que afirmamos...

XVIII. Após o Direito Comum às coisas segue-se o Direito Comum aos atos; e este é dado simples ou hipoteticamente. Dá-se *simplesmente* um Direito para aqueles atos sem os quais a vida não pode ser mantida de maneira conveniente, e outros que podem ser comparados a esses. Aqui não se exige a mesma necessidade do que quando se toma o que pertence a um outro; porque não estamos falando aqui do que pode ser feito, estando o proprietário relutante; mas sim do modo de adquirir coisas com o consentimento do proprietário; afirmando apenas que ele não pode impedir a aquisição, nem por lei nem por conspiração. Porque tal impedimento nessas questões é contrário à natureza da sociedade humana...

XIX. Dizemos, então, que todos os homens têm Direito de adquirir essas coisas por um preço justo; exceto quando aqueles de quem elas são demandadas as necessitam...

XX. Não temos o mesmo Direito de vender o que temos; porque todo o mundo é livre para decidir o que deseja adquirir, e o que não deseja. Desse modo, no passado, os belgas não admitiam o vinho e outras mercadorias estrangeiras; e os árabes admitiam alguns artigos e não outros.

XXI. No Direito de que falamos está incluído... o Direito de procurar e contrair casamentos com nações vizinhas; por exemplo, se uma população inteiramente masculina, expulsa de algum outro lugar, chegar por aqui. Porque viver sem casamento, embora não seja de todo contrário à natureza humana, é contrário à natureza da maioria dos homens. O celibato só é conveniente para mentes superiores; por conseguinte, os homens não devem ser privados dos meios de conseguir esposas...

XXII. O Direito *hipotético* a atos refere-se a atos que qualquer nação permitiu a estrangeiros em geral; nesse caso, se um povo for excluído de tais atos, estará sendo tratado de modo injusto. Desse modo, se for permitido a estrangeiros capturar bestas, peixe, aves em certos lugares..., isso não pode ser negado a um povo específico, exceto por conta de uma delinquência...

XXIV. Lembro de uma questão levantada: se seria lícito um povo fazer um acordo com outro, segundo o qual venderia só para ele certos frutos que não cresciam em nenhuma outra parte. Concebo que isto seja lícito, se o povo comprador estiver disposto a vendê-lo para outros por um preço justo; porque, para outras nações, não faz nenhuma diferença de quem elas compram aquilo que satisfaz seus desejos naturais. E uma parte pode antecipar-se a outra num comércio lucrativo; em especial se o povo que faz esse comércio vantajoso tiver tomado o outro povo sob sua proteção, e houver incorrido em despesas por conta disso. Tal açambarcamento e monopólio, feito com a intenção que descrevi, não é contrário ao Direito Natural; embora às vezes seja proibido pelo Direito Civil, por conta da utilidade pública...

CAPÍTULO IV

Do abandono presumido da propriedade e da ocupação que se segue; e a maneira como isso difere do usucapião e da prescrição

I. Aqui surge uma grande dificuldade concernente ao direito de usucapião, [pelo qual uma coisa usada durante longo tempo se torna propriedade do possuidor]. Esse direito é introduzido pelo Direito Civil, [não pelo Direito Natural], porque o tempo, por sua própria natureza, não tem nenhum poder efetivo...

III. Na verdade, no que tange a direitos, embora os efeitos dependam da vontade do homem, ainda assim não seguem o mero ato interno da mente, salvo se o ato for indicado por algum sinal externo. Porque atribuir eficácia jurídica a meros atos da mente não seria coerente com a natureza humana, que não pode conhecer os atos da mente, a não ser por sinais externos. No entanto, sinais que denotam os atos da mente jamais possuem uma certeza matemática, mas sim apenas uma certeza provável; porque os homens podem expressar em palavras alguma coisa diferente do que sentem e querem, e podem simular seus atos. Mas a natureza da sociedade humana não suporta que os atos da mente, suficientemente indicados, não tenham nenhuma eficácia; por conseguinte, aquilo que é indicado de maneira suficiente em palavras deve ser considerado verdadeiro, ainda que seja contra aquele que assim o indica.

Essa doutrina da força das palavras deve ser aplicada ao abandono de coisas.

IV. 1. O abandono também pode ser indicado pelo fato; desse modo, é um derrelito aquilo que é jogado fora; a menos que as circunstâncias do caso sejam tais que se possa supor que a coisa foi posta de lado por algum tempo e com a intenção de ser tomada de novo...

2. ... Essa regra deriva não apenas do Direito Civil, mas também do Direito Natural, segundo o qual qualquer um pode abdicar do que é seu; e da presunção natural pela qual se supõe que todo o mundo tenciona aquilo que indicou de maneira suficiente...

V. 1. ... Se alguém sabe que uma coisa sua está com um outro e, no decorrer de um longo tempo, não diz nada, deve-se supor que ele, salvo se alguma outra razão aparecer de forma manifesta, agiu com o propósito de não mais ter essa coisa como sua...

VI. Para estabelecer-se a presunção dessas duas condições, outras conjeturas têm importância; mas, na maioria dos casos, o efeito do tempo, em ambos os pontos, é grande. Porque, em primeiro lugar, dificilmente pode acontecer de, durante um longo tempo, uma coisa que pertence a alguém não chegar a seu conhecimento, pois o tempo fornece muitas ocasiões. E um tempo mais curto é suficiente para esse propósito entre pessoas presentes, em vez de ausentes, mesmo sem recorrer ao Direito Civil. Assim, entende-se que, uma vez gravado, o medo dure durante um certo tempo, mas não para sempre, porque um longo tempo proporciona muitas ocasiões para se tomar conselho contra o perigo, seja pelos próprios meios ou por meio de outros; quer porque a pessoa sai dos limites da autoridade daquele que inspira o medo; ou, pelo menos, porque proporciona os meios de renovar nosso direito por protesto, ou, o que é melhor, de recorrer a juízes ou árbitros...

IX. E talvez possamos dizer que isso não é meramente uma questão de presunção, mas que uma lei das nações instituiu que uma posse ininterrupta, que vai além da memória e não é acompanhada de qualquer apelo à justiça, transfere definitivamente a propriedade. É crível que as nações tenham concordado em relação a isso, posto que tal regra tende muitíssimo para a paz...

IX. ... E, desse modo [como manda o uso], o rei de qualquer povo pode perder sua autoridade e tornar-se súdito do povo; e aquele que não era rei, mas apenas governador, pode tornar-se rei com autoridade absoluta; e a autoridade soberana, que a princípio estava no rei ou no povo todo, pode ser compartilhada entre eles...

CAPÍTULO V

Da aquisição original de direitos sobre pessoas; dos direitos parentais; do casamento; das associações; direitos sobre súditos e sobre escravos

I. Existem direitos sobre pessoas, bem como sobre coisas; e podem ser adquiridos por geração, consentimento ou delinquência.

Os pais adquirem um direito sobre seus filhos por geração; ambos, o pai e a mãe; mas, se houver uma controvérsia entre ambos, a autoridade do pai é preferida, como superior no sexo.

II. 1. Nas crianças, três períodos de vida devem ser diferenciados; primeiro, o período anterior aos anos de discernimento; em seguida, o período em que elas chegaram aos anos de discernimento, mas continuam sendo parte da família dos pais; terceiro, o período em que saíram da família...

No primeiro período, todas as ações das crianças estão sob o domínio dos pais; porque aquele que não pode governar-se deve ser governado por um outro; e os pais são os governantes naturais...

III. No segundo período... só estão sujeitas à autoridade dos pais aquelas ações que tenham algum importante significado para o estado da família paterna ou materna... Em outras ações, as crianças têm, nesse período, o direito moral de agir; mas estão obrigadas, mesmo nessas ações, a se esforçar para agradar aos pais. Mas como essa obrigação não está fundamentada num direito..., mas sim na piedade, na reverência e no dever de retribuir os benefícios que receberam, não é nulo aquilo que é feito em transgressão a isso; assim como uma doação feita contrariando as regras da prudência pelo proprietário não é nula...

V. ... Pela Lei da Natureza, e onde o Direito Civil não impede, o pai pode empenhar o filho e, se necessário, até vendê-lo, quando não houver outro meio de mantê-lo... Concebe-se que a natureza dê o direito de fazer tudo aquilo sem o que não se possa obter o que a natureza demanda, [como o sustento dos filhos].

VI. No terceiro período, o filho é independente e *sui juris*, ainda permanecendo o dever de piedade e reverência, já que sua causa é perpétua...

VII. Tudo que vai além disso provém da lei instituída, que é diferente em diferentes lugares...

VIII. 1. O direito sobre pessoas que surge do consentimento, deriva da parceria ou da sujeição. A forma mais natural de parceria apresenta-se no casamento; mas, por conta da diferença de sexo, a autoridade não é comum aos dois; o marido é o chefe da esposa; a saber, em questões relacionadas com a união conjugal e a família, porque a esposa é parte da família do marido. Desse modo, é função do marido determinar o local do domicílio. Se outros direitos adicionais são dados ao marido, como na lei hebraica, o direito de desaprovar os votos da esposa, e em algumas nações o direito de vender os bens da esposa, isso não se dá pelo Direito Natural, mas sim por instituição.

O assunto requer que consideremos a natureza da união conjugal.

2. Concebemos que o casamento, pelo Direito Natural, é uma coabitação de homem e da mulher sob a proteção e custódia do homem; porque vemos tal união em alguns casos em animais mudos. Mas no homem, por ser uma criatura racional, acrescenta-se a isso um voto de fidelidade pelo qual a mulher se compromete com o homem.

IX. 1. Tampouco parece que a natureza exige mais alguma coisa para a existência do casamento. Tampouco parece que a lei divina exigiu mais, antes da propagação do evangelho. Porque homens santos, antes da lei, tinham mais de uma esposa; e na lei existem preceitos para aqueles que têm mais de uma...

2. E, de maneira semelhante, é estipulado um processo para aquele que deseja divorciar-se de sua esposa; e ninguém está proibido de casar com aquela que é divorciada, exceto aquele que dela se divorciou, e um sacerdote. Mas essa liberdade de ir para um outro marido deve ser restrita, até pelo Direito Natural, de modo que não surja nenhuma confusão de descendência. Daí a questão da lei pontifical em Tácito: *se é lícito uma mulher casar após a concepção e antes do nascimento de uma criança*. Pela lei hebraica, três meses devem interpor-se entre os casamentos.

Mas a lei de Cristo refere-se, como também em outras coisas, a uma regra mais perfeita; e por ela declara culpado de adultério aquele que divorciou-se da esposa, exceto se for uma adúltera, e aquele que se casou com uma mulher assim divorciada; e Paulo, seu Apóstolo e Intérprete, não apenas dá ao homem direito sobre o corpo da mulher, o que também era o Direito Natural, mas também dá à mulher direito sobre o corpo do homem. Assim, Lactâncio diz que cada parte pode ser culpada de adultério...

XVII. Além do casamento, a mais natural das parcerias, existem outras... Todas as parcerias têm em comum o fato de que, naquelas questões para as quais a parceria foi instituída, todo o conjunto, e a maioria na condição de representante do todo, obriga os membros especiais da parceria. Porque deve se supor que foi intenção daqueles que se uniram para formar a sociedade que houvesse alguma maneira de promover o negócio; e é manifestamente injusto que a parte maior deva seguir a menor; por isso, pelo Direito Natural, não levando em consideração pactos e leis que prescrevem uma forma de conduzir negócios, a maioria tem o direito de agir pelo todo...

XXII. Deve-se acrescentar, entretanto, que, quando uma parceria tem seu fundamento na propriedade da qual nem todos compartilham igualmente; como se, numa herança ou outro legado, uma pessoa tivesse a metade, outra um terço, outra um quarto; então, não apenas a ordem de precedência deve seguir a ordem das cotas, mas também o peso dos votos deve ser proporcional às cotas. E assim como essa é a regra da equidade natural, também é a regra do Direito Romano...

XXIV. Pergunta-se, com frequência, se cidadãos podem sair do Estado sem permissão obtida. Sabemos que existem povos onde isso não é permitido, como os moscovitas; tampouco negamos que a sociedade civil possa se formar com base em tal pacto, e que o uso possa ganhar força de pacto...

2. Mas, para nós, a questão é: qual deveria ser a regra pelo Direito Natural se não tiver sido feito nenhum acordo... E o fato de que os indivíduos não possam partir em grandes conjuntos é bastante evidente pela necessidade do fim, que dá um direito em questões morais, porque, se isso fosse permitido, a Sociedade Civil não poderia mais subsistir. Com relação à emigração de indivíduos, o caso é diferente; assim como uma coisa é tirar água de um rio com um vaso, outra coisa é desviar uma parte do rio por meio de um corte lateral. Alguns sustentam que cada qual devia ter a liberdade de escolher sua própria cidade... Mas aqui deve ser observada a regra da equidade natural, que os romanos seguiam ao liquidar os assuntos das sociedades privadas; que não deveria ser feito se os interesses da sociedade o proibissem...

XXVII. 1. A espécie mais ignóbil de sujeição é aquela em que uma pessoa se entrega à completa escravidão...

XXIX. 1. A questão concernente àqueles que nasceram escravos é mais difícil... Suponhamos... que ambos os pais estão em escravidão; e vejamos se a descendência seria de condição servil pelo Direito Natural. Se não houvesse nenhum outro meio de criar a descendência, os pais com certeza poderiam dar sua futura progênie junto com eles à escravidão, já que, diante de tais premissas, os pais podem até vender seus filhos.

2. Mas, como esse direito pelo Direito Natural provém apenas da necessidade, não é direito dos pais, em qualquer outro caso, dar seus filhos à escravidão. E, por conseguinte, o direito dos proprietários sobre a progênie dos escravos surge, nesse caso, do fato de fornecerem o sustento e as outras necessidades da vida. E, desse modo, quando os filhos nascidos de escravos devem ser sustentados durante um longo tempo e o trabalho subsequente corresponde ao alimento fornecido posteriormente, não é lícito que aqueles assim nascidos escapem da escravidão.

Mas, se a crueldade do proprietário for extrema, é uma opinião presumível que até mesmo aqueles que se deram à escravidão podem procurar refúgio na fuga...

CAPÍTULO X

Da obrigação resultante da propriedade

I. ... 2. Essa obrigação surge de coisas existentes; porque aquele que tem uma coisa minha em seu poder, está obrigado a fazer o máximo que puder para que ela possa entrar em meu poder... Porque, assim como no estado de comunidade de coisas uma certa igualdade passou a ser observada, de modo que um pudesse usar as coisas comuns não menos que um outro, quando a propriedade é introduzida, há uma espécie de associação estabelecida entre proprietários, de modo que aquele que tem em seu poder uma coisa que pertence a outro deve restituí-la a seu proprietário. Porque, se a propriedade só fosse efetiva na medida em que a coisa só devesse ser restituída ao proprietário se este pedisse, a propriedade seria frágil demais e a custódia cara demais...

II. 1. No que concerne a coisas não existentes, a regra estabelecida pela humanidade (o *Jus Gentium*) é que, se você tornou-se mais rico por alguma coisa que é minha, e da qual fui privado, você está obrigado a fazer a restituição na dimensão de seu ganho. Porque, com o que você ganhou de minha propriedade, você tem mais e eu menos. Mas a propriedade foi introduzida para preservar a igualdade, isto é, cada um tendo o que é seu...

CAPÍTULO XI

Das promessas

I. 1. Aqui encontramos, de imediato, oposto a nós um homem de erudição não ordinária, Francis Connanus. Porque ele defende a opinião de que, *jure naturae ac gentium*, aqueles pactos que não contêm uma compensação não impõem qualquer obrigação...

2. Ele cita, em defesa de sua opinião, ... as seguintes razões: (1) que incorre numa culpa não menor aquele que precipitadamente confia numa pessoa que faz uma promessa sem nenhuma causa; (2) que o destino de todos corre grande perigo se os homens forem considerados vinculados a uma promessa que, com frequência, procede mais da ostentação do que de um real propósito; ou de um propósito, mas leviano e imprudente; (3) que é certo deixar algo para a honestidade de cada pessoa, e não vincular os homens à necessidade de uma obrigação; – que é ignominioso não cumprir promessas, não porque isso seja injusto, mas porque por meio disso detecta-se a leviandade da promessa...

3. Mas essa opinião não se sustenta na forma geral em que ele a propõe...

... Quando a vontade for indicada de maneira suficiente, a posse de uma coisa pode ser transferida, como já dissemos; então, por que não pode haver também uma transferência de um *jus in personam*, o direito ao cumprimento da promessa de uma pessoa, ou o direito de transferir a posse (que é uma coisa menor que a própria posse), ou o direito de fazer alguma coisa, já que temos sobre nossas ações o mesmo direito que temos sobre as coisas que nos pertencem?...

IV. 1. ... Um sólido exemplo do que dizemos é fornecido pelas Escrituras, que nos ensinam que o próprio Deus, que não pode ser obrigado por qualquer lei instituída, agiria de modo contrário à Sua natureza se não cumprisse Suas promessas. Daí se conclui que o cumprimento de promessas provém da natureza da justiça imutável, que é, de certa maneira, comum a Deus e a todas as criaturas racionais...

CAPÍTULO XV

Dos tratados e contratos

III. 1. ... Podemos aceitar a opinião de Lívio, na qual ele diz que *foedera* são tratados feitos pelo poder soberano do Estado, nos quais o povo está sujeito à ira Divina se não cumprir seus compromissos...

VIII. Questionou-se, com frequência, se é lícito fazer tratados com aqueles que são estranhos à verdadeira Religião; questão essa que, no Direito Natural, não está aberta a dúvida alguma. Porque esse Direito é comum a todos os homens na medida em que não reconhece distinção de religião. Mas a questão é colocada no terreno da Lei Divina, e é assim tratada não apenas por teólogos, mas também por juristas...

IX. 1. Primeiro, da Lei Divina. Temos exemplos de convênios de mútua tolerância com estranhos à verdadeira Religião antes da lei de Moisés, como o de Jacó com Labão, sem falar em Abimelec. A lei de Moisés não mudou isso...

X. 1. O Evangelho não mudou coisa alguma nessa questão; antes facilita convenções com todos os homens para que possamos fazer-lhes bem; assim como Deus faz Seu sol nascer para o justo e o injusto...

3. A relação familiar não é proibida com estranhos à Religião, nem mesmo com aqueles que se afastaram da religião; mas apenas a familiaridade desnecessária...

XI. ... 2. Porém, se dessa maneira for provável que a força do profano aumente muito, devemos abster-nos de tais alianças, exceto em caso de necessidade... Porque não basta o direito para justificar que os homens façam algo que pode indiretamente causar dano à religião. Devemos procurar primeiro o reino de Deus, isto é, a propagação do Evangelho...

CAPÍTULO XVII

Do dano cometido injustamente e a consequente obrigação

I. ... Chegamos ao que pelo Direito Natural é devido por causa de Erro. Demos o nome de *erro* a toda culpa, seja por ação ou omissão, que está em discordância com aquilo que os homens deveriam fazer, seja por sua ligação comum, ou por alguma qualidade especial. Pelo Direito Natural, essa culpa dá origem a uma obrigação se o erro for acompanhado de dano; a saber, a obrigação de reparar o erro...

XXI. Deve ser notado também que a Regra, segundo a qual se um escravo ou algum animal causar qualquer dano ou perda cria uma responsabilidade para o amo, é uma criação do Direito Civil. Porque o amo, que não é culpado do erro, não é responsável pelo Direito Natural; assim como também não o é aquele cujo navio, sem nenhuma culpa de sua parte, causar dano no navio de um outro; embora pelas leis de muitas nações, e pelas nossas, o dano nesse caso é dividido em comum, por conta da dificuldade de se provar de quem é a culpa...

CAPÍTULO XVIII

Do direito de legação

I. Até aqui temos falado de coisas que nos são devidas pelo Direito Natural, acrescentando apenas alguns pontos que pertencem à Lei das Nações... Falta falar das obrigações que o que chamamos de Lei das Nações introduziu por si mesma, entre as quais o tópico principal é o Direito de Legação. Porque lemos em todas as partes sobre a reverência pelas Embaixadas; a qualidade sagrada dos Embaixadores; os Direitos das Nações de que eles se revestem pela Lei Divina e pela Lei Humana... Violar isso não apenas é injusto, mas também ímpio, conforme todos admitem...

III. 1. Há dois pontos em relação a embaixadores que encontramos em todas as partes, atribuídos à Lei das Nações: que eles sejam admitidos, e que não sejam violados...

... A Lei das Nações não prescreve que todos os embaixadores sejam admitidos; mas sim que não sejam excluídos sem causa...

IV. 1. A questão da inviolabilidade dos embaixadores é mais difícil, e é tratada de maneira variada pelos homens capazes de nosso tempo...

Com relação às pessoas dos embaixadores, alguns acham que eles só estão protegidos contra a violência injusta; por isso seus privilégios devem ser interpretados pelo Direito comum. Outros pensam que a força pode ser empregada contra um embaixador, não por qualquer causa, mas apenas se ele violar a Lei das Nações, o que é uma expressão muito ampla, porque o Direito Natural está incluído na Lei das Nações; e assim, de acordo com isso, um embaixador poderia ser punido por qualquer ofensa, exceto por aquelas que surgem do mero Direito Civil. Outros o restringem ao que é feito contra o Estado ou a dignidade da comunidade para a qual o embaixador é enviado; outros pensam que até isso é perigoso e que queixas contra o embaixador devem ser transmitidas para quem o enviou, e que ele deve ser julgado por este. Por outro lado, alguns pensam que reis e nações que não têm interesse no assunto deveriam ser consultados; o que pode ser uma questão de prudência, mas não pode ser uma questão de direito.

2. As razões que cada uma dessas partes aduzem não concluem coisa alguma em definitivo; porque a Lei das Nações não é igual ao Direito Natural, que procede, de maneira segura, de certas razões; mas a Lei das Nações se mede pela vontade das nações. As nações podem recusar-se de modo geral a receber embaixadores, ou com certas exceções. Porque por um lado está a utilidade da punição contra graves delinquentes [mesmo que sejam embaixadores], e, por outro lado, a utilidade dos embaixadores, cujo envio é facilitado pelo fato de terem toda segurança possível. Por conseguinte, devemos considerar até que ponto as nações concordaram; e isso não pode ser demonstrado apenas por exemplos. Porque há muitos de cada um. Portanto, devemos recorrer ao juízo de boas autoridades e às conjeturas, ou seja, argumentos prováveis.

3. Há dois juízos de grande reputação, o de Lívio e o de Salústio. O de Lívio é sobre os embaixadores de Tarquínio, que incitaram um plano traiçoeiro em Roma: *Embora eles se tenham comportado de tal maneira que poderiam ter sido tratados como inimigos, a Lei das Nações prevaleceu*; vemos aqui que a Lei das Nações estendeu-se até mesmo àqueles que agiram como inimigos. A máxima de Salústio diz respeito aos membros subordinados da legação... Ele assim diz: *Bomilcar, seu companheiro, que chegara em Roma em fé pública, é posto sob acusação, mais por razão de equidade do que pela Lei das Nações*. A equidade, isto é, o mero Direito Natural, permite que se reclamem penalidades quando se consegue pegar o delinquente; mas a Lei das Nações faz uma exceção em favor dos embaixadores e daqueles que chegam sob fé pública. Por isso, pôr embaixadores sob acusação é contrário à Lei das Nações, que proíbe muitas coisas que o Direito Natural permite.

4. A conjetura também está desse lado... a segurança dos embaixadores pode preponderar sobre a utilidade que implica uma penalidade. Porque a punição pode ser dada por meio daquele que enviou o embaixador; e, se ele não a aplicar, pode ser exigida por meio de guerra contra ele, por ter aprovado o crime...

... A segurança dos embaixadores estará numa posição muito insegura se eles tiverem de prestar contas a outras pessoas que não aquela que os enviou.

5. Por esse motivo, penso do seguinte modo: que a regra comum, segundo a qual aquele que está em território estrangeiro está sujeito a esse território, sofre, por comum acordo das nações, uma exceção no caso dos embaixadores... Por isso, se houver algum delito que possa ser tratado brandamente, ele deve ser negligenciado, ou o embaixador deve ser mandado para fora das fronteiras... Se o crime for mais atroz, tendendo para o dano público, o embaixador deve ser mandado de volta para quem o enviou, com a exigência de que seja punido ou renuncie...

6. Mas, como já dissemos anteriormente que todos os direitos humanos são condicionados de tal maneira que não se impõem em casos de extrema necessidade, o mesmo é verdade nessa doutrina da inviolabilidade dos embaixadores... a fim de remover algum perigo iminente, se não houver nenhum outro procedimento eficaz, os embaixadores podem ser detidos e interrogados...

7. Se o embaixador usar de força armada, ele pode, sem dúvida nenhuma, ser morto, não à maneira de punição, mas de defesa natural...

CAPÍTULO XX

Das penas

I. 1. ... Pena é *um mal de sofrimento que é infligido por conta de um mal de ação*. Porque, embora o trabalho [não o sofrimento] possa ser a sentença que pessoas recebem como punição, ainda assim tal trabalho é considerado como sendo desagradável e, por conseguinte, uma espécie de sofrimento...

2. Entre as coisas que a própria natureza dita como lícitas e não injustas, está a que diz que aquele que cometeu o mal, deve sofrer o mal...

III. 1. O agente de tal punição, isto é, a pessoa *que* a aplica, não é determinado pela própria natureza. A natureza dita que o mau procedimento pode ser punido, mas não quem deve punir; a natureza apenas indica de maneira suficiente que é mais adequado que isso seja feito por alguém que é superior, mas não o faz mostrando que isso seja necessário, a não ser que a palavra *superior* seja tomada no sentido de que aquele que cometeu o erro tornou-se, pelo próprio fato, inferior a qualquer outro e se lançou para fora da classe dos homens, entrando na dos bárbaros inferiores, como alguns teólogos afirmam...

IV. 1. Outra questão é o Fim da Punição. Porque o que foi dito até aqui apenas demonstra que os transgressores não sofrem nenhuma injustiça se são punidos. Mas daí não se conclui necessariamente que eles precisem ser punidos. Isso tampouco é necessário porque muitos infratores são perdoados por muitas coisas, tanto por Deus como pelos homens, e estes com frequência são elogiados por conta disso. A máxima de Platão é celebrada (em suas leis), e Sêneca traduz: *nenhum homem sábio pune porque o erro foi cometido, mas a fim de que o erro não seja cometido...*

V. 1. Portanto, o que foi dito por vários autores, que o sofrimento do infrator é um remédio para o sofrimento da pessoa lesada (Públio, Siro, Plutarco, Cícero), corresponde de fato à natureza que o homem tem em comum com os bárbaros; porque a ira, nos bárbaros como nos homens, é um aquecimento do sangue que se origina do desejo de vingança, cujo apetite é irracional; de modo que, com frequência, é dirigida contra objetos que não lhes causaram nenhum dano, como contra a descendência da criatura que causou o dano, ou contra coisas sem sentido, como jogar contra um cão a pedra que o atingiu. Mas tal apetite considerado em si não corresponde à nossa parte racional, cuja função é controlar as paixões; e, por conseguinte, não ao Direito Natural, porque este é o ditame de nossa natureza racional e social como tal. Mas a razão dita ao homem que ele não deve fazer coisa alguma para causar mal a outro homem, salvo se tiver algum bom propósito. Mas no sofrimento de um inimigo, observado nua e cruamente, não existe nenhum bem, exceto um bem falso e imaginário...

VI. ... 2. Mas isso precisa ser examinado de modo mais minucioso. Diremos, então, que na punição é considerada a utilidade do infrator, ou daquele que sofre a agressão, ou das pessoas em geral.

VII. 1. A punição que é chamada de reformatória diz respeito ao primeiro desses fins; dela falam Paulo, Plutarco e Platão; seu objetivo é tornar o infrator um homem melhor. Porque assim como os atos repetidos originam hábitos, os vícios devem ser curados retirando-se o prazer que proporcionam, e pondo o sofrimento para abrandá-los...

3. Mas esse tipo de punição não pode estender-se até o ponto da morte, salvo de uma maneira que chamam de redutiva, na qual as negações são reduzidas à classe oposta... para disposições incuráveis, é melhor, isto é, menos mal, morrer do que viver, porque vivendo elas com certeza se tornam piores...

VIII. 1. A utilidade daquele cujo interesse era que a falta não fosse cometida consiste em que, no futuro, ele não sofra alguma coisa do mesmo tipo de parte da mesma pessoa ou de outras. Gélio, de Taurus, diz sobre esse caso: *quando a dignidade ou autoridade daquele contra quem foi cometida a ofensa deva ser protegida, a fim de que a omissão de punição não produza desprezo, e diminua sua honra*; mas o que é dito do dano cometido contra a autoridade é verdade para o dano contra a liberdade, ou qualquer outro direito...

De três modos pode-se evitar que aquele que foi lesado sofra mal da mesma pessoa: primeiro, com a remoção do delinquente; segundo, retirando-se seu poder de causar dano; terceiro, ensinando-o através do sofrimento a não ofender; o que está relacionado com a emenda de que falamos. Deve-se conseguir com que a pessoa ofendida não seja lesada por um outro, não por meio de alguma punição casual, mas por meio de uma punição pública e conspícua, da natureza do exemplo.

2. Então, até esses limites, se a punição vindicativa for ordenada, e for mantida dentro das fronteiras da equidade, mesmo se for infligida por mão privada, não é ilícita se olharmos para a nua lei da natureza, isto é, abstraindo a lei divina e humana, e condições que não são necessariamente concomitantes com a coisa em si; seja ela infligida por aquele que foi lesado ou por um outro; visto que é consentâneo à natureza o homem ajudar um outro...

IX. 1. A utilidade das pessoas em geral, que era o terceiro fim da punição, apresenta as mesmas divisões da utilidade do homem lesado...

2. Pelo Direito Natural, o direito de infligir tal punição também está nas mãos de todo homem...

4. Mas como, com frequência, a prova do fato requer um grande cuidado, e a avaliação da punição requer grande prudência e grande equidade, as comunidades de homens escolheram, para essa função, aqueles que elas pensavam ser, ou esperavam que fossem, os melhores e mais prudentes...

X. 1. Devemos agora considerar se a Lei do Evangelho limitou essa liberdade mais estreitamente... Não é de admirar que algumas coisas que são permitidas pelo Direito Natural e pelo Direito Civil sejam proibidas pela Lei Divina; sendo esta tanto a mais perfeita das Leis como aquela que promete recompensas além da descoberta da mera natureza humana; e que para obtê-las, muito sensatamente, são necessárias virtudes que vão além dos meros preceitos da natureza. Mas as punições ou castigos que não deixam para trás infâmia nem dano permanente, e que são necessários, de acordo com a idade ou outra qualidade do infrator, se forem infligidos por aqueles a quem as leis humanas dão tal permissão, como os pais, tutores, amos, professores, não estão em contradição com os preceitos evangélicos. São remédios da alma, tão inocentes como os medicamentos amargos...

2. Com relação à vingança, o caso é diferente... A Lei Hebraica permitia que os homens vingassem os danos mais graves, não por suas próprias mãos, mas recorrendo a um juiz. Cristo, entretanto, não nos permite o mesmo...

8. Restam as punições que proporcionam não o bem privado, mas sim o público; em parte pela coação do nocivo, em parte pelo efeito do exemplo. E já demonstramos claramente em outra parte que elas não foram eliminadas por Cristo, pois, enquanto fornecia seus preceitos, declarou que não destruía a Lei. A Lei, enquanto continuou, exigia rigidamente que os magistrados punissem o homicídio e alguns outros crimes. E, se os preceitos de Cristo puderam conviver com a lei de Moisés quando esta enunciou até as punições capitais, também podem conviver com as leis humanas, que nesse aspecto imitam a Lei Divina...

XIV. Pelo que foi dito, pode-se deduzir o quanto é precário para um simples cristão infligir punição, sobretudo a pena capital, seja por sua própria causa ou pelo bem público, sobre uma pessoa culpada; embora, como já dissemos, às vezes isso seja permitido pela Lei das Nações. E, por esse motivo, devemos aprovar o costume dos povos que publicamente autorizam navegadores a reprimir piratas, caso encontrem algum pelos mares; com essa autorização, podem agir não como se fosse por impulso próprio, mas sim por ordem pública...

XVIII. Consideremos agora se todos os atos maus são de tal maneira que possam ser punidos pelos homens. É certo que nem todos o são. Porque, em primeiro lugar, meros atos internos, mesmo que venham a ser conhecidos, por exemplo, através de confissão, não podem ser punidos por homens; porque, como dissemos, não é coerente com a natureza humana que meros atos internos devam originar direito ou obrigação... Mas isso não impede que atos internos, na medida em que influenciem os externos, não possam ser levados em consideração ao estimar-se não eles propriamente, mas sim os atos externos que recebem deles seu caráter de algo que merece punição...

Livro III*

CAPÍTULO I

Regras gerais sobre o que é lícito na guerra conforme o Direito Natural

I. ... Vejamos, então, o que é permitido pelo Direito Natural.

II. 1. ... se eu não puder preservar minha vida de outra maneira, posso, por meio de qualquer força ao meu alcance, repelir aquele que a ataca, mesmo que ele não tenha culpa...

2. Além disso, posso tomar posse de uma coisa que pertence a outro e que faz pairar certo perigo sobre mim, sem consideração da culpa do outro; entretanto, não a ponto de tornar-me proprietário dela (porque esse não é um passo apropriado ao fim), mas para mantê-la até que suficiente providência tenha sido tomada para minha segurança...

3. Assim também, quando a punição é justa, é justa toda força sem a qual a punição não possa ser alcançada...

III. Deve-se notar, em segundo lugar, que esses direitos devem ser considerados não apenas em relação à origem da guerra, mas também em relação a causas *subnascentes*, isto é, que se desenvolveram durante o progresso da guerra... Desse modo, aqueles que se juntam à parte que me ataca, seja na condição de aliados ou de súditos, me dão o direito de me defender contra eles...

V. 1. Mas, com frequência, surge a questão do que é lícito contra aqueles que não são inimigos... mas que fornecem aos nossos inimigos suprimentos de várias espécies...

2. Em primeiro lugar, devemos fazer uma distinção no tocante às coisas fornecidas. Porque existem alguns artigos de suprimento que só são úteis na guerra, como as armas; outros que não têm nenhum uso na guerra, mas são apenas luxos; outros ainda que são úteis tanto na guerra como fora da guerra, como o dinheiro, provisões, barcos e seu equipamento. Em questões do primeiro tipo... aliam-se ao inimigo aqueles que o suprem com o que é necessário à guerra. A segunda classe de objetos não é uma questão de queixa...

3. Na terceira classe, objetos de uso ambíguo, deve ser considerado o estado de guerra. Porque, se não posso defender-me a não ser interceptando o que é enviado, a necessidade... nos dá o direito de interceptar, mas com a obrigação de restituir, salvo se houver causa para o contrário. Se os suprimentos enviados impedirem a exação de meus direitos, e se aquele que os envia souber disso, como no caso de eu estar sitiando uma cidade, ou bloqueando um porto, e se a rendição ou a paz for esperada; ele se tornará responsável perante mim por danos... Mas, se, além disso, a injustiça de meu inimigo para comigo for muito evidente, e ele apoiá-lo numa guerra injustíssima, então terá de responder não apenas civilmente pelos danos, mas também criminalmente...

4. Por conta disso, em geral os beligerantes emitem proclamações a outras nações para dar a conhecer tanto a justiça da causa como também a provável esperança de cobrar seus direitos...

5. Atribuímos essa questão ao Direito Natural porque não fomos capazes de encontrar na história algo sobre o assunto que fosse determinado pela Lei Instituída...

CAPÍTULO IV

Do direito de matar inimigos em guerra formal, e de outras violências contra pessoas

II. 1... Às vezes se diz que é lícito *aquilo* que de todos os modos é certo e pio...

2. Em outros casos, se diz que uma coisa é lícita, não por ser favorável à piedade e ao dever, mas por não estar sujeita à punição...

3. E, nesse sentido, o que é lícito é, com frequência, oposto ao que é direito...

---

* No texto em inglês, com base no qual se fez esta tradução, foram omitidos os capítulos II, III, V, VI, VIII e IX. (N. do R. T.)

III. Neste último sentido, é lícito causar dano a um inimigo, tanto à sua pessoa como à sua propriedade; e isso não apenas para aquele que está travando uma guerra justa e que causa dano ao inimigo da maneira permitida pelo Direito Natural..., mas em ambos os lados e sem distinção...

IV. A razão para essa regra entre as nações foi a seguinte: se outras nações se oferecessem para pronunciar-se sobre o direito da guerra entre dois povos, seria perigoso para aqueles que interferissem e que, desse modo, poderiam envolver-se numa guerra que pertence a outros... E, em segundo lugar, numa guerra justa é difícil saber pelas indicações externas qual o limite correto da legítima defesa, da recuperação de propriedade, ou da cobrança de punição; de modo que, sem dúvida, é melhor deixar isso para a consciência dos beligerantes do que apelar para uma decisão extrânea...

VIII. 1. Quanto àqueles que são verdadeiramente súditos do inimigo... é admissível atacá-los onde quer que estejam, por este Direito das Nações...

2. Por conseguinte, podemos matar tais pessoas em nosso próprio solo, no solo hostil, em terreno que não seja de ninguém e no mar. O fato de que não seja lícito matá-los, ou infligir-lhes violência num território neutro pacífico, é uma consequência não de seus direitos pessoais, mas dos direitos do senhor do território...

IX. 1. ... A matança de crianças e mulheres é reconhecida como tendo impunidade, por estar incluída nesse Direito de Guerra...

X. 1. Mesmo os cativos não estão isentos dessa possibilidade. Nenhuma lei poupa ou protege um cativo...

XII. Mesmo aqueles que se renderam de maneira incondicional e foram aprisionados podem ser vistos, na história, executados...

XV. 1. Assim como as Leis das Nações permitem muitas coisas (segundo o que explicamos) que são proibidas pelo Direito Natural; também proíbem algumas coisas que são permitidas pelo Direito Natural. Porque, se considerarmos o Direito Natural, não faz diferença para aquele que será legitimamente executado ser morto pela espada ou por veneno... Mas as Leis das Nações, se não de todas, pelo menos das melhores, decidiram há muito tempo que não é lícito matar um inimigo com veneno. Esse acordo tem origem na utilidade comum, a fim de que os perigos da guerra, que já são bastante numerosos, não se estendam demais. E é provável que essa regra provenha de reis, cujas vidas podem ser defendidas por outras causas melhor do que as vidas de outras pessoas; mas que são menos seguras do que as de outros contra o veneno, a não ser que sejam defendidas por escrúpulos de consciência e o medo da infâmia...

XVI. 1. Um tanto quanto diferente do envenenamento é o uso de flechas ou projéteis envenenados... Isso, entretanto, está contra a Lei das Nações, não universais, mas das nações europeias e daquelas que compartilham da cultura europeia...

XVII. Mas o mesmo não é verdade para o tornar as águas poluídas e impotáveis, sem envenená-las... Porque isso equivale a desviar um rio, ou interceptar uma nascente de água, o que é lícito tanto pelo Direito Natural como por acordo.

XIX. 1. Pode-se encontrar perpetuamente a violação de mulheres na guerra, tanto permitida como proibida. Aqueles que o permitiam consideravam apenas o dano feito à pessoa, e julgavam não ser incompatível com as leis da guerra que aquilo que pertencia ao inimigo estivesse sujeito a tal dano. Mas outros julgaram melhor, considerando não apenas o dano, mas também o ato de lascívia descontrolada; e que o ato não conduz nem à segurança nem à punição; e, por conseguinte, não devia ser menos punido na guerra do que na paz; e esta última regra é a Lei das Nações, não de todas, mas das melhores...

CAPÍTULO VII

Do direito sobre prisioneiros de guerra

I. 1. Por natureza, isto é, no primitivo estado de natureza, e sem o ato do homem, nenhum homem era escravo... e, nesse sentido, podemos concordar com o que os juristas dizem, que a escravidão é contra a natureza. Mas o fato de que a escravidão tivesse sua origem no ato humano, isto é, em convenção ou delito, não é contrário à justiça natural...

2. Mas pelas Leis das Nações... a escravidão é mais abrangente, tanto no que diz respeito às pessoas como aos efeitos. Porque, se considerarmos as pessoas, não são apenas aquelas que se entregam ou prometem a escravidão que são consideradas escravas; mas todas as pessoas capturadas numa guerra regular...

II. E não apenas elas se tornam escravas, mas também sua descendência para sempre; isto é, aqueles que nasceram de mãe escrava na escravidão...

III. 1. Os efeitos desse direito são ilimitados, de modo que o amo pode, licitamente, fazer qualquer coisa com o escravo, como Sêneca diz... Até mesmo a crueldade dos amos em relação a pessoas de condição servil é impune; salvo na medida em que o Direito Civil impõe limites e punições para a crueldade...

V. 1. Todos esses poderes são introduzidos pelas Leis das Nações por este único motivo: que os captores, induzidos por tantas vantagens, possam abster-se, de boa vontade, do extremo rigor que os autorizaria a dar morte aos cativos, imediatamente ou após alguma demora...

2. Pelo mesmo motivo, permite-se que esse direito seja transferido a outros, como a posse de coisas. E esse direito é estendido de modo a se aplicar à descendência, porque, caso contrário, se os captores houvessem usado seu direito extremo, essa descendência jamais teria nascido. Donde se conclui que aqueles nascidos antes da calamidade, se não forem capturados, não se tornam escravos. E, por conseguinte, foi estabelecido que os filhos deveriam seguir a condição da mãe, porque a coabitação de escravos não era vigiada, seja por lei ou por custódia segura, de modo que não poderia haver presunção suficiente para indicar o pai...

VIII. Também deve ser notado que esta Lei das Nações concernente a cativos nem sempre foi aceita, tampouco entre todas as nações...

CAPÍTULO X

Advertências relativas a coisas feitas numa guerra injusta

I. 1. Agora, devo voltar atrás em meus passos e tirar dos beligerantes quase tudo que pareci ter-lhes concedido; e, no entanto, não lhes concedi realmente; porque, quando comecei a esclarecer essa parte da Lei das Nações, declarei que muitas coisas eram chamadas de *lei*, ou *legais*, porque são feitas com impunidade... enquanto as próprias coisas ou se desviam da regra do Direito... ou, pelo menos, podem ser omitidas de forma mais justa e louvável...

III. Dizemos, então, primeiro, que, se a causa da guerra for injusta, embora a guerra seja regular no modo, todos os atos que surgirem daí serão injustos, de acordo com a injustiça interna. E todos aqueles que operarem em tais atos de forma consciente, ou que cooperarem, estão entre aquelas pessoas que não podem entrar no reino dos céus, sem penitência por seus atos. Ora, a penitência, se o tempo e a oportunidade forem concedidos, requer restituição...

VI. 1. Mas também aquele que não causou dano algum, ou que causou sem nenhuma culpa, mas que tem em sua posse alguma coisa tirada de outra pessoa na guerra, está obrigado a restituí-la, porque não existe nenhuma causa naturalmente justa pela qual o outro deva ser privado dela; nem seu consentimento, nem sua falta de merecimento, nem compensação...

CAPÍTULO XI

Restrições quanto ao direito de matar na guerra

VII. 1. Mesmo quando a justiça não exige que poupemos a vida dos homens na guerra, com frequência isso é apropriado à bondade, à moderação, à magnanimidade...

4. Por conseguinte, um inimigo que considera não o que as leis humanas permitem, mas sim o que é seu dever, o que é justo e pio, poupará sangue hostil; e jamais infligirá morte, exceto para evitar morte ou males como a morte,

ou para punir crimes que são capitais em merecimento. E mesmo àqueles que o mereceram, ele perdoará tudo, ou pelo menos a punição capital, seja por humanidade ou por alguma outra causa plausível...

VIII. ... Se a justiça não exige, pelo menos a misericórdia pede que não empreendamos, salvo por importantes causas que zelem pela segurança de muitos, coisa alguma que possa envolver, na destruição, pessoas inocentes...

5

Thomas Hobbes
1588-1679

Nascer na Sexta-Feira Santa não foi especialmente apropriado a Thomas Hobbes; embora fosse um respeitável adepto da Igreja Episcopal, foi o principal secularista de seu tempo, muitas vezes chamado de ateu. Dizem que teve nascimento prematuro porque a mãe entrou em pânico com os boatos do iminente ataque da Armada espanhola. O pai, um vigário irascível e ignorante, teve uma altercação com um clérigo visitante na porta de sua igreja e fugiu na surdina, deixando seus três filhos pequenos (Thomas era o segundo) aos cuidados de seu irmão – um próspero luveiro.

Hobbes passou a maior parte de seus dias de escola aprendendo latim e grego até partir, aos quinze anos de idade, para uma desordenada Oxford, onde viveu sob um entediante regime escolástico medieval. Passou muito tempo nas livrarias de Oxford, fazendo estudo extracurricular de mapas e cartas.

Após formar-se, foi contratado como tutor na poderosa família Cavendish, de Hardwicke. Seu pupilo tinha quase a mesma idade de Hobbes e era casado com uma noiva de doze anos, aceita para satisfazer um desejo do rei Jaime. Hobbes – mais companheiro que professor – encarregou-se do grande giro intelectual pela Europa; eles ficaram no exterior o tempo suficiente para Hobbes aprender francês e italiano.

No continente, para sua surpresa, onde quer que fosse, Hobbes ouvia ataques ao ensino escolástico e chegou a considerar inútil sua educação em Oxford. Desejava tornar-se um erudito, mas ainda não tinha nenhuma competência reconhecida, exceto habilidade com os clássicos. Durante as duas décadas seguintes, estudou poesia e história gregas (mas não deu atenção aos grandes filósofos gregos) e esforçou-se para adquirir um bom estilo em latim. Sua primeira publicação saiu quando ele tinha quarenta anos, uma tradução inglesa da história escrita por Tucídides, precedida de uma introdução na qual Hobbes demonstrou desagrado pela democracia e preferência por um governante único.

O jovem Cavendish tornou-se uma figura importante na Inglaterra. Hobbes continuou como seu secretário e conviveu com pessoas como Ben Johnson e Francis Bacon. Embora estivesse estreitamente ligado a Bacon, foi pouco influenciado por ele. Cavendish tornou-se conde de Devonshire quando Hobbes estava com trinta e oito anos, mas o tempo de investidura foi curto – ele morreu dois anos depois, da peste. Hobbes disse certa vez que seus vinte anos com o conde foram os mais felizes. As terras do conde eram improdutivas e Hobbes ficou sem rumo durante algum tempo. Logo depois, entretanto, tornou-se o tutor de meia-idade do filho de treze anos de seu antigo patrão. Durante sete anos, ensinou ao jovem conde retórica, lógica, astronomia e direito. Pela primeira vez Aristóteles é mencionado como uma influência sobre Hobbes; ele traduziu *A retórica* para seu pupilo. Em seu novo cargo, fez outro grande giro pela Europa, durante o qual Hobbes (agora na casa dos cinquenta anos) mergulhou em ciência e filosofia. Não havia estudado matemática na faculdade, pois em Oxford esta ciência era repudiada como arte maligna. Conta a história que ele abriu, por acaso, um exemplar de *Elementos* de Euclides na quadragésima sétima proposição do Primeiro Livro. Após ler, disse: "Por Deus, é impossível!". Mas, quando considerou as demonstrações, convenceu-se e "apaixonou-se pela geometria". Nesse grande giro, procurou filósofos e cientistas. Estava em tempo de fazer uma peregrinação para visitar o idoso Galileu em seus últimos dias. Um ativo círculo científico em Paris, dirigido pelo Pe. Mersenne, proporcionou-lhe contatos diários com matemáticos e físicos. Durante esse período, seu materialismo criou raízes; foi arrebatado pela ideia de que o movimento é na natureza o dado fundamental. Incorporou métodos rigorosos de demonstração em geometria e física do movimento num sistema filosófico básico, que aperfeiçoou pelo resto da vida.

Hobbes levou o jovem conde de volta a uma Inglaterra agitada por lutas pelo poder entre o Parlamento e Carlos I. O *Long Parliament* mandou importantes defensores de Carlos para a Torre. Hobbes, cujas declarações públicas e escritos tinham sido a favor da monarquia, ficou apreensivo. Exilou-se mais uma vez no Continente.

Em Paris, foi acolhido de volta no grupo científico de Mersenne. Este apresentou a obra de Descartes à crítica de Hobbes. Contudo, Hobbes estava mais ansioso para expor suas próprias ideias do que para avaliar as de Descartes. Escreveu de maneira superficial sobre as teorias de Descartes e, em detalhes, sobre suas próprias. Mersenne apresentou esta crítica anonimamente, o que enfureceu Descartes. Desse modo, estes dois grandes pensadores se afastaram um do outro.

Logo depois, a guerra civil estourou na Inglaterra. Após a derrota dos realistas em Marston Moor, muitos dos amigos do rei fugiram para Paris. Hobbes foi contratado como tutor do príncipe de Gales (que mais tarde se tornaria Carlos II). Suas magras finanças aumentaram com essa nomeação, numa época em que ele passava grandes necessidades.

Hobbes havia publicado uma obra de filosofia política em latim com o título de *De Cive*. Decidiu que havia chegado a hora de fazer uma versão popular mais completa em inglês. O resultado foi *Leviatã* (1651), sua obra mais conhecida, trechos da qual seguem esta nota biográfica. Escreveu grande parte de *Leviatã* em referência direta ao cenário inglês da época. Logo após a publicação, Hobbes passou a ser o pensador político mais elogiado e mais criticado de seu tempo. Provocou a ira dos realistas ao exortar a submissão aos conquistadores (Cromwell) em sua *Revisão e Conclusão*. Irritou o clero anglicano ao dizer que o único caminho verdadeiro e duradouro para a paz era a subordinação da Igreja ao poder secular. Tornou-se *persona non grata* na França católica ao atacar o sistema papal. Viu-se em verdadeiro perigo físico; outros haviam sido assassinados por menos. Fugiu para Londres com medo em seu coração e expressou sua submissão ao Conselho de Estado de Cromwell; ela foi aceita.

Hobbes viveu silenciosa e diligentemente em Londres até a Restauração. Dois dias depois de Carlos II retornar de Paris, este reconheceu Hobbes na rua. Se algum dia Carlos ficou ressentido com passagens de *Leviatã* que animavam os partidários de Cromwell, não o demonstrou. Claro que o livro favorecia enormemente à monarquia e agora poderia ser tomado em apoio a Carlos. Carlos gostava do humor animado de Hobbes, e tornou-o personagem de sua corte. Carlos gostava do desconforto que a presença de Hobbes causava nos clérigos da corte. O rei concedeu a Hobbes uma pensão anual de cem libras – que nem sempre chegava quando devia.

Hobbes estava sempre começando e entretendo disputas públicas em sua idade avançada. Imaginava que a educação em Oxford era tão má quanto no tempo em que a frequentou, e brigava com vários membros das faculdades. Sua disputa mais longa e encarniçada foi com um renomado matemático, John Wallis – uma briga pontuada de invectivas inteligentes por um quarto de século. Hobbes nunca sabia se se saía muito mal nessas disputas ou se Wallis era um matemático de extrema competência. Wallis tentou desistir certa vez, mas Hobbes induziu-o a continuar, astutamente, publicando em Paris, de forma anônima, uma demonstração matemática em francês, apenas para reivindicá-la depois que Wallis a criticou.

A Grande Peste e o Incêndio de Londres em 1666 disseminaram o medo de que Deus estivesse ultrajado com a incredulidade inglesa. A Câmara dos Comuns aprovou um projeto de lei que proibia o ateísmo e a profanação. Um comitê parlamentar recebeu a incumbência de, entre outras coisas, examinar *Leviatã* e informar sua opinião para a Câmara. Hobbes, com setenta e oito anos de idade, ficou aterrorizado. Estudou a lei da heresia, anunciou que suas obras não eram heréticas e afirmou que nenhum tribunal inglês tinha jurisdição para processar hereges. Entretanto, recusaram-lhe permissão para continuar publicando sobre a conduta humana, e a edição em latim de suas obras reunidas teve de ser publicada na Holanda. Outras obras posteriores sobre filosofia política só foram publicadas depois de sua morte.

Em seus anos de declínio, Hobbes divertiu-se escrevendo uma autobiografia presunçosa em versos latinos, adornada com piadas. Também fez interessantes traduções de *Odisseia* e *Ilíada*. Passou seus últimos dias no campo, onde fazia caminhadas todas as manhãs e escrevia todas as tardes, até que uma última e breve doença o prendeu na cama. Pessoas importantes de todo o mundo civilizado visitavam-no com frequência e lhe prestavam reverência.

Hobbes era um homem alto, doente e amarelado na juventude, porém saudável e rosado na idade madura. Foi um jovem de cabelos negros e um idoso calvo. Dizem que era de disposição alegre. Quando ficou mais velho, tornou-se mais sarcástico e presunçoso. Gostou de um trago até a idade de sessenta anos, depois abriu mão do vinho. Dizem que teve uma filha ilegítima, mas nenhum de seus biógrafos relata qualquer associação com mulheres. Durante o último terço de sua longa vida, contraiu uma paralisia crescente, apesar da qual ainda jogava tênis aos setenta anos.

Hobbes era um estudioso completo de tudo o que lia. Gostava de dizer que, se tivesse lido o mesmo que outros homens instruídos, teria sido igualmente ignorante.

LEVIATÃ[1]

CAPÍTULO XIII

Da condição natural da humanidade, no que diz respeito à sua felicidade e desgraça

A natureza fez os homens tão iguais quanto às faculdades do corpo e do espírito que, embora às vezes se encontre um homem manifestamente mais forte de corpo, ou de espírito mais vivo do que outro, ainda assim, quando tudo é considerado em conjunto, a diferença entre um e outro homem não é tão considerável para que um deles possa, por causa disso, reivindicar para si algum benefício ao qual outro não possa aspirar, tal como ele. Porque, no que tange à força do corpo, o mais fraco tem força suficiente para matar o mais forte, seja por maquinação secreta, ou pela aliança com outros que se encontrem ameaçados pelo mesmo perigo.

E quanto às faculdades do espírito... encontro uma igualdade ainda maior entre os homens... O que talvez possa tornar essa igualdade incrível é apenas a concepção presunçosa da própria sabedoria, que quase todos os homens acreditam possuir em maior grau do que o vulgo; isto é, em maior grau do que todos os homens menos eles próprios, e alguns outros poucos que, pela fama ou por concordarem com eles, merecem sua aprovação... Mas isso prova que os homens são iguais nesse ponto, e não desiguais. Porque não há, em geral, maior sinal de distribuição igual de alguma coisa do que o fato de cada homem estar contente com a sua parte.

Dessa igualdade de capacidade origina-se a igualdade de esperança de atingirmos nossos Fins. Portanto, se dois homens quaisquer

---

1. Da edição inglesa de A. R. Waller, Cambridge University Press (1904).

desejam a mesma coisa, da qual, não obstante, ambos não podem desfrutar, eles se tornam inimigos...

E não existe maneira tão sensata de um homem defender-se dessa desconfiança de uns em relação aos outros como a antecipação; isto é, pela força ou pela astúcia, dominar as pessoas de todos os homens que puder... Também porque existem alguns que têm prazer em contemplar seu próprio poder nos atos de conquista, que eles perseguem mais do que sua segurança exige; e se outros que, do contrário, se contentariam em manter-se tranquilamente dentro de limites modestos, não aumentarem seu poder por meio de usurpação, eles não serão capazes de subsistir durante muito tempo, se se restringirem apenas à sua defesa. E, como consequência, esse aumento de domínio sobre os homens, sendo necessário para a preservação de um homem, lhe deve ser permitido.

Por outro lado, os homens não têm nenhum prazer na companhia dos outros (mas, pelo contrário, um enorme desprazer), quando não existe um poder capaz de inspirar respeito a todos. Porque todo homem espera que seu companheiro lhe atribua o mesmo valor que ele se atribui...

De modo que encontramos na natureza do homem três causas principais de discórdia. Primeiro, a competição; segundo, a desconfiança; terceiro, a glória.

A primeira leva os homens a atacarem por lucro; a segunda, por segurança; a terceira, por reputação...

Com isso é evidente que, durante o tempo em que os homens vivem sem um poder comum capaz de inspirar respeito a todos, eles estão naquela condição a que se chama guerra; e uma guerra que é de todos os homens contra todos...

... Em tal condição não há lugar para a indústria, pois seu fruto é incerto; e, como consequência, não há cultivo da terra, nem navegação, nem uso das mercadorias que podem ser importadas pelo mar, nem construção confortável, nem instrumentos para mover e remover coisas que exijam muita força, nem conhecimento da face da Terra, nem cômputo do tempo, nem artes, nem letras, não há sociedade; e, o que é pior, um constante medo e perigo de morte violenta. E a vida do homem é solitária, pobre, sórdida, embrutecida e curta...

... Os desejos e outras paixões do homem não são pecados em si mesmos. Tampouco o são as ações que derivam dessas paixões, até que se conheça uma lei que as proíba, o que é impossível até que leis sejam feitas; e nenhuma lei pode ser feita até haver acordo quanto à pessoa que deverá fazê-la.

Poderá porventura pensar-se que nunca houve um tempo, nem uma condição de guerra como essa; e acredito que em geral jamais tenha havido, no mundo inteiro; mas existem muitos lugares onde se vive assim atualmente...

Mas ainda que jamais tivesse havido um tempo em que os indivíduos estivessem em uma condição de guerra de uns contra os outros, de qualquer modo, em todos os tempos, os reis e as pessoas com autoridade soberana vivem, por causa de sua independência, em contínua rivalidade e no estado e postura de gladiadores, com as armas assestadas e os olhos fixos uns nos outros; isto é, seus fortes, guarnições e canhões nas fronteiras de seus reinos; e espiões constantemente no território de seus vizinhos, o que é uma atitude de guerra. Mas como através disso protegem a indústria de seus súditos, não resulta aquela miséria que acompanha a liberdade dos homens isolados.

Dessa guerra de todo homem contra todo homem também isto é consequência: que nada pode ser injusto. As noções de certo e errado, de justiça e injustiça não têm lugar aí. Onde não há poder comum, não há lei; onde não há lei, não há injustiça. A força e a fraude são as duas virtudes cardeais na guerra. A justiça e a injustiça não são faculdades do corpo nem do espírito... Outra consequência da mesma condição é que não há propriedade, nem domínio, nem distinção entre o *meu* e o *teu*; mas será de cada homem apenas o que ele puder pegar e durante o tempo em que conseguir conservá-lo...

CAPÍTULO XIV

*Da primeira e da segunda lei natural,
e dos contratos*

O *direito de natureza*, que em geral os autores chamam de *Jus Naturale*, é a liberdade que cada homem tem de usar seu próprio poder, como quiser, para a preservação de sua própria natureza, o que vale dizer, de sua própria vida; e, por conseguinte, de fazer tudo aquilo que seu próprio julgamento e razão concebam ser os meios mais apropriados para isso.

Por *liberdade* entende-se, de acordo com o próprio significado da palavra, a ausência de impedimentos externos; impedimentos estes que, com frequência, tiram parte do poder do homem de fazer o que faria; mas que não podem impedi-lo de usar o poder que lhe restou, de acordo com o que seu julgamento e razão lhe ditarem.

Uma *lei da natureza* (*Lex Naturalis*) é um preceito ou regra geral, descoberto pela razão, pelo qual um homem é proibido de fazer aquilo que pode destruir sua vida ou privá-lo dos meios de preservá-la; e de omitir aquilo que ele pensa que melhor pode preservá-la. Porque, embora aqueles que tratam desse tema costumem confundir *jus* e *lex*, *direito* e *lei*, eles devem ser diferenciados; porque direito consiste na liberdade de fazer ou de abster-se; ao passo que a lei determina ou obriga a uma dessas coisas; de modo que lei e direito se distinguem tanto como obrigação e liberdade, que são incompatíveis quando se referem a uma mesma e única matéria.

E como a condição do homem (tal como foi declarado no capítulo precedente) é uma condição de guerra de todos contra todos, caso em que cada um é governado por sua própria razão, se não houver nada que ele possa usar, que possa lhe servir de ajuda para preservar sua vida contra seus inimigos, conclui-se que, em tal condição, todo homem tem direito a todas as coisas, inclusive aos corpos dos outros. E, por conseguinte, enquanto durar esse direito natural de cada homem a todas as coisas, não poderá haver para homem algum (por mais forte e sábio que seja) a segurança de viver o tempo que em geral a natureza permite que os homens vivam. Como consequência, é um preceito ou regra geral da razão *que todo homem deve esforçar-se pela paz, na medida em que tenha esperança de obtê-la; e, caso não a obtenha, pode procurar e usar todas as ajudas e vantagens da guerra*. A primeira seção desta regra contém a lei primeira e fundamental da natureza, que é *procurar a paz e segui-la*. A segunda contém a suma do direito da natureza, que é, *por todos os meios que pudermos, defendermo-nos a nós mesmos*.

Dessa lei fundamental da natureza, por qual se ordena a todos os homens que procurem a paz, deriva a segunda lei: *que um homem concorde, quando outros também o façam, na medida em que o considere necessário para a paz e para defender-se, em renunciar a esse direito a todas as coisas, e se contentar em ter tanta liberdade em relação aos outros homens quanto ele permitiria que outros homens tivessem em relação a ele mesmo*. Porque, enquanto cada homem tiver esse direito de fazer tudo o que quiser, todos os homens estarão em condição de guerra. Mas, se os outros homens não renunciarem a seu direito, assim como ele ao seu, então não há nenhuma razão para que alguém se prive do seu; porque isso seria expor-se à pilhagem (o que nenhum homem é obrigado a fazer), em vez de dispor-se para a paz. Essa é a lei do Evangelho: *Faz aos outros aquilo que queres que te façam*...

Renunciar ao direito a alguma coisa é *privar-se da liberdade* de impedir outro de beneficiar-se de seu próprio direito à mesma coisa. Porque aquele que renuncia ou abandona seu direito não dá a outro homem um direito que ele não tivesse antes; porque não há nada a que um homem não tenha direito por natureza; mas apenas sai de seu caminho para que ele possa desfrutar de seu direito original, sem impedimento de sua parte, mas não sem impedimento de outros. De modo que o efeito que redunda para um homem da renúncia de outro a seu direito nada mais é que uma diminuição dos impedimentos ao uso de seu próprio direito original.

Desiste-se de um direito simplesmente renunciando a ele ou transferindo-o para outrem. *Simplesmente renunciando*: quando não importa em favor de quem irá redundar o benefício. *Transferindo-o*: quando com isso se tenciona beneficiar uma pessoa ou pessoas. E quando um homem abandonou ou adjudicou de qualquer dessas maneiras seu direito, então se diz que está *obrigado* ou *compelido* a não impedir esse direito àqueles a quem ele foi abandonado ou adjudicado; e que ele *deve*, e é seu *dever*, não anular esse seu ato voluntário; e que tal impedimento é *injustiça* e *injúria*, dado que é *sine jure*, pois antes se transferiu ou renunciou ao direito...

Sempre que um homem transfere seu direito ou a ele renuncia, isso se dá ou em consideração a algum direito que lhe foi reciprocamente transferido ou a algum outro bem que espera daí. Porque é um ato voluntário; e o objetivo dos atos voluntários de todo homem é algum *bem para si mesmo*. Portanto, há alguns direitos que tornam inconcebível que um homem, por quaisquer palavras ou outros sinais, abandone ou transfira. Primeiro, um homem não pode renunciar ao direito de resistir àqueles que o atacam pela força para tirar-lhe a vida; porque é inconcebível que com isso ele vise algum bem para si mesmo. O mesmo pode ser dito dos ferimentos, das correntes e da prisão, tanto porque dessa resignação não resulta nenhum benefício, como aquele que resulta da resignação em suportar que outro seja ferido ou aprisionado; como também porque é impossível saber, quando homens agem com violência, se pretendem ou não provocar sua morte. Por último, o motivo e fim pelo qual se introduz essa renúncia e transferência de direito é nada mais que a segurança da pessoa de cada homem, em sua vida e nos meios de preservá-la, a fim de que dela não se canse. Portanto, se, por meio de palavras ou outros sinais, um homem parecer despojar-se do fim para o qual esses sinais foram criados, não se deve entender que é isso que ele quer dizer, ou que essa seja a sua vontade; mas sim que ele ignorava a maneira como tais palavras e ações deveriam ser interpretadas.

A transferência mútua de direito é aquilo que os homens chamam de *contrato*...

... um dos contratantes pode entregar a coisa contratada por sua parte e deixar que o outro cumpra sua parte num determinado momento posterior, confiando nele nesse meio tempo; então, de sua parte o *contrato* é chamado de *pacto* ou *convenção*. Ou ambas as partes podem contratar agora para cumprir mais tarde; nesse caso, dado que se confia naquele que deverá cumprir sua parte no futuro, sua ação chama-se *observância da promessa*, ou fé; e a falta de cumprimento (se for voluntária) chama-se *violação de fé*...

Quando se faz um pacto em que nenhuma das partes cumpre logo em seguida, mas uma confia na outra, na condição de simples natureza (que é uma condição de guerra de todos os homens contra todos os homens), qualquer suspeita razoável o anula. Mas, se houver um poder comum estabelecido sobre ambos, com direito e força suficiente para obrigar seu cumprimento, ele não é nulo. Porque aquele que cumpre primeiro não tem nenhuma garantia de que o outro cumprirá depois; porque os vínculos das palavras são fracos demais para refrear a ambição, a avareza, a ira e outras paixões dos homens, se não existir o medo de algum poder coercitivo, impossível de ser suposto na condição de simples natureza, na qual todos os homens são iguais, e juízes da justeza de seus próprios temores. Portanto, aquele que cumpre primeiro não faz mais do que entregar-se a seu inimigo, contrariando o direito (que jamais pode abandonar) de defender sua vida e seus meios de vida.

Mas, num Estado civil onde existe um poder instituído para reprimir aqueles que, caso contrário, violariam sua fé, esse temor deixa de ser razoável; e, por esse motivo, aquele que pelo pacto deve cumprir primeiro está obrigado a fazê-lo...

Os pactos celebrados por medo, na condição de simples natureza, são obrigatórios. Por exemplo, se me comprometo a pagar um resgate ou um serviço em troca de minha vida a um inimigo, fico vinculado por esse pacto. Porque é um contrato em que um recebe o benefício da vida, e o outro recebe dinheiro ou serviços em troca; como consequência, onde nenhuma outra lei (como na condição de simples natureza) proíbe o cumprimento, o pacto é válido. Por conseguinte, os prisioneiros de guerra que se comprometem a pagar seu resgate são obrigados a pagá-lo. E, se um príncipe mais fraco assina uma paz desvantajosa com um mais forte, por medo, é obrigado a mantê-la; a menos (como já foi dito antes) que surja algum motivo novo e justo de medo para recomeçar a guerra. E mesmo vivendo num Estado, se eu for forçado, para libertar-me de um ladrão, a prometer-lhe dinheiro, sou obrigado a pagar até o Direito Civil me eximir disso. Porque tudo que posso fazer legitimamente sem obrigação posso também pactuar legitimamente por meio do medo; e o que eu pactuar legitimamente não posso legitimamente romper.

Um pacto anterior anula um posterior. Porque um homem que transmitiu seu direito para outro homem no dia de hoje não pode transmiti-lo para um terceiro amanhã; por conseguinte, a promessa posterior não transmite direito algum, mas é nula.

É sempre nulo um pacto para não me defender da força pela força. Porque (como já mostrei antes) ninguém pode transferir ou renunciar a seu direito de evitar a morte, os ferimentos e o aprisionamento (evitar isso é o único fim da renúncia a algum direito); por conseguinte, a promessa de não resistir à força não transfere qualquer direito em pacto algum; nem é obrigatória. Porque, embora um homem possa fazer um pacto nos seguintes termos: *Se eu não fizer isto ou aquilo, mata-me*; não pode fazê-lo nestes termos: *Se eu não fizer isto ou aquilo, não te oporei resistência quando vieres matar-me*. Porque, por natureza, o homem escolhe o mal menor, que é o perigo de morte ao resistir; em vez do maior, que é a morte certa e imediata se não resistir. E isso é aceito como verdadeiro por todos os homens, já que conduzem criminosos para a execução e a prisão com homens armados, apesar de esses criminosos terem concordado com a lei pela qual são condenados.

Um pacto para a pessoa acusar-se, sem garantia de perdão, é igualmente inválido. Porque, na condição de natureza, em que todo homem é juiz, não existe lugar para a acusação; e no Estado civil a acusação é seguida da punição, que, por ser força, ninguém é obrigado a não lhe resistir. O mesmo também é verdadeiro no tocante à acusação daqueles por cuja condenação um homem entra na miséria; como um pai, uma esposa ou um benfeitor. Porque o testemunho de tal acusador, se não for dado de boa vontade, presume-se que seja corrompido por natureza e, por conseguinte, não deve ser aceito; e, quando o testemunho de um homem não vai receber crédito, ele não é obrigado a dá-lo. Também acusações arrancadas por tortura não devem ser consideradas como testemunhos. Porque a tortura é para ser usada apenas como um meio de conjetura, de esclarecimento, num exame posterior e de busca da verdade; e aquilo que for confessado nesse caso serve para aliviar aquele que é torturado, não para informar os torturadores; portanto, não deve ter o crédito de um testemunho suficiente; porque, quer ele se liberte por meio de uma acusação verdadeira ou falsa, o faz pelo direito de preservar a própria vida.

A força das palavras é (como já observei anteriormente) fraca demais para obrigar os homens a cumprir seus pactos, só havendo na natureza do homem duas ajudas imagináveis para reforçá-la. E estas são o medo das consequências de se violar a palavra, ou a glória, o orgulho de parecer não necessitar violá-la. Este último é uma generosidade rara demais de se encontrar para poder contar com ela, sobretudo naqueles que perseguem a riqueza, a chefia ou o prazer sensual, que são a maior parte da humanidade... Antes do tempo da sociedade civil, ou na interrupção desta pela guerra, não há nada que possa reforçar um pacto de paz, contra as tentações da avareza, da ambição, da lascívia ou de algum outro forte desejo, a não ser o medo daquele poder invisível que todos veneram como Deus, e o temem como vingador de sua perfídia. Portanto, tudo o que pode ser feito entre dois homens não sujeitos ao poder civil é fazer um jurar ao outro pelo Deus que temem; *juramento*, ou *jura*, é uma *forma de linguagem acrescentada a uma promessa, pela qual aquele que promete expressa que, a não ser que a cumpra, renuncia à misericórdia de seu Deus, ou pede a Ele que sua vingança caia sobre si.* Assim era a fórmula pagã: *que Júpiter me mate, como mato esta besta.* Assim é nossa fórmula: *farei desse modo, e que desse modo Deus me ajude.* E isso, com os ritos e cerimônias que cada um usa em sua própria religião, para que o medo de romper a fé seja maior...

Também parece que o juramento nada acrescenta à obrigação. Porque um pacto, se for legítimo, obriga aos olhos de Deus, tanto sem o juramento como com ele; se for ilegítimo, não obriga a nada, mesmo sendo confirmado com um juramento.

CAPÍTULO XV

De outras leis da natureza

Da lei da natureza pela qual estamos obrigados a transferir aos outros os direitos que, se forem mantidos, impedem a paz da humanidade, segue-se uma terceira, *que os homens cumpram os pactos que fizerem*, sem o que os pactos são inúteis, são apenas palavras vazias; permanecendo o direito de todos os homens a todas as coisas, ainda estaríamos na condição de guerra.

Nessa lei da natureza reside a fonte e a origem da *justiça*. Porque onde não se realizou antes pacto algum, nenhum direito foi transferido e todo homem tem direito a tudo; como consequência, nenhuma ação pode ser injusta. Mas, quando um pacto é feito, rompê-lo *é injusto*. E a definição de *injustiça* não é outra senão *o não cumprimento de um pacto*. E tudo o que não é injusto é *justo*.

Mas como os pactos de confiança mútua são inválidos quando existe medo do não cumprimento de alguma das partes (como foi dito no capítulo anterior), embora a origem da justiça seja a celebração de pactos, não pode haver realmente injustiça até ser afastada a causa desse medo, o que não pode ser feito enquanto os homens estão na condição natural de guerra. Por conseguinte, para que as palavras justo e injusto possam ter lugar, deve haver algum poder coercitivo capaz de obrigar igualmente os homens ao cumprimento de seus pactos, pelo terror de alguma punição maior do que o benefício que esperam do rompimento de seus pactos; e capaz de fortalecer aquela propriedade que os homens adquirem por contrato mútuo, como recompensa pelo direito universal que abandonaram. E não existe tal poder antes do estabelecimento de um Estado. O mesmo pode também ser deduzido da definição comum da justiça nas escolas; porque dizem que *justiça é a vontade constante de dar a cada homem o que é seu*. Por conseguinte, onde não há o *próprio*, isto é, nenhuma propriedade, não existe injustiça; e onde não foi instituído nenhum poder coercitivo, isto é, onde não há Estado, não há propriedade, pois todos os homens têm direito a todas as coisas. Portanto, onde não existe Estado nada é injusto...

Os tolos disseram em seu foro íntimo que justiça é coisa que não existe; às vezes também dizem-no com a língua, alegando seriamente que, estando a preservação e satisfação de cada homem entregue a seu próprio cuidado, não haveria razão alguma para que cada qual não fizesse aquilo que supõe conduzir a isso e, por conseguinte, que fazer ou não fazer, cumprir ou não cumprir pactos, não seria contra a razão quando contribui para o benefício próprio... O reino de Deus se ganha pela violência. E se ele pudesse ser ganho pela violência injusta? Seria contra a razão ganhá-lo desse modo, quando é impossível que daí resulte qualquer dano? E se não é contra a razão, não é contra a justiça; caso contrário, não haveria como comprovar a justiça. De raciocínios assim a maldade triunfante obteve o nome de virtude...

... Tanto quando um dos lados já cumpriu sua parte como quando existe um poder capaz de obrigá-lo a cumprir, resta saber se é contra a razão, isto é, contra o benefício do outro cumprir sua parte ou não. E eu digo que não é contra a razão. Para prová-lo, devemos considerar: primeiro, que, quando um homem comete um ato que, não obstante as previsões e cálculos, tende para sua própria destruição, mesmo que um acidente inesperado venha a torná-lo benéfico para ele, tais eventos não o transformam num ato razoável ou sábio. Em segundo lugar, que numa condição de guerra, em que todo homem é inimigo de todo homem, por falta de um poder comum que mantenha todos em respeito, não existe nenhum homem que possa esperar defender-se da destruição apenas com sua própria força ou inteligência, sem a ajuda de aliados, em alianças das quais cada um espera a mesma defesa. Portanto, quem declarar que considera razoável enganar aqueles que o ajudam não pode razoavelmente esperar outros meios de segurança senão os que dependem de seu próprio poder. Portanto, quem rompe seu pacto, e ainda declara que pensa poder fazê-lo com razão, não pode ser acolhido em nenhuma sociedade que se une para a paz e a defesa, a não ser por erro dos que o acolhem; e, se ele for acolhido, não se pode manter essa decisão sem ver o perigo desse erro; não seria sensato que um homem contasse com esses erros como o meio de sua segurança. Portanto, se ele for abandonado ou expulso da sociedade, vai morrer; e, se viver em sociedade, será pelos erros dos outros homens, os quais não podia prever e com os quais não podia contar; por conseguinte, contra a razão de sua preservação. Assim, todos os homens que não contribuem para sua destruição toleram-no apenas por ignorância do que é bom para si mesmos.

Quanto ao caso de se ganhar a felicidade segura e perpétua no céu, por qualquer meio, é uma frivolidade; pois para tal só existe uma maneira imaginável, que é não romper os pactos, mas cumpri-los...

Há alguns que vão mais longe e não aceitam que a lei da natureza seja constituída por aquelas regras que conduzem à preservação da vida do homem na Terra; e sim por aquelas que permitem alcançar uma felicidade eterna depois da morte, à qual pensam que o rompimento de pactos pode conduzir, o que, por conseguinte, é justo e razoável (são esses que pensam ser obra meritória matar, depor, ou rebelar-se contra o poder soberano constituído acima deles por seu próprio consentimento). Mas como não há nenhum conhecimento natural do estado do homem depois da morte, muito menos da recompensa que lá se dá à quebra da palavra, mas apenas uma crença baseada no que dizem outros homens, que afirmam sabê-lo por meios sobrenaturais, ou que afirmam conhecer aqueles que conheceram outros que conheceram de forma sobrenatural, a quebra da palavra não pode, portanto, ser chamada de preceito da razão, ou da natureza.

Outros, que reconhecem o cumprimento da palavra como uma lei da natureza, ainda assim fazem exceção para certas pessoas, como os hereges e aqueles que não costumam cumprir seus pactos com outros. E isso também é contra a razão. Porque, se qualquer defeito de um homem é suficiente para desobrigá-lo do pacto celebrado, o mesmo deveria ter sido, perante a razão, suficiente para tê-lo impedido de celebrá-lo.

As palavras *justo* e *injusto*, quando são atribuídas a homens, significam uma coisa; e, quando são atribuídas a ações, significam outra. Quando são atribuídas a homens, significam conformidade ou desacordo entre os costumes e a razão. Mas, quando são atribuídas a ações, significam a conformidade ou desacordo em relação à razão, não dos costumes ou do modo de viver, mas de ações específicas. Portanto, um homem justo é aquele que toma todo o cuidado possível para que todas as suas ações sejam justas; e um homem injusto é aquele que negligencia esse cuidado. Em nosso idioma é mais frequente que esses homens sejam denominados pelas palavras *honrado* e *iníquo*, em vez de justo e injusto, embora o significado seja o mesmo. Por conseguinte, um homem honrado não perde esse título por causa de uma ou algumas ações injustas, que se originam de paixões súbitas ou equívocos sobre coisas ou pessoas; tampouco um homem iníquo perde seu caráter por causa daquelas ações que faz ou deixa de fazer por medo; porque sua vontade não é moldada pela justiça, mas sim pelo benefício aparente daquilo que faz. O que dá às ações humanas o sabor de justiça é uma certa nobreza ou coragem (raramente encontrada), em virtude da qual um homem despreza dever à fraude ou à quebra de palavra a satisfação de sua vida. É essa justiça de costumes que se tem em mente quando a justiça é chamada de virtude, e a injustiça, de vício.

Mas a justiça das ações chama os homens não de justos, mas sim de inocentes; e a injustiça dessas ações (também chamada de injúria) lhes dá apenas o nome de *culpados*.

Por outro lado, a injustiça de costumes é a disposição ou aptidão para cometer injúria; e é injustiça antes de passar aos atos, e sem supor que alguma pessoa específica tenha sido injuriada. Mas a injustiça de uma ação (quer dizer, uma injúria) pressupõe que uma determinada pessoa tenha sido injuriada; a saber, aquela com quem o pacto foi feito. Portanto, muitas vezes a injúria é recebida por um homem, enquanto o dano recai sobre outro. Como quando o senhor ordena a seu servo que dê dinheiro a um estranho; se isso não ocorrer, a injúria será feita ao senhor, a quem pactuara obedecer, mas o dano recai sobre o estranho, com quem não tinha nenhuma obrigação e, por conseguinte, não podia injuriar. E o mesmo se dá nos Estados: as pessoas podem perdoar umas às outras suas dívidas, mas não os roubos e outras violências que lhes causem danos, porque sustar uma dívida é uma injúria a elas mesmas; mas o roubo e a violência são injúrias à pessoa do Estado...

Os autores dividem a justiça de ações em *comutativa* e *distributiva*; e dizem que a primeira consiste numa proporção aritmética, a última, numa proporção geométrica. Portanto, identificam a comutativa com a igualdade de valor das coisas que foram contratadas; e a distributiva, com a distribuição de benefícios iguais para homens de mérito igual. Como se fosse injustiça vender mais caro do que compramos, ou dar a um homem mais do que ele merece. O valor de todas as coisas contratadas é medido pelo apetite dos contratantes; por conseguinte, o valor justo é aquele que eles consentem em dar. E o mérito (à parte aquele decorrente de pacto, onde o cumprimento de uma parte merece o cumprimento da outra parte, e é da alçada da justiça comutativa, não da distributiva) não é devido por justiça, mas é recompensado apenas pela graça. Portanto, esta distinção não é correta, no sentido em que costumava ser exposta. Propriamente falando, a justiça comutativa é a justiça de um contratante, isto é, o cumprimento de pactos, na compra e na venda, no aluguel ou na oferta para alugar, no emprestar e no tomar emprestado, na troca, na permuta e em outros atos de contrato.

E justiça distributiva é a justiça de um árbitro, o que vale dizer, o ato de definir o que é justo. Pelo qual (merecendo a confiança daqueles que o tornaram árbitro), se ele corresponder a essa confiança, diz-se que distribuiu a cada um o que é seu, e esta é de fato uma distribuição justa, podendo ser chamada (embora impropriamente) de justiça distributiva; mais próprio seria chamá-la de equidade, que é também uma lei da natureza, como será demonstrado no lugar oportuno.

Assim como a justiça depende de um pacto antecedente, também a *gratidão* depende de graça antecedente, o que vale dizer, de uma dádiva antecedente. Essa é a quarta lei da natureza, que pode ser concebida na seguinte fórmula: *que um homem que recebe benefício de outro, por simples graça, se esforce para que aquele que a concedeu não tenha nenhum motivo razoável para arrepender-se de sua boa vontade*. Porque todo homem só dá tendo em vista um bem para si mesmo, porque a dádiva é voluntária, e o objetivo dos atos voluntários de todo homem é seu próprio bem. Se os homens perceberam que serão frustrados nisso, não haverá benevolência nem confiança, nem, como consequência, ajuda mútua ou reconciliação entre um homem e outro; portanto, eles permanecerão na condição de *guerra*, que é contrária à lei primeira e fundamental da natureza, que ordena aos homens *procurar a paz*. A transgressão dessa lei é chamada de *ingratidão*...

Uma quinta lei da natureza é a *complacência*, isto é, *que cada homem se esforce para acomodar-se com o resto*. Para compreender isso, deve-se considerar que na aptidão dos homens para a sociedade há uma diversidade de natureza, derivada da diversidade de seus sentimentos, não diferente daquela que vemos nas pedras reunidas para a construção de um edifício. Porque assim como são postas de lado como inúteis e problemáticas as pedras que, por sua aspereza e irregularidade de forma, tiram mais espaço de outras do que o que elas mesmas ocupam, e por sua dureza não podem ser facilmente aplainadas e por isso dificultam a construção, assim também um homem que por sua aspereza de natureza se esforçar por guardar as coisas que para ele são supérfluas e para outros, necessárias; e pela obstinação de suas paixões não puder ser corrigido, deve ser abandonado ou expulso da sociedade, na condição de embaraçoso a ela... Aqueles que cumprem esta lei podem ser chamados de *sociáveis* (os latinos os chamam de *commodi*); os que não o fazem são *obstinados, insociáveis, arrogantes e intratáveis*.

Uma sexta lei da natureza é esta: *que, como garantia do tempo futuro, um homem deve perdoar as ofensas passadas àqueles que se arrependam e o desejem*. Porque o *perdão* nada mais é que garantia de paz, e, embora, quando concedido àqueles que perseveram em sua hostilidade, não seja paz, mas medo, quando recusado àqueles que dão garantia do tempo futuro, é um sinal de aversão pela paz e, por conseguinte, contrário à lei da natureza.

Uma sétima lei é *que na vingança* (isto é, na retribuição do mal com o mal) *os homens não considerem a magnitude do mal passado, mas sim a magnitude do bem a seguir*. O que nos proíbe de infligir punição com qualquer outro desígnio que não seja a correção do ofensor, ou a orientação de outros... Vingança sem respeito pelo exemplo e benefício vindouro é um triunfo ou glorificação no sofrimento de um outro, que não tende para nenhum fim (porque o fim é sempre alguma coisa vindoura), e a glorificação sem fim é vanglória e contrária à razão, e ferir sem razão tende a provocar a guerra, o que é contra a lei da natureza e, em geral, designada pelo nome de *crueldade*.

E como todos os sinais de ódio ou desprezo provocam para a luta, a ponto de a maioria dos homens preferir arriscar a própria vida a ficar sem vingança, podemos assentar em oitavo lugar, como lei da natureza, o seguinte preceito: *que nenhum homem, por ato, palavra, atitude ou gesto declare ódio ou desprezo por outro*. A transgressão dessa lei é chamada, em geral, de *contumélia*.

A questão de decidir quem é o melhor homem não tem lugar na condição de simples natureza, na qual (como já foi mostrado antes) todos os homens são iguais. A desigualdade que existe agora foi introduzida pelas leis civis. Sei que *Aristóteles*, no livro primeiro de sua *Política*, para fundamentar sua doutrina, diz que por natureza alguns homens são mais merecedores de comandar, referindo-se ao tipo mais sábio (tal como ele mesmo pensava ser por sua filosofia); outros mais merecedores de servir (referindo-se àqueles que tinham corpo forte, mas não eram filósofos como ele), como se senhor e servo não tivessem sido criados pelo consentimento dos homens, mas por diferença de inteligência, o que não só é contrário à razão, mas também contrário à experiência. Porque existem poucos tão tolos que não prefiram governar-se a si mesmos a ser governados por outros. Tampouco os que em sua própria opinião são sábios, quando competem pela força com aqueles que desconfiam de sua própria sabedoria, nem sempre, ou poucas vezes, ou quase nunca alcançam a vitória. Portanto, se a natureza fez todos os homens iguais, essa igualdade deve ser reconhecida; ou, se a natureza fez os homens desiguais, ainda assim, como os homens pensam ser iguais e não entrarão em condições de paz a não ser em termos igualitários, tal igualdade deve ser admitida. E, por conseguinte, formulo o seguinte como nona lei da natureza: *que todo homem reconheça o outro como seu igual por natureza.* A violação desse preceito é o *orgulho*.

Uma outra lei depende dessa: *que ao se iniciarem as condições de paz, nenhum homem exija reservar para si qualquer direito que não aceite ser reservado para cada um do restante dos homens.* Assim como é necessário a todos os homens que procuram a paz renunciar a certos direitos de natureza, o que vale dizer, não ter a liberdade de fazer tudo que desejam; também é necessário para a vida do homem conservar alguns, como o direito de governar o próprio corpo, de desfrutar o ar, a água, o movimento, os caminhos para ir de um lugar a outro, e de todas as coisas sem as quais um homem não pode viver, ou não pode viver bem. Se nesse caso, ao fazer a paz, os homens exigirem para si mesmos aquilo que não queriam que fosse concedido a outros, estarão agindo de forma contrária à lei precedente, que ordena o reconhecimento da igualdade natural e, por conseguinte, também de forma contrária à lei da natureza. Aqueles que cumprem essa lei são chamados de *modestos*, e os transgressores de homens *arrogantes...*

Também, *se a um homem for confiado julgar entre dois homens*, é um preceito da lei da natureza *que ele os trate equitativamente.* Porque, sem isso, as controvérsias entre os homens só podem ser decididas pela guerra. Por conseguinte, aquele que for parcial no julgamento estará fazendo o possível para dissuadir os homens do uso de juízes e árbitros e, como consequência, estará sendo causa de guerra (contra a lei fundamental da natureza).

A observância dessa lei da distribuição igual a cada homem daquilo que segundo a razão lhe pertence é chamada de *equidade*, e (como já disse antes) justiça distributiva; a violação, *acepção de pessoas...*

E desta segue-se uma outra lei: *que as coisas que não podem ser divididas sejam desfrutadas em comum, se for possível; e, se a quantidade da coisa o permitir, sem restrição; caso contrário, proporcionalmente ao número daqueles que a ela têm direito.* Porque, de outra maneira, a distribuição é desigual e contrária à equidade.

Mas existem algumas coisas que não podem ser divididas nem desfrutadas em comum. Então, a lei da natureza que prescreve a equidade exige *que todo o direito, ou então (fazendo o uso alternado) a primeira posse, seja determinada por sorteio.* Porque a distribuição equitativa faz parte da lei da natureza, e é impossível imaginar outros meios de distribuição equitativa.

Há dois tipos de sorteio, o *arbitrário* e o *natural*. Arbitrário é aquele acordado pelos competidores; o natural, ou é a *primogenitura...* ou a *primeira captura.*

Portanto, as coisas que não podem ser desfrutadas em comum, nem divididas, devem ser adjudicadas ao primeiro possuidor e, em alguns casos, ao primogênito, como adquiridas por sorteio.

Também é uma lei da natureza *que se conceda salvo-conduto a todos os homens que medeiam a paz.* Porque a lei que ordena a paz, na condição de *fim*, ordena a intercessão, como *meio*; e o meio para a intercessão é o salvo-conduto.

E como, embora os homens estejam muito dispostos a cumprir essas leis, sempre podem surgir questões concernentes à ação do homem – primeiro, se ela foi praticada ou não; segundo (caso tenha sido praticada), se é ou não contrária à lei; a primeira é chamada *questão de fato*, a segunda, questão *de direito* – e, portanto, a menos que as partes da questão tenham assumido um compromisso de se submeter mutuamente à sentença de um terceiro, estarão tão distantes da paz como antes. Esse terceiro a cuja sentença se submetem é chamado de *árbitro*. Portanto, é da lei da natureza *que aqueles entre os quais há controvérsia submetam seu direito ao julgamento de um árbitro.*

E visto que se supõe que todo homem faça todas as coisas para seu próprio benefício, nenhum homem é um árbitro apropriado em causa própria; e, se nunca é apropriado, com a equidade concedendo benefício igual a cada parte, se uma é admitida como juiz, a outra também o deve ser; e, assim, a controvérsia, isto é, a causa da guerra, permanece, contra a lei da natureza.

Pela mesma razão, nenhum homem pode ser admitido como árbitro em nenhuma causa, se aparentemente para ele a vitória de uma parte, em vez da outra, resultar em maior lucro, honra ou prazer. Porque ele recebeu um suborno (embora um suborno inevitável); e nenhum homem pode ser obrigado a confiar nele. Também nesse caso permanecem a controvérsia e a condição de guerra, contra a lei da natureza.

E numa controvérsia *de fato*, não podendo o juiz dar mais crédito a um do que a outro (se não houver nenhum outro argumento), deve dar crédito a um terceiro; ou a um terceiro e um quarto, ou mais. Caso contrário a questão não se decide e fica entregue à força, contra a lei da natureza.

Essas são as leis da natureza, que ditam a paz como meio de preservação dos homens nas multidões, e as únicas que dizem respeito à doutrina da sociedade civil. Há outras coisas que tendem à destruição dos homens, como a embriaguez e todas as outras formas de intemperança que, por conseguinte, podem ser contadas entre as coisas que a lei da natureza proíbe; mas não é necessário mencioná-las, nem são pertinentes neste lugar.

Embora possa parecer uma dedução das leis da natureza sutil demais para que todos os homens a compreendam, a maior parte dos quais está ocupada demais conseguindo alimento, e o resto é negligente demais para compreender; ainda assim, para que nenhum homem tenha desculpa, elas foram sintetizadas num resumo fácil e inteligível, mesmo para os menos capazes, o resumo é: *não faças aos outros aquilo que não queres que te façam*...

As [mesmas] leis, como obrigam apenas a um desejo e a um esforço, refiro-me a um esforço sincero e constante, são fáceis de obedecer. Porque, ao só exigir esforço, quem se esforça por cumpri-las, obedece-lhes, e quem obedece à lei é justo.

E a ciência delas é a verdadeira e única filosofia moral. Porque a filosofia moral nada mais é que a ciência do que é *bom* e *mau*, na conversação e na sociedade humana. *Bom* e *mau* são palavras que significam nossos apetites e aversões, que são diferentes em diferentes temperamentos, costumes e doutrinas dos homens. E homens diversos não divergem apenas, em seu julgamento, sobre os sentidos do que é agradável e desagradável ao gosto, ao olfato, à audição, ao tato e à visão, mas também sobre o que está de acordo ou é desagradável para a razão, nas ações da vida comum. Não, o mesmo homem, em tempos diversos, diverge de si mesmo; às vezes elogia, isto é, chama de bom, aquilo que em outro momento desaprova e chama de mau. Daí surgem disputas, controvérsias e por fim a guerra. Portanto, enquanto o homem estiver na condição de simples natureza (que é uma condição de guerra), o apetite particular é a medida do bem e do mal. Como consequência, todos os homens concordam com isto: que a paz é boa e, portanto, também o caminho ou os meios para a paz que (como já mostrei antes) são a *justiça*, a *gratidão*, a *modéstia*, a *equidade*, a *misericórdia* e o restante das leis da natureza, o que vale dizer, as *virtudes morais*; e que seus contrários, os *vícios*, são maus...

Os homens costumam chamar esses ditames da razão pelo nome de leis, mas de forma imprópria, porque nada mais são que conclusões ou teoremas que dizem respeito ao que contribui para a preservação e defesa de cada um. Ao passo que lei, propriamente, é a palavra daquele que, por direito, tem comando sobre outros. Ainda assim, se considerarmos os mesmos teoremas como transmitidos pela palavra de Deus que, por direito, comanda todas as coisas, então são propriamente chamados de leis.

DO ESTADO

CAPÍTULO XVII

Das causas, geração e definição de um Estado

A causa final, fim ou desígnio dos homens (que naturalmente amam a liberdade e o domínio sobre outros), ao introduzir aquela restrição sobre si mesmos (com a qual os vemos viver em Estados), é o cuidado com sua própria preservação e com uma vida mais satisfeita, isto é, com sair daquela condição miserável de guerra... que os força, pelo medo de punição, ao cumprimento de seus pactos e à observância daquelas leis da natureza registradas nos capítulos décimo quarto e décimo quinto.

Porque as leis da natureza (como a *justiça*, a *equidade*, a *modéstia*, a *misericórdia* e, em suma, *fazer aos outros o que gostaríamos que nos fizessem*), por si mesmas, sem o terror de algum poder que as faça serem observadas, são contrárias às nossas paixões naturais, que nos levam à parcialidade, ao orgulho, à vingança e coisas semelhantes. E os pactos, sem a espada, nada mais são que palavras sem nenhuma força para proteger um homem. Por conseguinte, apesar das leis da natureza (que cada um cumpre quando tem vontade de cumprir, quando pode fazê-lo em segurança), se não houver um poder instituído, ou não houver um poder que seja grande o bastante para nossa segurança, cada homem confiará, e poderá legitimamente confiar em sua própria força e arte como proteção contra todos os outros homens...

E mesmo que haja multidão tão grande, se suas ações forem dirigidas de acordo com os juízos e apetites individuais de cada um, não se pode esperar dela defesa e proteção contra um inimigo comum, nem contra as injúrias de uns aos outros. Porque, tendo opiniões divergentes no que diz respeito ao melhor uso e aplicação de sua força, em vez de se ajudarem, estorvam uns aos outros e, devido a essa oposição mútua, reduzem sua força a nada. Dessa forma, eles não apenas são facilmente subjugados por alguns poucos que vivem em boa harmonia, mas também, quando não há um inimigo comum, fazem guerra uns aos outros por interesses particulares. Porque, se pudéssemos supor que uma grande multidão de homens consentisse na observância da justiça e de outras leis da natureza sem um poder comum que lhes impusesse respeito, também poderíamos supor que toda a espécie humana fizesse o mesmo. Então, não haveria nem precisaria haver nenhum governo civil, ou nenhum Estado, porque haveria paz sem sujeição...

A única maneira de instituir um tal poder comum, capaz de defendê-los da invasão de estrangeiros e das injúrias uns dos outros, garantindo-lhes assim que, por meio de sua própria indústria e dos frutos da terra, possam nutrir-se e viver satisfeitos, é conferir todo seu poder e força a um homem ou a uma assembleia de homens, que possa reduzir todas as suas vontades, por pluralidade de votos, a uma única vontade... Isto é mais do que consentimento, ou concórdia, é uma verdadeira unidade de todos, numa única e mesma pessoa, realizada por um pacto de cada homem com cada homem, de maneira que seria como se cada homem dissesse a todo homem: *autorizo e cedo meu direito de governar-me a este homem, ou a esta assembleia de homens, com a condição de cederes teu direito a ele, autorizando todas as suas ações da mesma maneira*. Isso feito, a multidão assim unida numa pessoa é chamada de *Estado*, em latim *civitas*. Essa é a geração daquele grande *Leviatã*, ou antes (para falar de modo mais reverente) daquele *deus mortal* ao qual devemos, abaixo do *Deus imortal*, nossa paz e defesa..., a essência do Estado que (para defini-lo) é: *uma pessoa de cujos atos uma grande multidão, por pactos mútuos de uns com os outros, cada um se fez autor, para que possa usar a força e os meios de todos, do modo que julgar conveniente, para assegurar a paz e defesa comum*.

Aquele que é portador dessa pessoa é chamado de *soberano*, e dele se diz que possui *poder soberano*; e todos, além dele, seus *súditos*.

Adquire-se esse poder soberano de duas maneiras. Uma delas, por força natural, como quando um homem obriga seus filhos a se submeterem e submeterem seus filhos a seu governo, sendo capaz de destruí-los caso se recusem; ou subjuga pela guerra seus inimigos à sua vontade, concedendo-lhes a vida com essa condição. A outra é quando os homens concordam entre si em submeterem-se a um certo homem, ou assembleia de homens, de maneira voluntária, na confiança de serem protegidos por ele contra todos os outros. Essa última maneira pode ser chamada de Estado político, ou Estado por *instituição;* a primeira, Estado por *aquisição*...

CAPÍTULO XVIII

Dos direitos dos soberanos por instituição

Diz-se que um *Estado* foi *instituído* quando uma *multidão* de homens concorda e *pactua, cada um com cada um,* que a qualquer *homem,* ou *assembleia de homens*, a quem seja atribuído pela maioria o *direito* de *representar* a pessoa de todos eles (isto é, de ser seu *representante*), todos, tanto aquele que *votou a favor* como aquele que *votou contra*, *autorizarão* todos os atos e decisões desse homem, ou assembleia de homens, como se fossem seus próprios atos e decisões, a fim de viverem em paz entre si e de serem protegidos dos outros homens...

... aqueles que já instituíram um Estado, sendo assim obrigados por um pacto a reconhecer como seus os atos e decisões de um, não podem legitimamente fazer um novo pacto entre si para obedecer a qualquer outro, seja no que for, sem sua permissão. Portanto, aqueles que são súditos de um monarca não podem rejeitar a monarquia sem sua licença... também concederam a soberania àquele que é portador de sua pessoa; portanto, se o depuserem, lhe estarão tirando o que é seu, o que também é injustiça. Além disso, se aquele que tentar depor seu soberano for morto, ou por ele punido por essa tentativa, será o autor de sua própria punição, sendo por instituição autor de tudo o que seu soberano fizer. E como é injustiça um homem fazer qualquer coisa pela qual possa ser punido por sua própria autoridade, também será injusto a esse título. E, quando alguns homens pretendem, em desobediência a seu soberano, fazer um novo pacto, não com homens, mas com Deus, isto também é injusto, porque não há pacto com Deus, a não ser com a mediação de alguém que represente a pessoa de Deus, o que ninguém faz a não ser o lugar-tenente de Deus, aquele que detém a soberania abaixo de Deus. Mas essa pretensão de um pacto com Deus é uma mentira tão evidente, mesmo na consciência de quem assim pretende, que não é apenas um ato injusto, mas também próprio de uma disposição vil e desumana...

... não pode haver ruptura do pacto de parte do soberano e, por conseguinte, nenhum de seus súditos pode libertar-se dessa sujeição, sob qualquer pretexto de infração. É evidente que quem é feito soberano não faz nenhum pacto com seus súditos de antemão; porque teria ou que fazê-lo com toda a multidão, na qualidade de parte do pacto, ou fazer vários pactos, um com cada homem. Com o todo, na qualidade de parte, é impossível, porque por enquanto ainda não formam uma pessoa; e, se fizer tantos pactos quantos forem os homens, depois que ele tiver a soberania esses pactos serão nulos, pois qualquer ato que um deles pretender realizar para romper o pacto é ato tanto dele mesmo como de todo o resto, porque praticado na pessoa e pelo direito de cada um deles em particular. Além disso, se algum ou mais de um deles pretender que houve quebra do pacto pelo soberano por ocasião de sua instituição, e outros ou um só de seus súditos, ou mesmo ele próprio, pretender que não houve tal quebra, não haverá nesse caso nenhum juiz capaz de decidir a controvérsia. Portanto, retorna-se à espada para decidir, e todo homem recupera o direito de se proteger por sua própria força, o que é contrário ao desígnio que tinham na instituição. Portanto, é inútil conceder soberania por meio de um pacto precedente...

Em terceiro lugar, como a maioria escolheu um soberano por voto de consentimento, aquele que discordou deve agora consentir com o restante, isto é, deve aquiescer em reconhecer todos os atos que ele venha a praticar, ou então ser justamente destruído pelos restantes. Porque, se ele ingressou de maneira voluntária na congregação dos que estavam reunidos em assembléia, declarou suficientemente com isso sua vontade (e, por conseguinte, assumiu o compromisso tácito) de aderir ao que a maioria ordenasse... E quer faça parte da congregação, quer não, e quer seu consentimento seja pedido, quer não, ele deve ou submeter-se a seus decretos ou ser deixado na condição de guerra em que se encontrava antes, na qual pode ser destruído por qualquer homem, sem injustiça.

Em quarto lugar, como todo súdito é por essa instituição autor de todos os atos e decisões do soberano instituído, conclui-se que nada do que este fizer poderá ser uma injúria a qualquer de seus súditos, nem deverá ser acusado de injustiça por nenhum deles. Porque quem faz alguma coisa pela autoridade de um outro não causa injúria àquele por cuja autoridade está agindo... É verdade que os detentores do poder soberano podem cometer iniquidades, mas não injustiça, ou injúria em sentido próprio...

... compete à soberania ser juiz de quais opiniões e doutrinas são adversas à paz e quais a ela conduzem. E, por conseguinte, de em que ocasiões, até que ponto e o que deve ser confiado aos homens que falam para multidões de pessoas; e de quem examinará as doutrinas de todos os livros antes de serem publicados... Embora em matéria de doutrina nada deva ser considerado a não ser a verdade, isso não se opõe à sua regulação pela paz. Porque uma doutrina contrária à paz é tão pouco verdadeira quanto a paz e a concórdia podem ser contrárias à lei da natureza. É verdade que num Estado em que, pela negligência ou inabilidade de governantes e mestres, falsas doutrinas são em geral aceitas, as verdades contrárias podem ser em geral ofensivas. Mas mesmo a mais súbita e áspera irrupção de uma nova verdade nunca rompe a paz; às vezes, apenas desperta a guerra. Porque os homens que são governados de forma tão desleixada, que ousam pegar em armas para defender ou introduzir uma opinião, esses ainda estão em guerra. Sua condição não é de paz, mas apenas de uma suspensão de hostilidades por medo uns dos outros; eles vivem, por assim dizer, em contínuos preparativos para a batalha. Por conseguinte, cabe ao detentor do poder soberano ser o juiz, ou constituir todos os juízes de opiniões e doutrinas, como uma coisa necessária para a paz, evitando dessa maneira a discórdia e a guerra civil.

Em sétimo lugar, compete à soberania todo o poder de prescrever as regras pelas quais todo homem pode saber quais os bens de que pode desfrutar, e quais as ações que pode praticar, sem ser molestado por nenhum dos outros súditos. É isso o que os homens chamam de *propriedade*. Porque antes da constituição do poder soberano (como já foi demonstrado), todos os homens tinham direito a todas as coisas, o que necessariamente provocava a guerra. Por conseguinte, sendo essa propriedade necessária à paz e dependente do poder soberano, é um ato desse poder, visando à paz pública. Essas regras de propriedade (ou *meum* e *tuum*) e do *bom*, *mau*, *lícito* e *ilícito* nas ações dos súditos são as leis civis...

Em oitavo lugar, pertence à soberania o direito de judicatura, isto é, o direito de ouvir e decidir todas as controvérsias que possam surgir com respeito às leis, civil ou natural, ou com respeito aos fatos. Porque sem a decisão de controvérsias não há nenhuma proteção de um súdito contra as injúrias de um outro...

... ao soberano é confiado o poder de recompensar com riquezas ou honra, e de punir com castigos corporais ou pecuniários, ou com a ignomínia, a todo súdito, de acordo com a lei que ele fez anteriormente; ou, se não existir lei alguma, de acordo com aquilo que ele julgar que melhor encorajaria os homens a servir ao Estado, ou os dissuadiria de prestar um desserviço a ele.

Estes são os direitos que constituem a essência da soberania, e que são as marcas pelas quais um homem pode discernir em que homem, ou assembleia de homens, está colocado e reside o poder soberano..., se ele transferir a *milícia*, conservará em vão o poder judicial, por falta de execução das leis. Ou, se ceder o poder de arrecadar dinheiro, a *milícia* será em vão... E assim, se considerarmos qualquer um dos mencionados direitos, veremos de imediato que a conservação de todos os outros não produzirá efeito algum na preservação da paz e da justiça, o fim para o qual todos os Estados são instituídos. E esta é a divisão a respeito da qual se diz que *um reino dividido em si mesmo não pode manter-se*. Porque, a menos que essa divisão se dê antes, jamais poderá acontecer uma divisão em exércitos opostos. Se primeiro não tivesse sido acolhida, pela maior parte da Inglaterra, a opinião de que esses poderes estavam divididos entre o rei, os lordes e a Câmara dos Comuns, o povo jamais teria se dividido nem caído na guerra civil: primeiro entre aqueles que discordavam em matéria de política, depois entre os dissidentes sobre a liberdade de religião; o que instruiu os homens quanto a este ponto do direito soberano de tal modo que hoje existem poucos (na Inglaterra) que não vejam que esses direitos são inseparáveis, e assim serão reconhecidos em geral no próximo retorno da paz...

CAPÍTULO XXI

Da liberdade dos súditos

... *um homem livre é aquele que, nas coisas que é capaz de fazer por sua força e engenho, não é impedido de fazer o que tem vontade de fazer...*
O medo e a liberdade são compatíveis; como quando um homem lança seus bens ao mar por *medo* de que o navio afunde, ainda assim o faz de bom grado, podendo recusar-se a fazê-lo se quiser. Foi, portanto, uma ação de alguém que é *livre*. Assim, às vezes um homem paga sua dívida apenas por *medo* da prisão, o que, como ninguém o impediu de não pagar, foi uma ação de um homem em *liberdade*. E, em geral, todas as ações que os homens fazem no Estado, por *medo* da lei, são ações que seus agentes têm a *liberdade* de não praticar.

A *liberdade* e a *necessidade* são compatíveis... as ações que os homens fazem voluntariamente, por derivarem de sua vontade, derivam da *liberdade*; e, no entanto, como todo ato da vontade do homem, todo desejo e inclinação derivam de alguma causa, e esta de uma outra causa, numa cadeia contínua (cujo primeiro elo está na mão de Deus, a primeira de todas as causas), eles derivam da *necessidade*. De modo que para aquele que pudesse ver a conexão dessas causas pareceria evidente a *necessidade* de todas as ações voluntárias dos homens...

Mas assim como os homens, para alcançar a paz, e com isso a própria preservação, criaram um homem artificial que chamamos de Estado, também criaram correntes artificiais, chamadas *leis civis*, as quais eles mesmos, mediante pactos mútuos, fixaram numa das pontas aos lábios daquele homem, ou assembleia, a quem deram o poder soberano, e na outra ponta a seus próprios ouvidos. Esses vínculos, que são fracos por sua própria natureza, podem, ainda assim, manter unidos, por meio do medo, embora não pela dificuldade de serem rompidos...

... Portanto, a liberdade de um súdito reside apenas nas coisas que, ao regular suas ações, o soberano permitiu; como a liberdade de comprar, de vender ou de outro modo fazer contratos mútuos, de escolher seu próprio domicílio, sua própria dieta, sua própria ocupação, e de criar seus filhos como achar adequado, e coisas semelhantes.

Não obstante, não devemos entender que, com essa liberdade, fica abolido ou limitado o poder soberano de vida e morte. Porque já foi mostrado que nada do que o representante soberano possa fazer com um súdito, sob qualquer pretexto, pode propriamente ser chamado de injustiça ou injúria. Porque cada súdito é autor de todo ato praticado pelo soberano, de modo que a este nunca falta o direito a qualquer coisa, senão na medida em que ele próprio é súdito de Deus, sendo obrigado assim a respeitar as leis da natureza. Portanto, pode acontecer, e acontece com frequência em Estados, de um súdito ser executado por ordem do poder soberano; e, no entanto, nenhum deles faz mal ao outro... Porque, embora o ato seja contra a lei da natureza, por ser contrário à equidade (como quando *Davi* matou *Urias*); no entanto, não foi uma injúria feita a *Urias*, mas sim a *Deus*. Não foi a *Urias*, porque o direito de fazer o que bem entendesse lhe foi dado pelo próprio *Urias*. E, contudo, foi a Deus, porque *Davi* era súdito de *Deus*, estando proibido de toda iniquidade pela lei da natureza...

A liberdade a respeito da qual existem tão frequentes e honrosas referências nas histórias e filosofia dos antigos gregos e romanos, e nos escritos e discursos daqueles que deles receberam todo o seu saber em matéria de política, não é a liberdade dos indivíduos, mas a liberdade do Estado...

... é coisa fácil os homens serem enganados pelo nome ilusório da liberdade e, por falta de juízo para distinguir, confundirem com herança particular e direito de nascimento aquilo que é apenas direito público. E, quando o mesmo erro é confirmado pela autoridade de homens reputados por seus escritos sobre o tema, não é de admirar que produza sedições e mudanças de governo. Nestas partes ocidentais do mundo, somos criados para receber nossas opiniões relativas à instituição e aos direitos do Estado, de *Aristóteles*, *Cícero* e outros homens, gregos e romanos, que viviam em Estados populares e, em vez de derivarem esses direitos dos princípios da natureza, os transcreviam em seus livros a partir da prática de seus próprios Estados, que eram populares; assim como os gramáticos descrevem as regras da linguagem a partir da prática de seu tempo, ou as regras da poesia a partir dos poemas de *Homero* e *Virgílio*. E como aos atenienses se ensinava (para neles impedir o desejo de mudar o governo) que eram homens livres e que todos os que viviam em monarquia eram escravos, *Aristóteles* registrou em sua *Política* (livro 6, cap. 2): *Na democracia deve supor-se* a liberdade, *porque em geral se considera que nenhum homem é* livre *em nenhum outro governo...* E, ao ler esses autores gregos e latinos, os homens adquiriram o hábito, desde a infância (sob uma falsa aparência de liberdade), de fomentar tumultos e de exercer um controle licencioso sobre os atos de seus soberanos. E, por outro lado, de controlar esses controladores, com o derramamento de muito sangue. Creio poder afirmar verdadeiramente que nunca se pagou tão caro por uma coisa como estas partes ocidentais pagaram pelo aprendizado das línguas grega e latina.

Passando agora aos detalhes da verdadeira liberdade dos súditos, isto é, quais são as coisas que, embora ordenadas pelo soberano, ainda assim eles podem recusar-se a fazer, sem injustiça, devemos considerar quais são os direitos que transferimos quando criamos um Estado...

Primeiro, portanto, visto que a soberania por instituição é o pacto de cada um com todos, e soberania por aquisição é pacto entre vencidos e vencedores, ou entre filho e pai, é evidente que todo súdito tem liberdade em todas aquelas coisas cujo direito não pode ser transferido por pacto. Já demonstrei antes no capítulo décimo quarto que são nulos os pactos que impedem um homem de defender o próprio corpo. Portanto, se o soberano ordena a um homem (embora condenado de forma justa) que se mate, se fira ou se mutile, ou não resista àqueles que o atacam, ou se abstenha do uso de alimento, do ar, de medicamentos ou de qualquer outra coisa sem a qual não possa viver, esse homem tem a liberdade de desobedecer.

Se um homem for interrogado pelo soberano, ou por sua autoridade, a respeito de um crime cometido por ele, não é obrigado (sem garantia de perdão) a confessá-lo. Porque ninguém (como mostrei no mesmo capítulo) pode ser obrigado por pacto a acusar a si mesmo.

Por outro lado, o consentimento de um súdito ao poder soberano está contido nas seguintes palavras: *Eu autorizo ou assumo todas as suas ações*, nas quais não há nenhuma restrição à sua liberdade natural anterior. Porque, ao permitir-lhe que *me mate*, não sou obrigado a matar-me quando ele me ordenar. "Uma coisa é dizer: *mata-me ou a meu companheiro se desejares*; outra coisa é dizer: *eu me matarei ou a meu companheiro...*"

Ninguém tem a liberdade de resistir à espada do Estado, em defesa de um outro homem, culpado ou inocente. Porque tal liberdade retira do soberano os meios para nos proteger e, por conseguinte, é destrutiva da própria essência do governo...

Quanto às outras liberdades, elas dependem do silêncio da lei. Nos casos em que o soberano não prescreveu regra alguma, o súdito tem a liberdade de fazer ou deixar de fazer, de acordo com seu próprio discernimento. Portanto, essa liberdade é maior em alguns lugares e menor em outros; é maior em algumas épocas e menor em outras, de acordo com o que acharem mais conveniente aqueles que detêm a soberania. Por exemplo, houve um tempo na Inglaterra em que um homem podia entrar em suas próprias terras pela força (expulsando quem delas tivesse se apossado ilicitamente). Mas, em tempos posteriores, essa liberdade de entrada à força foi abolida por um estatuto feito (pelo rei) no Parlamento. E em alguns lugares do mundo os homens têm a liberdade de ter muitas esposas; em outros lugares, tal liberdade não é permitida.

Se um súdito tem uma controvérsia com seu soberano, sobre dívida, ou direito de posse de terras ou bens, ou relativa a qualquer serviço exigido de suas mãos, ou referente a alguma penalidade, corporal ou pecuniária, baseando-se em uma lei anterior, ele tem a mesma liberdade de defender seu direito como se fosse contra um súdito, e perante juízes designados pelo soberano. Pois visto que o soberano reivindica por força de uma lei anterior, e não em virtude de seu poder, ele declara por meio disso que não está exigindo mais do que é devido segundo essa lei. Portanto, o processo não é contrário à vontade do soberano e, em consequência disso, o súdito tem a liberdade de pedir que sua causa seja julgada e decidida, de acordo com essa lei. Mas, se pedir ou tomar qualquer coisa em nome de seu poder, nesse caso não há ação alguma da lei. Porque tudo que é feito por ele em virtude de seu poder, é feito pela autoridade de cada súdito e, em consequência, quem mover uma ação contra o soberano estará movendo-a contra si mesmo...

CAPÍTULO XXVI*

Das leis civis

Entendo por leis civis aquelas que os homens são obrigados a observar porque são membros, não deste ou daquele Estado em particular, mas de um Estado. Porque o conhecimento das leis particulares cabe àqueles que se dedicam ao estudo das leis de seus diversos países, mas o conhecimento do direito civil em geral compete a todos...

E, primeiro, é evidente que a lei em geral não é conselho, mas sim ordem; tampouco é uma ordem de qualquer um para qualquer um, mas apenas daquele cuja ordem é dirigida a alguém obrigado anteriormente a obedecer-lhe. Quanto ao direito civil, acrescenta-se apenas o nome da pessoa que ordena, que é *persona civitatis*, a pessoa do Estado.

Considerado isto, defino direito civil da seguinte maneira: *direito civil são, para todo súdito, aquelas regras que o Estado ordenou-lhe, oralmente, por escrito, ou por qualquer outro sinal suficiente da vontade, fazer uso para distinguir entre o certo e o errado, isto é, aquilo que é contrário e não é contrário à regra...*

... leis são as regras do justo e do injusto, não sendo reputado injusto aquilo que não é contrário a alguma lei. Do mesmo modo, ninguém pode fazer leis a não ser o Estado, pois nossa sujeição é apenas para com o Estado; e as ordens devem ser expressadas por sinais suficientes; porque, caso contrário, um homem não saberia como obedecer-lhes. Assim, tudo o que possa ser deduzido desta definição como consequência necessária deve ser reconhecido como verdadeiro. Então, deduzo disso o que se segue.

1. Em todos os Estados, o legislador é apenas o soberano, seja ele um homem, como na monarquia, ou uma assembleia de homens, como numa democracia ou aristocracia. Porque o legislador é aquele que faz a lei. E só o Estado

---

* No texto em inglês, com base no qual se fez esta tradução, foram omitidos os capítulos XXII a XXV. (N. do R. T.)

prescreve e ordena a observância daquelas regras que chamamos leis; por conseguinte, o Estado é o único legislador. Mas o Estado não é uma pessoa, nem tem capacidade para fazer alguma coisa, a não ser por meio do representante (isto é, o soberano), e, portanto, o soberano é o único legislador...

2. O soberano de um Estado, quer seja uma assembleia ou um homem, não está sujeito às leis civis. Porque, tendo poder para fazer e revogar leis, pode, quando quiser, libertar-se dessa sujeição, revogando as leis que o importunam e fazendo outras novas; portanto, ele era livre antes...

3. Quando um uso prolongado adquire a autoridade de uma lei, não é a extensão do tempo que lhe dá autoridade, mas a vontade do soberano indicada por seu silêncio... nossos juristas só consideram leis os costumes que sejam razoáveis, e que os maus costumes devem ser abolidos. Mas o julgamento do que é razoável e do que deve ser abolido cabe àquele que faz a lei, que é a assembleia soberana ou o monarca.

4. A lei da natureza e a lei civil contêm uma à outra e são de igual extensão. Porque as leis da natureza que consistem em equidade, justiça, gratidão e outras virtudes morais que delas dependem, na condição de simples natureza..., não são propriamente leis, mas qualidades que predispõem os homens para a paz e a obediência. Quando um Estado é estabelecido, então elas se tornam de fato leis, e não antes, pois passam então a ser ordens do Estado e, portanto, também leis civis. Porque é o poder soberano que obriga os homens a obedecer-lhes. Porque, para declarar, nas diferenças entre indivíduos, o que é equidade, o que é justiça e o que é virtude moral, e torná-las obrigatórias, são necessários os decretos do poder soberano, e punições a serem ordenadas para quem os infringir, decretos esses que são, portanto, parte do direito civil. Por conseguinte, a lei da natureza é parte do Direito Civil nos Estados do mundo. Também, de forma recíproca, o Direito Civil é parte dos ditames da natureza. Porque a justiça, isto é, o cumprimento de pactos e dar a cada homem o que é seu, é um ditame da lei da natureza. Mas cada súdito de um Estado assumiu o compromisso de obedecer ao Direito Civil... e, por conseguinte, a obediência ao Direito Civil também é parte da lei da natureza. O Direito Civil e a lei natural não são diferentes espécies, mas diferentes partes da lei, uma das quais é escrita e se chama civil, a outra não é escrita e se chama natural. Mas o direito de natureza, isto é, a liberdade natural do homem, pode ser reduzido e restringido pelo Direito Civil; mais ainda, o fim da elaboração de leis não é outro senão essa restrição, sem a qual não é posssível haver paz. E a lei só foi trazida ao mundo com o intuito de limitar a liberdade natural dos indivíduos, de tal maneira que eles não possam causar dano uns aos outros, mas sim se ajudarem e se unirem contra o inimigo comum.

5. Se o soberano de um Estado subjugar um povo que viveu sob outras leis escritas e, depois disso, governá-lo com as mesmas leis pelas quais era governado antes, essas leis serão, não obstante, as leis civis do Estado vencedor e não do Estado derrotado. Porque o legislador não é aquele por cuja autoridade as leis foram feitas pela primeira vez, mas aquele por cuja autoridade elas continuam sendo leis. Portanto, onde houver diversas províncias dentro do domínio de um Estado, e nessas províncias houver diversidade de leis que em geral se chamam os costumes de cada uma das várias províncias, não devemos entender que tais costumes obtenham sua força apenas pela extensão de tempo; mas que no passado eram leis escritas, ou dadas a conhecer de outra maneira, para as constituições e estatutos de seus soberanos; e que agora são leis não em virtude da prescrição do tempo, mas pelas constituições dos atuais soberanos. Mas, se em todas as províncias de um domínio for observada a obediência geral a uma lei não escrita e não surgir nenhuma iniquidade no uso dela, essa lei não pode ser outra a não ser uma lei da natureza, obrigatória igualmente para todo o gênero humano...

7. Nossos juristas concordam que a lei jamais pode ser contrária à razão; e que é a lei, não a letra da lei (isto é, cada uma de suas frases), aquilo que está de acordo com a intenção do le-

gislador. Isto é verdade, mas subsiste a dúvida quanto àquele cuja razão deve ser aceita como lei. Não se trata de alguma razão privada, porque então haveria tanta contradição nas leis quanto há nas escolas; nem (como Sir Ed Coke pensa) de uma *perfeição artificial da razão, obtida através de longo estudo, observação e experiência* (como era a dele). Porque é possível que um longo estudo fortaleça e confirme sentenças errôneas; e quando os homens constroem sobre falsos fundamentos, quanto mais constroem, maior é a ruína; e as razões e resoluções daqueles que estudam e observam com tempo e diligência iguais são e devem continuar sendo discordantes. Por conseguinte, o que faz a lei não é a *juris prudentia* ou sabedoria dos juízes subordinados, mas a razão deste nosso homem artificial, o Estado, e suas ordens. E, sendo o Estado, em seu representante, apenas uma pessoa, não pode surgir facilmente nenhuma contradição nas leis; e, quando surge, a mesma razão é capaz de afastá-la, por interpretação ou alteração. Em todos os tribunais de justiça quem julga é o soberano (que é a pessoa do Estado). O juiz subordinado deve levar em consideração a razão que induziu seu soberano a fazer tal lei, a fim de que sua sentença esteja de acordo com ela, e nesse caso a sentença é uma sentença de seu soberano; caso contrário, será sua própria sentença, e será injusta...

8. ... A ordem do Estado só é lei para aqueles que têm meios para dela tomar conhecimento. A lei não se aplica aos débeis naturais, crianças ou loucos, tampouco aos animais irracionais; eles também não podem ser qualificados de justos ou injustos, porque nunca tiveram poder para fazer qualquer pacto ou para compreender as consequências dele; portanto, nunca assumiram a responsabilidade de autorizar as ações de algum soberano, tal como deveriam fazer para criar para si um Estado...

Em primeiro lugar, se for uma lei que obrigue todos os súditos sem exceção, e não estiver escrita nem publicada de outra forma nos lugares em que eles possam tomar conhecimento dela, é uma lei da natureza. Porque tudo aquilo de que os homens tenham de tomar conhecimento como lei, não através das palavras de outros homens, mas cada um através de sua própria razão, deve ser válido para a razão de todos os homens, o que nenhuma lei pode ser, exceto a lei da natureza. Por conseguinte, as leis da natureza não precisam de qualquer publicação, nem proclamação, pois estão contidas nesta única sentença, aprovada por todo o mundo: *não faças a outrem o que não julgares razoável que um outro faça a ti mesmo.*

... Porque toda lei que não seja escrita, ou de alguma maneira publicada por aquele que a torna lei, só pode ser conhecida pela razão daquele que deve obedecer-lhe; por conseguinte, também é uma lei natural, não apenas civil. Por exemplo, se o soberano emprega um ministro público sem instruções escritas sobre o que deve fazer, o ministro é obrigado a aceitar como instruções os ditames da razão. Assim como, se nomear um juiz, este deve tomar cuidado para que sua sentença esteja de acordo com a razão de seu soberano, e, sendo esta sempre entendida como equidade, ele está obrigado a ela pela lei da natureza... Todas essas instruções da razão natural devem ser compreendidas sob o único nome de *fidelidade*, que é um ramo da justiça natural.

Excetuando-se a lei da natureza, pertence à essência de todas as outras leis serem dadas a conhecer a todo homem que será obrigado a obedecer-lhe, seja oralmente, por escrito ou algum outro ato que se saiba provir da autoridade soberana...

Sendo o legislador conhecido e se as leis forem suficientemente publicadas, seja por escrito ou pela luz da natureza, ainda assim falta uma outra circunstância muito essencial para torná-las obrigatórias. Porque a natureza da lei consiste, não na letra, mas na intenção ou significado, isto é, na autêntica interpretação da lei (que é o que o legislador quis dizer). Por conseguinte, a interpretação de todas as leis depende da autoridade soberana; e os intérpretes só podem ser aqueles que o soberano (única pessoa a quem o súdito deve obediência) nomear. Porque, do contrário, a habilidade de um intérprete pode fazer uma lei adquirir um sentido contrário ao pretendido pelo soberano; desse modo, o intérprete se tornaria o legislador.

Todas as leis, escritas e não escritas, têm necessidade de interpretação. A lei da natureza, não escrita, embora seja fácil para aqueles que sem parcialidade ou paixão fazem uso de sua razão natural, deixando, portanto, sem desculpas seus transgressores, ainda assim tornou-se a mais obscura de todas as leis, porque há poucos homens, talvez nenhum, que em alguns casos não se deixe cegar pelo amor-próprio, ou alguma outra paixão, e, como consequência, é a lei que mais necessidade tem de intérpretes capazes. As leis escritas, se forem breves, são facilmente mal interpretadas, por causa dos diversos significados de uma ou duas palavras; se forem longas, serão mais obscuras por causa dos diversos significados de muitas palavras. De modo que nenhuma lei escrita, expressa em poucas ou em muitas palavras, pode ser bem compreendida sem uma perfeita compreensão das causas finais para as quais a lei foi feita; o conhecimento dessas causas finais está no legislador. Para ele, portanto, nenhum nó da lei pode ser insolúvel; seja descobrindo-lhe as pontas e por aí desatando-o, seja fazendo quantas pontas desejar (como *Alexandre* fez com sua espada no nó górdio), por meio do poder legislativo, o que nenhum outro intérprete pode fazer.

Num Estado, a interpretação das leis da natureza não depende dos livros de filosofia moral. Sem a autoridade do Estado, a autoridade dos doutrinadores não transforma suas opiniões em lei, por mais verdadeiras que sejam. O que escrevi neste tratado com relação às virtudes morais e à sua necessidade para obter e manter a paz, embora seja verdade evidente, não é lei por causa disso, mas sim porque é parte do Direito Civil em todos os Estados do mundo. Embora seja naturalmente razoável, só é lei pelo poder soberano. Do contrário, seria um grande erro chamar as leis da natureza de lei não escrita, a respeito da qual vemos tantos volumes publicados, com tantas contradições quanto aos outros e a si mesmos.

A interpretação da lei da natureza é a sentença do juiz constituído pela autoridade soberana, para ouvir e decidir as controvérsias que dela dependem, e consiste na aplicação da lei ao caso vertente. Porque no ato da judicatura o juiz não faz mais do que considerar se a demanda da parte é compatível com a razão natural e com a equidade. A sentença que ele profere é, por conseguinte, a interpretação da lei da natureza, interpretação essa que é autêntica, não por ser sua sentença particular, mas sim porque ele a profere pela autoridade do soberano, o que a torna sentença do soberano, que é lei para as partes em litígio.

Mas como não há juiz subordinado ou soberano que não possa errar num julgamento de equidade, se posteriormente, em outro caso semelhante, ele julgar mais compatível com a equidade proferir uma sentença contrária, é obrigado a fazê-lo. O erro de nenhum homem se torna sua própria lei, nem o obriga a persistir nele. Tampouco (pela mesma razão) se torna lei para outros juízes, embora tenham jurado segui-lo. Porque, embora uma sentença injusta dada pela autoridade do soberano, se ele a conhecer e permitir, naquelas leis que são mutáveis, constitua uma nova lei para os casos em que toda pequena circunstância for a mesma, nas leis imutáveis, como as leis da natureza, não é lei para o mesmo juiz ou para outros, em casos semelhantes que depois disso ocorram. Os príncipes se sucedem uns aos outros, e um juiz passa, outro vem; mais ainda, o céu e a terra passarão; mas nenhum artigo da lei da natureza passará, porque ela é a eterna lei de Deus. Por conseguinte, nem todas as sentenças juntas de todos os juízes precedentes que já existiram podem fazer uma lei contrária à equidade natural. Nem quaisquer exemplos de juízes anteriores podem justificar uma sentença irracional ou dispensar o atual juiz do trabalho de estudar o que é a equidade (no caso em que deve julgar), a partir dos princípios de sua própria razão natural. Por exemplo: é contra a lei da natureza *punir o inocente*, e inocente é aquele que foi absolvido judicialmente e reconhecido como inocente pelo juiz. Suponhamos agora o caso de um homem que é acusado de um crime capital e, vendo o poder e maldade de algum inimigo e a frequente corrupção e parcialidade dos juízes, foge com medo; mais tarde é apanhado e levado a julgamento, onde demonstra de maneira suficiente que não era culpado do crime, sendo absolvido dele, mas ainda assim condenado à perda de seus bens; trata-se da evidente condenação de um inocente. Por conseguinte, digo que não há lugar algum no mundo onde isso possa ser considerado uma interpretação da lei da natureza, ou possa virar lei pelas sentenças de juízes precedentes que hajam feito o mesmo. Porque aquele que julgou primeiro, julgou de maneira injusta; e nenhuma injustiça pode ser padrão de julgamento para juízes que se sucedam. Uma lei escrita pode proibir homens inocentes de fugir, e eles podem ser punidos por fugir. Mas que fugir por medo de injúria seja considerado presunção de culpa, depois de um homem já ter sido judicialmente absolvido do crime, é contrário à natureza da presunção, que não pode ter lugar depois de feito o julgamento. No entanto, isso é referido para a lei comum da Inglaterra por um grande jurista. *Se um homem* (diz ele) *que é inocente for acusado de crime e por medo disto fugir, embora venha a ser absolvido do crime, caso se entenda que fugiu por causa dele, apesar de sua inocência deverá perder todos os seus bens, bens móveis, créditos e títulos. Porque, quanto à perda destes, a lei não admitirá prova alguma contra a presunção legal, baseada em sua fuga.* Aqui se vê *um homem inocente, judicialmente absolvido, apesar de sua inocência* (quando nenhuma lei escrita o proibia de fugir), ser condenado, após sua absolvição, *com base numa presunção legal*, a perder todos os bens que possui. Se a lei tiver firmado em sua fuga uma presunção do fato (que era capital), a sentença teria de ser capital; se a presunção não fosse do fato, por que deveria ele perder seus bens? Portanto, isso não é nenhuma lei da Inglaterra; tampouco a condenação está baseada numa presunção legal, mas sim numa presunção dos juízes. Também é contra a lei dizer que nenhuma prova será admitida contra uma presunção legal. Porque qualquer juiz, soberano ou subordinado, se se recusar a ouvir as provas, estará recusando fazer justiça... Há outras coisas dessa natureza, em que os julgamentos dos homens foram pervertidos por confiar em precedentes, mas isso é o bastante para mostrar que, embora a sentença de um juiz seja lei para a parte, não é lei para qualquer juiz que o suceda na função.

Da mesma maneira, quando a questão é sobre o significado das leis escritas, seu intérprete não é quem escreveu um comentário sobre elas. Porque, em geral, os comentários estão mais sujeitos à objeção capciosa do que o texto e, por conseguinte, necessitam de outros comentários, de modo que essa interpretação não terá fim. Portanto, a menos que haja um intérprete autorizado pelo soberano, do qual os juízes subordinados não possam divergir, o intérprete não pode ser outro senão os juízes comuns, da mesma maneira que o são nos casos da lei não escrita. E suas sentenças devem ser aceitas pelos litigantes, como lei naquele caso específico; mas não obrigam outros juízes a fazer julgamentos semelhantes em casos semelhantes. Porque um juiz pode errar na interpretação até das leis escritas, mas nenhum erro de um juiz subordinado pode mudar a lei, que é a sentença geral do soberano.

Nas leis escritas, os homens costumam fazer uma diferença entre a letra e a sentença da lei. Quando por letra se entende tudo o que possa ser deduzido das meras palavras, a distinção está bem feita. Porque os significados de quase todas as palavras são, em si mesmas ou no uso metafórico delas, ambíguos; e no debate podem adquirir muitos sentidos, mas na lei há apenas um único sentido. Mas, se por letra da lei for entendido o sentido literal, então a letra e a sentença ou intenção da lei é uma só. Porque o sentido literal é aquele que o legislador pretendia que fosse indicado pela letra da lei. Ora, supõe-se que a intenção do legislador é sempre a equidade, porque seria uma grande contumélia se um juiz pensasse de modo diferente do soberano. Portanto, se a palavra da lei não autoriza plenamente uma sentença razoável, ele deve supri-la com a lei da natureza ou, se o caso for difícil, adiar o julgamento até ter recebido mais ampla autoridade. Por exemplo, uma lei escrita ordena que aquele que foi expulso de sua casa à força, deve ser restituído pela força. Suponhamos que um homem deixa sua casa vazia por negligência e, ao retornar, é impedido pela força de entrar; nesse caso não há nenhuma lei especial estabelecida. É evidente que esse caso está contido na mesma lei, porque do contrário não haveria nenhuma solução para ele, o que deve supor-se contrário à intenção do legislador. Por outro lado, a palavra da lei ordena julgar de acordo com as evidências. Um homem é acusado falsamente de um fato que o próprio juiz viu ter sido cometido por um outro, e não por aquele que é acusado. Nesse caso, nem a letra da lei deve ser seguida para condenar um inocente, nem o juiz deve proferir sentença contra a evidência de testemunhas, porque a letra da lei diz o contrário; mas deve conseguir do soberano que outro juiz seja indicado, de modo que ele próprio fique como testemunha. De modo que o inconveniente resultante das meras palavras de uma lei escrita possa conduzi-lo à intenção da lei, a fim de melhor interpretá-la, embora nenhum inconveniente possa justificar uma sentença contrária à lei. Porque o juiz do certo e do errado não é juiz do que é conveniente ou inconveniente para o Estado.

As aptidões necessárias a um bom intérprete da lei, isto é, a um bom juiz, não são as mesmas de um advogado; a saber, o estudo das leis. Porque um juiz, assim como deve tomar conhecimento dos fatos apenas através das testemunhas, também deve tomar conhecimento da lei apenas através dos estatutos e constituições do soberano, alegados no litígio ou a ele declarados por alguém autorizado pelo poder soberano. E não precisa preocupar-se de antemão com o que irá julgar, porque o que ele dirá referente aos fatos lhe será dado por testemunhas, e o que dirá com referência à lei lhe será dado por aqueles que em suas alegações o mostrarem e que ele, por autoridade, interpretará no local. Os lordes do Parlamento na Inglaterra eram juízes e as causas mais difíceis foram ouvidas e decididas por eles; no entanto, poucos deles eram muito versados no estudo das leis, e um número menor ainda havia feito delas profissão. Embora consultassem juristas nomeados para estar presentes ali com esse propósito, só eles tinham autoridade para proferir sentenças. De maneira semelhante, nos julgamentos de direito comum, os juízes são doze homens do povo, que proferem sentenças não apenas de fato, mas também de direito, e se pronunciam simplesmente a favor do queixoso ou a favor do réu, o que vale dizer, são juízes não apenas do fato, mas também do direito; e, numa questão criminal, não apenas decidem se o crime foi ou não cometido, mas também se foi *assassinato*, *homicídio*, *delito grave*, *assalto* e coisas semelhantes, que são determinações da lei. Mas como não se supõe que eles próprios conheçam a lei, há um deles com autoridade para informá-los dela, no caso particular que devem julgar. Mas, caso não julguem de acordo com o que ele lhes diz, não estarão sujeitos a penalidade alguma por causa disso; a menos que fique evidente que o fizeram contra suas consciências, ou que foram corrompidos por algum suborno.

As coisas que fazem um bom juiz, ou um bom intérprete da lei, são, em primeiro lugar, *uma compreensão correta* daquela lei principal da natureza, chamada *equidade*, o que depende não da leitura dos escritos de outros homens, mas da boa qualidade da própria razão e meditação natural do homem que, presume-se, existir em maior grau nos que têm mais oportunidades e mais inclinação para meditar sobre isso. Em segundo lugar, *o desprezo pelas riquezas desnecessárias* e pelas promoções. Em terceiro lugar, *ser capaz, no julgamento, de despir-se de todo medo, ira, ódio, amor e compaixão*. Em quarto e último lugar, *paciência para ouvir, atenção diligente nas audiências e memória para reter, digerir e aplicar o que se ouviu...*

CAPÍTULO XXIX*

Das coisas que enfraquecem ou tendem à dissolução de um Estado

... Para obter um reino, às vezes um homem contenta-se com menos poder do que é necessário para a paz e a defesa do Estado. Donde se segue que, quando o exercício do poder renunciado deve ser retomado para a segurança pública, ele tem a aparência de um ato injusto, o que predispõe um grande número de homens (quando a ocasião se apresenta) a se rebelar...

Isto não acontece apenas na monarquia. Porque, enquanto o sistema no antigo Estado romano era *o Senado e o povo de Roma*, nem o Senado nem o povo aspiravam a todo o poder, coisa que primeiro causou as sedições de *Tibério Graco, Caio Graco, Lúcio Saturnino* e outros, e depois as guerras entre o Senado e o povo no período de *Mário* e *Sila*; e outra vez no tempo de *Pompeu* e *César*, até a extinção de sua democracia e a instituição da monarquia...

... Observo as *doenças* de um Estado que provêm do veneno das doutrinas sediciosas, uma das quais é: *Que todo indivíduo é juiz das boas e más ações*. Isso é verdade na condição de simples natureza, quando não existem leis civis, e também sob o governo civil nos casos que não são decididos pela lei. Mas, do contrário, é evidente que a medida das boas e más ações é o Direito Civil; e o juiz é o legislador, que é sempre representante do Estado. A partir dessa falsa doutrina, os homens ficam inclinados a debater uns com os outros e a discutir as ordens do Estado; e depois a obedecê-las ou desobedecê-las, como acharem adequado em seus juízos particulares. Pelo que o Estado é perturbado e *enfraquecido*...

Uma quinta doutrina que tende para a dissolução do Estado é: *Que todo indivíduo tem propriedade absoluta de seus bens, a ponto de excluir o direito do soberano*. Todo homem tem, de fato, uma propriedade que exclui o direito de qualquer outro súdito. E a tem apenas pelo poder soberano, sem cuja proteção todos os outros homens teriam direito igual a ele. Mas, se o direito do soberano também for excluído, ele não poderá desempenhar o cargo em que o colocaram, que consiste em defendê-los tanto dos inimigos estrangeiros como das injúrias de uns aos outros; e, como consequência, não haverá mais Estado...

Há uma sexta doutrina dirigida franca e diretamente contra a essência do Estado, e é: *Que o poder soberano pode ser dividido*. Porque o que é dividir o poder de um Estado senão dissolvê-lo, já que poderes divididos se destroem mutuamente uns aos outros? E para estas doutrinas os homens dirigem sua atenção sobretudo para alguns daqueles que, fazendo das leis sua profissão, tentam fazê-las depender de seu próprio saber e não do poder legislativo.

E assim como as falsas doutrinas, também com frequência o exemplo de governos diferentes numa nação vizinha predispõe os homens para a alteração da forma já estabelecida... E não duvido de que muitos homens tenham ficado satisfeitos com as últimas perturbações na Inglaterra, à imitação dos Países Baixos, supondo que para enriquecer só precisavam mudar, como eles haviam feito, a forma de seu governo...

E quanto à rebelião contra a monarquia em particular, uma de suas causas mais frequentes é a leitura de livros de política e de história dos antigos gregos e romanos; dos quais os jovens, e todos aqueles que são desprovidos do antídoto da razão sólida, ao receber uma forte e agradável impressão das grandes façanhas de guerra praticadas pelos condutores de seus exércitos, formam uma ideia também agradável de tudo que fizeram além disso; e imaginam que sua grande prosperidade procedeu não da emulação dos indivíduos, mas da virtude de sua forma popular de governo, não considerando as frequentes sedições e guerras civis causadas pela imperfeição de sua política. A partir da leitura, digo, de tais livros, os homens trataram de matar seus reis, porque os

---

* No texto em inglês, com base no qual se fez esta tradução, foram omitidos os capítulos XXVII a XXVIII. (N. do R. T.)

autores gregos e latinos, em seus livros e discursos de política, tornaram lícito e louvável que qualquer homem o fizesse, desde que antes de fazê-lo o chamassem de tirano. Porque não dizem que o *regicídio* seja lícito, isto é, o assassinato de um rei, mas sim *tiranicídio*, isto é, o assassinato de um tirano. A partir dos mesmos livros, aqueles que vivem sob uma monarquia formam a opinião de que os súditos de um Estado popular desfrutam de liberdade, mas que na monarquia eles são todos escravos. Digo que aqueles que vivem sob uma monarquia formam tal opinião, mas não aqueles que vivem num governo popular, porque não o verificam. Em suma, não posso imaginar como uma coisa pode ser mais prejudicial a uma monarquia do que permitir que tais livros sejam lidos em público, sem que mestres judiciosos lhes apliquem aquelas correções apropriadas para retirar-lhes o veneno, veneno esse que não hesito em comparar à mordida de um cão hidrófobo...

Assim como houve doutores que sustentaram que há três almas no homem, também há aqueles que pensam que pode existir mais de uma alma (isto é, mais de um soberano) num Estado, e estabeleceram a *supremacia* contra a *soberania*; os *cânones* contra as *leis*, e uma *autoridade espiritual* contra a *autoridade civil*, atuando sobre o espírito dos homens com palavras e distinções que em si nada significam, mas que revelam (por sua obscuridade) que um outro reino avança (como alguns pensam, de maneira invisível) na escuridão, como se fosse um reino de fadas. Ora, visto ser evidente que o poder civil e o poder do Estado são a mesma coisa; e que a supremacia, o poder de fazer cânones e conceder faculdades implica um Estado, deduz-se que onde um é soberano e outro supremo, onde um pode fazer leis e outro fazer cânones, tem de haver dois Estados para os mesmos súditos, o que é um reino dividido e que não pode durar... Por conseguinte, quando esses dois poderes se opõem um ao outro, o Estado só pode estar em grande perigo de guerra civil e de dissolução...

CAPÍTULO XXX

Do ofício do soberano representante

... Cabe ao cuidado do soberano fazer boas leis. Mas o que é uma boa lei? Por boa lei não entendo uma lei justa, pois nenhuma lei pode ser injusta. A lei é feita pelo poder soberano, e tudo o que é feito por tal poder é garantido e pertence a cada um do povo; e aquilo que, dessa forma, cada homem tiver, ninguém pode dizer que é injusto. Ocorre com as leis de um Estado o mesmo que com as leis do jogo: tudo com que os jogadores concordarem não é injustiça para nenhum deles. Uma boa lei é aquela que é *necessária* para o *bem do povo* e, além disso, perspícua.

Pois o objetivo das leis (que nada mais são que regras autorizadas) não é coibir o povo de todas as ações voluntárias, mas sim dirigi-lo e mantê-lo num movimento tal que não se fira com seus próprios desejos impetuosos, com sua temeridade ou indiscrição; assim como as sebes não são colocadas para deter os viajantes e sim para mantê-los no caminho. Por conseguinte, uma lei que não é necessária, não tendo o verdadeiro fim de uma lei, não é boa...

A perspicuidade não consiste tanto nas palavras da lei em si como na declaração das causas e motivos pelos quais ela foi feita. É isso que nos mostra a intenção do legislador; e conhecida a intenção do legislador, a lei é mais facilmente compreendida com poucas palavras do que com muitas. Porque todas as palavras estão sujeitas à ambiguidade e, por conseguinte, a multiplicação de palavras no texto da lei é uma multiplicação de ambiguidade. Além disso, parece implicar (por demasiada diligência) que quem puder esquivar-se das palavras estará fora do alcance da lei. E essa é a causa de muitos processos desnecessários. Pois, quando vejo quão breves eram as leis dos tempos antigos e como foram ficando pouco a pouco mais longas, penso ver uma contenda entre os autores e os pleiteantes da lei, com os primeiros procurando limitar os segundos, e estes evitar a limitação, e que os pleiteantes obtiveram a vitória. Portanto, cabe ao cargo de legislador (que em todos os Estados é o supremo representante, seja ele um homem ou uma assembleia) tornar perspícua a razão pela qual a lei foi feita; e o texto da própria lei tão breve, mas em termos tão próprios e significantes quanto possível.

Cabe também ao cargo do soberano estabelecer uma correta aplicação de punições e recompensas. E visto que o fim da punição não é a vingança, nem descarregar a cólera, mas sim a correção do transgressor, ou de outros por seu exemplo, as punições mais severas devem ser aplicadas aos crimes que são de maior perigo para o público... Mas crimes de fraqueza, como os que resultam de grande provocação, de grande temor, grande necessidade ou da ignorância, quer o fato seja um grande crime, quer não, dão lugar muitas vezes à clemência, sem prejuízo para o Estado, e a clemência, quando há espaço para ela, é exigida pela lei da natureza...

Da mesma maneira, cabe ao cargo e dever do soberano distribuir suas recompensas sempre que delas puder surgir um benefício para o Estado, no que consiste seu fim e objetivo. E isso é feito, então, quando aqueles que bem serviram ao Estado são tão bem recompensados, com um mínimo possível de despesas para o Tesouro comum, que outros possam sentir-se encorajados por isso tanto para servi-lo com a maior fidelidade possível, como para estudar as artes que lhes permitam fazê-lo melhor...

Revisão e conclusão

... E porque encontro em diversos livros ingleses publicados nos últimos tempos que as guerras civis ainda não ensinaram suficientemente aos homens quando um súdito se torna obrigado ao conquistador, nem o que é conquista, nem como acontece de ela obrigar os homens a obedecer às suas leis; portanto, para maior satisfação dos homens, digo que o momento em que um homem se torna súdito de um conquistador é aquele em que, tendo liberdade para submeter-se a ele, consente, através de palavras expressas ou por algum outro sinal suficiente, em ser seu súdito. Mostrei antes, no final do capítulo 21, quando um homem tem a liberdade de submeter-se, a saber, que para aquele que não tem qualquer obrigação para com seu antigo soberano, a não ser a de um súdito comum, é quando os meios de sua vida estão dentro das guardas e guarnições do inimigo, porque é então que ele não tem mais proteção dele, e é protegido pela parte adversa por sua contribuição. Portanto, visto que tal contribuição é considerada lícita em toda parte, como uma coisa inevitável (apesar de ser um auxílio ao inimigo), uma submissão total, que nada mais é que um auxílio ao inimigo, não pode ser considerada ilícita... Mas, se um homem, além da obrigação de súdito, assumiu uma nova responsabilidade como soldado, então não tem a liberdade de se submeter a um novo poder, enquanto o antigo se mantiver no campo de batalha, dando-lhe os meios de subsistência, em seus exércitos ou guarnições. Porque, neste caso, ele não pode queixar-se de falta de proteção e de meios para viver como soldado. Mas, quando também isso falha, um soldado pode procurar proteção onde quer que tenha mais esperança de encontrá-la; e pode legitimamente submeter-se a seu novo senhor. E é tudo quanto ao momento em que pode fazê-lo legitimamente, se quiser...

... *Conquista* (definindo-a) é a aquisição do direito de soberania por vitória. Direito esse que é adquirido com a submissão do povo, pela qual este faz um contrato com o vencedor, prometendo obediência em troca da vida e da liberdade...

... porque o nome de tirania significa nada mais nada menos que o nome de soberania, esteja ela em um ou em muitos homens; a não ser que se entenda que aqueles que usam a primeira palavra estejam furiosos com os que chamam de tiranos, penso que a tolerância de um ódio professo da tirania é tolerância do ódio ao Estado em geral, e outra semente má, não muito diferente da primeira. Porque para a justificação da causa de um conquistador, na maioria das vezes, é necessária a censura da causa do conquistado; mas nenhuma delas é necessária para a obrigação dos conquistados...

6

John Locke
1632-1704

A família Locke vivia na zona rural, no sudoeste da Inglaterra. John Senior, o pai do filósofo, era um agente imobiliário, um bom advogado do interior, puritano, capitão nas forças parlamentares que entraram em ação contra o exército do rei, e um tenaz defensor da liberdade política. Pouco se sabe sobre sua esposa, que era dez anos mais velha que ele. O padrão da família era determinado pelo marido. Ele insistia para que seus filhos tivessem uma vida ativa e estudiosa; ensinou-lhes a apreciar a simplicidade e a evitar a ostentação.

Aos catorze anos Locke foi mandado para a severa Westminster School. Westminster dava ênfase aos clássicos; Locke teve uma instrução básica completa em latim e grego. Distinguiu-se e recebeu uma bolsa de estudos no terceiro ano. Um biógrafo diz que Locke pode ter visto Carlos I perder a cabeça no pátio vizinho do Whitehall Palace.

Aos vinte anos entrou atrasado em Oxford, onde também desfrutou de uma bolsa de estudos. Passou ali grande parte dos trinta anos seguintes como estudante e erudito. Oxford havia sido monarquista, mas John Owen, um firme adepto de Cromwell, era uma força importante quando Locke matriculou-se. Owen protegia a posse de professores anglicanos monarquistas, e esse exemplo pode ter acelerado o não sectarismo de Locke (que, infelizmente, jamais se estendeu aos não protestantes). O currículo de Oxford mudara pouco desde os tempos de estudante de Hobbes; os cursos ainda eram uma exposição escolástica de temas aristotélicos – gramática, retórica, lógica, filosofia moral e grego. A matemática havia sido acrescentada e Locke estudou-a com Wallis – um dos antagonistas de Hobbes. Locke queixava-se de que a educação de Oxford era descorada e enfadonha, mas labutou durante quatro anos para obter seu diploma de bacharel, e continuou outros dois anos para conseguir o mestrado. Estudos extracurriculares menos áridos e as pândegas tornaram sua vida em Oxford agradável e, após a graduação, permaneceu em níveis inferiores da faculdade, com indicações anuais para dar aulas sobre vários assuntos. Apenas clérigos eram elegíveis para a maioria das cadeiras em Oxford; Locke brincou com a ideia de se tornar um sacerdote, porém seu não sectarismo e sua crença na sabedoria da supremacia secular afastaram-no do sacerdócio. Gostava de moças e divertia-se com a ideia de casamento, não sendo conhecidas as razões que o desviaram desse caminho.

Dois ramos da ciência atraíram-no nos anos de pós-graduação – a física e a medicina. Sir Robert Boyle, físico pioneiro, viveu na cidade de Oxford durante cinco anos e tornou-se amigo de Locke. Com ele, Locke aprendeu muito sobre física e continuou a especular sobre o método científico. Seus estudos médicos eram irregulares, mas qualificaram-no para tratar pacientes, o que fez de vez em quando pelo resto da vida. A maioria dos médicos de Oxford ensinava sua matéria como um saber clássico, aprendido com autoridades como Aristóteles e Galeno, mas os primórdios da medicina moderna estimularam alguns deles a adotar o método empírico. Estes atraíam Locke. Ele achava fútil a instrução médica tradicional de Oxford. Quando estava com trinta e seis anos, tentou usar de influência para ser admitido como candidato a um doutorado em medicina, sem frequentar as conferências exigidas para o título de bacharel. O diploma de doutor o teria tornado elegível para membro graduado, sem ordenar-se como religioso. Porém, a ordem da faculdade de medicina foi mais forte do que a pressão. Aos quarenta e dois anos, Locke enfim obteve seu diploma de bacharel; foi então admitido como candidato a doutor em medicina, mas jamais se formou.

Com trinta e três anos, Locke desfrutou de um breve interlúdio diplomático, na condição de secretário numa missão a Brandenberg e Cleves. Na volta, pediram-lhe que aceitasse incumbências mais importantes no serviço de assuntos estrangeiros, mas o apelo da ciência e da vida universitária levaram-no de volta a Oxford.

Dois anos depois, Lorde Ashley, seu influente amigo, persuadiu Locke a entrar para sua casa em Londres. A princípio, a função de Locke parecia médica; dizem que realizou uma cirurgia que salvou a vida de Ashley. Pouco depois, entretanto, tornou-se consultor de Ashley em política e assuntos de Estado. Mais tarde, escolheu uma esposa para o filho de Ashley. Conviveu com políticos de primeira importância, ricos homens de negócios e influentes cortesãos. Nos seis anos seguintes, a estrela de Ashley subiu rapidamente. Ele tornou-se conde de Shaftesbury, presidente do Conselho de Comércio e Plantações e presidente da Câmara dos Pares. Locke teve uma série de empregos assalariados com Shaftesbury.

O último biógrafo de Locke, Cranston, diz em sua excelente obra: "O mundo lembra de Locke como um grande teórico da tolerância, mas Ashley foi um paladino da tolerância antes de Locke, num tempo em que as opiniões de Locke sobre a tolerância eram bem diferentes. Isto não quer dizer que Locke tenha adquirido suas opiniões maduras sobre a tolerância com Ashley, porque, quando conheceu Ashley, as opiniões de ambos já coincidiam. Mas foi Ashley que fez Locke dar uma atenção sistemática ao assunto e fomentou sua evolução como liberal".

A saúde de Locke deteriorou-se em Londres; ele sofria sobretudo no inverno, quando a densa fumaça inflamava seus fracos pulmões e provocava ataques de asma. Passava curtos períodos no campo e na França. Aos quarenta e três anos estava gravemente doente, e decidiu-se por uma longa estada em Montpelier, uma estação de tratamento na França. Após um ano tranquilo ali, foi para Paris ser tutor do filho de um amigo de Shaftesbury. Passou um terceiro verão excursionando pela França rural (e notando em especial a miséria dos camponeses), e um terceiro inverno alegremente em Paris. Durante sua estada na França, procurou a companhia de eruditos, sobretudo quando eram alegres. Refletia frequentemente sobre assuntos filosóficos, em especial sobre as opiniões de Descartes, populares na época.

Na primavera, Locke retornou relutante a uma Inglaterra turbulenta sob o reinado de Carlos II. O destino de Shaftesbury oscilava entre a presidência do Conselho Privado, a prisão na Torre de Londres e novamente a presidência. Locke reuniu-se a ele num momento favorável, mas o pêndulo começou a girar na outra direção, e Shaftesbury mandou Locke de volta a Oxford. Ali estudou em silêncio ciência e medicina, sem dizer coisa alguma sobre política. Por causa de sua ligação com Shaftesbury, foi-lhe erroneamente atribuída a autoria de vários panfletos sediciosos, e Locke passou a ser vigiado de perto por agentes secretos do rei. Shaftesbury fugiu para a Holanda, onde morreu. Locke tinha motivos para preocupar-se com sua segurança e, em 1683, pediu asilo na Holanda.

Então na casa dos cinquenta anos, Locke continuou sua tranquila vida de erudito na Holanda. Um de seus amigos íntimos era Limborch de Leyden, um teólogo da tradição arminiana surgida no grupo de Grócio. A postura política de Locke era lembrada na Inglaterra. O ministro do rei exigiu que ele fosse riscado dos anais da faculdade em Oxford e, após tentar ganhar tempo, o chefe do Colégio de Cristo obedeceu relutante. Carlos II morreu e Jaime II subiu ao trono. Uma tentativa protestante de derrubar o católico Jaime e de entronizar Monmouth, filho bastardo de Carlos II, fracassou. Locke foi acusado de fazer parte da conspiração e seu nome constava de uma lista de oitenta e cinco homens que o governo inglês tentava extraditar da Holanda. Mas os holandeses não levaram a sério o pedido de extradição. Apesar disso, por precaução, Locke assumiu um nome falso e entrou em retiro. Porém, este foi um período de bem-estar para ele; Locke se dava bem com o clima holandês e desfrutava da vida.

Em seu quinto ano de exílio, tornou-se um ativo conspirador contra Jaime II e a favor de Guilherme de Orange. No outono de 1688, Guilherme fez-se à vela para a Inglaterra. Em janeiro de 1689, Guilherme mandou avisar que Jaime havia fugido e que o Parlamento lhe pedira para governar a Inglaterra juntamente com Maria. A rainha devia chegar de imediato. Locke estava no grupo que partiu com ela – tomando conta e flertando com uma atraente viscondessa que também estava no grupo. Logo depois de sua volta, Locke foi convocado à corte de Frederico III, Eleitor de Brandenburgo. Ele declinou por causa de seu mau estado de saúde e falta de experiência diplomática. Cranston relata: "Além disso, disse ele, um diplomata bem-sucedido tinha de ser hábil no manejo da garrafa a fim de extrair os pensamentos dos homens; e a 'intensa bebedeira' dos alemães estava além de seu alcance. Locke achava que o rei deveria mandar alguém que soubesse 'beber sua quota' em vez do homem mais sóbrio da Inglaterra".

Os *Whigs*, que entronizaram Guilherme e Maria, consideravam Locke, que retornava aos cinquenta e seis anos, um herói e profeta. Logo começaram a ser publicadas suas obras. As duas primeiras, *Carta acerca da tolerância* e *Dois tratados de governo civil* (1690), foram publicadas de forma anônima. A obra *Dois tratados* passou a ser uma Bíblia *Whig* no século seguinte. Os trechos que se seguem a esta nota foram tirados do segundo tratado. No mesmo ano, Locke publicou sua obra filosófica mais importante, seu *Ensaio sobre o entendimento humano*. Essa obra foi saudada como genial e em breve passou a ser leitura obrigatória em muitas universidades. Locke viu o *Ensaio* passar por cinco edições e, é claro, ele já foi republicado várias vezes desde sua morte. Como homem de influência, ofereceram-lhe vários cargos interessantes, mas ele aceitou apenas o modesto posto de Comissário de Apelações, que pagava um pequeno salário e requeria pouco trabalho.

A fumaça de Londres logo começou a corroer sua saúde de novo. Dois anos após seu retorno da Holanda, ele achava a cidade intolerável. Sir Francis e Lady Masham pediram-lhe para fixar residência em Oates, sua propriedade rural. Eram velhos amigos de Locke, em especial Lady Masham que, embora vinte e seis anos mais nova que Locke, sentira enorme atração por ele em sua juventude, mantendo uma relação romântica antes de casar-se com Sir Francis. Locke aceitou com a condição de pagar vinte xelins de pensão por semana para ele e seu criado; os Masham fizeram sua vontade e concordaram. Locke passava o tempo em Oates, escrevendo e visitando amigos pessoais e literários. Desenvolveu um vigoroso interesse pelos assuntos públicos e publicou obra sobre questões fiscais que influenciou o rumo do Parlamento. Aos sessenta anos, seus interesses e escritos passaram a ser cada vez mais teológicos. Locke sempre foi profundamente religioso; às vezes, seus ataques à ortodoxia davam a impressão contrária. Cranston diz: "Sua religião era a da ala latitudinarista da Igreja da Inglaterra. Seu credo era curto, mas Locke mantinha-se fiel a ele com a máxima tenacidade". Mais tarde, aproximou-se do unitarismo, mas jamais aderiu a ele. Entretanto, Locke não se preocupava com religião; também escreveu sobre economia e continuou seus estudos sobre filosofia e governo. Seu antigo interesse pela ciência ganhou novo alento em decorrência do relacionamento íntimo com Newton. Aos sessenta e quatro anos, tentou reinserir-se na alta sociedade aceitando uma nomeação para o novo Conselho do Comércio, com um salário de mil libras ao ano. No primeiro verão do Conselho, achou Londres tolerável. Reunia-se quase todos os dias com o Conselho e, virtualmente, estabeleceu sua orientação. Mas o *smog* do inverno expulsou-o da cidade e Locke tentou renunciar. As autoridades pediram que permanecesse no Conselho e fizesse o que pudesse. Nos três anos seguintes, a doença afastou-o de mais da metade das reuniões do Conselho, o que tornava receber seu grande salário algo embaraçoso. Em 1700, aos sessenta e oito anos, Locke pediu demissão e passou o resto de seus dias em Oates.

Durante seus últimos anos, Locke pôde dar mais atenção às crianças, pelas quais sentia-se muito atraído. Editou *Fábulas de Esopo* para ajudá-las a aprender latim, colocando as palavras latinas sobre suas equivalentes em inglês. Dedicou especial atenção a seu jovem primo, Peter King (que mais tarde tornou-se presidente da Câmara dos Pares da Inglaterra), e aos filhos de seus amigos íntimos. Com freqüência, assumia sua instrução, era paciente e indulgente, sendo muito amado por eles. Seu último grande interesse foi uma celebração para a noiva de Peter King, um mês antes de morrer. A festa foi em Oates. Uma carta escrita para King em Londres instruía-o sobre a compra de suprimentos para a festa – a lista de compras incluía uma pequena montanha de carnes finas, carne de caça, aves e pescados. Depois que a festa acabou, nenhum outro negócio ocupou Locke, que estava com setenta e dois anos, e ele ficou indiferente. No mês seguinte, sua vida esvaiu-se lentamente.

Locke era notado por sua prudência. Era cuidadoso não apenas com sua pessoa e pertences, mas também com seu pensamento. Era prosaico, tinha pouca estima por arte e não muito interesse por história. Teve participação ativa em muitos tipos de empreendimentos, pois acreditava que a verdade se ocultava daqueles que apenas ficavam sentados, pensando. Às vezes, suas ações eram por demais frugais, ou mesmo parcimoniosas. Ele acreditava que os pobres precisavam mais de severa correção do que de cuidado. Em geral, evitava extremos. Mas seu esmero era a prudência, não a cautela; amava muitas pessoas como indivíduos e a humanidade em geral. No prefácio de *Dois ensaios*, seu orgulhoso patriotismo e consideração por seus companheiros estão indicados em sua declaração de que escreveu o livro "... para justificar ao mundo o povo da Inglaterra, cujo amor por seus direitos justos e naturais... salvaram a nação quando ela estava à beira da escravidão e da ruína". Dizem que Locke não apenas ampliou o conhecimento dos homens, mas mudou sua maneira de pensar.

DOIS TRATADOS SOBRE O GOVERNO[1]

Livro II

ENSAIO REFERENTE À VERDADEIRA ORGIEM, EXTENSÃO E FINALIDADE DO GOVERNO CIVIL

CAPÍTULO II

Do estado de natureza

4. Para compreender corretamente o poder político e derivá-lo de sua origem, devemos considerar o estado em que todos os homens se encontram naturalmente, que é um estado de perfeita liberdade para regular suas ações e dispor de suas posses e de suas pessoas do modo como julgarem adequado, dentro dos limites da lei da natureza, sem pedir permissão nem depender da vontade de nenhum outro homem.

Um estado também de igualdade, no qual todo poder e jurisdição é recíproco, ninguém tendo mais do que outro, sendo totalmente evidente que criaturas da mesma espécie e classe, nascidas indistintamente para todas as mesmas vantagens da natureza e para o uso das mesmas faculdades, devem também ser iguais umas às outras, sem subordinação nem sujeição, a me-

---

1. Do número 751, Everyman's Library, reimpresso com permissão de E. P. Dutton & Co.

nos que o senhor e amo de todas elas, por alguma declaração manifesta de sua vontade, coloque uma acima de outra, conferindo-lhe, por indicação clara e evidente, um direito indubitável de domínio e soberania...

6. Porém, embora seja esse um estado de liberdade, ainda assim não é um estado de licenciosidade; embora o homem nesse estado tenha irrestrita liberdade para dispor de sua pessoa e de suas posses, ainda assim não tem liberdade de destruir a si mesmo ou a qualquer criatura em sua posse, a não ser quando assim o exigir algum uso mais nobre do que sua mera preservação. O estado de natureza tem para governá-lo uma lei da natureza, que obriga a todos, e a razão, que é essa lei, ensina a todos os homens que a consultam que, sendo todos iguais e independentes, nenhum deve causar dano a outro em sua vida, saúde, liberdade ou posses; pois, sendo todos os homens artefato de um Criador onipotente e infinitamente sábio, todos servos de um Senhor soberano, enviados ao mundo por Sua ordem e para cumprir Seus desígnios, são propriedade de um artífice, feitos para durar enquanto a Ele aprouver, e não a outrem. E, sendo dotados de faculdades iguais, participando todos da mesma comunidade de natureza, não se pode supor nenhuma subordinação entre nós que nos autorize a destruir uns aos outros, como se fôssemos feitos para uso uns dos outros, tal como o são para nós as classes inferiores de criaturas. Cada um, assim como está obrigado a preservar-se e não desistir de sua condição por vontade própria, também pela mesma razão, quando sua preservação não está em jogo, deve tanto quanto puder preservar o resto da humanidade e não tirar nem prejudicar a vida, a menos que para fazer justiça a um infrator, nem prejudicar o que favorece a preservação da vida, da liberdade, da saúde, da integridade ou dos bens de outrem.

7. Para que todos os homens sejam impedidos de violar os direitos dos demais e de fazer mal uns aos outros, e para que seja obedecida a lei da natureza, que deseja a paz e a preservação de toda a humanidade, a execução da lei da natureza é posta, nesse estado, nas mãos de cada homem, com o que cada um tem o direito de punir os transgressores dessa lei, em grau tal que impeça sua violação. Pois a lei da natureza, como todas as outras leis que dizem respeito aos homens neste mundo, seria vã se não houvesse alguém que, no estado de natureza, tivesse poder para executar essa lei e, assim, preservar o inocente e coibir os transgressores; e, se alguém no estado de natureza pode punir a outrem por algum mal que tenha feito, todos podem fazê-lo...

8. E, desse modo, no estado de natureza, um homem obtém poder sobre outro; não, porém, um poder absoluto ou arbitrário para se usar com criminoso quando o tiver nas mãos, com a fúria apaixonada ou a ilimitada extravagância da própria vontade, mas apenas para revidar-lhe, de acordo com os ditames da razão, da calma e da consciência, de modo proporcional à transgressão, ou seja, tanto quanto possa servir para a reparação e a contenção... Ao transgredir a lei da natureza, o ofensor declara estar vivendo por outra regra que não a da razão e da equidade comum, que é a medida que Deus estabeleceu às ações dos homens para sua segurança mútua, de modo que ele se torna perigoso para a humanidade; tendo ele desprezado e rompido o laço que deve proteger os homens contra a injúria e a violência, o que é uma violação contra toda a espécie, contra sua paz e segurança proporcionadas pela lei da natureza, todo homem, por isso, pelo direito que tem de preservar a humanidade em geral, pode coibir ou, quando necessário, destruir coisas nocivas a ela, de modo que pode fazer recair, sobre qualquer um que tenha transgredido a lei, um mal que o faça arrepender-se e, assim, dissuadi-lo e a outros, por seu exemplo, de causar dano semelhante...

9. Não duvido de que esta doutrina parecerá muito estranha para alguns homens; mas, antes que a condenem, desejo que me esclareçam por qual direito pode um príncipe ou Estado punir ou executar um estrangeiro por algum crime que este cometa em seus domí-

nios?... A autoridade legislativa pela qual elas (suas leis) têm força sobre os súditos desse Estado não tem poder algum sobre ele... E se, por conseguinte, pela lei da natureza, nem todo homem tem o poder para punir ofensas contra ela, conforme ele ponderadamente julgar que o caso requer, não vejo como os magistrados de alguma comunidade poderiam punir um estrangeiro, posto que, em relação a ele, não podem ter mais poder do que cada homem pode naturalmente ter sobre outro.

10. Além do crime que consiste em violar as leis e desviar-se da correta regra da razão, pelo que um homem se torna degenerado e declara ter rompido com os princípios da natureza humana e ser uma criatura nociva, há geralmente a injúria cometida, e uma pessoa ou outra, algum outro homem, sofre dano por sua transgressão; nesse caso, aquele que sofreu dano (além do direito de punição comum a ele e a outros homens) tem o direito particular de buscar reparação da parte daquele que causou o dano. E qualquer outra pessoa que o considere justo também pode juntar-se àquele que foi injuriado e auxiliá-lo a recuperar do transgressor tudo quanto possa compensá-lo pelo dano sofrido.

11. O magistrado, que por ser magistrado tem em suas mãos o direito comum de punir, pode, com frequência, quando o bem público não exigir a execução da lei, suspender a punição de ofensas criminosas por sua própria autoridade, mas não pode perdoar a reparação devida a qualquer indivíduo particular pelo dano que sofreu... A pessoa prejudicada tem o poder de apropriar-se dos bens ou serviços do transgressor pelo direito de autopreservação... Caim estava tão plenamente convencido de que cada um tinha o direito de destruir tal criminoso que, após o assassinato de seu irmão, gritou: "Qualquer um que me encontrar, irá me matar", tão claramente estava isso escrito no coração de toda a humanidade.

12. Pela mesma razão, pode um homem no estado de natureza punir as violações menores dessa lei – talvez perguntem – com a morte? Respondo: cada transgressão pode ser punida no grau e com a severidade que seja suficiente para torná-la um mau negócio para o transgressor, para dar-lhe motivo de arrependimento e para amedrontar outros a que não façam igual... Pois, embora esteja além de meu presente propósito entrar aqui nas particularidades da lei da natureza, ou em suas medidas de punição, ainda assim é certo que tal lei existe e que ela é tão inteligível e clara para uma criatura racional e um estudioso dessa lei quanto as leis positivas das nações, ou até possivelmente mais clara; tanto quanto é mais fácil entender a razão do que as fantasias e intrincadas maquinações dos homens, que julgam interesses contrários e ocultos expressos em palavras; porque é verdadeiramente assim uma grande parte das leis dos países, que só são corretas na medida em que se baseiam na lei da natureza, pela qual devem ser reguladas e interpretadas.

13. Não duvido que objetem ser irracional que os homens sejam juízes de suas próprias causas, que o amor-próprio torna os homens parciais com respeito a si mesmos e a seus amigos; e que, por outro lado, a má índole, a paixão e a vingança os levarão longe demais na punição dos outros, decorrendo disso nada mais que confusão e desordem; e que, por conseguinte, Deus com certeza designou o governo para restringir a parcialidade e a violência dos homens. Admito facilmente que o governo civil é o remédio adequado para as inconveniências do estado de natureza... Mas desejo que se lembrem, aqueles que fizerem essa objeção, de que os monarcas absolutos são apenas homens; e, se o governo é o remédio para os males que necessariamente resultam de serem os homens juízes de suas próprias causas, razão pela qual o estado de natureza não deve persistir, desejo saber que espécie de governo é esse, e quanto é melhor que o estado de natureza, no qual um homem que comanda uma multidão tem a liberdade de ser juiz de sua própria causa, podendo fazer com todos os seus súditos o que bem quiser, sem o menor questionamento ou controle de parte daqueles que executam sua vontade? Em que todos devem submeter-se a tudo o que ele fizer, seja

levado pela razão, pelo erro, ou pela paixão? Esses homens, no estado de natureza, não são obrigados a submeter-se uns aos outros. E, se aquele que julga julgar errado em sua própria causa, ou na de qualquer outro, será responsável por isso perante o resto da humanidade.

14. Pergunta-se com frequência, como forte objeção: onde estão, ou algum dia estiveram, os homens em tal estado de natureza? Ao que pode bastar como resposta, no momento, que, como todos os príncipes e chefes de governos "independentes", em todo o mundo, estão num estado de natureza, está claro que o mundo nunca esteve nem nunca estará sem homens nesse estado. Mencionei todos os governantes de comunidades "independentes", estejam ou não em aliança com outros; pois não é todo pacto que põe fim ao estado de natureza entre os homens, mas apenas aquele em que juntos concordam mutuamente em constituir uma comunidade e formar um corpo político; os homens podem celebrar entre si outros pactos e promessas e, ainda assim, continuar no estado de natureza. As promessas e acordos comerciais, etc. entre dois homens em Soldânia, ou entre um suíço e um índio nas florestas da América, obrigam a ambos, embora em relação um ao outro estejam num perfeito estado de natureza, e cumprir com a palavra dada cabe aos homens enquanto homens, não como membros da sociedade.

15. Para aqueles que dizem que nunca houve homem algum em estado de natureza, não apenas oporei a autoridade do judicioso Hooker... Mas, além disso, afirmarei que todos os homens estão naturalmente nesse estado e nele permanecem até que, por seu próprio consentimento, se tornam membros de alguma sociedade política, e não duvido de que vou deixar isso muito claro na continuação deste tratado.

CAPÍTULO III

Do estado de guerra

16. O estado de guerra é um estado de inimizade e destruição; portanto, quem estabelece, por palavra ou ação, não necessariamente um desígnio arrebatado e violento, mas um propósito firme e determinado sobre a vida de outro homem, coloca-se em estado de guerra com aquele contra o qual declarou tal intenção, expondo assim sua vida ao poder do outro, para que lhe seja tirada por ele ou por qualquer um que se junte a ele em sua defesa, ou tome seu partido na rixa; sendo razoável e justo que eu tenha o direito de destruir aquilo que me ameaça de destruição; pois, pela lei fundamental da natureza, devendo preservar-se o homem tanto quanto possível, quando não se puder preservar a todos, deve-se preferir a segurança do inocente, e um homem pode destruir outro que lhe faça a guerra, ou que se revele inimigo do seu ser pela mesma razão que se pode matar um lobo ou um leão, porque tal homem não está sob os vínculos da lei comum da razão, não tendo outra regra a não ser a da força e da violência, podendo assim ser tratado como animal de presa, criatura perigosa e nociva que certamente irá destruí-lo se cair em seu poder.

17. Daí que aquele que tenta submeter um outro homem a seu poder absoluto põe-se em estado de guerra com ele; devendo isso ser entendido como uma declaração de um desígnio sobre sua vida. Porque tenho razão em concluir que aquele que me colocaria sob seu poder sem meu consentimento iria me usar como bem lhe entendesse, e também me destruiria quando lhe desse na veneta fazê-lo; pois ninguém pode desejar ter-me em seu poder absoluto, a não ser para me compelir à força para aquilo que contraria meu direito de liberdade, isto é, para tornar-me escravo... Deve-se necessariamente supor que aquele que, no estado de natureza, tira a liberdade que cabe a todos nesse estado, tem o desígnio de tomar tudo o mais, sendo tal liberdade o fundamento de todo o resto; assim como se deve supor que aquele que, no estado de sociedade, tira a liberdade que cabe aos membros dessa sociedade ou Estado, tem o desígnio de tirar deles tudo o mais, devendo assim ser considerado como em estado de guerra.

18. Isso torna legítimo que um homem mate um ladrão, que não o feriu, nem declarou qualquer desígnio sobre sua vida, que só fez usar a força para tê-lo em seu poder e tirar-lhe seu dinheiro, ou o que bem desejasse; porque, ao usar a força, quando não tem nenhum direito de me colocar em seu poder, seja qual for sua pretensão, dá-me razão para supor que aquele que me tiraria a liberdade, tiraria tudo o mais quando me tivesse em seu poder. E, por isso, é legítimo que eu o trate como alguém que se colocou em estado de guerra contra mim – isto é, que eu o mate se puder...

19. E aqui temos a clara diferença entre o estado de natureza e o estado de guerra, que alguns homens confundem... Desse modo, um ladrão a quem não posso fazer mal a não ser apelando para a lei, por ter roubado tudo o que tenho de valor, posso matar quando me ataca para roubar apenas meu cavalo ou meu casaco, porque a lei que foi feita para minha preservação, quando não pode interpor-se para garantir minha vida contra a força presente, vida que, se perdida, não pode ser reparada, permite minha própria defesa e o direito de guerra, a liberdade de matar o agressor, porque o agressor não concede tempo para que apelem ao nosso juiz comum, nem para a decisão da lei, a fim de obter reparação num caso em que o mal pode ser irreparável...

20. Mas, quando a força presente acaba, cessa o estado de guerra entre os que estão em sociedade e igualmente sujeitos, em ambos os lados, à justiça...

CAPÍTULO IV

Da escravidão

21. A liberdade natural do homem consiste em ser livre de qualquer poder superior na Terra, e em não estar sob a vontade ou autoridade legislativa do homem, tendo apenas a lei da natureza como regra. A liberdade do homem em sociedade consiste em não estar sob nenhum outro poder legislativo a não ser aquele estabelecido no Estado mediante consentimento, nem sob o domínio de qualquer vontade ou sob a restrição de qualquer lei, a não ser aquela que esse legislativo promulgar de acordo com a confiança que lhe depositaram. Então, liberdade não é o que Sir Robert Filmer nos diz: "Liberdade para cada um fazer o que desejar, para viver como quiser, e não ser limitado por lei alguma"; mas a liberdade dos homens sob um governo consiste em ter uma regra permanente pela qual viver, comum a todos dessa sociedade e feita pelo poder legislativo nela estabelecido. Liberdade de seguir minha própria vontade em todas as coisas que a regra não prescreva, de não estar sujeito à vontade inconstante, incerta, desconhecida e arbitrária de outro homem, assim como a liberdade de natureza é não estar sob nenhuma outra restrição que não a lei da natureza.

22. Essa liberdade em relação ao poder absoluto e arbitrário é tão necessária à preservação do homem, e lhe está tão intimamente associada, que ele não pode separar-se dela a não ser por meio daquilo que o priva, ao mesmo tempo, do direito à preservação e à vida. Porque um homem, não tendo poder sobre a própria vida, não pode, nem por pacto nem por seu consentimento, tornar-se escravo de algum outro, nem colocar-se sobre o poder absoluto e arbitrário de um outro que lhe possa tirar a vida quando bem entender. Ninguém pode dar mais poder do que dispõe, e aquele que não pode tirar a própria vida não pode sujeitá-la ao poder de outrem. De fato, tendo alguém, por sua própria culpa, perdido o direito à vida por algum ato que mereça a morte, aquele para quem perdeu esse direito pode, quando o tem em seu poder, demorar-se para tirá-la e fazer uso dele para seu próprio serviço, sem por isso infligir-lhe injúria. Pois, sempre que ele achar que o sofrimento de sua escravidão excede o valor de sua vida, está em seu poder, pela resistência à vontade de seu senhor, atrair para si a morte que deseja.

23. Essa é a perfeita condição de escravidão, que nada mais é senão o estado de guerra continuado entre o conquistador legítimo e um

cativo, porque, uma vez que se firma um pacto entre eles, e fazem um acordo para que haja poder limitado de um lado e obediência de outro, o estado de guerra e escravidão cessa pelo tempo que durar o pacto. Pois, como já foi dito, ninguém pode transferir a outrem, mediante acordo, aquilo que não possui – o poder sobre a própria vida.

Admito que encontramos entre os hebreus, assim como em outras nações, casos de homens que se vendiam; mas é claro que isso era apenas para o trabalho servil, não para a escravidão. Pois é evidente que a pessoa vendida não estava sob um poder despótico, absoluto e arbitrário, posto que o senhor em nenhum momento podia matá-la, e, chegada a época, era obrigado a deixá-la partir livremente de seu serviço; o senhor de tal servo estava tão longe de ter poder arbitrário sobre sua vida que nem mesmo podia mutilá-lo a seu bel-prazer, e a perda de um olho ou dente bastava para pô-lo em liberdade (Êx 21).

CAPÍTULO V

Da propriedade

24. Se considerarmos a razão natural, que nos diz que os homens, uma vez nascidos, têm direito à sua preservação e, como consequência, à comida, bebida e às coisas que a natureza proporciona para a subsistência; ou se considerarmos a "revelação", que nos dá um relato das concessões que Deus fez do mundo para Adão, e a Noé e seus filhos, está bem claro que Deus, como diz o rei Davi (Sl 115, 16), "deu a terra aos filhos dos homens", dando-a em comum à humanidade. Mas, sendo isso suposto, parece para alguns uma dificuldade muito grande como alguém pode algum dia chegar a ter a propriedade de alguma coisa... Esforçar-me-ei para mostrar como os homens podem vir a ter propriedade em várias partes daquilo que Deus deu em comum à humanidade, e isso sem nenhum pacto expresso por parte de todos os membros da comunidade.

25. Deus, que deu o mundo aos homens em comum, também lhes deu a razão para ser usada para sua melhor conveniência e proveito da vida. A terra e tudo que há nela é dado aos homens para o sustento e conforto de sua existência. E, embora todos os frutos que ela produz naturalmente e os animais que alimenta pertençam à humanidade em comum..., embora sendo dados para o uso dos homens, deve haver necessariamente um meio de apropriá-los de uma maneira ou outra, antes que possam ser de uso ou benéficos para algum homem em particular. O fruto ou a caça que nutre o índio selvagem, que não conhece terreno cercado, e o possui em comum, deve ser dele... antes que lhe sirva de algum modo para o sustento de sua vida.

26. Embora a terra e todas as criaturas inferiores sejam comuns a todos os homens, ainda assim todo homem tem uma "propriedade" em sua própria "pessoa". Ninguém tem direito algum sobre ela a não ser ele mesmo. O "trabalho" de seu corpo e a "obra" de suas mãos, podemos dizer, são propriamente dele. Então, tudo o que ele retire do estado que a natureza proporcionou, misturando-o a seu trabalho e juntando-lhe algo que é seu, converte-se por isso em propriedade sua. Ao ser retirado por ele do estado comum em que a natureza o colocou, agregou-lhe algo, mediante esse trabalho, que exclui o direito comum de outros homens. Porque, sendo esse "trabalho" propriedade inquestionável do trabalhador, nenhum homem além dele pode ter direito ao que se agregou, pelo menos onde restar o bastante, e de igual qualidade, em comum para os outros...

30. Talvez objetem que, se a colheita de bolotas ou outros frutos da terra, etc., dá direito a eles, então qualquer pessoa pode apoderar-se de tanto quanto queira. Ao que respondo: não é assim. A mesma lei da natureza que nos dá por esse meio a propriedade também limita essa propriedade. "Deus nos deu todas as coisas em abundância." É a voz da razão confirmada pela revelação? Mas até que ponto nos deu – "para usufruirmos"? Tudo quanto alguém pode utilizar para benefício da vida antes que se estrague, sobre isso ele pode fixar propriedade

mediante seu trabalho. Tudo que estiver além disso é mais do que lhe cabe e pertence a outros. Nada foi feito por Deus para que o homem estrague ou destrua...

31. Mas, sendo agora a principal questão da propriedade não os frutos da terra e os animais que nela subsistem, mas sim a própria terra, como aquilo que compreende e carrega consigo todo o resto, penso ser claro que a propriedade disso também é adquirida como a anterior. A extensão de terra que um homem ara, planta, melhora, cultiva e cujo produto pode usar, essa extensão é sua propriedade. Por seu trabalho, ele a separa da terra comum, por assim dizer. Nem invalidará seu direito de dizer que todos os outros têm igual título a ela e que, por isso, ele não pode apropriar-se dela, nem cercá-la, sem o consentimento de todos os membros da comunidade, de toda a humanidade. Deus, quando deu o mundo em comum a toda a humanidade, também ordenou que o homem trabalhasse, e a penúria de sua condição assim o exigia. Deus e a razão do homem ordenaram que ele dominasse a terra – isto é, que a melhorasse para benefício da vida e depusesse sobre ela algo que lhe pertencesse, seu trabalho. Aquele que, em obediência a essa ordem de Deus, dominou, arou e semeou alguma parte da terra, anexou a ela algo que era propriedade sua, a que nenhum outro tinha direito, nem podia tomar-lhe sem injúria.

32. Essa apropriação de alguma parcela de terra, por meio de sua melhoria, tampouco era prejuízo algum para qualquer outro homem, posto que ainda sobrava bastante e de boa qualidade, mais do que poderiam usar os ainda desprovidos. De modo que, com efeito, nunca sobrou menos para os outros por ele ter cercado terra para si mesmo. Pois aquele que deixa para outro tanto quanto este pode usar, age tão bem quanto se não houvesse tomado coisa alguma...

34. É verdade que, em terra que é comum na Inglaterra ou em algum outro país onde há, sob um governo, muita gente que possui dinheiro e comércio, ninguém pode cercar nem se apropriar de parte alguma sem o consentimento de todos os membros da sociedade; porque a terra é mantida em comum por pacto – isto é, pela lei do país, que não deve ser violada...

36. Ouso afirmar corajosamente que a mesma regra de propriedade – a saber, que todo homem deve ter tanto quanto puder usar – valeria também no mundo, sem prejuízo para ninguém, desde que houvesse terra suficiente no mundo para o dobro dos habitantes, se a invenção do dinheiro e o acordo tácito entre os homens para dar um valor à terra não houvessem introduzido (por consenso) posses maiores e o direito a elas; e isso mostrarei mais adiante em detalhes, como foi feito...

40. Nem é tão estranho, como, talvez, possa parecer antes de se considerar o assunto, que a propriedade do trabalho seja capaz de contrabalançar a comunidade da terra; porque, de fato, é o trabalho que estabelece a diferença de valor em tudo; e qualquer um que considere a diferença que há entre um acre de terra em que se plantou tabaco ou cana-de-açúcar, semeou-se trigo ou cevada, e um acre da mesma terra mantido em comum, sem cultivo algum, descobrirá que a melhoria gerada pelo trabalho constitui a maior parte do valor. Penso que será um cálculo muito modesto dizer que, dos produtos da terra úteis à vida do homem, nove décimos são efeitos do trabalho. Mais ainda, se calcularmos corretamente as coisas tal como chegam ao nosso uso e somarmos os vários dispêndios relacionados a elas – o que nelas se deve apenas à natureza e o que decorre do trabalho –, veremos que na maioria delas noventa e nove centésimos são totalmente devidos ao trabalho...

45. Desse modo, o trabalho, no começo, concedeu um direito de propriedade, onde quer que alguém estivesse disposto a empregá-lo, sobre o que era comum, que permaneceu durante muito tempo como a maior parte e ainda é mais do que a humanidade pode usar. A princípio, os homens, em sua maioria, se contentaram com aquilo que a natureza desassistida oferecia às suas necessidades; mais tarde, entretanto, em algumas partes do mundo onde o aumento

da população e da riqueza, com o uso do dinheiro, tornou a terra escassa e assim de certo valor, as várias comunidades estabeleceram os limites de seus diferentes territórios e, mediante leis internas, regularam as propriedades dos indivíduos e, desse modo, por meio de pacto e acordo, estabeleceram a propriedade que o trabalho e o esforço começaram. E as alianças que se formaram entre vários Estados e reinos, rejeitando, de maneira expressa ou tácita, toda reivindicação ou direito à terra em posse de outro, abandonaram, por consentimento comum, suas pretensões ao direito natural comum que tinham originalmente a essas terras; e, assim, por meio de acordo positivo, estabeleceram uma propriedade entre si em diferentes partes do mundo; no entanto, há ainda grandes extensões de terra a serem encontradas, as quais, não tendo seus habitantes se juntado ao resto da humanidade no consentimento ao uso de seu dinheiro comum – permanecem incultas e são mais do que o povo que nelas habita usa e pode usar, sendo, portanto, ainda comuns; isto, porém, pode acontecer entre aquela parte da humanidade que consentiu no uso do dinheiro.

46. A maior parte das coisas que realmente são úteis para a vida do homem, aquelas que os primeiros cidadãos do mundo buscaram por necessidade de subsistência – tal como hoje fazem os americanos – são, em geral, de curta duração, de modo que, se não forem consumidas pelo uso, estragam e perecem por si mesmas. O ouro, a prata e os diamantes são coisas a que a imaginação ou um acordo atribuiu um valor, mais do que o uso real e o necessário sustento da vida. Ora, a essas coisas boas que a natureza forneceu em comum, cada homem tinha direito (como já foi dito) na quantidade em que pudesse usar, e era propriedade tudo aquilo que conseguisse afetar com seu trabalho; era seu tudo a que seu esforço pudesse estender-se para alterar do estado em que a natureza o colocara. Aquele que colhesse cem alqueires de bolotas ou maçãs tinha, por isso, a propriedade delas; eram seus os bens tão logo colhidos. Precisava somente tratar de usá-los antes que se estragassem, caso contrário, estaria tomando mais do que sua parte e roubando outros. E, de fato, era uma tolice, assim como uma desonestidade, acumular mais do que poderia usar. Se desse uma parte para outra pessoa, de modo que não perecesse inutilmente em sua posse, também estaria fazendo uso dela. E, se trocasse ameixas que teriam apodrecido em uma semana por nozes que durariam o bastante para comer durante um ano inteiro, não causaria nenhum dano; não desperdiçaria a reserva comum, nem destruiria parte da porção de bens que pertenciam a outros, desde que nada perecesse inutilmente em suas mãos. Também, se trocasse suas nozes por uma peça de metal, satisfeito com sua cor, ou se trocasse seu carneiro por conchas, ou a lã por um seixo cintilante ou um diamante, e ficasse com essas coisas pelo resto da vida, não estaria violando o direito de outros; poderia acumular quantas dessas coisas duráveis quisesse, pois o que excedia os limites de sua justa propriedade não era a grandeza de sua posse, mas sim o perecimento inútil de qualquer parte dela.

47. E assim chegou-se ao uso do dinheiro; algo duradouro que os homens pudessem conservar sem estragar e que, por consentimento mútuo, aceitassem em troca dos verdadeiros sustentos da vida, úteis, porém, perecíveis.

48. E assim como os diferentes graus de esforço conferiram aos homens posses de diferentes proporções, do mesmo modo a invenção do dinheiro deu-lhes a oportunidade de continuá-las e ampliá-las...

50. Como, porém, o ouro e a prata, sendo pouco úteis para a vida do homem, em comparação com o alimento, o vestuário e o transporte, só derivam seu valor do consentimento dos homens – do qual o trabalho ainda constitui, em grande parte, a medida –, é claro que o consentimento dos homens concordou com a posse desproporcional e desigual da terra – quero dizer, fora dos limites da sociedade e do pacto; pois nos governos as leis a regulam. E, por consenso, encontraram uma maneira – e com ela

concordaram – de que o homem pudesse possuir, de maneira legítima e sem dano, mais do que podia usar, recebendo pelo excedente ouro e prata, que continuam por longo tempo na posse de um homem sem se deteriorar, e concordaram que esses metais deveriam ter um valor...

CAPÍTULO VI

Do pátrio poder

54. Embora tenha dito anteriormente (2) "que todos os homens são iguais por natureza", não se pode supor que eu entenda todos os tipos de "igualdade". A idade ou a virtude pode dar aos homens uma justa precedência. A excelência dos dotes e o mérito podem colocar outros acima do nível comum. Alguns por nascimento, outros por aliança ou benefícios, podem estar obrigados a prestar deferência àqueles a quem a natureza, a gratidão ou outras circunstâncias tornaram merecedores; e, no entanto, tudo isso é compatível com a igualdade de que desfrutam todos os homens em relação à jurisdição ou ao domínio de um sobre o outro, aquela igualdade de que eu falava como apropriada ao assunto em exame, sendo esta o direito igual que todo homem tem à sua liberdade natural, sem estar sujeito à vontade ou autoridade de nenhum outro homem.

55. Os filhos, confesso, não nascem nesse estado pleno de igualdade, embora nasçam para ele. Quando vêm ao mundo, e durante algum tempo depois, seus pais têm uma espécie de domínio e jurisdição sobre eles, mas isso é temporário. Os vínculos dessa sujeição são iguais aos cueiros nos quais são enrolados e sustentados na fragilidade de sua infância. À medida que eles crescem, a idade e a razão afrouxam esses vínculos, até que finalmente desapareçam, deixando o homem à sua própria e livre disposição.

56. Adão e Eva, e depois deles todos os pais, estavam, pela lei da natureza, sob a obrigação de preservar, nutrir e educar os filhos que gerassem não como obra sua, mas como obra de seu próprio Criador, o Todo-Poderoso, perante o qual eram responsáveis por eles.

57. A lei que governou Adão era a mesma que viria a governar toda sua descendência, a lei da razão. Mas, tendo sua progênie vindo ao mundo de outra maneira, diferente da dele, mediante um nascimento natural que a gerou ignorante e sem o uso da razão, não estava ela de imediato sob essa lei. Porque ninguém pode estar sob uma lei que não seja promulgada para si; e, sendo essa lei promulgada ou dada a conhecer apenas pela razão, não se pode dizer, daquele que não chegou ao uso de sua razão, que está sob essa lei; e, não estando os filhos de Adão, assim que nasceram, sob essa lei da razão, não eram livres de imediato. Porque a lei, em sua verdadeira concepção, não é tanto a limitação como a direção de um agente livre e inteligente rumo a seu próprio interesse, não prescrevendo nada além do que é para o bem geral daqueles que estão sob essa lei. Se pudessem ser mais felizes sem ela, a lei desapareceria por si mesma como algo inútil e não mereceria o nome de restrição aquilo que nos protege apenas dos pântanos e precipícios. De modo que, por mais que possa ser mal interpretada, a finalidade da lei não é abolir nem restringir a liberdade, mas sim preservá-la e ampliá-la. Pois em todos os estados de seres criados, capazes de leis, onde não há lei, não há liberdade. Porque liberdade é estar livre de restrições e violência de parte de outros, o que não pode ser onde não existe lei alguma; e não é, como nos disseram, "a liberdade de todo mundo fazer o que desejar". Pois quem poderia ser livre se o capricho de qualquer outro homem pudesse dominá-lo? Mas a liberdade de dispor e de ordenar, como bem lhe aprouver sobre sua pessoa, suas ações, suas posses e toda sua propriedade, dentro do que permitem as leis sob as quais se encontra, e dessa maneira não estar sujeito à vontade arbitrária de outrem, mas seguir livremente a própria vontade.

58. Então, o poder que os pais têm sobre os filhos provém do dever que lhes cabe de cuidar de sua prole durante o imperfeito estado da infância. Instruir a mente e governar as ações dos menores ainda ignorantes até a razão assumir

seu lugar e aliviá-los dessa preocupação, isso é o que os filhos desejam e o que os pais estão obrigados a fazer...

59. Mas, depois disso, pai e filho são igualmente livres, tanto quanto tutor e pupilo, depois da menoridade, igualmente sujeitos à mesma lei, sem que reste nenhum domínio do pai sobre a vida, a liberdade ou os bens de seu filho, quer estejam apenas no estado de natureza sob a sua lei, quer sob as leis positivas de um governo estabelecido...

61. Desse modo, nascemos livres assim como nascemos racionais; não que tenhamos de verdade o exercício de ambas as coisas: a idade que nos traz uma coisa, traz junto a outra também. E, assim, vemos como a liberdade natural e a submissão aos pais podem ser compatíveis, sendo ambas fundamentadas no mesmo princípio. Um filho é livre graças ao direito do pai, graças ao entendimento do pai, que deve governá-lo até que ele tenha seu próprio. A liberdade de um homem na idade do discernimento e a submissão de um filho a seus pais, enquanto ainda não atingiu essa idade, são tão compatíveis e distinguíveis que nem mesmo os mais cegos defensores da monarquia "pelo direito de paternidade" podem deixar de notar; e mesmo os mais obstinados não podem deixar de admitir... Se alguém me perguntasse quando meu filho estará em idade de ser livre, responderia: no exato momento em que seu monarca tiver idade para governar...

63. Então, a liberdade do homem e a liberdade de agir de acordo com sua própria vontade baseiam-se no fato de ele possuir razão, que é capaz de instruí-lo na lei pela qual deve governar-se, fazendo-o saber até que ponto lhe é permitida a liberdade de sua própria vontade. Franquear-lhe uma liberdade ilimitada, antes que tenha a razão para guiá-lo, não é conceder-lhe o privilégio de sua natureza para ser livre, mas sim jogá-lo entre as feras e abandoná-lo a um estado tão miserável e tão inferior ao de um homem quanto o delas. É isso que outorga autoridade aos pais para governar a menoridade de seus filhos...

64. Mas que razão pode estender o cuidado que os pais devem aos filhos até o domínio absoluto e arbitrário do pai, cujo poder não vai além de, por meio da disciplina que ele julgar mais eficaz, proporcionar a seus corpos a força e a saúde, e a suas mentes o vigor e a retidão, que mais convenham aos filhos para serem mais úteis a si mesmos e aos outros? E, se necessário à sua condição, fazê-los trabalhar, quando forem capazes para sua própria subsistência? Mas nesse poder a mãe também tem seu quinhão junto com o pai...

65. E, se o pai morre enquanto os filhos são jovens, não devem eles naturalmente em toda parte a mesma obediência à mãe, durante a menoridade, que deveriam ao pai se estivesse vivo? E alguém dirá que a mãe tem poder legislativo sobre os filhos? Que ela pode fazer regras permanentes às quais eles estarão perpetuamente obrigados e pelas quais devem regular todos os interesses de sua propriedade, e limitar-lhes a liberdade durante todo o curso de suas vidas e os compelir à observância com punições capitais? Porque esse é o poder próprio do magistrado, do qual o pai não tem nem a sombra. Seu mando sobre os filhos é apenas temporário e não se estende a suas vidas ou propriedades. É apenas uma ajuda à fragilidade e imperfeição da menoridade, uma disciplina necessária à sua educação...

66. Mas, embora chegue o momento em que o filho passa a ser tão livre da sujeição à vontade e ao mando do pai quanto este próprio está livre da sujeição à vontade de qualquer outra pessoa, estando ambos sob nenhuma outra restrição senão aquela que é comum a ambos, seja a lei da natureza, seja a lei de seu país, ainda assim tal liberdade não isenta o filho do respeito que deve aos pais, pela lei de Deus e da natureza, tendo Deus feito dos pais instrumentos no Seu grandioso desígnio de perpetuar a raça humana e origem da existência de seus filhos... Nenhum estado ou liberdade pode dispensar os filhos dessa obrigação. Mas isso está muito longe de dar aos pais poder de mando sobre seus filhos, ou autoridade para fazer

leis e dispor como quiserem de suas vidas ou liberdades. Uma coisa é dever honra, respeito, gratidão e assistência, outra é exigir obediência e submissão absolutas. O respeito devido aos pais, um monarca em seu trono deve-o à sua mãe, o que, no entanto, não diminui sua autoridade, nem o submete ao governo dela.

67. A falta de distinção desses dois poderes que o pai tem – no direito de tutela durante a menoridade e no direito de ser respeitado durante toda a vida –, é talvez a causa de grande parte dos equívocos sobre essa questão. Pois, para falar deles no sentido exato, o primeiro é mais privilégio dos filhos e dever dos pais do que prerrogativa do pátrio poder. É tal a incumbência que os pais têm com o sustento e a educação dos filhos, para o bem destes, que nada pode dispensá-los de tal cuidado. E, embora o poder de mando e de castigo acompanhe isso, ainda assim Deus introduziu, nos princípios da natureza humana, tal ternura pela descendência, que existe pouco medo de que os pais usem seu poder com demasiado rigor; o excesso raramente ocorre na direção da severidade, a forte inclinação da natureza puxando para o lado contrário...

68. Por outro lado, respeito e apoio, tudo quanto a gratidão exige em troca, pelos benefícios recebidos por eles, são o indispensável dever do filho e o justo privilégio dos pais. Destina-se um ao benefício dos pais, assim como o outro ao benefício do filho...

71. Isso mostra a razão pela qual os pais, em sociedades onde eles próprios são súditos, conservam poder sobre seus filhos e têm tanto direito à submissão destes quanto aqueles que vivem em estado de natureza, o que não seria possível se todo o poder político fosse apenas paterno e se, na verdade, fossem ambos a mesma e única coisa; pois, então, todo o poder paterno estando no príncipe, o súdito não poderia naturalmente ter nenhuma parcela dele. Mas esses dois poderes, político e paterno, são tão perfeitamente distintos e separados, e erguem-se sobre fundamentos tão diferentes e dados a finalidades tão diferentes, que cada súdito que é pai tem tanto poder paterno sobre seus filhos quanto o príncipe tem sobre os seus. E todo príncipe que tem pais deve-lhes o mesmo dever filial e obediência que o mais humilde dos súditos deve aos seus, e por isso não pode conter qualquer grau daquela espécie de domínio que um príncipe ou magistrado tem sobre seu súdito.

72. Embora a obrigação dos pais de criar os filhos e a obrigação dos filhos de respeitar os pais contenham todo o poder, de um lado, e toda a submissão, de outro, que são próprios dessa relação, ainda assim o pai geralmente tem um outro poder, pelo qual tem um vínculo com a obediência dos filhos; poder esse que, embora seja comum a ele e a outros homens, as ocasiões de demonstrá-lo ocorrem quase sempre aos pais no seio de suas famílias, sendo raros e menos evidentes os exemplos dele em outros lugares, razão pela qual é considerado no mundo como parte da "jurisdição paterna". É o poder que, em geral, os homens têm de outorgar seus bens àqueles que desejarem...

73. Este não é um pequeno vínculo com a obediência dos filhos; e estando sempre ligada ao usufruto da terra uma submissão ao governo do país a que essa terra pertence, supõe-se comumente que um pai possa obrigar seus descendentes ao governo do qual ele próprio foi súdito, que seu pacto seja válido para eles; ao passo que, sendo apenas uma condição necessária ligada à terra que está sob esse governo, estende-se somente àquelas que a aceitem sob essa condição, não sendo, portanto, um vínculo ou compromisso natural, mas sim uma submissão voluntária; pois sendo os filhos de todo homem, por natureza, tão livres quanto foi ele próprio ou qualquer um de seus ancestrais, podem, enquanto gozarem dessa liberdade, escolher a sociedade à qual se juntarão, o Estado ao qual se submeterão. Mas, se desfrutarem da herança de seus ancestrais, devem aceitá-la nos mesmos termos em que seus ancestrais a aceitaram, e submeter-se a todas as condições vinculadas a tal posse. Por esse poder, na verdade, os pais obrigam os filhos à obediência

mesmo quando estes já deixaram a menoridade, e também, com muita frequência, sujeitam-nos a este ou àquele poder político. Mas nada disso em virtude de algum direito peculiar da paternidade, mas pelo prêmio que têm nas mãos para fazer cumprir e recompensar tal submissão; e não é um poder maior do que aquele que um francês tem sobre um inglês que, na esperança de uma propriedade que aquele lhe deixará, tem certamente um forte vínculo de obediência para com ele; e se, quando ela lhe for deixada, ele desfrutar dela, deverá, sem dúvida, aceitá-la com as condições vinculadas à posse da terra no país em que se situa, seja França ou Inglaterra.

74. É óbvio conceder como era fácil, nas primeiras eras do mundo, e ainda o é, em lugares onde a escassez do povo dá às famílias permissão para se separar por regiões sem dono e espaço para mudar de lugar e instalar-se em habitações ainda vazias, o pai da família tornar-se o príncipe dela; ele tinha sido governante desde o começo da infância de seus filhos; e, depois de crescidos, posto que fosse difícil para eles viverem juntos sem algum governo, o mais provável era que este, por consentimento expresso ou tácito dos filhos, coubesse ao pai, onde parecia, apenas continuar, sem nenhuma mudança... Mas era evidente que isso não se dava por algum direito paterno, mas apenas pelo consentimento dos filhos...

76. Desse modo, os pais de família, por uma mudança imperceptível, também tornaram-se os monarcas políticos; e, quando acontecia de viverem por muito tempo, deixando herdeiros capazes e dignos por várias gerações, estabeleciam as fundações de reinos hereditários ou eletivos, sob várias constituições e feudos, conforme os moldassem o acaso, o engenho ou a ocasião...

CAPÍTULO VII

Da sociedade política ou civil

87. Tendo o homem nascido, como se provou, com direito à perfeita liberdade e ao gozo irrestrito de todos os direitos e privilégios da lei da natureza, igualmente a qualquer outro homem ou grupo de homens no mundo, tem por natureza o poder não apenas de preservar sua propriedade – isto é, sua vida, sua liberdade e seus bens – contra os agravos e intentos de outros homens, mas também de julgar e punir as violações dessa lei por outros, da maneira como acredite que a ofensa merece, até mesmo com a própria morte, nos crimes em que, na sua opinião, a infâmia do fato assim o exija. Porém, como nenhuma sociedade política pode existir nem subsistir sem ter em si o poder de preservar a propriedade e, para isso, de punir as ofensas de todos que fazem parte dessa sociedade, somente haverá sociedade política onde cada um dos membros renunciou a esse poder natural, entregando-o às mãos da comunidade em todos os casos que não os impeçam de apelar por proteção à lei por ela estabelecida. E, estando excluído o julgamento privado de cada membro individual, a comunidade passa a ser o árbitro e, pelo entendimento de regras imparciais por meio de homens autorizados pela comunidade para sua execução, decide todas as diferenças que possam ocorrer entre quaisquer membros dessa sociedade com respeito a qualquer questão de direito, e pune as ofensas que algum membro tenha cometido contra a sociedade com as penalidades que a lei estabeleceu; pelo que é fácil discernir quem está e quem não está junto na sociedade política. Aqueles que estão unidos num único corpo e têm uma lei comum estabelecida e uma judicatura à qual apelar, com autoridade para decidir as controvérsias entre eles e punir os transgressores, estão em sociedade civil uns com os outros; mas aqueles que não têm tal recurso comum, quero dizer, na Terra, ainda estão em estado de natureza, sendo cada qual, onde não houver outro, o juiz por si mesmo e executor, o que constitui, como demonstrei antes, o perfeito estado de natureza.

88. E, desse modo, o Estado passa a ter o poder de atribuir a punição que segundo seu julgamento caberá às várias transgressões cometidas entre os membros dessa sociedade (o que é o poder de fazer leis), assim como tem o

poder de punir qualquer ofensa praticada contra um de seus membros por alguém que não faz parte dela (o que é o poder de guerra e paz); e tudo isso para a preservação da propriedade de todos os membros dessa sociedade, tanto quanto for possível. Embora, porém, cada homem que entrou na sociedade tenha renunciado a seu poder de punir violações contra a lei da natureza, executando seu próprio julgamento particular, ainda assim, ao entregar o julgamento das violações ao legislativo em todos os casos em que pode apelar ao magistrado, cedeu ao Estado o direito de empregar sua força para a execução dos julgamentos do Estado sempre que for chamado para tal; julgamentos que, de fato, são os seus próprios, sendo pronunciados por ele mesmo ou por seu representante. Temos aqui a origem dos poderes legislativo e executivo da sociedade civil, que devem julgar, mediante leis estabelecidas, até que ponto as violações devem ser punidas quando cometidas dentro do Estado; e, também, por meio de julgamentos ocasionais baseados nas circunstâncias do fato, até que ponto as injúrias que vêm de fora devem ser vingadas, e em ambos os casos empregar toda a força de todos os membros quando houver necessidade.

89. Por conseguinte, sempre que qualquer número de homens se unam assim numa sociedade, de modo que cada um renuncie a seu poder executivo da lei da natureza, e o entregue ao público, haverá, e somente então, uma sociedade política ou civil.

90. Fica, portanto, evidente que a monarquia absoluta, que alguns homens julgam ser o único governo no mundo, é de fato incompatível com a sociedade civil, não podendo assim, de modo algum, ser uma forma de governo civil. Porque a finalidade da sociedade civil é evitar e remediar aquelas inconveniências do estado de natureza que necessariamente resultam do fato de cada um ser juiz em sua própria causa, estabelecendo uma autoridade notória à qual cada membro dessa sociedade possa apelar no caso de sofrer alguma injúria, ou de surgir alguma controvérsia, e à qual todos devem obedecer. Sempre que houver pessoas que não tenham tal autoridade à qual apelar, para decidir qualquer diferença entre elas, essas pessoas ainda estarão no estado de natureza. E assim está todo príncipe absoluto em relação àqueles que estão sob seu domínio.

91. Pois, supondo-se que ele sozinho detenha todo o poder, tanto o legislativo como o executivo, não haverá juiz, nem qualquer apelação será possível para qualquer pessoa, que possa decidir com imparcialidade, equidade e autoridade, e da qual se possa esperar alívio e reparação de quaisquer injúrias ou inconveniências cometidas pelo príncipe ou por ordem dele. De modo que um tal homem, qualquer que seja seu título, czar ou grão-senhor ou o que quiserem, encontra-se em estado de natureza não somente perante aqueles que estão sob seu domínio, como também perante o resto da humanidade...

92. Pois aquele que pensa que o poder absoluto purifica o sangue do homem e corrige a torpeza da natureza humana, precisa apenas ler a história desta ou de qualquer outra era para se convencer do contrário...

94. Nenhum homem na sociedade civil pode estar isento de suas leis. Pois, se algum homem puder fazer o que bem lhe aprouver e não houver nada na Terra a que se possa apelar, para reparação ou segurança, contra qualquer malefício que ele venha a causar, pergunto se ele ainda não estaria no mais absoluto estado de natureza, não podendo, portanto, ser parte ou membro dessa sociedade civil, a menos que alguém diga que o estado de natureza e a sociedade civil são a mesma e única coisa, e ainda não encontrei nenhum patrono tão grande da anarquia que chegasse a afirmar isto.

CAPÍTULO VIII

Do começo das sociedades políticas

95. Sendo todos os homens, como já foi dito, livres por natureza, iguais e independentes, ninguém pode ser privado dessa condição e submetido ao poder político de outrem, sem

seu próprio consentimento, o que é feito de acordo com outros homens para juntarem-se e unirem-se numa comunidade, para viverem confortável, segura e pacificamente uns com os outros, no gozo seguro de suas propriedades e com maior segurança contra qualquer um que não pertença a ela. Qualquer número de homens pode fazer isso, pois não prejudica a liberdade dos demais; estes são deixados como estavam, na liberdade do estado de natureza. Quando qualquer número de homens concorda em formar uma comunidade ou governo, tornam-se, imediatamente, incorporados, e constituem um corpo político no qual a maioria tem o direito de agir e decidir pelos demais...

97. E, desse modo, todo homem, ao concordar com outros em formar um corpo político sob um governo, coloca-se sob a obrigação, perante todos os membros dessa sociedade, de submeter-se à determinação da maioria e de acatar a decisão dela; caso contrário, esse pacto original, pelo qual ele se incorpora com outros numa sociedade, nada significaria, e não seria pacto algum se ele fosse deixado livre e sob nenhum outro vínculo a não ser aquele que tinha antes no estado de natureza...

98. Pois, se o consentimento da maioria não for aceito pela razão como o ato do todo a deliberar por cada indivíduo, nada a não ser o consentimento de cada indivíduo poderá fazer com que alguma coisa seja o ato do todo... Uma tal constituição faria o poderoso *Leviatã* ter uma duração mais curta do que as criaturas mais frágeis, e ele não viveria mais do que o dia em que nasceu; não se pode supor, até onde possamos imaginar, que criaturas racionais desejassem constituir sociedades apenas para serem dissolvidas. Porque, onde a maioria não pode decidir pelos demais, não pode agir como um corpo e, em consequência, logo será dissolvida novamente.

100. Duas objeções são feitas a isto: 1. Não podem ser encontrados na história exemplos de uma associação de homens independentes e iguais entre si que se tenham reunido e, desse modo, iniciado e instituído um governo. 2. É impossível, por direito, que os homens assim fizessem, pois todos os homens, tendo nascido sob um governo, devem submeter-se a ele e não têm liberdade de começar um novo.

101. À primeira objeção há a seguinte resposta: não é de admirar, em absoluto, que a história forneça apenas um breve relato sobre homens que viviam juntos no estado de natureza. Os inconvenientes dessa condição e o amor e o desejo de sociedade, tão logo juntavam certo número deles, em seguida os uniam e incorporavam, se tencionavam continuar juntos. E, se pudéssemos supor que os homens jamais estiveram no estado de natureza, porque pouco sabemos deles em tal estado, também podemos supor que os exércitos de Salmanasser ou de Xerxes nunca foram crianças, porque pouco sabemos deles antes que se tornassem homens e se incorporassem em exércitos. Em toda parte, o governo antecede aos registros, e raramente a literatura se introduz num povo enquanto um longo período de sociedade civil não tenha, por meio de outras artes mais necessárias, lhes proporcionado segurança, conforto e abundância. E então os povos começam a pesquisar a história de seus fundadores e a buscar suas origens, depois de terem sobrevivido à memória deles...

112. Vemos, portanto, como era provável que pessoas naturalmente livres e, por seu próprio consentimento, submetidas ao governo de seus pais ou reunidas a partir de diferentes famílias para formar um governo, em geral colocassem o mando nas mãos de um único homem, escolhendo estar sob a direção de uma só pessoa, sem condições expressas a limitar ou regular seu poder, o qual julgavam estar assegurado por sua honestidade e prudência; embora nunca houvessem sonhado que a monarquia fosse *jure divino*, o que nunca ouvimos dizer entre a humanidade até que nos foi revelada pela divindade desta última era, nem jamais permitissem que o pátrio poder tivesse direito de domínio ou fosse o fundamento de todo governo. Isso deve bastar para demonstrar que, tanto quanto possa esclarecer-nos a história, temos razão para concluir que todos os inícios pacíficos de gover-

no assentaram-se no consentimento do povo. Digo "pacíficos" porque terei ocasião de, em outro lugar, falar da conquista, que alguns consideram ser um modo de iniciar governos.

A outra objeção levantada contra o começo das sociedades políticas da maneira como mencionei é esta, a saber:

113. "Que, tendo todos os homens nascido sob um ou outro governo, é impossível que qualquer um deles fosse livre e tivesse a liberdade de se unir a outros e começar novo governo, ou que algum dia fosse capaz de instituir um governo legítimo." Se esse argumento é bom, pergunto como surgiram tantas monarquias legítimas no mundo? Pois, se alguém, baseado nessa suposição, puder mostrar-me um único homem, em qualquer era do mundo, livre para começar uma monarquia legítima, serei obrigado a mostrar-lhe dez outros homens livres e com liberdade, ao mesmo tempo, de se unir e iniciar um novo governo, sob a forma régia ou qualquer outra. Isso demonstra que, se alguém nascido sob o domínio de outrem pode ser tão livre a ponto de ter o direito de comandar outros num império novo e diferente, todo aquele que nasceu sob o domínio de outrem pode ser igualmente livre para tornar-se governante ou súdito de um governo separado e distinto. E assim, segundo esse princípio que lhes é próprio, ou todos os homens, como quer que tenham nascido, são livres, ou então só existe um príncipe legítimo, um governo legítimo no mundo; e, sendo assim, eles nada têm a fazer senão mostrar-nos qual é; e, quando o fizerem, não duvido de que toda a humanidade concordará facilmente em prestar-lhe obediência...

115. Pois são frequentes na história, tanto sagrada quanto profana, os exemplos de homens que se retiraram, e à sua obediência, da jurisdição em que nasceram e da família ou comunidade em que foram criados, instituindo novos governos em outros lugares; de onde surgiram todos esses pequenos Estados dos primórdios dos tempos, que se multiplicaram sempre que houve espaço suficiente, até que os mais fortes ou mais prósperos engolissem os mais fracos; e esses grandes, ao se fragmentarem de novo, dissolveram-se em domínios menores...

116. É verdade que qualquer um assume compromissos e faz promessas, obriga-se a eles, mas não pode obrigar, por nenhum pacto que seja, seus filhos ou sua descendência. Pois, sendo os filhos, quando se tornam homens, tão livres quanto o pai, nenhum ato do pai pode dispor da liberdade do filho mais que da de qualquer outra pessoa...

117. Por não permitirem os Estados que nenhuma parte de seus domínios seja desmembrada nem desfrutada por ninguém que não faça parte deles, o filho não pode em geral usufruir as posses do pai, a não ser nos mesmos termos em que seu pai usufruía, tornando-se um membro da mesma sociedade, pelo que logo se coloca sob o governo que ali encontra estabelecido, tanto quanto qualquer outro súdito do Estado. E, desse modo, é somente o consentimento dos homens livres, nascidos sob governo, que os torna membros dele, e, sendo dado separadamente, por cada um à sua vez no momento em que chega à maioridade e não por uma multidão em conjunto, as pessoas não o percebem e, pensando que não se deu de maneira nenhuma ou que não é necessário, concluem que são naturalmente súditos quando se tornam homens...

118. Nenhuma criança nasce súdito de país ou governo algum. Está sob a tutela e autoridade do pai até chegar à idade do discernimento, e então será um homem livre, com liberdade de escolher o governo sob o qual viverá e o corpo político ao qual se unirá...

119. Ninguém duvida de que o consentimento expresso de qualquer homem, ao entrar numa sociedade, faz dele um membro perfeito dessa sociedade, um súdito desse governo. A dificuldade está no que deve ser considerado como consentimento tácito e até que ponto ele obriga – isto é, até que ponto alguém deve ser considerado como tendo consentido e, assim, se submetido a algum governo, quando não fez nenhuma declaração sobre isso. E sobre isso digo que todo homem que tem alguma posse ou usu-

fruir alguma parte dos domínios de um governo dá com isso seu consentimento tácito, estando a partir daí obrigado à obediência às leis desse governo, enquanto dele usufruir, como qualquer outra pessoa sob ele, quer sua posse consista em terra, para si e seus herdeiros para sempre, ou num alojamento por apenas uma semana, ou mesmo que esteja apenas viajando com liberdade pela estrada; e, com efeito, isso estende-se a qualquer um que simplesmente esteja dentro dos territórios desse governo.

120. Para compreender isso melhor, convém considerar que todo homem, quando de início se incorpora a um Estado, ao unir-se a ele também anexa e submete à comunidade as posses que tenha ou venha a adquirir e que já não pertençam a algum outro governo. Pois seria uma franca contradição que alguém entrasse em uma sociedade com outros para assegurar e regular a propriedade e, não obstante, supor que sua terra, cuja propriedade deve ser regulada pelas leis dessa sociedade, esteja isenta da jurisdição do governo do qual ele próprio é súdito e ao qual está sujeita a propriedade da terra. Por conseguinte, pelo mesmo ato por qual alguém une sua pessoa, que antes era livre, a algum Estado, também une a este suas posses, que antes eram livres; e ficam ambas, pessoa e posse, sujeitas ao governo e domínio desse Estado enquanto ele existir. Portanto, quem quer que daí em diante desfrute, por herança, permissão de compra ou outra maneira qualquer, de alguma parte da terra assim anexada ao Estado e sob o seu governo, deve aceitá-la com a condição sob a qual se encontra – isto é, de submissão ao governo do Estado, sob cuja jurisdição está, tanto quanto qualquer súdito.

121. Como, porém, o governo só tem jurisdição direta sobre a terra e só alcança o seu proprietário (antes que este se tenha incorporado de fato à sociedade) enquanto nela habitar e dela usufruir, a obrigação de alguém, em virtude de tal usufruto, de se submeter ao governo, começa e termina com esse usufruto; assim, sempre que o proprietário, que nada deu ao governo a não ser um consentimento tácito, desistir da mencionada posse por doação, venda ou alguma outra forma, estará em liberdade para ir incorporar-se a qualquer outro Estado, ou para compor-se com outros a fim de começar um novo Estado *in vacuis locis*, em qualquer parte do mundo que encontrar livre e sem dono; ao passo que aquele que alguma vez deu seu consentimento, mediante acordo real e declaração expressa, para fazer parte de algum Estado, está obrigado, de maneira perpétua e indispensável, a ser e permanecer inalteravelmente como súdito deste, e jamais poderá voltar à liberdade do estado de natureza, a menos que, por alguma calamidade, o governo sob o qual se encontra venha a ser dissolvido.

122. Mas submeter-se às leis de algum país, viver tranquilamente e desfrutar dos privilégios e da proteção entre seus membros não torna um homem membro dessa sociedade; isso é somente uma proteção local e uma deferência devida a todos e por todos aqueles que, não estando em estado de guerra, ingressam nos territórios que pertencem a qualquer governo, em toda parte a que se estende a força de sua lei. Mas isso não faz de um homem membro dessa sociedade, súdito perpétuo desse Estado, mais do que um homem se tornaria súdito de outro em cuja família achou conveniente residir durante algum tempo, embora, enquanto nela permanecesse, fosse obrigado a aquiescer às leis e submeter-se ao governo que ali encontrasse. Vemos assim que os estrangeiros, ao viverem a vida inteira sob outro governo e desfrutarem dos privilégios e da proteção dele, embora sejam obrigados, mesmo em consciência, a submeter-se à sua administração, tanto quanto qualquer habitante, ainda assim não chegam por isso a ser súditos ou membros desse Estado. Nada pode fazer com que algum homem o seja, a não ser o ingresso efetivo nesse Estado, por meio de um compromisso positivo e de uma promessa e um pacto expressos. Eis o que penso a respeito do começo das sociedades políticas e do consentimento que faz de qualquer um membro de algum Estado.

CAPÍTULO IX

Dos fins da sociedade política e do governo

123. Se o homem no estado de natureza é tão livre como se disse, se é senhor absoluto de sua própria pessoa e de suas posses, igual ao maior de todos e súdito de ninguém, por que abandona sua liberdade, esse império, e se submete ao domínio e controle de algum outro poder? Ao que é óbvio responder que, embora no estado de natureza ele tenha tal direito, ainda assim o gozo dele é muito incerto e está constantemente exposto à violação por parte de outros... Isso o faz querer desistir dessa condição que, embora livre, está cheia de medos e perigos constantes; e não é sem razão que ele procura de boa vontade unir-se em sociedade com outros que já estão reunidos ou têm a intenção de se unir para a mútua preservação de suas vidas, de suas liberdades e bens, aos quais chamo pelo nome genérico de propriedade.

124. A finalidade maior e principal, portanto, de os homens unirem-se em Estados e submeterem-se a um governo é a preservação de sua propriedade, para o que o estado de natureza carece de muitas coisas.

Primeiro, falta-lhe uma lei estabelecida, estável, conhecida...

125. Em segundo lugar, o estado de natureza carece de um juiz conhecido e imparcial, com autoridade para solucionar todas as diferenças de acordo com a lei estabelecida...

126. Em terceiro lugar, o estado de natureza carece, com frequência, de um poder para apoiar e sustentar a sentença quando justa e para dar-lhe a devida execução...

131. Porém, embora, quando entrem em sociedade, os homens desistam da igualdade, da liberdade e do poder executivo que tinham no estado de natureza, pondo-os nas mãos da sociedade para que deles disponha, por meio do legislativo, conforme o exija o bem da sociedade, ainda assim, como cada um, ao fazer isso, tem apenas a intenção de melhor preservar a si mesmo, à sua liberdade e propriedade (pois não se pode supor que alguma criatura racional mude intencionalmente sua condição para pior), jamais se pode supor que o poder dessa sociedade ou do legislativo por ela constituído se estenda além do bem comum, estando, ao contrário, obrigado a assegurar a propriedade de cada um, prevenindo-se contra aquelas três insuficiências mencionadas anteriormente que faziam o estado de natureza tão inseguro e intranquilo. Assim, quem quer que detenha o poder supremo ou legislativo de qualquer Estado está obrigado a governá-lo por meio de leis fixas estabelecidas, promulgadas e conhecidas pelo povo, e não mediante decretos extemporâneos, por meio de juízes imparciais e probos, aos quais cabe decidir controvérsias seguindo essas leis; e a empregar a força da comunidade no país apenas na execução de tais leis, ou no exterior para impedir ou reparar injúrias estrangeiras e garantir a comunidade contra incursões ou invasões. E tudo isso deve estar voltado para nenhuma outra finalidade senão a paz, a segurança e o bem público do povo.

CAPÍTULO XI*

Da extensão do poder legislativo

135. Embora o legislativo esteja nas mãos de um ou mais de um, atuando sempre ou apenas em intervalos, seja o poder supremo de cada Estado, ainda assim, primeiro, ele não é, nem é possível que seja, absolutamente arbitrário sobre a vida e os bens do povo. Pois sendo ele nada mais que o poder conjunto de cada membro da sociedade, entregue à pessoa ou assembleia que legisla, não pode ultrapassar o poder que essas pessoas tinham no estado de natureza antes de entrarem em sociedade e o entregarem à comunidade. Pois ninguém pode transferir a outrem mais poder do que possui, e ninguém detém um poder arbitrário absoluto sobre si mesmo, ou sobre qualquer outro, para destruir a própria vida ou tomar a vida ou a propriedade de outrem. Um homem, como já se demonstrou, não pode submeter-se ao poder arbitrário de

---

* No texto em inglês com base no qual se fez esta tradução, foram omitidos os capítulos X, XII, XV, XVI e XVII. (N. do R. T.)

outrem; e não tendo, no estado de natureza, poder arbitrário algum sobre a vida, a liberdade ou as posses de outrem, mas apenas o poder que a lei da natureza lhe deu para a preservação de si mesmo e do resto da humanidade, isso é tudo que ele cede ou pode ceder ao Estado, e por meio deste, ao poder legislativo, de modo que o legislativo não pode ter mais poder do que isso. Seu poder, nos limites extremos, limita-se ao bem público da sociedade... As obrigações da lei da natureza não cessam na sociedade, mas, em muitos casos, apenas ficam mais estritas e, mediante leis humanas, a elas se acrescem penalidades conhecidas para forçar seu cumprimento. Desse modo, a lei da natureza permanece como uma regra eterna para todos os homens, tanto os legisladores como os outros. As regras que eles estabelecem para as ações de outros homens devem, assim como suas próprias ações e as de outros homens, ser compatíveis com a lei da natureza – isto é, com a vontade de Deus, da qual são uma declaração, e, sendo a lei fundamental da natureza a preservação da espécie humana, nenhuma sanção humana pode ser boa ou válida contra ela.

136. Em segundo lugar, a autoridade suprema ou legislativa não pode arrogar-se o poder de governar por meio de decretos arbitrários e extemporâneos, mas está obrigada a ministrar justiça e decidir os direitos dos súditos mediante leis fixas promulgadas e juízes autorizados e conhecidos... Os homens cedem todo o seu poder natural para a sociedade na qual entram, e a comunidade põe o poder legislativo nas mãos que julgar adequadas, com a confiança de que será governada por meio de leis expressas; do contrário, sua paz, tranquilidade e propriedade ainda estarão na mesma incerteza em que se encontravam no estado de natureza...

137. Não se pode supor que eles tencionassem, caso tivessem poder para tanto, dar a uma ou mais pessoas poder arbitrário e absoluto sobre suas pessoas e bens e colocar força nas mãos do magistrado para executar arbitrariamente sobre eles sua ilimitada vontade; isto seria colocar-se numa condição pior do que no estado de natureza, no qual tinham a liberdade de defender seu direito contra as injúrias de outros, e se encontravam em igualdade de força para sustentá-lo, fosse esse direito violado por um único homem ou por muitos em conjunto. Ao passo que, supondo que se tenham entregues ao poder absoluto e arbitrário e à vontade de um legislador, teriam desarmado a si mesmos e armado a este para torná-los vítimas quando bem lhe agradasse...

138. Em terceiro lugar, o poder supremo não pode tomar de nenhum homem parte alguma de suas propriedades sem o seu consentimento. Pois, sendo a preservação da propriedade o fim do governo e a razão pela qual os homens entram em sociedade, isso supõe e necessariamente exige que o povo tenha propriedade, sem o que é de presumir que ele perca, ao entrar em sociedade, a finalidade pela qual ingressou nela – absurdo flagrante demais para que qualquer homem o admita...

141. Em quarto lugar, o legislativo não pode transferir o poder de fazer leis para quaisquer outras mãos, pois, sendo apenas um poder delegado pelo povo, aqueles que o detêm não podem transferi-lo para outros. Somente o povo pode designar a forma do Estado, o que se dá por meio de constituir o legislativo e indicar em que mãos ele estará. E, quando o povo tiver dito: "nós nos submeteremos e seremos governados pelas leis feitas por esses homens e sob tais formas", ninguém mais poderá dizer que outros homens farão leis para o povo; tampouco este pode ser submetido a lei alguma a não ser àquelas promulgadas pelos que foram escolhidos e autorizados por ele a fazer leis.

CAPÍTULO XIII

Da subordinação dos poderes do Estado

149. Embora num Estado constituído, assentado sobre suas próprias bases e agindo de acordo com sua própria natureza – isto é, agindo para a preservação da comunidade –, só possa haver um único poder supremo, que é o legislativo, ao qual todos os demais estão e

devem estar subordinados, mesmo assim, sendo o legislativo apenas um poder fiduciário para agir visando a certos fins, ainda permanece nas mãos do povo o poder supremo para afastar ou alterar o legislativo quando julgar que age de forma contrária à confiança nele depositada. Pois, uma vez que o poder concedido em confiança para a consecução de um fim, limitado por esse próprio fim, for manifestamente negligenciado ou contrariado, a confiança deve necessariamente ser retirada e o poder devolvido às mãos daqueles que o concederam, que podem colocá-lo de novo onde julgarem melhor para sua segurança e proteção. Desse modo, a comunidade mantém perpetuamente o poder supremo de salvaguardar-se dos intentos e desígnios de qualquer pessoa, até mesmo de seus legisladores, sempre que estes forem tão tolos ou iníquos a ponto de planejar e levar a cabo desígnios contrários às liberdades e propriedades dos súditos...

151. Em alguns Estados onde o legislativo não tem atuação permanente, e o executivo está investido numa única pessoa que também faz parte do legislativo, essa única pessoa também pode ser chamada de suprema, num sentido bastante aceitável; não que ela tenha em si todo o poder supremo, que é o de fazer leis, mas porque tem em si a suprema execução da qual todos os magistrados inferiores derivam todos os seus vários poderes subordinados ou, pelo menos, a maior parte deles; não tendo também nenhum legislativo superior a ela e não havendo lei alguma que fosse feita sem o seu consentimento, e que pudesse submetê-lo à outra parte do legislativo, ele é, de maneira bastante apropriada, supremo nesse sentido. Mas, ainda assim, deve observar-se que, embora se façam a ele juramentos de fidelidade e lealdade, não é a ele na condição de legislador supremo, mas sim como supremo executor da lei elaborada por um poder que ele compartilha com outros, sendo a fidelidade nada mais que uma obediência de acordo com a lei, a qual, quando ele a transgride, priva-o totalmente do direito à obediência, que ele só pode reivindicar como pessoa pública investida do poder da lei, devendo assim ser considerado como a imagem, o espectro ou o representante do Estado, agindo pela vontade da sociedade, declarada em suas leis; portanto, ele não possui vontade, nem poder, a não ser o da lei. Mas, quando renuncia a essa representação, a essa vontade pública, e age segundo sua própria vontade particular, degrada-se e torna-se apenas uma simples pessoa privada, sem poder e sem vontade; e os membros só devem obediência à vontade pública da sociedade...

153. Não é necessário – tampouco muito conveniente – que o legislativo tenha atuação permanente; mas é absolutamente necessário que o poder executivo tenha, pois nem sempre existe necessidade de novas leis, ao passo que sempre há necessidade de execução das leis feitas. Quando o legislativo deposita em outras mãos a execução das leis que fez, ainda detém o poder de recuperá-la dessas mãos quando encontrar motivo e de punir qualquer má administração contrária às leis...

155. Em todos os estados e condições, o verdadeiro remédio para a força sem autoridade é opor-lhe a força. O uso da força sem autoridade sempre coloca aquele que a emprega em estado de guerra, na condição de agressor, e o sujeita a ser tratado de maneira correspondente.

CAPÍTULO XIV

Da prerrogativa

159. Onde o poder legislativo e o executivo estão em mãos diferentes, como é o caso em todas as monarquias moderadas e nos governos bem constituídos, o bem da sociedade exige que várias coisas sejam deixadas ao discernimento daquele que tem o poder executivo. Pois, não sendo os legisladores capazes de prever e prover, por meio de leis, tudo quanto possa ser útil à comunidade, o executor das leis, tendo o poder em suas mãos, possui pela lei comum da natureza o direito de fazer uso dele para o bem da sociedade, em muitos casos em que a lei mu-

nicipal não tomou nenhuma direção, até que o legislativo possa devidamente reunir-se a fim de tomar providências. Não somente isso, há muitas coisas que a lei não pode prover de maneira alguma, e essas devem necessariamente ser deixadas ao discernimento daquele que detém o poder executivo em suas mãos, para ser bem reguladas por ele da forma como o exijam o proveito e o bem público; mais ainda, é conveniente que as próprias leis deem lugar ao poder executivo, ou, antes, a essa lei fundamental da natureza e do governo – a saber, que, tanto quanto possível, todos os membros da sociedade devem ser preservados. Pois, como pode haver muitas ocorrências em que a estrita e rígida observância das leis pode causar danos, como não demolir a casa de um homem inocente para deter um incêndio quando a casa vizinha está queimando, e como, às vezes, um homem pode cair na alçada da lei, que não faz distinção entre as pessoas, por uma ação que pode merecer recompensa e perdão, é conveniente que o governante tenha o poder, em muitos casos, de alternar a severidade da lei e perdoar alguns transgressores, pois, sendo a finalidade do governo a preservação de todos tanto quanto possível, até mesmo os culpados devem ser poupados quando disso não resultar nenhum prejuízo para os inocentes.

163. E, por conseguinte, têm uma ideia muito errada de governo aqueles que dizem que o povo usurpou a prerrogativa ao fazer que alguma parte dela fosse definida por meio de leis positivas. Pois, ao fazê-lo, o povo não tirou do príncipe nada que lhe pertencesse por direito, mas apenas declarou que o poder que fora colocado indefinidamente em suas mãos ou nas mãos de seus ancestrais, para ser exercido para o bem do povo, não era algo que tencionavam que fosse dele quando o usasse de outra maneira. Pois, sendo a finalidade do governo o bem da comunidade, qualquer alteração feita nele visando a esse fim não pode ser uma usurpação contra ninguém...

168. E onde o conjunto do povo ou um único homem é privado de seu direito, ou está sob o exercício de um poder sem direito, não tendo nenhuma apelação na Terra, eles têm a liberdade de apelar aos céus, sempre que julguem ter a causa suficiente importância. E, portanto, embora o povo não possa ser juiz, de modo a ter, pela constituição dessa sociedade, algum poder superior para decidir e dar sentença efetiva no caso, ainda assim reserva para si, por uma lei anterior e superior a todas as leis positivas dos homens, essa decisão derradeira que pertence a toda a humanidade onde não houver nenhuma apelação na Terra, de julgar se tem justa causa para fazer a apelação aos Céus. E não pode renunciar a esse julgamento, mas estando em poder do homem submeter-se a outro de maneira a lhe dar a liberdade de destruí-lo; Deus e a natureza jamais permitem a um homem abandonar-se a ponto de negligenciar a própria preservação. E, como não pode tirar a própria vida, tampouco pode dar a outrem o poder de tirá-la. E que ninguém pense que isso cria uma base perpétua para a desordem; pois esta só se produz quando a inconveniência é tão grande que a maioria a sente e se cansa dela, achando que é necessário retificá-la...

CAPÍTULO XVIII

Da tirania

199. Assim como a usurpação é o exercício do poder a que outro tem direito, a tirania é o exercício do poder além do direito, a que ninguém pode ter direito; é fazer uso do poder que se tem nas mãos não para o bem daqueles que estão sob esse poder, mas sim em benefício próprio, privado e individual...

202. Onde a lei termina, começa a tirania, se a lei for transgredida para prejuízo de outrem; e quem tiver autoridade e exceder o poder que a lei lhe confere, e fizer uso da força que tem sob seu comando para impor ao súdito aquilo que a lei não permite, deixa assim de ser magistrado e, agindo sem autoridade, pode ser combatido, como qualquer outro homem que viole pela força o direito de outrem...

203. Podem, então, as ordens de um príncipe sofrer oposição? Pode-se opor resistência a

ele sempre que alguém se sinta prejudicado, imaginando assim que não lhe foi feita justiça? Isso desorganiza e subverte todas as sociedades políticas e, em vez de governo e ordem, nada mais deixa a não ser anarquia e confusão.

204. A isso respondo: a nada se deve opor a força a não ser à força injusta e ilegítima. Quem faz alguma oposição em qualquer outro caso atrai para si uma justa condenação, tanto de Deus como do homem, e assim não se seguirão tal perigo e confusão, como se sugere com frequência. Pois:

205. Primeiro. Como em alguns países a pessoa do príncipe é sagrada por lei, não importa o que ele ordenar ou fizer, sua pessoa continuará livre de toda questão ou violência, não estando sujeita à força ou a qualquer censura ou condenação judicial. Porém, pode-se fazer oposição aos atos ilegais de qualquer funcionário inferior ou outra pessoa por ele comissionada... Sendo pouco provável que o prejuízo que ele cause, por sua própria pessoa, aconteça com frequência ou se estenda muito longe, e sendo ele incapaz, por sua própria força, de subverter as leis ou de oprimir o conjunto do povo – fosse algum príncipe tão fraco e de índole tão má a ponto de querer fazê-lo. A inconveniência de alguns danos particulares que podem acontecer às vezes quando um príncipe impetuoso chega ao trono, é bem recompensada pela paz do público e pela segurança do governo na pessoa do supremo magistrado, colocado assim fora do alcance do perigo; é mais seguro para o coletivo que alguns poucos indivíduos corram às vezes o risco de sofrer do que o chefe da república ficar facilmente exposto e em ocasiões de pouca importância.

206. Em segundo lugar. Esse privilégio, porém, que pertence apenas à pessoa do rei, não impede que se questione, se faça oposição e resista àqueles que usam de força injusta, pretendendo possuir incumbência que a lei não autoriza... Pois, sendo a autoridade do rei dada apenas pela lei, ele não pode dar poderes a alguém para agir contra a lei, nem justificá-lo com a incumbência que lhe deu de fazer. A incumbência ou ordem dada por qualquer magistrado em instâncias em que ele não tem autoridade é tão nula e insignificante quanto a de qualquer indivíduo particular, sendo a diferença entre um e o outro que o magistrado tem alguma autoridade até certo ponto e para certos fins, enquanto o indivíduo particular não dispõe de nenhuma; porque não é a incumbência, mas sim a autoridade que dá o direito de agir, e não pode haver nenhuma autoridade contrária às leis. Porém, apesar de tal resistência, a pessoa e a autoridade do rei estão garantidas, e assim não há nenhum perigo para o governante ou o governo.

207. Em terceiro lugar. Supondo-se um governo em que a pessoa do supremo magistrado não é tão sagrada, ainda assim a doutrina da legitimidade de se resistir a todo exercício ilegítimo de seu poder não o colocará em perigo, em ocasião de pouca importância, nem embaraçará o governo; pois, se a parte prejudicada puder ser compensada e seus danos reparados por meio de apelação à lei, não pode haver pretexto para a força, que só deve ser usada quando um homem é impedido de apelar para a lei. Porque nada deve ser considerado força hostil, a menos quando não se permita o remédio de tal apelação, e é somente essa força que põe em estado de guerra ao homem que a usa, e legitima a resistência a ele. Um homem empunhando uma espada pede minha bolsa na estrada, quando talvez eu não tenha um tostão no bolso. É legítimo que eu mate esse homem. A um outro entrego cem libras para que as segure apenas enquanto apeio do cavalo e ele se recusa a me devolver o dinheiro quando me ponho de pé, sacando a espada para defender sua posse pela força. Eu me esforço para recuperá-la. O dano que esse homem me causou é cem, ou quem sabe mil vezes maior do que o outro talvez tencionasse fazer-me (a quem matei antes que de fato me causasse algum mal); no entanto, posso legalmente matar o primeiro, mas não posso nem ao menos machucar o segundo por lei. A razão para isso é clara; como um usou da força para ameaçar minha vida, eu não teria tempo de apelar à lei para defendê-la, e, tendo-a

perdido, seria tarde demais para apelar. A lei não poderia restituir a vida à minha carcaça morta. A perda seria irreparável; para impedir isso, a lei da natureza me deu o direito de destruir aquele que se põe em estado de guerra comigo e me ameaça de destruição. No outro caso, porém, não estando minha vida em perigo, posso ter o benefício de apelar para a lei e, assim, obter reparação por minhas cem libras.

208. Em quarto lugar. Contudo, se os atos ilegais praticados pelo magistrado forem mantidos (pelo poder que ele obteve), e o remédio que é devido por lei for obstruído pelo mesmo poder, ainda assim o direito de resistir, mesmo em tais atos manifestos de tirania, não perturbará o governo de modo repentino ou em ocasiões de pouca importância. Porque, se apenas alguns homens particulares são atingidos, embora eles tenham o direito de se defender e de recuperar pela força aquilo que lhes foi tomado por força ilegítima, ainda assim o direito de fazê-lo não os envolverá facilmente numa controvérsia na qual, com certeza, irão perecer; pois é tão impossível para um ou para alguns homens oprimidos perturbar o governo quando o conjunto do povo não se julga interessado nisso, quanto o é para um louco desvairado ou um descontente obstinado derrubar um Estado bem estabelecido, sendo o povo pouco propenso a seguir um ou outro.

209. Mas, se algum desses atos ilegais se estendeu à maioria do povo, ou se o mal e a opressão atingiram apenas alguns, mas em casos tais que os precedentes e as consequências pareçam ameaçar a todos, e estes se convençam, em suas consciências, de que suas leis, e com elas seus bens, liberdades e vidas, estão em perigo, e talvez também sua religião, não sei dizer como serão impedidos de resistir à força ilegítima usada contra eles. Trata-se, confesso, de uma inconveniência presente em todos os governos, em que os governantes levaram seu povo a suspeitar deles – o estado mais perigoso em que se poderiam colocar, no qual pouca piedade merecem, por isso tão fácil de evitar. Pois é impossível que um governante, se de fato deseja o bem de seu povo e a preservação deste e de suas leis, não os faça notar nem sentir isso, assim como o é para um pai de família não deixar transparecer aos filhos que os ama e cuida deles...

CAPÍTULO XIX

Da dissolução do governo

229. A finalidade do governo é o bem da espécie humana; e o que é melhor para ela, que o povo esteja sempre exposto à vontade ilimitada da tirania, ou que os governantes às vezes estejam sujeitos a sofrer oposição, quando exorbitem no uso de seu poder e o empreguem para a destruição e não para a preservação das propriedades de seu povo?

230. E que ninguém diga que isso pode acarretar malefícios sempre que agradar a um mexeriqueiro ou a um espírito turbulento desejar a alteração do governo. É verdade que tais homens podem causar agitações sempre que assim desejarem, mas será apenas para sua própria ruína e perdição. Pois a menos que o malefício se torne geral e os maus desígnios dos governantes fiquem visíveis, ou seus intentos sejam percebidos pela maior parte, o povo, que está mais disposto a sofrer do que se defender pela resistência, não será capaz de se agitar. Os exemplos isolados de opressão ou injustiça particular a um homem infeliz não o comovem. Mas, se o povo, com base em indícios evidentes, estiver universalmente convencido de que se traçam desígnios contra sua liberdade, e o curso geral e a tendência das coisas despertarem nele uma forte suspeita da má intenção de seus governantes, quem será culpado por isso? Quem poderá impedir se aqueles que o podiam evitar colocam-se sob suspeita? Deve o povo ser censurado por ter o senso de criaturas racionais, não podendo avaliar as coisas senão a partir do que vê e percebe? E não é mais culpado aquele que leva as coisas a uma situação tal que o povo não as teria imaginado tal como são? Admito que o orgulho, a ambição e a turbulência de certos indivíduos têm causado às vezes grandes desordens em

alguns Estados, e que as facções têm sido fatais para Estados e reinos. Mas, se o dano começou com mais frequência no desregramento do povo e no desejo de repudiar a autoridade legítima de seus governantes, ou na insolência dos governantes e em seus esforços para obter e exercer um poder arbitrário sobre o povo; se a opressão ou a desobediência deram origem primeiro à desordem, deixo que a História imparcial o decida. Estou certo do seguinte: qualquer um, governante ou súdito, que pela força pretenda violar os direitos do príncipe ou do povo, e lança as bases para derrubar a constituição e a estrutura de um governo justo, é culpado do maior crime de que penso ser capaz um homem, devendo responder por todos esses males de sangue, rapina e desolação que o desmoronamento dos governos causa a um país; e aquele que faz isso deve ser considerado, com justiça, inimigo comum e praga da humanidade, devendo ser tratado de maneira correspondente...

243. Para concluir. O poder que cada indivíduo deu à sociedade, quando nela ingressou, jamais pode retornar aos indivíduos enquanto durar a sociedade, permanecendo para sempre na comunidade; pois sem isso não pode haver comunidade – nem Estado, o que é contrário ao acordo original; assim também, quando a sociedade colocou o legislativo numa assembleia de homens, para continuar neles e em seus sucessores, com instrução e autoridade para indicar tais sucessores, o poder legislativo jamais pode retornar para o povo enquanto durar esse governo; pois, tendo conferido ao legislativo o poder de continuar para sempre, o povo entregou seu poder político ao legislativo e não pode recuperá-lo. Mas se estabeleceu limites para a duração de seu legislativo e tornou esse poder supremo em alguma pessoa ou assembleia apenas temporário; ou então, quando, por suas faltas, aqueles que têm autoridade são privados desse poder; quando os governantes perdem seus direitos, ou, ao findar o prazo estebelecido, ele retorna para a sociedade, o povo tem o direito de agir como supremo e de assumir o legislativo, dar-lhe uma nova forma ou colocá-lo em novas mãos, conforme achar que seja bom.

7

Barão de Montesquieu
(Charles Louis de Secondat)
1689-1755

Num frio dia de janeiro de 1689, um mendigo se encontrava na capela de Gasconha na condição de padrinho do segundo filho dos abastados De Secondat; o mendigo fora escolhido como padrinho para predispor o bebê a considerar os pobres como seus irmãos. A julgar pelos resultados, o rito foi eficiente de duas maneiras: Charles Louis de Secondat cresceu para ser um frugal gascão e, como senhor de muitos camponeses, defendia o bem-estar deles.

O início de sua infância foi passado em propriedades da família no sudoeste da França. Sua mãe morreu quando ele estava com sete anos. Aos onze foi enviado ao norte, para o colégio dos Padres de Oração, próximo a Meaux, onde foi um pupilo capaz e ávido durante onze anos. Deixou o colégio como homem bem informado para retornar à Gasconha a fim de estudar Direito – e desfrutar das relações mais brilhantes da sociedade de Bordéus.

Quando o pai morreu, o barão de Montesquieu, seu tio, tornou-se seu "guardião". É improvável que Charles, com vinte e quatro anos, precisasse de orientação paterna; o barão perdera seu filho e adotara Charles como seu herdeiro e protegido. Conseguiu-lhe uma nomeação para o quadro de funcionários do Parlamento de Bordéus e escolheu para ele uma noiva rica, porém simples. O casamento não foi por amor; Charles viveu bem com sua mulher, que era uma boa mãe e dona de casa. Tiveram três filhos, duas meninas e um menino.

A tutela não durou muito tempo; o barão morreu e Charles herdou a propriedade, assumindo o nome de Montesquieu. Entre o espólio herdado estava o cargo de *president a mortier* do Parlamento de Bordéus, um lucrativo cargo comprado que, não obstante, possuía grande dignidade. Seis presidentes dirigiam o Parlamento, que tinha funções judiciais, administrativas e legislativas. Seus deveres eram rigorosos, e os assuntos do Parlamento consumiram grande parte do tempo de Montesquieu durante doze anos. Mesmo assim, ele foi também um membro ativo da Academia de Bordéus, para a qual fora eleito com vinte e sete anos. Acredita-se que tenha escrito muitos discursos para apresentar na Academia, mas a maioria desses escritos se perdeu.

A primeira de suas três grandes obras, *Cartas persas*, foi escrita durante seus dez anos de pós-graduação. As *Cartas* eram sátiras eróticas e bem feitas sobre o governo, os costumes, a moral e as práticas religiosas. Os comentários perigosos que continham eram rotulados de muçulmanos – para evitar que Montesquieu se metesse em encrencas. O livro foi um sucesso imediato e teve quatro edições em seu primeiro ano. Ainda merece ser lido. As *Cartas persas* firmaram Montesquieu como um grande brincalhão – reputação inconveniente quando, mais tarde, ele desejou ser levado a sério. Corre a história de que, anos mais tarde, vendo sua filha com um exemplar das *Cartas*, Montesquieu disse: "Deixe meu filho em paz; é uma obra da minha juventude que não é adequada à sua."

A nova fama de Montesquieu podia ser mais aproveitada em Paris do que na terra natal; ali ele passou a ser tratado como celebridade e fez amizade com intelectuais. A corte de Versalhes vivia metida em intrigas mesquinhas e pouco atraiu Montesquieu. Seus melhores momentos se deram como membro do Club de l'Entre-sol, que reunia importantes intelectuais de Paris. Foi eleito para a Academia em 1725, mas sua eleição foi anulada porque ele não tinha domicílio em Paris. Por isso, ele foi a Bordéus, vendeu sua presidência, retornou a Paris e alugou uma casa. Decidiram que ele estava habilitado e, três anos mais tarde, Montesquieu assumiu a cadeira.

Em 1728, com trinta e nove anos, Montesquieu embarcou em viagens para a Áustria, a Itália, a Alemanha, a Holanda e a Inglaterra. Fez anotações cuidadosas. Foi bem recebido e conheceu pessoas importantes no mundo ocidental. Conta a história que o papa Benedito XIII concedeu-lhe, como recordação de amizade, permissão para comer carne nas sextas-feiras. No dia seguinte, mensageiros do papa levaram-lhe a dispensa em rolo de pergaminho, com uma pequena conta para cobrir os custos clericais. Ele recusou o pergaminho, dizendo: "O papa é um homem honesto; não duvidarei da palavra dele, espero que Deus tampouco tenha motivo para duvidar". Mais da metade de seu tempo no exterior ele passou na Inglaterra, cujas maneiras admirava especialmente. Mais tarde, demonstrou sua aprovação ao esquema da propriedade de terras na Inglaterra, ao reorganizar sua propriedade ancestral no estilo inglês. Quando escreveu sobre filosofia política, a força do sistema inglês teve grande influência sobre ele – sua descrição desse sistema muito impressionou os ingleses, que tentavam pôr em prática suas observações. Após sua perambulação, escreveu: "A Alemanha foi feita para nela se viajar, a Itália para nela se descansar, a Inglaterra para se pensar e a França para se viver."

Montesquieu viveu as duas décadas seguintes em suas propriedades e em Paris; à medida que envelhecia, a Gasconha reclamava cada vez mais seu tempo. Instalou um enorme salão de estudos em sua casa de campo. Agora, era o momento de escrever sua segunda grande obra – *Causas da ascensão e queda de Roma*. Esse sério livro de história contrastava fortemente com as satíricas *Cartas persas*. Um de seus biógrafos sugere que, quando *Causas* foi publicado, em 1734, durante o ministério do desconfiado cardeal Fleury, a história antiga era um tema mais seguro do que a sátira sobre a política e a sociedade da época. A princípio, os franceses ficaram indiferentes a essa obra de estudo. Seus dois livros eram mencionados com gracejo como "Ascensão e queda de Montesquieu". Mas *Causas* tinha mérito verdadeiro e foi lido com avidez no exterior. Mais tarde, a obra obteve reconhecimento na França.

Catorze anos mais tarde, Montesquieu publicou sua obra influente e mais conhecida, *O espírito das leis* (1748), trechos da qual seguem esta nota. Como era costume naquele tempo, submeteu o manuscrito a um comitê de amigos cultos. O comitê aconselhou-o, em unanimidade, a não publicar essa importante obra. Por sorte, ele rejeitou a recomendação. No entanto, o julgamento deles não era totalmente infundado. A obra é indefinida, com frequência vaga, carecendo de método e crítica; muitas afirmações de fato não têm fundamento; muitas inferências são suposições. Contudo, esse livro mudou o pensamento do mundo ocidental. Montesquieu foi o primeiro a abordar as ciências política e jurídica como ciências de observação; levava em consideração o ambiente ao julgar a excelência das leis. Invertendo o método corrente na época, começava com dados sua busca da verdade; a maioria dos sábios antes dele iniciava com abstrações e usava os fatos apenas como ilustrações. Ao longo dos cem anos seguintes, seu *O espírito das leis* tornou-se uma obra de referência fundamental para os democratas constitucionais na Inglaterra, nos Estados Unidos e na França. Montesquieu plantou sementes das quais brotaram relatividades modernas, substituindo antigos absolutos.

Os anos de escrita de Montesquieu não foram de clausura. Ele foi um administrador rural bem-sucedido e frugal. Embora não tivesse nenhum apreço especial pelo dinheiro, amealhou grandes rendas. Com frequência, trabalhava entre os camponeses, vestido com o traje destes, sendo às vezes confundido com um deles. Quando os eruditos iam visitá-lo em suas propriedades, não era incomum que a conversa varasse a noite. Muitas vezes, levava seus serenos costumes campesinos para as mais interessantes salas de estar de Paris, onde era um bom ouvinte e também um respeitado orador. Era espirituoso, embora cortês; profundo, embora simples. De vista fraca, no final de sua vida Montesquieu estava quase cego. No entanto, sempre foi um nobre francês, animado e ativo. Morreu em Paris com sessenta e um anos, durante a missão de vender a casa que tinha nessa cidade.

Um escritor diz de Montesquieu: "... teve sucesso em sua geração, sucesso que superou suas esperanças mais otimistas; ao fazer o que tentou fazer, fez os homens pensarem".

O ESPÍRITO DAS LEIS*

Livro I

DAS LEIS EM GERAL

CAPÍTULO I

*Das leis em sua relação
com os diferentes seres*

As leis, em seu significado mais geral, são as relações necessárias que se originam da natureza das coisas. Nesse sentido, todos os seres têm suas leis: a divindade, suas leis; o mundo material, suas leis; as inteligências superiores ao homem, suas leis; os animais, suas leis; o homem, suas leis...

Deus está relacionado com o universo, como Criador e Preservador; as leis pelas quais criou todas as coisas são aquelas pelas quais Ele as preserva. Ele age de acordo com essas regras porque as conhece; Ele as conhece porque as fez; e as fez porque são relativas à Sua sabedoria e poder...

Os seres particulares inteligentes podem ter leis que eles próprios fizeram, mas possuem também algumas que jamais fizeram. Antes de existirem seres inteligentes, eles eram possíveis; por isso, tinham relações possíveis e, como consequência, leis possíveis. Antes de as leis serem feitas, havia relações de justiça possíveis. Dizer que não existe nada justo ou injusto, a não ser o que é ordenado ou proibido pelas leis positivas, é o mesmo que dizer que antes da descrição de um círculo nem todos os raios eram iguais.

Devemos, portanto, admitir relações de justiça antecedentes à lei positiva pela qual elas são estabelecidas: como, por exemplo, se as sociedades humanas existiam, seria certo obedecer às suas leis; se algum ser inteligente recebia benefícios de outro ser, ele devia demonstrar sua gratidão; se um ser inteligente criava um outro ser inteligente, este último devia continuar em seu estado original de dependência; se um ser inteligente causa dano a outro, merece uma retaliação, e assim por diante.

Mas o mundo inteligente está longe de ser tão bem governado quanto o mundo físico. Porque, embora o primeiro também tenha suas leis, que são invariáveis por natureza, ele não se ajusta a elas de modo tão exato como o mundo físico. Isso porque, por um lado, os seres particulares inteligentes são de natureza finita e, portanto, sujeitos a erro; e, por outro lado, sua natureza exige que sejam agentes livres. Daí que não se ajustam, com constância, às suas leis primitivas; e, com frequência, transgridem as leis que eles mesmos instituíram...

O homem, como ser físico, é, como outros corpos, governado por leis invariáveis. Na condição de ser inteligente, transgride incessantemente as leis estabelecidas por Deus e muda aquelas de sua própria instituição. Pode conduzir-se segundo sua própria orientação, embora seja um ser limitado e, como todas as inteli-

---

* Traduzido por Thomas Nugent, publicado originalmente por Thomas Clark & Co. (1873). Reimpresso com permissão de Appleton-Century-Crofts, Inc.

gências finitas, sujeito à ignorância e ao erro: perde até mesmo seu conhecimento imperfeito; e, como criatura sensível, é incitado por mil paixões impetuosas. Tal ser poderia a cada instante esquecer seu Criador; por isso, Deus lembrou-o de seu dever pelas leis da religião. Tal ser é passível a todo momento de esquecer de si mesmo; a filosofia preveniu isso com as leis da moralidade. Formado para viver em sociedade, poderia esquecer-se de seus semelhantes; por isso, os legisladores atrelaram-no a seu dever por meio de leis civis e políticas.

CAPÍTULO II

Das leis da natureza

As leis da natureza, assim chamadas porque derivam sua força inteiramente de nossa estrutura e existência, antecedem as leis anteriormente mencionadas. A fim de ter um conhecimento perfeito dessas leis, devemos considerar o homem antes do estabelecimento da sociedade: as leis recebidas em tal estado seriam aquelas da natureza...

... O homem no estado de natureza teria a faculdade de saber antes de ter adquirido qualquer conhecimento... Tal homem, a princípio, nada sentiria em si a não ser impotência e fraqueza; seus medos e apreensões seriam excessivos; como aparece em exemplos (se houvesse alguma necessidade de prová-lo) de selvagens encontrados em florestas, tremendo ao movimento de uma folha e fugindo de cada sombra.

Nesse estado, todo homem, em vez de ser ciente de sua igualdade, imaginar-se-ia inferior. Logo, não haveria perigo de um atacar o outro; a paz seria a primeira lei da natureza.

O impulso natural ou desejo, que Hobbes atribui à espécie humana, de um subjugar o outro, está longe de ter fundamento. A ideia de império e dominação é tão complexa, e depende de tantas outras noções, que jamais poderia ser a primeira a ter ocorrido à inteligência humana...

Em seguida à percepção de sua fraqueza, o homem logo se tornaria ciente de suas necessidades. Daí, uma outra lei da natureza o iria impelir a procurar alimento...

O medo... induziria os homens a evitar uns aos outros; mas, sendo recíprocos os sinais desse medo, logo se empenhariam em associar-se. Além disso, essa associação decorreria rapidamente do prazer que um animal sente com a aproximação de um outro da mesma espécie. Por outro lado, a atração que surge da diferença de sexos acentuaria esse prazer; e a inclinação natural que eles têm um pelo outro formaria uma terceira lei.

Além do sentido ou instinto que o homem compartilha com os animais, ele tem a vantagem de adquirir conhecimento; daí surge um segundo vínculo que os animais não têm. A espécie humana encontra, portanto, um novo motivo para se unir; e a quarta lei da natureza provém do desejo de viver em sociedade.

CAPÍTULO III

Das leis positivas

Tão logo a humanidade entra no estado de sociedade, perde a noção de sua fraqueza; cessa a igualdade e então começa o estado de guerra.

Cada sociedade particular começa a sentir sua força, o que faz surgir um estado de guerra entre as diferentes nações. Do mesmo modo, os indivíduos de cada sociedade tornam-se cientes de sua força e, então, esforçam-se para converter as principais vantagens dessa sociedade em seu próprio proveito, o que constitui um estado de guerra entre os indivíduos.

Essas duas espécies diferentes de estados dão origem às leis humanas. Considerados como habitantes de um planeta tão grande, que necessariamente obriga uma variedade de nações, eles têm leis relativas a seu intercurso mútuo, que é o que chamamos de *Direito das nações*. Como membros de uma sociedade que deve ser sustentada de maneira apropriada, têm leis relativas aos governantes e aos governados, as quais distinguimos com o nome de *Direito político*. Também têm um outro tipo de leis, já que estão em relação uns com os outros; é o que se entende por *Direito civil*...

... Alguns pensam que, tendo a natureza estabelecido a autoridade paterna, a maioria dos governos naturais era aquele de uma única pessoa. Porém, o exemplo da autoridade paterna nada prova. Porque, se o poder do pai corresponde a um governo único, o dos irmãos após a morte do pai, e o do primo-irmão após o falecimento dos irmãos, refere-se a um governo de muitos. O poder político compreende necessariamente a união de várias famílias.

Melhor é dizer que o governo mais compatível com a natureza é aquele que melhor se harmoniza com o temperamento e a disposição do povo em cujo favor é estabelecido.

A força dos indivíduos não pode ser unida sem a conjunção de todas as suas vontades. "A conjunção dessas vontades", como Gravina de novo observa com razão, "é o que chamamos de *estado civil*".

A lei é, em geral, a razão humana, visto que governa todos os habitantes da terra; as leis civis e políticas de cada nação deviam ser apenas os casos particulares em que se aplica a razão humana.

Deveriam ser de tal maneira adaptadas ao povo para o qual são concebidas que seria um grande acaso se as leis de uma nação servissem para outra.

Deveriam ser relativas à natureza e ao princípio de cada governo; quer o formem, como pode ser dito das leis políticas, quer o sustentem, como no caso das instituições civis.

Deveriam ser relativas ao clima de cada país, à qualidade de seu solo, à sua posição e extensão, ao princípio de ocupação dos nativos, sejam agricultores, caçadores ou pastores; deveriam ter relação com o grau de liberdade que a constituição permitirá; com a religião dos habitantes, com suas inclinações, riquezas, números, comércio, modos e costumes...

Não separei as instituições políticas das civis porque, como não pretendo tratar de leis, mas sim de seu espírito – e esse espírito consiste nas várias relações que as leis podem ter com diferentes objetos – minha tarefa não é tanto seguir a ordem natural das leis, mas a ordem dessas relações e objetos...

Livro III*

DOS PRINCÍPIOS DOS TRÊS
TIPOS DE GOVERNO

CAPÍTULO III

Do princípio da democracia

Nenhuma grande parcela de probidade é necessária para sustentar um governo monárquico ou despótico. A força da lei num e o braço do príncipe noutro são suficientes para dirigir e manter o todo. Mas num estado popular é necessária uma mola a mais, a saber, a *virtude*...

... Um monarca que, por mau conselho ou indolência, deixa de impor a execução das leis, pode facilmente reparar o mal; só precisa seguir outro conselho, ou então livrar-se de sua indolência. Mas, quando, num governo popular, há uma suspensão das leis, visto que isso só pode resultar da corrupção da república, o Estado é, com certeza, destruído...

Quando a virtude é banida, a ambição invade as mentes daqueles que estão dispostos a acolhê-la, e a avareza toma conta de toda a comunidade. Os objetos de seus desejos mudam; aquilo pelo que tinham apreço antes passa a ser indiferente; eram livres enquanto estavam sob a restrição das leis, mas agora ficariam felizes em ser livres para agir contra a lei; e, como cada cidadão é como um escravo que fugiu de seu dono, o que era uma máxima de equidade, ele chama de rigor; o que era uma regra de ação, chama de constrangimento; e à precaução dá o nome de medo. A frugalidade, e não a sede de ganho, passa por avareza. Outrora, a riqueza dos indivíduos constituía o tesouro público; agora, porém, isto se torna o patrimônio de pessoas privadas. Os membros do Estado malbaratam o espólio público, e sua força consiste unicamente no poder de poucos e na licenciosidade de muitos.

---

* No texto em inglês com base no qual se fez esta tradução, foram omitidos os livros II, IV, V, VII, VIII, IX, XIII, XIV, XVII, XVIII, XX, XXI, XXIII, XXV, XXVII e XXVIII. (N. do R. T.)

Atenas era possuída por essas mesmas forças quando triunfou de maneira tão gloriosa e quando foi escravizada com tanta infâmia...

CAPÍTULO V*

De que a virtude não é o princípio do governo monárquico

Nas monarquias, a política realiza grandes coisas com o mínimo de virtude possível...

O Estado subsiste independentemente do amor por nosso país, da sede por verdadeira glória, da abnegação, do sacrifício de nossos interesses mais caros, e de todas aquelas virtudes heroicas que admiramos nos antigos e que só nos são conhecidas pela história.

As leis preenchem aqui o lugar dessas virtudes...

CAPÍTULO VI

De que maneira se substitui a virtude num governo monárquico

Mas já é mais que hora de acabar com esse tema, a fim de que eu não seja suspeito de escrever uma sátira contra o governo monárquico. Longe de mim tal coisa; se a monarquia carece de um motivo, está munida de outro. A honra... ocupa o espaço da virtude política da qual estive falando, e é sua representante em toda parte. Aqui é capaz de inspirar as ações mais gloriosas e, combinada com a força das leis, pode levar-nos à finalidade do governo, assim como a própria virtude.

Daí que, em monarquias bem reguladas, são quase todos bons súditos, e muito poucos, bons homens; porque para ser um bom homem é necessário ter uma boa intenção, e deveríamos amar nosso país, não tanto por nós próprios, mas em consideração à comunidade...

---

* No texto em inglês com base no qual se fez esta tradução, foram omitidos, no Livro III, os capítulos I, II, IV, VII, VIII, X e XI. (N. do R. T.)

CAPÍTULO IX

Do princípio do governo despótico

Assim como a virtude é necessária numa república, e a honra numa monarquia, o medo é necessário num governo despótico; em relação à virtude, não há ocasião para ela, e a honra seria extremamente perigosa.

Aqui, o imenso poder do príncipe é transferido por inteiro àqueles a quem lhe apraz confiar a administração. Pessoas capazes de dar valor a si mesmas, provavelmente, criariam perturbações. Por conseguinte, o medo deve deprimir seus espíritos e extinguir até mesmo o menor senso de ambição...

Livro VI

CONSEQUÊNCIAS DOS PRINCÍPIOS DE DIFERENTES GOVERNOS COM RESPEITO À SIMPLICIDADE DAS LEIS CIVIS E CRIMINAIS, À FORMA DOS JULGAMENTOS E À IMPOSIÇÃO DAS PENAS

CAPÍTULO I

Da simplicidade das leis civis nos diferentes governos

As monarquias não permitem uma simplicidade tão grande das leis quanto os governos despóticos. Porque nas monarquias deve haver tribunais, os quais devem proferir suas decisões, estas devem ser preservadas e aprendidas, a fim de que possamos julgar da mesma maneira hoje como ontem, e para que as vidas e propriedades dos cidadãos possam ser tão garantidas e fixas como a própria Constituição do Estado...

O monarca que conhece cada uma de suas províncias pode estabelecer leis diferentes ou tolerar costumes diferentes. Mas, como o príncipe despótico nada conhece e não pode cuidar de nada, precisa tomar medidas gerais e governar por meio de uma vontade rígida e inflexível, a qual produz o mesmo efeito em todos os seus domínios; resumindo, todas as coisas se curvam sob seus pés.

Na medida em que as decisões dos tribunais se multiplicam nas monarquias, a lei é saturada de decretos que às vezes se contradizem entre si; ou porque os juízes que se sucedem têm uma maneira de pensar diferente, ou porque as mesmas causas são às vezes bem defendidas e outras vezes mal defendidas; ou, enfim, em virtude de uma infinidade de abusos aos quais estão sujeitas todas as regulamentações humanas. Esse é um mal necessário que o legislador repara de tempos em tempos, visto que contraria até mesmo o espírito dos governos moderados. Porque, quando o povo é obrigado a recorrer aos tribunais, isso deve decorrer da natureza da constituição, não da contradição ou incerteza da lei.

Nos governos em que existem distinções necessárias entre as pessoas, deve igualmente haver privilégios. Isso também diminui a simplicidade e cria mil exceções...

CAPÍTULO II

Da simplicidade das leis criminais nos diferentes governos

Ouvimos dizer, em geral, que a justiça deveria ser administrada em nosso país tal como é na Turquia. É possível, então, que a mais ignorante de todas as nações seja a que tenha a visão mais clara numa questão que mais cabe à humanidade conhecer?

Se examinarmos as formalidades da justiça com relação à dificuldade por que passa o súdito para recuperar sua propriedade, ou para obter reparação por um dano ou uma afronta, descobriremos que elas são, sem dúvida, inúmeras; mas, se as considerarmos em sua relação com a liberdade e segurança de cada indivíduo, com frequência acharemos que são poucas demais; e nos convenceremos de que o trabalho, as despesas, as protelações e até mesmo os próprios perigos de nossos procedimentos judiciários são o preço que cada súdito paga por sua liberdade.

Na Turquia, onde se demonstra pouca consideração pela honra, pela vida ou pela propriedade do súdito, todas as causas são decididas rapidamente. O método de resolvê-las é indiferente, desde que sejam resolvidas. O paxá, após uma rápida audiência, decide qual das partes ele quer que receba bastonadas nas solas dos pés e, depois, manda-as cuidar de sua vida...

Mas em governos moderados, onde a vida do súdito mais humilde é considerada preciosa, nenhum homem é despojado de sua honra ou propriedade, a não ser após um longo inquérito...

... Quando uma pessoa se torna absoluta, pensa imediatamente em reduzir o número de leis. Num governo assim constituído, elas são mais influenciadas por inconveniências particulares do que pela liberdade do súdito, que tem pouquíssima importância.

Nas repúblicas, é evidente, é necessário ao menos tantas formalidades quanto nas monarquias. Em ambos os governos, elas aumentam conforme o valor que se dá à honra, à fortuna, à liberdade e à vida do súdito.

No governo republicano, os homens são todos iguais; iguais também são no governo despótico; no primeiro, porque são tudo; no último, porque não são nada.

CAPÍTULO III

Em que governos e em que casos os juízes devem decidir de acordo com a letra expressa da lei

Quanto mais um governo se aproxima de uma república, mais a forma de julgar torna-se estabelecida e fixa...

... Nas repúblicas, a própria natureza da constituição exige que os juízes sigam a letra da lei; caso contrário, a lei poderia ser aplicada em prejuízo de todo cidadão, em casos que se referem à honra, à propriedade ou à vida...

CAPÍTULO IV

Da maneira de proferir sentença

Daí se originam as diferentes maneiras de proferir sentença. Nas monarquias, os juízes escolhem o método de julgamento; deliberam em conjunto, comunicam seus sentimentos com o fim de obter unanimidade; moderam suas opiniões a fim de ajustá-las às dos outros; e o número menor é obrigado a ceder à maioria. Mas isso não está de acordo com a natureza da república. Em Roma e nas cidades da Grécia, os juízes jamais entravam em conferência; cada qual dava sua opinião de uma destas três maneiras: "eu absolvo, eu condeno, não me parece claro"; isto porque era o povo que julgava ou que supostamente julgava. Mas o povo está longe de ser versado em Direito Civil; todas as restrições e métodos de julgamento estão fora de seu alcance; ele deve ter diante de si apenas um objeto e um único fato; e então simplesmente ver se deve condenar, absolver ou suspender seu julgamento.

Os romanos introduziram formas fixas de ação... e instituíram a regra de que cada causa deveria ser conduzida segundo sua própria ação. Isso era necessário em sua maneira de julgar; era necessário fixar o estado da questão, para que o povo sempre pudesse tê-la diante dos olhos. Caso contrário, num longo processo, esse estado da questão mudaria constantemente, não podendo mais ser distinguido.

Como resultado, os juízes romanos aceitavam apenas a demanda simples, sem fazer qualquer adição, dedução ou limitação...

CAPÍTULO IX

Da severidade das penas nos diferentes governos

A severidade das penas é mais própria dos governos despóticos, cujo princípio é o terror, do que da monarquia ou da república, cuja mola é a honra e a virtude.

Em governos moderados, o amor ao país, a vergonha e o medo da censura são motivos proibitivos, capazes de impedir um grande número de crimes. Aqui, a maior punição para uma má ação é a condenação. As leis civis têm, portanto, uma maneira mais suave de corrigir, não exigindo muita força e severidade.

Nesses Estados, um bom legislador está menos inclinado à punição do que à prevenção dos crimes; está mais interessado em inspirar uma boa moral do que em infligir penalidades...

Seria fácil provar que em todos, ou em quase todos, os governos da Europa as penalidades aumentaram ou diminuíram na proporção em que esses governos favoreceram ou desencorajaram a liberdade...

Nos governos moderados, um bom legislador pode fazer uso de qualquer coisa como modo de punição. Não é extraordinário que, em Esparta, uma das principais penas fosse privar o homem do poder de emprestar a esposa, ou de receber a esposa de outro homem, e obrigá-lo a ter somente a companhia de virgens em casa? Resumindo, o que quer que a lei chama de punição é efetivamente punição...

CAPÍTULO XII

Do poder das penas

A experiência mostra que o espírito dos habitantes é tão atingido pelas penalidades leves, em países notáveis pela indulgência de suas leis, quanto, em outros países, pelas punições severas.

Se surge no Estado uma inconveniência ou abuso, um governo violento se esforça para repará-lo imediatamente; e, em vez de pôr as antigas leis em execução, estabelece alguma pena cruel que instantaneamente põe fim ao mal. Mas, com isso, a mola do governo perde sua elasticidade; a imaginação acostuma-se com a punição severa e também com a mais branda; e, à medida que diminui o medo desta última, logo se é obrigado a recorrer à primeira em todos os casos. Os assaltos nas estradas tornaram-se comuns nesses países; a fim de remediar esse mal, inventaram a pena de quebrar pernas e braços no suplício da roda, cujo terror pôs fim, durante algum tempo, a essa prática perniciosa. Mas, logo depois, os assaltos nas estradas tornaram-se tão comuns como antes...

... Se pesquisarmos a causa de todas as corrupções humanas, descobriremos que elas derivam da impunidade dos criminosos e não da moderação das punições.

Sigamos a natureza, que deu a vergonha ao homem como seu flagelo, e que a parte mais pesada da punição seja a infâmia que dela resulta.

Mas, se há países onde a vergonha não é consequência da punição, isso se deve à tirania que infligiu as mesmas penas aos vilões e aos homens honestos.

E, se há outros onde os homens são intimidados apenas por penas cruéis, podemos ter certeza de que isso decorre, em grande medida, da violência do governo, que usou tais penas para transgressões leves...

CAPÍTULO XIII

Insuficiência das leis no Japão

As penas excessivas podem até corromper um governo despótico; temos um exemplo disso no Japão...

...A severidade excessiva das leis impede... sua execução; quando a pena supera todas as medidas, muitas vezes se é obrigado a preferir a impunidade...

CAPÍTULO XVI

Da justa proporção entre as penas e os crimes

É uma questão essencial que haja certa proporção nas penas, porque o essencial é que se evitem os grandes crimes, e não os menores, e aquilo que é mais pernicioso para a sociedade, em vez daquilo que é menos...

É um grande abuso condenar à mesma pena uma pessoa que apenas rouba na estrada, e outra que rouba e mata. Com certeza, para a segurança pública, deveria haver alguma diferença quanto à pena...

CAPÍTULO XVIII

Das penas pecuniárias e corporais

Os germanos, nossos ancestrais, só admitiam as penas pecuniárias. Esse povo livre e guerreiro achava que seu sangue só deveria ser derramado com a espada na mão. Pelo contrário, essas penas são rejeitadas pelos japoneses sob o pretexto de que os ricos poderiam esquivar-se delas. Mas os ricos não receiam ser despojados de sua propriedade? E as penalidades pecuniárias não poderiam ser proporcionais à fortuna das pessoas? E, enfim, a infâmia não poderia ser agregada a essas punições?

Um bom legislador adota um meio-termo justo; nem sempre ordena as penas pecuniárias, nem sempre as corporais...

Livro X*

DA RELAÇÃO DAS LEIS COM A FORÇA OFENSIVA

CAPÍTULO II

Da guerra

A vida dos governos é igual à dos homens. Estes últimos têm o direito de matar em caso de defesa natural; os primeiros têm o direito de travar guerra para sua própria preservação.

No caso da defesa natural, tenho o direito de matar porque minha vida diz respeito a mim tanto quanto a vida de meu antagonista diz respeito a ele; da mesma maneira, um Estado trava guerra porque sua preservação é igual à de qualquer outro ser.

No caso dos indivíduos, o direito de defesa natural não implica a necessidade de ataque. Em vez de atacar, eles só precisam recorrer aos tribunais adequados. Por conseguinte, não podem exercer esse direito de defesa, a não ser em casos súbitos, quando a morte imediata seria a consequência de esperar pela ajuda da lei. Mas, no caso dos Estados, o direito de defesa natural implica às vezes a necessidade de atacar; como, por exemplo, quando uma nação percebe que, se continuar em paz, permitirá que outra a destrua, e que atacar essa nação de imediato é a única maneira de impedir sua própria destruição...

Portanto, o direito de guerra deriva da necessidade e da justiça estrita. Se aqueles que dirigem a consciência ou os conselhos dos príncipes não são fiéis a essa máxima, a consequência é terrível: quando procedem segundo prin-

---

* No texto em inglês com base no qual se fez esta tradução, foram omitidos, no Livro X, os capítulos I, V a X e XII a XVII. (N. do R. T.)

cípios arbitrários de glória, conveniência e utilidade, torrentes de sangue devem cobrir a terra...

CAPÍTULO III

Do direito de conquista

... O direito do conquistador sobre um povo conquistado é dirigido por quatro espécies de leis: a lei da natureza, que faz tudo tender para a preservação das espécies; a lei da razão natural, que nos ensina a fazer aos outros aquilo que gostaríamos que nos fizessem; a lei que forma as sociedades políticas, cuja duração a natureza não limitou; e, enfim, a lei derivada da natureza da coisa em si. A conquista é uma aquisição e traz em si o espírito da preservação e do uso, não da destruição.

Os habitantes de um país conquistado são tratados pelo conquistador de uma das quatro maneiras seguintes. Ou continua a governá-los de acordo com suas próprias leis, e só assume o exercício do governo político e civil; ou lhes dá um novo governo político e civil; ou destrói e dispersa a sociedade; ou, enfim, extermina o povo...

Os autores de nosso direito público, guiados por antigas histórias, sem restringir-se aos casos de estrita necessidade, caíram em erros muito grandes. Adotaram princípios tirânicos e arbitrários, supondo que os conquistadores estivessem investidos de sei lá eu que direito de matar... É um caso evidente que, quando a conquista termina, o conquistador não tem mais direito de matar, pois não tem mais o pretexto da defesa natural e da autopreservação.

O que os levou a esse equívoco foi imaginar que um conquistador tinha o direito de destruir o Estado; daí inferiram que ele tinha o direito de destruir os homens que o compõem; uma consequência errada de um princípio falso. Porque da destruição do Estado não se conclui, em absoluto, que o povo que o compõe também deva ser destruído. O Estado é a associação de homens, e não os próprios homens; o cidadão pode perecer, e o homem permanecer.

A partir do direito de matar na situação de conquista, os políticos deduziram o da escravização; consequência esta tão mal fundamentada quanto o princípio.

Não existe tal direito de escravizar um povo, a não ser quando se torna necessário para a preservação da conquista. Preservação, e não servidão, é a finalidade da conquista; embora a servidão possa às vezes ser um meio necessário para a preservação.

Mesmo nesse caso é contrário à natureza das coisas que a escravidão seja perpétua. O povo escravizado deve poder tornar-se súdito. A escravidão nas conquistas é uma coisa acidental. Quando, expirado um certo período de tempo, todas as partes do Estado conquistador estão ligadas com a nação conquistada, através de costume, casamentos, leis, associações e certa conformidade de disposição de espírito, a escravidão deve chegar ao fim...

Portanto, um conquistador que rebaixe o povo conquistado à escravidão sempre deve reservar-se os meios (porque existem inúmeros meios) para restaurar a liberdade dele...

CAPÍTULO IV

Algumas vantagens do povo conquistado

... Os países conquistados, de maneira geral, perderam o vigor de sua instituição original... Quem pode duvidar de que esse Estado lucraria e tiraria algumas vantagens da própria conquista, se esta não fosse destrutiva?...

É tarefa do conquistador reparar parte do mal que ocasionou. Defino, portanto, o direito de conquista da seguinte maneira: um poder necessário, legítimo, porém desventurado, que deixa o conquistador sob a pesada obrigação de reparar os danos feitos à humanidade...

CAPÍTULO XI

Dos costumes de um povo conquistado

Nessas conquistas, não basta deixar que a nação conquistada desfrute de suas próprias leis; talvez seja mais necessário deixar-lhe também seus costumes, porque em geral o povo tem uma ligação mais forte com eles do que com suas leis.

Os historiadores dizem que os franceses foram expulsos nove vezes da Itália por causa de suas intimidades insolentes com o belo sexo. É demais para uma nação ser obrigada a suportar não apenas o orgulho dos conquistadores, mas também sua incontinência e indiscrição; estas são, sem dúvida, mais opressivas e intoleráveis, já que são a fonte de infinitos ultrajes...

Livro XI*

DAS LEIS QUE ESTABELECEM A LIBERDADE POLÍTICA, COM RELAÇÃO À CONSTITUIÇÃO

CAPÍTULO II

Diferentes significados da palavra "liberdade"

Não existe palavra alguma que admita significados mais variados, e que tenha causado impressões mais diferentes na mente humana, do que a palavra *liberdade*. Alguns a tomaram pela facilidade de depor uma pessoa à qual conferiram uma autoridade tirânica; outros, pelo poder de escolher um superior ao qual estão obrigados a obedecer; outros, pelo direito de pegar em armas e de serem assim autorizados a usar a violência; outros, enfim, pelo privilégio de serem governados por um nativo de seu próprio país, ou por suas próprias leis. Certa nação pensou, durante longo tempo, que liberdade consistia no privilégio de usar barba comprida. Alguns anexaram esse nome a uma forma de governo, excluindo as outras..., todos aplicaram o nome de *liberdade* ao governo mais adequado a seus próprios costumes e inclinações... Enfim, como nas democracias o povo parece agir quase como lhe agrada, essa espécie de governo tem sido considerada a mais livre; e o poder do povo tem sido confundido com sua liberdade.

---

* No texto em inglês com base no qual se fez esta tradução, foram omitidos, no Livro XI, os capítulos I, V, VII a XX. (N. do R. T.)

CAPÍTULO III

Em que consiste a liberdade

É verdade que, nas democracias, o povo parece agir como lhe agrada; mas liberdade política não consiste em liberdade ilimitada. Em governos, isto é, em sociedades dirigidas por leis, liberdade pode consistir apenas no poder de fazer aquilo que devemos querer, e em não ser reprimidos de fazer o que não devemos querer.

Devemos sempre ter em mente a diferença entre independência e liberdade. Liberdade é um direito de fazer tudo que a lei permite; e, se um cidadão pudesse fazer aquilo que a lei proíbe, ele já não seria mais dotado de liberdade, porque todos os seus semelhantes teriam o mesmo poder.

CAPÍTULO IV

Continuação do mesmo tema

Estados democráticos e aristocráticos não são livres por sua própria natureza. A liberdade política só será encontrada em governos moderados; e, mesmo nesses, nem sempre é encontrada. Só existe quando não há nenhum abuso de poder, mas a experiência constante nos mostra que todo homem investido de poder é capaz de abusar dele e de levar sua autoridade tão longe quanto puder. Não é estranho, embora verdadeiro, dizer que a própria virtude tem necessidade de limites?

Para impedir esse abuso, é necessário, pela própria natureza das coisas, que o poder seja um obstáculo ao poder. Um governo pode ser constituído de tal forma que nenhum homem seja obrigado a fazer coisas a que a lei não o obrigue, nem forçado a abster-se de coisas que a lei permite...

CAPÍTULO VI

Da Constituição da Inglaterra

... A liberdade política do súdito é uma tranquilidade de espírito que se origina da opinião que cada pessoa tem de sua segurança. A fim de ter essa liberdade, é requisito que o governo seja constituído de tal modo que um homem não precise ter medo do outro.

Quando os poderes legislativo e executivo se reúnem na mesma pessoa, ou no mesmo corpo de magistrados, não pode haver liberdade alguma; porque podem surgir apreensões de que o mesmo monarca ou Senado promulgue leis tirânicas para executá-las de maneira tirânica.

Por outro lado, não existe liberdade se o poder judiciário não for separado do legislativo e do executivo. Onde ele está reunido ao legislativo, a vida e a liberdade do súdito estarão expostas ao controle arbitrário; porque, então, o juiz seria o legislador. Onde ele está reunido ao poder executivo, o juiz pode comportar-se com violência e opressão.

Tudo estaria perdido se o mesmo homem, ou o mesmo corpo, seja de nobres ou do povo, exercesse esses três poderes, o de promulgar leis, o de executar as resoluções públicas e o de julgar as querelas dos indivíduos.

Em que situação deve estar o pobre súdito nessas repúblicas! O mesmo corpo de magistrados é dotado, na condição de executores das leis, de todo o poder que eles se deram na qualidade de legisladores. Podem saquear o Estado por meio de suas determinações gerais; e como também detêm nas mãos o poder judiciário, todo cidadão particular pode ser arruinado por suas decisões particulares...

Em acusações de natureza grave e criminal, é conveniente que o acusado tenha o privilégio de escolher, em certa medida, seus juízes, em concordância com a lei; ou que pelo menos tenha o direito de recusar grande parte deles, de modo que a parte restante possa ser considerada como de sua própria escolha.

Os outros dois poderes podem ser dados, de preferência, a magistrados ou corpos permanentes, porque não são exercidos sobre nenhum súdito em particular; sendo um deles nada mais que a vontade geral do Estado, e o outro, a execução da vontade geral.

Mas, embora os tribunais não devam ser fixos, os julgamentos devem-no; e a tal ponto que sejam sempre compatíveis com a letra da lei. Se fossem a opinião privada do juiz, o povo então viveria em sociedade sem conhecer exatamente a natureza de suas obrigações.

Os juízes também devem pertencer à mesma classe do acusado, ou, em outras palavras, devem seus pares; com a finalidade de que ele não possa imaginar que caiu nas mãos de pessoas inclinadas a tratá-lo com rigor...

O poder executivo deve estar nas mãos de um monarca, porque esse setor do governo, por ter necessidade de presteza, é mais bem administrado por uma pessoa do que por muitas; por outro lado, tudo que depende do poder legislativo é, com frequência, mais bem regulado por muitos do que por uma única pessoa...

Embora, em geral, o poder judiciário não deva estar vinculado a nenhuma parte do legislativo, ainda assim isto está sujeito a três exceções, baseadas no interesse particular da parte acusada.

Os grandes são sempre odiosos para a inveja popular; e, se fossem julgados pelo povo, estariam em perigo nas mãos de seus juízes, além do que seriam privados do privilégio conferido ao súdito mais humilde num Estado livre, o de ser julgado por seus pares. A nobreza, por essa razão, não deve ser citada para comparecer diante dos tribunais ordinários, mas sim diante da parte da legislatura que é composta por seus próprios membros.

É possível que a lei, que tem visão clara num sentido, mas é cega em outro, seja severa demais em certos casos. Mas, como já observamos, os juízes nacionais não são mais que a boca que pronuncia as palavras da lei, meros seres passivos, incapazes de moderar sua força ou rigor. Portanto, essa parte do corpo legislativo, que acabamos de observar ser um tribunal necessário noutra ocasião, também é um tribunal necessário nesta; cabe à sua autoridade suprema moderar a lei em favor da própria lei, mitigando a sentença.

Também poderia acontecer que um súdito, envolvido na administração de negócios públicos, violasse os direitos do povo, sendo culpado de crimes que os magistrados ordinários não puniriam ou não poderiam punir. Mas, em geral, o poder legislativo não pode julgar processos; e muito menos julgar esse caso particular, onde representa a parte prejudicada, que é o povo. Portanto, só pode acusar. Mas em que tribunal deve fazer a acusação? Teria de rebaixar-se diante de tribunais ordinários, que lhe são inferiores, compostos, além disso, por homens escolhidos pelo povo, que seriam influenciados pela autoridade de um acusador tão poderoso! Não, para preservar a dignidade do povo e a segurança do súdito, a parte legislativa que representa o povo deve apresentar sua acusação diante da parte legislativa que representa a nobreza, que não tem os mesmos interesses, nem as mesmas paixões...

Livro XII*

DAS LEIS QUE ESTABELECEM A LIBERDADE POLÍTICA, COM RELAÇÃO AO SÚDITO

CAPÍTULO II

Da liberdade do súdito

A liberdade filosófica consiste no livre exercício da vontade; ou pelo menos, se devemos falar de acordo com todos os sistemas, na opinião de que gozamos do livre exercício da vontade. A liberdade política consiste na segurança, ou pelo menos na opinião de que desfrutamos de segurança.

Essa segurança nunca é mais perigosamente atacada do que nas acusações públicas ou privadas. Por conseguinte, a liberdade do súdito depende sobretudo da boa qualidade das leis criminais.

As leis criminais não receberam sua plena perfeição de imediato. Mesmo nos lugares em que mais se procurou a liberdade, nem sempre ela foi encontrada. Aristóteles informa que, em Cumas, os pais do acusador podiam ser testemunhas. Era tão imperfeita a lei sob o governo dos reis de Roma, que Sérvio Túlio pronunciou sentença contra os filhos de Anco Márcio, acusados de terem assassinado o rei, seu sogro. Durante os primeiros reinados da França, Clotário fez uma lei segundo a qual ninguém deveria ser condenado sem ser ouvido, o que demonstra que um costume contrário prevalecia em alguns casos ou entre certos povos bárbaros...

CAPÍTULO III

Continuação do mesmo tema

Leis que condenam um homem à morte com o depoimento de uma única testemunha são fatais para a liberdade. Na razão certa deveria haver duas, porque uma testemunha que afirma e o acusado que nega formam um equilíbrio igual, e a terceira deve inclinar o prato da balança...

CAPÍTULO IV

A liberdade é favorecida pela natureza das penas e sua proporção

A liberdade encontra-se no auge de sua perfeição quando as leis criminais derivam cada pena da natureza específica do crime. Então, não há decisões arbitrárias; as penas não procedem do capricho do legislador, mas sim da própria natureza da coisa; e o homem não usa de violência contra o homem.

Há quatro espécies de crimes. Os da primeira espécie são prejudiciais à religião; os da segunda, aos costumes; os da terceira, à tranquilidade pública; e os da quarta, à segurança do súdito. A punição imposta a esses crimes deveria proceder da natureza de cada uma dessas espécies...

Para derivar da natureza da coisa a pena dos sacrilégios simples, ela deveria consistir em privar as pessoas das vantagens conferidas pela religião: expulsão dos templos, exclusão temporária ou permanente da sociedade dos fiéis, fuga da sua presença, execrações, anátemas e conjurações.

Em coisas que prejudicam a tranquilidade ou a segurança do Estado, as ações secretas estão sujeitas à jurisdição humana. Mas naquelas que ofendem a divindade, onde não existe

---

* No texto em inglês com base no qual se fez esta tradução, foram omitidos, no Livro XII, os capítulos I, VI a XVIII, XX a XXX. (N. do R. T.)

qualquer ato público, não pode haver questão criminal; tudo se passa entre o homem e Deus, que conhece a medida e o tempo de Sua vingança. Pois, se os magistrados, confundindo as coisas, também inquirissem sobre os sacrilégios ocultos, essa inquisição seria dirigida a um tipo de ação que não a requer, em absoluto; a liberdade do súdito seria subvertida se levantar contra ele o zelo das consciências medrosas, ou presunçosas.

O mal surge de uma ideia que certas pessoas nutriram de vingar a causa da divindade. Mas devemos honrar a divindade e deixar que ela vingue sua própria causa...

A segunda classe consiste naqueles crimes que são prejudiciais aos costumes. É a violação da continência pública ou privada, isto é, da ordem pública que dirige a maneira pela qual se deve desfrutar o prazer associado à conjunção dos sexos. A punição desses crimes também deve derivar da natureza da coisa; a privação das vantagens que a sociedade atribuiu à pureza dos costumes, as multas, a vergonha, a necessidade de encobrimento, a infâmia pública, a expulsão de casa e da sociedade e, enfim, todas as penas que cabem a uma jurisdição corretiva, bastam para reprimir o arrojo dos dois sexos. De fato, essas coisas são menos baseadas na maldade do que no descuido e na negligência consigo mesmo.

Os crimes da terceira classe são aqueles que perturbam a tranquilidade pública. As penas, portanto, devem ser derivadas da natureza da coisa e se relacionam com essa tranquilidade; tais como a prisão, o exílio e castigos semelhantes, próprios para reformar os espíritos turbulentos e obrigá-los a se ajustar à ordem estabelecida.

Restrinjo esses crimes que prejudicam a tranquilidade pública a coisas que implicam uma simples ofensa contra a ordem pública; quanto àqueles que, ao perturbar a paz pública, atacam ao mesmo tempo a segurança do súdito, estes devem ser colocados na quarta classe.

As penas impostas a esses últimos crimes são as que se distinguem propriamente pelo nome. São uma espécie de retaliação, pela qual a sociedade recusa segurança a um membro que, de fato ou de maneira intencional, privou um outro de sua segurança. Essas penas são derivadas da natureza da coisa, baseadas na razão e retiradas da própria fonte do bem e do mal. Um homem merece a morte quando violou a segurança do súdito a ponto de tirar, ou tentar tirar a vida de outro homem. A pena de morte é o remédio, por assim dizer, de uma sociedade doente. Quando a violação da segurança diz respeito à propriedade, pode haver algumas razões para se impor a pena capital; mas seria muito melhor, e talvez mais natural, que os crimes cometidos contra a segurança da propriedade fossem punidos com a perda da propriedade; e, de fato, assim deveria ser se as fortunas dos homens fossem comuns ou iguais. Mas como aqueles que não têm nenhuma propriedade são, em geral, os mais dispostos a atacar a dos outros, considerou-se necessário que uma pena corporal substituísse a pecuniária.

Tudo que apresentei aqui se baseia na natureza e é extremamente favorável à liberdade do súdito.

CAPÍTULO V

De certas acusações que requerem especial moderação e prudência

É uma *máxima* importante que devemos ser muito circunspectos na instauração de processo contra a magia e a heresia. A acusação desses dois crimes pode ser muito prejudicial à liberdade, e produzir infinita opressão, se o legislador não lhe souber fixar limites. Como ela não se dirige diretamente às ações da pessoa, mas a seu caráter, torna-se mais perigosa quanto mais ignorante é o povo; e então, com certeza, um homem estará sempre em perigo, porque a conduta mais excepcional, os costumes mais puros e a prática constante de todos os deveres na vida não são segurança suficiente contra a suspeita de ser culpado de crimes semelhantes...

CAPÍTULO XIX

De que maneira se suspende o uso da liberdade numa república?

Nos países em que a liberdade é mais apreciada, há leis pelas quais uma única pessoa é privada dela, a fim de preservá-la para toda a comunidade. São na Inglaterra o que chamam de *Decretos de proscrição e confiscação*. Correspondem àquelas leis atenienses pelas quais um indivíduo era condenado, desde que fossem feitas pelo sufrágio unânime de seis mil cidadãos. Correspondem também às leis feitas em Roma, contra cidadãos privados, chamadas de *privilégios*. Elas só eram aprovadas em grandes reuniões do povo. Mas, qualquer que fosse a maneira de sua decretação, Cícero era a favor de que fossem abolidas, porque a força da lei consiste em ser feita para toda a comunidade. Devo confessar, no entanto, que a prática da nação mais livre que já existiu induz-me a pensar que há casos em que se deveria colocar um véu sobre a liberdade, durante algum tempo, assim como era costume cobrir as estátuas dos deuses...

Livro XV*

DE QUE MANEIRA AS LEIS DA ESCRAVIDÃO CIVIL SÃO RELATIVAS À NATUREZA DO CLIMA

CAPÍTULO I

Da escravidão civil

... O estado de escravidão é mau por sua própria natureza. Não é útil ao senhor, nem ao escravo; não é útil ao escravo porque ele nada pode fazer por motivo de virtude; não é útil ao senhor porque, tendo uma autoridade ilimitada sobre seus escravos, ele se acostuma de maneira insensível com a falta de todas as virtudes morais e daí torna-se feroz, impetuoso, severo, colérico, voluptuoso e cruel...

---

* No texto em inglês com base no qual se fez esta tradução, foram omitidos os capítulos III e XIX. (N. do R. T.)

CAPÍTULO II

Origem do direito de escravidão entre os civilistas romanos

Jamais se teria imaginado que a escravidão devesse seu nascimento à compaixão, e que isso tivesse sido provocado de três maneiras diferentes.

A lei das nações, para impedir a execução dos prisioneiros, permitiu que fossem escravizados. O Direito Civil dos romanos deu poderes aos devedores, que estavam sujeitos a ser maltratados por seus credores, para se venderem...

... É falso que matar seja legal na guerra, a menos em caso de absoluta necessidade; mas, quando um homem faz de outro seu escravo, não se pode dizer que teve a necessidade de tirar-lhe a vida, já que de fato não a tirou. A guerra não dá nenhum outro direito sobre os prisioneiros, a não ser o de incapacitá-los de causar mais danos, aprisionando suas pessoas. Todas as nações abominam o assassinato de prisioneiros a sangue-frio.

Tampouco é verdade que um homem livre possa vender-se... Se não é legal matar-se, porque assim se estará roubando a própria pessoa ao país, pela mesma razão não se tem permissão para negociar a liberdade. A liberdade de todo cidadão constitui parte da liberdade pública; e num Estado democrático é até mesmo parte da soberania. Vender a própria liberdade é tão repulsivo à razão que mal podemos supor tal fato em algum homem. Se a liberdade pode ter valor no que diz respeito ao comprador, então para o vendedor ela está acima de qualquer preço...

Se for alegado que a escravidão lhe foi benéfica, pois seu senhor garantiu-lhe a subsistência, a escravidão, nesse caso, deveria limitar-se àqueles que são incapazes de ganhar seu sustento. Mas quem se contentaria com esses escravos?...

A escravidão é tão oposta ao Direito Civil quanto ao direito natural. Que lei civil pode impedir um escravo de fugir, posto que ele não é membro da sociedade, e, portanto, não tem nenhum interesse nas instituições civis? Ele só pode ser retido por uma lei de família, isto é, pela autoridade do senhor...

Livro XVI*

COMO AS LEIS DA ESCRAVIDÃO DOMÉSTICA SE RELACIONAM COM A NATUREZA DO CLIMA

CAPÍTULO II

De que nos países do Sul existe uma desigualdade natural entre os dois sexos

As mulheres, nos climas quentes, são núbeis aos oito, nove ou dez anos de idade; desse modo, naqueles países, a infância e o casamento geralmente estão associados. São velhas aos vinte anos; por isso, sua razão nunca acompanha sua beleza. Quando a beleza reclama o domínio, a falta de razão proíbe a reivindicação; quando se alcançou a razão, a beleza não existe mais. Essas mulheres devem, então, estar num estado de dependência; porque a razão não pode obter na velhice aquele domínio que a juventude e beleza não puderam dar. Portanto, é extremamente natural que, nesses lugares, quando nenhuma lei se opõe, um homem abandone uma mulher para tomar outra e que se introduza a poligamia.

Em climas temperados, onde os encantos das mulheres são mais bem preservados, onde elas chegam mais tarde à maturidade e têm filhos numa estação da vida mais avançada, a velhice de seus maridos acompanha a sua em alguns graus; e como elas têm mais razão e conhecimento no momento do casamento, ainda que seja apenas pelo fato de terem vivido mais, isso deve naturalmente introduzir uma espécie de igualdade entre os dois sexos; daí a lei de se ter somente uma esposa.

Nos países frios, o costume quase necessário de ingerir bebidas fortes estabelece a intemperança entre os homens. As mulheres que a esse respeito têm uma restrição natural, porque estão sempre na defensiva, têm por esse motivo a vantagem da razão em relação aos homens.

A natureza, que distinguiu os homens por sua razão e força física, não impôs qualquer outro limite a seu poder a não ser o dessa força e razão. Ela deu encantos às mulheres e determinou que sua ascendência sobre os homens terminará quando cessarem esses encantos; nos países quentes, porém, eles só são encontrados no começo e nunca no decurso da vida.

Desse modo, a lei que permite apenas uma mulher é fisicamente compatível com o clima da Europa, não com o da Ásia...

Livro XIX

DAS LEIS EM SUA RELAÇÃO COM OS PRINCÍPIOS QUE FORMAM O ESPÍRITO GERAL, A MORAL E OS COSTUMES DE UMA NAÇÃO

CAPÍTULO II

De que é necessário que o espírito das pessoas esteja preparado para receber as melhores leis

... A própria liberdade pareceu intolerável a essas nações, que não estavam acostumadas a desfrutar dela. Assim, um ar puro às vezes é desagradável para aqueles que viveram em país pantanoso...

CAPÍTULO III

Da tirania

Há duas espécies de tirania: uma real, que surge da opressão; e uma de opinião, que é sentida toda vez que o governo estabelece coisas que ferem as ideias vigentes de uma nação.

Dion conta que Augusto desejava ser chamado de Rômulo; mas, tendo sido informado de que o povo temia que ele se fizesse coroar rei, mudou de ideia. Os antigos romanos eram avessos a reis, e não suportavam que algum homem desfrutasse de tal poder; não tinham rei porque não toleravam seus modos. Pois, embora César, os triúnviros e Augusto fossem realmente investidos de poder real, preservaram toda a apa-

---

* No texto em inglês com base no qual se fez esta tradução, foram omitidos, no Livro XVI, os capítulos I e III a XVI. No Livro XIX foram omitidos os capítulos I, VI a XIII, e XV a XXVIII. (N. do R. T.)

rência externa de igualdade, e suas vidas privadas contrastavam com a pompa e o fausto dos monarcas estrangeiros; de modo que, quando os romanos resolveram não ter rei, isso apenas significou que preservariam seus costumes, e não imitariam os costumes das nações africanas e orientais...

CAPÍTULO IV

Do espírito geral da humanidade

A espécie humana é influenciada por várias causas, pelo clima, pela religião, pelas leis, pelas máximas de governo, pelos precedentes, pela moral, pelos costumes; daí se forma o espírito geral das nações.

Na medida em que, em cada país, alguma dessas causas atua com mais força, as outras se enfraquecem no mesmo grau. A natureza e o clima governam quase sozinhos os selvagens; os costumes governam os chineses; as leis tiranizam no Japão; e os costumes tinham outrora toda a influência em Esparta; as máximas de governo e a antiga simplicidade dos costumes prevaleceram um dia em Roma.

CAPÍTULO V

Até que ponto devemos estar atentos para que não mude o espírito geral de uma nação

Se por acaso houvesse um país cujos habitantes fossem de temperamento sociável, francos, alegres, dotados de gosto e de facilidade para comunicar seus pensamentos; que fossem animados e agradáveis; às vezes imprudentes, muitas vezes indiscretos; e, além disso, tivessem coragem, generosidade, sinceridade e uma certa noção de honra; ninguém precisaria esforçar-se para restringir seus modos por meio de leis, a menos que fosse para constranger suas virtudes...

É tarefa da legislatura acompanhar o espírito da nação, quando ele não é contrário aos princípios de governo; porque nada fazemos melhor do que agir com liberdade e seguir a inclinação de nosso gênio natural...

CAPÍTULO XIV

Quais são os meios naturais de mudar os modos e costumes de uma nação

Dissemos que as leis eram as instituições específicas e precisas de um legislador; e os modos e costumes, as instituições de uma nação em geral. Daí se conclui que, quando esses modos e costumes têm de ser mudados, isso não deve ser feito pelas leis; tal coisa seria muito semelhante à tirania; seria melhor mudá-los com a introdução de outros modos e costumes.

Assim, quando um príncipe fizesse grandes alterações em seu reino, deveria reformar por lei aquilo que é estabelecido por lei, e mudar por costumes o que é estabelecido por costumes; porque é uma política muito ruim modificar por lei o que deveria ser mudado por costumes...

As nações, em geral, são muito persistentes em seus costumes; tirá-los pela violência é fazê-las infelizes; por isso, não devíamos mudá-los, mas fazer com que o próprio povo faça a mudança.

Toda punição que não deriva da necessidade é tirânica. A lei não é um mero ato de poder; as coisas indiferentes por natureza não estão dentro de sua alçada...

Livro XXIV*

DAS LEIS RELATIVAS À RELIGIÃO, CONSIDERADA EM SI MESMA E EM SUAS DOUTRINAS

CAPÍTULO VII

Das leis de perfeição na religião

As leis humanas, feitas para dirigir a vontade, deviam dar preceitos e não conselhos; a religião, feita para influenciar o coração, deveria dar muitos conselhos e poucos preceitos.

Quando, por exemplo, ela dá regras, não é para o que é bom, mas para o que é melhor;

---

* No texto em inglês com base no qual se fez esta tradução, foram omitidos, no Livro XIV, os capítulos I e VI, VIII a XIII, e XIV a XXVI. (N. do R. T.)

não para indicar o que é certo, mas o que é perfeito; é conveniente que esses sejam conselhos e não leis; porque a perfeição não pode ter nenhuma relação com a universalidade de homens e coisas. Além disso, se fossem leis, haveria a necessidade de um número infinito de outras para fazer o povo obedecer à primeira. O celibato foi aconselhado pelo cristianismo; quando o tornaram uma lei para uma certa classe de homens, tornou-se necessário fazer novas leis a cada dia, a fim de obrigar esses homens a obedecê-la. O legislador se cansou, e cansou a sociedade, de fazer os homens executarem por preceito aquilo que os amantes da perfeição teriam executado como conselho...

CAPÍTULO XIV

De que maneira a religião tem influência sobre as leis civis

Uma vez que tanto a religião quanto as leis civis devem possuir uma tendência peculiar para tornar os homens bons cidadãos, é evidente que, quando uma delas se desvia dessa finalidade, a tendência da outra deve ser fortalecida. Quanto menos severidade houver na religião, mais deve haver nas leis civis.

Assim, como a religião predominante no Japão tem poucas doutrinas e não propõe futuras recompensas ou punições, as leis, para suprir esses defeitos, foram feitas com o espírito de severidade e são executadas com extraordinária pontualidade.

Quando a doutrina da necessidade é estabelecida pela religião, as penalidades das leis devem ser mais severas, e o magistrado mais vigilante; a fim de que os homens, que de outra maneira ficariam abandonados a si mesmos, possam ser determinados por esses motivos; mas a coisa é bem outra quando a religião estabelece a doutrina da liberdade.

Da inatividade da alma surge a doutrina muçulmana da predestinação; e dessa doutrina da predestinação surge a inatividade da alma. Isso, dizem eles, está nos decretos de Deus; portanto, devem entregar-se a seu repouso. Num caso como esse, o magistrado deve acordar pelas leis aqueles que são embalados no sono pela religião...

Livro XXVI*

DAS LEIS EM RELAÇÃO À ORDEM DAS COISAS SOBRE AS QUAIS DISPÕEM

CAPÍTULO I

Ideia deste livro

Os homens são governados por vários tipos de leis: pelas leis da natureza, pela lei divina, que é a da religião; pela eclesiástica, também chamada de lei canônica, que é aquela da política religiosa; pela lei das nações, que pode ser considerada o Direito Civil de todo o globo, no sentido de que cada nação é um cidadão; pela lei política geral, que diz respeito à sabedoria humana, da qual se originam todas as sociedades; pela lei política particular, cujo objeto é cada sociedade; pela lei da conquista, que se baseia na disposição e capacidade, ou no direito, de uma nação de usar violência contra outra; pelo Direito Civil de cada sociedade, pelo qual um cidadão pode defender suas posses e sua vida contra os ataques de outro cidadão; enfim, pela lei doméstica, que provém da divisão da sociedade em várias famílias, todas com necessidade de um governo particular.

Há, portanto, diferentes ordens de lei, e a sublimidade da razão humana consiste em saber perfeitamente com qual dessas ordens as coisas a serem determinadas devem ter uma relação principal, e não lançar em confusão aqueles princípios que deveriam governar a humanidade.

CAPÍTULO II

Das leis divinas e humanas

... 1. É da natureza das leis humanas estarem sujeitas a todos os acidentes que podem acontecer, e variar na proporção em que muda

---

* No texto em inglês com base no qual se fez esta tradução, foram omitidos, no Livro XXVI, os capítulos IV, VIII, X a XII, XVII, XXII a XXIII e XXV. (N. do R. T.)

a vontade do homem; pelo contrário, as leis da religião, por natureza, nunca variam. As leis humanas estipulam algum bem; as da religião apontam para o melhor; o bem pode ter um outro objeto, porque existem muitas espécies de bem; mas o melhor é apenas um e, por conseguinte, não pode mudar. Podemos alterar as leis, porque elas são reputadas apenas como boas; mas supõe-se que as instituições da religião sejam sempre as melhores.

2. Existem reinos em que as leis não têm nenhum valor, já que dependem apenas do humor caprichoso e instável do soberano. Se, nesses reinos, as leis da religião fossem da mesma natureza que as instituições humanas, as leis da religião tampouco teriam valor. No entanto, é necessário para a sociedade ter alguma coisa estabelecida, e é a religião que possui essa estabilidade.

3. A influência da religião procede do fato de se acreditar nela; a das leis humanas, do fato de se temê-la. A antiguidade se ajusta à religião porque, com frequência, acreditamos mais firmemente nas coisas quanto mais distantes estão de nós, pois não lhes anexamos as ideias tiradas dos tempos atuais, que as podem contradizer. As leis humanas, ao contrário, tiram vantagem de sua novidade, o que implica efetiva e particular atenção do legislador para pô-las em execução.

CAPÍTULO III

Das leis civis contrárias à lei natural

Platão diz que, se um escravo, ao se defender, mata um homem livre, deve ser tratado como parricida. Essa é uma lei civil que pune a legítima defesa, apesar de esta ser ditada pela natureza.

A lei de Henrique VIII que condenava um homem sem o confrontar com testemunhas era contrária à legítima defesa. A fim de se proclamar a sentença de condenação é necessário que as testemunhas saibam se o homem contra quem depõem é o mesmo que acusam, e que esse homem esteja em liberdade de dizer: não sou a pessoa a quem se referem...

Muito se falou sobre uma lei na Inglaterra que permitia a meninas de sete anos escolher um marido. Essa lei era chocante de duas maneiras: não levava em consideração o momento em que a natureza dá maturidade à compreensão, nem o momento em que dá maturidade ao corpo.

Entre os romanos, um pai podia obrigar sua filha a repudiar o marido, embora ele mesmo houvesse consentido com o casamento. Mas é contrário à natureza um divórcio estar no poder de uma terceira pessoa.

Um divórcio só pode estar de acordo com a natureza quando é feito com o consentimento das duas partes, ou pelo menos de uma delas; mas, quando nenhuma delas consente, trata-se de uma separação monstruosa...

CAPÍTULO V

Casos em que podemos julgar pelos princípios do Direito Civil, limitando os princípios do Direito Natural

Uma lei ateniense obrigava os filhos a prover à subsistência de seus pais quando estes caíam na indigência, exceto aqueles nascidos de uma meretriz, aqueles cuja castidade fora infamemente prostituída pelo pai e aqueles aos quais ele não oferecera nenhum meio de ganhar a vida.

A lei considerava que, no primeiro caso, sendo o pai incerto, tornara precária a obrigação natural; que, no segundo, o pai desonrara a vida que dera e fizera aos filhos a maior injúria que lhes poderia fazer, ao privá-los de sua reputação; que, no terceiro, tornara insuportável a vida, sem meios de subsistência. A lei suspendia a obrigação natural dos filhos porque o pai violara a sua; considerava pai e filho como dois cidadãos apenas e decidia em relação a eles a partir somente de opiniões civis e políticas; sempre considerando que uma boa república devia ter um respeito especial pelos costumes. Estou inclinado a pensar que a lei de Sólon era uma sábia regulamentação nos dois primeiros casos, quando a natureza deixou o filho na ignorância em relação a seu pai, e quando ela até parece ordenar que ele não o reconheça; mas não pode ser aprovada com relação ao terceiro, onde o pai apenas transgrediu uma instituição civil.

CAPÍTULO VI

De que a ordem de sucessão ou herança depende dos princípios do Direito Civil ou Político e dos princípios do Direito Natural

... A lei natural ordena que os pais devem prover à subsistência dos filhos; mas não os obriga a torná-los seus herdeiros. A divisão da propriedade, as leis dessa divisão, e a sucessão após a morte da pessoa que fez a divisão só podem ser reguladas pela comunidade e, como consequência, pelas leis civis e políticas.

É verdade que uma ordem política ou civil demanda, com frequência, que os filhos sejam herdeiros dos bens do pai; mas nem sempre o faz necessário...

CAPÍTULO VII

De que não devemos decidir pelos preceitos da religião aquilo que cabe apenas à lei da natureza

Os abissínios têm uma quaresma muito severa, de cinquenta dias, que os enfraquece num tal grau que, durante longo tempo, são incapazes de qualquer atividade; os turcos sempre os atacam após a quaresma. Em benefício do direito natural de legítima defesa, a religião devia impor limites a esses costumes...

... Quem não vê que a legítima defesa é um dever superior a qualquer preceito...

CAPÍTULO IX

De que as coisas que devem ser reguladas pelos princípios do Direito Civil raramente podem ser reguladas pelos princípios da religião

As leis da religião têm maior sublimidade; as leis civis, uma extensão maior.

As leis de perfeição, extraídas da religião, têm mais em vista a bondade da pessoa que as cumpre do que a da sociedade na qual são cumpridas; as leis civis, pelo contrário, têm mais em vista a bondade moral dos homens em geral do que a bondade dos indivíduos.

Assim, por mais veneráveis que sejam as ideias que emanam imediatamente da religião, nem sempre deveriam servir como primeiro princípio às leis civis; porque estas têm outro princípio, o bem-estar geral da sociedade.

Os romanos fizeram regulamentos, a fim de preservar os costumes de suas mulheres; eram instituições políticas... Quando a religião cristã tornou-se predominante, as novas leis que foram feitas então tinham menos relação com a retidão geral dos costumes do que com a santidade do casamento; tinham menos consideração pela união dos dois sexos no estado civil do que no espiritual...

Outrora, quando uma mulher deixava de receber notícias do marido que fora para a guerra, podia facilmente casar-se de novo, porque tinha nas mãos o poder de divorciar-se... Mas Justiniano decretou que, qualquer que fosse o tempo desde a partida do marido, ela não deveria casar-se, a menos que, por depoimento e juramento do general, pudesse provar a morte do marido... Ele injuriou o Estado, obrigando mulheres a viver fora do casamento; injuriou indivíduos, ao expô-los a mil perigos.

A lei de Justiniano... era inteiramente oposta aos princípios das leis civis...

CAPÍTULO XIII

Em que casos nos casamentos devemos seguir as leis da religião e em que casos devemos seguir as leis civis

Deu-se que, em todos os países e eras, a religião misturou-se com os casamentos...

Por outro lado, como o casamento é, de todas as ações humanas, a que mais interessa à sociedade, tornou-se necessário que ele fosse regulado por leis civis...

As consequências dessa união, no que respeita à propriedade, as vantagens recíprocas, tudo que tem uma relação com a nova família, com aquilo que lhe deu origem, com aquilo que se espera que ela origine, tudo isso diz respeito às leis civis.

Como um dos grandes objetivos do casamento é retirar a incerteza presente nas conjunções ilegítimas, a religião coloca aqui sua marca, à qual se junta a marca das leis civis; com a finalidade de que ele possa ser tão autêntico quanto possível. Assim, além das condições exigidas pela religião para que um casamento seja válido, as leis civis podem exigir outras.

As leis civis derivam seu poder do fato de serem obrigações adicionais, e não contraditórias. A lei da religião insiste em certas cerimônias; as leis civis, no consentimento dos pais; neste caso, exigem algo mais do que as leis da religião, mas não pedem nada que lhes seja contrário.

Daí se conclui que a lei religiosa deve decidir se o laço é indissolúvel ou não; porque, se as leis da religião tivessem tornado o laço indissolúvel, e as leis civis declarassem que ele podia ser rompido, elas seriam contraditórias entre si...

CAPÍTULO XIV

Em que casos os casamentos entre parentes devem ser regulados pelas leis da natureza e em que casos pelas leis civis

Com relação à proibição do casamento entre parentes, é extremamente delicado fixar com exatidão o ponto em que cessam as leis da natureza e começam as leis civis. Devemos estabelecer certos princípios para esse propósito.

O casamento do filho com a mãe confunde o estado de coisas: o filho deve ter um respeito ilimitado pela mãe; a esposa, um respeito ilimitado pelo marido; portanto, o casamento de mãe com filho subverteria o estado natural de ambos.

Além disso, a natureza adiantou nas mulheres o momento em que são capazes de ter filhos, mas retardou-o nos homens; e, pela mesma razão, as mulheres perdem sua capacidade antes e os homens mais tarde. Se fosse permitido o casamento entre mãe e filho, quase sempre aconteceria que, quando o marido fosse capaz de cumprir os desígnios da natureza, a mulher seria incapaz...

Sempre foi dever natural dos pais zelar pela castidade dos filhos. Incumbidos do cuidado de sua educação, são obrigados a preservar o corpo próximo da maior perfeição, e a mente longe da menor corrupção; a encorajar tudo o que possa inspirar-lhes desejos virtuosos e nutrir neles uma decorosa ternura. Os pais, sempre ocupados em preservar os costumes dos filhos, devem ter aversão natural a tudo que possa torná-los corruptos. O casamento, dirão vocês, não é uma corrupção; mas antes do casamento eles precisam tornar suas pessoas amadas, precisam seduzir; é essa sedução que deve inspirar-nos horror...

O horror que surge contra o incesto do irmão com a irmã deve provir da mesma fonte. O desejo dos pais e mães de preservar imaculados os costumes de seus filhos e famílias é suficiente para inspirar em sua descendência a repulsa a tudo que pode levar à união dos dois sexos.

A proibição do casamento entre primos-irmãos tem a mesma origem. Em tempos antigos... era costume os filhos não saírem da casa dos pais depois do casamento, mas estabelecerem-se na mesma casa... Os filhos de dois irmãos, ou primos-irmãos, eram considerados tanto por outros como por si mesmos como irmãos. Então, o mesmo afastamento entre irmãos e irmãs, com respeito ao casamento, subsistia também entre primos-irmãos...

Esses princípios são tão fortes e tão naturais que tiveram influência em quase todo o planeta, independentemente de qualquer comunicação...

Mas, se algumas nações não rejeitaram o casamento entre pais e filhos, entre irmãos e irmãs, vimos no primeiro livro que os seres inteligentes nem sempre seguem a lei da natureza... As ideias religiosas muitas vezes fizeram os homens incidirem nesses erros...

Como os filhos habitam, ou supõe-se que habitam, a casa de seu pai, e, como consequência, o genro vive com a sogra, o sogro com a nora, ou com a filha da esposa, o casamento entre eles é proibido pela lei da natureza. Nesse caso, a semelhança tem o mesmo efeito que a realidade, pois surge da mesma causa; a lei civil também não pode, nem deve permitir esses casamentos.

Existem nações, como já observamos, nas quais os primos-irmãos são considerados irmãos porque em geral habitam a mesma casa; há outras que não conhecem esse costume. Entre as primeiras, o casamento entre primos-irmãos deve ser considerado contrário à natureza; mas não entre as outras.

Mas as leis da natureza não podem ser locais. Por conseguinte, quando esses casamentos são proibidos ou permitidos, são, de acordo com as circunstâncias, proibidos ou permitidos por uma lei civil.

Não é um costume necessário que o cunhado e a cunhada habitem a mesma casa. Então, o casamento entre eles não é proibido para preservar a castidade na família; e a lei que o proíbe ou permite não é uma lei da natureza, mas sim uma lei civil, regulada pelas circunstâncias e dependente dos costumes de cada país; são casos em que as leis dependem dos modos e costumes dos habitantes.

As leis civis proíbem os casamentos quando, pelos costumes aceitos em determinado país, acham que estão nas mesmas circunstâncias daqueles proibidos pelas leis da natureza; e os permitem quando não é esse o caso. As proibições das leis da natureza são invariáveis, porque aquilo de que dependem é invariável; o pai, a mãe e os filhos habitam necessariamente a mesma casa. Mas as proibições das leis civis são acidentais, pois dependem de uma circunstância acidental; os primos-irmãos só habitam a mesma casa por acaso...

CAPÍTULO XV

De que não devemos regular pelos princípios do Direito Político as coisas que dependem dos princípios do Direito Civil

Como os homens renunciaram à sua independência natural para viver sob leis políticas, renunciaram à comunidade natural dos bens para viver sob leis civis.

Por meio das primeiras, adquiriram liberdade; por meio das segundas, a propriedade. Não devemos decidir pelas leis da liberdade, as quais, como já dissemos, são apenas o governo da comunidade, aquilo que deve ser decidido pelas leis que dizem respeito à propriedade. É um paralogismo dizer que o bem do indivíduo deve dar lugar ao bem público; isso jamais pode ocorrer, a não ser quando diz respeito ao governo da comunidade, ou, em outras palavras, à liberdade do súdito; não afeta os casos referentes à propriedade privada, porque o bem público consiste em que cada qual tenha invariavelmente preservada sua propriedade, que lhe foi dada pelas leis civis.

Cícero afirma que as leis agrárias eram injustas porque a comunidade era constituída com o único propósito de que todos pudessem ter condições de preservar sua propriedade.

Formulemos, portanto, uma certa máxima: sempre que o bem público estiver em questão não é benefício para o público privar um indivíduo de sua propriedade, ou mesmo reduzir qualquer mínima parte dela por lei ou por um regulamento político. Nesse caso, devemos seguir o rigor do Direito Civil, que é a proteção da propriedade.

Desse modo, quando o público tem necessidade do patrimônio de um indivíduo, jamais deve agir com o rigor da lei política; é aqui que deve triunfar a lei civil que, com olhos de mãe, olha todo indivíduo como sendo toda a comunidade.

Se o magistrado construir um edifício público, ou fizer uma estrada nova, deve indenizar aqueles que forem prejudicados por tal obra; o público é, nesse aspecto, como um indivíduo que trata com outro indivíduo. Basta que possa obrigar um cidadão a vender sua herança, e que possa tirar-lhe o grande privilégio que lhe concede a lei civil, de não ser forçado a alienar suas posses...

CAPÍTULO XVI

De que não devemos decidir segundo as regras do Direito Civil quando é conveniente decidir pelas regras do Direito Político

A maioria das dificuldades que rodeiam esse assunto pode ser facilmente resolvida, não se confundindo as regras derivadas da propriedade com aquelas que se originam na liberdade.

É alienável ou não o domínio de um Estado ou governo? Essa questão deve ser decidida pelo Direito Político, não pelo Direito Civil. Não deve ser decidida pelo Direito Civil, porque é tão necessário que um Estado, para subsistir, tenha territórios quanto é necessário que ele tenha leis civis para regular a alienação de bens.

Então, se elas alienam o domínio, o Estado será forçado a formar novo fundo para obter outro domínio. Mas esse expediente subverte o governo político porque, pela natureza da coisa, por cada domínio a ser estabelecido, o súdito sempre será obrigado a pagar mais, e o soberano, a receber menos; resumindo, o domínio é necessário, a alienação não é.

A sucessão nas monarquias é baseada no bem-estar do Estado; torna-se necessário então que se estabeleça uma ordem, a fim de evitar os infortúnios que, como eu disse, devem surgir num reino despótico onde tudo é incerto, porque tudo é arbitrário.

A ordem de sucessão não é estabelecida no interesse da família reinante, mas sim porque é interesse do Estado que haja uma família reinante. A lei que regula a sucessão de indivíduos é uma lei civil cujo propósito é o interesse dos indivíduos; a lei que regula a sucessão na monarquia é uma lei política, que tem em vista o bem-estar e a preservação do reino...

É ridículo pretender decidir os direitos de reinos, nações e do mundo inteiro pelas mesmas máximas pelas quais... devemos decidir o direito de um rego entre indivíduos...

CAPÍTULO XVIII

De que é necessário averiguar se as leis que parecem contraditórias são da mesma classe

Em Roma, o marido tinha permissão para emprestar sua esposa a um outro...

Por outro lado, o marido que tolerasse a depravação de sua mulher, que não a levasse à justiça, ou que a aceitasse de novo depois da condenação, era punido. Essas leis parecem contradizer-se, mas não são contraditórias. A lei que permitia a um romano emprestar sua esposa era visivelmente uma instituição lacedemônia, estabelecida com o objetivo de dar à república filhos de uma boa espécie, se me permitem o termo; a outra tinha em vista a preservação dos costumes. A primeira era uma lei política, a segunda, uma lei civil.

CAPÍTULO XIX

De que não devemos decidir pelo Direito Civil as coisas que devem ser decididas pelas leis domésticas

A lei dos visigodos manda que os escravos da casa sejam obrigados a amarrar o homem e a mulher que surpreenderem em adultério e apresentá-los ao marido e ao juiz...

... Em países onde as mulheres não são vigiadas, é ridículo submeter os que governam a família à inquisição de seus escravos.

Essa inquisição, em certos casos, pode ser no máximo um regulamento doméstico particular, mas jamais uma lei civil.

CAPÍTULO XX

De que não devemos decidir pelos princípios das leis civis as coisas que cabem ao Direito das nações

A liberdade consiste principalmente em não ser forçado a fazer uma coisa quando a lei não obriga; as pessoas só se encontram nesse estado quando são governadas por leis civis; e, como vivem sob essas leis civis, são livres.

Daí se conclui que os príncipes que não vivem entre si sob leis civis não são livres; são governados pela força; podem estar sempre forçando ou sendo forçados. Daí se conclui que tratados feitos à força são tão obrigatórios quanto aqueles feitos por consentimento. Quando nós, que vivemos sob leis civis, somos, contrariando a lei, constrangidos a entrar num contrato, podemos, com o auxílio da lei, nos recuperar dos efeitos da violência; mas um príncipe que está sempre nessa condição de forçar ou ser forçado não pode queixar-se de um tratado que foi obrigado a assinar. Isso seria uma queixa contra sua condição natural; seria como se ele fosse um príncipe em relação aos outros príncipes, e os outros príncipes fossem súditos em relação a ele; ou seja, seria contra a natureza das coisas.

CAPÍTULO XXI

De que não devemos decidir pelas leis políticas as coisas que cabem ao Direito das nações

As leis políticas exigem que todo homem seja submetido aos tribunais ordinários e cíveis do país em que ele reside e à censura do soberano.

A lei das nações requer que os príncipes enviem embaixadores; e a razão, tirada da natureza das coisas, não permite que esses embaixadores dependam do soberano ao qual foram enviados, nem de seus tribunais. Eles são a voz do príncipe que os envia, e essa voz deve ser livre; nenhum obstáculo deve impedir a execução de seu ofício; eles podem ofender muitas vezes, porque falam por um homem inteiramente independente; poderiam ser acusados de maneira injusta, se estivessem sujeitos à punição pelos crimes; se pudessem ser presos por dívidas, estas poderiam ser forjadas. Desse modo, um príncipe, que por natureza tem um espírito arrojado e empreendedor, falaria pela boca de um homem que teria tudo a temer. Devemos, então, ser guiados, com relação aos embaixadores, pela razão extraída da lei das nações, e não por aquela derivada da lei política. Mas, se fizerem mau uso de seu caráter de representante, deve-se pôr fim a isto mandando-os de volta. Eles até podem ser acusados diante de seu senhor, que se torna seu juiz ou seu cúmplice...

CAPÍTULO XXIV

De que os regulamentos da polícia são de uma classe diferente da de outras leis civis

Existem criminosos que o magistrado pune; existem outros que ele reprova. Os primeiros estão sujeitos ao poder da lei; os últimos, à sua autoridade; aqueles são excluídos da sociedade; estes, obrigados a viver de acordo com as regras da sociedade.

No exercício da polícia, é mais o magistrado que pune do que a lei; na sentença proferida para crimes, é mais a lei que pune do que os magistrados. A tarefa da polícia consiste nos assuntos que surgem a todo instante e que, em geral, são de natureza insignificante; poucas formalidades são então necessárias. As ações da polícia são rápidas; são exercidas sobre coisas que retornam todos os dias; portanto, não seria apropriado que ela infligisse punições severas. Está continuamente ocupada com pormenores; por conseguinte, grandes castigos não se destinam a esse propósito. É mais governada por regulamentos do que por leis; os que estão sujeitos à sua atuação estão sempre sob os olhos do magistrado; portanto, é culpa deste se cometem excessos. Assim, não devemos confundir uma flagrante transgressão da lei com uma simples transgressão; essas coisas são de ordem diferente...

Livro XXIX*

DA MANEIRA DE COMPOR LEIS

CAPÍTULO I

Do espírito de um legislador

Digo, e é o que me parece, que só realizei esta obra com o único objetivo de provar que o

---

* No texto em inglês com base no qual se fez esta tradução, foram omitidos, no Livro XXIX, os capítulos II, III, V a X e XII a XV. (N. do R. T.)

espírito do legislador deve ser o da moderação; o bem político, como o moral, está sempre entre dois extremos. Apresentaremos um exemplo.

As formalidades da justiça são necessárias à liberdade, mas elas poderiam ser tão numerosas a ponto de contrariar a finalidade das próprias leis que as estabeleceram; os processos não teriam fim; a propriedade seria incerta; os bens de uma parte seriam adjudicados à outra sem exame, ou ambas se arruinariam por se examinarem demais.

Os cidadãos perderiam sua liberdade e segurança, os acusadores não mais teriam meios de provar a culpa de um réu, nem os acusados teriam meios de se justificar...

CAPÍTULO IV

Das leis contrárias às opiniões do legislador

Há leis que são tão pouco compreendidas pelo legislador que chegam a ser contrárias ao próprio objetivo que ele propôs. Aqueles que fizeram, na França, o regulamento de que, quando um de dois adversários morre, o benefício deve ser transferido ao sobrevivente, tinham em vista, sem dúvida, a extinção das disputas; mas ocorre o inverso; vemos o clero em desavença todo dia, mordendo-se até a morte, como fazem os mastins ingleses...

CAPÍTULO XI

Como devemos julgar diferenças entre as leis

Na França, a pena contra o falso testemunho é capital; na Inglaterra não. Ora, para sermos capazes de julgar qual dessas duas leis é a melhor, devemos acrescentar que, na França, o suplício da roda é usado contra os criminosos, mas na Inglaterra não; na França, o acusado não tem permissão para apresentar suas testemunhas, e poucas vezes se admite a prova circunstancial em favor do prisioneiro; na Inglaterra, permitem-se testemunhas de ambos os lados. Essas três leis francesas formam um sistema fechado e bem interligado; o mesmo ocorre com as três leis inglesas. A lei inglesa, que não admite o suplício da roda para os criminosos, tem pouca expectativa de extrair do acusado uma confissão de seu crime; por essa razão, solicita testemunhas de todas as partes e não se arrisca a desencorajá-las pelo medo de uma pena capital. A lei francesa, que tem um recurso a mais, não teme intimidar as testemunhas; pelo contrário, a razão exige que sejam intimidadas; ela ouve apenas as testemunhas de uma parte, que são as apresentadas pelo procurador-geral, e o destino do acusado depende inteiramente de seu testemunho. Na Inglaterra, porém, são admitidas testemunhas de ambas as partes, e o assunto é discutido, em certa medida, entre elas; consequentemente, o falso testemunho é menos perigoso ali, pois o acusado tem um recurso contra o falso testemunho, coisa que não tem na França. Por esse motivo, para determinar qual dessas leis é mais compatível com a razão, devemos considerá-las no conjunto, não isoladamente...

CAPÍTULO XVI

Coisas a serem observadas na composição das leis

Os que têm gênio suficiente para capacitá-los a fazer leis para sua própria nação, ou para outra nação, devem dar especial atenção às maneiras de dar-lhes forma.

O estilo deve ser conciso. As leis das Doze Tábuas são um modelo de concisão, as próprias crianças costumavam aprendê-las de cor...

O estilo também deve ser simples e claro; uma expressão direta é mais bem compreendida do que uma indireta. Não há nenhuma majestade nas leis do Baixo Império; os príncipes foram criados para falar como retóricos. Quando o estilo das leis é pomposo, elas são consideradas apenas como obra de pompa e ostentação.

É essencial que as palavras das leis estimulem em todos as mesmas ideias. O cardeal Richelieu concordava em que um ministro podia ser acusado diante do rei; mas mandaria punir o acusador se os fatos que ele provasse não fossem questões de importância. Isso era o bastante para impedir as pessoas de contar qualquer verdade contra o ministro; porque uma questão importante é inteiramente relativa, e o que pode ser importante para um não é para outro...

As leis não devem ser sutis; são destinadas às pessoas de compreensão comum e concebidas não como uma arte da lógica, mas como a razão simples de um pai de família.

Quando não existe qualquer necessidade de exceções e limitações numa lei, é muito melhor omiti-las; detalhes dessa espécie lançam as pessoas em novos detalhes.

Nenhuma alteração deve ser feita numa lei sem razão suficiente. Justiniano ordenou que um marido podia ser repudiado, e ainda assim a mulher não perderia seu dote, se no espaço de dois anos ele fosse incapaz de consumar o casamento. Mais tarde, alterou sua lei, concedendo três anos ao pobre diabo. Mas, num caso dessa natureza, dois anos são tão bons quanto três, e três não valem mais que dois.

Quando um legislador se digna a dar a razão de uma lei, ela deve estar à altura da sua majestade...

Assim como as leis inúteis debilitam as que são necessárias, as que podem ser facilmente evitadas enfraquecem a legislação. Toda lei deve ter seu efeito, e não se deve tolerar que alguém se desvie dela por meio de uma exceção particular...

Raras vezes torna-se necessário proibir uma coisa que não é má, sob o pretexto de alguma perfeição imaginária.

Deve haver certa simplicidade e imparcialidade nas leis; feitas para punir a iniquidade dos homens, elas mesmas devem estar vestidas com os trajes da inocência...

CAPÍTULO XVII

Um mau método de fazer leis

Os imperadores romanos manifestavam sua vontade, assim como nossos príncipes, por intermédio de decretos e éditos; permitiam, porém, o que nossos príncipes não permitem, que tanto os juízes como as pessoas privadas os interrogassem por carta acerca de suas várias diferenças; e suas respostas eram chamadas de rescritos. As decretais dos Papas são rescritos, estritamente falando. É evidente que esse é um mau método de legislação. Aqueles que assim solicitam as leis são guias impróprios para o legislador; os fatos são sempre formulados de maneira errada. Júlio Capitolino diz que Trajano se recusava, com frequência, a dar essa espécie de rescrito, a fim de que uma decisão única, que muitas vezes era um favor particular, não se estendesse a todos os casos...

Aconselharia àqueles que lêem as leis romanas a distinguir, com todo cuidado, entre esses tipos de hipóteses e os *senatus-consultos*, os plebiscitos, as constituições gerais dos imperadores, e todas as leis baseadas na natureza das coisas, na fragilidade das mulheres, na fraqueza dos menores e na utilidade pública.

CAPÍTULO XVIII

Das ideias de uniformidade

Existem certas ideias de uniformidade que se apossam às vezes dos grandes gênios (pois afetaram até Carlos Magno), mas infalivelmente impressionam os pequenos espíritos. Eles encontram nelas uma espécie de perfeição, pois é impossível que não a percebam; os mesmos pesos, as mesmas medidas no comércio; as mesmas leis no Estado, a mesma religião em todas as partes. Mas será isso sempre correto e sem exceção? Será o mal de mudar sempre menor do que o de suportar? E a grandeza do gênio não consiste em distinguir entre aqueles casos em que a uniformidade é um requisito, e aqueles em que as diferenças são necessárias?...

CAPÍTULO XIX

Dos legisladores

... As leis sempre satisfazem as paixões e os preconceitos do legislador; às vezes, passam através deles e absorvem apenas uma tintura; às vezes param e se incorporam a eles...

8
David Hume
1711-1776

Os Hume eram uma antiga família rural escocesa – educados, cultos, com meios suficientes, mas longe de serem ricos. Carinhosamente chamada de *Ninewells*, sua casa no sul da Escócia não era um castelo. Eram três filhos, dois meninos e uma menina; David era o segundo filho. O pai morreu quando as crianças ainda eram muito novas. Foram criadas com brandura por sua linda e plácida mãe.

A biblioteca dos Hume era formada por uma coleção de bons livros, e desde cedo David interessou-se pela leitura. Foi instruído em casa até a idade de onze anos, provavelmente por jovens tutores. David recebeu pouca educação formal. Passou cerca de três anos na Universidade de Edimburgo, retornando para casa quando tinha mais ou menos catorze anos. A família, impressionada com seu amor aos livros, estimulou-o a estudar Direito; aos dezessete anos ele iniciou o curso, mas, como o Direito não lhe interessasse, abandonou os estudos logo em seguida. Trabalhou para um comerciante inglês em Bristol durante alguns meses, mas não tinha jeito para os negócios. Sua renda como segundo filho bastava para uma vida pobre. Hume decidiu progredir o máximo que pudesse e dedicou seu tempo à erudição.

Aos vinte anos, Hume era alto, magro e ossudo. Uma súbita enfermidade (provavelmente escorbuto) deixou-o com fome voraz. Ele empanturrou-se até atingir uma robustez rubicunda, e foi obeso pelo resto da vida. Em geral, era o típico gordo alegre – só que desenvolveu o hábito de olhar fixo, de maneira irritante, para a pessoa que lhe falava.

Aos trinta e três anos, iniciou uma econômica estadia de três anos na França rural, a maior parte do tempo na companhia dos jesuítas, em seu colégio em La Fleche. Durante esse período, escreveu sua primeira obra, *Tratado da natureza humana*, cujo subtítulo era *Uma tentativa de introduzir o método experimental de raciocínio nos temas morais*. A obra era dividida em três livros. Os dois primeiros foram publicados em 1739 e o terceiro um ano depois. Os trechos que se seguem a esta nota biográfica são do terceiro livro. O primeiro trata da lógica e da metafísica para fornecer suporte psicológico à ética e à doutrina jurídica que se seguiram. O editor pagou bem pelo *Tratado*, mas o livro atraiu pouca atenção e quase não vendeu; as resenhas foram poucas e não muito favoráveis. Hume ficou desanimado. Seu moral aumentou quando sua segunda obra, *Ensaios morais e políticos* (1741-1742), foi acolhida com grande sucesso de venda; com trinta e poucos anos, Hume desfrutava de considerável reputação. Candidatou-se, então, a uma cadeira de filosofia na Universidade de Edimburgo, mas não conseguiu convencer o conselho municipal: os livros e o discurso de Hume deixavam perfeitamente claro que ele era ateu. A nomeação foi para outro.

O marquês de Annandale interessou-se por Hume e, em 1745, convidou-o a morar em sua propriedade para ajudar nos esforços literários do marquês. Este tinha talento, porém estava à beira da loucura. Sua demência agravou-se. O desconforto de Hume foi exacerbado com o tratamento vil que recebia de membros da família do marquês. A família até demorou a pagar-lhe o salário devido quando ele pediu demissão no final de um ano infeliz, a fim de se tornar secretário do general St. Clair.

St. Clair estava no comando de forças destinadas ao Canadá, mas, em vez disso, ele e suas tropas foram enviados numa missão fracassada contra os franceses em Lorient. A expedição retornou discretamente para a Inglaterra, e St. Clair foi mandado para as cortes de Viena e Turim. Hume progrediu como ajudante de ordens com função de secretário, o corpo gordo destoando do uniforme militar. Mesmo assim, ele se divertiu e conheceu muitos bons companheiros.

Quando a missão terminou, Hume foi para *Ninewells*, para uma vida literária no campo na companhia do irmão e da irmã. Era um pouco tranquilo demais para ele. Hume economizara dinheiro e suas obras lhe proporcionavam mais recursos. Mudou-se para Edimburgo, onde comprou uma casa. Pouco tempo depois, escreveu para um amigo: "Acho que posso alcançar asseio, calor, luz e contentamento. Que mais haveria de querer? Independência? Eu a tenho num grau supremo. Honra? Não está faltando de todo. Graça? Isto virá com o tempo. Uma esposa? Não é um dos requisitos indispensáveis da vida...". Às vezes, entretanto, vacilava quanto a permanecer em Edimburgo. A Igreja da Escócia estava dividida. O Partido Highflier era ortodoxo e se sentia ultrajado pelo ateísmo; assim, seus membros propuseram medidas contra Hume e seus escritos nos conselhos da igreja. Os moderados – muitos dos quais eram amigos de Hume – impediram essa condenação. Mas os ataques devem ter sido arrasadores. Uma das cartas de Hume de 1759 diz: "A Escócia se ajusta melhor à minha fortuna e é a moradia de minhas principais amizades; mas é um lugar estreito demais para mim, e me mortifica que eu às vezes prejudique meus amigos." Às vezes, Hume suspirava por Londres e Paris. Noutras vezes, também, não tinha tanta certeza sobre as alegrias do celibato. Sua última tentação séria de propor casamento ocorreu quando ele estava com sessenta anos, mas a saúde debilitada e outras forças o refrearam.

Em Edimburgo, Hume deu outro rumo a seu interesse literário e lançou-se numa história inglesa de vários volumes. A Faculdade dos Advogados nomeou-o bibliotecário, dando-lhe acesso a uma ótima coleção de livros e pedindo pouco de seu tempo. Quando sua História saiu, os exemplares venderam bem e foram elogiados. Seus ganhos com a literatura, dizem, foram os mais elevados que os de qualquer autor inglês até então.

Em 1759, Hume foi a Londres para ver parte de sua História no prelo. A primeira parte de sua visita foi alegre e social. Sua reputação de boa companhia aumentou e sua vida social se expandiu. Uma carta a Adam Smith sobre sua *Teoria dos sentimentos morais* ilustra o humor de Hume nessa época: "... seu livro foi muito infeliz. Porque o público parece disposto a aplaudi-lo extremamente... Três bispos passaram ontem na loja de Millar para comprar exemplares e fazer perguntas sobre o autor. Pode-se concluir que opiniões os verdadeiros filósofos terão dele quando esses partidários da superstição o elogiam tanto. O Duque de Argyle é mais decisivo... a favor do livro. Suponho que ou ele o considera exótico ou acha que o autor lhe será útil nas eleições em Glasgow...".

O deleite de Hume em Londres começou a dissipar-se. O temperamento dos círculos intelectuais estava mudando; a Inglaterra sob George III avançava como nação e potência mundial; o interesse dos notáveis se deslocava para a política e as relações exteriores, afastando-se da filosofia e da história. Em 1761, Hume decidiu não mais fixar-se na Inglaterra e voltou a se estabelecer em Edimburgo. Após seu retorno, escreveu a um amigo: "Duvido que haja um inglês, em cinquenta, que não exultaria em saber que quebrei o pescoço ontem à noite. Alguns me odeiam porque não sou um *tory*, outros porque não sou um *whig*, outros ainda porque não sou cristão, e todos porque sou escocês."

Mas Hume não estava tão enraizado em Edimburgo a ponto de dizer "não" quando o pio Lorde Hertford, embaixador na França, surpreendentemente o convidou para integrar sua equipe. Hume aceitou mais por passatempo do que pela promoção de posto. Durante vinte e seis meses, Hume foi a moda em Paris, e sua fama literária abriu-lhe todas as portas. Líderes da sociedade parisiense procuravam ser vistos na companhia do "Gordo David" em seus camarotes no teatro e na ópera. Na primeira vez em que ele compareceu à corte francesa, três futuros reis da França (com idades de seis a nove anos) fizeram pequenos discursos sobre ele e sua obra. Hume passou muitas noites em discussões nos salões da moda. Um deles era o salão da condessa de Boufflers, com quem tinha uma relação não apenas intelectual.

Quando Jean-Jacques Rousseau, exilado da França, viu-se numa situação insustentável na Suíça, Hume o ajudou e o levou para a Inglaterra. Ali, Rousseau passou a nutrir a louca suspeita de que todo mundo conspirava contra ele – especialmente, Hume. O relacionamento dos dois tornou-se assunto de mexericos públicos e foi discutido na imprensa. Hume ficou muito infeliz ao descobrir que falhara sua tentativa de ajudar um grande homem e que estava diante de injustas acusações de perseguição. O caso terminou quando Rousseau, com desnecessária dissimulação, escafedeu-se da Inglaterra.

Hertford retornou à Inglaterra do serviço exterior e tornou-se Lorde Chamberlain. Sua nomeação granjeou para Hume o posto de subsecretário de Estado. Ele ficou no cargo durante quase um ano, desfrutando do ritmo tranquilo que ainda lhe permitia ser um funcionário público modelo. Sobrava-lhe tempo para as cartas, a vida nos clubes e a alta sociedade de Londres. Quando deixou o cargo, respondeu à proposta de um editor, dizendo que não escreveria mais porque estava velho demais, gordo demais, preguiçoso demais e rico demais.

Voltou a Edimburgo e construiu uma bela casa numa área nova da cidade. Em suas cartas desse período, ele se vangloria de seus talentos culinários e de suas receitas de sopas e carnes saborosas. Sua casa tornou-se um centro da vida intelectual liberal e, com frequência, atraía viajantes. Benjamin Franklin passou quase um mês com Hume em 1771, sendo sua visita motivo de sucessivos jantares e discussões.

Seis anos depois do retorno a Edimburgo, Hume começou a sentir certa debilidade, que foi aumentando de maneira gradual mas constante, até que ele soube, finalmente, que estava com uma doença mortal. Fez uma estoica peregrinação médica a Londres e Bath, mas pouco depois regressou à casa para morrer. Escreveu cartas antecipadas convidando amigos para um jantar de despedida. Eles se reuniram em sua casa no dia 4 de julho de 1776 para a última de suas adoradas festas. Morreu seis semanas depois, aos sessenta e quatro anos.

Em seus últimos anos, Hume achava difícil aceitar a crítica. Para adiantar-se a alguns de seus detratores, escreveu um "anúncio" a ser impresso nas futuras edições de seus *Ensaios*, no qual caracterizava seu *Tratado da natureza humana* como uma obra publicada de forma prematura, afirmando que suas ideias haviam sido reformadas e corrigidas em sua obra posterior. "Doravante", escreveu ele, "o autor deseja que só as peças seguintes sejam consideradas como contendo seus sentimentos e princípios filosóficos". Em sua ótima biografia de Hume, Mossner comenta: "Felizmente, poucos filósofos levaram a sério o 'anúncio'; e o *Tratado da natureza humana*... é considerado, de maneira geral e apropriada, como sua obra-prima."

TRATADO DA NATUREZA HUMANA[1]
Volume II, Livro III
DOS COSTUMES
Parte I
DA VIRTUDE E DO VÍCIO EM GERAL
SEÇÃO I

Distinções morais não derivadas da razão

... Aqueles que afirmam que a virtude nada mais é que uma conformidade com a razão; que existem a conveniência e a inconveniência eter-

---
1. Do número 549, Everyman's Library, Reimpresso com permissão de E. P. Dutton & Co., Inc.

nas das coisas, que são as mesmas para todo ser racional que as considerar; que a medida imutável do certo e do errado impõe uma obrigação, não apenas às criaturas humanas, mas também à própria Divindade, todos esses sistemas concordam com a opinião de que a moralidade, como a verdade, é discernida apenas pelas ideias e por sua justaposição e comparação. Portanto, a fim de julgar esses sistemas, devemos apenas considerar se é possível só pela razão distinguir entre o bem e o mal moral, ou se devem concorrer alguns outros princípios que nos possibilitem fazer essa distinção.

Se a moralidade não tivesse nenhuma influência natural sobre as paixões e as ações humanas, seria vão o esforço de inculcá-la, e nada seria mais inútil do que a grande quantidade de regras e preceitos que todos os moralistas possuem em abundância. A filosofia é dividida, em geral, em *especulativa* e *prática*; e como a moralidade está sempre compreendida nesta última divisão, supõe-se que influencie nossas paixões e ações e que vá além dos juízos calmos e indolentes do entendimento. E isso é confirmado pela experiência comum, que nos informa que os homens são governados, com frequência, por seus deveres e são desencorajados a praticar determinadas ações pela noção de injustiça, assim como são impelidos a outras pela noção de obrigação.

Como os costumes têm, portanto, uma influência sobre as ações e os sentimentos, conclui-se que não podem proceder da razão; e isso porque a razão sozinha... jamais pode exercer tal influência. Os costumes excitam as paixões, e produzem ou impedem as ações. A razão em si é extremamente impotente nesse particular. Portanto, as regras de moralidade não são conclusões de nossa razão...

Razão é a descoberta da verdade ou falsidade. A verdade ou a falsidade consiste numa concordância ou discordância quanto às *reais* relações das ideias ou à existência *real* e matéria de fato. Portanto, tudo que não é suscetível dessa concordância ou discordância é incapaz de ser verdadeiro ou falso, e jamais pode ser objeto de nossa razão. Ora, é evidente que nossas paixões, vontades e ações não são suscetíveis de tal concordância ou discordância; pois são fatos e realidades originais, completos em si, e não implicam nenhuma referência a outras paixões, volições e ações. Por conseguinte, é impossível que sejam consideradas verdadeiras ou falsas e que sejam contrárias ou conformes à razão.

Esse argumento é de dupla vantagem para nosso presente propósito. Porque prova *diretamente* que as ações não derivam seu mérito da conformidade com a razão; nem derivam sua falha da contrariedade a ela; e prova a mesma verdade de maneira *indireta* ao nos mostrar que, como a razão jamais pode impedir ou produzir de imediato alguma ação, contradizendo-a ou aprovando-a, ela não pode ser a fonte do bem e do mal moral, que, segundo se considera, têm essa influência. As ações podem ser louváveis ou censuráveis, mas não podem ser razoáveis ou irracionais; louvável e censurável, portanto, não são o mesmo que razoável e irracional...

Foi observado que a razão, num sentido estrito e filosófico, somente pode ter influência em nossa conduta de duas maneiras: ou quando excita uma paixão, ao informar-nos da existência de algo que é objeto próprio dela, ou quando descobre a conexão de causas e efeitos para nos fornecer os meios de exercer alguma paixão. Esses são os únicos tipos de julgamento que podem acompanhar nossas ações, ou que se pode dizer que as produzem de algum modo; e deve-se admitir que, com frequência, esses julgamentos podem ser falsos e errôneos. Uma pessoa pode ser afetada por paixão ao supor que certa dor ou prazer reside num objeto que não apresenta a menor tendência de produzir nenhuma dessas sensações, ou que produz o contrário do que se imaginou. Uma pessoa também pode tomar falsas medidas para atingir sua finalidade e, por meio de sua conduta tola, pode retardar, em vez de apressar, a consecução de algum objetivo. Pode-se pensar que esses falsos julgamentos afetam as paixões e ações ligadas a eles, e pode-se dizer que as tornam irracionais, num modo de falar figurativo e impróprio. Mas, embora se reconheça isso, é fácil observar que esses erros estão longe de ser a fonte de toda imoralidade; eles são, em geral, muito inocentes e não atraem nenhuma espécie de culpa para a pessoa que tem a infelicidade de neles incorrer. Não vão além de um equívoco de *fato*, que em geral os moralistas não consideram criminoso, posto que é perfeitamente involuntário...

Se o pensamento e o entendimento fossem capazes sozinhos de fixar os limites do certo e do errado, o atributo de virtuoso e vicioso deveria residir em certas relações de objetos ou deveria ser uma matéria de fato, descoberta por nosso raciocínio. Essa consequência é evidente. Como as operações do entendimento humano se dividem em duas espécies, a comparação de ideias e a dedução da matéria de fato, se a virtude fosse descoberta pelo entendimento, teria de ser o objeto de uma dessas operações; tampouco existe alguma terceira operação do entendimento que possa descobri-la. Certos filósofos propagaram, de maneira bastante diligente, a opinião de que a moralidade é suscetível de demonstração; e, embora ninguém jamais tenha sido capaz de avançar um único passo nessas demonstrações, ainda assim é dado como certo que essa ciência pode ser levada a um grau de certeza igual ao da geometria ou da álgebra...

Se você afirma que vício e virtude consistem em relações suscetíveis de certeza e demonstração, deve restringir-se àquelas *quatro* relações que admitem esse grau de evidência; e nesse caso incorrerá em absurdos dos quais jamais será capaz de se desenredar. Pois, como você situa a própria essência da moralidade nas relações, e como não existe nenhuma dessas relações, senão o que é aplicável não apenas a um objeto irracional, mas também a um inanimado, conclui-se que mesmo tais objetos devem ser suscetíveis de mérito ou demérito. *Semelhança, contrariedade, graus de qualidade e proporções em quantidade e número*; todas essas relações pertencem tão propriamente à matéria como às nossas ações, paixões e volições. É inquestionável, portanto, que a moralidade não reside em nenhuma dessas relações, nem o sentido dela em sua descoberta...

Devo, portanto, neste momento, me dar por satisfeito em exigir as duas seguintes condições a qualquer um que se incumbisse de esclarecer esse sistema. *Primeiro*, como o bem e o mal moral pertencem apenas às ações da mente, e são derivados de nossa situação com relação aos objetos externos, as relações de onde surgem essas distinções morais devem residir apenas entre ações internas e objetos externos, e não devem ser aplicáveis às ações internas, comparadas entre si, ou aos objetos externos, quando colocados em oposição a outros objetos externos. Pois, como se supõe que a moralidade atende a certas relações, se essas relações pudessem pertencer a ações internas consideradas em separado, seguir-se-ia da que poderíamos ser culpados de crimes em nós mesmos, independente de nossa situação em relação ao universo; e, da mesma maneira, se essas relações morais pudessem ser aplicadas a objetos externos, seguir-se-ia que até mesmo os seres inanimados seriam suscetíveis de beleza e deformidade moral. Ora, parece difícil imaginar que se possa descobrir alguma relação entre nossas paixões, volições e ações, comparadas com objetos externos, relação que pode não pertencer nem a essas paixões e volições nem a esses objetos externos, comparados *entre si*.

Mas será ainda mais difícil satisfazer a *segunda* condição, requisito para justificar esse sistema. De acordo com os princípios daqueles que sustentam uma diferença abstrata racional entre o bem e o mal moral, e uma adequação e inadequação natural das coisas, não apenas se supõe que essas relações, sendo eternas e imutáveis, são as mesmas quando consideradas por cada criatura racional, mas também se supõe que seus *efeitos* sejam necessariamente os mesmos; e conclui-se que elas têm não menos influência, ou antes, uma influência maior, em dirigir a vontade da Divindade do que em governar os racionais e virtuosos de nossa própria espécie. Esses dois detalhes são evidentemente distintos. Uma coisa é conhecer a virtude, outra é ajustar a vontade a ela. Portanto, para provar que as medidas do certo e do errado são leis eternas, *obrigatórias* em toda mente racional, não basta mostrar as relações sobre as quais elas se baseiam; também devemos mostrar a conexão entre a relação e a vontade; e provar que essa conexão é tão necessária que, em toda mente bem disposta, deve ter lugar e exercer sua influência; embora a diferença entre essas mentes em outros aspectos seja imensa e infinita...

Desse modo, será impossível satisfazer a *primeira* condição exigida ao sistema de medidas racionais eternas do certo e do errado; porque é impossível mostrar as relações nas quais tal distinção pode estar baseada; e é igualmente impossível satisfazer a *segunda* condição, porque não podemos provar *a priori* que essas relações, se de fato existissem e fossem percebidas, seriam universalmente forçosas e obrigatórias.

Mas, para tornar essas reflexões gerais mais claras e convincentes, podemos ilustrá-las com alguns exemplos particulares nos quais esse caráter de bem ou mal moral é reconhecido da maneira mais universal. De todos os crimes que as criaturas humanas são capazes de cometer, o mais horrendo e inatural é a ingratidão, sobretudo quando cometida contra pai e mãe, e aparece nos casos mais flagrantes de ferimentos e morte. Isso é reconhecido por toda a humanidade, tanto pelos filósofos como pelo povo; só entre os filósofos surge a questão de se a culpa ou deformidade moral dessa ação é revelada por meio de raciocínio demonstrativo, ou se é percebida por um sentido interno e por meio de algum sentimento ocasionado de forma natural pela reflexão sobre tal ação. Essa questão logo será decidida contra a opinião anterior se pudermos mostrar as mesmas relações em outros objetos, sem a noção de qualquer culpa ou iniquidade presente neles. A razão ou a ciência nada mais é que a comparação de ideias e a descoberta de suas relações; e, se as mesmas relações têm caráter diferente, deve-se evidentemente concluir que esses caracteres não são descobertos apenas pela razão. Portanto, para pôr a questão em julgamento, escolhamos algum objeto inanimado, como um carvalho ou um olmo, e suponhamos que, ao deixar cair sua semente, ele produza uma árvore nova debaixo dele, a qual, crescendo pouco a pouco, acaba enfim superando a árvore-mãe em tamanho e destruindo-a. Pergunto se, nesse exemplo, está faltando alguma relação que pode ser descoberta no parricídio ou na ingratidão? Não é uma das árvores a causa da existência da outra, e a última a causa da destruição da primeira, da mesma maneira que quando um filho assassina seu pai? Não basta responder que está faltando uma escolha ou vontade. Porque, no caso do parricídio, uma vontade não dá origem a nenhuma relação *diferente*, mas é apenas a causa da qual deriva a ação; e, como consequência, produz as *mesmas* relações que no carvalho ou no olmo surgem de alguns outros princípios. É uma vontade ou escolha que determina que um homem mate seu pai; e são as leis da matéria e do movimento que determinam que uma árvore nova destrua o carvalho que lhe deu origem. Então, aqui as mesmas relações têm causas diferentes, mas as relações ainda são as mesmas; e como sua descoberta não é acompanhada de uma noção de imortalidade, conclui-se que tal noção não surge de tal descoberta.

Mas, escolhendo um exemplo ainda mais parecido, perguntaria a qualquer um por que o incesto na espécie humana é criminoso, e por que a mesma ação e as mesmas relações nos animais não possuem a menor torpeza e deformidade moral? Se respondessem que essa ação é inocente nos animais porque eles não possuem razão suficiente para descobrir sua torpeza; ao passo que no homem, sendo ele dotado dessa faculdade, que *deve* restringi-lo a seu dever, a mesma ação torna-se instantaneamente criminosa se isso fosse dito, eu replicaria ser evidente que se trata de uma argumentação em círculo. Porque antes que a razão possa perceber essa torpeza, deve existir a torpeza; e, como consequência, ela é independente das decisões de nossa razão, sendo mais exatamente objeto delas do que seu efeito...

Tampouco esse raciocínio prova apenas que a moralidade não consiste em relações que são objeto da ciência; se examinado, provará com igual certeza que não consiste em nenhuma *matéria de fato*, que possa ser descoberta pelo entendimento. Essa é a *segunda* parte de nosso argumento; e, se pode tornar-se evidente, podemos concluir que a moralidade não é um objeto da razão. Mas pode haver alguma dificuldade em provar que vício e virtude não são matérias de fato, cuja existência podemos inferir pela razão? Tome alguma ação reconhecida como viciosa; o assassinato doloso, por exemplo. Examine-a sob todas as luzes e veja se pode encontrar essa matéria de fato, ou existência real, que você chama de *vício*. Qualquer que seja a maneira como você a considere, encontra apenas certas paixões, motivos, volições e pensamentos. Não há qualquer outra matéria de fato no caso. O vício lhe escapa por inteiro, contanto que você considere o objeto. Você jamais pode encontrá-lo, até que volte a sua reflexão para o seu próprio peito e encontre um sentimento de desaprovação, que surge em você com relação a essa ação. Eis uma matéria de fato; mas é objeto do sentimento, não da razão. Reside em você, não no objeto. De modo que, ao declarar alguma ação ou caráter como vicioso, você apenas está dizendo que, pela constituição de sua natureza, você tem uma sensação ou sentimento de censura ao contemplá-lo...

... Em todos os sistemas de moralidade que encontrei até o momento, sempre observei que o autor prossegue, durante algum tempo, na maneira comum de raciocinar, e estabelece a existência de um Deus, ou faz observações referentes aos assuntos humanos; de repente, fico surpreso ao descobrir que, em vez das habituais ligações do tipo *é* e *não é*, não encontro proposição que não esteja relacionada com um *deve* e um *não deve*. Essa mudança é imperceptível; mas é, entretanto, de importância decisiva. Porque, como esse *deve* e *não deve* expressa alguma nova relação ou afirmação, é necessário que deva ser observado e explicado; e, ao mesmo tempo, que seja dada uma razão para o que parece totalmente inconcebível: para como essa nova relação pode ser uma dedução de outras que são inteiramente diferentes dela. Mas como, em geral, os autores não usam essa precaução, tomarei a liberdade de recomendá-la aos leitores; e estou convencido de que essa pequena atenção subverte todos os sistemas vulgares de moralidade, e veremos que a distinção de vício e virtude não se baseia apenas nas relações dos objetos, nem é percebida pela razão.

SEÇÃO II

Distinções morais derivadas de um senso moral

Assim, o rumo do argumento nos leva a concluir que, como o vício e a virtude não podem ser descobertos apenas pela razão, ou pela comparação de ideias, deve ser por meio de alguma impressão ou sentimento que gera a capacidade de indicarmos a diferença entre eles. É evidente que são percepções as nossas decisões concernentes à retidão e depravação moral; e como todas as percepções são impressões ou ideias, a exclusão de uma é um argumento convincente em favor da outra. A moralidade, portanto, é mais propriamente sentida do que julgada...

... Ter o senso de virtude nada mais é que *sentir* uma satisfação de um tipo especial a partir da contemplação de um caráter. A própria *sensação* constitui nosso louvor ou admiração. Não vamos além, nem investigamos a causa da satisfação. Não inferimos que um caráter seja virtuoso, porque agrada; mas, ao sentir que ele agrada de uma maneira particular, achamos de fato que é virtuoso. É o mesmo caso em nossos juízos referentes a todas as espécies de beleza, gostos e sensações. Nossa aprovação está contida no prazer imediato que nos dão...

Pode-se perguntar agora, *em geral*, no que diz respeito a essa dor ou prazer que distingue o bem e o mal moral: *de que princípio é deri-*

vado e por que motivo surge na mente humana? A isso respondo, *primeiro*, que é absurdo imaginar que, em todo caso particular, esses sentimentos são produzidos por uma qualidade *original* e por uma constituição *primária*. Porque, como o número de nossos deveres é, de certa maneira, infinito, é impossível que nosso instinto original se estenda a cada um deles e, a partir da própria primeira infância, imprima na mente humana toda essa grande quantidade de preceitos que estão contidos no mais completo sistema de ética. Tal método de procedimento não é compatível com as costumeiras máximas pelas quais a natureza é ordenada, onde alguns princípios produzem toda a variedade que observamos no universo, e tudo é feito da maneira mais fácil e mais simples. É necessário, por isso, reduzir esses impulsos primários e encontrar alguns princípios mais gerais, sobre os quais se baseiam nossas noções de moral...

Enquanto isso, pode ser oportuno observar, a partir dessas definições de *natural* e *inatural*, que nada pode ser menos filosófico do que esses sistemas que afirmam que a virtude é igual àquilo que é natural, e que o vício é igual ao que é inatural. Porque, no primeiro sentido da palavra, sendo natureza oposto a milagre, tanto o vício como a virtude são igualmente naturais; e, no segundo caso, enquanto oposto ao que é incomum, talvez se descubra que a virtude é o mais inatural. Pelo menos deve-se reconhecer que a virtude heroica, por ser tão incomum, é tão pouco natural quanto a mais brutal barbárie. Quanto ao terceiro sentido da palavra, é certo que tanto o vício como a virtude são igualmente artificiais e fora da natureza. Porque, por mais que se possa discutir se a noção de um mérito ou demérito em certas ações é natural ou artificial, é evidente que as próprias ações são artificiais, e realizadas com um certo desígnio e intenção; de outro modo, elas jamais poderiam ser classificadas sob alguma dessas denominações. É impossível, portanto, que o caráter de natural e inatural possa marcar, em algum sentido, os limites de vício e virtude...

Parte II

DA JUSTIÇA E DA INJUSTIÇA

SEÇÃO I

Justiça, uma virtude natural ou artificial?

Já sugeri que nosso sentido de toda espécie de virtude não é natural, mas que há algumas virtudes que produzem prazer e aprovação por meio de um artifício ou dispositivo, que provém das circunstâncias e necessidades da espécie humana. Afirmo que a *justiça* seja desse tipo; e me esforçarei para defender essa opinião com um breve e, espero, convincente argumento, antes de examinar a natureza do artifício da qual deriva o sentido da virtude.

É evidente que, quando louvamos quaisquer ações, observamos apenas os motivos que as produziram e consideramos as ações como sinais ou indicações de certos princípios na mente e no temperamento. O desempenho externo não tem qualquer mérito. Devemos olhar para dentro a fim de encontrar a qualidade moral. Não podemos fazê-lo diretamente; e, por isso, fixamos nossa atenção nas ações, como em sinais externos. Mas essas ações ainda são consideradas sinais; e o derradeiro objeto de nosso louvor e aprovação é o motivo que as produziu...

... O primeiro motivo virtuoso que confere mérito a qualquer ação jamais pode ser um apreço pela virtude dessa ação, mas deve ser algum outro princípio ou motivo natural. Supor que o mero apreço pela virtude da ação pode ser o primeiro motivo que produziu a ação, e tornou-a virtuosa, é raciocinar em círculo. Antes de podermos ter tal apreço, a ação precisa ser realmente virtuosa; e essa virtude deve ser derivada de algum motivo virtuoso; e, portanto, o motivo virtuoso deve ser diferente do apreço pela virtude da ação...

... Censuramos um pai por negligenciar o filho. Por quê? Porque isso demonstra a falta de um afeto natural, que é dever de todo pai e mãe. Se o afeto natural não fosse um dever, o cuidado dos filhos não poderia ser um dever, e seria impossível que tivéssemos o dever em vista na atenção que damos à nossa descendência. Nesse caso, portanto, todos os homens supõem um motivo para a ação que não o senso de dever.

Aqui está um homem que realiza muitas ações bondosas; alivia o desamparado, consola o aflito e estende sua generosidade até mesmo aos mais estranhos. Nenhum caráter pode ser mais amável e virtuoso. Consideramos essas ações como prova da maior humanidade. Essa humanidade confere um mérito às ações. Portanto, um apreço por esse mérito é uma consideração secundária, derivada dos princípios antecedentes de humanidade, que é meritória e louvável.

Resumindo, pode-se estabelecer como máxima indubitável *que nenhuma ação pode ser virtuosa, ou moralmente boa, a menos que haja na natureza humana algum motivo para produzi-la que não seja a noção de sua moralidade.*

Mas não pode o senso de moralidade ou dever produzir uma ação, sem qualquer outro motivo? Respondo que pode, mas isso não é objeção à presente doutrina. Quando qualquer princípio ou motivo virtuoso é comum na natureza humana, uma pessoa que sente seu coração vazio desse motivo, pode odiar-se por conta disso e realizar a ação sem o motivo, a partir de um certo senso de dever, a fim de adquirir, pela prática, esse princípio virtuoso, ou pelo menos para dissimular a si mesmo, tanto quanto possível, sua carência dele. Um homem que de fato não sente nenhuma gratidão em seu temperamento, ainda assim se contenta em realizar ações gratas e pensa que, por esse meio, cumpriu seu dever. As ações são consideradas, a princípio, apenas sinais de motivos; mas é comum nesse caso, como em todos os outros, fixar nossa atenção nos sinais e negligenciar, em alguma medida, a coisa significada. Embora, em algumas ocasiões, uma pessoa possa realizar uma ação apenas por respeito à obrigação moral, ainda assim isto supõe na natureza humana alguns princípios distintos, que são capazes de produzir a ação e cuja beleza moral torna a ação meritória.

Ora, para aplicar tudo isso ao presente caso, suponho uma pessoa que me emprestou uma soma em dinheiro, com a condição de ser restituída em poucos dias; e que, após expirar o prazo combinado, ela pede a soma; pergunto: *que razão ou motivo tenho para devolver o dinheiro?* Talvez digam que meu respeito pela justiça, a aversão pela vilania e pela desonestidade são razões suficientes para mim, se tiver o menor pingo de honestidade ou senso de dever e obrigação. E essa resposta é, sem dúvida, justa e satisfatória para o homem em seu estado civilizado e quando instruído de acordo com certa disciplina e educação. Mas em sua condição rude e mais *natural*, se lhe apraz chamar tal condição de natural, essa resposta seria rejeitada como perfeitamente ininteligível e sofística. Porque alguém nessa situação perguntaria de imediato: *em que consiste essa honestidade e justiça que você acha em restituir um empréstimo, privando-se da propriedade de outros?* Sem dúvida, não reside na ação externa. Deve, portanto, ser colocada no motivo do qual deriva a ação externa. Esse motivo jamais pode ser um apreço pela honestidade da ação. Porque é uma evidente falácia dizer que um motivo virtuoso é requisito para tornar uma ação honesta e, ao mesmo tempo, que uma consideração pela honestidade é o motivo da ação. Jamais podemos ter apreço pela virtude de uma ação, a menos que a ação seja antecedentemente virtuosa. Nenhuma ação pode ser virtuosa, a não ser na medida em que proceda de um motivo virtuoso. Um motivo virtuoso, portanto, deve preceder o apreço pela virtude; e é impossível que o motivo virtuoso e o apreço pela virtude sejam a mesma coisa.

É necessário, então, encontrar algum motivo para atos de justiça e honestidade que seja distinto de nosso apreço pela honestidade; e nisso reside a grande dificuldade. Porque, se disséssemos que uma preocupação com nossa reputação ou interesse privado é o motivo legítimo para todas as ações honestas, concluir-se-ia que, quando cessa essa preocupação, a honestidade não pode mais ter lugar. Mas é certo que o amor-próprio, quando age em liberdade, em vez de nos engajar em ações honestas, é a fonte de toda injustiça e violência; tampouco pode um homem corrigir esses vícios, sem corrigir e restringir os impulsos *naturais* desse apetite.

Mas, se afirmássemos que a razão ou motivo de tais ações é o *apreço pelo interesse público*, para o qual nada é mais contrário do que exemplos de injustiça e desonestidade; se isso fosse dito, proporia as três considerações seguintes como sendo dignas de nossa atenção. *Primeiro*, o interesse público não está vinculado, de maneira natural, à observância das regras de justiça; ele somente se liga a ela após uma convenção artificial para o estabelecimento dessas regras, como será mostrado em mais detalhes à frente. *Segundo*, se supuséssemos que o empréstimo era secreto e que é necessário para o interesse da pessoa que o dinheiro seja restituído da mesma maneira (como quando o emprestador oculta sua riqueza), nesse caso o exemplo cessa e o público não está mais interessado nas ações da pessoa que tomou o empréstimo; embora, suponho, não haja nenhum moralista que afirme que o dever e a obrigação cessam. *Terceiro*, a experiência prova, de modo suficiente, que os homens, na conduta habitual da vida, não olham tão longe quanto o interesse público quando pagam a seus credores, cumprem suas promessas e abstêm-se do roubo, da pilhagem e de qualquer tipo de injustiça. É um motivo distante demais e sublime demais para afetar a generalidade da espécie humana, e opera com muita força em ações tão contrárias ao interesse privado quanto o são, com frequência, os interesses da justiça e da honestidade comum.

Pode-se afirmar, em geral, que não existe tal paixão na mente humana como o amor pela humanidade, meramente como tal, independente de qualidades pessoais, de serviços ou da relação conosco. É verdade, não existe nenhuma criatura humana, e de fato sensível, cuja felicidade ou desgraça não nos afete, em alguma medida, quando trazida para perto de nós e representada em cores vivas; mas isso provém apenas da simpatia, não sendo prova de tal afeição universal pela humanidade, posto que a preocupação se estende para além de nossa própria espécie...

Se a benevolência pública, portanto, ou o respeito pelos interesses da humanidade, não pode ser o motivo original da justiça, menos ainda o motivo pode ser a *benevolência privada* ou o *respeito pelos interesses da parte interessada*. E se ele for meu inimigo, que me deu justa causa para odiá-lo? E se ele for um homem vicioso, que mereça o ódio de toda a espécie humana? E se ele for um avarento, que não possa fazer uso daquilo de que eu o privaria? E se ele for um esbanjador extravagante, que teria mais danos do que benefícios com grandes posses? E se eu estivesse passando necessidade e tivesse motivos urgentes para adquirir alguma coisa para minha família? Em todos esses casos, faltaria o motivo original para a justiça; e, como consequência, a própria justiça e, junto com ela, toda propriedade, direito e obrigação...

Supõe-se que a propriedade de um homem esteja protegida contra todo mortal, em todo caso possível. Mas a benevolência privada é, e deve ser, mais fraca em algumas pessoas do que em outras; e em muitas, ou de fato na maioria das pessoas, deve faltar em absoluto. A benevolência privada não é, portanto, o motivo original para a justiça.

Conclui-se de tudo isso que não temos nenhum motivo real ou universal para observar as leis da equidade, a não ser a própria equidade e o mérito dessa observância; e como nenhuma ação pode ser equitativa ou meritória quando não pode surgir de algum motivo separado, há aqui um evidente sofisma e raciocínio em círculo. Portanto, a menos que admitamos que a natureza estabeleceu um sofisma, tornando-o necessário e inevitável, devemos admitir que o senso de justiça e injustiça não deriva da natureza, mas surge de maneira artificial, embora necessária, da educação e das convenções humanas...

Para evitar ofender, devo observar aqui que, quando nego que a justiça seja uma virtude natural, uso a palavra *natural* apenas enquanto o oposto de *artificial*. Em outro sentido da palavra, assim como nenhum princípio da mente humana é mais natural do que o senso de virtude, nenhuma virtude é mais natural do que a justiça. A humanidade é uma espécie inventiva, e, quando uma invenção é óbvia e absolutamente necessária, pode-se dizer, com a mesma propriedade, que é natural como qualquer coisa que emane, de forma direta, de princípios originais sem a intervenção do pensamento ou da reflexão. Embora as regras de justiça sejam *artificiais*, elas não são arbitrárias. Nem é impróprio chamá-las de *leis da natureza*; se entendermos por natural aquilo que é comum a alguma espécie, ou mesmo se restringirmos seu significado àquilo que é inseparável da espécie.

SEÇÃO II

Da origem da justiça e da propriedade

Passamos agora a examinar duas questões, a saber, a *que diz respeito à maneira pela qual as regras de justiça são estabelecidas pelos artifícios dos homens*; e a *que diz respeito às razões que nos determinam a atribuir uma beleza ou deformidade moral à observância ou negligência dessas regras*. Essas questões parecerão ser distintas mais tarde. Comecemos com a primeira.

De todos os animais que povoam o globo, não há nenhum contra o qual a natureza pareça, à primeira vista, ter exercido mais crueldade do que o homem, nas inúmeras carências e necessidades com as quais ela o sobrecarregou, e nos escassos meios que lhe fornece para aliviar essas necessidades. Em outras criaturas, esses dois aspectos geralmente se compensam. Se considerarmos o leão como animal voraz e carnívoro, descobriremos facilmente que ele é muito necessitado; mas, se atentarmos para sua disposição e temperamento, sua agilidade, sua coragem, suas patas e força, descobriremos que suas vantagens são proporcionais às suas necessidades. A ovelha e o boi são privados de todas essas vantagens, mas seus apetites são moderados e seu alimento é de fácil aquisição. É só no homem que se pode observar em sua maior perfeição essa conjunção inatural de debilidade e necessidade. Não apenas o alimento que é necessário para sua subsistência foge de sua busca e abordagem, ou pelo menos exige seu trabalho para ser produzido, mas ele também precisa estar na posse de roupas e alojamento para se defender contra os males do clima; embora, considerando-o apenas em si mesmo, não seja dotado de braços, nem de força, nem das outras capacidades naturais adequadas, em algum grau, a tantas necessidades.

É só por meio da sociedade que ele é capaz de suprir seus defeitos e de se elevar a uma igualdade com seus semelhantes e até de adquirir uma superioridade sobre eles. Através da sociedade, todas as suas debilidades são compensadas; e, embora nessa situação suas carências se multipliquem a cada momento, mesmo assim suas capacidades aumentam ainda mais, deixando-o sob todos os aspectos mais satisfeito e feliz do que lhe é possível tornar-se em sua condição selvagem e solitária. Quando cada indivíduo trabalha em separado, e apenas para si mesmo, sua força é pequena demais para executar qualquer trabalho considerável; sendo seu trabalho empregado para suprir todas as suas diferentes necessidades, ele jamais alcança a perfeição em alguma arte particular; e sua força e sucesso não são iguais todas as vezes, sendo que a menor falha num dos dois detalhes é acompanhada de inevitável ruína e miséria. A sociedade proporciona um remédio contra essas *três* inconveniências. Nosso poder é aumentado pela conjunção de forças; pela divisão de empregos, nossa capacidade se amplia; e pelo socorro mútuo ficamos menos expostos ao acaso e a acidentes. A sociedade torna-se vantajosa mediante essa *força, capacidade* e *segurança* adicionais.

Para se formar a sociedade, porém, é requisito não apenas que ela seja vantajosa, mas também que os homens tenham consciência dessas vantagens; e é impossível, em seu estado selvagem e incivilizado, que só através de estudo e reflexão eles sejam capazes de, algum dia, alcançar esse conhecimento. Felizmente, portanto, a essas necessidades, cujos remédios são remotos e obscuros, está associada uma outra necessidade que, tendo um remédio presente e mais óbvio, pode ser considerada, com justiça, o primeiro e original princípio da sociedade humana. Essa necessidade não é outra senão o apetite natural entre os sexos, que os une e preserva sua união até que um novo vínculo ocorra em sua preocupação pela descendência comum. Essa nova preocupação também se torna um princípio de união entre os pais e a descendência, e forma uma sociedade mais numerosa, onde os pais governam pela vantagem de sua força e sabedoria superiores e, ao mesmo tempo, são contidos no exercício de sua autoridade pelo afeto natural que têm pelos filhos. Em pouco tempo, o costume e o hábito, operando na mente tenra dos filhos, torna-os conscientes das vantagens que podem obter da sociedade, como também os molda pouco a pouco para ela, aplainando as arestas e inclinações desfavoráveis que impedem sua coalizão.

Pois é preciso confessar que, por mais que as circunstâncias da natureza humana possam tornar necessária uma união, e por mais que as paixões de luxúria e afeto natural possam parecer torná-la inevitável, ainda assim há outros detalhes em nosso *temperamento natural* e em nossas *circunstâncias externas* que são muito incômodos e até contrários à conjunção requerida. Entre os primeiros podemos avaliar, com justiça, nosso *egoísmo* como sendo o mais considerável. Estou ciente de que, falando de maneira geral, as representações dessa qualidade foram levadas longe demais; e que as descrições que certos filósofos tanto se deleitam em fazer da espécie humana nesse particular, são de natureza tão ampla quanto qualquer relato sobre monstros que encontramos nas fábulas e romances. Assim, longe de pensar que os homens não têm afeição por alguma coisa além de si mesmos, penso que, embora seja raro encontrar alguém que ame outra pessoa mais do que a si próprio, ainda assim é tão raro quanto encontrar alguém em quem todas as afeições amáveis, tomadas em conjunto, não sobrepujem todo egoísmo. Consulte a experiência comum; você não vê que, embora todas as despesas da família estejam em geral sob a direção do dono de casa, ainda assim há poucos que não aplicam a maior parte de suas fortunas nos prazeres de suas esposas e na educação de seus filhos, reservando a menor parte para seu próprio uso e entretenimento? É isso que podemos observar no que diz respeito àqueles que possuem tais vínculos de afeto; e podemos supor que seria o mesmo caso com outros, se fossem colocados numa situação semelhante...

... Há três diferentes espécies de bens dos quais somos dotados: a satisfação interna de nossa mente, as vantagens externas de nosso corpo e o gozo das posses que adquirimos por meio de nossa indústria e boa sorte. Estamos perfeitamente seguros quanto ao gozo do primeiro. O segundo pode ser arrebatado de nós, mas pode ser de nenhuma vantagem para aquele que dele nos priva. Só o último está exposto à violência de outros e pode ser transferido sem sofrer qualquer perda ou alteração; enquanto, ao mesmo tempo, não existe uma quantidade suficiente dele para suprir os desejos e necessidades de todo mundo. Portanto, assim como o aperfeiçoamento desses bens é a principal vantagem da sociedade, a *instabilidade* de sua posse, junto com sua *escassez*, é o principal impedimento.

Esperaríamos em vão encontrar, na *natureza inculta*, um remédio para essa inconveniência; ou esperança de algum princípio inartificial da mente humana que pudesse controlar essas afeições parciais e nos fazer superar as tentações que surgem de nossas circunstâncias. A ideia de justiça jamais pode servir a esse propósito, ou ser tomada como um princípio natural, capaz de inspirar os homens a uma conduta equitativa entre si... Nossas ideias naturais e incultas de moralidade, em vez de fornecer um remédio para a parcialidade de nossas afeições, ajustam-se a essa parcialidade, conferindo-lhe força e influência adicionais.

O remédio, então, não deriva da natureza, mas sim do *artifício*; ou, falando de maneira mais adequada, a natureza fornece um remédio, no juízo e no entendimento, para o que é irregular e incômodo nas afeições. Porque, quando os homens, por sua educação precoce na sociedade, tornam-se conscientes das infinitas vantagens que dela resultam e, além disso, adquirem nova afeição pela companhia e pela conversação, e quando observam que a principal perturbação na sociedade surge daqueles bens que chamamos externos e de sua frouxidão e fácil transição de uma pessoa para outra, precisam procurar um remédio, colocando esses bens, o máximo possível, na mesma posição das vantagens fixas e constantes da mente e do corpo. Isso não pode ser feito de nenhuma outra maneira a não ser através de uma convenção, aceita por todos os membros da sociedade, de conferir estabilidade sobre a posse desses bens externos e permitir que cada um desfrute em paz daquilo que possa adquirir por meio de sua sorte e indústria. Por esse meio, todo mundo sabe o que pode possuir com segurança: e as paixões são coibidas em suas ações parciais e contraditórias. Nem tal coibição é contrária a essas paixões; porque, se fosse, jamais poderia ser aceita nem mantida; é contrária somente a seu movimento imprudente e impetuoso. Em vez de partir de nosso próprio interesse, ou do interesse de nossos amigos mais próximos, ao privar-nos das posses de outros, a melhor maneira de tomar conhecimento desses interesses é por meio de tal convenção; pois é através desse meio que conservamos a sociedade, que é tão necessária à subsistência e bem-estar dos outros quanto à nossa.

Essa convenção não tem a natureza de uma *promessa*; porque até mesmo as próprias promessas, como veremos mais tarde, surgem das convenções humanas. É apenas um senso geral do interesse comum, senso esse que todos os membros da sociedade expressam uns aos outros e que os induz a regular sua conduta por determinadas regras. Observo que será do meu interesse deixar uma outra pessoa na posse de seus bens, *desde que* ela aja da mesma maneira em relação a mim. Ela é consciente de um interesse igual na regulamentação de sua conduta. Quando esse senso comum de interesse é expresso mutuamente, produz uma resolução e um comportamento adequados. E isso pode ser chamado, de maneira bastante apropriada, de convenção ou pacto entre nós, embora sem a interposição de uma promessa; posto que as ações de cada um de nós têm relação com as dos outros, e são realizadas na suposição de que algo deve ser realizado pela outra parte. Dois homens que manejam os remos de um barco fazem-no por pacto ou convenção, embora jamais tenham feito promessas um ao outro...

Depois que se adere a essa convenção, de abster-se das posses dos outros, e que todo mundo atingiu uma estabilidade em suas posses, surgem de imediato as ideias de justiça e injustiça; bem como as de *propriedade*, *direito* e *obrigação*. As últimas são totalmente ininteligíveis, sem que se entenda primeiro a anterior. Nossa propriedade nada mais é que esses bens, cuja posse constante é estabelecida pelas leis da sociedade, isto é, pelas leis da justiça. Portanto, aqueles que usam as palavras *propriedade*, *direito* ou *obrigação* antes de terem explicado a origem da justiça, ou mesmo usam essas palavras nessa explicação, são culpados de uma enorme falácia e jamais podem raciocinar sobre uma base sólida. A propriedade de um homem é algum objeto relacionado com ele. Essa relação não é natural, mas sim moral, e está baseada na justiça. Por conseguinte, é muito ilógico imaginar que podemos ter alguma ideia de propriedade, sem compreender de todo a natureza da justiça, e sem mostrar sua origem no artifício e na sagacidade dos homens. A origem da justiça explica a da propriedade. O mesmo artifício dá origem a ambas. Como nosso primeiro e mais natural sentimento de moralidade baseia-se na natureza de nossas paixões, e dá preferência a nós mesmos e aos amigos acima dos estranhos, é impossível que haja, de forma natural, tal coisa como um direito de propriedade fixo, enquanto as paixões opostas dos homens impelem-nos em direções contrárias e não são refreadas por nenhuma convenção ou pacto...

... Nenhuma afeição da mente humana possui força suficiente, nem direção adequada para contrabalançar o amor pelo lucro e tornar os homens membros ajustados à sociedade, fazendo-os abster-se das posses dos outros. A benevolência para com estranhos é fraca demais para esse propósito; e, no que tange às outras paixões, elas mais inflamam essa avidez, quando observamos que, quanto maiores nossas posses, mais capacidade temos para satisfazer todos os nossos apetites. Portanto, não existe paixão capaz de controlar a afeição interessada, senão a própria afeição, quando altera sua direção. Ora, essa alteração deve necessariamente acontecer com a menor reflexão; posto que é evidente que se satisfaz melhor a paixão através de sua repressão do que de sua liberdade, e porque, ao preservar a sociedade, fazemos avanços muito maiores na aquisição de posses do que na condição solitária e desamparada que deve seguir-se à violência e a uma licenciosidade universal. Portanto, a questão referente à maldade ou bondade da natureza humana não entra de maneira alguma na outra questão referente à origem da sociedade; tampouco existe alguma coisa a ser considerada, a não ser os graus de sagacidade ou loucura dos homens. Porque, se a paixão do egoísmo é considerada viciosa ou virtuosa, é só uma circunstância, pois ela sozinha se restringe; de modo que, se for virtuosa, os homens se tornam sociais por sua virtude; se for viciosa, seu vício tem o mesmo efeito.

Ora, assim como é ao se estabelecer a regra para a estabilidade da posse que essa paixão se restringe por si mesma, se tal regra for muito obscura e de difícil invenção a sociedade deve ser considerada, de certa maneira, acidental e efeito de muitas eras. Mas, se for constatado que nada pode ser mais simples e óbvio do que essa regra; que cada pai, a fim de preservar a paz entre seus filhos, deve estabelecê-la; e que esses primeiros rudimentos de justiça devem ser aprimorados a cada dia, à medida que a sociedade aumenta; se tudo isso parecer evidente, como com certeza deve parecer, podemos concluir que é totalmente impossível para os homens permanecer durante muito tempo na condição selvagem que precede a sociedade, mas que seu próprio primeiro estado e situação pode ser considerado, com razão, social. Isso, entretanto, não impede que os filósofos possam, se quiserem, estender seu raciocínio para o suposto *estado de natureza*; desde que admitam que se trata de mera ficção filosófica, que jamais teve, e jamais poderia ter alguma realidade. Sendo a natureza humana composta de duas partes principais, que são requisitos em todas as suas ações – as afeições e o entendimento – é certo que os movimentos cegos da primeira, sem a direção da última, incapacitam os homens para a sociedade; e pode-se admitir que consideremos separadamente os efeitos que resultam das operações separadas dessas duas partes componentes da mente. Pode-se permitir aos filósofos morais a mesma liberdade que se concede aos filósofos naturais; e é muito comum, entre os últimos, considerar qualquer impulso como sendo composto e consistindo de duas partes separadas uma da outra, embora ao mesmo tempo reconheçam que ele em si não é composto e é inseparável.

Esse *estado de natureza*, portanto, deve ser considerado mera ficção, não diferente daquele da idade do ouro que os poetas inventaram; apenas com a seguinte diferença: que o primeiro é descrito como cheio de guerra, violência e injustiça, ao passo que o último nos é retratado como a condição mais pacífica e mais encantadora que se pode imaginar...

... Já observei que a justiça tem origem nas convenções humanas; e que estas têm como finalidade remediar certas inconveniências que derivam da coincidência de certas *qualidades* da mente humana com a *situação* dos objetos externos. As qualidades da mente são o *egoísmo* e a *generosidade limitada*; e a situação dos objetos externos é sua *fácil mudança*, associada com sua *escassez* em comparação com as necessidades e desejos dos homens. Mas, enquanto os filósofos ficaram desnorteados nessas especulações, os poetas foram guiados, de forma mais infalível, por um certo gosto ou instinto comum que, na maioria dos tipos de raciocínio, vai mais além dessa arte e da filosofia que conhecemos até aqui. Eles perceberam facilmente que, se todo homem tivesse uma terna consideração pelo outro, ou se a natureza satisfizesse em abundância todas as nossas necessidades e desejos, não poderia mais ter lugar o zelo do interesse, que a justiça supõe; nem haveria motivo para essas distinções e limites de propriedade e posse, que são usados no momento presente entre a espécie humana...

Tampouco precisamos recorrer à ficção dos poetas para aprender isso; mas, além da razão da coisa, podemos descobrir a mesma verdade pela experiência comum e pela observação. É fácil observar que uma afeição cordial torna comuns todas as coisas entre amigos; e que as pessoas casadas, em particular, perdem mutuamente sua propriedade e são alheias ao *meu* e *teu* que são tão necessários, embora causem tanta perturbação, na sociedade humana. O mesmo efeito surge de qualquer alteração nas circunstâncias da espécie humana; como quando existe uma abundância de alguma coisa para satisfazer todos os desejos dos homens; nesse caso perde-se por completo a distinção de propriedade, e tudo permanece comum. Podemos observar isso em relação ao ar e à água, embora sejam os mais valiosos de todos os objetos externos; e podemos concluir que, se os homens fossem supridos de tudo em abundância, ou se *todo mundo* tivesse por *todo mundo* a mesma afeição e terna consideração que tem por si mesmo, a justiça e a injustiça seriam igualmente desconhecidas entre a espécie humana.

Eis aqui, então, uma proposição que, penso, pode ser considerada como certa: *que a justiça só se origina no egoísmo e na generosidade limitada do homem, junto com a escassa provisão que a natureza fez para suas necessidades*. Se olharmos para trás, descobriremos que essa proposição confere mais força a algumas daquelas observações que já fizemos sobre esse tema.

Primeiro, podemos concluir que o apreço pelo interesse público, ou uma forte benevolência extensiva, não é nosso primeiro e original motivo para a observância das regras de justiça; posto que se admite que, se os homens fossem dotados de tal benevolência, essas regras jamais teriam sido sonhadas.

Segundo, podemos concluir do mesmo princípio que o senso de justiça não se baseia na razão, ou na descoberta de certas conexões e relações de ideias que são eternas, imutáveis e universalmente obrigatórias. Pois, uma vez que se admite que uma alteração, como a mencionada anteriormente, no temperamento e nas circunstâncias da humanidade mudaria por completo nossos deveres e obrigações, é necessário, de acordo com o sistema comum, *que o senso de virtude seja derivado da razão*, para mostrar a mudança que isso deve produzir nas relações e ideias. Mas é evidente que a única causa pela qual a generosidade extensiva do homem e a perfeita abundância de tudo destruiriam a própria ideia de justiça, é porque elas a tornam inútil; e que, por outro lado, a benevolência limitada do homem e sua condição necessitada dão origem a essa virtude somente ao torná-la requisito para o interesse público e o interesse de cada indivíduo. Foi, portanto, uma preocupação com o nosso próprio interesse e o interesse público que nos fez estabelecer as leis da justiça; e nada pode ser mais certo que o fato de que não é nenhuma relação de ideias que nos dá essa preocupação, mas nossas impressões e sentimentos, sem os quais tudo na natureza é perfeitamente indiferente para nós e jamais pode afetar-nos de maneira alguma. O senso de justiça, portanto, não se baseia em nossas ideias, mas em nossas impressões.

Terceiro, podemos, além disso, confirmar a proposição precedente, *de que essas impressões que dão origem a esse senso de justiça não são naturais à mente humana, mas surgem do artifício e das convenções humanas*. Porque como qualquer alteração considerável no temperamento e circunstâncias destrói, igualmente, a justiça e a injustiça; e como tal alteração só tem efeito ao mudar nosso próprio interesse e o do público, segue-se que o primeiro estabelecimento das regras de justiça depende desses interesses diferentes. Mas, se os homens perseguissem, de forma natural e com sincera afeição, o interesse público, jamais teriam sonhado em restringir uns aos outros com essas regras; e, se perseguissem seu próprio interesse, sem qualquer precaução, se chocariam temerariamente com toda espécie de injustiça e violência. Essas regras, portanto, são artificiais e procuram sua finalidade de maneira oblíqua e indireta; assim como o interesse que lhes dá origem não é de um tipo que possa ser perseguido pelas paixões naturais e inartificiais dos homens.

Para tornar isso mais evidente, considere que, embora as regras de justiça sejam estabelecidas apenas por interesse, sua ligação com o interesse é um tanto quanto singular e é diferente do que se pode observar em outras ocasiões. Um ato isolado de justiça é, com frequência, contrário ao *interesse público*; e, se permanecer isolado, sem ser seguido por outros atos, pode, em si, ser muito prejudicial à sociedade. Quando um homem de mérito, com disposição benéfica, restitui uma grande fortuna a um avarento, ou a um fanático sedicioso, age de maneira justa e louvável; mas o público é o verdadeiro sofredor. Tampouco cada ato isolado de justiça, considerado separadamente, conduz mais ao interesse privado do que ao público; e pode-se conceber, com facilidade, como um homem pode empobrecer-se através de um único exemplo de integridade, tendo razão para desejar que, com relação a esse ato isolado, as leis da justiça fossem suspensas por um momento no universo. Mas, por mais que os atos isolados de justiça possam ser contrários ao interesse público ou privado, é certo que todo plano ou esquema é altamente direcionado, ou de fato é um requisito absoluto, tanto para a manutenção da sociedade como para o bem-estar de cada indivíduo. É impossível separar o bem do mal. A propriedade deve ser estável e estabelecida por regras gerais. Embora numa ocasião o público seja um sofredor, esse mal momentâneo é amplamente compensado pela constante aplicação da regra e pela paz e ordem que ela estabelece na sociedade. E mesmo cada indivíduo deve considerar-se um vencedor no final das contas; porque, sem justiça, a sociedade seria dissolvida de imediato e todo mundo cairia na condição selvagem e solitária, que é infinitamente pior do que a pior situação que se pode imaginar na sociedade. O momento, portanto, em que os homens tiveram experiência suficiente para observar que, qualquer que seja a consequência de algum ato isolado de justiça, realizado por uma única pessoa, ainda assim todo o sistema de ações para o qual concorre toda a sociedade é infinitamente vantajoso para o todo e para cada parte, não foi muito anterior ao surgimento da justiça e da propriedade. Todo membro da sociedade é ciente desse interesse; todo mundo expressa esse senso para seus companheiros, junto com a resolução que tomou de pautar suas ações por ele, com a condição de que os outros façam o mesmo. Nada mais é necessário para induzir qualquer um deles, que tenha a primeira oportunidade, a realizar um ato de justiça. Este se torna um exemplo para os outros e, desse modo, a justiça se estabelece mediante uma espécie de convenção ou pacto, ou seja, por um senso de interesse que se supõe ser comum a todos, e em que cada ato isolado é realizado na expectativa de que os outros realizem o mesmo. Sem tal convenção, ninguém jamais sonharia que existe tal virtude chamada justiça, ou teria sido induzido a ajustar suas ações a ela. Considerando qualquer ato isolado, minha justiça pode ser perniciosa em todos os aspectos; e somente com a suposição de que os outros imitarão meu exemplo é que posso ser induzido a abraçar essa virtude; posto que nada, a não ser essa combinação, pode tornar a justiça vantajosa ou dar motivos para ajustar-me às suas regras.

Chegamos agora à *segunda* questão que propusemos, a saber: *por que anexamos a ideia de virtude à justiça, e de vício à injustiça...*

Depois que os homens descobriram, por experiência, que seu egoísmo e generosidade limitada, atuando em liberdade, incapacitava-os totalmente para a sociedade, e, ao mesmo tempo, observaram que a sociedade é necessária para a satisfação dessas mesmas paixões, foram induzidos, de maneira natural, a colocar-se sob a restrição de regras que pudessem tornar suas relações mais seguras e cômodas. Então, para a imposição e observância dessas regras, tanto em geral como em cada instância particular, eles só são induzidos, a princípio, por um apreço pelo interesse e esse motivo, na primeira formação da sociedade, é suficientemente forte e compulsório. Mas, quando a sociedade torna-se numerosa e passa a ser uma tribo ou nação, esse interesse fica mais remoto; e os homens demoram a perceber que a cada violação dessas regras seguem-se a desordem e a confusão, como numa sociedade mais limitada e encolhida. Mas, embora em nossas próprias ações possamos, com frequência, perder de vista o interesse que temos em manter a ordem, e possamos seguir um interesse menor e mais presente, jamais deixamos de observar o prejuízo que sofremos, de forma mediata ou imediata, com a injustiça de outros; desde que nesse caso não estejamos cegos pela paixão ou influenciados por alguma tentação contrária. Mais ainda, quando a injustiça está tão distante de nós a ponto de não afetar nosso interesse de maneira alguma, ainda assim ela nos desagrada; porque a consideramos prejudicial à sociedade humana, e perniciosa a qualquer um que se aproxime da pessoa culpada de injustiça. Compartilhamos, por simpatia, de seu desconforto, e como tudo o que causa apreensão nas ações humanas, de modo geral, é chamado de Vício, e tudo o que produz satisfação é denominado, da mesma maneira, Virtude, esta é a razão pela qual o senso de bem e mal moral acompanha a justiça e a injustiça. E, embora esse senso, no presente caso, derive apenas de contemplar as ações de outros, ainda assim não deixamos de estendê-lo até mesmo às nossas próprias ações. A *regra geral* vai além das instâncias das quais se originou; enquanto, ao mesmo tempo, sentimos uma *simpatia* natural por outros nos sentimentos que nutrem em relação a nós.

Embora esse desenvolvimento dos sentimentos seja *natural*, e até necessário, é certo que aqui ele é fomentado pelo artifício de políticos que, a fim de governar os homens de forma mais fácil, e de preservar a paz na sociedade humana, esforçaram-se para produzir um apreço pela justiça e uma aversão pela injustiça. Isso, sem dúvida, deve ter seu efeito; mas nada pode ser mais evidente do que o fato de que o assunto foi levado longe demais por certos autores sobre moral, que parecem ter empregado seus maiores esforços para extirpar todo senso de virtude da espécie humana. Qualquer artifício dos políticos pode ajudar a natureza a produzir esses sentimentos que ela nos sugere, podendo até, em certas ocasiões, produzir sozinho uma aprovação ou apreço por alguma ação particular; mas é impossível que seja a única causa da distinção que fazemos entre vício e virtude. Porque, se a natureza não nos ajudasse nesse particular, seria em vão que os políticos falassem de *honroso* ou *desonroso*, *louvável* ou *censurável*. Essas palavras seriam totalmente ininteligíveis e deixariam de ter uma ideia anexada a elas, como se fossem de uma língua que desconhecêssemos por completo. O máximo que os políticos podem fazer é estender os sentimentos naturais além de suas fronteiras originais; mas, ainda assim, a natureza deve fornecer os materiais e nos dar alguma noção de distinção moral.

Assim como o elogio e a censura pública aumentam nosso apreço pela justiça, da mesma forma a educação e a instrução privada contribuem para o mesmo efeito. Porque os pais observam, sem dificuldade, que um homem é tanto mais útil para si mesmo como para os outros quanto maior for o grau de probidade e honra com que for dotado, e que esses princípios possuem maior força quando o costume e a educação auxiliam o interesse e a reflexão: é por essas razões que são induzidos a inculcar em seus filhos, desde a mais tenra infância, os princípios de probidade, e a ensiná-los a considerar digna e honrosa a observância dessas regras pelas quais a sociedade é mantida; e sua violação, vil e infame. Por esse meio, os sentimentos de honra podem criar raízes em suas mentes sensíveis e adquirir tal firmeza e solidez que pouco reclamem daqueles princípios que são os mais essenciais a nossa natureza, e os mais profundamente enraizados em nossa constituição interna.

O que, além disso, contribui para aumentar sua solidez é o interesse por nossa reputação, depois que se estabelece com firmeza, entre a espécie humana, a opinião de que *um mérito ou demérito acompanha a justiça ou a injustiça*. Não há nada que nos afete mais do que nossa reputação, e nada de que nossa reputação mais dependa do que de nossa conduta em relação à propriedade dos outros. Por essa razão, todo mundo que tem respeito por seu caráter, ou que tencione viver em bons termos com a espécie humana, precisa estabelecer uma lei inviolável para si mesmo: a de jamais, por tentação alguma, ser induzido a transgredir os princípios que são essenciais a um homem de probidade e honra.

Farei apenas uma observação antes de abandonar esse tema, a saber, que, embora afirme que, no *estado de natureza*, ou no estado imaginário que precedeu a sociedade, não existia justiça nem injustiça, mesmo assim não afirmo que era lícito, em tal estado, violar a propriedade dos outros. Sustento apenas que não havia essa coisa de propriedade; e, como consequência, não poderia haver algo como a justiça ou a injustiça. Terei ocasião de fazer uma reflexão similar com relação às *promessas*, quando me voltar para elas; e espero que essa reflexão, quando devidamente ponderada, seja suficiente para remover todo o ódio das opiniões precedentes com respeito à justiça e injustiça.

SEÇÃO III

Das regras que determinam a propriedade

Embora o estabelecimento da regra concernente à estabilidade da posse não seja apenas útil, mas até mesmo absolutamente necessário à sociedade humana, jamais poderá servir a nenhum propósito enquanto permanecer nesses termos gerais. Deve se apresentar algum método pelo qual possamos distinguir quais bens particulares devem ser atribuídos a cada pessoa particular, enquanto o resto da humanidade é excluído de sua posse e usufruto. Nossa próxima tarefa, então, deve ser encontrar as razões que modificam essa regra geral e a ajustam ao uso comum e à prática do mundo.

É óbvio que essas razões não derivam de nenhuma utilidade ou vantagem que a pessoa *particular* ou o público possa obter com o usufruto de quaisquer bens *particulares*, além do que resultaria da posse de tais bens por qualquer outra pessoa. Seria melhor, sem dúvida, que cada um possuísse aquilo que mais lhe conviesse e mais adequado a seu uso. Mas ainda que essa relação de conveniência possa ser comum a vários ao mesmo tempo, ela está sujeita a tantas controvérsias, e os homens são tão parciais e apaixonados ao julgar essas controvérsias, que tal regra frouxa e incerta seria absolutamente incompatível com a paz da sociedade humana. A convenção referente à estabilidade da posse é celebrada com o fim de eliminar todos os motivos de discórdia e disputa; e essa finalidade jamais seria atingida se tivéssemos permissão para aplicar a regra de maneira diferente em cada caso particular, de acordo com cada utilidade particular que se pudesse descobrir em tal aplicação. A justiça, em suas decisões, jamais considera a conveniência ou inconveniência dos objetos para pessoas particulares, pautando-se por opiniões de caráter mais amplo. Quer um homem seja generoso ou avarento, mesmo assim será igualmente bem acolhido por ela, obtendo, com a mesma facilidade, uma decisão em seu favor, mesmo para algo que lhe seja inútil de todo.

Conclui-se, portanto, que a regra geral segundo a qual *a posse deve ser estável* não é aplicada por julgamentos particulares, mas por outras regras gerais que devem estender-se a toda a sociedade e ser inflexíveis, por bem ou por mal. Para ilustrar isso, proponho o seguinte exemplo. Primeiro considero os homens em sua condição selvagem e solitária; e suponho que, sendo conscientes da penúria dessa condição e prevendo as vantagens que resultariam de unir-se em sociedade, eles procuram a companhia uns dos outros, oferecendo uns aos outros proteção e assistência mútua. Também suponho que são dotados de tal sagacidade que percebem, de imediato, que o principal impedimento a esse projeto de sociedade e parceria reside na cobiça e no egoísmo de seu temperamento natural; para remediar isso, celebram uma convenção pela estabilidade da posse e pela indulgência e restrição mútuas. Estou ciente de que essa forma de proceder não é de todo natural; ademais, contudo, suponho aqui, tão-somente, que essas reflexões sejam formadas de uma vez só, o que, de fato, acontece de maneira inconsciente e gradual; além disso, digo que várias pessoas, sendo afastadas por diferentes contingências das sociedades às quais antes pertenciam, podem ser obrigadas a formar uma nova sociedade entre si; caso em que estão inteiramente na situação acima mencionada.

É evidente, portanto, que sua primeira dificuldade nessa situação, após a convenção geral para o estabelecimento da sociedade e para a constância da posse, reside em como separar suas posses e distribuir a cada um sua parcela particular, a ser desfrutada sem alteração no futuro. Tal dificuldade não os deterá por muito tempo; deve ocorrer-lhes de imediato, como o expediente mais natural, que cada qual continue a desfrutar daquilo de que é senhor no momento presente, e que a propriedade ou posse constante seja conjugada à posse imediata. Esse é o efeito do costume, que não apenas nos concilia com algo de que desfrutamos por longo tempo, mas também nos afeiçoa a tal objeto, fazendo-nos preferi-lo a outros talvez mais valiosos, porém menos conhecidos. Aquilo que esteve sob os nossos olhos durante longo tempo e que, amiúde, foi empregado em nosso benefício, é *disso* que sempre estaremos pouco dispostos a nos separar; contudo, podemos viver facilmente sem as posses de que nunca desfrutamos e com as quais não estamos acostumados. É evidente, portanto, que os homens não teriam dificuldade para aquiescer a esse expediente: *que cada qual continue a desfrutar daquilo de cuja posse está no presente momento*; e essa é a razão pela qual eles concordariam, com muita naturalidade, em favorecê-lo.

Podemos observar, porém, que, embora a regra de atribuição de propriedade ao presente possuidor seja natural e, desse modo, útil, ainda assim sua utilidade não se estende além da primeira formação da sociedade; nem haveria nada mais pernicioso do que sua constante observância, o que excluiria a restituição e autorizaria e recompensaria a injustiça. Devemos, portanto, procurar alguma outra circunstância que possa dar origem à propriedade depois que a sociedade está estabelecida; e entre essas há quatro que considero mais relevantes, a saber: ocupação, prescrição, acessão e sucessão. Examinemos brevemente cada uma delas, começando com a ocupação.

A posse de qualquer bem externo é mutável e incerta; e isso representa um dos maiores impedimentos para o estabelecimento da sociedade, sendo a razão pela qual, por acordo universal, expresso ou tácito, os homens se restringem pelo que hoje chamamos de regras de justiça e equidade. A penúria da condição que precede essa restrição é a causa de nos sujeitarmos a esse remédio o mais rápido possível; o que nos proporciona uma razão fácil para associar a ideia de propriedade à primeira posse, ou à ocupação. Os homens relutam em deixar a propriedade na incerteza, mesmo pelo período mais curto, ou abrir a menor porta à violência e à desordem. Ao que podemos acrescentar que a primeira posse sempre atrai mais a atenção; e, se a negligenciássemos, não haveria a menor razão para atribuir a propriedade a uma posse subsequente...

Mas, se, com frequência, o direito da primeira posse se torna obscuro com o decorrer do tempo, sendo impossível decidir muitas das controvérsias que possam surgir com respeito a ela nesse caso, a posse longa ou *prescrição* acontece de forma natural, dando a uma pessoa uma propriedade suficiente daquilo de que desfruta... O direito de um homem, que é claro e certo no presente, parecerá obscuro e duvidoso daqui a cinquenta anos, muito embora os fatos em que se assenta sejam provados com o maior indício e certeza. Os mesmos fatos não têm a mesma influência após um intervalo de tempo tão longo. E isso pode ser admitido como argumento convincente para nossa doutrina precedente com relação à propriedade e à justiça. A posse durante longo período de tempo concede direito a qualquer objeto...

Adquirimos a propriedade de objetos por acessão quando estes estão estreitamente ligados a objetos que já são de nossa propriedade e, ao mesmo tempo, inferiores a eles. Desse modo, os frutos de nosso pomar, a cria de nosso gado e o trabalho de nossos escravos, tudo isso deve ser considerado propriedade nossa, antes mesmo da posse...

O direito de *sucessão* é um direito muito natural, pelo presumido consentimento dos pais ou de um parente próximo e pelo interesse geral da espécie humana, que exige que as posses dos homens sejam transmitidas para aqueles que lhes são mais queridos, a fim de torná-los mais industriosos e frugais. Talvez essas causas sejam coadjuvadas pela influência do parentesco ou pela associação de ideias, que nos levam naturalmente a contemplar o filho após o falecimento do pai e atribuir-lhe a o direito às posses do pai. Esses bens devem tornar-se propriedade de alguém; mas a questão é *de quem*. É evidente que aqui se apresentem à mente os filhos da pessoa; e já sendo ligados a essas posses por meio do falecido pai, estamos aptos a ligá-los ainda mais pela relação de propriedade...

SEÇÃO IV

Da transferência da propriedade por consentimento

Por mais útil ou necessária que a estabilidade da posse possa ser para a sociedade humana, ela é acompanhada de inconveniências bastante consideráveis. A relação de conveniência ou adequabilidade nunca deve entrar em consideração na distribuição das propriedades da espécie humana; mas devemos governar-nos pelas regras que são mais gerais em sua aplicação e mais livres de dúvida e incerteza. É desse tipo a posse *presente* no primeiro estabelecimento da sociedade; e depois a *ocupação, prescrição, acessão* e *sucessão*. Como estas dependem muito do acaso, devem amiúde mostrar-se contraditórias para as necessidades e desejos dos homens; pessoas e posses devem com frequência ficar muito mal ajustadas. Isso é uma grande inconveniência que pede remédio. Aplicá-lo diretamente, permitindo a todo homem tomar pela violência aquilo que julga ser-lhe conveniente, destruiria a sociedade; assim, as regras de justiça buscam algum meio-termo entre a estabilidade rígida e esse ajuste mutável e incerto. Mas não existe meio-termo melhor do que o óbvio, de que a posse e a propriedade devem ser sempre estáveis, a não ser quando o proprietário consente em entregá-las a outra pessoa. Essa regra não pode ter nenhuma consequência ruim, como guerras e desavenças, posto que o consentimento do proprietário, única pessoa interessada, acompanha a alienação; e pode servir para muitos bons propósitos ao se ajustar a propriedade às pessoas. Diferentes partes da terra produzem diferentes mercadorias; e não apenas isso, mas diferentes homens são por natureza adequados a diferentes empregos, como também atingem maior perfeição num qualquer, quando se restringem apenas a ele. Tudo isso requer troca mútua e comércio; por essa razão, a transmissão de propriedade por consentimento é baseada numa lei da natureza, bem como sua estabilidade sem tal consentimento, enquanto determinada por uma simples utilidade e interesse. Mas talvez seja por razões mais triviais que a *entrega*, ou uma consciente transferência do objeto, é exigida em geral pelas leis civis, e também pelas leis da natureza, de acordo com a maioria dos autores, como uma circunstância indispensável na transferência de propriedade. A propriedade de um objeto, quando considerada algo real, sem qualquer referência à moralidade ou aos sentimentos do espírito, é uma qualidade totalmente inconsciente e até inconcebível; assim como tampouco podemos formar alguma noção distinta de sua estabilidade ou de sua transmissão. Essa imperfeição de nossas ideias se faz sentir de modo menos consciente, com relação à estabilidade, quando atrai menos nossa atenção e é facilmente ignorada pela mente, sem nenhum exame escrupuloso. Mas como a transferência de propriedade de uma pessoa para outra é um evento notável, a imperfeição de nossas ideias torna-se mais visível nessa ocasião, obrigando-nos a voltar para todos os lados em busca de algum remédio. Ora, como nada estimula mais alguma ideia do que uma impressão presente e uma relação entre essa impressão e a ideia, é natural que procuremos uma falsa luz nesse quadrante. Para ajudar a imaginação a conceber a transferência de propriedade, tomamos o objeto perceptível e transferimos de fato sua posse para a pessoa a quem concederíamos a propriedade. A suposta semelhança de ações e a presença dessa entrega perceptível iludem a mente, fazendo-a imaginar que concebe a misteriosa transição de propriedade. E parece que essa explicação da questão é justa, porque os homens inventaram uma entrega *simbólica* para satisfazer a fantasia onde a real é impraticável. Desse modo, a entrega das chaves de um celeiro é compreendida como a entrega dos grãos nele contidos; a entrega de pedra e terra representa a entrega de um feudo...

SEÇÃO V

Das promessas

Que a regra de moralidade que regula o cumprimento das promessas não é natural ficará bastante óbvio a partir dessas duas proposições que passo a demonstrar, a saber: *que uma promessa não seria inteligível antes que as convenções humanas a estabelecessem; e que, mesmo sendo inteligível, não seria acompanhada de nenhuma obrigação moral.*

Digo, primeiro, que uma promessa não é naturalmente inteligível, nem antecedente às convenções humanas; e que um homem que desconhece a sociedade jamais poderia assumir quaisquer compromissos com um outro, muito embora os dois pudessem perceber, por intuição, os pensamentos de cada um. Se as promessas são naturais e inteligíveis, deve haver algum ato da mente que acompanhe as palavras *eu prometo*; e a obrigação depende necessariamente desse ato da mente. Examinemos, portanto, todas as faculdades da alma e vejamos qual delas se manifesta em nossas promessas.

O ato da mente expresso por uma promessa não é uma *resolução* de realizar algo, pois isso, por si só, jamais impõe alguma obrigação. Tampouco é um *desejo* de tal realização, pois podemos comprometer-nos sem tal desejo, ou até mesmo com uma aversão declarada e confessa. Também não é o *querer* essa ação que prometemos realizar, porque promessa sempre diz respeito a um tempo futuro, e a vontade só tem influência sobre as ações presentes. Como o ato mental que faz uma promessa e produz sua obrigação não é o decidir, o desejar, nem o querer alguma realização particular, conclui-se, portanto, que deve necessariamente ser o *querer* dessa *obrigação* que se origina na promessa. Tampouco é uma simples conclusão filosófica, mas está de completo acordo com nossa forma comum de pensar e de expressar, dizer que estamos obrigados por nosso próprio consentimento e que a obrigação deriva de nossa mera vontade e prazer. A única questão é, então, se não se trata de um evidente absurdo supor esse ato da mente, e um absurdo tal que nenhum homem cujas ideias não se confundem com preconceitos e o uso falaz da linguagem poderia incorrer nele.

Toda moralidade depende de nossos sentimentos; e, quando alguma ação ou qualidade da mente nos agrada, *segundo determinada maneira*, dizemos que ela é virtuosa; e, quando sua negligência ou não realização nos desagrada, *segundo a mesma maneira*, dizemos que estamos na obrigação de realizá-la. Uma mudança na obrigação supõe uma mudança no sentimento; e a criação de uma nova obrigação supõe o surgimento de algum sentimento novo. Mas é certo que não podemos mais mudar, de forma natural, nossos próprios sentimentos, assim como não podemos mudar os movimentos do firmamento; tampouco podemos, por um ato único de nossa vontade, isto é, por uma promessa, tornar qualquer ação agradável ou desagradável, moral ou imoral, a qual, sem esse ato, teria produzido impressões contrárias ou seria dotada de diferentes qualidades. Seria absurdo, portanto, querer alguma obrigação nova, ou seja, algum sentimento novo de dor ou prazer; assim como não é possível que os homens incorram naturalmente em um absurdo tão grosseiro. Uma promessa, portanto, é *naturalmente* algo ininteligível de todo, tampouco existe algum ato da mente associado a ela[2].

---

2. Se a moralidade pudesse ser descoberta pela razão e não pelo sentimento, seria ainda mais evidente que as promessas não poderiam fazer nenhuma alteração nela. Supõe-se que moralidade consista numa relação. Toda nova imposição da moralidade, portanto, deve surgir de alguma relação nova dos objetos; e, como consequência, a vontade não poderia produzir *de imediato* alguma mudança nos costumes; ela somente poderia ter esse efeito ao produzir uma mudança nos objetos. Mas como a obrigação moral de uma promessa é o puro efeito da vontade, sem a menor mudança em parte alguma do universo, conclui-se que as promessas não têm qualquer obrigação *natural*.

Se dissessem que esse ato da vontade, sendo com efeito um novo objeto, produz novas relações e novos deveres, responderia que isso é puro sofisma, que pode ser detectado por uma porção muito moderada de acurácia e exatidão. Querer uma nova obrigação é querer uma nova relação de objetos; e, portanto, se essa nova relação de objetos fosse formada pela própria volição, iríamos, de fato, querer a volição, o que é claramente um absurdo e uma impossibilidade. A vontade não tem aqui nenhum objeto ao qual pudesse tender, mas precisa voltar para si mesma *in infinitum*. A nova obrigação depende de novas relações. As novas relações dependem de uma nova volição. A nova volição tem como objeto uma nova obrigação e, como consequência, novas relações e, como consequência, uma nova volição; volição que, mais uma vez, tem em vista uma nova obrigação, relação e volição, o que não tem fim. É impossível, portanto, querer uma nova obrigação, por conseguinte, é impossível que a vontade alguma vez acompanhe uma promessa ou produza uma nova obrigação de moralidade.

Em segundo lugar, porém, se houvesse algum ato da mente associado a ela, não poderia produzir *naturalmente* nenhuma obrigação. Isso fica evidente pelo raciocínio anterior. Uma promessa cria uma nova obrigação. Uma nova obrigação supõe que surjam novos sentimentos. A vontade jamais cria novos sentimentos. Portanto, não poderia surgir naturalmente alguma obrigação a partir de uma promessa, mesmo supondo-se que a mente pudesse incorrer no absurdo de desejar tal obrigação.

A mesma verdade pode ser demonstrada de forma ainda mais clara pelo raciocínio que provou que a justiça, em geral, é uma virtude artificial. Nenhuma ação nos pode ser exigida como nosso dever, a menos que se instale na natureza humana algum motivo ou paixão atuante capaz de produzir a ação. O motivo não pode ser o senso de dever. O senso de dever supõe uma obrigação antecedente; e, quando a ação não é exigida por uma paixão natural, não pode ser exigida por uma obrigação natural; posto que pode ser omitida sem que se revele nenhum defeito ou imperfeição na mente e no temperamento e, como consequência, sem qualquer vício. Ora, é evidente que não temos nenhum motivo que nos induza ao cumprimento das promessas, diferente de um senso de dever. Se pensássemos que as promessas não têm nenhuma obrigação moral, jamais sentiríamos inclinação para cumpri-las. Esse não é o caso das virtudes naturais. Embora não haja nenhuma obrigação de confortar os que sofrem, nossa humanidade nos induziria a isto; e, quando omitimos esse dever, a imoralidade da omissão decorre de ser isso uma prova de que carecemos dos sentimentos naturais de humanidade. Um pai sabe que é seu dever cuidar dos filhos, mas também possui uma inclinação natural para isso. E, se nenhuma criatura humana tivesse essa inclinação, ninguém poderia estar sujeito a tal obrigação. Mas assim como não há nenhuma inclinação natural para cumprir promessas que seja diferente do senso de obrigação, conclui-se que a fidelidade não é uma virtude natural e que as promessas não têm qualquer força antecedente às convenções humanas.

Se alguém discorda disso, deve apresentar uma prova regular dessas duas proposições, a saber, *que existe um ato peculiar da mente associado às promessas*; e *que, como consequência desse ato da mente, surge uma inclinação para cumprir que é diferente do senso de dever*. Presumo que é impossível demonstrar algum desses dois pontos; e, portanto, ouso concluir que as promessas são invenções humanas, baseadas nas necessidades e nos interesses da sociedade.

Para descobrir essas necessidades e interesses, devemos examinar as mesmas qualidades da natureza humana que já descobrimos serem a origem das leis precedentes da sociedade. Sendo os homens egoístas por natureza, ou dotados apenas de uma generosidade limitada, não é fácil induzi-los a realizar alguma ação no interesse de estranhos, exceto com a perspectiva de uma vantagem recíproca que eles não tinham esperança de obter senão através dessa ação. Ora, como acontece com frequência de essas realizações mútuas não poderem ser concluídas no mesmo instante, é necessário que uma das partes se contente em permanecer na incerteza, dependendo da gratidão da outra parte para uma retribuição da gentileza. Mas há tanta corrupção entre os homens que, falando em termos gerais, isso se torna apenas uma débil segurança; e como supõe-se aqui que o benfeitor concede seus favores tendo em vista um interesse pessoal, isso não só retira a obrigação como também dá um exemplo de egoísmo, que é a verdadeira origem da ingratidão. Se fôssemos, portanto, seguir o curso natural de nossas paixões e inclinações, realizaríamos poucas ações desinteressadas em benefício de outros, pois somos por natureza muito limitados em nossa gentileza e afeição; e realizaríamos poucas dessas ações que não visam ao interesse porque não podemos contar com a gratidão dos outros. Aqui, então, perde-se, de certa maneira, o comércio mútuo de bons ofícios entre a espécie humana, e cada um está reduzido à sua própria habilidade e indústria para seu bem-estar e subsistência. A invenção da lei da natureza referente à *estabilidade* da posse já tornou os homens toleráveis uns para os outros; a da *transferência* de propriedade e posse por consentimento começou a torná-los mutuamente vantajosos; mas essas leis da natureza, por mais que sejam estritamente observadas, não são suficientes para torná-los tão úteis uns para os outros quanto estão aptos a se tornar por natureza. Embora a posse seja *estável*, muitas vezes os homens só conseguem obter dela pequenas vantagens, ao passo que possuem uma quantidade maior do que necessitam de algumas espécies de bens e, ao mesmo tempo, sofrem da carência de outros. A *transferência* de propriedade, que é o remédio adequado para esse inconveniente, não pode remediá-lo por completo; pois só pode ocorrer com relação àqueles objetos que estão *presentes* e são *individuais*, mas não em relação àqueles que estão *ausentes* ou são *gerais*. Não se pode transferir a propriedade de uma certa casa, a vinte léguas de distância, porque o consentimento não pode ser acompanhado da entrega, que é uma circunstância indispensável. Tampouco se pode transferir a propriedade de dez alqueires de grãos, ou cinco tonéis de vinho, pela mera expressão e consentimento, porque estes são apenas termos gerais, não tendo nenhuma relação distinta com alguma pilha específica de grãos ou de barris de vinho. Além disso, o comércio da espécie humana não se limita ao intercâmbio de mercadorias, mas pode estender-se aos serviços e ações, que podemos trocar para nossa vantagem e interesse mútuo. Seu trigo está maduro hoje, o meu ficará amanhã. É lucrativo para nós dois que eu trabalhe com você hoje, e que você me ajude amanhã. Não nutro nenhum sentimento de bondade por você e sei que você tampouco nutre por mim. Não irei, portanto, esforçar-me por sua causa; e, se for trabalhar com você por minha causa, na expectativa de uma retribuição, sei que ficarei desapontado e que dependerei em vão de sua gratidão. Assim, então, deixo que você trabalhe sozinho; você me trata da mesma maneira. As estações mudam, e nós dois perdemos nossas colheitas por falta de confiança mútua e segurança.

Tudo isso é o efeito das paixões e princípios naturais, inerentes à natureza humana; e como essas paixões e princípios são inalteráveis, pode-se pensar que nossa conduta, que depende deles, também o deva ser e que seria em vão, para moralistas ou políticos, meter-se conosco ou tentar modificar o curso comum de nossas ações, visando o interesse público. E, de fato, se o resultado de seus projetos dependesse de seu sucesso em corrigir o egoísmo e a ingratidão dos homens, jamais fariam progresso algum, a menos que fossem ajudados pela onipotência, que é a única coisa capaz de remodelar a mente humana e mudar seu caráter nesses aspectos fundamentais. A única coisa que podem pretender é dar nova direção a essas paixões naturais e ensinar-nos que podemos satisfazer nossos apetites de maneira indireta e artificial melhor do que através do movimento impetuoso e arrojado que lhes é próprio. Por essa razão é que eu aprendo a prestar um serviço a outrem, sem nutrir por ele nenhuma bondade real; porque prevejo que ele retribuirá meu serviço, na expectativa de um outro do mesmo tipo e a fim de manter a mesma correspondência de bons serviços comigo ou com outros. E, dessa maneira, depois que eu o servi e ele está de posse da vantagem que se originou da minha ação, ele é induzido a fazer sua parte, como se antecipasse as consequências de sua recusa...

Posteriormente, o sentimento de moralidade alia-se ao interesse e se torna uma nova obrigação para a espécie humana. Esse sentimento de moralidade no cumprimento das promessas surge dos mesmos princípios que na abstinência da propriedade de outros. *O interesse público, a educação e os artifícios dos políticos* têm o mesmo efeito em ambos os casos...

... É evidente que a vontade por si só jamais pode ser considerada como causa da obrigação, mas precisa ser expressada por palavras ou sinais, a fim de impor um vínculo a qualquer homem. Uma vez apresentada como subserviente à vontade, a expressão logo se torna a parte principal da promessa; e um homem não será menos obrigado por sua palavra, embora secretamente dê uma direção diferente à sua intenção e se abstenha tanto de uma resolução como de querer uma obrigação. Mas, embora a expressão constitua, na maioria das ocasiões, o todo da promessa, nem sempre é assim; e alguém que faça uso de alguma expressão da qual não conheça o significado, empregando-a sem qualquer intenção de se comprometer, com certeza não estaria comprometido com isso. Mais ainda, mesmo que conheça seu significado, se a usar apenas por gracejo e com sinais que evidenciem não ter nenhuma intenção séria de se comprometer, não estará sob qualquer obrigação de cumprir; mas é necessário que as palavras sejam uma expressão perfeita da vontade, sem sinais contrários. Mesmo isso não devemos levar tão longe a ponto de imaginar que alguém que presumimos por nossa ligeireza de entendimento, a partir de determinados sinais, ter a intenção de nos enganar, não esteja comprometido por sua expressão ou promessa verbal, se a aceitarmos; mas devemos limitar essa conclusão àqueles casos em que os sinais são diferentes dos sinais do logro. Todas essas contradições são facilmente explicadas se a obrigação das promessas for apenas uma invenção humana para a conveniência da sociedade; mas jamais serão explicadas se for algo *real* e *natural*, que surge de alguma ação da mente ou do corpo.

Observarei, além disso, que como toda nova promessa impõe uma nova obrigação de moralidade sobre a pessoa que promete, e como essa nova obrigação surge de sua vontade, tem-se aí uma das operações mais misteriosas e incompreensíveis que se pode imaginar, podendo até ser comparada com a *transubstanciação* ou as *ordens sacras*[3] nas quais uma certa fórmula de palavras, juntamente com uma certa intenção, muda por completo a natureza de um objeto externo e até mesmo de uma criatura humana. Mas, embora esses mistérios sejam parecidos nesse aspecto, é muito notável que sejam amplamen-

---

3. Quero dizer na medida em que se supõe que as ordens sacras produzem o *caráter indelével*. Em outros aspectos, são apenas uma qualificação legal.

te diferentes em outros detalhes, e que essa diferença possa ser considerada uma prova convincente da diferença de suas origens. Como a obrigação das promessas é uma invenção no interesse da sociedade, é urdida em tantas formas diferentes quanto assim o exija o interesse, chegando mesmo a incorrer em contradições diretas em vez de perder seu objeto de vista. Mas como aquelas outras doutrinas monstruosas são meras invenções clericais e não têm em vista nenhum interesse público, são menos perturbadas em seu progresso por novos obstáculos; e devemos reconhecer que, após o primeiro absurdo, seguem mais diretamente a corrente de razão e bom senso. Os teólogos perceberam com clareza que a forma externa das palavras, sendo mero som, exige uma intenção para que elas tenham alguma eficácia; e que, sendo a intenção considerada uma circunstância indispensável, sua ausência deve igualmente impedir o efeito, quer declarado ou oculto, quer sincero ou enganoso. Dessa maneira, determinaram que a intenção do sacerdote faz o sacramento e que, quando ele retira em segredo sua intenção, é altamente criminoso em si mesmo e, além disso, destrói o batismo, a comunhão ou as ordens sacras. As terríveis consequências dessa doutrina não puderam impedir que ela acontecesse, como a inconveniência de uma doutrina semelhante com relação às promessas impediu esta doutrina de se estabelecer. Os homens estão sempre mais interessados na vida presente do que na futura; e são mais inclinados a reconhecer o mal menor, que considera a primeira mais importante, do que o maior, que considera a última.

Podemos tirar a mesma conclusão sobre a origem das promessas da força que se supõe invalidar todos os contratos e nos libertar de sua obrigação. Tal princípio é uma prova de que as promessas não encerram nenhuma obrigação natural e são meros expedientes naturais para a conveniência e vantagem da sociedade. Se consideramos corretamente a questão, a força não difere, em essência, de nenhum outro motivo ou esperança que pode induzir-nos a empenhar nossa palavra e colocar-nos sob alguma obrigação. Um homem gravemente ferido que promete uma satisfatória quantia adequada a um cirurgião para curá-lo, com certeza estaria comprometido a cumprir; embora o caso não seja muito diferente daquele em que alguém promete certa quantia a um assaltante, a ponto de produzir uma grande diferença em nossos sentimentos de moralidade, se esses sentimentos não se baseassem inteiramente na conveniência e no interesse público.

SEÇÃO VI

Algumas reflexões adicionais relativas à justiça e injustiça

Examinamos agora as três leis fundamentais da natureza, *a da estabilidade da posse, a de sua transferência por consentimento e a do cumprimento de promessas*. A paz e a segurança da sociedade humana dependem por completo da estrita observância dessas três leis; assim como não há qualquer possibilidade de se estabelecer uma boa correspondência entre os homens quando elas são negligenciadas. A sociedade é absolutamente necessária para o bem-estar dos homens; e elas são necessárias para a sustentação da sociedade. Qualquer que seja a restrição que possam impor às paixões dos homens, elas são o verdadeiro fruto dessas paixões e não passam de um meio mais astuto e refinado de satisfazê-las. Nada é mais vigilante e inventivo do que nossas paixões; e nada é mais óbvio do que a convenção para a observância dessas regras. A natureza, portanto, confiou esse assunto inteiramente à conduta dos homens e não colocou na mente quaisquer princípios originais peculiares para nos determinar a um conjunto de ações ao qual os outros princípios de nossa estrutura e constituição bastavam para nos conduzir. E para convencer-nos mais plenamente dessa verdade, podemos parar aqui por um momento e delinear novos argumentos a partir de uma recapitulação dos raciocínios precedentes, para provar que essas leis, por mais que sejam necessárias, são inteiramente artificiais, e uma invenção humana; e, como consequência, que a justiça é uma virtude artificial e não natural.

I. O *primeiro* argumento de que farei uso é derivado da definição vulgar de justiça. Justiça é definida, em geral, como sendo *uma vontade constante e perpétua de dar a cada um o que lhe é devido*. Essa definição pressupõe que existem coisas como o direito e a propriedade, independentes da justiça e antecedentes a ela; e que elas teriam subsistido mesmo que os homens jamais sonhassem em praticar tal virtude. Já chamei a atenção, de maneira superficial, para a falácia dessa opinião e continuarei aqui a revelar, de forma um pouco mais clara, meus sentimentos sobre o tema.

Começarei observando que essa qualidade, que chamamos de *propriedade*, é igual a muitas das qualidades imaginárias da filosofia *peripatética*, e desaparece com uma inspeção mais acurada do assunto quando considerada à parte de nossos sentimentos morais. É evidente que a propriedade não consiste em alguma das qualidades sensíveis do objeto. Porque estas podem continuar invariavelmente as mesmas, enquanto a propriedade muda. A propriedade, portanto, deve consistir em certa relação do objeto. Mas não é em sua relação com outros objetos externos e inanimados. Porque estes também podem continuar invariavelmente os mesmos, enquanto a propriedade muda. Essa qualidade, portanto, consiste nas relações dos objetos com seres inteligentes e racionais. Mas não é a relação externa e corpórea que forma a essência da propriedade. Porque essa relação pode ser a mesma entre objetos inanimados, ou com respeito às criaturas brutas; embora nesses casos não constitua nenhuma propriedade. Portanto, a propriedade consiste em alguma relação interna; isto é, em alguma influência que as relações externas dos objetos têm sobre a mente e as ações. Desse modo, a relação externa que chamamos de *ocupação* ou primeira posse não é em si imaginada como sendo a propriedade do objeto, mas apenas como causa de sua propriedade. Ora, é evidente que essa relação externa nada causa nos objetos externos e só tem influência sobre a mente, ao nos conferir um senso de dever para abster-nos desse objeto e restituí-lo a seu primeiro possuidor. São essas ações que chamamos propriamente de *justiça*; e, por conseguinte, é a natureza da propriedade que depende dessa virtude, não a virtude que depende da propriedade.

Se alguém, portanto, afirmar que a justiça é uma virtude natural e a injustiça um vício natural, deve afirmar que, abstraindo-se as noções de *propriedade*, *direito* e *obrigação*, uma certa conduta e série de ações, em determinadas relações externas dos objetos, têm naturalmente uma beleza ou deformidade moral e causam uma inquietação ou prazer original. Desse modo, a restituição dos bens de um homem é considerada virtuosa não porque a natureza associou um certo sentimento de prazer a essa conduta com relação à propriedade dos outros, mas sim porque associou esse sentimento a tal conduta com relação àqueles objetos externos dos quais outros tiveram a primeira ou longa posse, ou que receberam por consentimento daqueles que tiveram a primeira e longa posse. Se a natureza não nos deu tal sentimento, tal coisa dita propriedade não existe naturalmente, nem é anterior às convenções humanas. Ora, embora pareça bastante evidente, nesta consideração simples e acurada do presente tema, que a natureza não associou nenhum prazer ou sentimento de aprovação a tal conduta, ainda assim, para deixar o menor espaço possível para dúvida, acrescentarei mais alguns argumentos para confirmar minha opinião.

Primeiro, se a natureza nos tivesse dado um prazer de tal tipo, teria sido tão evidente e discernível quanto em toda outra ocasião; assim como tampouco encontraríamos alguma dificuldade para perceber que a consideração de tais ações, em tal situação, dá um certo prazer e sentimento de aprovação. Não teríamos sido obrigados a recorrer a noções de propriedade na definição de justiça e, ao mesmo tempo, a fazer uso das noções de justiça na definição de propriedade. Esse método enganoso de raciocínio é uma prova evidente de que estão contidas no tema certas obscuridades e dificuldades que não somos capazes de superar e que desejamos contornar por esse artifício.

Segundo, essas regras que determinam as propriedades, os direitos e as obrigações não têm em si quaisquer sinais de uma origem natural, mas muitos de artifício e invenção. São numerosas demais para terem derivado da natureza; são mutáveis por leis humanas; e todas elas têm uma tendência direta e evidente para o bem público e a sustentação da sociedade civil. Essa última circunstância é notável por duas razões. *Primeiro*, porque, embora a causa do estabelecimento dessas leis tenha sido um *apreço* pelo bem público, na medida em que o bem público é sua tendência natural, ainda assim teriam sido artificiais, como sendo projetadas e dirigidas propositalmente a um determinado fim. *Segundo*, porque, se os homens fossem dotados de tão acentuado apreço pelo bem público, jamais se teriam restringido por meio dessas regras; de modo que as leis da justiça se originam de princípios naturais de maneira ainda mais indireta e artificial. É o amor-próprio a sua verdadeira origem; e como o amor-próprio de uma pessoa é naturalmente contrário ao de outra, essas várias paixões interessadas são obrigadas a se ajustar de modo que coincidam em algum sistema de conduta e comportamento. Esse sistema, portanto, abrangendo o interesse de cada indivíduo, representa vantagens para o público, embora não tenha sido planejado com esse propósito pelos inventores.

II. Em *segundo* lugar, podemos observar que todos os tipos de vício e virtude estariam uns nos outros, podendo aproximar-se em graus tão imperceptíveis que se torna muito difícil, se não absolutamente impossível, determinar quando um começa e o outro termina; e dessa observação podemos derivar um novo argumento para o princípio precedente. Porque qualquer que possa ser o caso em relação a todos os tipos de vício e virtude, é certo que direitos, obrigações e propriedade não admitem tal gradação imperceptível, pois um homem ou tem uma propriedade plena e perfeita ou não tem propriedade alguma; ou tem total obrigação de realizar alguma ação ou não está sujeito a nenhuma forma de obrigação. Por mais que as leis civis possam falar de um *domínio* perfeito e de um *domínio* imperfeito, é fácil observar que isso provém de uma ficção que não tem nenhum fundamento na razão e jamais pode integrar nossas noções de justiça natural e equidade. Um homem que aluga um cavalo, embora apenas por um dia, tem pleno direito de fazer uso dele durante esse tempo, assim como aquele a quem chamamos de seu proprietário tem o direito de usá-lo em qualquer outro dia; e é evidente que, por mais que o uso possa estar limitado em tempo ou grau, o direito em si não é suscetível de qualquer gradação desse tipo, mas é absoluto e inteiro até onde se estende. Podemos observar, assim, que esse direito tanto surge como perece num instante; e que um homem adquire inteiramente a propriedade de algum objeto pela ocupação ou pelo consentimento do proprietário; e a perde por seu próprio consentimento, sem nenhuma gradação imperceptível que se observa em outras qualidades e relações. Portanto, sendo esse o caso com relação à propriedade, aos direitos e às obrigações, pergunto como é em relação à justiça e injustiça? Qualquer que seja sua resposta a essa pergunta, você estará diante de dificuldades insolúveis. Se responder que justiça e injustiça admitem graus e esbarram uma na outra de maneira imperceptível, irá contradizer expressamente a posição anterior, de que obrigação e propriedade não são suscetíveis de tal gradação. Estas dependem por completo da justiça e da injustiça e as seguem em todas as suas variações. Onde a justiça é inteira, a propriedade também é inteira; onde a justiça é imperfeita, a propriedade também será imperfeita. E vice-versa, se a propriedade não admite tais variações, também devem ser incompatíveis com a justiça. Se você concorda, portanto, com esta última proposição e afirma que justiça e injustiça não são suscetíveis de gradação, está declarando de fato que não são *naturalmente* viciosas nem virtuosas; posto que vício e virtude, bem e mal moral e, na verdade, todas as qualidades *naturais* esbarram imperceptivelmente umas nas outras e são, em muitas ocasiões, indistinguíveis.

Talvez valha a pena aqui observar que, embora o raciocínio abstrato e as máximas gerais da filosofia e do Direito estabeleçam essa posição, *de que a propriedade, o direito e a obrigação não admitem graus*, ainda assim, em nosso modo de pensar comum e negligente, temos grande dificuldade para acolher essa opinião e até mesmo adotamos *secretamente* o princípio contrário. Um objeto deve estar na posse de uma pessoa ou de outra. Uma ação deve ser ou não realizada. A necessidade de escolher um lado nesses dilemas e a impossibilidade, muitas vezes, de encontrar um meio-termo justo nos obrigam, quando refletimos sobre a questão, a reconhecer que todas as propriedades e obrigações são inteiras. Mas, por outro lado, quando consideramos a origem da propriedade e da obrigação e descobrimos que dependem da utilidade pública e, às vezes, da tendência da imaginação, que poucas vezes estão inteiramente de algum lado, somos naturalmente inclinados a imaginar que essas relações morais admitem uma gradação imperceptível. É por isso que em arbitragens em que o consentimento das partes permite que os árbitros se inteirem totalmente do assunto, estes em geral encontram tanta equidade e justiça em ambos os lados que são levados a buscar um meio-termo e dividir a diferença entre as partes. Os juízes civis, que não têm essa liberdade, mas são obrigados a dar uma sentença decisiva para uma das partes, muitas vezes ficam sem saber como decidir e precisam agir com base nas razões mais frívolas do mundo. Direitos e obrigações pela metade, que parecem tão naturais na vida comum, são perfeitos absurdos no tribunal; razão pela qual são obrigados, com frequência, a considerar meios argumentos como argumentos completos, a fim de concluir o assunto de uma maneira ou outra.

III. O *terceiro* argumento desse tipo de que farei uso pode ser explicado da seguinte maneira. Se considerarmos o curso comum das ações humanas, descobriremos que a mente não se restringe por quaisquer regras gerais e universais, mas age, na maioria das ocasiões, tal como está determinada por sua inclinação e seus motivos presentes. Como cada ação é um evento individual e particular, deve provir de princípios particulares e de nossa situação imediata dentro de nós e com relação ao resto do universo. Se em algumas ocasiões estendemos nossos motivos para além dessas próprias circunstâncias que lhes deram origem e formamos algo como *regras gerais* para nossa conduta, é fácil observar que essas regras não são totalmente inflexíveis, mas permitem muitas exceções. Portanto, como esse é o curso comum das ações humanas, podemos concluir que as leis da justiça, sendo universais e totalmente inflexíveis, jamais podem ser derivadas da natureza, nem podem ser o resultado imediato de alguma inclinação ou motivo natural. Nenhuma ação pode ser moralmente boa ou má, a menos que haja alguma paixão natural ou motivo para nos impelir a ela ou nos impedir de realizá-la; e é evidente que a moralidade deve ser suscetível de todas as mesmas variações que são naturais para a paixão. Eis duas pessoas que disputam uma propriedade; uma delas é rica, tola e solteira; a outra é pobre, um homem sensato e que tem uma família numerosa; a primeira é minha inimiga, a segunda, minha amiga. Se o que move nesse assunto é o interesse público ou privado, a amizade ou hostilidade, serei induzido a dar o máximo de mim para obter a propriedade para o último. Assim como nenhuma consideração sobre o direito e a propriedade das pessoas poderia restringir-me, se eu fosse movido apenas por motivos naturais, sem qualquer combinação ou convenção com outros. Pois uma vez que toda propriedade depende da moralidade, e toda moralidade depende do curso comum de nossas paixões e ações, e visto que, por outro lado, estas só são dirigidas por motivos particulares, é evidente que tal conduta parcial deve ser apropriada para a moralidade mais estrita e jamais poderia ser uma violação da propriedade. Portanto, se os homens tomassem a liberdade de agir, com respeito às leis da sociedade, tal como agem em todos os outros assuntos, iriam se conduzir, na maioria das ocasiões, por julgamentos particulares e levariam em consideração o caráter e as circunstâncias das pessoas, bem como a natureza geral da questão. Mas é fácil observar que isso produziria uma infinita confusão na sociedade humana, e que a cobiça e a parcialidade dos homens logo dariam à luz a desordem, se não fossem refreadas por certos princípios gerais e inflexíveis. Foi, portanto, tendo em vista essa inconveniência que os homens estabeleceram esses princípios e concordaram em se restringir por regras gerais, que não podem ser mudadas pelo rancor ou pelo obséquio, nem por concepções particulares de interesse público ou privado. Essas regras, então, são inventadas de maneira artificial para um determinado propósito e contrariam os princípios comuns da natureza humana, que se acomodam às circunstâncias e não têm métodos invariáveis e declarados de operação.

Também não percebo como é fácil equivocar-me nesse assunto. Entendo, é evidente, que, quando algum homem impõe-se regras gerais e inflexíveis em sua conduta com outros, ele considera certos objetos como propriedade deles, os quais supõe ser sagrados e invioláveis. Mas nenhuma proposição pode ser mais evidente do que esta de que a propriedade é totalmente ininteligível sem uma suposição inicial de justiça e injustiça; e que essas virtudes e vícios são igualmente ininteligíveis, a menos que tenhamos motivos, independentes da moralidade, a nos impelir para as ações justas e nos impedir das injustas. Portanto, sejam o que forem esses motivos, precisam ajustar-se às circunstâncias e devem admitir todas as variações a que estão sujeitos os assuntos humanos em suas incessantes revoluções. São, por conseguinte, um alicerce muito impróprio para tais regras rígidas e inflexíveis como as leis da natureza; e é evidente que essas leis só podem ter sido derivadas das convenções humanas, quando os homens perceberam as desordens que resultam do fato de seguir seus princípios naturais e variáveis.

De modo geral, então, devemos considerar a distinção entre justiça e injustiça como tendo dois fundamentos diferentes, a saber, o fundamento do *interesse*, quando os homens observam que é impossível viver em sociedade sem se restringir por meio de determinadas regras; e o fundamento da *moralidade*, quando esse interesse é observado e os homens passam a ter prazer com a visão de que essas ações tendem para a paz da sociedade, e a sentir inquietação com as ações que são contrárias a essa paz. Foi a convenção voluntária e o artifício dos homens que fizeram surgir o primeiro interesse; assim, essas leis da justiça devem ser consideradas até aqui como *artificiais*. Uma vez estabelecido e reconhecido esse interesse, segue-se *naturalmente* e por si mesmo o senso de moralidade na observância dessas regras; embora seja certo que também é aumentado por um novo *artifício*, e que as instruções públicas dos políticos e a educação particular dos pais contribuem para nos dar um senso de honra e dever na regulação estrita de nossas ações com relação à propriedade de outros.

9

Jean-Jacques Rousseau
1712-1778

Jean-Jacques Rousseau dizia, com frequência, que seus problemas começaram quando ele nasceu – sua mãe morreu no parto. Seu pai, um relojoeiro, era um homem agitado e emocional. O irmão mais velho de Rousseau fugiu da casa da família em Genebra e ele foi criado como filho único. Aprendeu a ler bem cedo; muitas vezes, ele e o pai passavam a noite inteira lendo, em voz alta, baboseiras românticas. Quando não havia romances, liam obras biográficas ou históricas mais sérias. Após dez anos sendo mimado, o rapaz sofreu total rejeição do pai; uma rixa e problemas legais fizeram o pai exilar-se de Genebra, e Jean-Jacques foi enviado a uma cidade vizinha para receber educação escolar. Aos doze anos voltou para Genebra, sob a tutela de seu tio, que lhe arranjou um ofício de aprendiz de tabelião e, depois, de aprendiz de gravador. Rousseau não aprendeu nenhuma das duas profissões. Tornou-se um adolescente dissimulado, ganancioso, relaxado. Fugiu com dezesseis anos.

Viajou primeiro para Saboia, onde um grupo evangélico católico trabalhou em sua conversão. Após extensiva instrução religiosa num mosteiro de Turim, Jean-Jacques tornou-se católico. Perambulou e fez trabalhos servis durante algum tempo, indo instalar-se depois no asilo Annecy de Madame de Warens, uma das pessoas do grupo que o enviara a Turim. Jean-Jacques permaneceu com ela durante onze anos.

Madame de Warens era uma mulher de vinte e oito anos, dona de uma pequena pensão, um coração afetuoso e olhos errantes. Tornou-se mãe e amante do jovem Rousseau. Ele nutria um afeto pegajoso e vibrante por ela e um grande amor pela zona rural de Saboia. De Warens tentou melhorar a educação de Rousseau, mas ele fracassou no aprendizado do latim, em versificação, dança, esgrima e xadrez. Saiu-se melhor em música e, anos mais tarde, obteve algum sucesso ensinando música, escrevendo sobre o assunto e compondo obras populares. Durante toda a vida adulta, Rousseau em algumas ocasiões ganhou seu sustento copiando partituras. Um de seus professores de música meteu-se em dificuldades e teve de partir furtivamente para Lion; o inquieto Rousseau o acompanhou, abandonando-o, porém, quando ele teve um ataque epilético. Alguns meses mais tarde, Rousseau estava de volta à casa de Madame de Warens. Ela fizera um giro por Paris e contratara um jardineiro sério, porém amoroso, que também compartilhava de sua cama. Mais tarde, Rousseau relatou em suas *Confissões* que esse relacionamento foi bastante satisfatório para os três até a morte do jardineiro.

Rousseau adoeceu. Atribuindo sua saúde fraca à atmosfera artificial da vida na aldeia, persuadiu Madame de Warens a instalar um retiro nos arredores da cidade de Chambery. Ali, seus instintos errantes voltaram-se para as ciências naturais, em especial, à botânica e à amizade com pequenos animais. Ali, Rousseau deixou o cristianismo convencional e passou à adoração da natureza, vacilando apenas quando sentia pontadas passageiras de medo da danação no inferno. Também estudou literatura, filosofia e ciências; mas seus estudos pareciam irregulares e sem futuro. Seu dom para a escrita começou a florescer na metade da casa dos vinte anos.

A caminho de Montpelier para consultar um médico, Rousseau teve namoricos. O médico não encontrou nele nenhum problema. Quando acabou o dinheiro que explorava de Madame de Warens, Rousseau voltou e encontrou-a com um novo amigo. Rousseau não teve estômago para um segundo triunvirato e assim terminou sua primeira relação.

Viajou para Lion e aceitou um emprego de preceptor. Foi um professor fraco e ficava furioso quando seus pupilos revelavam-se ineptos ou teimosos. Após um ano frustrante como preceptor, mudou-se para Paris. Em pouco tempo, uma protetora conseguiu-lhe o cargo de secretário do embaixador francês em Veneza. O embaixador era um sujeito avarento, a quem Rousseau odiava e abandonou dezoito meses depois. Mas a vida de Rousseau em Veneza foi alegre e social e, pela primeira vez em sua vida adulta, teve um círculo de amigos. Quando retornou a Paris, conheceu Diderot, o grande enciclopedista, e entrou para o grupo literário que o rodeava. A pedido de Diderot, escreveu vários artigos sobre música e um sobre economia política.

Como dispunha de poucos recursos, mudou-se para um hotel pequeno e sombrio. A empregada da cozinha do hotel, Theresa Le Vasseur, tornou-se sua amante e viveu com ele pelo resto da vida. Ela era ignorante, iletrada e difícil de ensinar. A maioria dos amigos de Rousseau a considerava mesquinha, gananciosa, ciumenta e rude. Mas assim ele escreveu sobre ela: "Vivi com minha Theresa de maneira tão agradável como se viveria com o gênio mais brilhante do universo." Suas atividades intelectuais não eram pagas e ele recebia escassos salários na condição de secretário de uma rica mulher. Theresa teve cinco bebês indesejados em seis anos; todos foram deixados à porta de um asilo de crianças enjeitadas. Em momentos diferentes, Rousseau apresentou racionalizações conflitantes para esses abandonos.

Rousseau virou moda nos círculos literários ao escrever um ensaio premiado num concurso da Academia de Dijon. O tema prescrito foi: "A restauração das ciências contribuiu para purificar ou corromper os costumes?". Rousseau assumiu a posição espetacular (talvez por estímulo de Diderot) de que o desenvolvimento da civilização resultara na degradação do homem.

Em 1754, aos quarenta e dois anos, Rousseau fez sua primeira viagem de volta a Genebra. Aquela comunidade simples, industriosa e independente agradou-lhe muito, e ele se converteu ao calvinismo, a fim de poder reivindicar sua cidadania. Não obstante, alguns acontecimentos logo o levaram de volta aos subúrbios de Paris, onde passou a viver num chalé que Madame d'Epinay lhe ofereceu. Rousseau amava o campo em torno de sua ermida e passava grande parte do tempo praticando botânica. Tornou-se cada vez mais rabugento. Meteu-se numa rixa com Diderot. Escreveu e publicou uma peça desdenhosa que lhe granjeou a inimizade de Voltaire e de D'Alambert. Brigou com o filósofo Grimm e com sua protetora. Mesmo assim, encontrou tempo para ter um caso amoroso com a cunhada de sua protetora, Madame d'Houdetot, e para escrever uma açucarada novela romântica, *A nova Heloise*. *Heloise* foi um tremendo sucesso; exemplares eram alugados por hora a um alto preço; damas de renome deixavam de ir a importantes *soirées* para ficar em casa, lendo o livro; e diziam até que o dia em que Kant saía atrasado para sua caminhada era o dia em que não conseguia largar seu exemplar. Após a rixa com sua protetora, Rousseau mudou-se da ermida para a propriedade vizinha do duque de Luxemburgo. Ali teve relações amigáveis com os nobres, mas levou uma vida frugal. Queixava-se constantemente de sentir-se indisposto e pensava em suicídio.

Chegou então o momento da publicação de suas duas grandes obras, que saíram quase simultaneamente: *O contrato social* (1762), trechos do qual se seguem a esta nota, e *Emílio*, um livro radical sobre educação. Se *Heloise* continha pequenos comentários perigosos, *O contrato social* estava longe de agradar àqueles que estavam no poder. Mas *Emílio* foi seu notável equívoco. Seu deísmo sentimental foi acusado de sacrílego, e o Parlamento de Paris ordenou que o livro fosse queimado e seu autor preso. Rousseau fugiu para a Suíça e descobriu que não era bem-vindo em Berna e Genebra. Dirigiu-se a Frederico II da Prússia, a quem criticara anteriormente, e pediu-lhe asilo em Neuchatel, então sob o domínio de Frederico. Este consentiu e ofereceu-lhe apoio financeiro. Rousseau respondeu: "Tenho o bastante para viver, mas, se estivesse morrendo de fome, preferiria, na presente condição de seu bom príncipe e não sendo de nenhuma utilidade para ele, ir comer capim e desenterrar raízes do que aceitar uma migalha de pão que viesse dele."

Em Neuchatel, passou grande parte do tempo praticando botânica. Adotou o exótico traje armênio por ser confortável. Visitantes do mundo inteiro iam importuná-lo, por respeito ou curiosidade. Mas as acusações de sua heresia repetiam-se, e a comunidade tornou-se cada vez mais hostil. Após três anos em Neuchatel, foi escorraçado por medos reais e imaginários.

Hume interessara-se por Rousseau anos antes. Quando tomou conhecimento da má situação de Rousseau, convidou-o para a Inglaterra e o acompanhou a Londres. Theresa seguiu logo depois, acompanhada por Boswell, que conhecera e admirava Rousseau, o que, não obstante, não o impediu de ter um caso com Theresa no trajeto. Rousseau foi recebido em Londres pelo rei, por nobres e destacados estadistas. Mas sentia-se infeliz na cidade, e Hume conseguiu acomodá-lo numa casa em Derbyshire. O inverno era frio e árido. Logo, o mal-humorado Rousseau procurou briga com Hume, acreditando que este estava traiçoeiramente aliado a seus detratores franceses, em especial Voltaire e D'Alambert. Para Hume, Rousseau era um ingrato abusado. A rixa tornou-se tema de comentário na imprensa. A mente de Rousseau foi ficando cada vez mais deturpada, e ele pensava que toda a Inglaterra conspirava contra ele. Enlouquecido de terror, fugiu de volta à França. Durante algum tempo, sob a proteção de amigos nobres, recuperou a serenidade. Pouco depois, porém, sua confusão voltou a aumentar e ele passou a sofrer delírios de perseguição. Seguiram-se três anos de louca vida errante, acompanhados de mais oito anos ruins em Paris. Nesse período, escreveu seus desequilibrados *Diálogos*, ganhou uma ninharia copiando música e viveu na pobreza. Theresa definhou e já não podia cuidar da casa. Um antigo admirador persuadiu-os a aceitar a vida suburbana em sua propriedade. Alguns meses depois, Rousseau morreu de repente. Auxiliares médicos disseram que ele morreu de apoplexia, mas suspeitou-se de suicídio.

Rousseau foi o filósofo da miséria da civilização. Foi um romântico num mundo que perdia os laços com o classicismo. Foi um republicano por sua convicção emocional do valor do homem comum. Virou as costas para a ciência num mundo que se voltava para ela. Mas seu ataque à sociedade pôs seus partidários na defensiva e inspirou a experimentação e a reforma.

O CONTRATO SOCIAL[4]

Livro I

Tenciono investigar se, na ordem civil, pode haver alguma regra de administração que seja segura e legítima, sendo os homens considerados como são e as leis como podem ser. Nesta pesquisa, irei esforçar-me sempre para unir o que o Direito sanciona com aquilo que é prescrito pelo interesse, a fim de que justiça e utilidade não possam ser separadas em nenhum caso...

CAPÍTULO I

Objeto do primeiro livro

O homem nasce livre; e em toda parte está acorrentado... Como aconteceu essa mudança?

---

4. Traduzido por G. D. H. Cole. Número 660A, Everyman's Library. Reimpresso com permissão de E. P. Dutton & Co., Inc.

Não sei. O que pode torná-la legítima? Penso que posso responder a essa questão.

Se eu levasse em consideração apenas a força e os efeitos derivados dela, diria: "Enquanto as pessoas são obrigadas a obedecer e obedecem, elas vão bem; tão logo podem livrar-se do jugo e se livram, vão ainda melhor; pois recuperar sua liberdade pelo mesmo direito que a tirou, ou está justificado retomá-la, ou então não havia qualquer justificação para tirá-la." Mas a ordem social é um direito sagrado que é a base de todos os direitos. Esse direito, contudo, não vem da natureza e, portanto, deve ser fundamentado nas convenções. Antes de passar a isso, tenho de provar o que acabo de afirmar.

CAPÍTULO II

As primeiras sociedades

A mais antiga de todas as sociedades, e a única que é natural, é a família; e, mesmo assim, os filhos só permanecem ligados ao pai enquanto dele necessitam para sua preservação. Tão logo cessa essa necessidade, o vínculo natural é dissolvido. Os filhos, libertos da obediência que deviam ao pai, e o pai, liberto do cuidado que devia aos filhos, retornam igualmente à independência. Se continuam unidos, já não é mais de forma natural, mas sim voluntária; e a própria família é então mantida apenas por convenção.

Essa liberdade comum origina-se na natureza do homem. Sua primeira lei é prover à sua própria preservação, seus primeiros cuidados são aqueles que deve a si mesmo; e, assim que atinge a idade do discernimento, é o único juiz dos meios adequados para preservar-se, tornando-se assim seu próprio senhor.

A família, então, pode ser chamada de primeiro modelo das sociedades políticas; o governante corresponde ao pai, e o povo aos filhos; e todos, tendo nascido livres e iguais, só alienam sua liberdade para seu próprio benefício. Toda a diferença reside em que, na família, o amor do pai por seus filhos compensa-o pelos cuidados que dedica aos filhos, enquanto, no Estado, o prazer de comandar toma o lugar do amor que o chefe não pode nutrir pelas pessoas sob seu comando.

Grócio nega que todo o poder humano seja estabelecido em favor dos governados e cita a escravidão como exemplo. Seu método habitual de raciocínio é sempre estabelecer o direito pelo fato. Seria possível empregar um método mais lógico, mas nenhum poderia ser mais favorável aos tiranos.

De acordo com Grócio, é duvidoso, portanto, se a raça humana pertence a cem homens, ou se cem homens pertencem à raça humana; e, em todo seu livro, ele parece inclinar-se para a primeira alternativa, que também é a opinião de Hobbes. Nessa demonstração, a espécie humana é dividida em vários rebanhos de gado, cada qual com seu governante, que zela por eles com o propósito de devorá-los...

... Aristóteles, antes de qualquer um deles, disse que os homens não são, de maneira alguma, iguais por natureza, mas que alguns nascem para a escravidão e outros para a dominação.

Aristóteles estava certo, mas tomava o efeito pela causa... Os escravos perdem tudo em suas correntes, até mesmo o desejo de escapar delas... Então, se existem escravos por natureza, é porque houve escravos contra a natureza...

CAPÍTULO III

O direito do mais forte

O mais forte nunca é forte o bastante para ser sempre o senhor, a menos que transforme força em direito e obediência em dever... A força é um poder físico e não consigo ver qual efeito moral ela pode ter. Render-se à força é um ato de necessidade, não de vontade – no máximo, um ato de prudência. Em que sentido pode ser um dever?... É claro que a palavra "direito" nada acrescenta à força; nessa relação, não significa absolutamente coisa alguma.

... Todo poder vem de Deus, admito; mas também toda enfermidade; significa isso que estamos proibidos de chamar o médico?...

CAPÍTULO IV

Escravidão

... Se um indivíduo, diz Grócio, pode alienar sua liberdade e tornar-se escravo de um senhor, por que um povo inteiro não poderia fazer o mesmo e tornar-se súdito de um rei?... Ora, um homem que se torna escravo de outro... vende-se pelo menos em troca de sua subsistência; mas em troca de que um povo se vende? Um rei está longe de fornecer subsistência a seus súditos, pois é deles que obtém a sua própria...

Dirão que o déspota assegura tranquilidade civil para seus súditos. É certo; mas o que eles ganham se as guerras provocadas por sua ambição, sua cobiça insaciável e a conduta de seus ministros os oprimirem mais do que teriam feito suas próprias discórdias?...

Dizer que um homem se dá gratuitamente é dizer algo absurdo e inconcebível; tal ato é nulo e ilegítimo, pelo mero fato de que aquele que o pratica está desvairado. Dizer o mesmo de um povo inteiro é supor um povo de loucos, e a loucura não cria qualquer direito.

Mesmo que cada um pudesse alienar-se, não poderia alienar seus filhos... Seria necessário, portanto, a fim de legitimar um governo arbitrário, que o povo, em cada geração, estivesse em posição de aceitá-lo ou rejeitá-lo; mas, se assim fosse, o governo não seria mais arbitrário.

Renunciar à liberdade é renunciar a ser homem, é abandonar os direitos da humanidade e até seus deveres... Tal renúncia é incompatível com a natureza do homem; retirar toda liberdade de sua vontade é retirar toda a moralidade de seus atos. Enfim, é uma convenção vazia e contraditória que estabelece, por um lado, a autoridade absoluta e, por outro, a obediência ilimitada...

Grócio e os demais veem na guerra uma outra origem para o chamado direito de escravidão. Tendo o vencedor, como eles sustentam, o direito de matar os vencidos, estes podem comprar sua vida de volta ao preço de sua liberdade; e essa convenção é tanto mais legítima porque é em benefício de ambas as partes.

Mas está claro que o suposto direito de matar o conquistado não pode ser, de maneira alguma, deduzido do estado de guerra. Enquanto estão vivendo em sua primitiva independência, não tendo nenhuma relação mútua que seja estável o bastante para constituir estado de paz ou de guerra, os homens não podem ser inimigos naturais... A guerra de homem com homem não pode existir no estado de natureza, no qual não existe propriedade constante, nem no estado social, onde tudo está sob a autoridade das leis...

Guerra, então, é uma relação... entre Estado e Estado, e os indivíduos só são inimigos por acaso, não enquanto homens, nem mesmo como cidadãos, mas sim na condição de soldados; não como membros de seu país, mas como seus defensores. Enfim, cada Estado só pode ter como inimigos outros Estados, e não homens; porque não pode haver nenhuma relação verdadeira entre coisas de natureza desigual.

... Mesmo na guerra real, um príncipe justo, embora lance mão do país do inimigo e de tudo que pertence ao público, respeita a vida e o patrimônio dos indivíduos... Sendo o objetivo da guerra a destruição do Estado hostil, o outro lado tem o direito de matar seus defensores enquanto estiverem em armas; mas tão logo as depõem e se rendem, deixam de ser inimigos ou instrumentos do inimigo e tornam-se mais uma vez apenas homens, cuja vida ninguém tem o direito de tirar...

O direito de conquista não tem nenhum outro fundamento além do direito do mais forte. Se a guerra não dá ao conquistador o direito de massacrar os povos conquistados, o direito de escravizá-los não pode basear-se num direito que não existe...

... um escravo feito na guerra, ou um povo conquistado, não tem nenhuma obrigação para com o senhor, senão obedecer-lhe enquanto for obrigado a fazê-lo...

CAPÍTULO V

Que devemos sempre voltar a uma primeira convenção

Sempre haverá uma grande diferença entre subjugar uma multidão e governar uma sociedade. Mesmo se indivíduos dispersos forem sucessivamente escravizados por um homem, por mais numerosos que sejam, ainda verei nada mais que um senhor e seus escravos e, com certeza, não um povo e seu governante...

Um povo, diz Grócio, pode dar-se a um rei. Assim, de acordo com Grócio, um povo é um povo antes de se dar... Seria melhor, antes de examinar o ato pelo qual um povo se dá a um rei, examinar o ato pelo qual ele se torna um povo; porque esse ato, sendo necessariamente anterior ao outro, é o verdadeiro alicerce da sociedade.

De fato, se não houvesse nenhuma convenção anterior, a menos que a eleição fosse unânime, onde estaria a obrigação de a minoria se submeter à escolha da maioria?... A própria regra da votação majoritária é estabelecida por convenção e pressupõe unanimidade, numa ocasião pelo menos.

CAPÍTULO VI

O pacto social

Suponho que os homens atingiram o ponto em que os obstáculos no caminho de sua preservação no estado de natureza mostram que seu poder de resistência é maior do que os recursos de que dispõe cada indivíduo para se manter nesse estado. Então, essa condição primitiva não pode mais subsistir; e a raça humana pereceria, a menos que mudasse seu modo de existência.

Porém, como os homens não podem engendrar novas forças, mas apenas unir e dirigir as existentes, não possuem nenhum outro meio de se preservar a não ser a formação, por agregação, de uma soma de forças grande o bastante para superar a resistência...

... Sendo a força e a liberdade de cada homem os principais instrumentos de sua autopreservação, como pode ele empenhá-las sem prejudicar seus próprios interesses e negligenciar o cuidado que deve a si mesmo? Essa dificuldade que se relaciona com meu presente assunto pode ser expressa nos seguintes termos:

"O problema é encontrar uma forma de associação que defenda e proteja com toda força comum a pessoa e os bens de cada associado e em que cada qual, embora se una ao todo, possa obedecer apenas a si mesmo e continuar tão livre quanto antes." Esse é o problema fundamental para o qual o *Contrato social* fornece a solução.

As cláusulas desse contrato são de tal modo determinadas pela natureza do ato que a mais leve modificação as tornaria vãs e ineficazes; assim, embora talvez jamais tenham sido anunciadas formalmente, são as mesmas em toda parte e são tacitamente admitidas e reconhecidas em toda parte, até que, pela violação do pacto social, cada qual recupere seus direitos originais e retome sua liberdade natural...

Essas cláusulas, compreendidas de forma adequada, podem ser reduzidas a uma – a total alienação de cada associado, junto com todos os seus direitos, a toda a comunidade; porque, em primeiro lugar, como cada um se dá de modo absoluto, as condições são as mesmas para todos; e, sendo assim, ninguém tem o menor interesse em torná-las opressivas para os outros.

Além disso, sendo a alienação sem reservas, a união é tão perfeita quanto pode ser, e nenhum associado tem coisa alguma a reclamar; pois, se os indivíduos conservassem certos direitos, como não haveria um superior comum para decidir entre eles e o público, cada qual, sendo num certo ponto seu próprio juiz, pediria para sê-lo de todos; desse modo, o estado de natureza continuaria e a associação se tornaria necessariamente ineficaz ou tirânica..

Enfim, cada homem, dando-se a todos, não se dá a ninguém; e como não há nenhum associado sobre o qual ele não adquire o mesmo direito que cede a outros sobre si mesmo, ganha um equivalente de tudo que perde e um aumento de força para a preservação daquilo que tem.

... Reduz-se aos seguintes termos: *"Cada um de nós põe em comum sua pessoa e todo seu poder sob a direção suprema da vontade geral e, em nossa capacidade de associado, recebemos cada membro como uma parte indivisível do todo."*

De imediato, em lugar da personalidade individual de cada parte contratante, esse ato de associação cria um corpo moral e coletivo, composto de tantos membros quantos forem os votantes da assembleia, que recebe desse ato sua unidade, sua identidade comum, sua vida e sua vontade...

CAPÍTULO VII

O soberano

Essa fórmula nos mostra que o ato de associação inclui um compromisso mútuo entre o público e os indivíduos, e que cada indivíduo, ao fazer um contrato, como podemos dizer, consigo mesmo está comprometido num duplo âmbito; como membro do soberano, está comprometido com os indivíduos, e como membro do Estado, com o soberano...

... A deliberação pública... não pode... obrigar o soberano consigo mesmo, e... como consequência é contra a natureza do corpo político o soberano impor-se uma lei que não pode infringir. Podendo considerar-se apenas numa condição, está na posição do indivíduo que faz um contrato consigo mesmo; e isso deixa claro que não há nem pode haver algum tipo de lei fundamental obrigatória para o corpo do povo – nem mesmo o próprio contrato social...

Mas o corpo político ou o soberano, extraindo sua existência totalmente da santidade do contrato, jamais pode obrigar-se, mesmo com um forasteiro, a fazer algo que derrogue o ato original, por exemplo, alienar alguma parte de si ou submeter-se a outro soberano...

Tão logo essa multidão está assim unida num corpo, é impossível ofender um dos membros sem atacar o corpo, e mais ainda ofender o corpo sem que os membros se ressintam. Dever e interesse, portanto, obrigam igualmente as duas partes contratantes a ajudar uma a outra; e os mesmos homens devem procurar combinar, em sua dupla função, todas as vantagens que dependem dessa função.

Por outro lado, sendo o soberano formado no conjunto pelos indivíduos que o compõem, não tem nem pode ter qualquer interesse contrário ao deles; e, como consequência, o poder soberano não necessita dar qualquer garantia a seus súditos, porque é impossível que o corpo deseje prejudicar a todos os seus membros. Também veremos mais tarde que não pode prejudicar algum em particular. O soberano, em virtude simplesmente daquilo que é, é sempre o que deveria ser...

Entretanto, não é esse o caso na relação dos súditos com o soberano que, apesar do interesse comum, não teria qualquer garantia de que cumpririam seus compromissos, a menos que encontrasse meios para assegurar-se de sua fidelidade.

De fato, cada indivíduo pode, como homem, ter uma vontade particular contrária ou diferente da vontade geral que ele tem como cidadão. Seu interesse particular pode falar-lhe de maneira bastante diferente do interesse comum; sua existência absoluta e naturalmente independente pode fazer com que considere aquilo que deve à causa comum como uma contribuição gratuita, cuja perda causará aos outros um dano inferior ao ônus que representará para ele pagar a contribuição; e, considerando a pessoa moral que constitui o Estado como uma *persona ficta*, porque não é um homem, ele pode desejar desfrutar dos direitos de cidadania sem estar pronto para cumprir os desejos de súdito. A continuação de tal injustiça só poderia comprovar o desmantelamento do corpo político.

A fim, então, de que não seja uma fórmula vazia, o pacto social inclui tacitamente esse compromisso, o único que pode dar força ao resto: quem se recusar a obedecer à vontade geral será forçado pelo corpo a fazê-lo. Isso significa, nada mais, nada menos, que será obrigado a ser livre; pois essa é a condição que, ao dar cada cidadão a seu país, garante-o contra toda dependência pessoal. Nisso reside a chave para o funcionamento da máquina política; só isso legitima os compromissos civis, que, do contrário, seriam absurdos, tirânicos e sujeitos aos mais tremendos abusos.

CAPÍTULO VIII

O estado civil

A transição do estado de natureza para o estado civil produz uma mudança notável no homem, ao substituir em sua conduta o instinto pela justiça e dar a suas ações a moralidade de que careciam anteriormente. Só então, quando a voz do dever toma o lugar dos impulsos físicos, e o direito o do apetite, é que o homem, que até aqui considerava apenas a si mesmo, descobre que é forçado a agir segundo princípios diferentes e consultar sua razão antes de dar ouvidos a suas inclinações...

... O que o homem perde pelo contrato social é sua liberdade natural e o direito ilimitado a tudo que tenta obter e consegue obter; o que ele ganha é a liberdade civil e a propriedade de tudo que possui. Se quisermos evitar equívocos ao comparar uma coisa a outra, devemos traçar uma clara distinção entre liberdade natural, que só é limitada pela força do indivíduo, e liberdade civil, que é limitada pela vontade geral; e distinguir posse, que é apenas o efeito da força ou o direito do primeiro ocupante, de propriedade, que só pode basear-se num direito positivo...

CAPÍTULO IX

Bens imóveis

Cada membro da comunidade se dá a ela, no momento de sua fundação, tal como se encontra, com todos os recursos de que dispõe, incluindo os bens que possui. Esse ato não faz com que a posse, ao mudar de mãos, mude sua natureza e se torne propriedade nas mãos do soberano; mas, como as forças da cidade são incomparavelmente maiores do que as de um indivíduo, a posse pública também é, de fato, mais forte e mais irrevogável, sem ser mais legítima...

O direito do primeiro ocupante, embora mais real do que o direito do mais forte, só se torna um verdadeiro direito quando já foi estabelecido o direito de propriedade... Nesse direito respeitamos não tanto o que pertence a outrem, e sim aquilo que não nos pertence.

Em geral, são necessárias as seguintes condições para estabelecer o direito do primeiro ocupante sobre um pedaço de chão: primeiro, a terra não deve estar habitada ainda; segundo, um homem deve ocupar apenas a porção de que necessita para sua subsistência; e, em terceiro lugar, a posse deve ser tomada não por meio de uma cerimônia vazia, mas sim pelo trabalho e cultivo, os únicos indícios de propriedade que devem ser respeitados por outros na falta de um título legal...

... ao assumir os bens dos indivíduos, a comunidade, longe de despojá-los, apenas lhes assegura a posse legítima, convertendo usurpação em verdadeiro direito e o usufruto em propriedade...

... Qualquer que seja a forma de aquisição, o direito que cada indivíduo tem sobre seu patrimônio está sempre subordinado ao direito que a comunidade tem sobre todos; sem isso não haveria estabilidade no vínculo social, nem força verdadeira no exercício da soberania.

Terminarei este capítulo e este livro observando um fato sobre o qual deveria basear-se todo o sistema social, a saber, que, em vez de destruir a desigualdade natural, o pacto fundamental substitui a desigualdade física que a natureza pode ter instituído entre os homens por uma igualdade que é moral e legítima, e que os homens, que podem ser desiguais em força ou inteligência, tornam-se todos iguais por convenção e direito legal.

Livro II

CAPÍTULO I

A soberania é inalienável

A primeira e mais importante dedução dos princípios que formulamos até aqui é que somente a vontade geral pode dirigir o Estado de acordo com o objetivo pelo qual foi instituído, isto é, o bem comum...

... A soberania, sendo nada menos que o exercício da vontade geral, jamais pode ser alienada... o soberano, que é nada menos que um ser coletivo, não pode ser representado a não ser por si mesmo...

Na realidade, se não é impossível que uma vontade particular concorde em certo ponto com a vontade geral, pelo menos é impossível que o acordo seja duradouro e constante; pois a vontade particular tende, por sua própria natureza, à parcialidade, enquanto a vontade geral tenderá à igualdade. É ainda mais impossível ter alguma garantia desse acordo; porque, mesmo que ele sempre existisse, não seria o efeito da arte, mas do acaso... Então, se o povo promete simplesmente obedecer, por esse próprio ato ele se dissolve e perde aquilo que o torna um povo; no momento em que existe um senhor, não há mais um soberano, e, a partir de então, o corpo político deixou de existir.

Isso não significa que as ordens do governante não podem passar por vontade geral, desde que o soberano, sendo livre para opor-se a elas, não ofereça nenhuma oposição. Nesse caso, o silêncio universal é considerado como o consentimento do povo...

CAPÍTULO II

A soberania é indivisível

A soberania, pela mesma razão que a fez inalienável, é indivisível; porque a vontade ou é geral ou não é; ou é a vontade do conjunto do povo ou apenas de uma parte dele. No primeiro caso, a vontade, quando declarada, é um ato de soberania e constitui lei; no segundo, é apenas uma vontade particular ou um ato de magistratura – no máximo, um decreto.

Mas nossos teóricos políticos, incapazes de dividir a soberania em princípio, dividem-na de acordo com seu objeto: em força e vontade, em poder legislativo e poder executivo; em direitos de tributação, justiça e guerra; em administração interna e poder de firmar tratados externos...

Esse erro se deve à falta de noções exatas sobre a autoridade soberana e ao fato de tomar por partes dela aquilo que são apenas suas emanações. Desse modo, por exemplo, os atos de declarar guerra e de fazer a paz foram considerados atos de soberania; mas tal não é o caso, já que esses atos não constituem lei, mas sim apenas a aplicação de uma lei...

CAPÍTULO III

Se a vontade geral é falível

Conclui-se pelo anterior que a vontade geral é sempre certa e tende para o benefício público; mas não se conclui daí que as deliberações do povo sejam sempre igualmente corretas. Nossa vontade é sempre para nosso próprio bem, mas nem sempre vemos o que é isso; o povo nunca é corrupto, mas com frequência é enganado, e somente nessas ocasiões parece desejar o que é mau.

Muitas vezes existe uma grande diferença entre a vontade de todos e a vontade geral; a última considera apenas o interesse comum, ao passo que a primeira leva em conta o interesse privado e não é mais que uma soma das vontades particulares; mas tire-se dessas mesmas vontades os mais e os menos que se anulam, e a vontade geral permanecerá como a soma das diferenças.

Se, quando o povo, munido de informações adequadas, tomasse suas deliberações, os cidadãos não tivessem qualquer comunicação entre si, o grande total das pequenas diferenças resultaria sempre na vontade geral e a decisão seria sempre boa. Mas, quando surgem facções e formam-se associações parciais à custa da grande associação, a vontade de cada uma dessas associações torna-se geral em relação a seus membros, ao passo que continua particular em relação ao Estado... As diferenças tornam-se menos numerosas e dão um resultado menos geral. Por fim, quando uma dessas associações é tão grande a ponto de preponderar sobre todo o resto, o resultado não é mais a soma de pequenas diferenças, mas sim uma única diferença; nesse caso não há mais uma vontade geral, e a opinião que prevalece é apenas particular.

Para que a vontade geral possa expressar-se, é essencial, portanto, que não haja nenhuma sociedade parcial dentro do Estado, e que cada cidadão tenha apenas seus próprios pensamentos; esse foi, de fato, o único e sublime sistema estabelecido pelo grande Licurgo. Mas, se houver sociedades parciais, é melhor haver tantas quanto for possível e impedir que elas sejam desiguais...

CAPÍTULO IV

Os limites do poder soberano

Se o Estado é uma pessoa moral cuja vida está na união de seus membros, e se o mais importante de seus cuidados é o cuidado que visa a sua própria preservação, deve ter uma força universal e coercitiva, a fim de mover e dispor cada parte da maneira que seja mais vantajosa para o todo. Assim como a natureza dá a cada homem poder absoluto sobre todos os seus membros, o pacto social também dá ao corpo político poder absoluto sobre todos os seus membros; e é esse poder que, sob a direção da vontade geral, tem, como eu disse, o nome de soberania...

Admito que, pelo pacto social, cada membro só aliena a parte de seus poderes, bens e liberdade que é importante estar sob o controle da comunidade; mas deve-se reconhecer também que o soberano é o único juiz do que é importante.

Todo serviço que um cidadão pode prestar ao Estado, deve prestá-lo tão logo o soberano o peça; mas o soberano, de sua parte, não pode impor aos súditos nenhum grilhão que seja inútil para a comunidade, nem pode sequer desejar fazê-lo; pois nada pode ocorrer sem uma causa, seja pela lei da razão, seja pela lei da natureza.

Os compromissos que nos ligam ao corpo social são obrigatórios apenas porque são mútuos; e sua natureza é tal que, ao cumpri-los, não podemos trabalhar para outro, sem trabalhar para nós mesmos. Por que a vontade geral está sempre certa e por que todos sempre desejam a felicidade de cada um, a não ser porque não existe um homem que não pense que "cada um" significa ele mesmo, e não pense em si mesmo ao votar por todos? Isso prova que a igualdade de direitos e a ideia de justiça que tal igualdade cria têm origem na preferência que cada homem dá a si mesmo e, assim, na própria natureza do homem. Prova que a vontade geral, para ser realmente isto, deve ser geral em seu objeto, bem como em sua essência; que deve igualmente provir de todos e aplicar-se a todos; e que perde sua retidão natural quando dirigida a algum objeto particular e determinado, pois nesse caso julgamos algo que nos é estranho e não temos nenhum verdadeiro princípio de equidade para nos guiar.

De fato, tão logo surge uma questão de direito ou fato particular num ponto que não foi regulamentado anteriormente por uma convenção geral, a questão se torna litigiosa. Trata-se de casos em que os indivíduos interessados são uma parte e o público a outra, mas nos quais não encontro nem a lei que deve ser seguida, nem o juiz que deveria pronunciar a decisão. Em tais casos, seria absurdo propor encaminhar a questão a uma decisão expressa da vontade geral, que só pode ser a conclusão a que chegou uma das partes e, por conseguinte, será, para a outra parte, apenas uma vontade externa, inclinada nessa ocasião à injustiça e sujeita a erro. Desse modo, assim como uma vontade particular não pode representar a vontade geral, esta, por seu turno, muda sua natureza quando seu objeto é particular, e, sendo geral, não pode pronunciar-se sobre um homem ou um fato. Quando, por exemplo, o povo de Atenas nomeava ou destituía seus governantes, decretava honras para um e impunha penalidades a outro e, mediante uma grande quantidade de decretos particulares, exercia de maneira indiscriminada todas as funções de governo, não possuía mais em tais casos uma vontade geral no sentido estrito; não estava mais agindo como soberano, mas como magistrado...

... O que faz a vontade geral é menos o número de votantes do que o interesse comum que os une; pois, dentro desse sistema, cada qual se submete necessariamente às condições que impõe aos outros; e esse acordo admirável entre interesse e justiça dá às deliberações comuns um caráter equitativo que desaparece de imediato quando se discute qualquer questão particular, na ausência de um interesse comum para unir e identificar a decisão do juiz com a da parte.

De qualquer lado que abordermos nosso princípio, chegaremos à mesma conclusão: a de que o pacto social estabelece entre os cidadãos uma igualdade de tal tipo que todos se comprometem a observar as mesmas condições e todos devem, portanto, desfrutar dos mesmos direitos. Desse modo, pela própria natureza do pacto, todo ato de soberania, isto é, todo ato autêntico da vontade geral, obriga ou favorece igualmente todos os cidadãos, de modo que o soberano só reconhece o conjunto da nação, não fazendo quaisquer distinções entre aqueles que a compõem. O que, então, estritamente falando, é um ato de soberania? Não é uma convenção entre um superior e um inferior, mas sim uma convenção entre o corpo e cada um de seus membros. É legítima porque baseada no contrato social; equitativa porque comum a todos; útil porque não pode ter outro objetivo senão o bem geral; e estável porque garantida pela força pública e o poder supremo...

Uma vez admitidas essas distinções, considera-se tão falso que haja, no contrato social, alguma renúncia verdadeira da parte dos indivíduos, que a posição em que se encontram como resultado do contrato é realmente preferível àquela em que se encontravam antes. Em vez de uma renúncia, eles fizeram uma troca vantajosa; em vez de um modo de viver precário e incerto, conseguiram um modo que é melhor e mais seguro; em vez da independência natural, obtiveram liberdade; em vez do poder de prejudicar a segurança de outros pela sua própria, e em vez de sua força que outros podem superar, conquistaram um direito que a união social torna invencível... De fato, todos têm de combater quando o país precisa deles; mas então ninguém precisa combater por si mesmo. Não ganhamos algo quando, em nome daquilo que nos dá segurança, corremos alguns dos riscos que teríamos de correr por nós mesmos tão logo a perdêssemos?

CAPÍTULO V

O direito de vida e morte

Pergunta-se, com frequência, como os indivíduos, não tendo o direito de dispor de suas vidas, podem transferir ao soberano um direito que não possuem... Todo homem tem o direito de arriscar a própria vida a fim de preservá-la...

O tratado social tem como finalidade a preservação das partes contratantes. Aquele que deseja o fim também deseja os meios, e os meios devem envolver alguns riscos e até mesmo algumas perdas. Quem deseja preservar sua vida à custa de outros, também deve, quando for necessário, estar disposto a entregá-la por eles. Além disso, o cidadão não é mais juiz dos perigos aos quais a lei deseja que ele se exponha; e, quando o príncipe lhe diz: "É conveniente para o Estado que você morra", ele deve morrer, porque foi só com essa condição que viveu em segurança até o presente momento, e porque sua vida não é mais um presente generoso da natureza, mas sim uma dádiva concedida pelo Estado de maneira condicional.

A pena de morte infligida aos criminosos pode ser considerada da mesma maneira: é para que não sejamos vítimas de assassinos que consentimos em morrer se nos tornamos nós mesmos assassinos...

Dirão, porém, que a condenação de um criminoso é um ato particular. Admito, mas tal condenação não é uma função do soberano; é um direito que o soberano pode conferir, mas que ele próprio não pode exercer...

Punições frequentes são sempre um sinal de fraqueza ou desleixo de parte do governante. Não existe um único malfeitor que não possa ser convertido para algum bem. O Estado não tem nenhum direito de executar, mesmo que seja para dar um exemplo, alguém que ele possa manter vivo sem perigo...

CAPÍTULO VI

Lei

Pelo pacto social demos vida e existência ao corpo político; e agora temos de lhe conferir movimento e vontade pela legislação...

O que está bem e em conformidade com a ordem é assim pela natureza das coisas e independentemente das convenções humanas. Toda justiça vem de Deus, que é a única fonte; porém, se soubéssemos como receber inspiração tão alta, não precisaríamos de governo, nem de leis. Sem dúvida, existe uma justiça universal que emana só da razão; mas essa justiça, para ser admitida entre nós, deve ser mútua. Falando em termos humanos, na falta de sanções naturais, as leis da justiça são ineficazes entre os homens; elas simplesmente favorecem o bem do mau e a ruína do justo quando o homem justo as observa em relação a todos e ninguém as observa em relação a ele. As convenções e leis são, portanto, necessárias para unir direitos a deveres e remeter a justiça a seu objetivo. No estado de natureza, onde tudo é comum, nada devo àquele a quem nada prometi; só reconheço como pertencendo a outros aquilo que não me serve. No estado de sociedade, todos os direitos são fixados por lei, e o caso é outro.

Mas o que, afinal de contas, é uma lei?... Quando definimos uma lei da natureza, não estamos longe da definição de uma lei do Estado...

... Quando todo o povo decreta por todo o povo, está considerando apenas a si mesmo; e se então uma relação é formada, é entre dois aspectos do objeto inteiro, sem haver nenhuma divisão do todo. Nesse caso, a questão sobre a qual se faz o decreto é geral, tal como a vontade que decreta. É isso que chamo de lei.

Quando digo que o objeto das leis é sempre geral, quero dizer que a lei considera os súditos *en masse* e as ações no abstrato, e jamais uma ação ou pessoa em particular. Desse modo, uma lei pode, de fato, decretar que haverá privilégios, mas não pode conferi-los a ninguém nominalmente. Pode estabelecer várias classes de cidadãos, e até mesmo formular qualificações para que alguém seja membro dessas classes, mas não pode designar tais e tais pessoas como pertencentes a elas; pode estabelecer um governo monárquico e a sucessão hereditária, mas não pode escolher um rei ou nomear uma família real. Resumindo, nenhuma função que tem um objeto particular pertence ao poder legislativo.

A partir dessa visão, percebemos de imediato que não se pode perguntar mais de quem é a tarefa de fazer leis, posto que elas são atos da vontade geral; nem se o príncipe está acima da lei, posto que ele é um membro do Estado; nem se a lei pode ser injusta, posto que ninguém é injusto consigo mesmo; nem como podemos ser livres e estar sujeitos às leis, posto que elas são apenas registros de nossas vontades...

Dou, portanto, o nome de República a todo Estado que é governado por leis, não importa qual seja a forma de sua administração; pois é somente em tal caso que o interesse público governa e a *res publica* se constitui *uma realidade*...

As leis são, propriamente falando, apenas as condições da associação civil. O povo, estando sujeito às leis, deve ser seu autor; as condições da sociedade devem ser regulamentadas apenas por aqueles que se juntam para formá-la. Mas como devem regulamentá-las?... Quem pode atribuir-lhe a presciência para formular e anunciar seus atos de maneira antecipada?... Como pode uma multidão cega, que com frequência não sabe o que deseja, porque poucas vezes sabe o que é bom para si, realizar por si mesma um empreendimento tão grande e difícil como um sistema de legislação?... o esclarecimento público leva à união do entendimento e da vontade no corpo social; as partes são feitas para trabalhar exatamente em conjunto, e o todo é elevado a seu poder superior. Isso cria a necessidade de um legislador.

CAPÍTULO VII

O legislador

Para descobrir as regras de sociedade que melhor convenham às nações, seria necessária uma inteligência superior que contemplasse todas as paixões humanas sem experimentar nenhuma delas. Essa inteligência não poderia ter nenhuma relação com nossa natureza, embora a conhecesse por completo; sua felicidade teria de ser independente da nossa e, no entanto, estar pronta para ocupar-se da nossa; e, por fim, no decorrer do tempo, teria de antegozar uma glória distante e, trabalhando ao longo de um século, ser capaz de desfrutar no seguinte. Seriam necessários deuses para dar leis aos homens...

O legislador ocupa, em todos os aspectos, uma posição extraordinária no Estado. Se assim deve ser em razão de seu gênio, não menos o será em razão de seu ofício, que não é a magistratura, nem a soberania. Esse ofício, que estabelece a república, não entra em sua constituição em parte alguma; é uma função individual e superior que nada tem em comum com o império humano; pois, se aquele que tem comando sobre os homens não deve ter comando sobre as leis, da mesma forma aquele que tem comando sobre as leis não deve tê-lo sobre os homens; do contrário, suas leis seriam instrumentos de suas paixões e, com frequência, serviriam apenas para perpetuar suas injustiças; seus propósitos privados frustrariam, de maneira inevitável, a santidade de sua obra.

Quando Licurgo deu leis para seu país, começou por abdicar do trono. Era costume da maioria das cidades gregas confiar o estabelecimento de suas leis a forasteiros... Roma, no auge de sua prosperidade, viu ressurgirem todos os crimes da tirania e foi levada à beira da destruição porque pôs a autoridade legislativa e o poder soberano nas mesmas mãos...

Aquele, portanto, que redige as leis não tem nem deve ter qualquer direito de legislação, e o povo não pode, mesmo se desejar, privar-se desse direito intransferível, pois, de acordo com o pacto fundamental, só a vontade geral pode obrigar os indivíduos, e não pode haver nenhuma garantia de que uma vontade particular está em conformidade com a vontade geral enquanto não for submetida ao voto livre do povo...

Se os sábios tentassem falar ao populacho usando sua linguagem em vez da dele, não seriam compreendidos. Existem mil ideias que são impossíveis de ser traduzidas para a língua popular... Para que um povo jovem seja capaz de apreciar os saudáveis princípios da teoria política e seguir as regras fundamentais da arte de governar, o efeito teria de tornar-se causa; o espírito social que seria criado por essas instituições teria de presidir sobre sua própria fundação; e os homens teriam de ser antes das leis aquilo em que se tornariam por meio da lei. O legislador, portanto, sendo incapaz de apelar para a força ou a razão, deve recorrer a uma autoridade de ordem diferente, capaz de reprimir sem violência e de persuadir sem convencer.

Foi isso que, em todas as eras, obrigou os patriarcas das nações a recorrer à intervenção divina e creditar aos deuses sua própria sabedoria, a fim de que os povos, submetendo-se às leis do Estado como às da natureza e reconhecendo o mesmo poder na formação da cidade como na do homem, pudessem obedecer livremente e suportar com docilidade o jugo da felicidade pública.

Essa razão sublime, muito acima do alcance do populacho, é aquela cujas decisões o legislador põe na boca dos imortais, a fim de compelir por autoridade divina aqueles que a prudência humana não poderia mover. Mas não é qualquer um que pode fazer os deuses falarem ou ser digno de crédito quando se proclama intérprete deles...

CAPÍTULO VIII

O povo

... O legislador sábio não começa formulando leis boas em si mesmas, mas sim investigando a aptidão do povo, ao qual elas se destinam...

Mil nações atingiram grandeza terrena e jamais poderiam ter suportado boas leis; mesmo aquelas que teriam suportado só o conseguiriam por um período muito breve de sua longa história. A maioria dos povos, como a maioria dos homens, é dócil apenas na juventude; quando envelhecem, tornam-se incorrigíveis. Uma vez que os costumes se estabeleceram e os preconceitos se tornaram inveterados, é perigoso e inútil tentar sua reforma...

Há, de fato, momentos na história dos Estados em que... o Estado, incendiado por guerras civis, nasce de novo, por assim dizer, a partir de suas cinzas, e recobra o vigor da juventude, escapando das garras da morte. Assim aconteceu com Esparta no tempo de Licurgo, com Roma depois dos Tarquínios e, em tempos modernos, com Holanda e Suíça após a expulsão dos tiranos...

... Um povo é obediente à disciplina desde o começo, outro não é nem depois de dez séculos. A Rússia jamais será realmente civilizada, porque foi civilizada cedo demais. Pedro tinha gênio para as imitações, mas carecia do verdadeiro gênio, que é criativo e faz tudo a partir do nada...

CAPÍTULO X

O povo (continuação)

... Que povo, então, é um objeto apto à legislação? Um povo que, já obrigado por alguma unidade de origem, interesse ou convenção, jamais sentiu o verdadeiro jugo da lei; que não tem nem costumes nem superstições profundamente enraizadas, que não teme ser subjugado por súbita invasão; um povo que, sem se envolver nas rixas de seus vizinhos, pode resistir a cada um deles sem nenhuma ajuda, ou conseguir a ajuda de um para repelir outro; um povo em que cada membro pode ser conhecido de todos os outros, e não há qualquer necessidade de impor a alguém fardos pesados demais para um homem carregar; um povo que pode arranjar-se sem outros povos e sem o qual todos os outros possam arranjar-se; um povo que não é rico nem pobre, mas autossuficiente; e, por fim, um povo que une a consistência de um povo antigo com a docilidade de um novo. O que dificulta a legislação não é tanto o que é necessário construir quanto o que precisa ser destruído; e o que torna o sucesso tão raro é a impossibilidade de encontrar a simplicidade natural junto com as exigências sociais. Todas essas condições raramente são encontradas juntas e, portanto, poucos Estados possuem boas constituições...

CAPÍTULO XI

Os vários sistemas de legislação

Se perguntarmos em que precisamente consiste o maior bem de todos, que deveria ser a finalidade de todo sistema de legislação, descobriremos que ele se reduz a dois objetivos principais, liberdade e liberdade com igualdade, pois toda dependência particular representa o mesmo tanto de força retirada do corpo do Estado; e igualdade, porque a liberdade não pode existir sem ela.

Já defini liberdade civil; por igualdade devemos compreender não que os graus de poder e riqueza sejam absolutamente idênticos para todos, mas que o poder jamais seja grande o bastante para a violência e sempre exercido com base na classe social e na lei; e que, em relação à riqueza, nenhum cidadão jamais pode ser rico o bastante para comprar um outro, e ninguém pobre a ponto de ser forçado a se vender; o que implica, de parte do grande, moderação em bens e posição; e, de parte do tipo comum, moderação na avareza e na cobiça.

Há quem diga que tal igualdade é um ideal pouco prático que não pode existir de verdade. Mas, se seu abuso é inevitável, não se conclui que pelo menos devemos fazer regulamentos referentes a isso? É precisamente porque a força das circunstâncias tende a estar sempre destruindo a igualdade que a força da legislação deve sempre tender à sua manutenção.

Mas esses objetivos gerais de todo bom sistema legislativo precisam modificar-se em cada país, de acordo com a situação local e o temperamento dos habitantes...

O que na verdade torna sólida e duradoura a constituição de um Estado é a devida observância do que é adequado, de modo que as relações naturais estejam sempre de acordo com as leis em cada aspecto, e que a lei sirva apenas, por assim dizer, para assegurar, acompanhar e retificar as relações. Mas, se o legislador se confunde em seu objetivo e adota um princípio diferente daquele que as circunstâncias indicam de forma natural..., as leis gradualmente perderão sua influência, a constituição irá se alterar e o Estado não terá descanso até ser destruído ou mudado e a natureza ter retomado seu invencível controle.

CAPÍTULO XII

A divisão das leis

... Primeiro, há a ação do corpo completo sobre si mesmo, a relação do todo com o todo, do soberano com o Estado...

As leis que regulamentam essa relação ostentam o nome de leis políticas e também são chamadas de leis fundamentais...

A segunda relação é aquela dos membros entre si ou com o corpo como um todo; e essa relação deve ser tão sem importância, no primeiro caso, e tão importante, no segundo, quanto possível. Cada cidadão teria, então, perfeita independência de todo o resto e, ao mesmo tempo, muita dependência da cidade; o que é realizado sempre pelos mesmos meios, já que somente a força do Estado pode garantir a liberdade de seus membros. Dessa segunda relação surgem as leis civis.

Podemos considerar também um terceiro tipo de relação entre o indivíduo e a lei, uma relação de desobediência às suas penalidades. Isso dá origem ao estabelecimento do direito penal que, no fundo, é menos uma classe de lei específica do que a sanção por trás do restante.

Junto com esses três tipos de lei vem um quarto, o mais importante de todos, que não está gravado em placas de mármore ou bronze, mas no coração dos cidadãos. Ele forma a verdadeira constituição do Estado, assume novos poderes a cada dia, quando outras leis entram em decadência ou se extinguem, restaurando-as ou ocupando seu lugar, mantém um povo nos caminhos que deve trilhar e, gradualmente, substitui a autoridade pela força do hábito. Estou falando da moralidade, dos costumes, acima de tudo da opinião pública; um poder desconhecido dos pensadores políticos e do qual, não obstante, depende o sucesso de tudo mais. É com isso que o grande legislador se preocupa em segredo, embora ele pareça limitar-se a regulamentos específicos; pois estes são apenas o arco da abóbada, enquanto os modos e costumes, mais lentos para surgir, formam no final a chave da abóbada fixa.

Entre as diferentes classes de leis, as políticas, que determinam a forma de governo, são as únicas relevantes para meu assunto.

Livro III

CAPÍTULO I

Governo em geral

... Toda ação livre é produzida pela concorrência de duas causas; uma moral, isto é, a vontade que determina o ato; a outra física, isto é, o poder que a executa. Quando caminho em direção a um objeto, é necessário primeiro que eu deseje ir até ele e, em segundo lugar, que meus pés me levem... O corpo político tem as mesmas forças motrizes; aqui também força e vontade se distinguem; vontade com o nome de poder legislativo; e força com o de poder executivo. Sem a concorrência de ambos, nada é feito, nem deve ser feito.

... O poder legislativo pertence ao povo e só pode pertencer a ele. Por outro lado, pode-se ver logo... que o poder executivo não pode pertencer à generalidade como legislatura ou soberano, porque consiste totalmente em atos particulares que estão fora da competência da lei e, por consequência, do soberano, cujos atos devem ser sempre leis.

A força pública, portanto, necessita de um agente próprio que a reúna e ponha em funcionamento sob a direção da vontade geral... Aqui temos aquilo que, no Estado, constitui a base do governo, muitas vezes confundida erroneamente com o soberano, de quem é um instrumento.

O que, então, é o governo? Um corpo intermediário estabelecido entre os súditos e o soberano para assegurar sua correspondência mútua, encarregado da execução da lei e da manutenção da liberdade, tanto civil como política.

Os membros desse corpo são chamados de magistrados ou de *reis*, o que vale dizer *governantes*, e o corpo todo ostenta o nome de *príncipe*. Desse modo, os que dizem que o ato pelo qual um povo se põe sob o domínio de um príncipe não é um contrato, com certeza estão certos. É apenas e unicamente uma comissão, um emprego, no qual os governantes, meros funcionários do soberano, exercem em seu próprio nome o poder de depositários. Esse poder pode limitar, modificar ou recuperar o que quiser; porque a alienação de tal direito é incompatível com a natureza do corpo social e contrária à finalidade da associação.

Chamo, então, de *governo*, ou de administração suprema, o legítimo exercício do poder executivo; e de príncipe ou magistrado o homem ou o corpo encarregado dessa administração...

... Se o soberano deseja governar, ou o magistrado fazer leis, ou se os súditos se recusam a obedecer, a desordem toma o lugar da regularidade, a força e a vontade não agem mais em conjunto, e o Estado é dissolvido e cai no despotismo ou na anarquia... Inúmeros acontecimentos podem mudar as relações de um povo, não apenas diferentes governos podem ser bons para diferentes povos, mas também para o mesmo povo em épocas diferentes...

Suponhamos que o Estado seja composto de dez mil cidadãos. O soberano só pode ser considerado coletivamente e como um corpo; mas cada membro, por ser um súdito, é considerado como um indivíduo; desse modo, o soberano está para o súdito como dez mil estão para um, isto é, cada membro do Estado tem como sua quota apenas uma décima milésima parte da autoridade soberana, embora esteja inteiramente sob o controle desta. Se o povo somar cem mil, a condição do súdito não se altera, e cada qual está igualmente sob toda a autoridade das leis, embora seu voto, sendo reduzido a uma centésima milésima parte, tem dez vezes menos influência na elaboração dessas leis. Portanto, permanecendo o súdito sempre como uma unidade, a relação entre ele e o soberano aumenta com o número de cidadãos. Conclui-se disso que quanto maior o Estado, menor a liberdade...

... quanto menos relação as vontades particulares tiverem com a vontade geral, ou seja, os modos e costumes com as leis, mais se deve aumentar a força repressora. Então, para ser bom, o governo deve ser proporcionalmente mais forte quanto mais numeroso é o povo.

Por outro lado, como o crescimento do Estado dá aos depositários da autoridade pública mais tentações e chances de abusar de seu poder, maior a força que se deve outorgar ao governo para manter o povo sob controle, e maior também deve ser a força à disposição do soberano para manter o governo sob controle...

... a vontade dominante nada mais é, ou deveria ser, que a vontade geral ou a lei; sua força é apenas a força pública concentrada em suas mãos, e, tão logo ele tenta basear algum ato absoluto e independente em sua própria autoridade, começa a soltar-se o vínculo que mantém o todo unido. Enfim, se o príncipe chegasse a ter uma vontade particular mais ativa do que a vontade do soberano, e empregasse a força pública que tem nas mãos em obediência a essa vontade particular, haveria, por assim dizer, dois soberanos, um de direito e o outro de fato, a união social se evaporaria no mesmo instante e o corpo político se dissolveria.

No entanto, para que o governo possa ter uma verdadeira existência... deve ter uma personalidade particular, uma sensibilidade comum a seus membros, e uma força e uma vontade de sua própria criação para sua preservação. Essa existência particular implica assembleias, conselhos, poder de deliberação e decisão, direitos, títulos e privilégios que pertençam exclusivamente ao príncipe e que tornem o ofício de magistrado ainda mais honroso quanto mais difícil for. As dificuldades residem na maneira de se ordenar esse todo subordinado dentro do todo, de modo que não altere, de maneira alguma, a constituição geral pela afirmação de sua própria, e sempre distinga a força particular que possui, destinada a auxiliar em sua preservação, da força pública, destinada à preservação do Estado; e, resumindo, que esteja sempre disposto a sacrificar o governo ao povo e jamais sacrificar o povo ao governo...

CAPÍTULO II

O princípio constituinte nas várias formas de governo

... Dissemos que a relação do soberano para com os súditos é maior quanto mais numeroso é o povo, e, por uma evidente analogia, podemos dizer o mesmo da relação do governo com os magistrados.

Mas a força total do governo, sendo sempre a do Estado, é invariável; de modo que quanto mais dessa força se emprega sobre seus próprios membros, menos sobra para empregar sobre todo o povo.

Por conseguinte, quanto mais numerosos os magistrados, mais fraco o governo...

Na pessoa do magistrado, podemos distinguir três vontades essencialmente diferentes; primeiro, a vontade privada do indivíduo, que tende apenas a seu benefício pessoal; segundo, a vontade comum dos magistrados, que só concerne ao benefício do príncipe e pode ser chamada de vontade corporativa, sendo geral em relação ao governo e particular em relação ao Estado, do qual o governo faz parte; e, em terceiro lugar, a vontade do povo ou soberana, que é geral tanto em relação ao Estado considerado como o todo e ao governo considerado como uma parte do todo.

Num ato perfeito de legislação, a vontade individual ou particular deve ser nula; a vontade corporativa que pertence ao governo deve ocupar uma posição muito subordinada; e, como consequência, a vontade geral ou soberana deve sempre predominar e ser o único guia de todo o resto.

De acordo com a ordem natural, por outro lado, essas diferentes vontades se tornam mais ativas quanto mais concentradas são. Assim, a vontade geral será sempre a mais fraca, a corporativa vem em segundo, e a vontade individual é a mais forte de todas; de modo que, no governo, cada membro é antes de mais nada ele mesmo, depois um magistrado e depois um cidadão – numa ordem que é exatamente inversa ao que exige o sistema social...

CAPÍTULO III

Classificação dos governos

... Em todas as épocas houve muita discussão sobre a melhor forma de governo, sem se considerar o fato de que cada uma delas é a melhor em certos casos e a pior em outros.

Se, nos diferentes Estados, o número de supremos magistrados deve ser proporcionalmente inverso ao número de cidadãos, conclui-se que, de maneira geral, o governo democrático é adequado para Estados pequenos, o governo aristocrático aos de tamanho médio, e a monarquia para os grandes. Essa regra deriva imediatamente do princípio estabelecido. Mas é impossível contar as inúmeras circunstâncias que podem fornecer exceções.

CAPÍTULO IV

Democracia

Quem faz a lei sabe melhor do que ninguém a maneira como ela deve ser executada e interpretada. Parece, então, impossível ter uma constituição melhor do que aquela em que os poderes executivo e legislativo estão unidos; mas esse próprio fato torna o governo inadequado em certos aspectos, porque coisas que deveriam ser distinguidas são confundidas, e o príncipe e o soberano, sendo a mesma pessoa, formam, por assim dizer, nada mais que um governo sem governo.

Não é bom que aquele que faz as leis as execute, ou que o conjunto do povo desvie sua atenção de um ponto de vista geral e a dedique a objetos particulares. Nada é mais perigoso do que a influência de interesses privados nos assuntos públicos, e o abuso das leis pelo governo é um mal menor do que a corrupção do legislador, que é a consequência inevitável de um ponto de vista particular...

Se tomarmos o termo no sentido estrito, nunca houve uma verdadeira democracia, e jamais haverá. É contra a ordem natural a maioria governar e a minoria ser governada. É inimaginável que o povo deva permanecer sempre em assembleia para dedicar seu tempo aos assuntos públicos, e está claro que não se poderiam estabelecer comissões com esse propósito sem mudar a forma de administração...

... Não há governo algum tão sujeito às guerras civis e às agitações internas como o governo democrático ou popular, pois não há outro que tenha uma tendência tão forte e contínua para mudar de uma forma à outra, ou que exija mais vigilância e coragem para ser mantido tal como está...

Se houvesse um povo de deuses, seu governo seria democrático. Governo tão perfeito assim não é para os homens.

CAPÍTULO V

Aristocracia

... As primeiras sociedades governavam-se de forma aristocrática. Os chefes de família deliberavam em conjunto sobre assuntos públicos. Os jovens curvavam-se, sem questionar, à autoridade da experiência...

Na medida, porém, em que a desigualdade artificial produzida pelas instituições passou a predominar sobre a desigualdade natural, a riqueza ou o poder ganhou precedência sobre a idade e a aristocracia tornou-se eletiva. Por fim, a transmissão do poder do pai, junto com seus bens, para os filhos, ao criar famílias patrícias, tornou o governo hereditário e passou a haver senadores com vinte anos de idade.

Há, portanto, três espécies de aristocracia – a natural, a eletiva e a hereditária. A primeira é apenas para os povos simples; a terceira é o pior dos governos; a segunda é melhor e é a aristocracia propriamente dita.

... aqui, a magistratura restringe-se a poucos, que só o alcançam mediante eleição. Por esse meio, a probidade, o entendimento, a experiência e todas as outras pretensões à preeminência e à estima pública tornam-se muitas garantias adicionais de um governo sábio.

Além disso, as assembleias se reúnem de maneira mais fácil, os assuntos são mais bem discutidos e levados a cabo com mais ordem e diligência, e o crédito do Estado é mais bem preservado no exterior por veneráveis senadores do que por uma multidão desconhecida ou desprezada.

Resumindo, o melhor e mais natural arranjo é que os mais sábios governem a maioria, quando está assegurado que governarão em benefício dela e não em seu próprio proveito...

Mas, se a aristocracia não exige todas as virtudes necessárias para um governo popular, requer outras que lhe são peculiares; por exemplo, moderação de parte dos ricos e contentamento de parte dos pobres; pois parece que uma igualdade total estaria fora de questão...

CAPÍTULO VI

Monarquia

... se nenhum governo é mais vigoroso que esse, também não existe outro em que a vontade particular tenha mais poder e governe o restante com mais facilidade. De fato, tudo se move em direção ao mesmo fim, mas esse fim não é, de maneira alguma, o da felicidade pública, e mesmo a força da administração se mostra constantemente prejudicial ao Estado.

Os reis desejam ser absolutos, e os homens estão sempre lhes gritando de longe que o melhor meio de sê-lo é ser amado por seus povos. Esse preceito é muito bom e até verdadeiro em alguns aspectos. Infelizmente, será sempre ridicularizado nos tribunais. O poder que provém do amor de um povo é, sem dúvida, o maior; mas é precário e condicional, e os príncipes jamais ficarão satisfeitos com ele. Os melhores reis desejam que sua posição lhes permita ser maus, se quiserem, sem perder o direito à sua autoridade; os pregadores políticos podem dizer-lhes, para agradar seus corações, que, sendo a força do povo sua própria força, seu primeiro interesse é que o povo seja próspero, numeroso e formidável; eles sabem muito bem que isso é falso. Seu primeiro interesse pessoal é que o povo seja fraco, infeliz e incapaz de opor-lhes resistência. Admito que, desde que os súditos permaneçam sempre em submissão, o interesse do público seria de que ele fosse poderoso, a fim de que o poder deles, sendo o seu próprio, pudesse torná-los terríveis para seus vizinhos; mas, sendo esse interesse apenas secundário e subordinado, e sendo a força incompatível com a submissão, os príncipes naturalmente sempre dão preferência ao princípio que mais favorece seu benefício imediato...

Um defeito essencial e inevitável que sempre qualificará o governo monárquico abaixo do republicano é que, numa república, a voz pública dificilmente ergue às posições mais elevadas homens que não sejam esclarecidos e capazes, que as ocupem com honra; ao passo que, nas monarquias, aqueles que chegam ao topo não passam, muitas vezes, de pequenos estúpidos, pequenos trapaceiros e pequenos conspiradores, cujos pequenos talentos os fazem chegar às posições mais elevadas da corte, mas que, assim que chegam lá, servem apenas para tomar sua inépcia clara para o público. O público se engana muito menos do que o príncipe em suas escolhas; e um homem de real valor entre os ministros do rei é quase tão raro como um tolo à frente de um governo republicano...

A desvantagem que mais afeta o governo monárquico é a falta da sucessão contínua que, em ambas as outras formas, proporciona um vínculo intacto de união. Quando um rei morre, um outro é necessário; as eleições deixam intervalos perigosos, cheios de tormentas...

... As coroas foram tornadas hereditárias em certas famílias, e foi estabelecida uma ordem de sucessão para impedir disputas... os homens preferiram correr o risco de ter como governantes crianças, monstros ou imbecis a ter disputas envolvendo a escolha de bons reis...

Tudo conspira para roubar o senso de justiça e a razão ao homem que é colocado em posição de autoridade sobre outros...

CAPÍTULO IX

Os sinais de um bom governo

... Qual é a finalidade das associações políticas? A preservação e prosperidade de seus membros. E qual o sinal mais seguro de sua preservação e prosperidade? Seu número e população. Não procure, então, em nenhuma outra parte esse sinal que está em discussão. Sendo o resto igual, o governo em que os cidadãos mais aumentam e se multiplicam, sem ajuda externa, sem naturalização ou colônia, é sem dúvida nenhuma o melhor. O governo sob o qual um povo definha e diminui, é o pior...

CAPÍTULO X

O abuso do governo e sua tendência a degenerar

Assim como a vontade particular age constantemente em oposição à vontade geral, o governo também está sempre se empenhando contra a soberania. Quanto maior se tornar esse empenho, mais a constituição se modificará; e como não há nesse caso nenhuma outra vontade combinada para criar um equilíbrio pela oposição à vontade do príncipe, mais cedo ou mais tarde o príncipe deve inevitavelmente anular o soberano e romper o tratado social...

O governo sofre uma contração quando passa da maioria para a minoria...

A dissolução do Estado pode ocorrer de uma entre duas maneiras.

Primeiro, quando o príncipe deixa de administrar o Estado de acordo com as leis e usurpa o poder soberano. Ocorre, então, uma mudança notável: não o governo, mas sim o Estado passa por uma contração; quero dizer que o grande Estado é dissolvido e um outro se forma dentro dele, composto unicamente pelos membros do governo, que para o resto do povo torna-se apenas senhor e tirano. Desse modo, no momento em que o governo usurpa a soberania, o pacto social é rompido e todos os cidadãos particulares recuperam por direito sua liberdade natural e são forçados, mas não obrigados, a obedecer.

A mesma coisa acontece quando os membros do governo usurpam separadamente o poder que deveriam exercer apenas na condição de um corpo... Há então, por assim dizer, tantos príncipes quantos magistrados, e o Estado, não menos dividido do que o governo, perece ou muda de forma...

CAPÍTULO XI

A morte do corpo político

... Se Esparta e Roma pereceram, que Estado pode esperar durar para sempre? Se queremos estabelecer uma forma duradoura de governo, não devemos nem sequer sonhar em torná-la eterna. Para sermos bem-sucedidos, não devemos tentar o impossível, nem nos gabar de estar dotando a obra do homem com uma estabilidade que as condições humanas não permitem.

O corpo político, assim como o corpo humano, começa a morrer tão logo nasce e carrega em si as causas de sua destruição. Mas ambos podem ter uma constituição mais ou menos robusta e adequada para preservá-los por um tempo mais longo ou mais curto...

Não é pelas leis, de forma alguma, que o Estado subsiste, mas sim pelo poder legislativo. A lei de ontem não é obrigatória hoje; mas o silêncio é considerado consentimento tácito, e acredita-se, portanto, que o soberano incessantemente confirma as leis que não abole, já que poderia. Tudo que ele um dia declarou querer, vai querer sempre, a menos que revogue sua declaração.

Por que, então, se tem tanto respeito pelas velhas leis? Por essa mesma razão. Precisamos acreditar que nada, a não ser a excelência dos velhos atos de vontade, pode preservá-los por tanto tempo; se o soberano não os tivesse reconhecido como saudáveis do início ao fim, os teria revogado mil vezes. É por isso que, longe de se enfraquecerem, as leis estão sempre ganhando nova força em qualquer Estado bem constituído; o precedente de antiguidade torna-as cada dia mais veneráveis; onde as leis se enfraquecem à medida que envelhecem, isso prova que não há mais ali um poder legislativo e que o Estado está morto.

CAPÍTULO XII

Como se mantém a autoridade soberana

O soberano, não tendo outra força senão o poder legislativo, só age por meio das leis; e sendo as leis apenas os atos autênticos da vontade geral, o soberano não pode agir, salvo quando o povo estiver reunido. O povo em assembleia, dirão, não passa de quimera. É quimera hoje em dia, mas não foi há dois mil anos. Mudou a natureza do homem?...

... O último censo mostrou que havia em Roma quatrocentos mil cidadãos capazes de pegar em armas, e o último cálculo da população do Império registrou mais de quatro milhões de cidadãos, excluindo súditos, estrangeiros, mulheres, crianças e escravos.

Pode-se imaginar que dificuldades se interpunham para as reuniões frequentes da vasta população dessa capital e seus arredores. No entanto, poucas semanas se passavam sem que o povo romano se reunisse, e até várias vezes. Ele não apenas exercia os direitos de soberania, mas também uma parte dos direitos de governo...

CAPÍTULO XIII

O mesmo (continuação)

Não basta que o povo reunido tenha estabelecido a constituição do Estado ao dar sua sanção a um conjunto de leis; não basta que ele tenha instituído um governo perpétuo, ou estipulado de uma vez por todas a eleição dos magistrados. Além das assembleias extraordinárias que circunstâncias imprevistas podem exigir, deve haver assembleias periódicas fixas que não podem ser abolidas ou adiadas, de modo que, no dia adequado, o povo seja legitimamente convocado por lei para se reunir, sem necessidade de nenhuma convocação formal...

A maior ou menor frequência com que devem ocorrer as assembleias legítimas depende de tantas considerações que não se podem oferecer regras exatas sobre elas. Só se pode dizer, de maneira geral, que quanto mais forte for o governo, com mais frequência o soberano deve manifestar-se.

Isto, dirão, pode servir para uma única cidade; mas o que fazer quando o Estado inclui várias?...

... se o Estado não puder ser reduzido aos limites justos, ainda resta um recurso; isto é, não admitir que nenhuma capital desloque a sede do governo de uma cidade a outra, e reunir por turnos, em cada uma, os estados provinciais do país.

Povoe o território por igual, estenda os mesmos direitos a todas as partes, leve abundância e vida para cada lugar; por esses meios, o Estado se tornará, de uma vez, tão forte e bem governado quanto for possível...

CAPÍTULO XIV

O mesmo (continuação)

No momento em que o povo se reunir de maneira legítima como corpo soberano, a jurisdição do governo se extingue por completo, o poder executivo é suspenso e a pessoa do cidadão mais humilde é tão sagrada e inviolável quanto a do primeiro magistrado; pois, na presença da pessoa representada, os representantes não mais existem...

CAPÍTULO XV

Deputados ou representantes

Tão logo o serviço público deixa de ser a principal ocupação dos cidadãos, preferindo eles servir com seu dinheiro em vez de suas pessoas, o Estado não está longe da destruição. Quando é necessário marchar para a guerra, eles pagam soldados e ficam em casa. Quando é necessário reunir-se em conselho, nomeiam deputados e ficam em casa. Por causa da preguiça e do dinheiro, acabam tendo soldados para escravizar seu país e representantes para vendê-lo.

É através do burburinho do comércio e das artes, do ganancioso egoísmo do lucro e da suavidade e amor pelas amenidades que os serviços pessoais são substituídos por pagamentos em dinheiro...

A soberania não pode ser representada pela mesma razão que a torna inalienável; ela reside essencialmente na vontade geral, e a vontade não admite representação... Os deputados do povo, portanto, não são e não podem ser seus representantes; são seus meros procuradores e não podem levar a efeito atos definitivos. Toda lei que o povo não ratificou em pessoa é nula e vazia... O povo da Inglaterra se considera livre, mas trata-se de um enorme equívoco; ele só é livre durante a eleição dos membros do Parlamento. Tão logo estes são eleitos, a escravidão sobrevém e ele nada é...

Livro IV

CAPÍTULO I

A vontade geral é indestrutível

Enquanto vários homens em assembleia se consideram como um corpo único, eles têm apenas uma única vontade que se ocupa de sua preservação comum e do bem-estar geral. Nesse caso, todos os motivos do Estado são vigorosos e simples; e suas regras, claras e luminosas; não há confusões nem conflitos de interesse; o bem comum é claramente evidente em todas as partes, e basta ter bom senso para percebê-lo. A paz, a unidade e a igualdade são inimigas das sutilezas políticas. Os homens honestos e simples são difíceis de enganar por causa de sua simplicidade; os engodos e pretextos engenhosos não conseguem impressioná-los, e eles nem sequer são sutis o bastante para ser crédulos. Quando se veem bandos de camponeses, entre os povos mais felizes da terra, regulamentando negócios de Estado sob um carvalho, sempre agindo de forma sábia, podemos evitar de desprezar os métodos engenhosos das outras nações, que as tornam ilustres e desgraçadas com tanta arte e mistério?

Um Estado assim governado necessita de pouquíssimas leis; e, quando se torna necessário fazer novas leis, a necessidade é vista como universal. O primeiro homem a propô-las apenas diz aquilo que todos já sentiram, e não é necessária nenhuma facção, intriga ou eloquência para assegurar que se transforme em lei aquilo que todos já decidiram fazer, tão logo ele esteja certo de que os demais agirão com ele.

Os teóricos são levados a erro porque, vendo apenas Estados que desde o começo foram constituídos de forma errada, deparam com a impossibilidade de aplicar tal política a eles...

Mas, quando o vínculo social começa a distender e o Estado enfraquece, quando os interesses particulares começam a se fazer sentir e as sociedades menores a exercer influência sobre a maior, o interesse comum muda e encontra oponentes; a opinião não é mais unânime; a vontade geral deixa de ser a vontade de todos...

Enfim, quando o Estado, à beira da ruína, mantém apenas uma existência vã, ilusória e formal, quando o vínculo social está rompido em todos os corações e o mais vil interesse adquire descaradamente o sagrado nome de "bem público", a vontade geral emudece... e decretos iníquos, dirigidos apenas ao interesse privado, são aprovados com o nome de leis.

Conclui-se daí que a vontade geral está exterminada ou corrompida? Em absoluto; ela sempre é constante, inalterável e pura, mas está subordinada a outras vontades que invadem sua esfera. Cada homem, ao separar seu interesse do interesse comum, vê com clareza que não pode separá-los de todo; mas sua parte nos infortúnios públicos lhe parece desprezível ao lado do bem exclusivo que tenciona tornar seu. Fora esse bem particular, ele quer o bem geral em seu próprio interesse, com tanta intensidade quanto qualquer outro...

CAPÍTULO II

Votação

... Há apenas uma lei que, por sua natureza, necessita de consentimento unânime. É o pacto social; porque a associação civil é o mais voluntário de todos os atos. Tendo todos os homens nascido livres e senhores de si mesmos, ninguém, sob nenhum pretexto, pode sujeitar homem algum sem seu consentimento. Decidir que o filho de um escravo nasce escravo é decidir que ele não nasceu homem.

Então, se houver oponentes quando o pacto social é feito, sua oposição não invalida o contrato, mas apenas os impede de ser incluídos nele. Eles são estrangeiros entre os cidadãos. Quando o Estado é instituído, a residência constitui consentimento; habitar dentro de seu território é submeter-se ao soberano.

Fora esse contrato primitivo, o voto da maioria sempre obriga todo o resto. Isso decorre do próprio contrato. Mas, pergunta-se, como um homem pode ser livre e ao mesmo tempo forçado a se sujeitar a vontades que não são suas? Como os oponentes são, a um só tempo, livres e sujeitos a leis com as quais não estão de acordo?

Retruco que a questão está formulada de maneira errada. O cidadão dá seu consentimento a todas as leis, inclusive àquelas que são aprovadas apesar de sua oposição, e até àquelas que o punem quando ele ousa transgredir alguma delas... Quando uma lei é proposta na assembleia popular, o que se pergunta ao povo não é exatamente se ele aprova ou rejeita a proposta, mas se ela está em conformidade com a vontade geral, que é sua vontade. Cada homem, ao dar seu voto, dá sua opinião sobre esse ponto;

e a vontade geral é revelada pela contagem dos votos. Portanto, quando a opinião que prevalece é contrária à minha, isso prova simplesmente que eu estava enganado, e que aquilo que pensava ser a vontade geral, não o era. Se minha opinião particular tivesse sido vitoriosa, teria alcançado o oposto do que era minha vontade; e nesse caso eu não teria sido livre.

Isso pressupõe, de fato, que todas as qualidades da vontade geral ainda residem na maioria; quando deixa de ser assim, a liberdade não é mais possível, qualquer que seja o lado que o homem possa tomar...

CAPÍTULO III

Eleições

Nas eleições do príncipe e dos magistrados... há dois métodos possíveis de proceder, a escolha e o sorteio...

"A eleição por sorteio", diz Montesquieu, "é de natureza democrática". Concordo que assim é, mas em que sentido? "O sorteio", prossegue ele, "é uma maneira de escolher que não é injusta com ninguém; dá a cada cidadão uma esperança razoável de servir a seu país". Essas não são razões...

Em toda democracia verdadeira, a magistratura não é uma vantagem, mas sim um fardo muito pesado que não pode ser imposto, com justiça, a um indivíduo em vez de outro...

A eleição por sorteio teria poucas desvantagens numa verdadeira democracia, na qual, como a igualdade existiria em toda a parte, nos costumes e talentos, bem como nos princípios e fortunas, seria quase indiferente quem seria escolhido. Mas eu já disse que a verdadeira democracia é apenas um ideal.

Quando a escolha e o sorteio são combinados, as posições que exigem talentos especiais, como os postos militares, devem ser preenchidas pela primeira; a última é conveniente para casos como os cargos judiciais, nos quais bastam bom senso, justiça e integridade, pois num Estado bem constituído essas qualidades são comuns a todos os cidadãos...

CAPÍTULO VI

A ditadura

A inflexibilidade das leis, que as impede de ajustar-se às circunstâncias, pode, em certos casos, torná-las desastrosas e fazê-las provocar, num momento de crise, a ruína do Estado. A ordem e a lentidão das formas que elas impõem exigem um espaço de tempo que às vezes as circunstâncias recusam. Podem apresentar-se mil casos para os quais o legislador não tomou qualquer providência, e uma parte altamente necessária da previsão é ser consciente de que nem tudo pode ser previsto.

É errado, portanto, querer fazer instituições políticas tão fortes a ponto de tornar impossível a suspensão de suas operações. Até Esparta permitia que suas leis expirassem.

Entretanto, só os maiores perigos podem contrabalançar o risco de se mudar a ordem pública, e o sagrado poder das leis jamais deve ser suspenso, salvo quando a existência do país corre perigo. Nesses casos raros e óbvios, criam-se provisões para a segurança pública por intermédio de um ato particular, confiando-a àquele que é mais digno...

CAPÍTULO VIII

Religião civil

... O cristianismo como religião é inteiramente espiritual, voltado apenas para as coisas celestiais; o país do cristão não é deste mundo. Ele cumpre, de fato, seu dever, mas o faz com profunda indiferença com relação ao sucesso ou insucesso de seus cuidados. Desde que não tenha nada a censurar em si mesmo, pouco lhe importa se as coisas vão bem ou mal na terra. Se o Estado é próspero, ele mal ousa compartilhar da felicidade pública, por medo de orgulhar-se da glória de seu país; se o Estado está definhando, ele bendiz a mão de Deus que é dura com Seu povo.

... Se por mau acaso houvesse um único egoísta ou hipócrita..., com certeza, levaria a melhor sobre seus piedosos compatriotas. A caridade cristã não permite prontamente que um homem pense mal de seu próximo. Assim que, por meio de algum ardil, ele descubra a arte de se impor a eles e obter uma parcela da autoridade pública, você tem um homem estabelecido na dignidade, é a vontade de Deus que ele seja respeitado; muito em breve, você tem um poder; é a vontade de Deus que ele seja obedecido; e, se o poder é mal usado por aquele que o detém, é o açoite com que Deus pune Seus filhos. Haveria escrúpulos em expulsar o usurpador; seria necessário perturbar a tranquilidade pública, usar de violência e derramar sangue; nada disso se harmoniza com a mansidão cristã; e, afinal de contas, neste vale de lágrimas, que importa se somos homens livres ou servos? O essencial é chegar ao céu, e a resignação é apenas um meio adicional de fazê-lo...

... O direito que o pacto social dá ao soberano sobre os súditos não excede, como vimos, os limites da conveniência pública. Assim, os súditos devem prestar contas de suas opiniões ao soberano apenas na medida que interessam à comunidade. Ora, importa muito à comunidade que cada cidadão tenha uma religião. Isto o fará amar seu dever; mas os dogmas dessa religião só dizem respeito ao Estado e seus membros na medida em que se relacionem com a moralidade e os deveres que aquele que os professa está obrigado a cumprir perante os outros. Além do mais, cada homem pode ter as opiniões que desejar, sem ser problema do soberano tomar conhecimento delas; pois, como o soberano não tem nenhuma autoridade no outro mundo, qualquer que seja o destino de seus súditos na vida do porvir, não é problema seu, desde que eles sejam bons cidadãos nesta vida.

Há, portanto, uma profissão de fé puramente civil da qual o soberano deve fixar os artigos, não exatamente como dogmas religiosos, mas sim como sentimentos sociais sem os quais um homem não pode ser um bom cidadão ou um súdito fiel. Embora não possa obrigar alguém a acreditar neles, pode banir do Estado quem não acreditar neles – pode bani-lo não por impiedade, mas por se tratar de um ser antissocial, incapaz de amar de verdade as leis e a justiça e de sacrificar, se necessário, sua vida a seu dever. Se alguém, após reconhecer de público esses dogmas, comportar-se como se não acreditasse neles, deve ser punido com a morte, pois cometeu o pior de todos os crimes, o de mentir perante a lei.

Os dogmas da religião civil devem ser poucos, simples e enunciados de maneira exata, sem explicação ou comentário. A existência de uma Divindade poderosa, inteligente e benévola, dotada de previsão e providência, a vida do porvir, a felicidade dos justos, a punição dos maus, a santidade do contrato social e das leis, esses são os dogmas positivos. Os dogmas negativos reduzo a um, a intolerância, que é uma parte dos cultos que rejeitamos.

Aqueles que distinguem a intolerância civil da teológica estão, em minha opinião, equivocados. As duas formas são inseparáveis. É impossível viver em paz com aqueles que consideramos condenados ao inferno; amá-los seria odiar a Deus, que os pune; sem dúvida nenhuma, devemos corrigi-los ou atormentá-los. Nos lugares onde a intolerância teológica é admitida, é inevitável que haja algum efeito civil; e assim que tal efeito ocorra, o soberano não é mais soberano nem mesmo na esfera temporal; a partir de então, os sacerdotes são os verdadeiros senhores, e os reis apenas seus ministros.

Hoje em dia, em que não mais existe nem pode existir uma religião nacional exclusiva, todas as religiões que toleram outras deveriam receber tolerância, desde que seus dogmas não contenham coisa alguma que seja contrária aos deveres de cidadania. Mas quem ousar dizer "fora da Igreja não há salvação", deveria ser expulso do Estado, a menos que o Estado seja a Igreja, e o príncipe, o pontífice. Tal dogma só é bom num governo teocrático; em qualquer outro, ele é fatal...

10

Immanuel Kant

1724-1804

Kant era um homem pequeno e de cabeça grande, de compleição disforme e saúde frágil. Quando ganhou reputação, vivia ainda na casa de um modesto artesão, e só com idade mais avançada mudou-se para uma casa própria. Seus únicos sinais de insegurança pessoal eram sua suscetibilidade juvenil e a demasiada insistência em sua própria importância. Viveu no mesmo local provinciano durante todos os seus oitenta anos, adotando para si um regime espartano. No entanto, escreveu uma filosofia original. Reconheceu a dignidade inerente ao homem enquanto a América colonial tolerava a escravidão, e converteu a Regra de Ouro num Imperativo Categórico, condenando desvios das ideias do protagonista de uma legislação universal própria.

Kant nasceu, viveu e morreu em Königsberg, na Prússia Oriental. Seu pai, filho de escoceses, era um seleiro diligente que educou com severidade seus muitos filhos. A mãe de Kant era uma prussiana de origem humilde, dona de uma inteligência acima da média. A família estava envolvida com o movimento pietista da Igreja Luterana. Dos onze filhos, apenas dois meninos e três meninas sobreviveram à infância. As meninas tiveram vida de classe baixa; o irmão de Kant tornou-se um pregador de pouca distinção. Depois que saiu de casa, Kant manteve pouco contato com eles.

O pastor da família, percebendo em Immanuel uma promessa que os outros ignoravam, ajudou-o a ingressar no ginásio de Königsberg, onde era reitor. Kant dedicou-se com afinco aos estudos e obtinha boas notas, mas não revelava sinais de genialidade. O ginásio dava ênfase à religião – cada dia escolar começava com uma hora de instrução religiosa, e todos os períodos de sabatina oral começavam e terminavam com orações. Essa *overdose* levou Kant a se indispor com a carreira clerical planejada para ele. Seu professor de latim tornou os clássicos latinos tão atraentes que ele e dois companheiros passavam o tempo livre decorando-os.

Aos dezesseis anos, Kant entrou para a Universidade de Königsberg – que então era uma escola provinciana isolada, com suas faculdades voltadas sobretudo para teologia. Muitos professores davam aulas em duas ou mais disciplinas diversas. Kant matriculou-se em teologia, provavelmente seguindo ordens do pai, mas passava a maior parte do tempo estudando matemática, física e medicina. Dava aulas particulares para equilibrar o orçamento. Sua única recreação eram ocasionais jogos de bilhar.

Depois que terminou seu trabalho de graduação, aos vinte anos, Kant escreveu seu primeiro livro – uma obra sobre física matemática. Seu tio financiou a publicação. No livro, Kant zombava das autoridades e dizia que prestara um serviço considerável à ciência. O livro recebeu pouca atenção na época e nenhuma hoje em dia.

Dois anos após terminar os estudos, Kant conseguiu trabalho como "preceptor de família". Ele não tinha jeito com crianças, mas mesmo assim passou nove anos ensinando os filhos de três famílias. Seu primeiro emprego foi em Arnsdorf, noventa quilômetros a sudoeste de Königsberg – sua viagem mais longa em todos os seus oitenta anos de vida. O último emprego foi na residência do conde Kayserling. O conde e a condessa eram pessoas cultas que reconheceram a capacidade de Kant e o tratavam com respeito. Em sua casa, Kant conheceu convidados de posição e distinção, aprendeu a ter compostura e fez amizades duradouras. No final desse período como preceptor, publicou obras sobre astronomia e geologia.

Quando se candidatou ao grau de mestrado e a um posto para lecionar na Universidade de Königsberg, Kant habilmente defendeu teses filosóficas cuidadosamente elaboradas. Foi qualificado como livre-docente, obtendo assim o direito de lecionar para estudantes que pagavam honorários, mas não de receber um salário. Estava com trinta e um anos quando deu a primeira aula sobre matemática e física na casa em que residia. No ano seguinte, acrescentou lógica e metafísica e dava aulas três ou quatro vezes ao dia. Na condição de professor livre, Kant não era obrigado a dar aula sobre algum tópico particular, mas podia ensinar qualquer coisa que fosse apropriada para a faculdade de filosofia, o que incluía todos os assuntos menos medicina, direito e teologia. Chegou ao ponto de ensinar fortificação numa série de conferências que atraíam muitos oficiais militares.

No começo de uma série de conferências, era com estas palavras que ele provavelmente declarava suas metas pedagógicas: "Não ensino para gênios, pois sendo estes tão bem dotados abrirão seu caminho por conta própria; nem para estúpidos, porque não valem a pena; mas ensino em benefício daqueles que se encontram entre essas duas classes e querem estar preparados para seu futuro trabalho." Kant tentava ensinar seus alunos a pensar e muitas vezes dizia que não pensaria por eles. Aborrecia-se com facilidade na sala de aula e se queixava quando era distraído pela roupa relaxada, a aparência estranha ou o comportamento agitado dos estudantes. Os poucos rendimentos que obtinha com os honorários exigiam-lhe frugalidade. Kant abominava dívidas; muitas vezes vendia livros seletos de sua pequena biblioteca pessoal para comprar artigos de cama e mesa.

Permaneceu como livre-docente durante quinze anos, enquanto homens menos qualificados, porém mais seguros, eram promovidos. Quando estava com quarenta anos, desocupou-se uma cadeira de poesia e retórica, e o Ministro da Instrução Pública indagou sobre a aptidão de Kant para ocupá-la. Kant mandou avisar que não desejava essa cadeira porque seu titular tinha de ensinar versificação e escrever poemas oficiais para ocasiões especiais. Seis anos depois, Kant obteve uma cátedra de lógica e metafísica. Ao dar aulas sobre esses assuntos, tornou-se especialista em filosofia especulativa. Em seu auge, suas aulas eram tão populares que a sala ficava repleta uma hora antes. A universidade estava em maré baixa, tornando ainda mais notável, em contraste, o competente Kant. Oito anos depois de receber essa cadeira, foi-lhe oferecida outra na afamada Universidade de Halle. Essa oferta teria dobrado seu salário e aumentado sua fama. Mas ele não se mudaria do nicho ao qual estava acostumado. Kant lecionou em Königsberg até que sua debilidade o forçou ao afastamento mais do que devido, aos setenta e sete anos, três anos antes de sua morte. Durante seus trinta anos como professor, trabalhou vários períodos como decano de sua faculdade e reitor da universidade – sem distinção.

Embora suas finanças permitissem uma vida melhor em seus últimos dias, Kant conservou seus hábitos frugais e manteve-se aferrado a sua rígida programação. Ficou cada vez mais absorvido em especulações e cada vez mais distraído – um de seus biógrafos acha que Kant só notou a cegueira completa no olho esquerdo dois ou três anos depois que ela se instalou. Entretanto, era ansioso em relação à saúde e vivia procurando meios de prolongar sua vida. Imaginava que a maioria dos remédios era veneno e não tomou nenhum até idade bastante avançada. Era maníaco por dieta e fazia apenas uma refeição por dia. Saía da cama todos os dias às cinco horas da manhã e trabalhava arduamente durante as horas planejadas, todos os dias de sua vida. Dizem que os habitantes de Königsberg acertavam os relógios por meio das suas caminhadas diárias.

Kant passou a ter uma extravagância quando seu salário de professor lhe permitiu – roupas. Vestia-se com cuidado escrupuloso e preferia as cores vivas. Até a senilidade, Kant usou peruca, meias de seda, debruns dourados e fivelas de prata. Quando estava perto dos sessenta anos, mudou-se pela primeira vez para uma casa própria. Nela, recebia de dois a cinco convidados no almoço, todos os dias. Oferecia-lhes comida simples e conversa profunda. As mulheres não eram convidadas; Kant achava que o saber não ficava bem nas damas e que elas careciam de talento para a conversa séria. Em poucas ocasiões, seu coração foi tocado por alguma mulher suave e atraente, mas ele jamais se empenhou numa corte séria.

Na meia-idade, seus interesses filosóficos eram inteiramente egocêntricos; prestava pouca atenção aos sistemas dos filósofos contemporâneos e nem se dava ao trabalho de olhar as críticas à sua obra. Mas acompanhava o curso do desenvolvimento do mundo e nutria um interesse simpático pela revolução francesa e pela americana, muito embora a francesa fosse um assunto particularmente impopular em Königsberg. Kant tinha tanta confiança em seus próprios poderes de dedução, que suas conclusões se tornavam inabaláveis. Ele deduziu que a expedição de Napoleão contra o Egito foi uma simulação e que o verdadeiro golpe incidiria sobre Portugal; e mesmo depois que foi anunciado o desembarque no Egito, continuou mantendo sua conclusão, dizendo que o anúncio era uma tentativa de enganar os ingleses.

Sua estatura foi revelada por sua *Crítica da razão pura*, publicada em 1781, quando Kant estava com cinquenta e sete anos. Kant não tinha a menor ideia de que o livro seria bem recebido. Um editor de Königsberg o rejeitara alegando que não seria lucrativo. O editor de Riga que o aceitou poderia ter ficado com o livro em troca de nada, mas pagou a Kant quatro dólares por página e fez volumosos pagamentos voluntários em cada uma das muitas edições. Kant considerava esse dinheiro como presentes. Dez anos após sua publicação, a *Crítica* era comentada em todas as universidades alemãs e em muitas do exterior.

As primeiras obras de Kant eram claras e até fluentes, mas a *Crítica* era prolixa e obscura. Numa carta a um amigo, Kant disse que, embora o livro fosse o produto de mais de doze anos de pensamento, ele o escrevera por extenso em grande estado de excitação durante quatro ou cinco meses, sem nenhuma atenção para com o estilo e nenhum esforço para lisonjear o gosto dos leitores. Era velho demais, disse, para executar um trabalho extenso de escrita e, ao mesmo tempo, com a lima na mão, arredondar cada parte, deixando-a lisa e graciosa.

À medida que Kant desenvolvia seu sistema, atraía mais e mais admiração. Os estudantes iam em bandos para suas conferências. Kant era adulado, saudado, visitado, venerado, aborrecido. Aos sessenta e cinco anos, começou a declinar física e mentalmente, mas ainda conseguiu outra década de importantes escritos e ensinamentos aceitos. Durante esse tempo, escreveu *A doutrina do Direito*, 1797, publicado em tradução como *Filosofia do Direito de Kant*, de onde foram tirados os trechos que se seguem a esta nota.

Seus últimos cinco anos foram um período de debilidade, enfraquecimento da memória e fraqueza mental. Kant morreu num dia incomumente claro de fevereiro de 1804. Havia no céu uma pequena nuvem branca. Dizem que um soldado posicionado na ponte Schmiede teria dito: "Olha, é a alma de Kant voando para o céu" –, o que serve para mostrar que o habitante comum de Königsberg não apenas conhecia o famoso concidadão, mas também sabia da macia brancura de sua alma. Talvez quem contou a história não fosse devoto da rígida verdade evocada pelo Imperativo Categórico.

A FILOSOFIA DO DIREITO DE KANT[1]

(PRIMEIROS PRINCÍPIOS METAFÍSICOS DA DOUTRINA DO DIREITO)*

INTRODUÇÃO À METAFÍSICA DOS COSTUMES

---

1. Traduzido por W. Hastie, reimpresso com permissão de T. & T. Clark, Edimburgo.

* Há divergências sobre a data da primeira edição, que muitos dizem haver ocorrido em 1796, com o título *Metaphysische Anfangs gründ der Rechtslehre*. (N. do R. T.)

I

A relação das faculdades da mente humana com as leis morais

... O Arbítrio que pode ser determinado pela Razão pura, chama-se Livre-Arbítrio. O Arbítrio, que só pode ser determinado pela Inclinação enquanto impulso sensível ou estímulo, seria bruto e irracional. O humano Arbítrio, entretanto, é de fato *afetado* por tais impulsos ou estímulos, mas não é *determinado* por eles; tomado em si mesmo, destacado do hábito adquirido pela Razão, ele não é puro. Mas pode ser determinado para a ação por uma Vontade pura. A *liberdade* do Arbítrio é sua independência de ser *determinado* por estímulos ou impulsos sensíveis. Esse é o Conceito *negativo* de Livre-Arbítrio. O Conceito positivo de Liberdade é dado pelo fato de que a Vontade é a capacidade da Razão pura de ser prática em si. Mas isso não é possível de outra maneira senão pela máxima de toda ação estar sujeita à condição de servir como lei universal. Aplicada como Razão pura ao Arbítrio, e considerada à parte de seu objeto, a razão prática pode ser considerada como Faculdade dos Princípios; e, neste contexto, é a fonte dos princípios práticos. Daí deve ser vista como uma Faculdade legislativa. Mas como o *material* sobre o qual se constrói uma Lei não é fornecido, só pode fazer a *forma* da Máxima do ato da Vontade, na medida em que está disponível como Lei universal, a Lei suprema e o Princípio determinante da Vontade. E como as Máximas, ou Regras da ação humana derivadas de causas subjetivas, não concordam necessariamente com aquelas que são objetivas e universais, a Razão só pode prescrever essa Lei suprema como um Imperativo Absoluto de proibição ou ordem.

[As Leis da Liberdade como Morais, jurídicas e Éticas.] – As Leis da Liberdade, diferentemente das Leis da Natureza, são Leis *morais*. Na medida em que se referem apenas a ações externas e sua legalidade, são chamadas de *jurídicas*; mas, se também exigirem que, enquanto Leis, sejam elas mesmas os Princípios de determinação de nossas ações, são *éticas*. A concordância de uma ação com as Leis Jurídicas é sua *Legalidade*; a concordância de uma ação com as Leis Éticas é sua *Moralidade*...

II

A ideia e necessidade de uma metafísica dos costumes

[Leis Morais *a priori* e Necessárias.] – ... os conceitos e os juízos que dizem respeito a nós mesmos e à nossa conduta não têm qualquer importância *moral*, se contiverem apenas aquilo que pode ser aprendido pela experiência; e, quando alguém é desencaminhado, por assim dizer, a deduzir um Princípio Moral de algo derivado desta última fonte, está imediatamente em perigo de incidir nos erros mais grosseiros e mais fatais.

Se a Doutrina dos Costumes nada mais fosse senão uma doutrina da Felicidade, seria absurdo procurar Princípios *a priori* como fundamentos para ela... Somente a Experiência pode mostrar o que nos dará prazer. Os impulsos naturais dirigidos para a alimentação, o instinto sexual, ou a tendência ao repouso e movimento, bem como os desejos mais elevados de honra, aquisição de conhecimento e coisas semelhantes, desenvolvidos com nossas capacidades naturais, somente são capazes de mostrar em que esses prazeres devem ser *encontrados*. E, além disso, o conhecimento assim adquirido está disponível para cada indivíduo somente e a seu próprio modo; e é só assim que ele pode aprender os meios pelos quais tem de *procurar* esses prazeres...

Porém, é bastante diferente com as Doutrinas da Moralidade. Eles estabelecem Ordens para todos, sem levar em consideração as inclinações particulares, e apenas porque e na medida em que o indivíduo é livre e tem uma Razão prática. A instrução nas Leis da Moralidade não é deduzida da observação de si mesmo ou de nossa natureza animal, nem da percepção do curso do mundo com referência ao que acontece ou como os homens agem. A Razão ordena a maneira como *devemos* agir, muito embora nenhum exemplo de tal ação possa ser encontrado; a Razão tampouco dá qualquer atenção à Vantagem que podemos obter ao agir de tal modo, e que na verdade só a Experiência poderia mostrar...

IV

Concepções preliminares gerais, definidas e explicadas

***

[Leis Positivas e Naturais.] – Leis Obrigatórias para as quais é possível uma Legislação externa são chamadas, em geral, de *Leis Externas*. As Leis Externas, cuja obrigatoriedade pode ser reconhecida *a priori* pela Razão sem uma Legislação externa, são chamadas de LEIS NATURAIS. As leis que não são obrigatórias sem uma efetiva Legislação Externa são chamadas de LEIS POSITIVAS. Portanto, é concebível uma Legislação Externa contendo Leis Naturais puras; neste caso, porém, deve-se pressupor uma Lei Natural prévia para estabelecer a autoridade do Legislador pelo Direito de submeter outros à Obrigação mediante sua mera Vontade.

[Máximas.] – O Princípio que converte uma certa ação em Dever é uma Lei Prática. A Regra do Agente, que ele forma como um Princípio para si mesmo sobre fundamentos subjetivos, é chamada de sua MÁXIMA. Daí que, mesmo quando a Lei é única e invariável, as Máximas do Agente podem ainda assim ser muito diferentes.

[O Imperativo Categórico.] – O Imperativo Categórico apenas expressa, de maneira geral, aquilo que constitui Obrigação. Pode ser exprimido pela seguinte Fórmula: "Aja de acordo com uma Máxima que pode ser válida, ao mesmo tempo, como uma Lei Universal."... A Razão põe em teste o princípio ou máxima de qualquer ação ao exortar o Agente a pensar em si mesmo em relação a ela ao mesmo tempo em que estabelece uma Lei Universal, e a considerar se sua ação está, portanto, qualificada a fazer parte de tal Legislação Universal...

... O Princípio do Dever é aquilo que a Razão estabelece de maneira absoluta e, por conseguinte, objetiva e universal na forma de uma Ordem para o indivíduo, sobre como ele *deve* agir.

O PRINCÍPIO SUPREMO da Doutrina dos Costumes é o seguinte, portanto: "Aja de acordo com uma Máxima que possa também ser válida como uma Lei Universal." – Toda Máxima que não está qualificada de acordo com esta condição é contrária à Moral...

INTRODUÇÃO À DOUTRINA DO DIREITO: DEFINIÇÕES GERAIS E DIVISÕES

A

O que é a Doutrina do Direito

A DOUTRINA DO DIREITO tem como objeto os Princípios de todas as Leis que podem ser promulgadas por legislação externa. Onde existir tal legislação torna-se, na efetiva aplicação dela, um sistema de Lei e Direito *positivo*... Um Advogado profissional é alguém habilitado no conhecimento das Leis externas positivas e que pode aplicá-las a casos que podem ocorrer na prática. Tal conhecimento prático do Direito positivo, e da Lei, pode ser considerado como pertencente à *Jurisprudência* no sentido original do termo. Mas o conhecimento teórico do Direito e da lei em Princípio, distinta das leis positivas e casos empíricos, pertence à pura DOUTRINA DO DIREITO. A doutrina do direito designa, portanto, o conhecimento filosófico e sistemático dos Princípios do Direito Natural. E é desta ciência que os princípios imutáveis de toda a Legislação positiva devem ser derivados pelos Legisladores e Juristas praticantes.

B

O que é Direito?

... Uma referência ao que simplesmente é válido nas leis de algum país numa determinada época não é solução do problema geral assim proposto. É muito fácil declarar o que pode ser certo em casos particulares, como sendo aquilo que as leis de um determinado lugar e de uma determinada época dizem ou podem ter dito; mas é muito mais difícil determinar se aquilo que ordenaram é certo em si mesmo, e estabelecer um Critério universal pelo qual e em geral, e aquilo que é justo e injusto, podem ser reconhecidos...

1. O conceito de DIREITO – referindo-se a uma Obrigação correspondente que é o aspecto moral dele –, em *primeiro* lugar, diz respeito apenas à relação externa e prática de uma Pessoa com outra, na medida em que elas possam ter influência uma sobre a outra, imediata ou mediatamente, por suas *Ações* enquanto fatos. 2. Em *segundo* lugar, o conceito de Direito não indica a relação do arbítrio com o desejo de um outro, como nos atos de benevolência ou crueldade, mas apenas a relação com o arbítrio de outrem. 3. E, em *terceiro* lugar, nesta relação recíproca do arbítrio, o conceito de Direito não leva em consideração a *matéria* do ato de Vontade, na medida em que concerne ao fim que alguém pode ter em vista ao desejar. Em outras palavras, não se pergunta numa questão de Direito se alguém, ao comprar bens para seu próprio negócio, consegue um lucro com a transação ou não; mas apenas a *forma* da transação é levada em conta, ao considerar a relação do Arbítrio dos dois lados. O Arbítrio é assim considerado apenas na medida em que é *livre*, e se a ação de um pode harmonizar-se com a Liberdade do outro, de acordo com uma Lei universal.

DIREITO, portanto, abrange o todo das condições sob as quais as ações voluntárias de qualquer Pessoa podem ser harmonizadas na realidade com o arbítrio de outra Pessoa, de acordo com uma Lei universal da Liberdade.

C

Princípio universal do Direito

"Toda Ação é *justa* quando, em si mesma, ou na máxima da qual provém, é tal que a Liberdade da Vontade de cada um pode coexistir com a liberdade de todos, de acordo com uma lei universal."

Então, se minha ação ou minha condição pode coexistir, em geral, com a liberdade de todo mundo, de acordo com uma Lei universal, qualquer um que me impeça de realizar essa ação, ou de manter essa condição, prejudica-me. Porque tal impedimento ou obstrução não pode coexistir com a Liberdade de acordo com as Leis universais.

Conclui-se também que não se pode exigir como questão de Direito que esse Princípio universal de todas as máximas seja adotado como minha máxima, isto é, que eu o torne a *máxima* de minhas ações. Porque qualquer um pode ser livre, embora sua Liberdade seja inteiramente indiferente para mim, ou mesmo que eu deseje em meu coração infringi-la, desde que eu não viole de fato essa liberdade por meio de *minha ação externa*. A Ética, entretanto, diferente da Jurisprudência, me impõe a obrigação de fazer do cumprimento do Direito uma *máxima* da minha conduta.

A Lei Universal do Direito pode então ser expressa da seguinte maneira: "Aja externamente de tal maneira que o livre exercício de tua Vontade possa coexistir com a Liberdade de todos os outros, de acordo com uma Lei universal." Esta é, sem dúvida, uma Lei que me impõe obrigação; porém, não implica, em absoluto, e, menos ainda, ordena que eu *devo*, apenas por conta dessa obrigação, limitar minha liberdade a essas mesmas condições. Em relação a isso, a Razão diz apenas que ela *está* limitada até aqui por sua Ideia, e assim também pode ser limitada de fato por outros; e o afirma como um postulado que não é passível de prova adicional...

D

O Direito está associado ao título ou à autoridade para obrigar

... Tudo que é injusto é um obstáculo à liberdade, de acordo com Leis universais... Se um determinado exercício da Liberdade é em si um obstáculo à liberdade que está de acordo com as Leis universais, ele é injusto; e a coerção ou o constrangimento que se opõe a ele é justo... Todo Direito é acompanhado de um Título ou garantia implícitos que sofrerá coerção qualquer um que o transgrida de fato.

E

O Direito estrito também pode ser representado como a possibilidade de uma coerção universal recíproca em harmonia com a liberdade de todos, de acordo com leis universais

... Como o Direito em geral tem como objeto apenas o que é externo nas ações, o Direito Estrito, como sendo com o qual não se entremescla nada ético, não exige quaisquer outras determinações do arbítrio senão aquelas que são meramente externas; porque então é Direito puro, não estando misturado com quaisquer prescrições de Virtude... Baseia-se no princípio da possibilidade de uma Coerção externa, tal como pode coexistir com a liberdade de cada indivíduo de acordo com Leis universais. Sendo assim, então, quando se diz que um Credor tem o direito de exigir do Devedor o pagamento de seu débito, isto não significa apenas que ele pode convencê-lo em sua mente de que a Razão o obriga a fazê-lo; mas significa que pode aplicar uma coerção externa para obrigar qualquer um a pagar, e que essa coerção é bastante compatível com a liberdade de todos, inclusive das partes em questão, de acordo com uma Lei universal. Desse modo, Direito e o Título para coagir indicam a mesma coisa...

F

Observações adicionais sobre direito ambíguo

A cada Direito, na acepção estrita, está associado um Direito de compelir. Mas é possível pensar em outros Direitos de um tipo *mais amplo*, no qual o direito de compelir não pode ser determinado por Lei alguma. Ora, existem dois Direitos reais ou supostos desse tipo – a EQUIDADE e o DIREITO DE NECESSIDADE. O primeiro alega um Direito destituído de coerção; o segundo adota uma coerção destituída de Direito...

I. Equidade

A EQUIDADE, considerada de maneira objetiva, não constitui propriamente uma reivindicação sobre o Dever moral de benevolência ou beneficência de parte de outros; mas quem quer que insista em alguma coisa com base na Equidade, baseia-se em seu *Direito* a ela. Neste caso, entretanto, estão faltando as condições que são indispensáveis para a função de um juiz a fim de que ele possa determinar o que ou que tipo de satisfação pode ser dado a essa reivindicação. Entretanto, quando um dos sócios de uma Companhia Mercantil, formada sob a condição de lucros Iguais, *fez mais* do que os outros membros e, como consequência, também *perdeu mais*, está *de acordo com a Equidade* que ele exija da Companhia mais do que apenas uma quota de ganho igual à dos demais. Porém, em relação ao *Direito estrito* – se pensarmos num juiz examinando este caso –, ele não pode fornecer nenhum dado definitivo para estabelecer quanto mais lhe cabe por contrato; e, no caso de uma ação em juízo, tal demanda seria rejeitada. Por outro lado, um empregado doméstico que recebesse os salários devidos ao final de seu ano de serviço numa moeda que foi depreciada dentro desse período e que, portanto, não teria para ele o mesmo valor que tinha no início do contrato, não poderia reivindicar por Direito ser poupado da perda ocasionada pelo valor desigual do dinheiro se recebesse o montante devido. Só pode fazer um apelo com base na Equidade – uma deusa surda que não pode reivindicar uma audiência de Direito –, porque não havia coisa alguma a esse respeito no Contrato de Serviço, e um juiz não pode emitir uma sentença baseado em condições vagas ou indefinidas.

Daí se conclui que um TRIBUNAL DE EQUIDADE para a decisão de questões controvertidas de Direito envolveria uma contradição...

A *Máxima* da Equidade pode ser expressa deste modo: "O Direito mais estrito é a maior Injustiça." Mas esse mal não pode ser remediado pelas formas do Direito, embora se relacione com uma questão de Direito; porque o agravo a que dá origem só pode ser apresentado diante de um "Tribunal da Consciência", ao passo que toda questão de Direito deve ser levada perante um TRIBUNAL CIVIL.

II. O direito de necessidade

O chamado Direito de Necessidade é o suposto Direito ou Título, quando minha vida está em risco de tirar a vida de um outro que, de fato, não me fez mal algum. É evidente que, visto como uma doutrina de Direito, isso necessariamente envolve uma contradição... É uma questão da admissibilidade usar de violência contra alguém que não usou qualquer violência contra mim.

Está claro que a alegação de tal Direito não deve ser compreendida de forma objetiva, como estando de acordo com aquilo que uma Lei prescreveria, mas apenas de forma subjetiva, como proveniente da suposição de como um tribunal pronunciaria uma sentença sobre o caso. Nenhum *Direito Penal* pode de fato prescrever a pena de morte para um homem que, estando num naufrágio e lutando para salvar sua vida em extremo perigo, empurre outro homem para fora de uma prancha, na qual se salva. Porque, nesse caso, punição ameaçada pela lei não poderia ter maior poder do que o medo de perder a vida. Um tal Direito Penal falharia por completo em produzir o efeito pretendido; pois a ameaça de um Mal que ainda é *incerto* – como a Morte por sentença judicial – não poderia superar o medo de um Mal que é *certo*, como o do Afogamento em tais circunstâncias. Então, um ato de violenta autopreservação não deve ser totalmente considerado como livre de condenação; apenas deve ser sentenciado como isento de punição. No entanto, essa condição *subjetiva* de impunidade, por uma estranha confusão de ideias, tem sido considerada por juristas como equivalente à legalidade *objetiva*...

DIVISÃO DA DOUTRINA DO DIREITO

A

Divisão geral dos deveres do Direito (deveres jurídicos)

Nesta divisão, podemos, de modo bastante conveniente, seguir Ulpiano... se suas três fórmulas forem tomadas num sentido geral; sentido que, embora possa não ter estado muito claro em sua mente, pode ser alcançado por elas ou estendido a elas...

1. "Viva corretamente." A Retidão Jurídica, ou honra, consiste em se manter o próprio valor como homem em relação a outros. Este Dever pode ser exprimido pela proposição: "Não faça de si mesmo um mero Meio para o uso de outros, mas seja para eles também um Fim." Este Dever será explicado na próxima Fórmula como uma Obrigação que se origina do *Direito* de Humanidade em nossa própria Pessoa.

2. "Não faça mal a ninguém." Pode-se atribuir a esta Fórmula o seguinte significado: "Não faça mal a ninguém, mesmo que, para cumprir esse Dever, seja necessário interromper toda associação com os outros e evitar toda a Sociedade."

3. "Conceda a cada um o que lhe pertence." Isto pode ser expresso como: "Se a Injustiça não pode ser evitada, estabeleça com outros uma Sociedade na qual cada um possa ter *assegurado* para si aquilo que lhe pertence." – Se esta Fórmula fosse traduzida de maneira simples, "Dê a cada um o que *lhe pertence*", expressaria um absurdo, porque não podemos *dar* a alguém aquilo que ele já possui. Para ter um significado claro, deve ser redigida deste modo: "Faça parte de um estado no qual cada um possa ter aquilo que é seu assegurado contra a ação de todos os outros."...

B

Divisão universal dos direitos

1. Direito Natural e Direito Positivo

O Sistema de Direitos, visto como um Sistema Científico de Doutrinas, é dividido em DI-

REITO NATURAL e DIREITO POSITIVO. O Direito Natural assenta-se sobre Princípios racionais puros *a priori*; o Direito Positivo ou Direito Estatutário é o que provém da Vontade de um Legislador.

II. Direito Inato e Direito Adquirido

... Direito Inato é aquele Direito que pertence a cada indivíduo por Natureza, independente de todos os atos jurídicos da prática. DIREITO ADQUIRIDO é aquele Direito que está baseado em atos jurídicos.

O Direito Inato também pode ser chamado de "Meu e Teu Interno"; porque o Direito Externo sempre precisa ser adquirido.

Existe somente um Direito Inato, o Direito Inato de Liberdade.

LIBERDADE é a independência do Arbítrio compulsório de outrem; e na medida em que pode coexistir com a Liberdade de todos de acordo com uma Lei universal, ela é o único Direito inato original que pertence a todo homem em virtude de sua Humanidade. Existe, de fato, uma IGUALDADE inata que pertence a cada homem e que consiste em seu Direito de ser independente de ser obrigado por outros a alguma coisa além daquilo ao qual ele também pode obrigá-los de maneira recíproca. É, por conseguinte, a qualidade inata de cada homem em virtude da qual ele deve ser *seu próprio senhor por Direito*...

DIREITO PRIVADO: OS PRINCÍPIOS GERAIS
DO MEU E TEU EXTERNO

CAPÍTULO PRIMEIRO

Do modo de ter alguma coisa externa como própria

1. O significado de "Meu" em Direito

ALGO é *"Meu" por Direito*, ou é juridicamente meu, quando meu vínculo com ele é tal que, se alguma outra Pessoa fizesse uso dele sem meu consentimento, causaria a mim uma lesão ou injúria. A condição subjetiva do uso de alguma coisa é a *Posse* dela.

Uma coisa *externa*, entretanto, como tal, só poderia ser minha se eu pudesse, no meu entender, ser prejudicado pelo uso que um outro viesse a fazer dela *quando não estivesse de fato em minha posse*. Por isso, seria uma contradição considerar alguma coisa Externa como propriedade de alguém se a concepção de Posse não comportasse dois significados diferentes, o de posse *sensível*, que é perceptível pelos sentidos, e o de Posse *inteligível*. Pelo primeiro deve-se entender uma Posse *física*; e, pelo último, uma posse puramente *jurídica* do mesmo objeto...

2. Postulado jurídico da razão prática

É possível considerar algum objeto externo do meu arbítrio como Meu. Em outras palavras, uma Máxima, nesse sentido – se fosse para tornar-se lei –, de que qualquer objeto sobre o qual o arbítrio pode ser exercido deve permanecer objetivamente em si *sem um dono* como res *nullius*, é contrária ao Princípio de Direito.

... suponhamos que houvesse coisas que, *por direito*, não devessem absolutamente estar em nosso poder, ou, em outras palavras, que seria injusto ou incompatível com a liberdade de todos, de acordo com a Lei universal, fazer uso delas. Com base nessa suposição, a Liberdade estaria privando-se por enquanto do uso de seu arbítrio, ao colocar, desse modo, objetos *usáveis* fora de toda possibilidade de *uso*. Nas relações práticas, isto equivaleria a aniquilá-las, tornando-os *res nullius*, apesar do fato de que o arbítrio em relação a tais coisas se hamonizaria formalmente, no uso efetivo delas, com a liberdade externa de todos de acordo com as Leis universais... A Razão prática não pode conter, em referência a tal objeto, uma proibição absoluta de seu uso, pois isto implicaria uma contradição da liberdade externa com ela própria... Portanto, é uma suposição *a priori* da Razão prática considerar e tratar todo objeto dentro do âmbito do meu livre exercício do meu arbítrio como objetivamente um possível Meu ou Teu...

5. Definição do conceito de meu e teu externo

As definições são *nominais* ou *reais*. Uma Definição nominal é suficiente apenas para *diferenciar* o objeto definido de todos os outros objetos, e se origina numa *exposição* completa e precisa de seu conceito. Uma Definição real basta, além disso, para uma *dedução* do conceito, de modo a fornecer um conhecimento da realidade do objeto. – Assim, a *Definição nominal* do "meu" externo seria: "O Meu externo é qualquer coisa fora de mim tal que, se houvesse algum impedimento a que eu fizesse livre uso dela, seria injuriado ou injustiçado, pela violação daquela minha Liberdade que pode coexistir com a liberdade de todos os outros, de acordo com uma Lei universal." A *definição real* dessa concepção pode ser expressa da seguinte maneira: "O Meu externo é qualquer coisa fora de mim tal que qualquer impedimento a que eu fizesse uso dela seria uma injustiça, *embora eu possa não estar de posse dela* no sentido de estar segurando-a como a um objeto." – Devo ter algum tipo de posse sobre um objeto externo, para que o objeto seja considerado *meu*; porque, de outro modo, qualquer pessoa que se intrometesse com esse objeto não me afetaria ao fazê-lo; tampouco, como consequência, estaria com isso me fazendo qualquer injustiça...

6. Dedução do conceito de posse puramente jurídica de um objeto externo

... um primeiro possuidor adquire originalmente, por posse primária, uma certa porção de terra; e, por Direito, opõe resistência a qualquer outra pessoa que o impeça de fazer seu uso privado dela, embora, enquanto persista o "estado de Natureza", isto não possa ser feito por meios jurídicos, porque ainda não existe uma Lei pública.

E, embora um pedaço de terra deva ser considerado livre, ou declarado como tal, para uso público de todos sem distinção, ainda assim não se pode dizer que é, portanto, livre por natureza e *originalmente*, antes de algum ato jurídico. Porque haveria uma real relação já incorporada a esse pedaço de terra pelo próprio fato de que a posse dele foi negada a qualquer indivíduo particular; e como essa liberdade pública da terra seria uma proibição dela a cada indivíduo particular, isto pressupõe uma posse comum que não pode vigorar sem um Contrato. Um pedaço de terra, entretanto, que só pode tornar-se publicamente livre mediante contrato, deve de fato estar na posse de todos os associados em conjunto, os quais mutuamente interditam ou suspendem uns aos outros de qualquer uso particular ou privado dele.

Essa Comunidade *original* do solo e das coisas sobre ele é uma ideia que tem realidade jurídica objetiva e prática, e é inteiramente diferente da ideia de uma comunidade *primitiva* de coisas que é uma ficção. Porque esta última teria de ser *fundada* como uma forma de sociedade e originar-se de um Contrato pelo qual todos renunciariam ao Direito de Posse Privada, de modo que, ao se unir num todo a propriedade possuída por cada um, ela se transformasse numa posse comum. Mas, se tal coisa tivesse acontecido, a História teria certamente apresentado algum indício dela. Considerar tal procedimento como o modo original de tomar posse e julgar que as posses particulares de cada indivíduo podem e devem ser baseadas nele, é evidentemente uma contradição...

7. Aplicação do princípio da possibilidade de um Meu e Teu externo a objetos da experiência

... O modo de considerar algo Externo a mim como Meu consiste num vínculo especialmente jurídico da Vontade do Sujeito com esse objeto, independentemente das relações empíricas com ele no Espaço e no Tempo, e de acordo com a concepção de uma posse inteligível. – Um determinado lugar da terra não é externamente Meu porque o ocupo com meu corpo... Mas, se eu continuo na posse desse lugar, embora tenha me retirado dele e ido para outro local, somente nessa condição está envolvido meu Direito externo em relação a ele. E para fazer da posse contínua desse lugar por minha pessoa uma condição para considerá-lo meu, é preciso ou afirmar que não é possível, de modo algum, considerar coisa alguma Externa como propriedade de alguém... ou exigir, para que essa Posse externa seja possível, que eu esteja em dois lugares ao mesmo tempo...

8. Considerar alguma coisa externa como propriedade de alguém só é possível num estado civil ou jurídico de sociedade sob a regulamentação de um poder legislativo público

Se, por palavra ou ação, declaro minha Vontade de que alguma coisa externa seja minha, faço uma declaração de que todas as outras pessoas estão obrigadas a se abster do uso desse objeto sobre o qual exerço meu arbítrio; e isto impõe uma obrigação à qual ninguém estaria sujeito sem tal ato jurídico de minha parte. Mas a suposição desse Ato envolve, ao mesmo tempo, a admissão de que sou reciprocamente obrigado a observar uma abstenção semelhante para com todos os outros em relação ao que, é externamente deles; porque a Obrigação em questão surge de uma Regra universal que regula as relações jurídicas externas... Esta garantia de abstenção recíproca e mútua do que pertence aos outros não exige um ato jurídico especial para seu estabelecimento, mas já está implícita no conceito de uma obrigação jurídica externa, por conta da universalidade e, por conseguinte, da reciprocidade da obrigatoriedade que se origina de uma Regra universal. – Ora, uma única Vontade, em relação a uma Posse externa e, por conseguinte, contingente, não pode servir como Lei compulsória para todos, porque isto seria violar a Liberdade que está de acordo com Leis universais. Portanto, somente uma vontade que obriga a todos e, como tal, uma Vontade comum, coletiva e detentora de poder, pode fornecer uma garantia de segurança para todos. Mas o estado sob uma legislação universal, externa e pública, conjugada com autoridade e poder, é chamado de estado Civil. Portanto, só pode haver um Meu e Teu externo no estado Civil...

9. Pode haver, entretanto, um Meu e Teu externo instituído como um fato no estado de natureza, mas é apenas provisório

... uma Constituição Civil é apenas a condição jurídica sob a qual cada um tem aquilo que é seu simplesmente assegurado para si, em vez de ser especialmente atribuído e determinado a ele. – Toda garantia, portanto, supõe que cada indivíduo a quem se assegura uma coisa já está de posse dela como sua própria. Por isso, antes da Constituição Civil – ou *à parte* dela –, um Meu e Teu externo deve ser suposto como possível, e junto com ele o Direito de compelir todos com quem possamos estabelecer alguma espécie de intercurso a entrar conosco numa constituição na qual o que é Meu ou Teu pode ser assegurado. – Desse modo, pode haver uma Posse na expectativa ou na preparação de tal estado de segurança, como só pode ser estabelecido na Lei da Vontade Comum; e como, portanto, está de acordo com a *possibilidade* de tal estado, constitui uma Posse jurídica *provisória* ou temporária; ao passo que a Posse que é encontrada em realidade no estado Civil será uma Posse *peremptória* ou garantida... O modo no qual alguma coisa externa pode ser julgada como propriedade de alguém no *estado de Natureza* é apenas posse *física* com uma *presunção* de Direito em seu favor até que, pela união das Vontades de todos numa Legislação pública, se torne *jurídica*; e nessa expectativa se sustenta *comparativamente* como uma espécie de Posse jurídica potencial...

CAPÍTULO SEGUNDO

O modo de adquirir alguma coisa externa

PRIMEIRA SEÇÃO

Princípios do Direito real

11. O que é um Direito real?

A Definição costumeira de Direito Real, ou "Direito a uma Coisa", é que "*é um Direito contrário a todo possuidor dela*". Esta é uma Definição Nominal correta. Mas o que me dá o direito de reivindicar um objeto externo de alguém que pode parecer seu possuidor, e obrigá-lo, *per vindicationem*, a me pôr de novo, em lugar dele, na posse do objeto? É essa relação jurídica externa de meu arbítrio uma espécie de relação *imediata* com uma coisa externa?... É... absurdo pensar numa obrigação de Pessoas com Coisas, e vice-versa...

A Definição Real seria expressa deste modo: "DIREITO A COISA é o Direito ao Uso Privado de uma Coisa, da qual estou na posse – original ou derivativa – em comum com todos os outros." Porque esta é a única condição sob a qual é possível que eu possa excluir todos os outros possuidores do uso privado da Coisa... Porque, a não ser pressupondo-se tal posse coletiva comum, não se pode conceber como, quando não estou em verdadeira posse de uma coisa, poderia ser lesado ou prejudicado por outros que estão na posse dela e a usam. – Por meio de um arbítrio unilateral, não posso obrigar nenhuma outra pessoa a se abster do uso de uma coisa em relação à qual ela não teria, de outro modo, obrigação alguma; e, desta maneira, tal obrigação só pode originar-se do arbítrio unido de todos numa relação de posse comum. Do contrário, eu teria de pensar no direito *a uma* Coisa como se a *Coisa* tivesse uma Obrigação comigo, e como se o Direito contra todo possuidor dela tivesse de ser derivado dessa Obrigação à Coisa, o que é uma maneira absurda de representar o assunto.

Além disso, com o termo "Direito Real" se quer dizer não apenas o "Direito a uma Coisa", mas também o *princípio constitutivo* de todas as leis que se relacionam com o verdadeiro Meu e Teu. – É evidente, entretanto, que um homem totalmente sozinho na Terra não poderia ter nem adquirir, propriamente, uma coisa externa como sua própria; porque entre ele, enquanto Pessoa, e todas as Coisas externas, enquanto objetos materiais, não poderia haver quaisquer relações de Obrigação. Portanto, não há literalmente nenhum Direito *direto* a uma Coisa, mas apenas deve ser chamado propriamente de "real" aquele Direito que pertence a qualquer um, constituído contra uma Pessoa, que esteja na posse comum de coisas com todos os outros no estado Civil.

13. Toda parte do solo pode ser adquirida originalmente; e o fundamento da possibilidade de tal aquisição é a comunidade original do solo em geral...

Todos os Homens estão, originalmente e antes de qualquer ato jurídico do arbítrio, na posse legal do solo; isto é, eles têm o Direito de estar onde quer que a Natureza ou o Acaso os colocou sem seu Arbítrio. A posse que deve ser diferenciada do assentamento residencial enquanto posse voluntária, adquirida e *permanente*, torna-se posse *comum* por conta da relação entre si de todos os lugares da superfície da Terra enquanto globo. Porque, se a superfície da Terra fosse uma planície infinita, os homens poderiam ter-se dispersado sobre ela de tal maneira que não estabeleceriam nenhuma comunidade entre si, e esta não teria sido uma consequência necessária de sua existência na Terra. – Ora, essa posse própria de todos os homens sobre a Terra, que é anterior a todos os seus atos jurídicos particulares, constitui *uma posse original em comum*. O conceito de tal posse comum e original das coisas não é derivado da experiência, nem é dependente de condições temporais, como é o caso com a ficção imaginária e indemonstrável de uma *Comunidade primeva de posse* na história real. Por isso é um conceito prático da Razão, contendo *a priori* o único Princípio, de acordo com o qual os homens podem usar o lugar que por acaso estão ocupando na superfície da Terra, de acordo com as Leis do Direito.

15. *É só dentro de uma constituição civil que alguma coisa pode ser adquirida de forma peremptória, ao passo que no estado de natureza a aquisição somente pode ser provisória*

... Todo mundo está justificado ou tem o direito de exercer a coerção pela qual se torna possível sair do estado de Natureza e entrar naquele estado que pode tornar toda Aquisição peremptória.

É uma questão de até que ponto se estende o direito de tomar posse do Solo. A resposta é: até o ponto em que se estende a capacidade de a pessoa tê-lo sob seu poder, isto é, até o ponto em que aquele que deseja apropriar-se do solo pode defendê-lo, como se o solo dissesse: "Se você não pode proteger-me, também não pode comandar-me." É dessa maneira que deve ser decidida a controvérsia sobre o que constitui um Mar *livre* ou *fechado*. Assim, dentro do alcance de um tiro de canhão, ninguém tem o direito de introduzir-se à força no litoral de um país que já pertence a um determinado Estado, a fim de pescar ou de colher âmbar na costa, ou coisas semelhantes. – Além disso, faz-se a seguinte pergunta: "É necessário o Cultivo do Solo, por meio de construção, agricultura, drenagem, etc., para sua Aquisição?". *Não*. Porque, como esses processos como formas de especificação são apenas Acidentes, eles não constituem objetos de posse imediata...

Pode-se fazer outra pergunta adicional: se, quando nem a Natureza nem o Acaso, mas sim apenas nossa própria vontade nos leva à vizinhança de um povo que não oferece nenhuma promessa de unir a estabelecer um vínculo civil conosco, devemos ser considerados como tendo o direito de, em qualquer caso, proceder com força com a intenção de fundar tal vínculo, e de introduzir num estado jurídico homens como os selvagens índios americanos, os hotentotes, ou os habitantes da Nova Holanda; – ou – e o caso não é muito melhor – se podemos estabelecer Colônias por meio de aquisição enganosa e, desse modo, nos tornar proprietários do solo deles e, em geral, sem consideração à sua primeira posse, fazer livre uso de nossa superioridade em relação a eles? Além disso, não se poderia afirmar que a própria Natureza, como se abominasse um vácuo, parece exigir tal procedimento e que, do contrário, grandes regiões de outros Continentes, que agora estão esplendidamente povoadas, teriam permanecido livres da posse de habitantes civilizados, podendo ter permanecido assim para sempre, de modo que a finalidade da Criação teria sido frustrada? É quase desnecessário responder; porque é fácil ver através desse frágil véu de injustiça, que corresponde ao jesuitismo de que um bom fim justifica qualquer Meio. Este modo de adquirir o solo deve, portanto, ser repudiado...

Propriedade

Um Objeto externo que, com respeito à sua Substância, pode ser reivindicado por alguém como seu, é chamado de PROPRIEDADE dessa Pessoa, a quem pertencem todos os Direitos a ela enquanto coisa... da qual, portanto, ela, na condição de Proprietário, pode dispor à vontade. Mas conclui-se disso, de imediato, que tal objeto só pode ser uma Coisa Corpórea, em relação à qual não existe nenhuma Obrigação pessoal direta. Por isso, um homem pode ser SEU PRÓPRIO SENHOR, mas não o Proprietário de *si mesmo* a ponto de poder dispor de si à vontade, sem falar da possibilidade de tal relação com outros homens; porque ele é responsável pela Humanidade em sua própria pessoa...

SEGUNDA SEÇÃO

Princípios do direito pessoal

18. *Natureza e aquisição do direito pessoal*

...A Aquisição de um Direito Pessoal jamais pode ser primária ou arbitrária; porque tal Modo de adquirir não estaria de acordo com o princípio da harmonia da liberdade de meu arbítrio com a liberdade de todos os outros e, portanto, seria injusto. Tal Direito tampouco pode ser adquirido por meio de algum ato *injusto* de outrem, por ser em si contrário ao Direito; porque, se tal injustiça fosse perpetrada em mim, e eu pudesse exigir satisfação do outro, de acordo com o Direito, ainda assim em tal caso eu só teria o direito de conservar, sem diminuição, aquilo que era meu, e não de adquirir alguma coisa além do que eu já possuía anteriormente...

... Um Direito Pessoal só pode ser adquirido por TRANSMISSÃO ou TRANSFERÊNCIA positiva; e isto só é possível por meio de uma Vontade comum, através da qual objetos entram em poder de um ou outro... O ato dos arbítrios unidos de duas Pessoas, pelo qual aquilo que pertence a uma passa para a outra, constitui o CONTRATO.

19. Aquisição por contrato

... Os dois atos de Promessa e Aceitação não são considerados como sucedendo um ao outro no tempo, mas, à maneira de um *pactum re initum*, como procedentes, de uma Vontade *comum*, que é expressa pelo termo "ao mesmo tempo", ou "simultâneo", e o objeto prometido (*promissum*) é representado, com a eliminação de condições empíricas, como adquirido de acordo com a Lei da Razão Prática pura.

Que esta é a verdadeira e única Dedução possível do conceito de Aquisição por Contrato é atestado de forma suficiente pelos laboriosos, ainda que sempre fúteis, esforços dos autores sobre Jurisprudência – como Moses Mendelssohn em seu *Jerusalém* – para aduzir uma prova de sua possibilidade racional. – A questão é colocada deste modo: "Por que *devo* cumprir minha Promessa?", pois supõe-se que todos entendem que eu *devo* fazê-lo. Entretanto, é absolutamente impossível apresentar qualquer prova adicional do Imperativo Categórico implícito; assim como é impossível para o geômetra provar, por silogismos racionais, que para construir um triângulo devo tomar três linhas – até aqui uma Proposição Analítica –, duas das quais juntas devem ser maiores do que a terceira – uma Proposição Sintética e como a anterior *a priori*. É um postulado da Razão Pura que devemos abstrair de todas as condições sensíveis de espaço e Tempo com referência ao conceito de Direito; e a teoria da possibilidade de tal Abstração dessas condições, sem afastar a realidade da posse, apenas constitui a Dedução Transcendental do conceito de Aquisição por Contrato...

TERCEIRA SEÇÃO

Princípios do direito pessoal que é real em tipo: os direitos da família enquanto sociedade doméstica

TÍTULO PRIMEIRO

Direito conjugal (marido e esposa)

24. A base natural do casamento

As Relações domésticas são baseadas no Casamento, e o Casamento se baseia na Reciprocidade natural ou intercomunidade dos Sexos. Esta união natural dos sexos ocorre de acordo com a mera Natureza animal ou de acordo com a Lei. Este último é o CASAMENTO, que é a União de duas Pessoas de sexos diferentes para a posse recíproca e vitalícia de suas faculdades sexuais. – O Fim de gerar e educar filhos pode ser considerado sempre como o Fim da Natureza ao implantar o desejo mútuo e a inclinação nos sexos; mas não é necessário para a legitimidade do casamento que aqueles que se casam devam estabelecer isto perante si mesmos como a Finalidade de sua União, do contrário o Casamento seria dissolvido por si mesmo quando cessasse a geração de filhos.

E mesmo supondo-se que o prazer no uso recíproco dos dotes sexuais seja uma finalidade do casamento, ainda assim o Contrato de Casamento não é por conta disso uma questão de vontade arbitrária, mas é um Contrato necessário em sua natureza pela Lei da Humanidade.

Em outras palavras, se um homem e uma mulher têm vontade de usufruir reciprocamente sua natureza sexual, eles *precisam* necessariamente casar um com o outro; e esta necessidade está de acordo com as Leis Jurídicas da Razão Pura.

25. O direito racional do casamento

... Nesta relação, o indivíduo humano se torna uma "*res*", o que é contrário ao Direito de Humanidade em sua própria Pessoa. Isto, entretanto, só é possível com uma condição, a de que, como uma Pessoa é adquirida pela outra como uma res, esta mesma pessoa também adquire igualmente a outra de forma recíproca e, desse modo, recupera e restabelece a Personalidade... O Direito Pessoal assim adquirido apresenta-se, ao mesmo tempo, segundo sua modalidade real; e esta característica é estabelecida pelo fato de que, se uma das Pessoas casadas fugir ou entrar na posse de uma outra, a outra tem o direito de, a qualquer momento e de maneira incontestável, trazer a primeira de volta à relação anterior, como se essa Pessoa fosse uma Coisa.

26. Monogamia e igualdade no casamento

Pelas mesmas razões, a relação das Pessoas Casadas entre si é uma relação de IGUALDADE no que diz respeito à posse mútua de suas Pessoas, bem como de seus Bens. Como consequência, o Casamento só é realizado verdadeiramente na MONOGAMIA; porque na relação de Poligamia a pessoa que é entregue de um lado ganha apenas uma parte daquela a quem é cedida e, por conseguinte, se torna uma mera *res* ...

... Pode-se levantar a questão de se não é contrário à Igualdade das Pessoas casadas quando a Lei diz, de alguma maneira, do Marido em relação à Esposa, que "ele será teu senhor", de modo que ele é representado como aquele que ordena, e ela como a que obedece. Isto, entretanto, não pode ser considerado contrário à Igualdade natural de um par humano, se tal Supremacia legal for baseada apenas na superioridade das faculdades do marido comparadas com as da Esposa, na realização do interesse comum da família; e se o Direito de comandar for baseado apenas neste fato. Porque esse Direito pode assim ser deduzido do próprio dever de Unidade e Igualdade em relação ao *Fim* envolvido...

TÍTULO SEGUNDO

Direito paterno (pais e filhos)

28. A relação de pai e filho

... Do fato da *Procriação*... segue-se o Dever de preservar e criar *os filhos*... Desta maneira, os Filhos enquanto Pessoas têm, ao mesmo tempo, um Direito inato original – diferente do mero Direito hereditário – de serem criados aos cuidados dos Pais até serem capazes de a si próprios; e esse sustento lhes é assegurado, de imediato, por sua Lei, sem que seja necessário qualquer ato jurídico particular para determiná-lo.

Porque o que é gerado desse modo é uma *Pessoa*, e é impossível pensar em um Ser dotado de Liberdade pessoal como sendo gerado apenas por um processo físico. E por isso, *na relação prática*, é uma ideia bastante correta e justa considerar o ato de geração como um processo pelo qual uma Pessoa é trazida ao mundo sem seu consentimento, e colocada nele pelo livre-arbítrio responsável de outros. Este Ato, por conseguinte, vincula aos Pais a obrigação de deixar os Filhos – até onde estiver em seu poder – satisfeitos com a condição assim adquirida. Por isso, os Pais não podem considerar seus Filhos como, de certa maneira, uma Coisa *de sua própria Criação*, porque um Ser dotado de Liberdade não pode ser considerado como tal. Como consequência, tampouco têm o Direito de destruir os filhos como se fossem sua propriedade ou mesmo de deixá-los ao acaso; porque trouxeram ao mundo um Ser que de fato se torna um Cidadão do mundo, e colocaram esse Ser num estado no qual não podem ser tratados com indiferença, de acordo inclusive com as concepções naturais do Direito...

29. Os direitos dos pais

A partir do Dever assim indicado surge necessariamente, ademais, o Direito dos Pais ao CONTROLE E INSTRUÇÃO DO FILHO, enquanto este for incapaz de fazer uso apropriado de seu corpo como Organismo, e de sua mente como Compreensão... Toda essa instrução deve continuar até que a Criança atinja o período de Emancipação... Então, os Pais praticamente renunciam ao Direito paterno de mandar, bem como a toda reivindicação de reembolso pelo cuidado e trabalho anterior... Só podem apelar aos Filhos com a intenção de alguma reivindicação com base na Obrigação de Gratidão enquanto Dever da Virtude.

Do fato da Personalidade dos Filhos, conclui-se também que eles jamais podem ser considerados como Propriedade dos Pais...

CAPÍTULO TERCEIRO

Aquisição condicionada pela sentença de uma judicatura pública

36. Como e que aquisição está condicionada subjetivamente pelo princípio de um tribunal público

O DIREITO NATURAL, compreendido apenas como aquele Direito que não é estatutário e que é conhecível apenas *a priori*, pela Razão de cada homem, incluirá a Justiça Distributiva bem como a Justiça Comutativa. É evidente que esta última, enquanto constituinte da Justiça que se aplicar às Pessoas em suas relações recíprocas de intercurso de uma com a outra, deve pertencer ao Direito Natural. Mas o mesmo é válido também para a Justiça Distributiva, na medida em que pode ser conhecida *a priori*; e as Decisões ou Sentenças concernentes a ela devem ser regulamentadas pela Lei do Direito Natural.

A pessoa Moral que preside na esfera da Justiça e a administra é chamada de TRIBUNAL de Justiça, e, enquanto empenhada no processo de dever oficial, é chamada de Judicatura; a sentença pronunciada num caso é o Julgamento. Tudo isso deve ser visto aqui *a priori*, de acordo com as Condições racionais do Direito, sem levar em consideração a maneira como tal Constituição deve, de fato, ser estabelecida ou organizada, para o que são condições indispensáveis os Estatutos particulares e, como consequência, os Princípios empíricos.

A questão, então, nesse contexto, não é apenas "O que é *direito em si*?" no sentido em que cada homem deve julgá-lo por si; mas sim "O que é Direito aplicado a este caso?", ou seja, o que é direito e justo na visão de um Tribunal? Os pontos de vista racionais e judiciais devem, portanto, ser diferenciados...

Passagem: do meu e teu no estado de natureza para o meu e teu no estado jurídico em geral

41. Justiça pública relacionada com o estado natural e o civil

O Estado jurídico é aquela relação entre os homens que contém as únicas condições pelas quais é possível para cada um obter o Direito que lhe é devido. O Princípio formal da possibilidade de *participar* de fato de tal Direito, visto de acordo com a ideia de uma Vontade legislativa universal, é a JUSTIÇA PÚBLICA. A Justiça Pública pode ser considerada em relação com a Possibilidade, a Realidade, ou a Necessidade da Posse de objetos – considerados como matéria do arbítrio – de acordo com as leis. Desse modo, pode ser dividida em *Justiça Protetora*, *Justiça Comutativa* e *Justiça distributiva*. No *primeiro* modo de Justiça, a Lei declara apenas qual Relação é internamente *justa* quanto à Forma; no *segundo*, declara o que também está externamente de Acordo com uma Lei quanto ao Objeto e que Posse é legítima; e, no *terceiro*, declara o que é certo e o que é *justo*, e em que medida, segundo o Julgamento de um Tribunal num caso particular submetido à Lei dada. Nesta última relação, o Tribunal Público é chamado de *Justiça* do país; e a questão de se existe ou não de fato tal administração da Justiça Pública pode ser considerada o mais importante de todos os interesses jurídicos.

O estado não jurídico é aquela condição em que não existe qualquer Justiça Distributiva. É chamado, em geral, de estado *natural*, ou estado de Natureza. Não é o "Estado Social", como diz Achenwall, porque este pode ser em si um estado *artificial* que deve ser distinguido como oposto ao estado "Natural". O oposto do estado de Natureza é o estado *Civil* enquanto a condição de uma Sociedade que se encontra sob uma Justiça Distributiva...

O estado Natural ou não jurídico pode ser visto como a esfera do DIREITO PRIVADO, e o estado Civil pode ser especialmente considerado como a esfera do DIREITO PÚBLICO. O último estado não contém mais e nenhum outro Dever dos homens entre si do que o que pode ser concebido em relação ao estado anterior; resumindo, a Questão do Direito Privado é a mesma em ambos. As Leis do estado Civil, portanto, giram em torno apenas da Forma jurídica da coexistência dos homens sob uma Constituição comum; e, com relação a isso, essas Leis devem necessariamente ser consideradas e concebidas como Leis Públicas.

A União Civil não pode, no sentido estrito, ser propriamente chamada de *Sociedade*; porque não existe qualquer socialidade em comum entre o Governante e o Súdito sob uma Constituição Civil. Eles não são coordenados como Associados numa Sociedade de um com o outro, mas um é *subordinado* ao outro. Aqueles que podem ser coordenados com um outro devem considerar-se como mutuamente iguais, na medida em que se encontram sob Leis comuns. A União Civil pode, portanto, ser considerada não tanto como *sendo*, mas antes como *formando* uma Sociedade.

42. *O postulado do direito público*

Das condições do Direito Privado no estado Natural surge o Postulado do Direito Público. Pode ser expresso deste modo: "Na relação de coexistência inevitável com outros, tu passarás do estado de Natureza para uma União jurídica constituída sob a condição de uma Justiça Distributiva."...

Ninguém está sob a obrigação de se abster de interferir na Posse de outros, a menos que lhe dêem uma garantia recíproca para a observância de uma abstenção semelhante dos outros de interferência em sua Posse. Ele tampouco exige esperar por prova pela experiência da necessidade dessa garantia, em virtude da disposição antagônica de outros. Ele não tem, portanto, nenhuma obrigação de esperar até adquirir prudência prática às próprias custas; porque pode perceber em si mesmo indícios da Inclinação natural dos homens a querer dominar os outros, e a desconsiderar as reivindicações de Direito de outros, quando se sentem superiores a eles por Poder ou Fraude...

Enquanto prevalece a intenção de viver e continuar nesse estado de liberdade externa sem lei, pode-se dizer que os homens não cometem nenhum delito ou injustiça *uns com os outros*, mesmo quando travam guerra entre si...

Segunda Parte

DIREITO PÚBLICO: O SISTEMA DAS LEIS QUE REQUEREM PROMULGAÇÃO PÚBLICA

I

Direito do Estado e lei constitucional

44. *Origem da união civil e do direito público*

Não é a partir de alguma experiência anterior ao aparecimento de uma Legislação autoritária externa que tomamos conhecimento da máxima da violência natural entre os homens, e de sua maligna tendência a travar guerra uns com os outros. Nem se supõe aqui que é somente determinado fato ou condição histórica que torna necessária a coerção legislativa pública; pois, por mais bem dispostos ou favoráveis ao Direito que se possa considerar que os homens sejam por si mesmos, a Ideia racional de um estado ainda não regulamentado por direito deve ser tomada como nosso ponto de partida. Essa Ideia implica que antes que um estado legal possa ser estabelecido publicamente, Homens, Nações e Estados individuais jamais podem estar seguros contra a violência de parte dos outros; e isto é evidente a partir da consideração de que cada um faz, por sua própria Vontade e de maneira natural, *aquilo que parece bom e direito aos seus próprios olhos*, independente por completo da opinião dos outros. Por isso... a primeira coisa que cabe aos homens é aceitar o Princípio de que é necessário deixar o estado de natureza... e formar uma união de todos aqueles que não podem evitar entrar em comunicação recíproca e, desse modo, submeter-se em comum à restrição externa de Leis compulsórias públicas. Os homens entram assim numa União Civil na qual cada um tem determinado por Lei o que será reconhecido como seu; e isto lhe é assegurado por um Poder externo competente, distinto de sua própria individualidade. Tal é a Obrigação primária, de parte de todos os homens, de entrar nas relações de um Estado Civil.

A condição natural da espécie humana não necessita, por esse motivo, ser representada como um estado de absoluta *Injustiça*, como se não tivesse podido haver nenhuma outra relação originariamente entre os homens, a não ser aquilo que apenas foi determinado pela força...

Se os homens não fossem inclinados a reconhecer qualquer Aquisição como legítima – mesmo de maneira provisória – antes de entrar no estado Civil, esse próprio estado seria impossível. Porque as Leis que dizem respeito ao Meu e Teu no estado de natureza contêm formalmente a mesma coisa que prescrevem no estado Civil, quando isto é visto apenas de acordo com concepções racionais; só que, nas formas do estado Civil, são estabelecidas as condições sob as quais as prescrições formais do estado de Natureza alcançam realização conforme a Justiça Distributiva. – Se não houvesse, então, nem mesmo de *modo provisório* um meu e teu externo no estado de natureza, tampouco haveria quaisquer Deveres jurídicos em relação a eles; e, como consequência, não haveria qualquer obrigação de sair de um estado e entrar no outro.

45. A forma do Estado e seus três poderes

Todo Estado contém em si TRÊS PODERES, sendo desse modo a Vontade conjunta universal do Povo personificada numa tríade política. São eles *o Poder Legislativo, o Poder Executivo e o Poder Judiciário...*

46. O Poder Legislativo e os membros do Estado

O Poder Legislativo, visto em seu princípio racional, só pode caber à Vontade unida do Povo. Pois como todo Direito deve proceder desse Poder, é necessário que suas Leis sejam incapazes de prejudicar quem quer que seja. Ora, se *algum* indivíduo determina alguma coisa no Estado em contradistinção a *outro*, é sempre possível que ele possa perpetrar uma injustiça com esse outro; mas isto nunca é possível quando *todos* determinam e decretam o que deve ser Lei para eles. "*Volenti non fit injuria.*" Por isso é apenas a Vontade unida e concorde de todo o Povo – na medida em que Cada qual determina a mesma coisa sobre todos, e Todos determinam a mesma coisa sobre cada um – que deve ter o poder de aprovar Lei no Estado.

Os Membros de uma Sociedade Civil assim unida... são chamados de seus CIDADÃOS; e existem três atributos jurídicos que lhes pertencem, de forma inseparável, por Direito. São eles: 1. LIBERDADE constitucional, como o Direito de todo Cidadão de não ter de obedecer a nenhuma outra Lei que não seja aquela para a qual deu seu consentimento ou aprovação; 2. IGUALDADE civil, como o Direito do Cidadão de não reconhecer ninguém como superior a ele entre o povo, exceto na medida em que um está tão sujeito a *seu* poder moral de impor obrigações, quanto o outro tem poder de lhe impor obrigações; e 3. INDEPENDÊNCIA civil, como o Direito de não dever sua existência e continuação na Sociedade ao arbítrio de outrem, mas sim a seus próprios Direitos e Poderes na condição de membro da comunidade; e, como consequência, a posse de uma Personalidade Civil, que não pode ser representada por nenhum outro a não ser ele mesmo...

... A última das três qualidades envolvidas constitui necessariamente a distinção entre Cidadania *ativa* e *passiva*; embora a última definição pareça estar em contradição com a definição de cidadão como tal... O Preceptor residente, diferente do Mestre-escola; o Lavrador, diferente do Fazendeiro, e coisas semelhantes ilustram a distinção na questão. Em todos esses casos, os membros anteriores do contraste distinguem-se dos últimos por serem meros subsidiários da comunidade e não membros independentes e ativos dela, porque são por necessidade comandados e protegidos por outros e, como consequência, não possuem nenhuma independência civil em si mesmos. Tal Dependência à Vontade de outros e a consequente Desigualdade não são, contudo, incompatíveis com a Liberdade e Igualdade dos indivíduos enquanto *Homens* que ajudam a constituir o povo. É muito mais o caso de que apenas nessas condições é que um Povo pode tornar-se um Estado e iniciar uma Constituição Civil. Mas nem todos estão igualmente qualificados para exercer o Direito de Sufrágio sob a Constituição, e de ser Cidadãos plenos do Estado, e não meros Súditos passivos sob sua proteção. Porque, embora tenham o direito de exigir que todos os outros Cidadãos os tratem de acordo com as leis da Igualdade e Liberdade naturais, como partes *passivas* do Estado, não decorre que eles mesmos tenham o Direito de lidar com o Estado como Membros ativos dele, para reorganizá-lo ou empreender ação a fim de introduzir determinadas leis. Tudo que sua condição lhes permite reivindicar, pode ser, simplesmente, que qualquer que seja o modo como as leis positivas são aprovadas, estas leis não devem ser contrárias às Leis naturais que exigem a Liberdade de todo o povo e a igualdade que é conforme a isto; e, por conseguinte, devem ter a possibilidade de elevar-se dessa condição passiva no Estado para a condição de Cidadania ativa.

47. Dignidades no Estado e o contrato original

Todos esses três Poderes do Estado são DIGNIDADES... Eles implicam a relação entre um SOBERANO universal como Chefe do Estado – que de acordo com as leis da liberdade não pode ser outro senão o próprio Povo unido numa Nação – e a massa de indivíduos da Nação na condição de SÚDITOS...

O ato pelo qual um Povo é representado como constituído num Estado é denominado CONTRATO ORIGINAL. Trata-se, na verdade, apenas de um modo externo de representar a ideia pela qual se pode tornar concebível a legalidade do processo de organizar a Constituição. De acordo com essa representação, cada um e todos do povo abrem mão de sua liberdade externa a fim de recebê-la imediatamente de novo na condição de Membros de *uma comunidade,* que é o povo considerado como Estado. E, desse modo, não se deve dizer que o indivíduo no Estado sacrificou *parte* de sua Liberdade externa inata em favor de determinado propósito; mas sim que abandonou por completo sua Liberdade selvagem e sem lei, a fim de encontrar toda sua Liberdade de novo, por inteiro e não diminuída, mas na forma de uma ordem de dependência regulamentada, isto é, num Estado Civil regulamentado por leis de Direito. Desse modo, esta relação de Dependência surge de sua própria Vontade reguladora e legislativa...

49. Funções distintas dos três Poderes. Autonomia do Estado

... Considerada como Pessoa Moral, essa Autoridade Executiva constitui o governo. As Ordens emitidas pelo Governo para o Povo e os Magistrados, bem como para os *Administradores* ministeriais mais elevados do Estado, são *prescritos* ou *Decretos*, não Leis; pois terminam na decisão de casos particulares e são divulgados como inalteráveis...

A Autoridade Legislativa não deve ser, ao mesmo tempo, a Executiva ou o Governante; porque o Governante, enquanto Administrador, deve estar sob a autoridade da Lei e obrigado por ela sob o supremo controle do Legislador...

... Nem o Poder Legislativo nem o Poder Executivo devem exercer a Função *judicial*, mas apenas designar Juízes como Magistrados. É o próprio Povo que deve julgar a si mesmo, por intermédio daqueles Cidadãos que são eleitos por livre Escolha como seus Representantes para esse propósito, e até mesmo especialmente para cada processo ou causa. Porque a Sentença judicial é um ato especial da Justiça Distributiva pública realizado por um Juiz ou Tribunal, na condição de Administrador constitucional da Lei, para um Súdito na condição de alguém do Povo. Tal ato não é investido de forma inerente do poder de determinar e atribuir a qualquer um aquilo que é seu. Sendo todo indivíduo entre o povo apenas passivo nessa relação com o Poder Supremo, a Autoridade Executiva ou a Autoridade Legislativa poderia fazer-lhe injustiça em suas determinações ao julgar disputas que dizem respeito à propriedade de indivíduos. Desse modo, não seria o próprio povo que determinaria ou pronunciaria as sentenças de "culpado" ou "inocente" a seus concidadãos. Pois é para determinar essa questão numa causa que o Tribunal tem de aplicar a Lei; e é por meio da Autoridade Executiva que o juiz tem o poder de atribuir a cada um o que é seu. Por isso é apenas o *Povo* que pode julgar, de maneira apropriada, embora indireta, numa causa através de Representantes eleitos e delegados por ele mesmo, como num Júri. – Estaria até abaixo da dignidade do Chefe de Estado soberano fazer o papel de juiz; porque isto seria colocar-se numa posição em que seria possível cometer Injustiça e, desse modo, sujeitar-se ao pedido de uma apelação a um Poder ainda mais elevado...

É por meio da cooperação desses três Poderes – o Legislativo, o Executivo e o Judiciário – que o Estado realiza sua *Autonomia*. Esta Autonomia consiste em organizar-se, formar-se e manter-se de acordo com as Leis da Liberdade.

Em sua união, é realizado o *Bem-estar* do Estado... Não se entenda por isso apenas o *bem-estar* e a *felicidade* individuais dos Cidadãos do Estado; porque – como assevera Rousseau – esta Finalidade pode talvez ser alcançada, de maneira mais agradável e mais desejável, no estado de Natureza, ou mesmo num governo despótico. Mas o Bem-estar do Estado como seu próprio Bem Supremo significa aquela condição em que é atingida a suprema harmonia entre sua Constituição e os Princípios de Direito – uma condição do Estado que a Razão, por um Imperativo Categórico, torna obrigatória que nos esforcemos para obter...

Consequências constitucionais e jurídicas resultantes da natureza da união civil

A. *Direito do poder supremo...*

A Origem do Poder Supremo é *praticamente inescrutável* pelo Povo que está colocado sob sua Autoridade. Em outras palavras, o súdito não necessita *raciocinar com demasiada curiosidade* com respeito à sua origem na relação prática, como se fosse para duvidar do Direito de obediência devida a ele... A questão a ser feita é se um verdadeiro Contrato de Sujeição precedeu originalmente o Governo Civil como um fato; ou se o Poder surgiu primeiro e a Lei só se seguiu depois, ou pode ter-se seguido nessa ordem. Mas tais questões, estando o Povo já vivendo de fato sob a Lei Civil, são inteiramente sem propósito, ou representam um perigo sutil para o Estado. Pois, se o súdito, após ter escavado até a derradeira origem do Estado, levantar-se em oposição à presente Autoridade governante, estaria arriscado como Cidadão, de acordo com a Lei e com pleno Direito, a ser punido, destruído ou banido. Uma Lei que é tão sagrada e inviolável a ponto de ser *praticamente* um crime até mesmo lançar dúvida sobre ela, ou suspender sua operação por um momento, é representada como sendo necessariamente derivada de algum Legislador Supremo e irrepreensível. E este é o significado da máxima "Toda Autoridade provém de Deus"; cuja proposição não expressa o *fundamento histórico* da Constituição Civil, mas sim uma Ideia como princípio da razão prática. Pode ser exprimido também da seguinte maneira: "É um Dever obedecer à Lei do Poder Legislativo existente, seja qual for sua origem."

... Se o Governante ou Regente, como órgão do Poder Supremo, age violando as Leis, como ao impor tributos, recrutar soldados, e assim por diante, de forma contrária à Lei da Igualdade na distribuição dos encargos políticos, o Súdito pode apresentar *queixas* e *objeções* a essa injustiça, mas não pode opor-lhe resistência ativa.

Não poderia sequer haver um Artigo na Constituição que possibilitasse a um poder no Estado, em caso de transgressão das Leis Constitucionais pela Autoridade Suprema, opor-lhe resistência ou mesmo restringi-la de fazer isso. Pois quem quer que restringisse o Poder Supremo do Estado teria de ter mais ou pelo menos igual poder que o Poder assim restringido... Esta, e não a efetiva Autoridade, seria então o Poder Supremo, o que é contraditório... A chamada Constituição política limitada, na condição de Constituição dos Direitos internos do Estado, é uma irrealidade; e em vez de ser compatível com o Direito, é apenas um Princípio de Conveniência. E sua meta não é tanto lançar todos os obstáculos possíveis no caminho de um violador poderoso dos Direitos populares, por sua influência arbitrária sobre o Governo, mas sim mascará-la sob a ilusão de um Direito de oposição concedido ao Povo...

... É só pela submissão à Vontade Legislativa Universal que é possível uma condição de lei e ordem. Por isso não existe qualquer Direito de Sedição, e menos ainda de rebelião, pertencente ao Povo... É dever do Povo suportar qualquer abuso do Poder Supremo, mesmo quando ele seja considerado insuportável...

C. *Assistência ao pobre. Asilos de enjeitados. A Igreja*

... O Povo uniu-se de fato por sua Vontade comum numa Sociedade, que tem de ser mantida para sempre; e com esse propósito sujeitou-se ao Poder interno do Estado, a fim de preservar os membros dessa Sociedade mesmo quando estes não são capazes de se sustentar. Pelo princípio fundamental do Estado, o Governo está justificado e tem o direito de obrigar aqueles que são capazes a fornecer os meios necessários para a preservação daqueles que não são capazes de suprir as necessidades mais básicas da Natureza. Porque a existência de pessoas com propriedade no Estado implica sua submissão a ele para proteção e provisão pelo Estado daquilo que é necessário para sua existência; e, dessa maneira, o Estado funda um Direito sobre uma obrigação de parte delas de contribuir com seus meios para a preservação de seus concidadãos...

O Estado também tem o Direito de impor ao Povo o dever de preservar as crianças enjeitadas da penúria ou da humilhação e que, de outra maneira, pereceriam; porque não pode permitir, de forma consciente, que seja destruído esse aumento de seu poder, por mais indesejável que possa ser em determinados aspectos...

A *Igreja* é considerada aqui apenas como um estabelecimento Eclesiástico, e como tal deve ser cuidadosamente diferenciada da Religião, que como modo interno de sentimento está totalmente além da esfera de ação do Poder Civil. Visto como uma Instituição para *O Culto* público fundado para o povo – a cuja opinião ou convicção deve sua origem –, o Estabelecimento da Igreja responde a uma necessidade real no Estado. É a necessidade que o povo sente de se considerar também como Súdito de um Poder Supremo *Invisível*, ao qual deve prestar homenagem e que, com frequência, pode ser levado a uma colisão muito indesejável com o Poder Civil. O Estado tem, portanto, um Direito nessa relação; mas não deve ser considerado como Direito de Legislação Constitucional na Igreja, de modo a organizá-la da maneira que possa parecer mais vantajosa para si, ou a prescrever e comandar sua fé e formas rituais de culto; porque tudo isso deve ser deixado inteiramente a cargo dos professores e administradores que a Igreja escolheu para si. A função do Estado nessa relação inclui apenas o Direito *negativo* de regulamentar a influência desses professores públicos sobre a *comunidade* política *visível*, para que não possa ser prejudicial à tranquilidade e à paz públicas. Por conseguinte, o Estado tem de tomar medidas por ocasião de qualquer conflito interno na Igreja, ou por ocasião de qualquer colisão das várias Igrejas umas com as outras, para que a concórdia Civil não seja ameaçada; e esse Direito insere-se no campo de atuação da Polícia. E está *abaixo da dignidade* do Poder Supremo interferir para determinar qual a fé que a Igreja deve professar... Porque, ao fazê-lo, o Poder Supremo estaria imiscuindo-se numa disputa escolástica, em pé de igualdade com seus súditos...

E. O direito de punir

... A Punição Jurídica jamais pode ser administrada apenas como um meio de promover um outro Bem, seja com relação ao próprio Criminoso, seja com relação à Sociedade Civil, mas deve ser imposta em todos os casos apenas porque o indivíduo a quem é infligida *cometeu um Crime*. Pois um homem jamais deve ser tratado apenas como um meio subserviente para o propósito de outrem, nem deve ser mesclado com as matérias do Direito Real. Sua Personalidade Inata tem o Direito de protegê-lo contra tal tratamento, embora ele possa ser condenado a perder sua Personalidade Civil... A Lei Penal é um Imperativo Categórico; e ai daquele que rasteja através dos meandros sinuosos da doutrina da felicidade para descobrir alguma vantagem que possa desobrigá-lo da Justiça da Punição, ou mesmo da devida medida dela, de acordo com a máxima farisaica: "É melhor que *um* homem morra do que todo o povo pereça." Porque, se a Justiça e a Probidade perecem, a vida humana não terá mais valor no mundo. – O que dizer, então, de uma proposta de manter vivo um criminoso que foi condenado à morte, dando a entender a ele que, se concordar que sejam realizadas nele determinadas experiências perigosas, ele terá permissão para sobreviver se sair-se bem delas? Argumenta-se que, desse modo, os médicos poderiam obter novas informações que seriam valiosas para o bem-estar público. Mas um Tribunal de Justiça repudiaria com desprezo qualquer proposta dessa espécie que fosse feita pela Faculdade de Medicina; porque a Justiça deixaria de ser Justiça se fosse negociada com base em qualquer consideração que fosse.

Mas qual é o modo e a medida da Punição que a Justiça Pública toma como seu Princípio e Padrão? É apenas o Princípio da igualdade, pelo qual o ponteiro da Balança da Justiça é feito de tal forma a não inclinar-se mais para um lado do que para o outro. Pode ser traduzido pela afirmação de que o mal imerecido que alguém comete contra o outro está sendo perpetrado contra si mesmo. Por isso pode-se dizer: "Se você calunia o outro, está caluniando a si mesmo; se rouba o outro, está roubando de si mesmo; se bate no outro, está batendo em si mesmo; se mata o outro, está matando a si mesmo." Este é o Direito de RETALIAÇÃO; e, bem compreendido, é o único Princípio que, ao regulamentar um Tribunal Público, diferente do mero julgamento privado, pode determinar definitivamente tanto a qualidade como a quantidade de uma penalidade justa. Todos os outros padrões são instáveis e incertos; e, por conta de outras considerações envolvidas neles, não contêm nenhum princípio que esteja conforme com a sentença da Justiça pura e estrita... Quem quer que tenha cometido Assassinato, deve *morrer*. Não existe neste caso nenhum substituto jurídico que possa ser dado ou tomado para a satisfação da Justiça. Não existe nenhuma *Semelhança* ou proporção entre a Vida, por mais dolorosa que seja, e a Morte; e, por conseguinte, não existe nenhuma Igualdade entre o crime de Assassinato e a retaliação dele a não ser aquilo que é realizado judicialmente com a execução do Criminoso. Sua morte, entretanto, deve ser mantida livre de quaisquer maus-tratos que tornariam repugnante ou abominável a humanidade que sofre em sua Pessoa. Mesmo se uma Sociedade Civil decidisse dissolver-se com o consentimento de todos os seus membros – como se poderia supor no caso de um Povo que habitasse uma ilha e decidisse separar-se e espalhar-se pelo mundo inteiro –, o último assassino que se encontrasse na prisão deveria ser executado antes que a resolução fosse levada a cabo. Isso deveria ser feito a fim de que cada um pudesse compreender o merecimento de suas ações, e de que o homicídio deixasse de pesar sobre o povo; porque, do contrário, todos poderiam ser considerados participantes do assassinato como uma violação pública da Justiça...

Por mais numerosos que sejam aqueles que cometeram um assassinato, ou mesmo que o ordenaram, ou agiram nele como cúmplices, todos devem sofrer a morte; porque assim quer a Justiça, de acordo com a Ideia do Poder jurídico tal como fundamentado nas Leis universais da Razão. Mas pode acontecer de o número de Cúmplices em tal ação ser tão grande que o Estado, ao decidir livrar-se de tais criminosos, corresse o perigo de em breve também ficar privado de súditos. Mas ele não se dissolverá desse modo, nem precisa retornar à condição muito pior da Natureza, na qual não haveria nenhuma Justiça externa. E, acima de tudo, tampouco deveria endurecer as sensibilidades do Povo com o espetáculo da Justiça sendo exibido na carnificina de um matadouro. Nessas circunstâncias, deve-se sempre permitir que o Soberano tenha o poder de tomar para si o papel de Juiz num caso de Necessidade – e de pronunciar uma sentença que, em vez da pena de morte, atribua alguma outra punição aos Criminosos e com isso preserve uma multidão do Povo...

O marquês de BECCARIA apresentou uma opinião diferente contra essas doutrinas. Induzido pelo sentimentalismo compassivo de um sentimento humano, ele asseverou que toda Pena Capital é errada em si e injusta. Apresentou essa opinião baseado em que a pena de morte não poderia estar contida no Contrato Civil original; porque, nesse caso, cada indivíduo do Povo teria de ter consentido em perder a vida caso assassinasse algum de seus concidadãos. Argumenta-se, porém, que tal consentimento é impossível porque ninguém pode dispor da própria vida desta maneira. – Tudo isto é mero sofisma e perversão do direito. Ninguém é submetido à Punição porque desejou ser punido, mas sim porque desejou uma *Ação punível*... Então, se alguém decreta uma Lei Penal contra si mesmo na condição de Criminoso, deve ser a Razão pura juridicamente legisladora que o sujeita a essa Lei Penal, como alguém capaz de cometer crime e, como consequência, como outra Pessoa junto com todas as demais na União Civil. Em outras palavras, não é o Povo tomado de maneira distributiva, mas sim o Tribunal de Justiça pública, diferente do Penal, que prescreve a Pena Capital; e não se deve considerar isso como se o Contrato Social contivesse a Promessa de todos os indivíduos de autorizar sua própria punição, dispondo desse modo de si mesmos e de suas vidas...

II

O direito das gentes e a lei internacional
(jus gentium)

***

54. Elementos do direito das gentes

Os elementos do Direito das gentes são os seguintes:

1. Os ESTADOS, vistos em suas relações externas com outro – como selvagens sem lei –, estão naturalmente em um estado não jurídico;

2. Este estado natural é o ESTADO DE GUERRA, no qual prevalece o Direito do mais forte; e embora nem sempre possa ser encontrado de fato como um estado de verdadeira guerra e incessante hostilidade, e embora nesse caso nenhuma injustiça real seja cometida com alguém, ainda assim a condição é injusta em si no mais alto grau, e as Nações que formam Estados contíguos entre si são obrigadas a sair dela;

3. Uma ALIANÇA DE NAÇÕES, de acordo com a ideia de um Contrato Social original, é necessária para a proteção mútua contra ataque e agressão externa, sem, no entanto, permitir interferência em suas várias disputas e dificuldades internas;

4. Essa relação mútua por Aliança deve prescindir de um Poder Soberano distinto, tal como deve ser estabelecido na Constituição Civil; só pode assumir a forma de uma FEDERAÇÃO, que como tal pode ser revogada em qualquer ocasião e, por conseguinte, precisa ser renovada de tempos em tempos...

55. Direito de ir à guerra no que diz respeito aos súditos do Estado

... Levanta-se a questão sobre que Direito tem o Estado, *no que respeita a seus próprios súditos*, de usá-los a fim de fazer guerra contra outros Estados...

... Então, o que segue é uma dedução do tipo daquela que um simples jurista formularia.

... Os habitantes de qualquer país se espalhariam esparsamente aqui e ali se não fosse a proteção do Governo; porque, sem ela, não poderiam espalhar-se com suas famílias sobre um território que sempre corresse o perigo de ser devastado por inimigos ou por selvagens animais de rapina; e, além disso, uma multidão tão grande de homens como a que agora vive em qualquer país não poderia, de outro modo, obter meios suficientes de sobrevivência. Por isso, assim como se pode dizer do cultivo de vegetais, como batatas, e dos animais domesticados, que por causa da abundância em que são encontrados são um *produto* do trabalho humano, que pode ser usado, destruído e consumido pelo homem; também parece que se pode dizer do Soberano, na condição de Poder Supremo do Estado, que ele tem o Direito de conduzir seus Súditos para a guerra – sendo a maior parte deles produções suas – como se fosse para a caça, e até mesmo o Direito de marchá-los para o campo de batalha, como se fosse uma excursão de passeio.

... Mas tal princípio não se aplicará em absoluto aos homens, em especial quando tidos como cidadãos que devem ser considerados como membros do Estado, com uma parte na legislação, e não apenas como meios para outros, mas como Fins em si mesmos. Como tal, precisam dar seu consentimento livre, através de seus representantes, não apenas para travar guerra em geral, mas para cada declaração de guerra em separado; e é apenas com essa condição restritiva que o Estado tem o Direito de demandar seus serviços para empreendimentos tão cheios de perigo...

60. Direito contra um inimigo injusto

... Mas o que, então, é um inimigo *injusto* de acordo com as concepções do Direito das Gentes quando, como se pensa em geral do estado de Natureza, todo Estado é juiz em sua própria causa? É um inimigo cuja Vontade publicamente expressa, seja por palavras ou ações, revela uma máxima que, se fosse tomada como regra universal, tornaria impossível um estado de Paz entre as nações e necessariamente perpetuaria o estado de Natureza. Assim é a violação dos Tratados públicos, com relação aos quais se pode supor que qualquer uma dessas violações diz respeito a todas as nações por ameaçar sua liberdade, e que elas estão, desse modo, convocadas a se unir contra essa injustiça e retirar o poder de cometê-la...

61. Paz perpétua e um congresso permanente das nações

O estado natural das nações, bem como dos homens individuais, é um estado do qual é dever sair, a fim de entrar num estado jurídico legal. Por isso, antes de ocorrer essa transição, são apenas *provisórios* todo o Direito das Gentes e toda a propriedade externa dos Estados, que possam ser adquiridos ou mantidos por guerra; e só podem tornar-se *peremptórios* numa União universal de Estados, análoga àquela pela qual uma nação se torna um Estado. Somente assim poderia ser estabelecido um verdadeiro *estado de Paz*. Mas com a extensão por demais grande de tal União de Estados sobre vastas regiões, qualquer governo dela e, por conseguinte, a proteção de seus membros individuais devem ao final tornar-se impossíveis; desse modo, uma grande quantidade de tais corporações restabeleceria de novo o estado de guerra. Por isso, a *Paz Perpétua*, que é a derradeira finalidade de todo o Direito das Gentes, se torna de fato uma ideia impraticável. Entretanto, não são impraticáveis os princípios políticos que visam tal fim e que recomendam a formação de tais uniões entre os Estados como meio de promover uma *aproximação* contínua da Paz Perpétua...

CONCLUSÃO

... O estado de Paz é a única condição do Meu e Teu que é assegurada e garantida por *Leis* no relacionamento de homens que vivem em grande número lado a lado com outros e que, desse modo, estão combinados numa Constituição cuja regra é derivada não da mera experiência daqueles que a consideraram o menor guia normal para os outros, mas que deve ser derivada pela Razão *a priori* do ideal de uma União jurídica dos homens sob leis públicas em geral. Porque todas as instâncias ou exemplos particulares, sendo capazes apenas de fornecer ilustração, porém não comprovação, são enganadores e, em todas as circuntâncias, requerem uma Metafísica para estabelecê-los segundo seus princípios necessários. E isso é admitido, de maneira indireta, até mesmo por aqueles que ridicularizam a metafísica, quando dizem, como fazem com frequência: "A melhor Constituição é aquela em que não os Homens mas as Leis exercem o poder." Porque o que pode ser mais metafisicamente sublime, à sua maneira, do que essa ideia deles que, de acordo com sua própria asseveração, possui a realidade mais objetiva?... Se a ideia é levada adiante por uma Reforma gradual e de acordo com Princípios fixados, pode levar por uma contínua aproximação ao Bem político mais elevado e à Paz Perpétua.

11
Jeremy Bentham
1748-1832

O esqueleto de ossos pequenos de Jeremy Bentham está conservado no Museu de Anatomia da University College de Londres – O Grande Utilitarista, fiel à sua filosofia, legou seu cadáver à universidade para dissecação para o progresso da ciência.

Bentham era filho de um ambicioso escrivão, neto de um honrado advogado e bisneto de um próspero agiota. Foi educado num ambiente intelectual onde (dizem) leu e desfrutou de livros de história para adultos antes dos quatro anos de idade. Entre os papéis do pai estavam versos em latim, que o pai atestou terem sido escritos por Jeremy aos cinco anos. Aos sete anos teve um professor particular de francês que o fazia estudar muito e sempre o manteve afastado da ficção. Ele gostava de música e tocava bem tanto cravo como violino.

Foi mandado para Oxford antes de completar treze anos, levando consigo pouco dinheiro. Era pequeno para sua idade, solitário e infeliz. Trabalhou arduamente e recebeu o diploma com quinze anos.

Em seguida, Bentham voltou-se para o estudo de Direito na Lincoln's Inn. Frequentou tribunais e relatou ter ficado encantado com as opiniões de Mansfield pronunciadas no Tribunal Superior de Justiça (mais tarde, censurou Mansfield por causa da legislação judicial). Frequentou as conferências de Blackstone com relutância e desprezo. Perdeu tempo preparando-se para o exercício do Direito; em vez de decorar Coke discorrendo sobre Littleton, fez experiências com produtos químicos e especulou sobre reforma da lei. Quando foi chamado para o tribunal, não conseguiu tomar gosto pela advocacia. Decidiu levar uma vida econômica com uma pequena herança deixada pela mãe e dedicar-se ao aperfeiçoamento do Direito.

Seu primeiro livro, *Um fragmento sobre o governo*, era arrogantemente crítico à presunçosa crença de Blackstone de que o direito consuetudinário era a encarnação da razão e teria prosperado até a perfeição. Publicou-o de maneira anônima e o livro teve grande popularidade; sua autoria foi atribuída a vários grandes personagens políticos. Quando se identificou o obscuro escritor, a popularidade da obra despencou. O *Fragmento* atraiu a atenção do preeminente Lorde Shelburne. Shelburne odiava a obra de Blackstone e procurou Bentham. Na década seguinte, Bentham haveria de visitar, com frequência, Bowood, a propriedade rural de Shelburne. Esses dias no campo eram felizes. As mulheres da casa gostavam de sua companhia e apreciavam sua música; ele jogava xadrez e bilhar com os homens. O pai escrivão se deleitava com a aceitação do filho e quase perdooou a relutância de Jeremy em progredir.

Em Bowood, Bentham pôs à prova ideias sobre reforma jurídica com homens de força política. Estava escrevendo o que mais tarde se tornaria sua *Introdução aos princípios da moral e da legislação*. Shelburne nutria grande entusiasmo por essa obra analítica, e insistiu para que fosse lida em voz alta para as damas. Críticos qualificados, entretanto, acharam que era obscura e seca demais, o que desencorajou Bentham publicá-la. Mais tarde, em 1789, ele publicou parte dela, mas a última metade só foi publicada em 1945, com o título de *Os limites da jurisprudência definidos*. Os trechos que se seguem a esta nota biográfica pertencem a esses dois livros.

O irmão de Bentham, Samuel, era engenheiro e trabalhava para o príncipe russo Potemkin, que tentava introduzir a civilização numa região bárbara. Jeremy, no final da casa dos trinta anos, partiu para visitar Samuel na Rússia, com a esperança de ali promover a reforma jurídica, de maneira mais efetiva do que fizera na Inglaterra. A viagem foi difícil; levou três meses através da Itália e Istambul. O sonho de Bentham de reformar o Direito russo sob o domínio de Catarina, a Grande, acabou sendo vão. Durante sua estada na Rússia, tomou interesse pela economia. Adotou a teoria do *laissez-faire*, recém-formulada por Adam Smith e que ele levou mais adiante do que o próprio ao escrever sua *Defesa da usura* – que despachou de volta à Inglaterra para publicação.

A visita à Rússia durou três anos. Logo depois que Bentham voltou para casa, saiu a primeira edição de sua *Introdução aos princípios da moral e da legislação*. Sua reputação como "O Grande Utilitarista" provém dessa obra; a publicação lhe trouxe fama, que se fortaleceu pouco a pouco no decorrer dos anos; a França lhe concedeu cidadania honorária em 1792; na Inglaterra, conquistou renome; estadistas do mundo inteiro procuravam sua opinião.

Aos quarenta e poucos anos, Bentham fez uma prolongada e frustrante experiência de reforma prática ao patrocinar um "Panopticon" – uma prisão circular com celas dispostas em torno de um vão central, na qual os condenados estavam sempre sob vigilância sem seu conhecimento. Ele gastou muito de seu próprio dinheiro para construir e instalar uma complicada série de espelhos, a fim de demonstrar a estrutura. Bentham achou que o apoio parlamentar a esse projeto foi sufocado por George III, que olhava com desconfiança para as opiniões políticas de Bentham. Anos depois, o Parlamento destinou dinheiro para reembolsar Bentham por suas despesas com o "Panopticon". Outras propostas de Bentham tiveram melhor sorte: suas propostas para reformar a lei de assistência aos pobres foram adotadas pouco antes de sua morte; ele defendia também a construção de canais em Suez e no Panamá – pelo que foi chamado de visionário insensato.

Quando estava com quarenta e quatro anos, herdou do pai uma casa e dinheiro suficiente para levar uma vida confortável. Deu à casa o nome de Ermida – um refúgio encantador numa viela sem saída em Londres, que se alargava num pátio com jardim. Solteiro e afável, Bentham era o centro de um grupo de amigos agradáveis e discípulos importantes – inclusive John Stuart Mill, John Austin e muitos outros intelectuais. Entretanto, as companhias só eram bem-vindas ao cair da noite – ele passava os dias num regime de prodigiosa escrita. À medida que foi envelhecendo, tornou-se excêntrico. Sua rotina não podia ser interrompida, e ele recusava-se a receber personagens importantes e, às vezes, velhos amigos. Mas sua mente permaneceu vigorosa e as palavras fluíram de sua caneta até sua última enfermidade.

O interesse do jovem Bentham pela reforma era jurídico e não político. Só quando ficou mais velho passou a admirar a democracia. Em 1822 (Bentham estava com setenta e quatro anos), escreveu que o governo inglês era o governo menos mau de todos os maus governos, e que os Estados Unidos eram o primeiro de todos os governos que podiam ser chamados, com propriedade, de bons.

UMA INTRODUÇÃO AOS PRINCÍPIOS DA MORAL E DA LEGISLAÇÃO*

CAPÍTULO I

Do princípio da utilidade

1. A natureza colocou a espécie humana sob o domínio de dois senhores soberanos: a *dor* e o *prazer*. Só a eles cabe apontar o que de-

---

* Reimpresso com permissão de Basil Blackwell, Oxford.

vemos fazer, assim como determinar o que faremos. O padrão do certo e do errado, por um lado, e a cadeia de causas e efeitos, por outro, estão presos ao seu trono. Eles nos governam em tudo que fazemos, em tudo que dizemos, em tudo que pensamos; todo esforço que podemos fazer para nos livrar de nossa sujeição servirá apenas para demonstrá-la e confirmá-la. Um homem pode fingir, com palavras, abjurar o seu império; mas na realidade permanecerá sujeito a ele durante todo o tempo. O *princípio da utilidade* reconhece essa sujeição e a assume para a fundação desse sistema, cujo objetivo é erigir a construção da felicidade pelas mãos da razão e da lei. Os sistemas que tentam questionar isso lidam com sons em vez de sentidos, com a fantasia em vez da razão, com a escuridão em vez da luz...

2. ... Por princípio de utilidade queremos dizer o princípio que aprova ou desaprova toda e qualquer ação, segundo a tendência que parece ter para aumentar ou diminuir a felicidade da parte cujo interesse está em questão; ou, o que é a mesma coisa, em outras palavras, para promover ou opor-se a essa felicidade. Digo de toda e qualquer ação; e, por conseguinte, não apenas de toda ação de um indivíduo particular, mas de todas as medidas do governo.

3. Por utilidade entende-se a propriedade de qualquer objeto, pela qual ele tende a produzir benefício, vantagem, prazer, bem ou felicidade (tudo isto, no caso presente, é a mesma coisa) ou (o que de novo é a mesma coisa) a impedir que aconteça o dano, a dor, o mal ou a infelicidade para a parte cujo interesse está sendo considerado; se essa parte for a comunidade em geral, então a felicidade da comunidade; se um indivíduo particular, então a felicidade desse indivíduo.

4. O interesse da comunidade é uma das expressões mais gerais que podem ocorrer na fraseologia da moral; não é de admirar que, com frequência, se perca o significado disso. Quando tem um significado será o seguinte. A comunidade é um *corpo* fictício, composto de pessoas individuais que são consideradas como os *membros* que a constituem. Então, o interesse da comunidade é o quê? – a soma dos interesses dos vários membros que a compõem...

10. Pode-se sempre dizer, de uma ação que é compatível com o princípio da utilidade, que deve ser feita, ou pelo menos que não é uma ação que não deve ser feita. Também se pode dizer que é certo fazê-la; ou pelo menos que não é errado fazê-la; que é uma ação certa; pelo menos que não é uma ação errada. Quando interpretadas desse modo, as palavras *deve, certa* e *errada*, e outras desse cunho, têm um sentido; quando interpretadas de outro modo, não têm.

11. Alguma vez foi formalmente contestada a retidão desse princípio? Parece que sim, por aqueles que não sabiam o que estavam dizendo. É ele suscetível de alguma prova direta? Parece que não. Pois aquilo que é usado para provar todas as outras coisas não pode ele mesmo ser provado; uma cadeia de provas deve ter seu começo em algum lugar. Apresentar tal prova é tão impossível quanto desnecessário...

CAPÍTULO II

Dos princípios opostos ao da utilidade

1. Se o princípio da utilidade é um princípio correto pelo qual ser governado, e isso em todos os casos, conclui-se... que qualquer princípio que difira dele, deve ser necessariamente um princípio errado. Portanto, para provar que qualquer outro princípio é errado, não se necessita mais que mostrar que ele é o que é, um princípio cujos ditames são, num ponto ou noutro, diferentes daqueles do princípio da utilidade. Declarar isso é refutá-lo.

2. Um princípio pode ser diferente daquele da utilidade de duas maneiras: 1. Sendo constantemente oposto a ele; esse é o caso de um princípio que pode ser chamado de princípio do *ascetismo*. 2. Sendo oposto a ele às vezes, e às vezes não, como pode ocorrer; esse é o caso de um outro que pode ser chamado de princípio da *simpatia* e da *antipatia*.

3. Por princípio de ascetismo refiro-me àquele princípio que... aprova ou desaprova qual-

quer ação, de acordo com a tendência que pareça ter para aumentar ou diminuir a felicidade da parte cujo interesse está em questão; porém, de maneira inversa: aprovando as ações na medida em que tendam a diminuir a felicidade; desaprovando aquelas na medida em que tendam a aumentar a felicidade.

4. É evidente que qualquer um que reprove a menor partícula de prazer, como tal, qualquer que seja a fonte de onde derive, é *pro tanto* um partidário do princípio do ascetismo. É só com base neste princípio, e não no princípio da utilidade, que seria condenado o prazer mais abominável que o mais vil dos malfeitores colheu com seu crime, se fosse sozinho. O caso é que nunca vem sozinho, mas é necessariamente seguido de tamanha quantidade de dor (ou, o que vem a ser a mesma coisa, de tamanha possibilidade de certa quantidade de dor), que o prazer é nada em comparação com isso; e essa é a verdadeira e única, porém perfeitamente suficiente, razão para torná-lo um motivo para punição.

5. Há duas espécies de homens de caráter bem diferente, que parecem ter abraçado o princípio do ascetismo; um deles, um grupo de moralistas; o outro, um grupo de carolas. Desse modo, diferentes foram os motivos que parecem tê-lo recomendado à atenção desses diferentes grupos. A esperança, que é a expectativa do prazer, parece ter animado o primeiro; esperança, o alimento do orgulho filosófico: a esperança de honra e reputação nas mãos dos homens. O medo, que é a expectativa da dor, o último; medo, o produto da imaginação supersticiosa, o medo da punição futura nas mãos de uma divindade rabugenta e vingativa...

6. O grupo religioso, entretanto, parece ter levado isso mais adiante do que o filosófico; eles agiram com mais consistência e menos sabedoria. O grupo filosófico poucas vezes foi além de reprovar o prazer; o grupo religioso chegou, com frequência, ao ponto de tornar a corte à dor uma questão de mérito e de dever. O grupo filosófico dificilmente foi além de tornar a dor uma questão de indiferença. Eles disseram: não é um mal; não disseram: é um bem. Não reprovaram todo prazer no conjunto. Rejeitaram apenas aquilo que chamaram de grosseiro... até acalentaram e exaltaram o refinado. Este, entretanto, sem nome de prazer; para purificar-se das excreções de sua origem impura, era necessário que mudasse de nome; deveria ser chamado de honroso, glorioso, respeitável, conveniente, *honestum*, *decorum*; resumindo, qualquer coisa menos prazer...

8. O princípio do ascetismo, entretanto, com todo o fervor com que pode ter sido abraçado por seus partidários como uma regra de conduta privada, não parece ter sido levado a uma distância muito considerável quando aplicado aos assuntos do governo. Em alguns casos, foi levado um pouco à frente pelo grupo filosófico; testemunho disso é o regime espartano. Embora então, talvez, possa ser considerado como tendo sido uma medida de segurança; e uma aplicação, embora uma aplicação precipitada e perversa, do princípio da utilidade. Raramente foi levado a uma distância considerável pelo grupo religioso... Lemos sobre santos que, para o bem de suas almas, e a mortificação de seus corpos, entregaram-se de maneira voluntária como presas para os parasitas; mas, embora muitas pessoas desse grupo tenham controlado as rédeas de impérios, não lemos sobre nenhuma que se pôs a trabalhar, e fazer leis com esse propósito, tendo em vista prover o corpo político com uma raça de salteadores, arrombadores de casas ou incendiários. Se em algum momento permitiram que a nação fosse saqueada por bandos de pensionistas ociosos ou *funcionários públicos* inúteis, foi mais por negligência e imbecilidade do que por algum plano estabelecido para oprimir e espoliar o povo...

9. O princípio do ascetismo parece ter sido originalmente o devaneio de certos especuladores apressados que, tendo percebido, ou imaginado, que determinados prazeres, quando colhidos em certas circunstâncias, são, a longo prazo, acompanhados por dores que os superam, aproveitaram a oportunidade para indispor-se com tudo aquilo que se oferecia com o nome de prazer. Tendo então chegado a esse ponto, e

esquecido o ponto de onde partiram, avançaram e chegaram ao ponto de pensar que era meritório apaixonar-se pela dor. Vemos que até mesmo isso nada mais é, no fundo, que o princípio da utilidade mal empregado.

10. O princípio da utilidade pode ser buscado de maneira consistente; é uma tautologia dizer que quanto mais consistentemente for buscado, melhor deve ser para a humanidade. O princípio do ascetismo nunca foi, nem pode ser buscado de forma consistente por qualquer criatura viva...

11. Entre os princípios adversos ao da utilidade, aquele que nos dias de hoje parece ter a maior influência em questões de governo é o que pode ser chamado de princípio da simpatia e da antipatia. Por princípio de simpatia e antipatia refiro-me àquele princípio que aprova ou desaprova certas ações, não por conta de sua tendência a aumentar a felicidade, nem por conta de sua tendência a diminuir a felicidade da parte cujo interesse está em questão, mas apenas porque um homem se encontra disposto a aprová-las ou desaprová-las – mantendo essa aprovação ou desaprovação como uma razão suficiente em si, e rejeitando a necessidade de procurar algum motivo extrínseco. Isso no departamento geral da moral; e no departamento particular da política, medindo o *quantum* (bem como determinando o motivo) da punição pelo grau da desaprovação.

12. É evidente que isso é mais um princípio na aparência do que na realidade; não é um princípio positivo em si, tanto quanto um termo empregado para significar a negação de todo princípio. O que se espera encontrar num princípio é algo que assinale alguma consideração externa como meio de garantir e guiar os sentimentos internos de aprovação e desaprovação; porém, essa expectativa é mal realizada por uma proposição que não faz nada mais, nada menos que expor cada um desses sentimentos como fundamento e critério em si...

14. Todos os vários sistemas que foram formados com respeito ao padrão de certo e errado podem ser reduzidos ao princípio da simpatia e da antipatia. Uma explicação pode servir para todos. Todos consistem em inúmeros artifícios para evitar a obrigação de apelar para algum critério externo e persuadir o leitor a aceitar o sentimento ou a opinião do autor como uma razão em si. As expressões são diferentes, mas o princípio é o mesmo[1].

15. É evidente que os ditames desse princípio coincidirão, com frequência, com os da uti-

---

1. É bastante curioso observar a variedade de invenções que ocorrem aos homens, e a variedade de expressões que apresentaram a fim de esconder do mundo e, se possível deles mesmos, essa autossuficiência muito geral e, portanto, muito escusável.

1 – Um homem diz que tem uma coisa criada de propósito para lhe dizer o que é certo e o que é errado; e que é chamada de senso moral; e depois vai operar à vontade e diz: tal coisa é certa, e tal coisa é errada – por quê? "Porque meu senso moral me diz que é."

2 – Chega um outro homem e altera a frase, excluindo o termo moral e introduzindo em seu lugar o termo comum. Em seguida lhe diz que seu senso comum ensina o que é certo e o que é errado, com tanta certeza quanto o outro senso ensinava; querendo dizer com senso comum um senso de uma espécie ou outra do qual, ele diz, todo o gênero humano é dotado; e o senso daqueles cujo senso não é o mesmo do autor é retirado da descrição com a alegação de que não merece ser levado em conta. Esse artifício sai-se melhor do que o outro; porque, sendo o senso moral uma coisa nova, um homem pode senti-lo durante um bom tempo sem ser capaz de descobri-lo; mas o senso comum é tão velho quanto a criação, e não existe nenhum homem que não ficaria envergonhado se alguém achasse que ele não tem tanto dele quanto o seus vizinhos. E há uma outra grande vantagem: ao parecer que divide o poder, diminui a inveja...

3 – Chega um outro homem e diz que, quanto ao senso moral, ele não pode achar que possui tal coisa; que, entretanto, possui um entendimento que serve tão bem quanto. Esse entendimento, ele diz, é o critério do certo e do errado; que lhe diz isso e aquilo. Todos os homens bons e sábios entendem como ele; se o entendimento de outros homens difere do seu em algum ponto, tanto pior para eles; é um sinal seguro de que são imperfeitos ou corruptos.

4 – Um outro homem diz que existe uma eterna e imutável Regra do Certo; que a regra do certo dita isso e aquilo; e em seguida começa a apresentar a você seus sentimentos sobre alguma coisa mais elevada; e esses sentimentos (que você deve admitir como verdadeiros) são inúmeros ramos da eterna regra do certo.

5 – Um outro homem, ou talvez o mesmo homem (não importa), diz que existem certas práticas compatíveis e outras incompatíveis com a Conveniência das Coisas; e depois lhe

lidade, embora talvez sem tencionar tal coisa. É provável que com mais frequência coincidam; e é por isso que os assuntos da justiça penal são levados a esse tipo tolerável de situação em que os vemos nos dias de hoje. Pois que fundamento mais natural e mais geral de ódio a uma prática pode haver do que o caráter nocivo de tal prática? Aquilo a cuja pena todos os homens estão expostos, todos os homens estarão dispostos a odiar. Entretanto, ainda está longe de ser um fundamento constante; porque, quando um homem sofre, nem sempre sabe por que está sofrendo. Um homem pode sofrer dolorosamente com um novo imposto, sem ser capaz de remontar a causa de seu sofrimento à injustiça de algum vizinho, que se esquivou de pagar um imposto antigo...

18. Podem admirar-se talvez de porque até aqui não se fez nenhuma menção ao princípio teológico; sendo esse princípio o que professa recorrer à vontade de Deus para o padrão do certo e do errado. Mas o caso é que este não é, de fato, um princípio distinto. Não é nada mais nem menos do que um ou outro dos três princípios mencionados antes, apresentando-se com uma nova forma...

CAPÍTULO IV

Valor de uma porção de prazer ou dor, como medir

5. Então, para fazer um cálculo exato da tendência geral de algum ato pelo qual são afetados os interesses da comunidade, proceda da seguinte maneira. Comece com qualquer uma das pessoas cujos interesses parecem ser afetados de maneira mais imediata; e faça um cálculo:

1 – do valor de cada *prazer* distinguível que parece ser produzido por ele na *primeira* instância;

2 – do valor de cada *dor* que parece ser produzida por ele na *primeira* instância;

3 – do valor de cada prazer que parece ser produzido por ele *depois* do primeiro. Isso constitui a *fecundidade* do primeiro *prazer* e a *impureza* da primeira *dor*;

4 – do valor de cada *dor* que parece ser produzida por ele depois da primeira. Isso constitui a *fecundidade* da primeira *dor*, e a *impureza* do primeiro prazer;

5 – some todos os valores de todos os *prazeres* de um lado, e do outro lado o valor de todas as dores. O balanço, se for favorável ao prazer, dará a *boa* tendência do ato no conjunto, com relação aos interesses dessa pessoa *individual*; se for favorável à dor, a *má* tendência dele no todo;

6 – faça um cálculo do *número* de pessoas cujos interesses pareçam estar envolvidos; e repita o processo acima em relação a cada uma. *Some* os números indicativos dos graus da *boa* tendência que o ato possui, com respeito a cada indivíduo em relação ao qual a tendência é *boa* no todo; faça isso de novo com respeito a cada indivíduo em relação ao qual a tendência é *má* no todo. Faça o *balanço*, que, se for favorável ao *prazer*, indicará a *boa tendência* geral do ato com relação ao número total ou à comunidade de indivíduos envolvidos; se for favorável à dor, a *má tendência* geral com relação à mesma comunidade;

6. Não se deve esperar que esse procedimento seja estritamente observado antes de cada julgamento moral, ou de cada operação legisla-

---

diz, a seu bel-prazer, quais práticas são compatíveis e quais incompatíveis; assim como ele, por acaso, gostar ou desgostar de uma prática.

6 – Uma grande multidão de pessoas está sempre falando da Lei da Natureza; em seguida passam a lhe apresentar seus sentimentos sobre o que é certo e o que é errado; e esses sentimentos, você deve compreender, são os muitos capítulos e seções da Lei da Natureza.

7 – Em vez da expressão Lei da Natureza, você tem às vezes Lei da Razão, Razão Certa, Justiça Natural, Equidade Natural, Boa Ordem. Qualquer uma delas serve igualmente bem. Esta última é mais usada em política. As três últimas são muito mais toleráveis do que as outras porque não pretendem ser, de maneira muito explícita, mais do que expressões; elas insistem apenas debilmente em ser consideradas como padrões positivos de si mesmas, e parecem satisfazer-se com ser tomadas, de vez em quando, por expressões indicativas da conformidade da coisa em questão com o padrão apropriado, qualquer que seja ele. Na maioria das ocasiões, entretanto, será melhor dizer utilidade: utilidade é mais clara, referindo-se de forma mais explícita à dor e ao prazer...

tiva ou judicial. Entretanto, ele sempre pode ser mantido em vista; e o grau de proximidade que ele tiver com o procedimento de fato seguido nessas ocasiões indicará quanto tal procedimento se aproxima do caráter de um procedimento exato...

CAPÍTULO V
Prazeres e dores, seus tipos

2. Os vários prazeres simples aos quais a natureza humana é suscetível parecem ser os seguintes: 1 – os prazeres dos sentidos; 2 – os prazeres da riqueza; 3 – os prazeres da habilidade; 4 – os prazeres da amizade; 5 – os prazeres de um bom nome; 6 – os prazeres do poder; 7 – os prazeres da piedade; 8 – os prazeres da benevolência; 9 – os prazeres da malevolência; 10 – os prazeres da memória; 11 – os prazeres da imaginação; 12 – os prazeres da expectativa; 13 – os prazeres dependentes da associação; 14 – os prazeres do alívio.

3. As várias dores simples parecem ser as seguintes: 1 – as dores da privação; 2 – as dores dos sentidos; 3 – as dores da inabilidade; 4 – as dores da inimizade; 5 – as dores de um mau nome; 6 – as dores da piedade; 7 – as dores da benevolência; 8 – as dores da malevolência; 9 – as dores da memória; 10 – as dores da imaginação; 11 – as dores da expectativa; 12 – as dores dependentes da associação...

33. De todas essas várias espécies de prazeres e dores, quase não existe nenhuma que não seja passível, por mais de um motivo, de estar sujeita à consideração da Lei. Foi cometida uma ofensa? É a tendência que ela tem para destruir, nesta ou naquela pessoa, algum desses prazeres, ou para produzir alguma dessas dores, que constitui seu dano e o motivo para sua punição. É a expectativa de algum desses prazeres, ou da segurança contra alguma dessas dores, que constitui o motivo ou a tentação; é a obtenção deles que constitui o lucro da ofensa. O infrator deve ser punido? Só mediante a produção de uma ou mais dessas dores a pena pode ser imposta.

CAPÍTULO VII
Das ações humanas em geral

1. A tarefa do governo é promover a felicidade da sociedade, punindo e recompensando. A parte de sua tarefa que consiste em punição é mais particularmente o objeto da lei penal. A demanda que ela cria para a punição corresponde ao grau em que um ato tende a perturbar essa felicidade, no grau em que ele é pernicioso. Já vimos em que consiste a felicidade: o gozo dos prazeres, a segurança contra as dores...

21. Até aqui falamos dos atos considerados em si mesmos; passamos agora a falar das *circunstâncias* que podem tê-los acompanhado. Elas devem necessariamente ser levadas em conta antes que se possa determinar qualquer coisa em relação às consequências. De outro modo, jamais podem ser averiguadas as consequências que um ato pode ter sobre o todo; jamais se pode saber se ele é benéfico, indiferente ou nocivo. Em certas circunstâncias, até matar um homem pode ser um ato benéfico; em outras, colocar alimento diante dele pode ser um ato pernicioso...

23. Já tivemos ocasião de fazer breve menção das *consequências* de um ato: elas foram diferenciadas em materiais e imateriais. As circunstâncias do ato podem ser diferenciadas de maneira semelhante. Ora, *materialidade* é um termo relativo; aplicado às consequências de um ato, se relaciona com dor e prazer; aplicado às circunstâncias, tem relação com as consequências. Pode-se dizer que uma circunstância é material quando tem uma relação visível, no tocante à causalidade, com as consequências; imaterial, quando não tem essa relação visível.

24. As consequências de um ato são eventos. Uma circunstância pode estar relacionada com um evento, no tocante à causalidade, em uma das quatro maneiras: 1 – à maneira de causa ou produção; 2 – à maneira de derivação; 3 – à maneira de conexão colateral; 4 – à maneira de influência conjunta. Pode-se dizer que está relacionada com o evento à maneira de causa, quando faz parte do número daquelas

que contribuem para a produção de tal evento; à maneira de derivação, quando faz parte do número dos eventos para cuja produção a circunstância em questão contribuiu; à maneira de conexão colateral, quando a circunstância em questão e o evento em questão, sem ser nenhum deles instrumental na produção do outro, se relacionam, cada um deles, a algum objeto em comum que esteve envolvido na produção de ambos; à maneira de influência conjunta quando, relacionados ou não de qualquer outra maneira, ambos contribuíram na produção de alguma consequência comum...

26. Nem todas essas várias relações se vinculam a um evento com igual certeza. Em primeiro lugar, é evidente, de fato, que todo evento deve ter uma ou outra circunstância e, na verdade, uma infinidade de circunstâncias, relacionadas com ele à maneira de produção; claro que deve ter uma infinidade ainda maior de circunstâncias relacionadas com ele à maneira de conexão colateral. Mas não parece necessário que todo evento tenha circunstâncias relacionadas com ele à maneira de derivação; nem, portanto, que tenha alguma relacionada com ele à maneira de influência conjunta. Mas, de todos os tipos de circunstâncias que de fato se vinculam a um evento, somente um número muito pequeno pode ser descoberto pelo emprego extremo das faculdades humanas; é um número ainda menor que de fato pode atrair nossa atenção; quando acontecer a ocasião, um número maior ou menor delas será descoberto por um homem de acordo com a força, em parte, de suas capacidades intelectuais e, em parte, de sua inclinação[2]. Parece, portanto, que a infinidade e a descrição de tais circunstâncias pertencentes a um ato, enquanto possam parecer materiais, serão determinadas por duas considerações: 1. Pela natureza das próprias coisas. 2. Pela força ou fraqueza das faculdades daqueles que por acaso as considerarem...

CAPÍTULO XII

Das consequências de um ato nocivo

1. Formas nas quais o dano de um ato pode manifestar

1. ... Passamos agora a falar das *consequências* ou tendência, um item que forma o derradeiro elo em toda essa corrente de causas e efeitos, envolvendo a materialidade do todo. Ora, a parte dessa tendência que é de natureza nociva é a única que nos interessa diretamente; portanto, nos limitaremos a ela.

2. A tendência de um ato é nociva quando as consequências dele são nocivas; sejam as consequências certas ou as prováveis. As consequências nocivas, quantas e quaisquer que sejam, de um ato de tendência nociva, podem ser concebidas como constituindo um corpo agregado, que pode ser denominado dano do ato.

3. Esse dano pode, com frequência, ser distinguido, por assim dizer, em duas partes ou parcelas; uma delas contendo o que se pode chamar de dano primário; a outra, o que se pode chamar de secundário. A parte que pode ser

---

[2]. Quanto mais remota for essa espécie de conexão, mais obscura será, é claro. Acontecerá com frequência que uma conexão, cuja ideia pareceria à primeira vista extravagante e absurda, se apresentará como altamente provável e, de fato, incontestável, apenas com a sugestão de algumas circunstâncias intermediárias.

Em Roma, 390 anos antes da era cristã, um ganso se põe a grasnar; dois mil anos depois, um rei da França é assassinado. Para considerar esses dois eventos, e nada mais, o que pode parecer mais extravagante do que a ideia de que o primeiro deles teria tido alguma influência na produção do segundo? Preencha a lacuna, traga à mente algumas circunstâncias intermediárias, e nada poderá parecer mais provável. Foi o grasnido de um bando de gansos, no momento em que os gauleses surpreenderam o Capitólio, que salvou o Estado romano; se não fosse a supremacia que o Estado adquiriu depois sobre a maioria das nações da Europa, entre as quais a França, a religião cristã, falando em termos humanos, não poderia ter-se estabelecido nesse país da maneira como se estabeleceu. Admitimos, então, que tivesse existido um homem como Henrique IV; nenhum homem, entretanto, teria tido os motivos pelos quais Ravaillac, desorientado por uma ideia nociva referente aos ditames dessa religião, foi levado a assassiná-lo.

denominada *primária* é experimentada por um indivíduo determinável, ou por uma multidão de indivíduos determináveis. A parte que pode ser denominada *secundária* é aquela que, tendo sua origem na anterior, estende-se sobre toda a comunidade ou sobre outra multidão de indivíduos indetermináveis...

5. O dano secundário, por outro lado, pode frequentemente ser visto como consistindo em duas outras partes ou parcelas; a primeira consistindo em *dor*, a outra em *perigo*. A dor que produz é uma dor de apreensão, uma dor fundada na apreensão de sofrer tais danos ou inconveniências, quaisquer que sejam, como é da natureza do dano primário produzir. Pode ser intitulada, numa palavra, de *alarme*. O perigo é a *possibilidade*, qualquer que seja, de sofrer tais danos ou inconveniências, possibilidade a que esteja exposta a multidão a que isso concerne, em consequência do dano primário. Porque perigo nada mais é que a possibilidade de dor ou, o que vem a ser a mesma coisa, de perda do prazer.

6. Um exemplo pode servir para deixar isso claro. Um homem o ataca na estrada, e o rouba. Você sofre uma dor na ocasião da perda de tanto dinheiro; também sofreu uma dor com os pensamentos dos maus-tratos pessoais que receou que ele poderia infligir-lhe, caso você não satisfizesse suas demandas. Isso junto constitui o ramo original do dano primário, resultante do ato de roubo. Um credor seu, que esperava que você lhe pagasse com parte desse dinheiro, e um filho seu, que esperava que você lhe desse uma outra parte, ficam desapontados em consequência disso. Você é obrigado a recorrer à bondade de seu pai para reparar a deficiência. Esses danos juntos compõem o ramo derivado. O relato sobre esse assalto circula de boca em boca e se espalha pelas vizinhanças. Abre caminho até os jornais e se propaga por todo o país. Nessa ocasião, várias pessoas se lembram, como parece a partir desse exemplo, do perigo a que estão expostas ao viajar; sobretudo aquelas que podem ter ocasião de viajar na mesma estrada. Nessa ocasião, naturalmente sentem um certo grau de dor, mais leve ou mais intenso, de acordo com os maus-tratos que possam ter entendido que você sofreu; de acordo com a frequência da ocasião que cada pessoa tenha de viajar na mesma estrada, ou em suas vizinhanças; de acordo com a proximidade de cada pessoa ao local; de acordo com a coragem pessoal delas; de acordo com a quantidade de dinheiro que possam ter ocasião de carregar consigo; e de acordo com uma variedade de outras circunstâncias. Isso constitui a primeira parte do dano secundário, resultante do ato de roubar; a saber, o alarme. Mas as pessoas de uma descrição ou de outra não apenas estão dispostas a conceber-se sujeitas à possibilidade de ser assaltadas, em consequência do roubo cometido contra você, mas (como será demonstrado daqui a pouco) elas de fato estão sujeitas a tal possibilidade. E é essa possibilidade que constitui a parte restante do dano secundário do ato de roubar; a saber, o perigo.

7. Vejamos a que equivale essa possibilidade; e de onde ela vem. De que maneira, por exemplo, um roubo pode contribuir para produzir outro? Em primeiro lugar, é certo que ele não pode criar nenhum motivo direto. Um motivo deve ser a expectativa de algum prazer, ou de outra vantagem, a ser desfrutada no futuro; mas o roubo em questão é passado...

8. Os meios, então, pelos quais um roubo tende, ao que parece, a produzir outro roubo, são dois. 1. Ao sugerir a uma pessoa exposta à tentação a ideia de cometer outro roubo assim (acompanhada, talvez, da crença de sua facilidade). Nesse caso, a influência que exerce aplica-se, em primeiro lugar, ao entendimento. 2. Ao enfraquecer a força dos motivos tutelares que tendem a afastar essa pessoa de tal ação e, com isso, aumentando a força da tentação. Nesse caso, a influência se aplica à vontade...

9. A maneira pela qual um roubo passado pode enfraquecer a força com que a sanção *política* tende a impedir um roubo futuro, pode ser concebida deste modo. A maneira pela qual essa sanção tende a impedir um roubo é anunciando algum tipo específico de punição contra qualquer um que seja culpado disso; claro que o valor *real* dessa punição será diminuído pela incerteza *real*; como também, se houver alguma diferença, o

valor *aparente*, pela incerteza *aparente*. Ora, essa incerteza é aumentada proporcionalmente a cada exemplo em que se sabe que um homem cometeu um delito e não foi submetido a punição. Este, é claro, será o caso de todo delito durante certo tempo; resumindo, até acontecer a punição apropriada. Se enfim ocorrer a punição, esse ramo do dano terá acabado, mas não antes disso.

10. A maneira pela qual um roubo passado pode enfraquecer a força com que a sanção *moral* tende a impedir um roubo futuro, pode ser concebida assim. A maneira pela qual uma sanção moral tende a impedir um roubo é sustentando que a indignação da espécie humana está pronta para cair sobre aquele que for culpado. Ora, essa indignação será tanto mais formidável quanto maior o número daqueles que se juntarem a ela; tanto menos formidável quanto menor o número daqueles que se juntarem a ela. Mas não pode haver uma maneira mais forte de mostrar que um homem não participa de qualquer indignação que se possa cogitar contra uma prática do que envolvendo-se nela. Isso mostra não apenas que ele não sente qualquer indignação contra ela, mas que lhe parece não haver nenhuma razão suficiente para recear a indignação que outros possam sentir contra ela. Dessa maneira, onde os roubos são frequentes e impunes, os roubos são cometidos sem vergonha. Foi assim entre os gregos no passado. Ainda é assim entre os árabes...

CAPÍTULO XIII

Casos impróprios para punição

1. Visão geral dos casos impróprios para punição

1. O objetivo geral que todas as leis têm, ou deviam ter, em comum é aumentar a felicidade total da comunidade; e, por conseguinte, em primeiro lugar, excluir, na medida do possível, todas as coisas que tendem a subtrair essa felicidade; em outras palavras, excluir o dano.

2. Mas toda punição é dano, toda punição é em si um mal. Baseado no princípio da utilidade, ela só deve ser admitida na medida em que promete excluir algum mal maior[1].

3. É evidente, portanto, que, nos seguintes casos, a punição não deve ser imposta.

I. Quando for *infundada*; quando não houver qualquer dano a se impedir; não sendo o ato nocivo no todo.

II. Onde ela for *ineficaz*, quando não puder agir para impedir o dano.

III. Quando *não for lucrativa*, ou for *cara* demais; quando o dano que ela produziria for maior do que aquele que impediria.

IV. Quando for *desnecessária*; quando o dano puder ser impedido, ou quando puder cessar por si mesmo, sem ela; isto é, a um custo mais barato...

CAPÍTULO XVI

Classificação das ofensas

1. Categorias de ofensas

1. É necessário, no início, fazer uma distinção entre os atos que *são* ou *podem ser* ofensas. *Pode* ser uma ofensa qualquer ato que

---

[1]. O fim principal imediato da punição é controlar a ação. Essa ação ou é a do infrator ou a de outros; ela controla a do infrator por meio de sua influência sobre a vontade dele, em cujo caso se diz que opera à maneira de reforma; ou sobre seu poder físico, em cujo caso se diz que opera por incapacitação; a de outros não pode influenciar de outra maneira a não ser por sua influência sobre as vontades deles, em cujo caso se diz que opera à maneira de exemplo. Uma espécie de fim colateral, que ela tem uma tendência natural a satisfazer, é o de permitir um prazer ou satisfação à parte injuriada, onde houver alguma, e, em geral, às partes cujo rancor, seja por conta do amor-próprio, seja por conta de simpatia ou antipatia, foi excitado pela ofensa. Esse propósito, até onde pode ser satisfeito de graça, é um propósito benéfico. Mas nenhuma punição deve ser atribuída apenas com esse propósito, porque (pondo de lado seus efeitos à maneira de controle) jamais se produz pela punição um tal prazer que seja equivalente à dor. Entretanto, a punição que pode ser atribuída ao outro propósito, contanto que possa ser aplicada sem custos, deve ajustar-se a isso. A satisfação assim ministrada a uma parte injuriada, na forma de um prazer antissocial, pode ser intitulada de satisfação vingativa ou compensação; como compensação, ministrada na forma de uma vantagem egoísta, no estoque de prazer, pode ser intitulada de lucrativa... O exemplo é o fim mais importante de todos, na proporção em que alcança o número de pessoas sujeitas à tentação de transgredir.

aqueles a quem a comunidade tem o hábito de obedecer queiram tornar uma ofensa; isto é, qualquer ato que queiram proibir ou punir. Mas, baseado no princípio de utilidade, só *devem* ser ofensas os atos que o bem da comunidade assim exija.

2. O bem da comunidade não pode exigir que se torne uma ofensa algum ato que não seja propenso, de uma maneira ou outra, a ser prejudicial para a comunidade. Porque, no caso de tal ato, toda punição é *infundada*.

3. Mas, se toda assembleia de qualquer número de indivíduos for considerada como um imaginário *conjunto*, uma comunidade ou um Estado político, qualquer ato que seja prejudicial a um ou mais desses *membros* é, tanto quanto seus efeitos, prejudicial ao *Estado*...

CAPÍTULO XVII

Dos limites do Direito Penal

1. Limites entre a ética privada e a arte da legislação

8. Ora, a ética privada tem como fim a felicidade, e a legislação não pode ter outro fim. A ética privada diz respeito a cada membro, isto é, à felicidade e às ações de cada membro, de qualquer comunidade; e a legislação não pode dizer respeito a mais nada. Até aqui, a ética privada e a arte da legislação andam de mãos dadas. A finalidade que têm ou deviam ter em vista é da mesma natureza... Não existe nenhum caso em que um homem não deva dirigir sua própria conduta para a produção de sua própria felicidade, e a de seus semelhantes; mas existem casos em que o legislador não deve (pelo menos de maneira direta, e por meio de pena aplicada imediatamente a atos *individuais* particulares) tentar dirigir a conduta de vários outros membros da comunidade...

9. ... Se a legislação interfere de maneira direta, deve ser pela punição. Ora, já foram estabelecidos os casos em que a pena, no sentido de sanção política, não deve ser infligida. Então, se houver algum desses casos em que, embora a legislação não deva, a ética privada interfira ou deva interferir, esses casos servirão para mostrar os limites entre as duas artes ou ramos da ciência...

12. Quanto aos casos em que a punição *não seria lucrativa*. Esses são os casos que constituem o grande campo para a interferência exclusiva da ética privada. Quando uma punição não é lucrativa ou, em outras palavras, é cara demais, é porque o mal da pena excede o da ofensa... Resta mostrar como pode acontecer que existam atos realmente perniciosos que, embora possam, de maneira muito apropriada, estar sujeitos à censura da ética privada, ainda assim não possam ser objetos apropriados ao controle do legislador.

13. A punição, aplicada à delinquência, pode não ser lucrativa por ambas das seguintes razões ou por uma delas: 1. Pela despesa que acarretaria, mesmo supondo-se que sua aplicação ficasse totalmente confinada à deliquência; 2. Pelo perigo que pode haver de envolver inocentes no destino tencionado apenas para o culpado. Primeiro, então, com relação aos casos em que a despesa da punição aplicada ao culpado tivesse um valor maior do que o lucro a ser obtido com ela. É evidente que esses casos dependem de uma certa proporção entre o mal da pena e o mal da ofensa. Ora, se a ofensa for de tal natureza que, para impedi-la, fosse suficiente uma punição que, no tocante à *magnitude*, apenas excedesse a vantagem dela, poderia ser bastante difícil encontrar algum caso em que tal pena parecesse claramente não ser lucrativa. Mas o fato é que existem muitos casos em que uma pena, a fim de ter alguma chance de ser eficaz, deve, no tocante à magnitude, ser elevada muito acima desse nível. É assim sempre que o perigo de descoberta for tão pequeno ou, o que vem a ser a mesma coisa, for provável de parecer tão pequeno, a ponto de fazer a pena parecer altamente incerta. Neste caso é necessário... se a pena for definitivamente aplicada, que ela seja elevada no tocante à magnitude tanto quanto é insuficiente no tocante à certeza. É evidente, entretanto, que tudo isso pode

não passar de conjetura; e que o efeito de tal proposição se torne precário por uma variedade de circunstâncias: pela falta de suficiente promulgação da lei; pelas circunstâncias particulares da tentação; e pelas circunstâncias que influenciam a sensibilidade dos vários indivíduos que lhe estão expostos. Se os motivos *sedutores* forem fortes, então a ofensa será cometida com frequência, qualquer que seja o caso. De vez em quando, de fato, devido a uma coincidência de circunstâncias mais ou menos extraordinárias, ela será descoberta e punida por isso. Mas com o propósito de exemplo, que é o principal, um ato de punição, considerado em si, não tem serventia: a serventia que pode ter depende, de modo geral, da expectativa de punição semelhante que gera em casos futuros de delinquência semelhante. Mas essa futura punição, é evidente, sempre deve depender da descoberta. Então, se a falta de descoberta é tal que deve parecer (especialmente para olhos fascinados pela força dos motivos sedutores) improvável demais para ser levada em conta, a punição, embora deva ser imposta, pode chegar a ser inútil. Haverá aqui, então, dois males opostos ocorrendo ao mesmo tempo, ainda que nenhum deles reduza a quantidade do outro: o mal da doença e o mal do remédio doloroso e ineficaz. Parece ser devido em parte a alguma dessas considerações que a fornicação, por exemplo, ou o comércio ilícito entre os sexos não tem sido punido de modo geral, ou tem sido punido num grau inferior àquele em que, por outras causas, os legisladores podiam estar dispostos a punir.

14. Em segundo lugar, com relação aos casos em que a punição política, aplicada à delinquência, pode não ser lucrativa, em virtude do perigo que pode haver de envolver inocentes no destino tencionado apenas para os culpados. De onde deveria então surgir esse perigo? Da dificuldade que pode haver de determinar a ideia da ação culpada; isto é, de submetê-la a uma tal definição que seja clara e precisa o bastante para prevenir eficazmente contra o mau emprego. Essa dificuldade pode surgir de uma das duas fontes: uma delas permanente, a saber, a natureza das próprias *ações*; a outra ocasional, refiro-me às qualidades dos *homens* que podem ter de lidar com essas ações à maneira de governo. Na medida em que surge da última dessas fontes, pode depender em parte do uso que o *legislador* pode ter sido *capaz* de fazer do idioma; em parte do uso que, de acordo com a concepção do legislador, o *juiz* pode estar *disposto* a fazer dele. No que diz respeito à legislação, dependerá do grau de perfeição ao qual possam ter sido levadas as artes do idioma, em primeiro lugar, na nação em geral; em segundo lugar, pelo *legislador* em particular. É à noção dessa dificuldade... que podemos atribuir a cautela com a qual a maioria dos legisladores se absteve de submeter à censura, de parte da lei, as ações que pertencem à noção de rudeza, por exemplo, ou traição, ou ingratidão. A tentativa de pôr sob o controle da lei atos de natureza tão vaga e questionável revelará ou uma idade muito imatura, na qual não se avistam as dificuldades que deram origem a esse perigo, ou uma idade muito esclarecida, na qual elas foram superadas.

15. ... Das regras de dever moral, as que parecem ter menos necessidade da assistência de legislação são as regras da *prudência*. Só pode ser devido a alguma imperfeição no entendimento que um homem seja deficiente no tocante ao dever para consigo mesmo... Com que possibilidade de sucesso, por exemplo, um legislador se ocuparia de extirpar a embriaguez e a fornicação por meio de punição legal? Nem todas as torturas que o engenho pudesse inventar conseguiriam isso; e antes que ele pudesse fazer algum progresso digno de atenção, tamanha quantidade de mal seria produzida pela punição, que excederia em mil vezes o maior dano possível da ofensa. A grande dificuldade seria obter indícios; um objetivo que não poderia ser tentado, com alguma probabilidade de sucesso, sem espalhar aflição em cada família, dilacerando os vínculos da simpatia e extirpando a influência de todos os motivos sociais. Tudo que ele pode fazer, então, contra ofensas dessa natureza, com alguma perspectiva de proveito, à

maneira de legislação direta, é submetê-las, em casos de notoriedade, a uma leve censura, de modo a cobri-las com uma ligeira sombra de descrédito artificial...

17. O dano desse tipo de interferência é mais particularmente visível no item da religião. O raciocínio, neste caso, tem o seguinte cunho. Há certos erros, em questões de fé, aos quais toda espécie humana é propensa; e para esses erros de juízo, um ser de infinita benevolência determinou que sejam punidos com uma infinidade de tormentos. Mas o próprio legislador está necessariamente livre desses erros; porque os homens que estão à sua disposição para consulta, sendo homens perfeitamente esclarecidos, libertos e sem preconceitos, possuem tais vantagens sobre todo o resto do mundo que, quando se reúnem para investigar a verdade relativa a pontos tão simples e tão familiares quanto os que estão em questão, não podem deixar de encontrá-la. Sendo esse o caso, quando o soberano vê seu povo pronto para mergulhar de cabeça num abismo de fogo, não estenderá ele a mão para salvá-los?...

18. ... Existem poucos casos em que *seria* conveniente punir um homem por ferir-se a *si mesmo*; mas existem poucos casos, se é que existe algum, em que *não* seria conveniente punir um homem por prejudicar seu vizinho. Com relação a esse ramo da probidade, que é contrário às ofensas contra a propriedade, a ética privada depende, de certa maneira, da legislação para sua própria existência. A legislação deve determinar primeiro que coisas devem ser consideradas como propriedade de cada homem, antes que as regras gerais da ética possam ter alguma aplicação particular neste capítulo. O caso é o mesmo com relação a ofensas contra o Estado. Sem legislação não haveria tal coisa chamada *Estado*; não haveria pessoas particulares investidas de poderes a serem exercidos em benefício do restante...

19. Quanto às regras de beneficência, estas, no que dizem respeito a questões de detalhe, devem necessariamente ser entregues, em grande medida, à jurisdição da ética privada. Em muitos casos, a qualidade benéfica do ato depende, em essência, da disposição do agente, isto é, dos motivos pelos quais ele parece ter sido levado a praticá-lo; do fato de pertencerem à categoria da simpatia, do amor à amizade, ou do amor à reputação, e não a qualquer categoria de motivos egoístas, postos em jogo pela força da coerção política; resumindo, depende de serem de tal tipo que se possa denominar a conduta do agente como *livre* e *voluntária*, de acordo com um dos muitos sentidos dados a essas expressões ambíguas[1]. Os limites da lei nessa categoria parecem, entretanto, ser passíveis de estender-se muito além do que parece terem sido estendidos até aqui. Em particular, em casos nos quais a pessoa está em perigo, por que não deveria tornar-se dever de todo homem salvar um outro do dano, quando isso pode ser feito sem prejuízo para ele, bem como abster-se de causar dano ao outro? Portanto, essa é a ideia que vem sendo investigada no conjunto da obra[2]...

2. O Direito, seus ramos

21. O Direito é uma entidade fictícia; tampouco se pode encontrar algum significado para a palavra, a não ser colocando-a em companhia de alguma outra palavra que seja significativa de uma verdadeira entidade. Para entender o que se quer dizer com Direito, devemos saber, por exemplo, o que se quer tratar com um livro de Direito. Um livro de Direito

---

1. Se pudermos acreditar no Sr. Voltaire, houve um tempo em que as damas francesas, que se consideravam negligenciadas por seus maridos, costumavam pedir *pour être embesoignéss,* termo técnico que, segundo ele, era apropriado para esse propósito. Esse tipo de procedimento legal não parece muito bem adequado para atender ao desígnio; como consequência, nada ouvimos dele nos dias de hoje. As damas francesas de hoje parecem não passar por tais dificuldades.

2. A touca de uma mulher pega fogo, há água à disposição; um homem, em vez de ajudar a debelar o fogo, olha para a situação e ri. Um bêbado cai de rosto numa poça e corre o perigo de sufocar; ele seria salvo se sua cabeça fosse levantada um pouco para o lado; um homem assiste a tudo e o deixa caído. Uma certa quantidade de pólvora está espalhada num quarto; um homem se aproxima para entrar no quarto com uma vela acesa; um outro, sabendo disso, deixa que ele entre sem avisá-lo. Quem iria pensar que a punição seria mal aplicada nesses casos?

só pode ter um ou outro dos dois seguintes objetivos: 1 – Averiguar o que é a *lei*; 2 – Averiguar o que deveria ser. No primeiro caso, pode ser denominado livro de Direito *expositivo*; no último, livro de Direito *censório*; ou, em outras palavras, um livro sobre a *arte da legislação*...

23. Ora, *lei*, ou *a lei*, entendida de maneira indefinida, é um termo abstrato e coletivo que, quando significa alguma coisa, pode significar nem mais nem menos do que a soma total de uma quantidade de leis individuais tomadas no conjunto[1]...

24. ... Ora, da infinita variedade de nações que existem na Terra, não há duas que concordem exatamente em suas leis; com certeza, não no conjunto, talvez nem mesmo num único artigo; e, se concordarem hoje, discordarão amanhã... Entretanto, entre as palavras que são apropriadas ao tópico da lei, existem algumas que em todas as línguas correspondem à exatidão umas com as outras; o que é quase o mesmo que serem iguais. São desse tipo, por exemplo, aquelas que correspondem às palavras *poder*, *direito*, *obrigação*, *liberdade* e muitas outras.

Conclui-se que, se existem livros que podem ser intitulados, propriamente falando de livros de Direito universal, eles devem ser procurados dentro de limites muito estreitos. Entre aqueles que são expositivos, não pode haver nenhum que seja autorizado... Para ser suscetível de aplicação universal, pode ser que um livro do tipo expositivo tenha apenas de tratar da significação das palavras; para ser universal, falando em termos estritos, ele deve limitar-se à terminologia...

É na linha censória que existe o maior espaço para pesquisas que se aplicam, de modo semelhante, às circunstâncias de todas as nações; e, nessa linha, aquilo que diz respeito à substância das leis em questão é tão suscetível de aplicação universal quanto aquilo que diz respeito às palavras. Que as leis de todas as nações, ou até mesmo de duas nações quaisquer, coincidissem em todos os pontos, seria tão inadequado quanto impossível; entretanto, parece que existem alguns pontos principais em relação aos quais as leis de todas as nações civilizadas poderiam, sem inconveniência, ser as mesmas...

OS LIMITES DO DIREITO DEFINIDOS*

CAPÍTULO 1

Distinção entre Direito Penal e Direito Civil

... Passamos agora a falar do chamado Direito Civil, por um lado, e do Direito Penal, por outro... Eles estão inextricavelmente entrelaçados... Duas coisas devem estar incluídas em toda lei: 1 – Uma especificação dos casos aos quais se deve vincular a pena; 2 – Uma especificação da própria pena...

... Pertence ao assunto do Direito Penal o livro que trata principalmente da pena; pertence ao ramo Civil o livro que trata menos da pena e mais dos casos em que a pena deve ou não ser aplicada.

O livro pode, de fato, ser um livro grande; pode, de fato, ser de qualquer tamanho e ainda assim ser um livro de lei, e mesmo assim não dizer uma sílaba sobre pena; entretanto, ele te-

---

3. Na maioria das línguas europeias existem duas palavras diferentes para distinguir os sentidos abstrato e concreto da palavra *lei*; palavras que são tão distantes a ponto de não possuírem nenhuma afinidade etimológica. Em latim, por exemplo, existe *lex* para o sentido concreto, *jus* para o abstrato; em italiano, *legge* e *diritto*; em francês, *loi* e *droit*; em espanhol, *ley* e *derecho*; em alemão, *Gesetz* e *Recht*. O inglês, no momento presente, está destituído desta vantagem.

No anglo-saxão, além de *lage* e várias outras palavras para o sentido concreto, havia a palavra *right*, correspondendo ao alemão *Recht*, para o abstrato, como pode ser visto no composto *folc-right*, e em outros casos. Mas, tendo a palavra *right* perdido seu sentido há muito tempo, o inglês moderno não possui mais tal vantagem.

---

* Editado por Charles Warren Everett. Reimpresso com permissão da Columbia University Press.

rá uma referência tácita sobre a pena; do contrário, a lei que ele enuncia ou professa enunciar seria sem valor, e o livro, inútil.

Um grande livro, por exemplo, é escrito sobre testamentos... Ele diz muita coisa sobre a natureza de um testamento; sobre as pessoas que estão autorizadas a fazê-los; sobre os casos em que essas pessoas podem e não podem exercer esse poder; sobre os diferentes tipos de testamentos, quando feitos; sobre o número de testemunhas que devem atestá-los; sobre os lugares em que devem ser registrados; sobre a forma que lhes deve ser dada, e assim por diante; tudo isso sem insinuar uma sílaba sequer sobre a pena. No entanto, não tem a pena nenhuma relação com isso? Se esse fosse o caso, todo o negócio não significaria coisa alguma. Na verdade, tudo isso não tem outro uso a não ser servir para determinar a aplicação da pena: distinguir a pessoa que *não* seria punida no caso de sua intromissão na coisa e de usar a coisa em questão, da multidão de outras pessoas (que, de fato, equivaleria a não menos que todo o restante da espécie humana) que seria punida. Você afirma ser o único proprietário daquela casa... Sustenta ser a pessoa mencionada... pela vontade de seu falecido amigo, que possuía a casa e que estava entre aquelas pessoas que tinham permissão para fazer um testamento, cuja situação lhe dava o direito de dispor dessa casa segundo sua vontade, que fez tal e qual testamento, por conseguinte, favorecendo você; e teve o cuidado de mandar que fosse atestado por tantas testemunhas, etc. Tudo isso só para dar a entender a outras pessoas que, se elas tiverem a intenção de se imiscuir com a casa, serão punidas; e que só você tem a liberdade de lidar com ela, como bem entender...

CAPÍTULO 2

Análise e exposição

Análise

Poder, direito, proibição, dever, obrigação, encargo, imunidade, isenção, privilégio, propriedade, segurança, liberdade – todas essas coisas, juntamente com inúmeras outras que podem ser mencionadas, são tantas entidades fictícias que a lei, numa ou noutra ocasião, é mencionada, na linguagem comum, como criando-as ou descartando-as... Saberia um homem o que é que a lei faz, de fato, em cada caso, e em que condições ela deixa as partes interessadas? Nesse caso, ele deve conhecer os atos que ela leva em consideração, e o aspecto que atribui a eles. Deve saber que pessoas e que coisas, se existir alguma, estão em questão; quais são os atos dessas pessoas, se para sua conclusão olham para outras pessoas ou para coisas; e em que circunstâncias, se existir alguma, o ato é proibido ou permitido, ordenado ou não ordenado. Sabendo disso, teremos ideias para nossas palavras; não sabendo, não teremos qualquer ideia...

Exposição

... Ora, não pode haver tal coisa chamada ato que não seja o ato de alguma pessoa ou de alguma coisa senciente; tampouco pode haver algum ato de lei que não seja uma ordem ou uma proibição, ou o inverso de uma ou de outra dessas operações; por fim, tampouco pode haver alguma ordem ou proibição que não tenha como seu objeto alguma espécie de ato... É só por esse meio que se pode expor a significação de palavras como dever, obrigação, poder, direito e outros nomes de entidades morais fictícias; só por esse meio pode ser exibida uma análise regular do conteúdo de um conjunto de leis...

Conclui-se que qualquer que seja o número dessas entidades fictícias que se possa criar ou pôr em jogo, tudo deve ser feito no curso de uma ou outra dessas operações pelas quais são criados os vários tipos de ofensas. São uma espécie de vapores que, durante o curso do processo legislativo, são, por assim dizer, gerados e sublimados...

Por enquanto, não existe lei alguma na Terra... Este é o primeiro dia da criação política, o Estado está sem forma e vazio. Por enquanto, então, você, eu e todos estamos em liberdade. Entenda-se sempre em comparação com a lei;

porque em comparação uns com os outros este pode não ser o caso... Você e seu vizinho, suponhamos, estão em divergência; ele o amarrou por mãos e pés, ou atou-o numa árvore; nesse caso, com certeza, você não está em liberdade em comparação a ele... Então, já que o legislador tem um papel ativo, como é que ele deve comportar-se? Ele deve ordenar ou proibir; porque não existe mais nada que possa fazer... Liberdade, então, é de dois ou até mais tipos, de acordo com o número de lugares de onde pode vir a coerção, que é a ausência de liberdade em comparação com a lei, e liberdade em comparação com aqueles que, primeiro devido ao efeito de sua conduta sobre a felicidade da sociedade e depois devido ao rumo tomado contra eles pela lei, podem ser denominados *malfeitores*. Essas duas espécies de liberdade são diretamente opostas uma à outra; e, na medida em que é em favor de um indivíduo que a lei exerce sua autoridade sobre outro, a geração de uma espécie é, até onde ela se estende, a destruição da outra...

A lei, após serem feitas certas exceções, proíbe em um e em outros todos os atos que ela acha recomendável impedir... Qual é então o resultado? Para mim e para o resto da comunidade, restrição; para você, segurança pessoal e proteção...

... Ora, antes que se possa fazer uma ofensa contra a propriedade, esta precisa ser criada; e a criação dela é o trabalho da lei... Imagine qualquer coisa material; um pedaço de terra, por exemplo. A lei não emite, de maneira nenhuma, um mandado para mim ou qualquer pessoa em relação a esse pedaço de terra... Qual é o resultado? Em todos os lados, liberdade como antes. Além disso, considerando que podia ter ordenado a todos nós, a você, a mim e a outros, a não praticar qualquer ato nesta terra, e que essas são as ordens que dá a você, a mim e a todos, menos a um ou alguns, com respeito à maior parte da terra sob seu domínio, por conta disso se diz, com frequência, que ela fez alguma coisa em favor daqueles a quem deixou assim em liberdade; diz-se que deu a eles, ou melhor, permitiu-lhes *poder sobre* a terra; pode-se também dizer que lhes permitiu ter *propriedade na* terra. Quando essa mesma espécie de propriedade não é dada só a você, mas a mim e a todos os outros, não sendo imposta qualquer restrição a ninguém com referência ao uso da terra, aquela que lhe é dada pode ser, por conta disso, denominada *não exclusiva*; um poder não exclusivo sobre a terra, uma propriedade não exclusiva na terra. Nesse caso, se diz que a terra é a propriedade comum de todos nós; e se diz que cada um de nós tem uma propriedade nela em comum com os demais; e até se pode dizer que cada homem tem *a* propriedade dela, desde que seja acrescentada a seguinte expressão: *"em comum com os demais"*...

A lei proíbe todos menos você de praticar algum ato na terra. Nesse caso, dá só a você poder sobre a terra; torna a terra sua propriedade, seu bem; faz de você o único dono, o proprietário da terra; lhe dá não apenas *um* bem, uma participação na terra, na forma de propriedade privada, mas *a* propriedade *da* terra, *o* patrimônio *da* terra, ambos também na forma de propriedade privada.

Quanto a esse caso, pode ser conveniente observar que, em realidade, ele jamais se verifica por completo. Em qualquer sistema de lei há certas ocasiões em que, para a condução do governo, é necessário que a propriedade de qualquer homem, sobre qualquer objeto de posse, esteja sujeita a ser suspensa; como no caso de haver necessidade de se fazer uso da terra em questão para o acampamento de um exército. Mas, quando esses períodos não são longos e o começo deles é apenas casual e contingente, como no caso recém-mencionado, as ligeiras exceções não são consideradas, na linguagem comum, como tendo tirado o mérito da regra geral...

O erro contra o qual essas observações são dirigidas é pelo menos um erro geral entre os juristas, para não dizer universal. Não é, de maneira alguma, um erro inocente; da especulação, passa furtivamente à prática, produzindo obstinação, mau humor, cegueira, turbulência e, no final, desobediência à lei. O direito que tenho à minha propriedade, às minhas posses, é derivado de atos físicos, de atos naturais; sendo derivado de atos naturais, é um direito natural; sendo derivado da natureza, não é derivado da lei; sua origem, sua existência, era antecedente à lei, porque a natureza existia antes da lei. Sendo antecedente à lei, não foi criado por lei; não sendo criado por lei, não pode ser tomado por lei. A lei foi instituída para proteger um homem no gozo desses seus direitos, não para privá-lo deles, ou de alguma parte deles; esses direitos, como todos os outros direitos naturais, são sagrados e inalienáveis. Na medida em que o protege de maneira consequente, é compatível com a justiça natural; na medida em que o priva desses seus direitos ou de alguma parte deles, é incompatível com a justiça natural. As leis compatíveis com a justiça natural são válidas e devem ser observadas; as leis incompatíveis com a justiça natural são *ipso facto* nulas e, em vez de serem obedecidas, devem ser recusadas. Aqueles que as fazem são tiranos, aqueles que tentam aplicá-las são os joguetes dos tiranos; ambos, um e outro, devem ser recusados, combatidos e destruídos...

A existência de direitos evidentes por si mesmos não precisa ser provada, mas apenas declarada; é impossível provar porque é impossível a demonstração daquilo que é evidente por si mesmo; duvidar disso revela falta de senso; expressar uma dúvida sobre isso revela não apenas falta de senso, mas falta de honestidade.

Toda essa conversa sobre natureza, direitos naturais, injustiça e justiça natural prova duas coisas, e somente duas coisas: o calor das paixões e as trevas do intelecto...

Propriedade, a criatura da lei? – Ah, não – Por que não? – porque, se foi a lei que deu tudo, a lei pode tomar tudo...

O caso é que, numa sociedade que seja civilizada em algum grau, todos os direitos que um homem pode ter, toda expectativa que pode nutrir de desfrutar de qualquer coisa que se diz ser dele, deriva unicamente da lei. Nem mesmo a expectativa que um ladrão pode alimentar de desfrutar da coisa que roubou, constitui exceção. Porque, até se saber que ela foi roubada, a lei o protegerá em seu uso de maneira tão plena como se ele a houvesse comprado ou feito.

Mas o que se pode apontar como fundamento de lei ao escolher quem deveria considerar como objeto de sua proteção e por quais coisas? Sempre deve ter havido um tempo em que os homens nutriam uma expectativa *natural* de desfrutar de certas coisas, uma expectativa derivada de fontes anteriores à lei. – Sem dúvida, deve ter havido ocasiões originalmente, e ainda haverá, em que um homem deve ter tido maior facilidade para assegurar a si mesmo o usufruto de determinadas coisas do que qualquer outro homem; mas quão estreita e fugaz essa segurança! Sem a ajuda da lei, é verdade que um selvagem que escondeu numa caverna algumas frutas que colheu ou alguns animais que matou, pode conservá-los para si mesmo durante o tempo em que a caverna permanecer sem ser descoberta, sem a ajuda da lei... Uma expectativa forte e permanente em algum grau só pode ser derivada da lei. Até que a lei existisse, mal se podia dizer que existia propriedade.

CAPÍTULO 3

Da lei e suas partes

Uma lei pode ser definida como uma reunião de sinais declaratórios de uma volição concebida ou adotada pelo *soberano* de um Estado, dizendo respeito à conduta a ser observada num determinado *caso* por uma determinada pessoa ou classe de pessoas, que, no caso em questão, estão ou supõe-se que estejam sujeitas ao seu poder; sendo que tal volição confia, para seu cumprimento, na expectativa de certos eventos, os quais se tencionou que tal declaração devesse ser ocasionalmente um meio de levar a efeito, e cuja perspectiva se tencionava que agisse como um motivo sobre aqueles cuja conduta está em questão...

A latitude dada aqui à significação da palavra *lei* é, deve-se confessar, muito maior do que a que parece ser dada em geral; e a definição é de tal tipo que pode ser aplicada a vários objetos que, em geral, não são caracterizados por esse nome. Considerando essa definição como o padrão, não importa se a expressão da vontade em questão, na medida em que tem apenas a autoridade do soberano para apoiá-la, é dele por concepção imediata ou apenas por adoção; se ela é da natureza mais pública ou se é da mais privada, ou até mesmo da mais doméstica; se o soberano de quem deriva sua força é um indivíduo ou um conjunto; se é emitida... por conta de algum evento ou ato positivo que é tido como garantia para ela (como no caso de uma ordem judicial pronunciada no decorrer de um processo); ou sem a designação de algum motivo especial; se é suscetível de uma duração indefinida ou se *sua natura* é temporária e não durável, como é o caso mais comum com essas expressões de vontade, cuja emissão é considerada uma *medida de administração*; se é uma ordem ou a revogação de uma ordem; se é expressa à maneira de um estatuto, ou de lei consuetudinária. Então, admitindo-se esta definição, devemos incluir entre o termo *lei* uma ordem judicial, uma ordem militar ou qualquer outra espécie de ordem executiva, ou até mesmo a ordem mais trivial e transitória de tipo doméstico, que não seja ilegal, isto é, cuja emissão não seja proibida por alguma outra lei...

CAPÍTULO 4

Fontes da lei

... A vontade da qual ela é a expressão deve, como a definição sugere, ser a vontade do soberano de *um* Estado. Ora, por soberano refiro-me a qualquer pessoa ou reunião de pessoas a cuja vontade toda uma comunidade política está disposta (não importa por que motivo) ou supõe-se que esteja disposta a prestar obediência; e isso em preferência à vontade de qualquer outra pessoa. Suponhamos que a vontade em questão não seja a vontade de *um* soberano, ou seja, de um ou outro soberano; nesse caso, se vier apoiada por motivos de natureza coercitiva, ela não é uma lei, mas sim um mandado ilegal, e o ato de sua emissão é um delito...

Ora, um certo mandado ou vontade pode ser o mandado ou vontade de uma certa pessoa em uma das duas seguintes maneiras: à maneira de *concepção*... (isto é, de concepção original); ou 2 – à maneira de *adoção*. Pode-se dizer que uma vontade ou mandado pertence a um soberano à maneira de concepção quando foi ele próprio... quem primeiro a emitiu, com as palavras ou outros sinais em que está expressa; pode-se dizer que lhe pertence por adoção quando a pessoa de quem ela vem imediatamente não é o próprio soberano... mas sim alguma outra pessoa; de tal modo que todo interesse que aquele a quem ela pertence por adoção tem na questão é que fique conhecido que ele nutre uma vontade que essa ou aquela outra pessoa deve ter expressado... uma vontade que diz respeito ao ato ou espécie de ato em questão, essa vontade deve ser observada e considerada como sendo dele...

... Os mandados do patrão, do pai, do marido, do guardião, são todos eles mandados do soberano; se não forem, então tampouco o são aqueles do general ou do juiz. Nenhum cozinheiro é solicitado a fazer um jantar, nenhuma babá é solicitada a alimentar uma criança, nenhum professor é solicitado a chicotear um aluno, nenhum carrasco é solicitado a enforcar um ladrão, nenhum oficial é solicitado a expulsar o inimigo de uma posição, a não ser por ordens dele. Se alguém tiver dificuldade para conceber isso, basta supor que os vários mandados em questão sejam recebidos com resistência; tanto num caso como em outro, a tarefa de fazer com que sejam cumpridos deve competir, em última análise, ao soberano. Negar isso é o mesmo que dizer que é Deus Todo-Poderoso que sustenta a raça dos elefantes, mas é uma outra pessoa que sustenta a raça dos ácaros. Tampouco existe alguma ficção nisso tudo; se houvesse, esse seria o último lugar em que deveria ser encontrada.

A ficção, a perdição da ciência, que com frequência é iniquidade e que, no melhor dos casos, não passa de absurdo, jamais pode ser condição indispensável para explanação...

É dessa mesma maneira que os títulos de transferência de bens imóveis e os contratos formais adquirem toda a validade que podem possuir, toda a ligação que têm com o sistema das leis; adotados pelo soberano, são convertidos em mandados. Se você dá seu casaco a um homem, e a doação é válida e ninguém mais tem o direito de se imiscuir com seu casaco, é porque subsiste um mandado de parte do soberano, ordenando a todas e quaisquer pessoas que se abstenham de se imiscuir com ele, excetuando-se apenas aquele a quem você deu o casaco, no caso de você declarar que tal é sua vontade. Se um homem compromete-se a remendar seu casaco para você, e tal compromisso é válido, é porque da parte do soberano foi emitido um mandado, ordenando a qualquer pessoa que venha a assumir algum compromisso (feitas as exceções) e, assim, àquela pessoa específica, pelo fato de ter assumido aquele compromisso específico (e não estando dentro das exceções), que o cumpra; em outras palavras, que lhe preste aquele serviço específico que lhe é prestado com o cumprimento do ato com o qual ela se comprometeu...

CAPÍTULO 5

Fins que uma lei pode ter em vista

... Quanto ao fim geral e derradeiro, baseado no princípio da utilidade, este não pode ser outro senão o bem maior de toda a comunidade. Mas o bem da comunidade é a soma dos vários *bens* particulares (se é que o termo pode ser empregado) dos vários indivíduos dos quais ela é composta; de tal modo que aumentar o bem de qualquer um desses indivíduos é *pro tanto* aumentar o bem de toda a comunidade. Uma lei, portanto, da qual o fim imediato não é outro a não ser o bem ou benefício da pessoa de quem é lei, não deixa, por conta disso, de ser uma lei capaz de ser garantida pelo princípio da utilidade; muito menos deixa de ter o direito de receber o nome de lei. Ora, com *fim* se quer dizer aqui não o fim eventual, que é uma questão de possibilidade, mas o fim tencionado, que é uma questão de desígnio...

Deve-se lembrar que lei pode caber ao soberano à maneira de concepção ou à maneira de adoção; neste último caso, há necessariamente duas pessoas cuja lei pode-se dizer que está nesses dois sentidos diferentes. Pode acontecer que essas duas pessoas – em relação à participação que tiveram necessariamente no estabelecimento da lei – tenham sido impulsionadas por dois motivos diferentes; podem ter tido em vista duas finalidades diferentes.

Quanto ao soberano, o fim ou motivo externo que ele pode ter tido em vista ao adotar a lei não pode ter sido outro, baseado no princípio da utilidade, a não ser o bem maior da comunidade; fim para o qual, supomos, suas medidas são dirigidas, posto que somente sendo assim essas indagações podem ter alguma serventia para ele. Mas o caso é diferente com relação àquele a quem a lei pertence à maneira de concepção e de quem resulta imediatamente. Pode acontecer em muitos casos, e isso de forma bastante apropriada, que o fim que ele tem em vista não seja outro a não ser sua própria satisfação ou benefício particular; ... estão nesse caso, por exemplo, todos os mandados do patrão quando age como tal, como também aqueles dos pais e do marido, na medida em que os pais e o marido têm permissão para agir na qualidade de um patrão...

Mas o caso mais notável e o mais comum com tais mandados que, em vista de sua generalidade e permanência, são em geral distinguidos pelo nome de *leis*, é aquele em que coincidem o fim próprio do soberano que adota e o do magistrado subordinado que emite o mandado; sendo cada um deles não o bem particular do autor do mandado, mas sim o bem geral da comunidade no conjunto...

Em que, então, consiste o bem da comunidade? Uma questão que não deve ser respondida por declamação vaga, nem por palpite e metáfora, mas sim por análise precisa e sóbria avaliação...

Aqueles que criticam o prazer, como tal, não

sabem o que dizem. Eles se desviam claramente do princípio da utilidade...

... Para a questão de censura ou aprovação, apelo unicamente a esse princípio. O princípio, tal como é, não é de minha própria invenção. O mérito de sua descoberta não é meu. As consequências legítimas dele, caso algumas delas se mostrem censuráveis, não devem ser atribuídas a mim. Eu o tomei de Epicuro, de Carnéades, de Horácio, de Helvetius, de Beccaria. Tudo que me resta é apenas aplicá-lo a casos particulares quando forem submetidos a exame...

O erudito Grócio... considera-se da linha de Horácio, na qual o poeta pagão, adotando... a doutrina do filósofo grego Carneades, assenta expressamente toda a estrutura da ciência moral sobre o fundamento desse princípio. "A Utilidade", diz esse filósofo na linguagem figurativa que lhe deu seu comentador poético, "é a mãe da Justiça e da Equidade". Grócio contesta positivamente essa genealogia, a respeito da qual inicia uma investigação que não é das mais claras, mas cujo resultado é que a utilidade, embora não seja a mãe da lei natural, tem de qualquer modo um parentesco distante com ela, sendo prima-irmã de sua bisavó.

Depois disso, assegura-nos que, embora nenhuma utilidade deva ser procurada na observância da lei, seria dever de um homem sábio, não de um tolo, ser guiado por ela, como se fosse induzido a isso pela natureza...

Nosso próprio Lorde Coke, em seu *Comentário sobre Littleton*, no decorrer do capítulo sobre Domínio pleno, considera-se oferecendo um catálogo dos vários princípios ou "fontes" das quais se pode observar que seu Autor (em cujas obras estão a própria soma e substância da Lei) retirou os argumentos. Há vinte deles no total. Em décimo lugar, após uma variedade de argumentos de diferentes aspectos, aparece o *argumentum ab inconvenienti*; e em décimo quinto lugar, juntamente uma variedade de argumentos de natureza ainda mais díspar, encontra-se, sob a falsa aparência de um diferente tipo de argumento, o argumento *ab utili et inutili*...

CAPÍTULO 11

A generalidade da lei

... Começando com as deficiências às quais está exposto o poder da legislação geral ou legislação *de classibus*.

As ordens de um soberano, como quaisquer outras comunicações, estarão sujeitas ao matiz do canal através do qual são transmitidas... Um legislador, ao enunciar uma lei que será geral, deve, na medida em que ela é projetada para ser geral, fazer uso de nomes ou termos gerais...

Imagine-o, então, em alguma ocasião em que adotou algum desses nomes genéricos. Esse nome põe em evidência uma classe, digamos, de súditos (não importa qual). Essa classe, considerada num dado período, é composta de um certo número de indivíduos. Quanto a esses indivíduos, por que meios foram agregados a essa classe? Por que meios foram considerados pertencentes a ela? Por que meios se julgou que esses são os indivíduos que se tinha em vista com a menção desse nome? Quaisquer que sejam os meios que fizeram acontecer o evento de pertencerem a essa classe, tal evento dependeu ou não dependeu da vontade de um ser humano?; se dependeu, tal pessoa tem, portanto, um poder; no primeiro caso, qualquer que seja a limitação a que o poder do legislador esteja sujeito por conta disso, o poder que lhe resta, qualquer que seja, ainda é até aqui seu próprio poder, do qual nenhuma outra pessoa participa. No outro caso, o poder de imperar não pertence apenas a ele; ele tem um participante ou sócio nisso; e esse sócio é a pessoa de cuja vontade o evento anteriormente mencionado tem dependência. A parte que essa pessoa tem, em todo o poder de imperar, pode ser chamada de *poder acensitivo* ou poder de direito de *agregação* com relação à classe em questão...

... A toda classe de pessoas que, de alguma maneira, é afetada por uma lei, atribui-se uma certa condição ou situação de vida pela maneira de falar; diz-se que uma pessoa tem esta ou aquela condição por pertencer a esta ou àquela classe. Então, agregar um homem a uma classe é a mesma coisa que investi-lo de uma condição...

Aos júris, na maioria dos casos, cabe, em combinação com os juízes regulares, bem como promotores, testemunhas, oficiais de justiça individuais e outras pessoas cuja parte neste poder, embora insignificante, não é menos real, o poder de agregar pessoas, na maioria dos casos, à desfavorável classe dos delinquentes, uma classe que se ramifica nas várias classes que vimos. Elas se tornam, assim, as pessoas a quem o legislador retirou tais e quais direitos, a quem submeteu a tais e quais obrigações, e tornou ofensivas, com a intenção de punir ou para outros propósitos, a essa e aquela aplicação do poder *impressivo*, esse ramo do *poder acensitivo*.

Suponho que a essa altura já esteja suficientemente claro que o que se costuma chamar de poder legislativo – refiro-me ao poder de legislar *de classibus* –, embora seja supremo, jamais pode ser por si mesmo absoluto e ilimitado. Jamais pode equivaler totalmente ao poder de imperar; não chegará a ser igual a esse poder pelo tanto que está contido nos poderes de agregação ou desagregação estabelecidos no estado...

CAPÍTULO 15

Sinais da lei

... Uma lei é uma *expressão* de vontade, isto é, uma reunião de sinais expressivos de um ato da vontade. Esses sinais, então, podem ser quaisquer sinais que sejam capazes de expressar tal vontade; o comportamento daquele que, em vez de dizer, executou os principais líderes do povo, que cortou os cálices mais altos entre um lote de papoulas, pode ter sido uma ordem, em vez de um conselho. Mas os únicos sinais que podem responder a esse propósito de maneira toleravelmente cômoda são aqueles sinais convencionais cuja reunião forma o que se chama de *discurso*. Ora, os sinais dos quais o discurso é composto podem ser ou de espécie *transiente*, dos quais os mais usados são os sons articulados; ou podem ser uma espécie de símbolos secundários, sinais permanentes dos transientes já mencionados, compondo o que em geral é chamado de *escrita* e que, por um modo de designação mais abrangente, pode ser denominado discurso *gráfico*. Na última descrição estão o que em geral se chama de leis estabelecidas por um corpo legislativo ou leis escritas. Da primeira espécie são as que na língua inglesa se denominam, em geral, leis *comuns* ou *não escritas*, mas que podiam ser intituladas, de forma mais adequada, de *consuetudinárias*. Quanto às outras, estando obsoletas durante tantas eras entre as nações civilizadas, parece que nunca esteve em uso comum qualquer denominação distinta; elas podem ser denominadas leis estabelecidas por um corpo legislativo *tradicional*; ou, de forma mais abreviada, leis tradicionais.

Quando a natureza das leis aqui chamadas de consuetudinárias passar a ser entendida com precisão, o que parece não ter acontecido até agora, a dúvida expressa anteriormente não causará assombro. Essas leis nada mais são que certas ordens ou atos autocráticos que, em virtude da interpretação mais ampla que o povo está disposto a aplicar-lhes, têm alguma coisa do efeito das leis gerais. Deve-se observar aqui que todo discurso verbal está fora de questão. Talvez não tenha sido usado na ocasião qualquer discurso verbal; mas, se foi, não é esse discurso verbal que faz a lei. Porque o discurso verbal contendo o mandado do juiz é, no tocante ao âmbito, particular, estando confinado aos indivíduos designáveis para os quais é dirigido; ao passo que o que há de lei no caso deve ser geral, aplicável a uma multidão indefinida de indivíduos não designáveis então. Um magistrado exerce algum ato de poder sobre um indivíduo particular; a reunião dos atos pelos quais isto é feito serve como sinal para o povo no conjunto, expressando ser provável que semelhante ato de poder seja exercido no futuro em um caso similar. Um cádi passa por uma padaria e descobre que o pão está abaixo do peso; como consequência, o padeiro é enforcado. Isto, se fizer parte do plano para que outros padeiros tomem conhecimento do fato, é uma espécie de lei que proíbe a venda de pão abaixo do peso, sob pena de enforcamento. Se o cádi faz um registro por escrito, atestando que o padeiro vendeu pão abaixo do peso, e emite uma ordem a um executor público para enforcá-lo, ou se o próprio cádi o enforca imediatamente sem dizer qualquer palavra, é o que não faz diferença para esse propósito. O ato silencioso do enforcamento, quando tornado desse modo uma consequência da ofensa, tem tanto direito, no tocante ao âmbito, à designação de lei quanto qualquer outra coisa que pudesse ser deduzida de toda uma prateleira cheia de alegações. Lei escrita, então, é a lei daqueles que tanto sabem falar como escrever; a lei tradicional, a daqueles que sabem falar mas não escrever; a lei consuetudinária, a daqueles que não sabem escrever nem falar. A lei escrita é a lei para as nações civilizadas; a lei tradicional, para as nações bárbaras; a lei *consuetudinária*, para os selvagens.

Não que não haja uma grande quantidade de livros que pretendem ser livros de lei *consuetudinária* ou, como se diz com mais frequência, de lei *não escrita*; porque, se a lei escrita é escrita, a lei não escrita também o é. Mas o que são eles? Livros escritos não pelo legislador, mas sim por particulares. Livros não de Direito autorizado, mas sim de não autorizado. Em nenhum desses livros há sequer um único artigo que possa receber, com propriedade, a designação de *uma* lei. É devido a uma imperfeição peculiar da língua inglesa, como vimos, que eles podem ser denominados neste idioma, com algum grau de propriedade, livros de lei. Eles contêm *jus* de fato, mas não *leges; le droit*, mas não *des lois*.

Se em tudo isso que algum dia já foi escrito dessa natureza houver um único parágrafo que (não sendo uma passagem copiada de algum estatuto) se proponha seriamente a ser considerado um parágrafo de lei, quero dizer, no sentido em que é usada a palavra *lei* em contradistinção com a palavra *ordem*, será uma falsificação. Não faz diferença se houver ou não alguma coisa nele que tenha sido marcada com o selo da autoridade; se autorizado, é particular e, por conseguinte, não é lei; se geral, não é autorizado e, por conseguinte, de novo, não é lei. Mas isso virá um pouco mais adiante...

CAPÍTULO 16

Inteireza da lei

... Ora, inteireza é uma palavra de referência. Ela supõe um padrão de referência; esse padrão pode ser, então, ou aquilo que era, de fato, a vontade que o legislador tinha em relação aos assuntos em questão, ou aquilo que se supunha que, em determinada contingência, *teria* sido sua vontade; sua *verdadeira* vontade, como pode ser chamada, ou sua vontade *hipotética*...

... Se um legislador pegasse um livro, do tamanho que fosse, contendo a quantidade que fosse de matéria imperativa, e o exibisse como abrangendo uma coleção completa de todas as leis que ele julga apropriado que sejam consideradas como estando em vigor, todos os dispositivos imperativos que o livro contivesse seriam, com a ajuda das qualificações que fossem encontradas, todos e cada um deles leis completas; refiro-me sempre no tocante à expressão; neste ponto, as leis, num código completo tal como são, não podem ser outra coisa a não ser completas. Pois de que outras fontes pode sua vontade ser inferida, a não ser dos sinais e dos únicos sinais que ele escolheu para expressá-la? Na busca de sua vontade, poderá haver ocasião, de fato, de se passar de um ponto de seu instrumento para outro; mas não pode haver pretexto para se sair de seu instrumento, enquanto suas palavras forem inteligíveis. Se, de fato, houver palavras nele que, apesar de tudo que pode ser feito com o intuito de se inferir a significação delas a partir do próprio instrumento, ainda assim continuarem ambíguas e ininteligíveis, nesse caso, pode, de fato, ser necessário ter de recorrer a algum outro instrumento como meio para se descobrir o sentido delas. Mas não se pode dizer que tal instrumento explanatório deprecie a inteireza do principal, considerado como um livro de lei. Se pudesse, então, um dicionário comum poderia ser considerado um livro de lei. Sendo o indício de qualquer fonte externa apenas um indício presumível, ele jamais pode ser considerado como tendo mais importância do que algum indício intrínseco direto que pode ser obtido do conjunto do próprio código. Recorro ao velho exemplo de uma lei contra a exportação de grãos. Surge uma dúvida quanto ao tipo de artigos que devem ser entendidos sob o nome de grãos. Se *milho*, por exemplo, deve ser considerado como incluído no gênero. Sendo duvidosas ou divididas as opiniões das pessoas familiarizadas com o ramo, recorreu-se a um dicionário de comércio ou a um dicionário de botânica; e lá aparece o milho sendo considerado como uma espécie da mercadoria em questão. Sendo a lei totalmente silenciosa, a interpretação assim obtida pode ser considerada conclusiva sem qualquer depreciação da inteireza da lei. Esse, entretanto, jamais pode ser o caso se pudesse ser inferido, com razão, o sentido contrário a partir de alguma passagem contida na própria lei. Nesse caso, decidir de acordo com o dicionário seria negar a inteireza do código e reconhecer o autor do dicionário como sendo *pro tanto* o legislador superior.

Em segundo lugar, com relação à inteireza da lei no tocante à *ligação*. Uma única lei, mesmo do modelo mais estreito, pode consistir... em uma grande quantidade de dispositivos; uma quantidade de longe maior do que qualquer coisa que foi observada até agora seria facilmente suspeita. Para que esses dispositivos tenham o efeito que estão destinados a ter, é necessário que a influência que tencionam ter um sobre o outro seja tornada visível por um ou outro meio. Existem duas maneiras de se fazer isto; uma delas é fazer com que um siga o outro no mesmo instrumento sem interrupção, o que pode ser denominado ligação por justaposição. A outra maneira é remeter o leitor do lugar no qual a cadeia de dispositivos é interrompida para o lugar onde ela é retomada de novo; isso pode ser denominado ligação por referência...

Em terceiro lugar, com relação à inteireza da lei no tocante ao *desígnio*; isto é, com referência àquilo que se supõe teria sido a vontade do legislador, se tal ou qual caso estivesse presente para seu exame. Pode-se dizer que toda lei que é feita, o é em consideração a algum dano; a um tipo de dano considerado passível de decorrer do tipo de ato que o legislador se dispõe a proibir por esse meio; a ideia geral de dano deve originalmente ter sido sugerida pela ideia de algum dano particular, que pareceu resultar de algum ato particular do tipo em questão. Então, na medida em que a ideia geral que (a julgar pelo ato tal como descrito na proibição) ele parece ter formado para si do dano do caso, se desvia daquela que se considera que ele deveria e poderia ter formado para si pelo exame do caso; nessa medida a lei pode ser considerada incompleta no tocante ao desígnio. Então, se a lei for considerada como desviando-se do padrão assim designado, deve ser considerada como desviando-se dele numa ou noutra de duas maneiras: por não atingir seu objetivo, ou por estender além dele; no primeiro caso, pode-se dizer que é deficiente ou incompleta no tocante à *amplitude*; no segundo, no tocante à *discriminação*...

"Todo aquele que derramar sangue nas ruas será severamente punido." Essa é uma lei que pode servir ao mesmo tempo como um exemplo de toda imperfeição no tocante à extensão à qual uma lei é suscetível... 1. Falta de amplitude original, porque derramar sangue é apenas uma dentre as várias maneiras pelas quais pode ser produzido um dano da mesma substância: uma contusão, uma escaldadura, uma queimadura, e assim por diante, podem ser tão lesivos quanto um ferimento. 2. Falta de discriminação apropriada. Porque quantas enfermidades existem que podem acometer um homem nas ruas, como em qualquer outro lugar, para as quais a sangria instantânea é o único remédio? E se não houver outra maneira de um homem se defender ou salvar sua vida ou seus membros, ou de uma mulher salvar sua castidade? 3. Falta de amplitude residuária por meio de discriminação imprópria. Pois por que o ato deve ser confinado às ruas a fim de entrar no âmbito da censura da lei? É menos prejudicial se for cometido numa feira livre ou dentro de uma igreja?...

Se a vontade que um legislador manifesta com relação a um determinado ato não consegue ser o que devia ser, tal falha... deve surgir de uma ou outra das duas seguintes causas: o estado de seu entendimento, ou o estado de suas afeições. No primeiro caso, deve ser devido ou à inadvertência ou a um julgamento errado; os fatos que podem ter constituído ou aqueles que podem servir para controlar o dano podem não ter estado, todos eles, presentes em sua *apreensão*; ou, estando presentes, o juízo por ele formado com respeito à existência ou tendência de tais fatos pode ter sido um juízo errado.

A interpretação pode ser distinguida em *estrita* e *liberal*. Pode ser denominada estrita quando você atribui ao legislador a vontade que ele tinha realmente no momento de fazer a lei, como você supõe. Pode ser denominada liberal quando a vontade que você atribui a ele não é aquela que você supõe que ele tinha de fato, mas sim uma vontade que, como você supõe, ele deixou de ter apenas por inadvertência; a tal ponto que, se o caso individual que pede uma interpretação tivesse estado presente no exame dele, ele teria tido essa vontade, de acordo com a qual você age, pela interpretação aplicada à lei dele, como se fosse dele em realidade.

Digo por inadvertência, porque atribuir ao legislador uma vontade que você supõe que ele deixou de ter por qualquer outra causa a não ser a inadvertência, isto é, por juízo errado ou afeições perversas, e agir de acordo com isso não é interpretar a lei, mas sim agir contra ela, o que num juiz ou noutro oficial investido dos poderes de natureza pública é o mesmo que revogá-la.

Parece, então, que interpretar a lei de acordo com o modo de interpretação liberal é *pro tanto* aplicar ao dispositivo imperativo uma cláusula extensiva ou qualificativa... A única circunstância que pode servir para distinguir a alteração em si, quando feita dessa maneira, da alteração no conjunto, é que a alteração não vai além do que parece que era a vontade do legislador para aquilo que, supõe-se, teria sido sua vontade se o caso em questão estivesse presente em seu exame: de sua verdadeira para sua hipotética vontade...

CAPÍTULO 17

Nenhuma lei consuetudinária é completa

... Uma lei consuetudinária não é expressa em palavras; ora, em que palavras deveria apresentar-se? Ela não tem partes, como deveria exibir alguma? É um único ato indivisível, capaz de todas as maneiras de construção. Entre as leis consuetudinárias quase não se pode dizer que haja uma certa e uma errada em algum caso. Como poderia? Certo é a conformidade com uma regra, errado é o desvio disso; mas aqui não existe nenhuma regra estabelecida, nenhuma medida pela qual discernir, nenhum padrão para o qual apelar; tudo é incerteza, escuridão e confusão.

É bastante evidente que o sinal, o ato de punição, que é tudo que há numa lei consuetudinária, propriamente falando, nada pode expressar de si mesmo para alguém que não tem outros meios de se informar sobre a ocasião em que ele se deu... Então, se ela pode servir como uma regra para alguma distância ou para algum período de tempo, algum relato do caso deve ser tomado e transmitido por alguém; esse alguém se coloca então na condição de legislador. Mas do ilimitado grupo de circunstâncias com as quais deve necessariamente ser acompanhado o ato punido, quantas delas e quais delas eram consideradas materiais? Quais foram aceitas como exculpatórias? Quais não foram admitidas para servir de justificativa? A quais circunstâncias se deveu o fato de a punição ter sido tão grande? A que outras se deveu o fato de não ter sido maior? Estas e uma grande quantidade de outras circunstâncias que seria supérfluo repetir, todas devem ser levadas em consideração na descrição do caso. Mas, mesmo que o caso seja delineado com tanta exatidão, ainda assim nada mais é que o caso individual que está sendo delineado; para fazer uma regra que possa servir para casos que ainda estão por vir, um novo processo deve ser levado adiante. O historiador deve dar lugar ao metafísico; e uma regra geral deve ser criada por abstração a partir desse procedimento particular. E por quem então deverá a abstração ser realizada? Por todo homem para si mesmo, ou por algum para todos os demais? Neste último caso, esse único homem, seja ele quem for, se suas regras chegarem a ser adotadas e seguidas, esse único homem se torna, com efeito, o legislador...

Mas a regra extraída, não importa como, a partir desses *dados* particulares e que, se houvesse uma lei no caso, seria essa lei, é afinal de contas absurda e prejudicial; talvez tenha sido assim desde o próprio começo, isto é, as decisões em que ela está fundamentada assim já eram no momento em que foram tomadas. Mas, em todo caso, seriam assim se aplicadas agora à questão que no momento presente está em disputa. Decidir, então, de acordo com *essa* regra seria prejudicial de uma maneira; mas partir de *qualquer* regra que se julga que tenha sido estabelecida, seria prejudicial de outra maneira. É apenas na medida em que decisões subsequentes são tornadas compatíveis com as regras que devem ser extraídas, de maneira justa, de decisões anteriores, que essas decisões anteriores podem satisfazer, em algum grau, mesmo que o mais imperfeito, ao propósito de uma lei. Sempre que a cadeia de conformidade, tal como é, é rompida, a decisão anômala, qualquer que seja, gera todo o dano que pode ser causado por uma lei *ex post facto*... Ela o faz por sua própria e única eficácia; acrescente-se a isso o fato de que, à maneira de exemplo, ela dá um choque que é sentido de mão em mão por todo o futuro da lei consuetudinária. Tampouco o dano será debelado enquanto um conjunto forte de decisões relacionadas, em confirmação à primeira anômala ou em oposição a ela, não reparar a linha rompida da analogia e levar a corrente a seu velho canal. Estou falando em metáforas, posto que é só em metáforas que se pode falar de um tema como o presente. Sendo este o caso, sempre que qualquer decisão pretérita, aparentemente absurda em si, é apresentada com o caráter de lei para governar a decisão proposta no caso em litígio, há duas máximas que apontam para caminhos diferentes e reclamam determinações opostas. Como esse dilema ocorre em cada ocasião, os advogados estão sempre sendo chamados, é claro, para abraçar um ou outro lado dele. Dessa maneira, então, como as inconveniências de um lado ou de outro se acostumaram a pressionar suas imaginações com a maior força, eles contraem, sem perceber, uma propensão geral a pender para um ou outro lado. Eles se formam em dois partidos diferentes, como os proculianos e sabinianos de outrora, embora numa base de muito maior extensão e importância. *Stare decisis* é a máxima de um deles; *salus republicae*, ou algo parecido com isso, o lema do outro; ambos talvez partidários da utilidade, embora de uma utilidade vista através de um meio diferente: um deles, da utilidade geral que resulta da adesão a precedentes estabelecidos; o outro, da utilidade particular que resulta do fato de se levar de volta, de qualquer maneira, a corrente de decisão para o canal da utilidade original, de onde supõem que a força do precedente afastou-a; um deles, apaixonado pela uniformidade, a mãe da segurança e da paz; o outro, apaixonado pela justiça natural ou equidade, ou razão certa ou qualquer outro nome que tenha o fantasma, menos o seu próprio.

Uma lei deve ser extraída de um conjunto de *dados* como este por todo homem que possa imaginar que é capaz; por cada homem, talvez, uma lei diferente; e essas *mônadas*, agrupando-se uma com a outra, constituem essa produção inimitável e incorrigível da razão iluminada, esse fruto da concórdia e garantia de liberdade em todo país em que é encontrada, a lei comum ou consuetudinária....

Parece, então, que o direito consuetudinário é uma ficção do começo ao fim; e é à maneira de ficção, se for de alguma maneira, que devemos falar dele...

CAPÍTULO 21

Análise e usos dos capítulos precedentes

... No momento atual, podemos afirmar corajosamente que, entre todos os sistemas de leis que prevalecem entre as várias nações do mundo, não há um sequer que não exista mais ou menos na forma de direito consuetudinário; de modo que, por enquanto, não pode ser encontrado em parte alguma qualquer exemplo de um código completo de lei estabelecida por um corpo legislativo. Não se conclui, entretanto, de maneira alguma, que, se um código completo desse tipo fosse dado a alguma nação, ele deveria ser, por esse motivo, privado de todo e qualquer artigo dessas antigas e respeitadas instituições às quais o povo é apegado, com muito vigor, em muitas instâncias, com grande razão...

... Nenhum sistema de leis será algum dia... totalmente perfeito; nenhum deles será tão bom que uma quota maior de informação ou de juízo ou de probidade não possa tornar melhor. Mesmo se em um dado instante ele fosse realmente perfeito, no instante seguinte, devido a alguma mudança nos assuntos nacionais, poderia ser diferente... Mas tal sistema, se construído sobre um plano regular e calculado como parece ser aquele que viemos tentando delinear, não apenas teria a vantagem de todos os outros que permaneceram intactos, mas as alterações, quando quer que fossem feitas, causariam menos perturbação nele; desde que tais alterações, sempre que alguma fosse feita no tocante à forma, fossem ajustadas, como facilmente podem ser, àquela do governo original. Os efeitos e a influência de cada dispositivo desses, quer fosse uma lei inteira, um dispositivo expositivo, limitativo ou exceptivo, poderiam então ser, com certeza e precisão, seguidos do começo ao fim por referência através de todo o conjunto de leis. No momento, tamanha é a confusão que, quando um novo estatuto é aplicado, é quase impossível acompanhá-lo e descobrir os limites de sua influência...

... O princípio fundamental que é a base do sistema de leis aqui esboçado é o princípio da utilidade; e o método aqui proposto é particularmente calculado para mostrar até que ponto esse princípio foi acatado e onde houve um desvio dele, se é que houve desvio em algum ponto...

... Ele tende a verificar a licença da interpretação. Refiro-me, é claro, àquilo que foi distinguido pelo nome de interpretação *liberal*, esse ramo delicado e importante do poder judiciário, cuja concessão é perigosa, e a rejeição, desastrosa.

Ora, supondo-se que existe essa necessidade, de onde ela surge? Da falta de circunspeção ou advertência, da falta de amplitude ou discriminação nas opiniões do legislador. No começo, quase se poderia dizer até agora, os legisladores andavam às apalpadelas em vez de ver seu caminho, ocupando o terreno pouco a pouco e sem sequer tentar fazer algum exame geral do todo. Como consequência, nenhuma ordem, nenhuma conexidade; nenhum passo dado para se prevenir contra descuidos e omissões. Talvez o dispositivo mais bem imaginado pudesse ter causado mais dano do que bem, a não ser que tomasse forma moldado pela prudência do juiz. Por um lado, a parte obrigatória não era ampla o bastante para abarcar o dano; por outro, as partes qualificativas não eram amplas o bastante para dar proteção ao inocente, ou para proporcionar o âmbito necessário ao poder. Mas os incidentes que a previsão não pudesse apresentar ao legislador, a experiência estaria apresentando de tempos em tempos ao juiz. O que devia ser feito? Devia ser tolerada a repetição contínua do mal parcial para reduzir, para dissipar em nada as esperanças do bem geral? Isso não devia ser tolerado. Aqui, então, no próprio berço do império legislativo, desenvolveu-se um outro poder: o instrumento do anterior; na realidade, continuamente seu censor e, de maneira não infrequente, seu rival bem-sucedido. Que dificuldade para distinguir entre o que o legislador teria adotado, tivesse ele atentado para isto, daquilo que de fato notou e rejeitou? Que facilidade para estabelecer um com o pretexto de estar procurando o outro? Em especial quando, se a verdade recusou sua ajuda, a ficção estava pronta para atender a seu chamado. O legislador, talvez um soldado iletrado, talvez um sacerdote tacanho, talvez uma multidão, de difícil controle, heterogênea, incoerente; a judicatura, um corpo permanente, compacto, experiente, composto de indivíduos coerentes, participantes das mesmas afeições e perseguindo os mesmos propósitos. E, desse modo, brotou, pouco a pouco, um outro ramo do direito consuetudinário que, fincando raízes na substância da lei estabelecida por um corpo legislativo, contagiou-a com sua própria obscuridade característica, com sua incerteza e confusão.

Para desordens derivadas da falta de um plano, esperava-se que um plano regular pudesse, após algum tempo, proporcionar pelo menos um poderoso paliativo e, com o tempo, um remédio completo e eficaz. Para desbancar o que pode ser a necessidade de interpretação discricionária, o negócio é dar amplitude suficiente em primeiro lugar à matéria imperativa no código...

... A razão humana não parece ainda ter avançado o suficiente para assegurar que coloquemos o modo discricionário de interpretação sob uma proibição absoluta em todos os casos. Resta, portanto, inventar algum recurso para proteger esse poder contra abusos durante o exercício dele, contra as inconveniências que o acompanham, e confiná-lo dentro de seus limites apropriados. Para esses propósitos é ideado um plano que será desenvolvido em detalhes numa parte subsequente da obra. Que se exija do juiz, sempre que decidir à maneira da interpretação liberal, que declare abertamente que o fez; ao mesmo tempo em que redige *in terminis* um dispositivo geral que expresse a atenção que ele pensa que o caso requer, que ele cientifique o legislador; e que a alteração assim feita tenha força de lei se não for refutada pelo legislador dentro de um determinado tempo. Por esse meio, o legislador veria o que o juiz estaria fazendo; o juiz seria um conselheiro para ele, e não um controle, o cetro permaneceria inabalável em suas mãos. Os experimentos de um seriam corrigidos pela experiência do outro; a simplicidade do plano legislativo seria preservada contra violação; o corretivo aplicado seria aplicado não na forma obscura, volumosa e inconstante da jurisprudência consuetudinária, mas sim na forma concisa e clara da lei estabelecida por um corpo legislativo...

A legislação é um estado de guerra; o dano político é o inimigo; o legislador é o comandante; as sanções morais e religiosas, suas aliadas; as punições e recompensas (angariadas algumas delas de seus próprios recursos, outras emprestadas daqueles aliados), as forças que ele tem sob seu comando; as punições, suas forças permanentes e regulares; as recompensas, uma ocasional força auxiliar, fraca demais para agir sozinha; o ramo mecânico da legislação, o ramo que estivemos tratando no presente capítulo, a arte da tática; a legislação direta, um ataque formal feito com o corpo principal de suas forças em campo aberto; a legislação indireta, um plano secreto de operações conectadas e combinadas por muito tempo, a ser executado à maneira de estratagema ou *petite guerre*. Todos esses tópicos já foram discutidos, exceto o último. Ainda falta dizer alguma coisa sobre esse sistema irregular de guerra...

... Mas amar o poder é uma coisa; e outra coisa é amar o trabalho que sozinho pode qualificar um homem a exercê-lo como deve exercer.

Leis que são apressadas têm sido citadas com frequência como prova da necessidade de interpretação; mas me parece que também poderia ao mesmo tempo ser observado que elas são indicações igualmente fortes da imbecilidade e imprevidência de parte do legislador; que elas indicam a infância da ciência; e que uma vez que forem levadas a um estado de maturidade tolerável, a demanda por interpretação terá sido afastada em grande medida, se não de todo.

Ora, sendo evidente o dano em casos dessa espécie, era necessário aplicar um remédio. Tal remédio, se aplicado pela própria legislatura, seria acompanhado, em todo caso, de algumas das inconveniências de uma lei *ex post facto*, se extensivo da obrigação; de nenhuma, se limitativo dela. Mas talvez o Poder Legislativo esteja investido num corpo, e esse corpo não está ou não pode ser reunido; ou é constituído de tal maneira que é quase impossível consultá-lo; ou os casos que pedem uma interpretação dessa espécie são tão frequentes e muitos deles tão insignificantes que as consultas não teriam fim; por essas razões ou por outras não tão boas, de forma própria ou imprópria, esse poder sempre foi assumido e exercido pelo juiz. Com a mesma constância com que tem sido exercido, os casos em que foi exercido têm sido registrados; regras gerais têm sido formadas a partir da observação desses casos; e, desse modo, o direito consuetudinário, rompendo suas barreiras originais, alastrou-se como uma praga sobre a superfície da lei estabelecida por um corpo legislativo, contagiando-a com sua característica obscuridade, incerteza e confusão.

É impossível voltarmos nossos pensamentos para um dano assim evidente, sem procurar ansiosamente um remédio. Não nos desesperemos... Deixe que o legislador leve suas opiniões sobre todo o campo da ação humana, deixe que ele dê um certo grau de perfeição a seu método, de regularidade e consistência às suas leis; ele pode levá-las a um tal grau de perfeição que elas não precisem mais de qualquer interpretação, a não ser a que ele mesmo é capaz de fornecer.

Num sistema assim construído sobre esse plano, um homem só precisa abrir o livro para se informar sobre o que o aspecto exibido pela lei permite para cada ato imaginável que entre na esfera possível da atividade humana....

Num mapa da lei executado sobre tal plano não há qualquer *terra incógnita*, nenhum espaço em branco; nada é omitido; nenhuma coisa fica desprovida; a vasta e até agora amorfa extensão da jurisprudência é reunida e condensada numa esfera compacta que o olho pode, de imediato, percorrer em todas as direções imagináveis.

Esses são os frutos de um método planejado sob os auspícios do princípio da utilidade, no qual as leis são classificadas de acordo com os fins que têm em vista.

12
Friedrich Carl von Savigny
1779-1861

Os antepassados de Savigny eram cidadãos da classe alta de Lorraine, que mudaram para a Alemanha quando Lorraine se tornou um distrito da França. Os Savigny eram pessoas importantes que ocupavam altos cargos públicos, escreviam livros notáveis e se associavam com nobres do Alto Reno.

Embora Friedrich Carl fosse órfão, foi bem cuidado e recebeu boa educação. Aos dezesseis anos, estava pronto para a universidade e entrou em Marburg. Seguiu a moda corrente da perambulação educacional e passou períodos em várias universidades alemãs diferentes. Retornou a Marburg para um diploma de doutor quando tinha vinte e um anos.

Permaneceu durante vários anos em Marburg, fazendo conferências sobre assuntos legais. Aos vinte e quatro anos, publicou seu primeiro livro de importância – um tratado sobre posse. Foi aclamado por importantes juristas como um marco no pensamento jurídico. John Austin disse dele: "De todos os livros sobre lei, o mais completo e perfeito."

Aos vinte e cinco anos, casou-se com uma irmã do poeta Brentano e viajou a Paris para pesquisar na Biblioteca Nacional francesa. Quatro anos mais tarde, foi chamado à Universidade da Baviera para lecionar Direito Romano. Logo depois, foi chamado à Universidade de Berlim na condição de professor de Direito Romano. Em Berlim organizou um tribunal de apelações na faculdade, para rever decisões de primeira instância – um modelo comum da organização judicial alemã na época. Também trabalhou como terceiro reitor da universidade e foi professor particular de Direito do príncipe herdeiro da Prússia.

Em 1814, escreveu *Da vocação de nosso tempo para a legislação e a jurisprudência*, trechos do qual se seguem a esta nota. *Vocação* foi uma resposta a um panfleto escrito por Thibault, um jurista alemão então preeminente. A Alemanha acabara de livrar-se do jugo de Napoleão, e Thibault propunha limpar a honra alemã com um novo código de leis para os estados germânicos, que substituísse o imposto Código de Napoleão. Savigny opôs-se a essa codificação. Nas duas décadas seguintes, foram muitas as obras publicadas por Savigny. Ele fez uma história em vários volumes do Direito Romano na Idade Média e uma formidável obra sistemática sobre Direito Romano moderno. Foi fundador de um periódico para a "escola histórica" do Direito. Durante algum tempo, abandonou o ensino para ser Grande Conselheiro da Prússia e realizou importantes reformas no direito comercial e familiar.

Seus últimos anos foram marcados por reconhecimento e honra. Produziu escritos jurídicos até o dia de sua morte, aos oitenta e dois anos. Na geração precedente, Jeremy Bentham havia feito a ilustre defesa da codificação. Savigny, o adversário dos códigos, não menciona Bentham em *Vocação*.

DA VOCAÇÃO DO NOSSO TEMPO PARA A LEGISLAÇÃO E A JURISPRUDÊNCIA[1]

II

Origem do direito positivo

... Nos tempos mais antigos aos quais se estende a história autêntica, verifica-se que a lei já havia alcançado um caráter fixo, peculiar ao povo, como sua língua, costumes e constituição. Mais ainda, esses fenômenos não têm existência separada; são apenas as tendências e faculdades particulares de um povo, inseparavelmente unido, e apenas mostram a nossos olhos a aparência de atributos distintos. Aquilo que os une é a convicção comum do povo, a consciência de uma necessidade interior, excluindo toda a noção de uma origem acidental e arbitrária...

Essa juventude das nações é pobre em ideias, mas desfruta de uma clara percepção de suas relações e circunstâncias, sente e põe em jogo o conjunto delas; enquanto nós, em nossa complicada existência artificial, somos dominados por nossas próprias riquezas, em vez de desfrutarmos delas e de controlá-las. Esse estado natural simples é particularmente observável na lei; e como, no caso de um indivíduo, suas relações familiares e patrimônio podem possuir um valor adicional aos seus olhos pelo efeito da associação – assim, pelo mesmo princípio, é possível que as próprias regras da lei estejam entre os objetos da fé popular. Mas essas faculdades morais exigem alguma existência física para fixá-las. Tal é, para a língua, seu uso constante e ininterrupto; tais são, para a constituição, os poderes públicos e palpáveis – mas o que ocupa seu lugar em relação à lei? Em nossos tempos é ocupado por regras, comunicadas por escrito e oralmente. Esse modo de fixação, entretanto, pressupõe um alto grau de abstração e, por conseguinte, não é praticável no tempo antigo de que falamos. Pelo contrário, encontramos então atos simbólicos empregados de maneira universal para a criação ou extinção de direitos e deveres; é sua palpabilidade que retém externamente a lei numa forma fixa; e sua solenidade e peso correspondem à importância das próprias relações legais, que já foram mencionadas como peculiar a esse período... Esses atos formais podem ser considerados como a verdadeira gramática da lei nesse período; e é importante observar que a principal tarefa dos antigos juristas romanos consistia na sua preservação e aplicação acurada. Nós, em tempos recentes, com frequência fizemos pouco caso deles como sendo criação do barbarismo e da superstição, e nos orgulhamos de não os ter, sem considerar que também somos acossados em cada passo por formalidades legais às quais, de fato, só estão faltando as principais vantagens das antigas formalidades – a saber, sua palpabilidade e *a tendência* popular em seu favor, enquanto as nossas são consideradas por todos como algo arbitrário e, portanto, opressivo. Nessas observações parciais dos tempos antigos parecemos aqueles viajantes que observam, com grande assombro, que na França as crianças pequenas, e não apenas elas, mas até mesmo as pessoas comuns, falam francês com perfeita fluência.

Mas essa ligação orgânica da lei com a essência e o caráter do povo também é manifestada no avanço dos tempos; e aqui, mais uma vez, pode ser comparada com a língua. Para a lei, como para a língua, não existe qualquer momento de absoluta suspensão; ela está sujeita ao mesmo movimento e desenvolvimento de todas as outras tendências populares; e esse próprio desenvolvimento permanece sob a mesma lei da necessidade interior, como em seus estágios mais antigos. O direito cresce com o crescimento, se fortalece com a força do povo, e por fim definha quando a nação perde sua nacionalidade...

---

[1]. Traduzido por Abraham Hayward, publicado por Littlewood & Co., Londres (1831).

... Com o progresso da civilização, as tendências nacionais tornam-se cada vez mais distintas, e aquilo que de outro modo teria permanecido comum, torna-se próprio de certas classes; agora, os juristas tornam-se cada vez mais uma classe diferente; o direito aperfeiçoa sua linguagem, toma uma direção científica e, tal como em tempos passados existia na consciência da comunidade, agora se desenvolve nos juristas que, assim, neste departamento, representam a comunidade. Daqui por diante, o direito é mais artificial e complexo, posto que tem uma vida dupla; primeiro, como parte da existência agregada da comunidade, que não cessa de ser; e, em segundo lugar, como um ramo distinto do conhecimento nas mãos dos juristas. Todos os fenômenos posteriores podem ser explicados pela cooperação daqueles dois princípios de existência; e pode-se entender agora como até mesmo o todo desse imenso detalhe podia surgir de causas orgânicas, sem qualquer emprego da vontade arbitrária ou intenção. No interesse da concisão, chamamos a ligação do direito com a existência geral do povo, falando tecnicamente, de elemento político; e a distinta existência científica do direito, de elemento técnico.

Em diferentes épocas, portanto, no seio do mesmo povo, o direito será lei natural (num sentido diferente de nossa lei da natureza), ou culto, conforme prevalece um ou outro princípio, entre os quais é obviamente impossível uma linha de demarcação precisa... Portanto, a síntese dessa teoria é que toda lei é formada originalmente à maneira pela qual, numa linguagem usual, porém não correta de todo, se diz que foi formado o direito consuetudinário; isto é, que primeiro desenvolveu-se por costume e crença popular, em seguida pela jurisprudência – em toda parte, portanto, por poderes internos que operam em silêncio, não pela vontade arbitrária de um legislador.

Até agora, esse estado de coisas só foi descrito em termos históricos; se ele é louvável e desejável, a sequência deste estudo mostrará...

III

Disposições legislativas e doutrina

A legislação, propriamente dita, frequentemente influencia porções segmentares do direito; mas as causas dessa influência variam grandemente. Em primeiro lugar, o legislador, ao alterar a lei existente, pode ser movido por altas razões de Estado... Que disposições dessa espécie se tornam, com facilidade, uma corrupção mortífera para o direito, e que deveriam ser empregadas da forma mais econômica, deve impressionar a qualquer um que consulte a história. Nelas, a parte técnica da lei só é vista por causa da forma e da ligação com todo o direito restante, ligação que torna esse ramo da legislação mais difícil do que em geral se supõe que seja. De caráter muito menos duvidoso é uma segunda influência da legislação sobre o direito. Regras particulares podem, de fato, ser duvidosas e, por sua própria natureza, podem ter limites variáveis e mal definidos, mas a aplicação do direito requer limites definidos com a maior precisão possível. Aqui pode ser introduzido um tipo de legislação que vem em ajuda do costume, remove essas dúvidas e incertezas e, desse modo, traz à luz e mantém pura a verdadeira lei, a própria vontade do povo...

Mas esses tipos de influência parcial não se têm em mente quando, como em nossos tempos, se fala da necessidade de um código. Nesse caso, é antes o seguinte que se quer dizer: – A nação deve levantar todo seu sortimento de leis e pô-lo por escrito, de modo que o livro assim formado não seja, daqui por diante, uma entre outras autoridades legais, mas sim que todas as outras que estiveram em vigor até aqui deixem de vigorar. A primeira questão, portanto, é de onde devem vir os materiais para esse código? De acordo com uma teoria já mencionada, foi sustentado por muitos que eles devem ser fornecidos pela lei universal da natureza, sem referência a qualquer coisa existente. Mas aqueles que têm a ver com a execução de tais planos, ou que de outro modo são familiarizados com a lei prática, não deram qualquer ênfase a essa teoria extravagante e totalmente infundada; e se tem concordado com unanimidade que a lei existente só deve ser formulada com as alterações e melhorias que sejam necessárias por razões de conveniência... Dessa maneira, a substância de um código seria dupla; seria composta em parte da lei existente e, em parte, de novos dispositivos. No que diz respeito aos últimos, é óbvio que sua ocorrência na ocasião de um código é uma questão acidental; eles podem ter sido propostos de forma individual em algum outro momento... Portanto, para não confundir nossa investigação, colocaremos inteiramente de lado as novas leis e contemplaremos apenas os elementos essenciais do código. Nesse caso, devemos considerar o código como a exposição da lei existente agregada pelo próprio Estado...

... Em todo caso, isso é totalmente técnico e, como tal, pertence aos juristas; posto que, no que diz respeito à substância do código que estamos supondo, o elemento político do direito já mostrou seus efeitos há muito tempo e não há nada a fazer, a não ser discriminar e expor o resultado, que é a função peculiar da jurisprudência técnica.

Os requisitos de um código assim e as expectativas dele são de dois tipos. Com relação à condição da própria lei, deve-se procurar o mais alto grau de precisão e, ao mesmo tempo, o mais alto grau de uniformidade na aplicação. Os limites de sua aplicação devem ser definidos e regulados com mais clareza, visto que uma lei nacional geral deve substituir um direito consuetudinário variado...

Deve ser óbvio para todos que esse primeiro benefício depende da excelência da execução e, por conseguinte, em relação a isso, é tão possível perder como ganhar. É bem merecedor de consideração aquilo que Bacon, com a magnitude de seu intelecto e de sua experiência, disse de um trabalho desse tipo. Ele acha que jamais devemos entregar-nos a esse trabalho sem uma necessidade premente e, mesmo então, com particular cuidado quanto às fontes jurídicas em

vigor; em primeiro lugar, pela adoção escrupulosa de tudo que seja aplicável e, em segundo lugar, pelo fato de serem preservadas e constantemente consultadas. Acima de tudo, ele diz, o trabalho só deve ser empreendido em tempos que em civilização e conhecimento superam o anterior, porque seria realmente lamentável se as produções de tempos anteriores fossem mutiladas pela ignorância do presente... O direito existente que não deve ser mudado, mas sim conservado, deve ser compreendido por completo e expresso de forma conveniente. *Aquilo* (a compreensão dele) diz respeito à substância; *isto* (a expressão) à forma.

No que diz respeito à substância, a parte mais importante e mais difícil é a inteireza do código...

O código, então, como está planejado para ser a única autoridade-lei, deve conter de fato, por previsão, uma decisão para cada caso que possa surgir. Isto tem sido concebido, com frequência, como se fosse possível e vantajoso obter, por experiência, um perfeito conhecimento dos casos particulares e depois decidir cada um deles por um correspondente dispositivo do código. Mas quem quer que tenha estudado casos jurídicos com atenção, verá logo que esse empreendimento deve falhar, porque positivamente não há limites para as variedades das reais combinações de circunstâncias. Em todos os novos códigos, de fato, desistiu-se de toda aparente tentativa de obter essa perfeição material, sem, entretanto, pôr-se algo em seu lugar. Mas, com certeza, há uma perfeição de um tipo diferente, que pode ser ilustrada por uma expressão técnica de geometria. A saber, em todo triângulo existem dados certos de cujas relações todo o resto deve ser necessariamente deduzido; desse modo, dados dois lados e o ângulo incluído, todo o triângulo estará dado. Da mesma maneira, toda parte de nossa lei tem pontos pelos quais o resto pode ser dado; podem ser chamados de axiomas principais. Distinguir estes e deduzir deles a conexão interna, e o grau exato de afinidade que subsiste entre todas as regras e ideias jurídicas, está entre os problemas mais difíceis da jurisprudência. De fato, é isso, em especial, que dá a nossos trabalhos o caráter científico. Então, se o código for formado num tempo que não está à altura dessa arte, os seguintes males são inevitáveis: a administração da justiça é regulada, aparentemente, pelo código, mas na verdade por alguma outra coisa, externa ao código, que atua como a verdadeira autoridade dominante. Esta falsa aparência, entretanto, produz os efeitos mais desastrosos. Porque o código, por sua novidade, sua ligação com as ideias predominantes da era e sua influência externa, atrairá de forma infalível toda a atenção para si, desviando-a da verdadeira autoridade-lei; de tal modo que a última, abandonada nas trevas e na obscuridade, não obterá qualquer ajuda das energias morais da nação, as únicas pelas quais pode atingir um estado satisfatório... Se esse conhecimento imperfeito dos princípios for cotejado com a meta anteriormente mencionada, da inteireza material, decisões particulares despercebidas pelos legisladores estarão constantemente se cruzando e contradizendo, o que aos poucos se tornará conhecido apenas pela prática e, no caso de uma má administração da justiça, nem mesmo por ela...

Mas, além da substância, a forma do código deve ser levada em consideração, porque o legislador pode ter estudado plenamente a matéria em que está trabalhando e, ainda assim, sua produção falhar em seu fim se, além disso, ele não tiver a arte da exposição. O que deve ser essa exposição é mais bem demonstrado por exemplos de aplicação bem-sucedida e malsucedida do que por regras gerais. Em geral, se requer que a linguagem da lei seja caracterizada, em particular, pela concisão. Sem dúvida, a concisão pode ser de extrema eficiência, como está claro pelos exemplos dos decretos e éditos romanos. Mas há também uma brevidade seca e inexpressiva, adotada por aquele que não compreende o uso da língua como instrumento, e que permanece com total ineficácia; numerosos exemplos disso podem ser encontrados nas leis e registros da Idade Média. Por outro lado, a prolixidade nos dizeres da lei pode ser muito censurável, e também totalmente intolerável, como em muitas das constituições de Justiniano e na maioria *das novelas* do Código de Teodósio; mas existe também uma prolixidade inteligente e muito eficiente, perceptível em muitas partes das Pandectas.

Reunindo o que já foi dito no que diz respeito aos requisitos de um código realmente bom, está claro que serão encontradas pouquíssimas eras qualificadas para isso. As nações jovens, é verdade, têm a percepção mais clara de sua lei, mas seus códigos são imperfeitos em linguagem e habilidade lógica... Por outro lado, nas idades avançadas, quase tudo está faltando – conhecimento da matéria, bem como da língua. Desse modo, resta apenas um período médio, o qual (no que diz respeito ao direito não necessariamente em qualquer outro aspecto) pode ser considerado o auge da civilização. Mas tal era não tem qualquer necessidade de um código; apenas iria compor um código para uma era posterior e menos afortunada, assim como armazenamos provisões para o inverno. Mas, raras vezes, uma era está disposta a ser tão previdente para a posteridade.

IV

Direito romano

... Se, por conseguinte, considerarmos em primeiro lugar a obra jurídica de Justiniano, aquelas formas nas quais o direito romano foi transmitido para a moderna Europa, não poderemos deixar de observar nelas uma temporada de declínio. O núcleo desses códigos é uma compilação das obras de uma era clássica, que agora devem ser consideradas perdidas e irrecuperáveis, e o próprio Justiniano não esconde isso...

... Tudo depende da posse dos princípios capitais, e é essa própria posse que constitui a grandeza dos juristas romanos. As ideias e axiomas de sua ciência não parecem ter sido produzidos de forma arbitrária; são verdadeiros seres cuja existência e genealogia tornaram-se conhecidas deles através de uma experiência longa e íntima. Por esta razão, todo seu modo de procedimento possui uma certeza que não é encontrada em nenhuma outra parte, exceto nas matemáticas; e pode-se dizer, sem exagero, que eles *contam* com suas ideias. Mas esse método não é, de maneira alguma, peculiaridade exclusiva de um ou de alguns grandes autores; pelo contrário, é comum a todos, e, embora uma medida muito diferente de aplicação oportuna seja a sina de cada um, ainda assim o método é universalmente o mesmo. De fato, se tivéssemos suas obras completas diante de nós, descobriríamos nelas muito menos individualidade do que em qualquer outra literatura; todos eles colaboram, por assim dizer, numa mesma e única grande obra; e a ideia na qual está baseada a compilação das Pandectas não deve, por conseguinte, ser rejeitada de todo... Sua teoria e prática são as mesmas; sua teoria é concebida para aplicação imediata, e a prática é enobrecida de maneira uniforme pelo tratamento científico. Elas veem em cada princípio um caso de aplicação; em cada caso, a regra pela qual ele deve ser decidido; e é incontestável a mestria na facilidade com que passam da generalidade ao particular e, de novo, de volta do particular ao geral... Sua arte é, ao mesmo tempo, adaptada para a percepção e comunicação da ciência, sem, entretanto, perder a palpabilidade e vigor que, em geral, são peculiares dos tempos antigos.

O estado altamente culto da jurisprudência entre os romanos no começo do terceiro século da era cristã é tão digno de nota que também devemos prestar alguma atenção à sua história. Seria muito errado considerar isso como a pura criação de uma era muitíssimo favorecida, desligada da precedente. Pelo contrário, os materiais de sua ciência foram transmitidos aos juristas desse tempo, grande parte deles, inclusive, provenientes da época da república. Mas não apenas esses materiais, como também o próprio método admirável, tinham raízes na época da liberdade. O que, de fato, engrandeceu Roma foi o espírito político ágil e animado que sempre a fazia estar preparada para renovar as formas de sua Constituição, que o novo apenas ministrava ao desenvolvimento do velho – uma mistura judiciosa dos princípios adesivos e progressistas. Esse espírito esteve também em vigor na constituição e no direito; mas, na primeira, foi extinto antes do fim da república, enquanto no último ainda pôde operar durante os séculos futuros, porque não existiam nele as mesmas causas de corrupção que existiam na constituição. Como consequência, no direito, o caráter romano geral estava fortemente marcado – o estabelecido há longo tempo continuava firme, sem permitir-se ser restringido por isso, quando já não se harmonizava mais com uma nova teoria popular predominante. Por essa razão, a história do direito romano, retrocedendo até a era clássica, apresenta em toda parte um desenvolvimento gradual, totalmente orgânico. Se uma nova forma é concebida, é ligada, de imediato, de maneira indissolúvel, a uma antiga e, desse modo, participa da maturidade e estabilidade da última... Assim como foi observado anteriormente, que a jurisprudência em seus dias clássicos era comum aos juristas em geral, da mesma maneira percebemos agora uma semelhante comunidade entre as eras mais diferentes, e somos forçados a atribuir esse gênio jurídico ao qual pode ser imputada a excelência do direito romano não a uma era particular, mas sim à nação em geral...

... o direito romano, tal como o direito consuetudinário, formou-se quase que inteiramente de dentro para fora; e sua história mais detalhada mostra o pouco, no todo, que a legislação expressa o afetou, enquanto ele continuou vivo. Mesmo em relação ao que já foi dito sobre a necessidade de um código, a história do direito romano é muito instrutiva. Enquanto a lei estava em progressão ativa não se descobriu ser necessário código algum, nem mesmo na época em que as circunstâncias eram as mais favoráveis para isso. Porque no tempo dos juristas clássicos não teria havido qualquer dificuldade para se conceber um excelente código. E também os três juristas mais renomados – Papiniano, Ulpiano e Paulo – eram *praefecti praetorio*. Estes, com certeza, não eram destituídos nem de interesse pela lei, nem do poder para conseguir a formação de um código, se houvessem julgado que fosse vantajoso ou necessário; no entanto, não encontramos qualquer vestígio de tal experiência. Mas, quando, num período anterior, César, com a consciência de seu poder e da corrupção de sua era, decidiu ser absoluto em Roma, diga-se que ele concebeu a criação de um código, em nosso significado do termo. E quando, no século VI, toda a vida intelectual estava morta, os destroços de tempos melhores foram recolhidos para suprir a demanda do momento... É evidente que a ideia desse código, entretanto, foi sugerida apenas pela extrema decadência da lei...

V

Direito civil na Alemanha

Até um período muito recente, um sistema uniforme de direito vigorava de um extremo ao outro da Alemanha sob o nome de direito comum, mais ou menos modificado pelas leis provinciais, mas em nenhuma parte sem vigência de todo. As principais fontes desse direito comum eram os livros de Justiniano... O direito romano, dizia-se, despojou-nos de nossa nacionalidade, e a atenção exclusiva que nossos juristas prestavam a ele impediu nosso direito nativo de alcançar uma condição igualmente independente e científica. Queixas dessa espécie possuem alto grau de falsidade e falta de fundamento a tal ponto que supõem ser acidental e arbitrário aquilo que jamais teria sucedido ou, em todo caso, jamais teria durado, sem alguma necessidade interna. Além disso, um desenvolvimento nacional exclusivo, como o dos antigos, não deve ser experimentado no curso que a natureza indicou para os modernos. Como a religião das nações não é peculiarmente delas mesmas, e sua literatura é tão pouco livre das influências externas mais poderosas – pelo mesmo princípio, o fato de terem também um sistema geral e estrangeiro de lei não parece ser natural... Mas há um outro erro radical nessa teoria. Mesmo sem o ingrediente do direito romano, teria sido impossível uma formação progressiva e imperturbada do direito germânico... A própria Roma, o Estado original, tendo permanecido como seu foco até a queda do Império do Ocidente; enquanto as raças germânicas emigravam – ora conquistando, ora sendo conquistadas... As próprias mudanças na Constituição no tempo de Augusto e Constantino não tiveram qualquer efeito imediato sobre o direito... Na Alemanha, pelo contrário, tão logo o sistema feudal foi estabelecido por completo, não sobrou coisa alguma peculiar à velha raça; e tudo, até mesmo as formalidades e os nomes, foi submetido a uma mudança radical, e toda essa revolução já estava decidida quando o direito romano foi introduzido.

... Não somente há grande quantidade de direito puramente romano nas próprias leis provinciais que só podem ser entendidas em seu contexto original romano, como até mesmo naquelas partes em que suas decisões foram deliberadamente ignoradas, ele com frequência decidiu a interpretação e a execução da lei recém-introduzida, de modo que a questão que deveria ser resolvida por essa nova lei não pode ser compreendida sem o direito romano...

Esse estado extremamente complicado das fontes do direito na Alemanha, resultante da ligação do direito comum (muito complicado em si) com as leis provinciais, deu origem às queixas mais veementes...

Em primeiro lugar, dizem ser ocasionada por ele a excessiva duração dos processos judiciais em muitas regiões da Alemanha... É, de fato, fazer um elogio muito grande aos juízes dessas regiões acreditar que tanto tempo assim é dedicado à ansiosa consideração de questões difíceis. Eles são auxiliados, nessas questões, pelo primeiro compêndio ou manual que chega às mãos... Esse mal pode ser atribuído a formas de procedimento imperfeitas, e a reforma destas é uma das necessidades mais prementes; as fontes do direito não têm culpa disso...

Em segundo lugar, queixam-se da grande complexidade das leis provinciais; e essa queixa não está limitada às diferenças entre diferentes estados alemães; porque, com frequência, até na mesma região, províncias e cidades possuem sistemas peculiares...

O argumento mais importante em favor da uniformidade da lei é que nosso amor por nosso país comum é aumentado por ela, mas enfraquecido por uma multiplicidade de leis particulares...

O bem-estar de todo ser orgânico (e, por conseguinte, dos Estados) depende da manutenção de um equilíbrio entre o todo e suas partes – depende de cada um ter o que lhe é devido... Uma animada afeição pelo todo só pode derivar da participação completa em todas as relações particulares; e só aquele que cuida bem de sua própria família é que será, de verdade, um bom cidadão. Por conseguinte, é erro supor que o bem-estar público ganharia nova vida com a aniquilação de todas as relações individuais. Se fosse possível gerar um espírito corporativo característico em cada classe, em cada cidade, mais do que isto, até em cada aldeia, o bem-estar público ganharia nova força com essa individualidade intensificada e multiplicada. Portanto, quando a influência do direito no amor ao país é a questão, as leis particulares de províncias e estados particulares não devem ser consideradas como obstáculos. Nesse ponto de vista, a lei merece elogio na medida em que se harmoniza, ou é adaptada para se harmonizar, aos sentimentos e à consciência do povo; merece censura se, como uma coisa arbitrária e incompatível, deixa o povo sem participação. Este será, com mais frequência e mais facilidade, o caso com os diferentes sistemas de distritos particulares, embora, com certeza, nem toda lei nacional seja verdadeiramente popular.

De fato, para essa finalidade política, nenhum estado de direito parece mais favorável do que aquele que outrora era geral na Alemanha: grande variedade e individualidade nos pormenores, mas tendo o direito comum como fundação geral, sempre lembrando todas as nações germânicas de sua unidade indissolúvel. O mais pernicioso, contudo, nesse ponto de vista, é a leviana e caprichosa alteração da lei; e mesmo que a uniformidade e a conveniência pudessem ser alcançadas com a mudança, a vantagem não seria digna de ser mencionada em comparação com a desvantagem política a que acabamos de aludir. Aquilo que é construído assim pelas mãos dos homens diante de nossos olhos sempre ocupará, na opinião popular, um lugar muito diferente daquilo que não tem uma origem tão simples e palpável; e quando nós, em nosso louvável zelo, lançamos invectivas contra essa decisão como um preconceito cego, não devemos esquecer que toda a fé e todo sentimento por aquilo que não está em nosso nível, mas é mais exaltado que nós, depende do mesmo tipo de espírito. Esta consideração pode bem levar-nos a duvidar da impropriedade da decisão.

VI

Nossa vocação para a legislação

... Bacon pedia que a era em que um código fosse formado sobrepujasse eras precedentes em termos de inteligência... Em tempos bem recentes, os oponentes do direito romano têm, com frequência, dado ênfase especial a argumentos como os seguintes: – A razão é igualmente comum a todas as nações e eras, e como temos, além disso, a experiência de tempos anteriores a que recorrer, tudo que fizermos deve infalivelmente ser melhor do que tudo que foi feito antes. – Mas até mesmo essa opinião, de que toda era tem uma vocação para tudo, é um preconceito do tipo mais perigoso. Nas belas-artes somos obrigados a reconhecer o contrário; por que relutamos em fazer a mesma confissão em relação ao governo e ao direito?...

... Se, em algum momento, uma tendência decidida e recomendável for distinguível no espírito público, ela pode ser preservada e confirmada pela legislação, mas não produzida por ela; e onde ela falta por completo, toda tentativa que venha a ser feita para estabelecer um sistema exaustivo de legislação apenas aumentará a incerteza existente e se somará às dificuldades da cura...

Infelizmente, durante todo o século XVIII, a Alemanha foi muito pobre em grandes juristas. Havia grande quantidade de homens laboriosos, é verdade, pelos quais foram realizados trabalhos preparatórios muito valiosos, mas raras vezes se fez mais do que isso. Um espírito duplo é indispensável ao jurista; o histórico, para apreender com presteza as peculiaridades de cada era e de toda forma de lei; e o sistemático, para ver cada ideia e cada regra em viva ligação e cooperação com o todo, isto é, na única relação verdadeira e natural. Este duplo espírito científico é encontrado poucas vezes entre os juristas do século XVIII; e, em particular, algumas especulações superficiais em filosofia tiveram um efeito extremamente desfavorável. Uma apreciação justa do tempo em que se vive é muito difícil; contudo, a menos que todos os sinais enganem, um espírito apossou-se de nossa ciência, capaz de elevá-la no futuro à categoria de um sistema nacional. Pouco dessa melhoria foi produzido por enquanto e, por esse motivo, contesto nossa capacidade para a produção de um bom código...

Então, se não temos de fato nada que seja necessário para a formação de um bom código, não devemos acreditar que o verdadeiro empreendimento nada mais seria que um desapontamento, o que, na pior das hipóteses, apenas não nos faria avançar. Já se falou do grande perigo que, de forma inevitável, é iminente quando um estado de conhecimento muito imperfeito e superficial é fixado por autoridade positiva; e esse perigo seria tão grande quanto a vastidão do empreendimento e de sua ligação com o despertar do espírito de nacionalidade... Não se pode negar que estão sendo feitos vigorosos esforços, e é impossível dizer quanto bem subtrairemos do futuro ao se confirmarem as deficiências presentes...

Ainda resta uma questão importante a ser considerada – a língua. Pergunto a qualquer um que sabe o que é uma boa expressão apropriada, e que não considera a língua uma ferramenta comum, mas sim um instrumento científico, se possuímos um idioma em que um código pudesse ser composto. Longe de mim questionar a força do velho idioma alemão; mas o fato de que nem isso esteja apropriado agora para o propósito é para mim mais uma prova de que estamos atrasados neste círculo de pensamento. No momento em que nossa ciência se aperfeiçoar, veremos de quanto proveito será nossa língua, por seu frescor e vigor primitivo. Além disso, acredito que, nos últimos tempos, até decaímos neste aspecto...

Sei que resposta pode ser dada a essas razões; mesmo admitindo-se todas elas, pode-se dizer que os poderes da mente humana são ilimitados e, com um esforço razoável, logo se poderia produzir, mesmo nesses tempos, uma obra em que nenhuma dessas imperfeições seria identificável. Bem, qualquer um pode fazer a tentativa, nossa época não é uma época desatenta, e não existe perigo de que um verdadeiro sucesso deixe de ser notado...

VIII

O que devemos fazer onde não existe nenhum código

... Nos países em que prevalece o direito comum, assim como em todos os outros, um bom estado de direito dependerá de três coisas; primeiro, de disposições suficientes; segundo, de um suficiente ministério da justiça; por último, de boas formas de procedimento...

Com relação, em primeiro lugar, às disposições às quais até o código proposto tinha de adaptar-se, o mesmo sistema combinado de direito comum e de lei provincial, que prevalecia outrora em toda a Alemanha, devia, em minha opinião, ser substituído pelo código, ou ser conservado onde o código não estivesse em vigor. Considero que essas disposições sejam suficientes, mais ainda, excelentes, desde que a jurisprudência faça o que deve fazer, e o que só pode ser feito por meio dela. Porque, se considerarmos nossa verdadeira condição, nos encontramos no meio de uma imensa quantidade de teorias e ideias jurídicas que foram transmitidas e multiplicadas de geração em geração. No presente momento, não possuímos nem dominamos essa questão, mas somos controlados e dominados por ela, queiramos ou não. Essa é a base de todas as queixas do atual estado de nosso direito, que admito ser bem fundada; também é a única causa para a demanda por códigos. Esta questão nos cerca de todos os lados, muitas vezes sem que saibamos disso. O povo pode pensar que a aniquilou ao cortar todas as associações históricas e começar uma vida inteiramente nova. Mas tal empreendimento seria construído sobre uma ilusão. Porque é impossível aniquilar as impressões e o modo de pensar dos juristas que vivem agora – impossível mudar por completo a natureza das relações legais existentes; e sobre essa impossibilidade dupla baseia-se a ligação orgânica indissolúvel de gerações e eras; entre as quais só o desenvolvimento, e não um fim absoluto e um começo absoluto, é concebível. Em particular, a alteração de uma ou múltiplas doutrinas jurídicas não está fazendo absolutamente coisa alguma com relação a esse objetivo; porque, como já foi observado antes, os modos de pensar, com as especulações e questões que podem surgir, ainda serão influenciados pelo sistema preexistente; e a subserviência do passado para com o presente se manifestará até mesmo onde o presente se opõe, de forma deliberada, ao passado. Como consequência, não há qualquer modo de se evitar essa influência dominante da questão existente; ela nos será prejudicial enquanto a ela nos submetermos de maneira ignorante; mas será benéfica se lhe opusermos uma vívida energia criativa – se obtivermos domínio sobre ela por meio de uma completa fundamentação em história e, desse modo, nos apropriarmos de toda a riqueza intelectual das gerações precedentes...

Só quando tivermos aperfeiçoado nosso conhecimento por meio de estudo zeloso e, de forma mais particular, tivermos aguçado nosso senso histórico e político, é que será possível um julgamento sólido sobre a questão que nos foi legada. Até lá, pode ser mais prudente fazer uma pausa antes de considerar a lei existente como prática descuidada, exclusividade impolítica e mera apatia jurídica; mas, de maneira mais especial, hesitar na aplicação do bisturi de dissecação ao nosso presente sistema. Ao aplicá-lo, podemos atingir, de maneira inadvertida, carne saudável e, desse modo, sermos acusados, perante a posteridade, da mais grave de todas as responsabilidades. O espírito histórico também é a única proteção contra uma espécie de autoilusão que revive, de vez em quando, em certos homens, bem como em eras e nações inteiras; a saber, acreditar que aquilo que é peculiar a nós é comum à natureza humana em geral... Encontramos todos os dias pessoas que julgam que suas opiniões e ideias jurídicas são o produto da razão pura, por nenhuma razão material a não ser porque são ignorantes de sua origem. Quando perdemos de vista nossa ligação individual com a grande totalidade do mundo e de sua história, vemos necessariamente nossos pensamentos numa falsa luz de universalidade e originalidade. Há apenas o senso histórico para nos proteger contra isso; dirigi-lo para nós mesmos é, de fato, a mais difícil aplicação.

Pode-se ficar tentado a admitir que essa fundamentação histórica da questão na qual estamos inevitavelmente envolvidos é necessária em nossa presente posição, mas, ao mesmo tempo, considerá-la um mal por causa de suas energias absorventes, que podiam ser direcionadas para fins mais úteis. Esta seria uma visão melancólica, porque a sensação de um mal inevitável seria excitada por ela; mas podemos consolar-nos com a convicção de que é falsa. Pelo contrário, essa necessidade deve ser considerada em si um grande bem. Na história de todas as nações importantes, encontramos uma transição da individualidade circunscrita, porém fresca e vigorosa, para a universalidade indefinida. A lei passa pelo mesmo, e nisso, do mesmo modo, pode-se perder no final a consciência da nacionalidade. Assim, acontece que, quando antigas nações refletem sobre como muitas peculiaridades de sua lei já desapareceram, elas incidem facilmente no erro recém-mencionado, julgando que todo o resíduo de sua lei é um *jus quod naturalis ratio apud omnes homines constituit*. É óbvio que, ao mesmo tempo, está perdida a vantagem peculiar pela qual a antiga lei se caracterizava. Falar de voltar a esse tempo passado seria uma proposta inútil e vã; mas uma questão totalmente diferente é ter em vista, de forma plena, suas excelências características e, desse modo, proteger nossas mentes contra a influência limitante do presente – o que, com certeza, tanto é pratricável como salutar. A história, mesmo na infância de um povo, é sempre uma nobre professora; mas, em tempos como o nosso, ela tem ainda um outro dever mais sagrado a cumprir. Porque só por meio dela se pode manter uma ligação viva com o estado primitivo do povo; e a perda dessa ligação deve tirar de todo povo a melhor parte de sua vida espiritual. Por conseguinte, de acordo com essa teoria, aquilo pelo que o direito comum e as leis provinciais devem tornar-se de fato úteis e irrepreensíveis, é o estreito método histórico da jurisprudência... Seu objeto é traçar todo o sistema estabelecido até sua raiz e, desse modo, descobrir um princípio orgânico pelo qual aquilo que ainda tem vida possa ser separado daquilo que está morto e só pertence à história...

... Não é difícil dizer que os velhos juristas devem ser estudados, embora seja difícil tornar isso óbvio sem um verdadeiro julgamento; eles não devem apenas permanecer como letra morta nas escolas, senão que devem ser regenerados; devemos ler e pensar em seu espírito, como no espírito de quaisquer outros autores por quem tenhamos completo apreço; devemos familiarizar-nos com seus modos de pensar e ficarmos tão completamente imbuídos deles a ponto de redigir em seu estilo e com base em seus princípios, e assim continuarmos, em seu verdadeiro espírito, a obra que foram impedidos de consumar. Uma de minhas mais vivas convicções é que isso é possível. O primeiro requisito é, sem dúvida, um sólido conhecimento de história jurídica e (o que necessariamente resulta disto) o hábito fortalecido de ver toda ideia e toda doutrina em sua luz histórica adequada...

... Uma livre comunicação entre as Faculdades de Direito e os Tribunais de Justiça, que foi proposta há pouco tempo, seria um excelente modo de realizar essa aproximação de Teoria e Prática... Essa ligação da prática com uma vigorosa teoria em constante progresso é o único meio de se obter uma oferta permanente de homens de talento para a Banca. A situação de juiz, é verdade, pode ser honrosa e respeitável sem isto; além disso, ele pode estar sempre se aperfeiçoando por meio de ocupações não relacionadas com sua vocação, tais como aquelas a que a disposição do indivíduo pode inclina-lo; mas será uma questão muito diferente se a própria vocação, a partir de sua ligação com o todo, assumir um caráter científico e se tornar um meio de aperfeiçoamento. Tal estado de coisas, por si só, irá satisfazer todas as demandas. O juiz individual não servirá mais como um mero instrumento, mas será de uma vocação liberal e honrosa, e a administração da justiça estará real e cientificamente completa... Não se pode negar que o estado de coisas mais desfavorável, nesse aspecto, é aquele em que o juiz está restrito à aplicação mecânica de um texto dado, o qual não tem permissão para interpretar; se isso for considerado o ponto extremo num lado, o ponto extremo do outro lado seria aquele em que o juiz teria de encontrar a lei para cada caso; sendo excluído, entretanto, todo discernimento arbitrário pela certeza resultante de um estrito método científico. Mas pelo menos desse segundo ponto não é impossível aproximar-se; e, ao alcançá-lo, a organização judicial mais antiga da Alemanha seria revivida numa forma renovada.

Supus anteriormente que três coisas sejam necessárias: disposições legais, ministério da justiça e formas de procedimento, todas em boas condições. Foi mostrado como as disposições devem ser baseadas numa ciência profunda e abrangente; também como, pelos mesmos meios, o ministério da justiça pode se tornar verdadeiramente apropriado para essa vocação. Mas ambos serão insuficientes se a forma de procedimento for má. Nesse aspecto, muitas regiões da Alemanha necessitam de uma reforma rápida e eficaz...

Por conseguinte, de acordo com essa visão, nenhum código, é verdade, seria formado em regiões onde prevalece o direito comum; mas não se conclui, de maneira alguma, que a legislação civil seria dispensada de todo. Independentemente dos dispositivos legais com fundamentos políticos (que não cabem aqui), ela poderia ser empregada com dois propósitos: a decisão de controvérsias (questões em disputa) e o registro de velhos costumes... Na realidade, essas controvérsias não são muito más. Em primeiro lugar, não devemos considerar como controvérsia todo caso que a ignorância ou a estupidez já investigou. Em segundo lugar, a legislação não necessita incomodar-se com controvérsias como as que de fato existem nos livros, mas que raras vezes aparecem na prática. Deduzam-se essas duas descrições de casos, e muito ainda resta a ser feito... Entretanto, é melhor que essas controvérsias sejam decididas talvez na forma de regulamentos provisórios ou instruções para os tribunais do que por disposições regulares, posto que o anterior seria menos provável de prejudicar a possibilidade de um melhor fundamento na teoria.

O segundo objeto da legislação seria o registro do direito consuetudinário, que poderia, dessa maneira, ser submetido a uma superintendência como a efetuada por meio de um édito em Roma. Não se deve imaginar que o código, que até agora foi objetado, seria afinal de contas permitido dessa maneira, só que com um nome diferente; pelo contrário, a diferença diz respeito à própria essência da coisa. Porque nesse direito consuetudinário só constará aquilo que foi decidido na prática, e isso será abrangido, sem dúvida nenhuma, de forma completa, agora que o legislador tem as decisões à sua frente; o código, pelo contrário, é obrigado a falar de todo tema – mesmo quando não há um motivo imediato para esse fim, e nenhuma observação fornece a condição indispensável – apenas na expectativa de possíveis casos futuros.

... Se a jurisprudência for um dia geralmente difundida entre os juristas à maneira já mencionada, possuiremos de novo, na profissão legal, um tema para o direito consuetudinário vivo – e, como consequência, para um real aperfeiçoamento... A questão histórica do direito que agora nos cerca de todos os lados, será então dominada e constituirá nossa riqueza. Possuiremos então um verdadeiro direito nacional, e não lhe faltará uma poderosa linguagem expressiva. Poderemos então entregar o direito romano à história, e teremos não uma débil imitação do sistema romano, mas um novo sistema verdadeiramente nacional e nosso. Teremos chegado um ponto além do que a uma administração meramente segura e rápida da justiça; esse estado de perceptividade clara que, em geral, é peculiar ao direito das jovens nações, será combinado com o auge do desenvolvimento científico. Então, futuros tempos degenerados também podem ser prevenidos, e aí será o momento de considerar se isso é feito melhor por códigos ou de alguma outra forma...

13
Georg Wilhelm Friedrich Hegel
1770-1831

Muitos dos Hegel eram funcionários públicos subalternos. O pai de Georg era um guarda aduaneiro disciplinado e conservador. A mãe vinha de um degrau mais alto da escada social; era uma mulher instruída e ensinou latim para Georg no começo de sua juventude. Morreu quando o menino estava com treze anos.

Georg foi um aluno consciencioso que ganhou prêmios por excelência acadêmica e bom comportamento em cada série. Mantinha um compêndio de escritos sobre matemática e moral e escrevia um diário em latim – pobre em substância, mas uma boa prática para ele.

Aos dezoito anos, matriculou-se no seminário de teologia de Tübingen. Muitas vezes, leituras e escritos extracurriculares distraíam-no dos assuntos religiosos – ele lia Rousseau e fez duas traduções de *Antígona* (uma em prosa e outra em verso). Colegas de estudos assinalavam sua aparência seca, chamando-o de "Velho". Alguns de seus companheiros gostavam de envolvê-lo em discussões sérias sobre os clássicos gregos e latinos, mas ele e seus amigos encontravam tempo para as farras típicas dos estudantes alemães. Hegel obteve o diploma de doutor no tempo certo e recebeu o certificado em teologia quando estava com vinte e três anos. Constava em seu certificado que ele tinha grande competência, conhecimento médio e era dado ao trabalho, sendo, porém, deficiente em filosofia.

Depois que deixou o seminário, aceitou um emprego como preceptor numa família aristocrática em Berna, Suíça. A vida era solitária em Berna, e Hegel tornou-se silencioso e circunspecto. Seus momentos de lazer eram dedicados à leitura e à produção de ensaios. Estudou política (o sistema fiscal de Berna, Hume, Montesquieu) e religião (os registros originais do cristianismo). Um de seus escritos foi uma *Vida de Jesus* (ignorando a doutrina do parto virginal de Maria), em que abraça a tese de que Jesus revelou o destino do homem em sua unidade com Deus. O interesse de Hegel por política e religião empurrou-o para a filosofia, que se tornou seu interesse central depois que se mudou para um novo emprego como preceptor em Frankfurt, onde renovou a amizade com colegas de faculdade dados a especulações filosóficas. Nesse período, Hegel concluiu que a especialização é inimiga da sabedoria e pôs-se a sintetizar a religião, a moral, o governo, a arte e o comércio. À maneira de Savigny, concedeu a grupos nacionais personalidade e unidade, consciência nacional para a mudança e o desenvolvimento.

Pouco tempo antes de Hegel completar trinta anos, seu pai morreu e deixou-lhe uma pequena herança. Num ato ousado, abandonou o trabalho de preceptor, mudou-se para Jena e começou a se habilitar para lecionar na universidade. Seus fundos duraram até sua tese ser aceita e ele ser registrado como livre-docente, com licença para dar aulas aos estudantes em troca de honorários. Não foi um conferencista popular, e o dinheiro que ganhava apenas dava para viver.

A invasão de Napoleão em Jena em 1806 mergulhou-o em experiências excitantes e desintegradoras. A queda do governo prussiano pouco o aborreceu; Hegel achava-o corrupto e antiquado. Soldados franceses saqueadores, um deles usando a fita da Legião de Honra, invadiram a pensão em que Hegel morava. Hegel lhe disse que um homem de letras simples tinha o direito de esperar um tratamento honroso de alguém que usava aquele distintivo; o apelo, naquele momento, salvou suas escassas posses. Mas, quando o fogo espalhou-se pelas vizinhanças, ele pegou as últimas páginas de seu *Fenomenologia do espírito* e fugiu. Após a batalha de Jena, Hegel viu de relance Napoleão atravessando a cidade montado num cavalo branco. Escreveu a um amigo: "Na verdade, é uma sensação estranha ver à sua frente um indivíduo que aqui, a partir deste único lugar, montado em seu cavalo, está estendendo-se sobre o mundo e remodelando-o." Um de seus pupilos escreveu-lhe em desespero sobre a derrota prussiana. Hegel respondeu:

"Só a ciência... pode impedir-nos de apreender eventos com o assombro estúpido de um animal, ou com inteligência míope, atribuindo-os aos acidentes do momento ou aos talentos de um indivíduo... A nação francesa, com o banho de sua revolução, foi libertada de muitas instituições... que... a oprimiam... como grilhões sem vida. Mais que isso, contudo, os indivíduos dessa nação, no choque da revolução, livraram-se do medo da morte e da vida de costume... É daí, sobretudo, que vem sua preponderância sobre o espírito sombrio e subdesenvolvido dos alemães que, no entanto, se forem forçados um dia a abandonar sua inércia, irão despertar para a ação e, preservando em seu contato com as coisas externas a intensidade de sua vida interior, talvez sobrepujem seus professores."

Mais tarde, sua estimativa sobre o efeito da Revolução Francesa se modificou, quando ele passou a considerar a história como uma manifestação progressiva da razão e concluiu que a verdadeira reforma devia ser o desenvolvimento, em vez da divergência, que o verdadeiro progresso é o espírito dos anos por vir ansiando por mesclar-se com a vida presente.

Em 1807, Hegel, com trinta e sete anos de idade, publicou seu primeiro livro importante, *Fenomenologia do espírito*. Mas a guerra deixara-o carente e sua vida na Jena do pós-guerra foi precária. Seu emprego como editor num jornal de Bamberg durou um ano. O trabalho era insuportável, posto que Napoleão só permitia que os jornais publicassem meros registros de acontecimentos, sem qualquer comentário editorial. Hegel ficou contente em partir para tornar-se reitor de ginásio (diretor de escola secundária) em Nuremberg – cargo que ocupou com graça e distinção durante oito anos. Os estudantes gostavam de Hegel e trabalhavam duro para ele. Em suas classes, Hegel encorajava as perguntas e interrupções e, com frequência, passava todo um período discutindo uma dificuldade levantada por algum estudante. Dirigia uma escola ordeira, mas concedia aos estudantes quase completa liberdade em esportes e clubes. Rejeitou com desprezo a versão pestalozziana da educação progressista (baseada no *Emílio* de Rousseau), que era permissiva e individualizada.

Aos quarenta e um anos, Hegel casou-se com uma moça de dezenove anos, de uma antiga família de Nuremberg. Tiveram dois filhos; um deles (Karl) tornou-se um ilustre historiador. Sobre esse tempo, Hegel escreveu para um amigo: "Quando um homem conseguiu um trabalho que lhe convém e uma esposa a quem ama, pode-se dizer que ajustou suas contas com a vida." Mas Hegel estava longe de descansar sobre suas realizações. Os primeiros dois dos três volumes de sua *Ciência da lógica* foram publicados em 1812 e o terceiro, em 1816. O trabalho administrativo estava tornando-se maçante. Quanto mais velho Hegel ficava, mais imaturos pareciam seus alunos de ginásio. Sua *Lógica* foi tão bem recebida que três universidades lhe enviaram convites.

Ele aceitou o convite para Heidelberg. Em sua conferência de abertura, disse para o público de Heidelberg: "A história nos mostra que em outros países, quando tudo se perdeu da filosofia menos seu nome, ela se manteve como posse peculiar da nação alemã. Recebemos da natureza a elevada vocação para sermos guardiães desse fogo sagrado..." Durante seus dois anos em Heidelberg, Hegel foi retraído e estudioso. Os estudantes rotularam-no de preguiçoso porque Hegel passava muito tempo olhando pela janela de seu gabinete. Parecia distraído; relata-se que, sem perceber, ele teria perdido o pé de um sapato preso na lama e ficara andando só de meia.

Dois anos depois, ele transferiu-se para a Universidade de Berlim, para assumir um cargo de professor. Ali, prosperou como conferencista; às vezes ficava desajeitado no pódio, mas era capaz de grande eloquência e atraía centenas de pessoas para suas aulas. Já não acolhia bem as interrupções e perguntas; os alunos em desacordo com seu sistema achavam-no inflexível. Ele impingia seu sistema aos estudantes de Berlim. Sua fama e influência transcenderam a filosofia técnica. Hegel era consultado com frequência pelo governo sobre política e nomeações acadêmicas. Durante esse período, escreveu sua *Filosofia do direito*, conferências na sala de aula que foram publicadas em 1831; trechos dessa obra seguem-se a este texto. Em 1830 tornou-se reitor da Universidade de Berlim e em 1831 foi condecorado por Frederico Guilherme III.

À medida que Hegel amadurecia, seu amor pela arte aumentava; ele passava o tempo visitando galerias, e suas viagens de férias quase sempre o levavam para ver pinturas e esculturas importantes.

Hegel foi vítima da primeira grande epidemia de cólera. O flagelo atingiu Berlim no verão de 1831. Os Hegel mudaram-se para os subúrbios para fugir da doença. Quando começou o novo ano escolar, Hegel retornou à cidade a fim de retomar suas aulas. Sua primeira aula foi numa quinta-feira; nesse dia e no seguinte, ele lecionou com especial fervor. No sábado estava pela universidade, cuidando de assuntos triviais. No domingo estava gravemente doente e morreu à noite, enquanto dormia.

Morris R. Cohen diz, ao escrever na *Encyclopaedia of Social Sciences*: "Se o governo e a religião não são mais considerados exclusivamente invenções, mas sim desenvolvimentos naturais nos quais a continuidade e a inércia do passado devem ser sempre levadas em consideração, o crédito deve-se em grande parte a Hegel." Também diz: "A filosofia do direito de Hegel é, na essência, do tipo metafísico que se apega a conceitos que estão muito acima da análise dos problemas presentes, mas não a fazem avançar."

FILOSOFIA DO DIREITO[1]

INTRODUÇÃO

1. O objeto da ciência filosófica do direito é a Ideia do direito, isto é, o conceito do direito junto com a realização desse conceito...

2. A ciência do direito é um segmento da filosofia. Como consequência, sua tarefa é desenvolver a Ideia – sendo a Ideia o fator racional em qualquer objeto de estudo – a partir do conceito ou, o que é o mesmo, considerar seu desenvolvimento imanente...

De acordo com o método das ciências, abstrato e não filosófico, a primeira coisa que se busca e requer é uma definição... Mas a dedução da definição é derivada... de modo que se baseia em ideias e sentimentos humanos. A correção da definição, então, consiste em sua correspondência com ideias correntes. Esse método negligencia o que é essencial em tudo para a ciência – isto é, em relação ao conteúdo, a necessidade do objeto (direito, neste caso); e, em relação à forma, a natureza do conceito.

A verdade é que, no conhecimento filosófico, a necessidade de um conceito é o principal; e a prova disso é o processo de sua produção. Então, uma vez que se demonstrou dessa maneira que seu conteúdo é necessário, o segundo passo é procurar o que corresponde a ele em nossas ideias e linguagem. Mas esse conceito tal como é, realmente, em sua verdade, não apenas pode ser diferente de nossa ideia comum dele, mas de fato deve ser diferente dela em sua forma e configuração...

---

1. Traduzido para o inglês por T. M. Knox, publicado por Clarendon Press, Oxford.

Embora o modo de saber abstrato já mencionado, com suas definições formais, silogismos, provas e coisas semelhantes, seja mais ou menos coisa do passado, ainda assim é um pobre substituto o que consiste em apreender Ideias... como "fatos da consciência" imediatos e transformar em origem do direito nossos sentimentos naturais ou elaborados e as inspirações de nossos próprios corações...

3. O direito é positivo em geral (a) quando tem a *forma* de ser válido num Estado particular, e essa autoridade legal serve de princípio para seu estudo, isto é, para a ciência do direito positivo. (b) O direito, nessa forma positiva, adquire um elemento positivo em seu *conteúdo*:

(1) por meio do caráter nacional particular de um povo, de seu estágio de desenvolvimento histórico e de todo o complexo de relações ligadas às necessidades da natureza;
(2) porque um sistema de direito positivo deve necessariamente envolver a aplicação do conceito universal às características particulares, externamente dadas, de objetos e casos...;
(3) por meio de dispositivos enfim detalhados, necessários para de fato se pronunciar um julgamento no tribunal.

... Que a força e a tirania podem ser um elemento na lei é acidental à lei e nada tem a ver com sua natureza...

Direito natural, ou direito do ponto de vista filosófico, é diferente de direito positivo; mas seria um equívoco grosseiro deturpar sua diferença numa oposição e numa contradição...

No tocante ao elemento histórico no direito positivo... Montesquieu proclamou a posição genuinamente filosófica, a saber, que a legislação... deve ser tratada não como algo isolado e abstrato, mas antes como um momento subordinado num todo, interligado com todos os outros atributos que compõem o caráter de uma nação e de uma época... Considerar leis particulares tal como aparecem e se desenvolvem no tempo é uma tarefa puramente histórica... Essa tarefa é apreciada e recompensada em sua própria esfera e não tem qualquer relação, em absoluto, com o estudo filosófico do tema... Mesmo se leis particulares *são* corretas e sensatas, ainda assim uma coisa é *provar* que elas têm esse caráter... e outra coisa bem diferente é descrever seu aparecimento na história ou as circunstâncias, contingências, necessidades e eventos que ocasionaram sua decretação.

... Uma vez que se demonstrou que a criação de uma instituição foi totalmente pertinente e necessária nas circunstâncias da época, as demandas da história foram satisfeitas. Porém, se se supõe que isso passa por uma justificação geral da coisa em si, vem a ser o oposto porque, como essas circunstâncias já não estão mais presentes, a instituição, longe de ser justificada, perdeu, com o desaparecimento delas, seu sentido e seu direito...

4. A base do direito é, em geral, o espírito; seu lugar preciso e ponto de origem é a vontade. A vontade é livre, de modo que a liberdade tanto é a substância do direito como sua meta, enquanto o sistema do direito é o reino da liberdade tornado real, o mundo do espírito gerado a partir de si mesmo como uma segunda natureza...

19. Na busca da *purificação* dos instintos reside a ideia geral de que eles deveriam ser libertados tanto de sua forma, como determinações imediatas e naturais, quanto também da subjetividade e contingência de seu conteúdo, e assim ser reconduzidos à sua essência substancial. A verdade por trás dessa aspiração imprecisa é que os instintos deveriam tornar-se o sistema racional de determinação da vontade...

20. Quando a reflexão é aplicada aos instintos, eles são imaginados, avaliados, comparados uns com os outros, com seus meios de satisfação e suas consequências, etc., e com uma soma de satisfação (isto é, com a felicidade). Desse modo, a reflexão envolve esse material com universalidade abstrata e, dessa maneira, purifica-o de sua crueza e barbárie...

21... É apenas como inteligência pensante que a vontade é genuinamente uma vontade e livre. O escravo não conhece sua essência, sua infinitude, sua liberdade;... e carece desse conhecimento de si mesmo porque não pensa em si mesmo. Essa autoconsciência que apreende a si mesma, através do pensamento, como essencialmente humana e, desse modo, se liberta do contingente e do falso, é o princípio do direito, da moralidade e de toda a vida ética...

29. Um existente de qualquer tipo encarnando o livre-arbítrio, isto é o direito. O direito, por conseguinte, é por definição liberdade como Ideia.

A questão crucial tanto na definição kantiana de direito como na definição geralmente aceita... é a "restrição que torna possível que minha liberdade ou vontade própria coexista com a vontade própria de cada um e de todos, de acordo com uma lei universal". ... Essa definição contém apenas uma categoria negativa, a restrição... A definição do direito que citei implica aquela maneira de olhar para a questão, popular sobretudo desde Rousseau, de acordo com a qual o que é fundamental, substantivo e primário supõe-se que seja a vontade de uma única pessoa como vontade própria privada... Uma vez que esse princípio é adotado, claro que o racional só pode entrar em cena como uma limitação, não como algo imanentemente racional, mas apenas como um universal externo e abstrato. Essa visão é destituída de qualquer pensamento especulativo e é repudiada pelo conceito filosófico...

30. É só porque o direito é a encarnação do conceito absoluto ou da liberdade consciente de si mesma que ele é algo sacrossanto...

31. O método pelo qual, na ciência filosófica, o conceito se desenvolve a partir de si mesmo é exposto na lógica e aqui também é pressuposto. Seu desenvolvimento é um progresso puramente imanente... Seu avanço não é efetuado pela asserção de que várias coisas existem e depois pela aplicação do universal ao material extrínseco...

Chamo de "dialética" o princípio motor do conceito, que da mesma maneira engendra e dissolve as particularizações do universal... Essa dialética não é uma atividade do pensamento subjetivo aplicado a alguma questão externa, mas a própria alma da questão, lançando seus ramos e frutos de maneira orgânica. Esse desenvolvimento da Ideia é a própria atividade de sua racionalidade, e o pensamento, como algo subjetivo, simplesmente a observa, sem agregar-lhe, de sua parte, qualquer ingrediente próprio. Considerar uma coisa de forma racional não significa empregar a razão no objeto a partir de fora e assim interferir nele, mas sim descobrir que o objeto é racional por si mesmo...

Primeira Parte

DIREITO ABSTRATO

34. A vontade absolutamente livre, no estágio em que seu conceito é abstrato, possui o caráter determinado do imediato. Dessa maneira, esse estágio é sua realidade negativa, uma realidade contrastada com o mundo real, apenas uma realidade abstratamente autorrelacionada – a vontade inerentemente única de um sujeito. O elemento de particularidade que há na vontade tem um conteúdo de fins determinados e, como individualidade exclusiva, tem esse conteúdo ao mesmo tempo como um mundo exterior e imediatamente dado.

35... Personalidade implica que como *esta* pessoa: (i) sou completamente determinado em todos os aspectos... e assim finito, no entanto (ii) sou simples e tão-somente autorrelação e, por conseguinte, na finitude me conheço como algo infinito, universal e livre...

36. (1) Personalidade implica, em essência, capacidade para direitos e constitui o conceito e a base (em si abstrata) do sistema de direito abstrato e, portanto, formal. Por isso, o imperativo do direito é: "Seja uma pessoa e respeite os outros como pessoas."

37. (2) A particularidade da vontade é um momento na consciência da vontade como um todo, mas ainda não está contida na personalidade abstrata como tal. Por conseguinte, está presente nesse ponto, porém, como ainda separada da personalidade, ... presente como desejo, necessidade, instinto, capricho casual e assim por diante. No direito formal, portanto, não há questão de interesses particulares, de meu benefício ou meu bem-estar...

38. Em relação à ação no concreto e a vínculos éticos e morais, o direito abstrato é... apenas uma possibilidade; e ter um direito é, por conseguinte, ter apenas uma permissão ou autorização. As ordens incondicionais do direito abstrato, mais uma vez por causa de sua abstração, são restritas ao negativo: "Não infrinja a personalidade e o que a personalidade acarreta necessariamente."...

39. (3) Quanto à individualidade *imediata*, uma pessoa, ao tomar decisões, está relacionada com um mundo de natureza em confronto direto com ela; desse modo, a personalidade da vontade está diante desse mundo como algo subjetivo... Personalidade é aquilo que se esforça para erguer-se acima dessa restrição e para dar-se realidade ou, em outras palavras, para reivindicar esse mundo externo como seu próprio...

SUBSEÇÃO 1

Propriedade

***

42. O que é imediatamente diferente do espírito livre é aquilo que, tanto para o espírito como para si mesmo, é o puro e simples externo, uma coisa...

44. Uma pessoa tem como fim substantivo o direito de pôr sua vontade em toda e qualquer coisa e, por meio disso, torná-la sua, porque a coisa não possui tal fim em si e deriva seu destino e sua alma da vontade da pessoa...

45. Ter poder sobre uma coisa *ab extra* constitui posse. O aspecto particular da questão, o fato de que eu torno alguma coisa minha como resultado de minha necessidade natural, de meu impulso e capricho, é o interesse particular satisfeito pela posse. Mas eu, enquanto livre-arbítrio, sou um objeto para mim mesmo naquilo que possuo e, desse modo, também pela primeira vez sou uma verdadeira vontade, e esse é o aspecto que constitui a categoria de *propriedade*, o verdadeiro e certo fator na posse.

Se for colocada ênfase em minhas necessidades, então a propriedade aparece como um meio para a satisfação delas, mas a verdadeira posição é que, do ponto de vista da liberdade, a propriedade é a primeira encarnação da liberdade e, desse modo, é em si um fim substantivo.

46... Nas leis agrárias romanas havia um conflito entre propriedade pública e privada da terra. A última é a mais racional e, por conseguinte, tinha de receber preferência até mesmo à custa de outros direitos.

... As características específicas pertinentes à propriedade privada podem ter de ser subordinadas a uma esfera mais elevada do direito (por exemplo, a uma sociedade ou ao estado)...

O princípio geral que fundamenta o estado ideal de Platão transgride o direito da personalidade ao proibir a propriedade privada. A ideia de uma fraternidade piedosa ou amigável, até mesmo compulsória, de homens que possuem seus bens em comum e rejeitam o princípio da propriedade privada, pode apresentar-se prontamente à índole que confunde a verdadeira natureza da liberdade de espírito e do direito...

49... A demanda feita às vezes por uma divisão igual de terra e de outros recursos disponíveis é um intelectualismo ainda mais sem sentido... visto que no centro das diferenças particulares reside não apenas a contingência externa da natureza, mas também todo o âmbito do espírito, infinitamente particularizado e diferenciado, e a racionalidade do espírito desenvolvido num organismo.

Não podemos falar da injustiça da natureza na distribuição desigual de posses e recursos, posto que a natureza não é livre e, por conseguinte, não é justa nem injusta. O fato de que todo mundo deveria ter subsistência suficiente para suas necessidades é um desejo moral e, assim, expresso de forma vaga é bastante bem-intencionado, mas, como qualquer coisa que é apenas bem-intencionada, carece de objetividade. Por outro lado, a subsistência não é o mesmo que posse e pertence a uma outra esfera, isto é, à sociedade civil.

50. O princípio de que uma coisa pertence à pessoa que, por acaso, foi a primeira no tempo a tomá-la, de imediato, um princípio que

dispensa explicação e supérfluo, porque uma segunda pessoa não pode tomar aquilo que já é propriedade de outra.

51. Como a propriedade é a *encarnação* da personalidade, minha vontade e ideia interior de que alguma coisa deve ser minha não basta para torná-la minha propriedade; para assegurar esse fim, a ocupação é condição indispensável...

62... Há mais ou menos um milênio e meio que a liberdade de personalidade, por meio da difusão do cristianismo, começou a florescer e ganhar reconhecimento como um princípio universal de uma parte da raça humana, embora ainda uma pequena parte. Mas foi apenas ontem, podemos dizer, que o princípio da liberdade de propriedade tornou-se reconhecido em alguns lugares. Esse exemplo da história pode servir para repreender a impaciência de opinião e para mostrar a duração de tempo que a mente requer para o progresso em sua autoconsciência...

63. Uma coisa em uso é uma coisa única... Mas sua utilidade específica... é... comparável com... outras coisas de utilidade semelhante. Da mesma maneira, a necessidade específica que ela satisfaz é... necessidade em geral e, desse modo, é comparável... com outras necessidades... Isso, a universalidade da coisa..., é o *valor* da coisa, no qual sua substancialidade genuína se torna determinada e um objeto da consciência...

64... O uso, a utilização, ou algum outro modo em que a vontade se expressa, é um evento no tempo, e o que é objetivo no tempo é a continuação dessa expressão da vontade. Sem isso, a coisa se torna *res nullius*, porque foi despojada da realidade da vontade e da posse. Por conseguinte, ganho ou perco a propriedade por meio de usucapião.

O usucapião, portanto, não foi introduzido na lei apenas... com a intenção de truncar as disputas e confusões que antigas reivindicações introduziriam na segurança da propriedade. Pelo contrário, o usucapião baseia-se, no fundo, no caráter específico da propriedade enquanto "real", no fato de que a vontade de possuir alguma coisa precisa expressar-se.

65. A razão pela qual posso alienar minha propriedade é que ela só é minha na medida em que ponho minha vontade nela. Por isso posso abandonar... qualquer coisa que tenho ou entregá-la à vontade de um outro...

66. Por conseguinte, aqueles bens... que constituem minha própria personalidade privada e a essência universal de minha autoconsciência são inalienáveis, e meu direito a eles é imprescritível. Tais características são minha personalidade como tal, minha liberdade universal de vontade, minha vida ética, minha religião...

71... A esfera do contrato é composta da... mediação pela qual possuo propriedade não apenas por meio de uma coisa e de minha vontade subjetiva, mas também por meio da vontade de outra pessoa e, desse modo, eu a possuo em virtude de minha participação numa vontade comum.

A razão torna tão necessário que os homens entrem em relacionamentos contratuais – doação, troca, comércio, etc. – como possuam propriedade... Embora tudo de que são conscientes é de que são levados a fazer contratos por necessidade em geral, por benevolência, vantagem, etc., permanece o fato de que são levados a fazer isso pela razão implícita dentro deles, isto é, pela Ideia da existência real da livre personalidade, sendo que "real" significa aqui "presente apenas na vontade".

SUBSEÇÃO 2

Contrato

***

75... O objeto sobre o qual um contrato é feito é uma única coisa externa, visto que são apenas coisas desse tipo que a vontade puramente arbitrária das partes tem em seu poder para alienar...

Desse modo, incluir o casamento sob o conceito de contrato é totalmente impossível; essa subsunção – embora vergonhosa seja a única palavra para isso – é proposta na *Filosofia do direito* de Kant. Também está longe da verdade fundamentar a natureza do Estado na relação contratual, quer se suponha que o Estado é um contrato de todos com todos, ou de todos com o monarca e o governo.

... Por mais diferentes que possam ser esses dois pontos de vista, têm em comum o fato de que transferiram as características da propriedade privada para uma esfera de natureza muito diferente e mais elevada...

79. No contrato é a vontade, e, por conseguinte, a substância do que é direito no contrato, que a estipulação venera... Então, se concordo com os termos estipulados, estou juridicamente obrigado, de imediato, de direito, a cumpri-los...

Fichte sustentou outrora que minha obrigação de cumprir um contrato só começa quando a outra parte começa a cumprir sua parte desse contrato; sua alegação era que até esse momento não tenho certeza se a declaração da outra parte foi proferida a sério... Mas a expressão da estipulação... encarna uma vontade comum que foi trazida à vida e que suplantou as disposições arbitrárias e alteráveis das partes. A questão, portanto, não é se a outra parte *poderia* ter tido intenções privadas diferentes quando o contrato foi feito ou depois disso, mas se essa outra parte tinha algum *direito* de tê-las...

81... Se a vontade particular está em explícita discordância com a universal, ela assume um modo de olhar para as coisas e uma volição que são caprichosos e fortuitos, e entra em cena em oposição ao princípio da correção. Isso é *errado*...

SUBSEÇÃO 3

Ilícito

***

C. Coerção e crime

90. Como proprietário, coloco minha vontade numa coisa externa, e isso implica que minha vontade... pode ser apreendida nela e posta sob coação...

91... O livre-arbítrio não pode ser coagido de maneira alguma... Só a vontade que se permite ser coagida é que pode, de alguma maneira, ser coagida.

92. Como é só na medida em que a vontade tem existência em alguma coisa determinada que ela é Ideia ou, de fato, livre, e como o existente em que ela se pôs é liberdade de ser, conclui-se que força ou coerção é, em sua própria concepção, diretamente autodestrutiva, pois é expressão de uma vontade que anula a expressão ou existência determinada de uma vontade. Por isso, a força ou coerção, considerada em abstrato, é ilícita.

93. Que a coerção é, em sua concepção, autodestrutiva é mostrado no mundo da realidade pelo fato de que a coerção é anulada pela coerção; mostra-se, assim, que a coerção não apenas é certa sob determinadas condições, mas também necessária, isto é, como um segundo ato de coerção, que é a anulação de um outro que o precedeu.

Romper um contrato por deixar de cumprir os termos nele estipulados, ou negligenciar uma obrigação justamente devida à família ou ao Estado, ou agir em desafio a essa obrigação, é o primeiro ato de coerção ou pelo menos de força, visto que implica privar um outro de sua propriedade ou esquivar-se de um serviço devido a ele.

A coerção por um mestre-escola, ou coerção de selvagens e feras, parece à primeira vista ser um ato inicial de coerção, não um segundo ato seguindo um outro que o precedeu. Mas a mera vontade natural é implicitamente uma força contra a Ideia implícita de liberdade que precisa ser protegida contra tal vontade incivilizada e levada a prevalecer sobre ela. Ou uma instituição ética já foi estabelecida na família ou no governo, e a vontade natural é uma mera demonstração de força contra ela; ou então existe apenas um estado de natureza, um estado de coisas em que a mera força prevalece e contra o qual a Ideia estabelece um direito de heróis.

94. Direito abstrato é um direito de coagir, porque a injustiça que o transgride é um exer-

cício de força contra a existência de minha liberdade numa coisa externa...

95. O ato inicial de coerção enquanto exercício de força pelo agente livre, um exercício de força que infringe a existência de liberdade em seu sentido concreto, infringe o direito enquanto direito, é crime – um julgamento negativamente infinito em seu pleno sentido, pelo qual não apenas o particular... é negado, mas também a universalidade e infinidade no predicado "meu"...

98. Na medida em que a violação do direito é apenas uma injúria a uma posse ou a algo que existe externamente, ela é um *malum* ou dano a algum tipo de propriedade ou bem. A anulação da transgressão, na medida em que a transgressão produz dano, é a satisfação dada numa ação cível, isto é, a compensação pelo mal feito, na medida em que se possa encontrar tal compensação...

99. Mas a injúria que aconteceu à vontade *implícita* (e isso significa a vontade implícita da parte *injuriante*, bem como a da parte prejudicada e de qualquer outra pessoa) tem tão pouca existência positiva nessa vontade implícita como tal quanto tem no mero estado de coisas que produz. Essa vontade implícita em si (isto é, o direito ou lei implícita) é antes aquela que não tem qualquer existência externa e que por essa razão não pode ser prejudicada. Como consequência, a injúria do ponto de vista da vontade particular da parte prejudicada e dos espectadores é apenas algo negativo. A única existência positiva que a injúria possui é o fato de que é a vontade particular do criminoso. Por isso, injuriar [ou penalizar] essa vontade particular como uma vontade determinadamente existente é anular o crime que, de outro modo, teria sido considerado válido, e restaurar a justiça.

A teoria da pena é um dos tópicos que se saíram pior no recente estudo da ciência positiva do direito, porque nessa teoria o etendimento é insuficiente; a essência da questão depende do conceito.

Se o crime e sua supressão... são tratados como se fossem males não qualificados, deve, é claro, parecer bastante irracional desejar um mal apenas porque "um outro mal já existe". Dar à pena esse caráter superficial de um mal é... a pressuposição fundamental daqueles que a consideram um preventivo, um meio de intimidação, uma ameaça, um corretivo, etc., e aquilo que nessas teorias se supõe que resulte da pena é caracterizado, de forma também superficial, como um bem... O preciso ponto em questão é a injustiça e sua correção. Se se adota essa atitude superficial para com a pena, põe-se de lado o tratamento objetivo da correção da injustiça... e a consequência natural é que se considera essencial a atitude moral, isto é, o aspecto subjetivo do crime, entremesclado com ideias psicológicas triviais de estímulos, impulsos fortes demais para a razão, e fatores psicológicos coagindo e operando em nossas ideias (como se a liberdade também não fosse capaz de repelir uma ideia e reduzi-la a algo fortuito!)... As únicas coisas importantes são, primeiro, que o crime deve ser sancionado, não porque produz um mal, mas sim porque é uma transgressão do direito enquanto direito, e, em segundo lugar, a questão do que é essa existência positiva que o crime possui e que precisa ser suprimida...

100. A injúria [a penalidade] que recai sobre o criminoso não é apenas *implicitamente* justa...

Como é bem conhecido, Beccaria negava ao Estado o direito de aplicar punição capital. Sua razão era que não se poderia presumir que estivesse incluída no contrato social a disposição dos indivíduos para permitir que fossem executados... Pelo contrário, é essa entidade mais elevada que reivindica essa própria vida e propriedade e exige seu sacrifício. Além disso, o que está envolvido na ação do criminoso não é apenas o conceito de crime... mas também a racionalidade abstrata da *volição* do indivíduo. Visto que é assim, a pena é considerada como contendo o direito do criminoso e, por isso, ao ser punido, ele é reverenciado como um ser racional. Ele não recebe essa dívida de honra, a menos que o conceito e a medida de sua punição derivem de seu próprio ato. Ele a recebe menos ainda se é tratado ou como um animal nocivo que deve ser tornado inofensivo, ou com a intenção de ser intimidado e reformado...

101... A ciência empírica exige que a definição de um conceito de classe (a pena neste caso) seja tirada de ideias universalmente presentes na experiência psicológica consciente. Esse método provaria que o sentimento universal das nações e indivíduos em relação ao crime é e foi o de que ele merece pena, de que assim como o criminoso fez, deve ser feito com ele...

Mas uma questão de grande dificuldade foi introduzida na ideia de retribuição pela categoria de igualdade, embora ainda seja verdade que a justiça de tipos específicos ou montantes de pena é uma questão adicional, subsequente à substância da coisa em si... O crime, como a vontade que é implicitamente nula, *eo ipso* contém sua negação em si, e essa negação é manifestada como pena. É essa identidade interna cujo reflexo no mundo externo se apresenta ao Entendimento como "igualdade"... Nenhuma determinação absoluta é possível nessa esfera; ... no campo do finito, a determinação absoluta permanece apenas como uma demanda, uma demanda que o Entendimento tem de satisfazer por meio de delimitação continuamente crescente..., o que permite apenas uma satisfação perenemente aproximada.

... É muito fácil... apresentar o caráter retributivo da pena como um absurdo (furto por furto, roubo por roubo, olho por olho, dente por dente – e então se pode prosseguir e supor que o criminoso tem apenas um olho ou nenhum dente). Mas o conceito nada tem a ver com este absurdo, pelo qual só deve ser responsabilizada, de fato, a introdução desta igualdade específica. O valor, como a igualdade interna de coisas que em sua existência exterior são especificamente diferentes uma da outra em cada aspecto, é uma categoria que já apareceu... e, por meio dele, nossa ideia de uma coisa é elevada acima de seu caráter imediato para sua universalidade. No crime... o caráter específico puramente externo desaparece de maneira ainda mais óbvia, e a igualdade permanece como regulador fundamental da coisa essencial, a saber, o que o criminoso merece...

102... A vingança, como é uma ação positiva de uma vontade particular, torna-se uma nova transgressão...

103. A exigência de que essa contradição — que está presente aqui na maneira como o ilícito é sancionado — seja resolvida como as contradições no caso de outros tipos de ilícito... é a procura por uma justiça livre de interesse subjetivo e uma forma subjetiva e não mais dependente do poder, isto é, a procura por justiça não como vingança, mas como pena. No fundamental, isso implica a procura por uma vontade que, embora particular e subjetiva, ainda deseja o universal como tal...

Segunda Parte

MORALIDADE

SUBSEÇÃO 2

Intenção e bem-estar

* * *

120. O direito de intenção é que a qualidade universal da ação não apenas seja implícita, mas conhecida pelo agente e assim tenha estado em sua vontade subjetiva desde o começo. Vice-versa, o que pode ser chamado de direito de objetividade de ação é o direito da ação de se evidenciar como conhecida e desejada pelo sujeito na condição de *ser pensante*.

Esse direito a tal tipo de discernimento impõe a completa, ou quase completa, irresponsabilidade de crianças, imbecis, lunáticos, etc., por suas ações. – Mas assim como as ações em seu lado externo como eventos incluem consequências acidentais, também está envolvida no agente subjetivo uma indeterminação cujo grau depende da intensidade e da força de sua autoconsciência e circunspeção. Essa indeterminação, entretanto, pode não ser levada em conta, exceto com relação à infância, à imbecilidade, à loucura, etc., posto que somente tais estados de espírito bem definidos anulam a característica de pensamento e a liberdade da vontade, e nos permitem tratar o agente como destituído da dignidade de ser um pensante e dono de uma vontade...

124. Como a satisfação subjetiva do próprio indivíduo (incluindo o reconhecimento que ele recebe por meio de honra e fama) também é parte integrante da realização de fins de

valor absoluto, conclui-se que a demanda de que só esse fim figure como desejado e atingido... é um dogmatismo sem sentido...

O direito da particularidade do sujeito, seu direito a ser satisfeito,... é o ponto central da diferença entre a Antiguidade e os tempos modernos... Entre as formas primárias que esse direito assume estão o amor, o romantismo, a busca da salvação eterna do indivíduo, etc.; em seguida vêm as convicções morais e a consciência; e, por fim, as outras formas, algumas das quais obtêm proeminência no que se segue como o princípio da sociedade civil e como momentos na constituição do Estado, ao passo que outras aparecem no curso da história, em particular na história da arte, da ciência e da filosofia.

Ora, esse princípio da particularidade é, com certeza, um momento da antítese e, em primeiro lugar pelo menos, é tão idêntico ao universal como é distinto dele. A reflexão abstrata, entretanto, fixa esse momento em sua distinção e oposição ao universal e assim produz uma visão da moralidade como nada mais que uma luta implacável e interminável contra a autossatisfação, como a ordem: "Faça com aversão aquilo que o dever determina."

É esse tipo de raciocínio que aduz aquela conhecida visão psicológica da história, que sabe como depreciar e desacreditar todos os grandes feitos e grandes homens, transformando na intenção principal e motivo operativo das ações as inclinações e paixões que, do mesmo modo, encontraram sua satisfação na realização de algo substantivo, na fama e na honra, etc., resultantes de tais ações; resumindo, seu aspecto particular, o aspecto que determinou de antemão ser em si algo pernicioso... Essa é a opinião daqueles psicólogos criados de quarto "para quem não existem heróis, não porque não existam heróis, mas sim porque esses psicólogos são apenas criados de quarto".

125. O elemento subjetivo da vontade, com seu conteúdo particular de bem-estar, é refletido em si mesmo e infinito e assim está relacionado com o elemento universal, com o princípio da vontade. Esse momento de universalidade, postulado antes de tudo dentro desse próprio conteúdo particular, é o bem-estar dos outros também ou, especificado por completo, embora de maneira bastante vazia, o bem-estar de todos. Desse modo, o bem-estar de muitos outros indivíduos não especificados é também um fim essencial e um direito de subjetividade...

126... Uma intenção de assegurar meu bem-estar ou o bem-estar de outros... não pode justificar um ilícito.

Uma das mais proeminentes máximas corruptas de nosso tempo é fazer a defesa da chamada intenção "moral" por trás de ações injustas, e imaginar homens maus com corações bem-intencionados, isto é, corações que desejam seu próprio bem-estar e, talvez, também o bem-estar de outros...

A propósito, deve-se prestar atenção, entretanto, ao ponto de vista a partir do qual direito e bem-estar estão sendo tratados aqui. Estamos considerando o direito como direito abstrato e o bem-estar como o bem-estar particular do indivíduo. O chamado "bem moral", o bem-estar do estado... é uma esfera muito diferente, uma esfera na qual o direito abstrato é um momento subordinado tal como o bem-estar particular e a felicidade do indivíduo... Um dos erros crassos mais comuns do pensamento abstrato é considerar os direitos privados e o bem-estar privado incluídos como *absolutos* em oposição à universalidade do Estado.

127. A particularidade dos interesses da vontade natural, considerados em sua totalidade como um todo único, é a existência pessoal ou vida. Em extremo perigo e em conflito com a legítima propriedade de uma outra pessoa, essa vida pode reivindicar (como um direito, não como uma misericórdia) um direito de necessidade, porque numa situação assim existe, por um lado, uma injúria infinita para a existência de um homem e a consequente perda de todos os direitos, e, por outro lado, apenas injúria a uma única encarnação restrita da liberdade, e isso implica um reconhecimento tanto do direito como tal quanto da aptidão do ho-

mem injuriado para os direitos, porque a injúria só afeta *essa* sua propriedade...

SUBSEÇÃO 3

Bem e consciência

129. O bem é a Ideia enquanto unidade do conceito da vontade com a vontade particular. Nessa unidade, o direito abstrato, o bem-estar, a subjetividade do saber e a contingência do fato externo suplantaram sua autossubsistência independente, embora ao mesmo tempo ainda estejam contidos e retidos dentro de sua essência. O bem é assim liberdade realizada, o fim absoluto e a meta do mundo.

130... Bem-estar sem direito não é um bem. Da mesma maneira, o direito sem bem-estar não é um bem... Por isso, como bem precisa necessariamente ser realizado por meio da vontade particular e é, ao mesmo tempo, sua substância, tem direito absoluto em contraste com o direito abstrato de propriedade e as metas particulares de bem-estar. Se algum desses momentos se torna distinto do bem, só tem validade na medida em que está de acordo com o bem e é subordinado a ele.

131. Para a vontade subjetiva, o bem e só o bem é essencial, e a vontade subjetiva só tem valor e dignidade na medida em que seu discernimento e intenção estejam de acordo com o bem...

132. O direito da vontade subjetiva é que tudo que tiver de reconhecer como válido seja visto por ela como um bem, e que uma ação, como sua meta entrando na objetividade externa, seja imputada a ela como certa ou errada, boa ou má, legal ou ilegal, de acordo com seu *conhecimento* do valor que a ação tem nessa objetividade.

O bem é, em princípio, a essência da vontade em sua substancialidade e universalidade, isto é, da vontade em sua verdade, e, por conseguinte, existe única e exclusivamente no pensamento e por meio do pensamento. Por isso, asseverações como "o homem não pode conhecer a verdade, mas tem de contentar-se apenas com os fenômenos" ou "o pensamento prejudica a boa vontade" são dogmas que destituem o espírito não apenas de valor intelectual, mas também de todo valor ético e de dignidade...

... Posso exigir de mim mesmo, e considerar isso como um de meus direitos subjetivos, que meu discernimento de uma obrigação seja baseado em boas razões... Isso, de maneira nenhuma, prejudica o direito de objetividade.

Esse direito de discernimento do bem é diferente do direito de discernimento em relação a uma ação como tal...; a forma do direito de objetividade que corresponde ao último é que, como a ação é uma alteração que deve ocorrer num mundo real e assim terá reconhecimento nele, deve, em geral, estar de acordo com aquilo que tem validade ali. Quem quer que queira agir neste mundo de realidade, submeteu-se *eo ipso* às suas leis e reconheceu o direito de objetividade.

Da mesma maneira, no Estado enquanto objetividade do conceito de razão, a responsabilidade legal não pode ser submetida ao que um indivíduo possa considerar de acordo com sua razão... Por meio da publicidade das leis e da universalidade dos costumes, o Estado retira do direito de discernimento seu aspecto formal e a contingência que ele ainda conserva para o sujeito ao nível da moralidade... Transformar a cegueira momentânea, o tormento da paixão, a intoxicação ou, resumindo, o que é chamado de força do impulso sensual... em *razões* quando estão em questão a imputação, o caráter específico e a culpabilidade de um crime, e considerar essas circunstâncias como se elas eliminassem a culpa do criminoso significa de novo... deixar de tratar o criminoso de acordo com o direito e a honra a ele devidos na condição de homem...

Alega-se que o criminoso, no momento de sua ação, precisa ter tido uma "ideia clara" do erro e de sua culpabilidade, antes que se lhe possa imputar um crime. À primeira vista, essa alegação parece preservar o direito de sua subjetividade, mas a verdade é que o priva da natureza que o habita enquanto inteligente...

A esfera em que essas circunstâncias atenuantes entram em consideração como motivos para mitigar a punição, é uma esfera diferente da dos direitos, a esfera do perdão...

134. Como toda ação pede, de maneira explícita, um conteúdo particular e um fim específico, enquanto o dever como uma abstração não impõe coisa alguma desse tipo, surge a questão: o que é meu dever? Como resposta, nada está disponível até aqui, exceto: (a) fazer o certo, (b) esforçar-se para obter o bem-estar, o bem-estar da própria pessoa e o bem-estar em termos universais, o bem-estar de outros...

135... Deveres específicos, entretanto, não estão contidos na definição do dever em si...

A formulação adicional de Kant, a possibilidade de visualizar uma ação como uma máxima *universal*, leva à visualização mais concreta de uma situação, mas não contém em si nenhum princípio além da identidade abstrata e da "ausência de contradição" já mencionada.

A ausência de propriedade contém em si tão pouca contradição quanto a inexistência dessa ou daquela nação, família, etc., ou a morte de toda a raça humana. Mas, se já está estabelecido, com base em outros motivos, e pressuposto que a propriedade e a vida humana devem existir e ser respeitadas, então é de fato uma contradição cometer furto ou assassinato; uma contradição precisa ser uma contradição com alguma coisa, isto é, com algum conteúdo pressuposto desde o começo como um princípio e fixado...

138... Como um dos traços mais comuns da história (por exemplo, em Sócrates, nos estóicos e em outros), a tendência a olhar mais fundo dentro de si mesmo e saber e determinar a partir de si mesmo o que é certo e bom aparece em eras em que o que é reconhecido como certo e bom nos costumes contemporâneos não pode satisfazer a vontade dos melhores homens. Quando o mundo de liberdade existente se tornou infiel à vontade dos melhores homens, essa vontade deixa de se encontrar nos deveres ali reconhecidos e precisa tentar encontrar no mundo ideal da vida interior a harmonia que a realidade perdeu...

140... O roubo, a covardia, o assassinato, e assim por diante, enquanto ações, isto é, enquanto realizações de uma vontade subjetiva, possuem o caráter imediato de ser satisfações de tal vontade e, por conseguinte, de ser algo positivo. Para tornar a ação uma boa ação, é só uma questão de reconhecer esse aspecto positivo da ação como minha intenção, e isso então se torna o aspecto essencial em virtude do qual a ação é tornada boa, simplesmente porque eu a reconheço como o bem em minha intenção. O roubo a fim de fazer bem ao pobre, o roubo ou a fuga da batalha no interesse de cumprir o dever pessoal de cuidar da própria vida ou de sua família (uma família pobre, talvez, ainda por cima), o assassinato por ódio ou vingança (isto é, a fim de satisfazer o sentido dos próprios direitos da pessoa... ao eliminar a pessoa má... e, por meio disso, contribuindo pelo menos com a própria parte no projeto de erradicar o mal) – todas essas ações são tornadas bem-intencionadas e, portanto, boas por esse método de levar em conta o aspecto positivo de seu conteúdo... Todos sempre desejam algo positivo e, por conseguinte, na visão que estamos considerando, algo bom. Nesse bem abstrato, a distinção entre bem e mal desapareceu junto com todos os deveres concretos; por essa razão, simplesmente desejar o bem e ter uma boa intenção ao agir mais se parece com o mal do que com o bem, porque o bem desejado é apenas essa forma abstrata de bem e, portanto, torná-lo concreto recai sobre a vontade arbitrária do sujeito.

Também pertence a esse contexto a notória máxima: "Os fins justificam os meios"...

Mas, quando alguém diz que o fim justifica os meios,... ele compreende com essas palavras.. que usar como meio para um bom fim alguma coisa que em si simplesmente não é um meio, em absoluto,... cometer um crime como um meio para um bom fim é permissível e até mesmo dever sagrado da pessoa... Ora, o que se levanta contra esse determinado crime... é o fim que o justifica, e isso é simplesmente opinião subjetiva sobre o que é bom e melhor. O que acontece aqui é... o caráter determinado, absoluto e válido, atribuído ao bem e ao mal, ao certo e errado, é removido por completo, e a determinação deles passa a ser atribuída em vez disso aos sentimentos, à imaginação e ao capricho do indivíduo...

... A lei não é um agente; só o ser humano é que age... A única questão ao se estimar o valor das ações humanas é até que ponto ele absorveu a lei em sua convicção. Mas, se... não são as ações que devem ser julgadas, isto é, medidas em geral, pela lei, é impossível saber para que serve a lei e a que fim deve servir. Tal lei é degradada a uma mera letra externa, na verdade a uma palavra vazia, se for apenas minha convicção que a torna lei e a investe de força obrigatória.

Tal lei pode reivindicar sua autoridade de Deus ou do Estado. Pode até apoiar-se na autoridade de dezenas de séculos durante os quais foi o vínculo que deu aos homens, com todos os seus feitos e destino, coerência e subsistência. Todas essas são autoridades que mantêm sagradas as convicções de inúmeros indivíduos. Ora, se comparo com elas a autoridade de minha convicção única... aquilo que a princípio parece ser uma monstruosa presunção, mas que em virtude do princípio de que a convicção subjetiva deve ser a vara de medir, se pronuncia como não sendo, em absoluto, uma presunção.

Mesmo que a razão e a consciência – o que a ciência superficial e o mau sofisma jamais podem banir por completo – admitam, com uma nobre ilogicidade, que o erro é possível, ainda assim, ao descrever o crime e o mal em geral como sendo apenas um erro, minimizamos a falta... A diferença entre importância e trivialidade desaparece se tudo depende da subjetividade da convicção e da persistência nisso...

... Conclui-se, além disso, com base nesse princípio da justificação por convicção, que a lógica me exige, ao lidar com a maneira como outros agem contra minha ação, admitir que eles estão completamente no direito – na medida em que eles sustentam com fé e convicção que minha ação é criminosa...

Terceira Parte

VIDA ÉTICA

142... Vida ética é o conceito de liberdade desenvolvido no mundo existente e na natureza da autoconsciência...

146... O sol, a lua, as montanhas, os rios e os objetos naturais de todos os tipos que nos rodeiam, *são*. Para a consciência, eles têm a autoridade não apenas de meros seres, mas também de possuir uma natureza particular que ela aceita e a qual se ajusta ao lidar com eles, ao usá-los, ou ao se ocupar deles de outra maneira. A autoridade das leis éticas é infinitamente mais elevada, porque os objetos naturais ocultam a racionalidade sob o manto da contingência e a expõem apenas em seu modo totalmente externo e incoerente.

147. Por outro lado, eles não são algo alheio ao sujeito. Pelo contrário, o espírito do sujeito dá testemunho deles quanto à sua própria essência, a essência na qual ele tem uma percepção de sua individualidade, e na qual vive como em seu próprio elemento que não é distinto dele mesmo...

148. Sendo de caráter substantivo, essas leis e instituições são deveres que restringem a vontade do indivíduo, porque, sendo subjetivo, inerentemente indeterminado, ou determinado como particular, ele se distingue delas e por isso está relacionado com elas como está com a substância de seu próprio ser...

Uma "doutrina de deveres" que é diferente de uma ciência filosófica extrai seu material das relações existentes e mostra sua ligação com as noções pessoais do moralista ou com princípios e pensamentos, propósitos, impulsos, sentimentos, etc., que estão disponíveis em toda parte; e, enquanto para aceitar cada dever sucessivamente, pode atrelar suas consequências adicionais à ligação que eles têm com outras relações éticas ou com o bem-estar e a opinião. Mas uma "doutrina de deveres" imanente e lógica nada pode ser exceto a exposição em série das relações que são requeridas pela Ideia de liberdade e que, por conseguinte, são efetivas em sua totalidade, a saber, no Estado.

149... No dever, o indivíduo encontra sua libertação; primeiro, libertação da dependência ao mero impulso natural e da depressão de que, como sujeito particular, ele não pode escapar em suas reflexões morais sobre o que devia ser e o que podia ser; em segundo lugar, libertação da subjetividade indeterminada que, sem jamais atingir a realidade ou a determinação objetiva da ação, permanece encerrada em si mesma e desprovida de realidade. No dever, o indivíduo adquire sua liberdade substantiva.

150. Virtude é a ordem ética refletida no caráter do indivíduo na medida em que este caráter é determinado por seu dom natural. Quando a virtude se mostra unicamente como a simples conformidade do indivíduo com os deveres da posição à qual ele pertence, ela é retidão.

Numa comunidade *ética*, é fácil dizer o que o homem deve fazer, quais são os deveres que ele deve cumprir a fim de ser virtuoso; ele tem apenas de seguir as regras bem conhecidas e explícitas de sua própria situação. Retidão é o caráter geral que se pode exigir dele pela lei ou pelo costume. Mas, do ponto de vista da *moralidade*, muitas vezes a retidão parece ser algo comparativamente inferior, algo além do qual demandas ainda mais elevadas devem ser feitas à própria pessoa e a outros, porque o anseio de ser algo especial não é satisfeito com o que é absoluto e universal; ele só encontra consciência de peculiaridade no que é excepcional...

Numa ordem ética existente em que um sistema completo de relações éticas foi desenvolvido e posto em prática, a virtude, no sentido estrito da palavra, ocupa o seu lugar e, de fato, só aparece em circunstâncias excepcionais, ou quando uma obrigação entra em conflito com outra. O conflito, entretanto, deve ser genuíno, porque a reflexão moral pode produzir conflitos de todas as espécies para adequar-se a seu propósito e dar-se uma consciência de ser algo especial e de ter feito sacrifícios. É por essa razão que o fenômeno da virtude propriamente dita é mais comum quando as sociedades e comunidades são incivilizadas, posto que nessas circunstâncias as condições éticas e sua realização são mais uma questão de escolha privada ou de gênio natural de um indivíduo excepcional... Nos Estados da Antiguidade, a vida ética não se transformou nesse sistema livre de uma ordem objetiva desenvolvida de forma autosubsistente e, como consequência, era pelo gênio pessoal dos indivíduos que essa imperfeição tinha de ser compensada...

151. Mas, quando os indivíduos são simplesmente identificados com a verdadeira ordem, a vida ética... aparece como seu modo geral de conduta, isto é, como costume..., enquanto a prática habitual do viver ético aparece como uma segunda natureza que, posta no lugar da vontade inicial, puramente natural, é a alma do costume que o permeia por completo, o significado e a realidade de sua existência...

153. O direito dos indivíduos de serem subjetivamente destinados à liberdade é satisfeito quando eles pertencem a uma verdadeira ordem ética...

Quando um pai indagou sobre o melhor método para educar seu filho na conduta ética, um pitagórico respondeu: "Faça dele um cidadão de um Estado com boas leis."...

156. A substância ética, contendo autoconsciência independente combinada com seu conceito, é o verdadeiro espírito de uma família e uma nação...

SUBSEÇÃO 1

A família

158. A família, como a imediata substancialidade do espírito, é especificamente caracterizada pelo amor, que é o sentimento do espírito de sua própria unidade. Por isso, numa família, a disposição de espírito da pessoa é ter autoconsciência da própria individualidade dentro dessa unidade como a essência absoluta de si mesma, com o resultado de que se está nela não na condição de uma pessoa independente, mas sim como um membro.

159. O direito que o indivíduo goza com a força da unidade da família e que é, em primeiro lugar, simplesmente a vida do indivíduo den-

tro dessa unidade, só assume a *forma* de direito... quando a família começa a se dissolver. Nesse ponto, aqueles que deviam ser membros da família, tanto em sua inclinação como na realidade, começam a ser pessoas autossubsistentes e, enquanto antes constituíam um momento específico dentro do todo, agora recebem sua parte em separado e assim apenas de maneira externa por meio de dinheiro, comida, despesas educacionais, e coisas semelhantes...

A. Casamento

162. No lado subjetivo, o casamento pode ter uma fonte mais óbvia na inclinação particular de duas pessoas que estão entrando no vínculo do casamento, ou na previsão e maquinação dos pais, e assim por diante. Mas sua fonte objetiva reside no livre consentimento das pessoas, sobretudo em seu consentimento para se tornar uma só pessoa, para renunciar à sua personalidade natural e individual e a essa unidade de um com o outro...

164... A declaração solene feita pelas partes de seu consentimento em iniciar o vínculo ético do casamento, e sua confirmação e reconhecimento correspondente, de parte de sua família e da comunidade, constituem a conclusão formal da efetividade do casamento. É só após essa cerimônia que o vínculo do casamento está formado e se torna ético, com o que... a coisa substancial no casamento é posta em existência por completo. Como resultado, o momento sensual... é posto em seu lugar ético como algo apenas consequente e acidental, que pertence à encarnação externa do vínculo ético que, de fato, pode subsistir, de forma exclusiva, no amparo e no amor recíprocos.

Se, com a finalidade de moldar ou criticar as decretações legais, se pergunta: o que deve ser considerado o fim principal do casamento?, a pergunta pode ser entendida com o significado de: que faceta individual do casamento, em sua efetividade, deve ser considerada como a mais essencial? Entretanto, nenhuma faceta por si mesma compõe todo o âmbito de seu conteúdo explícito e implícito, isto é, de seu caráter ético, e uma ou outra de suas facetas pode estar faltando num casamento existente, sem detrimento para a essência do próprio casamento...

168. Além disso, o casamento resulta da renúncia livre à sua personalidade de parte de ambos os sexos... Como consequência, não deve ser contraído por duas pessoas de linhagem idêntica, que já estão familiarizadas e são perfeitamente conhecidas uma da outra; porque indivíduos do mesmo círculo de relacionamento não têm qualquer personalidade especial própria em contraste com a de outros do mesmo círculo. Pelo contrário, as partes devem ser tiradas de famílias separadas e suas personalidades devem ter origem diferente. Como a própria concepção do casamento é a de que ele é uma transação ética empreendida de maneira livre, e não um vínculo baseado de forma direta no organismo físico e em seus desejos, conclui-se que o casamento de parentes consanguíneos é contrário a essa concepção e, desse modo, também ao genuíno sentimento natural.

... Argumentos externos em apoio à monogamia têm sido tirados de considerações físicas tais como o número de homens e mulheres. Sentimentos sombrios de repulsa são apresentados como único motivo para a proibição do casamento consanguíneo. A base de todas essas opiniões é a ideia em voga de um estado de natureza e de uma origem natural para os direitos, bem como a falta do conceito de racionalidade e liberdade...

174. Crianças têm direito ao sustento e à educação à custa do capital comum da família. O direito dos pais à assistência como a assistência de seus filhos está baseado e limitado pela tarefa comum de cuidar da família em geral. Da mesma maneira, o direito dos pais sobre os desejos dos filhos é determinado pelo objeto em vista – disciplina e educação. A punição dos filhos não visa à justiça como tal; o intuito tem mais caráter subjetivo e moral, isto é, dissuadi-los de exercer uma liberdade ainda nas armadilhas da natureza e exaltar o universal em sua consciência e vontade.

175. As crianças são potencialmente livres e sua vida nada encarna de forma direta, salvo a liberdade potencial... A educação da criança tem o propósito positivo de instilar princípios éticos na forma de um sentimento imediato para o qual as diferenças ainda não são explícitas, de modo que, equipado assim com o alicerce de uma vida ética, seu coração possa viver seus primeiros anos em amor, confiança e obediência. Em respeito à mesma relação, essa educação tem o propósito negativo de tirar as crianças do nível instintivo e físico em que se encontram originalmente, para a autossubsistência e liberdade de personalidade e, desse modo, para um nível em que elas tenham capacidade para deixar a unidade natural da família...

A necessidade de educação está presente nas crianças como seu próprio sentimento de descontentamento consigo mesmas tal como são, como o desejo de pertencer ao mundo adulto cuja superioridade elas pressentem, como a ânsia de crescer. A pedagogia do jogo supõe que o que é infantil já é em si algo de valor inerente e se apresenta como tal para as crianças; aos olhos das crianças, ela rebaixa as atividades sérias, e a própria educação, a uma forma de infantilidade pela qual as próprias crianças têm pouco respeito...

SUBSEÇÃO 2

Sociedade civil

182. A pessoa concreta... é, na condição de uma totalidade de carências e uma mistura de capricho e necessidade física, um princípio da sociedade civil. Mas a pessoa particular está, em essência, tão relacionada com outras pessoas particulares que cada qual se estabelece e encontra satisfação por meio dos outros e, ao mesmo tempo, pura e simplesmente por meio da forma da universalidade, que é aqui o segundo princípio.

183. No curso da verdadeira realização de fins egoístas... é formado um sistema de interdependência completa... A felicidade individual, etc. depende desse sistema, e é só nesse sistema relacionado que eles são realizados e assegurados...

184. A Ideia, nesse seu estágio de divisão, concede a cada um de seus momentos uma encarnação característica; à particularidade, ela dá o direito de se desenvolver e se lançar para a frente em todas as direções; e à universalidade, o direito de se provar não apenas como fundamento e forma necessária da particularidade, mas também a autoridade que paira sobre ela e seu objetivo final...

185. A particularidade por si só, com rédeas soltas em todas as direções para satisfazer suas necessidades, caprichos acidentais e desejos subjetivos, destrói-se a si mesma e a seu conceito substantivo nesse processo de gratificação. Ao mesmo tempo, a satisfação da necessidade, igualmente necessária e acidental, é acidental porque engendra novos desejos sem fim, está em rematada dependência do capricho e do acidente externo, e é mantida sob controle pelo poder da universalidade. Nesses contrastes e sua complexidade, a sociedade civil proporciona um espetáculo de extravagância e necessidade, bem como de degeneração física e ética comum a ambas...

186. Mas, ao se desenvolver de forma independente para a totalidade, o princípio da particularidade passa-se para a universalidade, e só ali alcança sua verdade e o direito ao qual sua realidade positiva faz jus...

187. Os indivíduos em sua qualidade... de cidadãos desse Estado são pessoas privadas cujo fim é seu próprio interesse. Esse fim é *mediado* através do universal que, desse modo, *aparece* como um *meio* para sua realização. Como consequência, os indivíduos só podem atingir seus fins na medida em que eles próprios determinem seu saber, querer e agir de maneira universal, e se façam eles mesmos elos nessa cadeia de conexões sociais...

A ideia de que o estado de natureza é um estado de inocência e de que existe uma simplicidade de costumes... nas pessoas incivilizadas, implica tratar a educação... como algo puramente externo, aliado da corrupção. Da mesma maneira, o sentimento de que as necessidades, sua satisfação, os prazeres e confortos da vida privada, e assim por diante, são fins absolutos, implica tratar a educação como um simples meio para esses fins... O fim da razão... é banir a simplicidade natural... Visa, em primeiro lugar, assegurar para isso sua condição externa, a racionalidade de que é capaz, isto é, a forma de universalidade ou o Entendimento... É só por esse meio que o espírito se familiariza consigo mesmo dentro dessa pura externalidade... O propósito final da educação, portanto, é a libertação e o empenho por uma libertação mais elevada ainda; a educação é a transição absoluta de uma substancialidade ética que é imediata e natural para uma que é intelectual e, desse modo, tanto infinitamente subjetiva como elevada o bastante para ter alcançado universalidade de forma. No sujeito individual, essa libertação é a dura luta contra... a subjetividade vazia do sentimento e o capricho da inclinação... É através desse empenho educacional que a própria vontade subjetiva alcança objetividade...

Além disso, essa forma de universalidade... realiza isso ao mesmo tempo que a particularidade se torna individualidade genuinamente existente em seus próprios olhos... A própria particularidade está presente na vida ética como subjetividade livre infinitamente independente. Essa é a posição que revela a educação como um momento imanente no Absoluto e que torna evidente seu valor infinito...

A. O sistema de necessidades

189. A particularidade é, em primeiro lugar, caracterizada... por... necessidade subjetiva... A meta aqui é a satisfação da particularidade subjetiva, mas o universal se faz valer na relação que essa satisfação tem com as necessidades de outros e suas livres vontades arbitrárias...

190. As necessidades de um animal e seus modos e meios de satisfazê-las são ambos igualmente restritos em alcance. Embora o homem também esteja sujeito a essa restrição, no entanto, ele evidencia ao mesmo tempo sua transcendência e sua universalidade, primeiro pela multiplicação das necessidades e meios para satisfazê-las e, em segundo lugar, pela diferenciação e divisão da necessidade concreta em aspectos e partes isoladas que, por seu turno, se tornam necessidades diferentes, particularizadas e, assim, mais abstratas...

192. Necessidades e meios, como coisas existentes *em realidade*, tornam-se algo que tem existência para outros cujas necessidades e trabalho condicionam igualmente a satisfação de todos. Quando as necessidades e os meios se tornam abstratos em qualidade... a abstração também é um atributo da relação recíproca dos indivíduos uns com os outros...

194... Nas necessidades sociais... a estrita necessidade natural daquilo que se necessita é obscurecida e o homem está ocupado com sua própria opinião, de fato com uma opinião que é universal, e com uma necessidade criada exclusivamente por ele, em vez de estar ocupado com uma necessidade externa, uma contingência interna e o mero capricho...

195... Quando as condições sociais tendem a multiplicar e subdividir as necessidades, os meios e satisfações de maneira indefinida – um processo que... não tem limites qualitativos – isso é luxo. Nesse mesmo processo, entretanto, a dependência e a necessidade aumentam *ad infinitum*, e o material para satisfazê-las é permanentemente vedado ao homem necessitado, porque consiste em objetos externos com o caráter especial de ser propriedade, a encarnação do livre-arbítrio de outros, e, por isso, a partir desse ponto de vista, sua recalcitrância é absoluta.

196... Por meio de trabalho, a matéria-prima fornecida de maneira direta pela natureza é especificamente adaptada para... inúmeras finalidades por todas as espécies de processos diferentes. Ora, essa mudança formativa confere valor aos meios e lhes dá sua utilidade, e, por isso, o homem, naquilo que consome, está ocupado sobretudo com os produtos dos homens...

197... A educação prática, adquirida através de trabalho, consiste primeiro na necessidade automaticamente repetitiva de algo para fazer e no hábito de simplesmente estar ocupado; em seguida, na estrita adaptação da atividade da pessoa de acordo não apenas com a natureza do material trabalhado, mas também, e de forma especial, com o prazer dos outros trabalhadores; e, por fim, no hábito, produzido por essa disciplina, da atividade objetiva e das aptidões universalmente reconhecidas.

198. Por outro lado, o elemento universal e objetivo no trabalho reside no processo de abstração que efetua a subdivisão das necessidades e meios e, desse modo, *eo ipso* subdivide a produção e realiza a divisão do trabalho. Com essa divisão, o trabalho do indivíduo se torna menos complexo e, como consequência, aumenta sua habilidade nessa seção do trabalho, assim como sua produção. Ao mesmo tempo, essa abstração da habilidade de um homem e dos meios de produção de um outro completa e torna necessária em toda parte a dependência dos homens uns com os outros e sua relação recíproca na satisfação de suas outras necessidades. Além disso, a abstração da produção de um homem da produção de outro torna o trabalho cada vez mais mecânico, até que por fim o homem é capaz de se retirar e instalar máquinas em seu lugar.

199. Quando os homens são dependentes assim uns dos outros... o egoísmo subjetivo transforma-se numa contribuição para a satisfação das necessidades de todos. Em outras palavras, por um avanço dialético, o egoísmo subjetivo transforma-se na mediação do particular através do universal, com o resultado de que cada homem, ao ganhar, produzir e desfrutar por sua própria conta, está *eo ipso* produzindo e ganhando para o prazer dos demais...

200. A oportunidade de um homem particular... de compartilhar dos recursos gerais [está] condicionada, entretanto, em parte por seu próprio principal (seu capital) não derivado do trabalho e em parte por sua habilidade; isso, por seu turno, é em si dependente... de circunstâncias acidentais cuja multiplicidade introduz diferenças no desenvolvimento de características naturais, físicas e mentais que já eram em si dissimilares...

... Os homens são feitos desiguais por natureza, e a desigualdade aí está em seu elemento, e, na sociedade civil, o direito de particularidade está tão longe de anular essa desigualdade natural que a produz de forma desvairada e a eleva a uma desigualdade de habilidade e recursos, e até mesmo de realização moral e intelectual. Opor a esse direito uma demanda por igualdade é uma loucura do Entendimento, que considera como real e racional sua igualdade abstrata e seu "dever ser"...

201. Os movimentos entrecruzados e infinitamente complexos de troca e produção recíproca, e a igualmente infinita multiplicidade de meios empregados nisso, tornam-se cristalizados... Como resultado, todo o complexo é construído em... divisões de classe...

203. A classe substancial [ou agrária] tem seu capital nos produtos naturais do solo que ela cultiva... Diante da ligação do trabalho [agrícola] e seus frutos com épocas separadas e fixas do ano, e da dependência das colheitas da variabilidade dos processos naturais, a meta da necessidade nessa classe transforma-se em provisão para o futuro; mas... o modo agrícola de subsistência continua sendo um modo que deve comparativamente pouco à reflexão e independência de vontade, e esse modo de vida é tal, em geral, que essa classe tem a disposição substancial para uma vida ética que é imediata, a qual se apoia no relacionamento familiar e na confiança...

204. A classe dos negócios tem como tarefa a adaptação de matérias-primas... Pelo que essa classe produz e desfruta, deve agradecer sobretudo a si mesma, à sua própria indústria...

205. A classe universal [a classe dos funcionários públicos] tem como tarefa os interesses universais da comunidade. Portanto, deve ser aliviada do trabalho direto para suprir suas necessidades, seja por ter meios privados ou por receber uma dotação do Estado que reivindica sua indústria, com o resultado de que o interesse privado encontra satisfação em seu trabalho para o universal...

207. Um homem só se realiza ao tornar-se algo definitivo, isto é, algo especificamente particularizado; isso significa restringir-se, de maneira exclusiva, a uma das esferas particulares da necessidade. Nesse sistema de classe, a disposição de espírito ético é, portanto, retidão e *esprit de corps*, isto é, a disposição de se tornar um membro de um dos momentos da sociedade civil pelo próprio ato da pessoa, através de sua energia, indústria e habilidade, de se manter nessa posição e de arranjar-se sozinho apenas por meio desse processo de mediar-se com o universal, enquanto, dessa maneira, ganha reconhecimento tanto aos próprios olhos como aos olhos dos outros...

A princípio (isto é, sobretudo na juventude), um homem se impacienta com a ideia de decidir por uma posição social particular, e considera isso uma restrição a seu caráter universal e uma necessidade imposta a ele puramente *ab extra*. Isso porque seu pensamento ainda é daquele tipo abstrato que se recusa a mover-se além do universal e assim jamais alcança o real. Não percebe que, se é para o conceito ser determinado, ele deve antes de mais nada avançar na distinção entre o conceito e sua existência real e, desse modo, na determinação e particularidade... É apenas dessa maneira que o conceito pode ganhar realidade e objetividade ética...

211. O princípio da justiça se torna a lei... quando é postulado, em sua existência objetiva..., isto é, quando o pensamento o torna determinado para a consciência e o torna conhecido como aquilo que é correto e válido; e, ao adquirir esse caráter determinado, o direito torna-se lei positiva em geral...

Como só os animais possuem sua lei como instinto, ao passo que é só o homem que tem a lei como costume, até mesmo sistemas de direito consuetudinário contêm o momento de ser pensamentos e de ser conhecidos. Sua diferença da lei positiva consiste unicamente em que eles são conhecidos apenas de maneira subjetiva e acidental, com o resultado de que em si mesmos são menos determinados e a universalidade de pensamento é menos clara neles (e, além disso, o conhecimento de um sistema de direito, seja em geral, seja em seus detalhes, é posse acidental de uns poucos). A suposição de que é o direito consuetudinário, pela força de seu caráter enquanto costume, que possui o privilégio de ter-se tornado parte da vida é uma ilusão, posto que as leis válidas de uma nação não deixam de ser seus costumes ao serem escritas e codificadas... Quando uma nação começa a adquirir mesmo que um pouco de cultura, seu direito consuetudinário deve em breve passar a ser compilado e reunido. Tal coleção é um código legal, mas um código que, como mera coleção, é marcadamente amorfo, indeterminado e fragmentário. A principal diferença entre ele e um código propriamente dito é que neste último os princípios da jurisprudência em sua universalidade, e desse modo em sua determinação, foram apreendidos e expressados em termos de pensamento. O direito nacional ou o direito municipal inglês está contido... em estatutos (leis escritas) e nas chamadas leis "não escritas"... Entretanto, a monstruosa confusão que prevalece tanto no direito inglês como em sua administração é retratada, de forma gráfica, por aqueles que estão familiarizados com a matéria. Em particular, seu comentário sobre o fato de que como essa lei não escrita está contida em veredictos e julgamentos de tribunal, os juízes são continuamente legisladores. A autoridade do precedente os restringe, visto que seus predecessores não fizeram coisa alguma a não ser dar expressão à lei não escrita; e, no entanto, estão igualmente isentos da autoridade do precedente, porque eles próprios são repositórios da lei não escrita e, desse modo, têm o direito de criticar julgamentos anteriores e de pronunciar se estão de acordo ou não com a lei não escrita...

Nenhum insulto maior poderia ser feito a um povo civilizado ou a seus advogados do que lhes negar capacidade para codificar suas leis; porque tal capacidade não pode ser a de construir um sistema legal com um conteúdo novo, mas sim apenas de apreender, isto é, de compreender, em pensamento, o conteúdo de leis existentes em sua universalidade determinada e então aplicá-las em casos particulares.

212... Ao ser postulado em lei positiva, o direito adquire existência determinante. Podem entrar nessa existência a contingência da vontade própria e outras circunstâncias particulares, e, por isso, pode haver uma discrepância entre o conteúdo da lei e o princípio da justiça.

Na lei positiva, portanto, é o legal que é a fonte de nosso conhecimento do que é direito... Desse modo, a ciência da lei positiva é, até esse ponto, uma ciência histórica que tem a autoridade como seu princípio orientador. Qualquer coisa além desse estudo histórico é matéria para o Entendimento e diz respeito à coleção de leis, sua classificação em princípios externos, deduções a partir deles, sua aplicação a novos detalhes, etc. Quando o Entendimento se imiscui com a própria natureza da coisa, suas teorias, por exemplo, de direito penal mostram o que sua argumentação dedutiva pode forjar.

A ciência da lei positiva tem não apenas o direito, mas até mesmo o dever inevitável de estudar leis dadas, de deduzir a partir de seus dados positivos seu progresso na história, suas aplicações e subdivisões, até o último detalhe, e de mostrar suas implicações. Por outro lado, se, após terem sido provadas todas essas deduções, ainda for levantada a questão adicional sobre a racionalidade de uma lei específica, a questão poderá parecer perversa para aqueles que estão ocupados com essas atividades, mas sua perplexidade diante dela, pelo menos, deixará de ser motivo de desânimo...

214... O direito, ao ser encarnado em lei positiva, se torna aplicável ao caso individual... Nessa esfera, o conceito apenas estipula um limite geral, dentro do qual a oscilação é sempre permitida. Essa oscilação, entretanto, deve ter fim, no interesse de se fazer alguma coisa, e, por essa razão, há um lugar dentro desse limite para decisões contingentes e arbitrárias.

... A razão não pode determinar, nem pode o conceito fornecer algum princípio cuja aplicação pudesse decidir se a justiça exige, para uma transgressão, (i) uma pena corporal de quarenta chibatadas ou de trinta e nove, ou (ii) uma multa de cinco dólares ou de quatro dólares e noventa e três centavos...

215. Se as leis devem ter uma força de coerção, conclui-se que, em vista do direito de autoconsciência... elas devem ser dadas a conhecer de maneira universal.

Pendurar as leis tão alto de forma que nenhum cidadão possa lê-las (como fazia Dionísio, o Tirano) é uma injustiça equivalente a enterrá-las em fileiras e fileiras de tomos eruditos, coleções de opiniões e julgamentos divergentes, registros de costumes, etc., e também numa língua morta, de modo que o conhecimento da lei do país seja acessível apenas àqueles que fizeram dele seu estudo profissional...

216. Para um código legal público, são necessárias simples leis gerais, e, mesmo assim, a natureza do material *finito* ao qual a lei se aplica leva à determinação adicional de leis gerais *ad infinitum*...

Uma abundante fonte de complexidade na legislação é a intrusão gradual da razão, daquilo que é inerente e verdadeiramente direito, nas instituições primitivas que possuem alguma coisa injusta em suas raízes e, desse modo, são apenas sobreviventes históricos...

217. O princípio da justiça torna-se lei na sociedade civil.. Meu direito individual, cuja encarnação foi, até esse ponto, imediata e abstrata, torna-se agora, da mesma maneira, encarnado na vontade existente e no conhecimento de todos, no sentido de que se torna reconhecido. Por isso, as aquisições e transferências de propriedade devem agora ser empreendidas e concluídas apenas na forma que essa encarnação lhes dá...

... Ou é o sentimento, recusar-se a ir além do subjetivo, ou a reflexão, aferrar-se às suas essências abstratas, que põe de lado as formalidades, ao passo que o Entendimento prosaico pode, de sua parte, apegar-se às formalidades em vez da coisa real e multiplicá-las de maneira indefinida.

À parte disso, entretanto, a marcha do desenvolvimento mental é o longo e duro empenho para libertar um conteúdo de sua forma sensível e imediata, dotá-lo de sua forma apropriada de pensamento e, desse modo, dar-lhe expressão simples e adequada. É por isso que, quando o desenvolvimento da lei está recém começando, as cerimônias e formalidades são mais circunstanciais e são tidas mais como a própria coisa do que como seu símbolo...

218. Como a propriedade e a personalidade têm reconhecimento legal e validade na sociedade civil, agora o mau procedimento se torna uma violação não apenas do que é subjetivamente infinito, mas da coisa universal que existe com força e estabilidade inerente. Por isso surge uma nova atitude: a ação é vista como um perigo para a sociedade e, desse modo, aumenta-se a magnitude do mau procedimento. Por outro lado, entretanto, o fato de que a sociedade se tornou forte e segura de si mesma diminui a importância externa da injúria e assim leva a um abrandamento da pena...

219. Ao tomar a forma de lei, o direito... é então algo que por si só opõe-se à vontade e à opinião particular, é autossubsistente e tem de justificar-se como algo universal. Isso se consegue mediante seu reconhecimento e efetivação num caso particular sem o sentimento subjetivo do interesse privado; e essa é a tarefa de uma autoridade pública – o tribunal de justiça...

... Considerar a introdução de um sistema legal como ato facultativo de graça ou favor de monarcas e governos... resulta... de mera irreflexão... As instituições legais e políticas são racionais em princípio e, portanto, absolutamente necessárias, e a questão da forma em que surgiram ou foram introduzidas é de completa irrelevância...

... A administração da justiça deve ser considerada como o cumprimento de um dever pela autoridade pública, não menos do que o exercício de um direito; e, na medida em que é um direito, não depende de uma delegação opcional a uma autoridade pelos membros individuais da sociedade.

220. Quando o direito contra o crime tem a forma de vingança... é apenas direito implícito, não direito na forma de direito, isto é, nenhum *ato* de vingança é justificado. Em vez da parte prejudicada, agora entra em cena o *universal* prejudicado, e isso tem sua realidade própria no tribunal de justiça...

223... Um processo legal, em si mesmo um meio, em todo caso... começa a ser algo externo a seu fim e em contraste com ele. Esse longo curso de formalidades... pode-se converter num mal, e até mesmo num instrumento da injustiça, e por essa razão impõe-se às partes o dever de submeter-se ao simples processo de arbitragem (diante de um tribunal de árbitros) e à tentativa de conciliar suas diferenças de maneira amigável, a fim de que elas... possam ser protegidas contra os processos legais e seu abuso.

A equidade implica afastamento do direito formal devido a considerações morais ou outras... Um tribunal de justiça, entretanto, significa um tribunal que decide caso sem insistir nas formalidades... Além disso, decide sobre os méritos do caso isolado como um caso único, não com a finalidade de dispor dele de tal maneira a criar um precedente legal obrigatório para o futuro.

224. Entre os direitos da consciência subjetiva está... a publicidade dos procedimentos judiciais. A razão para isso é que um julgamento é implicitamente um evento de validade universal; e, embora o conteúdo particular da ação só afete os interesses das partes, seu conteúdo universal... afeta os interesses de todos...

234... Não existe... qualquer linha inerente de distinção entre o que é e o que não é prejudicial, mesmo no que concerne ao crime... Esses detalhes são determinados pelo costume, pelo espírito do resto da constituição, pelas condições contemporâneas, pela crise do momento e assim por diante...

236. Os interesses divergentes de produtores e consumidores podem conflitar uns com os outros; e, embora se possa pôr em execução, de forma automática, um equilíbrio justo entre eles no conjunto, ainda assim seu ajuste também exige um controle que está acima de ambos e que é empreendido conscientemente. O direito

ao exercício de tal controle num caso isolado (por exemplo, na fixação de preços das coisas mais necessárias à vida) depende do fato de que, ao serem publicamente expostas à venda, as mercadorias, em demanda diária absolutamente universal, são oferecidas não tanto a um indivíduo, porém mais a um comprador universal, o público; e, desse modo, tanto a defesa do direito do público de não ser defraudado, como também a administração da inspeção das mercadorias podem caber, na condição de interesse comum, à autoridade pública. Mas o cuidado público e a direção são mais necessários no caso dos maiores ramos da indústria, porque esses são dependentes de condições do estrangeiro e de combinações de circunstâncias distantes que não podem ser compreendidas como um todo pelos indivíduos que estão vinculados a essas indústrias para seu sustento.

No outro extremo da liberdade de intercâmbio e comércio na sociedade civil está a organização pública para prover tudo e determinar o trabalho de todos – tome-se como exemplo nos tempos antigos o trabalho nas pirâmides e em outros gigantescos monumentos do Egito e Ásia, que foram construídos para finalidades públicas, e a tarefa do trabalhador não era mediada através de sua escolha privada e interesse particular. Esse interesse invoca a liberdade de intercâmbio e comércio contra o controle de cima; mas quanto mais cegamente ele afunda em metas egoístas, mais necessita de tal controle para trazê-lo de volta ao universal. O controle também é necessário para diminuir o perigo de convulsões sociais que surgem de interesses em conflito e para abreviar o período em que sua tensão seria aliviada pelo manejo de uma necessidade da qual eles mesmos nada sabem...

238. Originalmente, a família é o todo substantivo cuja função é prover à subsistência do indivíduo em seu lado particular, dando-lhe ou os meios e a habilidade necessária para possibilitar que ganhe seu sustento, ou então subsistência e manutenção no caso de sofrer uma incapacidade. Mas a sociedade civil separa o indivíduo de seus vínculos familiares, aliena os membros da família uns dos outros, e os reconhece na condição de pessoas autossubsistentes... Desse modo, o indivíduo torna-se um filho da sociedade civil, que tem tantas pretensões sobre ele como ele tem direitos em relação a ela.

239. Em seu caráter de família universal, a sociedade civil tem o direito e o dever de dirigir e influenciar a educação, visto que a educação relaciona-se com a capacidade da criança de tornar-se um membro da sociedade...

241... As contingências, as condições físicas e os fatores baseados em circunstâncias externas... podem reduzir os homens à pobreza. O pobre ainda tem as necessidades comuns à sociedade civil, e, no entanto, como a sociedade retirou dele os meios naturais de aquisição... e rompeu o vínculo da família..., sua pobreza o deixa mais ou menos privado de todos os benefícios da sociedade... A autoridade pública ocupa o lugar da família no que concerne ao pobre, em relação não apenas à sua necessidade imediata, mas também à indolência, à malignidade e a outros vícios que nascem de sua situação de apuro e seu senso de injustiça.

242... Atos casuais de dar esmola e doações casuais, por exemplo, para a queima de velas diante de imagens sagradas, etc., são suplementados por asilos públicos para pobres, hospitais, iluminação de ruas e assim por diante. Há muito mais coisas, além dessas, que a caridade por si só precisa fazer...

SUBSEÇÃO 3

O Estado

257. O Estado é a realidade da Ideia ética. É a mente ética na qualidade de vontade substancial manifesta e revelada para si mesma, conhecendo-se e pensando-se, realizando o que sabe e na medida em que sabe. O Estado existe de forma imediata no costume; de forma mediata, na autoconsciência individual, no conhecimento e na atividade, ao passo que a autoconsciência, em virtude de seu sentimento

para com o Estado, encontra no Estado, como sua essência e fim e produto de sua atividade, sua liberdade substantiva...

258. O Estado é absolutamente racional, visto que é a realidade da vontade substancial que ele possui na autoconsciência particular, uma vez que a consciência foi elevada à consciência de sua universalidade. Essa unidade substancial é um fim absoluto e inabalável em si, em que a liberdade adquire seu direito supremo. Por outro lado, esse objetivo final tem direito supremo em relação ao indivíduo, cujo dever supremo é ser um membro do Estado.

Se o Estado é confundido com a sociedade civil e se seu fim específico é estabelecido como a segurança e a proteção da propriedade e da liberdade pessoal, então o interesse dos indivíduos como tal torna-se o fim derradeiro de sua associação, e conclui-se que ser membro do Estado é algo facultativo. Mas a relação do Estado com o indivíduo é bastante diferente disso. Como o Estado é o espírito objetivado, é apenas na condição de um de seus membros que o próprio indivíduo tem objetividade, genuína individualidade e uma vida ética. A unificação pura e simples é o verdadeiro conteúdo e meta do indivíduo, e o destino do indivíduo é viver uma vida universal...

... Se perguntarmos qual é ou tem sido a origem histórica do Estado em geral, mais ainda se perguntarmos sobre a origem de qualquer Estado específico; ou, por fim, se perguntarmos em que luz foi concebida e estabelecida conscientemente a base dos direitos do Estado, se se supôs que essa base era direito positivo e divino, ou contrato, costume, etc. – todas essas questões não dizem respeito à Ideia do Estado. Estamos lidando aqui, de maneira exclusiva, com a ciência filosófica do Estado e, a partir desse ponto de vista, todas essas coisas são mera aparência e, por conseguinte, matérias para a história...

O tratamento filosófico desses tópicos ocupa-se apenas do seu lado interior, da reflexão sobre seu conceito. O mérito da contribuição de Rousseau à busca desse conceito é que, ao aduzir a vontade como o princípio do Estado, ele está aduzindo um princípio que foi cogitado tanto por sua forma como por seu conteúdo... Infelizmente, entretanto, ... ele considera a vontade apenas de forma determinada como a vontade individual, e considera a vontade universal... apenas como uma vontade "geral" que provém dessa vontade individual... O resultado é que ele reduz a união dos indivíduos num Estado a um contrato e, portanto, a alguma coisa baseada em... seu consentimento expresso dado de maneira caprichosa; e o raciocínio abstrato prossegue para extrair as inferências lógicas que destroem o princípio absolutamente divino do Estado, junto com sua majestade e autoridade absoluta. Por essa razão, quando essas conclusões abstratas chegaram ao poder, permitiram pela primeira vez na história humana o prodigioso espetáculo da destruição da constituição de um grande Estado e sua completa reconstrução *ab initio*, na base apenas do pensamento puro, após a destruição de todo o material existente e dado. A vontade de seus refundadores foi dar a ela o que alegavam ser uma base puramente racional, mas eram apenas abstrações que estavam sendo usadas; a Ideia estava faltando; e a experiência terminou no máximo de horror e terror...

260. O Estado é a realidade da liberdade concreta. Mas liberdade concreta consiste em que a individualidade pessoal e seus interesses particulares não apenas alcancem seu desenvolvimento completo e ganhem reconhecimento explícito para seu direito (como ocorre na esfera da família e da sociedade civil), mas, em primeiro lugar, que também passem de sua própria vontade para o interesse do universal e, em segundo lugar, conheçam e queiram o universal; que o reconheçam inclusive como sua própria mente substantiva; que o considerem como seu fim e meta e sejam ativos nessa busca. O resultado é que o universal só prevalece ou atinge conclusão em conjunção com os interesses particulares e através da cooperação do saber e querer particular; e, do mesmo modo, os indivíduos não vivem como pessoas privadas

apenas para seus próprios fins, mas no próprio ato de desejá-los, eles desejam o universal...

264. Espírito é a natureza dos seres humanos *en masse* e, por conseguinte, sua natureza é dupla; (a) num extremo, individualidade explícita de consciência e vontade, e (b) no outro extremo, universalidade que conhece e deseja o que é substantivo. Por isso, eles só alcançam seu direito em ambos os aspectos na medida em que tanto sua personalidade privada como sua base substantiva sejam realizadas. Ora, na família e na sociedade civil, adquirem seu direito no primeiro desses aspectos de maneira direta e, no segundo, indireta, porque encontram sua autoconsciência substantiva nas instituições sociais que são o universal implícito em seus interesses particulares...

265. Essas instituições são os componentes da constituição (isto é, da racionalidade desenvolvida e realizada) na esfera da particularidade. São, portanto, o firme alicerce não apenas do Estado, mas também da confiança do cidadão nele e do sentimento em relação a ele. São os pilares da liberdade pública, posto que nelas a liberdade particular é realizada e racional e, portanto, está *implicitamente* presente até nelas a união da liberdade e da necessidade...

267. Essa necessidade na idealidade é o autodesenvolvimento interno da Ideia. Como substância do sujeito individual, é o sentimento político [patriotismo];... é o organismo do Estado...

268. O sentimento político, o patriotismo puro e simples, é a convicção segura que tem por base a verdade... e uma volição que se tornou habitual. Nesse sentido, é simplesmente um produto das instituições que subsistem no Estado, posto que a racionalidade está *de fato* presente no Estado, enquanto a ação em conformidade com essas instituições dá à racionalidade sua prova prática. Esse sentimento é, em geral, a confiança (que pode passar a ser um maior ou menor grau de discernimento cultivado), ou a consciência de que meu interesse, tanto substantivo como particular, está contido e preservado no interesse e fim de um outro (isto é, do Estado), quer dizer, na relação de um outro para comigo enquanto indivíduo. Desse modo, esse mesmo outro não é imediatamente um outro aos meus olhos e, ao ser consciente deste fato, sou livre.

O patriotismo é compreendido muitas vezes com o significado apenas de disposição para ações e sacrifícios excepcionais. Na essência, entretanto, é o sentimento que, nas relações de nossa vida cotidiana e nas condições comuns, reconhece habitualmente que a comunidade é o fundamento substantivo e o fim da pessoa...

269. O sentimento patriótico adquire seu conteúdo especificamente determinado dos vários membros do organismo do Estado... Esse organismo é a constituição do Estado.

270... O Estado... sabe o que deseja e conhece isso em sua universalidade, isto é, como algo pensado. Por isso trabalha e age em referência a fins adotados de maneira consciente, princípios conhecidos e leis que não são apenas implícitas, mas que de fato estão presentes na consciência; e, além disso, age com conhecimento preciso das condições e circunstâncias existentes, visto que suas ações têm relação com elas.

... A religião é uma relação com o Absoluto, uma relação que assume a forma de sentimento, pensamento representativo, fé; e, quando inserida em sua circunferência que tudo abrange, tudo se torna acidental e transitório. Agora, se em relação ao Estado nos apegamos a essa forma de experiência e a convertemos em autoridade para o Estado e seu determinante essencial, o Estado torna-se necessariamente presa da fragilidade, da insegurança e da desordem, porque é um organismo no qual foram desenvolvidos instituições, leis e poderes distintos firmemente fixados. Em contraste com a forma da religião, uma forma que corre um véu sobre tudo que é determinado e, desse modo, passa a ser puramente subjetiva, o elemento objetivo e universal no Estado, isto é, as leis, adquire um caráter negativo em vez de um caráter estável e autoritário, e o resultado é a produção de máximas de conduta como a seguinte: "Nenhuma lei é dada para o homem justo; seja apenas piedoso e, quanto ao resto, pratique o que quiser; entregue-se a seu próprio capricho e paixão e, se com isso outros sofrerem injustiça, recomende-os aos consolos e esperanças da religião ou, melhor ainda, chame-os de irreligiosos e condene-os à perdição." Essa atitude negativa, entretanto, pode não limitar-se a uma disposição interior e uma atitude de mente; em vez disso, pode dirigir-se ao mundo exterior e afirmar sua autoridade ali, e então há uma eclosão de fanatismo religioso que... rejeita todo o governo e ordem legal como barreiras que restringem a vida interior... e, ao mesmo tempo, proscreve a propriedade privada, o casamento, os vínculos e trabalho envolvidos na sociedade civil, etc., como degradantes ao amor e à liberdade de sentimento. Mas como, mesmo então, de alguma forma é preciso tomar decisões para a vida cotidiana e prática, a mesma doutrina que tínhamos antes... aparece de novo aqui, a saber, a de que ideias subjetivas, isto é, a opinião e a inclinação caprichosa, devem decidir.

Em contraste com a verdade assim encoberta por trás de ideias subjetivas e sentimentos, a genuína verdade é a prodigiosa transferência do interior para o exterior, a construção da razão no mundo real, e essa tem sido a tarefa do mundo durante todo o curso de sua história. Ao trabalhar nessa tarefa foi que o homem civilizado deu, de fato, à razão uma encarnação na lei e no governo, e atingiu consciência desse fato. Aqueles que "procuram orientação do Senhor" e estão convictos de que toda a verdade está diretamente presente em suas opiniões ignorantes, deixam de dedicar-se à tarefa de exaltar sua subjetividade à consciência da verdade e ao conhecimento do dever e direito objetivo...

... A diferença de seus dois domínios pode ser promovida pela Igreja como puro antagonismo... Ela pode pensar que é um fim em si, enquanto o Estado é um mero meio. Essas pretensões produzem a demanda... de que o Estado não apenas deve permitir que a Igreja faça o que quiser com completa liberdade, mas que preste respeito incondicional às doutrinas da Igreja como doutrinas, qualquer que seja seu caráter, porque supõe-se que sua determinação seja tarefa só da Igreja. A Igreja baseia essa reivindicação no amplo fundamento de que todo o domínio do espírito... é propriedade sua. Mas a ciência e todos os tipos de conhecimento também têm uma posição estabelecida nesse domínio... e, com justificativa ainda melhor, podem considerar-se como ocupando a posição que a Igreja reivindica. Por isso, a ciência também pode, da mesma maneira, exigir ser independente do Estado, que então se supõe ser um mero meio com a tarefa de prover à ciência como se a ciência fosse um fim em si.

... É o discernimento filosófico que vê que, embora Igreja e Estado difiram em forma, não são opostos em conteúdo, porque a verdade e a racionalidade são o conteúdo de ambos...

... Como os princípios éticos e a organização do Estado em geral são representados no domínio da religião e não apenas podem, mas também devem ser estabelecidos em referência a isso, essa referência dá ao próprio Estado credenciais religiosas. Por outro lado, entretanto, o Estado retém o direito e a forma da racionalidade autoconsciente e objetiva, o direito de fazer valer essa forma e de conservá-la contra pretensões que derivam da verdade em roupagem subjetiva, não importa que tal verdade possa cercar-se de segurança e autoridade.

O Estado é universal na forma, uma forma cujo princípio essencial é pensamento. Isso explica por que foi no Estado que a liberdade de pensamento e a ciência tiveram origem. Por outro lado, foi a Igreja que queimou Giordano Bruno, que obrigou Galileu a abjurar de joelhos sua exposição da visão copernicana do sistema solar e assim por diante. A ciência, portanto, tem seu lugar ao lado do Estado, visto que possui um elemento, sua forma, em comum com o Estado, e sua meta é conhecimento, conhecimento da verdade objetiva e da racionalidade em termos de pensamento. Tal conhecimento pode, é claro, cair das alturas da ciência para a opinião e a argumentação dedutiva e, voltando sua atenção para questões éticas e a organização do Estado, predispor-se contra seus princípios básicos. E talvez o faça quando defende para esse opinar – como se fosse a razão e o direito da autoconsciência subjetiva – a mesma reivindicação pretensiosa que a Igreja defende para sua própria esfera, a saber, a reivindicação de ser livre de restrição em suas opiniões e convicções.

... Por um lado, na medida em que o opinar é mero opinar, uma questão puramente subjetiva, ele carece de qualquer genuína força de poder inerente e se gaba como pode; e desse ponto de vista o Estado pode ser... totalmente indiferente a ele... Por outro lado, entretanto, quando esse opinar de maus princípios se encarna numa organização geral corrosiva da verdadeira ordem, o Estado tem de pôr sua face contra isso e proteger a verdade objetiva e os princípios da vida ética (e deve fazer o mesmo diante das fórmulas de subjetividade incondicionada, se estas propuserem tomar o ponto de partida da ciência como base e voltar contra o Estado as instituições educacionais do Estado, encorajando-as a fazer contra ele reivindicações tão pretensiosas quanto aquelas da Igreja); enquanto, vice-versa, diante de uma Igreja que reivindica autoridade irrestrita e incondicional, o Estado deve levar a cabo em geral o direito formal de autoconsciência a seu próprio discernimento, a sua própria convicção e, resumindo, a seu próprio pensamento do que é válido como verdade objetiva.

...Se o Estado deve passar a existir como realidade da mente ética e com autoconhecimento, é essencial que sua forma seja diferente da forma da autoridade e da fé. Mas essa distinção só surge na medida em que a Igreja seja submetida a divisões internas. É só depois disso que o Estado, em contraste com as seitas particulares, alcança universalidade de pensamento – seu princípio formal – e traz essa universalidade à existência... Por isso, longe de ser ou de ter sido um infortúnio para o Estado o fato de a Igreja ser desunida, é apenas como resultado dessa desunião que o Estado tem sido capaz de alcançar seu fim prescrito como organização racional e ética autoconsciente. Além disso, essa desunião é a melhor sorte que poderia ter acontecido à Igreja e ao pensamento no que diz respeito à liberdade e à racionalidade de ambos...

272. A constituição é racional na medida em que o Estado diferencia internamente e determina sua atividade de acordo com a natureza do conceito...

273. O Estado enquanto entidade política está... separado em três divisões substantivas:

(a) o poder de determinar e estabelecer o universal – a Legislatura;
(b) o poder de subordinar casos isolados e esferas da particularidade ao universal – o Executivo;
(c) o poder da subjetividade, como a vontade com o poder da decisão derradeira – a Coroa. Na coroa, os diferentes poderes são aglutinados numa unidade que é, desse modo, ao mesmo tempo, o ápice e a base do todo, isto é, da monarquia constitucional.

O desenvolvimento do Estado para monarquia constitucional é a realização do mundo moderno, um mundo em que a Ideia substancial ganhou sua forma infinita...

Uma outra questão apresenta-se prontamente aqui: "quem deve moldar a constituição?". Essa questão parece clara, mas um exame mais atento mostra, de imediato, que ela não tem sentido, porque pressupõe que não existe qualquer constituição, mas sim apenas uma aglomeração de indivíduos atômicos. Como uma aglomeração de indivíduos poderia adquirir uma constituição... teria que ser permitido que se resolvesse por si mesmo, posto que o conceito nada tem a ver com uma aglomeração. Mas, se a questão pressupõe uma constituição já existente, então não se trata de fazer, mas apenas de alterar a constituição, e a própria pressuposição de uma constituição implica diretamente que sua alteração só pode acontecer por meios constitucionais. Em todo caso, entretanto, é absolutamente essencial que a constituição não seja considerada como algo criado, embora tenha passado a existir no tempo. Deve ser tratada mais como algo simplesmente existente em si e por si, como divino, portanto, e constante e, desse modo, alçado acima da esfera das coisas que são feitas.

274... O Estado, na condição de espírito de uma nação, tanto é a lei que permeia todas as relações dentro do Estado como também, ao mesmo tempo, os costumes e a consciência de seus cidadãos. Conclui-se, portanto, que a constituição de qualquer nação dada depende, em geral, do caráter e do desenvolvimento de sua autoconsciência...

278... A soberania repousa no fato de que as funções particulares e os poderes do Estado não são autossubsistentes nem firmemente fundamentados, seja por si sós ou na vontade particular dos funcionários individuais, mas têm raízes, basicamente, na unidade do Estado enquanto seu eu único...

Nos tempos feudais... não só o monarca não era soberano como o próprio Estado tampouco o era. Em primeiro lugar, as funções particulares e os poderes do Estado e da sociedade civil eram organizados... em Corporações independentes e sociedades, de modo que o Estado como um todo era mais um agregado do que um organismo; e, em segundo lugar, o ofício era propriedade privada de indivíduos e por isso o que deviam fazer em sua condição pública era deixado por conta de sua própria opinião e capricho...

O fato de que a soberania do Estado é a idealidade de todas as autoridades particulares dentro dele dá origem ao equívoco fácil, e também muito comum, de que essa idealidade é apenas arbitrariedade pura e poderosa, enquanto "soberania" é sinônimo de "despotismo". Mas despotismo significa aquele estado de coisas em que a lei desapareceu e a vontade particular como tal, seja de um monarca, seja do populacho..., vale como lei ou, antes, toma o lugar da lei; ao passo que é precisamente no governo legal e constitucional que a soberania deve ser encontrada como... a idealidade das funções e esferas particulares. Quer dizer, a soberania faz com que cada uma dessas esferas não seja algo independente... mas que, em vez disso, mesmo nessas metas e modos de operar, cada qual seja determinado pela meta do conjunto e dependente dela...

Essa idealidade manifesta-se de duas maneiras:

(a) em tempos de paz, as funções e esferas particulares buscam satisfazer suas metas particulares e cuidar dos próprios assuntos, e é em parte pelo modo da necessidade inconsciente da coisa que seu egoísmo é transformado em contribuição para o apoio recíproco e o apoio ao conjunto... Em parte, entretanto, é pela influência direta de autoridade mais alta que elas são não apenas continuamente trazidas de volta às metas do todo e restringidas de acordo com isso... mas também são compelidas a realizar serviços diretos para o apoio do todo.

(b) Numa situação de exigência, entretanto..., o organismo do qual essas esferas particulares são membros se funde no conceito único da soberania. O soberano é incumbido da salvação do Estado com o sacrifício daquelas autoridades particulares cujos poderes são válidos em outros tempos, e é então que a idealidade alcança sua realidade própria...

279... Entretanto, o sentido habitual com que os homens começaram a falar recentemente da "soberania do povo" é o de que ela é algo oposto à soberania existente no monarca... Considerado sem seu monarca e a articulação do conjunto que é o concomitante direto e indispensável da monarquia, o povo é uma massa sem forma e não é mais um Estado. Carece de cada uma dessas características determinadas – soberania, governo, juízes, magistrados, divisões de classe, etc. – que só podem ser encontradas num todo que seja organizado internamente...

Se o "povo" é representado... como uma totalidade desenvolvida internamente, genuinamente orgânica, então a soberania existe como a personalidade do todo, e essa personalidade existe, na real existência adequada a seu conceito, na pessoa do monarca.

... Os líderes ou devem já estar disponíveis... ou podem chegar ao topo... Isso precisa acontecer, posto que tudo que é feito e tudo que é verdadeiro é inaugurado e levado à conclusão pelo único ato decisivo de um líder...

281. Ambos os momentos em sua unidade indivisa – (a) o eu supremo e infundado da vontade, e (b) portanto, sua existência objetiva e do mesmo modo infundada (sendo existência a categoria que está à vontade na natureza) – constituem a Ideia de algo contra o que o capricho é impotente, a "majestade" do monarca. Nessa unidade reside a verdadeira unidade do Estado, e é só através disso, dessa imediatidade interior e exterior, que a unidade do Estado é salva do risco de ser lançada na esfera da particularidade e de seus caprichos, fins e opiniões, e salva também da guerra de facções em torno do trono e do enfraquecimento e subversão do poder do Estado...

Se a sucessão ao trono for determinada de maneira rígida, isto é, se for hereditária, então a facção é removida numa transferência de coroa... Esse aspecto, entretanto, é apenas consequência, e torná-lo a razão para a sucessão hereditária é rebaixar a majestade do trono para a esfera da argumentação, ignorar seu verdadeiro caráter como imediatidade infundada e interioridade suprema, e baseá-la não na Ideia do Estado imanente dentro dela, mas em algo que lhe é externo, em alguma noção extrínseca como o "bem-estar do Estado" ou o "bem-estar do povo"... Por isso, a majestade do monarca é um tópico para um tratamento cuidadoso de parte da filosofia somente, posto que todo método de investigação, que não seja o método especulativo da Ideia infinita que é puramente autobaseada, anula a natureza da majestade por completo...

... Numa monarquia eletiva... a natureza da relação entre rei e povo implica que a decisão suprema é deixada para a vontade particular, e por isso a Constituição se torna um Pacto de Eleição, isto é, uma entrega do poder do Estado ao discernimento da vontade particular. O resultado disso é que os ofícios particulares do Estado se transformam em propriedade privada, a soberania do Estado é enfraquecida e perdida e, por fim, o Estado se desintegra por dentro e é subvertido por fora...

287. Há uma distinção entre as decisões do monarca e sua execução e aplicação, ou em geral entre suas decisões e a execução continuada ou manutenção de decisões passadas, leis existentes, regulamentações, organizações para assegurar os fins comuns, e assim por diante. Essa tarefa de meramente agrupar o particular no universal está contida no Poder Executivo, que também inclui os poderes do judiciário e da polícia...

288. Interesses particulares que são comuns a todos estão incluídos na sociedade civil e situam-se fora do interesse absolutamente universal do próprio Estado... A administração deles está nas mãos das Corporações... comerciais e profissionais, bem como municipais, e seus funcionários, diretores, administradores e outros... Sua autoridade baseia-se na confiança do conjunto dos membros da corporação e iguais profissionais. Por outro lado, entretanto, esses círculos de interesses particulares devem ser subordinados aos interesses mais elevados do Estado, e por isso as posições de responsabilidade nas Corporações, etc. serão preenchidas mediante uma mistura de eleição popular por aqueles interessados com nomeação e ratificação por autoridade superior...

297. Os funcionários públicos e os membros do executivo constituem a maior parte da classe média, a classe em que estão fundadas a consciência do direito e a inteligência desenvolvida da massa do povo. O soberano atuando na classe média pelo lado de cima e os direitos das Corporações atuando nela pelo lado de baixo, são as instituições que a impedem, com efeito, de adquirir a posição isolada de uma aristocracia e de usar sua educação e habilidade como meios para uma tirania arbitrária...

298. A legislatura se ocupa (a) das leis como tal na medida em que requerem determinação fresca e ampliada; e (b) do teor de assuntos internos que afetam todo o Estado...

299... O objeto próprio da legislação universal pode ser diferenciado de maneira geral da função própria dos funcionários administrativos ou de algum tipo de regulamentação do Estado, porque o conteúdo do primeiro é totalmente universal, isto é, leis determinadas, ao passo que é aquilo que é particular em conteúdo que incide no último... Essa distinção, entretanto, não é rígida e inalterável, porque uma lei, ao ser uma lei, é *ab initio* algo mais que uma mera ordem em termos gerais... Uma lei deve ser em si mesma algo determinado, mas quanto mais determinada for, mais prontamente seus termos são capazes de ser executados tal como estão. Ao mesmo tempo, entretanto, dar às leis essa determinação tão plenamente detalhada lhe daria traços empíricos sujeitos à inevitável alteração no curso de sua verdadeira execução, e isso estaria em conflito com seu caráter de lei. A unidade orgânica dos poderes do Estado implica que é um único espírito que tanto estabelece com firmeza o universal como também o põe em sua realidade determinada e o leva a cabo...

300. Na legislatura como um todo, os outros poderes são... (a) a monarquia como aquilo a que cabem as decisões supremas; (b) o executivo como corpo consultor, posto que é o momento dotado de (a) conhecimento concreto e supervisão de todo o Estado em suas numerosas facetas e os verdadeiros princípios firmemente estabelecidos dentro dele, e (b) um conhecimento em particular do que o poder do Estado necessita. O último momento na legislatura são os três estados*.

301. Os estados têm a função de trazer à vida os assuntos públicos não apenas de maneira implícita, mas também de fato, isto é, de trazer à vida o momento da liberdade formal subjetiva, a consciência pública como um universal empírico, do qual são particulares os pensamentos e opiniões da Maioria...

---

* *Estados*: no passado, em especial no feudalismo, as três classes sociais que tinham poderes políticos específicos: o clero, a nobreza e a burguesia. (N. do T.)

... A ideia suprema na mente dos homens quando falam da necessidade ou conveniência de "convocar os estados" é, em geral, algo do tipo: (a) Os deputados do povo, ou até mesmo o próprio povo, devem conhecer melhor o que é de seu melhor interesse, e (b) sua vontade para a promoção disso é, sem dúvida, a mais desinteressada... Entretanto, a verdade é que, se "povo" significa um segmento particular dos cidadãos, então significa precisamente aquele segmento que *não* sabe o que deseja. Saber o que se quer e, mais ainda, saber o que quer a vontade absoluta, a Razão, é o fruto de profunda apreensão e discernimento, precisamente as coisas que *não* são populares.

Os estados são uma garantia de bem-estar geral e de liberdade pública. Uma pequena reflexão mostrará que essa garantia não reside em seu poder particular de discernimento, porque os funcionários públicos mais altos têm necessariamente um discernimento mais profundo e mais abrangente da natureza das necessidades e da organização do Estado... Não, a garantia reside, pelo contrário, (a) no discernimento *adicional* dos deputados, discernimento, em primeiro lugar, da atividade de tais funcionários de uma forma que não está imediatamente diante dos olhos dos funcionários superiores do Estado, e, em particular, das deficiências e necessidades que são mais prementes e mais especializadas, que estão diretamente sob sua visão; (b) no fato de que a previsão da crítica da Maioria, em particular a crítica pública, tem o efeito de induzir os funcionários a dedicar sua melhor atenção de antemão a seus deveres e esquemas em consideração, e de lidar com eles apenas de acordo com os interesses mais puros. Essa mesma coerção também é efetiva sobre os membros dos próprios estados.

... Quanto à garantia geral que se supõe residir peculiarmente nos estados, cada uma das outras instituições políticas compartilha com os estados o atributo de ser uma garantia do bem-estar público e da liberdade racional...

Por isso, a função específica que o conceito atribui aos estados deve ser procurada no fato de que neles o momento subjetivo da liberdade universal – o juízo privado e a vontade privada da esfera chamada de "sociedade civil" neste livro – chega à existência integralmente relacionado com o Estado...

302. Considerados como órgãos de mediação, os estados situam-se entre o governo em geral, por um lado, e a nação fragmentada em particulares (povo e associações), por outro... São um termo médio que impede tanto o extremo isolamento do poder da coroa que, de outro modo, poderia parecer uma mera tirania arbitrária, como também o isolamento dos interesses particulares das pessoas, sociedades e Corporações. Além disso, e mais importante, impedem os indivíduos de terem a aparência de uma massa ou uma aglomeração e, assim, de adquirir uma volição e opinião não organizada e de se cristalizar num poderoso *bloco* em oposição ao Estado organizado...

303... A Maioria, enquanto unidades – uma interpretação apropriada de "povo" –, é algo interligado, mas interligado apenas enquanto aglomerado; uma massa sem forma cuja comoção e atividade apenas poderiam, portanto, ser elementares, irracionais, bárbaras e assustadoras. Quando ouvimos oradores da constituição discorrendo sobre o "povo" – esse conjunto não organizado –, sabemos desde o começo que não devemos esperar coisa alguma a não ser generalidades e declamações perversas.

Esses círculos de associação na sociedade civil já são comunidades. Retratar essas comunidades como mais uma vez fracionando-se num mero conglomerado de indivíduos tão logo entram no campo da política, isto é, no campo da universalidade concreta mais elevada, é *eo ipso* manter a vida civil e política separadas uma da outra...

305. O princípio de uma das classes da sociedade civil é em si capaz de adaptação a essa posição política. A classe em questão é aquela cuja vida ética é natural, cuja base é a vida familiar e, na medida em que diz respeito a seu meio de vida, a posse da terra. Seus membros particulares alcançam sua posição por nascimento, assim como o monarca, e, em comum com ele, possuem uma vontade que só se baseia em si mesma.

306. Essa classe está mais particularmente ajustada para a posição e significação política no sentido de que seu capital é independente, de maneira semelhante, do capital do Estado, da incerteza do negócio, da busca de lucro e de qualquer tipo de flutuação das posses. É independente, da mesma forma, do favor, seja do executivo ou do populacho. É até fortificada contra sua própria intencionalidade, porque aqueles membros dessa classe que são chamados para a vida política não têm o direito, como outros cidadãos têm, de dispor de toda sua propriedade à vontade ou da garantia de que ela será transmitida para seus filhos, a quem amam por igual, em divisões também iguais. Por isso, sua riqueza se torna inalienável, hereditária e vinculada ao direito de primogenitura.

307... Essa classe está convocada e tem direito a sua vocação política por nascimento, sem os caprichos da eleição... Enquanto se espelha em si mesma... o momento do poder monárquico, também compartilha em outros aspectos das necessidades e direitos do outro extremo (isto é, da sociedade civil) e por isso se torna um apoio ao mesmo tempo do trono e da sociedade.

308. A segunda seção dos estados abrange o elemento flutuante da sociedade civil. Esse elemento só pode entrar na política por intermédio de seus deputados; a multiplicidade de seus membros é uma razão externa para isso, mas a razão essencial é o caráter específico deste elemento e de sua atividade. Como esses deputados são os deputados da sociedade civil, conclui-se como consequência direta que sua nomeação é feita pela sociedade enquanto sociedade... Ela faz a nomeação como uma sociedade, articulada em associações, comunidades e Corporações que, embora já constituídas para outros propósitos, adquirem dessa maneira uma ligação com a política...

311. Uma outra questão sobre a eleição de deputados é que, como a sociedade civil é o eleitorado, os próprios deputados deveriam ser

conhecedores e participar de suas necessidades especiais, dificuldades e interesses particulares...

Quanto ao sufrágio popular, pode-se observar ademais que sobretudo em grandes Estados ele leva, de maneira inevitável, à indiferença eleitoral, visto que o ato de dar um único voto não tem qualquer significação onde existe uma multidão de eleitores... O resultado de uma instituição desse tipo é mais provável que seja o oposto daquele que foi tencionado; a eleição cai, em verdade, no poder de uns poucos, de um grupelho de um partido, e assim do interesse particular e contingente que é precisamente o que devia ter sido neutralizado...

314... O conhecimento dos negócios públicos... é ampliado pela publicidade dos debates dos estados.

315. A abertura dessa oportunidade de saber tem um aspecto mais universal, porque por esse meio a opinião pública alcança primeiro pensamentos que são verdadeiros e obtém discernimento da situação e do conceito do Estado e de seus assuntos, adquirindo assim a capacidade de avaliá-los de um modo mais racional. Também por esse meio, toma conhecimento, e aprende a respeitá-los, do trabalho, das habilidades, das virtudes e da destreza de ministros e funcionários...

316. A liberdade subjetiva formal dos indivíduos consiste em terem e expressarem seus próprios juízos privados, suas opiniões e recomendações sobre os assuntos de Estado. Essa liberdade se manifesta, de forma coletiva, como aquilo que se chama de "opinião pública", em que aquilo que é absolutamente universal, o substantivo e o verdadeiro, é ligado a seu oposto, às opiniões privadas e puramente particulares da Maioria. A opinião pública tal como existe é, desse modo, uma permanente contradição em si mesma...

317. A opinião pública, portanto, é um repositório não apenas de necessidades genuínas e tendências corretas da vida comum, mas também... dos princípios eternos e substantivos de justiça, do verdadeiro conteúdo e resultado da legislação, de toda a constituição e da posição geral do Estado. Ao mesmo tempo... torna-se contagiada por todos os acidentes de opinião, por sua ignorância e perversidade, por seus equívocos e falsidade de julgamento...

... O substancial, entretanto, é o coração da opinião pública e, portanto, é só com isso que ela é verdadeiramente séria. O que é o substancial, contudo, não pode ser descoberto pela opinião pública, porque sua própria substancialidade implica que só seja conhecido em si e por si...

318. A opinião pública, portanto, tanto merece ser respeitada como desprezada... Desse modo, ser independente da opinião pública é a primeira condição formal para se realizar algo de grande ou de racional, seja na vida ou na ciência...

319. A liberdade da comunicação pública... está diretamente assegurada por lei... que controla ou pune seus excessos. Mas é assegurada de maneira indireta pelo caráter inócuo que adquire como resultado, sobretudo, da racionalidade da constituição, da estabilidade do governo e, em segundo lugar, da publicidade das Assembleias dos Estados. A razão pela qual o último torna inofensivo o discurso livre é que o que é enunciado nessas Assembleias é um discernimento sólido e maduro dos interesses do Estado, com o resultado de que os membros do público geral são deixados sem nada de muita importância para dizer e, acima de tudo, são privados da opinião de que aquilo que dizem é de eficácia e importância peculiar. Uma outra salvaguarda do discurso livre é a indiferença e o desprezo que afligem rápida e necessariamente a conversa superficial e impertinente.

Definir liberdade de imprensa como liberdade de dizer e escrever o que bem se entende é análogo à afirmação de que liberdade como tal significa liberdade de fazer o que se quer...

Mas a substância da questão é e continua sendo que difamar a honra de alguém, a calúnia, o abuso, a caricatura desdenhosa do governo, de seus ministros, funcionários e, em particular, da pessoa do monarca, o desafio às leis, as incitações à rebelião, etc., são crimes ou delitos numa ou noutra de suas inúmeras graduações...

320. A subjetividade se manifesta em sua forma mais externa como solapamento da vida estabelecida do Estado pela opinião e pelo raciocínio, quando se esforçam para afirmar a autoridade de seu próprio caráter fortuito e, desse modo, levam a cabo sua própria destruição. Mas sua verdadeira realidade é alcançada no oposto disso, isto é, na subjetividade idêntica à vontade substancial do Estado, a subjetividade que constitui o conceito do poder da coroa e que, como idealidade de todo o Estado, não alcançou até esse ponto seu direito ou sua existência...

337. O bem-estar substancial do Estado é seu bem-estar como Estado particular em seu interesse específico e situação e seus não menos especiais assuntos externos, inclusive suas relações decorrentes de tratado. Seu governo, portanto, é uma questão de sabedoria particular, não de Providência universal...

Em determinado tempo foram muito discutidas a oposição entre a moral e a política, e a exigência de que a última deveria ajustar-se à primeira... O bem-estar de um Estado tem reivindicações de reconhecimento totalmente diferentes daquelas do bem-estar do indivíduo. A substância ética, o Estado, tem sua existência determinada, isto é, seu direito, encarnado diretamente em algo existente, algo não abstrato, mas concreto, e o princípio de sua conduta e comportamento só pode ser essa existência concreta e não um dos muitos pensamentos universais que se supõe serem mandamentos morais. Quando se supõe que a política se choca com a moral e, desse modo, é sempre injusta, a doutrina proposta se baseia em ideias superficiais sobre moralidade, a natureza do Estado e a relação do Estado com o ponto de vista moral...

340... Os princípios dos espíritos nacionais são totalmente restritos por conta de sua particularidade, porque é nessa particularidade que, como indivíduos existentes, eles possuem sua realidade objetiva e sua autoconsciência. Suas ações e destinos, em suas relações recíprocas, são a dialética da finitude desses espíritos, e é dela que surge o espírito universal, o espírito do mundo, livre de toda restrição, produzindo-se como aquilo que exerce seu direito – e seu direito é o direito mais supremo de todos – sobre esses espíritos finitos na "história do mundo que é o tribunal do mundo"...

343. A história do espírito é seu próprio ato. Espírito é apenas aquilo que ele faz, e seu ato é fazer-se objeto de sua própria consciência. Na história, seu ato é ganhar consciência de si enquanto espírito, apreender-se em sua interpretação de si para si...

344. No curso dessa obra do mundo, o espírito, os Estados, as nações e os indivíduos surgem animados por seu princípio determinado particular, que tem sua interpretação e realidade em suas constituições e em todo âmbito de sua vida e condição. Embora sua consciência seja limitada a isso e eles estejam absorvidos em seus interesses mundanos, são o tempo todo os instrumentos inconscientes e órgãos do espírito do mundo em atividade dentro deles. A forma que assumem passa, enquanto o espírito absoluto prepara e executa a transição para seu próximo estágio superior...

347... A história de qualquer nação histórica do mundo contém (a) o desenvolvimento de seu princípio desde seu latente estágio embrionário até florescer na liberdade autoconsciente da vida ética e entrar na história do mundo; e (b) o período de seu declínio e queda, posto que seu declínio e queda sinalizam a emergência de um princípio mais elevado, na condição de puro negativo de seu próprio. Quando isso acontece, o espírito passa para um novo princípio e assim destina outra nação para a importância histórica do mundo...

349. Uma nação não começa sendo um Estado. A transição de uma família, uma horda, um clã, uma multidão, etc. para condições políticas é a realização da Ideia na forma dessa nação. Sem essa forma, uma nação, enquanto substância ética – que é o que ela é implicitamente –, carece da objetividade de possuir, aos seus próprios olhos e aos dos outros, uma encarnação universal e universalmente válida em leis, isto é, em pensamentos determinados, e, como resultado, deixa de assegurar o reconhecimento de outros. Enquanto carecer de lei ob-

jetiva e de uma constituição racional explicitamente estabelecida, sua autonomia é apenas formal e não é soberania.

... Antes de a história começar de fato, temos, por um lado, a inocência insípida, destituída de interesse, e, por outro lado, a coragem da represália e da luta pelo reconhecimento formal...

350. É direito absoluto da Ideia ingressar na existência em leis bem delineadas e instituições objetivas... Esse direito é o direito dos heróis de fundar Estados.

351. A mesma consideração justifica nações civilizadas a considerar e tratar como bárbaras aquelas que estão atrasadas em relação a elas em termos de instituições que são os momentos essenciais do Estado... A nação civilizada é consciente de que os direitos das bárbaras são desiguais ao seu próprio e trata sua autonomia apenas como uma formalidade.

14

John Austin
1790-1859

A carreira de frustrações de John Austin começou no exército britânico. Ele tivera uma infância confortável na zona rural inglesa, como filho de um próspero moleiro de farinha de trigo de Ipswich. Alistou-se aos dezesseis anos, serviu no exterior e progrediu até obter uma patente. Mas seus gostos e modos pedantes incapacitaram-no para a vida militar. Deu baixa aos vinte e um anos e passou sete anos estudando.

Austin foi chamado para a advocacia em 1818. Embora seus professores dissessem que seria um advogado brilhante, ele tinha certas apreensões. Especializou-se em esboçar argumentos de defesa, que então estavam no auge da prolixidade e formalidade. Sua saúde não era boa em seus primeiros tempos de prática; Austin tinha uma recorrente febre debilitante que o acometia sempre que a prática da advocacia fazia exigências rigorosas, e que parecia ser agravada pela atmosfera dos tribunais e dos escritórios de advocacia. Ele era tediosamente minucioso e chegava ao ponto de tomar um cuidado extremo com detalhes insignificantes.

A atração que ele exercia sobre a bela Sarah Taylor intrigava os amigos da jovem, que ficaram muito mais surpresos quando ela se casou com esse rapaz circunspecto, em 1820. O casal montou um estabelecimento quase vizinho a James Mill, e as janelas de sua casa davam para o jardim de Jeremy Bentham, onde a filha de Austin, Lucie, brincava com John Stuart Mill.

Aos trinta e cinco anos, a saúde debilitada e a clientela que minguava levaram Austin a abandonar a prática da advocacia. No ano seguinte, entretanto, a recém-fundada Universidade de Londres ofereceu-lhe uma cátedra de direito. Suas aulas só começariam em dois anos, de modo que ele foi para a Alemanha a fim de se preparar. Logo instalou-se na Universidade de Bonn e em pouco tempo tornou-se perito em usar o alemão com precisão. Seus estudos de jurisprudência sistemática alemã reforçaram sua admiração natural pela análise cuidadosa e laboriosa e formaram a base para sua liderança em jurisprudência analítica anglo-americana. Esse interlúdio alemão foi um ponto de relevo na vida da família Austin, recebida com afeto e respeito na elite intelectual e social de Bonn.

Quando começou a lecionar, Austin encontrava-se com boa disposição e bem de saúde. Anotações que fez para as observações finais após sua primeira aula mostram que ele preferia falar de maneira informal, mas que não ousava fazê-lo; ao final de cada aula convidava alunos ao debate, esperando aprender a lecionar sem ler um roteiro. Seu estilo preciso e por demais qualificado tornava suas aulas áridas. Suas classes nunca eram grandes. A princípio, teve uma respeitosa sala cheia de jovens competentes – inclusive John Stuart Mill. Mas o curso de Austin tinha pouco a ver com o direito do dia a dia, e os estudantes movidos pela vocação optavam por estudar com um colega seu praticamente desconhecido, um certo Amos. A cadeira de Austin não tinha dotação e ele atraía poucos honorários como professor; em pouco tempo se viu sem renda, bem como sem estudantes. Em 1832, pediu demissão. Sua mulher disse que o colapso de seu ensino na universidade foi um trágico golpe do qual ele jamais se recuperou.

Após sua demissão, Austin publicou suas aulas introdutórias com o título de *The Province of Jurisprudence Determined* (1832), trechos do qual se seguem a este texto. Preocupado com o prejuízo que pensava que o editor certamente sofreria, ficou aliviado quando a edição foi toda vendida. Seus receios não eram sem fundamento; o livro foi ignorado por periódicos sérios e só vendeu após obter gradual aprovação.

Alguns amigos conseguiram para Austin um lugar numa comissão parlamentar sobre direito penal. O ano que passou com a comissão foi angustiante; Austin achava que estava virtualmente tomando dinheiro público sob falsos pretextos, porque a comissão só trabalhava num nível superficial e rejeitava seus planos de ir à raiz do assunto.

Austin teve então uma segunda chance no ensino; o Inner Temple contratou-o para dar aula sobre jurisprudência. As aulas eram uma experiência, e seu caráter experimental tirava a confiança de Austin. Os estudantes também mostravam-se apáticos para a instrução que não tivesse alguma relação com a prática. A saúde de Austin declinou. Mais uma vez, ele pediu demissão.

Em seguida, viajou a Bolonha em busca de tranquilidade barata e melhor saúde. Foi nessa época que disse para sua mulher: "Nasci fora de época. Devia ter sido um escolástico do século XII ou um professor alemão."

Após um ano e meio de recuperação, Austin aceitou uma proposta do British Colonial Office para ir a Malta na condição de Comissário Real a fim de investigar a insatisfação do populacho. Ele gostou da tarefa e desincumbiu-a bem; era solidário o bastante para compreender as queixas verdadeiras e possuía discernimento suficiente para rejeitar propostas fantásticas e queixas falsas. O Colonial Office adotou todas as suas recomendações. Mas esse trabalho também iria terminar em frustração. Todas as recomendações sobre reformas administrativas e sociais estavam sendo consideradas e Austin começava a trabalhar ansioso no sistema legal e judicial de Malta, quando, devido a mudanças na administração, foi repentinamente chamado de volta, sem maiores explicações.

Talvez seus trabalhos em Malta já fossem demais para ele; pouco tempo depois, sua saúde piorou. Com cinquenta anos de idade, Austin retornou ao continente, onde passou a maior parte da década seguinte; primeiro na cidade de Carlsbad, onde as águas pareciam fazer-lhe bem e à qual retornou durante vários verões; em seguida, em Dresden e Berlim e, por fim, em Paris. Mais uma vez, despertou respeito e encontrou companhia intelectual no continente. Eruditos alemães (inclusive Savigny) procuravam-no e, na França, foi eleito quase de imediato para o Instituto. Seu livro sobre direito se tornara um clássico. Havia muitos pedidos de uma nova edição e Austin cogitou de fazer extensas revisões e ampliação.

A revolução de 1848 expulsou os Austin da França e aumentou o medo de John de um governo popular. Eles se estabeleceram na tranquila vida inglesa, em Weybridge – próxima o bastante de Londres para as visitas ocasionais da filha, Lucie, que agora era a Sra. Duff Gordon e glamurosa figura literária secundária de mérito próprio. Ali, Austin abriu mão de todo sonho de carreira e realização. Esqueceu-se da ideia de reeditar seu livro e passou uma década suave, dedicado a seu jardim, a seus livros e à política inglesa. Sua morte foi pouco notada; não foi noticiada nos periódicos jurídicos. A viúva, Sarah, publicara várias obras de sua autoria em diversos campos literários; foi ela quem editou as aulas de Austin na Universidade de Londres, acrescentando um pesado volume à leve primeira edição publicada por seu cuidadoso e frustrado marido, que trabalhava devagar.

Sir Henry Maine, o famoso historiador de Cambridge, ressuscitou o interesse pela jurisprudência de Austin e tornou-o, talvez, a força mais influente do pensamento jurídico anglo-americano nos últimos vinte e cinco anos do século XIX.

AULAS SOBRE DIREITO*

O CAMPO DO DIREITO DETERMINADO

AULAS

Leis próprias, ou propriamente ditas, são comandos; leis que não são comandos, são leis impróprias ou impropriamente ditas. Leis propriamente assim chamadas, com leis impropriamente assim chamadas, podem ser divididas, de maneira conveniente, nos quatro seguintes tipos:

1. Leis divinas, ou leis de Deus; quer dizer, leis que foram estabelecidas por Deus para Suas criaturas humanas.
2. Leis positivas: quer dizer, leis que são simples e estritamente assim chamadas e que constituem a matéria pertinente do direito geral e particular.
3. Moralidade positiva, regras de moralidade positiva, ou regras morais positivas.
4. Leis metafóricas ou figurativas, ou apenas metafóricas ou figurativas.

As leis divinas e as leis positivas são leis propriamente ditas. – Das regras morais positivas, algumas são leis propriamente chamadas, mas outras são leis impróprias. As regras morais positivas, que são leis impropriamente ditas, podem ser denominadas leis ou regras estabelecidas ou impostas pela opinião; pois são apenas opiniões ou sentimentos tidos ou sentidos por homens em relação à conduta humana. Uma lei estabelecida por opinião e uma lei imperativa e própria são associadas apenas por analogia, mesmo sendo forte ou próxima a analogia pela qual são associadas. – Leis metafóricas ou figurativas, ou apenas metafóricas ou figurativas, são leis impropriamente ditas. Uma lei metafórica ou figurativa e uma lei imperativa e própria são associadas apenas por analogia; e a analogia pela qual são associadas é insuficiente ou remota.

Como consequência, as leis positivas (a matéria pertinente do direito) são relacionadas no tocante à semelhança, ou por próximas ou remotas analogias, aos seguintes objetos. 1. No tocante à semelhança, são relacionadas com as leis de Deus. 2. No tocante à semelhança, são relacionadas com as regras da moralidade positiva que são leis propriamente ditas; e, por uma analogia próxima ou forte, são relacionadas com as regras da moralidade positiva que são leis estabelecidas por opinião. 3. Por uma analogia remota ou insuficiente, são relacionadas com as leis metafóricas, ou leis apenas metafóricas...

AULA I

A matéria do direito é a lei positiva: a lei, simples e estritamente assim chamada; ou lei estabelecida por superiores políticos para inferiores políticos... Começo meu projetado Curso determinando o campo do direito, ou diferenciando a matéria do direito daqueles vários objetos relacionados; tentando definir o tema que pretendo tratar, antes de procurar analisar suas numerosas e complicadas partes.

Uma lei... pode-se dizer que é uma regra formulada para a orientação de um ser inteligente, tendo poder sobre ele... O termo *lei* abrange os seguintes objetos: – Leis estabelecidas por Deus para Suas criaturas humanas, e leis estabelecidas por homens para homens.

O conjunto ou uma parte das leis estabelecidas por Deus para os homens é, com frequência, denominado lei da natureza ou lei natural, sendo, em verdade, a única lei natural da qual se pode falar sem uma metáfora, ou sem uma mistura de objetos que deviam ser diferenciados de modo geral. Mas, ao rejeitar a designação de Lei da Natureza como ambígua e enganadora, chamo essas leis ou regras, consideradas de maneira coletiva ou no conjunto, de *Lei Divina* ou *lei de Deus*.

As leis estabelecidas por homens para os homens são de duas categorias principais ou dominantes...

---

* Reimpresso com permissão de John Murray, Ltd., Londres.

Das leis ou regras estabelecidas por homens para os homens, algumas são estabelecidas por superiores *políticos*, soberano e súdito; por pessoas que exercem *governo* supremo ou subordinado, em nações independentes, ou sociedades políticas independentes. O agregado das regras assim estabelecidas... é a matéria pertinente do direito... Mas contradistinguido da lei *natural*, ou da lei *da natureza* (significando essas expressões a lei de Deus), o agregado das regras, estabelecido por superiores políticos, é, com frequência, denominado lei *positiva*, ou lei que existe *por posição*...

Embora *algumas* das leis ou regras que são estabelecidas por homens para homens sejam estabelecidas por superiores políticos, *outras* não são estabelecidas por superiores políticos, ou *não* são estabelecidas por superiores políticos nessa qualidade ou nesse caráter.

Tendo estreita analogia com as leis humanas desta segunda categoria, há um conjunto de objetos denominados, com frequência, porém *impropriamente*, *leis*, sendo regras estabelecidas e impostas por *mera opinião*, isto é, pelas opiniões ou sentimentos tidos ou sentidos por um conjunto indeterminado de homens em relação à conduta humana. Exemplos de tal uso do termo *lei* são as expressões – "a lei da honra"; "a lei imposta pela moda"; regras desta espécie constituem muito daquilo que, em geral, é chamado de "lei internacional".

O agregado das leis humanas propriamente ditas, pertencendo à segunda das categorias mencionadas acima, com o agregado dos objetos denominados leis, *de maneira imprópria*, porém por *estreita analogia*, eu os reúno numa categoria comum e os designo pelo termo *moralidade positiva*. A denominação *moralidade* separa-os de *lei positiva*, ao passo que o epíteto *positiva* afasta-os da *lei de Deus*...

... Há numerosas aplicações do termo lei que se baseiam numa analogia insuficiente e são apenas metafóricas ou figurativas. Tal é o caso quando falamos das *leis* observadas pelos animais inferiores; das *leis* que regulam o crescimento e decomposição dos vegetais; das *leis* que determinam os movimentos das massas ou dos corpos inanimados. Porque onde a *inteligência* não é, ou é limitada demais para assumir o nome de *razão* e, por conseguinte, é limitada demais para conceber o propósito de uma lei, não existe a *vontade* que a lei pode influenciar, ou cujo dever pode incitar ou restringir...

As leis ou regras, propriamente ditas, são uma *espécie* de comando...

... Tentarei, em primeiro lugar, analisar o significado de "comando": ...

Se você expressa ou insinua o desejo de que eu faça ou me abstenha de algum ato, e se me infligir um mal no caso de eu não obedecer a seu desejo, a *expressão* ou *intimação* de seu desejo é um *comando*. Um comando é diferenciado de outros significados do desejo, não pela maneira como o desejo é anunciado, mas sim pelo poder e propósito da parte que comanda de infligir um mal ou um sofrimento, caso o desejo seja desconsiderado. Se você não pode ou não quer causar-me dano no caso de eu não obedecer a seu desejo, a expressão de seu desejo não é um comando, embora você exprima seu desejo numa frase imperativa. Se você é capaz e deseja causar-me dano no caso de eu não obedecer a seu desejo, a expressão de seu desejo equivale a um comando, embora você seja impelido por um espírito de cortesia a externá-lo na forma de um pedido...

Estando sujeito a que você me faça mal se não obedecer ao desejo que você expressa, sou *obrigado* ou *forçado* por seu comando, ou tenho o *dever* de obedecê-lo. Se, apesar desse mal em perspectiva, não obedeço ao desejo que você exprime, diz-se que desobedeci a seu comando, ou que violei o dever que esse comando impõe...

O mal que provavelmente incorrerá no caso de um comando ser desobedecido... é chamado, com frequência, de *sanção* ou de *imposição de obediência*...

... O mal a que a desobediência estará sujeita é denominado, com frequência, *pena*. Mas como as penas, estritamente ditas, são apenas uma *categoria* de sanção, o termo é por demais estreito para expressar o significado de maneira adequada...

... Quanto maior for o mal eventual e quanto maior for a possibilidade de se incorrer nele, maior será a eficácia do comando, e maior é a força da obrigação; ou (substituindo expressões que são exatamente equivalentes), maior é a *possibilidade* de que o comando seja obedecido, e de que o dever não seja rompido. Mas, onde houver a menor possibilidade de incorrer o menor mal, a expressão de um desejo equivale a um comando e, portanto, impõe um dever. A sanção, se quiserem, é débil ou insuficiente; mas ainda assim *existe* uma sanção e, portanto, um dever e um comando.

Alguns celebrados autores (como Locke, Bentham e, creio eu, Paley) aplicam o termo *sanção,* ou *imposição de obediência,* ao bem condicional, assim como ao mal condicional: para premiar e também para punir. Mas, com toda minha veneração habitual pelos nomes de Locke e Bentham, penso que essa extensão do termo está prenhe de confusão e perplexidade...

Se *você* expressou um desejo de que *eu* prestasse um serviço, e se ofereceu uma recompensa como motivo ou incentivo para prestá-lo, raramente se poderia dizer que *você* ordenou o serviço, nem *eu* seria, em linguagem habitual, *obrigado* a prestá-lo. Em linguagem habitual, *você* me *prometeria* uma recompensa com a condição de que eu prestasse o serviço, enquanto *eu* poderia ser *incitado* ou *persuadido* a prestá-lo pela esperança de obter a recompensa.

Por outro lado, se uma lei oferece uma *recompensa* como estímulo para se fazer algum ato, um *direito* eventual é concedido e não uma *obrigação* é imposta sobre aqueles que agirão da maneira adequada; sendo a parte *imperativa* da lei endereçada ou dirigida ao grupo ao qual requer que se dê a recompensa...

Os comandos são de duas espécies. Alguns são *leis* ou *regras.* Os outros não adquiriram um nome apropriado, nem a língua dispõe de uma expressão que os designe de modo sucinto e preciso. Portanto, devo mencioná-los tão bem como puder pelo nome ambíguo e inexpressivo de "comandos *ocasionais* ou *particulares*"...

Ora, quando obriga, *de maneira geral,* a atos ou a abstenções de uma *categoria,* um comando é uma lei ou regra. Mas quando obriga a uma abstenção ou ato *específico,* ou a atos ou abstenções que determina de forma *específica* ou *individual,* um comando é ocasional ou particular...

A afirmação que fiz, em expressões abstratas, tratarei de ilustrar agora com exemplos adequados.

Se você manda que seu criado faça uma certa incumbência, ou que *não* saia de sua casa numa certa noite, ou que se levante em tal hora numa certa manhã, ou que se levante nessa hora durante a próxima semana ou mês, o comando é ocasional ou particular. Porque o ato ou atos impostos ou proibidos são determinados ou designados de maneira específica.

Mas, se você manda *simplesmente* que levante a tal hora, ou que levante *sempre* a essa hora, ou que levante a essa hora *até novas ordens,* pode-se dizer, com propriedade, que você estabelece uma *regra* para orientação da conduta de seu criado...

Se o Parlamento simplesmente proibisse a exportação de milho, seja por um período determinado, seja por um tempo indeterminado, estabeleceria uma lei ou regra: um *tipo* ou *espécie* de atos sendo determinado pelo comando, e atos desse tipo ou espécie sendo proibidos *em geral.* Mas um comando emitido pelo Parlamento para fazer frente a uma escassez iminente e suspender a exportação do trigo *então embarcado e no porto,* não seria uma lei ou regra, embora emitido por um legislativo soberano. O comando concernente, de maneira exclusiva, a uma quantidade especificada de milho, aos atos negativos ou abstenções, impostos pelo comando, seria determinado de forma específica ou individual pela natureza determinada de seu assunto.

Emitido por uma legislatura soberana e usando a forma de lei, é provável que o comando que imaginei agora fosse *chamado* de lei. E daí a dificuldade de traçar um limite distinto entre leis e comandos ocasionais...

... *Comandos judiciais* são, em geral, ocasionais ou particulares, embora os comandos que se presume que impõem sejam, em geral, leis ou regras.

Por exemplo, o legislador manda que os ladrões sejam enforcados. Dados um roubo específico e um ladrão específico, o juiz manda que o ladrão seja enforcado, conforme o comando do legislador.

Ora, o legislador determina uma categoria ou tipo de atos; proíbe atos dessa categoria de maneira geral e indefinida; e manda, com semelhante generalidade, que a pena se siga à transgressão. O comando do legislador é, portanto, uma lei ou regra. Mas o comando do juiz é ocasional ou particular. Pois ele fixa uma pena específica, como consequência de uma ofensa específica...

Uma linha de separação diferente foi traçada por Blackstone e outros. De acordo com Blackstone e outros, uma lei e um comando particular são diferenciados da seguinte maneira. – Uma lei obriga, *de modo geral*, os membros de uma certa comunidade, ou uma lei obriga, *em geral*, pessoas de uma certa classe. Um comando particular obriga uma *única* pessoa, ou pessoas a quem determina de *maneira individual*.

Que as leis e comandos particulares não devem ser diferenciados desse modo a reflexão em breve mostrará.

Porque, *primeiro*, ordens que obrigam em geral os membros de uma certa comunidade, ou comandos que obrigam em geral pessoas de certas classes, nem sempre são leis ou regras.

... Suponhamos que o soberano emita um comando imposto por penalidades, para um luto geral por ocasião de uma calamidade pública. Ora, embora seja dirigido à comunidade como um todo, o comando mal é uma regra na acepção costumeira do termo. Porque, embora obrigue de maneira geral os membros de toda a comunidade, obriga a atos que designa de modo específico, em vez de obrigar em geral a atos ou abstenções de uma determinada categoria. Se o soberano mandasse que a roupa de seus súditos fosse *preta*, seu comando equivaleria a uma lei. Mas, se ele mandasse que os súditos a usassem numa ocasião específica, seu comando seria apenas particular.

E, *em segundo lugar*, um comando que obriga de forma exclusiva pessoas individualmente determinadas, pode, não obstante, equivaler a uma lei ou regra.

Por exemplo, um pai pode estabelecer uma *regra* para seu filho ou filhos; um tutor, para seu tutelado; um senhor, para seu escravo ou criado. E determinadas *leis* de Deus eram tão obrigatórias para o primeiro homem como são, a essa hora, para os milhões de pessoas que são seus descendentes.

... Seria simplesmente impossível fazer um sistema de deveres para cada indivíduo da comunidade; e, se fosse possível, seria inútil ao extremo. Portanto, a maioria das leis estabelecidas por superiores políticos é *geral* de dupla maneira: prescrevendo ou proibindo, em geral, atos de espécies ou tipos; e obrigando toda a comunidade ou, pelo menos, classes inteiras de seus membros.

Mas, se supomos que o Parlamento cria e concede um ofício, e que o Parlamento obriga o outorgado a prestar serviços de um certo tipo, supomos uma lei estabelecida por superiores políticos e, ainda assim, obrigando exclusivamente uma pessoa específica ou determinada...

Diz-se que as leis e outros comandos emanam de *superiores* e obrigam ou constrangem *inferiores*...

A *superioridade* é muitas vezes sinônimo de *precedência* ou *excelência*. Estamos falando de superiores em classe; de superiores em riqueza; de superiores em virtude; comparando certas pessoas com outras, e significando que as anteriores precedem ou superam as últimas em classe, em riqueza, ou em virtude.

Mas, considerado com o significado em que o compreendo aqui, o termo *superioridade* significa poder; o poder de afetar outros com mal ou sofrimento e de forçá-los por intermédio do medo desse mal a moldar sua conduta segundo seus desejos.

Por exemplo, Deus é enfaticamente *superior* ao Homem. Porque seu poder de nos afetar com sofrimento e de nos obrigar a obedecer à Sua vontade é ilimitado e irresistível.

Até certo ponto, o soberano – ou soberanos – é o superior do súdito ou do cidadão; o senhor, do escravo ou do servo; o pai, do filho.

Resumindo, todo aquele que pode *obrigar* um outro a obedecer aos seus desejos, é *superior* desse outro até onde esse poder alcança; sendo a parte que está exposta ao mal iminente, nessa mesma extensão, o *inferior*.

O poder ou superioridade de Deus é simples ou absoluto. Mas em todos ou na maioria dos casos de superioridade humana a relação de superior e inferior e a relação de inferior e superior são recíprocas. Ou (mudando a expressão) a parte que é superior, tal como é vista a partir de uma perspectiva, é inferior vista de uma outra perspectiva.

Por exemplo, até um certo alcance indefinido, porém limitado, o monarca é o superior dos governados; sendo, em seu poder geral, suficiente para impor obediência a seu desejo. Mas os governados, de modo coletivo ou em massa, também são superiores ao monarca, que é controlado no abuso de seu poder pelo medo que tem de excitar a fúria dos governados; e de provocar para a resistência ativa o poder que está adormecido na multidão.

Um membro da assembleia soberana é superior ao juiz; sendo o juiz obrigado pela lei que provém daquele corpo soberano. Mas, em sua condição de cidadão ou súdito, ele é inferior ao juiz; sendo o juiz o ministro da lei e estando armado com o poder de impô-la.

Parece, então, que o termo *superioridade* (assim como os termos *dever* e *sanção*) é sugerido pelo termo *comando*. Porque superioridade é o poder de impor obediência a um desejo...

Já indiquei, e irei descrever de maneira mais ampla adiante, as matérias impropriamente denominadas leis que *não* estão dentro do campo do direito (sendo ou regras impostas pela opinião e estritamente análogas às leis propriamente ditas, ou sendo leis assim chamadas apenas por uma aplicação metafórica do termo).

Há outras matérias impropriamente denominadas leis (não sendo comandos) que, no entanto, podem ser incluídas, de modo correto, dentro do campo do direito. Tentarei particularizá-las:

1. Atos de parte de legislaturas para *explicar* a lei positiva dificilmente podem ser chamados de leis no significado apropriado do termo. Sem operar qualquer mudança nos verdadeiros deveres dos governados, mas simplesmente declarando quais *são* esses deveres, são propriamente atos de *interpretação* feitos pela autoridade legislativa...

Muitas vezes acontece, de fato (como mostrarei no devido lugar), que leis declaratórias no nome são imperativas em efeito; sendo a interpretação legislativa, como a judicial, com frequência, enganosa; e estabelecendo nova lei sob o pretexto de explanar a antiga.

2. Leis para revogar leis, e para desobrigar de deveres existentes, também devem ser excetuadas da proposição "que leis são uma espécie de comando". Na medida em que desobrigam de deveres impostos por leis existentes, não são comando, mas sim revogações de comandos...

De forma remota ou indireta, de fato, as leis permissivas são, muitas vezes ou sempre, imperativas. Porque as partes desobrigadas de deveres recuperam liberdades ou direitos; e, portanto, deveres que satisfazem esses direitos são criados ou revividos...

3. Leis imperfeitas, ou leis de obrigação imperfeita, também devem ser excetuadas da proposição "que leis são uma espécie de comando".

Uma lei imperfeita (com o sentido em que o termo é usado pelos juristas romanos) é uma lei que precisa de uma sanção e que, portanto, não é obrigatória. Uma lei que declara que determinados atos são crimes, mas que não anexa qualquer pena ao cometimento dos atos dessa categoria, é o exemplo mais simples e mais óbvio...

Exemplos de leis imperfeitas são citados pelos juristas romanos. Mas aqui conosco, na Inglaterra, as leis declaradamente imperativas são sempre (acredito eu) perfeitas ou obrigatórias. Onde a legislatura inglesa gosta de ordenar, os tribunais ingleses presumem, de maneira não irracional, que a legislatura reclama obediência. E, se nenhuma sanção específica é anexada a uma lei dada, a sanção é fornecida pelos tribunais de justiça, de acordo com uma máxima geral que prevalece em casos desse tipo.

... Muitos dos autores sobre *costumes* e sobre a chamada *lei da natureza* anexaram um significado diferente ao termo *imperfeito*. Falando de obrigações imperfeitas, eles se referem, em geral, a deveres *que não são legais*: deveres impostos por comandos de Deus, ou deveres impostos por moralidade positiva, contradistinguidos de deveres impostos por lei positiva. Uma obrigação imperfeita, no sentido dos juristas romanos, é exatamente equivalente a nenhuma obrigação em absoluto. Pois o termo *imperfeita* indica apenas que a lei carece da sanção apropriada a leis desse tipo. Uma obrigação imperfeita, no outro sentido da expressão, é uma obrigação religiosa ou moral. O termo *imperfeita* não indica que a lei que impõe o dever precisa da sanção apropriada. Indica que a lei que impõe o dever *não* é uma lei estabelecida por um superior político; que precisa daquela sanção *perfeita*, ou daquela sanção mais segura ou mais forçosa, que é dada pelo soberano ou pelo Estado.

... Existem certas leis (propriamente ditas) que podem *parecer* não imperativas. Dessa maneira, acrescentarei algumas observações sobre leis com esse caráter dúbio.

1. Existem leis, pode-se dizer, que *apenas* criam *direitos*. E, visto que todo comando impõe um *dever*, leis dessa natureza não são imperativas.

Mas como já sugeri, e mostrarei por completo mais adiante, não existe lei alguma que *apenas* crie *direitos*. Existem leis, é verdade, que *apenas* criam *deveres*; deveres não correlacionados com direitos correlatos e que, por conseguinte, podem ser denominados *absolutos*. Mas toda lei que, de fato, concede um direito, impõe de maneira expressa ou tácita um dever *relativo*, ou um dever que se correlaciona com o direito. Se especifica o remédio a ser dado, no caso de o direito ser transgredido, impõe o dever relativo de forma expressa. Se o remédio a ser dado não for especificado, refere-se de modo tácito a uma lei preexistente e equipa o direito que pretende criar com um remédio fornecido por essa lei...

2. De acordo com certa opinião... as *leis consuetudinárias* devem ser excetuadas da proposição "que leis são uma espécie de comando".

Muitos dos admiradores das leis consuetudinárias (e, em especial, seus admiradores alemães) pensam que elas obrigam legalmente (independentemente do soberano ou do Estado), *porque* os cidadãos ou súditos as observaram ou mantiveram. Segundo essa opinião, elas não são as *criaturas* do soberano ou do Estado, embora o soberano ou o Estado possa aboli-las à vontade. De acordo com essa opinião, elas são lei positiva (ou lei estritamente dita) porquanto são impostas pelos tribunais de justiça; mas, não obstante, existem enquanto *lei positiva* pela adoção espontânea dos governados, e não por posição ou estabelecimento de parte de superiores políticos. Como consequência, as leis consuetudinárias, consideradas como lei positiva, não são comandos. E, por conseguinte, as leis consuetudinárias, consideradas como lei positiva, não são leis nem regras propriamente ditas.

Uma opinião menos obscura, mas um tanto quanto associada a essa, é tida em geral pela parte adversa; que se opõe com vigor às leis consuetudinárias, e a toda lei feita judicialmente, ou por meio de legislação judicial. De acordo com essa última opinião, toda lei feita por juiz, ou toda lei feita por juiz estabelecida por juízes *súditos*, é apenas a criatura dos juízes pelos quais é estabelecida imediatamente. Imputá-la à legislatura soberana, ou supor que retrata a vontade da legislatura soberana, é uma das *ficções* tolas ou enganosas com as quais os advogados, de todas as eras e nações, confundiram e obscureceram as verdades mais simples e mais claras.

Penso que parecerá, depois de um momento de reflexão, que cada uma dessas opiniões é infundada, que o direito consuetudinário é *im-*

perativo no significado apropriado do termo, e que toda lei feita por juiz é criatura do soberano ou do Estado.

Em sua origem, um costume é uma regra de conduta que os governados observam de maneira espontânea ou não, de acordo com uma lei estabelecida por um superior político. O costume é transformado em lei positiva quando adotado como tal pelos tribunais de justiça, e quando as decisões judiciais moldadas de acordo com ele são impostas pelo poder do Estado. Mas antes de ser adotado pelos tribunais e investido de sanção legal, é apenas uma regra da moralidade positiva; uma regra observada, em geral, pelos cidadãos ou súditos, mas que obtém a única força que se pode dizer que possui da desaprovação geral que incide sobre aqueles que a transgridem.

Ora, quando juízes transformam um costume em regra legal..., a regra legal que estabelecem é estabelecida pela legislatura soberana. Um juiz subordinado ou súdito é apenas um ministro. A porção de poder soberano que está à sua disposição é apenas delegada. As regras que ele faz obtêm sua força legal da autoridade dada pelo Estado; que o Estado pode conceder de maneira expressa, mas que em geral dá por meio de aquiescência. Pois como o Estado pode revogar as regras que ele faz e, no entanto, permite que ele as imponha pelo poder da comunidade política, sua vontade soberana de "que suas regras prevaleçam como lei" está evidenciada, de maneira clara, por sua conduta, embora não por sua declaração expressa.

... Consideradas como regras morais transformadas em leis positivas, as leis consuetudinárias são estabelecidas pelo Estado; de forma direta quando os costumes são promulgados em suas normas; de forma indireta quando os costumes são adotados por seus tribunais...

AULA II

... As Leis Divinas, ou as leis de Deus, são leis estabelecidas por Deus para Suas criaturas humanas... São leis ou regras, *propriamente* ditas.

Das Leis Divinas, ou das leis de Deus, algumas são *reveladas* ou promulgadas e outras são *ocultas*. As leis de Deus que são ocultas, muitas vezes são indicadas pelos seguintes nomes ou frases: "lei da natureza", "lei natural", "lei que se manifesta para o homem pela luz da natureza ou razão", "leis, preceitos ou ditames da religião natural".

A lei *revelada* de Deus e a porção da lei de Deus que é *oculta* manifestam-se para o homem de maneiras diferentes, ou por diferentes conjuntos de sinais.

Com referência às leis que Deus fez o favor de *revelar*, a maneira pela qual se manifestam é facilmente concebida. São comandos *expressos*, porções da *palavra* de Deus, comandos anunciados para os homens por meio da linguagem humana, e pronunciados diretamente por Deus, ou por servos que Ele envia para anunciá-los.

As Leis Divinas, que são *ocultas*, consistem em leis estabelecidas por Deus para Suas criaturas humanas, mas não por meio da linguagem humana, ou não de maneira expressa...

... Devemos procurar os muitos deveres que Deus nos impôs, as marcas ou sinais de Sua vontade que são denominados *luz da natureza*...

Mas, se Deus nos deu leis que não revelou ou promulgou, como haveremos de conhecê-las?...

As hipóteses ou teorias que tentam resolver essa questão podem ser reduzidas, penso eu, a duas.

De acordo com uma delas, há ações humanas que toda humanidade aprova, e ações humanas que todos os homens desaprovam; e esses sentimentos universais surgem, quando se pensa nessas ações, de forma espontânea, instantânea e inevitável. Sendo comuns a toda espécie humana e inseparáveis dos pensamentos dessas ações, esses sentimentos são marcas ou sinais da vontade Divina. São provas de que as ações que os excitam são prescritas ou proibidas por Deus.

A retidão ou depravação da conduta humana, sua concordância ou discordância com as leis de Deus, é inferida de imediato desses sentimentos, sem possibilidade de erro. Ele decidiu que nossa felicidade dependerá de nossa observância de Seus comandos; e é manifestamente compatível com Sua sabedoria e bondade manifesta que os conheçamos prontamente e com certeza. Dessa maneira, Ele não nos confiou à orientação de nossa lenta e falível *razão*. Ele nos dotou, de forma sábia, de *sentimentos* que nos advertem a cada passo; e nos perseguem com suas repreensões importunas quando nos desviamos do caminho de nossos deveres.

Esses sentimentos simples ou inescrutáveis têm sido comparados com aqueles que obtemos com os sentidos externos, e têm sido atribuídos a uma faculdade peculiar, chamada de *senso moral*...

A hipótese, entretanto, de um *senso moral* é expressa de outras maneiras.

As leis de Deus de que esses sentimentos são indicadores são, não raro, chamadas de *princípios práticos inatos* ou *postulados da razão prática*; ou se diz que elas estão escritas em nossos corações, pelo dedo de Seu grande Autor, em caracteres largos e indeléveis.

O *senso comum* (a mais submissa e amoldável das expressões) tem sido moldado e ajustado ao propósito de expressar a hipótese em questão. Em todas as suas decisões sobre a retidão ou pravidade de conduta (sua concordância ou discordância com a lei oculta), se diz que a espécie humana é determinada pelo *senso comum*; sendo que esse mesmo *senso comum* significa, nesse exemplo, os sentimentos simples ou inescrutáveis que tratei de descrever.

Considerados como afetando a alma quando o homem pensa sobretudo em *sua própria* conduta, esses sentimentos, sensações ou emoções são denominados, com frequência, sua *consciência*.

De acordo com a outra das teorias ou hipóteses adversas, as leis de Deus que não são reveladas ou promulgadas, precisam ser deduzidas pelo homem da bondade de Deus e das tendências das ações humanas. Em outras palavras, a benevolência de Deus, com o princípio da utilidade geral, é nosso único indicador ou guia em relação à Sua lei oculta.

Deus planeja a felicidade de todas as Suas criaturas sencientes. Algumas ações humanas fomentam esse propósito benevolente, ou suas tendências são benéficas ou úteis. Outras ações humanas são adversas a esse propósito, ou suas tendências são daninhas ou perniciosas. As primeiras que promovem esse propósito foram prescritas por Deus. As últimas, opostas a esse propósito, foram proibidas por Deus. Ele nos deu a faculdade de observar, de lembrar, de raciocinar; e, aplicando devidamente essas faculdades, podemos deduzir as tendências de nossas ações. Conhecendo as tendências de nossas ações e conhecendo Seu propósito benevolente, conhecemos Suas ordens tácitas...

A teoria é a seguinte: ... a partir dos prováveis efeitos de nossas ações sobre a maior felicidade de todos, ou a partir das tendências das ações humanas a aumentar ou diminuir este agregado, podemos inferir as leis que Ele deu, mas não expressou nem revelou.

Ora, a *tendência* de uma ação humana (como sua tendência é assim entendida) é o todo dessa tendência; a soma de suas consequências prováveis, na medida em que são importantes ou materiais; a soma de suas consequências remotas ou colaterais, bem como das diretas, na medida em que alguma de suas consequências pode influenciar a felicidade geral.

Ao tentar inferir sua tendência... não devemos considerar a ação como se ela fosse *única* e *isolada*, mas devemos olhar para a *classe* de ações à qual pertence. Não são objetos da investigação as prováveis consequências *específicas* de se praticar esse ato único, de se abster desse ato único, ou de se omitir esse ato único. A questão a ser resolvida é a seguinte: se atos dessa classe fossem praticados *em geral*, ou se fossem omitidos *em geral*, qual seria o provável efeito sobre o bem ou a felicidade geral?

Considerado por si mesmo, um ato prejudicial pode parecer útil ou inofensivo. Considerado por si mesmo, um ato útil pode parecer pernicioso.

Por exemplo, se um pobre rouba um punhado da grande quantidade de seu vizinho rico, o ato, considerado por si mesmo, é inofensivo ou positivamente bom. A pobreza de um homem é amenizada com a riqueza supérflua de um outro.

Mas suponhamos que os roubos fossem gerais (ou que o benéfico direito de propriedade estivesse exposto a invasões frequentes), e observem o resultado.

Sem segurança para a propriedade, não haveria estímulo para poupar. Sem a poupança habitual de parte dos proprietários, não haveria acumulação de capital. Sem acumulação de capital, não haveria fundos para o pagamento de salários, nem divisão de trabalho, nem máquinas requintadas e caras; não haveria qualquer desses auxílios ao trabalho que aumentam sua força produtiva e multiplicam os prazeres de todo indivíduo na comunidade. Invasões frequentes de propriedade levariam o rico à pobreza; e, o que seria um mal maior, agravariam a pobreza do pobre...

... Em outros casos, um ato ou omissão é um mal, considerado como único ou isolado; mas, considerado com o restante de sua classe, é um bem.

Por exemplo, uma punição, fato solitário, é um mal, sendo a dor infligida ao criminoso somada ao dano do crime. Mas, considerada como parte de um sistema, é útil ou benéfica. Com uma dúzia ou uma vintena de punições, milhares de crimes são prevenidos...

É verdade, portanto, em geral (pois a proposição admite exceções), que para determinar a verdadeira tendência de um ato, a abstenção dele ou omissão, devemos resolver a seguinte questão: qual seria o provável efeito sobre o bem ou a felicidade geral, se atos, abstenções ou omissões *similares* fossem gerais ou frequentes?...

... Se as tendências das ações são o indicador da vontade de Deus, conclui-se que a maioria de Seus comandos é geral ou universal. Os atos úteis que Ele prescreve e os atos perniciosos que proíbe, Ele prescreve ou proíbe para a maior parte, não isoladamente, mas por categorias; não por ordens que são particulares, ou dirigidas a casos isolados, mas por leis ou regras que são gerais e, com frequência, inflexíveis...

... Se a utilidade for nosso único indicador para os comandos tácitos de Deus, é inútil objetar sua imperfeição. Devemos até tirar o máximo proveito dela.

Se fôssemos dotados de um *senso moral*, ou de um *senso comum*, ou de uma razão prática, dificilmente interpretaríamos Seus comandos pelo princípio da utilidade geral. Se nossas almas fossem supridas de *princípios práticos inatos*, dificilmente decifraríamos Seus comandos nas tendências das ações humanas. Pois, por essa suposição, o homem seria dotado de um órgão peculiar para adquirir um conhecimento de seus deveres. Os deveres impostos por Deus seriam objetos da consciência imediata e isentos, por completo, da jurisdição da observação e da indução. Uma tentativa de deslocar essa consciência invencível e de encaixar o princípio da utilidade no lugar vago seria simplesmente impossível e um evidente absurdo. Uma tentativa de sentir o gosto ou o cheiro por força de silogismo não seria menos auspiciosa ou judiciosa.

Mas, se não somos dotados desse órgão peculiar, devemos adaptar-nos ao princípio da utilidade, jamais deixá-lo ser tão defeituoso...

Se há algum fundamento para a hipótese de um *senso moral*, esta é uma questão que examinarei a tempo numa aula futura...

... A objeção está baseada na seguinte suposição. – Que, se ajustássemos nossa conduta ao princípio da utilidade geral, toda escolha que fizéssemos entre praticar e nos abster de um ato, seria precedida de um *cálculo*; de uma tentativa de conjecturar e comparar as respectivas consequências prováveis da ação e da abstenção...

... Ao admitir essa suposição, admito sua inferência. Admito que o princípio da utilidade seria um guia defeituoso e obtuso.

Mas essa suposição é infundada...

Porque, de acordo com essa teoria, nossa conduta se amoldaria a *regras* deduzidas das tendências das ações, mas não seria determinada por um recurso direto ao princípio da utilidade geral. A utilidade seria o teste de nossa conduta, em última análise, mas não de imediato; o teste imediato das regras às quais nossa conduta se amoldaria, mas não o teste imediato das ações específicas ou individuais. Nossas regras seriam moldadas na utilidade; nossa conduta, em nossas regras...

...É claro que seria supérfluo e prejudicial preceder cada ato ou abstenção com uma conjetura e comparação das consequências. É claro que seria supérfluo, visto que o resultado desse processo seria encarnado numa *regra* conhecida. É claro que seria prejudicial, visto que o *verdadeiro* resultado seria expresso por esta regra, enquanto é provável que o processo seria defeituoso, se fosse feito de maneira irrefletida.

Falando em termos gerais, a conduta humana, inclusive a conduta humana que está sujeita às ordens Divinas, é guiada, de forma inevitável, por *regras,* ou por *princípios,* ou *máximas.*

Se nossa experiência e observação de detalhes não fossem *generalizadas*, nossa experiência e observação de detalhes poucas vezes nos serviriam na *prática*... As inferências sugeridas à nossa mente pela observação e experiência repetida são, portanto, traçadas em *princípios,* ou comprimidas em *máximas.* Estas nós as levamos prontas para uso e aplicamos a casos individuais prontamente ou sem hesitação; sem retroceder ao processo pelo qual foram obtidas; ou sem lembrar ou arrumar diante de nossas mentes as numerosas e intrincadas considerações, das quais elas são resumos de fácil manejo...

A conduta humana que está sujeita aos comandos Divinos não apenas é guiada por *regras,* mas também por *sentimentos morais* associados a essas regras.

Se eu acredito (não importa por que motivo) que atos de uma categoria ou tipo são prescritos ou proibidos por Deus, um sentimento moral ou sensação... está ligado, de maneira inseparável, em minha mente com o pensamento ou concepção de tais atos. E com isso sou instado a fazer, ou impedido de fazer tais atos, embora não perceba a razão que originou minha crença, nem lembre a regra Divina que inferi dessa razão.

Ora, se a razão em que minha crença se originou for a tendência vantajosa ou perniciosa dos atos dessa categoria, minha conduta está verdadeiramente ajustada ao princípio da utilidade geral, mas minha conduta não é determinada por um recurso direto a ela. É determinada, de forma direta, por um *sentimento* associado com atos dessa categoria, e com a regra que inferi de sua tendência...

Por exemplo, razões que são bastante satisfatórias, mas um tanto quanto numerosas e intrincadas, me convencem de que a instituição da propriedade é necessária ao bem geral. Convencido disso, estou convencido de que os roubos são perniciosos. Convencido de que os roubos são perniciosos, deduzo que Deus os proíbe por uma regra geral e inflexível.

Ora, a sequência de indução e raciocínio pela qual chego a essa regra é um tanto longa e elaborada. Mas não sou forçado a repetir o processo antes de poder saber com certeza que devo abster-me de furtar sua carteira...

... O cálculo é o guia e não o adversário do sentimento. O sentimento sem cálculo seria cego e caprichoso; mas o cálculo sem sentimento seria inerte.

Esmagar os sentimentos morais não é o campo de ação ou propósito da verdadeira teoria da utilidade...

Mas essas conclusões (como a maioria das conclusões) precisam ser consideradas com limitações.

Existem, com certeza, casos (de ocorrência comparativamente rara) em que as considerações específicas compensam ou excedem o geral... Seria nocivo afastar-se de uma regra que considerasse algum desses casos; posto que cada afastamento de uma regra tende a enfraquecer sua autoridade. Mas as consequências *específicas* que se seguiriam às nossas resoluções seriam tão importantes que o mal de se cumprir a regra poderia superar o mal de se violá-la. Olhando as razões pelas quais deduzimos a regra, seria absurdo imaginá-la inflexível. Devemos, portanto, rejeitar a *regra*; recorrer diretamente ao *princípio* sobre o qual nossas regras foram formadas; e calcular consequências *específicas* dentro do âmbito de nosso conhecimento e capacidade...

... Embora o princípio de utilidade não permitisse qualquer solução certa, a comunidade seria afortunada se suas opiniões e sentimentos fossem formados com base nele. Sendo colocadas à prova as pretensões das partes opostas por um teste inteligível, pelo menos seria possível obter um acordo pacífico para as suas diferenças... Resumindo, se o objeto de cada parte fosse medido por um padrão de utilidade, cada qual poderia comparar o valor de seu objeto com o custo de persegui-lo apaixonadamente.

Mas, se as partes fossem guiadas por seus ouvidos e não pelo princípio da utilidade; se recorressem a abstrações sem sentido ou a mitos absurdos; se falassem de "direitos do homem", ou dos "sagrados direitos dos soberanos", ou das "liberdades inalienáveis", ou da "justiça eterna e imutável", de um "contrato ou pacto original", ou dos "princípios de uma Constituição inviolável", nenhuma delas poderia comparar seu objeto com o custo de se persegui-lo apaixonadamente e tampouco saber se diferenças entre elas admitiriam um acordo pacífico. Um direito sagrado ou inalienável é, em verdade e de fato, *inestimável*; pois, visto que nada significa, não há nada com que possa ser mensurado. Partes que baseiam suas pretensões no jargão para o qual chamei a atenção, devem inevitavelmente promover seus objetos transpondo todos os obstáculos, embora seus objetos sejam palhas ou plumas quando pesadas na balança da utilidade. Tendo espalhado suas frases bombásticas e "gritado até gastar os pulmões", elas até devem pegar em armas e lutar para resolver sua diferença...

Por exemplo, se a maior parte do povo da Inglaterra tivesse pensado e raciocinado com o Sr. Burke, se estivesse imbuída do espírito de seus argumentos e tivesse entendido o alcance deles, sua guerra desnecessária e desastrosa com suas colônias americanas teria sido abafada na origem. A maioria estúpida e enraivecida que se atirou nessa guerra odiosa só conseguiu perceber e discursar sobre a *soberania* da mãe-pátria e seu chamado *direito* de cobrar tributos de seus súditos coloniais...

... Se surgir uma diferença séria entre nós e a Irlanda, é provável que haja uma tentativa de nos forçar à mesma bobagem. Mas são tais os progressos que a razão fez nesse intervalo, que espero não a engulamos com o mesmo apetite de nossos bondosos ancestrais. É provável que nos ocorra perguntar se vale a pena mantê-la e se vale a pena mantê-la ao custo de uma guerra...

AULA III

... Se as Leis Divinas precisam ser deduzidas das tendências das ações, como podem aqueles que são obrigados a cumpri-las conhecê-las de maneira plena e correta?

São tão numerosas as categorias de ações com as quais essas leis se relacionam que nenhuma mente isolada pode observar o conjunto dessas categorias e examinar por completo suas tendências respectivas. Se cada homem individual tiver de aprender suas respectivas tendências... em muitas ou na maioria das ocasiões que exigem que ele aja ou se abstenha, será forçado ao perigoso processo de calcular consequências específicas.

Além disso, o ético, como outro saber, "vem com a oportunidade de lazer"; e como a maioria está ocupada em ganhar os meios de sustento, é incapaz de explorar o campo da ética e de aprender seus numerosos deveres, aprendendo as tendências das ações...

Na medida em que lei e moralidade são o que *deviam* ser..., as regras legais e morais foram formadas sobre o princípio da utilidade... Mas... não é necessário que todos aqueles aos quais elas obrigam, conheçam ou atentem para o processo através do qual foram obtidas. Se todos aqueles a quem elas obrigam cumprirem-nas ou observarem-nas, os fins para os quais elas existem foram realizados de maneira suficiente...

... Se um sistema de direito ou de moralidade fosse formado à exatidão para a utilidade, todas as suas *regras* componentes poderiam ser conhecidas por todos ou pela maioria. Mas todas as numerosas *razões* nas quais o sistema se basearia dificilmente poderiam ser entendidas por alguém; ao passo que a maioria teria de limitar suas investigações a algumas dessas numerosas razões; ou, sem uma tentativa de examinar as razões, teria de receber o conjunto das regras pelo ensinamento e exemplo de outros.

Mas essa inconveniência não é peculiar à lei e à moralidade. Ela se estende a todas as ciências e a todas as artes...

Nas ciências matemáticas e físicas, e nas artes que são fundamentadas nelas, podemos, em geral, confiar nas conclusões que aceitamos da autoridade. Porque os peritos nessas ciências e artes concordam, na maioria das vezes, em seus resultados e não sofrem a tentação de enganar os ignorantes com erros...

Mas, infelizmente, o caso é diferente com a importante ciência da ética e também com as várias ciências – tais como a legislação, a política e a economia política – que têm uma íntima relação com a ética. Aqueles que investigaram ou aspiraram investigar a ética, raras vezes foram imparciais e, por conseguinte, diferiram em seus resultados... Em suma, foram mais advogados que pesquisadores...

Muitas das regras legais e morais que prevalecem na maioria das comunidades civilizadas, baseiam-se no costume bruto e não na razão do homem. Elas foram tomadas de gerações precedentes sem exame e estão profundamente impregnadas de barbárie...

... Estou firmemente convencido de que esses obstáculos irão desaparecer de maneira gradual... Em toda comunidade civilizada do Velho e Novo Mundo, os *princípios condutores* da ciência da ética e também das várias ciências que têm íntima relação com a ética estão, pouco a pouco, encontrando seu caminho, em companhia de outros conhecimentos, entre a grande massa do povo; enquanto aqueles que estudam de forma acurada e que trabalham para fazer progredir essas ciências estão proporcionalmente aumentando em número e se desenvolvendo em zelo e atividade...

A multidão tem plena competência para conceber os *princípios condutores* e aplicar esses princípios condutores a casos particulares. E, se ela estiver imbuída desses princípios e for experiente na arte de aplicá-los, será dócil para a voz da razão e estará protegida contra o sofisma e o erro...

Se a utilidade for o teste imediato da lei positiva e da moralidade, é simplesmente impossível que a lei positiva e a moralidade estejam livres de defeitos e erros...

Porque, *primeiro*, a lei positiva e a moralidade, formadas no princípio da utilidade, são obtidas por observação e indução a partir das tendências das ações humanas... Como consequência, até que essas ações sejam assinaladas e classificadas com perfeita inteireza, e até que seus efeitos sejam observados e apurados com semelhante inteireza, a lei positiva e a moralidade, formadas no princípio da utilidade, devem ser mais ou menos defeituosas e mais ou menos errôneas. E, sendo essas ações infinitamente várias e sendo seus efeitos infinitamente diversificados, o trabalho de classificá-los por completo e de compilar seus efeitos por completo transcende as faculdades limitadas de seres criados e finitos...

E, *em segundo lugar*, se a utilidade for o teste imediato da lei positiva e da moralidade, os defeitos e erros da ética *popular* ou *vulgar* dificilmente irão admitir um remédio... A maioria das máximas éticas que governam os sentimentos da multidão deve ser tirada, sem exame, da autoridade humana. E onde está a autoridade *humana* com a qual podem contar com segurança?... Encontramos máximas conflitantes ensinadas com igual confiança e recebidas com igual docilidade. Encontramos os guias da multidão movidos por interesses sinistros, ou por preconceitos que são o produto desses interesses. Nós os encontramos reprimindo a investigação, de acordo com a medida de seus meios: defendendo com fogo e espada, ou com sofisma, declamação e calúnia, os dogmas teológicos e éticos que impõem sobre seus prostrados discípulos...

Em primeiro lugar, a *difusão* da ciência ética entre a maior parte da espécie humana vai, pouco a pouco, remover os obstáculos que impedem ou retardam seu *progresso*...

Em segundo lugar, embora a maioria tenha de confiar na autoridade para uma série de verdades subordinadas, ela é competente para examinar os elementos que são os fundamentos da ciência da ética e para inferir as mais significativas das consequências práticas derivadas.

E, *em terceiro lugar*, à medida que a ciência da ética avança e se liberta da obscuridade e das incertezas, aqueles que são privados da oportunidade de examinar extensamente a ciência encontrarão uma autoridade, na qual poderão confiar de forma racional, na concordância unânime ou geral da pesquisa e de pesquisadores imparciais.

AULA IV

Em minha última aula, tentei responder a uma objeção que pode ser levantada contra a teoria da utilidade...

Mas essa resposta... admite que a lei e a moralidade moldadas no princípio da utilidade são inevitavelmente defeituosas e errôneas; que, se as leis estabelecidas por Deus tiverem de ser interpretadas pelo princípio da utilidade, o sistema de ética mais perfeito que a inteligência do homem poderia conceber seria uma cópia parcial e imprecisa do modelo ou original Divino.

E isso (pode-se argumentar) refuta a teoria que torna o princípio da utilidade o indicador da vontade Divina. Porque não condiz com a conhecida sabedoria e a conhecida benevolência de Deus, que Ele indicasse, de maneira defeituosa e obscura, Suas ordens para aqueles aos quais elas são obrigatórias...

Devido a causas que são ocultas para a compreensão humana, todas as obras de Deus expostas à observação humana são amalgamadas com imperfeição ou mal. O fato de Deus expressar Suas ordens de forma defeituosa e obscura está estritamente em harmonia ou uníssono com o restante de Seus mandamentos inescrutáveis...

A objeção se fundamenta na suposta inconsistência do mal com Sua perfeita sabedoria e bondade. Mas a noção ou ideia de mal ou imperfeição está incluída nas noções correlatas de lei, dever e sanção. Porque, visto que toda lei impõe uma restrição, toda lei é um mal por si mesma; e, a menos que seja obra de maldade ou provenha de consumada loucura, também supõe um mal que está destinada a impedir ou remediar. A lei, como a medicina, é um preventivo ou remédio do *mal*; e, se a palavra fosse livre do mal, a noção e o nome seriam desconhecidos...

... Reconciliar a existência do mal com a sabedoria e a bondade de Deus é uma tarefa que ultrapassa os poderes de nossa estreita e frágil compreensão. Trata-se de uma profundidade que nossa razão é curta demais para sondar...

Ora, se rejeitamos a *utilidade* como o indicador das ordens de Deus, devemos concordar com a teoria ou a hipótese que supõe um *senso moral*...

A primeira das duas suposições incluídas na hipótese em questão pode ser exposta, em expressões gerais, da seguinte maneira:

Certos sentimentos ou sensações de aprovação ou desaprovação acompanham nossas concepções de certas ações humanas. Não são efeitos de reflexão sobre as tendências das ações que os excitam, nem são efeitos da educação. Uma concepção de alguma dessas ações seria acompanhada por alguns desses sentimentos, embora não tivéssemos notado sua tendência boa ou má, nem soubéssemos das opiniões dos outros com relação a ações dessa categoria...

Que esses sentimentos inescrutáveis são sinais da vontade Divina, ou são provas de que as ações que os excitam são prescritas ou proibidas por Deus, é a segunda das duas suposições envolvidas na hipótese em questão...

... Não podemos confundir as leis que Deus prescreveu para a humanidade, embora muitas vezes possamos ser seduzidos pelas lisonjas da presente vantagem a sair do caminho simples de nossos deveres. A compreensão jamais está errada, embora a vontade possa ser frágil.

Mas aqui surge uma pequena questão: há algum *indício* de que somos dotados de sentimentos desse tipo?

O fato de ser possível esta questão, ou de ser seriamente cogitada e indagada, pareceria por si mesmo uma prova suficiente de que *não* somos dotados desses sentimentos. – De acordo com a hipótese de um senso moral, somos conscientes dos sentimentos que indicam as ordens de Deus, assim como somos conscientes da fome ou da sede... Se eu fosse, de fato, dotado de sentimentos ou sensações dessa espécie, não poderia mais questionar a sério se os possuo ou não, e não poderia misturá-los e confundi-los com meus outros sentimentos e sensações mais do que posso questionar seriamente a existência de fome ou de sede, ou posso confundir a sensação que me afeta quando estou faminto com a sensação diferente que me afeta quando estou sedento...

Os dois argumentos correntes em favor da hipótese em questão são formulados nas seguintes afirmações. 1. Os juízos que fazemos internamente sobre a retidão ou depravação das ações são imediatos e involuntários. Em outras palavras, nossos sentimentos morais ou sensações surgem, de forma direta e inevitável, com nossas concepções das ações que os excitam. 2. Os sentimentos morais de todos os homens são precisamente iguais.

Ora, a primeira dessas venturosas asserções não é verdade universal. Em inúmeros casos, os juízos que fazemos em nosso íntimo sobre a retidão ou depravação das ações são hesitantes e lentos. E, com frequência, ocorre de não conseguirmos chegar a uma conclusão, ou de ficarmos em total incerteza para determinar se elogiamos ou censuramos.

E, admitindo que nossos sentimentos morais são sempre instantâneos e inevitáveis, isso não demonstra que nossos sentimentos morais sejam instintivos. Sentimentos que são factícios, ou gerados por meio de associação, não são menos imediatos e involuntários do que sentimentos que são instintivos e inescrutáveis...

... Afirmou-se, de maneira audaciosa... que os sentimentos morais de todos os homens são precisamente iguais.

O argumento... pode ser exposto, em termos resumidos, da seguinte maneira. – Nenhuma opinião ou sentimento que resulta de observação e indução é tido ou sentido por toda a humanidade. A observação e a indução, aplicadas ao mesmo objeto, levam diferentes homens a diferentes conclusões. Mas os juízos que são feitos no íntimo sobre a retidão ou depravação das ações, ou os sentimentos morais ou sensações que as ações excitam, são precisamente iguais em todos os homens. Como consequência, nossos sentimentos morais ou sensações não foram obtidos por nossas induções das tendências das ações que os excitam; tampouco esses sentimentos ou sensações foram obtidos por induções de outros, e depois gravados em nossa mente pelo exemplo e autoridade humana. Por conseguinte, nossos sentimentos morais são instintivos, ou são fatos fundamentais ou inescrutáveis.

... Ainda que os sentimentos morais de todos os homens fossem precisamente iguais, não se concluiria que os sentimentos morais são instintivos.

Mas... sentimentos morais respectivos de diferentes eras e nações, e de diferentes homens na mesma era e nação, diferenciaram-se ao infinito. Essa proposição é tão notoriamente verdadeira, e os fatos sobre os quais se baseia são tão familiares de toda mente instruída, que não estaria tratando meus ouvintes com o devido respeito se tentasse estabelecê-la por prova...

... Afirmar que "são iguais para todos os homens" é apenas arriscar uma afirmação audaciosa contestada por fatos notórios. Se são diferentes em homens diferentes, conclui-se que Deus não estabeleceu uma regra *comum* para os homens. Se são diferentes em homens diferentes, não existe um teste *comum* da conduta humana; não existe um teste pelo qual um homem possa provar a conduta de outro. Seria loucura e presunção *minhas* fazer um julgamento de *você*. Aquilo que seria depravação em *mim* pode, que eu saiba, ser retidão em *você*...

... Com referência a ações de algumas categorias, os sentimentos morais da maioria, embora não de todos os homens, têm sido iguais. Mas, com referência a ações de outras categorias, seus sentimentos morais têm divergido, através de cada matiz ou grau, da leve diferença para a oposição direta.

E é isso que se pode esperar, quando se supõe que o princípio da utilidade geral é nosso único guia ou indicador das ordens tácitas de Deus. O fato concorda à exatidão com essa hipótese ou teoria. Porque, primeiro, as posições em que os homens estão, em diferentes eras e nações, são, em muitos aspectos, bastante diferentes; de onde se conclui, de modo inevitável, que muito do que foi útil lá e então, seria inútil aqui e agora. E, em segundo lugar, como os gostos humanos são vários e como a razão humana é falível, os sentimentos morais dos homens devem, com frequência, ser bastante diferentes, até mesmo em relação a circunstâncias em que suas posições são iguais. Mas, com referência a ações de algumas categorias, os ditames da utilidade são os mesmos em todos os tempos e lugares, e também são tão óbvios que mal admitem erro ou dúvida. E daí decorreria naturalmente que é fato o que a observação nos mostra: a saber, uma semelhança geral, com infinita variedade, no sistema de direito e da moralidade, que, em verdade, prevaleceu no mundo...

Ora (falando em termos gerais), toda pessoa individual é o melhor juiz possível de seus próprios interesses, do que lhe afetará com os maiores prazeres ou sofrimentos. Comparado com sua íntima consciência de seus próprios interesses peculiares, seu conhecimento dos interesses dos outros é vaga conjetura.

Como consequência, o princípio da utilidade geral exige, de forma imperiosa, que essa pessoa cuide, em geral, mais de seus próprios interesses do que dos outros; que ela não negligencie, de praxe, aquilo que conhece com precisão a fim de poder procurar habitualmente o que conhece de forma imperfeita...

O princípio da utilidade geral não exige de nós que, sempre ou de maneira habitual, pretendamos o bem geral; embora o princípio da utilidade geral exija de nós que nunca procuremos nosso próprio bem peculiar por meios que são incompatíveis com esse objetivo supremo.

Por exemplo: o homem que cava ou tece, cava ou tece para pôr dinheiro em sua carteira, e não com o propósito ou o pensamento de promover o bem-estar geral. Mas, ao cavar ou tecer, ele contribui para a soma de mercadorias e, portanto, promove esse bem-estar geral, que não é, e não deveria ser, sua finalidade prática. A utilidade geral não é seu motivo para a ação. Mas sua ação se harmoniza com a utilidade considerada como padrão de conduta; e, quando posta à prova pela utilidade considerada como o teste de conduta, sua ação merece aprovação...

Mesmo quando a utilidade requer que a benevolência seja nosso motivo, em geral pede que sejamos determinados por benevolência parcial em vez de geral; por amor ao círculo mais estreito que é formado pela família e parentes, em vez de por simpatia para com o círculo mais amplo que é formado por amigos ou conhecidos; por simpatia para com amigos e conhecidos, em vez de por patriotismo; por patriotismo ou amor pelo país, em vez de pela humanidade maior que abrange a espécie humana...

AULA V

... A *ciência do direito*... se ocupa das leis positivas... consideradas sem relação com sua bondade ou maldade.

A moralidade positiva, considerada sem relação com sua bondade ou maldade, *podia* ser objeto de uma ciência intimamente análoga ao direito... Apenas num de seus ramos (... o direito internacional) ...a moralidade positiva... tem sido tratada pelos autores de maneira científica ou sistemática...

A *ciência da ética*... pode ser definida da seguinte maneira – aspira determinar o teste da lei positiva e da moralidade, ou aspira determinar os princípios sobre os quais eles devem ser moldados a fim de que possam merecer aprovação...

A ciência da ética... consiste em dois departamentos: um que se relaciona de maneira específica com a lei positiva, o outro que se relaciona especificamente com a moralidade positiva. O departamento que se relaciona de forma específica com a lei positiva é denominado, em geral, ... *legislação*. O departamento que se relaciona, de modo específico, com a moralidade positiva é denominado, em geral, ... *moral*...

... Toda lei positiva... é estabelecida por uma pessoa soberana, ou por um conjunto soberano de pessoas, para um membro ou membros da sociedade política independente na qual essa pessoa ou conjunto de pessoas é soberano ou supremo. Ou (mudando a expressão) é estabelecida por um monarca, ou um grupo soberano, para uma pessoa ou pessoas num estado de sujeição a seu autor...

... Das regras morais positivas que são leis propriamente ditas, e não são estabelecidas por homens em estado de sujeição, algumas são estabelecidas por homens que vivem no estado negativo denominado estado de natureza ou estado de anarquia; quer dizer, por homens que *não* estão no estado denominado estado de governo, ou *não* são membros, soberanos ou súditos, de nenhuma sociedade política...

... Um homem que vive num estado de natureza pode impor uma lei imperativa; embora, como o homem *está* num estado de natureza, não possa impor a lei na condição de soberano e não possa impor a lei em consequência de um direito legal. E, sendo a lei *imperativa* (e, portanto, derivando de uma fonte *determinada*), é uma lei propriamente dita; embora, por falta de um autor soberano próximo ou remoto, não seja uma lei positiva, mas sim uma regra de moralidade positiva.

... Como nenhum governo supremo está em estado de sujeição em relação a outro, uma lei imperativa estabelecida por um soberano para outro soberano não é estabelecida por seu autor na qualidade de superior político. Nem é estabelecida por seu autor em consequência de um direito legal; porque todo direito legal é concedido por um governo supremo, e é concedido para uma pessoa ou pessoas num estado de sujeição em relação a quem concede. Como consequência, uma lei imperativa estabelecida por um soberano para outro soberano não é uma lei positiva ou lei estritamente dita. Mas, sendo *imperativa* (e, por conseguinte, procedendo de uma fonte *determinada*), equivale a uma lei no significado próprio do termo, embora seja pura ou simplesmente uma regra de moralidade positiva.

Se forem estabelecidas por súditos na condição de pessoas privadas, e não forem estabelecidas por seus autores em consequência de direitos, as leis seguintes são exemplos de regras do terceiro tipo; a saber, leis imperativas estabelecidas pelos pais para os filhos; leis imperativas estabelecidas pelos senhores para os servos; leis imperativas estabelecidas pelos credores para os devedores; leis imperativas estabelecidas por patronos para parasitas. Sendo *imperativas* (e, portanto, provindo de fontes *determinadas*), as leis precedentes são leis propriamente chamadas; embora, se forem estabelecidas por súditos na condição de pessoas privadas e não forem estabelecidas por seus autores em consequência de direitos legais, elas não sejam leis positivas, mas sim regras de moralidade positiva.

Por outro lado, um clube ou sociedade, ao expressar sua vontade coletiva por uma votação de seus membros reunidos, aprova ou faz uma lei para ser cumprida por seus membros individualmente, sob pena de exclusão de suas reuniões. Ora, se for feita por súditos na condição de pessoas privadas e não for feita por seus autores em consequência de um direito, a lei votada e aprovada pelos membros reunidos do clube é outro exemplo de regras do terceiro tipo. Se for feita por súditos como pessoas privadas e não for feita por seus autores em consequência de um direito, não é uma lei positiva ou uma lei estritamente assim chamada. Mas, sendo uma lei *imperativa* (e sendo *determinado*, portanto, o conjunto pelo qual é estabelecida), pode ser denominada *lei* ou *regra* com absoluta precisão e propriedade, embora seja pura ou simplesmente uma regra de moralidade positiva.

As regras positivas morais que são leis impropriamente ditas, são *leis estabelecidas* ou *impostas por opinião geral*; quer dizer, pela opinião geral de alguma classe ou alguma sociedade de pessoas. Por exemplo, algumas são estabelecidas ou impostas pela opinião geral de pessoas que são membros de uma profissão ou ocupação; outras pela opinião de pessoas que habitam uma cidade ou província; outras pela opinião de uma nação ou por uma sociedade política independente; outras, pela opinião de uma sociedade maior formada por várias nações.

Algumas espécies de leis que são estabelecidas por opinião geral obtiveram nomes apropriados. – Por exemplo, existem leis ou regras impostas sobre cavalheiros pelas opiniões correntes entre cavalheiros. E estas são denominadas, em geral, *regras da honra*. – Existem leis ou regras impostas sobre pessoas da moda pelas opiniões correntes no mundo da moda. E estas são denominadas, em geral, *leis ditadas pela moda*. – Existem leis que dizem respeito à conduta das sociedades políticas independentes em suas várias relações entre si; ou, melhor, existem leis que dizem respeito à conduta de soberanos ou governos supremos em suas várias relações entre si. E as leis ou regras dessa espécie que são impostas sobre nações ou soberanos pelas opiniões correntes entre as nações, são denominadas, em geral, *leis das nações* ou *direito internacional*.

Ora, uma lei estabelecida ou imposta por opinião geral é uma lei impropriamente dita. É denominada *lei* ou *regra* por uma extensão analógica do termo... Certo conjunto *indeterminado* ou agregado *incerto* de pessoas vê um tipo de conduta com um sentimento de aversão ou afeição... Em *consequência* dessa opinião, é provável que elas ou algumas delas fiquem descontentes com um grupo de pessoas que siga ou não esse tipo de conduta. E, em *consequência* desse descontentamento, é provável que *algum grupo* (sendo indeterminado *qual grupo*) castigue esse outro grupo, causando-lhe um ou outro mal.

O conjunto por cuja opinião se diz que a lei foi estabelecida, não *manda*, de maneira expressa ou tácita, que uma conduta de um dado tipo seja evitada ou seguida...

Pelas razões precedentes, conclui-se que uma chamada lei estabelecida por opinião geral não é uma lei no significado próprio do termo. Também se conclui, pelas mesmas razões, que ela não está equipada com uma sanção e não impõe um dever na acepção própria das expressões. Porque uma sanção propriamente dita é um mal anexado a um comando. E dever propriamente dito é um estado de sujeição aos males desse tipo.

Mas uma assim chamada lei estabelecida por opinião geral possui íntima analogia com uma lei no significado próprio do termo. E, como consequência, a chamada sanção com a qual a primeira é equipada e o chamado dever que o primeiro impõe possuem íntima analogia com uma sanção e um dever na acepção própria dos termos...

... O caráter ou diferença essencial de uma lei imposta por opinião é o seguinte: que a lei não é um *comando*, emitido de forma expressa ou tácita, mas é apenas uma *opinião* ou *sentimento*, relacionado com certo tipo de conduta, que é tido ou sentido por um conjunto incerto ou por um grupo determinado de pessoas... A opinião ou sentimento é apenas uma opinião ou sentimento, embora submeta um transgressor à possibilidade de um mal consequente, podendo até levar a um comando concernente a uma conduta desse tipo.

Há apenas a seguinte diferença entre a opinião ou sentimento do conjunto indeterminado e a opinião ou sentimento do grupo de pessoas precisamente determinado. – O grupo de pessoas determinado com precisão é *capaz* de emitir um comando em consequência da opinião ou sentimento. Mas o conjunto incerto não é. Porque, sendo, em essência, incapaz de conduta combinada ou coletiva, não pode, enquanto conjunto, expressar um anseio ou desejo e não pode, enquanto conjunto, ter uma intenção ou propósito...

O conjunto ou agregado de leis que pode ser denominado lei de Deus, o conjunto ou agregado de leis que pode ser denominado lei positiva e o conjunto ou agregado de leis que pode ser denominado moralidade positiva às vezes *coincidem*, às vezes *não* coincidem e às vezes *divergem*.

... O ato de matar que é denominado *assassinato* é proibido pela lei positiva de toda sociedade política; também é proibido por uma assim chamada lei que a opinião geral da sociedade estabeleceu ou impôs; também é proibido pela lei de Deus conhecida através do princípio da utilidade. O assassino comete um crime, ou viola uma lei positiva; comete uma imoralidade convencional, ou viola uma assim chamada lei que a opinião geral estabeleceu; comete um pecado, ou viola uma lei de Deus. Ele está sujeito à punição, ou a algum outro mal, a ser infligido por autoridade soberana; está sujeito ao ódio e aos maus ofícios espontâneos da generalidade ou da maior parte da sociedade; está sujeito ao mal ou ao sofrimento a ser padecido aqui ou no futuro por determinação imediata de Deus.

Um desses conjuntos de leis *não* coincide com outro quando atos que são prescritos ou proibidos pelo primeiro não são prescritos ou proibidos pelo segundo. Por exemplo, embora o contrabando seja proibido pela lei positiva e (falando em termos gerais) não seja menos pernicioso do que o roubo, ele não é proibido pelas opiniões ou sentimentos dos ignorantes ou estouvados. Onde o imposto ou tributo é em si de tendência perniciosa, dificilmente o contrabando é proibido pelas opiniões ou sentimentos de alguém e, por conseguinte, é praticado por alguns sem a mais leve vergonha ou sem o mais leve medo de incorrer em censura geral...

... A prática do duelo é proibida pela lei positiva. Também está em contradição com a lei que é acatada na maioria dessas nações como tendo sido estabelecida por Deus por meio de revelação expressa. Mas, apesar da lei positiva e apesar de suas convicções religiosas, um homem da classe dos cavalheiros pode ser forçado pela lei da honra a fazer ou aceitar um desafio. Se se abstiver de fazê-lo, ou se declinar um desafio, pode incorrer no desprezo geral dos cavalheiros ou homens de honra, e pode encontrar menoscabos e insultos suficientes para amargurar sua existência...

Essas considerações simples e óbvias para as quais chamei a atenção agora são, com frequência, negligenciadas pelos legisladores... Eles esquecem que a lei positiva pode ser supérflua ou impotente e, por conseguinte, pode não levar a coisa alguma, a não ser uma vexação puramente gratuita. Esquecem que os sentimentos morais ou religiosos da comunidade podem suprimir a prática de maneira tão completa quanto podem ser suprimidos; ou que, se a prática é favorecida por esses sentimentos morais ou religiosos, o medo mais forte possível que os sofrimentos legais conseguem inspirar podem ser dominados por um medo mais forte de outras e conflitantes sanções.

Em consequência da frequente coincidência de lei positiva e moralidade, e de lei positiva e lei de Deus, a verdadeira natureza e fonte da lei positiva é muitas vezes confundida, de maneira absurda, por autores de obras jurídicas. Onde a lei positiva foi moldada na moralidade positiva, ou onde a lei positiva foi moldada na lei de Deus, eles esquecem que a cópia é a criatura do soberano e a atribuem ao autor do modelo.

Por exemplo, as leis consuetudinárias são leis positivas moldadas por legislação judicial sobre costumes preexistentes. Ora, até se tornarem as bases de decisões judiciais sobre casos e serem providos de sanções legais pelo soberano ou grupo de pessoas soberanas, os costumes são apenas regras estabelecidas pelas opiniões dos governados, e sancionadas ou impostas moralmente; embora, quando se tornam as razões de decisões judiciais, e são providos de sanções legais pelo soberano ou grupo de pessoas soberanas, os costumes sejam regras da lei positiva, bem como da moralidade positiva. Mas, como os costumes eram observados pelos governados antes de serem providos de sanções pelo soberano ou grupo de pessoas soberanas, imagina-se que as leis consuetudinárias existem *enquanto leis positivas* pela instituição de pessoas privadas com as quais os costumes se originaram. – Admitindo-se a presunção e raciocinando por analogia, devíamos considerar o soberano o autor da moralidade positiva que muitas vezes é uma consequência da lei positiva. Onde uma lei positiva, não formada num costume, é recebida de maneira favorável pelos governados, e é imposta por suas opiniões ou sentimentos, devemos julgar que a assim chamada lei, estabelecida por essas opiniões ou sentimentos, é uma lei imperativa e própria do político supremo.

Por outro lado, supõe-se, com frequência, que a porção da lei positiva que é uma parcela da *lei da natureza* (ou, na linguagem dos juristas clássicos, que é parcela do *jus gentium*), provenha, mesmo como lei positiva, de uma fonte Divina ou Natural. Mas (admitindo-se a distinção de lei positiva em lei natural e lei positiva) é evidente que a lei natural, considerada como parte da positiva, é a criatura de soberanos humanos, e não do monarca Divino. Dizer que ela provém, como lei positiva, de uma fonte Divina ou Natural, é confundir a lei positiva com a lei sobre a qual ela é moldada, ou com a lei a qual ela se ajusta...

A analogia entre uma lei própria e a lei que a opinião impõe reside sobretudo no seguinte ponto de semelhança. No caso de uma lei estabelecida por opinião, bem como no caso de uma lei propriamente dita, um ser ou seres racionais estão sujeitos a um mal contingente, no caso de não obedecerem a um desejo conhecido ou presumido de outro ser ou outros seres de natureza igual... A analogia, portanto, pela qual as leis estão relacionadas reside sobretudo na semelhança do dever e da sanção impróprios com o dever e a sanção propriamente ditas. O mal contingente em perspectiva que impõe a lei imprópria, e o presente estado de sujeição a esse mal contingente, pode ser comparado com a genuína sanção que impõe a lei própria, e com o genuíno dever ou obrigação que a lei própria impõe. – A analogia... é, portanto, forte ou íntima. O defeito que exclui a última da categoria de lei própria consiste apenas nisto: que o anseio ou desejo de seus autores não foi devidamente *expressado*, e que eles não formaram *intenção* de infligir mal ou sofrimento sobre aqueles que podem violá-la ou transgredi-la.

Mas, além das leis impróprias que são estabelecidas ou impostas por opinião, existem leis impropriamente assim chamadas que se relacionam com leis próprias por analogias insuficientes ou remotas. E, como receberam o nome de *leis* por suas analogias insuficientes ou remotas com leis propriamente ditas, eu as denomino leis metafóricas...

... As leis metafóricas, embora numerosas e diferentes, possuem a seguinte natureza comum e negativa – Nenhuma propriedade ou caráter de alguma lei metafórica pode ser comparado com uma sanção ou um dever...

A mais frequente e notável dessas aplicações metafóricas é sugerida por aquela uniformidade, ou por aquela estabilidade de conduta que é uma das consequências costumeiras de uma lei própria. – Em razão da sanção que opera em suas vontades ou desejos, os grupos de pessoas obrigadas por uma lei própria ajustam, em geral, sua conduta ao padrão que a lei prescreve. Como consequência, sempre que observamos uma ordem uniforme de eventos, ou uma ordem uniforme de fenômenos coexistentes, somos inclinados a imputar essa ordem a uma *lei* estabelecida por seu autor, embora o caso não nos apresente coisa alguma que possa ser comparada com uma sanção ou um dever.

Por exemplo, dizemos que os movimentos dos corpos inanimados são determinados por certas *leis*... Queremos dizer que eles se movem de certos modos uniformes, e que se movem nesses modos uniformes por intermédio da vontade e ordem de Deus; assim como grupos de pessoas são obrigados a se comportar de maneira uniforme por intermédio da vontade e ordem do grupo de pessoas que impõe a lei e o dever. – Por outro lado, dizemos que certas ações dos animais inferiores e irracionais são determinadas por certas *leis*; embora, como eles não podem compreender o propósito e as disposições de uma lei, seja impossível que as sanções os induzam efetivamente a obedecê-las, ou que sua conduta seja guiada por uma consideração para com os deveres ou obrigações. Queremos dizer que eles agem de determinados modos uniformes em consequência de instintos (ou causas que não podemos explicar), ou então em consequência de indicações que obtêm da experiência e observação; e que, como sua uniformidade de ação é um efeito da vontade divina, ela se assemelha estritamente com a uniformidade de conduta que é forjada pelos autores de leis naqueles que estão sujeitos a sanções...

... Essas leis metafóricas que governam os animais inferiores e que governam a própria espécie humana (embora, de forma menos despótica), não deveriam ser misturadas e confundidas, por um autor sério, com as leis propriamente ditas. É verdade que os instintos do animal homem, como muitas de suas afeições que não são instintivas, estão entre as causas de leis na acepção própria do termo. De maneira mais especial, as leis que dizem respeito à relação de marido e mulher, e as leis que dizem respeito à relação de pai e filho, são causadas sobretudo pelos instintos... Mas nada pode ser mais absurdo do que classificar com as próprias leis as causas que levam à sua existência. E, se os instintos humanos são leis porque são causas de leis, quase não existe uma faculdade ou afeição pertencente à mente humana, e quase não existe uma categoria de objetos apresentados pelo mundo exterior, que não deva ser considerada como uma lei e um objeto apropriado do direito... O *jus naturale* dos juristas clássicos, em geral, ... é equivalente à *lei natural* dos modernos autores... Refere-se àquelas leis positivas e àquelas regras de moralidade positiva que não são peculiares ou próprias de alguma nação ou era, mas que prevalecem, ou se pensa que prevalecem em todas as nações e eras; e que, em virtude de prevalecerem em todas as nações e eras, se supõe que sejam formadas ou moldadas na lei de Deus ou da Natureza, conhecida pelo senso moral... E a lei da natureza, entendida desse modo, não é intrinsecamente absurda. Porque assim como alguns dos ditames da utilidade são sempre os mesmos em todas as partes, e também são tão simples e evidentes que quase não admitem erro, existem regras morais e legais que são quase ou inteiramente *universais* e cuja conveniência deve ser vista apenas pela razão *natural*, ou pela razão sem as luzes da detida observação e experiência ... O *jus naturale*... estaria sujeito a pouca objeção, se não se presumisse ser produto de um senso ou instinto moral, ou de princípios práticos inatos. Mas, como está em estrita associação... com aquele jargão enganador e pernicioso, devia ser banido, junto com a *lei natural* dos modernos, das ciências do direito e da moralidade...

AULA VI

... A superioridade que é chamada de soberania, e a sociedade política independente que a soberania implica, distingue-se de outra superioridade, e de outra sociedade, pelos seguintes sinais ou características. 1. A *maior parte* da sociedade dada tem o *hábito* da obediência ou submissão a um superior *determinado* e *comum*... 2. Que certo indivíduo, ou que certo conjunto de indivíduos, *não* tem o hábito de obediência a um superior humano determinado...

A sociedade dada ou se encontra num estado de natureza, ou está dividida em duas ou mais sociedades políticas independentes, a menos que a obediência habitual seja prestada pela *maior parte* de seus membros, e seja rendida pela maior parte de seus membros a *um único e mesmo superior*...

Uma sociedade natural, uma sociedade num estado de natureza, ou uma sociedade independente, porém natural, é composta de pessoas que estão relacionadas por intercurso mútuo, mas não são membros, soberanos ou súditos de nenhuma sociedade política. Nenhuma das pessoas que a compõem vive num estado positivo, que é chamado de estado de sujeição; ou todas as pessoas que a compõem vivem no estado negativo, que é chamado de estado de independência.

Consideradas como comunidades inteiras e consideradas em relação umas às outras, as sociedades políticas independentes vivem, se diz em geral, num estado de natureza. E consideradas como comunidades inteiras e ligadas por intercurso mútuo, as sociedades políticas independentes formam, se diz em geral, uma sociedade natural. Essas expressões, entretanto, não são perfeitamente apropriadas. Como todos os membros de cada uma das sociedades relacionadas são membros de uma sociedade política, nenhuma das sociedades relacionadas está estritamente num estado de natureza; assim como a sociedade maior formada por seu intercurso mútuo não pode ser chamada, de maneira estrita, de uma sociedade natural... O soberano e os membros súditos de cada uma das sociedades relacionadas formam uma sociedade política; mas a porção soberana de cada uma das sociedades relacionadas vive na condição negativa, que é chamada de estado de independência.

A sociedade formada pelo intercurso de sociedades políticas independentes é o campo do direito internacional...

... A lei que está em vigor entre nações não é a lei positiva; porque toda lei positiva é estabelecida por um certo soberano para uma pessoa ou pessoas em estado de sujeição a seu autor... A lei que está em vigor entre nações é lei (impropriamente dita) estabelecida por opinião geral. Os deveres que ela impõe são impostos por sanções morais...

... O poder soberano (de acordo com Grócio) é perfeita ou completamente independente de outros poderes humanos; a tal ponto que seus atos não podem ser anulados por qualquer vontade humana que não seja a sua própria. Mas, se a independência perfeita ou completa for a essência do poder soberano, não existe de fato poder humano ao qual se aplique, com propriedade, o epíteto *soberano*. Todo governo, não sendo jamais tão poderoso, presta obediência ocasional a comandos de outros governos. Todo governo submete-se, com frequência, àquelas opiniões e sentimentos que são chamados de direito internacional. E todo governo submete-se habitualmente às opiniões e sentimentos de seus próprios súditos. Se não tiver o hábito de obedecer às ordens de um determinado grupo, um governo tem toda a independência de que um governo pode desfrutar...

... O exercício de poderes soberanos através de delegados ou subordinados políticos torna-se absolutamente necessário, em toda verdadeira sociedade, por inúmeras causas...

... O poder supremo limitado por lei positiva é uma contradição absoluta em termos.

Tampouco uma sociedade política escaparia do despotismo legal, embora o poder do soberano fosse limitado por restrições legais. O poder do soberano superior que impõe imediatamente as restrições, ou o poder de algum outro soberano superior a este superior, ainda seria absolutamente livre dos grilhões da lei positiva. Pois a menos que as restrições imaginadas fossem, em última instância, impostas por um soberano que não estivesse em estado de sujeição a um soberano mais alto ou superior, uma série infinita de soberanos governaria a comunidade imaginada. O que é impossível e absurdo.

Monarcas e corpos soberanos tentaram obrigar-se a si mesmos, ou obrigar os sucessores de seus poderes soberanos. Mas apesar das leis que os soberanos impuseram a si mesmos, ou que impuseram aos sucessores de seus poderes soberanos, a postura que "o poder soberano é incapaz de limitação legal" será válida de modo universal ou sem exceção...

Quando diz respeito aos sucessores do soberano ou dos poderes supremos, uma lei desse tipo equivale, no máximo, a uma regra da moralidade positiva. Quando diz respeito a seu autor imediato, é apenas uma lei por metáfora. Porque, se fôssemos falar com propriedade, não poderíamos falar de uma lei estabelecida por um homem para si mesmo; embora um homem possa adotar um princípio como guia para sua própria conduta e observá-lo como observaria se estivesse obrigado a observar por meio de uma sanção...

... Sou levado a considerar o significado do epíteto *inconstitucional*...

1. Em toda, ou quase toda, sociedade política independente existem princípios ou máximas que o soberano cumpre habitualmente e que a maior parte da sociedade, ou a maior parte de seus membros influentes, vê com sentimentos de aprovação. Com frequência, tais máximas são adotadas de maneira expressa, bem como são cumpridas habitualmente, pelo soberano ou pelo Estado. Comumente, não são adotadas de forma expressa pelo soberano ou pelo Estado, mas apenas impostas a ele por opiniões predominantes na comunidade. Sejam elas adotadas de forma expressa pelo soberano ou pelo Estado, sejam apenas impostas a ele por opiniões predominantes na comunidade, são apenas as sanções morais que o obrigam ou compelem a observá-las. Ou (mudando a frase), caso se arrisque a se desviar de uma máxima do tipo em questão, não incorreria nem poderia incorrer numa penalidade ou sofrimento legal, mas é provável que incorresse em censura e poderia estar arriscado a encontrar resistência, da generalidade ouda maior parte dos governados.

Ora, se uma lei ou outro ato de um monarca ou grupo soberano entrar em conflito com uma máxima do tipo para o qual chamei atenção anteriormente, a lei ou outro ato pode ser chamado de *inconstitucional*...

2. O epíteto *inconstitucional*, aplicado à conduta de um soberano e usado com o sentido que é mais específico e definido, significa que a conduta em questão está em conflito com a *lei constitucional*.

E aqui observaria, em breves palavras, que com a expressão *lei constitucional* refiro-me à moralidade positiva, ou ao composto de moralidade positiva e lei positiva, que fixa a constituição ou a estrutura do governo supremo dado. Refiro-me à moralidade positiva, ou ao composto de moralidade positiva e lei positiva, que determina o caráter da pessoa, ou os respectivos caracteres das pessoas em que, por enquanto, a soberania residirá; e... que determina, além disso, o modo em que os poderes soberanos serão partilhados pelos membros constituintes do corpo ou grupo soberano...

... Um ato do Parlamento britânico que colocasse a soberania no rei, ou que investisse de soberania o rei, a Câmara dos Lordes e a Câmara dos Comuns, alteraria, em essência, a estrutura de nosso presente governo supremo e, por conseguinte, poderia ser chamado, com propriedade, de *lei inconstitucional*. No caso da imaginada lei também ser perniciosa em geral, e no caso de, além disso, ofender a generalidade ou a maior parte da nação, poderia ser chamada de *irreligiosa* e *imoral*, bem como *inconstitucional*. Mas chamá-la de *ilegal* seria absurdo; porque, se o Parlamento é, por enquanto, o soberano no Reino Unido, é o autor, de forma direta ou indireta, de toda nossa lei positiva, e estabelece para nós, de forma exclusiva, a medida da justiça legal e da injustiça...

Mas, se o soberano ou poder supremo for incapaz de limitação legal, ou se todo governo supremo for legalmente absoluto, em que (pode-se perguntar) consiste a liberdade política, e de que maneira os governos supremos que em geral são considerados livres diferem dos governos supremos que em geral são considerados despóticos?

Respondo que a liberdade política ou civil é a liberdade de obrigação legal, que é permitida ou concedida por um governo soberano para alguns de seus próprios súditos; e que, como o poder do governo é incapaz de limitação legal, o governo é legalmente livre para reduzir a liberdade política de seus súditos, a seu bel-prazer ou discernimento... Um governo pode ser impedido pela *moralidade positiva* de reduzir a liberdade política que deixa ou concede a seus súditos; e é obrigado pela *lei de Deus*, tal como é conhecida por intermédio do princípio da utilidade, a não sobrecarregá-los de deveres morais que a utilidade geral condena...

A liberdade política ou civil foi instituída como um ídolo e enaltecida com louvores extravagantes por veneradores apaixonados e fanáticos. Mas a liberdade política ou civil não é mais digna de elogio do que a restrição política ou legal. A liberdade política ou civil, assim como a restrição política ou legal, pode ser útil em geral, ou perniciosa em geral; e não é por ser liberdade, mas sim por conduzir ao bem geral, que a liberdade política ou civil é um objeto que merece aplausos.

... Dizer que a liberdade política devia ser sua finalidade principal, ou dizer que sua finalidade principal devia ser a restrição política, é falar absurdo; porque cada qual é apenas um meio para o fomento do bem-estar público, que é o único derradeiro objetivo da soberania boa ou benéfica... Sou legalmente livre, por exemplo, para mudar de lugar para lugar, na medida em que posso mudar de lugar para lugar de maneira compatível com minhas obrigações legais; mas essa minha liberdade política seria uma liberdade lamentável, a menos que meus concidadãos fossem impedidos por um dever político de assaltar e aprisionar meu corpo. Por meio da ignorância ou negligência de um governo soberano, algumas das liberdades civis que ele permite ou concede a seus súditos, podem não ser protegidas contra seus companheiros ao cumprirem os deveres legais; e algumas dessas liberdades civis podem, talvez, estar protegidas de modo suficiente por obrigações religiosas e morais. Mas, falando em geral, uma liberdade política ou civil está associada a um direito; e, como consequência, a liberdade política é fomentada pela própria restrição legal à qual os devotos do ídolo liberdade são avessos de modo tão terrível e cego...

Os direitos que um governo concede e os deveres que impõe a seus súditos deviam ser concedidos e impostos para o progresso do bem-estar público, ou na expectativa da felicidade agregada de todos os membros da sociedade. Mas, em toda sociedade política, o governo se desvia mais ou menos da máxima ou princípio ético. Ao conceder direitos e impor deveres, ele negligencia mais ou menos o bem-estar comum ou público, e vê, com afeição parcial, os interesses peculiares e mais estreitos de um segmento ou segmentos da comunidade. – Ora, os governos que se desviam menos da máxima ou princípio ético são melhores do que os governos que se desviam mais...

... Passo para a origem ou causas da sociedade e do governo político.

A finalidade ou propósito próprio de um governo político soberano... é o maior progresso possível da felicidade humana. Embora, se ele fosse devidamente promover... o máximo possível o bem-estar ou o bem da espécie humana, em geral teria de trabalhar, de maneira direta e particular, para fazer avançar, o máximo possível, o bem-estar de sua própria comunidade. O bem da sociedade universal formada pela espécie humana é o bem agregado das sociedades particulares... Embora o bem-estar da espécie humana seja o objetivo próprio de um governo... então, ele devia em geral consultar direta e particularmente o bem-estar da comunidade particular que Deus entregou a seu governo. Se ele ajusta, em verdade, sua conduta ao princípio da utilidade geral, visará, com frequência, de imediato, o fim particular e mais preciso, em vez do fim geral e menos determinado.

Seria fácil mostrar que o fim geral e o particular nunca ou raramente estão em conflito... Uma consideração esclarecida pela felicidade comum das nações implica um patriotismo esclarecido; enquanto o patriotismo estúpido e atroz que olha exclusivamente para o país e que promoveria os interesses do país à custa de todas as outras comunidades, compreende muito mal e, muitas vezes, contraria os interesses que são o objeto de sua estreita preocupação...

... Supondo-se que uma certa sociedade fosse instruída ou esclarecida de maneira adequada, a obediência habitual a seu governo prestada pela maior parte da comunidade surgiria exclusivamente por razões baseadas no princípio da utilidade. Se ela julgasse o governo perfeito..., essa sua convicção ou opinião seria seu motivo para obedecer. Se considerasse o governo falho, o medo de que o mal da resistência pudesse superar o mal da obediência seria o induzimento para submeter-se...

Como toda verdadeira sociedade é instruída ou esclarecida de forma inadequada, a obediência habitual a seu governo prestada pela maior parte da comunidade é em parte consequência do costume... Ou a obediência habitual ao governo prestada pela maior parte da comunidade é em parte consequência de preconceitos; sendo que "preconceitos" significam opiniões e sentimentos que não têm qualquer fundamento no princípio da utilidade...

Mas... origina-se em parte numa razão fundamentada no princípio da utilidade. Origina-se em parte na percepção, da generalidade ou da maior parte da comunidade, da conveniência do governo político; ou (mudando a frase) surge em parte da preferência, da generalidade ou da maior parte da comunidade, de qualquer governo à anarquia...

A única causa geral da *permanência* dos governos políticos e a única causa geral da *origem* dos governos políticos são exatamente ou quase iguais. Embora todo governo tenha surgido em parte de causas específicas ou particulares, quase todo governo deve ter surgido em parte da seguinte causa geral; a saber, que a maior parte da sociedade natural da qual a sociedade política se formou, estava desejosa de escapar para um estado de governo, a partir de um estado de natureza ou anarquia...

De acordo com uma opinião corrente (ou de acordo com uma expressão corrente), a permanência e a origem de todo governo se devem ao *consentimento* do povo...

... Se ele gosta do governo, está determinado a obedecê-lo habitualmente, ou a *consentir* em sua continuação, por sua inclinação especial ou simpatia. Se odeia o governo, está determinado a obedecê-lo habitualmente, ou a *consentir* em sua continuação, por seu temor a uma revolução violenta...

A expressão "que todo governo surge através do consentimento do povo" é muitas vezes emitida com o seguinte significado: que a maior parte de uma sociedade natural prestes a se tornar uma sociedade política, ou os incipientes súditos de um governo político incipiente, *promete*, de forma expressa ou tácita, obedecer ao futuro soberano. A expressão, entretanto, pronunciada com o sentido em questão, confunde *consentimento* e *promessa* e, por conseguinte, é flagrantemente incorreta. Uma proposição é que os súditos incipientes de todo governo incipiente *querem* ou *consentem* em obedecer a ele; uma outra proposição é que eles prometem, de modo expresso ou tácito, prestar-lhe obediência...

Os deveres dos súditos para com o governo soberano são em parte religiosos, em parte legais e em parte morais.

Os deveres religiosos dos súditos para com o governo soberano são criaturas da Lei Divina, conhecida por intermédio do princípio da utilidade. Se isso realiza por completo o propósito para o qual deve existir, ou se promove o bem-estar geral na maior extensão possível, os súditos estão religiosamente obrigados a lhe prestar obediência habitual. E, se o bem geral que provavelmente se seguiria à submissão exceder em valor o bem geral que provavelmente se seguiria à resistência, os súditos estarão religiosamente obrigados a lhe prestar obediência habitual, embora isso realize de maneira imperfeita sua finalidade ou propósito próprio. – Os deveres legais dos súditos para com o governo soberano são criaturas das leis positivas que ele próprio lhes impôs, ou que estão a cargo deles por sua própria autoridade e poder. – Os deveres morais dos súditos para com o governo soberano são criaturas da moralidade positiva...

Os deveres do governo soberano para com os súditos são em parte religiosos e em parte morais. Se estivesse submetido a deveres legais para com os súditos, não seria supremo, mas apenas um governo subordinado.

Seus deveres religiosos para com os súditos são criaturas da Lei Divina, conhecida por intermédio do princípio da utilidade... Seus deveres morais para com os súditos são criaturas da moralidade positiva...

... Esclarecemos de maneira suficiente a origem dessas obrigações quando simplesmente as atribuímos àquelas suas fontes óbvias. Parece, em meu entendimento, que uma solução mais ampla de sua origem não é de maneira alguma condição necessária e, de fato, é impossível. Mas existem muitos autores sobre sociedade e governo político que não se contentam em esclarecer sua origem, simplesmente fazendo referência às suas fontes manifestas... E, para encontrar a solução mais ampla que acreditam ser condição necessária, esses autores recorrem à hipótese do *contrato* ou *pacto original*, ou *pacto fundamental civil*.

... O significado ou efeito dessa hipótese... pode ser expresso, em termos gerais, da seguinte maneira:

Para a formação de toda sociedade política e independente... todos os seus futuros membros então em existência são partes associadas ou contribuintes; pois todos são partes de um acordo em que ela se origina e que também é a base em que se apoia mais tarde. Sendo a fonte necessária da sociedade política independente..., esse acordo de todos é chamado de *pacto original*... Há três estágios diferentes: ... 1. Os futuros membros da comunidade prestes a ser criada decidem em conjunto se reunir numa sociedade política independente, expressando e determinando, além disso, o propósito supremo de sua união... Para os autores que admitem o sistema que denomino teoria da utilidade, esse propósito ou finalidade é o progresso da felicidade humana. Para um grande número de autores que floresceram e florescem na Alemanha, o seguinte é o objeto da sociedade e do governo político, verdadeiramente grandioso embora um tanto quanto misterioso; a saber, a extensão sobre a terra, ou sobre seus habitantes humanos, do império do direito ou da justiça... Pareceria que esse direito ou justiça não é criatura da lei; que ele era anterior a toda lei; que existe de forma independente de toda lei; e é a medida ou o teste de toda lei e moralidade. Como consequência, não é o direito ou a justiça que é a criatura da lei de Deus, e à qual se aplica enfaticamente o nome de "justiça". É, antes, algo perfeitamente existente por si mesmo, a que sua lei se ajusta, ou sua lei deveria ajustar-se. Por conseguinte, não posso compreendê-lo e não almejarei explicá-lo. Apenas conjeturando o que pode ser ... considero isso utilidade geral concebida e expressa de forma obscura... 2. Tendo decidido unir-se numa sociedade política independente, todos os membros da comunidade incipiente determinam em conjunto a constituição de seu governo político soberano... 3. O processo de formar a sociedade política independente, ou o processo de formar seu governo político supremo, é completado por promessas feitas e aceitas; a saber, pela promessa de um soberano incipiente para os súditos incipientes, por promessas desses últimos para o primeiro, e por uma promessa de cada um dos últimos para cada um dos demais...

... Irei sugerir agora, em poucas palavras, algumas das objeções conclusivas às quais a hipótese está exposta.

1. Esclarecer os deveres dos súditos para com seu governo soberano, ou os deveres do governo soberano para com seus súditos... é o objetivo de todo autor que supõe um pacto original. – Mas, para esclarecer os deveres..., não necessitamos recorrer à hipótese de um pacto civil fundamental. Esclarecemos, de maneira suficiente, a origem dessas obrigações respectivas quando as atribuímos simplesmente... às suas fontes autênticas e óbvias; a saber, a lei de Deus, a lei positiva e a moralidade positiva. – Além disso, embora a formação de uma sociedade política independente seja, de fato, precedida por um pacto civil fundamental, quase nenhum dos deveres que cabem aos súditos depois ou... ao soberano, seria engendrado ou influenciado por esse acordo anterior...

... Se o governo soberano fosse *legalmente* obrigado pelo pacto civil fundamental, o dever legal que cabe ao governo seria a criatura de uma lei positiva; quer dizer, o dever legal que cabe ao governo seria a criatura de uma lei positiva anexando o dever ao pacto. E, visto que uma lei estabelecida pelo governo para si mesmo seria apenas uma lei através de metáfora, a lei positiva anexando o dever ao pacto seria estabelecida ao governo soberano por um outro soberano superior. Como consequência, o governo soberano legalmente obrigado pelo pacto estaria num estado de sujeição... Se estivessem legalmente obrigados a cumprir o pacto original, sem uma lei positiva estabelecida por seu próprio soberano, os súditos seriam obrigados legalmente a cumprir o pacto original, por meio de uma lei positiva estabelecida por um outro soberano; quer dizer, eles estariam num estado de sujeição a seu próprio governo soberano, e também a um governo soberano que concede direitos a seu próprio.

... Se o soberano ou súditos fossem obrigados *religiosamente* pelo pacto civil fundamental, o dever religioso que cabe ao soberano, ou o dever religioso que cabe aos súditos, emanaria propriamente da lei divina, e não do pacto em si...

... Qualquer que fosse a natureza do índice da lei de Deus, o soberano seria obrigado religiosamente, sem um pacto original, a governar para esse fim absoluto; enquanto os súditos seriam obrigados religiosamente, sem um pacto original, a prestar ao soberano a obediência que a realização do fim pudesse exigir. Como consequência... o pacto original não obrigaria religiosamente nenhuma das duas partes...

Se o soberano fosse obrigado *moralmente* a cumprir o pacto original, o soberano seria obrigado por opiniões correntes entre os súditos a governar para o fim absoluto que seus autores visaram; e, se os súditos fossem obrigados *moralmente* a cumprir o pacto original, os súditos seriam obrigados individualmente pelas opiniões da comunidade como um todo a prestar ao soberano a obediência que a realização do fim pudesse exigir. Mas as obrigações morais que, desse modo, estão a cargo do soberano, com as obrigações morais que, desse modo, estão a cargo dos súditos, não seriam engendradas ou afetadas pelo pacto original...

Podemos, se quisermos, imaginar e supor que o pacto original imaginado foi concebido e construído por seus autores com certa particularidade e precisão; que, tendo determinado o fim absoluto de sua união, ele especificasse alguns dos fins como positivos ou negativos, pelos quais o governo soberano governaria para o fim absoluto. Os fundadores, por exemplo, da sociedade política independente... podiam ter atentado, em especial, para os danos monstruosos e palpáveis da legislação *ex post facto*; e, portanto, o imaginado pacto podia ter determinado sobretudo que o governo soberano prestes a ser formado deveria abster-se de legislação desse tipo...

... Falando em termos gerais, os fins subordinados próprios de um governo político soberano (sejam o que forem esses fins ou meios) podem ser imaginados em formas, ou podem ser declarados em expressões que não são extremamente abstratas, nem extremamente vagas. Como consequência, se o governo se arrisca a se afastar de algum dos fins subordinados para os quais aquelas opiniões uniformes eram decididamente favoráveis, é provável que a maior parte ou a generalidade dos súditos se unisse em indignação, e até se ressentisse de suas medidas; porque, se provassem essas medidas pelo mesmo e único padrão, e se esse padrão ou teste fosse determinado e não dúbio, suas respectivas opiniões concernentes às suas medidas corresponderiam à exatidão ou quase. Como consequência, o medo de encontrar uma resistência efetiva, caso se arriscasse a se afastar de algum desses fins, manteria sempre o governo firme em todos esses fins subordinados aos quais as opiniões uniformes da maioria fossem decididamente favoráveis...

... E aqui (pode-se argumentar) o soberano estaria moralmente obrigado a governar para esses mesmos fins, por meio do pacto fundamental, ou em consequência do pacto fundamental... Parecerá, entretanto, num momento de reflexão, que as opiniões da generalidade dos súditos, concernentes a esses mesmos fins, não seriam engendradas pelo pacto, e sim que o teriam engendrado...

O seguinte (penso) é o único, ou quase único caso em que um pacto original, sendo um pacto ou convenção, poderia gerar ou influenciar algum dos deveres que cabem ao soberano ou aos súditos.

A maior parte dos súditos poderia acreditar que um acordo ou convenção... tem essa misteriosa eficácia que lhe é atribuída, de forma expressa ou tácita, por aqueles que recorrem à hipótese de um pacto civil fundamental... Ora, se a maioria dos súditos acreditasse, com convicção, nessas posições, os deveres do governo para com seus súditos, que a moralidade positiva da comunidade lhe impôs, seriam engendrados ou afetados pelo pacto original...

Se o pacto dos fundadores da comunidade não afetasse as opiniões de seus membros seguidores, o pacto seria simplesmente inútil.

Se o pacto dos fundadores da comunidade afetasse as opiniões de seus membros seguidores, é provável que o pacto fosse positivamente pernicioso. Porque é provável que as opiniões dos membros seguidores seriam afetadas pelo pacto como sendo um pacto ou acordo feito pelos fundadores. É provável que eles imputassem ao fim subordinado especificado pelo pacto original um valor extrínseco e arbitrário, ou independente de seus méritos intrínsecos... É provável que eles respeitassem os fins especificados, ou é provável que os respeitassem em parte, porque os veneráveis fundadores da sociedade política independente (pelo pacto ou acordo venerável que foi a base da estrutura social) determinaram que esses mesmos fins eram alguns dos fins ou meios através dos quais o bem-estar da comunidade podia ser promovido por seu governo soberano. Ora, é provável que a era ou os tempos veneráveis em que a comunidade foi fundada, fossem menos cultos (não obstante suas pretensões à veneração) do que qualquer uma das eras seguintes e degeneradas através das quais a comunidade poderia durar...

2... Parecerá, pelas críticas seguintes, que a hipótese do pacto fundamental não apenas é ficção, mas também é uma ficção que se aproxima de uma impossibilidade...

As convenções impostas por moralidade ou lei positiva são impostas legal ou moralmente por várias razões. Mas das várias razões para impor alguma convenção, uma delas é sempre a seguinte – Sanções à parte, uma convenção provoca, *de maneira natural*, na mente do promissário (ou uma convenção *tende* a provocar na mente do promissário), uma *expectativa* de que seu objetivo será realizado; e molda sua conduta de forma natural para a expectativa naturalmente ocasionada pela convenção. Ora, como muitos dos negócios da vida humana funcionam ou giram em torno de convenções, os frequentes desapontamentos dessas expectativas que as convenções naturalmente despertam, tornariam a sociedade humana um cenário de esperanças frustradas e projetos e trabalhos contrariados. Impedir que essas expectativas se frustrem é, portanto, um objetivo principal das regras legais e morais cujo propósito direto e apropriado é a imposição de pactos e acordos...

... Um pacto original propriamente dito, ou qualquer coisa que se assemelhe à ideia de um pacto original próprio, dificilmente poderia preceder a formação de uma sociedade política independente...

... A promessa do soberano para os súditos não seria um pacto propriamente, a menos que os súditos *aceitassem-na*. Mas os súditos dificilmente poderiam aceitá-la, a não ser que apreendessem seu objetivo. A menos que apreendessem seu objetivo, ela dificilmente poderia despertar em suas mentes alguma expectativa determinada; e a menos que despertasse em suas mentes uma expectativa determinada, é difícil que pudessem expressar virtualmente alguma expectativa determinada, ou que pudessem aceitar virtualmente a promessa feita... Sabemos que a grande maioria, em qualquer comunidade verdadeira, não tem noções determinadas concernentes ao fim absoluto para o qual seu governo soberano devia governar; que não tem qualquer noção determinada acerca dos fins ou meios através dos quais seu governo deveria visar a realização desse propósito superior...

Para supor um pacto original que como mera hipótese fosse consistente, seria preciso supor que a sociedade prestes a ser formada é composta inteiramente de membros adultos; que todos esses membros adultos são pessoas de mente saudável e até mesmo de muita sagacidade e muito juízo; e que, sendo muito sagazes e muito judiciosos, também estão perfeitamente familiarizados com a ciência política e ética, ou, pelo menos, têm dela um conhecimento passável ...

... Não existe qualquer indício histórico de que essa hipótese alguma vez se tenha realizado; de que a formação de qualquer sociedade política e independente tenha sido, de fato, precedida de um pacto original próprio, ou de algo que se aproxime dessa ideia.

Em algumas sociedades políticas e independentes (como, por exemplo, nos Estados Anglo-Americanos), o governo político soberano tem sido determinado de imediato, e de acordo com um esquema ou plano. Mas, mesmo nessas sociedades, as partes que determinaram a constituição (esquematizando ou planejando, ou apenas votando ou adotando) eram apenas uma pequena porção de toda a comunidade independente e virtualmente soberanas nesse ponto antes de a constituição ser determinada; a tal ponto que a constituição não foi construída pelo conjunto da comunidade incipiente, mas antes foi construída por uma fração de uma comunidade já consumada ou completa... Na maioria das sociedades políticas e independentes, a constituição do governo supremo *se desenvolveu*. Com essa frase pretensiosa, porém corrente, não tenciono insinuar que ela nasceu de si mesma, ou que seja algo fantástico que foi moldado sem mãos. Pois, embora digamos de governos que queremos elogiar "que são governos de leis, e não governos de homens", todos os governos humanos são governos de homens; e sem homens para fazê-las e sem homens para cumpri-las, as leis humanas nada seriam em absoluto, ou seriam apenas palavras inúteis rabiscadas em papel ou pergaminho. Tenciono insinuar, com a frase em questão, que a constituição do governo supremo não foi determinada de imediato, ou segundo um esquema ou plano; que as regras morais positivas de sucessivas gerações da comunidade (e, talvez, as leis positivas feitas por seus sucessivos soberanos) determinaram a constituição, com mais ou menos exatidão, de maneira lenta ou assistemática. Como consequência, o governo supremo não foi constituído pelos membros originais da sociedade. Sua constituição foi obra de uma longa série de autores, abrangendo os membros originais e muitas gerações de seus seguidores. E o mesmo pode ser dito da maioria das máximas éticas que o soberano é forçado a observar por serem opiniões correntes entre os súditos. O governo soberano original não poderia ter prometido a seus súditos governar por essas máximas. Porque as opiniões correntes que de fato impõem essas máximas não são contemporâneas dessa sociedade política independente, mas surgiram, de forma inconsciente, desde que a sociedade se formou...

15

John Stuart Mill
1806-1873

James Mill conheceu Jeremy Bentham e tornou-se discípulo dele quando seu primeiro filho, John Stuart, tinha dois anos. Talvez Bentham, que desde cedo devotou-se aos estudos, tenha inspirado o começo precoce dos estudos de John Stuart. Aos três anos, ele se dedicava ao grego e antes de completar oito anos havia lido muitos clássicos. Seu pai (um pregador erudito que se tornou agnóstico) foi seu professor. John trabalhava no gabinete do pai e muitas vezes os dois faziam longas caminhadas enquanto conversavam. Em nenhum momento de sua autobiografia, Mill menciona a mãe. Ele elogiava a própria formação como exemplo do alcance da educação perseguida com fervor. Não é que se empanturrasse de conhecimentos, dizia, mas era encorajado a formular respostas para suas próprias perguntas à medida que surgiam. Quando tinha oito anos, suas irmãs mais novas tornaram-se suas pupilas. Aos doze anos, leu as provas da bem-afamada *História da Índia* escrita por seu pai. Este o orientou, em particular, para a filosofia e a economia. Para se divertir, ele lia história e ciência. Além de caminhar, não fazia outra coisa senão estudar e conversar. Quando estava com catorze anos, foi à França e passou um ano na casa do irmão de Bentham. Ali, aprendeu francês, estudou química e matemática. Ali, também, tornou-se botânico amador – um *hobby* que o absorveu na velhice.

Aos quinze anos, retornou à Inglaterra e começou a estudar Direito sob orientação de John Austin, mas desistiu após um ano para trabalhar ao lado do pai no India House Office. Quando o pai morreu, Mill, com vinte anos de idade, ficou encarregado das relações da Companhia das Índias Orientais com os Estados nativos. Aos quarenta anos, foi promovido a examinador-chefe do India House Office, tornando-se uma importante força na solução dos problemas práticos de governo do subcontinente. Dois anos depois, foram revogados os poderes da Companhia das Índias Orientais e o governo da Índia tornou-se uma função pública. Mill foi convidado a ingressar no serviço diplomático como especialista em Índia, mas recusou a proposta e aposentou-se com uma boa pensão. Seu trabalho na India House manteve-o de fora da política ativa, mas pouco interferiu no desenvolvimento de seus estudos. Em certa época, ele não apenas fazia seu próprio trabalho como também o de um companheiro enfermo, e ainda conseguia levar uma vida literária plena.

Durante a juventude, Mill organizou debates; neles, tinha oportunidade tanto de esclarecer suas ideias como de companhia intelectual. Passava grande parte de seu tempo escrevendo para periódicos liberais. Aos dezenove anos, editou *Rationale of Judicial Evidence* de Bentham, um trabalho que incluiu o preenchimento de lacunas, a solução de contradições e a redução de generalizações exageradas; dizem que seu trabalho editorial é o melhor que já foi feito em qualquer obra de Bentham. Seu interesse por lógica e ciência social amadureceu quando estava na casa dos vinte anos e então começaram a fluir seus escritos sobre esses temas.

Mill foi acometido de depressão mental no começo de seus vinte anos. Achava que sua melancolia era consequência de uma educação muito voltada para desenvolver faculdades de análise objetiva. Decidiu mudar sua personalidade – perseguir as metas pelas metas, prestar mais atenção a suas emoções, estimular o gosto pelas artes. Em sua *Autobiografia*, ele fala da alegria que sentiu com a música de Weber e com a poesia de Wordsworth. Seu intelectualismo não seria abatido; ele se preocupava com o pequeno número de temas musicais que podiam ser compostos numa escala de oito notas; achava a poesia de Byron por demais dramática e triste para aliviar sua melancolia. Mill saiu dessa fase emancipado dos apertados limites da filosofia de seu pai e de Bentham. Também saiu dela com um tique facial que manteve pelo resto da vida.

Quando estava com vinte e cinco anos, conheceu uma mulher casada de vinte e três anos de idade, a Sra. Taylor, esposa de um farmacêutico e comerciante atacadista. Uma ligação instantânea mantinha-os muito tempo na companhia um do outro. Ela era uma intelectual; o marido trabalhador tolerava sua constante associação platônica com Mill. Mas os dois passavam tempo demais juntos para escapar dos mexericos. Quando o Sr. Taylor morreu, os dois casaram. Seu relacionamento escandalizara durante longo tempo a família de Mill; o casamento consumou por completo o distanciamento. A maior parte de sua vida de casado foi passada na França, em busca de melhor saúde para a Sra. Mill. Ela morreu sete anos após o casamento, em Avignon, devido a uma tuberculose contraída de Mill. Mill relatou que ela foi praticamente coautora de toda sua obra; ele dedicou-lhe, com emoção e ternura, seu famoso ensaio *Sobre a liberdade* e reconheceu-a como colaboradora.

Embora a filosofia e as letras fossem o principal interesse de Mill nos anos de maturidade, ele se mantinha a par do cenário corrente. Apoiou o Norte na Guerra Civil – insistindo em que a abolição da escravatura era a questão fundamental e desprezando discussões sobre questões secundárias. Era decididamente a favor do sufrágio feminino e, junto com duas influentes mulheres, foi fundador da primeira organização a trabalhar para isso.

Aos cinquenta e nove anos candidatou-se ao Parlamento. Recusou-se a fazer campanha e não pagou a nenhum político para fazer campanha a seu favor. Relutante, compareceu a algumas reuniões políticas e respondeu às perguntas que lhe fizeram. Sua reputação o elegeu. Mill foi um ativo membro do Parlamento e, com frequência, participava de debates – na maioria das vezes sobre medidas propostas por outros. Abraçou a ideia de que a dívida nacional fosse toda paga antes que o carvão inglês se esgotasse. Mill falava de maneira ponderada e com belas frases, mas fazia pausas irritantes no meio da frase – não era um orador eloquente. Tampouco era muito político; assumia posições impopulares sem receios. Foi derrotado na primeira vez em que se candidatou à reeleição.

Avignon e o túmulo de sua esposa atraíram-no de volta à França em seus últimos anos. Viveu com sua enteada – a quem admirava quase tanto quanto à sua mulher. Ela, como sua esposa, teve ativa participação em sua obra. Seu chalé em Avignon era cheio de livros e jornais. Ali, ele tocava piano, lia e escrevia, caminhava e praticava botânica. Mill adorava o campo e deixou um estudo inacabado sobre a flora da localidade de Avignon. Morreu aos sessenta e sete anos.

As ideias sociais e econômicas de Mill eram radicais. Ele não tinha fé alguma nos homens comuns que o rodeavam – eram por demais incultos e míopes para a democracia. Numa reunião política, quando se candidatava ao Parlamento, um sujeito importuno perguntou: "Você não disse uma vez que as classes trabalhadoras eram em geral mentirosas?". Sua resposta foi um sincero: "Disse!". Ele temia pelas minorias e pelos não conformistas na democracia, e para dar-lhes voz apoiou o sistema Hare de votação preferencial para legisladores. Não tinha nenhum respeito pela ideia de que a instituição da propriedade privada era sagrada, e tinha esperança numa economia socialista que satisfizesse as necessidades humanas, de maneira imparcial e sem privilégio.

A obra política mais conhecida e talvez mais influente de Mill é seu ensaio *Sobre a liberdade* (1859). O estilo e o respeito pela liberdade intelectual fazem dela leitura obrigatória. Entretanto, mais central ao seu pensamento sobre Direito é o ensaio chamado *Utilitarismo* (1863). Seguem-se trechos dessas duas obras.

UTILITARISMO[1]

CAPÍTULO I

Observações gerais

Entre as circunstâncias que compõem a presente condição do conhecimento humano, há poucas que sejam mais contrárias àquilo que se esperava, ou que mais bem representem o atraso em que ainda se encontra a especulação sobre os temas mais importantes, do que o pouco progresso realizado na decisão da controvérsia relativa ao critério de certo e errado...

... Embora em ciência as verdades particulares precedam a teoria geral, pode-se esperar que se dê o contrário com uma arte prática, tal como a moral ou a legislação. Toda ação é no interesse de algum fim, e regras de ação, parece natural supor, devem tirar todo seu caráter e peculiaridade do fim ao qual estão subordinadas. Quando nos empenhamos numa busca, uma concepção clara e precisa do que estamos buscando pareceria ser a primeira coisa de que necessitamos, e não a última que devemos esperar. Seria de supor que um teste de certo e errado deve ser o meio de averiguar o que é certo ou errado, e não uma consequência de já se ter averiguado isso.

Não se evita a dificuldade recorrendo-se à conhecida teoria de uma faculdade natural, um senso ou instinto, que nos informa daquilo que é certo e errado. Pois – além de a existência de um tal instinto moral ser em si uma das questões discutidas – aqueles que acreditam nela e têm alguma pretensão à filosofia, foram obrigados a abandonar a ideia de que ela diferencia o que é certo ou errado no caso particular em exame, assim como nossos outros sentidos discernem a visão ou o som de fato presente. Nossa faculdade moral, de acordo com todos os seus intérpretes que têm direito ao nome de pensadores, apenas nos fornece os princípios gerais dos julgamentos morais; é um ramo de nossa razão, não de nossa faculdade sensitiva, e deve ser considerada para benefício das doutrinas abstratas de moralidade, não para a percepção disso no concreto. A escola intuitiva da ética, não menos do que aquela que pode ser chamada de indutiva, insiste na necessidade de leis gerais... De acordo com uma opinião, os princípios de moral são evidentes *a priori*, não necessitando de coisa alguma para impor aceitação, exceto que o significado dos termos seja compreendido. De acordo com a outra doutrina, certo e errado, assim como verdade e falsidade, são questões de observação e experiência. Mas ambas consideram igualmente que a moralidade deve ser deduzida de princípios; e a escola intuitiva diz, com a mesma firmeza que a indutiva, que existe uma ciência da moral. No entanto, raras vezes elas tentam elaborar uma lista dos princípios *a priori* que devem servir como premissas da ciência; mais raramente ainda, fazem algum esforço para reduzir esses vários princípios a um primeiro princípio, ou base comum de obrigação... Contudo, para apoiar suas pretensões deveria haver ou algum princípio fundamental ou alguma lei na raiz de toda moralidade; ou, se houvesse vários, deveria haver uma ordem determinada de precedência entre eles...

... Embora a inexistência de um primeiro princípio reconhecido tenha tornado a ética não tanto um guia como uma consagração dos verdadeiros sentimentos dos homens, ainda assim, como os sentimentos dos homens, tanto a favor como de aversão, são influenciados em muito pelo que eles supõem ser os efeitos das coisas sobre sua felicidade, o princípio da uti-

---

1. Do número 482A. Everyman's Library. Reimpresso com permissão de E. P. Dutton & Co., Inc.

lidade, ou, como Bentham o chamou há pouco tempo, o princípio da maior felicidade, tem desempenhado um importante papel na formação das doutrinas morais, até mesmo daquelas que, com todo desprezo, rejeitam sua autoridade. Tampouco existe alguma escola de pensamento que recuse admitir que a influência das ações sobre a felicidade é uma consideração mais material e até predominante em muitos dos detalhes da moral, por mais que relute em reconhecê-la como o princípio fundamental da moralidade e fonte da obrigação moral. Poderia ir muito mais longe e dizer, para todos esses moralistas *a priori* que julgam necessário discutir sob qualquer condição, que os argumentos utilitaristas são indispensáveis. Não é meu presente propósito criticar esses pensadores; mas não posso deixar de aludir, para ilustrar, a um tratado sistemático de um dos mais ilustres deles, *Metafísica da ética*, de Kant. Esse homem notável, cujo sistema de pensamento permanecerá durante longo tempo como um dos marcos na história da especulação filosófica, formula, no tratado em questão, um primeiro princípio universal como a origem e base da obrigação moral: – "Aja de tal modo que a regra pela qual você age possa ser adotada como lei por todos os seres racionais." Mas, quando ele começa a deduzir desse preceito algum dos verdadeiros deveres da moralidade, deixa de mostrar, de maneira quase grotesca, que haveria alguma contradição, alguma impossibilidade lógica (para não dizer física), na adoção, por parte de todos os seres racionais, das regras de conduta mais ultrajantemente imorais. Tudo que ele mostra é que as consequências de sua adoção universal seriam tais que ninguém escolheria incorrer nelas.

Na presente ocasião, tentarei, sem mais discussão de outras teorias, contribuir um pouco para a compreensão e apreciação da teoria do Utilitarismo ou da Felicidade, e para a comprovação de que ela é possível. É evidente que tal comprovação não pode ser no sentido comum e popular do termo. Questões relativas a fins últimos não são passíveis de comprovação direta. Tudo que pode ser comprovado como bom deve ser assim ao ser demonstrado que é um meio para algo que se admite ser bom sem qualquer prova. O ofício médico prova ser bom ao conduzir à saúde; mas como é possível provar que a saúde é boa?... Não devemos, entretanto, inferir que sua aceitação ou rejeição deve depender de impulso cego ou de escolha arbitrária. Há um sentido mais amplo da palavra prova, no qual essa questão é tão sujeita a ela como qualquer outra das controvertidas questões da filosofia. O assunto está dentro da cognição da faculdade racional; e tampouco esta faculdade lida com ele apenas por meio da intuição. Podem ser apresentadas considerações capazes de determinar o intelecto a dar ou negar seu assentimento à doutrina; e isso é equivalente à prova.

Examinaremos, daqui a pouco, de que natureza são essas considerações; de que maneira se aplicam ao caso e, por conseguinte, que fundamentos racionais podem ser dados para aceitar ou rejeitar a fórmula utilitarista...

CAPÍTULO II

O que é utilitarismo

... O credo que aceita, como fundamento da moral, a Utilidade ou o Princípio da Maior Felicidade, considera que as ações são corretas na medida em que tendem a promover a felicidade, incorretas quando tendem a produzir o contrário da felicidade. Por felicidade se quer dizer prazer e ausência de sofrimento; por infelicidade, sofrimento e privação de prazer... Prazer e isenção de sofrimento são as únicas coisas desejáveis como fins; e... todas as coisas desejáveis (que são tão numerosas no utilitarismo quanto em qualquer outro sistema) são desejáveis ou pelo prazer inerente a elas, ou como meios para a promoção do prazer e a prevenção da dor...

... Assim como entre sua própria felicidade e a dos outros, o utilitarismo exige que se seja tão estritamente imparcial quanto um espectador desinteressado e benevolente. Lemos, na Regra de Ouro de Jesus de Nazaré, o completo espírito da ética da utilidade. Fazer aos outros o mesmo que desejamos que nos façam, e amar ao próximo como a nós mesmos, constitui a perfeição da moralidade utilitarista. Como meio para se chegar mais perto desse ideal, a utilidade prescreveria, primeiro, que as leis e os arranjos sociais colocassem a felicidade, ou (como se pode chamar falando em termos práticos) o interesse de cada indivíduo, tanto quanto possível, em harmonia com o interesse de todos; e, em segundo lugar, que a educação e a opinião, que possuem um poder tão vasto sobre o caráter humano, usassem esse poder de modo a estabelecer na mente de cada indivíduo uma associação indissolúvel entre sua própria felicidade e o bem de todos; em especial, entre sua própria felicidade e a prática daqueles modos de conduta, negativos e positivos, que a consideração pela felicidade universal prescreve; de modo que não apenas se seja incapaz de conceber a possibilidade de felicidade para si mesmo, de forma compatível com uma conduta oposta ao bem geral, mas também que um impulso direto para promover o bem geral possa ser em todo indivíduo um dos motivos habituais de ação, e os sentimentos relacionados com isso possam ocupar um lugar grande e proeminente na existência senciente de todo ser humano...

... A grande maioria das boas ações visa não o benefício do mundo, mas sim dos indivíduos, do qual o bem do mundo se compõe, e os pensamentos dos homens mais virtuosos não necessitam, nessas ocasiões, ir além das pessoas particulares interessadas, mas sim ir até o ponto que é necessário para assegurar que, ao beneficiá-las, não se está violando os direitos, isto é, as expectativas legítimas e autorizadas, de alguma outra pessoa. A multiplicação da felicidade é, de acordo com a ética do utilitarismo, o objetivo da virtude; as ocasiões em que qualquer pessoa (exceto uma em mil) tem o poder de fazer isso numa escala ampliada... são apenas excepcionais; e só nessas ocasiões ela é chamada a considerar a utilidade pública; em qualquer outro caso, a utilidade privada, o interesse ou a felicidade de algumas poucas pessoas é tudo que ela tem de observar...

... Entre os utilitaristas, como entre os partidários de outros sistemas, há todo grau imaginável de rigidez e flexibilidade na aplicação de seu padrão; alguns são até puritanamente rigorosos, ao passo que outros são tão indulgentes quanto pode desejar um pecador ou um sentimentalista. Mas, no conjunto, uma doutrina que chama a atenção, de maneira proeminente, para o interesse que a espécie humana tem na repressão e prevenção de condutas que violam a lei moral, é provável que não seja inferior a nenhuma outra em voltar as sanções de opinião contra tais violações. É verdade que a pergunta "O que viola a lei moral?" é provavelmente motivo de divergência, de vez em quando, entre aqueles que reconhecem padrões distintos de moralidade. Mas a diferença de opinião sobre questões morais não foi introduzida no mundo pelo utilitarismo, enquanto essa doutrina fornece um modo, embora nem sempre fácil, mas de qualquer modo tangível e inteligível, de decidir essas diferenças...

... Se for uma crença verdadeira que Deus deseja, acima de todas as coisas, a felicidade de Suas criaturas e que esse foi Seu propósito na criação delas, a utilidade não apenas não é uma doutrina ímpia, mas também é mais profundamente religiosa do que qualquer outra. Se disserem que o utilitarismo não reconhece a vontade revelada de Deus como a lei suprema da moral, respondo que um utilitarista que acredita na perfeita bondade e sabedoria de Deus, acredita necessariamente que tudo que Deus pensou ser conveniente revelar sobre o tema da moral, deve preencher os requisitos da utilidade num grau supremo. Mas outros, além dos utilitaristas, têm sido de opinião que a revelação cristã tencionava – e é própria para isso – imbuir os corações e mentes da espécie humana com um espírito que habilitasse os homens a descobrir por si mesmos o que é certo, e os inclinasse a fazê-lo quando o descobrissem, em vez de lhes dizer, exceto de maneira muito genérica, o que é certo; e que necessitamos de uma doutrina de ética, cuidadosamente levada a cabo, para *interpretar* para nós a vontade de

Deus. Se essa opinião é correta ou não, é supérfluo para a discussão aqui; porque qualquer ajuda que a religião, seja natural ou revelada, pode dar à investigação ética está disponível ao moralista utilitarista como a qualquer outro. Ele pode usá-la como o testemunho de Deus para a utilidade ou perniciosidade de qualquer curso de ação, com base num direito tão bom quanto o direito de outros a usá-la para a indicação de uma lei transcendental, sem nenhuma relação com a utilidade ou a felicidade.

Por outro lado, a Utilidade é, com frequência, estigmatizada como uma doutrina imoral, quando se lhe dá nome de Conveniência, e se aproveita o uso popular do termo para contrastá-lo com o Princípio. Mas a Conveniência, no sentido em que é oposto ao Direito, significa em geral aquilo que é conveniente para o interesse particular do próprio agente; como quando um ministro sacrifica os interesses de seu país para se manter no posto. Quando significa alguma coisa melhor do que isso, significa aquilo que é conveniente para algum objetivo imediato, algum propósito temporário, mas que viola uma regra cuja observância é conveniente num grau muito mais elevado. O Conveniente, nesse sentido, em vez de ser a mesma coisa que útil, é um ramo do pernicioso...

Por outro lado, os defensores da utilidade se veem, com frequência, convocados a responder a objeções como esta – de que não existe tempo, antes da ação, para calcular e ponderar os efeitos de qualquer linha de conduta sobre a felicidade geral. É exatamente o mesmo que dizer que é impossível guiar nossa conduta pelo cristianismo, porque não há tempo, em cada ocasião em que alguma coisa tiver de ser feita, de ler o Velho e o Novo Testamento... As pessoas falam como se o começo da... experiência tivesse sido postergado até agora, e como se, no momento em que alguém se sente tentado a se imiscuir com a propriedade ou a vida de outrem, tivesse de começar a considerar, pela primeira vez, se o assassinato e o roubo são prejudiciais para a felicidade humana... É, de fato, uma suposição estapafúrdia que, se a espécie humana estivesse de acordo quanto a considerar a utilidade como o teste da moralidade, iria permanecer sem nenhum acordo sobre o que *é útil* e não tomaria qualquer medida para que suas ideias sobre o tema fossem ensinadas para a juventude e impostas por lei e opinião... Admito, ou melhor, afirmo, de verdade, que a espécie humana ainda tem muito a aprender quanto aos efeitos das ações na felicidade geral. Os corolários do princípio da utilidade, como os preceitos de toda arte prática, admitem melhora ilimitada e, num estado progressivo da mente humana, sua melhora se dá perpetuamente. Mas uma coisa é considerar as regras da moralidade como improváveis; outra coisa é ignorar por completo as generalizações intermediárias e procurar testar cada ação individual pelo primeiro princípio. É uma estranha ideia que o reconhecimento de um primeiro princípio seja incompatível com a admissão de princípios secundários. Informar a um viajante sobre o local de seu destino final não é proibir o uso de marcos e postes de direção no caminho...

... Disseram-nos que um utilitarista estará propenso a tornar seu próprio caso particular uma exceção às regras morais e que, quando estiver submetido à tentação, verá maior utilidade na violação de uma regra do que na sua observância. Mas será a utilidade o único credo capaz de nos fornecer desculpas para o mau procedimento, e meios para ludibriar nossa própria consciência? Elas são proporcionadas em abundância por todas as doutrinas que reconhecem como um fato na moral a existência de considerações conflitantes; o que todas as doutrinas fazem, e muito têm acreditado as pessoas sensatas. Não é culpa de nenhum credo, mas sim da complicada natureza dos assuntos humanos, que as regras de conduta não possam ser moldadas de tal modo que não precisem de exceções, e que quase nenhum tipo de ação possa ser formulado, com segurança, como sendo sempre obrigatório ou sempre condenável. Não existe qualquer credo ético que não modere a rigidez de suas leis, dando certa latitude, sob a responsabilidade moral do agente, para a acomodação às peculiaridades das circunstâncias; e em todo credo, com a abertura assim propiciada, entram o engano de si mesmo e o casuísmo desonesto. Não existe nenhum sistema moral em que não surjam casos inequívocos de obrigação conflitante. Essas são as verdadeiras dificuldades, os pontos complicados tanto na teoria da ética como na orientação conscienciosa da conduta pessoal. Eles são superados na prática, com maior ou menor esforço, de acordo com o intelecto e a virtude do indivíduo; mas dificilmente se pode pretender que alguém será menos qualificado para lidar com eles por possuir um padrão supremo ao qual direitos e deveres conflitantes podem ser submetidos. Se a utilidade é a derradeira fonte das obrigações morais, pode ser invocada para decidir entre elas quando suas demandas forem incompatíveis. Embora a aplicação do padrão possa ser difícil, é melhor do que nenhum; enquanto em outros sistemas, com todas as leis morais reivindicando autoridade independente, não existe qualquer árbitro comum autorizado para interferir entre elas; suas pretensões à precedência de uma sobre a outra baseiam-se em algo pouco melhor do que o sofisma e, a menos que sejam determinadas, como em geral o são, pela influência não reconhecida de considerações de utilidade, dão carta branca para a ação de desejos e parcialidades pessoais...

CAPÍTULO III

Da sanção derradeira do princípio de utilidade

... O estado social é, ao mesmo tempo, tão natural, tão necessário e tão habitual para o homem que, exceto em algumas circunstâncias incomuns ou por um esforço de abstração voluntária, ele jamais se concebe de outra maneira que não como membro de um conjunto; e esta associação é fixada cada vez mais à medida que a espécie humana se afasta do estado de independência selvagem. Qualquer condição, portanto, que é essencial a um estado de sociedade torna-se cada vez mais uma parte inseparável da concepção de cada pessoa do estado de coisas em que nasceu, e que é o destino de um ser humano. Ora, a sociedade entre seres humanos, exceto na relação de senhor e escravo, é evidentemente impossível se baseada em qualquer outro fundamento que não seja: os interesses de todos devem ser consultados. A sociedade entre iguais só pode existir com a compreensão de que os interesses de todos devem ser considerados por igual. E como em todos os estados de civilização eles são iguais para cada pessoa, exceto um monarca absoluto, cada uma está obrigada a viver nesses termos com alguém; e em toda era se faz algum avanço em direção a um estado em que será impossível viver permanentemente com alguém em outros termos. Desse modo, as pessoas tornam-se incapazes de conceber como possível para elas um estado de total desconsideração para com os interesses das outras pessoas. Elas têm necessidade de conceber-se a si mesmas, no mínimo, como abstendo-se de todos os danos mais grosseiros e (ainda que apenas para sua própria proteção) vivendo num estado de constante protesto contra eles. Também estão familiarizadas com o fato de cooperar com outros e de propor para si mesmas, como meta de suas ações (pelo menos por enquanto), um interesse coletivo e não individual. Enquanto estiverem cooperando, seus fins serão identificados com os fins dos outros; há pelo menos uma sensação temporária de que os interesses dos outros são seus próprios interesses. O fortalecimento dos vínculos sociais e o crescimento saudável da sociedade não apenas dão a cada indivíduo um interesse pessoal mais forte em levar em conta na prática o bem-estar dos outros, mas também os leva a identificar seus *sentimentos* cada vez mais com o seu bem ou, pelo menos, com um grau ainda maior de consideração prática por ele. Embora, de maneira instintiva, cada indivíduo tenha consciência de si mesmo como um ser que, *é claro*, dispensa consideração a outros... Esse modo de conceber a nós mesmos e à vida humana, enquanto a civilização segue adiante, é percebido como algo cada vez mais natural.

Cada passo no progresso político promove isso cada vez mais, ao afastar as causas do conflito de interesse e nivelar desigualdades de privilégio legal entre indivíduos ou classes, devido às quais existem grandes parcelas da humanidade cuja felicidade ainda é possível, na prática, desconsiderar...

CAPÍTULO V

Da ligação entre justiça e utilidade

Em todas as eras de especulação, um dos mais fortes obstáculos ao acolhimento da doutrina de que a Utilidade ou Felicidade é o critério de certo e errado, decorre da ideia de Justiça. O poderoso sentimento, e aparentemente clara percepção, que essa palavra evoca, com uma rapidez e certeza que se assemelham a um instinto, tem parecido, para a maioria dos pensadores, apontar para uma qualidade inerente nas coisas; mostrar que o Justo deve existir na Natureza como algo absoluto, genericamente distinto de toda variedade do Conveniente...

No caso deste, como de nossos outros sentimentos morais, não existe qualquer ligação necessária entre a questão de sua origem e a de sua força obrigatória. O fato de um sentimento ser conferido a nós pela Natureza não necessariamente legitima todas as suas estimulações... A espécie humana está sempre inclinada a acreditar que qualquer sentimento subjetivo, não explicado de outro modo, é uma revelação de alguma realidade objetiva. Nosso objetivo presente é determinar se a realidade à qual corresponde o sentimento de justiça, é uma realidade que necessita de alguma revelação especial... Visto que o sentimento mental subjetivo de Justiça é diferente daquele que, em geral, se vincula à simples conveniência e, exceto nos casos extremos deste último, é muito mais imperativo em suas demandas, as pessoas acham difícil ver na Justiça apenas um ramo ou tipo particular da utilidade geral, e pensam que sua força obrigatória superior exige uma origem totalmente diferente.

Para esclarecer essa questão, é necessário tentar verificar o que é o caráter peculiar da justiça, ou da injustiça; o que é a qualidade, ou se existe alguma qualidade, atribuída em geral a todos esses modos de conduta designados como injustos (porque a justiça, como muitos outros atributos morais, é mais bem definida por seu oposto), e distingui-los daqueles modos de conduta que são desaprovados, mas não têm o epíteto particular de desaprovação aplicado a eles. Se em tudo que os homens estão acostumados a caracterizar como justo ou injusto estiver sempre presente algum atributo comum ou coleção de atributos comuns, podemos julgar se esse atributo particular ou combinação de atributos seria capaz de reunir em torno de si um sentimento dessa intensidade e caráter peculiar em virtude das leis gerais de nossa constituição emocional, ou se o sentimento é inexplicável e precisa ser considerado como uma provisão especial da Natureza...

Em primeiro lugar, é considerado injusto, na maioria das vezes, privar alguém de sua liberdade pessoal, de sua propriedade ou de qualquer outra coisa que lhe pertence por lei. Aqui, portanto, está um exemplo da aplicação dos termos justo e injusto num sentido perfeitamente definido, a saber, que é justo respeitar, injusto violar, os *direitos legais* de qualquer um. Mas esse julgamento admite várias exceções que procedem das outras formas em que as noções de justiça e de injustiça se apresentam...

Em segundo lugar, os direitos legais dos quais a pessoa foi privada podem ser direitos que não *deviam* pertencer a essa pessoa; em outras palavras, a lei que lhe confere esses direitos pode ser uma lei má. Quando é assim, ou quando se supõe que seja assim (o que é a mesma coisa para nosso propósito), as opiniões irão divergir quanto à justiça ou injustiça de transgredi-la. Alguns sustentam que nenhuma lei, mesmo que seja má, deveria ser desobedecida por um cidadão; que sua oposição a ela, se demonstrada de algum modo, só deveria ser demonstrada num esforço para fazer com que ela fosse alterada por autoridade competente. Essa opinião (que condena muitos dos mais ilustres benfeitores da espécie humana e, com frequência, protegeria instituições perniciosas contra as únicas armas que, no estado de coisas existente no momento, têm alguma possibilidade de ser bem-sucedidas contra elas) é defendida, por aqueles que a sustentam, com base na conveniência; sobretudo na da importância, para o interesse comum da humanidade, de manter inviolável o sentimento de submissão à lei. Por outro lado, outras pessoas defendem a opinião diretamente contrária, de que qualquer lei que seja considerada má pode ser desobedecida de maneira irrepreensível, ainda que não seja considerada injusta, mas apenas inconveniente; ao passo que outros limitariam a licença para desobedecer às leis injustas; mas, por outro lado, alguns dizem que todas as leis que são inconvenientes são injustas; já que toda lei impõe alguma restrição sobre a liberdade natural da espécie humana, cuja restrição é uma injustiça, a menos que seja legitimada por tender ao bem da humanidade. Entre essas diversidades de opiniões parece admitir-se, de forma universal, que pode haver leis injustas e que a lei, por conseguinte, não é o critério derradeiro de justiça... Podemos dizer, portanto, que um segundo caso de injustiça consiste em tirar ou recusar a qualquer pessoa aquilo a que ela tem um *direito moral*.

Em terceiro lugar, é considerado universalmente justo que cada pessoa obtenha aquilo (seja bom ou mau) que *merece*; e injusto que ela obtenha um bem, ou seja submetida a um mal que não merece... Falando de maneira geral, compreende-se que uma pessoa merece o bem se é justa, o mal se é injusta; e, num sentido mais particular, merecer o bem daqueles para quem faz ou fez o bem, e o mal daqueles para quem faz ou fez mal...

Em quarto lugar, é reconhecidamente injusto *faltar com a palavra*; violar um compromisso, seja expresso ou subentendido, ou desapontar expectativas provocadas por nossa própria conduta, pelo menos se provocamos essas expectativas de maneira intencional e voluntária. Como as outras obrigações de justiça já faladas, esta não é considerada absoluta...

Em quinto lugar, por aceitação universal é incompatível com a justiça que ela seja *parcial*; demonstrar obséquio ou preferência por uma pessoa em detrimento de outra, em questões em que o obséquio e a preferência não se aplicam de forma apropriada... Obséquio e preferência nem sempre são censuráveis e, na verdade, os casos em que são condenados são mais exceção do que regra. É mais provável que uma pessoa fosse antes censurada que aplaudida por não dar preferência, em bons ofícios, à sua família ou amigos em vez de a estranhos, quando poderia fazê-lo sem violar algum outro dever; e ninguém pensa que é injusto procurar uma pessoa de preferência a outra como amigo, relação ou companheiro. Claro que a imparcialidade no que diz respeito a direitos é obrigatória, mas isso está envolvido na obrigação mais geral de dar a cada um o que é seu direito. Um tribunal, por exemplo, precisa ser imparcial porque é obrigado a conceder, sem qualquer outra consideração, um objeto disputado a uma de duas partes que tem direito a ele... Pode-se dizer, em poucas palavras, que imparcialidade, como uma obrigação de justiça, significa ser influenciado de forma exclusiva pelas considerações que se supõem deviam influenciar o caso particular em exame; e resistir à solicitação de quaisquer motivos que induzam a uma conduta diferente daquela que essas considerações ditariam.

Quase associada à ideia de imparcialidade está a de *igualdade*; que muitas vezes entra como parte componente tanto na concepção de justiça como na sua prática e, aos olhos de muitas pessoas, constitui sua essência. Mas nesse caso, mais ainda do que em qualquer outro, a noção de justiça varia em diferentes pessoas e sempre se ajusta, em suas variações, à noção de utilidade. Cada pessoa sustenta que a igualdade é o ditame da justiça, exceto quando pensa que a conveniência requer desigualdade. A justiça de se dar proteção igual aos direitos de todos é sustentada por aqueles que apoiam a desigualdade mais ultrajante nos próprios direitos. Mesmo em países escravocratas admite-se, em teoria, que os direitos do escravo, tal como são, deviam ser tão sagrados como aqueles do senhor; e que um tribunal que deixa de impô-los com igual rigor é carente de justiça; enquanto, ao mesmo tempo, instituições que mal deixam para o escravo algum direito a ser imposto, não são julgadas injustas, porque não são consideradas inconvenientes. Aqueles que pensam que a utilidade exige distinções de classe não consideram injusto que as riquezas e os privilégios sociais sejam distribuídos de modo desigual; mas aqueles que julgam essa desigualdade inconveniente pensam que ela também é injusta. Quem pensa que o governo é necessário não vê qualquer injustiça no tanto de desigualdade com que é constituído, ao se dar ao magistrado poderes que não são concedidos às outras pessoas. Mesmo entre aqueles que defendem doutrinas niveladoras, existem tantas questões de justiça como existem diferenças de opinião sobre a conveniência. Alguns comunistas consideram injusto que o produto do trabalho da comunidade seja repartido com base em qualquer outro princípio diferente da igualdade exata; outros acham justo que recebam mais aqueles cujas necessidades são maiores; enquanto outros defendem que aqueles que trabalham mais duro, ou que produzem mais, ou cujos serviços são mais valiosos para a comunidade, podem reivindicar, com justiça, uma cota maior na divisão do produto. E o senso de justiça natural pode ser invocado, de forma plausível, em defesa de cada uma dessas opiniões.

Entre tantas aplicações diversas do termo Justiça, que por enquanto não é considerado ambíguo, é uma questão um tanto difícil apreender o vínculo mental que as conserva unidas e do qual depende essencialmente o sentimento moral que se associa ao termo. Talvez, nessa confusão, se possa conseguir alguma ajuda na história da palavra, tal como indicada por sua etimologia.

Na maioria dos idiomas, se não em todos, a etimologia da palavra que corresponde a Justo aponta distintamente para uma origem relacionada com as ordens da lei. *Justum* é uma forma de *jussum*, aquilo que foi ordenado... *Recht*, do qual veio *direito* e *justo*, é sinônimo de lei... O elemento primitivo na formação da noção de justiça foi a conformidade com a lei. Ele constituía a totalidade dessa ideia entre os hebreus, até o nascimento do cristianismo; como era de esperar no caso de um povo cujas leis tentavam abranger todos os temas que exigiam preceitos, e que acreditava que essas leis eram uma emanação direta do Ser Supremo. Mas outras nações, e em particular os gregos e os romanos, que sabiam que suas leis tinham sido feitas originalmente, e ainda continuavam a ser feitas, por homens, não tinham receio em admitir que esses homens podiam fazer leis más... Por isso o sentimento de injustiça passou a ser ligado não a todas as violações da lei, mas apenas às violações daquelas leis que *deviam* existir... Dessa maneira, a ideia de lei e de suas injunções ainda era predominante na noção de justiça, mesmo quando as leis em vigor de fato deixavam de ser aceitas como o padrão dela.

É verdade que a espécie humana considera a ideia de justiça e suas obrigações como sendo aplicáveis a muitas coisas que não são, nem é desejável que sejam, reguladas por lei. Ninguém deseja que as leis interfiram em todos os detalhes da vida privada; no entanto, todos admitem que, em toda conduta cotidiana, uma pessoa pode mostrar-se, e se mostra de fato, como sendo justa ou injusta. Mas, mesmo aqui, a ideia da violação do que devia ser lei ainda permanece numa forma modificada. Sempre nos daria prazer, e estaria em concordância com nossos sentimentos de adequação, que atos que consideramos injustos fossem punidos, embora nem sempre consideremos conveniente que isto seja feito pelos tribunais... Consideramos um mal a impunidade dada à injustiça, e nos esforçamos para corrigir isso, fazendo com que uma forte expressão da desaprovação nossa e do público se abata sobre o infrator. Desse modo, a ideia de constrangimento legal ainda é a ideia geradora da noção de justiça, embora passe por várias transformações antes que essa noção, tal como existe num estado de sociedade avançado, se torne completa.

Penso que o que foi dito acima é um verdadeiro relato, até onde se estende, da origem e do desenvolvimento da ideia de justiça. Mas devemos observar que ela nada contém, até agora, que diferencia esta obrigação da obrigação moral em geral. Porque a verdade é que a ideia de sanção penal, que é a essência da lei, entra não apenas na concepção de injustiça, mas também na concepção de qualquer espécie de infração. Não chamamos qualquer coisa de infração, a menos que tencionemos sugerir que uma pessoa deve ser punida de uma maneira ou de outra por tê-la cometido; se não pela lei, pela opinião de seus semelhantes; se não pela opinião, pelas reprimendas de sua própria consciência. Esse parece ser o verdadeiro ponto crucial da distinção entre moralidade e simples conveniência. É uma parte da noção do Dever, em todas as suas formas, que uma pessoa pode ser, por direito, compelida a cumpri-lo. Dever é uma coisa que pode ser *exigida* de uma pessoa assim como se cobra uma dívida. Não chamamos isso de seu dever, a menos que achemos que pode ser exigido da pessoa. Razões de prudência, ou o interesse de outras pessoas, podem militar contra exigir-se de fato o cumprimento de um dever; mas a própria pessoa, está entendido com clareza, não teria direito a se queixar. Existem outras coisas, pelo contrário, que desejamos que as pessoas façam, e que, por fazerem, gostamos delas ou as admiramos, talvez até antipatizemos com elas ou as desprezemos por não fazerem, mas que, no entanto, admitimos que não são obrigadas a fazer; não é um caso de obrigação moral... Penso que não há dúvida de que essa distinção reside no fundo das noções de certo e errado; que chamamos alguma conduta de injusta, ou empregamos, em vez disso, algum outro termo de aversão ou de depreciação, quando achamos que a pessoa devia, ou não devia, ser punida por ela; e dizemos que seria justo fazer assim e assim, ou apenas que seria desejável ou louvável, quando desejamos ver a pessoa em questão compelida ou apenas persuadida e exortada a agir dessa maneira.

Sendo, portanto, essa a diferença característica que separa, não a justiça, mas sim a moralidade em geral dos campos restantes da Conveniência e do Mérito; ainda se deve procurar o caráter que distingue a justiça de outros ramos da moralidade. Ora, é conhecido que os autores de ética dividem os deveres morais em duas classes, denotadas pelas expressões, mal escolhidas, deveres de obrigação perfeita e de obrigação imperfeita; sendo os últimos aqueles em que, embora o ato seja obrigatório, as ocasiões particulares para realizá-lo são deixadas à nossa escolha; como no caso da caridade ou da beneficência que, de fato, somos obrigados a praticar, mas não em relação a uma pessoa definida, nem num momento prescrito. Na linguagem mais precisa dos juristas filosóficos, deveres de obrigação perfeita são aqueles deveres em virtude dos quais um *direito* correlativo reside em alguma pessoa ou algumas pessoas; deveres de obrigação imperfeita são aquelas obrigações morais que não dão origem a qualquer direito. Penso que se descobrirá que essa distinção coincide à exatidão com aquela que existe entre justiça e as outras obrigações de moralidade. Em nosso levantamento das várias acepções populares de justiça, o termo pareceu envolver em geral a ideia de um direito pessoal... Se a injustiça consiste em privar uma pessoa de uma posse, ou em faltar à palavra com ela, ou em tratá-la pior do que ela merece, ou pior do que outras pessoas que não têm pretensões maiores, em cada caso a suposição contém duas coisas – uma injustiça cometida e alguma pessoa determinável que é vítima da injustiça. Também se pode cometer injustiça, ao se tratar uma pessoa melhor do que outras; mas, nesse caso, a injustiça é para com seus rivais, que também são pessoas determináveis... Quem não colocar a distinção entre justiça e moralidade em geral no lugar em que a colocamos agora, evidentemente não estará fazendo nenhuma distinção entre elas, mas sim fundindo toda a moralidade com a justiça...

... Estamos prontos para iniciar a investigação sobre se o sentimento que acompanha a ideia é vinculado a ela por alguma disposição especial da natureza, ou se poderia ter-se desenvolvido, a partir da própria ideia, por algumas leis conhecidas; e, em particular, se pode ter-se originado de considerações de conveniência geral.

Imagino que o próprio sentimento não se origina de alguma coisa que seria chamada, em geral ou de maneira correta, de ideia de conveniência; mas que, embora o sentimento não se origine, tudo que é moral nele sim.

Vimos que os dois ingredientes essenciais no sentimento de justiça são o desejo de punir uma pessoa que causou dano e o conhecimento ou crença de que existe algum indivíduo definido ou alguns indivíduos definidos a quem foi feito o dano.

... O desejo de punir uma pessoa que causou dano é consequência espontânea de dois sentimentos, ambos naturais no mais elevado grau e ambos são ou parecem instintos; o impulso à legítima defesa e o sentimento de simpatia.

É natural ressentir-se de qualquer dano, e repelir ou retaliar qualquer dano causado ou tentado contra nós mesmos, ou contra aqueles com os quais simpatizamos. Não é necessário discutir aqui a origem desse sentimento. Quer seja um instinto, quer seja resultado da inteligência, sabemos que ele é comum a toda natureza animal; porque todo animal tenta ferir aqueles que o feririam ou feririam sua prole, ou que ele pensa que estão prestes a ferir. Nesse aspecto, o ser humano só difere dos outros animais em dois detalhes. Primeiro, por ser capaz de sentir simpatia não apenas por sua própria descendência ou, como alguns dos animais mais nobres, por algum animal superior que lhe seja bom, mas pelos seres humanos e até mesmo por todos os seres sencientes. Em segundo lugar, por ter uma inteligência mais desenvolvida, que confere uma extensão mais ampla ao conjunto de seus sentimentos, sejam estes egoístas ou solidários. Em virtude de sua inteligência superior, e mesmo deixando de lado seu âmbito superior da simpatia, um ser humano é capaz de compreender uma comunidade de interesses entre ele próprio e a sociedade humana da qual faz parte, de tal modo que qualquer conduta que ameace a segurança da sociedade em geral, ameaça sua própria segurança e traz à tona seu instinto (se é que é instinto) de legítima defesa. A mesma superioridade de inteligência, associada com o poder de simpatizar com os seres humanos em geral, capacita-o a vincular-se à ideia coletiva de sua tribo, de seu país, ou da humanidade, de tal maneira que qualquer ato prejudicial a eles desperta seu instinto de solidariedade e o incita à resistência.

O sentimento de justiça, naquele seu elemento que consiste no desejo de punir, é desse modo, imagino, o sentimento natural de retaliação ou vingança, expresso pelo intelecto, e de simpatia aplicável a essas injúrias, isto é, àquelas feridas que nos ferem através da sociedade como um todo, ou em comum com ela. Esse sentimento, em si, não contém coisa alguma de moral; o que é moral é sua subordinação exclusiva às simpatias sociais, de modo a acompanhar e obedecer a seu chamado. Porque o sentimento natural nos faria indignar-nos de maneira indiscriminada com tudo que alguém fizesse que nos fosse desagradável; mas, quando moralizado pelo sentimento social, ele só age nas direções que ajustam ao bem geral: pessoas justas indignando-se com um dano à sociedade, ainda que não seja um dano a elas mesmas de outra maneira, e não ressentindo-se de um dano a si mesmas, por mais doloroso, a menos que seja do tipo que a sociedade, em comum com elas, tem interesse em reprimir.

Não é objeção alguma contra essa doutrina dizer que, quando sentimos que nosso sentimento de justiça foi ultrajado, não pensamos na sociedade como um todo, nem em algum interesse coletivo, mas apenas no caso individual. Decerto é bastante comum, embora o contrário de recomendável, sentir ressentimento apenas por sofrer; mas uma pessoa cujo ressentimento é, de fato, um sentimento moral, isto é, que considera se um ato é censurável antes de se permitir indignar-se com ele – tal pessoa, embora talvez não diga, de maneira expressa, para si mesma que está tomando o partido do interesse da sociedade, com certeza sente estar sustentando uma regra que é para o benefício de outros, bem como para seu próprio benefício. Se não sente isto – se considera o ato apenas tal como a afeta individualmente – ela não é conscientemente justa; não se preocupa com a justiça de suas ações. Isso é admitido até mesmo por moralistas contrários ao utilitarismo. Quando Kant (como foi observado antes) propõe como princípio fundamental da moral: "Aja de tal maneira que sua regra de conduta possa ser adotada como uma lei por todos os seres racionais", ele praticamente reconhece que o interesse da espécie humana de modo coletivo, ou pelo menos da espécie humana de forma indiscriminada, deve estar na mente do agente quando decidir conscientemente sobre a moralidade do ato... Para dar algum sentido ao princípio de Kant, o senso atribuído a ele deve ser o de que devemos moldar nossa conduta por uma regra que todos os seres racionais possam adotar *com benefício para seu interesse coletivo...*

Tratei a ideia de um *direito* inerente à pessoa injuriada e violado pela injúria não como um elemento separado na composição da ideia e do sentimento, mas como uma das formas nas quais os outros dois elementos se revestem. Esses elementos são um dano a alguma pessoa determinável ou algumas pessoas determináveis, por um lado, e uma demanda de punição, por outro lado. Penso que um exame de nossas próprias mentes mostrará que essas duas coisas incluem tudo que tencionamos quando falamos de violação de um direito. Quando chamamos qualquer coisa de direito de uma pessoa, queremos dizer que ela tem um direito válido de que a Sociedade a protege na posse dele, seja por força da lei ou por força da educação e opinião... Desse modo, se diz que uma pessoa tem direito ao que puder ganhar em competição profissional justa; porque a sociedade não deve permitir que qualquer outra pessoa a impeça de se empenhar para ganhar dessa maneira tanto quanto puder. Mas essa pessoa não tem direito a trezentos por ano, embora possa estar ganhando isto; porque não se apela à sociedade para providenciar que tal pessoa ganhe essa quantia. Ao contrário, se ela possui dez mil libras em ações a três por cento, *tem* direito a trezentos ao ano, porque a sociedade incorreu na obrigação de proporcionar-lhe uma renda nesse montante.

Ter um direito, então, segundo penso, é ter algo na posse do que a sociedade deve proteger-me. Se o objetante perguntar: por que deve?, não posso dar-lhe outra razão que não seja a utilidade geral. Se essa expressão não parece comunicar um sentimento suficiente da força da obrigação, se parece não prestar conta da energia peculiar do sentimento, é porque entra na composição do sentimento, não apenas um elemento racional, mas também um elemento animal, a sede de retaliação; e essa sede deriva sua intensidade, bem como sua justificação moral, do tipo de utilidade impressiva, e de extraordinária importância, que está envolvido. O interesse envolvido é o da segurança, o mais vital de todos os interesses aos sentimentos de todo mundo. Todos os outros benefícios mundanos são necessitados por uma pessoa, não necessitados por outra; e a muitos deles se pode, se necessário, renunciar ou substituir de bom grado por alguma outra coisa; mas não é possível que algum ser humano passe sem segurança... Ora, não se pode ter esta, que é a mais indispensável de todas as necessidades depois da nutrição física, a menos que a maquinaria que a fornece seja mantida em funcionamento ativo ininterrupto. Nossa noção, portanto, do direito que temos sobre nossos semelhantes de que contribuam para tornar seguro para nós o próprio fundamento de nossa existência, reúne em torno dela sentimentos tão mais intensos do que aqueles relacionados com algum dos casos mais comuns de utilidade, que a diferença em grau (como muitas vezes é o caso em psicologia) se torna uma diferença real em tipo. O direito assume esse caráter de incondicionalidade, essa aparente infinidade e incomensurabilidade com todas as outras considerações, o que constitui a distinção entre o sentimento de certo e errado e o de conveniência e inconveniência habituais.

Os sentimentos envolvidos são tão poderosos, e consideramos tão positivo encontrar um sentimento correspondente em outros (sendo todos igualmente interessados), que *deve* e *deveria* tornam-se *tem de*, e a indispensabilidade reconhecida torna-se uma necessidade moral, análoga à física e, muitas vezes, não inferior a ela em força obrigatória...

Somos continuamente informados de que a Utilidade é um padrão incerto, que cada pessoa diferente interpreta de maneira diferente, e que não existe qualquer segurança a não ser nos ditames imutáveis, indeléveis e inconfundíveis da Justiça, que trazem sua prova em si mesmos e são independentes da variação de opinião. Alguém poderia supor a partir disso que em questões de justiça não poderia haver controvérsias... Isso está tão longe de ser verdade que existe tanta diferença de opinião e tanta discussão sobre o que é justo quanto sobre o que é útil para a sociedade. Não apenas diferentes nações e indivíduos possuem noções diferentes de justiça, mas também na mente do mesmo e único indivíduo a justiça não é uma regra, princípio ou máxima, mas sim muitas, que nem sempre coincidem em seus ditames; e, ao escolher entre elas, ele é guiado ou por algum padrão extrínseco, ou por suas próprias predileções pessoais.

Por exemplo, alguns dizem que é injusto punir alguém para servir de exemplo a outros; que a punição só é justa quando se destina ao bem daquele que a recebe. Outros sustentam o extremo oposto, argumentando que punir pessoas maiores de idade para seu próprio benefício é despotismo e injustiça, posto que, se a questão em debate é apenas seu próprio bem, ninguém tem o direito de controlar o próprio juízo delas; mas que elas podem ser punidas com justiça para evitar um mal aos outros, sendo este o exercício do legítimo direito de autodefesa. Por outro lado, o Sr. Owen afirma que é injusto punir, seja como for; porque o criminoso não fez seu próprio caráter, sua educação e as circunstâncias que o cercaram e o tornaram um criminoso, e, portanto, ele não é responsável por elas. Todas essas opiniões possuem extrema plausibilidade, e enquanto a questão for discutida como sendo apenas de justiça, sem descer aos princípios que são a base da justiça e a fonte da sua autoridade, não consigo ver como esses argumentadores podem ser refutados. Porque, na verdade, cada uma das três opiniões se baseia em regras de justiça reconhecidamente verdadeiras. A primeira apela à reconhecida injustiça de se escolher um indivíduo e sacrificá-lo, sem seu consentimento, para o benefício de outras pessoas. A segunda confia na reconhecida justiça da legítima defesa e na admitida injustiça de se forçar uma pessoa a se ajustar às noções de uma outra sobre aquilo que constitui seu bem. A opinião de Owen invoca o reconhecido princípio de que é injusto punir alguém por aquilo que ele não pode evitar. Cada qual é vitorioso desde que não seja obrigado a levar em consideração alguma das outras máximas de justiça, que não seja aquela que escolheu; mas tão logo suas várias máximas são colocadas cara a cara, cada contestante parece ter tanto a dizer por si quanto os outros. Nenhum deles pode levar a cabo sua própria noção de justiça, sem pisar noutra igualmente obrigatória. Essas são as dificuldades; sempre se soube que eram essas; e muitos artifícios foram inventados para contorná-las em vez de superá-las. Para refugiar-se da última das três, os homens imaginaram aquilo que chamaram de liberdade de escolha; fantasiando que não poderiam justificar a punição de um homem cuja vontade se encontra num estado completamente abominável, a menos que se suponha que chegou a esse estado não por meio de alguma influência de circunstâncias anteriores. Para escapar das outras dificuldades, o artifício favorito tem sido a ficção de um contrato, por meio do qual, em algum período desconhecido, todos os membros da sociedade se comprometeram a obedecer às leis e consentiram em ser punidos por qualquer desobediência a elas; dando desse modo a seus legisladores o direito – que, é de se supor, eles não teriam de outra maneira – de puni-los, seja para seu próprio bem ou para o bem da sociedade. Esse feliz pensamento foi cogitado para livrar-se de toda a dificuldade e para legitimar a imposição da pena, em virtude de uma outra máxima recebida de justiça, *Volenti non fit injuria*; não é injusto aquilo que é feito com o consentimento da pessoa que supomos ser afetada por isso. Quase não preciso observar que, mesmo se o consentimento não fosse uma mera ficção, essa máxima não é superior em autoridade às outras à qual vem substituir. Pelo contrário, é uma amostra instrutiva da maneira frouxa e irregular com que se desenvolvem supostos princípios de justiça. É evidente que esse particular entrou em uso como uma ajuda para grosseiras exigências de tribunais de justiça, que às vezes são obrigados a se contentar com presunções muito incertas, por conta dos males maiores que, com frequência, se originam de alguma tentativa de sua parte de fazer um cálculo mais exato. Mas mesmo os tribunais de justiça não são capazes de aderir à máxima de forma consistente, pois permitem que compromissos voluntários sejam postos de lado com o pretexto de fraude e às vezes com o de mero mal-entendido ou de informação incorreta.

Por outro lado, quando se admite a legitimidade de se infligir punição, quantas concepções conflitantes de justiça são reveladas na discussão da distribuição adequada das punições às ofensas. Nenhuma regra sobre o assunto recomenda-se com tanto vigor para o primitivo e espontâneo sentimento de justiça como a *lex talionis*, olho por olho e dente por dente. Embora esse princípio da lei judaica e muçulmana tenha sido geralmente abandonado na Europa como uma máxima prática, existe, eu suspeito, na maioria das mentes, um anseio secreto por ela; e quando a retaliação incide por acaso num transgressor dessa forma precisa, o sentimento geral de satisfação demonstrado testemunha como é natural o sentimento para o qual a retribuição na mesma moeda é aceitável. Para muitos, o teste de justiça da imposição penal é que a pena deveria ser proporcional ao delito; significando que deveria ser medida exatamente pela culpa moral do acusado (seja qual for seu padrão para medir a culpa moral); sendo que a consideração sobre a quantidade de punição necessária para dissuadir da ofensa nada tem a ver com a questão da justiça, na estimativa dessas pessoas; ao passo que existem outros para quem essa consideração é tudo; que sustentam que não é justo, pelo menos para o homem, infligir ao semelhante, quaisquer que possam ser seus delitos, qualquer quantidade de sofrimento além do mínimo que será suficiente para impedi-lo de repetir, e impedir outros de imitar, seu mau procedimento.

Para tomar outro exemplo de um tema já aludido uma vez: numa associação industrial cooperativa, é justo ou não que o talento ou a habilidade dê direito a uma remuneração superior? No lado negativo da questão, argumenta-se que quem faz o melhor que pode, é igualmente merecedor e não deveria ser posto, por justiça, numa posição de inferioridade por algo de que não tem culpa; que os dons intelectuais superiores já possuem vantagens mais que suficientes, na admiração que provocam, na influência pessoal que exercem e nas fontes de satisfação interna que os acompanham, sem que seja preciso agregar-lhes uma cota superior dos bens do mundo; e que a sociedade está mais obrigada, por justiça, a compensar os menos favorecidos por essa imerecida desigualdade de vantagens do que agravá-la. No lado contrário, argumenta-se que a sociedade recebe mais do trabalhador mais eficiente; que, sendo seus serviços mais úteis, a sociedade lhe deve uma retribuição maior por eles; que uma cota maior do resultado em comum é, na verdade, obra dele, e que não reconhecer sua pretensão é uma espécie de roubo; que, se ele deve receber apenas tanto quanto os outros, também se pode exigir dele apenas, por justiça, que produza tanto quanto os outros e que dedique menos tempo e menos empenho, proporcionalmente à sua eficiência superior. Quem decidirá entre essas invocações a princípios conflitantes de justiça? Nesse caso, a justiça tem dois lados, que são impossíveis de se harmonizar, e os dois contestantes escolheram lados opostos; um deles olha para o que é justo que o indivíduo receba, o outro para o que é justo que a comunidade dê. Cada qual, de seu próprio ponto de vista, é incontestável; e qualquer escolha entre eles, com o pretexto de justiça, deve ser perfeitamente arbitrária. Só a utilidade social pode decidir a preferência.

Por outro lado, quantos e quão incompatíveis são os padrões de justiça aos quais se faz referência ao discutir a distribuição de tributos. Uma opinião é que o pagamento ao Estado deve estar em proporção numérica aos meios pecuniários. Outros pensam que a justiça dita aquilo que denominam tributação graduada; tirar uma porcentagem mais elevada daqueles que têm mais a poupar. No tocante à justiça natural pode-se apresentar um forte argumento em favor de desconsiderar os meios por completo e tomar a mesma quantia absoluta (sempre que puder ser obtida) de todos; assim como os contribuintes de um rancho ou de um clube, todos pagam a mesma quantia pelos mesmos privilégios, tenham ou não igualmente os recursos para isto. Como a proteção (se poderia dizer) da lei e do governo é concedida a todos e igualmente exigida por todos, não há injustiça alguma em fazer com que todos a comprem pelo mesmo preço. É considerado justiça, e não injustiça, que um negociante cobre de todos os clientes o mesmo preço pelo mesmo artigo, não um preço que varie de acordo com seus meios de pagamento. Essa doutrina, aplicada à tributação, não encontra advogados porque é muito incompatível com os sentimentos de humanidade e de conveniência social do homem; mas o princípio de justiça que invoca é tão verdadeiro e obrigatório quanto aqueles que podem ser invocados contra ela. Dessa maneira, exerce uma influência tácita sobre a linha de defesa empregada para outros modos de determinar a tributação. As pessoas se sentem obrigadas a argumentar que o Estado faz mais pelo rico do que pelo pobre, como justificativa para tirar mais dele; embora isso não seja de fato verdade, pois o rico seria muito mais capaz de se proteger, na ausência de lei ou de governo, do que o pobre; e, de fato, é provável que fosse bem-sucedido em converter o pobre em seu escravo. Por outro lado, outros se submetem tanto à mesma concepção de justiça a ponto de sustentar que todos deveriam pagar um imposto *per capita* igual para a proteção de suas pessoas (sendo estas de igual valor para todos), e um tributo desigual para a proteção de suas propriedades, que são desiguais. Outros respondem dizendo que todo homem é tão valioso para si mesmo como todos os outros o são. Não existe outro modo de desembaraçar-se dessas confusões, a não ser o utilitarismo.

Então, a diferença entre o Justo e o Conveniente é apenas uma distinção imaginária? A espécie humana esteve submetida a uma ilusão ao pensar que a justiça é mais sagrada do que a política, e que esta última só deveria ser ouvida depois que a primeira fosse satisfeita? De maneira nenhuma. A exposição que fizemos da natureza e origem do sentimento reconhece uma verdadeira distinção; e nenhum daqueles que professam o desprezo mais sublime pelas consequências das ações como um elemento em sua moralidade, atribui mais importância à distinção do que eu. Se por um lado contesto as pretensões de qualquer teoria que estabelece um padrão imaginário de justiça não baseado na utilidade, por outro lado considero a justiça que é baseada na utilidade a parte principal e incomparavelmente a mais sagrada parte obrigatória de toda a moralidade. Justiça é um nome para certas classes de regras morais, que dizem respeito à essência do bem-estar humano mais intimamente e, por conseguinte, são de obrigação mais absoluta do que quaisquer outras regras para a orientação da vida; e a noção que achamos ser a essência da ideia de justiça, a de um direito que é inerente a um indivíduo, contém e testemunha essa obrigação mais forçosa.

As regras morais que proíbem os homens de ferir uns aos outros (em que jamais devemos esquecer de incluir a interferência injusta de um na liberdade do outro), são mais vitais para o bem-estar humano do que quaisquer máximas, por mais importantes, que apenas salientam o melhor modo de administrar algum departamento dos assuntos humanos...

... O bem pelo bem também é um dos ditames da justiça; e isso, embora sua utilidade social seja evidente e embora carregue consigo um sentimento humano natural, não tem à primeira vista aquela ligação óbvia com o dano ou a injúria que, existindo nos casos mais elementares de justo e injusto, é a fonte da intensidade característica do sentimento. Mas a ligação, embora menos óbvia, não é menos real. Aquele que aceita benefícios e nega uma retribuição, quando necessário, inflige um dano real ao desapontar uma das expectativas mais naturais e razoáveis, e uma expectativa que deve ter encorajado pelo menos de forma tácita, do contrário os benefícios raramente teriam sido concedidos. A importante posição, entre as injustiças e males humanos, do desapontamento da expectativa é demonstrada no fato de que ele constitui a principal falta em dois desses atos muitíssimo imorais que são o rompimento da amizade e a quebra de uma promessa. Poucos danos que os seres humanos podem suportar são maiores, e nenhum deles fere mais do que quando aquilo em que confiavam de hábito e com plena segurança falta na hora da necessidade; e poucas injustiças são maiores do que essa mera recusa do bem; nenhuma delas produz mais indignação, seja na pessoa que a sofre, seja no espectador solidário. O princípio, portanto, de dar a cada um o que merece, ou seja, o bem pelo bem, assim como o mal pelo mal, não apenas está incluído dentro da ideia de Justiça tal como a definimos, como também é um objeto adequado daquela intensidade de sentimento que coloca o Justo, na estimativa humana, acima do simplesmente Conveniente.

A maioria das máximas de justiça correntes no mundo e que são invocadas em suas transações apenas serve de meio para pôr em ação os princípios de justiça de que falamos agora. Que uma pessoa só é responsável pelo que fez de maneira voluntária, ou que poderia ter evitado voluntariamente; que é injusto condenar uma pessoa sem ouvi-la; que a punição deva ser proporcional à ofensa, e coisas semelhantes, são máximas que tencionam impedir que o princípio justo do mal pelo mal seja pervertido para a imposição do mal sem aquela justificação. A maior parte dessas máximas comuns entrou em uso pela prática dos tribunais de justiça, que têm sido levados, de forma natural, a uma elaboração e reconhecimento – mais completos do que era provável sugerir-se a outros – das regras necessárias para possibilitar que cumprissem sua dupla função, a de infligir punição quando devido e de outorgar a cada pessoa seu direito.

Essa primeira das virtudes judiciais, a imparcialidade, é uma obrigação da justiça, em parte pela razão mencionada por último; por ser uma condição necessária para o desempenho das outras obrigações da justiça. Mas essa não é a única fonte da elevada posição que ocupam, entre as obrigações humanas, máximas de igualdade e imparcialidade que, tanto na estimativa popular como na dos mais esclarecidos, são incluídas entre os preceitos de justiça. Num certo ponto de vista, elas podem ser consideradas como corolários dos princípios já formulados. Se é dever fazer a cada um conforme o que merece, retribuindo o bem com o bem, assim como também reprimindo o mal com o mal, conclui-se necessariamente que deveríamos tratar igualmente bem (quando nenhum dever mais elevado o proibir) todos aqueles que mereceram igualmente bem de *nós*, e que a sociedade deveria tratar igualmente bem todos aqueles que mereceram igualmente bem *dela*, isto é, quem mereceu igualmente bem em absoluto. Esse é o mais elevado padrão abstrato da justiça distributiva e social, para o qual deveriam convergir, no mais alto grau possível, todas as instituições e os esforços de todos os cidadãos virtuosos. Mas esse grande dever moral apoia-se numa fundação ainda mais profunda, sendo uma emanação direta do primeiro princípio de moral, e não um mero corolário lógico de doutrinas secundárias ou derivadas. Está envolvido no próprio sentido de

Utilidade, ou no Princípio da Maior Felicidade. Esse princípio será uma simples fórmula de palavras sem significação racional, a menos que a felicidade de uma pessoa, que se supõe igual em grau (com o desconto devido feito por espécie), valha exatamente tanto quanto a de uma outra... O direito igual de todos à felicidade, na estimativa do moralista e do legislador, envolve um direito igual a todos os meios de felicidade, exceto na medida em que as condições inevitáveis da vida humana e do interesse geral, no qual está incluído o de cada indivíduo, estabeleça limites para o máximo; e esses limites devem ser estritamente esclarecidos. Assim como todas as outras máximas de justiça, essa não é, de maneira alguma, aplicada ou considerada aplicável de forma universal; pelo contrário, como já observei, ela se submete às ideias de cada pessoa sobre conveniência social. Mas em qualquer caso que seja julgada aplicável de algum modo, é considerada o ditame da justiça. Acredita-se que todas as pessoas têm *direito* à igualdade de tratamento, exceto quando alguma conveniência social reconhecida exija o oposto. E por isso todas as desigualdades sociais que deixaram de ser consideradas convenientes assumem o caráter não de simples inconveniência, mas de injustiça, e parecem tão tirânicas que as pessoas são capazes de se perguntar como puderam ter sido toleradas; esquecendo-se de que elas próprias talvez tolerem outras desigualdades sob uma noção igualmente equivocada de conveniência, cuja correção faria com que aquilo que elas aprovam parecesse tão monstruoso quanto aquilo que enfim aprenderam a condenar...

Parece, pelo que foi dito, que justiça é um nome para certos requisitos morais que, considerados de modo coletivo, encontram-se mais elevados na escala da utilidade social e são de obrigação mais suprema do que qualquer outro; embora possam ocorrer casos particulares em que algum outro dever social seja tão importante a ponto de invalidar qualquer uma das máximas gerais de justiça. Desse modo, salvar uma vida pode não apenas ser lícito, mas um dever; roubar, ou tomar à força, o remédio ou alimento necessário, ou sequestrar e forçar a exercer o ofício o único profissional médico qualificado. Nesses casos, assim como não chamamos de justiça alguma coisa que não seja uma virtude, dizemos em geral não que a justiça deve ceder para outro princípio moral, mas sim que aquilo que é justo em casos ordinários não é, por causa desse outro princípio, justo no caso particular. Com essa proveitosa adaptação de linguagem, mantém-se o caráter de irrevogabilidade atribuído à justiça, e somos salvos da necessidade de sustentar que pode haver uma injustiça louvável.

As considerações que foram apresentadas agora resolvem, imagino, a única dificuldade real na teoria utilitarista da moral. Sempre foi evidente que todos os casos de justiça também são casos de conveniência; a diferença está no sentimento peculiar que se vincula ao primeiro, contradistinguido do último. Se esse sentimento característico foi suficientemente esclarecido; se não há qualquer necessidade de supor para ele alguma peculiaridade de origem; se ele é apenas o sentimento natural de indignação, moralizado por ser feito coextensivo com as demandas do bem social; e se esse sentimento não apenas existe, mas devia existir em todas as classes de casos aos quais corresponde a ideia de justiça, essa ideia não se apresenta mais como uma pedra no caminho da ética do utilitarismo. Justiça permanece sendo o nome apropriado para certas utilidades sociais que são muito mais importantes e, por conseguinte, mais absolutas e imperativas do que quaisquer outras enquanto classe (embora não sejam mais do que outras podem ser em casos particulares); e que, portanto, deviam ser protegidas, tão bem como o são naturalmente, por um sentimento não apenas diferente em grau, mas também em espécie; diferente do sentimento mais brando que se vincula à mera ideia de promover a conveniência ou o prazer humano, tanto pela natureza mais definida de suas ordens quanto pelo caráter mais severo de suas sanções.

A LIBERDADE[1]

O grande princípio condutor para o qual convergem diretamente todos os argumentos desenvolvidos nestas páginas é a importância absoluta e essencial do desenvolvimento humano em sua mais rica diversidade.

WILHELM VON HUMBOLDT:
Sphere and Duties of Government

CAPÍTULO I

Introdução

O tema deste ensaio é... a Liberdade Civil ou Social; a natureza e os limites do poder que pode ser exercido, de maneira legítima, pela sociedade sobre o indivíduo...

O conflito entre Liberdade e Autoridade é o traço mais patente dos fragmentos da história com os quais somos familiarizados desde cedo... Mas, em tempos antigos, essa contenda era entre súditos, ou algumas classes de súditos, e o Governo. Com liberdade se queria dizer proteção contra a tirania dos governantes políticos. Os governantes eram concebidos... como estando numa posição necessariamente antagônica ao povo que governavam... Seu poder era considerado necessário, mas também altamente perigoso; como uma arma que eles tentariam usar contra seus súditos, não menos do que usariam contra seus inimigos externos. Para impedir que os membros mais fracos da comunidade fossem mortos pelos inúmeros abutres para servir de alimento, era necessário que houvesse um animal de rapina mais forte do que os demais, encarregado de oprimi-los. Mas como o rei dos abutres não seria menos inclinado a pilhar o rebanho do que alguma das harpias menores, era indispensável estar em perpétua atitude de defesa contra seu bico e garras. O objetivo, portanto, dos patriotas era estabelecer limites ao poder que deveria ser tolerado ao governante exercer sobre a comunidade; e era essa limitação que eles queriam dizer com liberdade. Foi tentada de duas maneiras. Primeiro, obtendo-se um reconhecimento de certas imunidades, chamadas de direitos ou liberdades políticas, cuja violação pelo governante deveria ser tida como uma falta, e, se o governante a violasse, seria considerada justificável uma resistência específica, ou a rebelião geral. Um segundo expediente, e em geral posterior, foi o estabelecimento de controles constitucionais pelos quais o consentimento da comunidade, ou de algum tipo de conjunto que se supunha representar seus interesses, tornou-se condição necessária para alguns dos atos mais importantes do poder governante. Na maioria dos países europeus, o poder governante era mais ou menos obrigado a se submeter ao primeiro desses modos de limitação. Não era assim com o segundo; e alcançá-lo, ou alcançá-lo de forma mais completa quando ele já era possuído em algum grau, tornou-se em toda parte o principal objetivo dos amantes da liberdade...

Chegou um tempo, contudo, no progresso dos assuntos humanos, em que os homens deixaram de achar que fosse uma necessidade da natureza que seus governantes tivessem um poder independente, oposto a eles mesmos em interesse. Pareceu-lhes muito melhor que os vários magistrados do Estado fossem seus arrendatários ou delegados, revogáveis à sua vontade. Só dessa maneira, parecia, poderiam eles ter completa segurança de que os poderes do governo jamais seriam abusados em prejuízo deles... À medida que a luta prosseguia para fazer o poder governante emanar da escolha periódica dos governados, algumas pessoas começaram a pensar que se havia dado demasiada importância à limitação do próprio poder... O que se desejava agora era que os governantes fossem identificados com o povo; que seu interesse e a vontade fossem o interesse e vontade da nação. A nação não precisava ser protegida contra sua própria vontade... Que os governantes fossem efetivamente responsáveis por ela, fossem prontamente removíveis por ela, e ela poderia permitir-se confiar-lhes o poder do qual ela própria poderia ditar o uso a ser feito...

---

1. Do número 482A. Everyman's Library. Reimpresso com permissão de E. P. Dutton & Co., Inc.

... A noção de que o povo não tem qualquer necessidade de limitar seu poder sobre si mesmo podia parecer incontestável quando o governo popular era uma coisa com a qual apenas se sonhava, ou se lia como tendo existido em algum período distante do passado... Com o tempo, entretanto, uma república democrática passou a ocupar uma grande porção da superfície da Terra, e fez-se sentir como um dos membros mais poderosos da comunidade das nações; e o governo eletivo e responsável tornou-se sujeito às observações e críticas que acompanham um grande fato existente. Percebeu-se agora que frases como "governo autônomo" e "o poder do povo sobre si mesmo" não expressam o verdadeiro estado de coisas. O "povo" que exerce o poder nem sempre é o mesmo povo composto daqueles sobre quem ele é exercido, e o falado "governo autônomo" não é o governo de cada qual por si mesmo, mas sim de cada qual por todos os restantes. Além disso, a vontade do povo significa praticamente a vontade da *parte* mais numerosa ou mais ativa do povo: a maioria, ou aqueles que são bem-sucedidos em se fazer aceitos como a maioria; por conseguinte, o povo *pode* desejar oprimir uma parte de sua multidão; e são necessárias tantas precauções contra este como contra qualquer outro abuso de poder. Portanto, a limitação do poder do governo sobre os indivíduos não perde nada de sua importância quando os donos do poder devem prestar contas regularmente para a comunidade, isto é, para o grupo mais forte nela... Nas especulações políticas, "a tirania da maioria" é incluída agora, em geral, entre os males contra os quais a sociedade deve ficar de guarda.

Como outras tiranias, a tirania da maioria era, a princípio, e ainda é comumente, julgada com temor, operando sobretudo por intermédio dos atos das autoridades públicas. Mas as pessoas que pensavam perceberam que, quando a própria sociedade é o tirano – a sociedade de forma coletiva sobre os indivíduos separados que a compõem –, seus meios para tiranizar não estão restritos aos atos que ela pode praticar pelas mãos de seus funcionários políticos. A sociedade pode executar e executa seus próprios mandados; e, se emite mandados errados em vez de certos, ou algum mandado qualquer em coisas nas quais não devia imiscuir-se, pratica uma tirania social mais formidável do que muitos tipos de opressão política porque, embora em geral não apoiada por tais penalidades extremas, deixa menos meios de fuga, penetrando muito mais profundamente nos detalhes da vida e escravizando a própria alma...

... A questão prática sobre onde colocar o limite – como fazer o ajuste adequado entre a independência individual e o controle social – é um assunto no qual quase tudo permanece por ser feito. Tudo aquilo que torna a existência valiosa para alguma pessoa depende da imposição de restrições sobre a ação das outras pessoas. Portanto, algumas regras de conduta devem ser impostas, pela lei em primeiro lugar e pela opinião em muitas coisas que não são objetos apropriados para a atuação da lei. O que essas regras deveriam ser é a principal questão nos assuntos humanos; mas, se excetuarmos alguns dos casos mais óbvios, é um dos assuntos em que menos progresso foi feito em sua solução. Não existem duas eras e quase não existem dois países que tenham decidido de maneira semelhante; e a decisão de uma era ou país é um assombro para um outro. No entanto, o povo de qualquer era e país não imagina mais dificuldade nisso do que se fosse um tema sobre o qual a espécie humana sempre tenha concordado. As regras que prevalecem entre eles parecem-lhes evidenciar-se e justificar-se por si mesmas. Essa ilusão quase universal é um dos exemplos da influência mágica do costume... Sempre que há uma classe ascendente, uma grande porção da moralidade do país emana de seus interesses de classe e de seus sentimentos de superioridade de classe. A moralidade entre espartanos e hilotas, entre fazendeiros e negros, entre príncipes e súditos, entre nobres e plebeus, entre homens e mulheres, tem sido em sua maior parte fruto desses interesses e sentimentos de classe; e os sentimentos gerados desse modo reagem, por seu turno, sobre os sentimentos morais dos membros da classe ascendente, em suas relações entre si... Entre tantas influências mais baixas, os interesses gerais e óbvios da sociedade têm, é claro, uma parte, e uma parte grande, na direção dos sentimentos morais; menos, entretanto, por uma questão de razão, e por sua própria iniciativa, do que como consequência das simpatias e antipatias que se originaram neles; e simpatias e antipatias que tinham pouco ou nada a ver com os interesses da sociedade se fizeram sentir no estabelecimento de moralidades com uma força muito grande.

... Em geral, aqueles que estiveram à frente da sociedade em pensamento e sentimento não contestaram esse estado de coisas, em princípio; entretanto, podem ter entrado em conflito com ele em alguns de seus detalhes. Eles se ocuparam mais em investigar de que coisas a sociedade devia gostar e não gostar do que em questionar se seus gostos e antipatias deveriam ser uma lei para os indivíduos. Preferiram esforçar-se para alterar os sentimentos da espécie humana em questões particulares, a respeito das quais eles mesmos eram heréticos, do que em fazer causa comum na defesa da liberdade, com os hereges em geral. O único caso em que todos, a não ser um indivíduo aqui e ali, tomaram uma base mais elevada por princípio e a mantiveram com consistência é o da crença religiosa... Aqueles que primeiro romperam o jugo do que se chamava Igreja Universal, estavam em geral tão pouco dispostos a permitir diferenças de opinião religiosa quanto a própria Igreja. Mas, quando acabou o calor do conflito, sem vitória completa para nenhuma das partes, e cada Igreja ou seita foi reduzida a limitar suas esperanças a reter a posse do terreno já ocupado, as minorias, vendo que não tinham qualquer possibilidade de se tornarem maiorias, sentiram necessidade de pleitear, junto àqueles aos quais não poderiam converter, a permissão para diferir. É em consequência desse campo de batalha, quase unicamente, que os direitos do indivíduo contra a sociedade têm sido defendidos em amplas bases de princípio, e tem sido abertamente contestado o direito da sociedade de exercer autoridade sobre os dissidentes... Nas mentes de quase todas as pessoas religiosas, até mesmo nos países mais tolerantes, o dever da tolerância é admitido com reservas tácitas. Uma pessoa irá tolerar a dissidência em questões de governo da Igreja, mas não em questões de dogma; uma outra pode tolerar qualquer pessoa, com exceção de um papista ou um unitário; uma outra não tolera ninguém que acredite em religião revelada; alguns poucos estendem sua caridade um pouco mais além, mas param na crença num Deus e num futuro Estado...

... Não existe, de fato, nenhum princípio reconhecido pelo qual a propriedade ou impropriedade da interferência do governo seja habitualmente testada. As pessoas decidem de acordo com suas preferências pessoais. Alguns, sempre que vêem algum bem a ser feito, ou mal a ser remediado, instigariam de bom grado o governo a encarregar-se do assunto; ao passo que outros preferem suportar quase qualquer montante de mal social a acrescentar mais um departamento de interesse humano passível do controle governamental. E os homens alinham-se num ou noutro lado de algum caso particular, de acordo com essa direção geral de seus sentimentos; ou de acordo com o grau de interesse que têm na coisa particular que se propõe que o governo faça, ou segundo a crença que tenham de que o governo o faria ou não da maneira que preferem; mas muito raramente por conta de alguma opinião, que adotem de forma consistente, quanto às coisas que são adequadas que sejam feitas pelo governo. E parece-me que, em consequência dessa ausência de regra ou princípio, um lado está agora errado com mais frequência do que o outro; a interferência do governo é, com frequência mais ou menos igual, invocada de maneira imprópria e condenada de maneira imprópria.

O objetivo deste ensaio é afirmar um princípio muito simples, autorizado a governar, de forma absoluta, as relações da sociedade com o indivíduo por meio de coerção e controle, quer os meios usados sejam a força física na forma de penalidades legais, ou a coerção moral da opinião pública. Esse princípio é que a única finalidade para a qual a espécie humana está justificada, de modo individual ou coletivo, a interferir na liberdade de ação de algum de seus membros é a autoproteção. Que o único propósito para o qual o poder pode ser legitimamente exercido sobre qualquer membro de uma comunidade civilizada, contra sua própria vontade, é impedir que se faça dano a outros. Seu próprio bem, seja físico ou moral, não é garantia suficiente. Ele não pode ser forçado, de maneira legítima, a fazer ou se abster porque será melhor para ele agir assim, porque isto lhe fará mais feliz, porque na opinião de outros agir assim seria sábio, ou mesmo certo. Essas são boas razões para reclamar com ele, ou ponderar com ele, ou solicitar a ele, mas não para obrigá-lo, ou castigá-lo com algum mal caso ele aja de outra maneira...

Talvez seja desnecessário dizer que essa doutrina está destinada a ser aplicada apenas aos seres humanos na maturidade de suas faculdades... Pela mesma razão, podemos deixar fora de exame aqueles estados atrasados de sociedade em que a própria raça pode ser considerada como estando em sua menoridade... O despotismo é um modo legítimo de governo para lidar com bárbaros, desde que a finalidade seja seu aperfeiçoamento, e os meios sejam justificados porque de fato realizam esse fim. A liberdade, enquanto princípio, não tem qualquer aplicação para algum estado de coisas anterior ao tempo em que a espécie humana tornou-se capaz de se aprimorar pelo debate livre e igual...

... Considero a utilidade o derradeiro recurso em todas as questões éticas; mas é preciso que seja utilidade em seu sentido mais amplo, fundamentada nos interesses permanentes de um homem enquanto ser progressista. Esses interesses, eu sustento, autorizam a sujeição da espontaneidade individual ao controle externo apenas em relação àquelas ações de cada um que dizem respeito ao interesse de outras pessoas... Existem... muitos atos positivos para o benefício de outros que a pessoa pode ser legitimamente obrigada a realizar; como prestar testemunho num tribunal de justiça; dar sua cota justa na defesa comum, ou em qualquer outro trabalho em comum para o interesse da sociedade cuja proteção desfruta e realizar certos atos de beneficência individual, como salvar a vida de um semelhante, ou intervir para proteger um indefeso contra maus-tratos, coisas que sempre que for óbvio são dever do homem fazer, ele pode ser legitimamente responsável perante a sociedade por não fazer...

Mas existe uma esfera de ação na qual a sociedade, diferente do indivíduo, tem apenas um interesse indireto, quando tem; abrangendo toda aquela porção da vida e conduta de uma pessoa que afeta apenas ela mesma ou, se também afeta outros, afeta apenas com sua participação e consentimento livre, voluntário e sem engano... Essa é, então, a região apropriada da liberdade humana. Ela abrange, primeiro, o domínio interior da consciência, exigindo liberdade de consciência no sentido mais abrangente; liberdade de pensamento e sentimento; liberdade absoluta de opinião e sentimento em todos os assuntos, práticos ou especulativos, científicos, morais ou teológicos. Pode parecer que a liberdade de expressar e publicar opiniões está incluída num princípio diferente, visto que pertence àquela parte da conduta de um indivíduo que diz respeito a outras pessoas; mas, sendo de quase tanta importância quanto a própria liberdade de pensamento, e baseando-se em grande parte nas mesmas razões, ela é praticamente inseparável desta. Em segundo lugar, o princípio requer liberdade de gostos e objetivos; requer que moldemos o plano de nossa vida para se ajustar a nosso próprio caráter; requer que façamos como quisermos, sujeitos às consequências que podem seguir-se, sem impedimento de parte de nossos semelhantes, desde que aquilo que façamos não os prejudique, embora possam achar nossa conduta tola, perversa ou errada. Em terceiro lugar, dessa liberdade de cada indivíduo segue-se a liberdade, dentro dos mesmos limites, de combinação entre indivíduos; liberdade de se unir para qualquer propósito que não envolva dano a outros; supondo-se que as pessoas que se associam são maiores de idade e não sejam forçadas ou enganadas...

Embora essa doutrina seja tudo menos nova e, para algumas pessoas, possa ter o ar de truísmo, não existe nenhuma doutrina que esteja mais diretamente oposta à tendência geral da opinião e da prática vigentes. A sociedade tem empregado todo o esforço possível para tentar (de acordo com seu entendimento) compelir as pessoas a se sujeitar às suas noções de excelência, tanto pessoal como social...

CAPÍTULO II

Da liberdade de pensamento e discussão

É de esperar que tenha passado o tempo em que seria necessária alguma defesa da "liberdade de imprensa" como uma das seguranças contra governos corruptos e tirânicos... Falando em termos gerais, não se deve temer que, em países constitucionais, o governo, seja ele ou não completamente responsável perante o povo, tente, com frequência, controlar a expressão de opinião, exceto quando, ao fazê-lo, se torne o órgão da intolerância geral do público... Eu nego o direito do povo de exercer tal coerção, quer por si mesmo, quer por meio do governo... Ele é tão pernicioso, ou mais pernicioso, quando exercido de acordo com a opinião pública do que quando em oposição a ela. Se toda a espécie humana menos um fosse de uma opinião e apenas uma pessoa fosse de opinião contrária, a humanidade não estaria mais justificada ao silenciar essa única pessoa do que esta, se tivesse o poder, estaria justificada em silenciar a humanidade... O mal peculiar de silenciar a expressão de uma opinião é que se está privando a raça humana, tanto a posteridade como a geração existente, daqueles que discordam da opinião, mais ainda do que aqueles que têm a opinião. Se a opinião for correta, a espécie humana será privada da oportunidade de trocar o erro pela verdade; se for errada, ela perde, o que é quase um benefício tão grande, a percepção mais clara e a impressão mais vívida da verdade, produzida por sua colisão com o erro...

Primeiro, é possível que seja verdadeira a opinião que a autoridade tenta anular. É claro que aqueles que desejam anulá-la, negam sua verdade; mas eles não são infalíveis. Eles não têm qualquer autoridade para decidir a questão por toda a humanidade, e excluir todas as outras pessoas dos meios de julgar...

... Embora cada um saiba muito bem que é falível, poucos acham necessário tomar alguma precaução contra a própria falibilidade... Na mesma proporção que um homem carece de confiança em seu próprio juízo solitário, em geral ele confia, com fé implícita, na infalibilidade do "mundo" em geral. E o mundo, para cada indivíduo, significa a parte dele com a qual ele entra em contato... Sua fé nessa autoridade coletiva não é abalada em absoluto por ele ter consciência de que outras eras, países, seitas, igrejas, classes e partidos pensaram, e pensam ainda hoje, o exato oposto... Jamais o preocupa que o mero acaso tinha decidido qual desses numerosos mundos é o objeto de sua confiança, e que as mesmas causas que o tornam um clérigo em Londres, o teriam tornado um budista ou confucionista em Pequim...

É provável que a objeção a esse argumento assumisse uma forma como a seguinte... O juízo é dado aos homens que podem usá-lo. Como ele pode ser usado de maneira errônea, deve-se dizer aos homens que não deviam usá-lo em absoluto? Proibir o que acham pernicioso não é reivindicar isenção de erro, mas sim cumprir o dever que lhes cabe, embora falível, de agir segundo sua convicção conscienciosa... É dever dos governos e dos indivíduos formar as opiniões mais verdadeiras que puderem; formar com cuidado e jamais impô-las a outros, a menos que estejam muito seguros de estarem certos. Mas, quando estão seguros (quem assim raciocina pode dizer), não é consciência, mas sim covardia evitar agir segundo suas opiniões e permitir que doutrinas que acham honestamente perigosas para o bem-estar da humanidade, nesta vida ou em outra, sejam espalhadas sem qualquer restrição, porque outras pessoas, em tempos menos esclarecidos, perseguiram opiniões que agora acreditamos serem verdadeiras... Podemos, e devemos, supor que nossa opinião seja verdadeira para a orientação de nossa própria conduta; e nada mais estamos supondo quando proibimos que homens maus pervertam a sociedade com a propagação de opiniões que consideramos falsas e perniciosas.

Respondo que isso é supor muito mais. Há uma grande diferença entre presumir que uma opinião seja verdadeira porque, com toda a oportunidade para contestá-la, ela não foi refutada, e supor sua verdade com o propósito de não permitir sua refutação. A liberdade completa de contradizer e refutar nossa opinião é a própria condição que nos justifica supor sua verdade com propósitos de ação; e em base em nenhum outro termo pode um ser com faculdades humanas ter alguma certeza racional de estar certo.

... Por que é que... existe, de modo geral, entre o gênero humano uma preponderância de opiniões racionais e conduta racional? Se houver de fato essa preponderância – que deve haver, a menos que os assuntos humanos estejam, e sempre tenham estado, num estado quase desesperado – é devida a uma qualidade da mente humana, a fonte de tudo que é respeitável no homem, como ser intelectual ou moral, a saber, que seus erros são corrigíveis. Ele é capaz de retificar seus equívocos, através de discussão e experiência, não através apenas da experiência. Tem de haver discussão para mostrar como a experiência deve ser interpretada. Práticas e opiniões erradas se rendem, pouco a pouco, ao fato e argumento; mas fatos e argumentos, para produzir algum efeito na mente, precisam ser postos diante dela. Muito poucos fatos são capazes de contar sua própria história sem comentários que revelem seu sentido...

... Se não se permitisse que até a filosofia newtoniana fosse questionada, a humanidade não poderia sentir a completa garantia de sua verdade que sente agora...

O estranho é que os homens admitam a validade dos argumentos em favor da livre discussão, mas se oponham a que eles sejam "levados a extremo"; sem ver que, a menos que as razões sejam boas para um caso extremo, elas não são boas para caso algum... Chamar alguma proposição de certa enquanto existe alguém que negaria sua certeza se fosse permitido, mas que não é permitido, é supor que nós mesmos, e aqueles que concordam conosco, somos os juízes da certeza, e juízes sem ouvir o outro lado.

... Existem, alega-se, certas crenças tão úteis, para não dizer indispensáveis, ao bem-estar que é dever dos governos não só defender essas crenças como proteger qualquer outro interesse da sociedade... Também se argumenta, com frequência, e também se pensa com mais frequência ainda, que ninguém a não ser os homens maus desejariam enfraquecer essas crenças salutares; e que não pode haver nada errado, se pensa, em restringir os homens maus e proibir aquilo que só esses homens desejariam praticar. Esse modo de pensar faz da justificação das restrições à discussão não uma questão da verdade das doutrinas, mas de sua utilidade, e acredita escapar dessa maneira da responsabilidade de ter a pretensão de ser um juiz infalível de opiniões... A utilidade de uma opinião é em si uma questão de opinião; tão discutível, tão aberta à discussão e precisando de discussão tanto quanto a própria opinião. Existe a mesma necessidade de um juiz infalível de opiniões para decidir que uma opinião é nociva, como para decidir que é falsa, a menos que a opinião condenada tenha plena oportunidade para se defender. E não basta dizer que o herege pode ter permissão para sustentar a utilidade ou inofensividade de sua opinião, embora seja proibido de sustentar sua verdade. A verdade de uma opinião é parte de sua utilidade. Se soubéssemos ser ou não desejável a crença numa certa proposição, seria possível excluir a consideração de ser ou não verdadeira?... Na realidade, quando a lei ou o sentimento público não permite que seja discutida a verdade de uma opinião, eles são igualmente tão pouco tolerantes com a negação de sua utilidade. O máximo que permitem é uma atenuação de sua necessidade absoluta, ou da inegável culpa de rejeitá-la...

... Se algum dia houve alguém, possuidor de poder, com motivos para se imaginar o melhor e mais esclarecido dentre seus contemporâneos, foi o imperador Marco Aurélio... As poucas imperfeições que lhe eram atribuídas, eram todas do lado da indulgência; enquanto seus escritos, o mais elevado produto ético da mente antiga, quase não diferem de maneira perceptível, se é que diferem, das doutrinas mais características de Cristo... Ele sabia que a sociedade existente se encontrava num estado deplorável. Mas, tal como era, ele via, ou pensava ver, que ela se conservava unida e impedida de ser pior pela crença e reverência nas divindades aceitas... A nova religião visava abertamente a dissolução desses vínculos; por conseguinte, a menos que fosse seu dever adotar essa religião, parecia ser seu dever eliminá-la... Nenhum argumento que pode ser recomendado para punir uma doutrina anticristã faltava a Marco Aurélio para punir, como ele punia, a propagação do cristianismo. Assim como um cristão acredita com firmeza que o ateísmo é falso e tende à dissolução da sociedade, Marco Aurélio achava a mesma coisa do cristianismo...

Conscientes da impossibilidade de defender o uso de punição para restringir opiniões irreligiosas com algum argumento que não justifique Marco Aurélio, os inimigos da liberdade religiosa, quando estão sob grande pressão, aceitam ocasionalmente essa consequência e dizem, como o Dr. Johnson, que os perseguidores do cristianismo tinham razão; que a perseguição é uma provação pela qual a verdade tem de passar, e sempre passa com sucesso, sendo as penalidades legais, no final, impotentes contra a verdade, embora às vezes tenham uma eficiência benéfica contra os erros nocivos...

Uma teoria que sustenta essa verdade pode ser perseguida, de maneira justificável, porque não é possível que a perseguição lhe cause algum dano, não pode ser acusada de ser intencionalmente hostil à recepção de novas verdades; mas não podemos recomendar a generosidade de seu procedimento com as pessoas a quem a humanidade está em dívida por elas. Revelar para o mundo algo que o preocupa profundamente e do qual era ignorante antes; provar para ele que estava equivocado em algum ponto vital de interesse temporal ou espiritual, é um importante serviço que um ser humano pode prestar a seus semelhantes... Que os autores desses esplêndidos benefícios sejam retribuídos com o martírio; que sua recompensa consiste em ser tratado como o mais vil dos criminosos, não é, conforme essa teoria, um infortúnio e erro deplorável pelo qual a humanidade deveria usar luto em hábito de penitência e cinzas, mas sim o estado de coisas normal e justificável...

Mas, de fato, a máxima de que a verdade sempre triunfa sobre a perseguição é uma dessas falsidades agradáveis que os homens repetem umas após as outras, até se transformarem em lugares-comuns, mas que toda experiência refuta. A história abunda de exemplos de verdades esmagadas pela perseguição. Se não é suprimida para sempre, ela pode ser rechaçada por séculos... É puro sentimentalismo inútil pensar que a verdade, apenas enquanto verdade, possua algum poder inerente, negado ao erro, de levar a melhor sobre o calabouço e a fogueira... A verdadeira vantagem que a verdade tem consiste em que, quando uma opinião é verdadeira, pode ser aniquilada uma vez, duas vezes, ou muitas vezes, mas no decorrer de eras se encontrarão em geral pessoas para redescobri-la, até que uma de suas reaparições ocorre num tempo em que, por circunstâncias favoráveis, ela escapa da perseguição até avançar tanto a ponto de resistir a todas as tentativas subsequentes de anulá-la...

... Desde muito tempo, o principal dano das penalidades legais é que elas fortalecem o estigma social. É esse estigma que é realmente eficiente, e é tão eficiente que a profissão de opiniões que estão sob o banimento da sociedade é muito menos comum na Inglaterra do que é, em muitos outros países, a confissão daquelas que correm o risco de punição judicial. Em relação a todas as pessoas, menos aquelas cujas circunstâncias pecuniárias as tornam independentes da boa vontade de outras pessoas, a opinião, a esse respeito, é tão eficaz quanto a lei; os homens tanto podem ser aprisionados como ser excluídos dos meios de ganhar o próprio pão. Aqueles cujo pão já está assegurado e que não almejam qualquer favor dos homens que estão no poder, ou de conjuntos de homens, ou do público, nada têm a temer da confissão franca de quaisquer opiniões, exceto serem malvistos e malfalados, e para suportar isso não necessitariam de um caráter muito heroico. Não existe qualquer espaço para algum apelo *ad misericordiam* em favor dessas pessoas. Porém, embora não inflijamos hoje tanto mal àqueles que pensam de maneira diferente de nós, como no passado era nosso costume fazê-lo, pode ser que causemos a nós próprios o mesmo mal de sempre com o tratamento que lhes dispensamos... Um estado de coisas no qual uma grande parcela dos intelectos mais ativos e curiosos acha aconselhável guardar dentro do próprio peito os princípios gerais e os fundamentos de suas convicções, e tenta, naquilo que discursa para o público, ajustar o máximo que pode de suas próprias conclusões a premissas às quais renunciou no íntimo, não pode produzir aqueles caracteres francos e destemidos, aqueles intelectos lógicos e consistentes que um dia adornaram o mundo pensante. O tipo de homens que se pode procurar nesse estado de coisas ou são meros conformistas com o lugar-comum, ou contemporizadores da verdade, cujos argumentos em todos os grandes assuntos são destinados a seus ouvintes e não são aqueles que os convenceram...

Aqueles a cujos olhos essa reticência de parte dos hereges não é um mal deveriam considerar, em primeiro lugar, que em consequência disso jamais há alguma discussão justa e completa sobre as opiniões heréticas; e que estas, embora não pudessem resistir a tal discussão, ainda que talvez sejam impedidas de se disseminar, não desaparecem. Mas não são as mentes dos hereges que mais são deterioradas com o banimento imposto a toda investigação que não termine nas conclusões ortodoxas. O maior dano é feito àqueles que não são hereges e cujo desenvolvimento mental pleno é tolhido e cuja razão é intimidada pelo medo da heresia. Quem pode calcular o que o mundo perde na multidão de intelectos promissores combinados com características tímidas, que não se atrevem a levar até o fim uma sequência de ideias audaciosa, vigorosa e independente, a fim de não serem levados para alguma coisa que seja considerada irreligiosa ou imoral?... Não que a liberdade de pensamento seja necessária unicamente, ou sobretudo, para formar grandes pensadores. Pelo contrário, ela é mais indispensável ainda para possibilitar que seres humanos medianos alcancem a estatura mental da qual são capazes. Houve e pode haver de novo grandes pensadores individuais numa atmosfera geral de escravidão mental. Mas jamais houve nem haverá um dia, nesse tipo de atmosfera, um povo ativo em termos intelectuais. Sempre que algum povo fez uma aproximação temporária desse caráter foi porque o medo da especulação heterodoxa foi suspenso por algum tempo...

... Por maior que seja a relutância de uma pessoa de opinião forte em admitir a possibilidade de que sua opinião seja falsa, ela devia ser influenciada pela consideração de que, por mais verdadeira que possa ser, se não for discutida por completo, com frequência e de maneira destemida, será considerada um dogma morto e não uma verdade viva.

Existe uma classe de pessoas (por sorte não tão numerosa como em tempos passados) que pensa ser suficiente que a pessoa concorde, sem qualquer dúvida, com o que pensa ser verdade, embora não tenha qualquer conhecimento sobre os fundamentos da opinião e não possa fazer uma defesa convincente dela contra as objeções mais superficiais. Essas pessoas, se um dia conseguem que seu credo seja ensinado pela autoridade, pensam naturalmente que nenhum bem, e algum dano, advém de se permitir que ele seja questionado. Onde sua influência prevalece, elas tornam quase impossível que a opinião aceita seja rejeitada de modo sábio e ponderado, embora ainda possa ser rejeitada com temeridade e ignorância; pois raras vezes é possível excluir a discussão por completo e, quando isto se apresenta, crenças não fundamentadas na convicção são propensas a ceder diante da mais leve aparência de discussão. Entretanto, deixando de lado essa possibilidade – supondo que a verdadeira opinião subsiste na mente, mas subsiste como um preconceito, uma crença independente do argumento e da prova contra ele –, essa não é a maneira pela qual a verdade deveria ser examinada por um ser racional. Isto não é conhecer a verdade...

... Mas alguém pode dizer: "Que lhes sejam *ensinados* os fundamentos de suas opiniões. Não se conclui que as opiniões devem ser simplesmente papagueadas porque jamais se ouviram contestações a elas."... Em todo assunto em que é possível uma diferença de opinião, a verdade depende do equilíbrio a ser atingido entre dois conjuntos de razões conflitantes... É preciso mostrar o motivo pelo qual essa outra teoria não pode ser a verdadeira; e até isso ser mostrado e até sabermos como é mostrado, não compreendemos as razões de nossa opinião... Aquele que conhece apenas seu próprio lado do caso conhece pouco dele. Suas razões podem ser boas e talvez ninguém tenha sido capaz de refutá-las. Mas, se ele for igualmente incapaz de refutar as razões do lado oposto, se não souber o que elas são, não tem motivo algum para preferir qualquer opinião... Tampouco basta que ouça os argumentos dos adversários ditos por seus próprios professores, apresentados enquanto eles os expõem e acompanhados pelo que oferecem como refutações... Deve poder ouvi-los de pessoas que, de fato, acreditam neles, que os defendem com seriedade e fazem o máximo por eles. Precisa conhecê-los em sua forma mais plausível e persuasiva; deve sentir toda a força da dificuldade que a verdadeira visão do tema tem de enfrentrar e resolver; senão jamais possuirá a porção de verdade que enfrenta e remove essa dificuldade... É tão essencial essa disciplina para uma verdadeira compreensão dos assuntos morais e humanos que, se não existem oponentes de todas as verdades importantes, é indispensável imaginá-los e supri-los com os argumentos mais fortes que o mais hábil advogado do diabo possa imaginar...

... Consideramos até agora apenas duas possibilidades: a de que a opinião aceita pode ser falsa e, como consequência, alguma outra opinião verdadeira; ou que, sendo verdadeira a opinião aceita, é essencial um conflito com o erro oposto para uma clara apreensão e profundo sentimento de sua verdade. Mas existe um caso mais comum do que qualquer desses dois; quando as doutrinas conflitantes, em vez de ser uma verdadeira e a outra falsa, compartilham a verdade entre elas... Toda opinião que encarna um pouco da porção de verdade que a opinião comum omite, devia ser considerada preciosa, qualquer que seja o montante de erro e confusão que possa estar mesclado com a verdade. Nenhum juiz ponderado dos assuntos humanos se sentirá obrigado a ficar indignado porque aqueles que nos forçam a notar verdades das quais, do contrário, não teríamos tomado conhecimento, não tomam conhecimento de algumas daquelas que vemos. Ele pensará, em vez disso, que uma vez que uma verdade popular é unilateral, é mais desejável do que o contrário que a verdade impopular também tenha defensores unilaterais; sendo esta em geral a mais vigorosa e a mais provável de forçar a atenção relutante para o fragmento de sabedoria que eles proclamam como se fosse o todo.

Desse modo, no século XVIII, quando quase todos os instruídos, e todos os ignorantes conduzidos por eles, estavam perdidos na admiração da chamada civilização e das maravilhas da ciência moderna, da literatura e da filosofia, enquanto superestimavam muito as inúmeras diferenças entre os homens dos tempos modernos e os da Antiguidade, e entregavam-se à crença de que toda a diferença era em seu favor, os paradoxos de Rousseau explodiam, com choque salutar, como bombas nesse meio, deslocando a massa compacta da opinião unilateral e forçando seus elementos a se recombinar numa forma melhor e com ingredientes adicionais...

... A menos que as opiniões favoráveis à democracia e à aristocracia, à propriedade e à igualdade, à cooperação e à competição, ao luxo e à abstinência, à sociabilidade e à individualidade, à liberdade e à disciplina, e a todos os outros antagonismos consagrados da vida prática sejam expressas com liberdade igual, impostas e defendidas com talento e energia iguais, não haverá possibilidade de ambos os elementos conseguirem o que lhes é devido; com certeza, um prato da balança vai subir e o outro descer... Em qualquer das grandes questões abertas recém-enumeradas, se alguma das duas opiniões tem um direito melhor do que a outra, não apenas de ser tolerada, mas de ser encorajada e aprovada, é aquela que por acaso está em minoria em determinado tempo e lugar. Essa é a opinião que, por enquanto, representa os interesses negligenciados, o lado do ser humano que está em perigo de obter menos do que sua parte...

Antes de deixar o assunto da liberdade de opinião, é conveniente tomar conhecimento daqueles que dizem que a livre expressão de todas as opiniões deveria ser permitida, com a condição de que a maneira seja moderada e não ultrapasse os limites da discussão justa. Muito poderia ser dito sobre a impossibilidade de se estabelecer onde traçar esses supostos limites... Sem dúvida, a maneira de defender uma opinião, embora seja uma opinião verdadeira, pode ser muito objetável e pode, com justiça, estar sujeita à severa censura. Mas as principais ofensas do tipo são aquelas de que, na maioria das vezes, é impossível demonstrar a prova de culpabilidade, a não ser por meio de uma acidental autotraição. A mais grave delas é, argumentando de forma sofística, suprimir fatos ou argumentos, expor erradamente os elementos do caso, ou adulterar a opinião oposta. Mas tudo isso está sendo feito tão seguidamente, até no grau mais exacerbado, em perfeita boa-fé por pessoas que não são consideradas, e em muitos outros aspectos não merecem ser consideradas, ignorantes ou incompetentes, que raras vezes é possível, com motivos adequados, caracterizar, de maneira consciente, o embuste como sendo moralmente culpável; e menos ainda a lei poderia atrever-se a interferir nesse tipo de má conduta controversa. Com relação ao que em geral se quer dizer com discussão imoderada, a saber, a invectiva, o sarcasmo, o comentário desairoso e coisas semelhantes, a denúncia dessas armas mereceria mais simpatia se fosse sempre proposto proibi-las de forma igual para ambos os lados; mas só se deseja restringir o emprego delas contra a opinião predominante; contra a não predominante, elas não apenas podem ser usadas sem desaprovação geral, mas é provável que obtenham para aquele que as usa o elogio de zelo honesto e indignação justa. No entanto, qualquer dano que surge com seu uso é maior quando são empregadas contra o relativamente indefeso; e qualquer vantagem injusta que pode ser obtida por alguma opinião com esse modo de defendê-la, cabe de maneira quase exclusiva às opiniões aceitas. A pior ofensa desse tipo que pode ser cometida por uma polêmica é estigmatizar aqueles que têm a opinião contrária, como homens maus e imorais. Aqueles que têm qualquer opinião impopular estão especialmente expostos a esse tipo de calúnia, porque em geral são poucos e não têm influência, e ninguém, a não ser eles mesmos, tem muito interesse em que lhes faça justiça; mas essa arma é, pela natureza do caso, negada aos que atacam uma opinião predominante; eles nem podem usá-la com segurança para si mesmos, nem, se pudessem, faria alguma coisa a não ser repercutir sobre sua própria causa. Em geral, as opiniões contrárias às comumente aceitas só conseguem obter audiência por meio de premeditada moderação de linguagem e do mais cauteloso afastamento de ofensa desnecessária, das quais dificilmente se desviam, mesmo que num leve grau, sem perder terreno...

CAPÍTULO III

Da individualidade como um dos elementos do bem-estar

... Vamos examinar em seguida se as mesmas razões não requerem que os homens sejam livres para agir de acordo com suas opiniões – para levá-las a cabo em suas vidas, sem impedimentos físicos ou morais por parte de seus semelhantes, desde que seja à sua própria custa e risco. É claro que essa última condição é indispensável. Ninguém pretende que as ações sejam tão livres quanto as opiniões. Pelo contrário, até mesmo as opiniões perdem sua imunidade quando as circunstâncias em que se expressam são tais que sua expressão constitui uma evidente instigação para algum ato prejudicial. Uma opinião de que os negociantes de grãos matam os pobres de fome, ou de que a propriedade privada é um roubo, não devia ser molestada quando apenas circulasse através da imprensa, mas pode, com justiça, ficar sujeita à punição quando emitida verbalmente para uma multidão excitada, reunida diante da casa de um negociante de grãos, ou quando passada de mão em mão, na forma de cartaz, através dessa mesma multidão... A liberdade do indivíduo deve ser limitada até este ponto; ele não deve tornar-se um estorvo para outras pessoas. Mas, se ele se abstém de molestar outros naquilo que lhes diz respeito, e apenas age de acordo com sua própria inclinação e juízo em coisas que dizem respeito a ele próprio, as mesmas razões que demonstram que a opinião deveria ser livre, também provam que ele deveria ter permissão, sem molestar, de pôr suas opiniões em prática à sua própria custa... Assim como é conveniente que, enquanto a espécie humana for imperfeita, haja opiniões diferentes também o é que haja diferentes experiências de viver; que se dê livre espaço às diversidades de caráter, com exceção da ofensa a outros; e que o valor de diferentes modos de vida seja provado na prática, quando alguém achar conveniente experimentá-los...

... Se se percebesse que o livre desenvolvimento da individualidade é uma das coisas essenciais ao bem-estar; que não apenas é um elemento coordenado com todos que são designados com os termos civilização, instrução, educação, cultura, mas é em si uma condição e parte necessária de todas essas coisas, não haveria o perigo de que a liberdade fosse subestimada... Mas o mal é que a espontaneidade individual quase não é reconhecida pelos modos comuns de pensar como tendo algum valor intrínseco, ou merecendo qualquer consideração por si só. A maioria, estando satisfeita com os modos da humanidade tal como são agora (porque é ela que os faz tal como são), não pode compreender por que motivo esses modos não deveriam ser bons o bastante para todo mundo; e tem mais, a espontaneidade não faz parte do ideal da maioria de reformadores morais e sociais, mas antes é considerada com inveja, como uma obstrução incômoda e talvez rebelde à aceitação geral daquilo que esses reformadores, em seu próprio juízo, pensam que seria melhor para a espécie humana...

... Ninguém considera como excelência em conduta a ideia de que as pessoas não deveriam fazer coisa alguma a não ser copiar um do outro... Por outro lado, seria absurdo pretender que as pessoas vivessem como se nada em absoluto fosse conhecido no mundo antes que elas chegassem nele; como se a experiência ainda não houvesse feito nada para mostrar que um modo de existência, ou de conduta, é preferível a um outro. Ninguém nega que as pessoas deveriam ser ensinadas e educadas na juventude para conhecer e se beneficiar dos resultados comprovados da experiência humana. Mas é privilégio e condição própria de um ser humano, tendo atingido a maturidade de suas faculdades, usar e interpretar a experiência à sua própria maneira. Compete a ele descobrir que parte da experiência registrada pode ser aplicada, de forma adequada, às suas próprias circunstâncias e caráter... Os costumes são feitos por circunstâncias costumeiras e caracteres costumeiros; e as circunstâncias ou o caráter de um ser humano podem ser incomuns...

... É realmente de importância não apenas o que os homens fazem, mas também que espécie de homens faz. Entre as obras do homem, as quais acertadamente a vida humana se empenha em aperfeiçoar e embelezar, a primeira em importância é, sem dúvida, o próprio homem. Supondo-se que fosse possível que máquinas – autômatos com forma humana – construíssem casas, cultivassem trigo, travassem batalhas, julgassem processos e até mesmo erguessem igrejas e fizessem orações, seria uma perda considerável trocar por esses autômatos até os homens e mulheres que no momento habitam as partes mais civilizadas do mundo e que, sem dúvida, são apenas espécimes esfomeados do que a natureza pode e irá produzir. A natureza humana não é uma máquina a ser construída segundo um modelo e a ser ligada para fazer exatamente o trabalho prescrito para ela, mas sim uma árvore que precisa crescer e se desenvolver em todos os lados, de acordo com a tendência das forças interiores que a tornam uma coisa viva.

... Admite-se que, até certo ponto, nossa compreensão deva ser nossa; mas não existe a mesma disposição para admitir que nossos desejos e impulsos também sejam nossos; ou que ter impulsos próprios, e de qualquer intensidade, não é sem um perigo nem uma cilada. No entanto, os desejos e impulsos são partes de um ser humano perfeito tanto quanto as crenças e restrições... Impulsos fortes são apenas um outro nome para energia. A energia pode ser voltada para maus usos; porém, sempre se pode fazer mais bem com uma natureza enérgica do que com uma natureza indolente e impassível. Aqueles que têm mais sentimento natural sempre são aqueles cujos sentimentos cultivados podem tornar-se os mais fortes. As mesmas suscetibilidades fortes que tornam os impulsos pessoais vívidos e poderosos, também são a fonte na qual são gerados o mais apaixonado amor pela virtude e o mais rígido autocontrole. É ao cultivá-lo que a sociedade tanto faz seu dever como protege seus interesses; e não ao rejeitar a matéria de que são feitos os heróis porque não sabe como fazê-los...

Em alguns estágios primitivos da sociedade essas forças podiam estar, e estavam, por demais à frente do poder que a sociedade então possuía para discipliná-las e controlá-las. Houve um tempo em que o elemento da espontaneidade e da individualidade era excessivo, e o princípio social teve uma dura luta com ele. A dificuldade, então, era induzir homens com mentes ou corpos fortes a prestar obediência a quaisquer regras que lhes ordenassem controlar seus impulsos. Para superar essa dificuldade, a lei e a disciplina, como os papas lutando contra os imperadores, defendiam um controle sobre todo o homem, pretendendo controlar toda a sua vida a fim de controlar seu caráter – para o qual a sociedade não havia encontrado outros meios suficientes para refrear. Mas, agora, a sociedade obteve por completo o melhor da individualidade; e o perigo que ameaça a natureza humana não é o excesso, mas sim a insuficiência de preferências e impulsos pessoais... Não apenas naquilo que diz respeito aos outros, mas no que diz respeito apenas a si próprio, o indivíduo ou a família não se pergunta – o que eu prefiro? Ou, o que seria conveniente ao meu caráter ou disposição? Ou, o que permitiria que o melhor e mais elevado em mim tivesse uma conduta equitativa, possibilitando que isso cresça e se desenvolva? Eles se perguntam: o que é apropriado para minha posição? O que é feito, em geral, por pessoas de minha condição e circunstâncias pecuniárias? Ou (pior ainda), o que é feito em geral por pessoas de uma condição e circunstâncias superiores à minha?...

... Em proporção com o desenvolvimento de sua individualidade, cada pessoa se torna mais valiosa para si mesma e, por conseguinte, é capaz de ser mais valiosa para outros... Atém-se a regras rígidas de justiça por causa dos outros, desenvolve sentimentos e capacidades que têm como objetivo o bem dos outros. Mas ser refreado em coisas que não afetam o bem deles, apenas porque lhes desagrada, não desenvolve coisa alguma valiosa, exceto força de caráter que pode desenvolver-se ao se opor resistência à restrição. Se isso é aceito, toda a natureza é entorpecida e emboscada... Mesmo o despotismo só produz seus piores efeitos quando a individualidade está sob ele; e tudo que esmaga a individualidade é despotismo, seja qual for o nome com que é chamado e quer professe estar impondo a vontade de Deus ou as injunções dos homens...

... Sempre existe necessidade de pessoas que não só descubram novas verdades e apontem quando aquilo que um dia foi verdade já não o é mais, mas que também comecem novas práticas e deem o exemplo de conduta mais esclarecida, e melhorem o gosto e o sentido da vida humana... É verdade que esse benefício não pode ser apresentado por todo mundo do mesmo modo; existem apenas poucas pessoas, em comparação com o conjunto da humanidade, cujas experiências, se adotadas por outros, provavelmente representariam alguma melhora na prática estabelecida. Mas essas poucas pessoas são o sal da terra; sem elas, a vida humana se tornaria uma poça estagnada. Elas não apenas introduzem coisas boas que não existiam antes como mantêm a vida naquelas coisas que já existiam... Existe uma exagerada tendência nas melhores crenças e práticas a se degenerar e tornar mecânicas; e a menos que houvesse uma série de pessoas cuja originalidade sempre repetida impedisse que os fundamentos dessas crenças e práticas se tornassem apenas tradicionais, essa matéria morta não resistiria ao menor choque de qualquer coisa realmente viva, e não haveria razão alguma pela qual a civilização não devesse extinguir-se, como no Império Bizantino...

... Na história antiga, na Idade Média, e num grau decrescente através da longa transição do feudalismo para o tempo presente, o indivíduo era um poder em si mesmo; e, se tivesse grandes talentos ou uma alta posição social, ele era um poder considerável. No momento presente, os indivíduos estão perdidos na multidão. Em política é quase uma trivialidade dizer que a opinião pública governa o mundo agora. O único poder que merece esse nome é o das massas, e dos governos enquanto se fazem o órgão das tendências e instintos das massas. Isso é tão verdade nas relações morais e sociais da vida privada como nas transações públicas. Aqueles cujas opiniões passam pelo nome de opinião pública nem sempre são o mesmo tipo de público; na América são toda a população branca; na Inglaterra são sobretudo a classe média. Mas são sempre uma massa, quer dizer, uma mediocridade coletiva. E o que é uma novidade ainda maior, a massa não toma agora suas opiniões dos dignitários da Igreja ou do Estado, de líderes ostensivos ou de livros. Seu pensamento é feito para ela por homens muito parecidos com ela, dirigindo-se a ela ou falando em seu nome, de maneira impulsiva, através dos jornais. Não estou me queixando disso tudo. Não afirmo que alguma coisa melhor é compatível, enquanto regra geral, com o atual baixo estado da mente humana. Mas isso não impede que o governo da mediocridade seja um governo medíocre... A iniciação de todas as coisas sábias ou nobres vem e deve vir de indivíduos; em geral, a princípio de um único indivíduo... É nessas circunstâncias muito especialmente que os indivíduos excepcionais, em vez de serem dissuadidos, seriam encorajados a agir de maneira diferente das massas. Em outros tempos, não havia qualquer vantagem no fato de agirem assim, a menos que não apenas agissem de forma diferente, mas também melhor. Nesta era, o simples exemplo de não conformismo, a mera recusa a dobrar os joelhos para o costume, é em si um serviço... O fato de que poucos agora ousam ser excêntricos assinala o principal perigo da época.

... Em lugar nenhum (exceto em certas instituições monásticas), a diversidade de gosto não é admitida por completo; uma pessoa pode, sem culpa, gostar ou não gostar de remar, ou de fumar, ou de música, ou de exercícios atléticos, ou de xadrez, ou de cartas, ou de estudar, porque tanto aqueles que gostam de cada uma dessas coisas como aqueles que não gostam delas são numerosos demais para serem suprimidos. Mas o homem, e mais ainda a mulher, que pode ser acusado de fazer "o que ninguém faz", ou de não fazer "o que todo mundo faz", é objeto de tanta observação depreciativa quanto aquele ou aquela que cometeu alguma grave delinquência moral... Qualquer um que se permita muito essa indulgência corre o risco de algo pior do que os discursos de menoscabo – corre o perigo de ser acusado de *lunático* e de lhe tirarem sua propriedade e darem-na a seus parentes...

... Numa passagem já citada de Wilhelm von Humboldt, ele aponta duas coisas como condições necessárias ao desenvolvimento humano, porque necessárias para tornar as pessoas diferentes umas das outras; a saber, liberdade e variedade de situações. A segunda dessas duas condições está diminuindo a cada dia neste país... Em tempos passados, diferentes classes, diferentes vizinhanças, diferentes ocupações e profissões, viviam no que podia ser chamado de mundos diferentes... Agora, elas leem as mesmas coisas, escutam as mesmas coisas, veem as mesmas coisas, vão aos mesmos lugares, têm suas esperanças e receios dirigidos para os mesmos objetos, têm os mesmos direitos e liberdades, e os mesmos meios para fazê-los valer... E a assimilação ainda está em andamento. Todas as mudanças políticas da era promovem-na, visto que todas tendem a levantar o baixo e abaixar o alto. Toda extensão da educação a promove, porque a educação põe as pessoas sob influências comuns e lhes dá acesso ao estoque geral de fatos e sentimentos. A melhoria nos meios de comunicação a promove, ao colocar os habitantes de locais distantes em contato pessoal e ao manter um rápido fluxo de mudanças de residência entre um lugar e outro...

A combinação de todas essas causas forma uma massa tão grande de influências hostis à individualidade, que é difícil ver como esta pode manter sua posição. Ela o fará com dificuldade crescente, a menos que a parte inteligente do público possa ser levada a perceber seu valor...

CAPÍTULO IV

Dos limites à autoridade da sociedade sobre o indivíduo

... À individualidade deveria pertencer a parte da vida em que é sobretudo o indivíduo que está interessado; à sociedade, a parte que interessa sobretudo à sociedade.

Embora a sociedade não seja baseada num contrato, e embora nenhum bom propósito seja satisfeito ao se inventar um contrato a fim de deduzir dele obrigações sociais, todos que recebem a proteção da sociedade devem uma retribuição por esse benefício, e o fato de viverem em sociedade torna indispensável que cada qual seja obrigado a observar uma certa linha de conduta em relação aos demais. Essa conduta consiste, primeiro, em não prejudicar os interesses do outro; ou melhor, certos interesses que, seja por dispositivo legal expresso, seja por compreensão tácita, deviam ser considerados como direitos; e, em segundo lugar, em cada pessoa dando sua parte (a ser fixada com base em algum princípio equitativo) dos trabalhos e sacrifícios que ocorrem na defesa da sociedade ou de seus membros contra o dano e a importunação. A sociedade está justificada em impor essas condições, custe o que custar, sobre aqueles que procuram recusar seu cumprimento. Mas isto não é tudo que a sociedade pode fazer. Os atos de um indivíduo podem ser prejudiciais para os outros, ou carecerem da devida consideração para com seu bem-estar, sem chegar ao ponto de violar algum de seus direitos constituídos. O transgressor pode ser então punido de forma justa pela opinião, embora não pela lei. Tão logo alguma parte da conduta de uma pessoa afete, de maneira prejudicial, os interesses de outros, a sociedade tem jurisdição sobre ela, e a questão de se o bem-estar geral será ou não promovido ao se interferir nela fica aberta à discussão. Mas não existe espaço para se levar em consideração essa questão quando a conduta de alguém não afeta os interesses de nenhuma outra pessoa, a não ser os seus próprios, ou quando não afeta necessariamente nenhuma pessoa, a menos que ela queira (sendo todas as pessoas maiores de idade e com o grau habitual de compreensão). Em todos esses casos, deveria haver perfeita liberdade, legal e social, para se praticar a ação e suportar as consequências.

Seria uma grande má interpretação dessa doutrina supor que ela seja uma doutrina de indiferença egoísta, que finge que os seres humanos não têm nada a ver com a conduta dos outros, e que eles não deveriam preocupar-se com o bem-estar ou o bom procedimento dos outros, a menos que seu próprio interesse esteja envolvido. Em vez de alguma diminuição, há necessidade de um grande aumento do esforço desinteressado para promover o bem dos outros. A benevolência desinteressada, porém, pode encontrar outros instrumentos para persuadir as pessoas ao seu bem, em vez de chicotes e açoites, sejam eles literais ou metafóricos...

Não quero dizer que os sentimentos que os outros dirigem a uma pessoa não devam ser afetados de maneira alguma pelas qualidades ou deficiências que só afetam a ela. Isso não é possível nem desejável... Embora sem causar dano a alguém, uma pessoa pode agir de tal maneira que nos force a julgá-la e vê-la como uma tola ou como um ser de ordem inferior; e como esse julgamento e sentimento são um fato que essa pessoa preferiria evitar, é fazer-lhe um serviço adverti-la sobre isso de antemão, assim como sobre qualquer outra consequência desagradável à qual ela se expõe... Temos também o direito, de várias maneiras, de influir sobre a opinião desfavorável que qualquer um tenha sobre nós, mas não de oprimir sua individualidade, a não ser no exercício da nossa. Não somos obrigados, por exemplo, a procurar sua companhia... Temos o direito, e pode ser que seja nosso dever, de prevenir outros em relação a essa pessoa, se acharmos ser provável que seu exemplo ou conversa tenha um efeito pernicioso sobre aqueles com os quais ela se associa...

... Atos prejudiciais a outros requerem um tratamento totalmente diferente. Usurpar seus direitos; infligir-lhes alguma perda ou dano não justificado por seus próprios direitos; falsidade ou duplicidade no trato com eles; uso injusto ou mesquinho de vantagens sobre eles; até mesmo abstenção egoísta de defendê-los contra injúria – são objetos apropriados de reprovação moral e, em casos graves, de punição e retribuição moral. E não apenas esses atos, mas os estados de espírito que levam a eles são propriamente imorais e objetos apropriados à desaprovação que pode chegar à aversão...

A distinção entre a perda de consideração a que uma pessoa pode expor-se, de forma justa, por falta de prudência ou de dignidade pessoal, e a reprovação que lhe é devida por uma ofensa contra os direitos dos outros, não é apenas uma distinção nominal. Faz uma enorme diferença, tanto em nossos sentimentos como em nossa conduta em relação à pessoa, se ela nos desagrada em coisas nas quais pensamos ter o direito de controlá-la, ou em coisas nas quais sabemos que não temos. Se ela nos desagrada, podemos expressar nosso desagrado e nos manter a distância... Ela pode ser para nós objeto de compaixão, talvez de aversão, mas não de raiva ou ressentimento; não a trataremos como um inimigo da sociedade... É muito diferente se ela infringiu as regras necessárias para a proteção de seus semelhantes, de maneira individual ou coletiva. As más consequências de seus atos não incidem então nela mesma, mas em outros; e a sociedade, como protetora de todos os seus membros, deve exercer represália contra ela; deve infligir-lhe sofrimento com o propósito expresso de punição, e deve cuidar para que essa punição seja suficientemente severa...

Muitas pessoas se negarão a admitir a distinção assinalada aqui entre a parte da vida de uma pessoa que diz respeito apenas a ela mesma, e aquela parte que diz respeito a outros... Se ela prejudica sua propriedade, causa um dano àqueles que, de forma direta ou indireta, recebiam apoio dessa propriedade e, em geral, diminui, em menor ou maior quantidade, os recursos gerais da comunidade. Se a pessoa deteriora suas faculdades físicas ou mentais, não apenas causa mal a todos aqueles que dependiam dela para alguma porção de sua felicidade, mas também se desqualifica para prestar os serviços que deve, em geral, a seus semelhantes... Por fim, se por meio de seus vícios ou loucuras uma pessoa não causa dano direto a outros, ainda assim ela é (pode-se dizer) prejudicial com seu exemplo; e deveria ser forçada a se controlar, em benefício daqueles aos quais a visão ou conhecimento de sua conduta poderia corromper ou desencaminhar.

E mesmo (que seja acrescentado) que as consequências da má conduta pudessem ser limitadas ao indivíduo malévolo ou imprudente, deveria a sociedade abandonar à sua própria orientação aqueles que são evidentemente incapacitados para isso? Se se reconhece que a proteção contra si mesmo é apropriada às crianças e pessoas menores de idade, não está a sociedade igualmente obrigada a proporcioná-la para pessoas de idade madura que também são incapazes de se autogovernar? Se os jogos de azar, ou a embriaguez, ou a incontinência, ou a ociosidade, ou o desasseio, são tão prejudiciais para a felicidade e um obstáculo tão grande para o aperfeiçoamento como muitos ou a maioria dos atos proibidos por lei, por que (pode-se perguntar) a lei não deveria – na medida em que seja compatível com a praticabilidade e a conveniência social – tratar de reprimi-los também? E como suplemento para as inevitáveis imperfeições da lei, a opinião não deveria, pelo menos, organizar uma poderosa polícia contra esses vícios e castigar, de maneira rígida, com penalidades sociais aqueles que são conhecidos por praticá-los? Não há qualquer dúvida aqui (pode-se dizer) quanto a restringir a individualidade, ou impedir a experimentação de novas e originais experiências de viver. As únicas coisas que se procura impedir são coisas que têm sido experimentadas e condenadas desde o começo do mundo até agora; coisas que a experiência demonstrou que não são úteis ou adequadas à individualidade de nenhuma pessoa...

Admito totalmente que o dano que uma pessoa causa a si mesma pode afetar, seriamente, tanto aqueles que, por suas simpatias e seus interesses, têm uma estreita relação com ela como, em menor grau, a sociedade como um todo. Quando, por uma conduta desse tipo, uma pessoa é levada a violar uma obrigação clara e determinável para com qualquer outra pessoa ou pessoas, o caso é tirado da categoria autorrelativa e se torna passível de desaprovação moral no sentido próprio do termo. Se, por exemplo, um homem, por meio de intemperança ou extravagância, se torna incapaz de pagar seus débitos, ou, tendo assumido a responsabilidade moral de uma família, se torna incapaz, pela mesma causa, de sustentá-la ou educá-la, ele é merecidamente condenado e poderia ser punido com justiça; mas é condenado e punido por faltar com a palavra perante a família ou os credores, não por extravagância. Se os recursos que deviam ser destinados a eles tivessem sido desviados para o investimento mais prudente, a culpabilidade moral teria sido a mesma... Por outro lado, no caso frequente de um homem que causa aflição à sua família por entregar-se a maus hábitos, ele merece repreensão por sua descortesia ou ingratidão; mas também pode ser repreendido por cultivar hábitos que, mesmo não sendo viciosos, são dolorosos para aqueles com quem convive ou que, por vínculos pessoais, dependem dele para seu conforto... Da mesma maneira, quando uma pessoa se incapacita, por conduta puramente autorrelativa, para o cumprimento de algum dever definido que é sua obrigação para com o público, ela é culpada de ofensa social. Nenhuma pessoa deveria ser punida apenas por estar embriagada; mas um soldado ou um policial deveria ser punido por estar embriagado em serviço. Resumindo, sempre que houver algum dano definido, ou um risco definido de dano, quer para um indivíduo, quer para o público, o caso é retirado do campo da liberdade e colocado no campo da moralidade ou da lei.

Mas com relação à injúria apenas contingente ou, como pode ser chamada, subentendida que uma pessoa causa à sociedade, por alguma conduta que não viola nenhum dever específico para com o público, nem ocasiona sofrimento perceptível a nenhum indivíduo determinável, a inconveniência é do tipo que a sociedade pode permitir-se suportar, em benefício do maior bem da liberdade humana...

Sob a alegação de impedir a intemperança, o povo de uma colônia inglesa e de quase a metade dos Estados Unidos foi proibido por lei de fazer qualquer uso de bebidas fermentadas, exceto com propósitos medicinais... Não obstante, iniciou-se uma tentativa – que tem sido levada a cabo com considerável zelo por muitos dos declarados filantropos – para excitar a opinião pública em favor de uma lei semelhante neste país. A associação, ou "Aliança", como ela se autodenomina, que foi formada com esse propósito adquiriu alguma notoriedade por intermédio da publicidade dada a uma correspondência entre seu secretário e um dos poucos homens públicos ingleses que sustentam que as opiniões de um político deveriam ser fundamentadas em princípios... O secretário... diz: "Eu reivindico, na condição de cidadão, o direito de legislar sempre que meus direitos sociais forem violados pelo ato social de um outro." E agora a definição desses "direitos sociais". "Se há uma coisa que viola meus direitos sociais, com certeza é o tráfico de bebida forte. Ele destrói meu direito primário à segurança, criando e estimulando constantemente a desordem social. Viola meu direito à igualdade, obtendo um lucro com a criação de uma miséria que sou tributado para sustentar. Impede meu direito a um desenvolvimento intelectual e moral livre, cercando meu caminho de perigos e enfraquecendo e desmoralizando a sociedade, da qual tenho o direito de reivindicar ajuda mútua e intercurso." Uma teoria dos "direitos sociais" cujo equivalente provavelmente nunca antes encontrou expressão em linguagem clara: sendo apenas isso – que é direito social absoluto de cada indivíduo que cada outro indivíduo aja em cada aspecto exatamente como ele devia agir; que quem quer que falhe nisso no menor detalhe viola meu direito social e me autoriza a pedir à legislatura a eliminação do agravo. Um princípio tão colossal é muito mais perigoso do que qualquer interferência individual na liberdade; não existe nenhuma violação da liberdade que ele não justificaria; ele não reconhece direito algum a qualquer liberdade que seja, exceto talvez a de se ter opiniões em segredo, sem jamais revelá-las; pois, no momento em que uma opinião que considero nociva passa pelos lábios de alguém, ela viola todos os "direitos sociais" atribuídos a mim pela Aliança. A doutrina atribui a toda espécie humana um interesse fixo mútuo na perfeição moral, intelectual e até física, a ser definida por cada demandante de acordo com seu próprio padrão...

Não posso abster-me de acrescentar a esses exemplos da pouca consideração que se dá em geral à liberdade humana, a linguagem de franca perseguição que escapa da imprensa deste país sempre que ela se sente chamada a noticiar o notável fenômeno do Mormonismo... Muitos neste país declaram abertamente que seria correto (apenas não é conveniente) enviar uma expedição contra eles e obrigá-los à força a se ajustar às opiniões das outras pessoas. O artigo da doutrina mórmon que é o principal motivo da antipatia que desse modo se impõe às restrições usuais da tolerância religiosa, é sua sanção à poligamia, que, embora permitida a muçulmanos, hindus e chineses, parece despertar uma insaciável animosidade quando praticada por pessoas que falam inglês e professam ser um tipo de cristãos. Ninguém tem uma desaprovação mais profunda do que eu por essa instituição mórmon... Contudo, deve-se lembrar que essa relação é tão voluntária de parte das mulheres que dela participam, e que podem ser consideradas as que sofrem com ela, como é o caso em qualquer outra forma de instituição matrimonial... Outros países não são solicitados a reconhecer tais uniões, ou a desobrigar qualquer parcela de seus habitantes de suas próprias leis por causa das opiniões mórmons. Mas, quando os dissidentes concederam aos sentimentos hostis dos outros muito mais do que seria justo exigir; quando abandonaram os países para os quais suas doutrinas eram inaceitáveis e se estabeleceram num canto remoto da Terra, que foram os primeiros a tornar habitável para os seres humanos; é difícil ver com base em que princípios, a não ser aqueles da tirania, eles podem ser impedidos de ali viver segundo as leis que lhes agradam, dado que não cometem nenhuma agressão contra outras nações, e concedem total liberdade de partir àqueles que estão insatisfeitos com seus modos... Não sei se alguma comunidade tem o direito de forçar uma outra a ser civilizada. Já que aqueles que sofrem com a lei má não invocam auxílio de outras comunidades, não posso admitir que pessoas que não têm qualquer relação com elas entrem e exijam que se ponha um fim num estado de coisas, com o qual parecem estar satisfeitos todos aqueles que têm um interesse direto, porque é um escândalo para pessoas que vivem a milhares de quilômetros de distância, e não têm nenhuma parte ou interesse nele... Se a civilização venceu o barbarismo quando este tinha o mundo para si, é demais professar que se tem medo de que o barbarismo, após ter sido subjugado por completo, reviva e derrote a civilização...

16
Rudolf von Ihering
1818-1892

A linha direta dos ancestrais paternos de Rudolf von Ihering era uma longa série de advogados e administradores. Nenhuma outra carreira a não ser o direito foi considerada por ele. Como Savigny, ele seguiu a passageira moda alemã de frequentar várias universidades; aos vinte e quatro anos recebeu o título de doutor em Direito pela Universidade de Berlim. Após três anos como preceptor, recebeu o primeiro cargo de professor universitário. Lecionou em meia dúzia de escolas de direito na Alemanha, passando dezesseis de seus anos da meia-idade em Giessen e vinte de seus últimos anos em Göttingen. Durante sua breve estada na Universidade de Viena, o imperador da Áustria concedeu-lhe um título de nobreza. Um biógrafo diz de Ihering: "O poder de sua personalidade é atestado pelo fato de sua grande popularidade. Suas aulas eram sempre cheias de ouvintes; e seu lar era o santuário em que os devotos de todos os rincões do mundo prestavam culto."

O volume dos escritos de Ihering é assombroso – mais de vinte volumes sobre direito romano e alemão, bem como de jurisprudência. Ele é considerado "a mente mais enciclopédica em direito alemão do século XIX". Seus dois livros de jurisprudência mais conhecidos são *A luta pelo direito* (1872) e *A finalidade no direito* (1877-1882), sendo que o primeiro volume deles foi publicado quando ele estava com cinquenta e nove anos e o segundo com sessenta e quatro; os trechos que se seguem são do volume I.

Durante sua meia-idade, Ihering foi muito influenciado pela questão Schleswig-Holstein – uma contínua e complicada disputa territorial entre as potências alemã e dinamarquesa. Tornou-se membro de um comitê de agitadores políticos prontos para a ação armada no território disputado, se os príncipes alemães ameaçassem comprometer a honra alemã. Foi criticado por sua relação com as tropas prussianas que avançavam em direção ao território disputado. Aderiu ao tortuoso e complicado programa de Bismarck para Schleswig-Holstein e tornou-se partidário de Bismarck em outros lances de poder. Ihering ficou muito satisfeito com a unificação e ascensão da Alemanha, e suas cartas escritas em 1870 refletiam orgulho nacional e patriotismo. Raras vezes a política interna despertava seu interesse – embora aos cinquenta e nove anos tenha concorrido a uma cadeira no Parlamento alemão, sendo duramente derrotado. Apesar de monarquista, era um liberal moderado que desenvolveu tendências socialistas.

Ihering era tempestuoso. Gostava de comer e beber, deleitava-se com a vida social e sabia apreciar mulheres bonitas. Gostava de viajar e geralmente passava as férias na Itália e nos Alpes. Apreciava a literatura e conhecia Shakespeare, Dante e Goethe. Tocava piano bem o bastante para entreter-se e aos amigos. Era um homem egocêntrico – sábio o suficiente para mudar de ideia, mas raras vezes disposto a ceder de bom grado para um oponente. Não estava acostumado a ter suas opiniões desafiadas.

Sua jurisprudência foi muito influenciada pelos utilitaristas ingleses e pelo pensamento econômico clássico. Para ele, o homem econômico era motivado por seus desejos e oportunidades no mundo do comércio e da subsistência. Mas sua visão era mais ampla e incluía valores não econômicos baseados numa ética kantiana atenuada. Segundo ele, outras forças que não a lei apóiam e suplantam as ordens legais. Dimensões sociais mais amplas e responsabilidades sociais mais profundas foram ensinadas ao século XIX por Rudolf von Ihering.

A FINALIDADE NO DIREITO[1]

Parte I

O CONCEITO DE FINALIDADE

CAPÍTULO III

Egoísmo a serviço de finalidades altruístas

§ 1. *Coincidência de finalidades*. Como pode o mundo existir sob um regime de egoísmo, que nada deseja para o mundo, mas tudo apenas para si mesmo?... O mundo existe, por colocar o egoísmo a seu serviço, pagando-lhe a recompensa que ele deseja...

§ 2. *Natureza*... A autopreservação e a propagação do indivíduo são... condições necessárias para a realização da finalidade da natureza. Como ela atinge essa finalidade? Despertando o egoísmo. Ela realiza isso, oferecendo-lhe um prêmio caso faça o que deveria, a saber, prazer; e ameaçando com punição se não fizer o que deveria, ou se fizer o que não deveria, a saber, sofrimento...

... Se existe alguma coisa que confirma minha crença na finalidade da natureza, é o uso que ela faz do sofrimento e do prazer. Imagine-os ausentes ou trocados, associe sofrimento com alimentação e prazer com morte, e a raça humana desapareceria na primeira geração...

§ 3. *Comércio*. A própria natureza mostrou ao homem o caminho que deve seguir a fim de conquistar outro para sua finalidade; é o caminho de *se vincular a finalidade de um com o interesse do outro homem*. Toda nossa vida humana baseia-se nesse princípio: o Estado, a sociedade, o comércio e o intercurso. A cooperação de uma série de pessoas para a mesma finalidade só é realizada quando convergem todos os interesses para o mesmo ponto. Talvez ninguém tenha em vista a finalidade como tal, mas todo mundo tem seus próprios interesses em vista, um propósito subjetivo que é muito diferente do objetivo geral, mas a coincidência de seus interesses com a finalidade geral faz com que cada um, ao se esforçar ao mesmo tempo, se torne ativo para a finalidade geral.

Onde tal interesse não está presente originalmente, deve ser criado de maneira artificial... A ampliação da minha fábrica exige que meu vizinho ceda parte do seu terreno... Através da minha oferta de aquisição, crio, de forma artificial, na pessoa do meu vizinho um interesse na realização da minha finalidade, desde que lhe ofereça uma quantia tal que seu interesse em abrir mão de seu direito à terra seja maior do que em conservá-la...

... As finalidades da vida social também só podem ser atingidas movendo-se o outro lado com a alavanca do interesse, só que o interesse aqui é de uma natureza diferente daquela que é empregada na vida comercial. Aqui é o interesse de entretenimento, de distração, de prazer, de vaidade, de ambição, de respeito social, etc.

§ 4. *Finalidades organizadas e não organizadas*...

I. *Finalidades não organizadas. 1. Ciência*. A ciência une todos os seus membros numa comunidade invisível. Todos exercem seus poderes para os fins da ciência, e o resultado total da cooperação de todos os seus discípulos consiste na preservação, extensão e incremento da ciência...

... Na ciência é o interesse meramente autorrelativo do indivíduo que produz a atividade, só que o interesse em ciência é muitíssimo mais complexo; consistindo na satisfação interna que produz, no sentimento de dever, de ambição,

---

[1] *Der Zweck im Recht*, traduzido por Isaac Husik, *copyright* 1913, Boston Book Co. Reimpresso com permissão de The Macmillan Co.

de vaidade; na subsistência que oferece; e após a falta de todos os outros motivos além disso, no mero hábito; estar seguro contra o medo de *enfado*. Aquele que não encontra nenhum benefício na ciência não irá trabalhar para ela, tal como um trabalhador a quem o pagamento não atrai...

II. Finalidades organizadas. As finalidades organizadas estão representadas de forma tão ampla em nosso mundo moderno que é quase desnecessário citar exemplos... Deixe-me selecionar entre seu grande número um exemplo que será especialmente instrutivo do nosso ponto de vista – a formação de uma sociedade anônima por ações com o propósito de construir uma ferrovia. De todos os acionistas, talvez nem um único esteja interessado no fim objetivo da ferrovia, a saber, a abertura de uma nova rota de comunicação... Dos acionistas, um deles tem em vista o investimento permanente de seu capital; outro compra ações apenas para vendê-las de novo logo em seguida; um terceiro, um rico proprietário de terras ou industrial, compra com o interesse de facilitar a venda de seus produtos ou artigos manufaturados... Todos têm seu interesse específico em vista, ninguém pensa no fim, e, no entanto, o mesmo é talvez promovido dessa maneira com mais certeza e rapidez do que se houvesse sido perseguido pelo governo de forma direta.

§ 5. *O Estado e o direito*. A organização de finalidades alcança seu ponto mais elevado no Estado...

... O próprio direito, embora carregue a necessidade em sua bandeira, precisa afinal de contas atrair o interesse... O criminoso não está preocupado com os fins do Estado ou da sociedade, é guiado em sua ação apenas por seu próprio fim, por sua luxúria, sua ganância ou outro vício, em resumo, por seu interesse. Mas é exatamente com referência a esse seu interesse que o Estado calcula que meios possui para se proteger contra ele, através da pena... Se o instrumento falha com tanta frequência em sua finalidade, apesar de a pena ser suficientemente severa, isso se deve, na maioria dos casos, ao fato de que, afinal de contas, a ameaça de punição nada mais é do que uma ameaça, sendo que o efeito psicológico dela em cada caso depende do cálculo do criminoso sobre as chances de ser descoberto.

Mas nem toda lei encerra punição. A lei que ordena ao devedor pagar sua dívida, ou que obriga uma pessoa a devolver ao proprietário um artigo do qual está de posse, mas que não lhe pertence, não ameaça com qualquer pena... Outras desvantagens esperam por eles (custos legais). Se, apesar dessa perspectiva, tantas ações judiciais são preferidas por aqueles que sabem que estão errados, a razão é... a esperança de que, por falta de indícios, a lei não consiga apanhá-los.

Embora, porém, nesse caso, a lei ainda encontre, em certa medida, um aliado no interesse, há um ponto em que cessa a possibilidade de tal aliança, e onde apenas a coerção direta pode realizar a coisa desejada. O interesse não determinará que o acusado ou o condenado se dirija à sala de inquérito judicial ou à casa de correção, ou que suba ao patíbulo – é necessário que haja a coerção direta...

CAPÍTULO IV

O problema da abnegação

§ 3. *Atos autorreferentes e não autorreferentes* ... Aquilo que concerne ao próprio agente num ato de abnegação é apenas o sentimento de ter ajudado um outro em necessidade, de ter-lhe causado alegria... Ele se satisfaz com uma parte mínima disso, e é no próprio cúmulo de despretensão que reside a beleza, a grandiosidade da abnegação...

Afinal de contas, existe uma recompensa, exclamará o egoísta... Muito provavelmente, o herói que, para não deixar que o navio de guerra ou o forte caia nas mãos do inimigo, explode com ele, não encontrará muita tentação na recompensa que obtém; alguns poucos minutos ou segundos de satisfação interior adquiridos à custa da própria vida – em verdade, um prazer comprado a preço caro, pensaria o egoísta!... Mas o egoísta calcula bem demais nesse caso; a abnegação é um luxo que ele não pode permitir-se e, no fundo de seu coração, considera isso uma loucura quando a encontra em outros, ou tenta ajustá-la a seu próprio ponto de vista com a introdução de motivos ignóbeis e egoístas. O fato de que motivos como vaidade, expectativa de gratidão, apreço, etc. possam estar incluídos, é tão incontestável quanto é indubitável que não *precisam* estar...

§ 6. *As diferentes espécies de afirmação de si mesmo*. Os fins da existência humana em geral caem em dois grandes grupos: o do indivíduo e outro da comunidade (sociedade). Colocamos esse contraste como a base de nossa exposição. Isso não significa que, à maneira daqueles que defendem a teoria da Lei da Natureza, desejamos isolar o indivíduo, separando-o artificialmente de sua ligação histórica com a sociedade, para então apresentar, em oposição a tal ser-para-si meramente teórico de um indivíduo, sua verdadeira vida em sociedade e seu ser-para-outros. Consideramos o indivíduo na posição que de fato ocupa no mundo real, mas, ao retratar sua vida para nós, separamos dela aqueles propósitos para os quais ele tem em vista apenas a si mesmo e não a sociedade, isto é, qualquer outra pessoa ou um propósito mais elevado. Esses fins que derivam do agente e retornam a ele, designamos, como é bem conhecido, pelo termo *egoístas*...

... A atividade do indivíduo para esses fins da sociedade é adequadamente designada pelo termo social. Os motivos que incitam tal ação social de parte do indivíduo são de dois tipos. O primeiro é o egoísmo... Os meios pelos quais o Estado e a sociedade adquirem domínio sobre esse motivo são a recompensa e a punição. O segundo motivo é aquele que contém em si a solução de nosso problema da abnegação. É o sentimento, de parte do agente, do destino ético de seu ser, isto é, seu sentimento de que a existência lhe foi dada não apenas para ele próprio, mas também para o serviço da humanidade...

CAPÍTULO V
As finalidades da autoafirmação egoísta

§ 1. *Autoafirmação física*... A autopreservação física do animal é, com poucas exceções, calculada para o próximo momento... No homem, pelo contrário, ela... não se esgota, como no caso do animal, numa preocupação com o presente, mas no presente ela já está pensando no futuro, em especial na maneira de assegurar-lhes futuros meios de subsistência...

§ 2. *Autoafirmação econômica*... Assegurar a vida futura torna-se assegurar para si a vida futura em conforto; obter o necessário e indispensável prepara o terreno para o que é dispensável, porém agradável... Em toda parte, a propriedade coloca-se ao lado da cultura, sempre informando sobre novas necessidades e finalidades...

§ 4. *Direito e dever*. A finalidade do sustento da vida produziu a propriedade – pois sem propriedade não existe qualquer futuro seguro para a existência; a finalidade combinada dos dois leva à Lei – sem lei não há qualquer garantia à vida e à propriedade...

... Ter um direito significa que há alguma coisa *para nós*, e o poder do Estado reconhece isso e nos protege. Ora, aquilo que existe para nós pode ser:

(1) *Nós mesmos*. A expressão jurídica para isso é o direito de *personalidade*. O fundamento ético desse conceito é o princípio: o homem é *um fim em si mesmo*...

Aquilo que existe para nós pode ser:
(2) *Uma coisa*. A expressão que designa essa relação da coisa com nossos fins é o direito à coisa, ou posse no sentido mais amplo.

Aquilo que existe para nós pode ser:
(3) *Uma pessoa*. Ela pode existir para nós como uma personalidade em sua inteireza – com relações recíprocas (as relações jurídicas da *família*) – ou em referência a atos particulares (direito *"in personam"*).

Aquilo que existe para nós pode ser enfim:

(4) *O Estado*. A expressão jurídica para essa subordinação do Estado aos nossos propósitos é a *cidadania*.

Oposto ao Direito está o *Dever*. O primeiro nos diz que existe alguma coisa para nós; o último, que *somos para um outro*, mas não no sentido de que toda a finalidade de nossa existência se esgota nisso – nesse caso, a relação seria de escravidão –, mas no sentido de que essa subordinação constitui apenas um incidente particular no propósito de nossa existência.

Dessa maneira, a posição de uma pessoa no mundo depende de três condições, sendo que de duas delas deriva seu direito, e na terceira se baseia o dever dela com o mundo:

(1) Eu existo para mim;
(2) O mundo existe para mim;
(3) Eu existo para o mundo.

Todo o sistema do direito assenta-se nessas três afirmações concisas, e não apenas do direito, mas de toda a ordem ética do mundo...

§ 6. *Troca*... A troca como uma forma de comércio tem... como objetivo direcionar todas as coisas para o lugar onde servirão àquilo para que foram projetadas... Tudo encontra seu proprietário certo; a bigorna encontra o ferreiro; o violino encontra o músico; o casaco gasto, o pobre; um Rafael, uma galeria de quadros...

§ 7. *Contrato*. A forma da troca é o contrato... Com a entrega do objeto vendido em troca do preço combinado, tanto o comprador como o vendedor conseguem aquilo que tencionavam...

Porém, os interesses que agora se encontram podem mais tarde divergir... Ora, se a lei não interviesse com seu poder repressor, ajuste anterior não obteria execução por causa da falta do presente acordo de interesses. O reconhecimento da força obrigatória dos contratos, considerado do ponto de vista da ideia de propósito, nada mais significa que proteger o propósito original contra a influência prejudicial de uma mudança posterior de interesse, ou de uma mudança de julgamento de parte de um dos lados no tocante ao seu interesse...

CAPÍTULO VI

A vida através de outros e para outros, ou a sociedade

§ 1. *Forma social da existência humana*... Nenhuma vida humana existe apenas para si... Mesmo que seja o trabalhador mais insignificante, ele participa de um de *seus* problemas; e mesmo que não trabalhe de modo algum, ele ajuda com sua fala cotidiana, porque assim mantém vivas as palavras da língua que lhe foram transmitidas e, por seu turno, as transmite...

§ 5. *Vida social como lei da cultura*... Tudo que eu disse até aqui sobre os indivíduos também é válido para as nações. Estas também existem não apenas para si mesmas, mas para as outras nações, para a humanidade...

§ 6. *Conceito de sociedade*... Uma sociedade (*societas*), no sentido jurídico, é a união de certo número de pessoas que se associaram para a execução de um fim comum, e por isso cada uma delas, ao agir para o propósito da sociedade, age ao mesmo tempo para si mesma. Uma sociedade, nesse sentido jurídico, pressupõe um *contrato*, direcionado para sua construção e regulamento – o contrato social. Mas a verdadeira sociedade, ou seja, a cooperação para fins comuns, é encontrada repetidamente na vida sem essa forma. Toda a nossa vida, todo nosso intercurso, é nesse verdadeiro sentido não jurídico uma sociedade, isto é, um trabalho conjunto para fins comuns, no qual cada um, ao agir para outros, também age para si mesmo; e ao agir para si mesmo, também age para outros...

§ 7. *Sociedade e Estado*. Conclui-se a partir disso que o conceito de sociedade coincide em parte com o de Estado... Comércio e negócio, agricultura, manufatura e indústria, arte e ciência, o uso do lar e os costumes da vida organizam-se no essencial. Apenas em certas ocasiões é que o Estado interfere com sua lei, na medida em que seja absolutamente necessário proteger contra a violação à ordem que esses interesses desenvolveram de maneira independente.

§ 8. *Problema do movimento social*. Mas, também em termos geográficos, a esfera da sociedade não coincide com aquela do Estado; este último termina nos postos de fronteira de seu território, ao passo que a primeira se estende sobre toda a terra...

CAPÍTULO VII

Mecânica social ou as alavancas do movimento social

Mecânica social... A máquina *tem de* obedecer ao dono; as leis da mecânica capacitam-no a *obrigá-la* a isso. Mas a força que move as engrenagens da sociedade humana é a *vontade* humana; essa força que, em contraste com as forças da natureza, se vangloria de sua liberdade; mas a vontade nessa função é a vontade de milhares e milhões de indivíduos, a luta de interesses, da oposição de esforços, de egoísmo, de vontade própria, insubordinação, inércia, fraqueza, iniquidade, crime. Não existe milagre maior no mundo do que disciplinar e treinar a vontade humana, cuja verdadeira realização em seu âmbito mais amplo nós abraçamos na sociedade mundial.

Chamo a soma de impulsos e forças que realizam esse trabalho de *mecânica social*...

... Essa mecânica social é idêntica ao princípio da alavanca, por meio do qual a sociedade põe a vontade em movimento para seus próprios fins, ou, resumindo, o *princípio das alavancas do movimento social*.

Existem *quatro* dessas alavancas. Duas delas têm o egoísmo como seu motivo e pressuposto; eu as denomino alavancas sociais *inferiores* ou *egoístas*; são a *recompensa* e a *coerção*... Opostos a essas duas estão outros dois impulsos que não têm o egoísmo como motivo e pressuposto... Eu os chamo de alavancas do movimento social *superiores*... ou *morais* ou *éticas*. São o *Sentimento do Dever* e o *Sentimento do Amor*; o primeiro, a prosa; o último, a poesia do espírito moral...

Comércio. Comércio é a organização da satisfação assegurada das necessidades humanas, que se baseia na alavanca da recompensa...

Necessidade é o vínculo com que a natureza atrai o homem para a sociedade, o meio pelo qual ela realiza os dois princípios de toda moralidade e cultura, "todos existem para o mundo" e "o mundo existe para todos"...

§ 4. *Equivalente*. Os conceitos remuneração e equivalente não coincidem...

... O direito parte da concepção de que cada um, dos dois lados, tem em mente seu próprio benefício; cada um se esforça para usar em seu próprio favor a desvantagem da posição do outro homem. Essa desvantagem pode elevar-se à condição de verdadeira coação, quando o grau mais elevado de necessidade de um lado coincide com a exclusiva possibilidade do outro de satisfazê-la... O homem que se afoga prometerá uma fortuna, se for necessário, em troca de uma corda...

É, então, fruto do egoísmo o que tem sido tão glorificado por nós, ou seja, a exploração impiedosa da necessidade do outro!... Não devemos reconhecer que a sociedade necessita de um princípio fixo, pelo qual seja guiada a fim de que se possa impor, de fora, ao egoísmo – que é insaciável por natureza –, a restrição que ele não carrega dentro de si?

... Equivalente é a realização da *ideia de justiça* no domínio do *comércio*. Porque justiça, em termos simples e inteligíveis, nada mais é do que aquilo que convém a *todos*, onde *todos* podem subsistir. Dessa maneira, impor o máximo possível o princípio da equivalência em todas as relações é um dos principais problemas da vida do comércio.

Como a sociedade o resolve? Resolve por meio do direito? Se é verdade que é um problema de justiça, então parece inevitavelmente um problema legal; pois o que a justiça exige deve ser realizado por lei... Quando fica demonstrado que o interesse de *todos* exige uma certa ordem, ainda devemos considerar primeiro se o interesse não tem força suficiente para estabelecer a ordem por si. Nesse caso, não existe necessidade de uma lei – nenhuma lei acha necessário prescrever o casamento e proibir o suicídio.

Ora, possui o comércio os meios para realizar a ideia de equivalente por seu próprio poder? No conjunto, é evidente que assim deve ser; nenhuma lei prescreve os preços para o trabalhador, o fabricante, o lojista, etc., e mesmo assim eles observam um preço... O egoísmo forma nesse caso seu próprio corretivo... – *a concorrência é o autoajuste social do egoísmo*.

Mas não importa quão verdadeiro isso possa ser no conjunto, pode haver casos especiais ou relações peculiares em que a concorrência esteja excluída de maneira temporária ou permanente. O único estalajadeiro, o único médico, o único farmacêutico do local não tem nenhuma concorrência com que se preocupar...

... Quando os perigos que o egoísmo ameaça assumem um aspecto sério, nada resta para a sociedade a não ser o meio pelo qual ela sempre tenta evitar os perigosos excessos do egoísmo, a saber, *a lei*... Haverá necessidade de experiências mais numerosas e amargas antes que o povo se torne consciente de novo dos perigos para a sociedade que o egoísmo individual, livre de todos os grilhões, carrega consigo e do motivo pelo qual o passado achou necessário exercer um controle sobre ele... É fácil entender que os lobos gritem por liberdade. Mas, quando as ovelhas se juntam a esse grito, como tem sido com frequência o caso nessa questão, elas apenas demonstram que são ovelhas...

... A sociedade tem o direito de reprimir os excessos do motivo egoísta quando se tornam perigosos para o sucesso da sociedade... A justiça está acima da *liberdade*. O indivíduo existe não apenas para si mesmo, mas também para o mundo – portanto, a *liberdade*, aquilo que é conveniente para o indivíduo, deve estar subordinada à *justiça*, que é para o benefício de todos...

§ 5. *Organização do trabalho na forma de uma vocação, negócio ou comércio*... Aquele que assume um negócio definido, declara de público sua aptidão e inclinação para todos os serviços relacionados com ele. O público recebe a garantia de que todos que necessitarem dele, podem contar com ele; e ele dá a todos a autoridade para recorrer a ele. Seu próprio interesse, é claro, e o estímulo da concorrência garantem, via de regra, sua prontidão; mas ambos os motivos podem faltar às vezes, e então o quê?... Tem o estalajadeiro o direito de recusar o estranho; o lojista, o padeiro, o açougueiro, o direito de recusar o freguês; o farmacêutico, o médico, o direito de recusar o paciente; o advogado, o cliente? Todo verdadeiro homem de negócios tem o sentimento de que *não* tem o direito... Por quê?... Porque, com a adoção de sua ocupação particular, ele deu à sociedade uma garantia, que não está cumprindo...

... Uma ocupação é *a organização* da recompensa. A organização da recompensa consiste em ela promover uma taxa estipulada de acordo com uma estimativa puramente individual que tem um caráter vacilante e acidental – para a uniformidade e certeza de um padrão de valor universal. Em outras palavras, é o progresso de um padrão meramente individual de mensuração para a realização da *ideia de equivalente*. A influência que a ocupação exerce nesse aspecto é dupla; ela *determina* a quantidade do equivalente e *assegura* a sua manutenção prática. Realiza o primeiro fixando, com base na experiência repetida de forma constante, a medida e os custos do trabalho necessário para produzir o serviço. Só é capaz de fazer isso aquele que dedicou toda sua energia e toda sua vida ao problema. Só ele sabe o que custa o trabalho; e os possíveis erros em sua experiência, que podem ser devidos à influência de fatores individuais especiais, são retificados pela experiência de todas as outras pessoas...

Assim como o ramo da indústria *determina* a quantidade certa do equivalente, também assegura a sua verdadeira manutenção...

Dessa maneira, a ocupação pode ser designada como o regulador da compensação. A compensação que ela estabelece é sempre, com o decorrer do tempo, a correta, isto é, uma quantidade que corresponde ao serviço e, por isso, justa e equitativa para ambas as partes. A sociedade tem o interesse mais vital em impedir que a remuneração seja reduzida abaixo de sua própria medida, pois um preço justo é a condição para um trabalho justo. A própria ocupação deve sofrer quando não obtém seu direito. Por conseguinte, aquele que reduz o preço abaixo dessa medida não é um benfeitor da sociedade, mas sim inimigo... Todo ramo da indústria desenvolveu, por intermédio da experiência, um equilíbrio entre encargos e vantagens, deveres e direitos. Aquele que se apropria apenas das vantagens, sem assumir para si os deveres da ocupação, perturba esse equilíbrio e põe em perigo o ramo da indústria; é um flibusteiro social a quem a sociedade tem toda a razão de subjugar...

§ 7. *Recompensa ideal e sua combinação com recompensa econômica...* O uso que a sociedade atualmente faz da recompensa é muito inferior ao da punição; nesse aspecto, em comparação com a Antiguidade, ela deu um considerável passo para trás... Se é a recompensa ou a punição (sendo a função de ambas apenas a realização da ideia de justiça) que erra, isto é, que não acerta o homem certo e encontra o errado, é igualmente incompatível com a ideia de justiça.

Mas não é só o representante pessoal da soberania que recompensa o mérito social; além disso, existe um poder impessoal, a saber, a opinião pública... O laurel nas têmporas de Dante está sempre verde e jamais embotará; uma folha dele excede em peso vagões carregados de grandes cruzes.

Designo como recompensa *ideal* a espécie de recompensa que considerei até agora. Chamo de ideal em contradistinção com a recompensa material (dinheiro), que carrega seu valor em si mesma, ao passo que o valor ideal depende unicamente das ideias que a ele estão associadas...

Faço distinção entre dois tipos de remuneração ideal: *externa* e *interna*. Pela primeira, compreendo a recompensa que é paga pela sociedade ou pelo poder do Estado: fama, reconhecimento, honra; pela segunda, indico aquela satisfação que um trabalho em si proporciona; é o prazer do trabalho intelectual por si, o encanto de se provar o próprio poder, a alegria da descoberta, o prazer de criar, a consciência de ter feito um serviço para o mundo, de ter utilizado as próprias faculdades para o bem-estar da humanidade...

§ 8... *Associação...* O problema que tentei resolver até aqui consistia em demonstrar o aparato do qual a sociedade faz uso, por meio da alavanca do egoísmo, para satisfazer sua necessidade; contudo, não como um sistema dado e acabado, mas como um processo que se desenvolve pouco a pouco sob a influência da ideia de propósito. Tendo chegado a esse ponto, tentarei enfim transmitir uma ideia dos problemas sociais que o comércio resolve em sua esfera mais ou menos perfeitamente. São os seguintes:

(1) Independência da pessoa.
(2) Igualdade da pessoa.
(3) A ideia de justiça.

(1) *A independência da pessoa.* Independência não significa, como se supõe em geral, ter tão poucas necessidades quanto for possível..., mas antes ser capaz de satisfazer as próprias necessidades. Na medida em que o comércio torna isso possível, o serviço que ele presta à sociedade humana pode ser designado como o estabelecimento da independência humana... Num país civilizado, o salário do trabalhador mais insignificante é suficiente para granjear-lhe os produtos do trabalho de milhares de homens...

O fenômeno aqui apresentado está baseado em três instituições que devemos à perfeição de nosso atual sistema de comércio, a saber, a divisão do trabalho, o trabalho empreendido para um número indefinido de futuros clientes e a extensão do comércio sobre toda a terra...

(2) *O princípio da igualdade da pessoa.* O comércio não conhece nenhum respeito pelas pessoas... só considera o dinheiro. Essa imparcialidade completa das relações de troca perante as pessoas... é socialmente de valor inestimável; pois dá a cada homem, seja ele quem for, desde que tenha o dinheiro, a certeza de satisfazer suas necessidades, a oportunidade de viver de acordo com as condições culturais de

seu tempo... Um homem pode não ser bom para coisa alguma mais; as pessoas podem evitar sua companhia e o contato com ele, mas ele sempre continua sendo bom o bastante para se fazer negócio...

(3) *A ideia de justiça*. A ideia de justiça é a igualdade que é demandada e medida pelos interesses da sociedade entre uma ação e suas consequências para o agente, isto é, entre uma *má* ação e a *punição*, e entre uma *boa* ação e sua *recompensa*. Nessa última direção, em nenhuma outra parte ela se realiza com o mesmo alcance quanto na esfera do comércio. No intercurso comercial, cada parte recebe em média, por meio da remuneração, o mesmo tanto em retorno daquilo que deu... Por conseguinte, o equivalente pode ser definido como *a realização da ideia de justiça na esfera econômica*. A determinação da pena é algo arbitrário e efeito de uma determinação positiva pelo Estado. O padrão que o Estado usa ao aplicar a pena é muitíssimo elástico e inconstante. Por outro lado, a determinação do equivalente é o resultado das investigações e experiências mais cuidadosas, constantemente renovadas por todos os interessados. A recompensa é tão sensível quanto o mercúrio num barômetro; sobe e desce com as mais leves mudanças na atmosfera econômica. Se eu perguntar a mim mesmo onde a ideia de justiça é realizada *de maneira mais perfeita* em nossas instituições sociais, a resposta é: nos negócios. Se eu perguntar onde é realizada *mais cedo*, a resposta é de novo: nos negócios. Os negócios e sua remuneração encontraram sua forma adequada mais cedo que o Estado e suas penas. Se enfim eu perguntar onde foi realizada *de modo mais uniforme* no mundo inteiro, obtenho como resposta pela terceira vez: nos negócios. A lei e a pena podem ter uma forma diferente neste ou naquele lado da linha limítrofe, mas os preços e as compensações não conhecem quaisquer fronteiras de Estado; embora, é claro, regulamentações positivas do Estado, por intermédio de impostos e taxas, possam impedir sua completa equiparação em diferentes Estados...

CAPÍTULO VIII

Mecânica social ou as alavancas da ação social

2. *Coerção egoísta*

... A coerção organizada faz o Estado e o direito...

... Além da coerção *política*, existe ainda uma outra, não organizada, que historicamente precedeu a outra em todas as partes e afirmou-se em todas as partes junto com ela. Eu a chamo de *social*. A coerção política tem como objetivo a realização da *lei,* a coerção social tem como objetivo a realização da moralidade...

É sem dúvida um grande avanço da filosofia moderna do Direito, diferente da anterior Lei da Natureza, o fato de ter reconhecido e enfatizado com vigor a dependência da lei ao Estado. Mas vai longe demais quando, como faz Hegel em especial, nega o interesse científico das condições anteriores à existência do Estado...

... Fica a crédito dos advogados da Lei da Natureza o fato de não terem se contentado com os meros fatos da lei e do Estado, e levantado a questão: de onde são os dois? A maneira, porém, pela qual resolveram o problema, fazendo o Estado histórico originar-se num contrato, foi equivocada. Trata-se de pura interpretação, sem consideração pela verdadeira história...

2. *O homem – autocontrole da força*. A vida do mais forte à custa do mais fraco, aniquilação do último em conflito com o primeiro – essa é a forma da vida no mundo animal; existência assegurada também do mais fraco e do mais pobre ao lado do mais forte e mais poderoso – essa é a forma da vida no mundo humano. E, no entanto, o homem não encontrou historicamente nenhum outro ponto de partida a não ser o animal; mas a natureza equipou-o de tal maneira que ele não apenas foi capaz como foi obrigado a elevar-se a um estágio superior no curso da história...

... Na escravidão é resolvido, pela primeira vez, o problema da coexistência do poderoso com o fraco...

... O que determinou o homem forte, antes que o oponente se prostrasse aos seus pés na condição de escravo, a colocar a espada na bainha e oferecer-lhe termos justos?... Não foi uma humanidade diferente daquela que o induziu a poupar a vida do inimigo subjugado, a saber, seu próprio interesse. A perspectiva de uma vitória provável ou talvez certa, se continuasse a luta, foi obscurecida por uma estimativa do preço a pagar por ela... Assim: é mais vantajoso comprar mais a um preço alto, ou menos a um preço justo?... Se ele possui autocontrole suficiente para dar ouvidos à sua inteligente consideração, em vez de à sua paixão, irá preferir em seu próprio interesse não atiçar seu oponente a uma luta desesperada, propondo-lhe termos inaceitáveis, com perspectivas adicionais de esforços e sacrifícios de sua própria parte, sem uma verdadeira relação com o lucro que se almeja...

... Desse modo, a força impõe um limite para si, que deseja respeitar; reconhece uma norma à qual tenciona subordinar-se, e essa norma aprovada por si é *Direito*... O direito foi colocado no mundo de uma vez por todas, e esse fato nunca mais pode ser desfeito. Formulou uma regra para sua conduta e estabeleceu um padrão pelo qual julgá-la, padrão que era desconhecido antes...

O processo que delineamos aqui dá a impressão de ser uma interpretação *a priori*, mas na realidade é derivado de um exame da história... O processo tem importância igual para o desenvolvimento do direito no interior dos Estados; faz o direito público, bem como o privado. Quem seguir a estrutura legal de um povo até suas derradeiras origens chegará a inumeráveis casos em que a força do mais forte formulou a lei para o mais fraco...

... A força chega ao direito não como algo estranho a ele, que ele precisa tomar emprestado de fora, do sentimento do direito; tampouco chega ao direito como algo superior que ela tem de subordinar-se com um sentimento de sua própria inferioridade. A força produz direito imediatamente a partir de si mesma, e como uma medida de si, *o direito desenvolvendo-se como a política da força*... O direito não é a coisa superior no mundo, nem é um fim em si; mas apenas um meio para um fim, sendo o fim último a existência da sociedade...

... Direito sem força é um nome vazio, uma coisa sem realidade, pois é a força que, ao realizar as normas do direito, faz do direito o que ele é e devia ser... Os déspotas e tiranos desumanos... fizeram tanto para educar a humanidade no direito quanto os legisladores sábios... os anteriores tiveram de chegar primeiro a fim de que os últimos pudessem aparecer... Acostumou a vontade a subordinar-se e reconhecer um superior acima dela. Foi só quando ela aprendeu isso que chegou o momento de a lei substituir a força; pois, antes, a lei não teria tido perspectivas de sucesso... Se concebermos o povo nesse estágio como estando equipado com o sentimento que hoje nutrimos pelo direito e pela humanidade, será de fato um mistério para nós compreender como puderam permitir a seus governantes feitos tão cruéis como os que a história relata em inesgotável abundância. Mas o mistério é resolvido pelo fato de que o padrão ético para julgar essas coisas, com o qual nós os equipamos de forma bastante anistórica, era uma coisa muito estranha a eles...

§ 3. *Coerção propulsora no direito – pessoa, propriedade*. A primeira relação na qual o propósito da existência humana postula a força é a personalidade. Quando sua existência e vida são ameaçadas por ataque exterior, ela se defende e repele a violência com violência (coerção *propulsora*). A própria natureza, ao dar vida ao homem e implantar nele o instinto da autopreservação, exige esse conflito... A defesa necessária tanto é um direito como um dever; um direito, na medida em que o sujeito existe para si próprio; um dever, na medida em que ele existe para o mundo...

Mas a autoproteção da pessoa abrange não apenas o que ela *é*, mas também o que ela *tem*, pois o ter é o ser ampliado...

§ 4. *Coerção compulsória – a família*... O dono da casa... precisa ter a autoridade... e a própria natureza indicou essa posição para ele em seus contornos essenciais – em relação à sua mulher, pela superioridade de sua força física e pela maior quantidade de trabalho que incide sobre sua pele; em relação aos filhos, pelo desamparo e dependência na qual estão por anos, sendo que a influência disso permanece mesmo depois de crescidos...

Desse modo, a própria natureza determinou que a relação familiar fosse de superioridade e subordinação; e, ao fazer com que cada homem... passe por essa última relação, providenciou para que ninguém entre na sociedade sem já ter aprendido essa lição de superioridade e subordinação, de cuja relação depende a existência do Estado...

§ 5. *Coerção compulsória – contrato*. Nem todo contrato necessita de coerção compulsória para sua segurança; um contrato de venda ou troca que é levado a cabo de imediato, não dá espaço para isso, posto que não deixa coisa alguma para ser obtida através da coerção... Certos contratos pressupõem necessariamente a postergação do cumprimento de um dos lados...

A *promessa* significa um progresso muito grande...

Mas para que a palavra ocupe o lugar do ato, é preciso que haja a segurança de que ela será trocada pelo ato no momento adequado... A garantia desse cumprimento depende da coerção...

A força obrigatória de uma promessa não é uma coisa que chega a ela de fora; está inevitavelmente situada em sua função prática. Se uma promessa não fosse obrigatória, o empréstimo seria quase que inútil no intercurso comercial; então, só um amigo seria capaz de conseguir um empréstimo...

Em vista dessa indispensabilidade prática da força obrigatória dos contratos, é quase inconcebível que a doutrina da Lei da Natureza tenha considerado esse um problema tão difícil... A questão só se tornou um problema porque o elemento do propósito nisso, isto é, a função da promessa nos negócios, ficou totalmente inatingível e tentou-se responder à questão apenas raciocinando sobre a natureza da vontade... A Idade Média reconhecia como válidos contratos que hoje simplesmente rejeitamos, e a mesma relação será sempre repetida. Responder à questão da força obrigatória dos contratos com uma fórmula abstrata não é melhor do que fazer o mesmo em referência à questão da melhor forma de governo. Direitos de contrato e formas de governo são fatos da história, que só podem ser compreendidos em sua relação com a história, isto é, com as condições e necessidades da época em que surgiram. Ao abandonar o terreno firme da história e tentar responder à questão a partir da natureza da vontade subjetiva, abstraída da sociedade e da história, a doutrina da Lei da Natureza privou-se de qualquer perspectiva de solução...

§ 6. *A autorregulação da coerção – Sociedade*... Toda a questão da organização social da coerção está relacionada com o problema de *pôr a preponderância da força no lado do direito*...

Aquele que não considera seu poder suficiente para defender seu direito contra injúria violenta ou esbulho, olhará em volta à procura de ajuda, quer seja no momento de perigo, quando o direito é ameaçado, ou tão logo ele se estabeleceu. Ambos os tipos de proteção tomam forma todos os dias diante de nossos olhos nas relações internacionais; no primeiro caso, por *aliança*; no segundo, por *garantia*... Ambos contêm os primeiros princípios da realização do problema do direito, que é criar uma preponderância no lado do direito. Mas só os primeiros princípios, pois o sucesso de um ou outro é sempre altamente problemático. Aquele que ameaça pode olhar em volta à procura de aliados, assim como aquele que é ameaçado; aquele que mais encontra é o mais forte, e não é o direito, mas sim o acaso que decide a questão. A garantia vai um passo além. Mas, como a experiência do direito internacional tem demonstrado em todos os tempos, seu valor também é muitíssimo problemático: quem garantirá o abonador?...

Esses são os fatos considerados externamente. O caso é bem diferente quando olhado de dentro; e aqui, de fato, chegamos enfim ao ponto vital em toda a organização do direito. Isso consiste na preponderância dos interesses *comuns* de *todos* sobre os interesses *particulares* de um *indivíduo*; *todos* se unem para os interesses comuns, só o indivíduo defende o interesse particular. Mas, sendo as forças iguais, o poder de todos é superior ao do indivíduo; e quanto maior seu número, mais poder...

No Direito privado, a forma de uma combinação de várias pessoas para a busca do mesmo interesse comum é a *sociedade*; e, embora em outros aspectos o Estado seja muito diferente da sociedade, a fórmula para regular a força pelo interesse é quase a mesma em ambos... Em termos conceituais, bem como históricos, a sociedade faz a transição de uma forma não regulada da força no indivíduo para sua regulamentação pelo Estado... Na sociedade, todos os sócios apresentam uma frente unida contra aquele que persegue seus próprios interesses à custa dos interesses comuns determinados pelo contrato, ou que se recusa a cumprir os deveres assumidos por ele no contrato... A sociedade pode, portanto, ser designada como o mecanismo de *autorregulação da força de acordo com a medida do direito...*

A solução do problema ao qual toda nossa investigação esteve dedicada até agora depende então do fato... de que a sociedade é mais forte do que o indivíduo; e que, por conseguinte, onde ela é obrigada a convocar seu poder a fim de defender seu direito contra o indivíduo, a preponderância é sempre encontrada em seu lado, isto é, no lado do direito.

... Uma comparação da sociedade privada com a vontade política mostrará a relativa semelhança das duas. Os traços fundamentais de ambas são exatamente iguais, como segue:

1. Comunidade de fins.
2. A presença de normas que regulam seu objetivo; numa, na forma de um contrato, a *lex privata*; na outra, na forma de uma lei, a *lex publica*.
3. Quanto ao conteúdo: seu *status* legal, os direitos e deveres do conjunto, bem como dos indivíduos.
4. Efetivação dessas normas contra a vontade resistente do indivíduo por meio de coerção.
5. Administração: a livre busca da finalidade com os meios à disposição da sociedade, dentro dos limites estabelecidos pelas normas acima, e tudo isso é relacionado com a criação de um órgão especial para propósitos administrativos quando o número de membros é grande (conselho de administradores, governo). Pertence a isso a distinção entre aqueles *por* quem e aqueles *para* quem a administração é exercida (funcionários, funcionários-acionistas, cidadãos, súditos). Também o perigo que surge de se aplicar os meios comuns em oposição aos interesses da sociedade e em favor de seus administradores; um perigo a ser temido não menos na sociedade política do que na privada. Além disso, e como um meio de proteção contra esse perigo, o controle dos administradores pela própria sociedade (assembleia geral; assembleia das classes do reino)...

§ 7. *Associação pública...* As associações animadas pelo espírito certo se esforçam, de maneira bastante zelosa, para ganhar novos membros; toda associação procura expandir-se, crescer o máximo possível em poder, prestígio e influência. *Exclusão* é a essência da sociedade, *expansão* é a essência da associação. Esse impulso de expansão é comum a todas as associações, tanto das mais importantes como das menos importantes. Estado e Igreja, político, eclesiástico, científico, social – o Estado conquista, a Igreja faz propaganda, as associações solicitam membros...

A associação pertence ao Direito público, ou, de maneira mais correta, é totalmente coincidente com ele, assim como o Direito privado coincide com o indivíduo. Em minha opinião, é arbitrário limitar o conceito de Direito público ao Estado e à Igreja... Não apenas o conteúdo original do Estado era de relativa modéstia no começo da história, limitado em essência à manutenção da segurança interna e externa, mas também... as necessidades de vida da sociedade sempre produziam novos objetivos, além daqueles que o Estado já havia absorvido. Esses novos fins, sendo estranhos ao Estado, levavam uma existência separada e independente na forma de associações, até terem alcançado o grau necessário de maturidade; e então explodiam a capa na qual haviam existido até então e esvaziavam todo seu conteúdo naquela forma que parecia pretender absorver tudo dentro de si, a saber, o Estado. O que era a instrução antes? *Um assunto privado*. O que era em seguida? *Atividade da associação*. O que era o cuidado do pobre antes? *Uma questão privada*. O que era em seguida? *Atividade da associação*. O que é agora? *Atividade do Estado*...

§ 8. *O Estado. Separação da sociedade...* No Estado, o direito encontra pela primeira vez aquilo que estava procurando: domínio sobre a força. Mas só atinge sua meta *dentro do Estado*; porque no exterior, no conflito dos Estados entre si, pode estar oposto ao direito...

... O Estado é a sociedade na condição de portadora da força coercitiva regulada e disciplinada. A soma total dos princípios de acordo com os quais funciona, desse modo, mediante uma disciplina de coerção, é *lei*...

... A fim de ser capaz de coagir, a sociedade toma a forma de Estado; o Estado é a forma assumida pelo exercício regulado e assegurado da força social coercitiva... Mas o Estado ainda permanece por trás da sociedade; pois a última é universal; e o primeiro, particularista. O Estado só soluciona os problemas que surgem para ele dentro de fronteiras geográficas limitadas...

A organização da força social coercitiva abrange dois lados; o estabelecimento de mecanismo externo de força, e o estabelecimento de princípios para regular seu uso. A forma de solução do primeiro problema é a *força do Estado*; do segundo é a *lei*...

§ 9. *Força do Estado*.

... Se a questão do poder no Estado fosse decidida por mero número, a predominância de poder passaria necessariamente para o lado da maioria, e então a força do Estado sempre seria impotente contra a maioria. Mas a experiência de todos os tempos mostrou que a força do Estado pode ter a população inteira contra ela e, no entanto, ficar em posição de manter seu próprio poder. Só a quantidade, portanto, não decide a questão, do contrário a força no Estado sempre estaria com a maioria do momento dado, e o poder político estaria em constante estado de oscilação e indecisão. Felizmente, entretanto, a questão é diferente. A firmeza do Estado depende do fato de que a influência do elemento numérico na questão do poder é contrabalançada por dois outros fatores: a organização do poder nas mãos da força do Estado e o poder moral que a ideia do Estado exerce...

O Estado é o único competente, bem como o único proprietário da força coercitiva social – o direito a coagir constitui *monopólio absoluto* do Estado. Toda associação que deseja realizar seus direitos sobre seus membros, por meio de coerção mecânica, depende da cooperação do Estado, e o Estado tem o poder de fixar as condições sob as quais garantirá tal ajuda. Mas, em outras palavras, isso significa que o Estado é a única fonte da lei, posto que as normas que não podem ser impostas por aquele que as formula, não são *regras legais*...

§ 10. *O direito – sua dependência da coerção*. A definição corrente de direito é a seguinte: direito é a soma das *regras compulsórias* em vigor num Estado e, em minha opinião, com isso atingiu a verdade...

No entanto, na medida em que a Igreja, sem a ajuda do poder externo do Estado, é capaz de realizar os mandamentos que impõe a seus membros pela alavanca moral do sentimento religioso, podemos dizer que essas regras, embora sejam destituídas de coerção externa e por isso não sejam normas legais, não obstante exercem praticamente a *função* de regras legais. Mas, se quiséssemos chamar essas regras de lei por essa razão, poderíamos fazer o mesmo com todas as outras associações, mesmo uma que seja proibida pelo Estado; e então teríamos de falar de direito numa quadrilha de ladrões. O jurista que não deseja perder o terreno firme sob seus pés, não deve falar de direito num caso assim...

... O critério da organização da coerção para a realização do direito falta por completo no

Direito Internacional; e numa outra divisão, a saber, no *Direito Público,* falta pelo menos no que diz respeito aos deveres do monarca dentro de uma monarquia absoluta ou constitucional...

Que atitude deve a teoria do direito adotar em relação a esses fatos? Pode seguir três cursos diferentes. O primeiro consiste em negar, por completo, ao direito internacional e às regulamentações anteriormente mencionadas do direito público o caráter de *regras legais*, pela mesma razão por que não podem ser impostos, e conceder-lhes apenas o caráter de deveres e preceitos *morais*...

... Uma segunda concepção faz o elemento de executabilidade incidir no conceito de lei...

O *terceiro* curso, que eu considero o único correto, consiste em manter-se firmemente fiel à coerção como um requisito essencial do direito, mas a isso deve-se combinar o conhecimento de que a *organização* dele nesses dois casos encontra obstruções que não podem ser superadas...

§ 11. *O direito – o elemento de norma...*
Uma norma é... uma regra de acordo com a qual devemos orientar-nos... Toda norma é um *imperativo* (*positivo – ordem; negativo – proibição*). Um imperativo só tem sentido na boca daquele que tem poder para impor tal limitação sobre a vontade de outrem... Conforme o imperativo designe apenas a conduta num caso particular, ou um tipo de conduta para todos os casos de certa categoria, distinguimos os imperativos em *concreto* e *abstrato*. Este último coincide com a norma...

A ordem ética do mundo contém três categorias desses imperativos abstratos: do direito, da moralidade e da ética. O que é comum a elas é o propósito social; todas as três têm a sociedade como objeto de seu fim, e não o indivíduo...

... Há imperativos que são dirigidos exclusivamente às autoridades. As regulamentações que governam a organização, a administração e a jurisdição das autoridades nada têm a ver com a pessoa privada...

Em oposição a essas normas coercitivas puramente *internas*, como as chamarei, estão as *externas*, cuja eficácia se mostra passivamente na pessoa privada que é obrigada à sua observância a pedido de uma outra pessoa privada, ou por iniciativa da própria força do Estado, por meio da ameaça de coerção ou punição...

Existem, porém, sem dúvida, muitas regulações legais que não dirigem imperativos para a pessoa privada, quanto à sua forma ou conteúdo, e no entanto são projetadas para serem aplicadas a ela pelo juiz. Cito como exemplo, no direito civil, as proposições que têm a ver com o desenvolvimento dos conceitos legais; as regulamentações da idade da maioridade; concernentes à influência do erro em atos de lei; concernentes à interpretação de leis e atos na lei; no direito penal, as regulamentações concernentes à responsabilidade criminal e ao estado de necessidade. Onde está a coerção aqui que deve constituir o critério de todas as normas legais?...

... O imperativo se mostra aqui também; ele se afirma na pessoa do juiz, de quem se espera que aplique todas essas normas...

Se repetimos, do ponto de vista de nossa consideração do Estado e da lei, a questão acima: a quem são dirigidos os imperativos do Estado? A resposta só pode ser: aos órgãos que estão incumbidos da administração da coerção... Toda regra legal, todo imperativo político é caracterizado pelo fato de que algum portador da força política está incumbido de sua realização prática. A coerção contra a pessoa privada, embora pertença à lei, é um critério inseguro de lei...

... A observância do mesmo de parte do povo... deve ser designada, por esse ponto de vista puramente *jurídico-formal* (não do ponto de vista *teleológico*), em comparação com o outro, como *primária*. Todos os imperativos legais, sem exceção, são dirigidos em *primeira* instância às autoridades... Em referência ao *propósito* dessas normas, podemos dizer que elas visam a pessoa privada; com isso não fica invalidada a afirmação acima de que na *forma* eles são dirigidos unicamente aos órgãos da força do Estado...

... O déspota, isto é, o senhor de escravos... não tem o objetivo de impor a si mesmo um limite por meio das normas que emite; ao contrário, reserva para si o privilégio de desconsiderá-las em todo e qualquer caso em que elas se mostrarem inconvenientes para ele. Podemos falar de *direito*, de alguma maneira, em tal condição? Na medida em que compreendemos por direito apenas a soma de normas compulsórias, sim. Na medida em que aplicamos o padrão daquilo que o direito pode e deveria ser, a saber, a ordem assegurada da sociedade civil, não. Mas os embriões do direito no último sentido já estão presentes aqui, afinal de contas...

Eles são primeiro a *ordem*, isto é, a uniformidade da ação social. Ela pode ser interrompida, é verdade, a qualquer momento, por atos arbitrários, mas, enquanto isso não acontece, já existe ordem...

O outro elemento da lei é a *igualdade*. Está postulado, em princípio, na norma como tal; pois toda proposição abstrata está baseada na afirmação da igualdade do concreto; e não importa quão arbitrariamente a lei do déspota possa formar as categorias particulares para as quais emite seus regulamentos, dentro de uma categoria particular ele proclama, em princípio, por meio de toda lei, a teoria da igualdade... Esse é o ponto em que o elemento moral da norma legal se faz sentir pela primeira vez na forma de medo da evidente contradição em si... No momento em que a força pede ao direito para anunciar suas ordens, ela abre sua própria casa para o direito, e ali começa de imediato uma reação do direito sobre a força... Enquanto a princípio é um mero ajudante de cozinha na casa da força, torna-se no decorrer do tempo o mordomo...

... Adotamos acima a definição corrente de direito, que o designa como a soma das normas coercitivas válidas num Estado...

O direito, por conseguinte, nesse sentido pleno da palavra, significa a força obrigatória *bilateral* da norma; autossubordinação de parte da autoridade do Estado às leis emitidas por ela...

... Falamos não apenas de decisões arbitrárias do juiz e de atos arbitrários do governo em que aplicamos o padrão de lei positiva, mas também de leis arbitrárias. Porém, a autoridade legisladora não se encontra, como o juiz e o poder executivo, *sob* a lei, mas sim *acima* dela. Toda lei que ela emite, não importa qual seja seu conteúdo, é no sentido jurídico um ato perfeitamente legal... Mas assim como o pai é obrigado, do ponto de vista moral, embora não legal, a usar o poder confiado a ele de acordo com o significado da relação paternal, o legislador também está obrigado a usar seu poder nos interesses da sociedade...

... Usamos a expressão arbitrária para aquelas determinações legais que sugerem que o legislador, de acordo com nossa opinião, se colocou em oposição aos princípios gerais da lei. Nesse caso, levantamos contra ele a acusação de ter desprezado as normas que consideramos obrigatórias para ele. Também usamos a expressão *injusto* com o mesmo significado...

... Justiça e arbitrariedade são correlatas. A primeira indica que a pessoa que tem a autoridade e o poder para estabelecer a ordem no círculo de seus subordinados concorda em se sujeitar às normas que consideramos obrigatórias para ele; a segunda, que ele não concorda.

... Essa obrigação pode ser de dois tipos: *legal* e *moral*. Para o juiz, é o primeiro tipo; para o legislador, o segundo. O primeiro está abaixo da lei, o segundo, acima dela. O primeiro é dirigido pela justiça (*rechtlich*) para aplicar a lei, e é justo (*gerecht*) se o faz. Ele não é responsável pelas injustiças da própria lei; estas ficam por conta do legislador. Para o último, que deve estabelecer a lei pela primeira vez, o padrão de justiça não pode ser derivado da própria lei; ele deve primeiro procurar e encontrar a justiça a fim de realizá-la na lei. É desejável expressar em linguagem essa bifurcação do conceito de justiça; e a expressão mais próxima que se apresenta é a de justiça *judicial* e *legislativa*... A designação mais apropriada seria justiça *formal* e *material*...

A meta prática da justiça é o estabelecimento da *igualdade*. A meta da justiça material é estabelecer a igualdade *interna*, isto é, o equilíbrio entre mérito e recompensa, entre punição e culpa. A meta da justiça formal é estabelecer a igualdade *externa*, isto é, a uniformidade na aplicação da norma a todos os casos depois que ela foi estabelecida...

... O que há de tão grandioso na igualdade a ponto de medirmos por ela o mais elevado conceito de direito – pois isso é justiça?... O desejo de igualdade parece ter seu derradeiro motivo numa repulsiva característica do coração humano – na malevolência e na inveja. Ninguém ficará em melhor ou pior situação do que eu...

Mas a razão pela qual queremos a igualdade no direito não é porque ela seja algo que em si valha a pena nos esforçarmos para obter... Nossa razão para a desejarmos é porque ela é a condição do *bem-estar* da sociedade...

Os juristas romanos reconhecem, expressamente, o princípio da igualdade como ponto de vista tão capital como o princípio da organização da *societas*... Uma sociedade que deseja prosperar, deve estar segura da completa devoção dos membros particulares aos propósitos da sociedade; e, para isso, deve garantir a eles o pleno equivalente para sua cooperação. Se não o fizer, põe em risco seu próprio propósito. O interesse do membro prejudicado em levar a cabo o propósito comum fica enfraquecido, seu zelo e energia são diminuídos, uma das molas da máquina recusa-se a trabalhar e, por fim, a própria máquina pára...

É, portanto, o interesse prático na continuação e sucesso da sociedade que dita o princípio da igualdade nesse sentido, e não o imperativo categórico *a priori* de uma igualdade a ser realizada em todas as relações humanas. Se a experiência mostrasse que a sociedade poderia existir melhor com a desigualdade, esta mereceria a preferência... O ponto de vista determinante nessa questão não é o do indivíduo, mas sim o da sociedade. Da primeira, chegamos a uma igualdade externa, mecânica, que mede tudo pelo mesmo padrão – pequeno e grande, rico e pobre, crianças e adultos, sábio e tolo; e que, ao tratar o desigual como igual, na realidade efetua a maior desigualdade... Essa é a base do conceito de justiça verdadeira. A igualdade que se esforça para atingir é a igualdade do próprio direito; o equilíbrio entre as determinações do direito e as circunstâncias...

É injusta a lei que impõe os mesmos encargos para o pobre e para o rico; porque então ignora a diferença de capacidade para cumprir. É injusta a lei que inflige a mesma pena para uma transgressão leve e para uma grave, pois então não considera a proporção entre crime e punição. É injusta a lei que trata a pessoa insana igual à pessoa de mente sadia, pois não dispensa consideração à natureza da culpa...

A punição nas mãos do Estado é uma espada de dois gumes. Se ela for usada de maneira imprópria, volta seu fio contra o próprio Estado e o prejudica junto com o transgressor. Junto com cada transgressor que ele condena, priva-se a si mesmo de um de seus membros; toda vez que confina alguém na prisão ou numa casa de correção, mutila sua energia. O reconhecimento do valor da vida humana e da força humana tem um significado eminentemente prático para o Direito Penal...

1. *O motivo.* Que motivo pode induzir as autoridades a se subordinarem à lei? O mesmo motivo que basta para determinar uma pessoa ao autocontrole, ou seja, o egoísmo. O autocontrole se recompensa... Onde as autoridades do Estado obedecem às ordens de suas próprias prescrições, só aí é que as ordens estão seguras de seu efeito apropriado. Onde a lei é suprema, só aí é que o bem-estar nacional prospera, o comércio e a indústria florescem e a força espiritual e moral inata do povo se desenvolve com força plena. *A lei é a política de poder inteligente*; não a política míope do momento e o interesse momentâneo, mas sim aquela política previdente que olha para o futuro e pondera o fim...

2. *As garantias.* Existem duas garantias, uma interna, a outra externa. Uma é o *sentimento do direito*; a outra, a *administração da justiça*.

... O senso do direito não pode desenvolver-se nos súditos do Estado se as próprias autoridades menosprezam a lei que emitem – o respeito pela lei não pode disseminar-se embaixo se estiver faltando em cima...

... Chamo o medo que as autoridades do Estado têm da reação do senso de direito da nação de derradeira garantia da segurança da lei, e não deixo de ver que, uma vez que o senso de direito tenha atingido sua plena influência entre o povo, também não deixará de exercer sua influência puramente moral sobre os poderes do Estado.

... Um senso de direito imperfeito na nação significa uma lei insegura; um senso de direito saudável e forte significa uma lei segura. A segurança da lei é em todas as partes obra e mérito do próprio povo...

... Não é preciso dizer que esse é um argumento circular; que o direito se torna a condição do caráter nacional e que este, por outro lado, se torna a condição do direito; posto que existe a mesma influência recíproca aqui como na arte. O povo faz arte, mas a arte, por seu turno, faz o povo; o povo faz o direito, mas o direito, por seu turno, faz o povo...

Ao senso de direito enquanto garantia interna da existência assegurada da lei, contrapus acima a *administração da justiça* enquanto garantia externa. O caráter peculiar da administração da justiça, em contradistinção com as outras tarefas e ramos das atividades do Estado, baseia-se em dois fatores: a peculiaridade *interior* do *propósito* e a peculiaridade *exterior* dos *meios* e *formas* pelos quais ele é realizado. Em relação ao primeiro, a distinção entre a administração da justiça e os outros ramos das atividades do Estado consiste no fato de que sua intenção é *exclusivamente realizar o direito* – seu lema é *o direito e nada mais que o direito*... Num certo sentido, o juiz nada mais deve ser que a lei tornada viva em sua pessoa e dotada de fala. Se a justiça pudesse descer do céu e tomar um lápis em suas mãos para escrever a lei com tamanha definição, precisão e detalhe que sua aplicação se tornasse um trabalho de rotina mecânica, nada mais perfeito poderia ser concebido para a administração da justiça; e o reino da justiça seria completo sobre a Terra. Pois a igualdade absoluta e a estrita dependência da sentença judicial em relação a ela estão tão longe de ser incompatíveis com a ideia de justiça que, ao contrário, constituem sua meta mais elevada...

É nesse contraste das duas ideias, o caráter *compulsório* da *justiça* e a *liberdade* de *adaptabilidade a um fim*, que se baseia a distinção interna entre a administração da justiça e a função executiva do governo...

... A separação do judicial como um ramo da atividade do Estado significa o isolamento do direito em si mesmo com o propósito de resolver seus problemas com segurança e perfeição...

... Ao separar a função judicial, as autoridades do Estado reconhecem, em princípio, que o direito é um problema distinto e que as considerações que determinam sua solução são diferentes de todos aqueles outros problemas que o Estado reserva para si. Ao entregar a administração da justiça para o juiz, elas declaram de fato, perante todo o povo, que desejam renunciar a esse privilégio. O estabelecimento da função judicial significa *autolimitação em princípio* de parte das autoridades do Estado em referência àquela porção do direito que é entregue à administração do juiz. Significa dar poderes ao juiz para encontrar o direito independentemente delas e de acordo, por completo, com suas próprias convicções, e a garantia da força obrigatória da sentença transmitida por ele...

3. *Os limites da subordinação do governo ao direito*. Por meio da lei, o governo ata suas próprias mãos. Até que ponto o governo deve fazer isso? Absolutamente? Nesse caso, todo homem teria de obedecer apenas à lei. O governo não teria nenhum direito de ordenar ou proibir qualquer coisa que não estivesse regulamentada na lei. Desse modo, a lei do Estado seria colocada na mesma linha que a lei da natureza. Como na natureza, também no Estado a lei seria a única força que move tudo...

Isso seria o Estado justo, parece, tão perfeito como se pode imaginar. Só estaria faltando uma qualidade – *vitalidade*. Tal Estado não seria capaz de existir durante um mês. A fim de ser capaz disso, ele teria de ser aquilo que não é, um mecanismo de relógio... A sociedade se entregaria de mãos atadas à rígida necessidade, ficando desamparada na presença de todas as circunstâncias e exigências da vida que não estão estipuladas em lei... É uma crença errada pensar que o interesse da segurança do direito e a liberdade política exigem a maior limitação possível do governo pela lei...

... Sempre haverá a possibilidade de casos incomuns, nos quais o governo se veja diante da alternativa de sacrificar a lei ou o bem-estar da sociedade. Qual será a escolha?

... O direito não é um fim em si, mas apenas um meio para um fim. O fim do Estado, bem como o fim do direito, é o estabelecimento e a segurança das condições de vida social. O direito existe por causa da sociedade, não a sociedade por causa do direito...

Ao mesmo tempo, entretanto, a transgressão evidente da lei é um procedimento deplorável, do qual a legislação deve poupar o governo ao máximo. Isso pode ser feito subjugando, sob a forma de lei, o direito da necessidade inevitável, tal como é feito mais ou menos em todos os direitos modernos e todas as constituições...

... É possível que o catálogo completo de crimes que a legislação redigiu, com base nas longas experiências, pareça incompleto num caso particular. A iniquidade refinada pode inventar novos crimes que não estão previstos em lei... Irá a justiça declarar-se impotente diante de tal demônio... A resposta do jurista é: sim... O genuíno senso de direito do povo exige punição aqui também, e eu concordo plenamente com ele... A meta mais elevada do direito não é afastar a arbitrariedade, mas sim realizar a justiça... É questão de encontrar uma forma que proporcione garantia de que a desobrigação do juiz da lei positiva seja em benefício apenas da justiça e não da arbitrariedade. Para esse propósito há a necessidade de se estabelecer um tribunal supremo de justiça *acima* da lei que, pela maneira como é constituído, excluirá de antemão toda preocupação de que pudesse tornar-se um dia instrumento nas mãos de algum governo arbitrário...

... Existe na Escócia um tribunal de justiça desse tipo. Mas mesmo que não existisse em parte alguma, para mim não é uma questão do que *é*, mas sim do que *deveria* ser...

Na forma recém-esboçada, o juiz superior, colocado em posição mais elevada em relação àquele que julga estritamente de acordo com a lei escrita, remove as imperfeições da lei no espírito do legislador, decidindo o caso particular tal como o legislador decidiria quando emitiu a lei... Não estou defendendo a individualização da administração criminal em geral (isso também é encontrado no déspota, que não presta atenção a lei alguma), mas a individualização por uma autoridade *judicial*...

... A segurança da justiça formal do juiz tem melhor conceito conosco do que as vantagens de uma justiça material incerta, por trás da qual a arbitrariedade poderia ocultar-se com muita facilidade...

12. *A finalidade do Direito – As condições da vida social*... Crença e superstição, barbarismo e cultura, vingança e amor, crueldade e humanidade – que mais mencionarei? –, tudo isso encontrou boa acolhida na lei. Sem opor resistência, ela parece render-se a todas as influências poderosas o bastante para torná-la útil a elas, sem ter um apoio fixo próprio. A contradição, a mudança externa, parece constituir o conteúdo essencial da lei...

... O conteúdo da vontade pode ser, numa condição, diferente daquilo que é numa outra condição, e ainda assim ser correta, isto é, apropriada ao propósito, em ambas...

... O direito não pode fazer sempre os mesmos regulamentos; ele precisa do mesmo modo adaptá-los às condições do povo, a seu grau de civilização, às necessidades do tempo... Um direito universal para todas as nações e todas as épocas está na mesma linha que um remédio universal para todas as pessoas doentes...

... Determinados princípios legais são encontrados entre todos os povos; assassinato e roubo são proibidos em todas as partes... Como consequência, nesses casos, pode-se alegar que temos de fato verdades absolutas...

Ora, uma ciência que, como a ciência do Direito, tem um propósito consciente como objeto, pode de fato separar todas as instituições que passaram no teste da história das outras que só podem vangloriar-se de uma utilidade limitada (temporal ou espacial), e combiná-las numa categoria separada, como os romanos fizeram com o *jus gentium* e a *naturalis ratio*... Mas não se deve esquecer que aqui isso também não tem a ver com o verdadeiro, mas sim com o útil...

... Todo o direito é simplesmente uma criação de propósito, só que a maioria dos atos criativos particulares remonta a um passado tão distante que a humanidade perdeu a memória deles...

Ora, qual é a finalidade do direito?... Eu defino direito, em referência a seu conteúdo, como a forma da *segurança das condições de vida social*, obtida pelo poder do Estado..

A finalidade do Direito Penal não é diferente daquela de qualquer lei, a saber, a segurança das condições da vida social. Mas a maneira como ele busca essa finalidade é peculiar. Ele faz uso da *pena*. Por quê? Seria porque todo descaso pela lei é uma revolta contra a autoridade do Estado e, por conseguinte, merece punição? Nesse caso, toda transgressão da lei deveria ser punida; a recusa do vendedor a cumprir seu contrato, a recusa do devedor a pagar sua dívida, e inúmeros outros casos; e então haveria apenas um tipo de pena, a saber, pelo descaso em relação à lei; e apenas um tipo de crime, ou seja, a insubordinação do súdito às ordens e proibições do governo.

Por que razão a lei pune determinados atos que estão em oposição a ela, enquanto deixa outros sem punição?... A sociedade não pode existir se os contratos de venda não forem cumpridos, os empréstimos não forem pagos, da mesma forma que não pode existir se um homem mata ou rouba outro. Por que a pena num caso e não no outro?

A autopreservação também, bem como a reprodução e o trabalho são condições da vida social. Por que a sociedade não os protege por lei? A resposta é: porque não tem qualquer necessidade de fazer isso. A mesma consideração que faz com que a sociedade busque refúgio na lei, a saber, o reconhecimento de que necessita dela, também a orienta em referência ao direito penal. Onde os outros meios são suficientes para a realização da lei, a aplicação da punição seria uma medida irresponsável, porque a própria sociedade sofreria com isto. A questão sobre para que casos a legislação deve estabelecer uma penalidade é uma questão apenas de política social...

... A Alemanha teve um dia um grande comércio de exportação de linho. Hoje, a indústria de linho alemã foi desalojada de quase todos os lugares dos mercados externos, e isso com razão. Os milhares de dólares que os fabricantes ou tecelões desonestos ganhavam com a mistura do algodão, fizeram a nação alemã perder milhões, fora o dano causado ao nosso bom nome no exterior. Se esses falsificadores tivessem sido ameaçados a bom tempo com a penalidade de encarceramento, estaríamos em melhor situação... É provável que ainda tenhamos muitas experiências amargas antes de... libertarmo-nos do preconceito acadêmico de que a esfera dos contratos é um terreno privilegiado de luta para a injustiça civil, que é considerada a princípio como inacessível à pena...

O direito penal nos mostra, em todas as partes, uma graduação da pena de acordo com a natureza do crime...

Quanto mais elevada a categoria de um bem, mais refletimos para torná-lo seguro. A sociedade faz a mesma coisa com suas condições de vida (eu as chamarei de bens sociais), no que diz respeito à proteção legal que convoca para a segurança delas. Quanto mais elevado for um bem, mais alta será a punição. *A lista de penalidades dá o padrão de valores dos bens sociais...*

Além do elemento *objetivo* do *bem* ameaçado de parte da sociedade, existe o elemento *subjetivo*, de parte do criminoso, que resulta de sua disposição e da maneira como o crime foi praticado, que fazem dele um *perigo* para a sociedade. Nem todos os criminosos que cometem o mesmo crime fazem a sociedade correr um risco no mesmo grau. A sociedade tem mais a temer do criminoso reincidente ou habitual do que do novato no crime; tem mais a temer de uma conspiração ou quadrilha do que de um único indivíduo. A astúcia ameaça com maiores perigos do que a paixão; o desígnio mais do que a negligência...

... Fomos... levados à exaustiva definição de Direito com que encerramos agora toda nossa investigação.

Direito é a soma das condições de vida social no sentido mais amplo do termo, assegurada pelo poder do Estado através dos meios de coação externa.

... A sociedade nada mais é do que a soma dos indivíduos; e, embora – para apresentar a importância da lei como uma parte de toda a ordem das coisas humanas – possamos desviar os olhos do indivíduo e substituí-lo pela comunidade, ainda assim, afinal de contas, é sobre o indivíduo que a lei exerce sua atividade; e é para seu benefício e sobre ele que são impostas as limitações. É o indivíduo compensado pelas limitações a que se submete no interesse da sociedade, pelas vantagens que esta lhe oferece?...

§ 13. *A pressão da lei sobre o indivíduo*... A sociedade torna-se ainda mais cobiçosa e pretensiosa. Todo desejo satisfeito carrega o germe de um novo desejo. Mas todo novo propósito que é agregado à lista de fins sociais já existentes aumenta, com a medida da força de trabalho e de dinheiro, a contribuição exigida do indivíduo...

... Os administradores da renda pública resolveram o problema de tornar todas as pessoas e coisas tributárias para os fins da sociedade...

Nos impostos é que você vê o quanto a sociedade lhe custa em dinheiro vivo. Mas existem, além disso, os serviços pessoais que lhe são exigidos, a saber, a obrigação do serviço militar (na Alemanha), que lhe custa alguns anos de sua vida, e, se houver guerra, pode custar sua própria vida ou seus braços e pernas...

Agora, dirá você, enfim não tenho mais nada a ver com a sociedade. O que resta agora pertence só a mim. A sociedade não pode interferir na esfera de meus direitos privados; aqui termina o império dela e começa o meu. Aqui está o ponto onde posso dizer para ela: até aqui e nem mais um passo...

Se há alguma instituição do direito privado em que se verifica a ideia de que um direito existe exclusivamente para a pessoa habilitada, esta só pode ser a *propriedade*, e esta é a concepção prevalecente de fato...

Não é... verdade que a propriedade envolve em sua "ideia" o poder absoluto de disposição... A "ideia" de propriedade não pode conter coisa alguma que esteja em contradição com a "ideia" de sociedade. Esse ponto de vista é um último resquício daquela concepção doentia da Lei da Natureza, que isolava o indivíduo como um ser todo à parte. Não se precisa de prova alguma para mostrar aonde iríamos chegar se um proprietário pudesse retirar-se para sua propriedade, como quem se retira para uma fortaleza inacessível. A resistência de uma única pessoa impediria a construção de uma estrada pública ou ferrovia, o planejamento de fortificações – trabalhos dos quais pode depender o bem-estar de milhares, a prosperidade de toda uma província, talvez a segurança do Estado... O princípio da inviolabilidade da propriedade significa a entrega da sociedade nas mãos da ignorância, da teima e da malevolência...

... Chegará um tempo em que a propriedade ostentará uma forma diferente da que possui no presente momento; quando a sociedade não reconhecerá mais o suposto direito do indivíduo de acumular o máximo possível de bens deste mundo... A propriedade privada e o direito de herança sempre permanecerão, e considero uma loucura sem fundamento as ideias socialistas e comunistas dirigidas para sua remoção. Mas devemos ter pouca confiança na habilidade de nossos artistas financeiros se pensarmos que eles não podem ter sucesso, por intermédio do aumento de impostos... em exercer uma pressão sobre a propriedade privada que impeça um excesso de sua acumulação em pontos individuais... Isso efetuará uma distribuição dos bens desse mundo mais de acordo com os interesses da sociedade, isto é, *mais justa* do que tem sido e do que deve ser afetada sob a influência de uma teoria da propriedade que, se for chamada por seu nome certo, é a *insaciabilidade e voracidade do egoísmo*...

Esbocei uma descrição do indivíduo, tal como prometi. Ela diz que você não tem coisa alguma só para você; em todas as partes a sociedade ou, na condição de representante de seus interesses, o direito, está a seu lado. Em toda parte, a sociedade é sua sócia, desejando uma parte de tudo que você tem; de você mesmo, de sua força de trabalho, de seu corpo, de seus filhos, de sua fortuna. O direito é a sociedade realizada do indivíduo com a sociedade...

... John Stuart Mill tentou, em sua obra *Sobre a liberdade*, determinar os limites do direito...

A fórmula que Mill estabelece para a atitude da lei para com o indivíduo é... a seguinte: "O único fim para o qual a espécie humana está autorizada, individual ou coletivamente, a interferir na liberdade de ação de algum de seus membros, é a autoproteção... O único fim para o qual a força pode ser empregada, de forma legítima, sobre qualquer membro de uma comunidade civilizada, contra sua vontade, é para impedir dano a outros. Seu próprio bem, seja físico ou moral, não é uma garantia suficiente... Na parte que diz respeito apenas a ele mesmo, sua independência é, de direito, absoluta."...

Mas todos os atos de suficiente significado para fazer valer a pena o que empregamos levantando essa questão estendem-se em seus efeitos até outros... Não conheço exemplo algum de regra legal que tenha como propósito forçar um indivíduo contra sua própria vontade em seu *próprio* interesse para seu bem. Onde pareça ser assim, é sempre no interesse da sociedade...

Tem a legislação o direito de fixar o máximo de horas de trabalho? Tem ela, de acordo com a teoria da liberdade, o direito de impedir o trabalhador, caso ele assim o deseje, de encurtar sua vida por meio de trabalho excessivo? Mill também concorda com essa medida legal, cuja introdução sempre redundará para o crédito do senso prático e esclarecido de seus compatriotas. Ele aprova os dispositivos para a proteção da saúde dos trabalhadores e para sua segurança em trabalhos perigosos. Mas a razão que ele indica – "o princípio da liberdade individual não está envolvido aqui" – é, por outro lado, de tal natureza que toda sua teoria pode ser desarticulada por ela. Porque, se a proibição de trabalhar tanto ou tão pouco quanto me agrade não constitui uma interferência em minha liberdade pessoal, onde começa tal interferência?...

§ 14. *O benefício do Estado*... Podemos designar como *demandas* do direito as *demandas* que o Estado faz ao indivíduo, porque elas ostentam a forma de lei, mas não podemos fazer isto em referência aos *benefícios* do Estado, posto que estes não coincidem com os benefícios do direito; eles se estendem muito além deles.

Aquele que deseja acertar suas contas com o Estado, deve ter o cuidado de manter distintas uma da outra as duas seguintes questões. Uma delas é: obtenho eu um equivalente correspondente à minha contribuição... A outra é: outros não recebem mais do que lhes é devido em comparação a mim; a distribuição das vantagens da comunidade política a todos os membros corresponde aos princípios de justiça?...

A indagação seguinte tem a ver exclusivamente com a primeira questão, a única que permite um tratamento abstrato; ao passo que a segunda só pode ser respondida em relação às condições históricas dadas. Só isso também deve ser admitido, de maneira bem geral, para a segunda pergunta, a saber, que não faltam exemplos na história do tipo de injustiça social que favorece uma classe da população à custa de outra...

Embora seja verdade que a justiça é o princípio vital da sociedade e daí o fim superior que tem de realizar, ainda assim seria equivocado recusar reconhecer que pode haver situações na vida das nações em que a injustiça social possa ter uma justificação e necessidade temporárias e relativas... Melhor a escravidão do que a matança dos inimigos; melhor uma sociedade estabelecida sobre a base da desigualdade de direitos do que a simples força e a ilegalidade...

Retornarei agora à *primeira* questão...

O que o Estado me dá?...

A *primeira* coisa que o Estado me dá é proteção contra danos de fora...

O *segundo* bem é a proteção dentro do Estado, ou seja, o direito...

O *terceiro* bem que o Estado dá a seus membros consiste em todos os acordos públicos e planos que ele traz à vida no interesse da sociedade. Parece que há uma certa quantidade de oposição em referência a eles. Que benefício o camponês obtém com universidades, bibliotecas, museus? E, no entanto, ele deve contribuir com sua quota, por menor que esta seja. Mas, se ele cobra essas instituições do erudito, este cobrará dele aquelas dedicadas a *seus* interesses e pelas quais o erudito deve pagar sua contribuição. E, então, como são insignificantes essas contribuições e quão valiosas acabam sendo no final das contas para toda a sociedade e, por isso, também para ele!...

§ 15. *Solidariedade dos interesses da sociedade e do indivíduo*... O Estado é o próprio indivíduo... Ele tem o Estado em comum com todos os outros cidadãos... Se o Estado fosse eu, o indivíduo replicará, não teria que me obrigar a fazer tudo que exige de mim, porque eu cuido de mim mesmo por causa de meu próprio interesse, e não tenho de ser compelido.

Quando a criança é obrigada pelo professor a aprender, isto é feito para o bem da criança ou do professor? E, no entanto, a criança precisa ser obrigada. Por quê? Porque ainda é uma criança. Se fosse um adulto, faria por seu próprio estímulo aquilo que precisa de coação para fazer agora. Desse modo, o Estado o obriga a fazer aquilo que, se você tivesse o verdadeiro discernimento, faria por iniciativa própria...

A maturidade e imaturidade política das nações baseia-se na presença ou na ausência desse discernimento... A verdadeira política, definida numa palavra, é *previdente*...

O direito pode ser definido como a união do inteligente e do previdente contra o míope. O primeiro precisa forçar o último para aquilo que seu próprio interesse sugere. A torná-lo feliz contra sua vontade, não por sua própria causa, mas por causa do conjunto...

O resultado que encerra a discussão é *a indispensabilidade social da coerção*...

Mas, por mais indispensável que possa ser, é ao mesmo tempo *insuficiente*, também. Se atingisse seu propósito por completo, não haveria crimes...O que impede um homem de cometer uma injustiça quando ele sabe que não será descoberto e, por conseguinte, não precisa temer a coação?... As duas alavancas egoístas das quais a sociedade faz uso para tornar o indivíduo útil a seus propósitos, não são as únicas. Há ainda uma outra, que não apela ao egoísmo mais baixo, mas sim a algo que é superior no homem – a *moralidade*.

17
Oliver Wendell Holmes Jr.
1841-1935

Wendel Homes era o filho magricela e reservado de um pequeno e arrogante médico da Nova Inglaterra. Oliver, o pai, era professor de anatomia em Harvard, um clínico cujo humor, com frequência, afastava os pacientes que pagavam, e um eminente (mas às vezes rebuscado demais) poeta e ensaísta.

Quando Wendell estava preparado para a escola secundária, o Dr. Holmes enviou-o a um mestre-escola chamado Dixwell, que acabara de deixar a escola pública Boston Latin School para abrir sua própria escola particular, pequena e cara. A Latin School tinha boa reputação, mas o Dr. Holmes não aprovava o uso frequente da correia em seus estudantes. Os pupilos de Dixwell eram orientados sobretudo ao aprendizado do latim e do grego; a matemática era ensinada de má vontade, e os alunos recebiam algumas noções de francês, mas nada de história moderna, nada de ciência e, é claro, nada de estudos sociais. As notas escolares de Wendell eram regulares.

O jovem aristocrata de Boston entrou em Harvard aos dezesseis anos – sem, é claro, pensar em outras alternativas. Continuou vivendo em casa e viajava de Boston a Cambridge em bonde puxado a cavalo. Os quatrocentos alunos de Harvard eram supervisionados com rigor e a maioria tinha de decorar maquinalmente os clássicos. Os cientistas biólogos estavam tendo um vigoroso começo, mas ainda não eram muito reconhecidos. No entanto, a mente de Wendell vagueava e ele cultivava muitos interesses próprios. Estava entre os três melhores de sua classe, e sua média no terceiro ano foi boa o bastante para fazê-lo ingressar na Phi Beta Kappa. Não participava das atividades esportivas formais, mas gostava das longas caminhadas sem rumo e frequentava os grupos de patinação, acompanhados de muita cerveja e ostras. Colaborava com as publicações de Harvard, feitas pelos estudantes ainda não formados, escrevendo sobre literatura, filosofia e arte. Um de seus artigos pressagiava seu ceticismo; nele, Holmes exorta seus companheiros a ler livros pelas ideias, e não pelos autores.

A juventude de Holmes foi um período de tensão crescente por causa da escravidão. Wendell leu, aos doze anos, *A cabana do pai Tomás*, recém-saído do prelo. Durante sua adolescência, escravos fugitivos eram capturados, aprisionados, julgados e provocavam distúrbios a poucos quarteirões da casa em que vivia. Em abril de 1861, forças confederadas bombardearam o Forte Sumter. Doze dias mais tarde, Wendell Holmes, então um veterano de Harvard, alistou-se no exército da União. Sua companhia ficou aquartelada em Harvard o tempo suficiente para ele formar-se dois meses depois e recitar como poeta clássico na cerimônia de encerramento. Dizem que tomou conhecimento de sua promoção a tenente, que se deu pouco antes de seu regimento partir para o sul, "quando estava descendo o Beacon Hill, levando na mão o *Leviatã* de Hobbes". Sua experiência de guerra foi completa: glamorosa, entediante, angustiante, repugnante e perigosa. Foi ferido três vezes – e cada vez escapou milagrosamente, por um triz, da morte ou de grave mutilação. Após cada ferimento, era retirado do serviço ativo e mandado de volta a Cambridge para convalescer. Quando curou-se do terceiro ferimento, foi nomeado ajudante do general de brigada Wright, que defendeu o Distrito de Colúmbia contra um ataque das forças de Jubal Early. Lincoln foi assistir à batalha no Forte Stevens. Quando Lincoln se expôs ao tiroteio num perigoso ponto de observação, Holmes pronunciou as únicas palavras que disse a Lincoln na vida: "Abaixe-se, seu burro." Em julho de 1864, expiraram os três anos de alistamento de Holmes e ele deu baixa no posto de tenente-coronel. A rendição de Lee em abril de 1865 invalidou seu plano de realistar-se.

Pouco depois de dar baixa, Holmes, então com vinte e três anos de idade, matriculou-se, contra uma leve objeção do pai, na Escola de Direito de Harvard, que ainda não havia atingido a grandeza que pouco tempo depois alcançaria sob a direção de Langdell. Três advogados idosos, ainda no exercício da profissão, davam aulas dogmáticas. Não havia, na verdade, exigências para a admissão. Após dezoito meses de frequência, os alunos colaram grau sem fazer exames. Holmes complementava essa formação insípida trabalhando à tarde num escritório de advocacia, onde a teoria se traduzia numa ação mais significativa.

Nesse período de escola do pós-guerra, o quarto de Holmes, no terceiro andar da casa de seu pai, era o local de animadas noitadas de debates informais com William James, Charles Pierce, John Chipman Gray e uma dúzia de outros jovens brilhantes. As conversas e assuntos importantes eram temperadas com uísque e rolavam pela fumaça azul dos cachimbos.

Holmes começou a advogar em 1866 e, apesar de seu afinco e de aprender a rotina da prática geral, não participou de nenhum litígio importante e ganhou pouco dinheiro nos anos seguintes. A prática entediava-o; o que o entusiasmava no Direito era o estudo de seus aspectos mais amplos. Seu primeiro escrito importante sobre Direito foi uma nova edição dos *Commentaries on American Law*, de Kent, que não eram publicados havia vinte e cinco anos. O aprendiz de advogado só podia trabalhar nos *Commentaries* à noite; seu envolvimento foi aumentando, e seu temperamento se tornava cada vez mais difícil à medida que o escrito esgotava suas energias. Ficou obcecado com o medo de perder o manuscrito, e o carregava consigo aonde quer que fosse. Por sorte, um conselheiro mais velho insistiu com Holmes para que abandonasse a tentativa de perfeição e terminasse o trabalho. Seu conhecimento jurídico foi reconhecido em 1870, quando ele se tornou lente de Direito constitucional na Escola de Direito de Harvard (provavelmente por ordem do jovem reitor Charles Eliot, que gostava da perspectiva científica e cética de Holmes). Não era um cargo de professor, mas apenas um pequeno passaporte malpago para o ensino. No verão seguinte, Holmes escreveu *Codes and the Arrangement of Law* para a *American Law Review*; o artigo foi tão bem recebido que ele foi nomeado editor da revista – para a qual escreveu muito nos três anos seguintes.

Aos trinta anos, Holmes ainda não era independente em termos financeiros. Não obstante, casou-se com a filha de seu antigo mestre-escola, Fanny Dixwell, e levou-a para morar na casa de seu pai. Um ano depois, entrou numa firma de advocacia e começou a ganhar dinheiro suficiente para sustentar uma casa. O casal mudou-se para os aposentos de cima de uma drogaria, fazendo a maioria das refeições na rua. O jantar era em geral na Parker House, onde com frequência encontravam amigos, abriam uma garrafa de vinho e passavam momentos divertidos.

No inverno de 1880-1881, Holmes foi convidado a dar uma série de doze aulas no Lowell Institute. Enquanto se preparava para elas, suas ideias unificaram-se e assumiram uma forma consistente. Mais tarde, essas aulas foram transformadas no *The Common Law* – a obra sistemática mais conhecida de Holmes. Ele deixou as tradições analíticas para olhar a lei institucionalmente. Via a lei como encarnando "a história do desenvolvimento de uma nação", e dizia no começo de suas aulas: "A vida da lei não tem sido lógica, mas a experiência. As necessidades sentidas na época, a moral predominante e as teorias políticas, as intuições da política pública, declaradas ou inconscientes, até os preconceitos que os juízes compartilham com seus semelhantes, são muito mais adequadas do que o silogismo para determinar as regras pelas quais os homens devem ser governados." Seu livro recebeu boas críticas, e suas conferências eram bem acolhidas pela plateia, que incluía a recém-vitalizada Faculdade de Direito de Harvard e o presidente de Harvard, Eliot. Foi um momento propício para causar boa impressão, posto que pouco tempo depois um bacharel de Harvard financiou uma nova cadeira de Direito, que foi dada a Holmes. Ele ensinou bem e com alegria no outono de 1882. Foi na escola de Direito que veio a conhecer Brandeis, que então era um jovem lente.

Quando aceitou o chamado de Harvard, deixou claro que deveria ter liberdade para aceitar uma nomeação judicial, se e quando fosse oferecida. E a oferta surgiu antes que ele ou Eliot esperasse. Na virada do ano, aceitou um posto no Supremo Tribunal de Massachusetts. Estava então com quarenta e dois anos e, pela primeira vez, ganhava uma boa remuneração. Com o salário de seis mil dólares, podia pagar uma casa confortável; ele e Fanny deixaram os aposentos em que viviam e mudaram-se para uma casa em Beacon Hill, com dois criados.

Mortes na família deixaram o Dr. Holmes sozinho em sua enorme casa, e, após desfrutarem apenas seis anos em sua própria casa, Fanny e Wendell mudaram-se para tomar conta dele. Wendell Holmes vivera muito tempo à sombra do Doutor, aborrecido com suas conversas, atormentado com seu egoísmo, revoltado com a exposição literária que ele fez da privacidade da família. Wendell esforçou-se para se dar bem com o pai nos últimos cinco anos de vida do Doutor, mas mantinha-se longe dele o máximo que podia. Após a sua morte, Wendell e Fanny continuaram na casa do velho Holmes, levando uma vida animada e confortável. Mas a saúde e a confiança de Fanny pareciam falhar. O juiz passou a circular cada vez mais na sociedade de Boston sem ela. Seus triunfos sociais ficaram cada vez maiores.

Em 1899, Holmes, então com quarenta e oito anos, foi promovido a presidente do Supremo Tribunal de Massachusetts. Havia escrito mais de mil votos. Muitos eram rotina. Alguns eram votos divergentes. Todos eram bem escritos e mostravam prudência judicial, em especial quando a constitucionalidade das leis era atacada. Era considerado um liberal porque discordava quando o tribunal proibia piquetes pacíficos, ou emitia um voto afirmando ser inconstitucional uma proposta que autorizava cidades a negociar carvão e madeira. Na verdade, era um aristocrata que não compartilhava das opiniões comerciais da classe média e que acreditava que os tribunais não deviam impor ao povo suas teorias econômicas e sociais.

Sua reputação de liberal e sua residência em Massachusetts atraíram para ele a atenção de Theodore Roosevelt quando o juiz Gray aposentou-se do Supremo Tribunal dos Estados Unidos, em 1902. Theodore Roosevelt, pensando que as opiniões políticas de Holmes eram muito parecidas com as suas, ofereceu-lhe a nomeação. Wendell hesitou, mas Fanny não teve dúvidas, e ele aceitou. A importância social de Fanny, na condição de esposa de juiz do Supremo Tribunal, reanimou sua confiança. Os dois foram destaques sociais em Washington e fizeran muito sucesso na Casa Branca. Em pouco tempo, Roosevelt desapontou-se com Holmes e tornou-se frio com ele. A primeira causa judicial contra trustes que a administração de Theodore Roosevelt apresentou à Corte Suprema foi o processo das *Northern Securities*. O voto de Holmes divergiu da maioria, que sustentava que um consórcio de estradas de ferro violava a lei Sherman Antitruste. Essa foi a primeira numa longa série de divergências. Holmes discordava com frequência de seus confrades, apresentando duas características principais: (1) tolerância para com a experiência social legislativa, muito embora a considerasse imprudente, e (2) intolerância com as violações de direitos civis, em especial o direito à liberdade de expressão.

Uma inovação de Holmes foi contratar como seus funcionários jovens e brilhantes advogados recém-formados. Todo ano ele empregava um recém-formado da Escola de Direito de Harvard. Muitos desses jovens advogados sobressaíram-se na prática e no serviço público. Nos dias de hoje, grande parte do judiciário segue seu exemplo e recruta funcionários nas fileiras de recém-graduados com boa vocação.

Em 1921, Taft sucedeu a White como presidente do Supremo Tribunal. Taft dedicava pouco respeito a Holmes e não facilitou sua vida. Achava que Holmes era velho demais para estar na banca e sempre se referia a ele como "o velho cavalheiro"; em certas ocasiões, Taft insinuava que a presença de Holmes no tribunal dava a Brandeis dois votos. Holmes, porém, permaneceu vigoroso e inabalável e, dois anos após a morte de Taft, ainda trabalhava no tribunal. Dizem que no octogésimo sétimo aniversário de Holmes (quando ele tornou-se o juiz mais idoso que já teve assento no tribunal), um curioso repórter de Washington saiu à rua para perguntar se alguém sabia quem era Holmes. Fez a pergunta a um homem de macacão que estava lendo a página de esportes na praça do Capitólio. O homem respondeu: "Holmes? Ah, claro. Ele é o jovem da Suprema Corte que está sempre discordando dos mais velhos."

Fanny morreu em 1929, e os amigos de Holmes temeram por ele. Mas Holmes lidou bem com a situação e viveu ainda mais seis bons anos antes de morrer – dois dias antes de completar noventa e quatro anos de idade. Permaneceu na Corte até os noventa e um anos. Nos últimos meses de 1931, nem sempre prestava a atenção que deveria. Em 11 de janeiro de 1932, titubeou quando tentava ler um voto na banca. Quando o tribunal encerrou a sessão nessa tarde, Holmes vestiu o casaco, pôs o chapéu, caminhou até o balcão do funcionário e disse: "Não estarei abatido amanhã." Nessa noite, enviou sua demissão ao presidente.

Os materiais que seguem são *O caminho do direito*, uma palestra proferida a estudantes da Escola de Direito da Universidade de Boston, em 1897, e *Direito natural*, um artigo de revista de Direito, publicado pela primeira vez em 1918. Ambos são completos.

O CAMINHO DO DIREITO[1]

Quando estudamos Direito, não estamos estudando um mistério, mas sim uma profissão bem conhecida. Estamos estudando aquilo de que precisamos a fim de comparecer perante juízes, ou aconselhar pessoas de maneira a mantê-las fora dos tribunais. A razão pela qual é uma profissão, pela qual as pessoas pagam advogados para argumentar por elas ou para aconselhá-las, é que em sociedades como a nossa o comando do poder público é confiado aos juízes em certos casos, e, se for necessário, todo o poder do Estado será empregado para executar seus julgamentos e mandados. As pessoas querem saber em que circunstâncias e até que ponto correm o risco de ir contra aquilo que é muito mais forte do que elas, e por isso se torna uma atividade descobrir quando esse perigo deve ser temido. O objeto de nosso estudo, portanto, é a predição, a predição da incidência do poder público por meio do auxílio dos tribunais.

Os meios do estudo são um conjunto de repertórios, de tratados e de leis, neste país e na Inglaterra, que remontam a seiscentos anos atrás e que agora aumentam em centenas todo ano. Nessas folhas sibilinas estão reunidas as profecias dispersas do passado sobre os casos em que o machado cairá. São aquilo que tem sido propriamente chamado de os oráculos da lei. Quase todo o sentido de cada novo esforço do pensamento jurídico, e de longe o mais importante, é tornar essas profecias mais precisas, e generalizá-las num sistema completamente relacionado. O processo é único, desde a apresentação de uma causa por um advogado, eliminando como elimina todos os elementos dramáticos com que

---

1. De 10 *Harvard Law Review* 457. Reimpresso com permissão de *The Harvard Law Review*.

é revestida a história de seu cliente e conservando apenas os fatos de importância jurídica, até as análises finais e proposições universais abstratas da teoria jurídica. A razão pela qual um advogado não menciona que seu cliente estava usando um chapéu branco quando fez um contrato, ao passo que a Sra. Quickly não deixaria de discorrer longamente sobre ele, junto com o pacote de taças douradas e o fogo de carvão, é porque ele prevê que o poder público agirá da mesma maneira, não importando o que seu cliente tenha sobre a cabeça. É para tornar as profecias mais fáceis de serem lembradas e compreendidas que os ensinamentos das decisões do passado são postos em proposições gerais e reunidos em livros didáticos, ou que as leis são aprovadas numa forma geral. Por outro lado, os deveres e direitos primários de que se ocupa a jurisprudência nada mais são que profecias. Um dos muitos efeitos ruins da confusão entre ideias legais e morais, sobre o que terei algo a dizer daqui a pouco, é que a teoria tende a colocar a carroça diante do cavalo e a considerar o direito ou o dever como algo que existe à parte e independente das consequências de sua violação, à qual certas sanções são acrescentadas mais tarde. Mas, como tentarei demonstrar, um dever legal nada mais é que uma predição de que, se um homem faz ou deixa de fazer certas coisas, o julgamento de um tribunal fará com que ele sofra desta ou daquela maneira; e o mesmo para um direito legal.

A quantidade de nossas predições, quando generalizadas e reduzidas a um sistema, não é tão grande que não possa ser manejável. Elas se apresentam como um conjunto finito de dogmas que podem ser dominados dentro de um período de tempo razoável. É um grande equívoco ficar atemorizado com a quantidade sempre crescente de repertórios. Os repertórios da jurisprudência produzida no decorrer de uma geração absorvem quase todo o conjunto da lei, e expressam-no de novo do ponto de vista presente. Poderíamos reconstruir todo o conjunto a partir deles se tudo que veio antes fosse queimado. O uso de repertórios mais antigos é sobretudo histórico, uso esse sobre o qual terei algo a dizer antes de terminar.

Desejo, se puder, formular alguns primeiros princípios para o estudo desse conjunto de dogmas ou predições sistematizadas que chamamos de lei, para os homens que querem usá-lo como o instrumento de seu trabalho a fim de que eles próprios possam profetizar e, relacionado com o estudo, desejo chamar a atenção para um ideal que, por enquanto, o nosso direito ainda não alcançou.

A primeira coisa para uma compreensão metódica da questão é entender seus limites e, por conseguinte, acho desejável, de imediato, salientar e dissipar uma confusão entre moral e direito que às vezes eleva-se à altura da teoria consciente e, com mais frequência e de fato constantemente, está criando dificuldade no detalhe, sem chegar ao ponto da consciência. Vocês entendem muito bem que um homem mau tem tanta razão quanto um homem bom em desejar evitar um encontro com o poder público e, portanto, podem ver a importância prática da distinção entre moral e direito. Mesmo um homem que não dá importância alguma a uma regra na qual seus vizinhos acreditam e praticam, provavelmente terá muito interesse em evitar a imposição de uma multa e, se puder, desejará manter-se fora da cadeia.

Considero certo que nenhum ouvinte interpretará mal o que tenho a dizer quanto à linguagem do cinismo. O direito é a testemunha e garantia externa de nossa vida moral. Sua história é a história do desenvolvimento moral da raça. A prática dele, apesar dos gracejos populares, tende a fazer bons cidadãos e bons homens. Quando enfatizo a diferença entre direito e moral, faço-o com referência a um único fim, o da aprendizagem e compreensão do direito. Para esse propósito, vocês precisam definitivamente dominar seus marcos específicos, e é por isso que lhes peço que, por enquanto, se imaginem indiferentes em relação a outras coisas maiores.

Não estou dizendo que não há um ponto de vista mais amplo, no qual a distinção entre direito e moral se torna de importância secundária ou perde toda importância, assim como todas as distinções matemáticas desaparecem na presença do infinito. Estou dizendo, porém, que essa distinção é de primeira importância para o objeto que devemos considerar aqui – um estudo e um domínio correto do direito como uma atividade com limites bem compreendidos, um conjunto de dogmas encerrado dentro de linhas definidas. Acabei de mostrar a razão prática para dizer isso. Se vocês desejam conhecer o direito e nada mais, devem olhar para ele como o homem mau que só se preocupa com as consequências materiais que tal conhecimento permita prever, não como um homem bom que encontra suas razões para a conduta, seja dentro ou fora do direito, nas sanções da consciência. A importância teórica da distinção não é menor, se raciocinarem de maneira correta sobre seu objeto. O direito está cheio de fraseologia tirada da moral e, pela mera força da língua, está sempre nos convidando a passar de um domínio a outro sem perceber, como é certo que faremos a menos que tenhamos o limite sempre diante dos olhos. A lei fala sobre direitos, deveres, dolo, intenção, negligência e assim por diante, e nada é mais fácil ou, posso dizer, mais comum no raciocínio jurídico do que tomar estas palavras em seu sentido moral, em algum estágio do argumento, e desse modo cair na falácia. Por exemplo, quando falamos dos direitos do homem num sentido moral, queremos marcar os limites da interferência na liberdade individual que achamos ser prescrita pela consciência, ou por nosso ideal, como quer que tenham sido alcançados. No entanto, é certo que no passado foram aplicadas muitas leis, e é provável que muitas sejam aplicadas agora, que são condenadas pela opinião mais esclarecida da época, ou que em todo caso passam o limite de interferência que muitas consciências iriam impor. É evidente, portanto, que nada além de confusão de pensamento pode resultar do fato de se supor que os direitos do homem num sentido moral sejam igualmente direitos no sentido da Constituição e da lei. Sem dúvida, podem ser formulados casos simples e extremos de leis imagináveis que o poder legislador não ousaria aprovar, mesmo na ausência de proibições constitucionais escritas, porque a comunidade se levantaria em rebelião e lutaria; e isso dá certa plausibilidade à proposição de que o direito, se não é uma parte da moralidade, é limitada por ela. Mas esse limite de poder não é coextensivo com algum sistema de moral. Na maior parte, ele incide longe das linhas de tal sistema, em alguns casos, pode estender-se além delas, por razões derivadas dos hábitos de um povo particular num momento particular. Ouvi um dia o falecido professor Agassiz dizer que uma população alemã se revoltaria se fossem acrescentados dois centavos no preço de um copo de cerveja. Uma lei, nesse caso, seriam palavras vazias, não por estar errada, mas porque não poderia ser aplicada. Ninguém negará que as leis erradas podem e são aplicadas, e nem todos concordaríamos em relação ao que seriam as leis erradas.

A confusão a que me refiro envolve concepções reconhecidamente legais. Tome-se a questão fundamental: o que constitui o direito? Vocês encontrarão alguns autores de texto que lhes dizem que ele é algo diferente daquilo que é decidido pelos tribunais de Massachusetts ou da Inglaterra, que é um sistema de razão, que é uma dedução de princípios de ética ou axiomas admitidos ou não sei o que mais, que podem coincidir ou não com as decisões. Mas, se aceitarmos a opinião de nosso amigo, o homem mau, descobriremos que ele não dá a menor importância aos axiomas ou deduções, mas que deseja saber o que é provável que os tribunais de Massachusetts ou da Inglaterra façam de fato. Concordo muito com a opinião dele. As profecias sobre o que os tribunais farão de fato, e nada mais pretensioso, são aquilo que quero dizer com direito.

Tome-se de novo uma noção que, como é compreendida popularmente, é a concepção mais ampla que a lei contém – a noção de dever legal, à qual já me referi. Preenchemos a palavra com todo o conteúdo que tiramos da moral. Mas o que ela significa para um homem mau? Sobretudo, e em primeiro lugar, uma profecia segundo a qual, se ele fizer certas coisas, estará sujeito a consequências desagradáveis como prisão ou pagamento compulsório de dinheiro. Mas, do ponto de vista dele, qual é a diferença entre ser multado e ser tributado em determinada quantia por fazer certa coisa? Que seu ponto de vista é o teste dos princípios legais está demonstrado pelas muitas discussões que surgiram nos tribunais sobre a real questão de se uma determinada obrigação estatutária é uma penalidade ou um imposto. Da resposta a essa questão depende a decisão de se a conduta é legalmente certa ou errada e também se um homem está sob coação ou está livre. Deixando de lado o direito penal, qual é a diferença entre a responsabilidade de acordo com as leis ou decretos de manufatura que autorizam a desapropriação e a responsabilidade pelo que chamamos de usurpação de propriedade cuja restituição de posse está fora de questão? Em ambos os casos, a parte que toma a propriedade de outro homem tem de pagar seu valor justo tal como for avaliado por um júri, e nada mais. Que importância há em se chamar o que toma de certo e o outro de errado do ponto de vista do direito? No que diz respeito à consequência, o pagamento compulsório, não importa se o ato ao qual está vinculado é descrito em termos de elogio ou em termos de censura, ou se a lei pretende proibi-lo ou permiti-lo. Se tem alguma importância, falando do ponto de vista do homem mau, deve ser porque num caso e não no outro algumas desvantagens adicionais, ou pelo menos algumas consequências adicionais, estão vinculadas ao ato. As outras desvantagens assim vinculadas a ele que consegui imaginar devem ser encontradas em duas doutrinas legais um tanto quanto insignificantes, que podiam ser abolidas sem perturbação. Uma delas é que um contrato para fazer um ato proibido é ilegal; e a outra é que, se um de dois ou mais malfeitores reunidos tiver de pagar todos os danos, ele não pode reclamar reembolso de seus companheiros. E isso, creio, é tudo. Vê-se como a vaga circunferência da noção do dever diminui e, ao mesmo tempo, fica mais precisa quando a lavamos com o ácido do cinismo e expelimos tudo, exceto o objeto de nosso estudo, as operações da lei.

Em nenhuma parte a confusão entre ideias legais e morais é mais evidente do que na lei do contrato. Entre outras coisas, aqui de novo os chamados deveres e direitos primários estão investidos de um significado místico além do que pode ser determinado e explicado. O dever de cumprir um contrato no direito comum significa uma predição de que você deve pagar indenização caso não o cumpra – e nada mais. Se você comete um delito de natureza civil, está sujeito a pagar uma quantia compensatória. Se você se compromete num contrato, está sujeito a pagar uma quantia compensatória, a menos que o evento prometido venha a suceder, e esta é toda a diferença. Mas tal modo de olhar para a questão não é tolerado por aqueles que acham vantajoso introduzir o máximo de ética que podem na lei. Entretanto, foi bastante bom para Lorde Coke, e aqui, como em muitos outros casos, fico contente em concordar com ele. Em *Bromage versus Genning* [Roll. Rep. 368], foi pedido um veto no Tribunal Superior de Justiça contra a reforma da decisão proferida num processo da região fronteiriça do País de Gales para o cumprimento específico de uma promessa de arrendamento, e Coke disse que isso subverteria a intenção do outorgante, posto que ele tencionava ficar à sua escolha pagar a indenização ou fazer o arrendamento. O advogado Harris, do querelante, confessou que moveu a ação contra sua consciência, e a decisão foi reformada. Isto vai além do que desejamos agora, mas mostra aquilo que, arrisco dizer, tem sido o ponto de vista do direito comum desde o começo, embora o Sr. Harriman, em seu livrinho muito competente sobre Contratos, tenha sido desviado, como penso humildemente, para uma conclusão diferente.

Falei apenas do direito comum porque existem certos casos em que se pode encontrar uma justificação lógica para falar de responsabilidades civis, impondo deveres num sentido inteligível. Estes são os relativamente poucos aos quais a equidade concederá uma injunção, e irá aplicá-la colocando o réu na prisão ou punindo-o de outra maneira, a menos que ele cumpra a ordem do tribunal. Mas não acho aconselhável formar uma teoria geral a partir da exceção, e creio que seria melhor parar de nos preocuparmos por completo com sanções e direitos primários, do que descrever nossas profecias sobre as obrigações impostas em geral pelo direito nesses termos impróprios.

Mencionei, como outros exemplos do uso pelo direito de palavras tiradas da moral, o dolo, a intenção e a negligência. Basta tomar o dolo tal como é usado na lei da responsabilidade civil – aquilo que nós, os advogados, chamamos de lei dos delitos de natureza civil – para mostrar que ele significa no direito algo diferente do que significa na moral, e para mostrar também como a diferença foi obscurecida ao se dar o mesmo nome a princípios que tinham pouco ou nada a ver uns com os outros. Há trezentos anos, um pároco fazia um sermão e contou uma história do *Livro dos mártires* de Fox sobre um homem que havia participado da tortura de um dos santos e depois morreu, sofrendo um tormento interior compensatório. Aconteceu que Fox estava errado. O homem estava vivo e por acaso ouviu o sermão e, em consequência disso, processou o pároco. O presidente do Supremo Tribunal, Wray, instruiu o júri no sentido de que o réu não era responsável, porque a história foi contada de maneira inocente, sem dolo. Ele tomou dolo no sentido moral, como envolvendo um motivo malevolente. Mas, nos dias de hoje, ninguém duvida de que um homem pode ser responsável, sem nenhum motivo malevolente em absoluto, por falsas declarações calculadas obviamente para infligir dano civil. Ao expor o caso nas alegações, ainda deveríamos chamar a conduta do réu de mal-intencionada; mas, em minha opinião pelo menos, a palavra não indica coisa alguma sobre os motivos, ou mesmo sobre a atitude do réu para com o futuro, mas significa apenas que a tendência de sua conduta nas circunstâncias conhecidas foi, de forma muito evidente, a de causar danos civis. [Veja *Hanson versus Globe Newspaper Co.*, 159 Mass. 293, 302.]

Na lei do contrato, o uso de fraseologia moral levou a confusão igual, como já mostrei em parte, mas apenas em parte. A moral lida com o verdadeiro estado de espírito interior do indivíduo, aquilo que ele tenciona de fato. Desde o tempo dos romanos até os dias de hoje, esse modo de lidar tem afetado a linguagem da lei no tocante ao contrato, e a linguagem usada para reagir ao pensamento. Falamos sobre um contrato como encontro das vontades das partes, e por isso deduz-se em vários casos que não existe contrato algum porque as vontades das partes não se encontraram; isto é, porque elas tencionavam coisas diferentes ou porque uma das partes não conhecia o assentimento da outra. Contudo, nada é mais certo do que as partes poderem ser obrigadas por um contrato a coisas que nenhuma delas tencionava, e quando uma delas tencionava não sabia do consentimento da outra. Suponhamos que um contrato é realizado na devida forma e por escrito para se fazer uma conferência, sem mencionar o momento. Uma das partes pensa que a promessa deve ser interpretada como significando de imediato, no prazo de uma semana. A outra pensa que significa quando ela estiver pronta. O tribunal diz que significa dentro de um tempo razoável. As partes estão obrigadas pelo contrato tal como ele é interpretado pelo tribunal; no entanto, nenhuma delas quis dizer aquilo que o tribunal declara que disseram. Em minha opinião, ninguém compreenderá a verdadeira teoria do contrato, e nem mesmo será capaz de discutir algumas questões fundamentais de forma inteligente, enquanto não compreender que todos os contratos são formais, que a feitura de um contrato depende não da concordância de duas mentes numa intenção, mas sim da concordância de dois conjuntos de sinais externos – não do fato de as partes terem *tencionado* a mesma coisa, mas sim de terem *dito* a mesma coisa. Além disso, como os sinais podem ser dirigidos a um ou outro sentido – à visão ou à audição –, o momento em que o contrato é feito dependerá da natureza do sinal. Se o sinal for tangível, por exemplo, uma carta, o contrato é feito quando a carta de aceitação for entregue. Se for necessário que as vontades das partes se encontrem, não haverá contrato algum até que a aceitação possa ser lida – não haverá nenhum contrato, por exemplo, se a aceitação for arrebatada da mão do ofertante por uma terceira pessoa.

Este não é o momento para elaborar uma teoria em detalhe, ou para responder a muitas questões e dúvidas óbvias que são sugeridas por essas visões gerais. Não conheço nenhuma que não seja fácil responder, mas o que estou tentando fazer agora é apenas, por meio de uma série de sugestões, lançar alguma luz sobre o estreito caminho da doutrina legal, e sobre duas armadilhas que, como me parece, estão perigosamente próximas dele. Eu disse o bastante sobre a primeira delas. Espero que minhas ilustrações tenham mostrado o perigo, tanto para a especulação como para a prática, de se confundir a moral com o direito, e a armadilha que a linguagem jurídica arma para nós à beira do caminho. De minha parte, muitas vezes duvido se não seria um ganho se toda palavra de significado moral pudesse ser banida por completo da lei, e fossem adotadas outras palavras que transmitissem as ideias jurídicas sem influência de coisa alguma fora da lei. Perderíamos os registros fósseis de um bom pedaço da história e a grandeza obtida com as associações éticas, mas, ao nos livrarmos de uma confusão desnecessária, ganharíamos muito em termos de clareza de pensamento.

Chega dos limites do direito. A próxima coisa que desejo considerar é o que são as forças que determinam seu conteúdo e crescimento. Vocês podem supor, como Hobbes, Bentham e Austin, que toda lei emana do soberano, mesmo quando os primeiros seres humanos que a enunciem são juízes, ou podem pensar que a lei é a voz do *Zeitgeist**, ou o que bem entende-

---

* *Zeitgeist*: em alemão, espírito da época, tendência moral e intelectual de alguma era ou período. (N. do T.)

rem. Tanto faz para meu presente propósito. Mesmo que toda decisão exigisse a sanção de um imperador com poder despótico e uma mentalidade caprichosa, todavia estaríamos interessados, ainda tendo em vista a predição, em descobrir alguma ordem, alguma explicação racional e algum princípio de desenvolvimento para as regras que formulamos. Em todo sistema existem tais explicações e princípios a serem encontrados. É em relação a eles que aparece uma segunda falácia, que acho importante revelar.

A falácia a que me refiro é a noção de que a única força em funcionamento no desenvolvimento de uma lei é a lógica. No sentido mais amplo, de fato, essa ideia seria verdadeira. O postulado com base no qual pensamos sobre o universo é que existe uma relação quantitativa fixa entre todo fenômeno e seus antecedentes e consequentes. Se existir algum fenômeno sem essas relações quantitativas fixas, é um milagre. Está fora da lei de causa e efeito, e como tal transcende nosso poder de pensamento, ou pelo menos é algo que não podemos inferir ou justificar. A condição de nosso pensar sobre o universo é que ele é capaz de ser pensado de maneira racional, ou, em outras palavras, que cada parte dele é efeito e causa no mesmo sentido em que são essas partes com que estamos mais familiarizados. Assim, no sentido mais amplo, é verdade que a lei é um desenvolvimento lógico, como tudo mais. O perigo de que falo não é a admissão de que os princípios que governam outros fenômenos, também governam o direito, mas a noção de que um sistema dado, o nosso, por exemplo, pode ser elaborado, como a matemática, a partir de alguns axiomas gerais de conduta. Esse é o erro natural das escolas, mas não está limitado a elas. Ouvi um dia um juiz muito eminente dizer que nunca emitia uma decisão até ter certeza absoluta de que era correta. Assim, muitas vezes a discordância judicial é censurada, como se significasse apenas que um lado ou o outro não estava fazendo suas somas certas e que, se tivessem tido mais trabalho, chegariam inevitavelmente a um entendimento.

Esse modo de pensar é inteiramente natural. A educação dos advogados é uma formação em lógica. Os processos de analogia, discriminação e dedução são os processos em que eles ficam mais à vontade. A linguagem da decisão judicial é sobretudo a linguagem da lógica. E a forma e o método lógico favorecem essa ânsia de certeza e repouso que está em toda mente humana. Mas a certeza é, em geral, ilusão, e repouso não é o destino do homem. Por trás da forma lógica está um julgamento quanto ao valor relativo e à importância de competir em terrenos legislativos, muitas vezes um julgamento inarticulado e inconsciente, é verdade, e no entanto a própria raiz e nervo de todo o procedimento. Pode-se dar uma forma lógica a qualquer conclusão. Sempre se pode inferir uma condição num contrato. Mas por que inferi-la? Por causa de alguma crença quanto à prática da comunidade ou de uma classe, ou por causa de alguma opinião quanto à política ou, resumindo, por causa de alguma atitude sua sobre uma questão não passível de medição quantitativa exata e, por conseguinte, não passível de fundamentar conclusões lógicas exatas. Essas questões são de fato campos de batalha onde não existem os meios para determinações que sejam boas o tempo todo, e onde a decisão não pode fazer mais do que encarnar a preferência de um conjunto dado, numa época e lugar dado. Não percebemos que uma grande parte de nossa lei está aberta à reconsideração com uma leve mudança de hábito na mente pública. Nenhuma proposição concreta é evidente por si mesma, não importa quão preparados estejamos para aceitá-la, nem mesmo a do Sr. Herbert Spencer: "Todo homem tem o direito de fazer o que quiser, desde que não interfira no direito igual de seus vizinhos."

Por que uma declaração falsa e injuriosa é privilegiada, se feita de forma honesta ao se dar informação sobre um criado. É porque se considerou ser mais importante que a informação seja dada livremente do que proteger um homem daquilo que em outras circunstâncias seria uma injustiça acionável. Por que um homem tem a liberdade de montar um negócio que sabe que arruinará seu vizinho? Porque se supõe que a livre concorrência serve melhor o bem público. É óbvio que tais julgamentos de importância relativa podem variar em lugares e épocas diferentes. Por que um juiz instrui um júri que um patrão não é responsável perante um empregado por um dano sofrido no decorrer de seu emprego, a menos que seja negligente, e por que o júri decide, em geral, em favor do queixoso, quando o caso chega a ele? É porque a política tradicional de nossa lei é confinar a responsabilidade a casos em que um homem prudente poderia ter previsto o dano, ou pelo menos o perigo, enquanto a tendência de uma parte muito grande da comunidade é fazer certas classes de pessoas garantir a segurança daqueles com que lidam. Desde que essas últimas palavras foram escritas, tenho visto a exigência de tal garantia ser proposta como parte do programa de uma das organizações trabalhistas mais conhecidas. Há uma batalha oculta e semiconsciente sobre a questão da política legislativa, e, se alguém pensa que ela pode ser resolvida dedutivamente, ou de uma vez por todas, só posso dizer que penso que ele está errado em termos teóricos, e que estou seguro de que sua conclusão não será aceita na prática *semper ubique et ab omnibus*.

Penso, de fato, que mesmo agora nossa teoria sobre essa questão está aberta à reconsideração, embora não esteja preparado para dizer como decidiria se uma reconsideração fosse proposta. Nossa lei sobre delitos de natureza civil vem dos velhos tempos dos crimes isolados e não generalizados, assaltos, difamações e coisas semelhantes, quando os danos podiam ser situados pelo julgamento jurídico no lugar onde incidiam. Mas os delitos de natureza civil com que os tribunais se ocupam hoje em dia são sobretudo os incidentes de certos negócios bem conhecidos. São os danos a pessoas ou propriedades causados por ferrovias, fábricas e coisas semelhantes. A responsabilidade por eles é calculada e, mais cedo ou mais tarde, entra no preço pago pelo público. O público realmente paga os danos, e a questão da responsabilidade, se comprimida o bastante, é de fato a questão de até que ponto é desejável que o público garanta a segurança daqueles cujo trabalho utiliza. Podia-se dizer que, nesses casos, a possibilidade de um júri decidir a favor do réu é apenas uma possibilidade, que de vez em quando interrompe de forma arbitrária o curso regular da reparação, com toda a probabilidade no caso de um querelante extraordinariamente consciencioso e que, por conseguinte, seria melhor deixar de lado. Por outro lado, pode-se calcular o valor econômico até mesmo de uma vida para a comunidade e, pode-se dizer, nenhuma reparação deveria ir além desse montante. É concebível que algum dia, em certos casos, possamos nos achar imitando, num plano mais elevado, a tabela de preços para a vida e membros que vemos nas *Leges Barbarorum*.

Penso que os próprios juízes deixaram de reconhecer de forma adequada seu dever de ponderar considerações de benefício social. O dever é inevitável, e o resultado da frequentemente proclamada aversão judicial em lidar com tais considerações é, simplesmente, deixar desarticulados – e, com frequência, inconscientes, como eu disse – o verdadeiro terreno e a fundação dos julgamentos. Quando se começou a falar em socialismo, as classes confortáveis da comunidade ficaram um bocado amedrontadas. Suspeito que esse temor tenha influenciado as ações judiciais tanto aqui como na Inglaterra; no entanto, é certo que isso não é um fator consciente nas decisões a que me refiro. Penso que algo semelhante tenha levado pessoas que não mais esperam controlar as legislaturas a olhar os tribunais como explicadores das Constituições, e que, em alguns tribunais, tenham sido descobertos, fora dos corpos desses instrumentos, novos princípios que podem ser generalizados na aceitação das doutrinas econômicas que predominavam há cerca de cinquenta anos, e na proibição indiscriminada daquilo sobre que um tribunal não pensava direito. Não posso deixar de acreditar que, se a formação dos advogados os levasse, habitualmente, a considerar, de maneira mais definitiva e explícita, o benefício social que deva justificar a regra que formulam, eles hesitariam às vezes onde agora são confiantes, e veriam que de fato estavam tomando partido em questões discutíveis.

Chega da falácia da forma lógica. Consideremos agora a condição presente da lei enquanto objeto de estudo e o ideal para o qual ela tende. Ainda estamos longe do ponto de vista que desejo ver alcançado. Ninguém o alcançou ou pode alcançá-lo por enquanto. Estamos apenas no começo de uma reação filosófica e de uma reconsideração do valor das doutrinas que, em sua maioria, ainda são dadas por certas sem qualquer questionamento deliberado, consciente e sistemático de seus fundamentos. O desenvolvimento de nosso direito tem continuado por quase mil anos, como o desenvolvimento de uma planta, com cada geração dando o próximo passo inevitável, opinião, questão igual, apenas obedecendo a uma lei de crescimento espontâneo. É perfeitamente natural e certo que tenha sido assim. A imitação é uma necessidade da natureza humana, como foi ilustrado por um notável autor francês, M. Tarde, num livro admirável, *Les Lois de l'Imitation*. A maioria das coisas que fazemos não fazemos por nenhuma outra razão melhor do que o fato de nossos pais as terem feito ou de nossos vizinhos as fazerem, e o mesmo é verdade em relação a uma parte maior do que suspeitamos daquilo que pensamos. A razão é boa, porque nossa vida breve não nos dá tempo para uma melhor, mas não é a melhor. Só porque somos compelidos a confiar, com fé emprestada, na maioria das regras em que baseamos nossa ação e pensamento, não se conclui que cada um de nós não pode tentar colocar algum canto de seu mundo na ordem da razão, ou que todos nós, de forma coletiva, não devamos aspirar levar a razão o mais longe que pudermos através de todo o domínio. Em relação à lei, é verdade, sem dúvida, que um evolucionista hesitaria em afirmar validade universal para seus ideais sociais, ou para os princípios que ele pensa que devam ser encarnados na legislação. Ele se dá por contente se puder provar que eles são os melhores para o aqui e agora. Pode estar pronto para admitir que não sabe coisa alguma sobre um melhor absoluto no cosmos, e até mesmo que quase nada sabe sobre um melhor permanente para os homens. No entanto, é verdade que um conjunto legal é mais racional e mais civilizado quando toda regra que contém faz referência, de maneira articulada e exata, a um fim ao qual serve, e quando os fundamentos para se desejar esse fim são enunciados ou estão prontos para serem enunciados em palavras.

No presente momento, em muitos casos, se desejamos saber por que uma regra legal assumiu sua forma particular, e se quisermos mais ou menos saber por que ela existe, recorremos à tradição. Nós a seguimos nos almanaques e talvez, indo além deles, nos costumes dos francos sálios; e em algum lugar do passado, nas florestas germânicas, nas necessidades dos reis normandos, nas suposições de uma classe dominante, na ausência de ideias generalizadas, descobrimos o motivo prático para o que agora é mais bem justificado pelo mero fato de sua aceitação e de que os homens estão acostumados com ela. O estudo racional da lei ainda é, em grande medida, o estudo da história. A história deve ser uma parte do estudo porque, sem ela, não podemos conhecer o âmbito preciso das regras que é nossa atividade conhecer. É uma parte do estudo racional porque é o primeiro passo em direção a um ceticismo esclarecido, isto é, em direção a uma reconsideração deliberada do valor dessas regras. Quando tiramos o dragão da caverna e o levamos para a planície à luz do dia, podemos contar seus dentes e suas garras, e verificar qual é sua força. Mas tirá-lo da caverna é apenas o primeiro passo. O próximo é matá-lo ou domá-lo, tornando-o um animal útil. Para o estudo racional do direito, o homem da letra gótica pode ser o homem do presente, mas o homem do futuro é o homem das estatísticas e o mestre da economia. É revoltante não ter alguma razão melhor para uma lei do que o fato de ter sido elaborada no tempo de Henrique IV. É mais revoltante ainda se os fundamentos sobre os quais ela foi elaborada já desapareceram há muito tempo, e a regra persiste simplesmente por uma cega imitação do passado. Estou pensando na regra técnica quanto à violação de propriedade alheia *ab initio*, como é chamada, que tentei explicar numa recente causa em Massachusetts. [*Commonwealth versus Rubin*, 165 Mass. 453.]

Deixe-me tomar uma ilustração que pode ser enunciada em poucas palavras, para mostrar como o fim social que a lei visa é obscurecido e alcançado apenas em parte como consequência do fato de que a regra deve sua forma a um desenvolvimento histórico gradual, em vez de ser reformada como um todo, com referência articulada e consciente ao fim em vista. Achamos desejável impedir que a propriedade de um homem seja indevidamente tomada por um outro, e desse modo fizemos do roubo um crime. O mal é o mesmo, quer o roubo seja feito por um homem em cujas mãos o dono colocou a propriedade, ou por alguém que a toma de maneira injusta. Mas a lei primitiva, com sua fraqueza, não foi muito além de um esforço para impedir a violência, e muito naturalmente tornou o roubo a violação da propriedade alheia, parte de sua definição de crime. Em tempos modernos, os juízes aumentaram um pouco a definição ao sustentar que, se o malfeitor toma posse por meio de um embuste ou estratagema, comete crime. Isto foi, de fato, desistir do requisito de uma violação da propriedade alheia, e teria sido mais lógico, bem como mais fiel ao presente objeto da lei, abandonar o requisito por completo. Entretanto, isso teria parecido audacioso demais e foi deixado para a lei. Foram aprovadas leis tornando a malversação um crime. Mas a força da tradição fez com que o crime de malversação fosse considerado tão distinto da apropriação do roubo que até os dias de hoje, pelo menos em algumas jurisdições, mantém-se aberta uma brecha que permite aos ladrões argumentarem, se forem indiciados por roubo, que deviam ser processados por malversação e, se indiciados por malversação, que deviam ser processados por roubo, e assim escapar com base nisso.

Questões muito mais fundamentais ainda aguardam uma resposta melhor do que esta que demos nós e nossos pais. O que temos melhor do que uma conjetura cega para mostrar que o direito penal, em sua forma presente, faz mais bem do que mal? Não me detenho para mencionar o efeito que ele tem tido em degradar prisioneiros e afundá-los mais ainda no crime, ou para a questão de se a multa ou prisão não incide com mais ênfase na esposa e nos filhos de um criminoso do que nele mesmo. Tenho em mente questões de mais longo alcance. A punição intimida? Lidamos com criminosos com princípios apropriados? Uma escola moderna de criminalistas continentais orgulha-se da fórmula, sugerida primeiro por Gall, segundo dizem, de que devemos considerar o criminoso em vez do crime. A fórmula não nos leva muito longe, mas as investigações que se iniciam, encaminham-se pela primeira vez para uma resposta às minhas questões que sejam baseadas na ciência. Se o criminoso típico for um degenerado fadado a defraudar ou matar por uma necessidade orgânica tão entranhada como aquela que faz a cascavel picar, é inútil falar em intimidá-lo por meio do método clássico do aprisionamento. Ele precisa livrar-se dela; não pode ser melhorado, ou amedrontado para perder sua reação estrutural. Se, por um lado, o crime, como a conduta humana normal, é sobretudo uma questão de imitação, pode-se muito bem esperar que a punição ajude a mantê-lo fora de moda. Alguns homens de ciência muito conhecidos consideram que o estudo de criminosos sustenta a primeira hipótese. As estatísticas do aumento relativo do crime em locais com grande população, como as grandes cidades, onde o exemplo tem maior possibilidade de dar certo, e em partes menos povoadas, onde o contágio se espalha com mais lentidão, têm sido usadas com grande força em favor desta última opinião. Mas há uma significativa autoridade em favor da crença de que, seja como for, "não a natureza do crime, mas sim a periculosidade do criminoso constitui o único critério legal razoável para guiar a inevitável reação social contra o criminoso". [Havelock Ellis, *The Criminal*, 41, citando Garofalo. Veja também Ferri, *Sociologie Criminelle*, passim. Cf. Tarde, *La Philosophie Penale*.]

Os impedimentos à generalização racional que ilustrei a partir da lei sobre o roubo são mostrados nos outros ramos do Direito. Tome-se a lei do delito de natureza civil ou da responsabilidade contratual e coisas semelhantes. Existe alguma teoria geral de tal responsabilidade, ou os casos em que ela existe devem simplesmente ser enumerados e cada qual ser explicado em seu fundamento especial, como é fácil de acreditar pelo fato de que o direito de ação para certas classes bem conhecidas de transgressões, como a violação da propriedade alheia ou a calúnia, tem sua história especial para cada classe? Penso que existe uma teoria geral a ser descoberta, embora permaneça como tendência, não sendo estabelecida e aceita. Penso que a lei considera acionável o dano civil causado por uma pessoa responsável se, nas circunstâncias que lhe são conhecidas, o perigo de seu ato for evidente de acordo com a experiência comum, ou de acordo com sua própria experiência, se for mais que comum, exceto em casos em que, por motivos especiais de política, a lei se recusa a proteger o querelante ou concede um privilégio ao réu. [Um exemplo de a lei se recusar a proteger o querelante é quando ele é surpreendido no uso de um caminho que utilizou ilegalmente por uma semana a menos do que o período de prescrição aquisitiva. Uma semana depois, ele teria ganho um direito, mas agora é apenas um invasor de propriedade alheia]. Penso que, em geral, o dolo, a intenção e a negligência apenas significam que o perigo era evidente num grau maior ou menor, nas circunstâncias conhecidas do autor, embora em certos casos de privilégio o dolo possa significar um verdadeiro motivo malevolente, e tal motivo pode retirar uma permissão com a intenção de infligir dano, a qual, de outro modo, seria concedida neste ou naquele terreno do bem público dominante. Mas, outro dia, quando expressei minha opinião a um juiz inglês muito eminente, ele disse: "Você está discutindo o que a lei devia ser; tal como a lei é, você deve mostrar um direito. Um homem não é responsável por negligência, a menos que esteja sujeito a um dever." Se nossa diferença era mais do que uma diferença de palavras, ou se dizia respeito à proporção entre as exceções e a regra, então, na opinião dele, a responsabilidade por um ato não pode ser imputada à tendência evidente do ato a causar dano civil em geral, como explicação suficiente, mas deve ser imputada à natureza especial do dano, ou deve ser derivada de algumas circunstâncias especiais fora da tendência do ato, para o que não existe qualquer explicação generalizada. Penso que tal visão é errada, mas é frequente e, ouso dizer, é geralmente aceita na Inglaterra.

Em toda parte a base do princípio é a tradição, em tamanha dimensão que até corremos o perigo de tornar o papel da história mais importante do que é. Outro dia, o Prof. Ames escreveu um culto artigo para mostrar, entre outras coisas, que o direito comum não reconhecia a defesa de fraude em ações sobre contratos selados, e podia parecer que a moral era que o caráter pessoal dessa defesa se deve à sua origem equitativa. Mas, se, como eu já disse, todos os contratos são formais, a diferença não é apenas histórica, mas teórica, entre defeitos de forma que impedem um contrato de ser feito, e motivos equivocados que evidentemente não poderiam ser considerados em algum sistema que chamássemos de racional, exceto contra alguém que estivesse a par desses motivos. Isso não está limitado aos contratos selados, mas é de aplicação universal. Deveria acrescentar que não acredito que o Sr. Ames discordaria do que sugiro.

Entretanto, se considerarmos a lei do contrato, veremos que ela é repleta de história. As distinções entre débito, contrato formal e selado e *assumpsit** são apenas históricas. A classificação de certas obrigações de pagar dinheiro, impostas pela lei sem levar em consideração qualquer acordo como quase contrato, é apenas histórica. A doutrina da compensação é apenas histórica. O efeito dado a um selo só deve ser explicado pela história. A compensação é uma mera forma. É uma forma útil? Se for, por que não deveria ser exigida em todos os contratos? Um selo é uma mera forma, e está desaparecendo no pergaminho e em disposições segundo os quais uma compensação deve ser dada, com selo ou sem selo. Por que se deveria permitir que uma distinção apenas histórica afetasse os direitos e obrigações de homens de negócios?

Desde que escrevi este discurso, cheguei a um exemplo muito bom da maneira como a tradição não apenas atropela a política racional, mas a atropela depois de primeiro ter sido mal compreendida, tendo recebido um novo âmbito maior do que tinha quando possuía sentido. É lei estabelecida na Inglaterra que a alteração material de um contrato escrito feita por uma das partes, invalida-o contra ela. A doutrina é contrária à ampliação da lei. Não dizemos a um júri que, se um homem sempre, mentiu num particular, presume-se que ele minta em tudo. Mesmo se um homem tentou defraudar, isso não parece razão suficiente para impedi-lo de provar a verdade. Objeções de natureza igual no geral se dirigem ao peso, não à admissibilidade da prova. Essa regra independe da fraude, e não está confinada à prova. Não é apenas que você não pode usar o escrito, mas que o contrato se aperfeiçoou. O que isto significa? A existência de um contrato escrito depende do fato de que o outorgante e o outorgado intercambiaram suas expressões por escrito, e não da existência continuada dessas expressões. Mas, no caso de uma apólice, a ideia primitiva era diferente. O contrato era inseparável do instrumento em pergaminho. Se um estranho o destruísse, ou se rasgasse o selo, ou se o alterasse, o credor não poderia ganhar a causa, por mais livre de fraude que estivesse, porque o contrato obrigando-o, isto é, a verda-

---

* *Assumpsit*: em Direito, uma promessa ou compromisso não feito sob selo. Pode ser verbal ou por escrito, expresso ou inferido. No primeiro caso, quando feito por palavras ou por escrito. Inferido, quando, em consequência de algum benefício ou compensação que uma pessoa obtém com atos de outra, a lei presume que essa pessoa prometeu dar uma compensação. (N. do T.)

deira apólice tangível que ele havia selado, não poderia ser apresentado na forma em que o obrigava. Há mais ou menos cem anos, Lorde Kenyon tentou argumentar segundo essa tradição, como às vezes fazia em detrimento da lei, e sem compreender isto disse que não podia ver nenhuma razão pela qual aquilo que era verdadeiro para uma apólice não deveria ser verdadeiro para outros contratos. Por acaso sua decisão era correta, pois dizia respeito a uma nota promissória, onde mais uma vez o direito comum considerava o contrato como sendo inseparável do papel sobre o qual estava escrito, mas o raciocínio era geral e em pouco tempo foi estendido para outros contratos escritos, e foram inventados vários motivos de política, irreais e absurdos, para explicar a ampliação da regra.

Acredito que ninguém irá pensar que falto com respeito à lei por criticá-la de maneira tão livre. Eu venero a lei e, em especial, nosso sistema de direito como um dos produtos mais prodigiosos da mente humana. Ninguém conhece melhor do que eu o número incontável de grandes intelectos que se consumiram para fazer alguma adição ou aperfeiçoamento, sendo que o maior deles é insignificante quando comparado com o poderoso conjunto. Ela tem o direito final ao respeito porque existe, por não ser um sonho hegeliano, mas sim parte da vida dos homens. Mas pode-se criticar até aquilo que se respeita. Direito é a atividade à qual dedico minha vida. Eu estaria mostrando menos que devoção se não fizesse aquilo que me é possível para melhorá-la e, ao perceber o que me parece ser o ideal de seu futuro, hesitasse em assinalar e fazer pressão nessa direção com todo meu coração.

Talvez eu tenha dito o bastante para mostrar o papel que o estudo da história desempenha necessariamente no estudo inteligente do direito tal como é hoje em dia. No ensino desta escola e em Cambridge não há perigo algum de ele ser subestimado. O Sr. Bigelow aqui e o Sr. Ames e o Sr. Thayer ali deram importantes contribuições que não serão esquecidas, e na Inglaterra a recente história do antigo direito inglês escrita por Sir Frederick Pollock e o Sr. Maitland deram ao tema um encanto quase ilusório. Devemos tomar cuidado com a armadilha do gosto pelas antigualhas, e devemos lembrar que, para nossos propósitos, nosso único interesse no passado se deve à luz que ele lança sobre o presente. Aguardo com ansiedade o tempo em que o papel desempenhado pela história na explicação do dogma será bem pequeno e, em vez de pesquisa engenhosa, gastaremos nossa energia num estudo dos fins que se procura atingir e das razões para desejá-los. Como um passo em direção a esse ideal, parece-me que todo advogado deveria procurar compreender a economia. O presente divórcio entre as escolas de economia política e direito me parece ser um indício de quanto progresso ainda resta a ser feito no estudo filosófico. No presente estado da economia política, de fato, damos com a história numa escala maior, mas somos chamados ali para considerar e ponderar os fins da legislação, os meios para atingi-los e o custo. Aprendemos que, para tudo que temos, abrimos mão de alguma outra coisa, e somos ensinados a comparar o benefício que ganhamos com o outro benefício que perdemos, e a saber o que estamos fazendo quando escolhemos.

Há um outro estudo que às vezes é menosprezado pela mente prática, em favor do qual gostaria de falar um pouco, embora esse nome reúna uma grande quantidade de coisas sem valor. Refiro-me ao estudo daquilo que é chamado de jurisprudência. Jurisprudência, tal como a vejo, é simplesmente a lei em sua parte mais generalizada. Todo esforço para reduzir um caso a uma regra é um esforço de jurisprudência, embora o nome, tal como usado em inglês, esteja confinado às regras mais amplas e às concepções mais fundamentais. Uma das marcas de um grande advogado é que ele vê a aplicação das regras mais amplas. Há uma história de um juiz de paz de Vermont perante o qual foi levada uma ação judicial em que um fazendeiro acusava outro de haver estragado um latão de leite. O juiz ponderou com calma e depois disse que havia examinado as leis e não encontrara coisa alguma sobre latões de leite, e pronunciou a sentença a favor do réu. O mesmo estado de espírito é mostrado em todas as nossas súmulas comuns e livros didáticos. As aplicações de regras rudimentares de contrato ou de delito de natureza civil são escondidas sob o título de Ferrovias ou Telégrafos ou vão inchar tratados sobre subdivisões históricas, tais como Expedição de Mercadorias ou Equidade, ou são reunidos sob um título arbitrário que se pensou ser provável atrair a mente prática, tal como Direito Mercantil. Se um homem se dedica ao estudo da lei, vale a pena ser um mestre dela, e ser um mestre dela significa olhar direto através de todos os incidentes dramáticos e perceber a verdadeira base para a profecia. Por conseguinte, é bom se ter uma noção exata do que se quer dizer com lei, com direito, com dever, com dolo, intenção, negligência, com propriedade, posse e assim por diante. Tenho em mente casos em que os mais elevados tribunais me parecem ter cometido erros por não terem ideias claras acerca de alguns desses temas. Eu já ilustrei sua importância. Se for desejada uma ilustração adicional, ela pode ser encontrada na leitura do apêndice de *Criminal Law*, de Sir James Stephen, sobre o tema da posse, e depois no esclarecido livro de Pollock e Wright. Sir James Stephen não é o único autor cujas tentativas de analisar ideias jurídicas têm sido confundidas pelo esforço para se obter uma quintessência inútil de todos os sistemas, em vez de obter uma acurada anatomia de um. O problema com Austin é que ele não conhecia o bastante do direito inglês. Mas ainda é uma vantagem prática dominar Austin e seus predecessores, Hobbes e Bentham, bem como seus ilustres sucessores, Holland e Pollock. O recente livrinho de Sir Frederick Pollock é tocado com a felicidade que marca todas as suas obras, sendo totalmente livre da influência deturpadora dos modelos romanos.

O conselho dos mais velhos para os jovens é bem capaz de ser tão irreal quanto uma relação dos cem melhores livros. Pelo menos em meu tempo, recebi minha cota desses conselhos e coloco no topo das irrealidades a recomendação para se estudar o direito romano. Suponho que tal conselho signifique mais do que colecionar algumas máximas em latim para ornamentar o discurso – propósito para o qual Lorde Coke recomendava Bracton. Se isso for tudo que se deseja, o título *De Regulis Juris Antiqui* pode ser lido numa hora. Suponho que, se for bom estudar o direito romano, é bom estudá-lo como um sistema em funcionamento. Isso significa dominar um conjunto de expressões técnicas mais difíceis e menos compreendidas do que as nossas, e estudar um outro curso da história que, ainda mais do que o nosso, possa explicar o direito romano. Se alguém duvida de mim, que leia *Der Romische Zivilistische Prozess und die Actionem* de Keller, um tratado sobre o edito do pretor, a muito interessante *Historical Introduction to the Private Law of Rome,* de Muirhead, e, para lhe dar a melhor oportunidade, o admirável *Institutes* de Sohm. Não. O caminho para se obter uma visão liberal de nosso tema não é ler alguma outra coisa, mas sim ir ao fundo do próprio assunto. Os meios para fazer isto são, em primeiro lugar, seguir o conjunto existente de dogmas até suas generalizações supremas com a ajuda da jurisprudência; em seguida, descobrir pela história como chegou a ser como é; e, por fim, até o ponto em que puder, considerar os fins que as várias regras procuram realizar, as razões pelas quais esses fins são desejados, do que se abriu mão para ganhá-los e se eles valem o preço.

Temos teoria de menos no direito, em vez de demais, especialmente sobre esse ramo final de estudo. Quando eu falava de história, mencionei o roubo como um exemplo para mostrar como o direito sofreu por não ter encarnado numa forma clara uma regra que acompanhasse seu propósito evidente. Nesse caso, o problema se deveu à sobrevivência de formas que vinham de um tempo em que se cogitava de um propósito mais limitado. Deixem-me agora dar um exemplo para mostrar a importância prática, para a decisão de verdadeiras causas, de se compreenderem as razões da lei, tomando um exemplo de regras que, pelo que sei, nunca foram explicadas ou teorizadas de maneira adequada. Refiro-me às leis sobre prescrição e usucapião. O fim dessas regras é óbvio, mas qual é a justificação para se privar um homem de seus direitos, um mal puro quanto a isto, em consequência do lapso de tempo? Às vezes, a perda de prova é mencionada, mas essa é uma questão secundária. Às vezes, o desejo de paz, mas por que a paz é mais desejável após vinte anos do que antes? É cada vez mais provável que se chegasse a ela sem o auxílio da legislação. Às vezes se diz que, se um homem negligencia a imposição de seus direitos, não pode queixar-se se, após algum tempo, a lei seguir seu exemplo. Ora, se isso for tudo que pode ser dito sobre a coisa, é provável que vocês decidam uma causa que vou apresentar em favor do querelante; se aceitarem a opinião que sugerirei, é possível que decidam em favor do réu. Um homem, processado por violação de propriedade alheia num caso de terra, se justifica com base no direito de passagem. Ele prova que usou o caminho de maneira aberta e ilegal durante vinte anos, mas verifica-se que o querelante havia concedido uma licença a uma pessoa que supôs ser o agente do réu, embora não de fato, e, por conseguinte, supôs que o uso do caminho era permitido, em cujo caso nenhum direito seria ganho. Tinha o réu ganho ou não um direito? Se seu ganho desse direito baseia-se na falha e negligência do proprietário da terra no sentido comum, como parece que se supõe em geral, não houve tal negligência e o direito de servidão não foi adquirido. Mas, se eu fosse o advogado do réu, sugeriria que o fundamento da aquisição de direitos por lapso de tempo deve ser procurado na posição da pessoa que ganha esses direitos, e não na posição de quem os perde. Sir Henry Maine tornou moda relacionar a noção arcaica de propriedade com o usucapião. Mas a relação é mais anterior que a primeira história registrada. Está na natureza da mente humana. Uma coisa de que você desfrutou e usou como sua durante um longo período de tempo, seja propriedade ou uma opinião, enraíza-se em seu ser e não pode ser arrancada sem que você se ressinta com o ato e tente defender-se, seja como for a maneira como se apossou dela. A lei não pode pedir uma justificação melhor do que os instintos mais profundos do homem. É só como réplica à sugestão de que você está desapontando o antigo proprietário, que você se refere à negligência dele como tendo permitido a dissociação gradual entre ele e o que ele reivindica, e a associação gradual disso com um outro. Se ele sabe que um outro está praticando atos que, em aparência, mostram que ele está a caminho de estabelecer tal associação, eu argumentaria que, em justiça a esse outro, ele estava obrigado, por sua conta e risco, a descobrir se o outro estava agindo com sua permissão, a tratar de fazer com que fosse advertido e, se necessário, detido.

Estive falando sobre o estudo da lei, e não disse quase nada do que em geral é dito nesse contexto – livros didáticos e o estudo e análise, em aula, de casos jurídicos, bem como toda a maquinaria com que um estudante entra em contato de imediato. Tampouco direi qualquer coisa sobre eles. A teoria é meu objeto, não os detalhes práticos. Os métodos de ensino têm sido aperfeiçoados desde o meu tempo, sem dúvida, mas a competência e o engenho dominarão a matéria-prima com qualquer método. A teoria é a parte mais importante do dogma da lei, assim como o arquiteto é o homem mais importante que participa da construção de uma casa. Os avanços mais importantes dos últimos vinte e cinco anos são avanços na teoria. Isso não deve ser temido como algo não prático, posto que, para o competente, significa simplesmente ir ao fundo do assunto. Para o incompetente, às vezes é verdade, como já foi dito, que um interesse em ideias gerais significa uma ausência de conhecimento particular. Lembro-me de que, nos tempos do exército, li sobre um jovem que, ao ser examinado para a patente mais baixa e ao responder a uma pergunta sobre manobras de esquadrão, disse que jamais considerara as evoluções de menos de dez mil homens. Mas o fraco e tolo deve ser deixado com sua insensatez. O perigo é que a pessoa de mente capaz e prática olhe com indiferença ou desconfiança para ideias que têm uma relação remota com sua atividade. Ouvi uma história, outro dia, sobre um homem que teve um criado a quem pagava altos salários, sujeito a descontos por faltas. Uma de suas deduções foi: "Por falta de imaginação, cinco dólares." A falta não está limitada aos criados. Nos dias de hoje, o objeto de ambição, de poder, apresenta-se em geral apenas na forma de dinheiro. O dinheiro é a forma mais imediata e é um objeto apropriado do desejo. "A fortuna", disse Raquel, "é a medida da inteligência". Esse é um bom texto para tirar as pessoas de um paraíso tolo. Mas, como Hegel diz [*Filosofia do direito*, § 190]: "No final, não é o apetite, mas a opinião que deve ser satisfeita." Para uma imaginação de certa amplitude, a forma de poder de mais longo alcance não é o dinheiro, é o domínio de ideias. Se vocês quiserem grandes exemplos, leiam *History of English Thought in the Eighteenth Century*, do Sr. Leslie Stephen, para ver como, cem anos após sua morte, as especulações abstratas de Descartes tornaram-se uma força prática que controla a conduta dos homens. Leiam as obras dos grandes juristas alemães, para ver como o mundo de hoje é muito mais governado por Kant do que por Bonaparte. Nem todos podemos ser Descartes ou Kant, mas todos queremos a felicidade. E a felicidade, estou seguro disso por ter conhecido muitos homens bem-sucedidos, não pode ser conquistada simplesmente porque se é advogado de grandes corporações e por ter uma renda de cinquenta mil dólares. Um intelecto grande o bastante para ganhar o prêmio necessita de outro alimento além do sucesso. Os aspectos mais remotos e mais gerais da lei são aqueles que lhe dão interesse universal. É por intermédio deles que você não apenas se torna um grande mestre em sua vocação, mas conecta seu objeto com o universo e capta um eco do infinito, um vislumbre de seu processo insondável, um sinal da lei universal.

DIREITO NATURAL[1]

Não basta para o cavaleiro de romance que você concorde que a dama dele é uma moça muito bonita – se você não admitir que ela é a melhor que Deus já fez ou fará um dia, será obrigado a lutar. Há em todos os homens uma demanda pelo superlativo, de tal maneira que o pobre diabo que não tem outro modo de atingi-lo, alcança-o se embriagando. Parece-me que essa demanda está na base do esforço do filósofo para provar que a verdade é absoluta, e da busca do jurista por critérios de validade universal que ele colhe sob o título de direito natural.

Quando eu era jovem, costumava dizer que a verdade era o voto da maioria daquela nação que podia derrotar todas as outras. Com certeza, podemos esperar que a opinião aceita sobre a presente guerra dependerá, em grande parte, do lado que vencer (espero de todo coração que seja o meu), e penso que essa afirmação estava correta na medida em que sugeria que nosso teste da verdade é uma referência a uma suposta maioria presente ou futura em favor de nossa opinião. Se, como sugeri em outra parte, a verdade pode ser definida como o sistema de minhas limitações (intelectuais), o que lhe confere objetividade é o fato de que acho meu semelhante sujeito em maior ou menor extensão ao mesmo *Não pode deixar de*. Se penso que estou sentado à mesa, acho que as outras pessoas presentes concordam comigo se disser que a soma dos ângulos de um triângulo é igual a dois ângulos retos. Se estou em minoria de um, mandam buscar um médico ou me trancafiam, e sou tão capaz de transcender o testemunho convincente de meus sentidos ou de minha razão, a ponto de reconhecer que, se estiver sozinho, é provável que haja alguma coisa errada com minhas obras.

---

1. De 32 *Harvard Law Review* 40 (1918). Reimpresso com permissão de *The Harvard Law Review*.

A convicção não é o teste da certeza. Já tivemos certeza absoluta de muitas coisas que não eram certas. Se eu puder citar-me mais uma vez, a propriedade, a amizade e a verdade possuem uma raiz comum no tempo. Não se pode ser arrancado das fendas da rocha em que se cresceu durante muitos anos, sem uma sensação de que se está sendo atacado na própria vida. Em geral, aquilo que mais amamos e reverenciamos é determinado por antigas associações. Eu adoro as pedras de granito e os arbustos de uva-espim, sem dúvida porque com eles estão minhas alegrias mais antigas, que remontam a toda eternidade passada de minha vida. Mas, embora a experiência de uma pessoa torne certas preferências dogmáticas para ela, o reconhecimento de como elas chegaram a sê-lo permite-lhe ver que outros, pobres mortais, também podem ser dogmáticos em relação a alguma outra coisa. E isso, por outro lado, significa ceticismo. Não que a crença ou o amor da pessoa não permaneça. Não que não lutássemos e morrêssemos por isso se fosse importante – todos nós, saibamos ou não, lutamos para fazer o tipo de mundo que gostaríamos –, mas aprendemos a reconhecer que os outros lutarão e morrerão para fazer um mundo diferente, com igual sinceridade ou crença. As preferências entranhadas não podem ser questionadas – você não pode convencer um homem a gostar de um copo de cerveja – e, por conseguinte, quando as diferenças são suficientemente extensas, tentamos matar o outro homem em vez de deixar que ele faça à sua maneira. Mas isso é perfeitamente compatível com o fato de se admitir que, tanto quanto parece, seus motivos são tão bons quanto os nossos.

Parece-me que os juristas que acreditam no direito natural encontram-se naquele estado de espírito ingênuo que aceita o que tem sido familiar e aceito por eles e seus vizinhos, como sendo algo que deve ser aceito por todos os homens em todas as partes. Sem dúvida é verdade que, tanto quanto podemos ver à frente, certos arranjos e os rudimentos das instituições familiares parecem ser elementos necessários em qualquer sociedade que possa brotar da nossa própria sociedade e que nos pareceria ser civilizada – alguma forma de associação permanente entre os sexos – algum resíduo de propriedade possuída individualmente – algum modo de obrigar-se a uma conduta futura especificada – no fundo de tudo, alguma proteção para a pessoa. Mas sem especular se se pode imaginar um grupo no qual todos menos o último desses pudesse desaparecer e o último ficar sujeito a qualificações que a maioria de nós abominaria, permanece a questão quanto ao *Dever* do direito natural.

É verdade que as crenças e desejos têm uma base transcendental no sentido de que seu fundamento é arbitrário. Não se pode deixar de nutri-los e senti-los, e existe um fim disso. Como um fato arbitrário, as pessoas desejam viver, e dizemos com vários graus de certeza que elas só podem fazer isso sob certas condições. Para fazer isso, elas devem comer e beber. Essa necessidade é absoluta. É uma necessidade de um grau menor, mas praticamente geral, que elas vivam em sociedade. Se vivem em sociedade, tanto quando podemos ver, existem condições adicionais. A razão operando na experiência nos diz, sem dúvida, que, se nosso desejo de viver continua, só podemos fazer isso nesses termos. Mas isto me parece o todo da questão. Não vejo qualquer dever *a priori* de viver com outros e dessa maneira, mas apenas uma declaração do que devo fazer se desejo permanecer vivo. Se eu vivo com outros, eles me dizem que devo fazer e me abster de fazer várias coisas, caso contrário irão exercer pressão sobre mim. Acredito que irão e, sendo da mesma opinião quanto à conduta deles, não apenas aceito as regras, mas com o tempo passo a aceitá-las com simpatia e afirmação emocional e começo a falar sobre deveres e direitos. Mas, para fins legais, um direito é apenas a hipóstase de uma profecia – a imaginação de uma substância sustentando o fato de que a força será acionada contra aqueles que fazem coisas que, segundo dizem, a transgridem – assim como falamos que a força de gravitação é responsável pela conduta dos corpos no espaço. Uma frase não acrescenta mais do que outra ao que sabemos sem ela. Sem dúvida, por trás desses direitos legais está a vontade combatente do sujeito em mantê-los, e a propagação de suas emoções às regras gerais pelas quais eles são mantidos; mas isto não me parece ser a mesma coisa que o discernimento de um dever suposto *a priori*, ou a afirmação de um direito preexistente. Um cão lutará por seu osso.

O mais fundamental dos direitos preexistentes – o direito à vida – é sacrificado sem qualquer escrúpulo não apenas na guerra, mas sempre que se pensa que assim o exige o interesse da sociedade, isto é, do poder predominante na comunidade. Ninguém pode dizer se esse interesse é o interesse da espécie humana a longo prazo, e como, em todo caso, para aqueles que não pensam como Kant e Hegel, é apenas um interesse, a santidade desaparece. Lembro de um juiz muito compassivo que era de opinião que fechar uma escotilha para deter o fogo e a destruição de um carregamento era justificado, mesmo sabendo que ao fazê-lo se sufocaria um homem. É inútil ilustrar mais, porque, para aqueles que concordam comigo, estou externando lugares-comuns; e, para aqueles que discordam, estou ignorando os necessários fundamentos do pensamento. Os homens *a priori* chamam, em geral, os dissidentes de superficiais. Mas concordo com eles em acreditar que a atitude da pessoa nessas questões está intimamente relacionada com a atitude geral em relação ao universo. De imediato, como foi sugerido, isso é determinado em grande parte por antigas associações e temperamento, junto com o desejo de ter um guia absoluto. Os homens acreditam, em grande medida, no que querem – embora eu não veja nisso qualquer base para uma filosofia que nos diga o que devemos desejar querer.

Ora, quando chegamos à nossa atitude em relação ao universo, não vejo algum motivo racional para exigir o superlativo – para estar insatisfeito, a menos que estejamos seguros de que nossa verdade é a verdade cósmica, se é que existe tal coisa – de que as conclusões de uma pequena criatura sobre essa pequena terra são a palavra final de um todo inimaginável. Se um homem não vê razão para acreditar que significado, consciência e ideais são mais do que marcas do finito, isso não justifica o que tem sido familiar em céticos franceses: subir num pedestal e professar que se olhe com arrogante desprezo para um mundo em ruínas. A verdadeira conclusão é que a parte não pode engolir o todo – que nossas categorias não são, ou não podem ser adequadas para formular aquilo que não podemos saber. Se acreditamos que procedemos do universo, não ele de nós, devemos admitir que não sabemos do que falamos quando falamos de matéria bruta. Sabemos que um certo complexo de energias pode abanar o rabo e um outro pode fazer silogismos. Estes estão entre os poderes do desconhecido e se, como pode ser, ele tiver poderes ainda maiores que não podemos compreender, como Fabre em seus estudos do instinto nos permitiria acreditar, estudos que deram a Bergson um dos elementos mais fortes de sua filosofia e permitiram que Maeterlinck nos fizesse imaginar por um momento que ouvimos um clangor por trás dos fenômenos – se isso for verdade, por que não deveríamos ficar contentes? Por que deveríamos empregar a energia que nos é fornecida pelo cosmos para desafiá-lo e sacudir nosso punho para o céu? Isso me parece tolo.

Não tem nenhuma relação com nossa conduta o fato de que o universo tem em si mais do que compreendemos, o fato de que os soldados rasos não foram comunicados do plano de campanha, ou mesmo que haja um, em vez de um impensável mais vasto para o qual todo predicado é uma impertinência. Ainda lutaremos – todos nós porque queremos viver, alguns, pelo menos, porque queremos realizar nossa espontaneidade e provar nossos poderes, pelo prazer disso, e podemos deixar para o desconhecido a suposta avaliação final daquilo que, em todo caso, tem valor para nós. Para nós, basta que o universo nos tenha produzido e tenha dentro dele, como menor do que ele, tudo aquilo em que acreditamos e que amamos. Se pensarmos nossa existência não como a de um pequeno deus fora, mas sim como a de um gânglio dentro, temos o infinito por trás de nós. Isso nos dá nosso único, porém adequado, significado. Um grão de areia tem o mesmo, mas que pessoa competente supõe que compreende um grão de areia? Está muito além de nossa compreensão como homem. Se nossa imaginação for bastante forte para aceitar a visão de nós mesmos como partes inseparáveis do resto, e para estender nosso interesse final para além dos limites de nossas peles, isso justifica o sacrifício até de nossas vidas para fins que estão fora de nós mesmos. O motivo, é claro, são as necessidades e ideais que encontramos no homem. A filosofia não fornece motivos, mas mostra aos homens que eles não são tolos por fazer o que já querem fazer. Ela abre, para os empreendimentos desesperados nos quais nós nos desperdiçamos, a perspectiva da área mais distante do pensamento humano, as cordas de uma harmonia que respira do desconhecido.

18

Eugen Ehrlich
1862-1922

Há pouco material biográfico sobre Eugen Ehrlich, que é um importante fundador da jurisprudência sociológica. Os fatos seguintes foram pinçados, em sua maior parte, da nota do professor Edwin Patterson sobre ele na *Encyclopedia of Social Science*.

Ehrlich é natural de Chernovtsy, que pertence agora à Ucrânia, mas que então era Czernowitz, capital da província austro-húngara de Bucovina. Seu pai era advogado. Ehrlich ingressou na escola de direito em Viena e, após a graduação, permaneceu como professor-assistente. Com a idade de trinta e cinco anos, foi nomeado professor de direito da Universidade de Czernowitz.

A reputação européia de Ehrlich foi abalada por seu temperamento briguento e pela falta de credibilidade de seus escritos técnicos-jurídicos. A Primeira Guerra Mundial fez retroceder sua influência americana.

Uma de suas atividades exclusivas era seu "seminário de direito vivo", cujos membros-estudantes realizavam entrevistas pessoais que foram precursoras das modernas "pesquisas científicas de opinião pública". Um estudo mostrou, por exemplo, que os costumes familiares variavam muito em grupos raciais romenos e divergiam amplamente do direito codificado.

Ehrlich era um líder no movimento do direito livre. Via as opiniões judiciais como racionalizações de decisões tomadas por um intuitivo equilíbrio de interesses.

Ele escreveu extensivamente. Sua obra mais importante é *Princípios da sociologia do direito* (trechos da qual se seguem a esta nota), publicada primeiro em 1913.

FUNDAMENTOS DA SOCIOLOGIA DO DIREITO[1]

Prefácio

Diz-se com frequência que um livro deve ser escrito de maneira que permita sumariar seu conteúdo numa única frase. Se o presente volume tiver de ser submetido a esse teste, a frase pode ser a seguinte: no momento presente, bem como em qualquer outro tempo, o centro de gravidade do desenvolvimento jurídico reside não na legislação, nem na ciência jurídica, nem na decisão judicial, mas sim na própria sociedade. Essa frase contém talvez a substância de toda tentativa de exprimir o fundamento da sociologia do direito.

O Autor

Paris, Natal de 1912

I

O conceito prático de direito

... Na jurisprudência, a distinção entre a ciência teórica do direito e a ciência prática do direito... só está sendo feita agora, e, por enquanto, a maioria daqueles que estão trabalhando nesse campo não está consciente de que ela está sendo feita. Essa distinção, entretanto, é a base de uma ciência do direito independente,

---

1. Reimpresso com permissão do editor, a partir da tradução de W. L. Moll, Cambridge, Mass.; Harvard University Press. *Copyright* 1936 do presidente e dos membros do conselho de Harvard College.

cujo propósito não é servir a fins práticos, mas sim servir ao conhecimento puro que se ocupa não das palavras, mas de fatos... A nova ciência do direito produzirá muito esclarecimento quanto à natureza da lei e das instituições legais que até agora nos foi recusado e, sem dúvida, também renderá resultados que são de utilidade prática...

O trágico destino da ciência jurídica é que, embora no momento presente seja uma ciência do direito exclusivamente prática, é ao mesmo tempo a única ciência do direito existente. O resultado dessa situação é que seu ensinamento sobre o direito e as relações legais é, quanto à tendência, ao objeto e ao método, apenas aquilo que a ciência prática do direito pode dar. De fato, é como se a mineralogia e a química não pudessem ensinar-nos mais sobre o ferro do que aquilo que foi descoberto para os propósitos da engenharia de ferro estrutural...

... O importante não são as definições encontradas nos capítulos introdutórios de manuais e monografias, mas o conceito de direito com que a ciência jurídica de fato opera; pois conceitos não são apenas ornamentação externa, mas sim instrumentos para a construção de uma estrutura de pensamento científico.

Do ponto de vista do juiz, o direito é uma regra de acordo com a qual ele deve decidir as disputas legais que lhe são apresentadas. Segundo a definição corrente na ciência jurídica... o direito é uma regra de conduta humana. A regra de conduta humana e a regra de acordo com a qual os juízes decidem as disputas legais podem ser duas coisas bem distintas, porque os homens nem sempre agem de acordo com as regras que serão aplicadas para resolver suas disputas. Sem dúvida, o historiador jurídico concebe o direito como uma regra de conduta humana; ele exprime as regras de acordo com as quais, na Antiguidade e na Idade Média, os casamentos eram contraídos, marido e mulher, pais e filhos viviam juntos na família; ele conta se a propriedade era posse individual ou comum, se o solo era cultivado pelo dono ou por um arrendatário que pagava renda ou por um servo que prestava serviços; a maneira como os contratos eram celebrados e a propriedade era transmitida por herança. A pessoa ouviria a mesma coisa se pedisse a um viajante que fizesse um relato da lei dos povos com os quais travou conhecimento em países estrangeiros. Ele falaria de costumes de casamento, de vida familiar, da maneira como os contratos eram celebrados; mas teria pouco a dizer sobre as regras de acordo com as quais os processos judiciais eram decididos.

Esse conceito de direito que o jurista adota de modo bastante instintivo quando estuda o direito de uma nação estrangeira ou de épocas remotas com um propósito puramente científico, ele abandona de imediato quando se volta para o direito positivo de seu próprio país e de sua própria época. Sem que ele se torne consciente disso, de forma secreta, por assim dizer, a regra de acordo com a qual os homens agem torna-se a regra de acordo com a qual seus atos são julgados pelas cortes e outros tribunais. Esta última é, de fato, também uma regra de conduta, mas o é apenas para uma pequena parte do povo, isto é, para as autoridades incumbidas da aplicação do direito; mas não como a anterior, para a generalidade do povo... É verdade que os juristas também consideram essas regras como regras de conduta, mas chegam a essa opinião por meio de um salto em seu pensamento. Querem dizer que as regras segundo as quais os tribunais decidem são as regras de acordo com as quais os homens deviam regular sua conduta. Acrescente-se a isso uma vaga noção de que, no decorrer do tempo, os homens irão, de fato, regular sua conduta de acordo com as regras segundo as quais os tribunais tomam suas decisões... Ninguém nega que as decisões judiciais influenciam a conduta dos homens, mas devemos antes de mais nada investigar em que medida isso é verdade e de que circunstâncias depende...

... Uma ciência jurídica que concebe o direito como uma regra de conduta não poderia ter formulado, de maneira consistente, um princípio de que os homens são obrigados pelo direito mesmo que não o conheçam; porque não se pode agir de acordo com uma regra que não se conhece. Pelo contrário, devia-se discutir a questão do quanto um certo material jurídico é conhecido como regra de conduta e seguido como tal e, quando muito, o que pode ser feito para torná-lo conhecido...

... Nenhum jurista com formação científica duvida de que uma parte considerável do direito do passado não foi criada pelo Estado, e de que ainda hoje em dia ele deriva, em grande parte, de outras fontes...

... Mesmo aqueles que acreditam na doutrina da onipotência do Estado não pensaram a sério, com frequência, que o Estado pode fazer regras para regular todo o campo da conduta humana... Se a ciência jurídica de hoje dedica-se exclusivamente à norma estatal, a razão para isso deve ser procurada no fato de que o Estado, no curso do desenvolvimento histórico, veio a acreditar que é capaz de acrescentar ao monopólio da administração do direito, que adquiriu há muito tempo, o monopólio da criação do direito. E não duvido, portanto, de que o moderno movimento da livre descoberta do direito assinala não apenas um avanço do discernimento científico, mas também uma verdadeira mudança na relação entre Estado e sociedade – uma mudança que ocorreu há muito tempo em outras esferas.

Onde o juiz toma suas decisões sobretudo de acordo com o costume... é evidente que não entra na cabeça de ninguém a ideia de derivar o direito como tal do Estado... Só quando o Estado se torna extremamente poderoso e começa a tender para uma forma absoluta de governo é que começa a germinar o pensamento e se desperta o impulso de tornar o Estado a fonte competente e, com o decorrer do tempo, única fonte do direito...

... Nunca houve um tempo em que o direito promulgado pelo Estado em forma estatutária foi o único direito, mesmo para as cortes e outros tribunais, e sempre houve uma tendência oculta, portanto, que se esforçou para obter um reconhecimento próprio seguro para a lei que não era promulgada pelo Estado. Essa tendência oculta forçou seu caminho para a superfície em dois períodos diferentes: nos escritos dos professores da escola do direito natural nos séculos XVII e XVIII e, mais uma vez, nos escritos de Savigny e Puchta, os fundadores da Escola Histórica...

Nenhuma dessas escolas levou a cabo plenamente suas ideias... Apesar de seu radicalismo, os professores da escola do direito natural... jamais ousaram afirmar, pelo menos com alguma demonstração de firmeza, que um juiz pode estar algum dia submetido ao dever de aplicar que não tenha sido aprovada pelo Estado, ao menos de forma tácita. Dessa maneira, o Direito natural fica suspenso no ar...

Savigny e Puchta foram talvez os primeiros a conceber, pelo menos de maneira vaga, a ideia de uma ciência do Direito, cujo objeto exclusivo é promover o conhecimento... Muito à frente de seu tempo, eles se desviaram da insignificante figura do legislador pessoal e voltaram sua atenção para as grandes forças elementares que operam na criação do direito... Não obstante, a tarefa de criar uma ciência do direito revelou-se grande demais até mesmo para eles. Eles fizeram o começo, mas foram incapazes de levá-la a cabo.

Os fundadores da Escola Histórica jamais tentaram, de fato, aplicar em suas obras dogmáticas os princípios metodológicos que professavam em teoria... Insistem, de fato, que o direito se desenvolve na consciência jurídica popular, mas, ao excluir o método muito combatido de legislar, não nos podem dizer como o direito novo é recebido no conjunto do direito positivo já existente...

... A conclusão máxima a que chegam os expoentes dessa escola é a doutrina da perfeição e da plenitude do sistema legal. Quando a Escola Histórica faz essa afirmação, sofre uma inversão em seus objetivos igual à da doutrina do direito natural quando clama por uma legislação estatal...

À luz dessas considerações, é possível compreender a opinião, que ainda predomina no momento presente, de que o direito é uma ordem coercitiva do direito, que é um elemento essencial da lei reconhecer poderes executáveis e impor deveres executáveis. Em primeiro lugar, devemos chegar a uma clara compreensão do que se quer dizer com compulsório... Só pode... significar tal compulsão a que é considerada característica do direito; isto é, apenas aquela coerção psicológica que é exercida por ameaça de penalidade ou de execução compulsória. O fato de que esses dois tipos de coerção têm sido considerados características essenciais do direito pode ser explicado apenas pelo fato de que sempre se acreditou que o direito era a regra a ser aplicada pelo juiz... Entretanto, para uma pessoa que concebe o direito como regra de conduta, torna-se uma questão secundária a coerção por ameaça de penalidade, bem como da execução compulsória. Para ela, o cenário de toda a vida humana não é a sala do tribunal. É bastante óbvio que um homem vive em inúmeras relações jurídicas e que, com poucas exceções, cumpre de forma bem voluntária os deveres que são sua obrigação por causa dessas relações. A pessoa cumpre seus deveres como pai ou filho, marido ou mulher, não interfere no gozo da propriedade de seu vizinho, paga suas dívidas, entrega aquilo que vendeu e presta a seu empregador a tarefa a que se obrigou. O jurista, é claro, está preparado para a objeção de que todos os homens cumprem seus deveres apenas porque sabem que os tribunais poderiam obrigá-los finalmente a cumpri-los. Se ele se esmerasse, coisa a qual, de fato, não está acostumado, para observar o que os homens fazem e deixam de fazer, em pouco tempo se convenceria de que, como regra, o pensamento de coerção dos tribunais nem sequer entra na mente dos homens... O jurista deveria ser a última pessoa a ignorar o fato de que aquilo que os homens fazem ou deixam de fazer como dever legal, nesse sentido, muitas vezes é algo bem diferente – em certas ocasiões é muito mais – daquilo que as autoridades poderiam obrigá-los a fazer ou deixar de fazer...

... Enfatizarei apenas um ponto – um ponto que tem sido negligenciado até agora, isto é, o grande número de situações no direito privado para as quais não foi estipulada nenhuma sanção legal efetiva... Um empregador processaria uma empregada doméstica por não arrumar a casa? De que lhe serviria um processo desse tipo? O pedido de indenização não permitiria reparação porque, qualquer que seja a importância que ele atribua a seu direito no momento, no final não será capaz de provar dano que valha a pena mencionar... A ordem da sociedade humana é baseada no fato de que, em geral, os deveres legais estão sendo cumpridos, não no fato de que a falta de seu cumprimento dá origem a uma ação.

... Não é um elemento essencial do conceito de direito que ele seja criado pelo Estado, nem que ele constitua a base para as decisões de cortes ou outros tribunais, nem que seja a base de uma coerção legal consequente à tal decisão. Resta um quarto elemento e este terá de ser o ponto de partida, isto é, o direito é um comando...

II

A ordem interna dos grupos sociais

... A sociedade é a soma total dos grupos humanos que têm relações mútuas uns com os outros. E esses grupos que constituem a sociedade humana são muito heterogêneos...

Dos vários tipos de grupos de seres humanos, devemos selecionar, antes de mais nada, uma certa espécie que, daqui em diante, designaremos como associação (genética) primitiva... O clã e a família são suas formas originais... É evidente por si mesmo que, a partir do momento em que os homens começam a formar grupos, a capacidade aumentada para associar-se torna-se uma arma na luta pela existência. Isso efetua a gradual exclusão e extinção daqueles em quem predominam instintos predatórios e egoístas, e a sobrevivência daqueles que possuem capacidade para socialização, os quais, dali por diante, são os mais fortes porque podem aproveitar-se da força de toda a associação... Da união de associações genéticas, de clãs, famílias e comunidades de casa nasce a tribo e, no decorrer do tempo, a nação.

... Entre os povos do mais alto grau de civilização, um homem se torna membro de um número quase incalculável de associações dos mais diversos tipos; sua vida se torna mais rica, mais variada, mais complexa. E, como consequência, as outrora poderosas associações genéticas definham e em parte entram em decadência. Apenas... a família... foi capaz de se manter em pleno vigor até os nossos dias...

... Há cem anos, a ocupação de um homem ou sua profissão, sua comunidade religiosa, suas afiliações políticas e suas ligações sociais eram determinadas, numa dimensão muito maior do que são hoje, pela associação genética à qual pertencia. Todas essas coisas eram determinadas por livre escolha numa extensão muito menor do que no dia de hoje.

Embora saibamos muito pouco sobre o direito dos tempos antigos... não pode haver dúvida de que daquilo que hoje é chamado, na maioria das vezes e às vezes até de forma exclusiva, de direito, isto é, regra fixa de direito, formulado em palavras, que deriva de um poder superior para o indivíduo e que é imposto sobre este último de fora para dentro, apenas alguns ínfimos traços podem ser encontrados. O direito deles é sobretudo a ordem dos clãs, famílias, casas. Ele determina os pré-requisitos e as consequências de um casamento válido, a relação mútua dos cônjuges, de pais e filhos, e as relações mútuas dos outros membros do clã, da família e do lar. Cada grupo cria essa ordem para si mesmo de maneira bastante independente... E, se as ordens em grupos do mesmo tipo diferem muito pouco umas das outras, isso se deve à similaridade das condições de vida; muitas vezes, à imitação; mas, de maneira nenhuma, a uma ordem uniforme prescrita para elas de fora para dentro...

Tão logo se estabelece a propriedade da terra, surge lei que diz respeito a isso, mas sem quaisquer regras gerais de direito. Cada povoamento cria sua própria lei da terra; cada proprietário a impõe de forma independente sobre seus servos feudais; cada concessão real, de maneira bastante independente de todas as outras, assegura o *status* legal da propriedade que concede. Há relações legais concretas nas várias comunas, povoamentos e domínios feudais, mas nenhuma lei da propriedade da terra...

O mesmo é válido para o contrato. A lei dos contratos é baseada unicamente no conteúdo dos contratos que são celebrados. Não existem quaisquer proposições legais gerais governando os contratos... Onde o contrato se cala, não há lei; e a interpretação literal e estreita dos contratos, que é tão característica do direito mais antigo, não se baseia no formalismo que em geral é imputado a tempos primitivos, mas que na realidade é bastante estranho a eles, mas no fato de que, fora da linguagem do contrato, não há nada em que se basear...

O Estado mais primitivo baseia-se exclusivamente no entendimento a que chegaram os clãs nobres que o fundaram; e além desse entendimento não há nada que possa determinar a posição, os direitos e deveres dos órgãos individuais do Estado... Se o rei puder contar com seus partidários, seu poder pode ser muito grande; do contrário, ele deve, em questões de ação governamental importante, assegurar-se do consentimento de homens influentes entre o povo, se possível de todo o povo. Dessa maneira, o conselho dos mais velhos e a assembleia popular não são instituições constitucionais, mas apenas meios empregados pelo rei para impor sua vontade...

... Dentro do Estado feudal, o clã, a família, a casa continuaram... Surgiram novos grupos locais que assumiram um número considerável de funções sociais. Entre os grupos locais, em pouco tempo a cidade tornou-se muito importante... Dentro dos muros da cidade, desenvolveu-se um vasto número de grupos sociais que eram desconhecidos em outras partes, além de uma ativa vida legal. Ali, pela primeira vez, instituições legais plenamente desenvolvidas foram expressas numa série de proposições legais: a lei da propriedade de imóveis, do penhor, do contrato, da herança.

Mas essas proposições legais constituem uma parte infinitesimal da ordem jurídica. No Estado feudal, bem como em outras partes, a grande maioria das ordens legais não está baseada nas proposições legais, mas na ordem interna dos grupos sociais... Para se obter um conhecimento do direito da sociedade medieval, não se deve limitar-se a um estudo das proposições legais, mas sim estudá-la nos documentos de concessão, nas escrituras públicas, nos registros de terra, nos registros das guildas, nos livros das cidades, nos regulamentos das guildas...

... A ideia de que o direito nada é senão um conjunto de proposições legais domina o pensamento jurídico de hoje.

A ideia, entretanto, contém tantos elementos contraditórios que ela própria se refuta. Todo juiz, todo funcionário administrativo, sabe que, falando em termos comparativos, ele raramente toma uma decisão baseado apenas em proposições legais. De longe o maior número de decisões se baseia em documentos, depoimentos de testemunhas ou de especialistas, contratos, cláusulas estatutárias, últimas vontades e testamentos, e outras declarações. Em outras palavras, na linguagem dos juristas, o julgamento é feito com base em questões de fato, num número muito maior de casos, do que em questões de direito...

Essa verdade está oculta aos olhos do jurista pelo fato de que, para ele, uma sentença baseada numa questão de fato simplesmente equivale a uma subordinação dos fatos averiguados segundo uma proposição legal. Mas isso se deve única e exclusivamente a um hábito de pensamento jurídico...

A ordem interna dos grupos humanos não apenas é a forma original, mas também, até o tempo presente, a forma básica do direito. A proposição legal não apenas passa a existir num tempo muito posterior, mas provém em grande parte da ordem interna dos grupos...

Além disso, a ordem interna dos grupos é determinada por regras legais. Regras legais não devem ser confundidas com proposições legais. A proposição legal é a formulação precisa e universalmente obrigatória do preceito legal num livro de estatutos ou num livro de leis. A regra legal é a ordem legal, reduzida à prática, tal como prevalece num grupo definido, talvez de tamanho muito pequeno, mesmo sem qualquer formulação em palavras... Nos séculos passados, todas as regras legais que determinavam a ordem interna dos grupos se baseavam em costumes, em contratos e em cláusulas estatutárias. É a situação nos dias de hoje.

III

*Os grupos sociais
e as normas sociais*

Um grupo social é uma pluralidade de seres humanos que, em suas relações mútuas, reconhecem certas regras de conduta como obrigatórias e, em geral pelo menos, regulam de fato sua conduta de acordo com elas. Essas regras são de vários tipos e têm vários nomes: regras de direito, de moral, de religião, de costume ético, de honra, de decoro, de tato, de etiqueta, de elegância... Essas regras são fatos sociais, resultantes das forças que operam na sociedade, e não podem ser consideradas separadas e à parte da sociedade, na qual são operantes, assim como o movimento das ondas não pode ser computado sem se considerar o elemento em que elas se movem...

A regra legal, portanto, é apenas uma das regras de conduta, da mesma natureza que todas as outras regras de conduta... A escola predominante da ciência jurídica não salienta esse fato, mas, por razões práticas, enfatiza a antítese entre direito e as outras regras, em especial as regras éticas, a fim de insistir com o juiz, a cada momento, da maneira mais influente possível, que ele deve tomar suas decisões única e exclusivamente de acordo com a lei...

Nem todos os grupos humanos são regulados por normas legais, mas é evidente que apenas são partes da ordem legal aqueles grupos cuja ordem baseia-se em regras legais. A sociologia do direito lida, de forma exclusiva, com estas; as outras são assunto de outros ramos da sociologia. Entre os grupos legais há alguns que são prontamente reconhecíveis por critérios externos, isto é, aqueles que os juristas chamam de pessoas jurídicas, corporações, instituições, fundações e, acima de tudo, o Estado. Mas mesmo no direito público existem inúmeros grupos legais que não possuem nenhuma personalidade legal; como os conselhos administrativos, as instituições públicas, o povo, o exército, as várias classes, posições sociais e profissões. Muito mais disso pode ser encontrado no direito privado.

Em todos os grupos legais, a norma legal constitui a espinha dorsal da ordem interna; é o suporte mais forte de sua organização. Com organização queremos dizer aquela regra no grupo que designa para cada membro sua posição relativa (se de dominação ou de sujeição) e sua função... Mas apenas têm parte na criação da ordem legal do grupo as regras jurídicas que, de fato, se tornaram regras de conduta no grupo, isto é, que são reconhecidas e seguidas pelos homens, de maneira geral pelo menos. Regras jurídicas que permaneceram meras normas para decisão, que só se tornam efetivas nos casos muito raros de controvérsia legal, não tomam parte na disposição dos grupos... É sempre necessário, portanto, não apenas perguntar o quanto daquilo que foi promulgado pelo legislador, proclamado pelo fundador de uma religião, ou ensinado pelo filósofo, tem sido aplicado pelos tribunais, tem sido pregado nos púlpitos ou ensinado nos livros ou escolas, mas também o quanto tem sido, de fato, praticado e vivido...

A primeira e mais importante função da ciência sociológica do direito é, portanto, separar aquelas porções da lei que regulam, ordenam e determinam a sociedade, das meras normas de decisão, e demonstrar seu poder organizador...

... Não existe nenhuma lei individual. Toda lei é lei social... A lei sempre vê no homem apenas um membro de um dos incontáveis grupos nos quais a vida o colocou... Em certas ocasiões, mas de maneira alguma sempre, a condição de membro do grupo dá origem a direitos individuais e deveres do indivíduo, mas esse não é seu propósito, não é seu conteúdo essencial.

No sistema predominante de direito privado, entretanto, se dá uma expressão muito inadequada ao grupo... Na realidade, todo o direito privado é um direito grupal. Pois o direito privado é, de maneira preponderante e, à parte do direito de família, exclusivamente, o direito da vida econômica, e a vida econômica se dá, de forma exclusiva, nos grupos.

A vida econômica compreende a produção de bens, a troca de bens e o consumo de bens. Dessa maneira, as associações econômicas servem a essas três funções. Justamente nesse ponto, entretanto, existe um enorme contraste entre os empreendimentos econômicos de hoje e aqueles de um passado não muito distante. Na Antiguidade e na Idade Média, a casa do lavrador livre e autossuficiente em termos econômicos e a *Oikenwirtschaft* (estabelecimento econômico autossuficiente) da corte real e do domínio feudal senhorial eram as formas predominantes. É evidente que eram associações econômicas e sua ordem legal era aparente... No momento presente... a produção de bens ocorre na oficina; a troca, no comércio; o consumo, no lar. E a ordem legal das associações econômicas do nosso tempo deve ajustar-se a essa divisão tripla...

Na fazenda que o lavrador administra com o auxílio da mulher e dos filhos, de seus criados e criadas, ele cultiva grãos e tubérculos, gado e ovelhas. Esse é o conteúdo econômico dessa associação. Sua forma jurídica é a propriedade, o direito real de usufruto ou arrendamento usufrutuário na fazenda, o direito de família que une os membros da família, o contrato de serviço que liga os criados e criadas à fazenda... O mercador, junto com os oficiais e aprendizes, trabalha numa oficina alugada com seus próprios materiais e suas próprias ferramentas; o direito de inquilinato na loja, a propriedade das ferramentas e materiais, o contrato para salários com os oficiais e o contrato de aprendizado constituem tanto a forma jurídica como o conteúdo econômico do comércio. As fábricas de uma companhia por ações podem lançar no mercado mercadorias cujo valor eleva-se a milhões de dólares. A companhia por ações, com seu conselho de diretores e de supervisores, seus membros e a assembleia de membros, com um exército de diretores e empregados, com seu direito de propriedade, suas relações de usufruto e arrendamento ordinário em fábricas, maquinaria, fontes de energia, matérias-primas e mercadorias – tudo isso constitui a ordem econômica do estabelecimento industrial, que se reflete no contrato de associação, numa grande quantidade de relações legais envolvendo direitos reais, em incontáveis relações contratuais com empregadores e trabalhadores, com arrendadores ordinários e usufrutuários.

Uma discussão sobre outras associações econômicas, sobre o estabelecimento comercial, sobre o banco, sobre o lar como comunidade de consumidores, leva a resultados semelhantes...

O direito de família dentro da família, o contrato de serviço, de salários e de emprego na fábrica, na oficina, no estabelecimento comercial e no banco, dão em todas as partes os mesmos resultados que são obtidos na corporação pelas disposições estatutárias..., isto é, efetuam a ordem interna do grupo de seres humanos que tem sua existência dentro dessas associações econômicas. Entretanto, isso se aplica não apenas ao contrato de serviços, de salários e de emprego, mas também a todos os outros tipos de acordo, em especial ao contrato de permuta, a contratos para o fornecimento de coisas para uso... e ao contrato para concessão de crédito. O poder organizador de todos esses contratos aparece de imediato se se consideram não apenas, como em geral é feito para propósitos jurídicos puramente práticos, as duas partes que celebram o contrato, mas sim todo o grupo de pessoas que são postas em relação mútua por meio de uma troca regular de bens que o contrato organiza...

... Não apenas a feitura do contrato, mas também seu conteúdo, é um resultado das inter-relações sociais. Em relação a algum dos contratos ordinários da vida cotidiana, pode ser suficiente levantar a questão sobre qual parte dele é peculiar a esse contrato específico e qual parte é determinada pela ordem social e pela organização da vida econômica e do intercurso comercial, a fim de nos convencer da extensão em que preponderam os últimos elementos. O fato de que estamos em posição, hoje em dia, de satisfazer nossas necessidades quanto a alimento, roupa e moradia por meio dos contratos cotidianos de venda e arrendamento e dos contratos para trabalho e mão de obra, deve-se ao outro fato de que, na comunidade em que vivemos, o comércio e a produção de bens foram regulados de maneira suficiente para tornar possível esse modo de satisfazer nossas necessidades... Uma pessoa que mudou de residência notará de imediato que está fazendo contratos de natureza inteiramente diferente daqueles que fazia antes... Na Inglaterra, como regra, a pessoa não aluga um apartamento, mas sim uma casa inteira; não adquire o suprimento diário de carne no açougueiro, mas o produto é entregue toda semana em sua residência. Dessa maneira, os contratos de aluguel e os contratos para compra de carne na Inglaterra têm um conteúdo bastante diferente daqueles firmados no Continente...

... Toda mudança social e econômica causa uma mudança no direito, e é impossível mudar a base legal da sociedade e da vida econômica sem efetuar uma mudança correspondente no direito. Se as mudanças na lei são arbitrárias e de tal natureza que as instituições econômicas não podem adaptar-se a elas, a ordem destas últimas é destruída sem compensação. O lavrador é capaz de produzir em sua fazenda os bens de que necessita a fim de suprir não apenas a si mesmo, mas também às outras classes da sociedade com matérias-primas, apenas durante o tempo em que a ordem legal lhe garantir, pelo menos em grande medida, os rendimentos de seu trabalho. Por conseguinte, se uma classe que é todo-poderosa no Estado impusesse ao lavrador uma ordem legal que o obrigasse a renunciar a tudo que colheu, a fazenda ficaria deserta... Portanto, até os conquistadores estrangeiros se deram por satisfeitos em degradar os fazendeiros livres a um estado de servidão...

... Há uma outra parte do direito que não regula e ordena diretamente os grupos, mas apenas os protege contra ataques... Isso se aplica à lei de procedimentos diante das cortes e outros tribunais; pois ela é apenas uma parte da ordem dos tribunais que foram criados para a proteção das instituições sociais; não tem influência direta sobre a sociedade. Aplica-se também ao Direito Penal, pois este não cria instituições sociais; apenas protege bens que já existem e instituições que já foram estabelecidas. E, por fim, também se aplica a todos aqueles dispositivos do direito privado material que dizem respeito apenas à proteção garantida por lei; como o Direito Penal, não criam bens nem instituições sociais; porém, regulam a proteção já existente garantida pelas cortes e outros tribunais. Essas normas não se formaram dentro dos próprios grupos sociais como sua ordem interna, mas surgiram na regra jurídica ou na lei criada pelo Estado. Todos os direitos de monopólio, em especial os direitos de patente e *direitos autorais*, são criados pelo Estado. Eles consistem numa ordem, dirigida a todos aqueles que estão sujeitos à vontade do Estado, exceto à pessoa que detém o direito, para abster-se de se envolver em qualquer atividade numa determinada esfera. Normas de natureza semelhante também surgiram na regra jurídica em certas ocasiões.

E agora devemos assinalar a importância – porém pouco considerada até agora – das regras extralegais para a disposição interna dos grupos. A afirmação de que as instituições legais são baseadas exclusivamente em regras legais não é verdadeira. A moralidade, a religião, o costume ético, o decoro, o tato, até mesmo a etiqueta e a elegância, não apenas ordenam as relações extralegais, também afetam a esfera legal a cada passo. Nem uma única dos grupos jurídicos poderia manter sua existência somente por meio de regras legais...

... Uma família cujos membros insistem, de forma recíproca, em seus direitos legais já desintegrou-se na maioria dos casos como grupo social e econômico. Se eles recorrem ao juiz, chegaram num ponto em que se separam. A proibição do exercício abusivo de direitos (*chicana*) mostra que até mesmo os direitos efetivos não podem ser exercidos sem que se dê atenção a determinadas regras extralegais; e onde se juntam terra ou habitação, há a necessidade adicional de observância consuetudinária dos ditames da moralidade, do costume ético, do decoro, do tato e da etiqueta. Os contratos devem ser interpretados e cumpridos de acordo com as exigências da boa fé e do costume comercial. Isso quer dizer que muitas outras coisas devem ser consideradas além do papel do direito e do significado e linguagem do contrato. Não obstante, a vida exige muito mais do que até mesmo o jurista de disposição mais liberal admitiria na base da boa-fé e do costume comercial. Talvez não exista qualquer outra relação contratual tão completamente despojada de conteúdo extralegal como o contrato de locação ordinária numa grande cidade; não obstante, até nessa relação, o "bom proprietário" e o "locatário desejável" são muito bem avaliados... A importância organizadora das regras extralegais aparece com clareza particular no contrato para serviços e salários. De parte do empresário ou de seu representante autorizado, uma certa insistência firme em seu direito, junto com um instinto para a moralidade, o costume ético, o decoro e o tato, constitui a parte principal da aptidão que em geral é chamada de talento para a organização; se isso faltar, um contrato não tem valor não apenas para ele, mas também para os operários e empregados. Por outro lado, um empresário não poderia trabalhar com pessoas que reconhecem apenas o ponto de vista legal...

... É verdade que as regras extralegais não são observadas de forma inviolável, mas isso também é verdade para as regras legais. A ordem da máquina social sofre contínua interferência. E, embora faça seu trabalho com muitos rangidos e gemidos, o importante é que continue sua função...

Comparemos por um momento nossa sociedade atual e sua ordem legal com uma sociedade socialista tal como vários socialistas retrataram-na com tanta frequência... Numa sociedade socialista, bem como em nossa sociedade de hoje, haverá fazendas, minas e fábricas, nas quais bens são produzidos; haverá meios de transporte como nossas estradas de ferro, barcos a vapor e veículos, que entregam esses bens em grandes estabelecimentos comerciais e armazéns onde terão de ser estocados, tal como é feito em nossos depósitos e lojas, até haver uma demanda por eles; por fim, terá de haver empresas menores nas quais sejam preparados bens para consumo imediato, tal como é feito hoje em dia na oficina do mecânico e também na cozinha e na administração do lar em geral. Numa sociedade socialista... pairará, acima de tudo isso, um corpo oficial que tudo sabe e tudo supervisiona, que faz uma estimativa antecipada da necessidade total, ordena sua produção, direciona o operário aos locais onde o trabalho deve ser feito, e ordena que os produtos sejam enviados aos lugares em que são necessários. Nossa sociedade atual não tem, de fato, nenhum corpo oficial desse tipo. Mas a tarefa que, numa sociedade socialista, deve ser desempenhada por esse conselho onipotente de estatura sobre-humana, é desempenhada em nossa sociedade pelo direito, agindo de forma automática e com instrumentos muito simples como a ordem da família, a posse, o contrato e o direito de herança. Os proprietários, como empresários, fornecem os estabelecimentos nos quais os bens são produzidos, os meios de transporte, os depósitos e as salas de venda; reúnem os operários por meio de contratos de serviço e salários, e asseguram o capital necessário por meio de contratos para concessão de crédito. Os comerciantes calculam de forma antecipada a quantidade de mercadorias que a raça humana necessitará e, por meio de acordos de troca, as direcionam aos locais onde são necessárias. E realizam tudo isso, é verdade, não sem uma considerável quantidade de erro, de atrito e de oposição, mas sem dúvida com menos atrito e gasto de energia do que o mais eficiente conselho puramente burocrático conseguiria realizar...

IV

Sanção social e estatal

Uma doutrina que está em grande voga no momento presente... procura explicar a origem das regras legais e, em certas ocasiões, também das outras regras sociais, em especial daquelas da moralidade, pelo poder dos grupos dominantes na sociedade, que as estabeleceram e aplicam em seu próprio interesse. Mas o poder sobre homens só pode ser mantido e exercido de maneira permanente unindo-os em grupos e prescrevendo regras de conduta para eles dentro do grupo, isto é, organizando-os... O homem sempre age em seu próprio interesse... É totalmente incorreto dizer que os interesses dos grupos dominantes das associações são incompatíveis com os interesses de todo grupo ou com aqueles dos outros membros. Até certo ponto, os interesses dos grupos dominantes precisam coincidir com o interesse de todo grupo, ou pelo menos com o da maioria dos membros do grupo; pois, se assim não fosse, os outros membros não obedeceriam às normas estabelecidas pelo grupo dominante... A ordem de um grupo, considerada de maneira abstrata, pode ser uma ordem precária, mas talvez proporcione benefícios excessivos a seus líderes, talvez imponha pesados encargos aos outros, mas é sempre melhor do que não haver ordem alguma. E o fato de que não há nenhuma ordem melhor em vigência é sempre uma prova irrefutável de que o grupo, em sua condição moral e espiritual dada e em virtude das provisões econômicas que tem à sua disposição, foi incapaz de criar uma ordem melhor...

A sanção não é uma peculiaridade das regras legais. As regras de costume ético, de moralidade, de religião, de tato, de decoro, de etiqueta e de moda seriam sem sentido se não exercessem uma certa quantidade de coerção... Não existe ninguém para quem país, terra natal, comunhão religiosa, família, amigos, relações sociais, partido político são simples palavras. Talvez a maioria das pessoas dê pouco valor a uma ou outra delas, mas sem dúvida haverá muito poucos que não se apegam, de todo coração e mente, a pelo menos um grupo delas. É dentro de seu próprio círculo que cada homem procura auxílio na aflição, consolo no infortúnio, apoio moral, vida social, reconhecimento, respeito, honra... A importância desses grupos não se limita a essas considerações morais intangíveis, pois delas depende o sucesso na profissão e os negócios da pessoa. Por outro lado, a profissão e os negócios da pessoa a levam para uma série de grupos profissionais e comerciais.

... É impossível para os grupos oferecer algo para cada um de seus membros, a menos que cada indivíduo seja ao mesmo tempo um contribuinte. E, de fato, todos esses grupos... fazem certas exigências em troca daquilo que dão; e as normas sociais que prevalecem nessas comunidades nada mais são que o precipitado universalmente válido das reivindicações que estas fazem ao indivíduo. Portanto, aquele que tem necessidade do suporte do círculo ao qual pertence – e quem não tem? – age de forma sábia se se ajusta, pelo menos de maneira geral, às suas normas. Aquele que se recusa... irá pouco a pouco ser abandonado, evitado, excluído...

Por conseguinte, um homem se comporta de acordo com a lei sobretudo porque esta se torna imperativa por suas relações sociais. Nesse aspecto, a regra legal não difere das outras regras... Se o direito de família fosse totalmente abolido, as famílias não teriam um aspecto muito diferente daquele que têm hoje em dia; pois, por sorte, o direito de família só necessita da sanção do Estado em raros casos. Se o operário, o empregado, o funcionário público, o oficial militar não cumprem seus deveres contratuais e oficiais por um senso de dever, eles o fazem porque desejam manter suas posições, talvez porque desejem chegar a posições melhores... A penalidade e a tropa de execução são as últimas coisas que entram em sua cabeça. Existem grandes casas comerciais que, como questão de princípio, não abrem processo por uma questão que surge em suas relações comerciais e, como regra, não se permitem ser processadas, mas satisfazem por completo até mesmo uma reivindicação infundada. Elas respondem à recusa de pagamento e a demandas frívolas cortando as relações comerciais...

... Se a lei não tivesse sanção, ou para expressar de forma precisa, não tivesse a coerção efetuada pela pena e pela execução compulsória, seria, de fato, como Jhering pensa, apenas um fogo que não queima?... Se excluirmos os casos em que se apela aos tribunais porque está em disputa a questão de fato ou de direito, nos quais não é uma questão de aplicar a lei e o direito por coerção, mas sim de mostrar o que é lei e direito num caso dado, parecerá que a força coercitiva da pena e da execução compulsória, pelo menos enquanto fenômenos de massa – e apenas estes são de importância aqui –, só é eficaz numa extensão muito limitada e quando, por uma ou outra razão, as outras sanções das organizações sociais deixam de funcionar.

Quanto à pena, sua verdadeira importância é mostrada pelas estatísticas penais. É verdade, as violações penais ocorrem em todos os círculos sociais. Mas, se desprezarmos as pessoas de valor social inferior que não são receptivas às restrições sociais; se deixarmos fora de consideração algumas ações más sobre as quais as influências sociais são menos eficientes porque essas más ações como tal não afetam a posição social (o insulto, o duelo, o crime político e, entre uma grande parte do campesinato alemão, a ofensa física); se não considerarmos os casos individuais, mas a grande maioria do trabalho diário feito pelos tribunais penais, veremos que o direito penal é dirigido quase exclusivamente contra aqueles cuja origem, pobreza econômica, educação negligenciada ou degradação moral os excluíram dos grupos humanos. É apenas no caso desses párias que o mais amplo dos grupos, isto é, o Estado, entra com seu poder de punir. O Estado, na condição de órgão da sociedade, protege a sociedade contra aqueles que estão fora do seu âmbito. A medida de seu sucesso é mostrada por sua experiência, estendendo-se a milhares de anos. Está sempre ganhando terreno a convicção de que a única arma séria contra o crime é a possibilidade de recuperar o criminoso para a sociedade humana e, desse modo, sujeitá-lo mais uma vez à restrição social.

É diferente a situação no caso da execução compulsória? ... Ela só tem importância social no caso das obrigações de pagar dinheiro, isto é, apenas numa pequena fração da vida legal. Neste ponto pode ser suficiente levantar a questão de se os acordos a partir dos quais surgem as obrigações de pagar dinheiro estão sendo celebrados com um olho para a execução compulsória... Num sistema econômico desenvolvido, pode-se não conceder crédito com segurança a uma pessoa, se o credor tiver de levar em consideração a possibilidade da necessidade de execução compulsória. Se o crédito pode ou não ser concedido com segurança, é determinado em geral por meio de uma completa investigação social e psicológica sobre a pessoa que pede o crédito...

... O jogador paga suas dívidas de jogo que não podem ser executadas, apenas sob uma coação meramente social, e a média dos homens é tão sensível em relação à sanção social como a média dos jogadores. Até mesmo as dívidas que não podem ser executadas e que surgem das diferenças na Bolsa de Valores, geralmente são pagas, embora nesses casos as consequências sociais e econômicas por se deixar de fazê-lo sejam muito menores do que no caso das verdadeiras dívidas comerciais. A bem conhecida ineficiência das leis de usura demonstra que as pessoas de quem se está extorquindo a usura podem ser forçadas a pagar mesmo sem execução compulsória. Os relatos das associações de crédito mercantil mostram que os bem conhecidos meios de coerção puramente econômicos, a saber, o boicote e a lista negra, são eficientes até mesmo onde a execução compulsória permaneceu totalmente infrutífera... Podemos dizer, portanto, que a execução compulsória, como a penalidade, existe apenas para aqueles que foram rebaixados no mundo e para aqueles que a sociedade baniu. Ela é eficiente contra o creditado irresponsável, o trapaceiro, o falido, e contra aquele que se tornou insolvente através de infortúnio. Por mais que essas classes de devedor possam ser um fardo sobre a vida comercial, eles são insignificantes demais para justificar a declaração de que o valor da ordem legal depende da proteção que ela proporciona contra tais elementos.

... Antes da reforma judicial dos anos trinta do último século, os benefícios do caro e incomôdo processo civil inglês não se estendiam muito além da abastada alta roda da sociedade inglesa. Isto, entretanto, não impediu que os ingleses se tornassem uma nação rica e muitíssimo civilizada... É uma questão mais séria se a administração da justiça penal também sucumbe. Mas a Hungria, o sul da Itália e a Espanha provam que uma nação pode sobreviver a séculos de banditismo...

... O fato de a força das normas sociais seguir, de maneira tão universal, o curso do poder coercitivo do Estado requer uma explicação. Toda doutrina falsa deve, na natureza das coisas, ser baseada numa observação correta de um ou outro tipo... Em primeiro lugar, a validade de apenas uma parte do direito é sustentada pelo poder coercitivo do Estado. Essa parte não é muito grande nem muito importante, mas é a parte de maior interesse para o jurista; porque este só se envolve quando a coerção se torna necessária. Em segundo lugar, há sem dúvida muitas normas que a maioria das pessoas não observaria se não houvesse alguma sanção na forma de pena ou execução compulsória... Todo o sistema militar e todo o sistema de impostos do Estado moderno, quer dizer, a própria coisa que se costuma considerar a base da vida do Estado, não poderia existir por um único momento sem a coerção exercida pelo Estado. Tudo isso, entretanto, equivale a dizer que o Estado e uma porção considerável da sociedade tornaram-se conscientemente antagônicos entre si. Em consequência desse antagonismo, o sistema militar e o sistema de impostos do Estado permaneceram tão sem relação com a sociedade que se tornaram exclusivamente instituições do Estado. É provável que a história mostre que se trata apenas de um estágio de transição. Não foi esse o caso na Antiguidade...

... Mas essa não é toda a história. Numa medida considerável, essa concepção foi derivada de uma consideração não apenas da lei, mas da vida social como um todo. Tem sido observado um enorme contraste na sociedade entre os ricos e os pobres; que todo o fardo do trabalho da sociedade fica por conta do pobre; que em troca eles recebem pouco mais que as meras necessidades da vida... Que esse estado de coisas seja suportado por aqueles a quem causa tantas perdas só pode ser compreendido se supusermos que é mantido à força pelo poder soberano do Estado. Esse pensamento foi seguido por completo até sua conclusão lógica na filosofia socialista da história... A ordem econômica mais antiga, argumenta-se, era sustentada pela grande maioria que achava ser vantajoso fazê-lo; a ordem capitalista posterior tem sido mantida, de forma exclusiva, pelo Estado, que é uma poderosa e elaborada organização daqueles que têm... a proteção da ordem legal, que se baseia na propriedade, no contrato e na sucessão hereditária. Portanto, os socialistas, de maneira bastante consistente, exortam aqueles que não têm a opor-se à organização daqueles que têm a organização das massas, a fim de realizar uma ordem legal que lhes seja mais favorável.

Se fosse verdade que a ordem legal dos dias de hoje não pode ser mantida sem a ajuda do Estado, e que este nada mais é que uma organização da pequena e sempre decrescente minoria daqueles que têm contra a grande massa daqueles que não têm, a ordem legal e o Estado já estariam condenados. A presente investigação, porém, mostrou que os recursos do Estado para a proteção da ordem legal não estão sendo, de fato, empregados contra as grandes massas do povo, mas apenas contra a pequena minoria daqueles que têm sido banidos, que são excluídos de todas as relações sociais. Não há qualquer necessidade de alguma ação de parte do Estado para subjugar a grande massa do povo; este submete-se de bom grado à ordem legal porque percebe que a ordem legal é sua ordem, a ordem dos grupos econômicos e sociais, da qual cada um deles é membro. Por conseguinte, não pode ser verdade que uma pequena minoria faz uso desses grupos com o propósito de explorar a grande maioria. Dizer que tal coisa pode ser feita durante um longo período de tempo sem que haja explosões de violência é contradizer toda a experiência histórica e toda a psicologia das massas...

De fato, como a presente ordem legal é ao mesmo tempo uma organização de produção e troca de bens, não é possível aboli-la sem, ao mesmo tempo, privar a grande maioria, bem como as pequenas minorias, dos meios de subsistência. É necessário, portanto, para que a civilização continue, que a ordem legal existente não seja abolida, a menos que possa ser substituída de imediato por uma outra, por uma ordem socialista. Ninguém com competência para julgar, nem mesmo um socialista, sustenta que isso pode ser realizado a qualquer momento sem muito transtorno. Há muito tempo que os socialistas inteligentes falam apenas de um desenvolvimento gradual da economia capitalista para uma economia socialista...

... No caso da grande massa de homens que durante toda a vida se permitem, sem objeção, ajustar-se ao vasto mecanismo social, não é uma questão de pensamento consciente, mas sim de inconscientemente habituar-se com as emoções e pensamentos de seu ambiente, que os acompanham do berço ao túmulo. As regras mais importantes só funcionam através da sugestão... Elas são gravadas em sua mente na infância; um "isto não deve ser feito", "não é conveniente", "foi assim que Deus ordenou" seguem o homem ao longo de toda sua vida. E sua prontidão a submeter-se é tanto maior quanto maior for a ênfase com que a experiência o convence das vantagens da obediência e das desvantagens da desobediência. As vantagens e desvantagens não são apenas sociais, mas também individuais; pois aquele que obedece a uma ordem é poupado do árduo trabalho de ter seu próprio pensamento e do trabalho mais árduo ainda de tomar suas próprias decisões. Liberdade e independência só são ideais do poeta, do artista e do pensador. A média dos homens é hipócrita, sem muita simpatia por essas coisas. Ama aquilo a que se habituou, o instintivo, e o que mais odeia é o exercício intelectual. Essa é a razão pela qual as mulheres se entusiasmam com homens de vontade forte...

... A lei viva, mesmo onde é criada pelo Estado, é limitada, de forma preponderante, quanto a seu conteúdo, a um grupo... É apenas no tocante ao direito à vida, à liberdade e à propriedade que um papel diferente vigora no tempo presente; pois esse direito vem sendo reconhecido, pelo menos dentro do território em que a civilização europeia tem domínio indiscutível, como um direito válido de todos, independente da nacionalidade. Essa é uma conquista relativamente moderna. Até o século XVI, a vida e a propriedade do estrangeiro não estavam, de maneira alguma, seguras na Europa. Mesmo hoje em dia, isso não é um elemento indispensável da civilização, como é mostrado pela história das colônias em todas as partes e pelo destino dos negros na América... Mas, com essas limitações locais e temporais, o respeito pela vida, pela liberdade e pela propriedade de todo homem não é hoje em dia apenas uma norma para a decisão e a política de Estado, mas tornou-se, de fato, um princípio do direito vivo...

VI

As normas de decisão

Os tribunais não surgem como órgãos do Estado, mas sim da sociedade. Sua função original era apenas determinar, com base na autoridade dada por clãs ou famílias que passaram a ter um estreito relacionamento entre si, se uma querela entre os membros de diferentes grupos poderia ser conciliada por meio do pagamento de uma multa, ou se só poderia ser expiada com sangue, e finalmente determinar o montante da penalidade. Foi só depois de uma data muito posterior que os tribunais passaram a ser eregidos pelo Estado para questões que diziam respeito ao próprio Estado de maneira direta; por exemplo, atentados à vida do rei, negócios com o inimigo, violação da ordem militar. Numa época posterior, o Estado ganha controle também sobre os tribunais do primeiro tipo; mas a distinção entre administração da justiça pelo Estado e pela sociedade continua hoje em dia na distinção entre jurisdição de causas penais e civis... A sociedade sempre teve, e manteve até o dia de hoje, tribunais próprios que são independentes do Estado... A sociologia do direito, quando define o termo tribunal, ocupa-se apenas da questão de se a instituição envolvida cumpre ou não as funções gerais de um tribunal. Considerado funcionalmente, o tribunal é uma pessoa ou um grupo de pessoas que não tomam parte na controvérsia e cuja função é estabelecer a paz pela opinião que expressam sobre o objeto da controvérsia. Essa opinião não possui força obrigatória quando pronunciada por um tribunal do Estado dos tempos primitivos; é uma simples opinião; aquele que se recusa a se submeter, pode lançar mão do esforço pessoal, da rixa, mas perde a razão e perde a vantagem puramente social de uma querela justa...

... Os tribunais, ou qualquer que seja a descrição que possam ter, não devem promulgar seus veredictos de forma arbitrária ou sem apresentar razões, mas devem baseá-los em princípios gerais. As normas para decisão nas quais se baseiam aparecem, de maneira invariável, como resultado de uma inspiração proveniente de um poder e sabedoria mais elevado; não apenas isso, mas num estágio inferior, como resultado de uma iluminação divina...

... Toda norma de decisão baseia-se, portanto, nos... costumes que designam para cada indivíduo sua posição e sua função no grupo, nas relações de dominação e posse, nos contratos, nas cláusulas estatutárias, nas disposições testamentárias. Em toda querela, a questão envolvida é que se violou uma norma baseada nesses fatos, e em toda questão judicial, para poder dar um veredito, o juiz precisa averiguar esses fatos a partir de seu próprio conhecimento ou dos indícios. Todos esses fatos constituem a base da decisão, tal como se desenvolveram e tomaram forma no grupo concreto antes do surgimento da querela.

No passado, sobretudo os expoentes da teoria do direito natural brincavam com a ideia de que todo o direito pudesse ser sumariado em algumas proposições claras que fossem óbvias para a razão humana sem qualquer ajuda. É evidente que eles tinham uma ideia, de fato bastante vaga, de que os costumes existentes, as relações de posse, os contratos, as cláusulas estatutárias, as disposições testamentárias, eram suficientes para que se tomassem as decisões judiciais, sendo necessárias apenas algumas regras adicionais para complementá-las. Mas aquele que adota essa opinião, deixa de ver que a norma para a decisão é sempre algo mais do que a ordem interna do grupo, e distinto dela... Uma relação sobre a qual existe uma disputa é algo diferente da mesma relação em tempo de paz. Aquilo que antes havia sido adaptável e flexível, tornou-se rígido e inalterável; contornos vagos tornaram-se claros e traçados de forma viva, e com frequência uma intenção deve ser interpretada em palavras das quais as partes jamais tiveram clara consciência. Mas, num processo judicial, o juiz tem deveres a cumprir com referência à relação submetida à sua decisão, que envolvem mais que essa relação, que permaneceram totalmente estranhos à experiência dos grupos, já que foram deixadas por sua conta; e, no tocante a esses deveres, ele não pode aprender coisa alguma com a ordem interna dos grupos. Para esses casos, ele precisa ter à sua disposição normas para decisão que sejam independentes dessa última ordem.

Devemos considerar sobretudo os requisitos necessários para a administração da justiça como tal. Todo grupo social é, para sermos exatos, um caso especial que não pode ser duplicado em parte alguma do mundo... A administração da justiça não pode funcionar onde existe essa confusão; por razões técnicas, se não por outras, deve-se reduzi-la a fórmulas simples. Isso é feito por meio da universalização e redução à unidade. As relações sociais são julgadas de acordo com a forma de relações desse tipo que predomina numa dada localidade, ou as relações sociais de todo um país são julgadas de maneira indiscriminada pela forma dessas relações que predomina numa certa parte do país, ou numa determinada classe social. Se é costume numa certa localidade que o marido tenha poder absoluto de dispor da propriedade da esposa, uma alienação feita pelo marido é considerada obrigatória para a mulher, com extrema desconsideração quanto à questão de se este era ou não o costume na família... Isso resulta em normas gerais e unitárias para decisão; mas não numa lei viva geral e unitária; e diferenças individuais bem como locais podem muito bem continuar a existir por baixo da crosta de uniformidade externa.

Mas os próprios grupos exigem normas para sua própria perfeição e inteireza. Em seu estado normal, elas só são abastecidas de normas para situações que as partes envolvidas previram; todas as situações novas que não foram previstas, colocam-nas em confronto com a necessidade de descobrir novas regras de conduta. Essa tarefa indispensável de completar a estrutura dos grupos é realizada, em geral, a partir de dentro... As dificuldades criadas por tal evento imprevisto... fazem, com muita frequência, com que as partes apelem ao juiz. O juiz não pode encontrar a solução na ordem interna do grupo, pois esta mostrou-se, no próprio momento crítico, incapaz de criar uma ordem. Ele precisa ter normas especiais para a decisão do caso que tem à mão.

... Quando surge uma querela ou controvérsia, os grupos saíram, em geral, de sua ordem estabelecida para um estado de desordem... As normas especiais são necessárias, não para a relação pacífica, mas sim para a disputa legal. E estas serão, com frequência, diferentes das primeiras até mesmo no tocante ao conteúdo...

... Uma medida extrema de autoridade paterna ou marital pode ser proporcional à distribuição de poder dentro de uma determinada família ou dentro da família numa determinada classe ou localidade; mas pode estar em conflito com a ordem geral da família no Estado e na sociedade, que imprimiram sua marca nas normas predominantes do direito, da moralidade, de costume ético, de etiqueta. O Estado e a sociedade, portanto, não a tolerarão e tentarão pôr em execução uma ordem que esteja mais em harmonia com as opiniões que predominam em geral, pelo menos quando se apela aos tribunais para resolver disputas. Todo contrato de salário, por mais desvantajoso que seja para o trabalhador, refletirá de maneira bastante exata a relação de poder que estava em vigor entre o empregador e o empregado no momento em que o contrato foi feito. Mas, se a classe trabalhadora alcança uma medida maior de influência na sociedade, tentará moldar o contrato de trabalho de acordo com suas ideias; surgirá dentro da sociedade um movimento que irá estigmatizar uma ou outra das cláusulas dos contratos de trabalho, como sendo contrária à moralidade e à decência, e que, talvez, consiga poder suficiente para influenciar até mesmo as normas para decisão aplicáveis aos contratos de trabalho.

Os tribunais decidirão, com base em suas normas, se uma norma social foi transgredida ou não. A ciência jurídica predominante tem como certo que a norma transgredida tem de ser uma norma legal, que o objeto para o qual os tribunais foram erguidos não é a proteção de normas extralegais. Mas é evidente que isso só se pode aplicar aos órgãos do Estado para a administração da justiça. E até mesmo no tocante a estes, isso é verdade apenas se chamarmos de norma legal toda norma de acordo com a qual um tribunal profere uma decisão. Mas, se fizermos isso, a questão se torna uma simples questão de terminologia. Se considerarmos o conteúdo interno das normas de acordo com as quais os tribunais devem dar suas decisões – e essa é a única maneira justa de proceder –, ficaremos convencidos de que as normas extralegais desempenham um importante papel até nos tribunais do Estado.

... Os *prudentes* romanos e os *Schoffen* alemães apelam sem hesitação para a moralidade, o costume ético e o decoro; o juiz inglês, que no momento presente talvez seja o único herdeiro das tradições do antigo ofício judicial, faz a mesma coisa. Mas todos eles são restritos pela limitação sempre recorrente de que as normas extralegais só podem ser usadas para suprir o Direito positivo, para agir como tapa-buracos; o juiz, portanto, não está autorizado a desconsiderar as normas legais em favor das extralegais. O princípio é extremamente elástico e, em certas ocasiões, quase não pode ser sentida a limitação que ele impõe ao discernimento dos juízes; não obstante, sua importância é muito grande. Tem importância para que as bases de nossa ordem social, expressas nas normas legais, não sejam perturbadas por outras regras e disposições sociais. Isso não se aplica, portanto, quando o próprio Estado intervém na administração da justiça. O pretor romano, o rei nos reinos franco e germano, o chanceler inglês, dão vereditos de acordo com a equidade ou de acordo com a moral, isto é, de acordo com normas extralegais e, em algumas ocasiões, até contrárias à lei estabelecida. É verdade que, a partir dessas decisões, desenvolvem-se subsequentemente proposições legais. Embora a norma pretoriana e a equidade inglesa se tenham originado sobretudo das normas de moralidade, do costume ético e do decoro, com o decorrer do tempo tornaram-se sistemas legais separados e distintos. Isso, entretanto, apenas mostra que a principal diferença entre lei e normas extralegais desse tipo é uma questão de estabilidade, certeza e convicção geral quanto à sua importância social, e não uma questão de conteúdo.

... O princípio segundo o qual os tribunais devem basear suas decisões exclusivamente na lei nunca foi mais do que uma questão de aparência. A própria regra de direito está sempre se referindo a outras normas sociais; ela não tolerará qualquer violação que transgrida a moralidade, o costume ético, ou o decoro; proíbe contratos imorais; ordena o cumprimento de contratos de acordo com a boa-fé e o costume da vida cotidiana; estipula penalidade para insultos, para violação de propriedades e dano grave... O fato de que o juiz foi rigidamente confinado à lei em cada aspecto, apenas impediu, até agora, que os juízes abertamente fizessem das normas extralegais a base de suas decisões, mas não que o fizessem sob vários disfarces, às vezes muito transparentes...

Tudo isso não significa, é claro, que os tribunais devam, sem muita cerimônia, proferir suas decisões de acordo com normas extralegais. Nem todas as proposições legais são apropriadas às decisões; *a fortiori* todas as normas extralegais, tomadas de forma indiscriminada, o são ainda menos. Fazer uma seleção adequada é uma tarefa de enorme dificuldade...

A norma de decisão contém a proposição geral em que se baseia a decisão e, desse modo, estabelece a pretensão de que é uma verdade válida, não apenas para o caso específico, mas também para todo caso igual ou parecido...

Essa é a lei da estabilidade das normas legais, que é de tão imensa importância para a criação do direito. Ela baseia-se, em primeiro lugar, na psicologia social. Dar decisões contrárias em casos iguais ou parecidos não seria direito, mas sim arbitrariedade ou capricho. Também se baseia numa certa saudável qualidade econômica de pensamento. O gasto de trabalho intelectual que, sem dúvida, está sempre envolvido na procura de normas de decisões, muitas vezes pode ser evitado dando-se uma decisão segundo uma norma que já foi encontrada. Além disso, há uma grande necessidade social de normas estáveis para decisão, o que torna possível, em certa medida, prever e predizer as decisões e, desse modo, colocar um homem em condições de tomar as providências necessárias de acordo com isso.

A lei da estabilidade das normas de decisão funciona sobretudo no tempo. O tribunal não irá, sem uma boa causa, afastar-se de uma norma que aplicou na decisão de um caso enquanto a norma for lembrada, e, com frequência, são tomadas medidas especiais para impedir que sejam esquecidas. Mas também funciona no espaço; pois as normas para decisão que foram encontradas por um tribunal serão prontamente aplicadas por outros tribunais que existem na mesma esfera de influência, se não por outra razão, a fim de evitar o provável trabalho de encontrar normas...

A soberania do Estado no campo do direito, que é tão importante para o direito moderno, está baseada na estabilidade das normas legais... A estabilidade das normas de decisão ganha uma importância especial por se estender não apenas a casos iguais ou parecidos, mas também a casos que são apenas aproximadamente parecidos. Isso torna possível aplicar uma norma a casos para os quais ela não é em absoluto uma decisão, com base no único motivo de que estes são semelhantes a casos decididos. Toda decisão assim baseia-se, de fato, numa nova norma para decisão, mas o conteúdo dessa nova norma é apenas este: o de que a norma existente é aplicável ao caso. A nova norma ampliou a esfera de aplicação da norma original e enriqueceu seu conteúdo; e toda ampliação e enriquecimento assim funcionam, por seu turno, de acordo com a lei da estabilidade das normas para decisão... Graças a essa lei da estabilidade, as normas adquirem uma vida extremamente tenaz e enorme extensibilidade. Toda aceitação de lei estrangeira é um exemplo da operação da lei da estabilidade das normas. É possível que muitas normas que os *pontífices* romanos cogitaram, continuem a funcionar hoje em dia. Aqui se poderia levantar a questão: se é verdade que as normas se originam das próprias situações para cuja decisão devem constituir a base, como sucede de uma norma ainda poder ser aplicável tanto tempo depois de ter sido criada e sob uma ordem social e econômica totalmente diferente...?

A resposta é esta: as normas, em especial aquelas que derivaram do direito romano, tornaram-se tão gerais e abstratas, pelo processo ininterrupto de extensão e enriquecimento de seu conteúdo no decorrer dos milênios, que podem ser adaptadas às situações mais diversas. Isso mostra, entretanto, que afinal de contas a lei da estabilidade das normas baseia-se numa visão superficial das coisas. Na verdade, não é a mesma norma em absoluto; ela permaneceu inalterada apenas na aparência; mas recebeu um conteúdo interno inteiramente novo.

Os grandes contrastes entre o direito do passado e o direito do presente, as diferenças entre as leis dos vários países e nações baseiam-se nos fatos jurídicos, em cada instância, em vez de se basear nas normas legais. Os costumes, as relações de domínio e sujeição, as relações de posse, os contratos, as disposições testamentárias, mudam numa medida muito maior do que as normas, e reagem a estas muito embora seu enunciado tenha permanecido inalterado...

Não obstante, não se deve supor que a inserção de um novo conteúdo nas normas remove todas as dificuldades envolvidas na lei da estabilidade dessas normas. A maior parte das queixas sobre leis insatisfatórias equivale a isso: que as normas, por causa de sua estabilidade, funcionam em situações para as quais não foram criadas e para as quais, portanto, não estão adaptadas. Mas os efeitos ruins são limitados, de forma considerável, pelo fato de que essas normas não são normas de conduta, mas de decisão. Se a estabilidade das normas romanas nos obrigasse, de fato, a viver de acordo com o direito romano, por exemplo, na ampliada família dos romanos com seu casamento com poder marital, ou seu casamento livre que podia ser dissolvido de maneira arbitrária, se de fato nos obrigasse a adaptar nosso sistema de posse da terra ao *fundus* romano, a situação resultante seria insuportável. Na verdade, tudo isso faz com que ocasionalmente um processo judicial seja decidido de acordo com o direito romano. A parte de nossa vida cotidiana que aparece nos tribunais é de longe insignificante demais para tornar impossível para nós suportar as decisões mais injustas.

Muito embora possamos sofrer com esse estado de coisas, nos submetemos ao inevitável; posto que a estabilidade das normas, como uma base para a decisão judicial e para a ciência jurídica, é inevitável...

VII

Estado e direito

... Onde a norma legal atraiu a atenção do sociólogo... ela sempre foi encontrada na companhia de outras normas sociais. Não obstante, não pode haver dúvida de que existe uma diferença inconfundível entre ela e as normas extralegais...

Por mais difícil que possa ser traçar, com exatidão científica, a linha entre a norma legal e os outros tipos de norma, essa dificuldade existe na prática, mas raras vezes. Em geral, qualquer pessoa estará em condição de dizer, sem hesitação, se uma certa norma é uma norma legal ou se pertence à esfera da religião, do costume ético, da moralidade, do decoro, do tato, da moda ou da etiqueta... A diferença entre norma legal e norma extralegal é questão não de ciência social, mas sim de psicologia social. As várias classes de normas liberam várias nuanças de sentimento, e reagimos à transgressão de diferentes normas com sentimentos diferentes. Compare-se o sentimento de revolta que se segue à violação da lei com a indignação que sentimos na violação de uma norma de moralidade, com o sentimento de aversão ocasionado por uma indecência, com a desaprovação da indelicadeza, o ridículo de uma ofensa contra a etiqueta e, por último, com o sentimento crítico de superioridade com que um devoto da moda olha com desprezo para aqueles que não atingiram as alturas que ele escalou...

Normas com aparente conteúdo idêntico, em épocas diferentes, em países diferentes, em classes e posições diferentes na sociedade, manifestamente pertencem a grupos diferentes e... prontamente passam de um grupo para outro. No decorrer dos milênios, a proibição de casamento fora da própria posição social da pessoa foi uma norma de direito, de religião, de moralidade, de costume ético, de decoro, e, hoje em dia, talvez, é apenas uma norma de tato, de etiqueta ou até mesmo de moda...

... Embora uma norma com o mesmo enunciado possa pertencer, de fato, a dois grupos diferentes, ela tem um conteúdo diferente em cada caso. A concordância de enunciado é, portanto, uma coisa apenas externa. A proposição "respeite o pai e a mãe" pode ser considerada uma ordem do direito, da moralidade, da religião, do costume ético, do decoro, do tato, da etiqueta e da moda. Enquanto norma legal, ela ordena que uma criança respeite seus pais por meio de certas demonstrações externas; como norma de moralidade, em geral, por meio de conduta que evidencie honra e respeito. A religião, a menos que apenas repita a ordem da moralidade, prescreve, além disso, deveres religiosos, em especial orações para o pai e a mãe. Os costumes éticos exigem que a pessoa demonstre pelos pais o mesmo respeito que é costume nas boas famílias. Na condição de norma de decoro, ela proíbe omissão de manifestações de respeito que seria ofensiva para outros; como norma de tato, desaprova ofensas muito menos sérias que poderiam provocar um sentimento de desprazer entre aqueles que por acaso estivessem presentes. A etiqueta refere-se apenas ao comportamento em relação ao pai e à mãe na sociedade. Se o comportamento respeitoso para com os pais for de bom-tom num dado momento em círculos elegantes, uma pessoa que frequentasse esses círculos e que omitisse esse comportamento seria culpada de uma ofensa contra a etiqueta.

... Uma norma, seja legal ou de alguma outra espécie, deve ser *reconhecida* no sentido de que os homens regulam, de fato, sua conduta de acordo com ela. Um sistema de direito ou de ética para o qual ninguém dá atenção, é como uma moda que ninguém segue. Só devemos ter em mente que aquilo que foi dito sobre a regra de conduta, não deve ser aplicado à norma da decisão; posto que os tribunais podem, a qualquer momento, tomar uma proposição legal que esteve dormindo durante séculos e torná-la a base de suas decisões...

A ciência sociológica do direito, portanto, não será capaz de expressar a diferença entre lei e moral numa fórmula simples e breve, à maneira da ciência jurídica que tem sido corrente até agora. Apenas um exame completo dos fatos psíquicos e sociais, que no momento presente sequer foram reunidos, pode lançar luz sobre essa difícil questão. Embora estejamos bem conscientes do grande grau de prudência que se tornou imperativo pelo estado atual da ciência jurídica, talvez nos seja permitido supor, neste momento, a seguinte característica essencial do direito. A norma legal regula uma questão que, pelo menos na opinião do grupo dentro do qual tem sua origem, é de grande importância, de significado básico. O ato individual que é ordenado pela proposição legal pode não ser de grande peso, como nos estatutos que regulam os alimentos, ou que dizem respeito à prevenção de incêndios ou doenças contagiosas do gado, mas sempre devemos considerar as consequências se a violação desses estatutos assumisse a dimensão de um fenômeno de massa. Apenas questões de importância menor são deixadas para as outras normas sociais... A norma legal, contrastada com as outras normas, sempre pode ser expressa em termos claros e definidos. Por isso dá uma certa estabilidade às associações que são baseadas em normas legais, ao passo que as associações que não se baseiam em normas legais – por exemplo, os partidos políticos, as comunhões religiosas, os grupos de parentes, as relações sociais – são caracterizadas por uma frouxidão, por uma falta de estabilidade, até assumirem uma forma legal. Também, as normas de moralidade, de costume ético, de decoro, muitas vezes se tornam normas legais assim que perdem seu caráter universal e, expressas em termos claros e precisos, assumem um significado básico para a ordem legal da sociedade... Foi dessa maneira que surgiu a equidade na Inglaterra, que é hoje em dia um sistema desenvolvido de forma tão plena quanto o direito comum. Pode muito bem ser possível, por conseguinte, que o preceito normal de boa-fé em relações contratuais possa, no decorrer do tempo, ser resumido numa série de proposições legais claras e definidas.

... No caso das normas legais, a sociedade dedica muito mais pensamento à questão da redução à fórmula do que no caso das normas de moral e das outras normas extralegais; em virtude da importância que dá à lei, ela anseia por ter não apenas uma direção geral, mas também um preceito detalhado. Todos deveriam ser capazes de saber, a partir do simples enunciado de uma norma legal, a maneira como devem regular sua conduta num determinado caso... Um homem sem qualquer sentido interno de lei sabe como cumprir seus deveres enquanto cidadão do Estado, sabe que deve cumprir seus contratos, sabe que deve respeitar o direito de propriedade dos outros; mas, para poder ser capaz de se conduzir de forma correta do ponto de vista da moral, da religião, do costume ético, do decoro, da etiqueta e da moda, ele precisa de um senso de moralidade, de religião, de costume ético, de decoro, de tato, de etiqueta e de moda. Sem esse senso, ele não pode encontrar a coisa certa. Por essa razão, quando normas extralegais estão envolvidas, o centro de gravidade está dentro do eu do homem numa proporção muito maior do que quando normas legais estão envolvidas...

VIII

A criação da proposição legal

... Toda proposição legal que deve servir como base para decisões judiciais é em si uma norma para decisão, formulada em palavras e publicada de maneira competente, reivindicando direito de validade universal, mas sem referência ao caso que pode tê-la ocasionado. A escola predominante da ciência jurídica trata a decisão judicial como um silogismo lógico no qual uma proposição legal é a premissa principal; a questão em litígio, a secundária; e o julgamento do tribunal, a conclusão. Essa ideia pressupõe que todo julgamento é precedido no tempo por uma proposição legal. Em termos históricos, isto é totalmente incorreto. O juiz que, nos primórdios da administração da justiça, aplica uma pena ao litigante, descobriu a existência de uma relação concreta... e uma violação dela e, por causa disso, encontrou independentemente a norma que fixa a pena. Talvez em cada uma dessas decisões germine a ideia de que, numa situação semelhante, deve-se chegar a uma decisão igual ou parecida; mas esse germe, nesse momento, está enterrado no fundo da consciência subliminar do juiz. Se supomos que, em tempos primitivos, o juiz protegia a posse ou o contrato apenas porque havia presumido a existência de uma proposição legal, segundo a qual a posse ou o contrato deveria ser protegido, estamos atribuindo a ele nossa própria concepção. Ele só pensa no concreto, não no abstrato... Não obstante, apesar da falta de proposições legais, a norma de decisão não era uma questão de puro capricho. O juiz sempre a tirava dos fatos jurídicos, que haviam sido estabelecidos com base em seu próprio conhecimento ou nos indícios, isto é, a partir de usos e costumes, de relações de dominação e de posse, de declarações de vontade e, sobretudo, de contratos. Dados esses fatos, a norma estava dada; era impossível separar a questão de fato da questão de direito.

Hoje em dia temos a situação idêntica quando não existe nenhuma proposição legal para o caso que deve ser decidido...

Mas mesmo onde foi descoberta uma proposição legal que abrange o caso presente, a proposição legal não apresenta a decisão de imediato. A proposição legal é sempre expressa em termos gerais; jamais pode ser tão concreta como o próprio caso... Aqui também o juiz precisa averiguar os fatos; aqui também deve decidir de maneira independente se os fatos apurados correspondem à[s] definição [ões]... contida[s] na proposição legal. Quer o juiz responda a essa questão na afirmativa ou negativa, a sentença é sempre proferida com base em uma norma para decisão que ele encontrou de forma independente... Em tal caso, a tendência predominante na ciência jurídica supõe, de modo invariável, que temos uma decisão quanto a uma questão de direito... Mas está claro que nesse caso, assim como nos anteriores, a questão de fato, os fatos apurados, não pode ser dissociada da questão de direito, a norma para decisão que o juiz encontrou nesse mesmo momento. Essa norma concreta para decisão, que o juiz deduziu a partir dos fatos, é introduzida entre a proposição legal que contém a norma geral para decisão e a averiguação dos fatos de parte do juiz.

... Quanto mais concreta a proposição legal, com mais exatidão será determinada a norma judicial de decisão pela norma da proposição legal; quanto mais geral a proposição legal, com mais independência e mais liberdade será encontrada a norma judicial. Mas há proposições legais que concedem uma liberdade de ação ilimitada ao juiz. Exemplos desse tipo no direito privado são as proposições legais sobre... a boa-fé, sobre o enriquecimento ilícito. No Direito Penal e no Direito Administrativo, elas também desempenham um papel importante... O resultado disso tudo é que a diferença entre uma decisão de acordo com uma proposição legal e uma que não esteja de acordo com uma proposição legal é apenas uma diferença de grau. O juiz jamais é abandonado à proposição legal, com pés e mãos amarrados, sem qualquer vontade própria, e quanto mais geral for a proposição legal, maior será a liberdade do juiz...

É possível que, de vez em quando, as proposições legais tenham sido elaboradas por juristas sem referência a uma decisão definida... É claro que estas só podem ser proposições legais muito insignificantes. Também podemos dizer que uma proposição legal é anterior no tempo às normas para decisão onde uma norma regula uma instituição a fim de introduzi-la, em particular onde este é importado de um país estrangeiro, como uma norma referente às empresas com responsabilidade limitada... Mas fora essas exceções, o concreto, como é de praxe, é anterior ao abstrato; a norma para decisão, anterior à proposição legal.

A criação de uma proposição legal a partir das normas de decisão requer que se aplique a estas um esforço intelectual adicional; pois devemos extrair delas aquilo que tem validade universal e exprimi-lo de maneira apropriada. Esse trabalho intelectual, seja quem for a pessoa capaz de fazê-lo, é chamado de ciência jurídica. A Escola Histórica da jurisprudência esforçou-se ao máximo para demonstrar que o "direito consuetudinário" ou, para expressar com mais exatidão, as proposições legais do "direito consuetudinário" surgem de imediato na consciência popular. É um esforço inútil... As proposições legais são criadas por juristas, preponderantemente com base nas normas de decisão encontradas nos julgamentos dos tribunais. Por conseguinte, pode-se dizer que está dedicado a um trabalho jurídico o juiz que, quando apresenta suas razões para a decisão, expressa a norma de decisão na forma em que deverá ser obrigatória em casos futuros. A norma elaborada por juiz é sempre apenas uma subespécie da norma jurídica. A ciência jurídica é criada pelo autor ou professor... e ele o faz mesmo quando, na condição de editor de uma compilação de decisões, enuncia as proposições legais que são derivadas da decisão na forma de nota de início de capítulo, ou quando, na condição de editor de uma norma, ele as acrescenta às várias seções na forma de anotações... Por fim, o legislador que põe as normas de decisão em forma dispositiva, também está empenhado num trabalho jurídico científico... E toda proposição legal assim, seja onde for que tenha origem, reivindica validade universal... É claro que, como regra, apenas o legislador tem o poder de fazer sua vontade prevalecer. No caso de um juiz ou um autor, o valor do desempenho é decisivo para o sucesso de seu trabalho intelectual. Se a proposição legal for boa e prática, suas chances de ganhar reconhecimento são tão prováveis como as chances de uma ideia boa e prática em qualquer outra esfera, talvez tão prováveis quanto as chances de uma invenção boa e prática...

... Como mostra a experiência diária, o sucesso de uma ideia em todo campo da atividade humana não depende exclusivamente de seu valor interno, mas também de certas circunstâncias externas, em especial da importância atribuída em geral às palavras da pessoa que externou a ideia. Essa importância aumenta, com muita frequência, com o poder do autor da proposição legal no Estado, com sua posição e sua reputação pessoal...

A ciência só pode conhecer aquilo que é e não pode ordenar aquilo que deveria ser ... a ciência, portanto, não cria normas, mas apenas investiga, apresenta e ensina... A questão não é se nova norma surge do conhecimento do direito, mas se o jurista, na condição de pessoa versada no direito, reivindica o direito de criar nova norma. É evidente por si mesmo que essa questão só pode ser respondida em termos históricos, e a resposta será afirmativa sempre que a ciência jurídica não estiver satisfeita em se limitar a fazer a apresentação mais fiel e imparcial daquilo que é direito, mas se esforçar, além do mais, para criar normas de forma independente que serão obrigatórias para os juízes em todos os casos para os quais não se puder encontrar nenhuma norma nas outras fontes do direito...

De fato, grandes diferenças aparecem em detalhes. É evidente por si mesmo que a importância da ciência está numa proporção inversa da norma e do juiz; quanto mais elevada a posição do juiz, maior será o zelo com que ele protegerá sua independência; quanto mais onipotente e abrangente a legislação, mais limitada será a esfera que ela estará disposta a conceder ao jurista. Por essa razão, a ciência jurídica declina sempre que é feita uma codificação, e não desperta para uma nova vida enquanto o povo não se torna consciente dos seus defeitos e lacunas...

... O poder do juiz não é suficiente para superar os enormes poderes de resistência inerentes à sociedade, que se revoltaria contra a tentativa de colocar a sociedade sobre novo fundamento por meio de um pronunciamento judicial; e um juiz necessita de suficiente conhecimento do mundo para conseguir calcular corretamente esses poderes de resistência, bem como seu próprio poder. É verdade que o juiz tem desconsiderado o direito, com frequência, a serviço de um poder soberano inescrupuloso; em algumas ocasiões, apoiado no direito, ele tem sido capaz de oferecer, com sucesso, resistência a um poder soberano forte; mas jamais arriscou-se a um combate com o Estado, a sociedade, a lei tradicional. Menos ainda o fez a ciência jurídica, com seus poderes limitados...

... Aconteceu duas vezes na história do direito que um funcionário do Estado agiu quando tornou-se necessário pôr fim ao poder de normas que se haviam tornado rígidas e antiquadas. O pretor romano e o chanceler inglês cumpriram sua missão histórica ao opor um sistema legal totalmente novo ao sistema tradicional...

Normas de decisão em forma dispositiva, quer tiradas da regra jurídica, quer criadas pelo legislador, são uma questão precária. É muito mais difícil para o legislador formular uma regra geral correta do que para o juiz decidir um caso individual; e é uma coisa muito mais arriscada para ele postular um dogma absolutamente obrigatório para todo o tempo futuro do que é para o jurista, que está procedendo de maneira científica, enunciar proposições que estão sendo sempre examinadas e reexaminadas. A norma de decisão torna-se, quando publicada dispositivamente, uma coisa inteiramente diferente daquilo que era antes. Até esse ponto uma simples apresentação do que parece ser a regra apropriada torna-se agora um preceito quanto ao que deve ser a regra. Perde a maleabilidade que a possibilitou adaptar-se a todo melhor discernimento e a todo desenvolvimento... Um método de procedimento admissível, onde uma doutrina legal está envolvida, não poderia ser admitido em absoluto, ou ao menos sem grande dificuldade, quando se está lidando com uma norma. O legislador, portanto, só deveria tentar moldar a vida de acordo com suas próprias ideias onde isto fosse de absoluta necessidade; e onde ele puder deixar que a vida cuide de si mesma, que ele se abstenha de alguma interferência desnecessária. Esse foi, sem dúvida, o principal pensamento, embora não manifesto, na luta que Savigny travou, durante algum tempo, contra a legislação, não apenas contra a codificação, como hoje em dia se afirma com frequência de maneira equivocada. Toda norma supérflua é uma norma.

Não obstante, seria infantil abandonar por completo a ideia de expressar a regra jurídica em forma dispositiva... Em estágios mais avançados de desenvolvimento, a espécie humana é colocada cara a cara com uma série de problemas da vida legal, dos quais só o Estado pode tratar de maneira satisfatória...

... As normas são indispensáveis para o propósito de se livrar de direito antiquado e de realizar, com rapidez, as inovações necessárias; porque a regra segundo a qual a ciência jurídica e a administração da justiça não devem entrar em conflito com a lei que já foi posta, é uma limitação insuperável para sua atividade criativa...

IX

A estrutura da proposição legal

A base imediata da ordem legal da sociedade humana são os fatos da lei: costumes, relações de dominação, relações de posse, declarações de vontade, em especial em suas formas mais importantes, a saber, cláusulas estatutárias, contrato e disposição testamentária. Desses fatos derivam as regras de conduta que determinam a conduta do homem na sociedade. Só esses fatos, portanto, e não as proposições legais de acordo com as quais os tribunais proferem seus veredito e de acordo com as quais os tribunais administrativos do Estado procedem, são de importância autorizada para a ordem legal na sociedade humana. Não obstante, as proposições legais ganham importância para esta última, visto que as decisões dos tribunais e as medidas tomadas pelos órgãos administrativos afetam os fatos jurídicos e, desse modo, efetuam mudanças nos costumes existentes, nas relações de dominação, nas relações de posse, nas cláusulas estatutárias, nos contratos e disposições testamentárias; isto é, com essa pressuposição, as decisões dos tribunais e as medidas tomadas pelos órgãos administrativos, que são baseadas nas proposições legais, produzem por seu turno normas que regulam a conduta social dos seres humanos. Por conseguinte, novos fatos jurídicos podem ser estabelecidos... pelo menos de maneira indireta, por meio das proposições legais. Para esse propósito, entretanto, não é suficiente que a proposição legal tenha validade formal, ou que seja aplicada em casos isolados; pois um fato isolado não é um fato social. É necessário, para esse fim, que os homens regulem sua conduta de acordo com a proposição legal...

... Devemos... distinguir três categorias de proposições legais.

Em primeiro lugar, existem proposições legais que ajustam a proteção das cortes e outros tribunais aos fatos da lei tal como existem na sociedade... Diferentes das proposições legais desse tipo são aquelas que negam os fatos jurídicos existentes ou que criam fatos jurídicos de maneira automática. Com base em proposições legais, as cortes e outros tribunais do Estado criam ou dissolvem artificialmente associações, estabelecem ou revogam relações de dominação, dão, tomam ou transferem posse, rescindem contratos, declarações testamentárias de vontade ou, em certas ocasiões, criam-nos por coação. Sob essa rubrica são encontradas sobretudo as proposições legais que decretam a expropriação ou o confisco de coisas; que declaram certas relações inválidas, nulas, anuláveis ou puníveis...

Uma terceira espécie de proposições legais estabelece consequências legais para fatos jurídicos, de forma bastante independente das normas que resultam dos costumes, das relações de dominação e de posse, e das disposições criadas por esses fatos...

... Dessa maneira, a ordem legal que a sociedade cria para si, de modo automático, nos fatos jurídicos, nos costumes existentes, nas relações de dominação e de posse, nas cláusulas estatutárias, nos contratos, nas disposições testamentárias, é colocada cara a cara com a ordem legal criada por meio das proposições legais, e é imposta unicamente por meio da atividade das cortes e de outros tribunais do Estado. E normas, regras de conduta, brotam dessa segunda ordem legal não menos do que da anterior, na medida em que ela protege, dá forma e aspecto ou talvez revoga os fatos do direito... O importante para as normas da segunda ordem legal não é a distribuição de interesses nos grupos sociais individuais, mas sim a distribuição na sociedade como um todo, que encerra todos os grupos dentro de um certo território. A segunda ordem legal é então uma ordem que foi imposta pela sociedade sobre os grupos...

... Sempre que não houver dúvida quanto a onde reside o poder num Estado, ou onde a voz da consciência popular fala em tons não ambíguos, a tarefa do jurista é apenas técnica. O conteúdo da proposição legal é dado pela sociedade. Sua função é apenas proporcionar seu enunciado e encontrar os meios pelos quais os interesses que devem ser assegurados possam ser assegurados da forma mais eficaz. Essa função técnica, entretanto, não deve ser subestimada. A inépcia do procedimento e a capacidade limitada para expressão da lei material causam muitas vezes enorme dificuldade nessa questão. São a causa de todo o formalismo na lei. O formalismo não é uma qualidade admirável da lei, mas um defeito técnico que deve ser superado... O atual estado muitíssimo insatisfatório de várias instituições legais pode ser atribuído, em certa medida, ao fato de que ainda não fomos capazes de estabelecer proposições legais tecnicamente perfeitas concernentes a elas.

A decisão quanto aos interesses envolvidos na disputa é confiada pelo Estado ao jurista, quando não está indicado com clareza pelo interesse geral nem pela distribuição de poder na sociedade como um todo. Essa situação pode ser ocasionada por várias causas. Em primeiro lugar, com muita frequência, as partes da disputa não são conscientes dos grandes interesses sociais envolvidos na decisão; muitas vezes, estes são distribuídos entre as várias classes e posições sociais de maneira a colocá-las acima das lutas de classe e de posição; em muitos casos, esses interesses sociais são por demais desprezíveis e insignificantes para se tornarem envolvidos na disputa. Com muita frequência, também, os que detêm o poder, que são convocados para proferir a decisão, não estão em absoluto envolvidos no conflito de interesses. A causa mais importante, entretanto, é o fato de que os poderes empenhados na luta em defesa dos diferentes interesses contrabalançam-se uns aos outros, ou que as influências que procedem dos grupos que são mais poderosos do ponto de vista político, econômico ou social, são contidas ou contrariadas por outras tendências sociais que se baseiam em convicções religiosas, éticas, científicas ou outras convicções ideológicas.

Quando se pede ao jurista para traçar, de maneira independente, a linha entre os interesses em conflito, se está pedindo a ele, de forma implícita, que o faça de acordo com a justiça. Isso implica, em primeiro lugar, algo negativo. Ele está sendo solicitado a tomar uma decisão sem qualquer consideração sobre conveniência e sem ser influenciado pela distribuição de poder. Em tempos recentes, é verdade, tem-se dito com frequência que a justiça também é um assunto que envolve questões de poder. Se o autor quer dizer que a ideia de justiça, na qual se baseia a decisão, deve ter alcançado um certo poder no corpo social no momento em que influencia a descoberta judicial de normas ou a atividade do Estado, ele está, de fato, afirmando uma verdade... Mas, se quer dizer que, sob a máscara da justiça, se está sempre pondo em prática a influência da posição política, social ou econômica, é evidente que a afirmação é incorreta. Uma norma legal cuja origem pode ser seguida até tais influências, em geral é estigmatizada por esse próprio fato como algo injusto. A justiça sempre pesou os pratos da balança unicamente em favor dos fracos e perseguidos. Uma decisão justa é uma decisão baseada em motivos que agradam a uma pessoa desinteressada; é uma decisão proferida por uma pessoa que não está envolvida no conflito de interesses, ou que, embora seja proferida por uma pessoa envolvida nesse conflito, ainda assim é igual àquela que uma pessoa desinteressada promulgaria ou aprovaria. Jamais se baseia em tirar proveito de uma posição de poder. Quando alguém que está numa posição de poder age de maneira justa, está agindo contra seu próprio interesse, em todo caso contra seu interesse imediato, movido por considerações religiosas, éticas, científicas, ou outras considerações ideológicas; talvez apenas por considerações de política prudente. As partes interessadas na justiça social e política... encontram seus partidários sobretudo entre os ideólogos que não estão pessoalmente interessados nos conflitos de interesses políticos e sociais. Nesse fato reside sua força e também sua fraqueza.

Mas todas essas são características negativas. Quais são as características positivas da justiça? A expressão de uso frequente sobre o equilíbrio de interesses, que é tão bem-sucedida no momento atual, não é uma resposta a essa questão; porque a própria questão é: o que dá importância aos interesses que devem ser equilibrados? É evidente que não é o jurista ponderador, autor ou professor, juiz ou legislador, mas sim a própria sociedade. A função do jurista é apenas equilibrá-los. Existem tendências causadas pelos interesses que florescem na sociedade que, no final das contas, influenciam até pessoas que não estão envolvidas nesses interesses em conflito. O juiz que decide de acordo com a justiça, segue a tendência pela qual ele próprio é dominado. A justiça, portanto, não deriva do indivíduo, mas origina-se na sociedade.

O papel da pessoa que profere a decisão só tem importância na medida em que, dentro de certas limitações, ela pode escolher a solução que corresponde mais de perto a seus sentimentos pessoais. Mas, ao fazer isso, ela não pode desconsiderar a base social da decisão... Um juiz que, numa decisão que profere, reconhece a propriedade privada dos meios de produção apesar do fato de ser socialista, ou que admite a defesa de que o débito processado ocorrido numa transação na Bolsa de Valores é um débito de jogo, embora em sua opinião o estabelecimento desse direito seja uma violação da boa-fé, não se está contradizendo com isto. Ao fazer essas coisas, ele está apenas sendo guiado pelas tendências sociais contra seu próprio sentimento individual na questão. Um escravo rebelde, o governo de uma cidade sitiada... pode de fato proceder de acordo com seu sentimento individual, mas só pode fazê-lo porque foi afastado das infuências sociais pela força das circunstâncias. A justiça é um poder que a sociedade exerce sobre a mente dos homens.

É função da ciência jurídica, em primeiro lugar, registrar as tendências da justiça que são encontradas na sociedade e apurar o que são, de onde vêm e para onde levam; mas não é possível determinar qual delas é a única justa. No fórum da ciência, todas são igualmente válidas. O que os homens consideram justo depende das ideias que têm concernentes à finalidade do esforço humano neste nosso mundo, mas não é função da ciência ditar os fins últimos do esforço humano na Terra. Essa é a função do fundador de uma religião, do pregador, do profeta, ou do pregador de ética, do jurista prático, do juiz, do político... Que uma certa coisa é justa e tão demonstrável do ponto de vista científico quanto a beleza de uma catedral gótica ou de uma sinfonia de Beethoven para uma pessoa que seja insensível a ela. Todas essas são questões de vida emocional. A ciência pode averiguar os efeitos de uma proposição legal, mas não pode fazer esses efeitos parecerem desejáveis ou repugnantes para o homem. A justiça é uma força social, e é sempre uma questão saber se ela é potente o bastante para influenciar as pessoas desinteressadas cuja função é criar a disposição legal.

Mas, embora a ciência não nos possa ensinar coisa alguma com respeito aos fins, depois que o fim é determinado, pode esclarecer-nos quanto aos meios para esse fim... A ciência jurídica prática trata da maneira pela qual podem ser alcançados os fins que os homens se empenham em atingir através da lei, mas deve utilizar os resultados da sociologia do Direito para esse propósito. A proposição legal não é apenas o resultado, é também uma alavanca do desenvolvimento social...

... O objetivo mais elevado de toda ciência é conceder-nos um relance do futuro; o investigador torna-se, pouco a pouco, um vidente. Assim como o físico se esforça para determinar, com antecipação, o curso de uma bala de canhão, os discípulos das ciências sociais se esforçam para calcular, com antecipação, as regularidades unificadoras no curso do desenvolvimento futuro dos acontecimentos sociais...

... Com base nos resultados do constante progresso da sociologia, a ciência jurídica estará numa posição correspondentemente melhor de dizer ao juiz e ao legislador quando eles realizam trabalhos úteis e quando, por resistirem às leis do desenvolvimento e deixarem de compreender os efeitos das proposições legais, desperdiçam, sem nenhum proveito, as forças sociais...

O sociólogo, portanto, que com base em seu conhecimento científico está se esforçando para traçar um quadro da ordem social tal como existirá no futuro, e de um sistema legal que, mesmo no presente, será adaptado ao futuro, não está de maneira alguma empenhado num empreendimento não científico... É verdade, infelizmente, que em investigações desse tipo muita coisa que é insustentável navega sob a bandeira da ciência, mas a responsabilidade por isto não deve ser atribuída ao objeto, mas sim à novidade e ao caráter incompleto de todo esse campo do conhecimento... Todas as questões que foram apresentadas até este ponto, a relação da proposição legal com a sociedade e o fato de ser condicionada pelo desenvolvimento social, foram percebidas com clareza pelos fundadores da Escola Histórica; pois aquilo que eles chamam de consciência jurídica do povo são apenas as tendências da justiça na sociedade. É verdade que estavam equivocados quanto ao âmbito de sua doutrina, posto que esta não dava uma explicação do direito, mas apenas da proposição legal; e não de toda proposição legal, mas apenas da proposição que se baseia na justiça...

... Se a justiça deve governar, o fator decisivo não deve ser os desejos de uma parte ou de outra, mas sim a questão de quais interesses em conflito são de maior importância para a sociedade, isto é, os interesses da criação de gado ou da agricultura, da indústria ou das condições sanitárias das vizinhanças; do proprietário de terra ou do usufrutuário; do empregador ou do empregado; do comércio ou do livre exercício dos poderes da pessoa; do aumento da riqueza nas mãos das classes proprietárias ou do bem-estar das classes que não são proprietárias. E aquele que é convocado para proferir uma decisão deve levar em conta não apenas o momento presente, mas também as gerações vindouras; não apenas as necessidades econômicas, mas também a importância política, ética e cultural da criação de gado e da agricultura, da indústria e da higiene pública, das grandes propriedades de terra e dos direitos de usufruto, do empregador e do empregado, do comércio e da livre atividade, da propriedade e do bem-estar das classes não proprietárias.

... Responder a questões desse tipo significa ser capaz de interpretar os sinais do desenvolvimento do futuro na sociedade de hoje, sentir suas necessidades de maneira antecipada e determinar sua ordem com antecipação... Apenas um intelecto equipado com todo o armamento da ciência pode ser convocado para cumprir essa tarefa. Enquanto isso, nosso sentido de justiça é apenas uma dessas grandes adivinhações indefinidas das inter-relações ocultas no vasto esquema das coisas, que, como a religião, a ética e talvez a arte, conduzem a espécie humana para metas distantes e desconhecidas. Nesses caminhos, o gênio é o líder nato da humanidade... O gênio é o homem mais altamente desenvolvido em meio a uma raça humana que permaneceu muito atrás dele; o homem do futuro, nascido, por uma misteriosa coincidência, no presente, que pensa e sente hoje em dia da maneira como um dia toda a raça pensará e sentirá. Nisso reside seu destino trágico, posto que ele é solitário; e sua única compensação reside nisto, no fato de que ele mostra o caminho para outros... Embora a justiça seja baseada em tendências sociais, é necessária a atividade pessoal de um indivíduo para torná-la efetiva. Nisso ela é muito parecida com a arte... E, por outro lado, tal como uma obra de arte que, embora moldada a partir de materiais sociais, ainda assim recebe do artista o selo de toda sua personalidade individual, a justiça só deve à sociedade seu conteúdo bruto, mas deve sua forma individual ao artista da justiça que a criou. Não existe essa coisa de uma justiça apenas, assim como não existe tal coisa de uma beleza apenas; mas em toda obra de justiça há justiça, assim como a beleza fala para a espécie humana em toda obra de arte verdadeira. A justiça, tal como recebeu forma individual nos estatutos, nas decisões judiciais, nas obras de literatura, é, em suas supremas manifestações, a resultante de uma síntese inspirada de opostos, como todas as outras grandes criações da mente humana.

A mente do homem é tão múltipla, a estratificação da sociedade é tão variada, que é impossível expressar o conceito de justiça numa única fórmula. Talvez nenhuma delas tenha encontrado tanto sucesso como a fórmula que Bentham tomou emprestada de Beccaria, a saber, a da maior felicidade do maior número. Mas ela jamais foi "demonstrada" e não pode ser enumerada entre aquelas verdades que são evidentes sem demonstração.

Em primeiro lugar, a fórmula de Bentham não irá, de maneira alguma, convencer a todos. Não convencerá o asceta religioso para quem a felicidade terrena não parece ter, em geral, qualquer valor; não convencerá o membro da aristocracia, segundo o qual o "maior número" não foi criado para a felicidade, mas sim para o trabalho e a obediência; não convencerá o esteta para quem um Michelangelo ou um Napoleão excede em valor milhões dos restantes; não convencerá o patriota que está muito mais interessado no poder e na grandeza de seu país do que na felicidade dos indivíduos que constituem seus cidadãos; não convencerá o partidário do energismo para quem esforçar-se e tornar seus esforços efetivos é de importância muito maior do que a felicidade. Essa fórmula só irá ganhar partidários entre aqueles que estão convencidos disso desde o começo – aqueles que são conscientemente democratas. Ela é um *slogan* democrático e, ao dizê-lo, dizemos, de maneira implícita, que ela expressa os pensamentos e sentimentos apenas de uma pequena minoria. Pois a democracia é uma ideia aristocrática... O plebeu jamais é um democrata. Ele só pede equidade com aqueles que estão acima dele, jamais com aqueles que estão abaixo dele. Há algo da mais alta qualidade de nobreza, uma consciência de enorme poder, um desafio invicto, em não apenas abster-se de pedir privilégios, mas também em rejeitá-los quando são oferecidos.

E o que todos esses democratas entre aristocratas e aristocratas entre democratas consideram que significam as palavras "maior número"? Para os Graco, eles eram várias centenas de milhares de proletários entre o povo romano; para Ulrich von Hutten, a ordem germana dos cavaleiros que, com certeza, não era muito numerosa; para o próprio Bentham, as classes médias da burguesia urbana; para Marx, os milhões das classes trabalhadoras. Se alguém pedisse aos Graco que concedessem ao peregrino não itálico direitos iguais aos dos cidadãos; ou se pedisse a Hutten que concedesse aos camponeses direitos iguais aos dos cavaleiros do Império, eles teriam considerado tal proposta muitíssimo injusta. Bentham se contentava com o frio conforto de que é possível, até mesmo para o trabalhador mais humilde, ascender às classes médias – talvez para um entre dez mil. É esse o "maior número"? A ideia de oferecer algum tipo de assistência aos operários de fábrica por meio de uma política social bastante moderada ocorreu pela primeira vez ao maior discípulo de Bentham, John Stuart Mill. Do ponto de vista da aritmética pura, Marx sem dúvida estava certo. Mas em todo seu livro não há uma única linha sobre a questão de como a socialização dos meios de produção pode ser feita para beneficiar aqueles que estão fora dos limites da sociedade. E, se considerarmos a população do mundo inteiro, estes são, com certeza, o "maior número"...

E, por fim, qual é o significado de a "maior felicidade"? Para Bentham e seus discípulos, essas palavras significavam, de maneira geral, o bem-estar econômico das classes médias e o maior âmbito possível para o livre exercício dos poderes do indivíduo. Mas não é verdade que aqueles que têm o discernimento mais profundo da natureza humana chamaram atenção para o fato de que o "maior número" é mais feliz quando é conduzido por homens fortes que forjam seus destinos para eles? Quando sua individualidade é fundida numa comunidade, ou mesmo quando eles servem a um senhor que lhes provê a subsistência durante o dia e à noite os protege contra a privação e a miséria? Não é verdade que talvez um "número grande" igual experimenta a maior felicidade quando vive em indolência contemplativa, à custa de alguma outra pessoa, ainda que sofrendo, ao mesmo tempo, grandes privações?...

A escola predominante de jurisprudência que vê em toda proposição legal apenas a expressão da "vontade do legislador", deixa por completo de reconhecer o importante papel da sociedade em sua criação. Os professores da Escola do Direito Natural, em seu tempo, tinham um discernimento muito mais profundo da questão, visto que se esforçavam para basear a lei no senso de justiça, isto é, nas tendências sociais da justiça; Savigny e Puchta, com sua doutrina da consciência popular do Direito e da lei como base do desenvolvimento legal, apenas reafirmaram ideias do Direito Natural em termos de um ponto de vista social. Bentham, com seu princípio da utilidade, que coincide no principal com o *Zweck im Recht* de Ihering, dirigiu, pela primeira vez, de maneira abrangente, a atenção para o interesse geral que, é verdade, ele confundia, com bastante frequência, com o interesse de uma única classe, a classe média burguesa. A interpretação materialista da história foi muito mais longe do que a doutrina do Direito Natural, do que a Escola Histórica, do que Bentham e Ihering. Ela chamou a atenção para a extensão em que a lei e, por conseguinte, também as proposições legais são uma superestrutura erguida sobre a base da ordem econômica, e também em que medida as proposições legais são moldadas e criadas sob a pressão da distribuição de poder na sociedade. Mas, ao fazê-lo, tornou-se tendenciosa, pois excluiu intencionalmente de sua consideração o elemento da personalidade humana, as tendências da justiça, bem como todas as influências não econômicas que ela sempre, e em certas ocasiões de maneira bastante arbitrária, remontou às origens das influências econômicas, e, embora de forma bastante não intencional, toda a consideração do interesse geral. A sociologia do Direito não deve omitir nenhuma dessas coisas; deve considerar tudo que participa da criação da proposição legal.

X

O conteúdo variado do conceito de justiça

... Até esse ponto, então, toda a lei que se baseia na justiça nada mais é que uma expressão dos fatos jurídicos existentes, uma expressão da estática social. Existe uma outra justiça em contraste com ela e distinta dessa justiça, que é uma expressão da dinâmica social. Nesta predomina a ideia não apenas de que a proposição legal é capaz de preservar o *status quo*, mas que é um meio pelo qual a sociedade pode ordenar as relações dentro dos vários grupos em seu interesse. As poderosas forças propulsoras dessa dinâmica são o individualismo e o coletivismo...

... O auge do individualismo é o princípio segundo o qual todo homem é um fim para si e não está sujeito a nenhum poder que o usasse para seus próprios fins; nem a uma dominação que o sujeitasse à vontade individual de outrem, nem a uma dominação que o sujeitasse à vontade de um grupo no qual ele não servisse a si mesmo, mas servisse apenas ao conjunto. O ideal de justiça do individualismo é o indivíduo e sua propriedade, o indivíduo que tem um poder livre e desimpedido de dispor de sua propriedade, que não reconhece nenhum superior a não ser o Estado, e não está obrigado por coisa alguma a não ser aos contratos que celebrou de livre e espontânea vontade. O individualismo, portanto, dissolve todas as relações de dependência estabelecidas pelo costume, isto é, a escravidão, a dominação e a sujeição, e suprime, ou pelo menos enfraquece, os poderes do direito de família... Depois que foram dissolvidas e destruídas as associações nas quais os indivíduos parecem ter sido colocados como membros pela sociedade, os únicos elementos de ligação que restam entre o indivíduo e a sociedade são a propriedade, o contrato e o Estado, ao qual até o individualismo concede o direito ilimitado de usar o indivíduo como um meio para um fim. Entre o Estado e o indivíduo só estão aquelas associações que o Estado cria como suas instituições ou procura tratar como tal (a comuna, o país, a igreja), e aquelas nas quais o indivíduo entra de maneira voluntária, seja incorporando-se a elas, seja através de contrato (clubes, sociedades)... Em geral, os deveres são impostos ao indivíduo por normas de decisão apenas no caso em que o indivíduo assumiu um dever por contrato ou incorreu num dever por causa de ilícito...

A importância histórico-mundial do individualismo reside no fato de que ele fez mais do que apenas criar proposições legais... Ele extinguiu os costumes nos grupos, abolindo-os; modificou-os, alterando a estrutura dos grupos, em especial afrouxando a estrutura da família e colocando o Estado numa relação inteiramente nova com o indivíduo; e, em particular, desferiu um golpe mortal no poder de dominação na família e nos grupos dominantes entre as pessoas civilizadas. Ao estabelecer a liberdade de propriedade e a liberação da terra de todos os ônus e encargos, que se seguiu à liberdade de propriedade, modificou por completo as relações de posse; por intermédio da liberdade de contrato, libertou o comércio e os negócios de incalculáveis grilhões; e, por meio da liberdade da atividade industrial, mudou o centro de gravidade na aquisição de riqueza para a propriedade móvel. Mas a própria grandeza da revolução dá testemunho, da maneira mais efetiva, do fato de que as proposições legais realizaram esses resultados unicamente através das forças sociais elementares, às quais, por seu turno, elas devem sua própria existência.

No século XIX, o coletivismo apareceu como uma reação ao individualismo. De como ele encontrou expressão no socialismo ou no comunismo não tem lugar nesta discussão; posto que nessa forma não teve qualquer influência sobre o desenvolvimento do direito até o dia de hoje. Outras formas mais moderadas da ideia... chegaram a ser de grande importância...

... O individualismo, mesmo nos dias de seu maior poder e influência, não foi capaz de impedir que passassem a existir, e continuassem existindo, comunidades nas quais pelo menos certas reivindicações dos membros fossem satisfeitas por todo o conjunto de acordo com princípios bastante diferentes... Os indivíduos prestam serviços de acordo com seus poderes e capacidades, e recebem de acordo com suas necessidades...

O ponto de partida é a grande contradição interna que aflige o individualismo. Apesar do esforço para tratar todos os homens de maneira igual, ele permite que permaneçam algumas das maiores desigualdades, em especial a desigualdade de riqueza que a igualdade perante a lei apenas serve para acentuar... Em contraste com o socialismo, o movimento social que se baseia no coletivismo não tenta abolir as desigualdades, mas apenas mitigá-las. Seu objetivo é contrabalançar a vantagem de fato de que os ricos desfrutam por meio de instituições sociais e proposições legais, que impõem limitação aos ricos e os impedem de se aproveitar dessas vantagens numa medida exagerada...

... Assim como a antiga legislação contra a usura tentava impedir o proprietário de dinheiro e de bens de consumo de se aproveitar no contrato para concessão de crédito, da mesma forma o Estado proíbe hoje em dia que o proprietário dos meios de produção recorra a certos tipos de exploração no contrato de trabalho (limitação do trabalho de mulheres e crianças, limitação da jornada de trabalho...). Ele obriga o proprietário dos meios de produção a permitir que o trabalhador receba uma quota maior dos frutos de seu trabalho... Gasta uma parte do produto da economia nacional em benefício das classes não proprietárias (pecúlio para idosos, seguro social, instituições do Estado para o bem-estar público...)...

A ideia social de justiça, portanto, não destruiu a ideia individualista de justiça; realizou-a...

... Há muita coisa na obra do individualismo que suscitou críticas justas, assim como nem todos os resultados do coletivismo passaram no teste. Parece que estamos de novo diante de uma tendência individualista que, sem dúvida, será seguida por uma tendência do tipo oposto. Tal como a rosca de um parafuso, essas duas ideias de justiça têm puxado a raça humana para cima, de maneira alternada.

Entre todas as ideias de justiça descritas até agora, não existe nenhuma que não tenha encontrado um adversário no curso do desenvolvimento histórico que, com a mais profunda e autêntica convicção, proclamasse o oposto como sendo correto. Isso permite uma profunda compreensão da natureza da justiça... Com muita frequência, ao mesmo tempo, princípios opostos são concebidos como sendo justos, às vezes em diferentes estratos da sociedade, em círculos distanciados uns dos outros, mas com a mesma frequência por pessoas que têm um estreito relacionamento entre si. As duas partes de um processo judicial estão, em geral, convencidas da justiça de suas causas, e pode ser mesmo que ambas sejam justas; pois cada qual está invocando uma ideia diferente de justiça.

... Entre as ideias conflitantes de justiça, sempre houve uma que conseguiu a vitória na época; e as vitórias foram conseguidas não por causa de algum acidente histórico, mas sim de acordo com uma regularidade interna unificadora. Como em todas as outras partes do universo, e também na sociedade, o ontem está contido no hoje, e o hoje está contido no amanhã... A fim de se tornar uma proposição legal, o hoje legal e o amanhã legal, nascidos na sociedade, devem receber forma e aspecto por uma personalidade, que pensa e sente o que o futuro trará. Essa é a base de toda ciência jurídica prática, de toda política legislativa, de todos os sistemas de filosofia legal que nasceram até agora. É verdade que não estamos em melhor situação do que os herbanários dos séculos passados, para quem milhares de anos de experiência da raça humana deram uma vaga ideia das virtudes que são inerentes às várias plantas. O jurista e o legislador irão, pouco a pouco, tornar-se mais e mais parecidos com o médico moderno com formação científica, na medida em que a sociologia for capaz de seguir o rastro e apresentar as leis do desenvolvimento da sociedade humana. No momento presente, existem alguns modestos primórdios na, e apenas na, ciência da economia.

19

Jean Dabin

1889-1971

Jean Dabin é belga, nascido e criado na cidade flamenga de Liège. Exerceu a advocacia após formar-se na Universidade de Liège em 1911. Sua universidade concedeu-lhe um doutorado especial em direito civil no ano de 1920. Dabin foi um jovem advogado espirituoso; um de seus amigos diz: "Nem sempre ele tinha para com os magistrados o comportamento de ingênua reverência de um jovem licenciado."

Em 1922, abandonou o exercício da advocacia ao ser nomeado para uma cátedra na Universidade Católica de Louvain, na Bélgica – uma escola que o Prof. Patterson disse ser "o principal centro da filosofia tomista na Europa". Dabin foi professor por intercâmbio cultural em várias universidades francesas, inclusive na Universidade de Paris. Também passou um ano na Universidade de Lausanne, na Suíça.

Casou-se com a filha de um de seus colegas de Louvain, e criou uma grande família. Três de seus filhos ingressaram em ordens religiosas. Um dos irmãos de Dabin também é jesuíta. Ele próprio foi agraciado pela Igreja Católica Romana com a condecoração papal da Cruz de São Silvestre.

De manhã cedo, nos dias de aulas, ele caminha vivamente para a escola, girando sua bengala. A distância é considerável. Dabin gosta de lecionar no primeiro período de aula do dia. É um professor popular cujos cursos são bem frequentados. Um de seus amigos descreve-o como animado e impulsivo, um homem de grande entusiasmo e completa independência de espírito. Sua estatura foi reconhecida por títulos acadêmicos honoríficos; é membro da Academia Real Belga e de outras sociedades honoríficas do continente, além de ter sido condecorado pela Coroa Belga. Muitos e importantes escritos de Dabin datam de uma época de doutorados. Sua *Teoria geral do direito* (trechos da qual se seguem) foi publicada pela primeira vez em 1944, na França. Dabin divide com Jacques Maritain a liderança da filosofia política e jurídica da neoescolástica contemporânea.

TEORIA GERAL DO DIREITO[1]

Parte Um

O CONCEITO DE LEI

Introdução

3. *Adotando a ideia da "regra"; considerações filosóficas.* O único método que se mostrará válido quando submetido à crítica é estabelecer desde o começo a ideia da lei como ordem, regulamento, norma ou regra de conduta. Não importa como a ideia da "regra" possa ser concebida – como uma simples representação mental ou como uma realidade objetiva... – não há dúvida de que a lei existe como uma certa regra de conduta...

---

1. Reimpresso com a permissão dos editores, a partir da tradução de K. Wilk, *The Legal Philosophies of Lask, Radbruch and Darlin*; Cambridge, Mass., Harvard University Press. *Copyright* 1950 do Presidente e do Conselho do Harvard College.

5. *Tal como é compreendida em geral, a regra chamada "lei" dirige-se aos relacionamentos entre os homens.* Mas, se a lei é, em primeiro lugar, uma regra de conduta, pode-se dizer de imediato, de forma mais exata, posto que o emprego vivo das palavras assim o decidiu, que a regra de conduta chamada "lei", considerada em seu sentido específico, está limitada aos relacionamentos entre homens; que ela não diz respeito, pelo menos não de maneira direta, aos deveres do homem para com Deus nem aos deveres do homem em relação a si mesmo... Entretanto, a regra legal não é a única regra a governar os relacionamentos entre os homens. Outros tipos de regras, mais ou menos intimamente relacionados, ou que, seja como for, usam outros nomes, intervêm com alguma competência no mesmo campo...

6. *Definindo a regra legal...* Esse princípio distintivo só será encontrado se a ideia de lei for abordada a partir da ideia do grupo organizado, em especial da sociedade. A lei é uma regra social não apenas porque pressupõe um ambiente social, mas porque só existe na e pela sociedade, como a regra dessa sociedade... A lei pode ser definida da seguinte maneira: a soma total das regras de conduta estabelecidas, ou pelo menos consagradas, pela sociedade civil, com a sanção da coação pública, com o intuito de realizar uma certa ordem nos relacionamentos entre os homens – a ordem postulada pelo fim da sociedade civil e pela manutenção da sociedade civil como um instrumento dedicado a esse fim...

CAPÍTULO I

Definição formal de regra legal

Seção 1. *A lei como regra da sociedade civil*

8. *Lei implica vida em sociedade...* A regra legal... só passa a existir quando os homens formam um grupo, não apenas compartilhando de certas características comuns físicas, psicológicas ou sociais que produzem a simples solidariedade (tal como os homens de uma nação ou classe social), mas na base de uma verdadeira sociedade, envolvendo uma finalidade social específica, uma organização e uma hierarquia... A regra legal, então, é a regra que governa os relacionamentos entre os homens que, desse modo, estão agrupados de maneira orgânica e organizada.

9. *Por que a vida em sociedade requer a lei...* Falar de uma relação legal é falar de uma relação social: só existe lei, no sentido específico de uma regra diferente da moral e dos costumes, onde existe uma sociedade organizada. A propósito, a afirmação recíproca também é verdadeira... Toda sociedade organizada faz surgir uma regra legal. Primeiro, a fim de constituir-se para subsistir e funcionar. Pois a sociedade só existe devido aos indivíduos humanos dos quais é composta. Eles devem, portanto, ser mantidos em compromisso de fidelidade e sob obrigações inerentes ao estado social por uma regra que determina e sanciona seu *status* como membros. Por outro lado, a sociedade só opera pela ação de indivíduos, chamados de seus "funcionários", superiores e subordinados de todos os graus e cargos até o pessoal dirigente, indivíduos que por seu turno são obrigados por uma norma, a do "serviço" social. Por fim, como cada sociedade deve obter de seus membros não apenas alguma contribuição para sua existência através de obrigações propriamente sociais, mas também alguma colaboração para seus fins, em maior ou menor medida conforme o caso, é importante que haja uma regra que defina e garanta essa colaboração...

12. *Lugar distinto e eminente da lei da sociedade civil...* A lei da sociedade civil é competente para ordenar todas as atividades dos indivíduos dentro de seu território, inclusive as atividades legais e extralegais dos grupos particulares. Nesse sentido, a sociedade civil é soberana, é o comandante-chefe dos indivíduos e grupos, e, em consequência disso, sua lei, visto que é suprema, é a única lei verdadeira...

13. *A lei da sociedade civil é, não obstante, uma lei social...* O fim da sociedade civil ou do Estado é geral e humano. É o aperfeiçoamento do homem que essa sociedade visa. Por meio de um certo bem público, abraçando dentro de sua radiação a universalidade das necessidades humanas, morais e econômicas, individuais e sociais, a sociedade civil procura proporcionar para cada um e todos os seus membros a vida boa em todas as esferas da ordem temporal. Ora, uma das primeiras condições, bem como um dos fins do bem público, é que dentro da comunidade total predomine uma certa ordem nos relacionamentos entre os indivíduos e os grupos, uma ordem que a lei, fixada pela sociedade civil, se incumbe de realizar. Mas, se é assim, como se pode imaginar que a lei possa ser definida sem qualquer referência à moral, que constitui a disciplina humana fundamental? Como se poderia assinar o lugar de cada um na sociedade que é o Estado, sem recorrer aos princípios que governam os direitos e deveres do homem? Não surpreende, portanto, que a lei do Estado, que deve ordenar as relações privadas, muitas vezes assuma, como seus, preceitos que já foram estabelecidos pela moral, sobretudo a moral social.

Entretanto, que não haja qualquer equívoco: a regra assumida assim da moral torna-se uma regra social em todos os aspectos, não apenas do ponto de vista formal. Se ela se torna uma parte da lei, se é estabelecida e imposta sob ameaça de coação, não é de maneira alguma por causa de seu próprio valor, mesmo que este seja absoluto, mas apenas porque o fim do Estado o exige. Pouco importa que esse fim seja geral e humano (o que justifica a relação da política com a moral); apesar de tudo isso, continua, não obstante, um fim específico, e, como consequência, a regra inspirada por esse fim preserva seu caráter social.

14. *As outras regras da vida social (moral, costumes) não são sociais.* Talvez objetem que quaisquer regras que governem os relacionamentos entre os homens são igualmente derivadas da sociedade e são também sociais...

... Está muito bem que a regra moral (sob a interpretação sociológica) e a regra dos costumes sociais (incontestavelmente) originem-se da sociedade ou, com mais exatidão, do ambiente social por meio de repetição das mesmas atitudes, dos mesmos gestos (esse é o fato social do costume); no entanto, não possuem qualquer caráter institucional ou social, não perseguem qualquer finalidade institucional ou social, não servem à instituição ou à sociedade como leis de grupo... O que dá a uma regra seu caráter legal é o fato de que ela é consagrada e sancionada não de uma maneira inorgânica pelo público no grupo, mas pelo próprio grupo enquanto corpo – em especial, o Estado – na convicção de que a regra é necessária para o bem do grupo e para atingir seu fim específico. Estando em perigo o interesse social, entra em campo a disciplina social e, com ela, a organização do grupo nas pessoas de suas autoridades responsáveis: chefes, funcionários e juízes, os que ministram e garantem a disciplina...

15. *A lei consuetudinária tem caráter social.* Mesmo ao fazer a suposição de uma regra legal consuetudinária, a ideia social, em especial a consideração de um fim social, é o elemento determinante e característico. A ideia age primeiro sobre o público do grupo, que vê o interesse social envolvido e pede à lei para intervir; em seguida, graças ao público, age sobre a organização social que institui os meios de execução, os procedimentos da lei e da coação... Tampouco há alguma coisa para impedir um costume, que originalmente é um costume moral ou de modos, de atingir a categoria de costume legal; esse fenômeno será realizado justamente quando germina... no público a ideia de que a prática efetiva dessa moral ou desses costumes toca, de alguma maneira, na vida do grupo ou de seu ideal social... Desse modo, a conformidade moral ou social vem a gerar a regra jurídica.

Seção 2. O poder como fonte da regra legal

16. *Só o poder está qualificado para estabelecer uma regra legal.* Se a lei não é apenas

a regra da vida social, mas a regra da sociedade civil, só poderia ser estabelecida pelo poder, ou pelo menos com aprovação e consagração do poder, que está qualificado para agir em nome da sociedade civil, a saber, a autoridade pública. Temos aqui uma condição que se aplica não à eficácia ou à validade da lei, mas sim à sua própria existência.

... Ao dizer isso, não adotamos uma concepção "dogmática" ou autoritária da lei; apenas reconhecemos o caráter orgânico e, nesse sentido, social da regra legal. Nada impede a autoridade no Estado de ser organizada de maneira democrática, exercida de forma direta ou indireta pela própria nação... De fato, qualquer que seja o regime de governo ou o modo de estabelecer a regra legal – estatuto, costume, lei estabelecida por precedente legal – um grande número de pessoas sem capacidade oficial colabora ou contribui para a formação da lei... A lei se desenvolve de modo lento por um trabalho em grande parte coletivo, no qual é muitíssimo difícil descobrir direitos de autoria...

Entretanto, a lei só existe a partir do momento em que o próprio Estado, por seus órgãos, a erigiu como uma lei do Estado...

17. *Os tribunais, criando lei estabelecida por precedente legal, constituem poder.*

... Não importa quão independentes e, nesse sentido, soberanos eles possam ser, os tribunais instituídos pelo Estado para administrar justiça em nome do Estado são claramente depositários de uma parte da autoridade pública. Num outro aspecto, a lei que eles aplicam é basicamente a lei do Estado, quer a encontrem formulada em normas ou, na ausência de normas, quer tenham que elaborá-la eles mesmos. Pois está muito bem reivindicar a separação do poder judicial dos outros poderes do Estado, o legislativo e o executivo, sob o pretexto de que os dois últimos representariam poder político, ao passo que o poder do juiz seria de natureza exclusivamente legal. Primeiro, é um equívoco opor a lei – a lei do Estado – à política; a lei, a regra de uma sociedade política, está necessariamente subordinada às finalidades da política. Além disso, na medida em que os tribunais têm de elaborar a lei, eles têm de fazê-lo muito como atividade do Estado e para seus fins, o que é uma tarefa política. Por fim, é ilógico considerar como não político o poder judicial quando este, na ausência de uma regra legal, tem permissão para suplementar o poder legislativo, que é eminentemente político...

20. *As regras estabelecidas por indivíduos privados não constituem lei.* Por outro lado, as regras que derivam das vontades de particulares por meio de transações privadas estão fora da categoria de regra legal (no sentido de lei do Estado), não apenas porque sua força obrigatória está limitada às partes do caso, mas também porque a vontade privada, por si mesma, não é competente para estabelecer regras na esfera de Estado. Isso é verdade tanto para os atos privados individuais (atos unilaterais ou contratos, por compensação de valor ou por meio de doação, entre partes vivas ou depois da morte) como para atos coletivos que reúnam grupos econômicos ou outros grupos, quaisquer que possam ser, que tenham um genuíno poder regulador sobre seus membros...

21. *Transformação de regras de partes privadas em lei do Estado.* Contudo, o direito moderno conhece casos de transformação de regras privadas em lei do Estado; como, no campo das relações industriais, a extensão a toda uma ocupação ou indústria, por meio de aprovação do Estado, de estipulações inseridas em acordos comerciais coletivos. Ao que parece, a questão diz respeito apenas a quem eles abrangem; um acordo coletivo gera direitos e obrigações a pessoas que de modo algum eram partes nele.

Seção 3. Lei e coação pública

22. *No tocante à sua execução, a lei é garantida pelo Estado.* A regra da disciplina social do Estado, que é estabelecida e promulgada pelo Estado, também é garantida por ele, no sentido de que o Estado institui certos meios

destinados a realizar sua regra de maneira efetiva e de pôr em prática aquilo que a regra prescreve, da forma mais exata possível...

... A vida da lei está no fato de ser posta em prática; lei que não é ativa é lei morta... Se a lei quer ser bem-sucedida, se deseja viver, deve ser moldada de tal forma que se faça obedecer – moralmente, por uma certa adaptação à opinião comum; materialmente, por um complexo de medidas de execução que podem chegar a incluir o uso da coação.

23. *Lei que não é obedecida não perde sua validade enquanto lei*... Há aqueles que definem a lei, pelo menos enquanto lei positiva, falando de "lei obedecida em geral"... Mas a validade de uma regra não deve ser confundida com sua eficácia... Se o contrário fosse verdade, os súditos de uma lei seriam promovidos a senhores dessa lei, o que significaria não apenas anarquia, mas também a subversão da ordem... É uma questão bem diferente saber se é bom estabelecer ou manter uma regra que só iria receber desobediência...

26. *Em geral, a lei é obedecida*. Via de regra, a obediência à lei acontece de maneira espontânea, sem a intervenção do Estado... No conjunto, a lei é mais obedecida do que desobedecida, sem dúvida alguma. E isso é auspicioso, pois do contrário nenhuma coação passaria no teste; as medidas para a imposição seriam paralisadas sob a avalanche de infrações. Essa é a verdade parcial envolvida no dito: a lei positiva (no sentido de lei "real", "realizada") é a lei que é obedecida de maneira geral...

33. *Coação legal enquanto monopólio do Estado*. Instituída para os fins de proteger a lei do Estado, a coação, e, em especial, o direito de punir, cabe apenas ao Estado e seus órgãos competentes. Nesse sentido, a coação é, e não pode deixar de ser, pública. Seria o reino da guerra e da anarquia se cada cidadão... tivesse o direito de empregar a força a fim de garantir a execução das leis estabelecidas pelo poder público, até mesmo com o pretexto de que essas leis consagrariam seus próprios interesses pessoais... Historicamente, foi uma das primeiras tarefas do Estado em seu estágio formativo substituir sua justiça e sua coação à coação e justiça privadas e, pouco a pouco, monopolizar o poder coercitivo...

34. *Casos especiais de coação privada*. Acontece, entretanto, que os particulares reconhecem entre si um certo direito de usar pressão material – força física ou econômica – a fim de salvaguardar os direitos que têm pela regra da disciplina social (coação privada). O caso clássico é o da legítima defesa... Mas a questão aqui não é tanto a coação que visa impedir a violação da regra que garante a propriedade ou a vida humana, mas a defesa instintiva dos bens essenciais que a vida e a propriedade representam para todos. Em todo caso, o direito de legítima defesa desempenha um papel subsidiário; só é admitido no caso de necessidade, dada a incapacidade de recorrer à força pública... Devemos apontar também para o boicote e a lista negra? Nos casos em que são usados de maneira legítima, eles representam o exercício de um direito de liberdade contratual que não é mais posto ao serviço de outros direitos ou de uma lei, mas de simples interesses no campo da competição pela vida, de modo que o processo não apresenta mais nenhuma analogia com a ideia da coação legal.

35. *Poder disciplinador dos corpos privados*... Os grupos inferiores e subordinados podem muito bem desfrutar do que é chamado de poder "disciplinador", autorizando a aplicação pelo grupo das chamadas penalidades disciplinadoras contra membros que transgrediram a regra de sua lei interna. Mas esse poder disciplinador é diferente do poder do Estado em alcance e caráter. Não apenas está limitado quanto ao tipo de transgressões e ao tipo de penalidades, mas até mesmo ali onde a autoridade do grupo é competente para intervir, sempre está reservado um apelo ao Estado na condição de juiz do último recurso. Desse modo, as controvérsias entre marido e mulher, pais e filhos, até mesmo no campo sujeito ao exercício da autoridade marital ou paterna, são suscetíveis de julgamento pelo Estado...

CAPÍTULO II

Características da regra legal

* * *

Seção 1. A lei enquanto regra de conduta preceptiva e categórica

42. *Os dois elementos constitutivos de toda regra: hipótese e solução*. Analisada em sua estrutura lógica, a regra legal, qualquer regra legal, consiste em duas partes, uma das quais indica uma hipótese e outra (numa palavra que não prejulga coisa alguma) uma solução [consequente]. A hipótese expressa as condições de aplicação de uma regra que, a propósito, são definidas no abstrato: existindo tal e qual situação, seguir-se-á ou deverá seguir-se tal e qual solução... Considere-se a regra: o menor carece de capacidade legal. A hipótese é: se uma pessoa é menor de idade; a solução: ela carece de capacidade legal. Por outro lado, pouco importa se a hipótese consiste num puro estado de fatos, num estado de lei, ou num estado misto de fatos e lei. Considere-se a regra: o cônjuge (ou: o proprietário, o credor, o herdeiro, o Estado, o cidadão belga) tem tal e qual direito (ou obrigação). A qualidade de cônjuge (ou de proprietário, credor, etc.) que forma a hipótese da regra, é um estado de lei que, por outro lado, pode derivar às vezes de fatos puros e simples e às vezes de transações legais...

43. *A solução legal é uma norma...* Diferente da solução científica que é uma declaração de fato... a solução jurídica é uma norma, uma ordem; isto é, pertence à categoria dos princípios que dirigem a conduta... Ela *indica* para todos o que "deve ser feito" e, ao mesmo tempo, *prescreve* o que indica. Nesse aspecto, as leis jurídicas não são, de maneira alguma, comparáveis com as leis da natureza... Só o homem, que é espírito, está sujeito a leis postas diante de sua vontade e que ditam sua conduta...

47. *A regra legal impõe um preceito e não um conselho...*

A lei ordena. Talvez a autoridade obtivesse uma resposta melhor se usasse o conselho em vez do preceito. Essa é uma questão de psicologia racional; e existem de fato circunstâncias em que o Estado, não ousando ordenar, aconselha ou, por outro lado, recomenda e sugere...

48. *Um preceito fundamenta as regras dispositivas e as permissivas...*

... Mas existem casos em que o imperativo permanece implícito na solução legal. Considerem-se as chamadas regras "dispositivas". Por suposição, elas nem ordenam nem proíbem qualquer ato; elas definem interesses e direitos, capacidades e competências; determinam as condições nas quais começa um certo efeito legal ou os efeitos legais de uma certa situação. De maneira ainda mais geral, resolvem uma questão que diz respeito às relações entre pessoas – resumindo, elas "dispõem". Por exemplo, o possuidor em boa fé de um bem móvel será seu proprietário; o domicílio de uma pessoa será no lugar de seu principal estabelecimento....

No entanto, toda "disposição" envolve uma injunção a cada um – partes, terceiros, funcionários que administram a lei – para respeitar a disposição legal...

52. *O imperativo legal é categórico e não condicionado ou técnico*. Mas eis aqui uma distinção adicional: o imperativo da lei é categórico.

Ao que parece, nem é preciso dizer isso e pode-se perguntar como um imperativo poderia ser alguma outra coisa a não ser categórico. Mas, certo ou errado, desde Kant as pessoas opõem ao imperativo direto, o chamado categórico, um imperativo apenas condicional, chamado de hipotético. Ora, o imperativo legal não tem coisa alguma de condicional... Uma vez que a hipótese é realizada, a ordem é obrigatória de maneira categórica, independente de qualquer condição que seja...

O chamado imperativo hipotético ou condicional, pelo contrário, só é obrigatório em relação a um certo resultado de natureza técnica; por isso seu nome sinônimo "imperativo técnico". Se alguém desejar chegar ao resultado... então precisa adotar os meios para ele. Por essa razão, o meio é obrigatório e, nesse sentido, ordenado...

Com referência a seus objetos, a regra legal jamais é técnica dessa maneira. Certamente, qualquer regra que seja, a regra moral e a regra legal, bem como a técnica, só existe em relação a um fim. Mas há essa diferença capital de que a regra técnica serve ao fim de um trabalho – um trabalho técnico, especial, reservado em princípio aos técnicos, ao passo que a regra moral e a regra legal servem ao fim de uma ordem – uma ordem humana, válida para todos os homens em razão de sua condição enquanto homens. A ordem humana que a moral visa, é a ordem humana essencial; a ordem de aperfeiçoar o homem em sua moral, seu ser espiritual. Como consequência, as regras de fim e meios que traduzem as condições dessa perfeição para a qual o homem é chamado, têm necessariamente um caráter categórico. O mesmo vale para a lei...

53. *A sanção não transforma o categórico em hipotético*. A sanção, penal ou de qualquer outro tipo, que acompanha a regra legal, não muda coisa alguma nesta análise. A sanção não é decretada a fim de conferir ao indivíduo uma opção entre a disposição feita pela regra e a sanção... Longe de transformar o imperativo categórico da regra em imperativo hipotético ("Cumpra a regra se você deseja escapar da sanção; não obstante, se você prefere a sanção, tem o direito de não observar a regra"), o papel da sanção é ir em ajuda do imperativo categórico a fim de efetuar, o máximo possível, sua realização na conduta...

55. *O imperativo categórico da lei é obrigatório nos foros externo e íntimo*. Afirmar o caráter categórico do imperativo legal não é o mesmo que entrar na questão de que maneira esse imperativo é obrigatório: no foro interno, isto é, perante o tribunal da consciência, ou no foto externo, ou seja, perante um tribunal humano equipado de coação...

... Fora de qualquer ideia de referência da moral com a lei, há, em princípio, motivo para se reconhecer que a regra legal seja válida no foro íntimo. O motivo é que, no que diz respeito ao Estado, uma sociedade necessária e universal, a ordem social é uma ordem humana desejada por natureza, de onde se conclui que as regras apresentadas em nome dessa ordem humana natural obrigam o indivíduo em sua consciência. O homem não seria plenamente homem se não fosse membro da sociedade, respeitando suas obrigações como membro, entre as quais figura, em primeiro lugar, a obediência às regras e ordens decretadas em nome da sociedade por autoridade competente. A moral, então, manda os cidadãos obedecerem à regra legal e torna isso um dever de consciência, pelo menos sempre nas circunstâncias em que a obediência for necessária para a realização dos fins que o legislador estabeleceu para si mesmo. Acrescentemos que o dever na consciência de obedecer a uma lei não significa, de maneira alguma, o dever de achá-la boa, adequada ou oportuna; do contrário, como poderia a lei progredir? De maneira idêntica, reservamos o caso das leis injustas, que são assim por serem contrárias à regra moral, pois o que é imoral não poderia obrigar a consciência.

Seção 2. A lei como regra geral

56. *A tese dos advogados da regra legal individual...*

Até pouco tempo, a regra legal sempre era definida como geral e abstrata, dirigida aos indivíduos em geral, particulares ou oficiais, ou para categorias abstratamente determinadas entre eles... Mas há uma certa tendência recente entre autores que não vêem qualquer inconveniência em admitir uma categoria de regras puramente individuais...

É evidente que toda regra geral é obrigada a se particularizar em sua aplicação a indivíduos que são partes da "generalidade" visada; o preceito estabelecido para todos é válido para cada um em particular; e a aplicação do preceito geral é necessariamente individual. Entretanto, entendemos por regra geral uma regra estabelecida no abstrato, fora de qualquer consideração por um indivíduo particular e por um caso individual...

57. *Crítica da tese acima*. Essa análise, porém, não parece exata. É incontestável e inconteste que existem situações legais individuais –

direitos, poderes, obrigações e funções – que derivam de fontes diferentes da regra legal geral; a decisão administrativa, o julgamento, o contrato, são fontes dessas situações. Não se conclui que a decisão administrativa, o julgamento, o contrato, sejam regras legais. Sem dúvida, a decisão administrativa, o julgamento, o contrato, implicam uma ordem, um imperativo individual, válido para determinados indivíduos, os destinatários ou partes contratantes. Mas eles constituem em si ordens ou sentenças, e não regras, normas ou leis, porque a regra legal, a norma, a lei, invocadas para governar muitos casos, implicam generalidade... Na disciplina social, antes de mais nada, é impossível para a autoridade designar para cada um sua linha de conduta. E essa impossibilidade basta para justificar o princípio da generalidade da regra legal.

Por outro lado, no atual estado da organização política, a suposta regra legal individual põe em ação uma regra geral. Se a decisão administrativa é obrigatória para o indivíduo, o é não por sua própria força, mas sim porque é posta em execução por uma lei pública, que ordena ao administrador tomar a decisão que tomou (sem, entretanto, negar-lhe um certo poder de discernimento apreciativo). Se o litigante perdedor é obrigado a sujeitar-se ao julgamento, isso se dá em virtude não do imperativo do juiz, mas sim do imperativo de uma lei em que se baseiam a missão do juiz e a autoridade de seu julgamento. Se o contrato engendra preceitos individuais para as partes ou aderentes ao contrato, é porque a regra legal vincula tais efeitos à conclusão dos contratos...

CAPÍTULO III

A matéria do direito

* * *

Seção 1. Exclusão de atos internos: deveres para com Deus e deveres para com a própria pessoa

65. *Os atos internos estão sujeitos à moral.* A lei regula as relações dos homens com os homens; isso significa que os atos internos escapam por completo do reino da lei. Compreendemos por atos internos a grande quantidade de processos psicológicos, de inteligência, de vontade, de sensibilidade que permanecem confinados no íntimo do homem, sem serem necessariamente traduzidos por meio de ação ou de abstenção...

66. *Aplicação dessa ideia; a "função pedagógica" das leis.* Essas são as razões pelas quais o legislador penal só pensa em punir uma tentativa de cometer um crime se este for evidenciado pelo começo de sua execução; enquanto o crime viver apenas em pensamentos, a lei não se intromete e não pode fazer outra coisa a não ser não se intrometer, por mais moralmente ilícito que possa ser o pensamento criminoso. Por outro lado, essas são as razões pelas quais o legislador que trata das transações legais – de direito público ou privado – prescreve efeitos legais apenas para a vontade manifesta...

... O Estado faz uso do prestígio de uma lei formal para inculcar em seu povo preceitos que, apesar de sua intervenção, são e continuam sendo preceitos morais. Por um lado, nem toda medida e nem toda regra estabelecida por uma lei tem necessariamente caráter legal... A autoridade tem o direito de empregar quaisquer meios honestos para alcançar os fins correspondentes à sua missão; se houver razões para acreditar que a proclamação de um preceito moral pelo direito civil favoreceria a prática desse preceito, distinções técnicas não poderiam deter tal política, em especial porque a massa do povo, que não se importa com divisões jurisdicionais, poderia ficar chocada com certos casos de omissão por parte da lei.

68. *Em que sentido a lei se interessa pelas intenções.* Contudo, é verdade que a lei em todos os seus ramos está preocupada com as intenções... É a intenção que qualifica a infração criminal; que assinala a diferença entre boa e má-fé, entre transgressão voluntária e involuntária; que governa a interpretação das transações e atos legais, privados e públicos, inclusi-

ve estatutos... A questão nesse caso não é mais de puras intenções que formam a matéria para preceitos de ordem ou proibição. É uma questão dos atos externos – legais ou não legais – que o jurista tenta relacionar com as intenções que os acompanham ou explicam... Só levando em consideração a ideia é que os atos adquirem significado moral e até mesmo social (posto que a sociedade é composta de homens). De fato, a sociedade não é indiferente ao fato de se as intenções que acompanham ou explicam os atos são inocentes ou mal-intencionadas, sociais ou antissociais, e por isso a necessidade de tratar os atos de forma correspondente, de diversificar e graduar as disposições das regras de acordo com as intenções...

69. *Da prudência necessária na busca da intenção*. Entretanto, é necessário prudência... Na prática, as condições de trabalho dos órgãos de aplicação da lei – funcionários administrativos e juízes – raras vezes permitem que se recorra ao método lento e refinado da análise rigorosamente científica... Onde a intenção deve, em geral, permanecer indiscernível, é preferível renunciar por completo à pesquisa especulativa e muitas vezes enganosa e, em vez disso, aferrar-se à materialidade dos fatos – gestos, palavras, escritos.

... Bens e documentos pedem uma circulação rápida e desimpedida. Daí o renascimento do formalismo – um formalismo puramente utilitarista sem valor simbólico – que caracteriza algumas partes do direito comercial de hoje...

70. *As relações do homem com Deus estão, como tal, fora da competência da lei...*
... A sociedade civil como tal não tem qualquer competência em questões religiosas... Essa tarefa pertence estritamente à Igreja e, para aqueles que rejeitam toda e qualquer Igreja, à consciência individual.

71. *Exceções: incidência do espiritual no temporal*. Entretanto, deve-se levar em consideração o eco da religião, seus princípios, seu culto, suas instituições, na esfera da vida civil temporal... Caberá... à autoridade civil proclamar a regra da liberdade de culto e salvaguardá-la...

... Se o Estado julgar oportuno, estabelecerá regras para proibir certos atos ou atitudes que demonstrem ostensivo desprezo com relação à religião, por exemplo, a blasfêmia, o sacrilégio, a paródia de culto. De fato, atos desse tipo nada têm em comum com a liberdade, garantida como tal, de sincera propaganda antirreligiosa... Por fim, sem ter de supor o caso em que o próprio Estado professe uma religião natural ou positiva (caso de uma religião de Estado), se poderia muito bem compreender que o Estado, reconhecendo o valor prático da ideia religiosa em razão de seus benefícios sociais, protegesse a religião e que essa política fosse traduzida em regras apropriadas de direito público e privado (por exemplo, instrução religiosa obrigatória nas escolas, privilégios para o clero, subsídios para institutos e obras...)

Parte Dois

O MÉTODO LEGAL

CAPÍTULO I

É a lei "dada" ou "construída" objeto de uma ciência ou técnica?

Seção 1. Estado do problema e teorias atuais

98. *Explicação dos termos "dada" e "construída"...*
Uma coisa é dada quando existe enquanto objeto fora de qualquer intervenção produtiva do homem; tal como Deus, a natureza, os seres humanos e suas relações, os fatos contingentes da história. Uma coisa é construída quando, considerada em si mesma, tem sua causa na atividade eficiente do homem; tal como uma casa, um poema, um silogismo, o Estado... Ora, com referência ao "dado", qualquer que seja a categoria a que possa pertencer – física, metafísica ou histórica –, a atitude do homem é de conhecimento, de ciência; com referência ao "construído", o homem, que por definição é o

construtor, é operante e, nesse sentido, faz uma obra de arte ou de tecnologia. Por um lado, a atitude de investigação ou de recepção; por outro lado, a operação criativa...

101. *Em sua existência histórica, a lei é "dada".* Em sua existência histórica, a lei é obviamente "dada", um objeto de ciência... Esta lei dada, se está em vigor, irá, sem dúvida, exigir aplicação em casos especiais, o que cabe a uma certa arte, não a uma ciência. Mas com uma resssalva de aplicação a casos especiais, a lei historicamente dada, em vigor ou não, apresenta-se como uma realidade, suscetível de apropriado conhecimento especulativo, científico. Por outro lado, a lei de um país ou de um grupo de países, ou, se isso for possível, do mundo inteiro pode ser estudada não como algo estático, num momento suspenso do tempo, mas sim em sua evolução no decorrer das eras. Esse é o ponto de vista próprio do historiador. Por fim, a lei pode ser estudada a partir de um ponto de vista estritamente sociológico, em suas relações com a vida social de um país ou de uma época ou em geral. Em todo caso, a atividade é uma atividade da ciência...

102. *Mas e quanto à lei em sua essência?* Porém, fora da lei "existencial" – presente, passada, futura ou apenas possível – existe uma lei pura e simples, despojada de qualquer forma de existência concreta. Nossa questão é levantada em relação à lei assim compreendida, no estado de essência. Nela discerne-se, de imediato, o interesse numa avaliação exata da missão do advogado. Se a lei é "dada", pelo menos para o jurista, bastará recolher a coisa "dada" na realidade que a fornece... A busca sempre estabelece para si uma meta: encontrar a lei onde ela está, enquanto algo dado. Uma doutrina tranquilizadora! O jurista é um homem de ciência; suas conclusões têm a objetividade e a certeza da ciência... Do contrário, se a lei é construída, a porta está aberta para o subjetivismo arbitrário do autor da regra. Mesmo que a construção estivesse sujeita a princípios, as soluções desenvolvidas em sua aplicação só poderiam ser vacilantes, contestáveis e contestadas.

Porém, qualquer que possa ser a segurança – real ou imaginada – que se espera de uma concepção "científica" da lei, é impossível encontrar segurança no erro. A lei será ainda mais arbitrária, ou em todo caso mais tirânica, se se apresentar em nome de algo dado que careceria de realidade objetiva...

103. *Atitude do positivismo jurídico e da crítica.* Toda uma escola jurídica adota atitude de indiferença para com o problema, com o motivo declarado de que isso transcenderia a esfera de competência do jurista. De acordo com eles, a ciência do direito teria apenas a lei dada historicamente como seu objeto, que o jurista como tal só teria que delinear de forma científica... Quanto à crítica dessa lei ou à busca de algum princípio que domine a elaboração positiva, esse trabalho, que de fato não se nega ser legítimo, seria "metajurídico", pertencente a outras disciplinas que não a lei: a ciência política, a sociologia, a filosofia... Mas até mesmo admitindo-se que a ciência jurídica pudesse ficar presa na pura exposição da lei, um despacho de não conhecimento por falta de competência não é a solução. Com a ciência jurídica deixando de comparecer ao júri após alegar falta de competência, uma outra disciplina terá de se encarregar do problema, que pode ser, se quisermos, a disciplina da filosofia jurídica.

104. *Todos reconhecem que, em alguma parte, a lei é "construída".* Uma primeira questão não admite qualquer discussão: até certo ponto, mais ou menos considerável de acordo com opiniões que variam, a lei é construída. Desse modo, Savigny, o grande mestre da escola histórica, reconhecia a existência de uma elaboração científica da lei pelos juristas, que ele chamou de "técnica legal" e que distinguia da criação espontânea da lei no coração das pessoas... Entre os adeptos do direito natural, nenhum nega que isso requer realização prática, que constitui precisamente o recurso original do direito positivo; todo o sistema é construído sobre a oposição lógica entre um elemento de lei dado por natureza e um elemento positivo derivado da vontade do homem...

Seção 2. Exame das teorias do "dado"

... Ao contrário da opinião predominante, tomaríamos aqui o partido da teoria da "construção" *total* e tentaríamos prová-la...

112. *Crítica das doutrinas do "dado" popular.* Quanto às teorias de variados matizes de que derivam o "dado" do povo, é fácil responder que o povo como tal não é qualificado em questões legais, não mais que em quaisquer outras questões – filosóficas, científicas, técnicas, para decidir o que são ou o que deveriam ser a verdade, o bom, o justo, o útil. Supondo que o povo tenha uma certa opinião sobre um ponto da lei, não existe coisa alguma indicando que essa opinião seria adequada à verdade jurídica e que, por conseguinte, o jurista estaria no dever de aceitá-la na condição de "dado" irrepreeensível do regulamento legal. A lei não é uma questão da vontade das massas ou de muitos; é uma questão de razão...

113. *Crítica das doutrinas de força.* A lei, dizem os pensadores "realistas", nada mais é que a vontade do mais forte; e, supondo-se forças rivais, a solução será dada pelo equilíbrio de forças... Mais uma vez, porém, a força pode muito bem impor ao legislador algum "dado" legal, qualquer coisa que satisfaça os interesses ou paixões a que ela serve. De maneira nenhuma se conclui que a força está qualificada para "dar" ao jurista qualquer coisa que seja válida. Para dizer a verdade, ela não "dá" coisa alguma, significando o conceito de "dado", afinal de contas, a ideia de uma solução dotada de uma virtude própria. Ora, a força se contenta em ditar a solução, a força a cria. Por isso não existe mais espaço para perguntar se a lei inclui uma parte do "dado"; essa distinção não faz mais sentido. A lei, sinônimo de força, não é "dada" nem "construída"; sua origem remonta a um puro fato arbitrário.

114. *Quanto ao direito natural, a questão só surge com referência ao direito natural jurídico.* Se o "dado" da lei não pudesse residir em fatos – os fatos da consciência comum ou os fatos do poder –, seria preciso descobrir-se esse "dado" no "fundo de verdades morais e econômicas", "ordenando certas direções" que "se centram na ideia suprema do justo objetivo", resumindo, no direito natural?

Dissipemos de início uma equivocabilidade que ameaça viciar toda a discussão. Sem dúvida alguma, é legítimo atribuir validade às noções do direito natural e da justiça a fim de deduzir a partir daí as regras destinadas a governar a conduta do homem para com os outros, no plano dos relacionamentos estritamente interindividuais, bem como no plano de domínio social (família, Estado e outros agrupamentos). Mas a questão, nesse caso, é a da regra humana fundamental, isto é, a regra moral... Mas a regra legal é diferente da regra moral. A primeira é a regra concreta estabelecida pela sociedade-Estado para seus indivíduos do ponto de vista de sua própria disciplina...

A questão então é, no nível específico desse tipo de regra, se o direito natural e a justiça, que de fato constituem o "dado" da regra moral *ad alterum*, servirão igualmente como o "dado" da regra legal. Se a resposta fosse afirmativa, seria preciso admitir que as duas regras partem do mesmo "dado" e, como a regra moral vem primeiro, que o "dado" da regra legal nada mais é que aquele da regra moral. Nenhuma outra diferença subsistiria entre os dois sistemas, a não ser as que resultam da diversidade das determinações positivas...

115. *A natureza não fornece ao jurista nenhum "dado" jurídico, nenhuma regra necessária.* A experiência legal que vem da prática geral da legislação, da lei estabelecida por precedente legal e dos costumes, não confirma essa conclusão. De fato, parece que, em certos casos, a regra legal não assume o "dado" inicial do direito natural e da justiça, salvo para submetê-lo a determinados ajustes; que, em outros casos, ela o descarta ou o modifica, e não apenas nos detalhes de determinação, mas também de maneira muito mais radical, invertendo a diretiva, como quando a lei se deixa guiar acima de tudo pela preocupação com a segurança... O que é isso senão dizer que o ju-

rista tem de consultar não apenas o direito natural e a justiça, que ele conserva uma certa liberdade de escolha com relação a eles?

Por isso o "dado" mandatório torna-se opcional, quer dizer, deixa de ser dado...

A mesma crítica se aplica a uma outra fórmula usada com frequência, que chama o direito natural e a justiça de fontes inspiradoras do direito positivo. Ser inspirado por um modelo não significa necessariamente copiá-lo. Pelo contrário, é preservar a liberdade de adotá-lo tal como é, de modificá-lo ou de não adotar de maneira alguma, de acordo com as circunstâncias.

Dirão que até mesmo quando o jurista parece estar descartando o direito natural e a justiça a fim de criar uma exceção ele não deixa de sujeitar-se ao direito natural e à justiça, que traduz à sua própria maneira, tomando em consideração as necessidades e requisitos próprios da ordem legal. Apesar de seu sucesso, essa fórmula mal consegue disfarçar uma conclusão falsa. Aplicar uma exceção a um princípio não é traduzi-lo, ser inspirado por ele, ou mesmo adotá-lo; é, com toda certeza, contradizê-lo, pelo menos no caso que está submetido a exame. O princípio permanece seguro; mas é ilógico sugerir que ao decretar a exceção se continue a aplicar o princípio. Além disso, se a ordem legal tem suas próprias necessidades e requisitos necessários, capazes de influenciar o conteúdo de suas regras ao ponto de ditar exceções ao "dado" dos princípios do direito natural e da justiça, isso prova que a regra legal, diferente da regra moral, não está sujeita a esse "dado", nem é determinada somente por ele, que obedece a outras leis...

Seção 3. A lei é "prudência" e, por conseguinte, construída

* * *

124. *As operações do jurista pertencem à razão prática, em especial à prudência*. Isso quer dizer que as operações do jurista ao construir a lei... podem não ser atos da razão? De maneira nenhuma; mas são atos da razão prática. Tendendo para um certo fim de ordem prática, a saber, a boa organização dos relacionamentos sociais, a elaboração da lei não depende de compreensão especulativa, científica ou filosófica, mas sim de julgamento. Para ser mais exato, como a boa organização dos relacionamentos sociais se aproxima do bem da vida humana em geral, a ação ordenada para essa finalidade pertence essencialmente à prudência, pelo menos para a substância da regra, se não para sua "composição" externa. Se, de acordo com a antiga definição, a matéria da prudência é o discernimento e a efetiva realização dos meios mais apropriados aos fins no campo das coisas morais, a tarefa do jurista é adaptar ao fim do sistema legal o meio que constitui a regra legal...

... A razão prudente não se limita à disposição de casos individuais, à consulta profissional ou à decisão de um processo judicial. Há a prudência do conselho legal (o "prudente" romano) e a prudência do juiz, sendo este que deu a origem do termo técnico [francês] de *jurisprudência* para designar o trabalho de criação legal e de interpretação feito pelos tribunais. Mas existe também uma prudência *legislativa*, concernente à ação particular de elaboração das regras gerais destinadas a governar os casos individuais. Essa prudência legislativa orientará as operações de todos aqueles que, com qualquer capacidade, colaborem na construção da lei; permitirá que eles julguem, de maneira concreta, os meios e os fins, seu valor e sua oportunidade com relação ao derradeiro propósito da ordem legal...

125. *Dizer "prudente" não é dizer "arbitrário"*. Ao se dizer que a lei é "construída" por completo até seus alicerces, não se conclui que essa construção pode acontecer de maneira arbitrária ou mesmo com a liberdade da criação artística, justamente porque ela é um trabalho da razão prudente... Sem dúvida, resta espaço no trabalho concreto de elaboração para uma certa medida de vontade arbitrária. Mas a margem fica encerrada dentro de limites relativamente estreitos...

126. *As pressuposições factuais da regra legal do jurista*. O jurista não extrai sua regra *ex nihilo* e não a constrói num vácuo. Como qualquer regra, a lei se baseia em fatos. Entendemos por "fatos", no sentido mais amplo, todas e quaisquer realidades... que possam interessar ao jurista na elaboração de seu próprio sistema...

... Nesse sentido, é exato dizer de modo absoluto: *Ex facto oritur jus*; os fatos são fontes da lei, elementos generativos das soluções e regras legais. Por exemplo, que a paternidade não é suscetível de ser identificada de maneira direta, pelo menos no atual estado da ciência; que as coisas materiais estão divididas em móveis e imóveis; que o homem é dotado de personalidade; que ele tem um instinto de sociabilidade; que nas classes da sociedade há indivíduos de espírito fraco e de vários tipos – esses são fatos inescapáveis, tanto para o jurista como para qualquer pessoa, que acarretam consequências no campo da disciplina legal...

... Quer ele se adapte a eles ou os aprove, quer pretenda retificá-los, corrigi-los ou reprimi-los, eles *são* e, por isso, têm importância...

127. *Preceitos morais ou técnicos e lei existente enquanto fatos pressupostos*. Isso tampouco é tudo. Os fatos que compõem o "dado" que precede a lei abrangem não apenas os fatos puros e simples que são objeto da ciência especulativa. Também abrangem todas as regras de ação... Existe um grande número de técnicas que pertencem aos campos mais variados: as técnicas dos negócios, do sistema bancário, do seguro; as técnicas das máquinas de construção, ferramentas e aparelhos; as técnicas da navegação oceânica e da navegação aérea; a técnica médica e cirúrgica; técnicas de trabalho estético, científico, literário e também de trabalho legislativo, etc. Para o jurista, as regras, procedimentos e prescrições das diferentes artes ou técnicas são obviamente dados como fatos. Na medida em que a lei se ocupa de vários campos técnicos, o jurista é, por conseguinte, obrigado pelo "dado" da técnica, que lhe fornecerá os elementos básicos de sua construção.

A mesma observação se aplica a regras da atividade humana não técnica; a regra da moral ou a regra da lei já estabelecida (fatos do Dever)... O que é... "construído" pelo moralista torna-se "dado" para o jurista. O mesmo é válido para a lei existente em relação ao trabalho de elaboração de uma nova regra: para o jurista que interpreta, a lei existente, que em si é "construída" em sua inteireza, torna-se um "dado" legal, visto que é uma realidade histórica. E é bem certo que o jurista, ao fazer sua regra, não poderia separar-se desse "dado" legal histórico, quer ele deseje completar ou aperfeiçoar, ou mesmo reformar ou inverter a lei existente.

Mas tenha o cuidado de notar: esses últimos fatores "dados" continuam sendo pré-legais... Embora possam tocar bem de perto a elaboração da lei – o que impossibilita que sejam "metajurídicos" – ainda assim não constituem o "dado" legal da regra a ser construída... O jurista recebe a moral e as soluções morais como "dadas" em seu nível e lugar específico, visto que são um "dado" moral. Ele não tem de recebê-las como um "dado" legal, isto é, como um "dado" completamente preparado de sua própria regra. Nesse novo nível, ele fará tal uso delas como está prescrito pela regra de prudência relacionada com seu trabalho especial, o trabalho da lei a ser elaborada. Às vezes, então, a prudência ditará aquela sanção do "dado" moral; às vezes ordenará uma atitude diferente: uma recusa a intervir ou um novo arranjo do "dado" moral...

129. *O "dado" do método de elaboração da lei*. Mas o que é dado acima de tudo, fora dos fatos precedentes, é um método de elaboração da lei, que consiste em determinados princípios desenvolvidos pela reflexão filosófica ou pela filosofia jurídica. Diferente das *soluções*, que em todo caso são determinadas pela prudência (jurídica legislativa), o *método* é dado pela ciência, uma ciência voltada para a ação, posto que estamos ocupados com a elaboração da lei, mas uma ciência composta de princípios gerais e universais que a prudência tem, precisamente, de aplicar a casos particulares.

Por definição, os princípios dessa ciência obrigam o jurista que interpreta de maneira necessária e absoluta, sem qualquer derrogação possível. Na ausência de um direito natural jurídico, existe assim um *método legal natural*, representando os princípios permanentes e invariáveis que presidem a elaboração da lei. O legislador tem de seguir esse método; o juiz também deve seguir esse método, na medida em que tem de "agir como um legislador"...

O que, então, são as leis da elaboração legal? Isto será estudado de forma sistemática no capítulo seguinte...

CAPÍTULO II

Os princípios que orientam a elaboração da lei

INTRODUÇÃO

* * *

123. *O caráter instrumental da regra legal a diferencia da regra moral*. Observemos de imediato: o caráter instrumental da lei expressa uma diferença fundamental entre lei e moral... Seria errado apresentar a regra moral, até mesmo a regra moral positiva estabelecida por uma autoridade externa, como um mero meio na expectativa de um fim, "uma técnica para obter nossa plena beatitude", como afirma certo autor. Na realidade, a lei moral, natural ou positiva, limita-se a traduzir as demandas da única moralidade, e as traduz como verdadeiras, sem preocupação com a finalidade extrínseca... A moral não *persegue*, na verdade, nenhum resultado, nenhum bem, nem mesmo um bem moral; ela *funde-se* com o bem moral, expressando seus requisitos necessários e conveniências.

A regra legal, pelo contrário, existe na expectativa de um fim distinto e superior, que ela poderia muito bem deixar de atingir, que poderia ser atingido também de outras maneiras, de modo que sempre se pode questionar a utilidade de seus dispositivos ou mesmo de qualquer intervenção sua no caso particular... A lei é utilitária, a moral não. A regra legal está subordinada a um sistema que tem em si o valor de um instrumento, o sistema do bem público temporal, o fim e a razão de ser do Estado...

SUBDIVISÃO I

A finalidade do decreto legal: o bem público temporal

134. *Lex est ordinatio ad bonum commune*. Se a lei é consubstancial com a ideia de sociedade, a finalidade da regra legal só poderia ser o fim da própria sociedade, a saber, o bem comum...

... Visto que a política é a ciência e arte do bem público, a regra legal está a serviço da política, e a prudência que preside a elaboração da lei, ou a prudência legislativa, é uma parte da prudência política.

Seção 1. Conceito e características do bem público temporal

137. *Os elementos constitutivos do bem público: ordem, coordenação, ajuda*... O bem público pressupõe, em primeiro lugar, o estabelecimento e a manutenção de uma certa ordem na sociedade, gerando segurança e confiança. Como seriam possíveis as atividades e a própria vida do público se o ambiente social fosse presa da violência, brutal ou insidiosa (na forma de abuso do poder), da incredulidade e da fraude?... Isso será alcançado, em especial, pela organização de uma força policial encarregada de prevenir e reprimir a desordem, pelo estabelecimento de tribunais encarregados de decidir judicialmente as controvérsias, e pela promulgação de regras fixas nos campos público e privado...

A escola liberal pretendia ater-se a esse estágio de intervenção negativa, recusando-se a admitir que a liberdade dos indivíduos em suas chamadas atividades privadas pudesse ser tocada em algum momento, de alguma maneira que fosse, pelo Estado, quer na forma de regulamentos ou na de subsídios. Mas as pessoas tornaram-se conscientes de que, numa civilização complexa, o bem público tem outros inimigos além da desordem externa, a saber, a dispersão de esforços numa competição não regulamentada. Pensando bem, a vida dos homens, de cada homem em particular e da humanidade em geral, pode ser definida como um perpétuo intercâmbio de serviços, sujeitos à lei da produtividade e do equilíbrio. Ora, a dispersão impede a produtividade e causa um desequilíbrio. Por isso a necessidade de uma certa coordenação racional, um certo ajuste, que é do interesse da grande quantidade de trocas e, por conseguinte, está dentro da competência do Estado que é instituído sobre o interesse comum.

Por fim, indivíduos ou grupos subordinados com frequência têm necessidade de ajuda mais concreta, acessível a todos os cidadãos, uma vez que preencham suas condições... Se um "serviço" tem a característica de necessidade ou urgência com relação ao bem público, o Estado estará até mesmo qualificado a assumir sua administração a fim de substituir a iniciativa privada impotente ou insuficiente...

138. *O bem público abrange todos os valores humanos da ordem temporal.* Com referência a seu conteúdo, o bem público abrange, a partir de seu próprio ângulo, a totalidade de valores de interesse humano... Há, porém, uma exceção: o bem religioso, considerado sob o aspecto peculiarmente religioso, incide dentro da competência de uma outra sociedade, também pública dentro de sua esfera, a sociedade religiosa... Entretanto, na medida em que a religião se amalgama com o temporal, o Estado recupera sua competência para manter um meio ambiente temporal favorável ao bem privado e público especificamente religioso...

140. *Valores políticos e outros da ordem temporal.* É cometer um grande equívoco pregar "separações" ou apenas distinções entre a política, por um lado, e a economia, a moralidade, a cultura, a saúde, etc., por outro, com base no alegado motivo de que essas questões são de ordem privada e, por conseguinte, não se enquadram na política. Primeiro, a economia, a moralidade, a cultura e a saúde não são, de forma exclusiva, de ordem privada... Além disso, a separação ou a distinção entre a ordem política e outras supostas ordens paralelas destrói o próprio conceito de política, abolindo sua razão de ser. A política, de fato, não tem outra razão de ser do que, do ângulo do bem público, governar ou, se quiserem, servir às atividades humanas externas que são exercidas de acordo com seus próprios objetivos, econômicos, morais, sanitários, culturais...

O que é exato – já foi observado – é que o Estado não tem de se encarregar... desses diferentes setores de uma maneira que desaloje deles os indivíduos e grupos, justamente porque seu papel é, em princípio, apenas orientar e motivar, e não administrar...

141. *Necessidade de uma filosofia de valores para discernir os requisitos do bem público.* Entretanto, as esferas dos valores humanos que o bem público abrange, não são de categoria igual e assim o Estado não terá de tomar partido... Valores são, com frequência, antagônicos. Quem irá negar que uma preocupação por demais exclusiva com a riqueza material, a saúde ou a força física entra em conflito com o verdadeiro bem da pessoa humana? – que um cuidado excessivo com os valores coletivos corre o risco de comprometer as legítimas prerrogativas dos indivíduos?...

142. *Nossa filosofia de valores.* A resposta, inspirada pela razão e conforme com as tradições cristãs, pode ser resumida em três pontos: primazia do espírito sobre a matéria (e entendemos por "espírito" não apenas os valores intelectuais, mas acima de tudo os valores morais: virtude e caráter); predomínio da pessoa humana individual sobre toda coletividade; subordinação do Estado-sociedade à sociedade pura e simples...

143. *Caráter essencialmente moral da noção de bem público...* Apesar de seu caráter intermediário, o bem público não é uma simples coisa técnica porque, em todos os níveis, tem íntima relação com uma determinada concepção dos fins humanos. Isto não quer dizer que ele não conhece qualquer solução peculiarmente técni-

ca. Pois existem muitas técnicas entre as questões às quais ele se aplica, como o tráfego de automóveis, a organização de mercados, de fábricas; e até mesmo em questões morais as medidas correspondentes do bem público podem adquirir um caráter técnico, como na luta contra a prostituição, a embriaguez, os jogos de azar e outras manifestações de imoralidade pública...

144. *Relatividade das aplicações da ideia do bem público...*

É impossível dizer com antecipação, com base em conclusões científicas, que o bem público precisa de tal e qual forma de organização econômica ou de regime político, valiosos em si mesmos, sempre e em todos os lugares, sem levar em consideração as contingências...

Seção 2. O bem público temporal enquanto norma do conteúdo positivo da lei

146. *A norma do bem público governa todos os ramos da lei.* A norma do bem público domina todos os ramos da lei, privada e pública, nacional e internacional. Essa é uma verdade óbvia para a lei pública e administrativa...

147. *A lei privada e o bem público.* O que é importante enfatizar, entretanto, é que, apesar das aparências, a norma do bem público também preside a elaboração da... lei privada... A lei que é chamada de privada, é privada no tocante à esfera dos relacionamentos que ela governa; é pública, ou melhor..., é social, não apenas no tocante à sua função, mas também no tocante a seu conteúdo. Isso significa, sem dúvida, que, ao regulamentar os relacionamentos privados, a lei que é chamada de privada irá salvaguardar a "política pública e a moral pública"...; que, além disso, protegerá o interesse de terceiros...; mais ainda, porém, que, ao determinar as obrigações e direitos respectivos, a regra legal será concebida com menos consideração pelos direitos das partes imediatas do que pelo bem de toda a comunidade...

148. *A concepção social da lei privada e a preocupação com os direitos individuais...* A experiência histórica está de acordo com a filosofia social em testemunhar que o bem público não pode ser realizado, não pode ser concebido, sem ter respeito pelo direito individual, ou abolindo os limites entre "meu" e "teu". Dessa maneira, não se retorna ao individualismo; continua sendo verdade que a medida do direito individual ou, para sermos mais exatos, da proteção que lhe é assegurada pela lei, é o bem público, não o direito do indivíduo. E essa tese não deixa de ter consequências práticas, como será visto a partir dos exemplos seguintes.

149. *O exemplo da legislação do inquilinato.* Todos os países ocidentais [europeus], após a Guerra Mundial de 1914-1918 e sem interrupção desde então, têm conhecido a "legislação do inquilinato", estendendo o período de arrendamento e limitando o montante do aluguel. Por causa da escassez crítica de habitações foi necessário proteger os locatários de meios modestos (ou homens de negócios) para não serem postos na rua no final de seu contrato de locação, uma situação que teria acarretado injustiças e perturbações sociais... Com toda evidência, essa legislação sacrificou o direito do proprietário em favor do direito do locatário; do ponto de vista da justiça comutativa, na esfera do "meu" e "teu", o equilíbrio foi rompido... Nas mentes de algumas pessoas, a legislação sobre aluguel assumiu o sentido de um ataque contra a propriedade ou, de maneira bastante clara, uma manobra eleitoral...

No entanto, em termos objetivos, a solução era justificada, pelo menos em seu princípio, como uma medida ordenada pelo bem público naquelas circunstâncias... A justiça social pode requerer que os cidadãos renunciem a determinadas coisas, não apenas em benefício do Estado sob a perspectiva do direito público, mas também sob a perspectiva do direito privado em benefício de outros cidadãos ou de outras categorias sociais, quando esses sacrifícios particulares são indispensáveis para o bem de toda a comunidade.

150. *A objeção de "legislação de circunstância".* Será esse exemplo rejeitado como legislação "de circunstância"...? A objeção não seria

pertinente. A lei sempre tem a ver com situações que às vezes estão de acordo com a normalidade e outras vezes são contrárias a ela... É sempre sobre o bem público que se fundamenta o princípio ou a exceção. Em tempos normais, quer dizer, calmos, é provável que o bem público coincida com a consagração da justiça comutativa. Em tempos anormais, quer dizer, problemáticos..., o bem público irá sugerir derrogações mais ou menos graves da regra da justiça comutativa.

151. *Exemplos da lei ordinária das instituições privadas: o usucapião*. No entanto, alguém deseja argumentar de um ponto de partida em tempos normais?... A verdadeira razão para o usucapião reside em certas necessidades ou conveniências da vida social. Tem importância para o bem público que, ao final de um determinado período de tempo, as contas sejam liquidadas (liberando a prescrição ou a limitação de débitos); que desapareçam direitos não usados em bens imóveis desligados da posse (prescrição extintiva de usufrutos e servidões); que aquisições ilegítimas de propriedade se tornem regularizadas apesar de suas imperfeições originais (caso de prescrição aquisitiva de posse e direitos reais). No entanto, esses resultados contradizem o direito individual, posto que operam de modo a transferir valor sem compensação... O direito assegurado do proprietário é, não obstante, imolado em favor do bem público da segurança na sociedade.

Será dito que, de fato, a função normal do usucapião é esclarecer situações normais, aliviando o beneficiário de uma prova que muitas vezes é difícil? É incontestável que sim. Mas a exatidão da observação não nos permite negligenciar os casos, muito embora sejam excepcionais, em que a prescrição realiza injustiça justamente porque a lei da prescrição tem em mente a estabilidade e não a justiça...

Seção 3. O bem público temporal como norma do conteúdo negativo da lei

156. *O bem público muitas vezes exige abstenção do jurista*... O homem "prudente" não pensa exclusivamente na justiça; ele procura o que é realizável; ao não conseguir obter o melhor, contenta-se com menos, o que às vezes é o mal menor...

157. *O dilema: liberdade ou regra legal*...
Assim, o dilema não é entre liberdade, por um lado, e bem público, por outro; é um dilema entre a liberdade e a regra, ambos possíveis instrumentos a serviço do bem público. A liberdade tem seus perigos: desordem ou injustiça, que são exatamente a razão de ser da regra; mas a regra, por seu turno, não deixa de ter inconveniências... O entusiasmo espontâneo é controlado, contido, rompido. O excesso de disciplina mata o espírito de iniciativa... Por um outro aspecto, a disciplina estabelecida de forma antecipada sempre vagueia através da generalidade, o que a impede de se adaptar às particularidades dos casos, ao passo que a liberdade, móvel e elástica, sabe inventar soluções ajustadas com exatidão. Por fim, não esqueçamos que a regra que provém da vontade apresenta essa superioridade sobre a regra imposta, que ela acrescenta à força abstrata da obrigação o estímulo do comprometimento pessoal, o que duplica seu valor efetivo...

160. *A psicologia do indivíduo: casos em que o bem público se satisfaz sem a intervenção de uma lei*... Também se deve tomar em consideração, numa grande medida, a psicologia do indivíduo.

Suponhamos, primeiro, que, em geral, os indivíduos executem, de maneira espontânea, a ordem deduzida a partir do bem público. O resultado é obtido aqui sem que a regra tenha de se mostrar. Ora, se o legislador faz a reivindicação de intervir, mesmo que apenas para apoiar com uma sanção o princípio já praticado de fato, o efeito de seu passo poderia ser radicalmente diferente daquilo que ele pensou. Em vez de confirmar os indivíduos em sua atitude, isso pode causar uma reviravolta ditada por um sentimento de reação contra uma intromissão, que é considerada intolerável...

161. *O mesmo: casos em que a ordem do bem público encontraria resistência*. Devem-

-se tomar providências para a hipótese oposta: o povo não compreende os requisitos do bem público; não os pratica e não está disposto a aceitá-los...

A dosagem de requisitos legais, entretanto, não implica graus. A partir da incapacidade do legislador de prescrever o máximo, por causa do estado da opinião, não se conclui que ele não deveria prescrever coisa alguma, em absoluto. Ele prescreverá o mínimo ou, para sermos mais exatos, o máximo daquilo que a opinião é capaz de apoiar. Por exemplo, depois que o divórcio entra nas práticas tradicionais, o legislador não irá necessariamente ao ponto de excluí-lo. Trabalhando com fogo, ele só tomará cuidado para impedir seu abuso e até mesmo seu uso, por intermédio de uma série de precauções que tendam a restringir e esterilizar a solução indesejável.

164. *Bem público e opinião pública como fatores da elaboração da lei...* A opinião como tal não é geradora da lei porque não cria os requisitos do bem público nem as consequências que eles envolvem em relação à lei. Mas, se os requisitos do bem público são objetivos, a concepção, verdadeira ou falsa, que a opinião pode formar a partir desses mesmos requisitos constitui, por seu turno, um fato dotado de realidade objetiva. E esse fato é do interesse da lei na medida em que o estado da opinião é um fator na realização da regra. Enquanto uma regra que está de acordo com o sentimento popular tem, em geral, o sucesso assegurado, uma regra repudiada pela opinião está quase condenada ao fracasso. Ora, o fracasso da regra, significando desobediência dos indivíduos, não apenas prejudica a lei, mas também afeta o próprio bem público, de modo que se apresenta uma alternativa: ou abstenção da regra, renunciando-se ao benefício que ela teoricamente deveria granjear, ou intervenção ineficaz com suas consequências fatais para o prestígio da autoridade.

É um fato, na verdade, que raras vezes o dilema assume uma forma tão acentuada. O fracasso de uma regra jamais é completo; ou, mesmo que seja completo, nem sempre acarreta perda de prestígio da autoridade. A necessidade de uma escolha permanece, tanto mais quanto, fora da eficiência prática, a verdade de uma regra, o ideal que ela traduz, também tem seu interesse peculiarmente social. Aos olhos das pessoas justas, e até mesmo das outras, o silêncio da lei, passando por indiferença ou cumplicidade, é capaz de engendrar um escândalo pelo menos tão prejudicial para o prestígio da autoridade quanto a falta de sucesso... A opinião, de fato, condiciona a elaboração da lei... Antes que possa ser estabelecido, de maneira eficaz, um requisito legal capaz de chocar a opinião, será apropriado aguardar a conversão ou a neutralização de tal opinião. Em geral, a ação social da educação, exercida em conjunto pelo Estado e pela iniciativa privada, precederá a ação propriamente legal.

... Muitas vezes, a pretensa opinião é apenas a de uma minoria de autores cujas teses não encontram qualquer eco no público, ou a suposta opinião é dividida em correntes hostis e contracorrentes. Nada então proíbe a autoridade de tirar proveito disso e, por meio de uma decisão corajosa, ditar as soluções que julgar bem fundadas. Sua própria intervenção terá, com frequência, o efeito de arregimentar os indiferentes, os indecisos e até mesmo alguns dos oponentes...

SUBDIVISÃO II

Os meios: o equipamento técnico da lei

Seção 1. A definição, ou conceitualismo legal

168. *Inconveniências de uma lei insuficientemente definida...* Uma lei indefinida ou definida de maneira insuficiente não é praticável de modo algum porque sua aplicação ocasionará hesitações e controvérsias que geram insegurança... Falando em termos sociais, a ausência total de qualquer regra onde ela é necessária, ou de uma regra imperfeita na substância

de sua disposição, muitas vezes é preferível a uma regra incerta. Essas soluções têm pelo menos o mérito da clareza e, na pior das hipóteses, determinadas providências permitirão que sejam reduzidas, enquanto a incerteza acrescenta à desordem de conduta uma desordem mais monstruosa, a saber, a desordem no próprio decreto que pretende fazer regra de ordem.

169. *Falta de definição de parte das fontes formais da lei*. Uma falta de definição da lei pode ser encontrada, primeiro, nas fontes formais, sendo a suposição a de que é incerta a existência da regra... A grande vantagem do sistema de fontes legais é abolir essas confusões. Por um lado, a norma, pelo único fato de ser promulgada pela autoridade no Estado, é necessariamente superior às outras fontes, pelo menos em princípio; por outro lado, ela nasce num momento preciso do tempo, é publicada e fácil de provar. É verdade, permanecem as dificuldades de interpretação. Mas a dúvida nesse caso relaciona-se com o conteúdo da regra e não mais com sua existência, um mal com certeza menor que, a propósito, é inevitavelmente comum a todas as fontes... Ora, a lei estabelecida por precedente, que ocorre por estágios sucessivos e por apresentar processos ao acaso, continua sendo incerta durante um tempo bastante longo, enquanto prossegue sua formação, que muitas vezes é trabalhosa. Quanto ao costume que deriva do uso habitual reconhecido como lei, a dificuldade é descobrir nele ambos os seus elementos, o *usus* e a *opinio juris*...

171. *A falta de precisão da lei em seu conteúdo formal*. A insuficiência de definição pode ser encontrada, além disso, no próprio contexto da lei... Seus termos são indecisos, ao ponto de escapar a uma administração fácil e certa...

... Essa seria a regra que colocaria sob o regime claramente determinado de tutela os indivíduos "incapazes de administrar seus negócios por si mesmos" (como deve ser definida ou discernida na prática essa incapacidade sem um risco muito excessivo de erro para cada indivíduo?) ou, por outro lado, a regra que condenaria a uma pena de prisão claramente determinada os indivíduos culpados de "atos contrários à paz pública" (como deve ser definida ou discernida, na prática, a "contrariedade à paz pública" sem um risco muito excessivo de erro para cada ato?)...

175. *Dificuldade especial de definição de valores qualitativos*. Muitas coisas compreendem-se melhor se não são definidas; assim são os valores da ordem espiritual e moral, que são de tipo qualitativo. Numa avaliação mais ou menos concreta, o sentimento decide aqui com mais perspicácia e refinamento do que a razão lógica equipada com suas categorias sempre cruas... As regras que contam com a única avaliação do intérprete, seja ele indivíduo ou juiz, não deixam de ter perigo. A inteligência, orientada e, de certa maneira, obrigada pelas categorias, corre menos risco de se extraviar do que o julgamento, que sempre é mais ou menos subjetivo, em especial em determinados períodos na vida das pessoas, quando a justiça do sentimento está ainda mais "fora dos eixos" do que a lógica da mente.

Considere-se a repressão aos espetáculos obscenos uma causa incontestável de imoralidade pública. Como fazer a distinção entre o espetáculo que é obsceno e aquele que não é? Uma questão de fato, sem dúvida, não de definição. Mas qual será o sentimento do juiz? Um tribunal se mostrará indulgente; um outro, rigoroso; sem um critério que possa ser compreendido, é impossível haver precisão. O problema – de prudência política – é então descobrir onde reside o mal menor... Contudo, isso não quer dizer, de maneira alguma, que o obstáculo é insuperável. O jurista tem o dever de estar sempre aperfeiçoando seus instrumentos e de, à luz da ciência e da experiência, procurar a fórmula que seja mais fiel possível à verdade, ao mesmo tempo em que proporciona o máximo de praticabilidade...

179. *Mas nem todas as questões se prestam igualmente a amplas definições: o Direito Penal*... Existem aquelas questões em que a necessidade de segurança prevalece sobre as considerações de verdade e conveniência, como em todo caso em que a lei estipula penalidades, confiscos ou outras medidas de caráter puniti-

vo. Numa sociedade que respeita os direitos humanos, seria intolerável ter os bens humanos mais preciosos – a vida, a honra, a liberdade – dependendo da avaliação livre de um ou de vários homens, mesmo que estes sejam funcionários públicos qualificados, como é o caso do juiz ou o do administrador...

180. *O jurista não para de procurar a definição estrita.* A precisão na lei responde a uma tendência tão natural que, até mesmo em questões sujeitas ao regime de diretivas, os juízes e advogados se esforçam para banir a falta de clareza dos conceitos, por intermédio da introdução de notas de especificação. Assim, estabelece-se no final uma divisão de trabalho entre a lei que formula de cima para baixo a "diretiva" e as outras fontes, mais próximas do concreto, que com autoridade menor, e também variável, apresentam suas aplicações em detalhe... A mente humana, tanto como a vida social, é ávida por precisão. Se a regra não a fornece, a mente a cria; a diretiva desenvolve-se, transformando-se numa regra.

181. *Casos em que a lei é obrigada a renunciar a toda definição.* Há, entretanto, questões em que a lei é compelida a renunciar a qualquer definição que seja e, por essa razão, a toda e qualquer intervenção; isto é, quando a própria ciência dessas questões fala de maneira reservada... Um caso típico é o do erro médico; apesar da competência geral para julgar todo e qualquer erro em qualquer campo que seja, que o estatuto concede aos tribunais, estes se recusam, em geral, a se pronunciar sobre o erro cometido por médicos e cirurgiões, pelo menos quando se trata de erro propriamente médico ou cirúrgico, relacionado com a própria técnica da arte médica ou cirúrgica. A ciência médica nem sempre está de acordo quanto ao valor e conveniência de um tratamento ou de uma operação cirúrgica... Então, como o legislador ou o juiz deveria tomar partido em questões que são polêmicas no campo? A simples prudência proíbe o jurisprudente de se aventurar em regiões onde a ciência – que por hipótese é a única competente – hesita em fazer seu pronunciamento...

182... Tudo que se possa fazer ou se queira fazer, a definição legal sempre permanecerá mais ou menos aproximada, expedita e sumária. Compreender os fenômenos em sua inteireza e continuidade lógica ou histórica e penetrar *a fortiori* na essência das coisas não é e nunca será o forte do jurista, porque sua tarefa não é estabelecer cientificamente definições corretas, mas sim elaborar regras aplicáveis, e a praticabilidade da lei procura definições exequíveis e relativamente simples.

*Seção 3. A concentração
da questão legal*

190. *Preservando uma medida justa ao avaliar a "praticabilidade"...* Não devemos esquecer que a impraticabilidade de hoje pode desaparecer amanhã, ou então encontrar seu remédio, graças ao progresso da ciência na definição de seus conceitos, ao aperfeiçoamento da técnica das provas, a uma distribuição mais lógica do tema da lei. Desse modo, por exemplo, a incerteza no campo do erro médico pode dar lugar a avaliações mais seguras; o recurso a procedimentos estatísticos pode levar a uma medição mais exata dos fatos sociais; a descoberta do chamado "teste de grupo sanguíneo" nos permitiu circunscrever, se não eliminar, o mistério da paternidade; o sistema de leis orgânicas e de codificações diminui as inconveniências da multiplicidade de regras, etc.

*Conclusões sobre o método
legal e corolários*

*Seção 2. Certeza relativa
e variabilidade da lei*

196. *As diferentes causas da variação da lei...*

A lei é chamada a mudar, primeiro, por causa das variações no tema da regulamentação... Sem dúvida, toda regra impõe sua forma a uma questão preexistente; mas esta reage à forma visto que a regra é obrigada a imprimir na questão a forma apropriada a ela...

A segunda causa da variação reside no bem público... cujos requisitos são mutáveis no tempo e no espaço. Embora se possam descobrir princípios comuns do bem comum, de uma ordem filosófica, científica ou técnica, válidos para qualquer sociedade, qualquer que seja sua fisionomia histórica (o clima, o solo, as aptidões físicas, intelectuais e morais de seus membros)..., grupos políticos diferentes têm suas características particulares, as quais necessariamente influenciam as aplicações. Assim, os requisitos do bem público não são os mesmos nas sociedades rudimentares e na civilização refinada. Por outro lado, numa sociedade de tipo agrícola, o bem público da agricultura representa um valor mais considerável dentro do bem público total do que o bem público industrial, e vice-versa...

Essencialmente variáveis, também, são as reações da opinião pública com relação às regras; favoráveis num determinado ambiente e numa determinada época; hostis em outras partes e em outros tempos...

197. *A chamada "função conservadora" da lei*. Essas são as razões pelas quais a lei, a chamada lei positiva, não é sempre a mesma em todos os lugares: o tema muda, o bem público e o relacionamento entre a lei e o bem público mudam, a opinião pública se modifica. Nenhuma parte ou ramo da lei escapa dessa regra, nem mesmo os dispositivos mais fundamentais da lei pública ou privada, embora, sem dúvida, as fundações sejam, em geral, de uma estabilidade maior do que as superestruturas. Desse modo, quando ocorrem mudanças sociais ou convulsões sociais, *a fortiori*, a lei é obrigada, de maneira lógica e normal, quando não é levada a reboque pelo movimento, a pelo menos rever sua atitude, tendo em mente o novo fato. É por isso que é inexato, ou pelo menos equivocado, falar de uma "função conservadora da lei". A lei não tem de se conservar, no sentido de manter o *status quo* legal, nem de lutar contra a vida, uma vez que a mudança (supondo-se que ela depende da vontade dos homens) não apresenta coisa alguma que seja repreensível socialmente. Seria melhor, pelo contrário, falar de um dever de adaptação e, desse modo, de renovação da lei.

É verdade, os órgãos autorizados a interpretar e aplicar as leis nem sempre têm a competência para modificá-la para os fins da readaptação. Nesse sentido, sua missão é conservar as regras da lei promulgada e preservá-las contra deformações, bem como contra violações puras e simples. Mas, para começar, a manutenção de regras legais não envolve necessariamente a estagnação de toda a lei. A readaptação pode ser o trabalho de outros modos de expressar a lei, diferentes da decretação. Acima de tudo, compete ao próprio legislador reformar a lei, aperfeiçoá-la onde ela for imperfeita, modernizá-la onde ela estiver atrasada em relação à vida...

198. *Necessidade de prudência na mudança*. No início, a prudência ordena que se conserve aquilo que se obteve enquanto não se tiver certeza do valor daquilo que será obtido. Qualquer mudança, no que diz respeito ao futuro, envolve um desconhecido: qual será o verdadeiro efeito da nova lei? Melhor ou pior do que a antiga? Os cálculos mais prováveis podem ser destruídos pela intromissão dos famosos "elementos imponderáveis"...

... Qualquer mudança nas leis, mesmo quando for justificada em si, provoca uma crise e, por conseguinte, um mal: hábitos jurídicos são perturbados; acordos comerciais são frustrados; interesses mais ou menos respeitáveis, e em todo caso assentados, são afrontados... Se as desvantagens superarem em importância as vantagens, será preciso aferrar-se ao *status quo*, não obstante sua insuficiência ou imperfeições. Embora a perfeição seja o ideal a ser alcançado, nem sempre é conveniente tentar realizá-la... Muitas vezes, na prática, o melhor é inimigo do bom. É por isso que as leis só serão mudadas no caso de "utilidade muito séria e absolutamente óbvia", ou de "extrema necessidade", a fim de abolir uma injustiça evidente ou alguma regra prejudicial. Mesmo com essa suposição, a prudência pode aconselhar determinadas providências, certas contemporizações ou "medidas de transição", a fim de atenuar a brusquidão do choque e a acostumar nossas mentes com a novidade.

Parte Três
DIREITO NATURAL, JUSTIÇA E REGRA LEGAL

Introdução

199. *Apresentação do problema*... Que lugar os conceitos do direito natural e da justiça ocupam dentro do "complexo" da lei?...

200. *Valor objetivo das ideias do direito natural e da justiça.* É inútil discutir esses problemas, a menos que se comece reconhecendo um sentido nos conceitos de direito natural e de justiça como normas de razão, dotadas de valor objetivo. Alguns afirmam, é verdade, que os homens – indivíduos e coletividades –, em seu comportamento, não se deixariam guiar por qualquer princípio ideal desligado de suas paixões e interesses pessoais... As leis e costumes que compõem o direito positivo seriam, de fato, apenas o produto da superioridade física ou econômica dos verdadeiros detentores do poder ou, pelo menos, a expressão do equilíbrio de forças antagônicas num determinado momento da história. Para outros, o direito natural e a justiça existem, de fato, ou como ideias-força que impulsionam a humanidade, ou como derradeiro auxílio contra a lei estabelecida; mas esse ideal seria apenas um "mito", ou pelo menos uma hipótese gratuita. Ora, se for assim, tudo se desmorona de imediato: o direito natural e a justiça, sem dúvida nenhuma, e também a norma de um bem público que prevalece sobre o interesse individual, e o próprio princípio de uma sujeição da lei, que é chamada de positiva, a um método racional de elaboração. A lei estabelecida é o que é, nada mais; ela é válida por si, pelo poder daqueles que a estabeleceram. O despotismo do legislador governa e substitui o despotismo do indivíduo.

A imensa maioria dos homens, entretanto, ignorantes ou pensantes, são comungantes do culto do direito natural e da justiça, e acreditam nisso como uma realidade da ordem filosófica e moral, se não da ordem peculiarmente científica. Infelizmente, salvo por uma unanimidade em princípio no tocante ao caráter ético dos dois conceitos, prevalecem as discordâncias entre os especialistas quanto à definição exata de cada um deles...

CAPÍTULO I
O conceito de direito natural
Seção 1. A concepção tradicional

201. *O direito natural como norma da conduta humana*. De acordo com o uso do termo geralmente aceito em nosso tempo, o substantivo "direito" na expressão "direito natural" é considerado no sentido de determinada regra de conduta que tem o homem como objeto e se impõe de maneira categórica a suas atividades, e não no sentido de uma lei científica ou uma regra técnica...

203. *Características do direito natural: uma norma que provém da natureza, universal e imutável.* Por outro lado, como o adjetivo "natural" indica sem demasiada ambiguidade, a regra da conduta humana que é chamada de direito natural é deduzida da natureza do homem, tal como ela se revela nas inclinações básicas dessa natureza sob o controle da razão, independentemente de qualquer intervenção formal por qualquer legislador que seja, divino ou humano. Desse modo, o direito natural se diferencia de uma outra lei, que é chamada de "positiva"... e que se supõe ter sido estabelecida pela vontade de Deus ou dos homens. Além disso, o direito natural domina a lei positiva no sentido de que, embora a lei positiva possa contribuir com o direito natural ou até mesmo restringi-lo, jamais pode contradizê-lo...

Das características da natureza humana resultam as características do direito natural. Como a natureza humana é idêntica em todos os homens e não varia, seus preceitos têm validade universal e imutável...

204. *Primeiros princípios e preceitos secundários*. As opiniões são divididas no tocante à extensão do "dado" na natureza e do que deve, portanto, ser relacionado com o direito natural. A escola tradicional reserva o nome natural, com as características de universalidade, imutabilidade e certeza inerentes a essa qualidade, a "primeiros princípios" totalmente gerais e necessários, diferenciando-os até de "preceitos secundários" ou "conclusões particulares muito próximas dos primeiros princípios". Outras interpretações, de data posterior, incluem no direito natural não apenas os primeiros princípios, mas também as conclusões mais ou menos próximas desenvolvidas a partir dos primeiros princípios por meio de argumentação racional...

É evidente que a desvantagem da concepção estrita é reduzir o conteúdo concreto do direito natural a generalidades um tanto vagas, o que dá origem à objeção (aliás, uma objeção injusta) de verbalismo inútil; os perigos da concepção ampla residem em emprestar a validade do direito natural, isto é, a autoridade absoluta, a soluções dotadas de verdade apenas em relação aos casos. A tendência presente é da concepção mínima...

205. *Matéria do direito natural: a totalidade dos deveres do homem*... São Tomás de Aquino classifica "as inclinações naturais a partir das quais resulta a ordem dos preceitos do direito natural" da seguinte maneira: uma inclinação, comum a todas as substâncias, para a conservação de seu ser de acordo com sua natureza peculiar; uma inclinação, comum a homens e animais, para a união de macho e fêmea, para a educação dos jovens, e coisas semelhantes; uma inclinação, própria do homem, para os bens que são conformes à sua natureza de ser racional, como o desejo de conhecer Deus e de viver em sociedade, que o estimula a evitar a ignorância, a não fazer mal a seu vizinho com quem deve manter relações, e a outras coisas dessa espécie. Não é difícil reconhecer nessa classificação os princípios que correspondem à totalidade dos deveres do homem: para consigo mesmo, para com sua família, para com Deus, para com seu vizinho, para com a sociedade...

Seção 2. Existe um direito natural jurídico?

207. *A ambiguidade do conceito de direito natural*... Com que tipo de regulamento o direito natural se relaciona? Com o regulamento que, visando a perfeição moral dos homens, obriga-os perante sua consciência e perante Deus a praticar o bem e a evitar o mal, resumindo, a regra moral? Ou com o regulamento de origem social, estabelecido por autoridade pública (doméstica ou internacional) com vista ao bem público temporal (de indivíduos ou Estados), resumindo, a regra legal?...

208. *Historicamente, o direito natural fornece princípios de conduta moral*... O que sempre se pediu do "direito natural" são princípios de conduta moral, sendo entendido que o homem é um ser social e político e que, do ponto de vista moral, ele tem deveres sociais e políticos. O direito natural, dizem os escolásticos, dita ao homem o que ele deve fazer para chegar ao fim derradeiro da vida humana, isto é, a felicidade; é a regra e medida de ações peculiarmente humanas; seu primeiro princípio e primeiro preceito é que se deve praticar o bem e evitar o mal. A doutrina tradicional é reproduzida pela escola da "lei da natureza e das nações". De acordo com Grócio, por exemplo, a lei "obriga ao que é bom e louvável e não apenas ao que é justo, posto que lei, de acordo com a ideia que vinculamos a ela aqui, não se limita aos deveres de justiça, mas abrange também aquilo que compõe a matéria das outras virtudes". Daí a seguinte definição: o direito natural "consiste em determinados princípios de razão certa, segundo os quais sabemos que uma ação é moralmente honesta ou desonesta de acordo com sua necessária concordância ou discordância com uma natureza racional e social". A conexão é clara: o direito natural figura entre as primeiras noções de filosofia moral ou de ética geral no capítulo sobre leis, lado a lado com a teoria dos atos humanos; e os tratados de direito natural, onde são apresentadas e discutidas as aplicações da regra do direito natural às diferentes questões, nada mais são que tratados sobre ética especial...

210. *Relações entre a regra moral natural e a regra legal.* É claro que o direito natural no sentido recém-definido, isto é, como a regra moral natural (pelo menos no tocante aos primeiros princípios), não é desvinculado da lei, no sentido de regra estabelecida pelo Estado. Com o nome de "direito humano", São Tomás nos mostra o direito civil vindo em auxílio do direito natural "a fim de, pela força e pelo medo, obrigar homens pervertidos e mal-intencionados a abster-se do mal, pelo menos de modo que, ao cessar de fazer o mal, eles deixem os outros em paz". Por outro lado, as leis civis são chamadas para completar o direito natural, por meio de conclusões derivadas dos primeiros princípios (como no caso do *jus gentium*), ou por meio de determinação concreta dos primeiros princípios (como no caso do *jus civile* propriamente dito). Por exemplo, a lei da natureza prescreve que aquele que cometer delito será punido, e o direito civil define o tipo da penalidade. A mesma análise é encontrada nos autores da escola da lei da natureza; o papel do direito civil é sancionar o direito natural, em particular na medida em que prescreve aquilo que é justo. Não é o primeiro fim do Estado, e, por conseguinte, da lei estabelecida pelo Estado, garantir "o gozo pacífico dos direitos da pessoa"? Além disso, é o direito natural que, em virtude da necessidade da sociedade política (o homem é um "animal político") ou em virtude do "contrato social" (a fé das promessas), dá às leis civis seu fundamento e justifica o dever de obediência de parte dos indivíduos. Por fim, todos admitem que as leis civis contrárias ao direito natural são leis más que nem mesmo satisfazem ao conceito de lei...

212. *Extensão do conceito de direito natural: "jurisprudência natural".* É verdade que, com frequência, o conceito de direito natural é estendido para incluir precisamente essas coisas "úteis", estranhas como tal à categoria de bom e justo, o que permite atribuir um "dado" do direito natural a todo direito civil, mesmo naquelas de suas disposições que se relacionam mais ou menos intimamente com a "utilidade da vida humana". Por exemplo, Grócio sugere uma "jurisprudência natural", comum a todos os tempos e lugares, separada de qualquer coisa dependente de uma vontade arbitrária, uma ciência capaz de formar um conjunto completo no qual se pudesse encontrar lei, tributos, dever judicial, conjeturas (ou presunções de vontade), provas, presunções, etc.

Esse vínculo preenche, de fato, o hiato. O direito natural não representa mais – ou não representa mais única ou principalmente – os primeiros princípios da moralidade, do bem, do justo; representa – ou representa de igual modo – os primeiros princípios da legislação civil no interesse por todos e quaisquer valores dos quais ela está encarregada, ou seja, não apenas os valores morais, mas também os valores propriamente econômicos ou sociais, mesmo que sejam de natureza técnica e em si moralmente indiferentes...

213. *Mas essa extensão contradiz o conceito original de direito natural...*
O que direito natural significava originalmente? Uma regra inscrita na natureza humana, visando o justo e o bem absoluto, visando a honestidade. O que significa o direito natural de "novo tipo"? Um conceito muitíssimo diferente: uma regra inventada pelo homem, visando coisas úteis para a vida humana num estado social dado. Sem dúvida, a natureza do homem é racional e, por conseguinte, inventiva de coisas úteis; é sociável e, portanto, interessada em coisas úteis não apenas para o homem individual, mas também para a sociedade dos homens. No entanto, originalmente, pretendia justamente colocar em oposição a razão inventiva e a natureza, e foi feita uma distinção expressa entre o bem e o justo, por um lado, e o útil, pelo outro. O social não foi excluído; pelo contrário – no social, a busca continuou a ser pelo justo e pelo bem absoluto e não pelo útil contingente. Não muda coisa alguma nessa situação o fato de o próprio útil, uma vez estabelecido, inaugurar a regra do bem e do justo, obrigatória no que diz respeito às consequências de tal estabelecimento. Desse modo, a prescrição e as outras regras de segurança na sociedade continuam sendo o que são, a saber, soluções úteis

e inventadas, embora o direito natural ordene que nos submetamos a elas – como a toda decisão tomada pela autoridade e para o bem público. É óbvio que o útil não envolve coisa alguma contrária ao direito natural, mas não justifica nenhuma confusão...

214. A extensão contradiz o conceito de regra legal... É contraditório falar de "jurisprudência natural" porque "jurisprudência", descendo às suas regras mais gerais e suas metas – não apenas o útil, mas também o bom e o justo –, é uma questão de prudência, e prudência é uma questão de avaliação racional de acordo com os casos e não uma questão de inclinação natural... O direito natural não dita qualquer decisão ao jurista, exceto de maneira negativa para não apresentar nenhum preceito contrário ao direito natural moral, e de maneira afirmativa para regular tudo como uma função do bem público possível e realizável...

216. O dualismo "direito natural – lei positiva" substituído por "moral – lei". Se essas opiniões forem corretas, elas produzem um importante resultado no que diz respeito à apresentação do problema que se discute aqui. Não se deve mais falar de relações entre direito natural e lei positiva... Deve-se falar de relações entre a moral, não apenas natural, mas também positiva, e o direito civil, quer dizer, a lei. Essa afirmação corresponde à realidade. Por um lado, o que aparece através do direito natural é, de fato, a moral. Por outro lado, a lei tem relações com outros tipos de valores além dos valores éticos...

CAPÍTULO II

O conceito de justiça

Seção 1. As concepções existentes; em especial, sobre a concepção de Aristóteles e São Tomás de Aquino

217. A concepção moderna de justiça como um valor especificamente social e jurídico. Para se tentar analisar as relações entre direito natural, por um lado, e a lei no sentido de direito civil, por outro, o conceito de justiça também pede esclarecimento...

Lendo alguns filósofos legais, parece que o conceito de justiça estaria indissoluvelmente vinculado às noções de sociedade e de leis. Consultando apenas sua disciplina particular, esses autores olham para a justiça apenas através da sociedade e através das leis. Para eles, a justiça é a substância, o objetivo, o ideal da lei, sendo lei entendida como organização legal positiva...

218. *De acordo com a tradição, justiça é em primeiro lugar uma virtude moral...* Testemunhamos aqui o mesmo deslize do plano moral para o legal, como na questão do direito natural... Antes que houvesse sociedades organizadas e leis para governá-las, havia alguma justiça, e hoje em dia ainda existe alguma justiça que não é necessariamente aquela das leis. Na prática dos povos... a justiça é primeiro uma virtude moral, que põe em jogo o aperfeiçoamento moral do indivíduo, sem necessariamente implicar vida em sociedade política. Esta pode muito bem acrescentar especificações ou mesmo novas orientações, de caráter propriamente social, ao dever da justiça moral; ela não põe a justiça em existência, como sua causa eficiente ou como uma condição de sua existência. Resumindo, a justiça não é contemporânea da ideia de sociedade política e de direito civil, mas sim da ideia de bem, do qual constitui uma das categorias essenciais...

219. *Justiça no sentido amplo do bom e do justo.* Qual, então, o lugar da justiça dentro da estrutura da moral, e qual seu objeto próprio?

Aqui se encontram vários significados aceitos. No sentido mais amplo, a justiça se funde com a própria moralidade; corresponde ao cumprimento de todos os deveres prescritos pela honestidade, sem distinção de domínio ou virtude, na vida privada do indivíduo ou da família e na vida social, pública ou política...

220. *Justiça no sentido estrito da virtude atribuindo a cada um seu direito.* Há, no entanto, um sentido mais estreito de justiça, mas ainda um sentido moral, que limita essa virtude ao domínio das relações com o outro...

225. *Justiça no sentido estrito deve ser definida por "aequalitas" em vez de por "aequum"...* A virtude que dá a cada um seu direito ou sua dignidade merece ser definida, no sentido estrito, não apenas pela ideia indefinida de equidade (*aequum et bonum*), mas pela ideia matemática de igualdade (*aequalitas*). Nesse sentido, a justiça iguala a atitude do indivíduo com o que é o direito rigoroso de um outro indivíduo ou coletividade, um direito que inclui ou protege um bem inato ou adquirido, que para seu portador é de certa maneira seu próprio, de onde se conclui que ele pode exigir respeito para com o bem, se necessário for pela força. Se esse "seu próprio" estiver faltando, não há qualquer direito que possa ser exigido, nenhuma igualdade a ser realizada e, por conseguinte, nenhuma justiça. Se existe "seu próprio", mas sem qualquer possibilidade de equiparação por causa da incapacidade básica do devedor, o débito não será mais um débito de justiça, posto que permanece fora da igualdade postulada pela justiça. Isso não quer dizer que poderia não dar origem a efeitos legais, por exemplo, na forma da "obrigação natural", ou até mesmo diretamente a uma obrigação civil. Essa é outra questão que diz respeito à determinação do conteúdo do direito civil e não à definição de justiça.

Seção 2. Os três tipos de justiça

288. *Enumeração e classificação.* Aristóteles e São Tomás... dividiam a justiça em três tipos, de acordo com as... pessoas envolvidas. Quando estas são pessoas privadas..., a justiça que as vincula é chamada de "comutativa". Quando as pessoas em questão são uma coletividade e seus membros, em especial o Estado e seus cidadãos, a justiça é chamada de "distributiva" no que tange ao que é devido pela coletividade a seus membros, e "legal" no que tange ao que é devido pelos membros à coletividade...

231. *Na justiça comutativa, a igualdade é determinada a partir de coisa para coisa...* O credor de justiça tem direito ao que lhe pertence ou ao que vem ter a ele, simplesmente porque a coisa é sua, e é sua não obstante qualquer consideração de sua qualidade pessoal. A consideração da pessoa só irá intervir onde a condição da pessoa produzir uma diferença nas coisas, e São Tomás adota de novo o exemplo do dano. O dano a pessoas é mais ou menos grave de acordo com a condição da pessoa que sofreu o dano... Por outro lado, a condição das pessoas torna-se totalmente irrelevante quando a questão é, por exemplo, determinar o que o usuário da coisa de um outro deve restituir, ou o que o comprador [de uma coisa] deve pagar...

233. *A matéria da justiça distributiva: os vários tipos de distribuição.* A matéria da justiça distributiva consiste em vários tipos de distribuições que todo corpo social é exortado a efetuar entre seus membros... Isso significa distribuição dos benefícios sociais. O que, por seu turno, significa, no caso do Estado, participação nas vantagens do bem público que resultam da ação do Estado... Depois, distribuição das funções e empregos que estão à disposição do conjunto... Por fim, alocação das contribuições de toda natureza que são indispensáveis à vida social, porque o conjunto só vive por aquilo que seus membros produzem para ele. Ora, essas distribuições, ativas e passivas, não poderiam ter lugar exceto de acordo com um princípio de equiparação no que tange aos direitos e faculdades de cada um, o que é uma regra de justiça.

Ao confrontar a sociedade com sua reivindicação por sua parte justa nos benefícios sociais, o membro reivindica o que lhe é devido como seu próprio em sua qualidade de membro...

234. *Diferença entre justiça distributiva e justiça comutativa.* Entretanto, a posição do membro com relação ao corpo social não é a mesma posição de um indivíduo independente com relação a outro. Primeiro, seu direito é por definição o de um membro, ou seja, de uma parte em relação ao todo, e, por conseguinte, seu direito na justiça distributiva permanece inteiramente subordinado aos requisitos do bem do corpo em sua inteireza...

Além disso, o direito do membro com relação ao corpo só poderia, é lógico, ser medido de acordo com uma igualdade proporcional à "dignidade", a posição social do membro no corpo social. Ora, as posições sociais no corpo não são iguais... O que então é o princípio determinante da hierarquia? É multifário e também depende da diversidade dos regimes políticos e sociais. Nos Estados modernos, deve ser enumerada entre os critérios da justiça distributiva, além do mérito e dos serviços prestados, a fraqueza, significando não apenas fraqueza física que sempre deu direito a um privilégio, mas também a fraqueza econômica... Quanto à justiça ao impor encargos, governada de igual modo pela regra da proporcionalidade, o princípio determinante é o da capacidade para contribuir com o que é requerido, de modo que os mais afortunados contribuam com um montante maior do que os menos afortunados...

235. *Justiça legal: seu conceito geral...* De maneira inversa à justiça distributiva, que se move da sociedade para seus membros, a justiça legal (ou social) vai dos membros para a sociedade... A justiça legal, contudo, é uma virtude *moral...* porque "é impossível que um homem seja bom se ele não estiver em proporção com o bem comum". A vocação do homem não é viver e aperfeiçoar-se na e através da sociedade política?...

237. *O que o indivíduo deve à comunidade organizada no Estado: "generalidade" da justiça legal...* Além disso, o membro individual deve à comunidade dos indivíduos associados no Estado o ajuste de sua conduta privada, a submissão de seu bem particular ao bem comum do público... Não basta que ele cumpra o dever cívico, político e social para com a organização do Estado. Ele também deve cumprir seu dever social, ao subordinar tudo que lhe pertence em sua atividade pessoal e sua propriedade ao bem da sociedade agrupada no Estado...

238. *Em que a justiça legal ou geral continua sendo especial...* Acontece... com muita frequência que a justiça legal ordena ou proíbe atos que... como tal não se enquadram em nenhuma virtude ou vício, e que têm valor moral exclusivamente por sua referência com o bem da comunidade total. Estes são, resumindo, valores técnicos – valores de técnica social – que só sua finalidade dota de moralidade. Nesse caso, como no caso dos deveres propriamente sociais, a justiça legal deixa de ser geral a fim de encontrar de novo uma matéria especial, que lhe seja própria a si mesma, ordenada diretamente para o bem do todo...

CAPÍTULO III

O "dado" do direito natural e da justiça na elaboração da lei

***

Seção 1. Moralidade e bem público temporal

245. *Não poderia haver nenhum bem público contrário à moral...* Uma regra legal positivamente contrária à moral deve ser condenada como sendo contrária ao bem público...

No que diz respeito à justiça, em especial, um conflito com o bem público é menos concebível ainda porque a justiça, em todo caso na forma de justiça legal, é definida pelo bem público: justiça é aquilo que é exigido pelo bem público ou está de acordo com ele, sempre reservando os direitos de moralidade em geral. Portanto, tudo aquilo que é estabelecido pela lei em conformidade com o bem público está, de imediato, em conformidade com a justiça...

248. *A lei não é obrigada a consagrar toda regra da moral...* O bem público, que não é compatível com nenhum tipo de lei imoral, não requer necessariamente a intervenção de uma lei a fim de compelir o respeito pela moral...

251. *A capacidade da moral para a "ordenação do bem público".* O problema das relações entre lei e moral encontra sua resposta definitiva na seguinte formulação: o jurista só conservará aquelas regras de moral cuja consagração ou confirmação pela lei seja considerada,

de fato, nas circunstâncias, útil ao bem público e praticável com respeito ao equipamento técnico do jurista...

Seção 2. Justiça como questão normal da regra legal

252. *Os preceitos morais suscetíveis de consagração pela lei*. Quais são, então, os preceitos morais que podem ser ordenados para o bem público por intermédio das leis? Aqui entra em cena a prudência política e, em especial, a prudência legislativa, cujo papel é precisamente discernir soluções mais adequadas às circunstâncias dos tempos, lugares e casos. Embora essas soluções sejam variáveis em casos concretos, não é impossível atribuir ao trabalho de prudência, se não um método inflexível, pelo menos uma ordem unida de valor geral ainda que provisório...

... O jurista distinguirá, entre as regras morais que governam as relações entre os homens, que contêm algo devido que é capaz de exação: o débito de justiça em suas três formas, comutativa, distributiva e legal, e também os débitos que podem ser chamados de familares... No que concerne às prescrições morais diferentes daquelas da justiça, a medida de interesse que o jurista lhes confere dependerá do grau de sua proximidade com a justiça...

253. *Justiça como o preceito mais obviamente apropriado*. Por vários motivos, a justiça é, de certa forma, a matéria natural do sistema legal... A justiça legal é a virtude mais necessária ao bem público precisamente porque seu objeto é o bem público (do Estado ou do público). É na justiça legal que lei e moral se encontram tão próximas a ponto de quase se fundirem...

... As duas justiças, comutativa e distributiva, que se referem ao bem particular, são... subordinadas à justiça legal, que está qualificada para regular o conteúdo delas, quer dizer, o direito particular de cada um, de acordo com os requisitos do bem público...

254. *Retificação excepcional das duas justiças particulares por causa da justiça legal*. No entanto, seria um equívoco acreditar que as soluções dadas pela justiça comutativa e distributiva com base só no direito individual pediriam, sempre ou mesmo com frequência, retificação por causa da justiça legal. Não apenas não existe qualquer oposição necessária entre o bem público e as justiças particulares, mas tal oposição também é relativamente rara... Tampouco qualquer retificação será eficaz por causa do bem público, exceto onde se provou, sem qualquer dúvida, que a consagração do direito do indivíduo de acordo com o padrão da justiça particular envolve dano positivo ao bem público no caso especial, ou não permite que se obtenha uma vantagem que compense remotamente o mal inerente a alguma retificação de justiça...

256. *Como o dever legal, o dever de justiça é capaz de exação*... Moralmente, por sua natureza, a justiça implica o direito de repelir uma agressão injusta; esse é o caso de vindicação que pode ser admissível e às vezes é uma virtude, de acordo com as circunstâncias. Ora, de maneira semelhante, a regra legal é, por sua natureza, capaz de exação e procede por meio de coação; o que é requerido pelo bem público ou decidido em conformidade com ele pede para ser levado a cabo, de modo voluntário ou pela força. Assim, quando a lei assume por sua conta o preceito moral de justiça, a coação que a acompanha não constitui uma inovação. Em especial no que diz respeito à justiça comutativa, a consagração de uma lei nada faz a não ser substituir o modo de coação privada, muito insuficiente (e mortal para o bem público), pelo modo regulado de coação pública. O perigo atinge apenas a forma de coação e não seu princípio. No sentido oposto, os deveres morais incapazes de exação são como tal incompatíveis com a coação, que lhes é estranha e até os desnatura...

258. *A lei e os princípios constitutivos da família*. Por fim, entre os princípios morais cujo lugar está assinalado na lei, devem ser enumeradas as regras constitutivas da família, as regras que definem a família como uma instituição... Vistas a partir de seu lado interno e íntimo, as relações de família pertencem, antes de mais

nada, àquela parte da moral que governa os sentimentos e atos que resultam dos sentimentos. Encontramos o amor na primeira fileira desses sentimentos... Mas a lei é impotente com relação ao dever de amar e, num certo grau, até mesmo ao dever de piedade familar, posto que ela envolve amor. Em sentido oposto, com relação às características que distinguem a família como instituição e que pertencem à parte institucional da moral, desaparece a impotência da lei. Não é impossível para uma lei decretar que apenas a união legítima, ou seja, o casamento, seja dotado de efeitos legais; que essa união seja única e indissolúvel, pelo menos em princípio; que ela acarrete deveres recíprocos de coabitação, fidelidade, ajuda e apoio, que os pais deem a seus filhos alimento e educação durante o período de sua formação; que os filhos, por seu turno, tenham a obrigação da docilidade; que o grupo familiar tenha um cabeça, o marido e pai, investido de autoridade – e responsabilidade – para com sua mulher e filhos –, tudo isso de acordo com as concepções morais predominantes no povo em questão.

Em que medida os princípios constituintes da lei das relações domésticas se aproximam do tipo de justiça?... Não é proibido falar de um tipo de justiça entre cônjuges, que lhes dá direitos que um pode cobrar do outro; ou de uma espécie de justiça entre pais e filhos, que lhes torna credores (ou devedores) de educação, alimento, docilidade, etc. Mas isso pouco importa do nosso ponto de vista. Basta que os princípios constitutivos da família digam respeito, é evidente, ao "público". Ora, pode-se afirmar sem qualquer dúvida: a família diz respeito ao bem público pelo menos tanto quanto diz respeito à justiça, com tanta clareza e tão intimamente... É por isso que a lei irá, de imediato, em ajuda à instituição familiar, assim como vai em ajuda dos indivíduos na justiça comutativa e distributiva, e vai em ajuda do Estado e do público na justiça legal.

259. *Contudo, a ordem normal de consagração está sujeita à derrogação*. Admite-se, por outro lado, que essas intervenções da lei ocorrem não diretamente em favor da justiça, ou em favor da família, mas na medida em que esses valores – e sua própria proteção legal – realizam de fato o bem público nas circunstâncias, e também com a condição de que a intervenção seja tecnicamente viável. Sendo esse o ponto de vista do jurista, é possível que a ordem-unida esboçada acima... seja submetida a determinadas derrogações na prática. Assim, certas regras morais que, em geral, precisariam da consagração da lei, podem ter de passar sem ela; ao passo que outras que, em geral, não necessitariam dela, sejam obrigadas a obtê-la...

260. *Casos em que a lei se abstém de consagrar a justiça*. Já foi observado, com o apoio de exemplos, que a justiça comutativa... muitas vezes tem de se retirar diante de considerações mais ou menos urgentes da ordem social... Mas há um outro cenário no qual a lei precede a sanção da justiça comutativa. Ele refere-se, para a determinação de seus respectivos direitos, ao regulamento combinado entre as partes interessadas, embora nem sempre isso esteja de acordo com a justiça natural. Ou, por outro lado, deixa o campo livre para atividades individuais onde, em geral, estas operam de maneira espontânea na direção da justiça, ou onde a prudência política ou a insuficiência do equipamento legal torna aconselhável tolerá-las no todo ou em parte, muito embora sejam injustas.

261. *Casos em que a lei vai além da estrutura da justiça*. Também, em sentido contrário, a lei se estende além da justiça comutativa, sancionando regras morais diferentes da regra de justiça... Não apenas a fidelidade à palavra empenhada, que é tão indispensável à vida social quanto a justiça estrita, mas também, por exemplo, a gratidão e às vezes a beneficência e a liberalidade. A chamada "legislação social" está cheia de preceitos que impõem obrigações aos empregadores, às quais não corresponde nenhum direito estrito da parte dos trabalhadores, e que muitas vezes estão incluídas na categoria da assistência gratuita. Mas essas virtudes são eminentemente "sociais", mais sociais em certos aspectos do que a justiça. Porque, se a justi-

ça é a condição necessária da vida em sociedade ao dar a cada um o que é seu, as virtudes sociais, por seu desinteressado caráter altruísta, estreitam de forma positiva o vínculo social. Por isso se verá que a lei, interessada na concórdia e na fraternidade entre os membros do grupo, é levada a promulgar estatutos de "solidariedade social", onde as atitudes requeridas se tornam uma questão de justiça legal em razão de sua "ordenação" para o bem público. Além disso, as relações sociais não existem apenas entre iguais; em sua base está a autoridade. É por isso que a lei prescreve obediência para com as autoridades não apenas no Estado, mas também nos grupos privados, em primeiro lugar na família...

Mas a lei não se entrincheira no campo das virtudes *ad alterum*. Indo além do círculo da justiça e das virtudes sociais, ela reprime algumas deficiências nos deveres para com o próprio eu da pessoa (por exemplo, a tentativa de suicídio, a embriaguez, determinadas alienações de liberdades ou direitos essenciais), algumas deficiências em deveres para com Deus (por exemplo, a blasfêmia, o sacrilégio, o perjúrio), ou, por outro lado, atos de crueldade com os animais. Por quê?... Porque essas ofensas afetam o público, causando confusão ou dano no ambiente social.

Por fim, além da justiça e até mesmo da moral, temos de indicar as inúmeras medidas de prudência estabelecidas pela lei, com a finalidade de impedir a transgressão de preceitos morais que ela adotou e sancionou. Assim são os regulamentos destinados a policiar o tráfego, a indústria, o trabalho e o comércio, cujo objetivo é, sem dúvida, facilitar as atividades do tráfego, da indústria, do comércio, mas também proteger os direitos das pessoas empenhadas nessas atividades contra as transgressões. Ora, essas medidas preventivas, embora sejam em parte ordenadas para a justiça, são em si mesmas meios indiferentes à justiça.

262. *"Leis justas" e leis que consagram a justiça não são sinônimos.* Por fim, é preciso cuidado para não confundir leis justas com leis que consagram a justiça. Uma lei é justa quando prescreve aquilo que está dentro de seu papel prescrever. Nesse sentido, uma lei justa é uma lei ajustada a seu fim, o bem público, e a seus meios adequados de realização, resumindo, uma lei de acordo com o método legal... Ora, embora em geral uma lei justa seja uma lei que consagra a justiça, nem sempre é assim. Essa é toda a diferença entre a justiça do advogado, que é uma questão de prudência, e a justiça do moralista, que é uma questão de verdade ou ciência.

20

John Dewey
1859-1952

John Dewey era um homem prático e austero de Vermont, nascido em Burlington antes da Guerra Civil e ainda com entusiasmo para escrever filosofia noventa anos depois. John era um de quatro filhos. Seu pai era um comerciante de secos e molhados com certo talento literário; amava Shakespeare e Milton; nutria uma certa aversão teológica por Emerson e Hawthorne. Até a geração de John, os Dewey não tiveram instrução universitária. A mãe de John vinha de família ilustre; o avô dela fora congressista, o pai, juiz de paz e admirado juiz leigo, e os irmãos tinham diploma universitário.

Os garotos Dewey passavam os verões na confortável fazenda do avô materno. Perambulavam pelas montanhas, faziam passeios de canoa e pescaria, e aprenderam francês no Canadá. Isso não os impedia de ganhar algum dinheiro carregando papéis. Um dos garotos morreu cedo. Os outros foram rapazes normais, bem ajustados.

A escola pública entediava John, mas ele tirava boas notas e se formou no curso secundário com quinze anos de idade. Foi para a minúscula Universidade de Vermont, na qual se formou com um bom histórico numa classe de dezoito pessoas. Passou três invernos lecionando em escola pública na Pensilvânia e em Vermont. Em seguida, fez pós-graduação com dinheiro emprestado na Johns Hopkins, tirando o diploma de doutorado em filosofia no ano de 1894. Dewey lecionou na Universidade de Minnesota durante um ano e em Michigan por cinco anos, antes de ser chamado para a Universidade de Chicago, onde então ganhou proeminência nacional.

A Universidade de Chicago tinha para ele um atrativo especial; ensinava-se pedagogia no departamento de Filosofia e Psicologia. Dewey organizou a "Escola laboratório", na qual podiam ser experimentadas as teorias educacionais. A escola admitia crianças de famílias do corpo docente, e importantes professores de vários departamentos participavam da elaboração de seu currículo e da implementação de métodos experimentais. Para levantar dinheiro para a escola, Dewey deu uma série de palestras. Essas palestras foram impressas com o título de *A escola e a sociedade* (1899), obra que foi traduzida para uma dúzia de línguas diferentes e que constitui um dos trabalhos mais influentes de Dewey. Ele foi pioneiro da educação "progressista", e é ainda hoje o santo padroeiro de muitos educadores. Em 1932, a National Educational Association elegeu Dewey presidente honorário vitalício. Dewey ficou arrasado quando, em 1904, sem que o consultassem, foi instituída uma faculdade de educação na Universidade de Chicago, à qual foi incorporada sua escola laboratório. Ele pediu demissão sem ter qualquer outro emprego em vista, mas foi logo agarrado pela Universidade de Colúmbia, onde lecionou até se aposentar.

Edman, que mais tarde foi um ótimo professor de filosofia em Colúmbia, descreveu o ensinamento de Dewey em seu *Philosopher's Holiday*. Embora Edman admirasse os escritos de Dewey, a primeira conferência foi um choque de enfado e confusão. Dewey não tinha nada da elegância de um conferencista eficiente;

ficava remexendo em pedaços de papel, olhava pela janela e parecia relatar o que por acaso lhe vinha à cabeça. Mas, quando Edman examinou as anotações, descobriu que fora sua mente, não a de Dewey, que vagueara, e que as aulas de Dewey tinham uma coerência, uma estrutura e inteligência "extraordinárias". Edman percebeu que estava escutando um homem pensar, em vez de uma apresentação; aprendeu que as aulas de Dewey podiam ser "experiências educacionais impressionantes". Nos seminários, sobressaía o maior talento de Dewey; ele desencadeava a indagação, não disseminava doutrina.

A fama de Dewey como educador foi responsável por muitas de suas extensas viagens ao exterior. Ele foi consultado sobre política educacional no Japão, na China, na Rússia Soviética e numa série de outros países. Dewey recusou a Ordem do Sol Nascente, a mais alta condecoração japonesa. Sidney Hook diz que a recusa de Dewey foi inspirada por sua opinião de que a cidadania em nossa comunidade democrática já é distinção suficiente para os norte-americanos.

Dewey escreveu de maneira prodigiosa. Num dia podia escrever um capítulo inteiro com cinco mil palavras ou mais. Não fazia revisão; quando desejava outra coisa, começava a partir do zero. Hook diz que, como resultado disso, algumas das melhores análises de Dewey não foram publicadas.

Dewey tem a reputação de ser difícil de se ler. Suas obras mais antigas (por exemplo, *Como pensamos*, publicada em 1910) foram escritas em estilo claro e fácil. Algumas de suas obras posteriores devem ser lidas com extremo cuidado e concentração. As obras que se seguem a esta nota não são difíceis. Os primeiros trechos procedem de sua *Natureza e conduta humana* (1922), que já foi submetida a muitas impressões. O segundo é um sumário das opiniões de Dewey sobre direito, reimpresso na íntegra; foi publicado numa coletânea de ensaios chamada *My Philosophy of Law* (1941). Tal como William James, Dewey nutriu grande interesse e foi influenciado pelos desenvolvimentos em psicologia; em geral, Dewey e James são considerados os fundadores da filosofia "pragmática" americana.

Dewey teve participação ativa na promoção de muitos movimentos e organizações liberais e reformistas. Foi líder no Sindicato dos Professores, do qual se retirou quando este caiu sob dominação política. Tomou parte em muitas tentativas de formar um partido dos trabalhadores rurais. Foi um dos fundadores da União Americana das Liberdades Civis. Uma de suas experiências mais vivas resultou de seus esforços em favor de Leon Trótski. Dewey visitara a Rússia Soviética em 1928 junto com um grupo de educadores. A educação soviética causou-lhe impressão favorável – exceto quando as salas de aula eram usadas para propaganda dogmática. Em 1937, Trótski, que foi cofundador junto com Lenin da União Soviética, fugiu para salvar sua vida quando foi acusado, pelos capangas de Stalin, de estar tramando o assassinato de Stalin e de traição. Um grupo de pessoas, inclusive Dewey, foi ao México para dar a Trotsky um julgamento justo no fórum da opinião mundial. Essa "comissão" achou que a condenação de Trótski na Rússia *in absentia* foi uma maquinação. A experiência, entretanto, deixou Dewey completamente desiludido com o comunismo. Após retornar do México, ele declarou no *Washington Post* de 19 de dezembro de 1937: "A grande lição... é o completo colapso do marxismo revolucionário... A grande questão para todos os radicais norte-americanos é que eles precisam... reconsiderar... os meios de investigação sobre mudança social e os métodos verdadeiramente democráticos de abordagem do progresso social."

Ele suspeitava, em geral, das generalidades amplas e absolutas. Numa direção, entretanto, ele jamais desistiu. Para ele, nenhum obstáculo à investigação e ao saber era tolerável. Num discurso de 1937, Dewey disse: "... se o liberalismo significa alguma coisa, significa devoção completa e corajosa à liberdade de indagação."

NATUREZA E CONDUTA HUMANA*

Parte Três

O LUGAR DA INTELIGÊNCIA NA CONDUTA

V

A singularidade do bem

... O bem consiste no significado que se experimenta pertencer a uma atividade quando conflito e emaranhamento de vários impulsos e hábitos incompatíveis terminam numa unificada e ordenada liberação em ação. Esse bem humano, sendo uma realização condicionada pelo pensamento, é diferente dos prazeres que uma natureza animal... atinge por acaso. Além disso, existe uma autêntica diferença entre um falso bem, uma satisfação espúria, e um "verdadeiro" bem; e existe um teste empírico para descobrir a diferença. A unificação que remata pensamento em ato só pode ser um compromisso superficial, não uma decisão real, mas sim uma postergação da questão. Muitas de nossas pretensas decisões são dessa natureza. Ou pode apresentar-se... uma vitória de um impulso temporariamente intenso sobre seus rivais, uma unidade por opressão e repressão, não por coordenação...

Em qualidade, o bem jamais é duas vezes igual. Ele jamais se copia... Pois ele assinala a resolução de uma complicação distintiva de hábitos e impulsos concorrentes, que jamais pode repetir-se. Só com um hábito rígido ao ponto da imobilidade é que exatamente o mesmo bem poderia repetir-se duas vezes... Hábitos rígidos descem abaixo do nível de qualquer significado em absoluto. E como vivemos num mundo em movimento, eles nos lançam por fim contra condições para as quais não estão adaptados e, desse modo, terminam em calamidade.

Ao utilitarismo, com todos os seus defeitos, cabe a honra de impor, de maneira inesquecível, o fato de que o bem moral, como todo bem, consiste numa satisfação das forças da natureza humana, em bem-estar, felicidade. A Bentham resta... o renome imperecível de inculcar na consciência popular que "consciência"... com muita frequência não é inteligência, mas é capricho velado..., interesse adquirido de classe. Só é verdadeiramente consciência quando contribui para aliviar a miséria e promover a felicidade...

Uma discussão adequada sobre o motivo pelo qual o utilitarismo com seu discernimento justo do lugar central do bem, e sua ardente devoção por tornar a moral mais inteligente e mais equitativamente humana, tomou seu curso unilateral (e por isso provocou uma intensificada reação à moral transcendental e dogmática), nos levaria em divagações sobre as condições sociais e a história antecedente do pensamento. Só podemos lidar com [um] fator, a dominação do interesse intelectual por considerações econômicas. A revolução industrial estava fadada, em todo caso, a dar uma nova direção ao pensamento... Ela abriu maravilhosas possibilidades na indústria e no comércio, e novas condições sociais condutivas à invenção, à engenhosidade, ao empreendimento, à energia construtiva e a uma formação mental impessoal tratando com mecanismos em vez de aparências. Mas novos movimentos não começam num campo novo e claro. Persistiu o contexto de velhas instituições e hábitos correspondentes de pensamento. O novo movimento foi pervertido na teoria porque condições estabelecidas antes desviaram-no na prática. Desse modo, o novo industrialismo era, em grande parte, o velho feudalismo, vivendo num banco em vez de num castelo e brandindo o talão de cheque em vez da espada.

Uma velha doutrina teológica de total depravação foi continuada e transmitida na ideia de uma indolência inerente à natureza humana que a tornava avessa ao trabalho útil, a menos que fosse subornada por expectativas de prazer, ou impelida por medos de sofrimentos. Sendo esse o "incentivo" à ação, concluiu-se que a fun-

---
1. Reimpresso com permissão de Henry Holt & Co., Inc.

ção da razão é apenas iluminar a busca do bem ou ganho, instituindo um cálculo mais exato de lucros e perdas. Desse modo, a felicidade foi identificada com um lucro líquido máximo de prazeres com base na analogia com os negócios realizados para o lucro pecuniário, e dirigidos por meio de uma ciência da contabilidade, que lida com quantidades de receitas e gastos expressos em unidades monetárias definidas...

... Existe uma diferença em espécie entre o cálculo comercial de lucros e perdas e a deliberação sobre que propósitos formar...

... Ora, é óbvio que o cálculo comercial é do tipo em que o fim é dado por certo e não entra em deliberação. Assemelha-se ao caso em que um homem já tomou sua decisão final, digamos, de dar um passeio, e delibera apenas sobre que passeio dar... A deliberação não é livre, mas ocorre dentro dos limites de uma decisão tomada por alguma deliberação anterior, ou então fixada por rotina irrefletida. Suponhamos, contudo, que a questão de um homem não é em qual caminho passear, mas sim se deve passear ou ficar com um amigo a quem a reclusão contínua tornou rabugento e desinteressante como companhia. A teoria utilitarista pede que, no último caso, as duas alternativas ainda sejam do mesmo tipo, iguais em qualidade, que sua única diferença seja uma diferença quantitativa, de mais ou menos em termos de prazer. Essa suposição... afirma, de maneira implícita, que não existe qualquer incerteza ou dúvida genuína no tocante ao sentido de algum impulso ou hábito. Seu sentido já está definido, fixo: o prazer. O único "problema" ou dúvida é quanto à *quantidade* de prazer (ou de sofrimento) envolvida.

Essa suposição violenta o fato. A pungência de situações que despertam reflexão reside no fato de que não sabemos realmente o sentido das tendências que reclamam ação. Temos de procurar, de experimentar. Deliberação é um trabalho de descoberta. O conflito é agudo; um impulso nos leva no caminho de uma situação, um outro impulso nos leva para um outro caminho com um resultado objetivo radicalmente diferente. Deliberação não é uma tentativa de aniquilar essa oposição de qualidade, reduzindo-a a uma oposição de quantidade. É uma tentativa de *descobrir* o conflito em todo seu alcance e sentido...

Resumindo, a coisa que de fato está em jogo em qualquer deliberação séria não é uma diferença de quantidade, mas que tipo de pessoa alguém deve se tornar, que tipo de eu está em formação, que tipo de mundo está sendo feito... Deliberação quanto a ser um mercador ou um professor de escola, um médico ou um político, não é uma escolha de quantidades. É apenas o que parece ser, uma escolha de carreiras incompatíveis entre si, dentro de cada uma das quais estão envolvidas rejeições e inclusões definitivas. À diferença na carreira pertence uma diferença na constituição do eu, de hábitos de pensamento e sentimento, bem como de uma ação externa... Nossas decisões menores diferem em agudeza e alcance, mas não em princípio...

Existe algo anormal e, no sentido estrito, impossível em meros meios, isto é, em instrumentos totalmente separados de finalidades. Podemos ver a atividade econômica em abstração, mas ela não *existe* por si só. Os negócios dão como certos os usos não comerciais para os quais seus resultados devem ser apresentados...

... A tentativa de incorporar outras atividades no modelo da atividade econômica (definida como uma busca calculada de lucro) inverte a situação dos fatos. O "homem econômico", definido como uma criatura dedicada a uma busca esclarecida ou interesseira de lucro, é moralmente censurável, porque a concepção de tal ser falsifica, de maneira empírica, fatos empíricos. O amor ao lucro pecuniário é um fato indubitável e poderoso. Mas ele e sua importância são assuntos da natureza social e não da psicologia... Não pode ser usado para definir a natureza do desejo, do esforço e da satisfação, porque encarna um tipo de desejo e satisfação socialmente selecionado. Como a corrida de cavalos com obstáculos, ou colecionar selos postais, a busca de um cargo político, a observação astronômica dos céus, ele produz um caso especial de desejo, de esforço e de felicidade. E, tal como eles, está sujeito à crítica, ao exame e à avaliação, levando em consideração o lugar que ocupa no sistema das atividades em desenvolvimento.

A razão pela qual é tão fácil e, para propósitos específicos, tão útil selecionar atividades econômicas e submetê-las a um tratamento científico separado, se deve ao fato de que os homens que nelas estão envolvidos são homens que também são mais do que homens de negócios, cujos hábitos usuais podem ser adivinhados com mais ou menos segurança. Na condição de seres humanos, eles têm desejos e ocupações que são afetados pelo costume social, pela expectativa e admiração. Os usos que serão dados aos lucros, ou seja, o esquema corrente de atividades no qual eles entram como fatores, são omitidos apenas por causa de sua tão inevitável presença. O sustento da família, da igreja, beneficências filantrópicas, influência política, automóveis, ter luxos à disposição, liberdade de movimentos, o respeito de outros, são em termos gerais algumas das atividades óbvias em que a atividade econômica se ajusta...

Um certo destino trágico parece acompanhar todos os movimentos intelectuais. O do utilitarismo é sugerido na crítica não infrequente de que ele exagerou o papel do pensamento racional na conduta humana... Desse modo, uma crítica em parte correta é empregada para ocultar o único fator no utilitarismo do qual devíamos aprender algo; é usada para fomentar uma doutrina obscurantista de confiança no impulso, no instinto ou na intuição. Nem os utilitaristas nem qualquer outra pessoa podem exagerar a função adequada da reflexão, da inteligência, na conduta. O equívoco não reside aqui, mas sim numa falsa concepção do que constitui a reflexão, a deliberação. A verdade de que os homens não são movidos por considerações de interesse pessoal, de que os homens não são bons juízes para saber onde seus interesses residem e não são instigados a agir por esses julgamentos, não pode ser transformada, de forma correta, na crença de que a consideração das consequências é um fator desprezível na conduta. Na medida em que é desprezível de fato, ela demonstra o caráter rudimentar da civilização. Podemos, de fato, partir com segurança da suposição de que o impulso e o hábito, não o pensamento, são os determinantes primários da conduta. Mas a conclusão a ser tirada desses fatos é que a necessidade é, por conseguinte, maior para o cultivo do pensamento. O erro do utilitarismo não está nesse ponto. Está fundamentado em sua concepção errada sobre o que é e o que faz o pensamento, a deliberação.

VI

A natureza dos objetivos

... Os fins e objetivos da conduta são aquelas consequências previstas que influenciam a deliberação e que, no final, a sustam ao fornecer um estímulo adequado à ação manifesta. Como consequência, os fins surgem e funcionam dentro da ação. Não são, como as teorias atuais insinuam com excessiva frequência, coisas que estão além da atividade para a qual esta é dirigida. Falando de um modo estrito, não são fins ou metas de ação, de modo algum. São terminais de deliberação e, desse modo, momentos decisivos *na* atividade... O utilitarista estabelece o prazer como tal como um exterior-e-além, como algo necessário para induzir a ação e onde ela termina. Entretanto, muitos críticos duros do utilitarismo concordaram que existe determinado fim no qual a ação termina, uma meta final. Negaram que o prazer seja tal objetivo exterior e colocaram em seu lugar a perfeição ou a autorrealização. Toda a noção popular de "ideais" está infectada com essa concepção de um determinado fim fixo além da atividade que deveríamos visar...

Quando os homens acreditavam que existiam fins fixos para todas as mudanças normais na natureza, a concepção de fins semelhantes para os homens era apenas um caso especial de uma crença geral. Se as mudanças numa árvore, da bolota para um carvalho adulto, eram reguladas por um fim que de certa forma era imanente ou potencial em todas as formas menos perfeitas, e se a mudança era simplesmente o esforço para realizar uma forma perfeita ou completa, então a aceitação de uma concepção igual para a conduta humana estava em conformidade com o resto do que era considerado ciência. Tal concepção, consistente e sistemática, foi impingida por Aristóteles na cultura ocidental e durou dois mil anos. Quando a noção foi expulsa da ciência natural pela revolução intelectual do século XVII, é lógico que também devesse desaparecer da teoria da ação humana. Mas o homem não é lógico... Ele insiste no que pode em suas velhas crenças, mesmo quando é compelido a renunciar à sua base lógica. Desse modo, a doutrina dos fins em si fixos para os quais os atos humanos estão – ou deveriam estar – dirigidos e pelos quais são regulados, se é que são regulados de alguma maneira, persistiu na moral e foi transformada em pedra fundamental da teoria moral ortodoxa. O efeito imediato foi deslocar a moral da ciência natural, dividir o mundo do homem como nunca antes havia sido dividido na cultura anterior...

De fato, os fins são fins em vista ou objetivos. Surgem dos efeitos ou consequências naturais que, a despeito de qualquer propósito, ocorrem por acaso no começo. Os homens *gostam* de algumas consequências e *desgostam* de outras... Essas consequências constituem o sentido e valor de uma atividade quando entra em deliberação. Enquanto isso, a imaginação, é claro, está trabalhando. Velhas consequências são realçadas, recombinadas, modificadas na imaginação. A capacidade inventiva opera. Verdadeiras consequências, isto é, efeitos que aconteceram no passado, tornam-se possíveis consequências futuras de atos ainda a serem realizados... Fins são consequências previstas que surgem no curso da atividade e que são empregados para dar à atividade um sentido e dirigir seu curso ulterior. Não são, em nenhum modo, fins *de* ação. Ao serem fins de *deliberação*, são pivôs de redirecionamento *em* ação.

Os homens atiram e arremessam. A princípio, isso é feito como uma reação "instintiva" ou natural a determinada situação. O resultado, quando é observado, dá um novo sentido à atividade. Daí em diante, quando os homens atiram e arremessam, estão pensando em termos do resultado; agem de maneira inteligente ou têm um fim. Gostando da atividade em seu sentido adquirido, eles não apenas "fazem pontaria" quando atiram, em vez de atirar ao acaso, mas também encontram ou fazem alvos para os quais apontam. Essa é a origem e natureza das "metas" de ação...

Mesmo a mais importante dentre todas as consequências de um ato não é necessariamente seu objetivo. Resultados que são mais importantes em termos objetivos, podem não ter sido nem sequer pensados; em geral, um homem não pensa, em relação ao exercício de sua profissão, que ela irá sustentar a existência dele e de sua família. O fim pensado é singularmente importante, mas é indispensável declarar em que aspecto ele é importante... Num aborrecimento temporário, mesmo que seja causado apenas pelo zumbir de um mosquito, o pensamento naquilo que dá alívio pode absorver a mente apesar de consequências muito mais importantes, falando em termos objetivos. Os moralistas têm deplorado tais fatos como prova de leviandade. Mas não se encontra o remédio, se é que se necessita de um remédio, insistindo na importância dos fins em geral. Ele é encontrado numa mudança das disposições que tornam as coisas imediatamente incômodas ou toleráveis, ou agradáveis.

Quando os fins são considerados literalmente como fins para a ação em vez de estímulos diretivos para a escolha, eles são paralisados e isolados. Não faz qualquer diferença se o "fim" é um bem "natural" como a saúde, ou um bem "moral" como a honestidade. Estabelecido como completo e exclusivo, como demandando e justificando a ação como um meio para si, ele leva à estreiteza; em casos extremos, ao fanatismo, à falta de consideração, à arrogância e à hipocrisia... Os teóricos morais estão sempre supondo que o curso contínuo dos eventos pode ser detido à beira de um objeto particular; que os homens podem lançar-se com seus próprios desejos no fluxo incessante das mudanças e apoderar-se de algum objeto como seu fim sem levar em consideração nenhuma outra coisa... A pessoa lembra a si mesma que seu fim é a justiça, ou a caridade, ou a realização profissional, ou levar a cabo um negócio para uma melhoria pública necessária, e outros questionamentos e preocupações são silenciados.

... O senso comum revolta-se contra a máxima, convenientemente imputada aos jesuítas ou outras pessoas distantes, segundo a qual o fim justifica os meios... Não tomar conhecimento dos meios é apenas um expediente para deixar de notar aqueles fins, ou consequências, que, se fossem notados, seriam tidos como algo tão mau que a ação seria embargada. Sem dúvida, nada pode justificar ou condenar os meios, exceto os fins, os resultados. Mas temos de incluir as consequências imparcialmente... É séria insensatez agarrar-se a determinado fim único, ou consequência, do qual se gosta e permitir que a visão dele borre da percepção todas as outras consequências indesejadas e indesejáveis... Não é *o* fim – no singular – que justifica os meios; pois não existe tal coisa como o fim único e importantíssimo...

... Em geral, a identificação do fim proeminente no esforço e desejo consciente com *o* fim é parte da técnica de evitar um levantamento razoável das consequências. O levantamento é evitado por causa de um reconhecimento subconsciente de que ele revelaria o desejo em seu verdadeiro valor e, desse modo, frustraria a ação para satisfazê-lo – ou, em todo caso, nos daria uma consciência intranquila no esforço para realizá-lo. Assim, a doutrina do fim isolado, completo ou fixo limita o exame inteligente, encoraja a insinceridade e põe um pseudo-rótulo de justificação moral no sucesso a qualquer preço.

As pessoas moralistas são dadas a escapar desse mal, caindo numa outra armadilha. Elas negam que as consequências tenham alguma coisa a ver com a moralidade dos atos. Dizem que não os fins, mas sim os motivos justificam ou condenam os atos. A coisa a fazer, de acordo com isso, é cultivar certos motivos ou disposições, a benevolência, a pureza, o amor à perfeição, a lealdade. Desse modo, a negação das consequências apresenta-se de maneira formal, verbal. Na realidade, uma consequência é estabelecida para ser tomada como alvo, só que é uma consequência subjetiva. "Bem intencionado" é selecionado como *a* consequência ou fim a ser cultivado sob quaisquer riscos, um fim que justifica tudo e para o qual tudo mais é oferecido em sacrifício. O resultado é uma satisfação sentimental fútil...

Falando de maneira aproximada, o curso da formação de objetivos é o seguinte: começa com um desejo, uma reação emocional contra o atual estado de coisas e a esperança de alguma coisa diferente. A ação não consegue vincular-se de forma satisfatória com as condições circundantes. Repercutida sobre si mesma, ela se projeta na imaginação de um cenário que, se estivesse presente, produziria satisfação. Esse quadro é chamado, com frequência, de objetivo; com mais frequência ainda, de ideal. Mas em si é uma imaginação que só pode ser uma fantasia, um sonho, um castelo no ar. É em si um embelezamento romântico do presente; na melhor das hipóteses, é material para poesia ou romance. Seu *habitat* natural não está no futuro, mas sim no passado obscuro ou em alguma parte distante e supostamente melhor do mundo atual. Todo objeto idealizado assim é sugerido por algo experimentado de verdade, tal como o vôo dos pássaros sugere a libertação dos seres humanos das restrições da lenta locomoção na pesada terra. Só se torna um objetivo ou fim quando é elaborado em termos de condições concretas disponíveis para sua realização, ou seja, em termos dos "meios".

Essa transformação depende do estudo das condições que geram ou tornam possível que o fato observado já exista. A imaginação do prazer de se mover à vontade pelos ares só se tornou realidade depois que os homens estudaram com cuidado a maneira pela qual um pássaro, apesar de ser mais pesado que o ar, se sustentava de fato no ar. Uma imaginação se torna um objetivo, resumindo, quando alguma sequência passada de causa e efeito conhecida é projetada no futuro e quando, reunindo suas condições causais, nos esforçamos para gerar um resultado igual... O grande problema com aquilo que se conhece como ideais e fins morais é que eles não vão além do estágio de imaginação de alguma coisa agradável e desejável, baseada num desejo emocional; não obstante, com muita frequência, não se trata nem mesmo de um desejo original, mas sim do desejo de algum líder, que foi convencionado e transmitido através de canais de autoridade...

VII

A natureza dos princípios

... Um princípio é intelectualmente aquilo que um hábito é para a ação direta. Quando os hábitos se estabelecem, as rotinas dominam a atividade e desviam-na das condições, em vez de aumentar sua adaptabilidade, de modo que princípios tratados como regras fixas em vez de métodos úteis afastam os homens da experiência. Quanto mais complicada a situação e quanto menos soubermos de fato sobre ela, mais insistente é o tipo ortodoxo de teoria moral na existência prévia de alguma lei ou princípio fixo e universal, que deve ser aplicado e seguido diretamente...

De fato, situações em que entram a mudança e o inesperado são um desafio para a inteligência criar novos princípios... A história humana é longa. Há um longo registro de experimentação passada, e existem verificações cumulativas que dão a muitos princípios um prestígio bem merecido. O cúmulo da loucura é desconsiderá-los de forma leviana. Mas as situações sociais se alteram; e também é uma tolice não observar a maneira como velhos princípios operam de fato sob novas condições, e não modificá-los de modo que sejam instrumentos mais eficientes para julgar novos casos. Muitos homens são agora conscientes do dano feito em questões legais ao se supor a existência antecedente de princípios fixos aos quais todo caso novo pode ser submetido. Eles reconhecem que essa suposição apenas estimula de forma artificial ideias desenvolvidas sob condições passadas, e que sua perpetuação no presente gera injustiça. No entanto, a escolha não é entre jogar fora regras anteriormente desenvolvidas e aferrar-se a elas de maneira obstinada. A alternativa inteligente é rever, adaptar, expandir e alterar essas regras. O problema é um problema de readaptação contínua e vital.

... Os homens deviam remontar sua aversão à manipulação de casos particulares, até se encaixarem nos leitos procustianos das regras fixas, ao ponto onde está claro que todos os princípios são generalizações empíricas das maneiras nas quais foram executados, na prática, os julgamentos anteriores de conduta. Quando esse fato é visível, essas generalizações são não como regras fixas para decidir casos duvidosos, mas como instrumentos para sua investigação, métodos pelos quais o valor líquido da experiência passada torna-se disponível para o escrutínio presente de novas complicações. Então, se concluirá também que são hipóteses a serem testadas e revisadas por seu funcionamento ulterior...

Nada é mais instrutivo sobre o genuíno valor das generalizações em conduta do que os erros de Kant. Ele tomou a doutrina segundo a qual a essência da razão é completa universalidade (e por isso necessidade e imutabilidade), com a seriedade própria do professor de lógica. Aplicando a doutrina à moralidade, ele viu que essa concepção separava a moral do vínculo com a experiência. Outros moralistas já haviam chegado a esse ponto muito antes dele. Mas nenhum fizera o que Kant passou a fazer: levar à sua conclusão lógica essa separação dos ideais e princípios morais da experiência. Ele percebeu que excluir dos princípios toda a ligação com detalhes empíricos significava excluir qualquer tipo de referência a consequências. Viu então, com uma clareza que honra sua lógica, que, com tal exclusão, a razão se torna inteiramente vazia: nada resta exceto a universalidade do universal. Ele deparou então com o problema, que parecia insolúvel, de tirar a instrução moral concernente a casos especiais de um princípio que, tendo abjurado ligação com a experiência, era estéril e vazio. Seu método engenhoso foi o seguinte: universalidade formal significa pelo menos identidade lógica; significa autoconsistência ou ausência de contradição. Daí segue-se o método pelo qual um suposto agente verdadeiramente moral passará a julgar o caráter justo de qualquer ato proposto. Ele perguntará: pode seu motivo ser tido como universal para todos os casos? O que uma pessoa acharia se, por seu ato, seu motivo nesse ato fosse erigido como uma lei universal de fundo real? Estaria então a pessoa disposta a fazer a mesma escolha?

Sem dúvida alguma, um homem hesitaria em roubar se, com sua escolha de tornar o roubo o motivo de seu ato, também devesse transformá-lo em tal lei fixa da natureza de modo que, a partir de então, ele e todos os demais fossem sempre roubar toda e qualquer propriedade que estivesse em questão. Nenhum roubo sem propriedade; e com o roubo universal também nenhuma propriedade; uma clara contradição em si mesma. Visto à luz da razão, todo motivo de ação indigno, insincero, inconsiderado, atrofia-se, numa exceção privada da qual uma pessoa quer aproveitar-se em seu próprio benefício, e que a deixaria escandalizada se outros se guiassem por ela. Isto viola o grande princípio da lógica, segundo o qual A é A. Atos decentes, benévolos, pelo contrário, se estendem e se multiplicam numa harmonia contínua.

Esse tratamento de parte de Kant demonstra um profundo discernimento sobre a função da inteligência e do princípio na conduta. Mas envolve uma flagrante contradição com a própria intenção original de Kant de excluir a consideração das consequências concretas. Vem a ser um método que recomenda ampla e imparcial visão das consequências. Nossa previsão das consequências está sempre sujeita... à influência do impulso e do hábito. Vemos aquilo que queremos ver, obscurecemos aquilo que é desfavorável a um desejo nutrido, provavelmente não declarado... A deliberação necessita de toda ajuda possível que puder obter contra a tendência deturpadora, exageradora e desdenhosa da paixão e do hábito. Formar o hábito de perguntar como estaríamos dispostos a ser tratados num caso semelhante – que é o que a máxima de Kant significa – é ganhar um aliado para julgamento e deliberação imparcial e sincera... A procura de consistência, de "universalidade", longe de envolver uma rejeição de todas as consequências, é um pedido para fazer um amplo levantamento das consequências, para ligar efeito com efeito numa corrente de continuidade. Qualquer força que trabalhar para esse fim *é* razão... O que necessitamos são esses hábitos, disposições que levam a uma previsão imparcial e consistente das consequências. Então, nossos julgamentos são razoáveis; então somos criaturas razoáveis.

Parte Quatro

CONCLUSÃO

II

A moral é humana

Como moral diz respeito à conduta, ela se origina em fatos empíricos específicos. Quase todas as teorias morais influentes, com exceção do utilitarismo, recusaram-se a admitir essa ideia. Para a cristandade como um todo, a moralidade tem sido relacionada com ordens sobrenaturais, recompensas e penalidades. Aqueles que escaparam dessa superstição, contentaram-se com converter a diferença entre este mundo e o próximo numa distinção entre o real e o ideal, entre o que é e o que deveria ser. Não é só em palavra que o mundo real entregou-se ao diabo, mas ele é tratado como uma exposição de forças físicas incapazes de gerar valores morais. Como consequência, as considerações morais precisam ser introduzidas de cima para baixo...

Mas, de fato, a moral é o mais humano de todos os assuntos... Ela é inerradicavelmente empírica, não teológica nem metafísica ou matemática... A natureza humana existe e opera num meio ambiente... Por isso a física, a química, a história, a estatística e a ciência da engenharia são uma parte do conhecimento moral disciplinado na medida em que nos capacitam a compreender as condições e influências através das quais o homem vive e por causa das quais ele forma e executa seus planos. A ciência moral não é algo com um ramo de conhecimento separado. É conhecimento físico, biológico e histórico colocado num contexto humano, onde irá iluminar e orientar as atividades dos homens.

... Numa reação a esse erro que tornou a moral fanática ou fantástica, sentimental ou autoritária, separando-a dos verdadeiros fatos e forças, os teóricos foram para o outro extremo. Insistiram que as leis naturais são em si leis morais, de modo que, após notá-las, só resta ajustar-se a elas. Essa doutrina do acordo com a natureza marcou, em geral, um período de transição... Quando a vida social é tão perturbada que costume e tradição deixam de fornecer seu controle de praxe, os homens recorrem à Natureza como uma norma. Eles aplicam à Natureza todos os predicados encomiásticos anteriormente associados com a lei divina; ou então a lei natural é concebida como a única verdadeira lei divina...

... Considera-se que a inteligência humana marca uma interferência artificial se fizer mais do que registrar as leis naturais fixas como regras de ação humana... Tudo que a razão pode fazer é reconhecer as forças evolutivas e, com isso, abster-se de retardar a chegada do dia feliz da harmonia perfeita. Enquanto isso, a justiça pede que o fraco e ignorante sofra o efeito da violação da lei natural, ao passo que o sábio e capaz colhe as recompensas de sua superioridade.

O defeito fundamental dessas opiniões é que elas deixam de ver a diferença que se produz nas condições e nas energias por percebê-las. A primeira obrigação da mente é ser "realista", é a obrigação de ver as coisas "tal como são"... Mas o conhecimento dos fatos não acarreta necessariamente conformidade e aquiescência. Dá-se o contrário. A percepção das coisas tal como são é apenas um estágio no processo de torná-las diferentes. Elas já começaram a ser diferentes ao serem conhecidas, posto que com este fato entram num contexto diferente, um contexto de previsão e julgamento do que é melhor e pior...

... A moralidade começa nesse ponto de uso do conhecimento da lei natural, um uso que varia com o sistema ativo de disposições e desejos. A ação inteligente não está interessada nas simples consequências da coisa conhecida, mas nas consequências *a serem* trazidas à existência por ação condicionada pelo conhecimento...

III

O que é liberdade?

... Não tenho nenhum desejo de acrescentar outra às soluções baratas e fáceis que existem para o aparente conflito entre liberdade e organização. É razoavelmente óbvio que a organização pode tornar-se um obstáculo para a liberdade; não vamos longe se dissermos que o problema reside não na organização, mas sim na organização exagerada. Ao mesmo tempo, devemos admitir que não existe nenhuma liberdade efetiva ou objetiva sem organização. É fácil criticar a teoria do contrato social que declara que os indivíduos renunciam pelo menos a algumas de suas liberdades naturais a fim de tornar seguras como liberdades civis aquelas que conservarem. Não obstante, há uma certa verdade na ideia da renúncia e troca. Uma certa liberdade natural é possuída pelo homem. Quer dizer, em determinados aspectos existe harmonia entre as energias de um homem e seu ambiente, de modo que este apoia e executa seus propósitos. Até esse ponto, ele é livre; sem esse apoio natural básico, não podem acontecer dispositivos conscientes da legislação, administração e instituição humana deliberada de ajustes sociais. Nesse sentido, a liberdade natural é anterior à liberdade política e é sua condição. Mas não podemos confiar inteiramente numa liberdade assim obtida. Ela está à mercê do acaso. Acordos conscientes entre os homens devem suplementar e, em determinado grau, suplantar a liberdade de ação que é dádiva da natureza. A fim de poder chegar a esses acordos, os indivíduos são obrigados a fazer concessões. Eles precisam concordar com a restrição de algumas liberdades naturais a fim de que algumas delas se tornem seguras e duradouras. Resumindo, precisam entrar numa organização com outros seres humanos, de modo que se possa contar permanentemente com as atividades dos outros para assegurar regularidade de ação e um longo alcance para os planos e cursos de ação. O procedimento não é, até aqui, diferente de renunciar a uma parte da própria renda a fim de comprar seguro contra contingências futuras e, desse modo, tornar mais uniformemente seguro o curso futuro da vida. Seria uma insensatez sustentar que não há qualquer sacrifício; no entanto, podemos argumentar que o sacrifício é razoável, é justificado pelos resultados.

Vista sob essa luz, a relação da liberdade individual com a organização parece ser uma questão experimental. Ela não pode ser resolvida por uma teoria abstrata. Considere-se a questão dos sindicatos operários e a empresa que admite tanto os operários sindicalizados como os não sindicalizados, ou a empresa que só admite empregados sindicalizados. É uma insensatez imaginar que não haja restrições e renúncias a liberdades anteriores e possibilidades de futuras liberdades, envolvidas na extensão dessa forma particular de organização. Mas condenar tal organização com o motivo teórico de que ela acarreta necessariamente uma restrição de liberdade, é adotar uma posição que teria sido fatal para todo avanço na civilização, e para todo lucro líquido na liberdade efetiva. Todas essas questões devem ser julgadas não com base na teoria antecedente, mas sim com base nas consequências concretas... É, sem dúvida nenhuma, uma questão de detalhe específico, não da teoria em larga escala. É também divertido ver alguém denunciar, com base na teoria pura, a coerção de trabalhadores por parte de um sindicato de operários, enquanto a mesma pessoa se aproveita do crescente poder devido à ação das empresas nos negócios e elogia a coerção do Estado; e ver um outro homem denunciando este como pura tirania, enquanto ao mesmo tempo louva o poder das organizações trabalhistas industriais. A posição de um ou do outro pode ser justificada em casos particulares, mas a justificação se deve aos resultados na prática e não à teoria geral.

A organização tende, no entanto, a se tornar rígida e a limitar a liberdade. Além da segurança e da energia em ação, a novidade, o risco e a mudança são ingredientes da liberdade que os homens desejam. A variedade é mais que o tempero da vida; é grande parte de sua essência, fazendo uma diferença entre o livre e o escravizado...

... Um mundo que é, em certos momentos e épocas, indeterminado o bastante para evocar a deliberação e pôr em jogo a escolha para moldar seu futuro, é um mundo em que a vontade é livre, não porque é inerentemente vacilante e instável, mas sim porque a deliberação e a escolha são fatores determinantes e estabilizadores...

IV

A moralidade é social

... No presente, não apenas não temos meios seguros de formar o caráter, exceto expedientes grosseiros de censura, elogio, exortação e punição, mas o próprio sentido das noções gerais da investigação moral é matéria de dúvida e disputa. A razão é que essas noções são discutidas isoladamente dos fatos concretos das interações dos seres humanos entre si... Tome-se, por exemplo, uma concepção básica como a do direito que envolve a natureza da autoridade na conduta... Essa noção é o último recurso da escola antiempírica em moral...

Com efeito, seus adeptos argumentam da seguinte maneira: "Admitamos que ideias concretas sobre certo e errado e noções particulares do que é obrigatório desenvolveram-se dentro da experiência. Mas não podemos admitir isso em relação à ideia de direito, da própria Obrigação. Por que a autoridade moral existe afinal?... Por que não seguir nossos próprios planos imediatos se assim estivermos inclinados? Só existe uma única resposta: temos uma natureza moral, uma consciência, chame-se isto do que se quiser chamar. E essa natureza responde diretamente em reconhecimento à autoridade suprema do direito acima de todas as reivindicações de inclinação e hábito. Podemos não agir de acordo com esse reconhecimento, mas ainda assim sabemos que a autoridade da lei moral, embora não de seu poder, é inquestionável. Os homens podem diferir indefinidamente de acordo com o que tem sido sua experiência no tocante ao *que* é o direito, o que é seu conteúdo. Mas todos concordam, de maneira espontânea, em reconhecer a supremacia das reivindicações do que quer que seja considerado direito."...

Admita-se o argumento anterior, e todo o aparato do moralismo abstrato segue-se em seu rastro. Um objetivo remoto de perfeição, ideais que são contrários, no todo, ao que é real, um livre-arbítrio de escolha arbitrária; todas essas concepções associam-se com aquela da autoridade não empírica do direito e da consciência não empírica que a reconhece. Elas constituem seu encadeamento cerimonial ou formal.

De fato, por que reconhecer a autoridade do direito?... Vivemos num mundo onde também vivem outras pessoas. Nossos atos afetam-nas. Elas percebem esses efeitos e, como consequência, reagem a nós. Como são seres vivos, elas demandam certas coisas de nós. Elas aprovam e condenam – não em teoria abstrata, mas sim no que fazem a nós. A resposta à pergunta "por que não pôr a mão no fogo?" é resposta de fato. Se você puser, sua mão queimará. A resposta à questão de por que reconhecer o direito é do mesmo tipo. Pois Direito é apenas um nome abstrato para uma grande quantidade de demandas concretas de ação que outros nos inculcam, e as quais somos obrigados a tomar em certa consideração, se quisermos viver. Sua autoridade é a exigência de suas demandas, a eficácia de suas insistências. Pode haver um bom motivo para a alegação de que na teoria a ideia do direito está subordinada à ideia do bem, sendo uma declaração do curso adequado para se alcançar o bem. Mas, de fato, significa a totalidade das pressões sociais exercidas sobre nós para induzir-nos a pensar e a desejar de certas maneiras. Como consequência, o direito só pode, de fato, tornar-se a estrada para o bem quando os elementos que compõem essa pressão incessante são esclarecidos, só quando as próprias relações sociais se tornam razoáveis.

Haverá quem retruque que toda pressão é uma questão não moral que tem algo a ver com força, não com direito; que o direito precisa ser ideal. Desse modo, somos convidados a entrar de novo no círculo em que o ideal não tem força alguma, e as realidades sociais nenhuma qualidade ideal. Recusamos o convite porque a pressão social participa de nossas próprias vidas, tanto quanto o ar que respiramos e o solo que pisamos... A pressão não é ideal, mas sim empírica; no entanto, empírica aqui significa apenas real. Chama atenção para o fato de que as considerações de direito são reivindicações que se originam não fora da vida, mas sim dentro dela. São "ideais" exatamente no grau em que, de maneira inteligente, as reconhecemos e agimos de acordo com elas...

Como consequência, a falha em reconhecer a autoridade do direito significa deficiência na apreensão efetiva das realidades da associação humana, não um exercício arbitrário do livre-arbítrio. Essa deficiência e perversão na apreensão indica uma deficiência na educação – quer dizer, na operação das verdadeiras condições, nas consequências sobre desejo e pensamento das interdependências e interações existentes... A crença num direito separado, ideal ou transcendental, praticamente ineficaz, é um reflexo da inadequabilidade com que as instituições existentes realizam sua função educativa – sua função de gerar a observação de conexões sociais. É um esforço para "racionalizar" essa imperfeição. Como todas as racionalizações, ela opera para desviar a atenção do verdadeiro estado de coisas. Desse modo, ajuda a manter as condições que a criaram, sendo um obstáculo para o esforço de tornar nossas instituições mais humanas e equitativas. Um reconhecimento teórico da suprema autoridade do direito, da lei moral, fica entrelaçado com um substituto efetivo de atos que melhorariam os costumes que agora produzem uma observação vaga, insípida, deficiente e evasiva dos verdadeiros vínculos sociais...

... Mas existem enormes diferenças de melhor e pior na qualidade daquilo que é social. Moral ideal começa com a percepção dessas diferenças. Os vínculos e as interações humanas estão aí, estão em vigor em todo caso. Mas só podem ser regulados, empregados de maneira ordenada para o bem, quando sabemos como observá-los. E não podem ser observados de forma correta, não podem ser compreendidos e utilizados, quando se deixa a mente proceder como bem entende sem a ajuda da ciência. Pois a mente natural desamparada significa precisamente os hábitos de crença, de pensamento e de desejo que foram gerados de maneira acidental e confirmados pelos costumes ou pelas instituições sociais. Mas com toda sua mescla de acaso e racionalidade, enfim chegamos a um ponto onde as condições sociais criam uma mente capaz de investigação e perspectiva científica. Fomentar e desenvolver esse espírito é a obrigação social do presente porque é sua necessidade urgente...

... Dentro dos vacilantes e inconsequentes atos das individualidades separadas habita um senso do todo que as afirma e dignifica. Em sua presença, postergamos a mortalidade e vivemos no universal. A vida da comunidade em que vivemos e temos nossa existência é o símbolo adequado dessa relação. Os atos em que expressamos nossa percepção dos vínculos que nos unem aos outros, são seus únicos ritos e cerimônias.

MINHA FILOSOFIA DO DIREITO[1]

Quando a questão da natureza da lei é examinada à luz das doutrinas das várias escolas e das controvérsias entre elas, descobre-se que ela se fragmenta em três questões distintas, porém relacionadas. As três questões dizem respeito à *fonte* da lei, a seu *fim* e à sua *aplicação*, estando incluídas nesta última as questões dos métodos pelos quais a lei é e pode ser tornada efetiva.

Os problemas envolvidos nas discussões sobre direito que podem ser chamados de filosóficos, parecem surgir da necessidade de haver determinados princípios que possam ser empregados para justificar e/ou criticar práticas e regras legais existentes. Essa necessidade e motivo se manifestam talvez de forma mais clara naquelas filosofias que fazem uma distinção explícita entre o que chamavam de lei positiva, por um lado, e lei da natureza, por outro, sendo esta última empregada como o fim que as leis positivas deveriam realizar e o padrão ao qual deveriam ajustar-se. Essa formulação particular está em voga no presente apenas na escola de pensamento que permanece fiel à linha geral de ideias formuladas na Idade Média e que continuou a influenciar autores continentais sobre direito ao longo do século XVII. Mas a distinção entre o que existe por acaso num determinado tempo e aquilo que poderia e deveria ser, e a necessidade de uma concepção desse último que proporcione "princípios" para organizar, justificar e/ou desaprovar e reformar determinados aspectos daquilo que existe, parece estar atrás de todos os movimentos que ocorrem no campo da filosofia jurídica.

A partir desse ponto de vista, a discussão da fonte e do fim do direito pode ser colocada num

---

1. Reimpresso com permissão de West Publishing Co.

único tópico, o do *padrão* ou critério pelo qual avaliar as práticas e regulamentos legais existentes. A questão do que *é* direito reduz-se então a uma questão do que se acredita que *deveriam ser* regulamentos e práticas. De acordo com tradições muitíssimo influentes, a determinação do fim e do padrão tem estreita ligação com a determinação de uma fonte *derradeira* – como fica óbvio quando a Vontade ou a Razão de Deus, ou a derradeira e intrínseca Lei da Natureza, é considerada a fonte do direito. O que está por trás dessa identificação da fonte com o fim e padrão é a crença de que, a menos que se possa encontrar uma fonte superior e mais estabelecida do que a da experiência, não existe nenhum motivo seguro para alguma avaliação genuinamente filosófica do direito tal como existe de fato. Então, esse recurso a uma fonte não é o mesmo que um recurso à origem no tempo, posto que este último procedimento associa a questão com a experiência e com todas as imperfeições que a tradição clássica atribui a tudo que é experimental.

Essas observações preliminares têm um duplo propósito. Por um lado, destinam-se a expressar a crença de que existe uma questão genuína e importante envolvida nas discussões chamadas de "filosofia legal"; a saber, a questão do motivo pelo qual os assuntos legais existentes, inclusive regras de direito, o trabalho de legislação, as decisões judiciais e as práticas administrativas podem ser avaliadas de maneira legítima e proveitosa. O outro ponto é que, na verdade, as filosofias legais refletiram e com certeza continuarão a refletir movimentos do período em que são produzidas e por isso não podem ser separadas daquilo que esses movimentos representam.

Essa última observação é de grande alcance. Para muitas pessoas, ela parece dar como provadas todas as importantes questões de que se ocupa a filosofia jurídica. Entretanto, além dos sistemas passados, significa que elas têm de ser vistas em relação com os movimentos culturais e sociais dos períodos em que apareceram. A opinião também sustenta que o verdadeiro significado dessas filosofias é aumentado quando elas são vistas como manifestações de esforços aplicados na prática. Pois numa base exclusivamente intelectual, as várias filosofias legais estão em tal conflito umas com as outras que indicam estar todas, do mesmo modo, tentando o impossível. Na concepção sugerida aqui, todas têm a mesma importância que os movimentos que refletem; seus conflitos são provas de uma certa genuinidade vital. Pelo mesmo motivo, se diferentes contribuições a este volume representam posições incompatíveis, é porque expressam atitudes diferentes em relação a questões práticas do que deveria ser feito e a melhor maneira de fazê-lo. Em todo caso, o que eu mesmo tenho a dizer é proposto neste espírito. Fundamentalmente, é exposto um programa de ação a ser testado em ação, não algo que possa ser julgado (além de asserções de fato e questões de consistência lógica) numa base puramente intelectual.

O ponto de vista adotado é o de que o direito é por completo um fenômeno social; social na origem, no propósito ou fim, e na aplicação. Ora, não se pode exprimir ou escrever a palavra "social" sem estar consciente de todas as ambiguidades e controvérsias que acompanham as palavras *sociedade* e *social*. Aqui o que acabou de ser dito pode ser objetado porque tenta explicar o que é obscuro, a saber, a natureza do direito, com referência a algo ainda mais obscuro, ou seja, a sociedade. Entretanto, para o propósito do presente tópico é necessário fazer apenas duas afirmações concernentes ao que é denotado por "social". Postula-se que, seja qual for o significado de social, ele se aplica primeiro às *atividades* humanas e, em segundo lugar, a essas atividades como formas de comportamento, como *inter*-atividades. Ao se dizer que fatos sociais, ou fenômenos, são atividades, pretende-se dizer, no sentido negativo, que eles *não* são fatos do tipo indicado quando se considera "fato" no sentido de algo feito, terminado e acabado; e, no sentido positivo, significa que eles são processos, coisas *em andamento*. Mesmo no caso de eventos passados, quando fatos sociais estão sendo considerados, é importante reconhecer que eles representam fatias de tempo que têm uma dimensão longa o suficiente para abranger as condições iniciais e um estágio posterior de desfecho ou resultado, sendo este último, por seu turno, uma progressão. Com referência à lei, essa posição significa que a lei precisa ser vista tanto como intervindo no complexo de outras atividades e também como um processo social em si, não como algo que se possa dizer que está feito ou que acontece numa certa data. A primeira parte da afirmação anterior significa que a "lei" não pode ser estabelecida como se fosse uma entidade separada, mas só pode ser discutida em termos das condições sociais em que surge e do que concretamente faz ali. É esse fato que torna bastante perigoso o uso da palavra "lei" como um único termo geral, fazendo-se necessário afirmar, de forma explícita, que a palavra é usada como um termo conciso para poupar a repetição de regras legais, atividades legislativas e administrativas (até onde estas influenciam o curso das atividades humanas), decisões judiciais, etc.

A segunda parte da afirmação envolve a conclusão de que aquilo que é chamado de *aplicação* não é algo que acontece *após* uma regra ou lei, ou estatuto ser estabelecido, mas é uma parte necessária deles; de fato, é uma parte tão necessária que, em casos dados, só podemos julgar o que a lei *é*, na verdade, dizendo como ela opera e quais são seus efeitos nas e sobre as atividades humanas que estão em andamento. Para propósitos especiais, o significado de "aplicabilidade" pode ser restringido de maneira muito mais técnica. Mas do ponto de vista que pode ser chamado de filosófico, a aplicação deve ser considerada amplamente. Um dado ajuste legal é aquilo que ele *faz*, e aquilo que faz reside no campo de modificar e/ou manter as atividades humanas enquanto interesses em andamento. Sem aplicação, há pedaços de papel ou vozes no ar, mas nada que possa ser chamado de lei.

Poderia parecer que aquilo que é transmitido ao se dizer que atividades sociais são *inter*-atividades, já estivesse incluído na palavra "social",

posto que social significa associação. Entretanto, ao chamar atenção especial para essa característica, indicamos que existe uma reciprocidade *de facto*, embora não necessariamente *de jure* ou moral, em todo fato de comportamento social. Uma *trans*-ação não atravessa apenas numa direção de mão única, senão que é um processo de mão dupla. Existe reação, bem como ação. Embora seja conveniente ver alguns seres humanos como agentes e outros como pacientes (recipientes), essa distinção é puramente relativa; não existe nenhuma receptividade que não seja também uma re-*ação* ou resposta; e não existe nenhuma agência que não envolva também um elemento de receptividade. A ênfase em acordo, contrato, consenso, em várias filosofias políticas e legais, é, na verdade, um reconhecimento desse aspecto dos fenômenos sociais, embora uma expressão superidealizada dele.

Os processos sociais têm condições estáveis e duradouras quando comparadas com a grande quantidade de ações especiais que compõem o processo. Os seres humanos formam hábitos com tanta certeza como realizam ações especiais; e hábitos, quando encarnados em interatividades, são costumes. Esses costumes são, na opinião formada aqui, a *fonte* do direito. Podemos usar a analogia, ou, se preferirem, a metáfora do vale de um rio, a corrente e as margens. O vale em sua relação com a terra circundante, ou como a "situação do terreno", é o fato primário. A corrente pode ser comparada com o processo social, e suas várias ondas, pequenas ondulações na água, redemoinhos, etc., com os atos especiais que compõem um processo social. As margens são condições estáveis, duradouras, que limitam e também direcionam o curso tomado pela corrente, comparáveis aos costumes. Mas a permanência e a fixidez das margens, quando comparadas com os elementos da corrente que passa, são relativas, não absolutas. Dada a situação do terreno, a corrente é uma energia que entalha seu trajeto, de níveis mais elevados para níveis mais baixos, e desse modo, quando vista como um processo de longo prazo (tanto no tempo como no espaço), forma e reforma suas próprias margens. Os costumes sociais, inclusive tradições, instituições, etc., são estáveis e duradouros quando comparados com as ações especiais e com o arranjo em série desses atos, que forma um processo. Mas eles e, por conseguinte, os regulamentos legais que são suas formulações precipitadas, são fixados apenas relativamente. São submetidos, mais cedo ou mais tarde, de forma mais lenta ou mais rápida, ao atrito de processos em andamento. Pois, embora constituam a *estrutura* dos processos que estão acontecendo, são a estrutura *dos* processos no sentido de que surgem e tomam forma dentro dos processos, não sendo impostos aos processos de fora para dentro.

Hábito e costume introduzem fatores na constituição das atividades humanas, que não foram tomados em consideração por antigos filósofos que se diziam empíricos; fatores que, quando são tomados em consideração, modificam profundamente a procura de uma origem ou fonte do direito fora do tempo, e de um padrão ou norma que está fora e é independente da experiência. No que diz respeito ao primeiro ponto, os antigos filósofos empíricos, em sua revolta contra universais e princípios que se alegavam ser imutáveis e eternos, acima da crítica e acima da alteração, muitas vezes pulverizavam a experiência e reduziam todos os fatores gerais e duradouros nela aos nomes gerais que ostentavam. Entretanto, todo hábito e todo costume é geral dentro de determinados limites. Ele surge da interação das condições circundantes, que mudam devagar, com as necessidades e interesses dos seres humanos que também duram, com apenas leves mudanças, através de consideráveis períodos de tempo. A limitação de espaço não permite uma declaração adequada da natureza das ligações que existem entre hábitos e regras de direito. Mas está claro, sem prolongada discussão, que a decretação explícita de um costume como lei, seja como for que ocorra essa decretação, reforça e, com frequência, estende o caráter relativamente duradouro e estável do costume, modificando desse modo seu caráter geral.

É possível que não seja prontamente evidente a relação da generalidade de costume e direito, como condições estruturais das atividades sociais, com os problemas debatidos de doutrina filosófica legal. A questão é que o reconhecimento desse aspecto dos fenômenos sociais torna desnecessário, por motivos *práticos*, recorrer a uma fonte exterior. Como questão de pura teoria metafísica, uma pessoa pode continuar tendo uma opinião muito desfavorável do tempo e das coisas afetadas pelas condições temporais. Mas, de qualquer ponto de vista prático, o reconhecimento da taxa de mudança relativamente lenta de parte de certos componentes da ação social é capaz de realizar toda função útil, toda função necessária *na prática*, que levou no passado, e em outras atmosferas culturais, ao estabelecimento de fontes externas como a Vontade ou a Razão de Deus, a Lei da Natureza na teoria medieval e em filósofos como Grócio e seus sucessores, a Vontade Geral de Rousseau e a Razão Prática de Kant.

O que foi dito não se aplica à doutrina segundo a qual a *soberania* é a fonte do direito. Soberania é usada para denotar algo que é, pelo menos, da natureza de um fato social, algo que existe *dentro* das relações e atividades sociais e não fora delas. A menos que eu esteja enganado, o fato de essa concepção, que um dia se recomendou muitíssimo a estudantes de política e de jurisprudência, não exercer mais nenhuma grande atração indica o motivo pelo qual será suficiente uma breve declaração sobre ela. Pois (mais uma vez, a menos que eu esteja muito equivocado) a concepção já apresenta um certo ar de antiguidade, de tal modo que é difícil ver, até mesmo em imaginação, por que ela esteve tão em voga um dia. Vendo em perspectiva, essa doutrina deveu sua força a duas coisas. Ela livrou-se de que o fazer a lei dependesse de fontes metafísicas externas; instituiu no lugar destas a confiança em condições e influências às quais se pudesse atribuir determinado sentido empírico. Em segundo lugar, soberania é um termo *político*, e a voga da doutrina coincidiu com aquela explosão de atividade legislativa que teve lugar no campo rotulado convencionalmente como "político". Pode se dizer que a teoria de Austin da fonte do direito constitui uma aprovação racionalizada de um movimento para incluir arranjos e regras legais no âmbito da ação intencional deliberada, à custa dos resultados comparativamente não planejados de costumes interpretados em decisões judiciais. A doutrina perdeu muito de seu apelo original porque o desenvolvimento das ciências sociais, isto é, da história, da antropologia, da sociologia e da psicologia, tendeu a tornar a soberania, na melhor das hipóteses, uma expressão da ação de uma imensa quantidade de forças sociais; e, na pior das hipóteses, uma abstração pura. A doutrina da soberania da fonte do direito representa, desse modo, uma transição da aceitação de "fontes" fora de ações sociais para uma fonte dentro delas, mas uma transição que escolheu apenas um único fator social e congelou esse único fator em isolamento. Quando se descobriu que os costumes sociais e, até certo ponto, os interesses sociais são senhores absolutos de qualquer conjunto específico de pessoas que podem ser selecionadas e chamadas de "soberano", a doutrina entrou em declínio. A tendência crescente a interpretar atividades políticas em ligação com fatores econômicos agiu, é claro, na mesma direção.

Até aqui, o tópico do fim e padrão não recebeu atenção. Pode-se alegar que, se for aceito o relato dado sobre a fonte experimental do direito, ele apenas reforça o caso de um fim e padrão que estão fora das verdadeiras atividades sociais. Pois, argumenta-se, o fato de que tais e quais costumes e leis tenham se desenvolvido não é nenhum sinal de que *devam* existir; não fornece nenhum teste para seu valor. Resumindo, deparamos aqui com o grande problema do "valor em relação ao fato", e com a conclusão, sustentada por muitos, de que eles são tão separados que os padrões para julgar o valor do que existe, devem ter *sua* fonte como padrões fora de qualquer possível campo empírico.

Com referência a essa questão, é de fundamental importância o reconhecimento do caráter contínuo dos fatos sociais enquanto atividades contínuas. Se o que é considerado como fatos sociais é eliminado por ser tido como encerrado e completamente terminado, então há muito a ser dito, em bases teóricas, em favor da opinião segundo a qual o padrão para avaliá-los deve estar fora do campo das existências reais. Mas, se são contínuos, eles têm consequências; e o exame das consequências pode fornecer a base para se decidir se devem ser mantidos intactos ou se devem ser mudados.

Quando se afirmou que há muito a ser dito em termos *teóricos* em favor da concepção de que são necessários um padrão e um fim externo se os fatos sociais não forem considerados como interesses em andamento, não se quis dizer que muito pode ser dito em favor da aplicabilidade de tais padrões a condições sociais reais, com as quais, por definição, eles nada têm a ver. É inegável que padrões diferentes, tão diferentes a ponto de um entrar em conflito com outro, foram defendidos e usados em diferentes lugares e épocas do passado. Seu conflito é indício suficiente de que eles não derivaram de algum padrão absoluto *a priori*. Desse modo, a negação da possibilidade de deduzir um padrão a partir das atividades sociais reais é, na verdade, uma negação de que um padrão absoluto, mesmo se existir, jamais teve qualquer influência ou efeito. *Pois que razão há para pensar que padrões propostos agora por aqueles que apelam a um fim absoluto não empírico, tenham um destino diferente daqueles propostos no passado?*

A maneira habitual de enfrentar dificuldades desse tipo é admitir que se deve fazer uma distinção entre *forma*, que é absoluta, e seu conteúdo ou enchimento, que é histórico e relativo. A admissão é fatal para tudo aquilo que a doutrina dos fins absolutos foi formulada para satisfazer. Pois, de acordo com a admissão, todas as avaliações concretas devem ser baseadas no que se admite ser experimental e temporal.

Na concepção aqui apresentada, o padrão é encontrado nas consequências, na *função do* que continua socialmente. Se essa opinião fosse sustentada de maneira geral, haveria segurança da introdução, em larga escala, do fato racional nas avaliações concretas dos arranjos legais. Pois ela exige que a inteligência, empregando os melhores métodos científicos e materiais disponíveis, seja usada para investigar, em termos do contexto das situações reais, as consequências das regras legais e das decisões legais e atos de legislação propostos. A presente tendência, que por enquanto dificilmente está mais que num estado judicial, a discutir questões legais em seu cenário social concreto, e não no vácuo comparativo de suas relações entre si, obteria o reforço de uma teoria legal consistente. Além disso, quando sistematicamente reconhecer, na prática, que fatos sociais são interesses em andamento e que todas as questões legais têm seu lugar *dentro* desses interesses em andamento, haverá uma probabilidade muito mais forte do que no presente de se obter um conhecimento novo, que possa ser empregado no processo interminável de melhorar os padrões de julgamento.

21
Benjamin Nathan Cardozo
1870-1938

Os Cardozo eram uma família próspera e orgulhosa de judeus sefarditas, cujos ancestrais foram expulsos da Espanha e de Portugal pela Inquisição. O primeiro Cardozo norte-americano foi um comerciante de Londres que chegou aos Estados Unidos em 1752.

Benjamin nasceu numa bem cuidada casa da cidade de Nova York, filho de um juiz da Suprema Corte de Nova York, patrocinado pelos Tammany[1]. Tinha uma irmã gêmea, três outras irmãs e um irmão mais velho. Seu pai foi acusado de corrupção política no escândalo de Boss Tweed e renunciou ao cargo em desgraça. Sua mãe morreu quando ele estava com nove anos de idade. A irmã mais velha, Nell, criou as crianças menores; todos eles, exceto Benjamin e Nell, morreram cedo. O pai faleceu quando Benjamin tinha quinze anos, deixando apenas uma pequena renda de subsistência para a família que um dia fora próspera.

As crianças Cardozo não frequentaram escola pública; o pai contratou um preceptor para elas. Esse preceptor foi Horatio Alger, autor de livros *best-sellers* infantis sobre heróis pobres, porém honestos (que sempre alcançavam fama e fortuna). Anos mais tarde, Cardozo escreveu para os registros dos ex-alunos da Universidade de Colúmbia: "Ele não fez por mim um trabalho tão bem-sucedido como fez com as carreiras de seus heróis jornaleiros." Sua infância protegida não preservou a ortodoxia de Cardozo. Mas ele manteve firme a condição herdada de membro votante da congregação sefardita de Nova York, e opôs-se a mudanças em seus modos tradicionais de culto. Cardozo não nutria qualquer entusiasmo pelo sionismo até a ascensão do anti-semitismo hitlerista. Quando a Palestina tornou-se uma esperança de refúgio para os perseguidos, Cardozo participou do apoio ao movimento para instalar os refugiados ali.

Aos quinze anos de idade, Cardozo foi um dos sessenta calouros que entraram na faculdade de ciências humanas da Universidade de Colúmbia. Nessa época, Colúmbia não possuía dormitórios e atendia sobretudo aos nova-iorquinos que viviam em seus próprios lares. Um professor descreveu Benjamin como "desesperadamente sério". Ele era jovem demais para a vida social da faculdade e pequeno demais para o atletismo. Era um ávido orador em sua sociedade literária, mas jamais a representava em debates públicos com outros clubes. Tirava notas altas e sua popularidade crescia. Sua classe elegeu-o vice-presidente e orador da formatura. Seu discurso de formatura foi uma diatribe contra o comunismo. Cardozo tirou o mestrado em Colúmbia e, em seguida, entrou para a escola de direito de Colúmbia. Durante seu segundo ano na escola de direito, as autoridades decidiram estender o curso de dois para três anos. Cardozo e muitos de seus colegas de classe rebelaram-se, recusando-se a frequentar esse terceiro ano, e não receberam diplomas. Anos depois, ele disse: "Eu estava ansioso para sair

---

1. Organização política do Partido Democrático que, no século XIX, ficou conhecida por usar subornos para manter-se no poder. Dominou a nota política de Nova York até o início do século XX, até que, na década de 30, teve seu poder reduzido pelo então presidente Roosevelt.

no mundo e ganhar a vida, de modo que jamais voltei para fazer o terceiro ano. Não era de muito valor, pois ainda não havia sido coordenado com outros cursos de instrução, mas representava um bocado de extras."

Na condição de jovem advogado, Cardozo esforçou-se para redimir o nome da família, desgraçado pelo pai. Trabalhou como louco numa sociedade com o irmão mais velho, Albert. A firma prosperou, fundiu-se com outras firmas, recebeu novos homens, perdeu membros mais velhos. Albert morreu em 1909, quando Benjamin estava no final da casa dos trinta anos. Por essa época, Cardozo era conhecido como uma "enciclopédia ambulante" de direito, que se recordava de casos importantes pelo nome e por suas referências. Era um "advogado de advogados", muitas vezes contratado para ajudar em casos difíceis. Era conhecido pela franqueza e honestidade. O juiz Leshman disse de Cardozo: "Ele não fazia processos sensacionais... não apelaria às paixões ou preconceitos de um júri... Era inadequado para qualquer disputa em que a integridade de escrúpulo e o fino senso do que é direito pudessem ser uma desvantagem; mas os juízes sentiam a força persuasiva de seus argumentos, e advogados e leigos procuravam seu conselho e assistência na solução de problemas legais intricados." Seus honorários sempre eram baixos. Com frequência, ele se esmerava em pequenas reclamações que eram importantes para clientes de poucos. Um biógrafo descreve esses dias de Cardozo: "No começo da manhã, ele estava em seu escritório na Baixa Broadway. O almoço apressado, sempre comia rapidamente, interrompia o dia de longas horas de conferências, pesquisa e redação de peças judiciais. Em seguida, de volta à casa na Madison Avenue para o jantar em família. Às vezes, este era seguido de uma breve pausa ao piano, tocado a quatro mãos com Nell; ou então podia haver alguma noite ocasional em concerto ou na ópera – raras vezes no teatro. O trabalho era, de maneira quase invariável, a ordem da noite como era do dia."

Em 1913, Cardozo, com quarenta e três anos, candidatou-se à magistratura. Uma vitória da reforma anti-Tammany fez Mitchell prefeito de Nova York e Cardozo um juiz da Suprema Corte de Nova York. Sua eleição foi apertada. Talvez tenha recebido a margem necessária dos eleitores italianos, que achavam que ele fosse seu compatriota. Com apenas dois meses de serviço, Cardozo foi nomeado pelo governador para a corte mais alta de Nova York, o Tribunal de Apelação. A nomeação temporária foi seguida por uma permanente, e, em seguida, ele foi eleito para um mandato regular. Mais tarde, elegeu-se presidente do Supremo Tribunal. Serviu no Tribunal de Apelação durante quase vinte anos. Passava a semana em Albany onde ficava a sede do tribunal; ali, Cardozo levava uma vida solitária. Trabalhava quase todas as noites e, em raras ocasiões, aceitava compromissos sociais. Nos fins de semana, ele ia para Nova York para estar com sua irmã Nell. À medida que envelhecia, sua vida tornava-se mais própria de um solteirão. Cardozo não fumava nem bebia. Uma vez, quando recusou um cigarro e lhe perguntaram se os juízes tinham algum mau hábito, ele respondeu: "Não que as pessoas saibam." No tribunal, era paciente e bondoso. Um de seus colegas contou sobre uma audiência em que um advogado ficou interrompendo Cardozo; Cardozo bateu de leve em sua mesa com um mata-borrão e disse: "Quando o tribunal e o advogado desejam falar ao mesmo tempo, parece-me que o tribunal deve ter precedência." "Este", disse o colega, "foi o momento mais furioso que vi nele."

Nos anos vinte, a saúde de Nell foi piorando a cada ano. Ela tornou-se uma irmã possessiva. A última das outras irmãs morreu em 1922. Quando Cardozo não estava em Albany, ele e Nell viviam sós. Nell morreu em 1929 e Cardozo viveu sozinho pelo resto da vida. Tinha muitos amigos e simpatizantes e poderia jantar fora quantas vezes quisesse, mas raramente aceitava convites. Gostava de ir a seu clube – um pequeno e exclusivo clube de jantar com membros eminentes e interessantes. Parte de sua solidão era afastada pela vigorosa participação no American Law Institute.

Os escritos jurisprudenciais de Cardozo datam de 1920. O professor Corbin pediu-lhe para fazer as Conferências de Storr na Escola de Direito de Yale. Quando ele disse que não tinha nada que valesse a pena dizer para estudantes de Direito, Corbin pediu-lhe que contasse aos alunos como decidia causas. Cardozo concordou, e as conferências resultantes foram sua obra mais famosa, *A natureza do processo judicial*, trechos da qual se seguem a esta nota. Suas outras obras filosóficas mais conhecidas são *The Growth of the Law* (1924) e *Paradoxes of Legal Science* (1928).

A aposentadoria de Holmes da Corte Suprema dos Estados Unidos em 1932 deixou uma vaga para a qual Cardozo era o homem lógico. Talvez a influência do senador Borah em seu favor tenha sido a causa imediata para a decisão do presidente Hoover de oferecer o cargo a Cardozo – muitas outras pessoas influentes insistiram em sua nomeação, e Hoover poderia tê-la feito sem qualquer insistência. Cardozo relutou em mudar seus modos e deixar seus amigos aos sessenta e dois anos de idade. Escreveu ao primo: "Estou tentando evitar a nomeação. Qualquer que seja a reputação que construí, ela foi feita como juiz do Estado. Não desejo começar tudo de novo e construir uma outra. Mas, acima de tudo, não quero viver em extrema solidão." No entanto, ele aceitou.

Seu medo da saudade não era infundado. A princípio seus únicos companheiros eram seus confrades no tribunal – sendo que a maioria era de amigos seus. Ele recusava os convites sociais porque achava que eram feitos por causa de seu posto e não por suas qualidades. Mas, com o passar do tempo, Cardozo fez muitos amigos afetuosos em Washington. Os seis anos de Cardozo na Suprema Corte dos Estados Unidos foram, talvez, os anos mais penosos desse tribunal – o período em que teve de se pronunciar sobre a legislação revolucionária do New Deal. Cardozo foi a favor da maior parte dessa legislação e votou por sua aprovação; votou contra a constitucionalidade de medidas extremas. Na vida privada, ele abominava o plano de Roosevelt para manipular a corte.

Durante seu terceiro ano em Washington, Cardozo sofreu um ataque do coração. Ficou acamado durante o verão e pareceu ter uma grande melhora. Em janeiro de 1938, um derrame cerebral deixou-o prostrado e Cardozo definhou durante seis meses antes de morrer.

Cardozo vivera de maneira frugal e investira suas poupanças de forma conservadora. Deixou uma herança de mais de 300 mil dólares e legou grande parte desse dinheiro para a Universidade de Colúmbia.

O direito não foi o único objeto do interesse de Cardozo. Ele gostava de música e lia muito. Seu gosto variava do clássico ao contemporâneo. Às vezes ficava intrigado com modernos como James Joyce, mas jamais condenava aquilo que não compreendia. Suas cartas, em especial as últimas, são uma leitura prazerosa. Muitas delas são citadas na biografia de Hellman, de onde provêm muitas das informações dadas acima.

O ídolo judicial de Cardozo foi Holmes. Uma vez ele disse a Learned Hand: "De que adianta falar do resto de nós? Holmes é uma montanha. O resto de nós fica achatado." Em 1930, então com sessenta anos, Cardozo visitou Holmes, que tinha oitenta e nove. Depois que deixou Holmes, disse: "Sei que o amaria se o conhecesse melhor."

A NATUREZA DO PROCESSO JUDICIAL[2]

AULA I

Introdução. O método da filosofia

O trabalho de resolver processos acontece todo dia em centenas de tribunais em todo o país. Qualquer juiz, pode-se supor, acharia fácil descrever o processo que ele acompanhou por mil

---

2. Reimpresso com permissão da Yale University Press.

vezes ou mais. Nada poderia estar mais afastado da verdade... O que é que faço quando decido um processo? A que fontes de informação recorro para ter orientação? Em que medida permito que elas contribuam para o resultado? Em que proporções elas deviam contribuir? Se um precedente é aplicável, quando me recuso a segui-lo? Se nenhum precedente é aplicável, como chego à regra que estabelecerá um precedente para o futuro? Se estou procurando consistência lógica, a simetria da estrutura legal, até que ponto devo procurar? Em que ponto a busca será interrompida por algum costume discrepante, por alguma consideração do bem-estar social, pelos meus próprios padrões ou pelos padrões comuns de justiça e moral? Todos esses ingredientes entram em proporções variadas nesse estranho composto que é preparado todos os dias no caldeirão dos tribunais. Não estou interessado em investigar se os juízes devem ou não ter permissão para preparar tal composto. Considero a norma feita por juiz como uma das realidades da vida... Os elementos não foram reunidos por acaso. *Algum* princípio, por mais que inconfessado, inarticulado e subconsciente, regulou a infusão. Pode não ter sido o mesmo princípio para todos os juízes em alguma época, nem o mesmo princípio para algum juiz em todas as épocas. Mas houve uma escolha, não uma submissão ao decreto do Destino... Haverá necessidade de distinguir entre a consciente e a subconsciente. Não estou dizendo que até os motivos e considerações que classificarei no primeiro tópico estejam sempre claros na consciência, de modo que sejam reconhecidos e identificados à primeira vista. Com frequência, flutuam próximos à superfície. Entretanto, podem ser isolados e rotulados com comparativa presteza... Há em cada um de nós uma corrente de tendências... que dá coerência e direção ao pensamento e à ação. Os juízes, assim como os outros mortais, não podem escapar dessa corrente. Durante toda sua vida, forças que eles não reconhecem e cujo nome não sabem dizer, os arrastaram – instintos herdados, crenças tradicionais, convicções adquiridas; e a resultante é uma perspectiva da vida, uma concepção das necessidades sociais, um senso, na expressão de James, do "total impulso e pressão do cosmos" que, quando as razões são bem comparadas, deverá determinar onde incidirá a escolha...

... Nossa primeira investigação deveria... ser: onde o juiz encontra a norma que ele encarna em seu julgamento? Há momentos em que a fonte é óbvia. A regra que se ajusta ao caso pode ser fornecida pela Constituição ou por uma lei. Se for assim, o juiz não procura mais. Determinada a correspondência, seu dever é obedecer. A Constituição sobrepuja a lei; mas uma lei, se for compatível com a constituição, sobrepuja a norma judicial... Códigos e leis não tornam o juiz supérfluo, tampouco tornam sua obra perfunctória e mecânica. Há lacunas a serem preenchidas. Há dúvidas e ambiguidades a serem esclarecidas. Há injustiças e erros a serem mitigados, se não evitados. Muitas vezes se fala da interpretação como se ela não fosse nada, a não ser a procura e a descoberta de um sentido que, por mais obscuro e latente, tinha, não obstante, uma preexistência real e verificável na mente do legislador... A averiguação da intenção pode ser a menor das dificuldades de um juiz para atribuir sentido a uma lei. "O fato é", diz Gray..., "que as dificuldades da chamada interpretação surgem quando a legislatura não teve qualquer intenção em absoluto; quando a questão que se levanta sobre o estatuto jamais ocorreu a ela; quando o que os juízes têm a fazer é não determinar o que a legislatura queria dizer sobre o ponto que foi apresentado à sua mente, mas sim adivinhar o que ela tencionaria sobre um ponto não presente em sua mente, se esse ponto estivesse presente"... Hoje em dia, uma grande escola de juristas continentais defende uma liberdade ainda mais ampla de adaptação e construção. A lei, eles dizem, é muitas vezes fragmentária, inadequada e injusta. O juiz, na condição de intérprete para a comunidade de seu sentido de lei e ordem, deve preencher omissões, corrigir incertezas e harmonizar resultados com justiça através de um método de livre decisão... Os tribunais devem "procurar luz entre os elementos sociais de todo tipo que são a força viva por trás dos fatos com que lidam". Desse modo, o poder posto em suas mãos é grande e, como todo poder, sujeito a abuso; mas não devemos hesitar em concedê-lo. A longo prazo "não há qualquer garantia de justiça", diz Ehrlich, "exceto a personalidade do juiz". Os mesmos problemas de método, os mesmos contrastes entre a letra e o espírito, são problemas vivos em nosso país e nossa lei. Acima de tudo no campo da lei constitucional, o método da livre decisão tornou-se, penso eu, o dominante hoje... Códigos e outras leis podem ameaçar a função judicial com repressão, desuso e atrofia. A função floresce e persiste devido à necessidade humana, à qual ela responde de forma resoluta. A proibição justiniana de qualquer comentário sobre o produto de seus codificadores é lembrada apenas por sua futilidade.

Não me estenderei mais sobre a importância da Constituição e da lei como fontes do direito... Chegamos à terra do mistério quando a Constituição e a lei estão em silêncio, e o juiz deve contar com o direito consuetudinário para encontrar a regra que se ajuste ao caso...

A primeira coisa que ele faz é comparar o caso diante dele com os precedentes, quer estejam armazenados em sua mente ou ocultos nos livros. Não estou querendo dizer que os precedentes sejam as fontes derradeiras da lei, fornecendo o único equipamento necessário para o arsenal legal... Atrás dos precedentes estão as concepções jurídicas básicas, que são os postulados do raciocínio judicial, e mais atrás estão os hábitos de vida, as instituições da sociedade, nas quais essas concepções têm origem e que, por um processo de interação, elas modificaram por sua vez. Não obstante, num sistema tão altamente desenvolvido como o nosso, os precedentes abrangeram tão inteiramente o assunto que fixaram o ponto de partida... Se são inteligíveis e relevantes, talvez não haja necessidade de coisa alguma mais. *Stare decisis* é pelo menos a regra de trabalho cotidiano de nosso direito... Alguns juízes poucas vezes vão além desse processo em algum caso. Sua noção de seu dever é comparar as cores do caso à mão com as cores da amostra de muitos casos espalhados sobre sua escrivaninha. A amostra que tiver a tonalidade mais próxima fornece a regra aplicável. Mas, é claro, nenhum sistema vivo de direito pode desenvolver-se por tal processo, e nenhum juiz de uma corte suprema, digno de seu cargo, vê a função de seu posto de forma tão estreita...

... Se procurarmos a base psicológica dessa tendência, nós a acharemos, suponho, no hábito. Qualquer que seja sua base psicológica, ela é uma das forças vivas de nosso direito. Entretanto, nem toda a progênie de princípios gerados num julgamento sobrevive à maturidade. Aqueles que não podem provar seu valor e força pelo teste da experiência, são sacrificados de forma implacável e atirados no vácuo. O direito consuetudinário não trabalha a partir de verdades preestabelecidas de validade universal e inflexível para conclusões delas derivadas dedutivamente. Seu método é indutivo, e tira suas generalizações de proposições particulares. O processo foi expresso de maneira admirável por Munroe Smith: "Em seu esforço para dar, ao senso de justiça social, expressão articulada em regras e princípios, o método dos especialistas em descobrir o direito sempre tem sido experimental. As regras e os princípios do direito estabelecida por precedente legal nunca foram tratadas como verdades finais, mas sim como hipóteses de trabalho, continuamente retestadas naqueles grandes laboratórios do direito, os tribunais de justiça. Todo caso novo é uma experiência; e se a regra aceita que parece ser aplicável rende um resultado que se percebe ser injusto, a regra é reconsiderada. Ela pode não ser modificada de imediato, pois a tentativa de fazer justiça absoluta em todo caso individual tornaria impossível o desenvolvimento e a manutenção de regras gerais; mas, se uma regra continua a fazer injustiça, em dado momento ela será reformulada. Os próprios princípios estão sempre sendo retestados;

pois, se as regras derivadas de um princípio não funcionam bem, o próprio princípio terá de ser reexaminado no final."

A maneira como funciona esse processo de retestar e reformular pode ser acompanhada num exemplo. Há cinquenta anos, penso que teria sido enunciado como um princípio geral que "A" podia gerir seu negócio como bem entendesse, apesar do propósito ser causar perda a "B", a menos que o ato envolvesse uma infração. As cercas de péssima aparência com o propósito de tornar público o ódio contra um vizinho, prejudicando sua propriedade, eram a ilustração da coisa, e supunha-se que a isenção de responsabilidade em tais circunstâncias ilustrasse não a exceção, mas sim a regra. Tal regra pode ter sido um princípio de trabalho adequado para regulamentar as relações entre indivíduos ou classes numa comunidade simples ou homogênea. Com a crescente complexidade das relações sociais, sua inadequação foi revelada. À medida que as controvérsias se multiplicaram e tentou-se testá-las pelo velho princípio, descobriu-se que havia alguma coisa errada nos resultados, e isso levou a uma reformulação do próprio princípio. Hoje em dia, a maioria dos juízes se inclina a dizer que aquilo que se pensou ser um dia a exceção, é a regra; e o que era a regra, é a exceção. "A" jamais pode fazer algo em seu negócio com o propósito de prejudicar um outro, sem uma justificação razoável e justa. Houve uma nova generalização que, aplicada a novas proposições particulares, rende resultados que estão mais em harmonia com proposições particulares passadas e, o que é mais importante ainda, mais compatível com o bem-estar social. Esse trabalho de modificação é gradual. Ele avança centímetro a centímetro...

É improvável que subestimemos a força que foi empregada se nos recordarmos do seu trabalho... Dificilmente uma regra de hoje pode ser igualada por sua oposta de ontem... Essas mudanças, ou a maioria delas, foram forjadas pelos juízes. Os homens que as forjaram, usavam as mesmas ferramentas que os juízes de hoje. As mudanças, quando eram feitas neste ou naquele caso, podem não ter parecido significativas. O resultado, entretanto, quando o processo prolongou-se através dos anos, não foi apenas suplementar ou modificar; foi revolucionar e transformar... Sem dúvida nenhuma, nos últimos três séculos, algumas linhas que antes oscilavam, tornaram-se rígidas. Hoje em dia, deixamos mais para as legislaturas, e menos talvez para os juízes. No entanto, mesmo agora há mudança de década para década. A geleira ainda se move.

Nesse fluxo perpétuo, o problema com que se defronta o juiz é, na realidade, um problema duplo: ele precisa primeiro deduzir a partir dos precedentes o princípio fundamental, a *ratio decidendi*; depois precisa determinar o caminho ou a direção ao longo da qual o princípio deve mover-se e desenvolver-se, para que não murche e morra.

O primeiro ramo do problema é aquele ao qual estamos acostumados a nos dedicar de maneira mais consciente do que a outros. Os casos não revelam seus princípios de forma gratuita... A coisa julgada chega a nós muitas vezes envolta em opiniões sem validade legal, que devem ser despidas e postas de lado. Os juízes diferem muito em sua reverência pelos exemplos, comentários e observações marginais de seus predecessores, para não mencionar as suas próprias. Todos concordam que pode haver diferença de opinião quando o voto é formulado. Alguns parecem sustentar que não deve haver nenhuma um momento depois. A inspiração plenária caiu então sobre o trabalho da maioria. Ninguém, é claro, confessa essa crença e, no entanto, às vezes ela é abortada na conduta. Confesso que é um grande mistério para mim como os juízes, dentre todas as pessoas no mundo, acreditariam em opiniões emitidas por juiz incompetente. Uma breve experiência na magistratura foi suficiente para me revelar todos os tipos de fissuras, fendas e brechas em minhas próprias opiniões quando retomadas alguns meses após serem emitidas, e quando lidas de novo com a devida contrição... Suponhamos também que o princípio...

foi deduzido com habilidade e enunciado de maneira correta. Só a metade ou menos da metade do trabalho já foi feito. Permanece o problema de determinar os limites e as tendências do desenvolvimento e crescimento, de pôr em movimento a força diretiva ao longo do caminho certo na encruzilhada dos caminhos.

A força diretiva de um princípio pode ser empregada ao longo da linha da progressão lógica, e chamarei isso de regra de analogia ou método da filosofia; ao longo da linha do desenvolvimento histórico, e chamarei isso de método da evolução; ao longo da linha dos costumes da comunidade, e chamarei isso de método da tradição; ao longo das linhas da justiça, da moral e do bem-estar social, dos hábitos da época, e isso chamarei de método da sociologia.

Coloquei em primeiro lugar, entre os princípios de seleção para guiar nossa escolha de caminhos, a regra de analogia ou o método da filosofia. Ao colocar esse método em primeiro lugar, não tenciono classificá-lo como o mais importante. Pelo contrário, muitas vezes ele é sacrificado em face de outros. Coloquei em primeiro lugar porque tem, creio eu, uma certa presunção em seu favor. Dada uma grande quantidade de informações, uma congérie de julgamentos sobre tópicos relacionados, o princípio que os unifica e racionaliza tem uma tendência, e uma tendência legítima, a se projetar e estender a novos casos, dentro dos limites de sua capacidade para unificar e racionalizar. Tem a primazia que vem da sucessão natural, regular e lógica...

... A consistência lógica não deixa de ser um bem só porque não é o bem supremo... Não devo estragar a simetria da estrutura legal com a introdução de inconsistências, irrelevâncias e exceções artificiais, a não ser por alguma razão suficiente que, em geral, será alguma consideração de história, ou costume, ou política, ou justiça. Na falta de tal razão, devo ser lógico, tanto como devo ser imparcial, e com motivos iguais. Não serve decidir a mesma questão de uma maneira entre um conjunto de litigantes, e da maneira oposta entre um outro conjunto... A adesão ao precedente deve... ser a regra em vez da exceção, para que os litigantes tenham fé na administração imparcial da justiça nos tribunais. Um sentimento igual em tipo, embora diferente em grau, está na raiz da tendência do precedente a se estender ao longo das linhas do desenvolvimento lógico... O juiz que molda o direito pelo método da filosofia, deve estar satisfazendo um anseio intelectual por simetria de forma e substância. Mas ele está fazendo algo mais. Está mantendo o direito fiel em sua resposta a um sentimento arraigado e imperioso... Na falta de outros testes, o método da filosofia deve continuar sendo o sistema de investigação dos tribunais, se for para excluir o acaso e o favor, e para que os assuntos dos homens sejam governados com a uniformidade serena e imparcial, que é da essência da ideia do direito...

A força diretiva da lógica nem sempre se emprega, entretanto, ao longo de um caminho único e desobstruído. Um princípio ou precedente, levado ao limite de sua lógica, pode apontar para uma conclusão; um outro princípio ou precedente, seguido com a mesma lógica, pode apontar com igual certeza para outra. Nesse conflito, devemos escolher entre os dois caminhos, escolhendo um ou outro, ou talvez trilhando um terceiro... Deixe-me tomar como ilustração de tal conflito o famoso processo de *Riggs contra Palmer*, 115 N. Y. 506. Esse processo decidiu que um legatário que assassinou seu testador não teria permissão do tribunal de justiça para desfrutar os benefícios do testamento... Há o princípio da força obrigatória de um testamento ao dispor do patrimônio de um testador em conformidade com a lei. Esse princípio, levado ao limite de sua lógica, parecia defender o direito do assassino. Havia o princípio segundo o qual os tribunais civis não podem aumentar os castigos e penalidades de crimes. Isso, levado ao limite de sua lógica, parecia, de novo, defender o direito dele. Mas havia um outro princípio em oposição a esse, princípio de maior generalidade, com raízes profundamente firmadas em sentimentos universais de justiça, o princípio de que nenhum homem deve lucrar com a própria iniquidade ou tirar vantagem do próprio ilícito. A lógica desse princípio prevaleceu sobre a lógica dos outros... Um caminho foi seguido, um outro fechado, por causa da convicção na mente judicial de que o caminho escolhido levava à justiça... A consistência foi preservada, a lógica recebeu seu tributo, sustentando que o direito legal era aprovado, mas que estava sujeito a uma confiança subentendida. Uma confiança subentendida nada mais é que "a fórmula através da qual a consciência de equidade encontra expressão"... Tais fórmulas são apenas mecanismos remediadores pelos quais um resultado concebido como certo e justo é feito harmonizar-se com o princípio e com a simetria do sistema legal... O assassino perdeu o legado... porque o interesse social que é satisfeito ao se impedir que o criminoso lucre com seu crime supera o que é satisfeito pela preservação e aplicação dos direitos legais de propriedade... Avançamos com nossa lógica, com nossas analogias, com nossas filosofias, até alcançarmos um determinado ponto. A princípio, não temos nenhum problema com os caminhos; eles seguem as mesmas linhas. Depois começam a divergir, e temos de fazer uma escolha entre eles. A história, o costume, a utilidade social, algum sentimento obrigatório de justiça ou às vezes talvez uma preocupação semi-intuitiva do espírito que permeia nossa lei, deve ir em socorro do ansioso juiz para dizer-lhe aonde ir...

AULA II

Os métodos da história, da tradição e da sociologia

Entretanto, os métodos da filosofia entram em competição com outras tendências que encontram seus meios de expressão em outros métodos. Um deles é o método histórico, ou o método da evolução. A tendência de um princípio a se expandir ao limite de sua lógica pode ser contraposta pela tendência a se confinar dentro dos limites de sua história. Não estou querendo dizer que mesmo então os dois métodos estão sempre em oposição. Uma classificação que os trata como distintos está, sem dúvida, sujeita à acusação de que envolve uma certa sobreposição das linhas e princípios de divisão. Com muita frequência, o efeito da história é tornar claro o caminho da lógica. O crescimento pode ser lógico quer seja moldado pelo princípio da compatibilidade com o passado ou pelo princípio de compatibilidade com alguma norma preestabelecida, alguma concepção geral, algum "princípio persistente e criativo". A força diretiva do precedente pode ser encontrada nos eventos que fizeram dele o que é, ou em algum princípio que nos permita dizer que ele é o que devia ser. O desenvolvimento pode envolver uma investigação das origens ou um esforço da razão pura. Ambos os métodos têm sua lógica. Por ora, entretanto, será conveniente identificar o método da história com um, e confinar o método da lógica ou da filosofia ao outro. Algumas concepções jurídicas devem sua forma existente quase que exclusivamente à história. Não devem ser compreendidas a não ser como desenvolvimentos históricos. No desenvolvimento de tais princípios, é provável que a história predomine sobre a lógica ou a razão pura. Outras concepções, embora tenham, é claro, uma história, formaram-se e concretizaram-se, em grande medida, sob a influência da razão ou da jurisprudência comparativa. Elas fazem parte do *jus gentium*. No desenvolvimento de tais princípios, é provável que a lógica prevaleça sobre a história. Um exemplo é a concepção da personalidade jurídica ou de empresa com a longa série de consequências que essa concepção engendrou. Às vezes, a matéria se prestará da mesma maneira natural tanto a um método como ao outro. Nessas circunstâncias, considerações de costume ou de utilidade estarão presentes muitas vezes para regular a escolha. Será deixado um resíduo onde a personalidade do juiz, seu gosto, sua formação ou disposição de espírito pode revelar-se como fator de controle. Não estou querendo dizer que a força diretiva da história, mesmo onde suas pretensões são mais assertivas, confina o direito do futuro a uma repetição não inspirada do direito do presente e do passado. Quero dizer simplesmente que a história, ao iluminar o passado, ilumina o presente; e, ao iluminar o presente, ilumina o futuro. "Se num momento pareceu provável", diz Maitland, "que o espírito histórico (o espírito que se esforçou para compreender a jurisprudência clássica de Roma e das Doze Tábuas, a *Lex Salica*, e o direito de todas as eras e climas) era fatalista e inimigo da reforma, esse tempo já está no passado... Hoje em dia, podemos ver a função da pesquisa histórica como a que explica e, por conseguinte, abranda a pressão que o passado deve exercer sobre o presente e o presente sobre o futuro. Estudamos hoje o dia antes de ontem, a fim de que o dia de ontem não paralise o de hoje, e o dia de hoje não paralise o amanhã."

Deixe-me falar primeiro daqueles campos em que não pode haver progresso sem história. Creio que o direito imobiliário fornece o exemplo mais à mão. Nenhum legislador meditando um código de leis concebeu o sistema possessório feudal. A história desenvolveu o sistema e a lei que o acompanhou. Jamais, por um processo de dedução lógica a partir da ideia de domínio, poderíamos distinguir as particularidades do domínio pleno daqueles do domínio limitado, ou correspondentes ao domínio resolúvel. Sobre esses pontos, "uma página de história vale um volume inteiro de lógica..." Não quero dizer que, mesmo nesse campo, o método da filosofia não tem nenhum papel em absoluto. Algumas das concepções do direito imobiliário, depois de estabelecidas, são levadas à sua conclusão lógica com inexorável severidade. A questão é mais propriamente que as próprias concepções chegaram a nós de fora e não de dentro, que elas encarnam o pensamento não tanto do presente como do passado, que separadas do passado sua forma e sentido são ininteligíveis e arbitrárias e, por isso, seu desenvolvimento, a fim de ser verdadeiramente lógico, deve ter em mente suas origens, numa medida que seja verdadeira na maioria das concepções de nosso direito. Princípios metafísicos raras vezes foram sua vida...

Se a história e a filosofia não servem para estabelecer a direção de um princípio, o costume pode intervir...

Sem dúvida nenhuma, a energia criativa do costume no desenvolvimento do direito consuetudinário é menor hoje em dia do que foi em tempos passados. Mesmo em tempos passados, é muito provável que sua energia tenha sido exagerada por Blackstone e seus seguidores. "Reconhecemos hoje", nas palavras de Pound, "que o costume é um costume de decisão judicial, não de atuação popular". É "duvidoso", diz Gray, "se, em todos os estágios da história legal, regras formuladas por juízes não geraram costume, em vez de costumes terem gerado as regras". Hoje em dia, em todos os eventos, contamos com o costume, não tanto para a criação de novas regras, mas para os testes e padrões que devem determinar como as regras estabelecidas serão aplicadas. Quando o costume procura fazer mais que isso, há uma tendência crescente na lei a deixar o desenvolvimento para a legislação. Os juízes não sentem a mesma necessidade de pôr o *imprimatur* da lei nos costumes de desenvolvimento recente, batendo para entrar no sistema legal, e vistos de soslaio por causa de certos aspectos novos de forma ou característica, que sentiriam se as legislaturas não estivessem em sessão frequente, capazes de estabelecer um direito que será inatacado e inatacável. Mas o poder não foi perdido porque é exercido com prudência... Na ausência de lei inconsistente, novas categorias de instrumentos negociáveis podem ser criadas pela prática mercantil. As obrigações das sociedades privadas e públicas podem conservar a qualidade de negociabilidade, apesar da presença de um selo que no direito consuetudinário a destruiria... As grandes invenções que incorporaram a força do vapor e da eletricidade, a estrada de ferro e o navio a vapor, o telégrafo e o telefone, desenvolveram novos costumes e novas leis. Já existe um conjunto de literatura legal que trata dos problemas legais do ar.

Todavia, não é tanto na formação de novas regras como na aplicação das antigas que se manifesta hoje a energia criativa do costume com mais frequência. São estabelecidos os padrões gerais de direito e dever. O costume deve determinar se houve adesão ou afastamento. Meu sócio tem os poderes que são habituais no comércio... O patrão, no cumprimento de seu dever de proteger um empregado contra dano, deve exercer o grau de cuidado que é exercido, em geral, em circunstâncias iguais por homens de prudência normal. Os experimentadores dos fatos, ao determinar se esse padrão foi alcançado, devem consultar os hábitos de vida, as crenças e práticas cotidianas, dos homens e mulheres em relação a eles. Também são inúmeros os casos em que o curso do procedimento a ser seguido é definido pelos costumes ou, falando mais propriamente, pelos usos de um comércio particular, de um mercado ou de uma profissão. Passa por toda lei a constante suposição de que as evoluções naturais e espontâneas do hábito determinam os limites de certo e errado. Uma ligeira extensão do costume identifica-o com a moralidade consuetudinária, o padrão predominante da conduta certa, as práticas tradicionais do tempo. Esse é o ponto de contato entre o método da tradição e o método da sociologia. Eles têm suas raízes no mesmo solo. Cada método conserva a interação entre conduta e ordem, entre vida e direito. A vida faz os moldes da conduta, que um dia se tornará estabelecida como direito. O direito preserva os moldes, que se formaram e concretizaram a partir da vida.

Três das forças diretivas de nosso direito, a filosofia, a história e o costume, já foram vistas em funcionamento. Avançamos o suficiente para apreciar a complexidade do problema. Vemos que a determinação de ser leal aos precedentes e aos princípios por trás dos precedentes não nos leva longe na estrada. Os princípios são pacotes complexos. Basta muito bem dizer que são compatíveis, mas compatíveis com o quê? Será compatibilidade com as origens da regra, o curso e tendência do desenvolvimento? Será compatibilidade com a lógica, a filosofia ou as concepções fundamentais da jurisprudência quando reveladas pela análise de nossos próprios sistemas ou de sistemas estranhos? Todas essas lealdades são possíveis. Todas predominaram às vezes. Como devemos escolher entre elas? Pondo essa questão de lado, como escolhemos entre elas? Determinados conceitos do direito têm sido, num sentido peculiar, desenvolvimentos históricos. Nesses departamentos, a história tenderá a dar direção ao desenvolvimento. Em outros departamentos, certos conceitos fundamentais, que a jurisprudência comparativa mostra serem comuns a outros sistemas altamente desenvolvidos, assomam acima de todos os outros. Nesses daremos um alcance maior à lógica e à simetria. Há também um largo campo em que as regras podem, com mais ou menos a mesma conveniência, ser estabelecidas de uma maneira ou de outra. Aqui, o costume tende a se afirmar como a força controladora para orientar a escolha de caminhos. Por fim, quando as necessidades sociais pedem uma instituição em vez de outra, há momentos em que precisamos desviar a simetria, ignorar a história e sacrificar o costume na busca de outros fins maiores.

Passamos, portanto, da história, da filosofia e do costume para a força que em nosso tempo e geração está se tornando a maior força de todas, o poder da justiça social que encontra seu meio de expressão e sua expressão no método da sociologia.

A causa final do direito é o bem-estar da sociedade. A regra que não atinge seu objetivo não pode justificar permanentemente sua existência... Não estou querendo dizer, é claro, que os juízes são incumbidos de revogar regras existentes a seu bel-prazer em favor de algum outro conjunto de regras, que podem considerar como convenientes ou sábias. Quero dizer que, quando eles são convocados a dizer até que ponto as regras existentes devem ser ampliadas ou restringidas, devem deixar que o bem-estar da sociedade determine o caminho, sua direção e sua extensão... Pode haver uma política pública suprema, que prevaleça sobre a inconveniência temporária ou a adversidade ocasional, e não para sacrificar levianamente a certeza, a uniformidade, a ordem e a coerência. Todos esses elementos precisam ser considerados. Devem receber o peso que o julgamento correto ditar. São componentes do bem-estar social que é nossa tarefa descobrir. Numa dada instância, podemos descobrir que são componentes de valor preponderante. Em outras, podemos descobrir que seu valor é subordinado. Devemos avaliá-los da melhor maneira que pudermos.

... Nossos juízes não podem dizer, como Hobbes: "Os príncipes se sucedem uns aos outros, e um juiz passa, um outro chega; mais ainda, céu e terra passarão, mas nenhum direito da lei da natureza passará, pois ela é a eterna lei de Deus. Por conseguinte, todas as sentenças de... juízes que já existiram não podem formar no conjunto uma lei contrária à equidade natural, nem quaisquer exemplos de antigos juízes podem garantir uma sentença injusta ou desobrigar o juiz presente do trabalho de estudar o que é equidade no caso em que deve julgar pelos princípios de sua própria razão natural." Para nós, estão mais próximas da verdade as palavras de um juiz inglês: "Nosso sistema de direito comum consiste em aplicar a novas combinações de circunstâncias aquelas regras que deduzimos de princípios legais e precedentes judiciais, e, no interesse de alcançar uniformidade, consistência e certeza, devemos aplicar essas regras, quando elas não forem claramente irracionais e inconvenientes, a todos os casos que surgirem; e não temos a liberdade de rejeitá-las, e abandonar toda analogia com elas nos casos em que ainda não foram aplicadas judicialmente, por pensarmos que as regras não são tão convenientes e razoáveis quanto nós mesmos poderíamos ter imaginado." Isso não significa que não haja lacunas ainda não preenchidas, dentro das quais o julgamento se move sem entraves... O método da sociologia ao preencher as lacunas põe sua ênfase no bem-estar social.

Bem-estar social é um termo amplo. Eu o uso para abranger muitos conceitos mais ou menos aliados. Pode significar o que é falado, em geral, como política pública, o bem do corpo coletivo. Em tais casos, suas demandas são, com frequência, as da mera conveniência ou prudência. Pode significar, por outro lado, o ganho social que é forjado pela adesão aos padrões da conduta certa, que encontra expressão nas práticas tradicionais da comunidade. Nesses casos, suas demandas são as da religião, da ética ou do senso social de justiça, quer formuladas em credo ou sistema, quer imanentes na mente comum...

É verdade que hoje em dia, em todos os departamentos do direito, o valor social de uma regra tornou-se um teste de crescente poder e importância...

Todos os departamentos do direito foram tocados e elevados por esse espírito. Em alguns, entretanto, o método da sociologia trabalha em harmonia com o método da filosofia, ou da evolução, ou da tradição. Esses, por conseguinte, são os campos onde a lógica, a coerência e a consistência ainda devem ser buscadas como fins. Em outros, parece deslocar os métodos que competem com ele. Esses são os campos onde as virtudes da consistência devem ficar dentro daqueles limites intersticiais onde o poder judicial se move. Num certo sentido, é verdade que estamos aplicando o método da sociologia quando perseguimos a lógica, a coerência e a consistência como os maiores valores sociais. Estou interessado por enquanto nos campos em que o método está em antagonismo com outros e não naqueles em que sua ação está em concordância...

Falo primeiro da Constituição e, em particular, das grandes imunidades com que ela cerca o indivíduo. Ninguém será privado de liberdade sem o devido processo legal. Eis aqui um conceito da maior generalidade. No entanto, ele é posto *en bloc* diante dos tribunais. Liberdade não é definida. Seus limites não são mapeados e representados em gráfico. Como serão conhecidos? Liberdade significa a mesma coisa para gerações sucessivas? Podem restrições que eram arbitrárias ontem ser úteis e racionais e, por conseguinte, legítimas hoje? Podem restrições que são arbitrárias hoje se tornarem úteis e racionais e, por conseguinte, legítimas amanhã? Não tenho dúvida de que a resposta a essas questões deve ser sim. Houve momentos em nossa história judicial em que a resposta podia ter sido não... *Laissez-faire* não foi apenas um conselho de cautela que os estadistas fariam bem em observar. Era um imperativo categórico que os estadistas, bem como os juízes, tinham de obedecer... O movimento do liberalismo individualista para o coletivismo assistemático causou mudanças na ordem social, que trouxeram a necessidade de uma nova formulação dos direitos e deveres fundamentais... Mesmo já em 1905, a decisão em *Lochner contra N. Y.*, 198 U.S. 45, ainda falava em termos intocados pela luz do novo espírito. É à opinião discordante do juiz Holmes que os homens recorrerão no futuro como sendo o começo de uma nova era. Nesse ano, foi a voz de uma minoria. Em princípio, tornou-se a voz de uma nova prescrição que se escreveu como lei. "A Décima Quarta Emenda não converte em lei a *Estática Social* do Sr. Herbert Spencer." "Uma Constituição não é planejada para encarnar uma teoria econômica particular, seja do paternalismo e da relação orgânica do cidadão com o Estado, seja do *laissez-faire*." "A palavra liberdade na Décima Quarta Emenda é pervertida quando afirmada para impedir o resultado natural de uma opinião dominante, a menos que se possa dizer que um homem racional e justo admitiria necessariamente que a lei proposta infringisse princípios fundamentais tal como foram entendidos pelas tradições de nosso povo e de nosso direito." Essa é a concepção de liberdade que é dominante hoje. Ela tem seus críticos ainda hoje, mas penso que seu predomínio está assegurado. Não há dúvida de que às vezes haverá diferença de opinião quando uma concepção tão delicada é aplicada a condições variadas. Às vezes, de fato, as próprias condições são reveladas de maneira imperfeita e conhecidas inadequadamente... Os tribunais sabem hoje que as leis devem ser vistas não em isolamento ou *in vacuo*, como pronunciamentos de princípios abstratos para orientação de uma comunidade ideal, mas sim no cenário e na estrutura das condições atuais, como são reveladas pelos trabalhos de economistas e estudantes de ciências sociais em nosso próprio país e no exterior. A mesma concepção fluida e dinâmica que serve de base para a moderna noção de liberdade, assegurada ao indivíduo pela imunidade constitucional, também deve servir de base para a noção cognata da igualdade. Nenhum Estado negará a qualquer pessoa dentro de sua jurisdição "a proteção igual das leis". As restrições, vistas de forma estreita, podem parecer fomentar a desigualdade. As mesmas restrições, quando vistas de forma ampla, podem parecer "ser necessárias a longo prazo a fim de estabelecer a igualdade de posição entre as partes em que começa a liberdade de contrato"...

De tudo isso resulta que o conteúdo das imunidades constitucionais não é constante, mas varia de era para era... As leis são destinadas a satisfazer as fugazes exigências do momento. A emenda é fácil quando as exigências mudam. Em tais casos, o sentido, uma vez interpretado, tende legitimamente a se estereotipar na forma moldada primeiro. Uma *Constituição* enuncia ou devia enunciar não regras para a hora passageira, mas sim princípios para um futuro em expansão. Na medida em que ela se desvia desse padrão e entra em detalhes e particulares, perde sua flexibilidade, o alcance da interpretação se contrai, o sentido endurece. Enquanto é fiel à sua função, mantém seu poder de adaptação, sua elasticidade, sua liberdade de ação...

A propriedade, como a liberdade, embora sob o efeito da Constituição seja imune à destruição, não é imune à regulamentação essencial para o bem comum. O que será essa regulamentação cada geração deve resolver por si mesma. A geração que nos deu *Munn contra Illinois*, 94 U.S. 113 (1876), e casos semelhantes, defendeu o direito de regulamentação sempre que o negócio fosse "afetado por um uso público". A frase em sua aplicação significava pouco mais do que se dissesse: sempre que a necessidade social for iminente e urgente. Tal formulação do princípio pode ter sido adequada para as exigências do tempo. Hoje em dia, há uma tendência crescente no pensamento político e jurídico a sondar o princípio mais profundamente e a formulá-lo de forma mais ampla. Os homens dizem hoje que a propriedade, como todas as outras instituições sociais, tem uma função social a cumprir. A legislação que destrói a instituição é uma coisa. A legislação que a confirma em sua função é outra coisa bem diferente. Esse é um tema dominante de uma nova e poderosa escola de publicistas e juristas no continente europeu, na Inglaterra e até mesmo aqui... Ainda é cedo demais para dizer até que ponto essa nova concepção da função e de suas obrigações ganhará um lugar em nossa lei. Talvez descubramos no final que ela é pouco mais do que *Munn contra Illinois* na roupagem de uma nova filosofia. Não tento prever a extensão em que a adotaremos, ou mesmo afirmar que a adotaremos de algum modo. Basta para meu propósito, no momento presente, que novos tempos e novos modos possam pedir novos padrões e novas regras.

Os tribunais, então, são livres ao marcar os limites das imunidades individuais para formar seus julgamentos de acordo com a razão e a justiça. Isso não significa que, ao julgar a validade de leis, sejam livres para substituir suas próprias ideias de razão e justiça por aquelas dos homens e mulheres aos quais servem. Seu padrão deve ser objetivo. Nessas questões, o que conta não é aquilo que eu acredito ser certo. É aquilo que eu posso acreditar razoavelmente que algum outro homem ou consciência e intelecto normal pudesse, de maneira razoável, considerar como certo... Há, de fato, certos campos do direito onde existe uma esfera de ação mais livre para a visão subjetiva. Adiante diremos mais sobre eles. O elemento pessoal, qualquer que seja seu alcance em outras esferas, deveria ter pouca influência, se é que alguma, para determinar os limites do poder legislativo. Um departamento do governo não pode impor a um outro seus próprios padrões de propriedade...

... A utilidade de um poder externo restringindo o julgamento legislativo não deve ser medida, contando-se as ocasiões de seu exercício. Os grandes ideais de liberdade e igualdade são preservados contra as investidas do oportunismo, a conveniência da hora passageira, a erosão de pequenas transgressões, o desprezo e o escárnio daqueles que não têm qualquer paciência com princípios gerais, venerando-os em constituições e consagrando um conjunto de defensores à tarefa de sua proteção. Por influência consciente ou subconsciente, a presença desse poder restritivo, à parte em segundo plano, mas, não obstante, sempre de reserva, tende a estabilizar e a racionalizar o julgamento legislativo, a infundir-lhe o brilho do princípio, a manter o padrão no alto e visível para aqueles que precisam competir e conservar a fé. Não tenciono negar que houve tempos em que a possibilidade da revisão judicial funcionou de outra maneira. Às vezes, as legislaturas desconsideraram sua própria responsabilidade e passaram-na para os tribunais. Tais perigos devem ser comparados com aqueles da independência de toda restrição, independência de parte dos funcionários públicos eleitos para breves mandatos, sem a força orientadora de uma tradição contínua. No conjunto, acredito que os últimos perigos são os mais formidáveis dos dois... O poder restritivo do judiciário não manifesta seu principal valor nos poucos casos em que a legislatura foi além das linhas que marcam os limites do discernimento. Em vez disso, encontraremos seu valor principal ao tornar sonoros e audíveis os ideais que, de outra maneira, poderiam ser silenciados, ao dar-lhes continuidade de vida e de expressão, ao orientar e dirigir a escolha dentro dos limites em que varia a escolha. Essa função deveria preservar para os tribunais o poder que agora lhes pertence, se ao menos o poder for exercido com discernimento dos valores sociais e com flexibilidade de adaptação às necessidades sociais mutantes...

AULA III

O método da sociologia. O juiz como legislador

... Poucas regras em nosso tempo são tão bem estabelecidas que não podem ser obrigadas algum dia a justificar sua existência como meios adaptados a um fim. Se elas não funcionam, estão enfermas. Se estão enfermas, não devem propagar sua espécie. Às vezes, são cortadas e extirpadas por completo. Às vezes, são deixadas com a sombra da vida prolongada, mas esterilizadas, truncadas, impotentes para causar dano...

... Talvez seja no campo do processo que testemunhamos as principais mudanças; embora mudanças maiores ainda devam ser forjadas. Denúncias e pleitos civis são vistos com olhos indulgentes. As decisões judiciais sobre questões de prova são consideradas, com crescente frequência, como cabendo ao arbítrio do juiz que preside o julgamento. Os erros não são mais motivo para perturbar os julgamentos com o horror ulterior de novos julgamentos, a menos que o tribunal de apelação fique convencido de que afetaram o resultado. A legislação tem sido necessária às vezes para libertar-nos dos velhos grilhões. Às vezes, o conservadorismo dos juízes tem ameaçado, durante algum tempo, privar a legislação de sua eficácia. Esse perigo foi revelado na atitude dos tribunais em relação às reformas encarnadas nos códigos de processo, nos dias em que foram promulgados pela primeira vez. Precedentes estabelecidos naqueles tempos exercem uma triste influência até agora. Não obstante, a tendência hoje em dia é na direção de um crescente liberalismo...

Essa concepção do fim da lei como determinando a direção de seu desenvolvimento, que foi a grande contribuição de Ihering para a teoria do direito, encontra seu sistema de investigação, seu instrumento, no método da sociologia. Não a origem, mas sim a meta, é a coisa principal... Isso significa, é claro, que a filosofia jurídica do direito consuetudinário é no fundo a filosofia do pragmatismo. Sua verdade é relativa, não absoluta. A regra que funciona bem produz um título outorgado para reconhecimento. Só que, ao determinar como funciona, não devemos vê-la de maneira estreita demais. Não devemos sacrificar o geral ao particular. Não devemos espalhar por todos os lados as vantagens da consistência e da uniformidade para fazer justiça no caso. Devemos manter-nos dentro daqueles limites intersticiais que o precedente, o costume e a longa, silenciosa e quase indefinível prática de outros juízes através dos séculos do direito consuetudinário estabeleceram para as inovações feitas por juiz... Todo juiz, consultando sua própria experiência, deve ser consciente dos tempos em que um livre exercício da vontade, dirigido com determinação para o fomento do bem comum, determinava a forma e a tendência de uma regra que naquele momento teve sua origem num ato criativo. A concepção de Savigny do direito como algo realizado sem luta, meta ou propósito, um processo de desenvolvimento silencioso, a fruição em vida e modos da história e gênio de um povo, dá um quadro incompleto e parcial. É verdadeira se entendemos que ela significa que o juiz, ao formar as regras do direito, deve prestar atenção aos costumes de seu tempo. É unilateral e, por conseguinte, falsa na medida em que infere que os costumes do tempo formam automaticamente regras que, maduras e prontas, são transmitidas ao juiz... A lei é, de fato, um desenvolvimento histórico, pois é uma expressão da moralidade costumeira que se desenvolve, de maneira silenciosa e inconsciente, de uma era para outra. Essa é a grande verdade na teoria de Savigny sobre sua origem. Mas lei é também um desenvolvimento consciente ou intencionado, pois a expressão da moralidade costumeira será falsa, a menos que a mente do juiz seja dirigida para atingir o fim moral e sua encarnação em formas legais. Nada menos que um esforço consciente será adequado se for para o fim em vista prevalecer. Os padrões ou modelos de utilidade e moral serão encontrados pelo juiz na vida da comunidade...

Tem havido muito debate entre juristas estrangeiros para saber se as normas de conduta certa e útil, os padrões do bem-estar social, devem ser encontradas pelo juiz em conformidade com um padrão objetivo ou subjetivo... Na medida em que a distinção tem importância prática, as tradições de nosso direito nos remetem ao padrão objetivo. Não estou querendo dizer, é claro, que esse ideal de visão objetiva é sempre perfeitamente atingido... Não obstante, devemos lutar por esse ideal dentro dos limites de nossa capacidade. Essa verdade, quando percebida com clareza, tende a unificar a função do juiz... É a moralidade costumeira de homens e mulheres com opiniões corretas que ele deve impor com seu decreto. Uma jurisprudência que não é constantemente associada a padrões objetivos ou externos, corre o risco de degenerar-se naquilo que os alemães chamam de *die Gefühl Jurisprudenz*, a jurisprudência do mero sentimento ou emoção...

Eminentes eruditos argumentaram em favor de um padrão mais subjetivo. "Todos concordamos", diz o professor Gray, "que muitos casos deveriam ser decididos pelos tribunais conforme noções de certo e errado e, é claro, todos concordarão que é provável que um juiz compartilhe as noções de certo e errado predominantes na comunidade em que vive; mas suponhamos que, num caso em que não há nada para orientá-lo a não ser noções de certo e errado, suas noções de certo e errado difiram das noções da comunidade. Quais ele deveria seguir – suas próprias noções ou as noções da comunidade?... Acredito que ele deveria seguir suas próprias noções." Não é provável que seja realizada na prática a hipótese que o professor Gray nos oferece. De fato, deve ser raro o caso em que, com noções conflitantes de conduta certa, não haja nada mais para fazer pender a balança. Entretanto, se o caso suposto estivesse presente, creio que um juiz erraria se impusesse à comunidade, como regra de vida, suas próprias idiossincrasias de conduta ou crença. Suponhamos como exemplo um juiz que considerasse um pecado ir ao teatro. Estaria ele agindo certo se, num campo onde a regra jurídica ainda não estivesse estabelecida, permitisse que essa convicção, embora conhecida por estar em conflito com o padrão dominante de conduta certa, governasse sua decisão? Minha própria noção é que ele teria o dever de se ajustar aos padrões aceitos da comunidade, aos costumes dos tempos. Isto não significa, entretanto, que um juiz seja impotente para elevar o nível da conduta predominante. Num ou noutro campo de atividade, práticas que estão em oposição aos sentimentos e padrões da era podem surgir e ameaçar arraigar-se se não forem deslocadas. Apesar de seu domínio temporário, elas não resistem à comparação com normas aceitas de moral. A indolência ou a passividade toleraram aquilo que o julgamento ponderado da comunidade condena. Nesses casos, uma das funções mais elevadas do juiz é estabelecer a verdadeira relação entre conduta e profissão...

A verdade é, de fato, como eu disse, que a distinção entre a consciência subjetiva ou individual e a objetiva ou geral, no campo em que o juiz não está limitado por regras estabelecidas, é obscura e evanescente, e tende a se tornar uma distinção de palavras e pouco mais... O espírito e a vontade pessoal e geral estão inseparavelmente unidos. A diferença, tanto quando predomina uma teoria como outra do dever judicial, envolve quando muito uma pequena mudança de ênfase, de método de abordagem, de ponto de vista, do ângulo em que os problemas são examinados. Só de maneira indistinta e por força de uma influência subconsciente, ou quase isso, é que a diferença será refletida nas decisões dos tribunais.

Minha análise do processo judicial chega então a isto e pouco mais: a lógica e a história, o costume, a utilidade e os padrões aceitos de conduta certa são as forças que, individualmente ou combinadas, moldam o progresso do direito. Qual dessas forças dominará em algum caso deve depender, em grande parte, da importância comparativa ou do valor dos interesses sociais que, desse modo, serão promovidos ou prejudicados. Um dos interesses sociais mais fundamentais é que a lei seja uniforme e imparcial... Por conseguinte, no essencial haverá adesão ao precedente. Haverá desenvolvimento simétrico, de maneira compatível com a história ou o costume quando a história ou o costume tiver sido a força motriz ou a principal ao dar forma às regras existentes, e com a lógica ou a filosofia quando a força motriz tiver sido delas. Mas desenvolvimento simétrico pode ser comprado a um preço alto demais... O interesse social servido por simetria ou certeza deve ser então comparado com o interesse social servido pela equidade, a justiça ou outros elementos do bem-estar social. Estes podem impor ao juiz o dever de estabelecer o limite num outro ângulo, ou de balizar o caminho ao longo de novos cursos, de marcar um novo ponto de partida a partir do qual outros que virão depois dele começarão suas jornadas.

Se perguntarem como ele irá saber quando um interesse prepondera sobre um outro, só posso responder que ele deve obter seu conhecimento da mesma maneira que o legislador o obtém, da experiência, do estudo e da reflexão; em resumo, da própria vida... De fato, cada qual está legislando dentro dos limites de sua competência. Sem dúvida, os limites para o juiz são mais estreitos. Ele legisla apenas entre lacunas. Ele preenche os espaços abertos na lei. Não pode ser demarcado num mapa até que ponto ele pode ir sem ultrapassar as paredes dos interstícios. Ele precisa aprender por si só enquanto ganha o senso de adequação e proporção que vem com anos de hábito na prática de uma arte. Mesmo dentro das lacunas, restrições que não se definem com facilidade, mas que são sentidas por todo juiz e advogado, por mais impalpáveis que sejam, cercam e circunscrevem sua ação. Elas são estabelecidas pelas tradições de séculos, pelo exemplo de outros juízes, seus predecessores e seus colegas, pelo juízo coletivo da profissão e pelo dever de adesão ao espírito que permeia o direito... O direito que daí resulta não é descoberto, mas construído. O processo, sendo legislativo, exige a sabedoria do legislador.

... Hoje em dia, o uso de ficções declinou; e as molas da ação estão expostas onde antes estavam ocultas. Mesmo agora, entretanto, não são plenamente conhecidas até mesmo daqueles a quem controlam. Grande parte do processo tem sido inconsciente ou quase. Os fins aos quais os tribunais se dirigiram, as razões e motivos que os orientaram, muitas vezes foram sentidos de forma vaga, apreendidos de maneira intuitiva ou quase intuitiva, poucas vezes foram afirmados explicitamente... É por isso que há uma espécie de choque na descoberta de que a política legislativa fez do composto o que ele é...

Ao reconhecer, como reconheço, que o poder de proclamar a lei carrega consigo o poder, e dentro dos limites o dever, de fazer lei quando não existe lei alguma, não tenciono alinhar-me com os juristas que parecem sustentar que, na realidade, não existe lei alguma exceto as decisões dos tribunais. Penso que a verdade está na metade do caminho entre os extremos que são representados numa ponta por Coke, Hale e Blackstone e na outra por autores como Austin, Holland, Gray e Jethro Brown. A teoria dos autores mais antigos era que os juízes não legislavam de maneira alguma. Uma regra preexistente estava lá, encravada, porém oculta, no conjunto do direito consuetudinário. Tudo que os juízes faziam era tirar os envoltórios e expor a lei à nossa visão. Desde os tempos de Bentham e Austin, acreditava-se que ninguém aceitara essa teoria sem dedução ou reserva, embora até mesmo em decisões modernas encontremos traços de sua prolongada influência. Hoje em dia há mais perigo de um outro erro, que é o oposto. Da opinião de que a lei nunca é feita por juízes, os partidários da análise austiniana foram levados às vezes à conclusão de que ela nunca é feita por nenhuma outra pessoa. Os costumes, não importa quão firmemente estabelecidos, não são lei, dizem eles, até serem adotados pelos tribunais. Mesmo disposições normativas não são lei porque os tribunais precisam determinar seu sentido...

Uma definição de lei que, na verdade, nega a possibilidade de lei porque nega a possibilidade de regras de operação geral, deve conter dentro de si as sementes da falácia e do erro. A análise é inútil se destrói aquilo que foi projetado para explicar. Lei e obediência à lei são fatos confirmados a cada dia em nossa experiência de vida. Se o resultado de uma definição é fazer com que pareçam ilusões, tanto pior para a definição; devemos aumentá-la até ficar bastante ampla para ajustar-se às realidades... As disposições normativas não deixam de ser lei porque o poder de determinar seu sentido em caso de dúvida ou ambiguidade foi confiado aos tribunais. Também se poderia dizer, por razões semelhantes, que os contratos não têm nenhuma realidade como expressões de uma vontade contratante. A qualidade de lei não é retirada de todos os precedentes, por mais bem estabelecidos, porque os tribunais às vezes exercem o privilégio de anular suas próprias decisões... A maioria de nós vive a vida em submissão consciente às regras legais, no entanto sem necessidade de recorrer aos tribunais para apurar nossos direitos e deveres. Os processos judiciais são experiências raras e catastróficas para a vasta maioria dos homens, e, mesmo quando a catástrofe se segue, a controvérsia se relaciona na maioria das vezes não com a lei, mas com os fatos. Em inúmeras questões judiciais, a lei é tão clara que os juízes não têm nenhuma liberdade de ação. Eles têm o direito de legislar dentro das lacunas, mas com frequência não há lacunas. Teremos uma visão falsa da paisagem se olharmos apenas para os espaços desertos, e nos recusarmos a ver as terras já semeadas e férteis. Penso que a dificuldade tem origem na falha em se distinguir entre direito e poder, entre a ordem encarnada num julgamento e o princípio jurídico ao qual se deve a obediência do juiz. Os juízes têm, é claro, o poder, embora não o direito, de ignorar o comando de uma disposição legal e proferir a sentença apesar disso. Têm o poder, embora não o direito, de ir além das paredes dos interstícios, das fronteiras impostas à inovação judicial pelo precedente e o costume. Não obstante, com esse abuso de poder, eles transgridem a lei. Se a transgredirem intencionalmente, isto é, com mente culpada e malévola, cometem um erro e podem ser afastados ou punidos, embora sejam mantidas as decisões que tomaram...

A velha teoria blackstoniana das regras legais preexistentes que os juízes encontraram, mas não fizeram, concordava com uma teoria ainda mais antiga, a teoria de uma lei da natureza... Durante algum tempo, com a ascensão e dominância da escola analítica de juristas, ela pareceu desacreditada e abandonada. O pensamento jurídico recente deu-lhe nova vigência, embora numa forma alterada tão profundamente que a velha teoria sobrevive em pouco mais que no nome. A lei da natureza não é mais concebida como algo estático e eterno. Não sobrepuja a lei humana ou positiva. É a matéria da qual a lei humana ou positiva deve ser tecida quando faltarem outras fontes... Não estou interessado em justificar a exatidão da nomenclatura pela qual os ditames da razão e da consciência, que o juiz tem o dever de obedecer, receberam o nome de lei antes de ele encarná-los num julgamento e pôr sobre eles o *imprimatur* da lei... O que importa realmente é que o juiz tem o dever, dentro dos limites de seu poder de inovação, de manter uma relação entre direito e moral, entre os preceitos da jurisprudência e aqueles da razão e da boa consciência. Suponho que seja verdade, num certo sentido, que esse dever jamais foi questionado. Entretanto, sente-se às vezes que ele foi obscurecido pelos juristas analíticos, que, ao enfatizar refinamentos verbais de definição, fizeram um sacrifício correspondente de ênfase sobre as realidades mais profundas e mais precisas dos fins, metas e funções. A constante insistência de que moralidade e justiça não são lei tendeu a produzir desconfiança e desprezo pela lei como algo a que a moralidade e a justiça não são apenas estranhas, mas também hostis. Ao novo desenvolvimento do *Naturrecht* podem ser perdoadas infelicidades de frase, se nos levar a novas felicidades de métodos e ideais. Não para nós a logomaquia estéril que discorre longamente sobre os contrastes entre lei e justiça e esquece suas harmonias mais profundas...

Pode-se dizer que não há nenhuma garantia de que os juízes interpretarão os costumes de seu tempo de maneira mais sábia e verdadeira do que outros homens. Não estou disposto a negar isso, mas em minha opinião é irrelevante. A questão é mais propriamente que esse poder de interpretação deve ser alojado em alguma parte, e o costume da Constituição alojou-o nos juízes. Para que eles cumpram sua função como juízes, dificilmente poderia ser alojado em outra parte... É insignificante o poder de inovação de qualquer juiz, quando comparado com a magnitude e a pressão das regras que o restringem de todos os lados. Entretanto, ele deve inovar até certo ponto, pois com novas condições tem de haver novas regras. Tudo que o método da sociologia pede é que, dentro desse estreito espaço de escolha, ele busque a justiça social...

... Nossa jurisprudência manteve-se leal ao imperativo categórico de Kant: "age conforme uma máxima que desejaria que fosse uma lei universal". Ela recusou-se a sacrificar o bem maior e mais inclusivo pelo menor e mais estreito. É feito um contrato. O cumprimento é pesado e talvez opressivo. Se formos considerar apenas a instância individual, talvez estejamos prontos para liberar o promitente. Olhamos além do particular para o universal, e formamos nosso julgamento em obediência ao interesse fundamental da sociedade de que os contratos sejam cumpridos. Há uma enorme lacuna entre o uso do sentimento individual de justiça como um substituto para a lei, e seu uso como um dos testes e pedras de toque para construir ou estender a lei... O juiz, mesmo quando é livre, ainda assim não é totalmente livre. Ele não deve inovar à vontade. Ele não é um cavaleiro andante que anda sem destino à vontade em busca de seu próprio ideal de beleza ou de bondade. Ele deve tirar sua inspiração de princípios consagrados. Não deve ceder ao sentimento espasmódico, à benevolência vaga e irregular. Deve exercer um discernimento informado pela tradição, metodizado pela analogia, disciplinado pelo sistema e subordinado à "necessidade primordial de ordem na vida social". Em toda consciência é bastante amplo o campo de discernimento que resta.

AULA IV

Adesão ao precedente. O elemento subconsciente no processo judicial. Conclusão

O sistema de elaboração do direito por decisões judiciais que fornece a regra para transações fechadas antes da decisão ser anunciada, seria de fato intolerável em sua dureza e opressão se a lei natural, no sentido em que tenho usado o termo, não fornecesse a regra principal de julgamento ao juiz, quando o precedente e o costume faltam ou estão deslocados. A aquiescência a esse método tem sua base na crença de que, quando a lei deixou a situação sem a cobertura de alguma regra preexistente, não há nada a fazer exceto mandar algum árbitro imparcial declarar aquilo que homens justos e razoáveis, conscientes dos hábitos de vida da comunidade e dos padrões de justiça e de procedimento justo predominantes entre as pessoas, deveriam fazer em tais circunstâncias, sem quaisquer regras a não ser aquelas do costume e da consciência para regular sua conduta. O sentimento é de que nove em cada dez vezes, se não for com mais frequência, a conduta dos homens bem-intencionados não teria sido diferente se a regra encarnada na decisão houvesse sido anunciada antes dispositivamente. Na pequena minoria dos casos, onde a ignorância teve importância, é tão provável que tenha afetado um lado como o outro; e como surgiu uma controvérsia que deve ser resolvida de alguma forma, não há nada a fazer, na falta de uma regra já feita, a não ser constituir alguma autoridade que a faça após o evento. Alguém deve ser o perdedor; faz parte do jogo da vida; temos de pagar de inúmeras maneiras pela ausência de uma visão profética. Sem dúvida, o sistema ideal, se pudesse ser alcançado, seria um código ao mesmo tempo tão flexível e tão minucioso a ponto de fornecer antecipadamente a regra justa e apropriada para toda situação concebível. Mas a vida é complexa demais para pôr a obtenção desse ideal dentro dos limites dos poderes humanos... Às vezes, o contratempo resulta do adiamento da regra de ação até um tempo em que a ação está completa. É uma das consequências das limitações do intelecto humano e da negação de previsão infinita a legisladores e juízes. Mas a verdade é que, como eu disse, mesmo quando há ignorância da regra, são poucos os casos em que a ignorância determinou a conduta. Com muita frequência surge a controvérsia sobre algo que teria acontecido de qualquer maneira. Um automóvel é fabricado com rodas defeituosas. A questão é se o fabricante tem um dever de inspeção ante alguma pessoa salvo o comprador. O ocupante do carro, prejudicado por causa do defeito, apresenta uma versão ao tribunal; o fabricante, uma outra. Há pouca chance, qualquer que seja a parte que prevaleça, de que a conduta teria sido diferente se a regra fosse conhecida antes...

... Creio que é importante quando se sente que a adversidade é grande demais ou desnecessária, que a operação retrospectiva seja detida. Considerem-se os casos em que um tribunal de apelação declarou uma lei nula e, mais tarde, a declara válida. Transações intermediárias foram governadas pela primeira decisão. O que se dirá da validade de tais transações quando a decisão for anulada? A maioria dos tribunais, num espírito de realismo, sustentou que a vigência da lei foi suspensa no intervalo. Pode ser difícil harmonizar essa decisão judicial com definições e dogmas abstratos. Quando tantas outras coisas que um tribunal faz, são feitas com força retroativa, por que estabelecer o limite aqui? A resposta é, penso eu, que o limite é estabelecido aqui porque a injustiça e a opressão de uma recusa a estabelecê-lo seriam tão grandes quanto intoleráveis. Nós não ajudaremos o homem que confiou no julgamento de algum tribunal inferior. Em seu caso, a possibilidade de erro de cálculo é sentida como um risco justo do jogo da vida, não diferente em grau do risco de qualquer outra concepção errada de direito ou dever. Ele sabe que correu um risco que muitas vezes a prudência poderia ter evitado. O julgamento de um tribunal de apelação final é sentido como estando sobre uma base diferente. Não tenho certeza de que é preciso alguma distinção adequada entre uma mudança de decisão judicial em relação à validade de uma lei e uma mudança de decisão judicial em relação ao sentido ou à eficácia de uma lei, ou mesmo em relação ao sentido ou à eficácia de uma regra de direito consuetudinário. Não farei qualquer tentativa de dizer onde a linha divisória será colocada um dia. Entretanto, estou seguro de que sua localização, onde quer que seja, será governada não por concepções metafísicas da natureza da lei feita por juiz, nem pelo fetiche de algum dogma implacável, como o da divisão dos poderes governamentais, mas sim por considerações de conveniência, de utilidade e dos mais profundos sentimentos de justiça.

Hoje em dia, há muita discussão para saber se a regra de adesão ao precedente devia ser abandonada por completo. Eu mesmo não iria tão longe. Penso que a adesão ao precedente deveria ser a regra e não a exceção... O trabalho dos juízes seria aumentado quase até o ponto crítico se toda decisão passada pudesse ser reaberta em cada caso, e não se pudesse depositar a própria fileira de tijolos sobre a segura fundação de fileiras depositadas por outros que vieram antes... Mas estou disposto a admitir que a regra de adesão ao precedente... devia ser relaxada em algum grau. Penso que, quando se descobre que uma regra, após ser devidamente testada pela experiência, é incompatível com o senso de justiça ou com o bem-estar social, haveria menos hesitação na franca confissão e no completo abandono... Haveria uma maior disposição a abandonar uma posição insustentável quando não se pudesse supor razoavelmente que a regra a ser descartada determinou a conduta dos litigantes e, em particular, quando em sua origem foi o produto de instituições ou condições que ganharam um novo significado ou desenvolvimento com o progresso dos anos...

Nosso exame dos métodos judiciais nos ensina, penso eu, a lição de que toda a matéria da jurisprudência é mais plástica, mais maleável, os moldes feitos de maneira menos definida, as fronteiras de certo e errado menos preordenadas e constantes, do que a maioria de nós, sem a ajuda de alguma análise assim, ficou acostumada a acreditar. Gostamos de conceber o campo do direito como sendo mapeado e cartografado com esmero. Estabelecemos nossos pequenos limites, e eles mal estão traçados quando os borramos. Tal como no tempo e espaço, aqui também, as divisões são hipóteses de trabalho, adotadas por conveniência. Tendemos cada vez mais a um reconhecimento da verdade de que, afinal de contas, existem poucas regras; existem sobretudo padrões e graus. É uma questão de grau se eu fui negligente. É uma questão de grau se, no uso de minha própria terra, eu criei um incômodo que pode ser invalidado por meu vizinho. É uma questão de grau se a lei que toma minha propriedade e limita minha conduta, prejudica minha liberdade de maneira indevida. Assim, o dever de um juiz também se torna uma questão de grau, e ele é um juiz útil ou um juiz medíocre quando calcula a medida de forma exata ou imprecisa. Ele deve equilibrar todos os seus ingredientes, sua filosofia, sua lógica, suas analogias, sua história, seus costumes, seu senso de direito e todo o resto, e acrescentando um pouco aqui e retirando um pouco ali, deve determinar do modo mais sábio que puder qual peso fará pender a balança. Se isso parece ser um sumário fraco e inconclusivo, não tenho certeza se a culpa é minha. Sei que é um sábio farmacêutico aquele que, de uma receita tão geral, pode preparar um remédio adequado. Mas a mesma crítica pode ser feita à maioria das tentativas de formular os princípios que regulam a prática de uma arte. W. Jethro Brown nos lembra num recente ensaio sobre "direito e evolução" que "o livro de Sir Joshua Reynolds sobre pintura oferece pouca ou nenhuma orientação para aqueles que desejam tornar-se pintores famosos. Livros sobre estilos literários são notoriamente desprovidos, via de regra, de utilidade prática". Após ter terminado o cansativo processo de análise, deve haver para todo juiz uma nova síntese que ele terá de fazer por si mesmo. O máximo que ele pode esperar é que, com muito pensamento e estudo, com anos de prática como advogado ou juiz e com a ajuda daquela graça interior que chega de vez em quando ao eleito de qualquer vocação, a análise possa ajudar um pouco a tornar a síntese verdadeira.

Naquilo que eu disse, lancei, talvez demais, para o segundo plano e às sombras os casos em que a controvérsia não gira em torno da regra de lei, mas em torno de sua aplicação aos fatos. Esses casos, afinal de contas, compõem a maior parte dos negócios dos tribunais... Mas deixam a jurisprudência no ponto em que se encontrava antes. Aplicado a esses casos, o processo judicial, tal como foi dito no começo dessas aulas, é um processo de busca e comparação, e pouco mais que isso... Dos casos que chegam diante do tribunal em que estou, a maioria, penso eu, não poderia ser decidida, com uma aparência de razão, de alguma maneira a não ser de uma. A lei e sua aplicação são simples. Tais casos estão predestinados, por assim dizer, à ratificação sem opinião. Numa outra porcentagem considerável, a regra de lei é certa, e só a aplicação é duvidosa. Complicados autos de processo devem ser dissecados, as narrativas de testemunhas, mais ou menos incoerentes e ininteligíveis, devem ser analisadas, para determinar se uma dada situação incide num ou noutro distrito do mapa de certos e errados. O viajante que sabe que uma estrada de ferro atravessa seu caminho, deve pensar na possibilidade de trens que se aproximam. Essa é pelo menos a regra geral. Em incontáveis litígios, a descrição da paisagem deve ser estudada para se observar se a visão foi obstruída, se alguma coisa foi feita ou omitida para deixar o viajante desprevenido. Com frequência, esses casos e outros iguais a eles provocam diferença de opinião entre os juízes. Entretanto, a jurisprudência permanece intacta, independente do resultado. Por fim, resta uma porcentagem, não grande e, no entanto, não tão pequena a ponto de ser desprezível, em que decisão de uma maneira ou de outra terá importância para o futuro, irá avançar ou retardar, às vezes muito, às vezes pouco, o desenvolvimento da lei. São os casos em que o elemento criativo do processo judicial encontra sua oportunidade e poder. Em tudo que disse a vocês, estive preocupado sobretudo com esses casos. Num certo sentido, é verdade que muitos deles poderiam ter sido decididos de maneira diferente. Com isso quero dizer que razões plausíveis e completamente persuasivas poderiam ser encontradas tanto para uma conclusão como para outra. Aqui entra em jogo aquele ponderar de julgamento, aquele testar e selecionar considerações de analogia, de lógica de utilidade e justiça que estive tentando descrever. É aqui que o juiz assume a função de um legislador. Em meus primeiros anos no assento de juiz, estive perturbado demais em espírito para descobrir como era sem caminhos o oceano em que havia embarcado. Eu procurava certeza. Fiquei oprimido e desanimado quando descobri que a busca era fútil. Estava tentando alcançar terra, a terra sólida das regras fixas e estabelecidas, o paraíso de uma justiça que se declararia tanto mais simples e mais dominante do que seus pálidos e bruxuleantes reflexos em minha própria mente e consciência vacilantes... À medida que os anos passavam, e à medida que eu refletia cada vez mais sobre a natureza do processo judicial, fui me conformando com a incerteza porque cresci para entender que ela era inevitável...

Falei das forças das quais os juízes reconhecidamente se servem para moldar a forma e o conteúdo de seus julgamentos. Mesmo essas forças raras vezes estão plenamente na consciência. Entretanto, estão tão próximas da superfície que não é provável que sua existência e influência sejam negadas. Mas o assunto não se esgota com o reconhecimento de seu poder. Bem abaixo da consciência estão outras forças, as inclinações e antipatias; as predileções e os preconceitos; o complexo de instintos, emoções, hábitos e convicções, que fazem o homem, seja ele litigante ou juiz... Tem havido uma certa falta de sinceridade em grande parte da discussão do tema, ou mais propriamente talvez na recusa a discuti-lo, como se os juízes fossem perder respeito e confiança ao lembrarmos que eles estão sujeitos às limitações humanas... As grandes marés e correntes que engolfam o restante dos homens, não se desviam de seu curso para passar ao largo dos juízes. Gostamos de imaginar para nós mesmos que o processo da justiça é friamente objetivo e impessoal... Esse é um ideal de verdade objetiva para o qual tende todo sistema de jurisprudência. É um ideal do qual grandes publicistas e juízes têm falado como algo possível de se obter. "Os juízes da nação", diz Montesquieu, "são apenas as bocas que pronunciam as palavras da lei, seres inanimados que não podem moderar sua força nem seu vigor"... No extremo oposto estão as palavras do jurista francês, Saleilles, em seu tratado *De la personnalité juridique*: "No começo, o que se deseja é o resultado; o princípio se encontra mais tarde; essa é a gênese de toda interpretação jurídica. Uma vez aceita, a interpretação se apresenta, sem dúvida, no conjunto da doutrina legal, sob o aspecto oposto. Os fatores são invertidos. O princípio aparece como a causa inicial da qual se tirou o resultado, que se pensa ter sido deduzido dela." Não expressaria o caso tão amplamente assim. Uma afirmação tão extensa exagera o elemento da livre volição. Ignora os fatores de determinismo que comprimem e confinam dentro de estreitas fronteiras o âmbito da escolha livre de grilhões. Não obstante, com seu próprio excesso de ênfase, fornece o corretivo necessário de um ideal de objetividade impossível. Mais próximas à verdade e no meio do caminho entre esses extremos estão as palavras de um homem que não era jurista, mas cujas intuições e percepções eram profundas e brilhantes – as palavras do presidente Roosevelt em sua mensagem de 8 de dezembro de 1908 ao Congresso dos Estados Unidos: "Os principais legisladores de nosso país podem ser, e muitas vezes são, os juízes porque eles são o assento final da autoridade. Cada vez que eles interpretam contrato, propriedade, direitos adquiridos, o devido processo legal, liberdade, eles necessariamente convertem em lei partes de um sistema de filosofia social; e como tal interpretação é fundamental, dão direção a toda elaboração de leis. As decisões dos tribunais sobre questões econômicas e sociais dependem de sua filosofia econômica e social; e para o progresso pacífico de nosso povo durante o século XX deveremos o máximo a esses juízes que se mantêm fiéis a uma filosofia econômica e social do século XX e não a uma filosofia há muito superada, que era em si o produto de condições econômicas primitivas."

... Roosevelt, que conhecia os homens, não tinha quaisquer ilusões a esse respeito. Ele não estava postulando um ideal. Não estava estabelecendo uma meta. Estava medindo os poderes e a resistência daqueles por quem a corrida devia ser conduzida. Meu dever na condição de juiz pode ser materializar em lei não minhas próprias aspirações, convicções e filosofias, mas as aspirações, convicções e filosofias dos homens e mulheres de meu tempo. Dificilmente farei isso bem se minhas próprias simpatias, crenças e devoções apaixonadas estiverem num tempo que é passado... Podemos conceber a tarefa do juiz, se quisermos, como a tarefa de um tradutor, a leitura de sinais e símbolos dados de fora. Não obstante, não daremos aos homens tal tarefa, a menos que tenham absorvido o espírito e se tenham enchido de amor pelo idioma que devem ler.

... É provável que em todo tribunal haja tantas estimativas do *Zeitgeist* quantos juízes no assento... O espírito da época, tal como é revelado a cada um de nós, é com muita frequência apenas o espírito do grupo no qual os acasos de nascimento, de educação, de ocupação ou de comunidade de interesses nos deram um lugar... A instrução de um juiz, se unida ao que é denominado temperamento judicial, ajudará em algum grau a emancipá-lo do poder sugestivo das predisposições e antipatias individuais. Ajudará a ampliar o grupo ao qual são devidas suas lealdades subconscientes. Jamais essas lealdades serão totalmente eliminadas enquanto a natureza humana for o que é. Podemos perguntar às vezes como, do jogo de todas essas forças do individualismo, pode sair algo coerente, algo que não seja o caos e o vazio. Esses são os momentos em que exageramos os elementos de diferença. No final, emerge algo que tem uma forma, verdade e ordem compostas... As excentricidades dos juízes se contrabalançam umas às outras. Um juiz olha para problemas a partir do ponto de vista da história; um outro, do ponto de vista da filosofia; um terceiro, do ponto de vista da utilidade social; um é formalista; um outro, latitudinário; um é temeroso da mudança; outro, insatisfeito com o presente; do atrito de diversas mentes é forjado algo que tem uma constância, uniformidade e valor médio maior do que seus elementos componentes. O mesmo é verdade para o trabalho dos júris. Não tenciono sugerir que o produto em ambos os casos não revele as falhas inerentes à sua origem. As falhas estão presentes como em toda instituição humana. Como elas não apenas estão presentes, mas são visíveis, temos fé de que serão corrigidas. Não há nenhuma garantia de que a regra da maioria seja a expressão da razão perfeita quando encarnada na Constituição ou em lei. Não devíamos esperar mais dela quando encarnadas nos julgamentos dos tribunais. As marés sobem e descem, mas as areias do erro se esfarelam.

O trabalho de um juiz é, num certo sentido, duradouro; e, num outro sentido, efêmero. O que há de bom nele, dura. O que há de errôneo, com toda certeza perece. O bom continua sendo o alicerce sobre o qual novas estruturas serão construídas. O mau será rejeitado e abandonado no laboratório dos anos. Pouco a pouco, a velha doutrina é minada. Muitas vezes, as transgressões são tão graduais que sua importância é obscurecida a princípio. No final, descobrimos que o contorno da paisagem foi mudado, que os velhos mapas precisam ser postos de lado, e que o terreno precisa ser mapeado de novo...

... Às vezes penso que nos preocupamos em demasia com as consequências duradouras de nossos erros. Eles podem causar um pouco de confusão durante algum tempo. No final, serão modificados ou corrigidos, ou seus ensinamentos serão ignorados. O futuro toma conta dessas coisas...

O futuro, cavalheiros, é de vocês. Fomos chamados a cumprir nosso papel num processo eterno. Muito tempo depois que eu estiver morto e desaparecido, e meu pequeno papel estiver esquecido, vocês estarão aqui para fazer sua parte e carregar a tocha adiante...

22

Roscoe Pound

1870-1964

Roscoe Pound é conhecido por seus vinte anos como reitor da Escola de Direito de Harvard e seus escritos sobre direito.

Ele nasceu e foi criado em Lincoln, Nebraska. Frequentou a Universidade de Nebraska, formou-se e obteve o grau de Ph.D em botânica. Sua competência em botânica granjeou-lhe, aos vinte e dois anos de idade, o cargo de diretor no Nebraska Botanical Survey (uma ocupação de meio expediente), no qual ele se manteve durante onze anos.

Pound concluiu dois dos três anos de curso da Escola de Direito de Harvard, mas não tirou diploma. Retornou a Nebraska para exercer a profissão. Pouco tempo depois, começou a lecionar na Escola de Direito da Universidade de Nebraska. Após dois anos de ensino, foi nomeado reitor. Aos trinta e sete anos de idade, deixou o cargo para dar aulas nas universidades de Chicago e Northwestern, chegando a Harvard três anos mais tarde. Trabalhou na Escola de Direito de Harvard durante trinta e sete anos antes de se aposentar e tem sido deste então convidado a proferir cursos. Aos trinta e poucos anos, Pound prestou serviços como juiz na Comissão de Apelações de Nebraska durante dois anos. Participou de questões legislativas na condição de membro da Comissão sobre Leis Uniformes para o Estado de Nebraska. Estudou processos administrativos como membro da comissão do presidente Hoover sobre Aplicação da Lei, que ficou conhecida como Comissão Wickersham e que se ocupava dos problemas então importantes da Lei Seca.

O reitor Pound foi um autor prolífero. A obra que se segue a este texto é um breve sumário de seu credo legal, que foi incluído numa compilação de declarações semelhantes chamada de *Minha filosofia do direito*, publicada em 1941.

Pound foi casado duas vezes, é conhecido por sua memória extraordinária, tem fama pela habilidade demonstrada em preleções a advogados e participação em encontros jurídicos. Foi homenageado por universidades e sociedades cultas no mundo inteiro. Os estudantes estrangeiros que vêm aos Estados Unidos para graduar-se em direito, provavelmente conhecem mais suas obras do que as de qualquer outro advogado americano.

MINHA FILOSOFIA DO DIREITO[1]

Penso no direito como, num certo sentido, uma forma muitíssimo especializada de controle social numa sociedade organizada, politicamente desenvolvida – um controle social por meio da aplicação sistemática e regular da força dessa sociedade. Nesse sentido é um regime – o regime que chamaremos de ordem legal. Mas esse regime opera de forma sistemática e regular por causa de um conjunto de elementos autorizados ou guias para decisão judicial que podem servir como regras de decisão, como regras ou guias de conduta, e como base de predição da ação oficial, ou podem ser considerados pelo homem mau, cuja atitude é sugerida pelo juiz Holmes como um teste, como amea-

---

1. Reimpresso com permissão de West Publishing Co.

ças da ação oficial que ele deve tomar em consideração antes de agir ou se abster de agir. Além disso, opera através de um processo judicial e de um processo administrativo que também são conhecidos pelo nome de direito – um desenvolvimento e aplicação dos elementos autorizados ou guias para decisão judicial, empregando uma técnica recebida e assim autorizada à luz de ideais recebidos e assim autorizados. A ideia de sistema, ordem e previsibilidade está por trás de todo sentido que se tem atribuído ao termo direito – a tudo aquilo que o jurista analítico chama de usos análogos do termo – e toda aplicação da palavra até a ascensão, em tempos recentes, de ideias absolutistas, que aplicariam o termo a tudo quanto é feito por aqueles que exercem os poderes de uma sociedade politicamente organizada, apenas porque o fazem, e não importa como.

Portanto, quando perguntam qual é a tarefa do direito, qual é o fim para o qual esse regime, mantido por sociedades politicamente organizadas, ajustando relações e regulando a conduta por meio de um processo judicial e de um administrativo, e levado adiante pelo emprego de um conjunto de preceitos reconhecidos ou estabelecidos, aplicado por uma técnica autorizada à luz de ideais autorizados – quando perguntam para que serve todo esse complicado mecanismo, a resposta tem de ser que o fim, qualquer que seja ele, é o fim do controle social do qual o direito, em todos os seus três sentidos, é uma forma especializada. Mas não podemos omitir essa questão, por mais que seja difícil respondê-la e por mais longo seja o alcance que tenham as implicações da resposta. Pois ideias recebidas no tocante à resposta, tradicionalmente estabelecidas, são um item importante nos elementos recebidos ou guias para a decisão judicial de controvérsias e são decisivas na escolha de pontos de partida para o raciocínio legal, a interpretação de preceitos legais e a aplicação de padrões legais.

Um tipo predominante de pensamento filosófico hoje, baseando-se na epistemologia kantiana, nos diz que não podemos responder a essa questão. Sem dúvida, não podemos respondê-la de maneira absoluta. Mas o direito em todos os seus sentidos é uma questão prática. Se não podemos dar uma resposta que seja absolutamente demonstrável para todo mundo e totalmente convincente para o filósofo, não se conclui que não podemos ter um bom esquema viável daquilo que estamos tentando fazer, e sermos capazes de fazer uma boa aproximação prática daquilo que procuramos alcançar. Há muitas atividades práticas cujos postulados não resistirão a um exame lógico crítico se exigirmos deles uma correspondência absoluta dos fenômenos com a teoria, mas que, não obstante, servem muito bem a seus propósitos práticos. Se, como é ensinado agora, vivemos num universo curvo no qual não existem planos, nem linhas retas, nem ângulos retos e perpendiculares, não se conclui que devemos abandonar o estudo que faz seu trabalho de maneira satisfatória com base nesses postulados. Se não podemos fazer uma demonstração inequívoca do fim para o qual a ordem legal está dirigida na prática, se não podemos alcançar esse fim por completo, a história da civilização mostra que podemos conseguir uma aproximação prática cada vez maior, e que é por causa dessa aproximação prática que a ordem legal e o conjunto de elementos autorizados ou guias para a decisão judicial têm sido capazes de se desenvolver e de se manter.

O que procuramos fazer e devemos fazer numa sociedade civilizada é ajustar as relações e regular a conduta num mundo em que os bens da existência, a esfera de ação para a livre atividade e os objetos sobre os quais exercer a livre atividade são limitados, e as demandas desses bens e desses objetos são infinitas. Regular as atividades dos homens em seu esforço para satisfazer suas demandas, a fim de possibilitar a satisfação do máximo de todo o esquema de demandas com o mínimo de atrito e desperdício, não apenas tem sido aquilo que os legisladores, tribunais e juristas têm se esforçado por obter, mas também tem sido declarado de uma maneira ou de outra, por filósofos, como aquilo que devíamos fazer. A vida de acordo com a natureza ou medida pela razão (ou seja, de acordo com um ideal no qual o homem perfeito busca apenas aquilo que como tal devia ter, e cede a outros como homens perfeitos aquilo que deveriam ter), harmonizando vontades de homens livres em ação por meio de uma lei universal que dá a cada um o máximo de esfera de ação para a livre atividade, harmonizando o que costumava ser chamado de instintos em ação, realizando um máximo de felicidade, satisfazendo as necessidades de cada um na medida em que forem compatíveis com a satisfação das necessidades de todos – são maneiras diferentes de exprimir essa tarefa prática que os tribunais e advogados vêm cumprindo de maneira prática, desde o tempo em que a ascensão da organização política da sociedade resultou nos tribunais e advogados como agentes do controle social organizado.

Se, como os advogados devem fazer, olhamos para o direito, em todos os seus sentidos, funcionalmente, no que diz respeito a seu fim, já que esse fim é no fundo a finalidade do controle social, nossa ciência do direito não pode ser autossuficiente. A ética tem a ver com um outro grande instrumento do controle social, que abrange muito do terreno abrangido pela ordem legal e que tem muito a nos dizer quanto ao que deveriam ser os preceitos legais e o que deveriam efetuar. A segurança que a lei, num ajuste das relações, tem de procurar continuamente manter em equilíbrio com a vida individual, é exigida num grau especial pela ordem econômica, que é matéria de uma outra ciência social. Não podemos ignorá-la numa ciência do direito, mas assim como alguns procuraram fundir a jurisprudência com a ética, existem aqueles que atribuiriam tudo no direito, em todos os seus sentidos, à ciência da economia, sem qualquer outro fundamento. Por outro lado, há a ciência da política. Como a ordem legal é um regime de controle social através da sociedade politicamente organizada, a ciência que organiza nosso conhecimento dessas sociedades não pode ser ignorada, embora juristas do mundo de língua inglesa tenham pretendido dar a ela uma importância exagerada em sua interpretação da história legal e em suas exposições das instituições legais. A sociologia partiu por algum tempo para a metodologia e está mais ocupada em demonstrar que é uma ciência separada, desenvolvendo seu método separado, do que em organizar nosso conhecimento dos fenômenos da associação humana. Mas a ciência da sociedade fez muito pelo direito há uma geração e pode fazer de novo, sobretudo naquilo que tem sido chamado de psicologia social. A história não deve ser descuidada. A história da civilização tem muito a nos contar sobre como o direito atuou para manter e promover a civilização, como ele se originou da civilização, como foi adaptada a novos tipos de civilização, e talvez como às vezes retardou, assim como noutras vezes promoveu, a civilização. Por fim, a psicologia tem também muita coisa para nos contar, não apenas sobre as reivindicações e demandas que nos devemos ocupar em harmonizar ou ajustar, mas também sobre as bases da conduta que procuramos regular e as bases essenciais dos processos, judiciais e administrativos, bem como o processo de elaboração de leis, pelos quais a ordem legal é mantida e são projetados e formulados os preceitos pelos quais esses processos devem ser guiados.

Desde os tempos de Roma, exceto para os juristas analíticos do século XIX, a filosofia tem sido reconhecida como algo indispensável para o jurista. Numa grande parte da história do pensamento jurídico, ela foi mal usada para formar sistemas ideais de preceitos legais com suposta validade universal para quaisquer épocas, lugares e homens. Mas tem uma tarefa de primeira importância em organizar e criticar o elemento ideal no conjunto dos elementos autorizados e guias de decisão judicial. Quando procura fazer mais que isso e, por um lado, fornece um plano universal ou pontos de partida absolutos ou mapas para todos os tempos e lugares, ou, por outro lado, nos diz que não podemos fazer coisa alguma a não ser observar o desdobramento de uma ideia por seu poder intrínseco ou a órbita do desenvolvimento de acordo com leis fixas, como estando fora de nosso controle assim como as revoluções dos planetas, ou que estamos inevitavelmente presos numa confusão de antinomias irredutíveis, de modo que não podemos fazer mais que deixar que as coisas se resolvam por si, o advogado aprendeu a deixar de seguir o filósofo e a prosseguir com base na experiência desenvolvida pela razão e na razão testada pela experiência. A jurisprudência filosófica dos séculos XVII e XVIII sustentava que tudo na ciência do Direito poderia ser alcançado por um simples exercício racional. A filosofia era o único instrumento necessário do jurista. A jurisprudência metafísica do século XIX sustentava que a filosofia poderia demonstrar a ideia que se estava realizando no desenvolvimento legal ou na órbita da evolução legal, mas após mostrar-nos esses caminhos necessários dos quais não havia saída, não poderia ajudar-nos. Grande parte da filosofia do direito de hoje também está convencida de que não podemos fazer muito para que a elaboração da lei, em todos os seus sentidos, atinja seu fim de maneira melhor. Essas filosofias do desistir-da-coisa e o ceticismo jurídico ao qual levam, ou que ajudam e encorajam, podem servir para filosofias do direito. Não serão de ajuda como jurisprudência filosófica.

No século XIX, os juristas estavam interessados sobretudo em três problemas: a natureza do direito, a interpretação da história legal e a relação entre direito e moral.

No que diz respeito à natureza da lei, tal como vejo, nossas dificuldades residem nos sentidos diferentes nos quais temos usado essa palavra. Nos idiomas da Europa continental, a palavra que traduzimos como direito tem um sentido para o qual não temos palavra alguma no inglês e transmite uma ideia muito difícil de compreendermos, que só pode ser indicada por alguma frase canhestra como direito-mais-lei ou aquilo-que-é-direito-apoiado-por-lei. Mas, se lemos de forma crítica os livros em nossa própria língua, logo percebemos que "direito" pode significar qualquer uma das três coisas que indiquei no começo, e que alguns se voltam para a natureza da ordem legal, outros para a natureza do conjunto dos elementos autorizados ou guias para decisão judicial, e alguns para o processo de julgamento ou o processo de administração, e supõem que a teoria de um também servirá, é claro, para os outros dois. Além disso, o mais antigo dos sentidos empregados por juristas, a saber, o conjunto de elementos autorizados para decisão judicial, em geral pensado até Kant e considerado desde então de maneira muito geral como um conjunto de regras de conduta, é composto. Em vez de ser, como Bentham considerou que fosse, um agregado de leis, de regras no sentido estrito, tais como os dispositivos de um código penal, ele é composto de preceitos, uma técnica autorizada de desenvolvimento e aplicação dos preceitos, e um conjunto de ideais recebidos quanto ao fim ou propósito da ordem legal e por isso ao que os preceitos legais deviam ser e como deviam ser aplicados. Esses ideais recebidos são tão autorizados quanto os preceitos tradicionalmente recebidos e, com frequência, são muito mais persistentes e, manifestamente, têm vida mais longa do que as regras que eram tudo que o jurista analítico pôde ver no século passado.

Mas isso não é tudo. O elemento preceito na lei, no segundo sentido, possui não menos que quatro componentes: regras no sentido estrito, princípios, preceitos definindo concepções e preceitos prescrevendo padrões. Se todos eles pudessem ser chamados de regras num sentido mais amplo, ainda assim as concepções e padrões que desempenham um papel muito importante na administração da justiça, não seriam regras em sentido algum. De fato, muito dano tem sido causado ao direito constitucional americano, por se tentar restringir o padrão do devido processo legal a um conjunto de regras análogas às regras de propriedade.

Com regras quero dizer preceitos atribuindo uma consequência legal definida e detalhada a um estado de fatos ou situação de fato definida e detalhada. Tais regras eram os elementos principais dos antigos códigos e são encontradas hoje sobretudo no direito penal, no direito comercial e no direito das coisas.

Com princípios refiro-me aos pontos de partida autorizados para o raciocínio legal. Eles não atribuem qualquer consequência detalhada e definida a qualquer estado ou situação de fato definida, muito menos detalhada. Fornecem uma base de raciocínio quando uma situação não governada por uma regra precisa surge para consideração quanto a que dispositivo deveria ser feito para ela. Com concepções legais quero dizer categorias definidas de maneira autorizada, nas quais se podem apresentar casos com o resultado de que regras, princípios e padrões certos se tornam aplicáveis. Com relação a isso, ocorrerão de imediato coisas tais como fideicomisso, venda, prestação de fiança. Padrões legais são medidas de conduta definidas, a serem aplicadas de acordo com as circunstâncias de cada caso, acarretando necessariamente responsabilidade para responder por dano resultante no caso de se afastar dos limites do padrão. Não se fornece nenhum estado de fatos definido e não se prescreve nenhuma consequência detalhada e definida. Exemplos são o padrão do cuidado devido, o padrão da conduta justa de um fiduciário, o padrão das instalações razoáveis impostas a uma empresa de utilidade pública.

Quando se percebe o quanto procuramos abranger com a única palavra "direito", se verá por que foi tão fútil grande parte da discussão quanto à natureza do direito no último século.

Com o passar da era da história, pois assim foi o século XIX, a interpretação da história legal não é mais considerada como a chave para a ciência do direito e, em vez dela, apresentaram-se a ciência econômica e a psicologia para fornecer solventes universais. Quanto à relação entre direito e moral, temos de novo de lutar com dificuldades devido ao uso de uma única palavra com mais de um significado numa relação em que o contexto não fará distinção, porque o autor não faz. Quando escrevemos sobre a relação entre direito e moral, podemos querer dizer a relação da ordem legal com um conjunto recebido de costumes éticos numa época e lugar, ou com um conjunto organizado de princípios quanto ao que a conduta deveria ser, na realidade não em uso em alguma parte, mas a que se chegou por meio de especulação em vez de observação. Ou podemos querer dizer a relação do conjunto de elementos recebidos ou guias para a decisão judicial com qualquer dos dois ou ambos os sentidos daquilo que é posto sob o nome de "moral". Ou podemos querer dizer a relação do processo judicial ou do processo administrativo ou de ambos com qualquer das duas coisas ou ambas para as quais a palavra "moral" tem sido usada. Não é improvável que possamos tentar raciocinar sobre a relação dos três com as duas, como se houvesse uma ideia de cada lado como há uma palavra. O que podemos dizer é que, se por conveniência pensamos o conjunto de costumes éticos recebidos como moralidade e o conjunto de princípios especulativos como moral, cada qual, assim como a lei em cada um de seus sentidos, é uma força ativa do controle social. Em parte, suas esferas se sobrepõem e, na área comum, se reforçam ou deviam reforçar mutuamente. Em parte, lidam com questões exclusivamente em seu próprio domínio, onde, não obstante, podem influenciar-se e se influenciam de fato mutuamente. Mas não se pode ir além dessa declaração geral sem distinguir os diferentes significados de cada palavra.

Hoje em dia, a meu modo de ver, o problema mais importante com que se defronta o jurista é a teoria dos interesses. Um sistema legal alcança os fins da ordem legal (1) reconhecendo certos interesses, individuais, públicos e sociais; (2) definindo os limites dentro dos quais esses interesses serão reconhecidos legalmente e entrarão em vigor através de preceitos legais; e (3) empenhando-se para assegurar os interesses assim reconhecidos dentro dos limites definidos. Eu definiria um interesse, para o presente propósito, como uma demanda ou desejo que os seres humanos, de maneira individual ou em grupos, ou em associações ou em relações, procuram satisfazer, os quais, portanto, a regulação das relações humanas deve tomar em consideração. Isso precisa ser expresso psicologicamente, mas devemos evitar as controvertidas questões da psicologia de grupo. Não são demandas ou desejos de grupo, mas sim o esforço de homens em (ou talvez devêssemos dizer através de) grupos, associações e relações para satisfazer certas demandas ou desejos. A ordem legal ou a lei não cria esses interesses. Há só isso de verdade na antiga ideia de um estado de natureza e na teoria dos direitos naturais, a saber, que interesses nesse sentido existiriam se não houvesse qualquer ordem legal, mas houvesse alguma outra forma de controle social, e nenhum conjunto de guias autorizados para a conduta ou a decisão. Surgem conflitos ou competição entre interesses por causa da competição dos indivíduos uns com os outros, por causa da competição de grupos ou sociedades de homens entre si, e a competição dos indivíduos com tais grupos ou sociedades, no empenho para satisfazer as necessidades humanas. A lei, então, não cria esses interesses. Mas os classifica e reconhece uma quantidade maior ou menor. Portanto, define a extensão em que irá pôr em efeito esses interesses que reconhece. Pode fazer isso em virtude de outros interesses. Esses outros interesses podem ser diretamente reconhecidos e limitados ou assegurados, por exemplo, com a criação de um direito executável em juízo, ou por um poder legal, como o poder da mulher para empenhar o crédito do marido para as coisas necessárias, de modo que os limites do direito ou poder precisam ser fixados. Por exemplo, o direito de reputação é limitado pelo privilégio da comunicação confidencial, e o poder da esposa é limitado a casos de viver separada sem sua culpa. Ou a extensão em que irá pôr em efeito interesses reconhecidos pode ser limitada em virtude de outros interesses que obtêm apenas reconhecimento indireto através de limitações impostas a interesses expressamente reconhecidos. Por exemplo, no direito consuetudinário, o direito da criança é reconhecido de forma indireta pela limitação do privilégio de punição de parte do pai. Ou a extensão em que são postos em efeito interesses reconhecidos legalmente pode ser limitada em virtude das possibilidades de assegurá-los de maneira efetiva através da ordem legal. Em seguida, a ordem legal inventa meios para assegurar interesses quando reconhecidos e dentro de limites definidos.

Por essa razão, ao determinar o alcance e a matéria do sistema legal, temos de considerar cinco coisas: (1) devemos fazer um inventário dos interesses que reclamam reconhecimento com urgência e devemos generalizá-los e classificá-los; (2) devemos selecionar e determinar os interesses que o direito deveria reconhecer e procurar assegurar; (3) devemos estabelecer limites para garantia dos interesses assim selecionados – este, por exemplo, é todo o problema nos casos de boicote secundário; (4) devemos considerar os meios pelos quais o direito pode assegurar interesses quando reconhecidos e delimitados, isto é, devemos tomar em consideração as limitações sobre a ação legal efetiva que podem frustrar o reconhecimento completo ou a garantia completa dos interesses que, do contrário, procuramos assegurar, como, por exemplo, no caso dos direitos de marido e mulher ao casamento e quando em oposição um ao outro; (5) a fim de fazer essas coisas, devemos elaborar princípios de avaliação de interesses. A importância principal desses princípios está em determinar quais interesses reconhecer ou, em outras palavras, na seleção de interesses a ser reconhecidos. Mas também devemos usar esses princípios ao estabelecer limites para assegurar interesses reconhecidos, escolher os meios para assegurar interesses e formar juízo sobre a importância a ser concedida, em qualquer caso dado, às limitações práticas sobre a ação legal efetiva.

Hoje em dia, nos dizem que é impossível encontrar uma medida de valores. Mas alguma medida assim será usada, como diferentes medidas foram usadas em diferentes estágios do desenvolvimento legal no passado. Além disso, uma medida prática, como foi mostrado acima, tem sido usada há muito tempo e funcionado razoavelmente bem. As dificuldades surgiram quando os tribunais e os legisladores se afastaram dela para seguir teorias filosóficas que não são baseadas em experiência desenvolvida de maneira científica. O profissional da última geração estava nitidamente à frente dos juristas, se julgarmos a prática e a teoria pela direção que o direito vem tomando nas últimas três décadas. Empregar sobre esses problemas o exame científico minucioso da experiência para descobrir como lidar de maneira efetiva com casos concretos, ser cauteloso em relação às generalizações e às fórmulas universais, por úteis que sejam, quando há por trás delas suficiente observação concreta, quando não um método de jurisprudência, é o método do direito anglo-americano e tem sido o método que possibilitou que esse sistema de direito desse a volta ao mundo. Se estamos inclinados a zombar do profissional, lembremos da advertência de William James, de que os piores inimigos de uma disciplina são os seus professores.

IMPRESSÃO E ACABAMENTO
YANGRAF
GRÁFICA E EDITORA LTDA.
WWW.YANGRAF.COM.BR
(11) 2095-7722